首都圖書館◎編

首都圖書館古籍善本書目

國家圖書館出版社

脫法門法等當學今時彼諸菩薩聞說是
法皆大歡喜以衆妙華若干種色若干種
香散遍三千大千世界供養於佛及此經法
并諸菩薩已稽首佛足歡未曾有言釋迦牟
尼佛乃能於此善行方便言已忽然不現還到
彼國

見阿閦佛品第十二

尒時世尊問維摩詰汝欲見如來為以何等
觀如來乎維摩詰言如自觀身實相觀佛亦
然我觀如來前際不來後際不去今則不住
不觀色不觀色如不觀色性非四大起同於虛空六
不觀識如不觀識性非四大起同於虛空六
入无積眼耳鼻舌身心已過不在三界三垢
已離順三脫門三明與无明等不一相不異
相不自相不他相非无相非取相不此岸不
彼岸不中流而教化衆生觀於寂滅亦不永
滅不此不彼不以此不以彼不可以智知不
可以識識无晦无明无名无相无強无弱非
淨非穢不在方不離方非有為非无為无示
无說不施不慳不戒不犯不忍不恚不進不
怠不定不亂不智不愚不誠不欺不來不去
不出不入一切言語道斷非福田非不福田非
應供養非不應供養非取非捨非有相非无
相同真際等法性不可稱不可量過諸稱量
等大非小非見非聞非覺非知離衆結縛
等諸智同衆生於諸法无分別一切无失无
濁无惱无作无起无生无滅无畏无憂无喜
无厭无著无已有无當有无今有不可以一切言
說示別顯示當如來身為若此作如是觀以
斯觀者名為正觀若他觀者名為邪觀尒時
舍利弗問維摩詰汝於何沒而來生此維摩

維摩詰所說經三卷　（後秦）釋鳩摩羅什譯，唐晚期敦煌寫本，存卷下四品。

福州開元禪寺住持傳法賜紫慧通大師了一謹募衆緣恭為

今上 皇帝祝延 聖壽文武官僚資崇 祿位圓成雕造

毗盧大藏經板一副肯紹興戊辰閏八月 日 謹題

物

阿毗達磨順正理論卷第十八

尊者衆賢造

三藏法師 玄奘奉 詔譯

辯差別品第二之十

因離繫果傍論巳周本所明今當說於當所
辯異熟等流離繫士用及增上果如是五果
對前六因當言何果何因所得頌曰

後因果異熟　前因增上果
俱相應士用　同類徧等流

論曰於五果中第三離繫非生因得故此不

清涼山沙門 澄觀述 晉水沙門 淨源錄䟽注經

初結前標後

二見友正報二

爾時善財見如是座復有

無量衆座圍繞摩耶夫人在彼座上於

一切衆生前現淨色身 前但明主座今雙結 主伴二 別顯身雲二

初身相二初萬類難思身二。初顯別相 所謂超三界色身已立

一切諸有趣故隨心樂色身於一切世

開無所著故普周徧色身等於一切衆

大方廣佛華嚴經䟽一百二十卷　（唐）釋澄觀述，（宋）釋淨源錄䟽注經，宋兩浙轉運司刻本，存一卷。入選《第三批國家珍貴古籍名錄》，07188號。

無以復於其舊積其所失比之全放一年之稅何

止倍蓰且如本軍乾道七年歲嘗大侵流孚滿道

者本軍得蒙使司斷減苗米水脚錢每石至一

百三十九文農民固已幸甚獨往來商旅州郡

場務以課額浩大不容優恤若蒙台慈詳察將

上件移用無名之額痛賜裁減使州郡得以約

束務官輕減商稅招邀客旅令得通行是亦使

司久遠大利之源不必竭取於一時然後為快也

乞行遣攔米官吏劄子

熹已具申稟未行之間復有危懇重浼鈞聽熹昨

嘗妄以鄰路過羅利害申聞已蒙聖旨特賜指揮

近得彼路諸司文移始許通放而屬縣下吏乃敢

晦庵先生文集一百卷　（宋）朱熹撰，宋刻本，存三卷。入選
《第三批國家珍貴古籍名錄》，07220號。

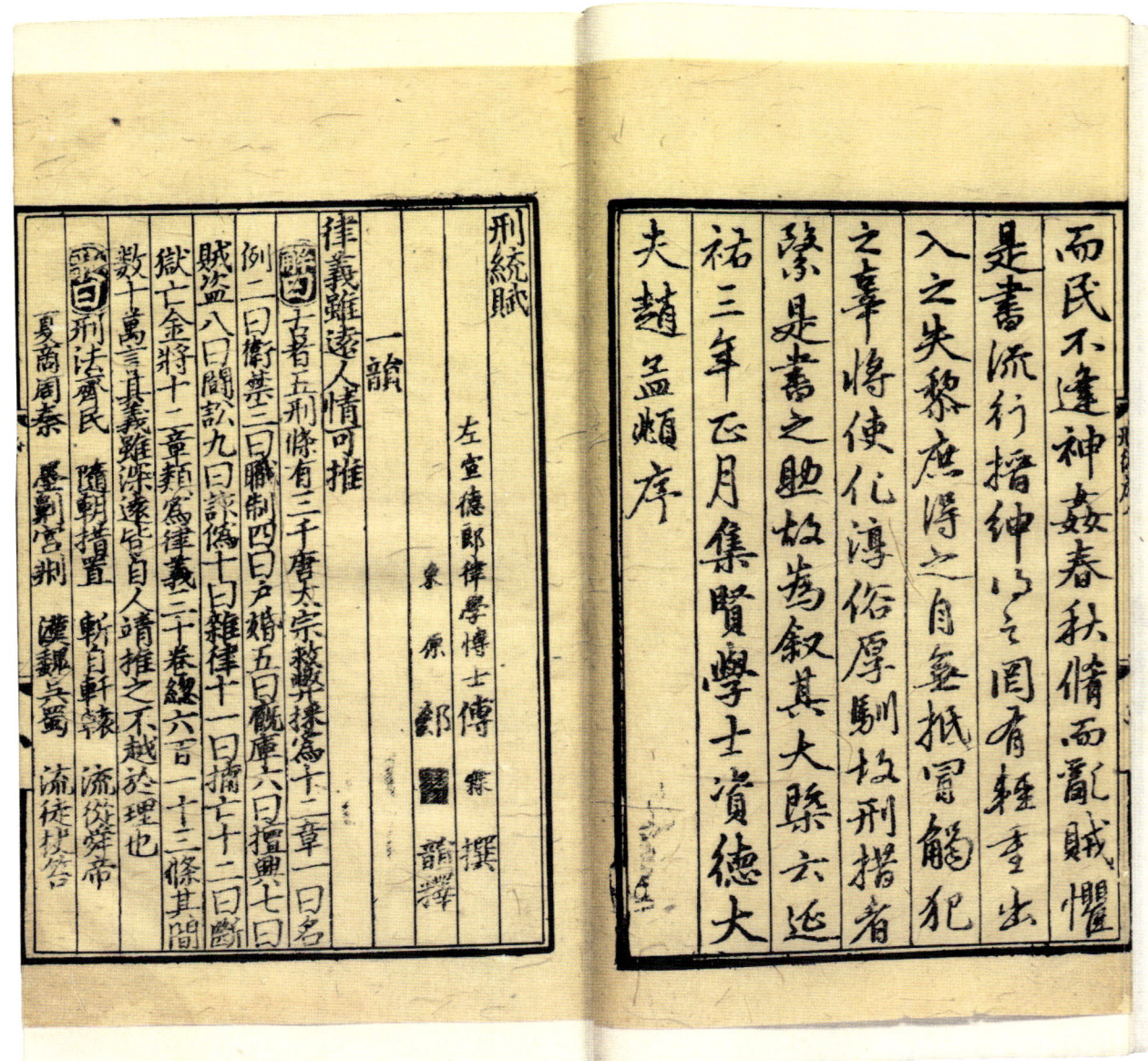

而民不違神姦春秋備而亂賊懼
是書流行搢紳心之圖宥輕辜出
入之失黎庶得之自無抵冒觸犯
之韋將使仁漙俗厚馴致刑措者
熒是書之賜故爲叙其大㮣六延
祐三年正月集賢學士資德大
夫趙孟頫序

刑統賦

左宣德郎律學博士傅霖撰

京兆邠□韻釋

律義雖遠人情可推

一韻

古者五刑條有三千唐太宗敕數乂採爲十二章一曰名
例二曰衛禁三曰職制四曰戶婚五曰廄庫六曰擅興七曰
賊盜八曰鬬訟九曰詐偽十曰雜律十一曰捕亡十二曰斷
獄亡金將十二章類爲律義三十卷總六百一十三條其間
數十萬言其義雖深遠皆自人靖推之不載於理也

刑法齊民　隨朝撰置　斬自軒轅　流從舜帝
夏商周秦　鑿顓瑣荊　漢魏兵蜀　流徒杖笞

刑統賦一卷　（宋）傅霖撰，（元）邠□韻釋，元刻本。入選
《第一批國家珍貴古籍名錄》，00622號。

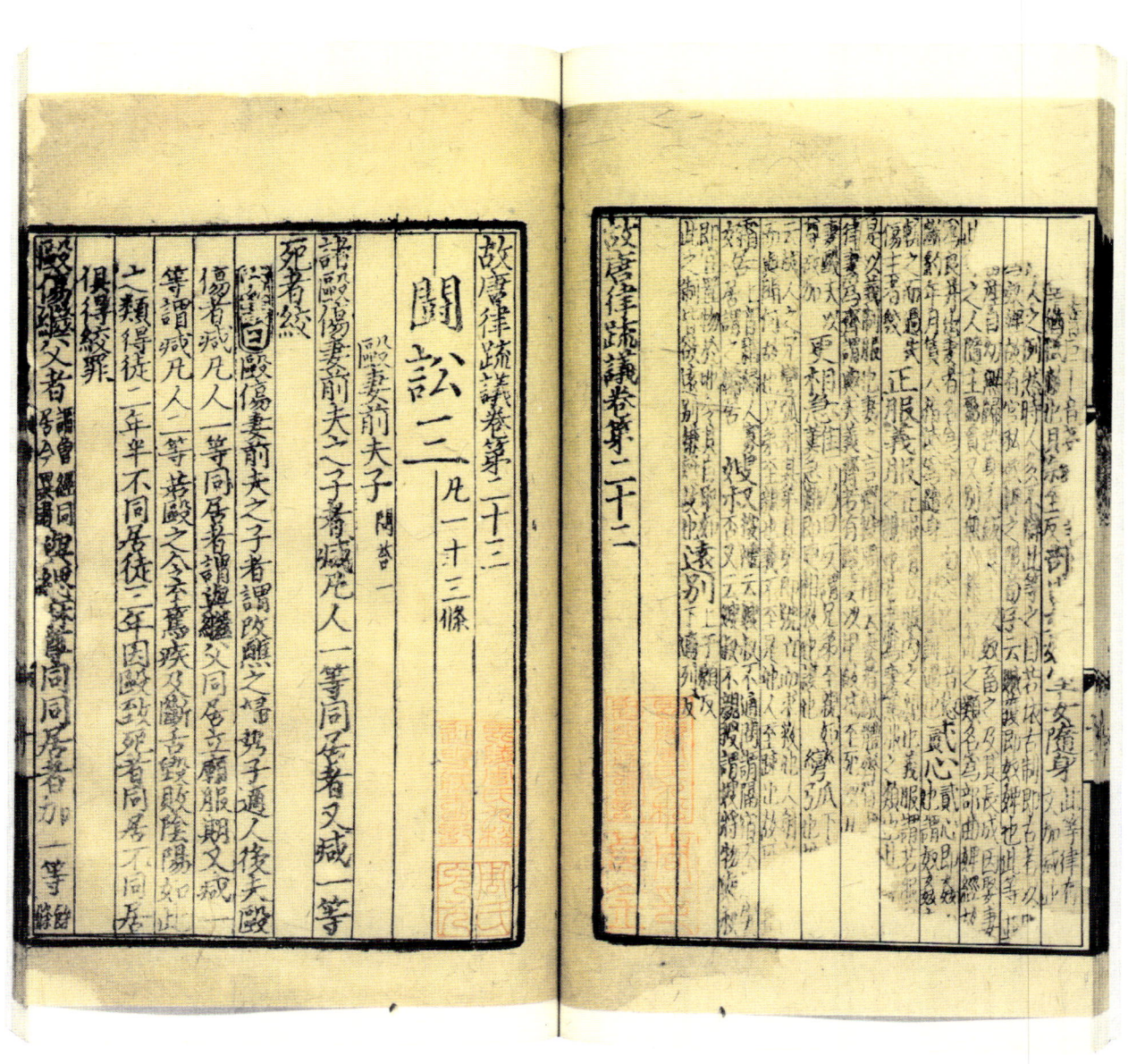

故唐律疏議三十卷　（唐）長孫無忌等撰，佚名釋文；纂例
十二卷，（元）王元亮撰，元余志安勤有堂刻本。入選
《第一批國家珍貴古籍名錄》，00544號。

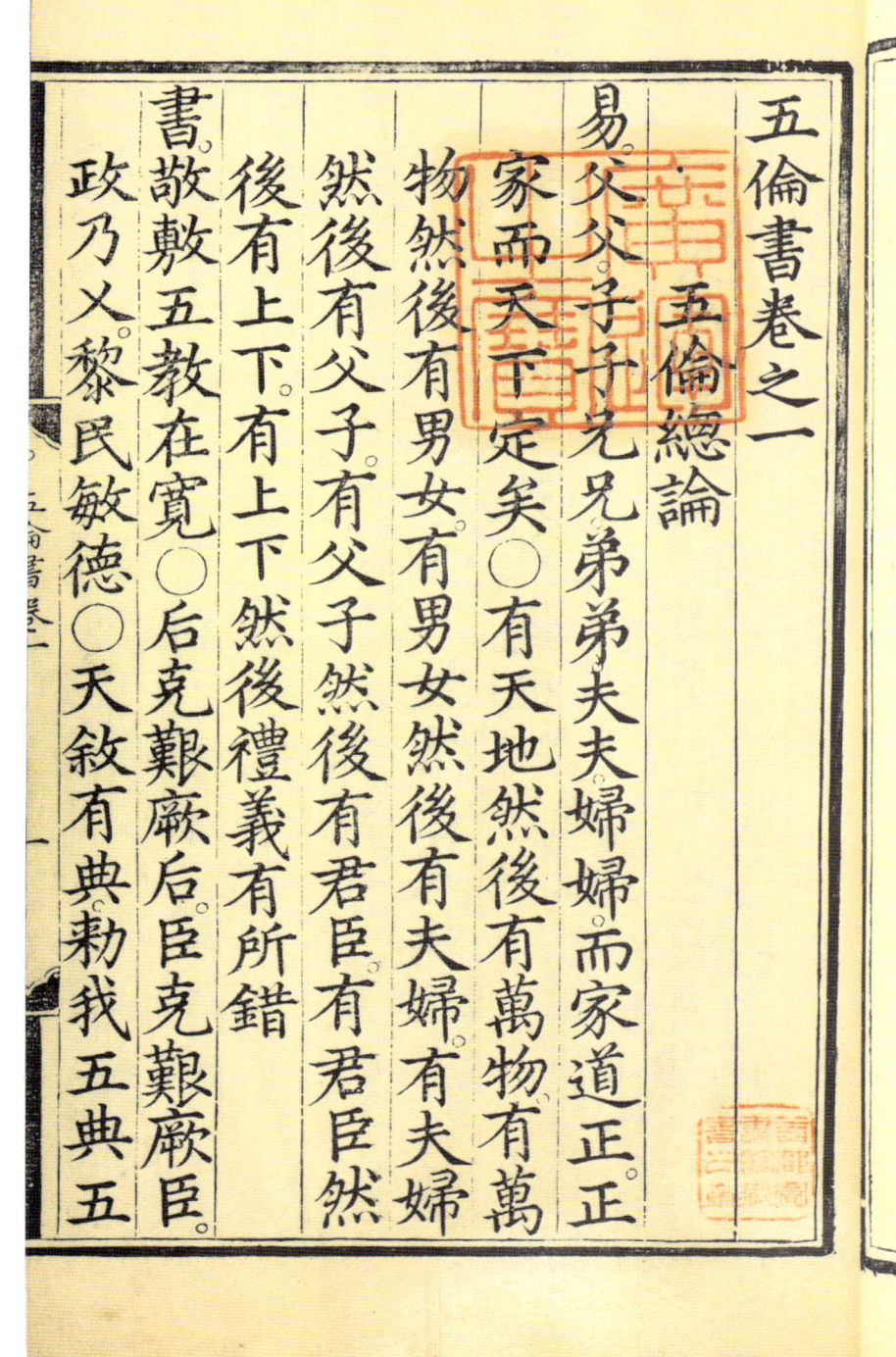

五倫書卷之一

五倫總論

易。父父。子子。兄兄。弟弟。夫夫。婦婦。而家道正。正
家而天下定矣○有天地然後有萬物。有萬
物然後有男女。有男女然後有夫婦。有夫婦
然後有父子。有父子然後有君臣。有君臣然
後有上下。有上下然後禮義有所錯
書敬敷五教在寬○后克艱厥后。臣克艱厥臣。
政乃乂。黎民敏德○天敘有典。勑我五典五

五倫書六十二卷 （明）宣宗朱瞻基撰，明正統十二年（1447）內府刻本。入選《第三批國家珍貴古籍名錄》，08314號。

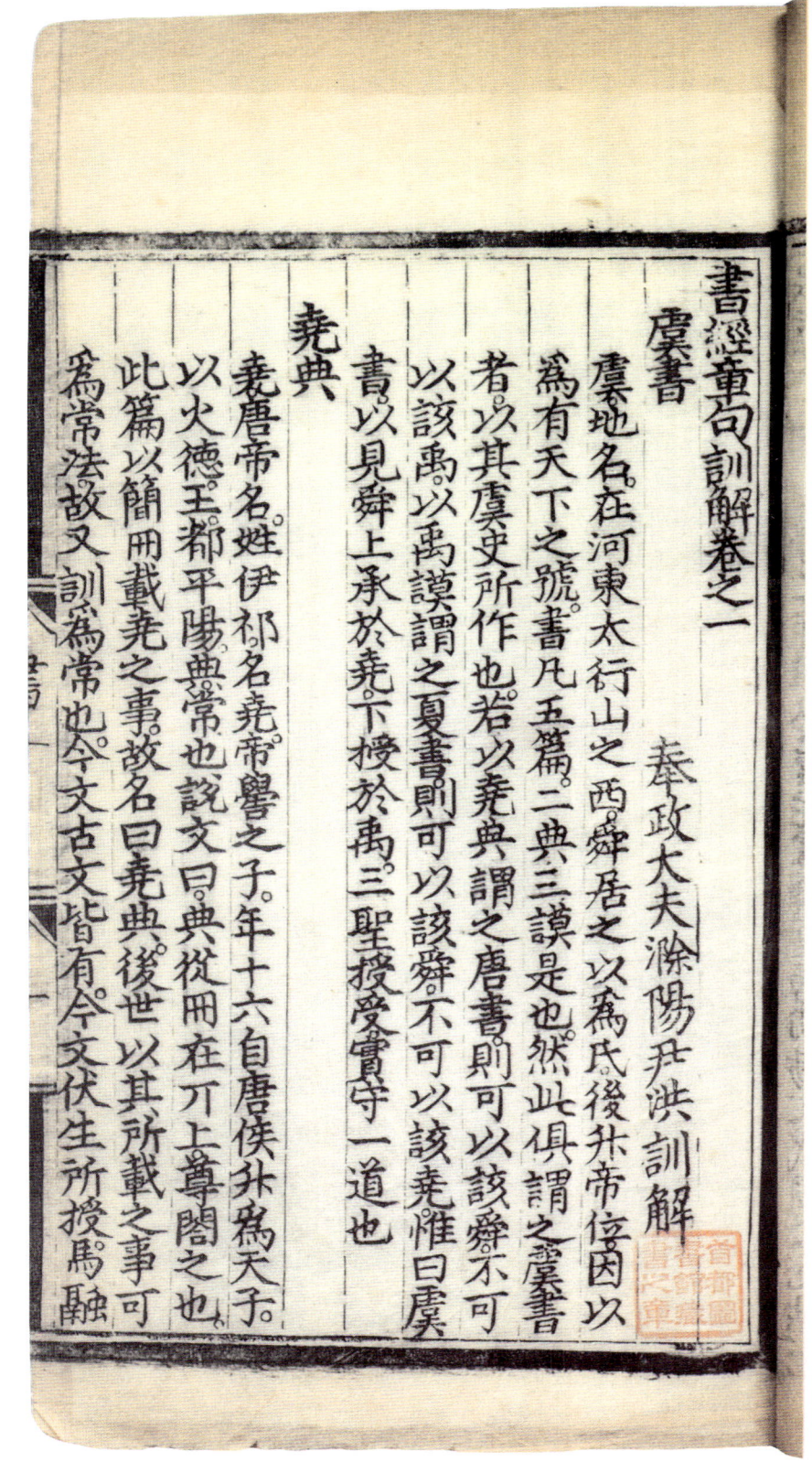

書經章句訓解卷之一

奉政大夫滁陽尹洪訓解

虞書

虞、地名。在河東太行山之西。舜居之、以為氏。後升帝位、因以為有天下之號。書凡五篇。二典三謨是也。然此俱謂之虞書者、以其虞史所作也。若以堯典謂之唐書則可以。以該舜不可以。以該禹以謨謂之夏書則可以。以該舜不可以。以該堯惟曰虞書以見舜上承於堯下授於禹三聖授受實守一道也

堯典

堯唐帝名。姓伊祁。名放勳。帝嚳之子。年十六自唐侯升為天子。以火德王。都平陽典常也。說文曰典從冊在丌上尊閣之也。此篇以簡冊載堯之事。故名曰堯典後世以其所載之事可為常法。故又訓為常也。今文古文皆有。今文伏生所授馬融

書經章句訓解十卷　（明）尹洪撰，明成化十年（1474）晉府刻本。入選《第二批國家珍貴古籍名錄》，03250號。

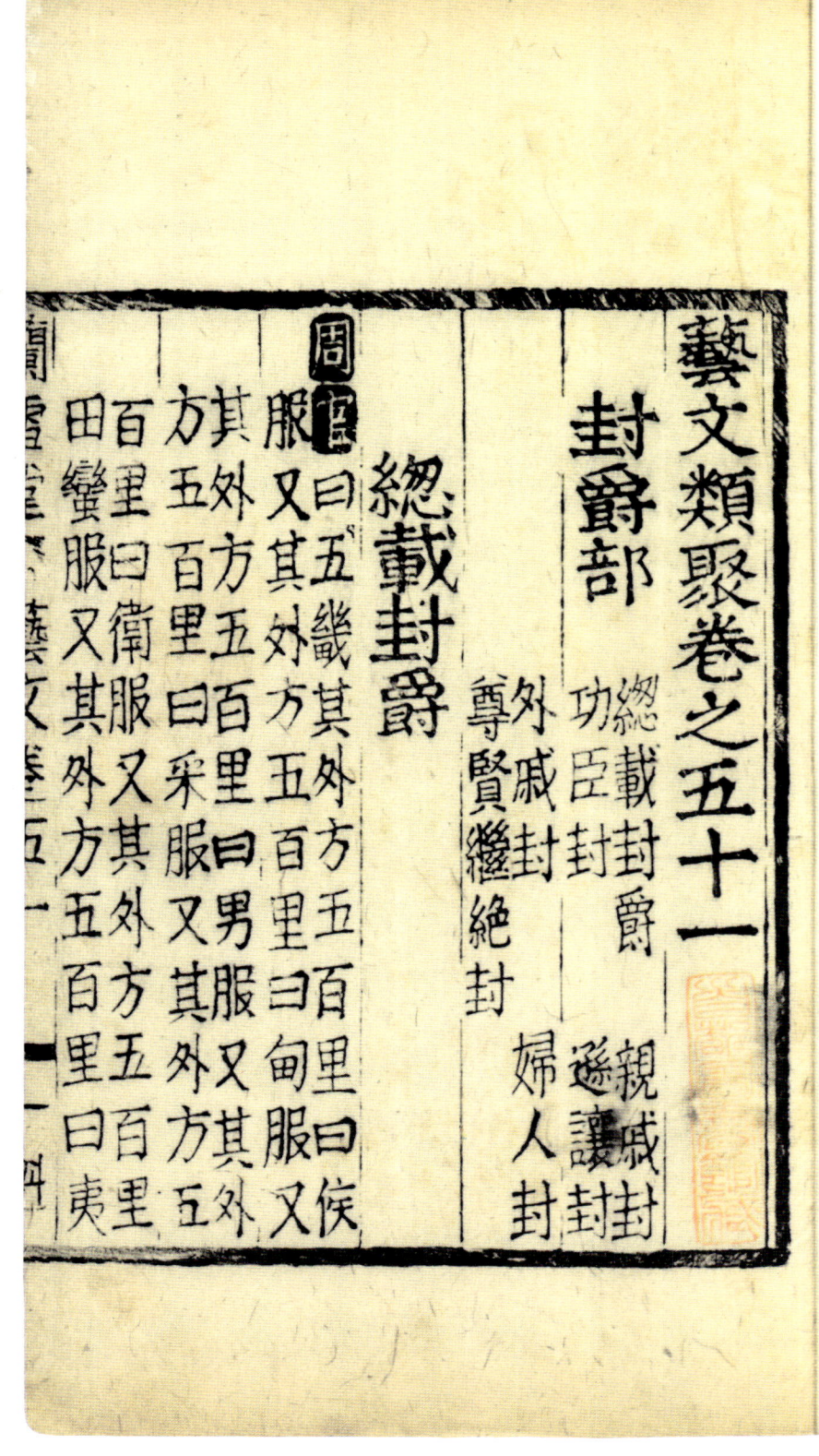

藝文類聚卷之五十一

封爵部

總載封爵　親戚封　功臣封　遜讓封　外戚封　繼絕封　尊賢繼絕封　婦人封

總載封爵

周官

服又其外方五百里曰侯
服又其外方五百里曰甸服又其外方五百里曰男服又其外方五百里曰采服又其外方五百里曰衛服又其外方五百里曰蠻服又其外方五百里曰夷

服曰五幾其外方五百里曰侯
方五外方五百里曰甸服又
其五百里曰男服又其外方
百里曰采服又其外方五百
田衛服又其外方五百里曰
百蠻服又其外方五百里曰
里曰夷

藝文類聚卷五十一　四

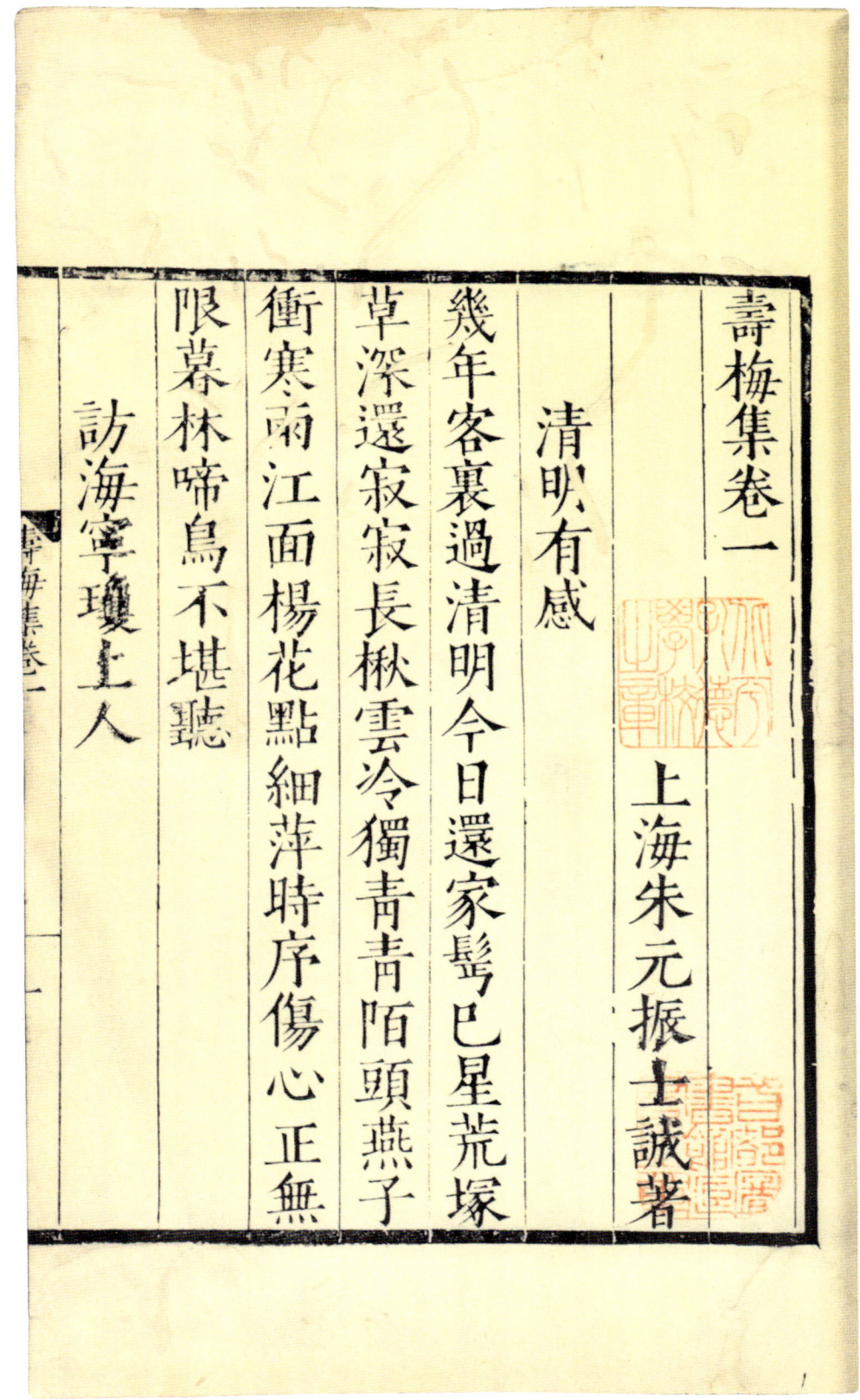

壽梅集卷一

上海朱元振士誠著

清明有感

幾年客裏過清明今日還家鬢已星荒塚

草深還寂寂長楸雲冷獨青青陌頭燕子

衝寒雨江面楊花點細萍時序傷心正無

限暮林啼鳥不堪聽

訪海寧瓊上人

壽梅集二卷　（明）朱元振撰，明嘉靖（1522～1566）刻本。
入選《第三批國家珍貴古籍名錄》，09063號。

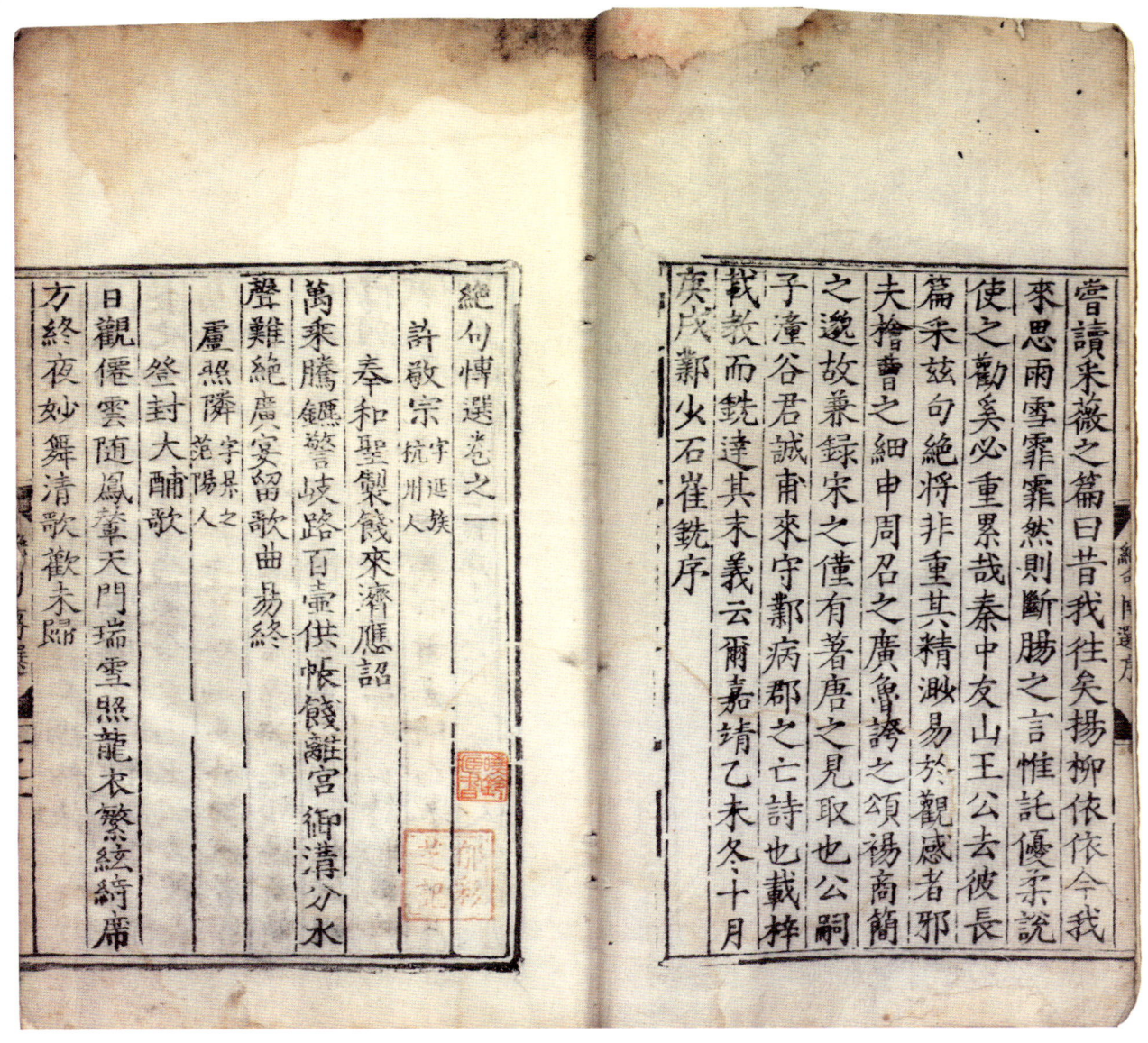

嘗讀采薇之篇曰昔我往矣揚柳依依今我
來思雨雪霏霏然則斷腸之言惟託優柔說
使之勸美必重累其精湛易於觀感者邪
篇采茲句絕將非重其精湛易於觀感者邪
夫擒晉之細申周召之廣魯誇之頌錫商簡
之邈故兼錄宋之僅有著唐之亡詩也公嗣
子潼谷君誠甫來守鄞病郡之亡載梓
載教而銑達其末義云爾嘉靖乙未冬十月
庚戌鄞火石崔銑序

絕句博選卷之一

許敬宗 宇延族 杭州人

奉和聖製餞來濟應詔

萬乘騰鑣警岐路百壺供帳餞離宮御溝分水
聲難絕席宴留歌曲易終

盧照隣 字昇之 范陽人

登封大酺歌

日觀僊雲隨鳳輦天門瑞雪照龍衣繁絃綺席
方終夜妙舞清歌歡未闋

絕句博選五卷 （明）王朝雍輯，明嘉靖十五年（1536）王潼
穀刻本。入選《第三批國家珍貴古籍名錄》，09465號。

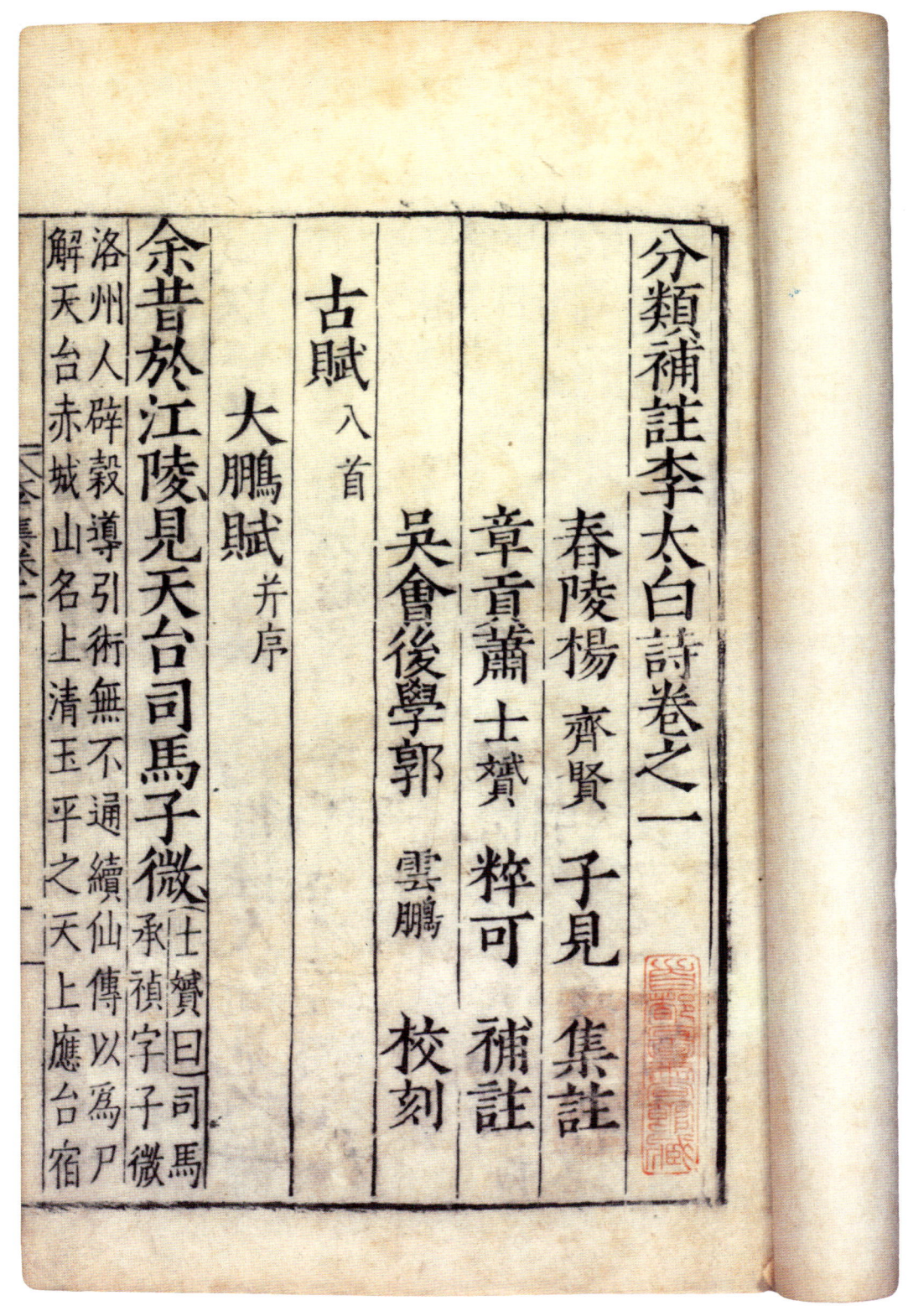

分類補註李太白詩卷之一

春陵楊　齊賢　子見　集註

章貢蕭士贇　粹可　補註

吳會後學郭　雲鵬　校刻

古賦 入首

大鵬賦 并序

余昔於江陵見天台司馬子微〔士贇曰〕司馬承禎字子微

洛州人辟穀導引術無不通續仙傳以為尸

解天台赤城山名上清玉平之天上應台宿

分類補註李太白詩二十五卷　（唐）李白撰，（宋）楊齊賢
注，（元）蕭士贇補注；分類編次李太白文五卷，（唐）
李白撰，（明）郭雲鵬編次，明嘉靖二十二年（1543）吳
會郭雲鵬寶善堂刻本。

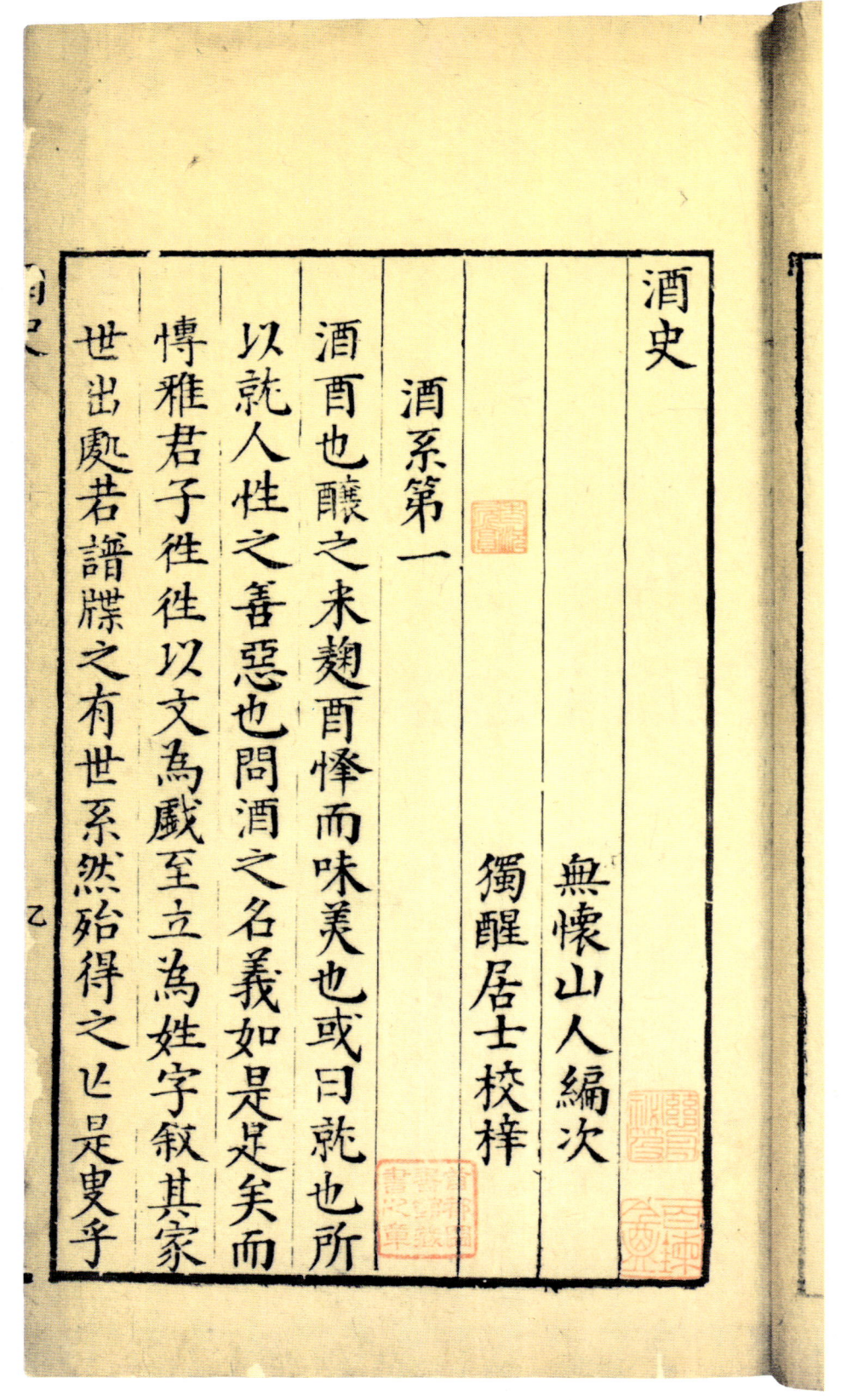

酒系第一

無懷山人編次

獨醒居士校梓

酒酉也釀之末麴酉馞而味美也或曰就也所
以就人性之善惡也問酒之名義如是足矣而
愽雅君子徃徃以文為戲至立為姓字叙其家
世出處君譜牒之有世系然殆得之乇是叟乎

酒史二卷　（明）馮時化撰，明隆慶四年（1570）獨醒居士刻
本。入選《第二批國家珍貴古籍名錄》，04714號。

金剛般若波羅蜜經

姚秦三藏法師鳩摩羅什譯

法會因由分第一

如是我聞一時佛在舍衛國祇樹給孤獨園與大比丘眾千二百五十人俱爾時世尊食時著衣持鉢入舍衛大城乞食於其城中次第乞已還至本處飯食訖收衣鉢洗足已敷座而坐

善現啟請分第二

時長老須菩提在大眾中即從座起偏

金剛般若波羅蜜經一卷 （後秦）釋鳩摩羅什譯，明萬曆
二十九年（1601）黨孝泥金寫本。

劉會孟曰世
說所載多無
識語然皆今
人所有言則
古亦不可謂
無叔自未可
棄耳

世說新語

德行

陳仲舉言爲士則行爲世範登車攬轡有澄清
天下之志　汝南先賢傳曰陳蕃字仲舉汝南平
爲國家掃天下值漢桓之末閹竪用事外戚豪
橫及拜太傅與大將軍竇武謀誅官官反爲所
害爲豫章太守　海內先賢傳曰蕃爲尚書以忠
正忤貴戚不得在臺遷豫章太
守至便問徐孺子所在欲先看之曰謝承後漢書
子豫章南昌人清妙高時超世絕俗前後爲諸
公所辟雖不就及其死萬里赴吊常預炙難一

世說卷一

德行

德行　一

世說新語六卷　（南朝宋）劉義慶撰，（梁）劉孝標註，
（宋）劉辰翁、（宋）劉應登評，明萬曆（1573～1620）
吳興凌瀛初四色套印本。

離騷

帝高陽之苗裔兮。朕皇考曰伯庸攝提貞于孟陬
兮。惟庚寅吾以降皇覽揆余于初度兮肇錫余以
嘉名。名余曰正則兮字余曰靈均紛吾既有此內
美兮又重之以修能扈江離與辟芷兮紉秋蘭以
為佩汨余若將弗及兮恐年歲之不吾與朝搴阰
之木蘭兮夕攬中洲之宿莽日月忽其不淹兮春
與秋其代序惟草木之零落兮恐美人之遲暮不

前世未聞後人
莫繼豈古奇作
也劉勰曰不有
屈原豈見離騷
信哉大章家不
掩其情頭者屈
于一人

楚騷發憤風之遠
也與此賦錯出
成章驪讀刺未
易瞭細玩井然
有理
迴余十二句總
是汲汲慕其繼
日待旦之意寫
自濃至

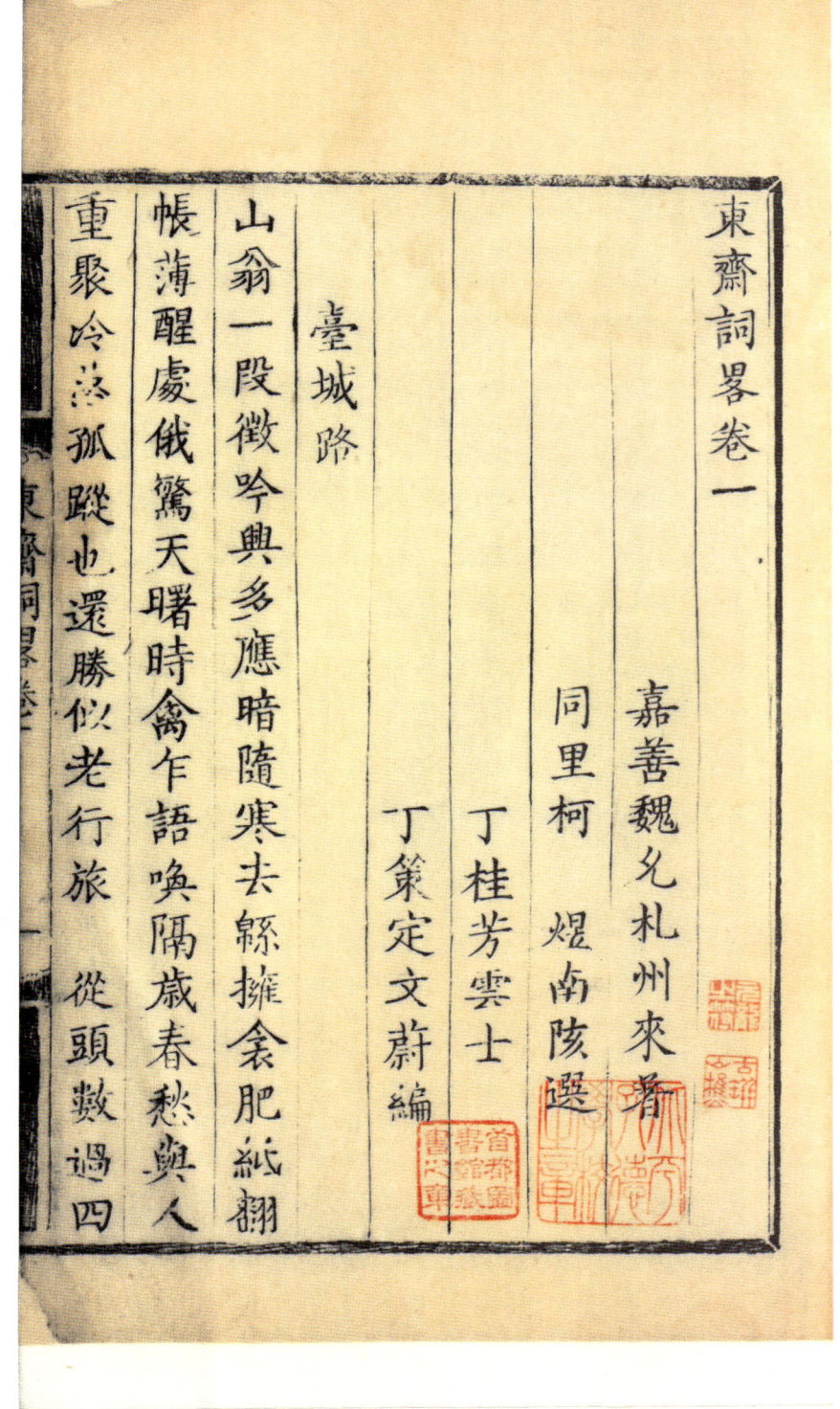

東齋詞畧卷一

　　　　嘉善魏允札州來眷

　　　　同里柯　煜南陔選

　　　　丁桂芳雲士

　　　　丁策定文蔚編

臺城路

山翁一段徵吟與多應暗隨寒去絲擁餘肥紙翻

帳薄醒處俄驚天曙時禽乍語喚隔歲春愁與人

重聚冷蒸孤蹤也還勝似老行旅　從頭數過四

東齋詞略四卷　　（清）魏允劄撰，（清）柯煜選，（清）丁
　　桂芳、（清）丁策定編，清康熙（1662～1722）木活字印
　　本。入選《第三批國家珍貴古籍名錄》，09549號。

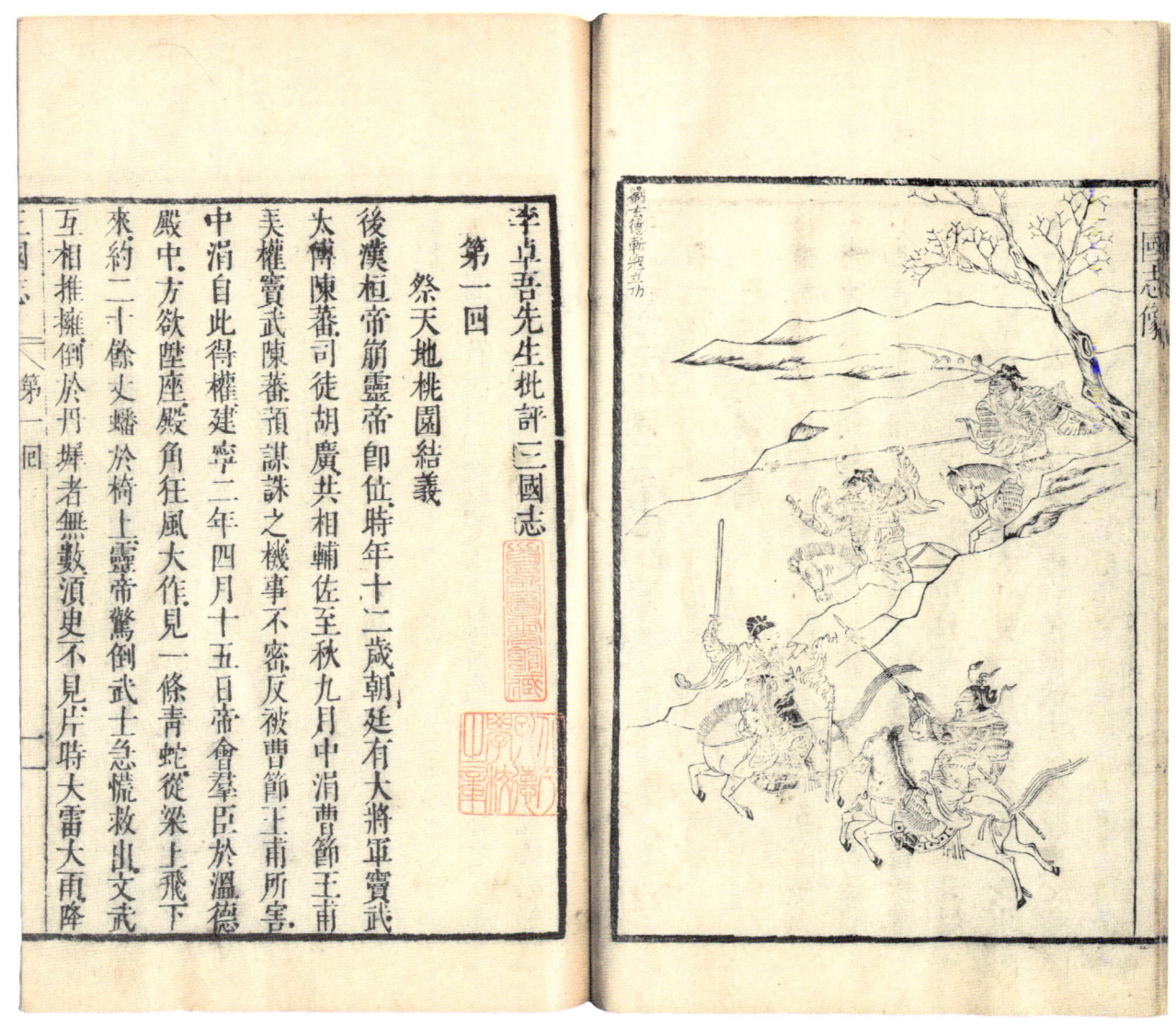

李卓吾先生批評三國志

第一回

祭天地桃園結義

後漢桓帝崩靈帝即位時年十二歲朝廷有大將軍竇武
太傅陳蕃司徒胡廣共相輔佐至秋九月中涓曹節王甫
弄權竇武陳蕃預謀誅之機事不密反被曹節王甫所害
中涓自此得權建寧二年四月十五日帝會群臣於溫德
殿中方欲壁座殿角狂風大作見一條青蛇從梁上飛下
來約二十餘丈蟠於椅上靈帝驚倒武士急慌救出文武
互相推擁倒於丹墀者無數頃刻不見片時大雷大雨降

三國志 第一回
二

李卓吾先生批評三國志一百二十回 （明）羅本撰，（明）李贄評，清康熙（1662～1722）吳郡綠蔭堂刻本，缺第60-66回。

西湖佳話古今遺蹟十六卷　西湖圖景一卷，（清）墨浪子輯，
清康熙（1662～1722）金陵王衙彩色套印本。

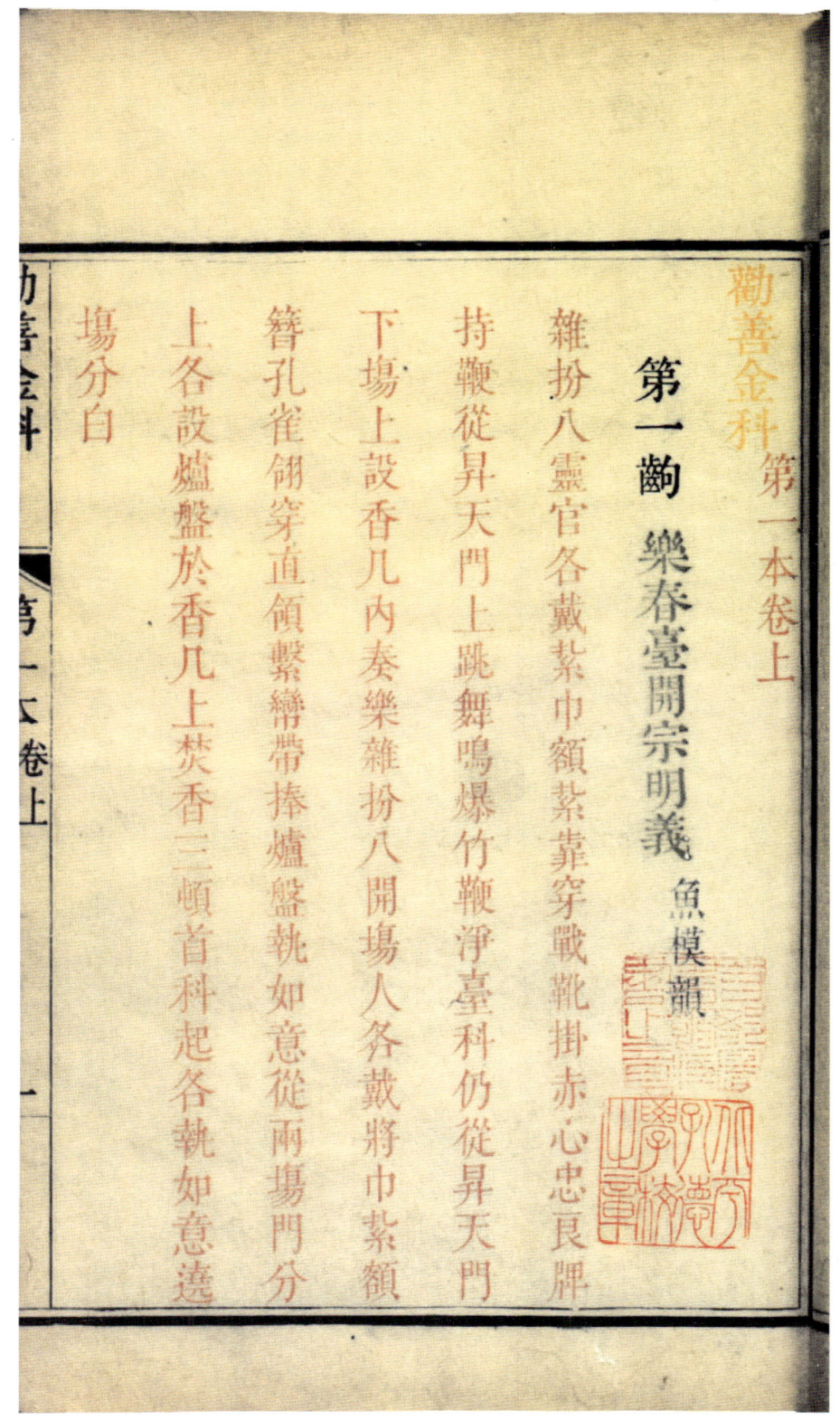

第一齣　樂春臺開宗明義　魚模韻

雜扮八靈官各戴紫巾額紫靠穿戰靴掛赤心忠良牌

持鞭從昇天門上跳舞鳴爆竹鞭淨臺科仍從昇天門

下場上設香几內奏樂雜扮八開塲人各戴將巾紫額

簪孔雀翎穿直領繫鸞帶捧爐盤執如意從兩塲門分

上各設爐盤於香几上焚香三頓首科起各執如意遶

塲分白

勸善金科二十卷二百四十齣，卷首一卷　（清）張照等撰，清
乾隆（1736～1795）武英殿五色套印本。

平定準噶爾回部得勝圖　（義大利）郎士寧等繪，清乾隆內府
銅版印本。入選《第三批國家珍貴古籍名錄》，08463號。

和落霍澌之捷

今春我師勦逆夷
首我賓和薩霍澌
斬將搴旗早報捷
酚劈頒賚已有差
即今生解俘囚丞
回源趨特軍桑伊
散秩大臣曾授職
乃敢倡亂如鴟鴞
面詢彼兩股叔
咋舌惟欲天奪其
浚眾猶有子餘騎
覘知我裏設計奇
輜重盡行誘我逐
偏〻伏賊擇險嶺官
軍四百始馳丞少
騎示弱山之陰我
進浚乃蜂涌集鋭
乃喪膽份縱撲庶
壞隴狂逃名逃命大
鞣大膞張軍威殲
浚屍僵近四百負
傷遁者數無數
皂誠手慶奮勇
天助頏人為鬥原
酉六資人

紅樓夢第一回

甄士隱夢幻識通靈　　賈雨村風塵懷閨秀

此開卷第一回也作者自云因曾歷過一番夢幻之後故將真
事隱去而借通靈之說撰此石頭記書也故曰甄士隱云云但
書中所記何事何人自又云今風塵碌碌一事無成忽念及當
日所有之女子一一細考較去覺其行止見識皆出於我之上
何我堂堂鬚眉曾不若彼裙釵我實愧則有餘悔又無益大無
如何之日也當此則欲將已往所賴天恩祖德錦衣紈袴之時

紅樓夢一百二十回　（清）曹雪芹撰，清乾隆五十四年
（1789）舒元煒序抄本，存第1-40回。入選《第二批國家
珍貴古籍名錄》，06601號。

編 委 會

目　錄

首都圖書館的古籍典藏和古籍工作

倪曉建

首都圖書館始建於 1913 年，是我國較早成立的公共圖書館之一，迄今已有近百年的歷史。在這不到百年的時間里，一代一代首圖工作者發揚蹈厲，孜孜以求，或彙聚諸家珍秘，或訪求于書肆私家，使首圖古籍藏書從無到有，日益發展壯大，至我們編輯這本《首都圖書館藏古籍善本書目》時，已擁有古籍藏書近 50 萬冊（件），其中古籍善本 6000 多部，97000 余冊（件）。

一、首圖古籍收藏的歷史源流

首都圖書館的前身，是京師圖書館分館、京師通俗圖書館和中山公園圖書閱覽所，三者分別創建于 1913 年 6 月、1913 年 8 月和 1917 年 10 月。京師圖書館分館創建之初，藏書多爲古籍，係由京師圖書館擇選複本撥交，即如李文裿先生撰《北平市立第一圖書館概況》中所言："本館所藏，初爲前京師圖書館所移送者。故學部舊藏南學典籍，殘帙缺卷，所在多有。"這次調撥的圖書，約在 2000 種左右。京師通俗圖書館建館之初，購入圖書一萬冊，多爲大衆喜聞樂見的小説、戲曲等通俗讀物，也大都是線裝古籍。當時該館收藏的小説戲曲號稱全市之冠，可見其品種之豐富。中山公園圖書閱覽所成立時，亦由京師圖書館、京師圖書館分館等單位調入部分古籍，以實館藏。茲後，三館或自行採購，或接受社會捐贈，古籍藏書亦日豐。1948 年，三館合併，成立北平市立圖書館，1949 年更名爲北京市圖書館，1956 年定名爲首都圖書館，三館舊藏古籍，就成爲首圖館藏古籍的基礎。

20 世紀 50 年代，首圖古籍藏量得到迅猛發展。1952 年，北京市政府決定，將原孔德學校藏書撥歸首圖；1953 年，又將法文圖書館藏書撥交首圖。孔德學校成立於 1924 年，我國著名學者馬隅卿先生曾任該館館長，先生於 1935 年病逝，圖書館即長期處于封閉狀態。該館小説、戲曲文獻收藏宏富，且多有珍稀善本。法文圖書館原是一座經營性的圖書館，一方面由海外採進圖書，賣給中國的文化機構和圖書收藏機構；一方面收購中國古籍，作爲文物賣給來華的外國人，故所存古籍版本價值皆較高。兩館的藏書，無論在品種還是質量上，都使首圖的古籍典藏得到了極大的豐富和提高。

50 年代至 60 年代中期，首圖主要是從古舊書店購入古籍，數量增長相對緩慢，但是由於和捐贈、撥交相比較，自行採購目的性強，具有針對性和可選擇性的優點，故採進的本子，更爲適合首圖古籍藏書建設的需要。所選擇的本子，上至敦煌寫經，下至明清兩代出版的珍稀善本，每一種都有較高的文獻價值和版本價值。

1978 年以來，首圖的事業得到了飛速的發展和質的升華，古籍藏書也進入到了一個持續發展、完善的階段。在此期間，先後接受了馬彥祥和吳曉鈴兩位先生的舊藏。馬彥祥先生是我國著名的戲曲作家、導演、理論家；吳曉鈴先生在中國古典文學、版本學、校勘學、語言學等方面都有高深造詣，對古代戲曲、小說的研究更是名聲卓著，兩位先生也都是海內外知名的藏書大家，所藏圖書，皆以明清所刊小說、戲曲等文學類作品居多。這兩批捐贈，其中馬氏藏書 208 種，1707 冊，合共前此先生所贈，共計 250 餘種；吳氏藏書共計 2272 種，6362 冊，其中多有世所難見的珍本孤本。

首都圖書館的古籍藏書，一直得到北京市政府的大力支持。1988 年，市政府將原香山教育圖書館和熊希齡先生藏書共 3523 種，36691 冊贈與首圖。香山教育圖書館係上個世紀 20 年代由熊希齡先生所創建，先生係前清進士，曾任翰林院庶吉士，著名教育家。藏書中有不少本子鈐有熊希齡先生個人藏書印"明志閣藏書"或"慈幼院院長熊希齡捐入"印記。這批本子，以清末民國刊本居多，也有少量彌足珍貴的清早期刊本。

二、館藏古籍的文獻價值與版本特點

首圖自建館伊始，就以滿足大眾的閱讀需要爲宗旨。深厚的歷史積澱，悠久的文化底蘊，使首圖的古籍收藏，呈現出一些突出的特點和鮮明的特色。

重在實用，重在蒐集常用必備的典籍，重在突出自身的館藏特點，是首圖古籍收藏的一貫宗旨。對館藏古籍的內容構成，首圖前館長馮秉文先生概括說："經部的各經及解經著作和小學類的文字訓詁著作；史部的歷代史書、明清實錄、地方志書等；子部的各家著述、中醫典籍及小說；集部明清文集及戲曲作品等"，對首圖古籍館藏特色做了很好的說明。總而言之，在中國傳世古籍中，舉凡經世致用之學和常備實用的書籍，在首圖古籍典藏中大多都可以查找到。

首圖的古籍收藏，雖然不刻意追求版本，但積累過程中彙聚多方，諸家珍秘，百川歸海，其中相當數量的本子，都具有極爲珍貴的版本價值。其中最早的爲唐人寫經，宋元本以佛教典籍爲多，宋元兩朝刊刻的幾部有名的大藏經如宋紹興十八年（1148）福州開元禪寺刻《毗盧大藏》，宋末元初刊刻的《磧砂藏》，元刊《普寧藏》等，都有數量不等的入藏。它如宋咸淳五年（1269）刻《古史》60 卷，元刊《晦庵先生朱文公行狀》、《資治通鑑》、《通鑑釋文辨誤》、《通鑑總類》、《故唐律疏議》等諸本，都是世所罕見的善本。至於明清精刻佳刊，更是充盈鄴架，僅明刊善本，就在千種以上，其中多有海內外稀見的珍本孤本。

小說、戲曲、俗文學收藏宏富，是首圖古籍典藏的一個突出特點。館藏清以前刊本、抄本小說 500 餘種，善本在百部以上，其中如明嘉靖刊《古今說海》、明富春堂本《搜神記》、楊定見本《忠義水滸傳》、明末刊《新刻徐文長先生評隋唐演義》；清康熙綠蔭堂刊《李卓吾先生批評三國誌》、兩衡堂刊《李笠翁批閱三國誌》等等，都是中國古代小說刊印史上著名的本子。《金瓶梅》有明末刊本、清康熙刊本、康熙抄本等 7 種，其問世後的主要版本大都在茲；舒元煒序抄本《紅樓夢》，是這部古典文學名著流傳下來的唯一一部有確切抄寫年份的早期抄本。這僅是隨手拈來的幾個重要版本，類似的例子所在多有，毋庸一一列舉。戲曲本子中明臧懋循輯《元曲選》（一名《元人百種曲》），明沈泰輯《盛明雜劇》、明毛晉輯《六十種曲》等大型戲曲作品總集，都有入藏；《清蒙古車王府藏曲本》，則是傳世規模最大的戲曲、俗文學總集。至於戲曲作品單行本中的精刻佳刊，就要列出一個長長的書目單子了，在這樣一篇文章中既不可能也無必要。

三、館藏古籍的利用與開發

除日常借閱外，爲了更好地開發、利用古籍文化遺產，首圖先後編輯了《館藏中國文學古籍參考目錄》及《續編》、《館藏中國小説書目初編（"五四"以前部分）》、《館藏中國戲曲書刊目錄〔初稿〕附劇目索引》、《館藏小説書目提要》等。前館長馮秉文主持編輯的《全唐文篇目分類索引》，已於 2001 年由中華書局出版，成爲利用這部大型綜合性文獻的較完備的檢索工具書。

《清蒙古車王府藏曲本》名聲遐邇，海內外學人多以難以目睹原書爲憾，民國時顧頡剛等前輩學人就曾倡議將之整理出版，以裨學界，終因戰亂頻仍、社會混亂而未果。上個世紀 80 年代，首圖組織人力，聘請翁偶虹、朱家溍、侯玉山、吳曉鈴、王季思、關德棟諸先生指導，將之歸類整理，與北京古籍出版社聯合出版。全書 1700 餘冊，分裝 315 函，既有利於原書的保護，又方便了讀者使用，這也是當時省級圖書館進行的規模最大的古籍整理出版工程。除《車王府藏曲本》外，首圖還對古籍進行一些深層次的研究，先後編輯出版了《新編中國版畫史圖錄》、《古本小説版畫圖錄》、《古本戲曲版畫圖錄》、《中國古代佛教版畫集》等綜合或專題性的古版畫圖錄類書，在海內外都有相當大的影響。選印的館藏《劫灰錄》、《越城周氏宗譜》等，也受到學術界的廣泛好評。

四、新時期的古籍工作

近年來，首都圖書館的古籍工作在數字化建設、古籍保護等方方面面，都取得了令人矚目的成果：

首圖重視對古籍數字資源的引進與開發，引進了《中華古籍基本庫》、《中國方志庫》、《中國譜牒庫》、《明清實錄》等大型數據庫，同時針對讀者需要和館藏特點，自行開發了《古籍插圖庫》、《明清北京城垣資料庫》等專題數據庫，不僅極大地豐富了首圖古籍典藏的內容，滿足了讀者深層次檢索需要，也是對古籍文獻從提供傳統服務到知識服務的有益探索。

2009 年，根據國家古籍保護工作的相關要求，首圖牽頭成立了北京市古籍保護中心，目前，保護中心的各項工作都在穩步進行中：

舉辦了多期北京市古籍工作人員培訓班；已經完成了對首圖館藏古籍的普查和三級以上古籍的定級工作；對區縣圖書館和部分其他系統圖書館古籍普查和版本鑒定工作已經全面展開，保護中心專家組對區縣圖書館藏古籍逐冊進行登錄和版本鑒定，目前這項工作正在逐步向它系統圖書館展開；組織指導全市圖書館藏珍貴古籍向國家古籍保護中心的申報工作；2010 年，啓動了北京市古籍善本再造工程，依國家古籍善本再造工程的工藝標準，選印了丁觀鵬繪《羅漢冊》、汪浦繪《羅漢冊》以及明萬曆年間（1573－1620）陳氏繼志齋刊本《琵琶記》、天啓間凌氏刊朱墨套印本《西廂記》、明刊《酒史》等珍貴版本 12 種影印出版，首開省級圖書館主持的地區性善本再造工作的先河。

　　在首都圖書館百年華誕將至，首圖二期工程行將建成之際，《首都圖書館藏古籍善本書目》的編輯出版，不僅是對首圖古籍善本的揭示和總結，也是對首圖古籍典藏發展壯大歷史的回溯和見證，更是對首圖幾代人辛苦蒐求的紀念和回顧。時逢盛世，繼往開來，隨着首圖事業的發展，首圖的古籍工作，也一定會越做越好。

2011 年 5 月

經 部

總 類

篆文五經.--刻本.--明嘉靖六年（1527）.29 冊（4 函）.--半葉 9 行，行 13 字，細黑口，左右雙邊，單白魚尾，半框 18.2×13.8cm。鈐"南陵徐氏仁山珍藏"白文印、"京師圖書館收藏之印"朱文印、"學部圖書之印"朱文印（滿漢合璧）.--綫裝

子目：
周易：十二卷
尚書：四卷
毛詩：四卷
周禮：七卷
儀禮：二十卷　　　　　　　　（丙一）/1248

欽定篆文六經四書：十種/（清）李光地等編.刻本.--京師：內府，清康熙（1662～1722）.--22 冊（4 函）.--存 9 種，即大學、中庸、論語、周易、尚書、毛詩、周禮、儀禮、春秋。半葉 8 行，行 12 字，小字雙行字同，白口，左右雙邊，單白魚尾，半框 22.7×15.5cm。鈐"京師圖書館收藏之印"朱文印.--綫裝　（丙一）/858

五經：五種五十八卷/（清）年羹堯批點.--抄本.--清初（1644～1722）.--10 冊（1 函）.--鈐"年羹堯印"白文印、"亮工"朱文印.--綫裝

子目：
周易：四卷
書經：六卷
詩經：八卷
春秋：三十卷
禮記：十卷　　　　　　　　　（乙一）/381

御定仿宋相臺岳氏本五經：九十六卷/（宋）岳珂編.--刻本.--京師：武英殿，清乾隆四十八年（1783）.--70 冊（12 函）.--半葉 8 行，行 17 字，小字雙行字同，白口，四周雙邊，雙對黑魚尾，半框 20.8×13.5cm.--綫裝

子目：
周易：十卷/（三國魏）王弼，（晉）韓康伯註
尚書：十三卷/（漢）孔安國傳；（唐）陸德明音義
毛詩：二十卷/（漢）毛亨傳；（漢）鄭玄箋
禮記：二十卷/（漢）鄭玄註；（唐）陸德明音義
春秋經傳集解：三十卷，附春秋年表一卷，春秋名號歸一圖二卷/（晉）杜預傳；（唐）陸德明音義　　　　　　　　　　（乙一）/316

求古齋訂正九經：五十一卷，附三種四卷/（明）秦鏌訂正.--刻本.--錫山秦氏求古齋，明崇禎十三年（1640）.--24 冊（2 函）.--半葉 13 行，行 24 字，有眉欄，行 2 字，白口，四周雙邊，半框 14.9×10.6cm。嘉樂堂藏板。鈐"胡汝楫印"白文印、"濟川"朱文印、"北平孔德學校之章"朱文印.--綫裝

子目：
周易：三卷，圖說一卷
書經：四卷
詩經：四卷
春秋：十七卷
禮記：六卷
周禮：六卷
孝經：一卷
論語：二卷
孟子：七卷
附三種：
大學章句：一卷
中庸章句：一卷

小學：二卷　　　　　　　　　　（甲一）/49

十三經注疏．--刻本．--毛氏汲古閣，明崇禎（1628～1644）．--126 冊（11 夾）．--半葉 9 行，行 21 字，小字雙行字同，白口，無魚尾，左右雙邊，版心下刻“汲古閣”，半框 18×12.5cm。鈐“古稀天民之寶”白文印．--綫裝
子目：
周易正義：九卷/（三國魏）王弼，（晋）韓康伯注；（唐）孔穎達正義
尚書註疏：二十卷/（漢）孔安國傳；（唐）孔穎達疏
毛詩註疏：二十卷/（漢）鄭玄箋；（唐）孔穎達疏
周禮註疏：四十二卷/（漢）鄭玄注；（唐）賈公彥疏
儀禮註疏：十七卷/（漢）鄭玄注；（唐）賈公彥疏
禮記註疏：六十三卷/（漢）鄭玄注；（唐）孔穎達疏
春秋左傳註疏：六十卷/（晋）杜預注；（唐）孔穎達疏
春秋公羊傳註疏：二十八卷/（漢）何休注；（唐）徐彥疏
春秋穀梁傳註疏：二十卷/（晋）范寧集解；（唐）楊士勛疏
論語註疏：二十卷/（三國魏）何晏集解；（宋）邢昺疏
孝經註疏：九卷/（唐）玄宗李隆基注；（宋）邢昺疏
爾雅註疏：十卷/（晋）郭璞注；（宋）邢昺疏
孟子註疏：十四卷/（漢）趙岐注；（宋）孫奭疏　　　　　　　　　　（丙一）/1096

十三經注疏：三百四十六卷．--刻本．--京師：武英殿 清乾隆四至十二年(1739～1747)．--116 冊（20 函）．--半葉 10 行，行 21 字，小字雙行字同，白口，左右雙邊，單黑魚尾，版心上刻“乾隆四年校刊”，半框 22.4×15.1cm．--綫裝
（子目同上）　　　　　　　　　（丙一）/1095

通志堂經解：一百三十九種一千八百四十五卷/（清）納蘭成德輯；（清）徐乾學校．--刻本．--京師：通志堂，清康熙十九年（1680）刻；武英殿，清乾隆五十年（1785）重修．--400 冊（43 函）．--半葉 11 行，行 20 字，小字雙行 30 字，白口，左右雙邊，單黑魚尾，版心下刻“通志堂”，半框 20×15.1cm。有刻工：幟先、蔣天一等。通志堂藏板。鈐“珊瑚閣珍藏印”朱文印、“宛平王氏家藏”白文印、“慕齋監定”朱文印．--綫裝
子目：
易
子夏易傳：十一卷/（周）卜商撰
易數鉤隱圖：三卷；遺論九事：一卷/（宋）劉牧撰
橫渠先生易説：三卷/（宋）張載撰
易學：一卷/（宋）王湜撰
紫巖居士易傳：十卷/（宋）張浚撰
漢上易傳：十一卷；周易卦圖：三卷；周易叢説：一卷/（宋）朱震撰
易璇璣：三卷/（宋）吳沆撰
周易義海撮要：十二卷/（宋）李衡撰
易小傳：六卷/（宋）沈該撰
復齋易説：六卷/（宋）趙彥肅撰
古周易：一卷/（宋）呂祖謙等編
童溪王先生易傳：三十卷/（宋）王宗傳撰
易裨傳：一卷；外篇：一卷/（宋）林至撰
易圖説：三卷/（宋）吳仁傑撰
易學啟蒙通釋：二卷，圖一卷/（宋）胡方平撰
周易玩辭：十六卷/（宋）項安世撰
東谷鄭先生易翼傳：二卷/（宋）鄭汝諧撰
三易備遺：十卷/（宋）朱元昇撰
丙子學易編：一卷/（宋）李心傳撰
易學啟蒙小傳：一卷；古經傳：一卷/（宋）稅與權撰
水村易鏡：一卷/（宋）林光世撰
晦庵先生朱文公易説：二十三卷/（宋）朱鑑輯
大易緝説：十卷/（元）王申子撰
周易輯聞：六卷；易雅：一卷；筮宗：一卷/（宋）趙汝楳撰
周易傳義附錄：十四卷，首一卷/（宋）董

楷撰

　　學易記：九卷，首一卷/（元）李簡撰

　　讀易私言：一卷/（元）許衡撰

　　俞氏易集説：十三卷/（元）俞琰撰

　　周易本義附錄纂注：十五卷/（元）胡一桂撰

　　周易發明啓蒙翼傳：三卷，外篇一卷/（元）胡一桂撰

　　周易本義通釋：十二卷，輯錄雲峰文集易義：一卷/（元）胡炳文撰

　　易纂言：十二卷，卷首一卷/（元）吳澄撰

　　周易本義集成：十二卷，卷首一卷/（元）熊良輔撰

　　周易經傳集程朱解附錄纂注，一名，周義會通：十四卷，首一卷，附一卷/（元）董真卿撰

　　易圖通變五卷：/（宋）雷思齊撰

　　易象圖説内篇：三卷；外篇：三卷/（元）張理撰

　　大易象數鉤深圖：三卷/（元）張理撰

　　周易參義：十二卷/（元）梁寅撰

　　合訂刪補大易集義粹言：八十卷/（清）納蘭性德撰

書

　　書古文訓：十六卷/（宋）薛季宣撰

　　三山拙齋林先生尚書全解：四十卷/（宋）林之奇撰

　　程尚書禹貢論：二卷；後論：一卷；山川地理圖：二卷/（宋）程大昌撰

　　尚書説：七卷/（宋）黃度撰

　　增修東萊書説：三十五卷，首一卷/（宋）呂祖謙撰；（宋）時瀾修定

　　書疑：九卷/（宋）王柏撰

　　書集傳或問：二卷/（宋）陳大猷撰

　　杏溪傅氏禹貢集解：二卷/（宋）傅寅撰

　　尚書詳解：十三卷/（宋）胡士行撰

　　尚書表注：二卷/（宋）金履祥撰

　　尚書纂傳：四十六卷/（元）王天與撰

　　書蔡氏傳輯錄纂注：六卷，首一卷/（元）董鼎撰

　　書纂言：四卷/（元）吳澄撰

　　書蔡氏傳旁通：六卷/（元）陳師凱撰

　　尚書句解：十三卷/（元）朱祖義撰

　　書集傳纂疏：六卷，首一卷/（元）陳櫟撰

　　尚書通考：十卷/（元）黃鎮成撰

　　王耕野先生讀書管見：二卷/（元）王充耘撰

　　定正洪範集説：一卷，首一卷/（元）胡一中撰

詩

　　毛詩指説：一卷/（唐）成伯璵撰

　　詩本義：十五卷；鄭氏詩譜補亡：一卷/（宋）歐陽修撰

　　李迃仲黃實夫毛詩集解：四十二卷，首一卷/（宋）李樗，（宋）黃櫄講義；（宋）呂祖謙釋音

　　毛詩名物解：二十卷/（宋）蔡卞撰

　　詩説：一卷/（宋）張耒撰

　　詩疑：二卷/（宋）王柏撰

　　詩傳遺説：六卷/（宋）朱鑑撰

　　逸齋詩補傳：三十卷，篇目一卷/（宋）范處義撰

　　詩集傳名物鈔：八卷/（元）許謙撰

　　詩經疑問：七卷/（元）朱倬撰；附編：一卷/（宋）趙惪撰

　　詩解頤：四卷（明）朱善撰

春秋

　　春秋尊王發微：十二卷，附錄一卷/（宋）孫復撰

　　春秋皇綱論：五卷/（宋）王晳撰

　　春秋劉氏傳：十五卷/（宋）劉敞撰

　　春秋權衡：十七卷/（宋）劉敞撰

　　劉氏春秋意林：二卷/（宋）劉敞撰

　　春秋年表：一卷/佚名撰

　　春秋名號歸一圖：二卷/（後蜀）馮繼先撰

　　龍學孫公春秋經解：十五卷/（宋）孫覺撰

　　春秋臣傳：三十卷/（宋）王當撰

　　西疇居士春秋本例：二十卷/（宋）崔子方撰

　　木訥先生春秋經筌：十六卷/（宋）趙鵬飛撰

　　石林先生春秋傳：二十卷/（宋）葉夢得撰

　　止齋先生春秋後傳：十二卷/（宋）陳傅良撰

　　春秋集解：三十卷/（宋）呂祖謙撰

左氏傳説：二十卷/（宋）呂祖謙撰

春秋左氏傳事類始末： 五卷，附錄一卷/（宋）章沖撰

春秋提綱：十卷/（元）陳則通撰

春秋王霸列國世紀編：三卷/（宋）李琪撰

春秋通説：十三卷/（宋）黃仲炎撰

春秋集注：十一卷，綱領一卷/（宋）張洽撰

春秋或問：二十卷/（宋）呂大圭撰

春秋五論：一卷/（宋）呂大圭撰

則堂先生春秋集傳詳説：三十卷，綱領一卷/（宋）家鉉翁撰

春秋類對賦：一卷/（宋）徐晉卿撰

春秋諸國統紀：六卷/（元）齊履謙撰

春秋本義：三十卷，首一卷/（元）程端學撰

春秋或問：十卷/（元）程端學撰

春秋集傳：十五卷/（元）趙汸撰；（明）倪尚誼補

春秋屬辭：十五卷/（元）趙汸撰

春秋師説：三卷，附錄二卷/（元）趙汸撰

春秋左氏傳補注：十卷/（元）趙汸撰

春秋諸傳會通：二十四卷，首一卷/（元）李廉撰

春秋集傳釋義大成：十二卷，首一卷/（元）俞皐撰

清全齋讀春秋編：十二卷/（元）陳深撰

春秋春王正月考：一卷；辨疑：一卷/（明）張以寧撰

三禮

新定三禮圖：二十卷/（宋）聶崇義集注

東巖周禮訂義：八十卷，首一卷/（宋）王與之撰

鬳齋考工記解：二卷/（宋）林希逸撰

儀禮圖：十七卷；旁通圖：一卷，附儀禮本經十七卷/（宋）楊復撰

禮記集説：一百六十卷/（宋）衛湜撰

禮經會元：四卷/（宋）葉時撰

太平經國之書：十一卷，首一卷/（宋）鄭伯謙撰

夏小正戴氏傳：四卷/（宋）傅崧卿注

儀禮集説：十七卷/（元）敖繼公撰

儀禮逸經傳：一卷/（元）吳澄撰

經禮補逸：九卷，附錄一卷/（元）汪克寬撰

禮記陳氏集説補正：三十八卷/（清）納蘭性德撰

孝經

孝經注解：一卷（唐）玄宗李隆基注；（宋）司馬光指解；（宋）范祖禹説

孝經大義：一卷/（元）董鼎撰

孝經：一卷/（元）吳澄校定

晦庵先生所定古文孝經句解：一卷/（元）朱申撰

論語

南軒先生論語解：十卷/（宋）張栻撰

論語集説：十卷/（宋）蔡節撰

孟子

南軒先生孟子説：七卷/（宋）張栻撰

孟子集疏：十四卷/（宋）蔡模撰

孟子音義：二卷/（宋）孫奭撰

四書

大學纂疏：一卷；中庸纂疏：一卷；論語纂疏：十卷；孟子纂疏：十四卷/（宋）趙順孫撰

大學集編：一卷；中庸集編：一卷；論語集編：十卷；孟子集編：十四卷/（宋）真德秀撰

大學通：一卷；中庸通：一卷；論語通：十卷；孟子通：十四卷/（元）胡炳文撰

大學章句或問通證：一卷；中庸章句或問通證：一卷；論語集注通證：二卷；孟子集注通證：二卷/（元）張存中撰

大學章句纂箋：一卷；大學或問纂箋：一卷；中庸章句纂箋：一卷；中庸或問纂箋：一卷；論語集注纂箋：十卷；孟子集注纂箋：十四卷/（元）詹道傳撰

四書通旨：六卷/（元）朱公遷撰

四書辨疑：十五卷/（元）陳天祥撰

大學集説啓蒙：一卷；中庸集説啓蒙：一卷/（元）景星撰

總經解

經典釋文：三十卷（唐）陸德明撰

公是先生七經小傳：三卷/（宋）劉敞撰

六經奧論：六卷，首一卷/（宋）鄭樵撰

六經正誤：六卷/（宋）毛居正撰

熊先生經説：七卷/（元）熊朋來撰
十一經問對：五卷/（元）何異孫撰
五經蠡測：六卷（明）蔣悌生撰

（丙一）/240

第二部 79冊，有殘缺，鈐“奉天錦縣樊鴻錫紹容氏景陶館收藏印”朱文印

（戊）/1236

[通志堂經解四種]：十六卷/（清）納蘭成德輯.--刻本.--京師：通志堂，清康熙（1662～1722）.--4冊（1函）.--半葉11行，行20字，白口，左右雙邊，單黑魚尾，版心下刻“通志堂”，半框19.9×14.8cm.--綫裝

子目：
易圖通變：五卷/（元）雷思齊撰
易圖説：三卷/（宋）吳仁傑撰
易稗傳：一卷；易稗傳外篇：一卷/（宋）林至撰
易象圖説：内篇三卷，外篇三卷/（元）張理撰

（乙一）/80

[通志堂經解六種]：三十四卷/（清）納蘭成德輯.--刻本.--京師：通志堂，清康熙（1662～1722）.--12冊（2函）.--半葉11行，行20字，白口，左右雙邊，單黑魚尾，版心下刻“通志堂”，半框19.9×14.9cm。通志堂藏板。王瓛題識。鈐“王瓛”印（陰陽合璧）.--綫裝

子目：
六經奥論：六卷，首一卷/（宋）鄭樵撰
六經正誤：六卷/（宋）毛居正撰
公是先生七經小傳：三卷/（宋）劉敞撰
熊先生經説：七卷/（元）熊朋來撰
五經蠡測：六卷/（元）蔣悌生撰
十一經問對：五卷/（元）何異孫撰

（丙一）/293

[通志堂經解五種]：二十八卷/（清）納蘭成德輯.--刻本.--京師：通志堂，清康熙十六年（1677）.--8冊（1函）.--半葉11行，行20字，白口，左右雙邊，單黑魚尾，版心下刻“通志堂”，半框20.2×15.1cm.--綫裝

子目：
杏溪傅氏禹貢集解：二卷/（宋）傅寅撰
尚書詳解：十三卷/（宋）胡士行撰
尚書表注：二卷/（宋）金履祥撰
書疑：九卷/（宋）王柏撰
書集傳或問：二卷/（宋）陳大猷撰

（丙一）/304

[明善堂五經]：五種五十八卷/（清）胤祥輯.--刻本.--怡府，清乾隆（1736～1795）.--28冊（6函）.--半叶9行，行17字，小字雙行字同，白口，四周雙邊，單黑魚尾，半框20×14.6cm。怡府藏版。鈐“御題明善堂”朱文印、“冰玉主人”白文印、“北平孔德學校之章”朱文印.--綫裝

子目：
周易本義：四卷/（宋）朱熹傳
書經集傳：六卷/（宋）蔡沈集傳
詩經集傳：八卷/（宋）朱熹集傳
禮記集説：十卷/（元）陳澔集説
春秋胡傳：三十卷/（宋）胡安國傳

（甲一）/168

易　類

御製繙譯易經：四卷/（清）高宗弘曆敕譯.--刻本.--京師：武英殿，清乾隆三十年（1765）.--4冊（1函）.--半葉滿漢文各6行，行字數不等，白口，四周雙邊，單黑魚尾，半框18.6×13.9cm。鈐“頑石齋”朱文印.--綫裝

（乙·一）/1

第二部 （乙·一）/2
第三部 （乙·一）/4
第四部 （乙·一）/6
第五部 （乙·一）/7
第六部 鈐“峰鶴草堂”朱文印、“潤亨”朱文印 （乙一）/128

御製繙譯易經：四卷/（清）高宗弘曆敕譯.--抄本.--清（1644～1911）.--4冊（1函）.--綫裝

（乙·一）/3

周易：十卷/（魏）王弼註.--刻本，影刻.--京師：武英殿，清乾隆四十八年（1783）.--3冊（1函）.--（御定仿宋相臺岳氏本五經/［宋］岳珂編）.--半葉8行，行17字，小字雙行字同，白口，四周雙邊，雙對黑魚尾，半框20×13.5cm.--綫裝　　　　　　（乙一）/119

周易兼義：九卷/（魏）王弼注；（唐）孔穎達正義.周易略例：一卷/（魏）王弼撰.經典釋文卷第一周易音義：一卷/（唐）陸德明撰.--刻本.--明（1368～1644）.--5冊（1函）.--有缺葉。半葉9行，行21字，小字雙行字同，白口，四周單邊，半框20.2×13.3cm.有刻工：王元名、王良等.--綫裝　　　　　（乙一）/112

易傳：十卷/（唐）李鼎祚撰；（明）沈士龍，（明）胡震亨校.易解附錄：一卷/（漢）鄭玄注；（明）胡震亨輯.--刻本.--明萬曆31年（1603）.--12冊（1函）.--（秘冊彙函/［明］胡震亨輯）.--半葉9行，行18字，白口，左右雙邊，單綫魚尾，半框19.4×14.1cm。佚名圈點.--綫裝　　　　　　　　　　（乙一）/127

易傳：十七卷/（唐）李鼎祚集解.易釋文：一卷/（唐）陸德明撰.--刻本.--德州：盧氏雅雨堂，清乾隆二十一年（1756）.--6冊（1函）.--書名頁題"李氏易傳"。半葉10行，行21字，小字雙行字同，白口，四周單邊，單黑魚尾，版心下刻"雅雨堂"。半框18.6×14cm。雅雨堂藏板。鈐"觀我生室"朱文印、"首禾書屋藏記"朱文印.--綫裝　　（乙一）/64
　　第二部　鈐"詒晉齋印"白文印、"景氏劍泉收藏圖記"白文印、"令德堂"朱文印、"東海李明常印"白文印、"映菉金石書畫"朱文印、"裕寬之印"白文印　　（乙一）/416

漢上易傳：十一卷；卦圖：三卷；叢說：一卷/（宋）朱震撰.--刻本.--京師：通志堂，清康熙十五年（1676）.--6冊（1函）.--書名據版心著錄。半葉13行，行23字，白口，左右雙邊，單黑魚尾，版心下刻"通志堂"，半框19.8×15cm.--綫裝　　　　　　　（乙一）/108

周易：九卷/（魏）王弼注；（宋）程頤傳；（明）萬廷言，（明）章潢校.周易略例：一卷/（魏）王弼撰.周易略例釋文：一卷/（唐）陸德明撰.--刻本.--朱鴻謨，明萬曆十六年（1588）.--12冊（2函）.--半葉8行，行17字，小字雙行字同，白口，四周雙邊，單黑魚尾。有寫手：余光宣。刻工：鄒邦傑、姜等。佚名圈點.--綫裝　　　　　　　　　（乙一）/70

周易：十卷/（宋）程頤傳；（宋）朱熹本義.上下篇義：一卷/（宋）程頤撰.易圖：一卷/（宋）朱熹集錄.易五贊：一卷；筮儀：一卷/（宋）朱熹撰.易說綱領：一卷/（宋）程頤撰.--刻本.--司禮監，明正統12年（1447）.--10冊（1函）.--周易缺卷9、10。周易版心題名"易傳義"。半葉8行，行14字，小字雙行18字，粗黑口，四周雙邊，雙順黑魚尾，半框20.7×15.4cm.--綫裝　　　　　　　　　（乙一）/32

周易本義：四卷/（宋）朱熹撰.--刻本.--明（1368～1644）.--4冊（1函）.--半葉11行，行23字，小字雙行字同，白口，左右雙邊間四周雙邊，雙順黑魚尾，半框12.8×9.8cm。巾箱本，天頭高大。佚名眉批.--綫裝　　　　　　　　（丁）/15179

周易本義：十二卷；易圖：一卷；周易五贊：一卷；筮儀：一卷/（宋）朱熹撰.--刻本.--曹寅，清康熙五十年（1711）.--2冊（1函）.--半葉8行，行16字，小字雙行20字，白口，左右雙邊，雙對黑魚尾，半框16.7×11.6cm。鈐"沈燕謀藏書"朱文印、"藝風堂藏書"朱文印、"荃孫"朱文印、"雲輪閣"朱文印.--綫裝　　　　　　　　　（丁）/15548

周易本義：十二卷/（宋）朱熹撰.--刻本.--京師：內府，清康熙（1662～1722）.--2冊（1函）.--仿宋咸淳元年吳革刻本。半葉6行，行15字，小字雙行字同，白口，左右雙邊，雙對黑魚尾，半框24×16.8cm。鈐"學部圖書之印"朱文印（滿漢合璧）.--綫裝　（丙一）/911
　　第二部　4冊（1函）　　　（乙一）/87

周易本義刪正讀本：四卷/（明）朱國輔撰．--抄本，朱絲欄．--清（1644～1911）．--3 冊（1函）：插圖．--半葉 8 行，行 21 字，白口，四周雙邊，單紅魚尾，半框 22.4×15.5cm。鈐“怡雲書屋”朱文印、“娑羅花樹館”朱文印、“周養菴藏書記”。佚名圈點．--綫裝　　　（丁）/12484

周易本義辯證：五卷/（清）惠棟撰．--刻本．--省吾堂，清乾隆（1736～1795）．--2 冊（1夾）．--半葉 10 行，行 21 字，小字雙行字同，粗黑口，左右雙邊，單黑魚尾，半框 18.3×13.4cm。省吾堂藏板。鈐“常秋厓之圖記”朱文印．--綫裝　　　　　　　（丙一）/335

東谷鄭先生易翼傳：二卷/（宋）鄭汝諧撰．--刻本．--京師：通志堂，清康熙十九年（1680）．--2 冊（1 函）．--（通志堂經解：一百四十種/[清]納蘭性德輯）．--書名頁題名“東谷易翼傳”。半葉 11 行，行 20 字，白口，左右雙邊，單黑魚尾，版心下刻“通志堂”，半框 20.1×15.2cm。有刻工：陳君生、范子茂等。通志堂藏板．--綫裝　　　（庚）/702

周易玩辭：十六卷/（宋）項安世撰．--刻本．--京師：通志堂，清康熙十五年（1676）．--6 冊（1 函）．--半葉 11 行，行 20 字，小字雙行字同，白口，左右雙邊，單黑魚尾，半框 19.8×15.1cm。有刻工：繆天渠、邛世維、王爾極等。通志堂藏板．--綫裝　　　（乙一）/58

童溪王先生易傳：三十卷/（宋）王宗傳撰．--刻本．--清康熙（1662～1722）．--16 冊（2 函）．--仿康熙通志堂刻本。半葉 11 行，行 20 字，白口，左右雙邊，單黑魚尾，半框 20×15.1cm。鈐“石經厂印”朱文印、“楊繼震”白文印、“楊彥起”朱文印．--綫裝　　　（乙一）/494

三易備遺：十卷/（宋）朱元昇撰．**易象圖説内篇**：三卷；**易象圖説外篇**：三卷/（元）張理撰．--刻本．--京師：通志堂，清康熙（1662～1722）．--6 冊（1 函）：有插图．--半葉 11 行，行 20 字，白口，左右雙邊，單黑魚尾，半框 20.3×

15.2cm。通志堂藏板．--綫裝　　　（乙一）/57

周易經傳集程朱解附錄纂注：十四卷；**朱子筮儀附錄纂注**：一卷/（元）董真卿編．--刻本．--京師：通志堂，清康熙十六年（1677）．--16 冊（2 函）．--版心題“周易會通”。半葉 11 行，行 20 字，小字雙行 30 字，白口，左右雙邊，單黑魚尾，版心下刻“通志堂”，半框 20×15.1cm。有刻工：鄧宣、高宇等。佚名圈點。鈐“雪齋過眼”朱文印、“中興堂”朱文印．--綫裝　　　（乙一）/98

周易旁註：二卷；**前圖**：二卷；**卦傳**：十卷/（明）朱升撰．--刻本．--明嘉靖元年（1522）．--4 冊（1 函）．--半葉 10 行，行 20 字，小字雙行字同，黑口，四周雙邊，雙順黑魚尾，半框 19.5×13.7cm．--綫裝　　　（乙一）/578

周易旁註：不分卷；**周易旁註前圖**：二卷/（明）朱升撰．--刻本．--明（1368～1644）．--4 冊（1 函）．--半葉 9 行，行 14 字，小字雙行、3 行字數不等；前圖半葉 8 行，行 18 字，小字雙行字同，白口，左右雙邊，單黑魚尾，半框 21.6×15.1cm。鈐“繆沅之印”朱文印、“秋窗讀易”白文印等．--綫裝　　　（乙一）/1

周易傳義大全：二十四卷，上下篇義一卷，圖説一卷，五贊一卷，筮儀一卷，綱領一卷/（明）胡廣等輯．--刻本．--明（1368～1644）．--12 冊（2 函）．--半葉 10 行，行 22 字，小字雙行字同，粗黑口，四周雙邊，雙對黑魚尾，半框 26.3×17.9cm。鈐“守德”白文印、“淽”白文印．--綫裝　　　（乙一）/380

周易傳義大全：二十四卷，卷首一卷/（明）胡廣輯．--刻本．--朝鮮，李朝中後期（1649～1910）．--14 冊（5 函）：插圖．--半葉 10 行，行 18 字，小字雙行字同，白口，四周單邊，單花魚尾，半框 25.4×18.2．--綫裝

（乙一）/110

易學：十二卷/（明）沈一貫撰．--刻本．--明萬曆（1573～1620）．--6 冊（1 函）．--半葉 10

行，行 19 字，小字雙行字同，白口，左右雙邊，單黑魚尾，半框 19.7×14.9cm。鈐"宋氏蘭揮藏書善本"白文印、"穌松庵"白文印.--綫裝
（乙一）/434

新鐫方孟旋先生羲經鴻寶：十二卷/（明）方應祥撰. **周易説統**：不分卷/（明）張振淵輯；（明）李克愛補輯.--刻本.--明末（1573～1644）.--10 冊（1 函）.--上下兩欄，上欄為周易説統，半葉 16 行，行 16 字，下欄為易經鴻寶，半葉 9 行，行 17 字，小字雙行字同，白口，四周單邊，單綫魚尾，半框 22.5×12.9cm。鈐"盱眙吳氏藏書"朱文印.--綫裝 （乙一）/59

易學圖解：六卷/（明）沈壽昌撰.--刻本.--明天啟六年（1626）.--4 冊（1 函）.--半葉 9 行，行 19 字，小字雙行字同，白口，四周單邊，單綫魚尾，半框 21.1×14.4cm。佚名圈點.--綫裝 （乙一）/366

易憲：四卷，卦歌一卷，圖説一卷/（明）沈泓疏.--刻本.--華亭張仕遇、嘉善徐王猷，清乾隆九年（1744）.--4 冊（1 函）.--半葉 11 行，行 23 字，小字雙行字同，白口，左右雙邊，單黑魚尾，版心下刻"補堂藏板"，半框 19.9×14.1cm。鈐"積學齋徐乃昌藏書"朱文印.--綫裝 （乙一）/18

來瞿唐先生易註：十五卷，卷之首一卷，卷之末一卷，周易圖像一卷/（明）來知德撰.--刻本.--寧遠堂，清雍正七年（1729）.--12 冊（1 函）：有圖像.--書名頁題"易經來註圖解"。半葉 9 行，行 22 字，小字雙行字同，白口，四周雙邊，單黑魚尾，半框 21.8×14cm。佚名圈點.--綫裝 （丙一）/1170

梁山來知德先生易經集註：十六卷；**來知德周易集註改正分卷圖**：一卷；**易學六十四卦啟蒙**：一卷/（明）來知德纂.--刻本.--清乾隆十一年（1746）.--10 冊（1 函）.--書名頁題名"易經來注"，版心題名"易經集注"。半葉 9 行，行 20 字，小字雙行字同，白口，四周單邊，單黑

魚尾，半框 20.6×15cm。三多齋藏板。佚名圈點.--綫裝 （乙一）/60

日講易經解義：十八卷，卦圖一卷，筮儀一卷/（清）牛鈕等編.--刻本.--京師：內府，清康熙 19 年至 23 年（1680～1684）.--6 冊（1 函）.--半葉 9 行，行 18 字，粗黑口，四周雙邊，雙對黑魚尾，半框 18.9×14.7cm.--綫裝
（乙一）/312

周易疏略/（清）張沐撰.--刻本.--敦臨堂，清康熙十九年（1680）.--刻本.--4 冊.--半葉 9 行，行 17 字，小字雙行字同，白口，四周雙邊，單黑魚尾，半框 20.2×14.5cm.--綫裝：市府贈書 （戊）/2820

周易簡註：四卷/（清）鄭勳撰.--刻本.--清康熙四十六年（1707）.--2 冊（1 函）.--半葉 9 行，行 21 字，小字雙行字同，白口，左右雙邊，單黑魚尾，半框 19.7×14.4cm。本堂藏板.綫裝 （丙一）/336

御纂周易折中：二十二卷，卷首一卷/（清）李光地等編.--刻本.--京師：內府，清康熙五十四年（1715）.--10 冊（2 函）.--半葉 8 行，行 18 字，小字雙行 22 字，白口，四周雙邊，單黑魚尾，半框 22.5×16.5cm.--綫裝
（乙一）/371

御纂周易折中：二十二卷，卷首一卷/（清）李光地等編.--刻本.--清康熙（1665～1722）.--10 冊（2 函）.--翻刻清內府刻本。半葉 8 行，行 18 字，小字雙行 22 字，白口，四周雙邊，無界行，單黑魚尾，半框 22.4×16.4cm。鈐"西園家藏"白文印、"子孫保之"朱文印、"中正"朱文印.--綫裝 （丙一）/363

御纂周易折中：二十二卷，卷首一卷/（清）李光地等編.--刻本.--清康熙（1665～1722）.--12 冊（2 函）.--翻刻清內府刻本。半葉 8 行，行 18 字，小字雙行 22 字，白口，四周雙邊，無界行，單黑魚尾，半框 22.2×16cm。

鈐"深澤王氏洗心精舍所藏書畫"朱文印.--綫裝 （乙一）/113

御纂周易折中：二十二卷，卷首一卷/（清）李光地奉敕纂.--刻本.--清康熙（1662～1722）.--16冊（2函）.--翻刻清内府刻本。半葉8行，行18字，小字雙行22字，白口，四周雙邊，單黑魚尾，半框22.5×16cm。鈐"國子監印"朱文印（滿漢合璧）.--綫裝

（丙一）/900

御纂周易折中：二十二卷，卷首一卷/（清）李光地等編修.--刻本.--清乾隆（1736～1795）.--10冊（1函）.--仿清内府刻本。半葉8行，行18字，小字雙行22字，白口，四周雙邊，無界行，單黑魚尾，半框22.2×15.9cm。鈐"國子監印"朱文印（滿漢合璧）、"京師圖書館收藏之印"朱文印.--綫裝

（丙一）/1082

周易通論：四卷/（清）李光地撰.--刻本.--教忠堂，清康熙（1662～1722）.--2冊.--書名頁題名"安溪先生周易通論"。半葉9行，行19字，白口，左右雙邊，單黑魚尾，半框18×12.8cm。鈐"御賜教忠堂"朱文印、"國子監印"朱文印（滿漢合璧）、"京師圖書館收藏之印"朱文印.--綫裝 （丙一）/899

　　第二部　鈐"御賜教忠堂"朱文印、"國子監印"朱文印（滿漢合璧） （丙一）/892

　　第三部　鈐"御書樓藏書"、"御賜教忠堂"朱文印、"國子監印"朱文印（滿漢合璧）

（丙一）/20

周易觀象：十二卷/（清）李光地撰.--刻本.--教忠堂，清康熙（1662～1722）.--4冊（1夾）.--半葉11行，行20字，白口，四周單邊，雙對黑魚尾，半框15.9×13cm。鈐"遇讀者善"白文印、"知聯道齋藏書"朱文印、"南昌彭氏"朱文印、"京師圖書館收藏之印"朱文印、"國子監印"朱文印（滿漢合璧）.--綫裝 （丙一）/896

　　第二部　鈐"御書樓藏書"、"御賜教忠堂"朱文印、"國子監印"朱文印（滿漢合璧）

（丙一）/21

易義前選/（清）李光地輯.--刻本.--教忠堂，清康熙（1662～1722）.--3冊（1夾）.--書名頁題"安溪先生易義前選"。半葉10行，行26字，白口，左右雙邊，無界行，半框18.5×11.9cm。鈐"御賜教忠堂"朱文印、"民國七年由清監移藏圖書館"、"國子監印"朱文印（滿漢合璧）.--綫裝 （丙一）/889

易酌：十四卷，讀易法一卷，周易雜卦圖一卷/（清）刁包撰.--刻本.--伊祁刁承祖，清雍正十年（1732）.--14冊（2函）.--半葉10行，行21字，小字雙行字同，白口，左右雙邊，單黑魚尾，半框20.1×14.1cm。本衙藏板.--綫裝 （乙一）/111

周易傳義合訂圖義：十二卷/（清）朱軾輯.--刻本.--鄂彌達，清乾隆二年（1737）.--6冊（1函）.--卷2-12卷端題名"周易傳義合訂"。半葉8行，行20字，小字雙行字同，白口，四周雙邊，單黑魚尾，半框21×15cm.--綫裝 （乙一）/126

易註：十二卷；**洪範傳**：一卷/（清）崔致遠撰.--刻本.--許爾怡，清乾隆八年（1743）.--9冊（1函）：有插圖.--半葉8行，行23字，小字雙行字同，白口間粗黑口，左右雙邊，雙對黑魚尾，半框18.5×14.3cm.--綫裝

（乙一）/82

　　第二部 （丙一）/537

易經揆一：十四卷；**易經啓蒙補**：二卷/（清）梁錫璵集傳.--刻本.--清乾隆十六年（1751）.--10冊（1函）：有插圖.--書名頁題"御覽易經揆一"。半葉10行，行21字，白口，四周雙邊，單黑魚尾，半框19.3×13.9cm.--綫裝 （乙一）/2

　　第二部 （乙一）/116

大易擇言：三十六卷/（清）程廷祚撰.--刻本.--道寧堂，清乾隆十九年（1754）.--16冊

（1函）. --半葉 9 行，行 20 字，白口，左右雙邊，單黑魚尾，版心下刻 "道寧堂"，半框 20×14cm。道寧堂藏板。鈐 "一齋" 朱文印、"用之則行" 朱文印. --綫裝　　　　　　（乙一）/99

易箋：八卷，首一卷/（清）陳法撰. --刻本. --敬和堂，清乾隆三十年（1765）刻；黔中陳氏，光緒十四年（1888）補刻. --6 冊（1 函）. --目錄題 "定齋易箋"。半葉 12 行，行 25 字，白口，左右雙邊，單黑魚尾，半框 21.2×14cm。敬和堂藏板. --綫裝　　　　　　（乙一）/49

周易洗心：十卷，讀法一卷/（清）任啟運撰. 刻本. --清芬堂，清乾隆三十四年（1769）. --10 冊（1 函）. --半葉 8 行，行 20 字，小字雙行字同，白口，四周雙邊，單黑魚尾，半框 20.2×14.2cm。清芬堂藏板. --綫裝　　　　　　（乙一）/51

復堂易貫/（清）于大鯤撰. --刻本. --聽雨山房，清乾隆三十八年（1773）. --4 冊（1 函）. --半葉 9 行，行 25 字，白口，四周雙邊，單黑魚尾，半框 17.8×11.9cm。聽雨山房藏板。佚名圈點. --綫裝　　　　　　（乙一）/69

周易辨畫：四十卷/（清）連斗山撰. --刻本. --清乾隆三十九年（1774）. --8 冊（1 函）. --半葉 10 行，行 21 字，小字雙行字同，白口，左右雙邊，單黑魚尾，半框 19.8×14cm。本衙藏板. 綫裝　　　　　　（乙一）/93

易經講義：八卷/（清）周姬臣纂. --刻本. --清乾隆五十四年（1789）. --8 冊（1 函）. --半葉 10 行，行 22 字，小字雙行字同，白口，左右雙邊，單黑魚尾，半框 17.5×12.6cm. --綫裝　　　　　　（乙一）/20

周易經義審：七卷，首一卷/（清）盧渻輯注. --刻本. --錫環堂，清乾隆六十年（1795）. --10 冊（1 函）：有插圖. --半葉 8 行，行 24 字，小字雙行字同，有眉批，行 5 字，白口，左右雙邊，單黑魚尾，半框 16.8×13.1cm。錫環堂藏板。佚名圈點. --綫裝　　　　　　（乙一）/53

周易函書約存：十五卷，卷首三卷；**周易函書約註**：十八卷；**周易函書別集**：十六卷；**卜法詳攷**：四卷/（清）胡煦撰. --刻本. --胡氏葆璞堂，清乾隆（1736～1795）. --30 冊（4 函）. --半葉 10 行，行 24 字，白口，四周雙邊，單黑魚尾，版心下刻 "葆璞堂"，半框 18.4×14cm. --綫裝　　　　　　（乙一）/563

　第二部　缺周易函書約註，鈐 "深澤王氏洗心精舍所藏書畫" 白文印　　　（乙一）/125

御前講易/（清）胡煦撰. --抄本. --清（1644～1911）. --1 冊（1 函）：插圖. --佚名圈點。鈐 "李惠民印" 朱文印、"北京市人民政府文化教育委員會文物調查組" 朱文印. --綫裝　　　　　　（丁）/12609

運餘齋易象管窺/（清）絮甫撰. --抄本. --清（1644～1911）. --2 冊（1 函）：插圖. --佚名圈點。鈐 "鹿巖精舍典書印" 朱文印. --綫裝　　　　　　（丁）/12485

易解參考：十七卷/（朝鮮）柳正源撰. --活字本. --朝鮮，朝鮮哲宗四年（1852）. --10 冊（2 函）. --半葉 10 行，行 20 字，小字雙行字同，白口，四周單邊，雙對花魚尾，半框 21.2×17.1cm。鈐 "溪堂" 白文印、"召福山人" 白文印. --綫裝　　　　　　（乙一）/94

古周易訂詁：十六卷，附一卷/（明）何楷撰. --刻本，朱墨套印. --海澄郭文燚，清乾隆十六年（1751）. --12 冊（1 函）. --書名頁題 "周易訂詁"。半葉 9 行，行 20 字，小字雙行字同，白口，四周單邊，半框 20.5×14.1cm。聞桂齋藏版. --綫裝　　　　　　（乙一）/67

歸藏衍義：三卷/（明）郭舜天撰. --抄本. --清（1644～1911）. --3 冊（1 函）. --佚名圈點、批校、題識。鈐 "彭樂韜印" 朱文印、"自興堂藏書" 白文印、"涵鐸" 白文印、"彭樂韜印" 白文印、"素安館閒" 白文印、"彭涵鐸" 朱文印. --綫裝　　　　　　（丁）/12568

周易乾鑿度：二卷/（漢）鄭玄注.--刻本.--德州：盧氏雅雨堂，清乾隆二十一年（1756）.--1冊（1函）.--（雅雨堂叢書/[清]盧見曾輯）.--半葉10行，行21字，小字雙行字同，白口，四周單邊，單黑魚尾，版心下刻“雅雨堂”，半框18.2×14.4cm.--綫裝：群芳閣藏書

（庚）/185

第二部　　　　　　　　　　（庚）/186

書　類

尚書大傳：四卷，補遺一卷/（漢）伏勝撰；（漢）鄭玄注. 鄭司農集：一卷/（漢）鄭玄撰.--刻本.--德州：盧氏雅雨堂，清乾隆二十一年（1756）.--1冊（1函）.--（雅雨堂叢書/[清]盧見曾輯）.--半葉10行，行21字，小字雙行字同，白口，四周單邊，單黑魚尾，半框18.4×14.5cm。雅雨堂藏板.--綫裝　（丙一）/915

尚書大傳：四卷，補遺一卷/（漢）鄭玄注. 續補遺：一卷; 考異：一卷/（清）盧文弨撰.--刻本.--德州：盧氏雅雨堂，清乾隆二十一年（1756）.--1冊（1函）.--（雅雨堂叢書/[清]盧見曾輯）.--半葉10行，行21字，白口，四周單邊，單魚尾，半框18×14.4cm.--綫裝：群芳閣藏書　（庚）/187

尚書註疏：二十卷/（漢）孔安國傳；（唐）孔穎達疏；（唐）陸德明釋文.--刻本.--北京：國子監，明萬曆十五年（1587）.--8冊（1函）.--（十三經注疏）.--存卷1-11。半葉9行，行21字，小字雙行字同，白口，左右雙邊，單黑魚尾，版心上刻“萬曆十五年刊”，半框21.9×15.2cm。有刻工：黃幹.--綫裝　（丙一）/586

尚書註疏：二十卷/（漢）孔安國傳；（唐）孔穎達疏.--刻本.--常熟：毛氏汲古閣，明崇禎五年（1632）.--6冊（1夾）.--（十三經註疏）.--半葉9行，行21字，小字雙行字同，白口，左右雙邊，半框17.7×12.6cm.--綫裝

（丙一）/716

書經集傳：六卷/（宋）蔡沈撰.--刻本.--國子監，清雍正（1723~1735）.--4冊（1函）.--（五經四書讀本）.--半葉9行，行17字，小字雙行字數等，白口，四周單邊，半框20.9×14.6cm。正文旁抄寫滿文譯文.--綫裝

（乙・一）/13

書經：[滿漢對照]：六卷，首一卷/（宋）蔡沈集傳.--刻本.--京師：武英殿，清乾隆二十五年（1760）.--4冊（1夾）.--半葉滿文7行，漢文7行，行字數不等，白口，四周雙邊，單黑魚尾，半框18.9×13.9cm。佚名圈點.--綫裝

（乙・一）/8

書經：六卷/（宋）蔡沈集注.--刻本.--金閶：文粹堂，清乾隆二十七年（1762）.--4冊（1函）.--據監本刊刻。半葉9行，行17字，小字雙行字同，有眉欄，行3字，白口，左右雙邊，單黑魚尾，半框20.6×14.5cm。鈐“國子監八學官書”朱文印、“國子監印”朱文印（滿漢合璧）.--綫裝　（丙一）/476

書義主意：六卷/（元）王充耘編. 群英書義：二卷/（元）張泰輯；（元）劉錦文選.--抄本.--清（1644~1911）.--2冊（1函）.--鈐“壽華軒”白文印、“味滄祕笈”朱文印、“莫友芝圖書記”朱文印、“莫彝孫印”朱文印、“莫繩孫印”白文印、“慰蒼收藏善本”朱文印.--綫裝

（丙一）/279

黃翰林校正書經大全：十卷/（明）胡廣等纂. 書經考異：一卷/（宋）王應麟撰.--刻本.--清康熙五十年（1711）.--10冊（1函）.--書名頁、版心題“書經大全”。半葉行數不等，行字數不等，白口，左右雙邊，單黑魚尾，半框20.2×14.4cm。鬱鬱堂藏板。佚名圈點.--綫裝

（丙一）/927

書經章句訓解：十卷/（明）尹洪撰.--刻本.--山西：晉府，明成化十年（1474）.--5冊（1

函）.--函套書簽題"成化本書經訓解"。半葉12 行，行 18 至 22 字不等，小字雙行 25 字，粗黑口，四周雙邊，雙順黑魚尾，半框 21.2×13.8cm。有刻工：郝奉、呂宣等。佚名圈點.--綫裝 （乙一）/382

桂林書響：十卷/（明）顧懋樊撰.--刻本.--武林顧氏，明崇禎（1628～1644）.--8 冊（1 函）：禹貢圖 9 幅.--（桂林五經）.--上下兩欄，上欄行數不等，行 17 字，下欄 9 行，行 17 字，小字雙行字同，白口，四周單邊，單黑魚尾，半框 23.3×14.1cm。佚名圈點.--綫裝 （丁）/12470

尚書彙纂必讀：十二卷/（清）陸士楷纂輯.--刻本.--光裕堂，清康熙十年（1672）.--2 冊（1 函）.--版心題名"尚書彙纂"。半葉 9 行，行 20 字，小字雙行字同，有眉欄，行 2 字，白口，四周雙邊，版心下刻"居敬堂"，半框 20.7×14.1cm。鈐"陳"朱文印、"元琳字西珍別號春圃"白文印、"王懿榮"白文印、"研香齋"朱文印、"天壤閣藏"白文印、"周肇祥讀過書"朱文印、"鹿巖精舍"朱文印。佚名圈點、評點.--綫裝 （丙一）/206

書經近指：六卷/（清）孫奇逢纂.--刻本.--孤竹趙纘、趙庚，清康熙十五年（1676）.--4 冊（1 函）.--半葉 9 行，行 20 字，白口，四周單邊，單黑魚尾，半框 21.2×14.7cm。一鶴軒藏板。佚名圈點.--綫裝 （乙一）/307
　　第二部 （丙一）/1543

日講書經解義：十三卷/（清）庫勒納等奉敕撰.--刻本.--京師：内府，清康熙十九年（1680）.--11 冊（1 函）.--缺卷 5。半葉 9 行，行 18 字，粗黑口，四周雙邊，雙對黑魚尾，半框 18.7×14.3cm。鈐"編書局藏書印"朱文印.--綫裝 （丙一）/28

書經講章：[滿漢合璧]：一卷/（清）吳世桓撰.--抄本.--清康熙（1662～1722）.--1 冊.--經折裝 （丙一）/593

欽定書經傳説彙纂：二十一卷，卷首二卷/（清）王頊齡等纂.--刻本.--雍正（1723～1735）.--16 冊（2 函）.--翻刻雍正八年內府刻本。半葉 8 行，行 18 字，小字雙行 22 字，白口，四周雙邊，單黑魚尾，半框 22.3×16.1cm。佚名圈點.--綫裝 （丙一）/929
　　第二部 7 冊（1 夾），缺卷首 2 卷，鈐"厚德載福"朱文印、"御賜贊猷碩輔"朱文印 （丙一）/501

尚書後案：三十卷，尚書後辨附一卷/（清）王鳴盛撰.--刻本.--禮堂，清乾隆四十五年（1780）.--10 冊（1 夾）.--半葉 14 行，行 30 字，小字雙行 45 字，細黑口，四周單邊，單黑魚尾，半框 23.2×16cm。禮堂藏版。鈐"學部圖書館藏"朱文印（滿漢合璧）、"京師圖書館收藏之印"朱文印.--綫裝 （丙一）/922
　　第二部 鈐"則古昔齋"朱文印、"汪昉私印"白文印、"北京市文化局文物調查研究組藏書印"朱文印 （丁）/10710
　　第三部 頤志堂補刻 （乙一）/384
　　第四部 4 冊（一函）存尚書後辨一卷 （戊）/298

尚書集注音疏：十二卷，卷末一卷，附尚書經師系表/（清）江聲著.--刻本.--清乾隆五十八年（1793）.--8 冊（1 函）.--全書為篆文。半葉 10 行，行字數不等，小字雙行 21 字，白口，左右雙邊，半框 17.5×13.4cm。近市居藏板。鈐"吳平齋讀書記"白文印、"吳氏苓薌"朱文印、"吳承溥印"朱文印、"北京市文化局文物調查研究組藏書印"朱文印.--綫裝 （丁）/10780
　　第二部 24 冊（2 函），鈐"葉滋棠印"白文印、"荔南"朱文印、"古閩葉氏荔南珍藏"朱文印、"北平孔德學校之章"朱文印 （甲一）/86
　　第三部 12 冊（2 函） （乙一）/353

尚書約旨：六卷/（清）楊方達撰.--刻本.--清乾隆（1736～1795）.--6 冊（1 函）.--半葉 10 行，行 20 字，小字雙行字同，粗黑口，左右雙邊，單黑魚尾，半框 19.3×14cm。鈐"馬"

朱文印、"求放心齋"朱文印、"馬廣䥉印"白文印、"求放心齋藏書之印"朱文印.--綫裝
（乙一）/409

尚書示兒評：不分卷/（清）李春源撰.--抄本.--清乾隆（1736～1795）.--3 冊（1 函）.--鈐"連寶私印"白文印、"隨園"朱文印等.--綫裝
（丁）/12637

尚書章句存疑：二卷/（清）倪上述撰.--抄本.--清（1644～1911）.--2 冊（1 函）.--半葉 9 行，行 18 字。卷端書名下題"訓行齋未定稿"，書前有乾隆丙戌自序。鈐"金蓮花館"白文印、"周肇祥讀過書"朱文印、"周養安小市得"朱文印。周肇祥跋.--綫裝 （丙一）/207

禹貢錐指：二十卷，圖一卷/（清）胡渭撰.--刻本.--漱六軒，清康熙四十四年（1705）.--12 冊（1 函）.--半葉 11 行，行 20 字，小字雙行 31 字，白口，左右雙邊，單黑魚尾，版心下刻"漱六軒"，半框 18.8×14.2cm。鈐"淵如"朱文印、"臣楊臨印"白文印.--綫裝
（乙一）/414

　　第二部　9 冊（1 函），鈐"養安藏書"朱文印、"斤竹里唐氏藏"朱文印 （丁）/9160

　　第三部　10 冊（1 夾），鈐"朱檉之印"白文印、"朱侑珉"朱文印 （戊）/1578

詩　類

詩經：[滿漢對照]：八卷/（清）高宗弘曆敕譯.--刻本.--清乾隆（1736～1795）.--5 冊（1 函）.--半葉 7 行，行字數不等，小字雙行字數不等，白口，四周雙邊，單黑魚尾，半框 18.8×14cm.--綫裝 （乙·一）/15

　　第二部 （乙·一）/16

　　第三部　缺卷 7、8 （乙·一）/14

新刻詩説：一卷/（漢）申培撰；（明）鍾惺校.--刻本.--擁萬堂，明（1368～1644）.--1 冊（1 函）.--（古名儒毛詩解十六種/[明]鍾惺輯）.--版心題"詩説"。半葉 10 行，行 20 字，小字雙行字同，白口，左右雙邊，半框 19.5×14cm.--綫裝 （丙一）/407

新刻詩譜：一卷/（漢）郑玄撰；（明）鍾惺校.--刻本.--擁萬堂，明（1368～1644）.--1 冊（1 函）.--（古名儒毛詩解十六種/[明]鍾惺輯）.--版心題"詩譜"。半葉 10 行，行 20 字，小字雙行字同，白口，左右雙邊，半框 20×13.9cm.--綫裝 （丙一）/408

毛詩：二十卷/（漢）鄭玄箋.--刻本,覆刻.--京師：武英殿，清乾隆四十八年（1783）.--12 冊（2 函）.--（御定仿相臺岳氏本五經/[宋]岳珂編）.--半葉 8 行，行 17 字，小字雙行字同，白口，四周雙邊，雙對黑魚尾，半框 20.8×13.7cm.--綫裝 （乙一）/470

毛詩注疏：二十卷/（漢）鄭玄箋；（唐）孔穎達疏.--刻本.--北京：國子監，明萬曆十七年（1589）.--6 冊（1 函）.--（十三經注疏）.--存卷 1-9、13-15。半葉 9 行，行 21 字，小字雙行字同，白口，左右雙邊，單黑魚尾，半框 23.3×15.2cm.--綫裝：市府贈書 （戊）/1001

毛詩註疏：二十卷/（漢）鄭玄箋；（唐）孔穎達疏.--刻本.--古虞毛氏汲古閣，明崇禎三年（1630）.--24 冊（1 函）.--（十三經注疏）.--版心題"毛詩疏"。半葉 9 行，行 21 字，小字雙行字同，白口，左右雙邊，版心下刻"汲古閣"，半框 17.7×12.5cm。鈐"國子監印"朱文印（滿漢合璧）.--綫裝 （丙一）/35

　　第二部　20 冊（2 夾） （丙一）/727

　　第三部　1 冊（1 函），存卷 11 之二、卷 12 之一、二 （庚）/178

詩本義：十五卷，鄭氏詩譜一卷/（宋）歐陽修撰；（清）納蘭性德校.--刻本.--京師：通志堂，清康熙（1662～1722）.--3 冊（1 函）.--（通志堂經解：一百四十種一千八百六十卷/[清]納蘭性德輯）.--半葉 11 行，行 20 字，白

口，左右雙邊，單黑魚尾，版心下刻"通志堂"，半框 19.5×15.2cm。有刻工：甘世明、邛順鈴等.--綫裝　　　　　　　　　（丙四）/1474

詩經集傳：八卷/（宋）朱熹撰.--刻本.--吉澄，明嘉靖（1522～1566）.--12 冊（2 函）.--半葉 9 行，行 17 字，小字雙行字同，有眉欄，行 2 字，白口，左右雙邊，單白魚尾，半框 20.2×14.5cm。有書工：吳應龍；刻工：黃周賢.--綫裝　　　　　　　（丙一）/433

詩集傳：二十卷/（宋）朱熹撰.--刻本.--明（1368～1644）.--5 冊（1 函）.--半葉 8 行，行 14 字，小字雙行 19 字，粗黑口，四周雙邊，雙順黑魚尾，半框 23×16.5cm.--綫裝　　　　　　　　　　　　　　　　（丙一）/288

詩集傳：八卷/（宋）朱熹撰.--刻本.--致和堂，清初（1644～1722）.--4 冊（1 函）.--書名頁題"監本詩經"。半葉 9 行，行 17 字，小字雙行字同，有眉欄，行 2 字，白口，左右雙邊，版心下刻"致和"，半框 18.4×13cm。文盛堂藏板。佚名批校。鈐"國子監印"朱文印（滿漢合璧）、"國子監八學官書"朱文印、"博古堂藏書"白文印.--綫裝　　（丙一）/528

詩經：八卷/（宋）朱熹集傳.--刻本.--金閶：文粹堂，清乾隆三十五年（1770）.--4 冊（1 函）.--半葉 9 行，行 17 字，小字雙行 16 字，有眉欄，行 3 字，白口，左右雙邊，單黑魚尾，半框 20.8×14.6cm.--綫裝　　（丙一）/467

詩經：八卷，附詩小序一卷/（宋）朱熹集傳.--刻本，影刻.--八旂官學，清（1644～1911）.--4 冊（1 函）.--書名頁題"影殿本詩經"。半葉 9 行，行 17 字，小字雙行字同，白口，四周單邊，單魚尾，半框 20.7×14.8cm。鈐"楊明"朱文印.--綫裝：楊明贈書　　　　　　　　　　　　　　　　　（庚）/57

詩緝：三十六卷/（宋）嚴粲撰.--刻本.--彰德：朱厚煜趙府味經堂，明嘉靖（1522～1566）.--24 冊（4 函）：有圖.--卷 1 有 1 葉係

抄配。序題"嚴氏詩緝"。半葉 9 行，行 18 字，小字雙行字同，白口，四周雙邊，單白魚尾，版心上刻"味經堂"，半框 20×14cm。佚名批。鈐"石榮暲蓉城僊舘藏書"朱文印.--綫裝　　　　　　　　　　　　　　　　　　（乙一）/288

第二部 10 冊（2 函），卷 9-12 係抄補，鈐"曾氏子倫鑒藏印"朱文印、"湘潭曾紀岡子倫藏"朱文印、"虛中室主人私印"朱文印、"關西苗裔"白文印、"觀古堂"朱文印、"葉德輝"白文印等　　　　　　　　（乙一）/314

詩經疑問：七卷/（元）朱倬撰.**詩經疑問附編**：一卷/（宋）趙德編.--刻本.--京師：通志堂，清康熙（1662～1722）.--1 冊（1 函）.--（通志堂經解：一百四十種一千八百六十卷/［清］納蘭性德輯）.--半葉 10 行，行 20 字，白口，左右雙邊，版心下鐫"通志堂"，單黑魚尾，半框 20×15cm。有刻工：高元、高珩等.--綫裝：群芳閣藏書　　　　　　　　　　（庚）/172

詩傳大全：二十卷，綱領一卷，圖一卷/（明）胡廣等輯.**詩序辯説**：一卷/（宋）朱熹撰.--刻本.--南京：内府，明永樂 13 年（1415）.--12 冊（1 函）.--半葉 10 行，行 22 字，小字雙行字同，粗黑口，四周雙邊，雙對黑魚尾，半框 26.2×18.1cm.--綫裝　　（乙一）/303

詩經大全：二十卷，圖一卷，綱領一卷/（明）胡廣等纂.--刻本.--德壽堂，明末（1573～1644）.--10 冊（1 函）.--半葉 11 行，行 22 字，小字雙行字同，白口，四周單邊，單黑魚尾，版心下刻"德壽堂梓"，半框 20.5×14.3cm。佚名圈點.--綫裝　　　　（丙一）/601

詩經：四卷/（明）鍾惺批點.附**卜子夏小序**：一卷/（春秋）卜商撰.--刻本，朱墨套印.--吳興：凌杜若，明末（1573～1644）.--5 冊（1 函）.--半葉 8 行，行 18 字，白口，左右雙邊，無界行，半框 21×14.7cm.--綫裝　　（乙一）/493

新刻詩傳綱領/（明）鍾惺輯.--刻本.--明（1368～1644）.--1 冊（1 夾）.--半葉 10 行，

行 20 字，小字雙行字同，白口，左右雙邊，半框 19.3×13.8cm. --綫裝　　　　　　（丙一）/413

詩經剖疑：二十一卷/（明）曹學佺撰. --刻本. --明末（1573～1644）. --8 冊（1 函）. --半叶 10 行，行 19 字，小字雙行字同，白口，左右雙邊，單黑魚尾，半框 18.8×13.9cm。有刻工：葉仕、茂等。鈐"北平孔德學校之章"朱文印. --綫裝　　　　　　（甲一）/91

田間詩學：不分卷/（清）錢澄之撰. --刻本. --清康熙（1662～1722）. --4 冊（1 函）. --《引用先儒姓氏》及部分頁面有抄配。半葉 10 行，行 23 字，小字雙行字同，白口，左右雙邊，單黑魚尾，半框 17.7×13.6cm。斟雉堂藏板。鈐"周肇祥讀過書"朱文印. --綫裝　（丙四）/858

詩經講章：[滿漢合璧]：一卷/（清）曹鑑倫撰. --抄本. --清康熙（1662～1722）. --1 冊（1 函）. --經折裝　　　　　　（丙一）/592

欽定詩經傳説彙纂：二十一卷，卷首二卷，詩序二卷/（清）王鴻緒等撰. --刻本. --京師：武英殿，清雍正五年（1727）. --16 冊（2 夾）：有圖. --半葉 8 行，每行大字 16 至 18 字不等，中字 22 字，小字雙行 22 字，白口，四周雙邊，無界格，單黑魚尾，半框 21.9×16cm。鈐"國子監印"朱文印（滿漢合璧）. --綫裝　（丙一）/38
第二部　　　　　　　　　　（丙一）/326
第三部　鈐"國子監印"朱文印（滿漢合璧）、"國子監南學書光緒九年二月查過準部齊全"朱文印、"京師圖書館收藏之印"朱文印. --綫裝　　　　　　　　　　（丙一）/946

欽定詩經傳説彙纂：二十一卷，卷首二卷，詩序二卷/（清）王鴻緒等編. --刻本. --尊經閣，清雍正（1723～1735）. --24 冊（4 函）：有插圖. --翻刻清雍正 5 年內府刻本。半葉 8 行，行 22 字，小字雙行字同，白口，四周雙邊，無界行，單黑魚尾，半框 21.8×15.9cm。尊經閣藏板。鈐"國子監印"朱文印（滿漢合璧）. --綫裝　　　　　　　　　（丙一）/937

欽定詩經傳説彙纂：二十一卷，首二卷，詩序二卷/（清）王鴻緒等奉敕撰. --刻本. --清雍正（1723～1735）. --12 冊（2 函）：插圖. --翻刻清雍正 5 年內府刻本。半葉 8 行，行 22 字，小字雙行字同，白口，四周雙邊，無界行，雙黑魚尾，半框 22×15.8cm。鈐"北平館嚴氏珍藏圖書"朱文印、"元鑄寇印"白文印、"釋心"朱文印、"蕭一山書"朱文印. --綫裝　（丁）/15695
第二部　　　　　　　　　　（丙一）/705

詩所：八卷/（清）李光地注. --刻本. --李清植、魏君璧，清雍正六年（1728）. --3 冊（1 夾）. --半葉 9 行，行 20 字，小字雙行字同，白口，左右雙邊，無界行，單黑魚尾，半框 17.9×13.7cm。鈐"國子監印"朱文印（滿漢合璧）、"國子監南學書光緒九年二月查過準部齊全"朱文印、"京師圖書館收藏之印"朱文印. --綫裝　　　　　　　　　　（丙一）/942
第二部　3 冊（1 函）　　　（丙一）/282
第三部　4 冊（1 函），鈐"北平孔德學校之章"朱文印　　　　　　　（甲一）/140

御纂詩義折中：二十卷/（清）傅恒等奉敕纂. --刻本. --文光堂，清乾隆（1736～1795）. --8 冊（1 函）. --版心題"詩義折中"。半葉 9 行，行 20 字，白口，四周雙邊，無界行，單黑魚尾，版心下刻"文光堂"，半框 20.8×14cm。佚名圈點。鈐"吳興沛氏家藏"朱文印. --綫裝　　　　　　　　　　（丙一）/1256
第二部　　　　　　　　　　（丙一）/1204

詩經拾遺：十六卷/（清）葉酉撰. --刻本. --清乾隆（1736～1795）. --2 冊（1 函）. --半葉 10 行，行 21 字，小字雙行字同，白口，四周雙邊，單黑魚尾，半框 17.6×14.4cm。耕餘堂藏板. --綫裝　　　　　　　　　　（庚）/715

讀詩識小錄：十卷/（清）陳震撰. --抄本. --清末（1851～1911）. --10 冊（2 函）. --綫裝　　　　　　　　　　（丁）/12642

毛詩品物圖攷：七卷/（日本）岡元鳳纂輯. --

刻本.--浪華[今大阪]：四書坊，日本天明四年
（1784）.--3 冊（1 夾）：插圖.--行數字數不等，
白口，四周單邊，單黑魚尾，無界行，半框 19
×14.3cm.--綫裝 （乙一）/332

詩經諺解：二十卷.--刻本.--朝鮮内閣，李朝
後期（1659～1910）.--5 冊（1 函）.--半葉 10
行，行字數不等，白口，四周單邊，雙對黑魚尾，
半框 25×17.5cm. 鈐 "京師圖書館收藏之印"
朱文印等.--綫裝 （丙一）/962

三家詩拾遺：十卷/（清）范家相撰.--抄本.--
清嘉慶（1796～1820）.--2 冊（1 函）.--佚名
批點. 鈐 "忠孝世家" 朱文印、"八詠後裔" 朱
文印、"王氏天香閣藏書" 白文印、"天香閣"
朱文印.--綫裝 （丙二）/2396

禮 類

周禮

周禮注疏：四十二卷/（漢）鄭玄注；（唐）賈
公彥疏；（唐）陸德明音義.--刻本.--虞山毛氏
汲古閣，明崇禎十三年（1640）.--12 冊（2 夾）
.--（十三經注疏）.--半葉 9 行，行 21 字，小
字雙行字同，白口，左右雙邊，版心下刻 "汲古
閣"，无魚尾，半框 17.9×12.5cm.--綫裝
（丙一）/714
第二部 7 冊（1 匣），存卷 1-13、卷 17-21
（丙一）/1282

周禮注疏：四十二卷/（漢）鄭玄箋；（唐）賈
公彥疏；（唐）陸德明音義.--刻本.--京師：武
英殿，清乾隆四年（1739）.--14 冊（2 函）.--
半葉 10 行，行 21 字，小字雙行字同，白口，左
右雙邊，單黑魚尾，半框 22.7×15.2cm. 鈐 "陳
中丞捐龍潭書院公書圖記" 朱文印.--綫裝
（丙一）/521

周官禮註：十二卷/（漢）鄭玄注.--刻本.
殷盤一得齋，清乾隆五十一年（1786）.--12 冊
（2 函）.--半葉 9 行，行 22 字，小字雙行字同，
白口，左右雙邊，單黑魚尾，版心下刻 "一得齋
校本"。半框 19.2×13.3cm.--綫裝
（乙一）/440

太平經國之書：十一卷，卷首一卷/（宋）鄭
伯謙撰.--刻本.--清康熙（1662～1722）.--2
冊（1 函）.--地腳處遭焚缺字。半葉 11 行，行
20 字，白口，左右雙邊，單黑魚尾，半框 19.9
×14.9cm. 鈐 "翰林院印" 白文印、"百鏡盦"
白文印、"娑羅花樹館周氏藏書" 朱文印.--綫
裝 （丁）/9054

周禮輯義：十二卷/（清）姜兆錫撰.--刻本.
寅清樓，清雍正九年（1731）.--12 冊（2 函）.--
半葉 10 行，行 25 字，小字雙行字同，白口，四
周單邊，單黑魚尾，版心下刻 "寅清樓"，半框
20.2×15.2cm。本衙藏板.--綫裝
（丙一）/695

周官析疑：三十六卷/（清）方苞撰.--刻本.--
桐城：方氏抗希堂，清雍正十年（1732）.--8
冊（1 函）.--（抗希堂十六種/[清]方苞撰）.--
半葉 9 行，行 19 字，小字雙行字同，白口，左
右雙邊，單黑魚尾，半框 20.1×13.5cm. 抗希
堂藏板.--綫裝 （丁）/14607

周官精義：十二卷/（清）連斗山編.--刻本.--
清乾隆四十一年（1776）.--6 冊（1 夾）.--半
葉 9 行，行 23 字，小字雙行字同，白口，左右
雙邊，單黑魚尾，半框 18.3×13.3cm。佚名批
校. 鈐 "延齡" 朱文印.--綫裝 （丁）/14460

周官祿田考：三卷/（清）沈彤撰.--刻本.--
吳江沈氏，清乾隆十六年（1751）.--3 冊（1
函）.--半葉 11 行，行 21 字，白口，左右雙邊，
半框 19.1×13.8cm. 鈐 "鹿巖精舍典書印" 朱
文印.--綫裝 （丁）/9866

儀禮

儀禮註疏：十七卷/（漢）鄭玄注；（唐）賈公彥疏.--刻本.--北京：國子監，明萬曆二十一年（1593）.--8 冊（1 函）.--（十三經注疏）.--半葉 9 行，行 21 字，小字雙行字同，白口，左右雙邊，單黑魚尾，半框 23.1×15.4cm.--綫裝：市府贈書　　　　（戊）/1001

儀禮注疏：十七卷/（漢）鄭玄注；（唐）賈公彥疏.--刻本.--古虞毛氏汲古閣，明崇禎九年（1636）.--10 冊（1 夾）.--（十三經注疏）.--半葉 9 行，行 21 字，小字雙行字同，白口，左右雙邊，版心下刻"汲古閣"，半框 18.2×12.6cm.--綫裝　　　　（丙一）/713

儀禮經傳通解：三十七卷/（宋）朱熹撰. **儀禮經傳通解續**：二十九卷/（宋）黃幹撰.--刻本.--呂氏寶誥堂，清康熙（1662～1722）.--24 冊（2 函）.--卷 25 起題名為"儀禮集傳集注"。據白鹿洞本重刻。半葉 12 行，行 25 字，小字雙行字同，白口，左右雙邊，單花魚尾，半框 19.2×14.8cm。鈐"京師圖書館收藏之印"朱文印.--綫裝　　　　（丙一）/1194
　　第二部　存儀禮經傳通解續二十九卷，10 冊（1 函），鈐"京師圖書館收藏之印"朱文印　　　　（丙一）/1195

儀禮節略：二十卷/（清）朱軾撰.--刻本.--高安朱軾，清康熙五十八年（1719）.--11 冊（1 函）：卷 18-20 為圖.--半葉 9 行，行 21 字，小字雙行字同，白口，四周單邊，單黑魚尾，半框 18.3×13.5cm。鈐"京師圖書館收藏之印"朱文印.--綫裝　　　　（丙一）/1259
　　第二部　12 冊（2 函）　　　　（乙一）/559

儀禮析疑：十七卷/（清）方苞撰.--刻本.--清乾隆（1736～1795）.--8 冊（1 函）.--（抗希堂十六種/[清]方苞撰）.--半葉 9 行，行 19 字，小字雙行字同，白口，左右雙邊，單黑魚尾，半框 20.3×13.9cm.--綫裝　　　　（丁）/14575

儀禮集編：十七卷，首一卷，附錄一卷/（清）盛世佐撰.--刻本.--馮集梧貯雲居，清嘉慶九年（1804）.--20 冊（2 函）.--半葉 13 行，行 23 字，小字雙行字同，白口，左右雙邊，單黑魚尾，半框 25×16.2cm。鈐"壽椿堂王氏家藏"白文印、"太原仵子"白文印、"夢廠書癡"白文印"禮堂學人"白文印"靖廷"朱文印"靖廷讀過"白文印等.--綫裝　　　　（乙一）/450

儀禮注疏詳校：十七卷/（清）盧文弨輯.--刻本.--餘姚盧氏抱經堂，清乾隆六十年（1795）.--4 冊（1 函）.--版心題"儀禮詳校"。半葉 10 行，行 21 字，小字雙行字同，白口，左右雙邊，單黑魚尾，半框 18.7×12.7cm。抱經堂藏板.--綫裝　　　　（乙一）/441

禮記

御製繙譯禮記：[滿漢對照]：三十卷/（清）高宗弘曆敕譯.--刻本.--京師：武英殿，清乾隆四十八年（1783）.--12 冊（2 函）.--半葉滿漢各 7 行，行字數不等，白口，四周雙邊，無界行，單黑魚尾，半框 18×14cm.--綫裝　　　　（乙・一）/17

禮記：二十卷/（漢）鄭玄注.--刻本.--京師：武英殿，清乾隆四十八年（1783）.--20 冊（2 函）.--（御定仿宋相臺岳氏本五經/[宋]岳珂編）.--半葉 8 行，行 17 字，小字雙行字同，白口，四周雙邊，雙對黑魚尾，版心上刻"乾隆四十八年武英殿仿宋本"，半框 20.6×13.6cm.--綫裝　　　　（乙一）/536

禮記註疏：二十四卷/（漢）鄭玄註；（唐）孔穎達疏.--刻本.--虞山毛氏汲古閣，明崇禎十二年（1639）.--8 冊（1 函）.--（十三經注疏）.--半葉 9 行，行 21 字，小字雙行字同，白口，左右雙邊，版心下刻"汲古閣"，半框 17.9×12.7cm.--綫裝　　　　（丙一）/1177

禮記 : 十卷/（宋）朱熹章句；（清）任啟運注.--刻本.--任慶范、耿毓孝，清乾隆四十年（1775）.--5 冊（1 函）.--書名頁題"禮記章句"。半葉 9 行，行 22 字，小字雙行字同，白口，四周雙邊，單黑魚尾，半框 19.9×13.7cm。清芬樓藏板。佚名圈點。鈐"北平孔德學校之章"朱文印.--綫裝　　　　　　（甲一）/5

禮記集說 : 十六卷/（元）陳澔撰.--刻本.--司禮監，明正統十二年（1447）.--16 冊（2 函）.--卷端題"禮記"。半葉 8 行，行 14 字，小字雙行 18 字，粗黑口，四周雙邊，雙順黑魚尾，半框 22.9×16.5cm.--綫裝　　　　（乙一）/365

禮記集說 : 三十卷/（元）陳澔撰.--刻本.--吉澄，明嘉靖（1522～1566）刻：樊獻科重修.10 冊（2 函）.--卷 8 有 2 葉、卷 15 有 2 葉、卷 18 有 2 葉、卷 28 有 4 葉、卷 30 有 1 葉係抄配。半葉 9 行，行 17 字，小字雙行字同，有眉批，行 2 字，白口，左右雙邊，單白魚尾，半框 20.7×14.4 cm。有刻工：章意、唐等。佚名圈點.--綫裝　　　　　　　　　（乙一）/463

禮記集說 : 十卷/（元）陳澔撰.--刻本.--青蓮書屋，清康熙三十七年（1698）.--10 冊（1 函）.--半葉 9 丁，行 18 字，小字雙行字同，白口，左右雙邊，單黑魚尾，半框 20×14.4cm。文靖書院藏板.--綫裝　　　　（丙一）/56

監本禮記 : 十卷/（元）陳澔集說.--刻本.--文盛堂，清乾隆五年（1740）.--10 冊（1 函）.--序題"禮記集說"。半葉 9 行，行 18 字，小字雙行字同，白口，左右雙邊，半框 18.4×13cm。文盛堂藏板.--綫裝　　　　（丙一）/435

禮記纂言 : 三十六卷/（元）吳澄撰；（清）朱軾補.--刻本.--清雍正五年（1727）.--16 冊（2 函）.--半葉 9 行，行 21 字，小字雙行字同，白口，四周單邊，單黑魚尾，半框 18.5×13.9cm。鈐"禾生藏古"朱文印、"樊輿龐氏珍藏"朱文印、"毓同私印"白文印、"禾生"朱文印.--綫裝　　　　　　　　（乙一）/388

禮記集註 : 三十卷/（明）徐師曾撰；（清）徐鉞重修.--刻本.--清康熙五十八年（1719）.--10 冊（1 夾）.--半葉 9 行，行 17 字，小字雙行字同，有眉欄，行 3 字，白口，左右雙邊，單白魚尾，半框 20.2×13cm.--綫裝　　　　（乙一）/511

禮記中說 : 三十六卷/（明）馬時敏撰.--刻本.--大梁侯于趙，明萬曆十一年（1583）.--11 冊（2 函）.--缺卷 17、18。半葉 10 行，行 22 字，白口，四周雙邊，單白魚尾，半框 20.5×15.2cm。佚名圈點.--綫裝　　　　（丁）/12740

禮記析疑 : 四十八卷/（清）方苞撰.--刻本.--清乾隆（1736～1795）.--4 冊（1 函）.--（抗希堂十六種/[清]方苞撰）.--半葉 9 行，行 19 字，白口，左右雙邊，單黑魚尾，半框 20.3×14cm.--綫裝　　　　（丙一）/313

禮記 : 十卷/（清）姜兆錫章義.--刻本.--寅清樓，清雍正十年（1732）.--6 冊（1 函）.--半葉 10 行，行 25 字，小字雙行字同，白口，四周單邊，單黑魚尾，版心下刻"寅清樓"，半框 20.4×15.2cm。本衙藏板.--綫裝

（丙一）/696

欽定禮記義疏 : 八十二卷，首一卷/（清）允祿等奉敕纂輯.--刻本.--清乾隆（1736～1795）.--48 冊（7 函）.--翻刻清乾隆十九年武英殿刻本。半葉 8 行，行 18 字，小字雙行 22 字，白口，四周雙邊，無界行，單黑魚尾，半框 21.5×16.2cm.--綫裝　　　　（丙一）/689

大戴禮記補注 : 十三卷，序錄一卷/（清）孔廣森撰.--刻本.--曲阜孔氏，清乾隆五十九年（1794）.--1 冊（1 函）.--（顨軒孔氏所著書/[清]孔廣森撰）.--半葉 10 行，行 20 字，小字雙行字同，黑口，左右雙邊，雙順黑魚尾，半框 18.4×15.6cm。佚名圈點.--綫裝

（丙一）/1283

夏小正考注 : 一卷/（清）畢沅撰.--刻本.--畢氏靈巖山館，清乾隆四十八年（1783）.--1

冊（1 函）.--（經訓堂叢書/[清]畢沅輯）.--半葉 11 行，行 22 字，粗黑口，四周單邊，雙對黑魚尾，半框 19.2×14.8cm。鈐"養拙軒藏書印"朱文印.--綫裝　　　　（丙一）/1336

三禮总義

新定三禮圖：二十卷/（宋）聶崇義輯注.--刻本.--京師：通志堂，清康熙十五年（1676）.--2 冊（1 函）.--半葉 16 行，行 22 至 33 字不等，小字雙行字數不等，白口，左右雙邊，雙順黑魚尾，半框 21.6×14.9cm。鈐"明久收藏"朱文印、"知所貴齋"白文印.--綫裝

　　　　　　　　　　　　（丁）/15726

　　第二部　　　　　　　（乙一）/331
　　第三部　　　　　　　（乙一）/462
　　第四部　　　　　　　（乙一）/577

御製三禮義疏：一百七十八卷，卷首一卷/（清）允祿等奉敕撰.--刻本.--京師：武英殿，清乾隆十九年（1754）.--187 冊（16 夾）.--欽定周官義疏缺卷 2、4、6。半葉 8 行，行 18 字，小字雙行 22 字，白口，四周雙邊，無界行，單黑魚尾，半框 22.1×16.1cm。鈐"京師圖書館收藏之印"朱文印.--綫裝
子目：
欽定周官義疏：四十八卷，卷首一卷
欽定儀禮義疏：四十八卷，卷首二卷
欽定禮記義疏：八十二卷，卷首一卷

　　　　　　　　　　　　（丙一）/964

三禮論/（清）呂心忠撰.--抄本.--清（1644～1911）.--1 冊（1 函）.--鈐"京師圖書館收藏之印"朱文印.--綫裝

　　　　　　　　　　　　（丙一）/947

釋服：二卷/（清）宋綿初撰.--刻本.--書種堂，清嘉慶二十三年(1818).--2 冊（1 函）.--半葉 11 行，行 23 字，白口，左右雙邊，單黑魚尾，版框 20.1×14.7cm。鈐"孫人龢藏書印"朱文印、"鹽城孫氏"朱文印.--綫裝

　　　　　　　　　　　　（乙一）/612-2

通禮

讀禮通考：一百二十卷/（清）徐乾學撰.--刻本.--崑山徐氏，清康熙三十五年（1696）.--40 冊（4 函）：有圖.--卷 78 有 1 葉係抄配。半葉 13 行，行 21 或 29 字，小字雙行 31 字，白口，左右雙邊，單黑魚尾，半框 18.9×14.3cm。有刻工：齊卿、世雍等。冠山堂藏板。鈐"北平孔德學校之章"朱文印.--綫裝

　　　　　　　　　　　　（甲一）/181
　　第二部　30 冊（4 函），鈐"靈化無窮已館宇非一山"朱文印
　　　　　　　　　　　　（丁）/15676
　　第三部　27 冊（3 夾），缺卷 1-3，佚名批校，毛裝　　　　　（丙一）/53
　　第四部　32 冊（4 夾），鈐"姚覲元字彥侍"朱文印　　　　　（丙一）/1193
　　第五部　30 冊　　　　（戊）/3424
　　第六部　32 冊（4 函），鈐"天放樓"朱文印、"陽湖趙烈文字惠父號能靜僑于虞籍天放樓收戾文翰記"朱文印　　（戊）/3423

五禮通考：二百六十二卷，卷首四卷，總目二卷/（清）秦蕙田編.--清乾隆十八年（1753）.--96 冊（12 函）.--半葉 13 行，行 21 字，小字雙行 31 字，白口，左右雙邊，單黑魚尾，半框 18.7×14.5cm。味經窩藏板。鈐"學部圖書之印"朱文印（滿漢合璧）、"京師圖書館收藏之印"朱文印.--綫裝　　（丙一）/963
　　第二部　天放樓跋，鈐"天放樓"朱文印、"陽湖趙烈文字惠父號能靜僑於虞籍天放樓收戾文翰之記"朱文印　　（戊）/3422
　　第三部　80 冊（12 函）　（甲一）/119
　　第四部　64 冊（10 函），鈐"靈化無窮已館宇非一山"朱文印　　　（丁）/15649

雜禮

司馬氏書儀：十卷/（宋）司馬光撰.--刻本.--歸安汪郊，清雍正二年（1724）.--2 冊（1 函）.--版心題"書儀"。半葉 11 行，行 19 字，小字雙行 24 字，細黑口，左右雙邊，單黑魚尾，半框 18.7×13.3cm。研香書屋藏版。鈐"北京市文化局文物調查研究組藏書印"朱文印.--綫裝
(丁)/12561

司馬氏書儀：十卷/（宋）司馬光撰.--刻本.--清雍正（1723～1735）.--4 冊（1 函）.--版心題"書儀"。仿清雍正 2 年汪郊刻本。半葉 11 行，行 19 字，小字雙行 24 字，細黑口，左右雙邊，單黑魚尾，半框 18.6×13.3cm.--綫裝
(丙二)/5079

朱子家禮：五卷，圖一卷/（宋）朱熹撰.--刻本.--日本，日本元祿十年（1697）.--3 冊（1 夾）.--半葉 8 行，行 16 字，小字雙行字同，白口，左右雙邊，單黑魚尾，半框 20.8×16.7cm.--綫裝
(乙三)/484

朱子家禮：八卷，卷首一卷/（明）丘濬輯；（明）楊庭筠補.--刻本.--清康熙四十年（1701）.--6 冊（1 夾）.--半葉 8 行，行 18 字，小字雙行字同，有眉批，行 3 字，白口，四周單邊，單黑魚尾，半框 18.4×12.7cm。同德堂藏板.--綫裝
(丙三)/901
第二部
(丙一)/65

朱子禮纂：五卷/（清）李光地編.--刻本.--教忠堂，清雍正十一年（1733）.--1 冊（1 函）.--半葉 9 行，行 20 字，小字雙行字同，白口，左右雙邊，單黑魚尾，半框 17.9×13.1cm。教忠堂藏板。鈐"御賜教忠堂"朱文印、"國子監印"朱文印（滿漢合璧）、"民國七年由清監移藏圖書館"朱文印.--綫裝
(丙一)/1277

四禮疑：五卷；**四禮翼**：七卷；**疹科**：一卷/（明）呂坤撰.--刻本.--寧陵呂氏，明萬曆（1573～1620）.--6 冊（1 函）.--（呂新吾全集/[明]呂坤撰）.--半葉 8 行，行 20 字，小字雙行字同，白口，四周雙邊，單黑魚尾，半框 22×14.5cm.--綫裝
(丙一)/700

四禮疑：五卷/（明）呂坤撰.--刻本.--寧陵呂氏，明萬曆（1573～1620）；清（1644～1911）遞修.--1 冊（1 函）.--（呂新吾全集：二十種/[明]呂坤撰）.--半葉 8 行，行 20 字，小字雙行字同，白口，四周雙邊，單黑魚尾，半框 21.9×14.5cm。有刻工：任。佚名批校.--綫裝
(丙三)/3298

四禮翼：八卷/（明）呂坤撰.--刻本.--寧陵呂氏，明萬曆（1573～1620）；清（1644～1911）遞修.--1 冊（1 函）.--（呂新吾全集：二十種/[明]呂坤撰）.--書名據序言題。半葉 8 行，行 20 字，白口，四周雙邊，單黑魚尾，半框 21.5×14.5cm.--綫裝
(丙三)/3299

樂　類

[樂律全書]：四十八卷/（明）朱載堉撰.--刻本.--鄭藩，明萬曆（1573～1620）.--20 冊（4 函）.--半葉 12 行，行 25 字，粗黑口，四周雙邊，雙對黑魚尾，半框 25×20cm。佚名圈點.--綫裝
　子目：
　律學新説：四卷
　樂學新説：一卷,附樂經古文一卷,算學新説一卷
　律呂精義内篇：十卷
　律呂精義外篇：十卷
　操縵古樂譜：一卷
　旋宫合樂譜：一卷
　鄉飲詩樂譜：六卷
　六代小舞譜：一卷
　小舞鄉樂譜：一卷
　二佾綴兆圖：一卷
　聖壽萬年曆：二卷
　萬年曆備考：三卷

律曆融通：四卷，附錄一卷　　　（乙一）/281

苑洛志樂：十三卷/（明）韓邦奇撰．--刻本．--清康熙二十二年（1683）．--8 冊（1 函）：有圖．--半葉 10 行，行 20 字，小字雙行字同，白口，四周單邊，單黑魚尾，半框 18.4×15.3cm．--綫裝　　　　　（乙一）/387

重刻恭簡公志樂：二十卷/（明）韓邦奇撰．--刻本．--薛宗泗，清乾隆十一年（1746）．--16 冊（2 函）．--半葉 10 行，行 20 字，小字雙行字同，白口，四周雙邊，單黑魚尾，半框 18.8×13.7cm。鈐"尺五堂嚴氏珍藏印記"白文印、"北平孔德學校之章"朱文印．--綫裝
（甲一）/8

國學禮樂錄：二十卷/（清）李國望，（清）謝履忠編．--刻本．--國子監，清康熙五十八年（1719）．--6 冊（1 夾）．--半葉 10 行，行 22 字，白口，四周雙邊，單黑魚尾，半框 18.9×13.5cm．--綫裝　　　　（乙一）/458

御製律呂正義：不分卷 /（清）允祉撰 ．--抄本．--清（1644～1911）．--7 冊（合裝一函）：曲譜圖．--与曲譜大成總論合函．佚名圈點、批校．鈐"六潭"朱文印、"北平孔德學校之章"朱文印．--綫裝　　　　　　（甲四）/168

律話：三卷/（清）戴長庚撰．--刻本．--吾愛書屋，清道光 13 年（1833）．--8 冊（1 函）．--半葉 10 行，行 20 字，小字雙行字同，白口，左右雙邊，單黑魚尾，半框 18.3×13.7cm．--綫裝
（丁）/14426

春秋類

彙編

春秋公羊傳：十二卷，**春秋公羊傳攷**一卷；**春秋穀梁傳**：十二卷，**春秋穀梁傳攷**一卷/（明）

閔齊伋裁注並撰．--刻本．--金陵：唐錦池文林閣，明天啟（1621～1627）．--10 冊（1 函）．--半葉 9 行，行 19 字，小字雙行字同，白口，四周單邊，半框 21.2×15.2cm。鈐"娑羅花樹館周氏藏書"朱文印．--綫裝　　　（丙一）/203

春秋總義

春秋：[滿漢對照]：二十卷，綱領一卷，附錄魯史一卷．--抄本．--清（1644～1911）．--20 冊（2 函）．--綫裝　　　　　（乙·一）/18

春秋啖趙二先生集傳辨疑：十卷；**春秋集傳微旨**：三卷/（唐）陸淳纂．卷首：一卷/（宋）柳宗元，（宋）朱臨撰．--清康熙（1662～1722）．--4 冊（1 函）．--半葉 11 行，行 20 字，小字雙行字同，白口，左右雙邊，半框 18.1×13.5cm 。鈐"棟亭曹氏藏書"朱文印、"長白敷槎氏菫齋昌齡圖書印"朱文印、"北平孔德學校之章"朱文印．--綫裝　　　　　（甲一）/80

春秋啖趙二先生集傳纂例：十卷/（唐）陆淳纂．--刻本．--清康熙（1662～1722）．--4 冊（1 函）．--半葉 11 行，行 20 字，小字雙行字同，白口，左右雙邊，半框 18.1×13.5cm 。鈐"棟亭曹氏藏書"朱文印、"長白敷槎氏菫齋昌齡圖書印"朱文印、"北平孔德學校之章"朱文印．--綫裝
（甲一）/79

春秋：三十卷/（宋）胡安國傳．--刻本．--司禮監，明正統十二年（1447）．--8 冊（2 函）．--卷首第 1 葉、卷 30 第 6-9 葉部分殘。序題"春秋胡傳"。半葉 8 行，行 14 字，小字雙行 18 字，粗黑口，四周雙邊，雙順黑魚尾，半框 23×16.3cm。鈐"澄心堂朱"朱文印、"朱華"朱文印、"寸心日月樓所藏"朱文印、"寸心日月樓藏書"朱文印．--綫裝　　　（丁）/12487

春秋四傳：三十八卷；**春秋集註綱領**：一卷；**春秋提要**：一卷；**春秋列國東坡圖説**：一卷；**春秋二十國年表**：一卷；**春秋諸國興廢説**：一卷/

佚名編. --刻本. --吉澄，明嘉靖（1522～1566）. --30 冊（4 函）：圖 1 幅. --半葉 9 行，行 17 字，小字雙行字同，有眉欄，行 2 字，白口，左右雙邊，單白魚尾，半框 20×14.4cm。有刻工：龔士廉書、黃周賢刊等. --綫裝

（丙一）/518

春秋衡庫：三十卷，附錄一卷，備錄一卷/（明）馮夢龍輯. --刻本. --明天啟（1621～1627）. --12 冊（2 函）. --半葉 10 行，行 20 字，小字雙行字同，白口，四周單邊，單黑魚尾，半框 19.7×13.4cm。鈐"北平孔德學校之章"朱文印. --綫裝

（甲二）/294

春秋錄疑：十六卷/（明）趙恒纂. --抄本，藍欄. --明（1368～1644）. --1 冊（1 函）. --存隱公元年至十一年部分。半葉 9 行，行 20 字，蘭口，四周雙邊，蘭格，半框 21.1×15.4cm. --綫裝

（丁）/8717

欽定春秋傳説彙纂：三十八卷，卷首二卷/（清）王掞等撰. --刻本. --清康熙（1662～1722）. --32 冊（4 函）. --翻刻清康熙 60 年內府刻本。半葉 8 行，行 18 字，小字雙行 22 字，白口，四周雙邊，無界行，單黑魚尾，半框 22.6×15.9cm。鈐"國子監印"朱文印（滿漢合璧）、"京師圖書館收藏之印"朱文印. --綫裝

（丙一）/974

欽定春秋傳説彙纂：三十八卷，卷首二卷/（清）王掞等奉敕纂. --刻本. --清康熙（1662～1722）. --15 冊（1 夾）. --缺卷首 2 卷。翻刻清康熙 60 年內府刻本。半葉 8 行，行 18 字，小字雙行 22 字，白口，四周雙邊，無界行，單黑魚尾，半框 22.2×16.1cm. --綫裝 （丙一）/317

欽定春秋傳説彙纂：三十八卷，卷首二卷/（清）王掞等編. --刻本. --國子監，清乾隆（1736～1795）. --24 冊（4 函）. --翻刻清康熙六十年內府刻本。半葉 8 行，行 18 字，小字雙行 22 字，白口，四周雙邊，無界行，單黑魚尾，半框 21.9×16.1cm。鈐"國子監八學官書"朱文印、"國子監印"朱文印（滿漢合璧）. --綫裝

裝 （丙一）/504

日講春秋解義：六十四卷/（清）庫勒納等編. 刻本. --京師：武英殿，清乾隆二年（1737）. 32 冊（4 函）. --半葉 9 行，行 18 字，小字雙行字同，粗黑口，四周雙邊，雙對黑魚尾，半框 18×14.2cm。鈐"國子監印"朱文印（滿漢合璧）、"民國七年由清監移藏圖書館"朱文印. 綫裝 （丙一）/966

第二部 鈐"乾隆寶翰"朱文印 （丙一）/74

春秋公羊穀梁二傳：十二卷，附左氏傳/（清）姜兆錫彙義. --刻本. --寅清樓，清乾隆五年（1740）. --6 冊（2 函）. --版心題"公穀傳"。半葉 10 行，行 25 字，小字雙行字同，白口，四周單邊，單黑魚尾，版心下刻"寅清樓"，半框 20.3×15.1cm。本衙藏板. --綫裝 （丙一）/702

半農先生春秋説：十五卷/（清）惠士奇撰. --刻本. --清乾隆十四年(1749). --12 冊(2 函). --版心題"春秋説"。半葉 9 行，行 21 字，小字雙行字同，白口，左右雙邊，單黑魚尾，半框 18.6×14.3cm。璜川書屋藏板。鈐"長白馬銅軒藏書畫記"朱文印、"求放心齋"朱文印. --綫裝 （乙一）/453

御纂春秋直解：十二卷/（清）傅恒等纂. --刻本. --京師：武英殿，清乾隆二十三年（1758）. --8 冊（1 函）. --半葉 8 行，行 20 字，白口，四周雙邊，單黑魚尾，半框 22.2×16.2cm。鈐"松江何氏藏書"、"古度齋收藏印"白文印、"松江何氏珍藏圖印"朱文印. --綫裝 （乙一）/593

御纂春秋直解：十二卷/（清）傅恒等編修. --刻本. --清乾隆（1736～1795）. --8 冊（1 夾）. --翻刻清乾隆 23 年武英殿刻本。半葉 8 行，行 20 字，白口，四周雙邊，單黑魚尾，半框 21.5×16.2cm. --綫裝 （丙一）/474

春秋三傳合參：十卷/（清）那爾豐阿輯. --刻本. --京都：那爾豐阿，清乾隆五十九年

（1794）.--10 冊（1 函）.--半葉 9 行，行 21 字，小字雙行字同，白口，左右雙邊，單黑魚尾，半框 18.8×13.9cm。佚名墨筆批點.--綫裝

（甲一）/137

春秋臣傳：三十卷/（宋）王當撰.--刻本.--京師：通志堂，清康熙（1662～1722）.--2 冊.--半葉 11 行，行 20 字，小字雙行 30 字，白口，左右雙邊，單黑魚尾，版心下刻"通志堂"，半框 19.8×15.2cm。有刻工：張志、陳聚甫、甘簡等.--綫裝：市府贈書 （戊）/1374

春秋地名攷略：十四卷/（清）高士奇撰.--刻本.--清康熙二十七年（1688）.--4 冊（1 函）.--半葉 10 行，行字數不等，小字雙行 19 字，白口，四周單邊，單黑魚尾，半框 18.3×13.7cm。鈐"吳興湯氏珍藏"朱文印.--綫裝

（乙一）/466

春秋大事表：五十卷，附錄一卷/（清）顧棟高輯.--刻本.--萬卷樓，清乾隆十二年（1747）.--32 冊（4 函）.--半葉 11 行，行字數不等，小字雙行字數不等，白口，四周單邊，半框 21.6×15cm。萬卷樓藏板.--綫裝

（乙一）/501

春秋輯略：九卷/（清）孟璋輯.--抄本.--郭兆麟，清乾隆（1736～1795）.--9 冊.--佚名圈點.--綫裝 （庚）/725

春秋精義彙鈔：六卷/（清）黃宅中撰輯.--稿本.--黃宅中，清咸豐五年至七年（1854～1861）.--6 冊（1 函）.--半葉 9 行，行 23 字，無界格邊框.--綫裝 （乙一）/485

左傳

左傳：[滿文]/佚名譯.--抄本.--清（1644～1911）.--4 冊（1 函）.--綫裝 （乙・一）/19

春秋經傳集解：三十卷/（晉）杜預撰.--刻本.--明嘉靖（1522～1566）.--32 冊（4 函）.--半葉 8 行，行 17 字，小字雙行字同，白口，四周雙邊，雙對白魚尾，半框 20.4×14.1cm。有刻工：宅。鈐"閔氏家藏"朱文印、"求放心齋所藏"朱文印.--綫裝 （乙一）/257

春秋經傳集解：三十卷；**附考證**：三十卷；**春秋年表**：一卷；**春秋名號歸一圖**：二卷/（晉）杜預撰；（唐）陸德明音義.--刻本，覆刻.--京師：武英殿，清乾隆四十八年（1783）.--16 冊（4 函）.--（欽定方宋相臺岳氏本五經/[宋]岳珂編）.--半葉 8 行，行 17 字，小字雙行字同，四周雙邊，雙對黑魚尾，版心上刻"乾隆四十八年武英殿仿宋本"，半框 20.5×13.8cm。許乃普題記.--綫裝 （丙一）/246

春秋左傳註疏：六十卷/（晉）杜預注；（唐）孔穎達疏.--刻本.--虞山毛氏汲古閣，明崇禎（1628～1644）.--20 冊（2 函）.--半葉 9 行，行 21 字，小字雙行字同，白口，左右雙邊，版心下刻"汲古閣"，半框 17.6×12.6cm.--綫裝 （丙一）/492

春秋左傳杜林滙參/（晉）杜預，（宋）林堯叟注；（清）周正思合纂.**增補左繡**/（清）馮李驊，（清）陸浩評輯.--刻本.--嵩山書屋，乾隆（1736～1793）.--8 冊（2 函）.--存 15 卷、序言 1 卷。兩截板，二欄半葉 22 行，行 11 字，下欄半葉 11 行，行 19 字，小字雙行 28 至 30 字，白口，左右雙邊，單黑魚尾，版心下刻"嵩山書屋"，半框 24.2×14.7cm。佚名批注、增補.--綫裝：群芳閣藏書 （庚）/143

重訂批點春秋左傳詳節句解：六卷，卷首一卷/（宋）朱申注釋；（明）孫鑛批點.--刻本.--清乾隆四十九年（1784）.--8 冊（1 函）.--書名頁題"崇德堂批點春秋左傳句解"，版心題"批點左傳句解"。半葉 11 行，行 21 字，小字雙行字同，有眉欄，行 3 字，白口，四周單邊，單黑魚尾，半框 20.8×13.3cm .--綫裝

（丙一）/269

左繡：三十卷，卷首一卷/（清）馮李驊，（清）陸浩評輯.--刻本.--華川書屋，清康熙五十九年（1720）.--10 冊（1 夾）.--上下兩欄，下欄行15 字，半葉 10 行，行 20 字，小字雙行字同，白口，四周單邊，單黑魚尾，版心下刻"華川書屋"，半框 21.9×14.6cm。佚名圈點.--綫裝
（丙一）/739

春秋左傳杜注：三十卷/（清）姚培謙撰.--刻本.--吳郡小郁林陸氏，清乾隆十一年（1746）.--5 冊（1 函）.--存卷 1-13。半葉 9行，行 19 字，小字雙行 30 字，白口，左右雙邊，單黑魚尾，半框 17.3×12.4cm。有刻工：咸懷、省南等。佚名圈點.--綫裝　（丙一）/1182

讀左補義：五十卷，卷首一卷/（清）姜炳璋輯.--刻本.--清乾隆 38 年（1773）刻；清乾隆四十七年（1782）修版.--14 冊（2 函）.--半葉11 行，行 23 字，小字雙行字同，白口，有眉欄，行 5 字，左右雙邊，無界行，單黑魚尾，半框18×13.8cm。同文堂藏板。佚名圈點.--綫裝
（丙一）/525

春秋左傳：十五篇/（春秋）左丘明撰；（明）孫鑛批點.--刻本，朱墨套印.--閔齊伋，明萬曆四十四年（1616）.--8 冊（1 函）.--半葉 9行，行 19 字，白口，四周單邊，半框 21.4×15.2cm。鈐"楚漢陽張卿岡藏書之印"朱文印、"張卿岡藏書"朱文印、"蔭輝堂"朱文印.--綫裝
（丙一）/292

左傳評林：八卷/（清）張光華輯.--刻本.--清雍正七年（1729）.--8 冊（1 函）.--書名頁題"張崑崖手輯左傳評林"。半葉 10 行，行 20字，小字雙行字數不等，有眉欄，行 8 字，白口，左右雙邊，單黑魚尾，半框 20.1×14.8cm。本衙藏板.--綫裝　（丙一）/434

分國左傳：十八卷/（清）黃基編.--刻本.--清康熙（1662～1722）.--6 冊（1 函）.--半葉9 行，行 21 字，小字雙行字同，有眉批，行 5字，白口，四周單邊，單黑魚尾，半框 17.2×

12.9cm。佚名圈點。鈐"王璩私印"白文印.--綫裝
（丙一）/548

左傳事緯：十二卷/（清）馬驌撰.--刻本.--懷澄堂，清乾隆四十九年（1784）.--12 冊（2函）.--半葉 9 行，行 22 字，小字雙行字同，有眉欄，行 3 字，白口，左右雙邊，單黑魚尾，半框 19.2×14.2cm。懷澄堂藏板.--綫裝
（丙一）/527

左傳分國：不分卷.--抄本.--怡古堂，清末（1851～1911）.--4 冊（1 函）.--半葉 10 行，行 22 字，白口，無行綫邊框。鈐"付洵之印"白文印.--綫裝　（丁）/12554

公羊傳

春秋繁露：十七卷，附錄一卷/（漢）董仲舒撰；（清）盧文弨校訂.--刻本.--清乾隆（1736～1795）.--4 冊（1 函）.--（抱經堂叢書/[清]盧文弨輯）.--書名頁題"董子"。半葉 10 行，行 20 字，小字雙行字同，白口，左右雙邊，單黑魚尾，半框 18.6×13.3cm。有刻工：劉文奎。佚名校.--綫裝　（丙三）/5494

春秋繁露：十七卷，策三篇/（漢）董仲舒撰；（明）孫鑛評.**董仲舒傳**：一卷/（漢）班固撰.--刻本.--世恩堂，清康熙二十七年（1688）.--8冊（1 函）.--書名頁題"漢董子春秋繁露"。半葉 9 行，行 20 字，有眉批，行 3 至 4 字，白口，四周單邊，單黑魚尾，半框 20.6×13.8cm。世恩堂藏板.--綫裝　（乙一）/438

春秋公羊傳註疏：二十八卷/（漢）何休注；（唐）徐彥疏.--刻本.--北京：國子監，明萬曆二十一年（1593）.--6 冊（1 函）.--（十三經注疏）.--半葉 9 行，行 21 字，小字雙行字同，白口，左右雙邊，單黑魚尾，半框 22.8×15.3cm。有"汪家聲印"白文印、"白石汪氏藏書"白文印、"馮雲驤印"朱文印、"訥生氏"白文印.--綫裝：市府贈書　（戊）/1001

春秋公羊傳註疏：二十八卷/（漢）何休注；（唐）徐彦疏. --刻本. --虞山毛氏汲古閣，明崇禎七年（1634）. --8 冊（1 函）. --（十三經註疏）. --書名頁題"公羊註疏"，版心題"公羊疏"。半葉 9 行，行 21 字，小字雙行字同，白口，左右雙邊，半框 18×12.6cm. --綫裝　　（丙一）/736

穀梁傳

春秋穀梁傳註疏：二十卷/（晉）范寧集解；（唐）楊士勛疏. --刻本. --虞山毛氏汲古閣，明崇禎 8 年（1635）. --6 冊（1 函）. --（十三經註疏）. --書名頁題"穀梁註疏"，版心題"穀梁疏"。半葉 9 行，行 21 字，小字雙行字同，白口，左右雙邊，半框 18×12.5cm. --綫裝　　（丙一）/737

孝經類

孝經註疏：九卷/（唐）玄宗李隆基注；（宋）邢昺疏. --刻本. --致和堂，清初（1644～1722）. --1 冊. --半葉 9 行，行 21 字，小字雙行字同，白口，左右雙邊，半框 16.8×12.9cm。鈐"國子監印"朱文印（滿漢合璧）、"京師圖書館收藏之印"朱文印. --綫裝　　（丙一）/997

孝經衍義：一百卷，卷首二卷/（清）葉方靄等纂. --刻本. --京師：内府，清康熙二十九年（1690）. --30 冊（3 函）. --半葉 9 行，行 18 字，小字雙行字同，粗黑口，四周雙邊，雙對黑魚尾，半框 18.9×14.4cm。鈐"國子監印"朱文印（滿漢合璧）、"民國七年由清監移藏圖書館"朱文印. --綫裝　　（丙一）/991
第二部　　（乙一）/502

孝經衍義：一百卷，卷首二卷/（清）葉方靄等奉敕纂. --刻本. --廣西：王起元，清康熙三十年（1691）. --32 冊（4 函）. --翻刻清康熙二十九年（1690）内府刻本。御製序缺第 7 葉。半葉 9 行，行 18 字，小字雙行字同，粗黑口，四周雙邊，雙對黑魚尾，半框 18.9×14.2cm. --綫裝

（丙三）/522

四書類

御製繙譯匹書：［滿漢對照］：不分卷/（清）鄂爾泰等譯. --刻本. --京師：武英殿，清乾隆二十年（1755）. --6 冊（1 函）. --半葉 7 行，行字數不等，白口，四周雙邊，無界行，單黑魚尾，半框 19×13.9cm. --綫裝　　（乙・一）/26

御製繙譯四書：［滿漢對照］：不分卷/（清）鄂爾泰等譯. --刻本. --清乾隆（1736～1795）. --6 冊（1 函）. --翻刻清乾隆 20 年武英殿刻本。半葉 7 行，行字數不等，白口，上下雙邊，無界行，單黑魚尾，半框 18.6×13.7cm. --綫裝　　（乙・一）/27

大學章句：一卷；**大學或問**：一卷；**中庸章句**：一卷；**中庸或問**：一卷；**論語集注**：十卷；**孟子集注**：七卷/（宋）朱熹撰. --刻本. --福建：監察御史吉澄，明嘉靖（1522～1536）. --10 冊（2 函）. --半葉 9 行，行 17 字，小字雙行字同，有眉欄，行 2 字，白口，左右雙邊，單白魚尾，半框 20.2×14.5cm。有刻工：唐麟、章意等。佚名圈點. --綫裝　　（丙三）/631

四書集注：二十一卷/（宋）朱熹撰. --刻本. --京師：内府，清初（1644～1722）. --16 冊（4 函）. --半葉 9 行，行 17 字，小字雙行字同，粗黑口，四周雙邊，雙順黑魚尾，半框 22.4×17cm。鈐"謙牧堂藏書記"白文印、"謙牧堂書畫記"朱文印. --綫裝
子目：
　　大學章句：一卷，或問一卷
　　中庸章句：一卷，或問一卷
　　論語集注：十卷，附序説
　　孟子集注：七卷　　（丁）/12673

四書集注：十九卷/（宋）朱熹注. --刻本. --清初（1644～1722）. --6 冊（1 夾）. --半葉 9

行，行 17 字，小字雙行字同，白口，左右雙邊，單黑魚尾，半框 19.7×14.4cm。上海際園藏板。佚名圈點．--綫裝

子目：

大學章句：一卷

中庸章句：一卷

論語集注：十卷

孟子集注：七卷　　　　　（丙三）/5601

四書集注：二十六卷/（宋）朱熹撰．--刻本．--京師：內府，清康熙（1662~1722）．--9 冊（2 函）．--仿宋淳祐刻本。半葉 8 行，行 15 字，小字雙行字同，白口，左右雙邊，雙順黑魚尾，半框 24.8×17.2cm。鈐"國子監八學官書"朱文印、"國子監印"朱文印（滿漢合璧）．--綫裝

子目：

大學章句：一卷

中庸章句：一卷

論語章句：十卷，附序說

孟子章句：十四卷　　　　（丙一）/248

第二部 24 冊（4 函）　　（乙一）/373

四書集注：二十卷/（宋）朱熹集注．--刻本．--怡府明善堂，清乾隆（1736~1795）．--5 冊（1 函）．--書皮題"明善堂四書"。半葉 9 行，行 17 字，小字雙行字同，白口，四周單邊，單黑魚尾，半框 20.2×14.6cm。鈐"北平孔德學校之章"朱文印．--綫裝　　　（甲一）/170

四書大全：三十六卷/（明）胡廣等撰．--刻本．--朝鮮，李朝後期（1800~1910）．--15 冊（4 函）．--翻刻明四書大全本。半葉 10 行，行 18 字，小字雙行字同，白口，四周單邊，單花魚尾，半框 24.6×18cm．--綫裝

（乙一）/370

古今道脈：四十五卷/（明）徐奮鵬撰．--刻本．--金陵：鄭氏書林奎璧堂，明萬曆四十六年（1618）．--36 冊（4 函）．--版心題"四書古今道脈"。半葉 10 行，行 22 字，白口，四周雙邊，無界行，單黑魚尾，半框 23×12.6cm。鈐"劉懋私印"白文印、"一心氏"朱文印、"甯氏藏

書"白文印、"紫垣藏書"朱文印、"寄興"朱文印、 "會心處不在遠"白文印．--綫裝

子目：

大學：三卷

中庸：八卷

上論：十卷

下論：十卷

上孟：六卷

下孟：八卷　　　　　　　（乙一）/544

趙氏三書：三種/（明）趙僎编．--刻本．--明天啟（1621~1627）．--5 冊（1 函）．--半葉 9 行，行 19 字，小字雙行字同，白口，四周單邊，單黑魚尾，半框 21.1×14.4cm．--綫裝

子目：

一集，論語別傳：二卷/（宋）王宗道撰

二集，海蠡编：二卷/（明）袁士瑜撰

三集，論語頌：一卷/（宋）張九成撰

（甲一）/131

[日講四書]：[滿文]．--刻本．--京師：內府，清康熙（1662~1722）．--26 冊（4 函）．--半葉 7 行，行字數不等，粗黑口，四周雙邊，雙對黑魚尾，半框 26.4×18.8cm。鈐"國子監印"朱文印（滿漢合璧）．--綫裝　　　（丙三）/4181

日講四書解義：二十六卷/（清）喇沙里等撰．--刻本．--京師：內府，清康熙十六年（1677）．--11 冊（1 函）．--半葉 9 行，行 18 字，粗黑口，四周雙邊，雙對黑魚尾，半框 19×14.5cm．--綫裝　　　　（丙三）/842

日講四書解義：二十六卷/（清）喇沙里等撰．--刻本．--清康熙（1662~1722）．--18 冊（2 函）．--翻刻清康熙十六年內府刻本。半葉 9 行，行 18 字，粗黑口，四周雙邊，雙對黑魚尾，半框 19×14.5cm。鈐"國子監八學官書"朱文印、"國子監印"朱文印（滿漢合璧）．--綫裝

（乙一）/570

四書大全：四十二卷/（清）汪份增訂．--刻本．--遄喜齋，清康熙四十一年（1702）．--22

冊（3 函）.--半葉9行，行 21 字，小字雙行字同，有眉欄，行 11 字，白口，左右雙邊，單黑魚尾，版心下刻"邇喜齋讀本"，半框 23.1×14.8cm。邇喜齋藏板。佚名圈點.--綫裝

子目：

大學或問：一卷

大學章句大全：三卷

中庸或問：一卷

中庸章句大全：三卷

論語集註大全：二十卷

孟子集註大全：十四卷　　　　（丙三）/852

陸稼書先生四書講義遺編：六卷/（清）陸隴其撰；（清）趙鳳翔編.--刻本.--三魚堂，清康熙四十四年（1705）.--8 冊（1 函）.--半葉12 行，行 22 字，小字雙行字同，粗黑口，四周單邊，雙對黑魚尾，半框 17.6×13.9cm。三魚堂藏板.--綫裝　　　　（丙三）/629

四書解義：不分卷/（清）李光地解.--刻本.清康熙五十九年（1720）.--2 冊（1 函）.--半葉 11 行，行 20 字，白口，四周單邊，雙對花魚尾，半框 16.4×13.4cm。居業堂藏板。鈐"御賜教忠堂"朱文印、"國子監印"朱文印（滿漢合璧）、"京師圖書館收藏記"朱文印.--綫裝
　　　　（丙三）/5201

　第二部　鈐"御賜教忠堂"朱文印、"國子監印"朱文印（滿漢合璧）、"民國七年由南監移藏圖書館"朱文印　　（丙三）/4733

四書劄記：不分卷/（清）李光地撰.--刻本.--清康熙五十九年（1720）.--4 冊（1 函）.--半葉 11 行，行 20 字，白口，四周單邊，雙對花魚尾，半框 16.5×13.3cm。鈐"臣海寰印"白文印、"鏡宇"朱文印.--綫裝　　　（乙一）/565

四書述：十九卷/（清）陳詵撰.--刻本.--信學齋，清康熙（1662~1722）.--8 冊（1 函）.--半葉 10 行，行 21 字，小字雙行字同，有眉批、行、字數不等，白口，左右雙邊，單黑魚尾，半框 19.8×14.6cm。佚名題跋。鈐"韓氏家藏之印"朱文印.--綫裝

子目：

大學述：一卷

中庸述：一卷

孟子述：七卷

論語述：十卷　　　　　　　　（丙一）/208

呂晚邨先生四書講義：四十三卷/（清）呂留良撰；（清）陳鏦編.--刻本.--清康熙（1662~1722）.--12 冊（1 函）.--版心題"四書講義"。半葉 11 行，行 21 字，小字雙行字同，黑口，左右雙邊，雙對黑魚尾，半框 17.9×13.7cm。佚名圈點，佚名批註.--綫裝　　　　（甲一）/180

　第二部　　　　　　　　　　（丙三）/635

駁呂留良四書講義：不分卷/（清）朱軾等撰.刻本.--京師：内府，清雍正（1723~1735）.--8 冊（1 函）.--半葉9 行，行 21 字，小字雙行字同，白口，四周雙邊，單黑魚尾，半框 18.1×13.6cm。鈐"京師圖書館收藏之印"朱文印.--綫裝　（丙三）/4712

　第二部　鈐"北平孔德學校之章"朱文印
　　　　　　　　　　　　　　（甲一）/96

四書大全摘要：二十卷/（清）李武纂.--刻本.--江南：王遠凡，清雍正九年（1731）.--16 冊（2 函）.--書名頁題"四書摘要大全"。半葉 8 行，行 32 字，小字雙行字同，白口，左右雙邊，無界行，單黑魚尾，半框 20.6×14.5cm.--綫裝　　　　（丙三）/766

四書典林：三十卷/（清）江永編.--刻本.--清雍正十三年（1735）.--16 冊（2 函）.--半葉 8 行，行 22 字，小字雙行字同，白口，左右雙邊，單黑魚尾，半框 19.7×13.6cm。耡經齋藏板。鈐"世錦堂藏書"白文印.--綫裝　　（丙三）/5663

四書朱子本義匯參：四十三卷，卷首四卷/（清）王步青輯；（清）王士鰲編.--刻本.--敦復堂，清乾隆十年（1745）（文會堂，清[1644~1911]印）.--40 冊（5 函）.--半葉9 行，行 23 字，小字雙行字同，四周單邊，單黑魚尾，版心下刻"敦復堂課本"，卷端右下刻

27

"文會堂",半框21.2×14.4cm。敦復堂藏板。鈐"三槐堂藏板"白文印、"江蘇學院頒行"朱文印.--綫裝

子目:
大學章句本義匯參:三卷,首一卷
中庸章句本義匯參:六卷,首一卷
論語集注本義匯參:二十卷,首一卷
孟子集注本義匯參:十四卷,首一卷

(丙三)/6458

第二部 30 冊(5 函) (丙三)/727

四書考異:七十二卷/(清)翟灝撰.--刻本.--無不宜齋,清乾隆三十四年(1769).--12 冊(1 函).--半葉11行,行21字,白口,左右雙邊,單黑魚尾,半框 17.4×13.6cm。武林竹簡齋藏板.--綫裝 (乙一)/513

第二部 (丙三)/717

四書集益:四卷/(清)于光華編.--刻本.--吳名晉,清乾隆五十二年(1787).--6 冊(1 函).--半葉9行,行21字,小字雙行字同,有眉批,行8字,白口,左右雙邊,單黑魚尾,半框16.4×13cm。凝翠閣藏板.--綫裝

(丙三)/730

集虛齋四書口義:十卷/(清)方楘如撰.--刻本.--姚一桂,清乾隆五十三年(1788).--6 冊.--半葉12行,行25字,白口,左右雙邊,單黑魚尾,半框18.9×12cm.--綫裝:市府贈書

(戊)/3273

集虛齋四書口義:十卷/(清)方楘如撰;(清)于光華編.--刻本.--大文堂,清乾隆(1736~1795).--10 冊(1 函).--半葉14行,行25字,白口,四周單邊,無界行,單黑魚尾,半框18.4×13.8cm。大文堂藏板.--綫裝

(丙三)/5592

四書考輯要:二十卷/(清)陳宏謀輯.--刻本.--陳氏培遠堂,清乾隆(1736~1795).--10 冊(1 函):圖 2 幅.--半葉10行,行20字,小字雙行字同,有眉批,行4字,白口,四周雙邊,

單黑魚尾,版心下刻"培遠堂",半框19.2×15cm。有刻工:穆大展.--綫裝

(丙三)/715

四書左國彙纂:四卷/(清)高其名,(清)鄭師成合纂.--刻本.--本立堂,清乾隆(1736~1795).--6 冊(1 函).--書名頁題"增訂四書左國輯要"。半葉9行,行22字,小字雙行字同,白口,四周單邊,單黑魚尾,半框19×12.6cm.--綫裝 (丙三)/898

四書左國彙纂:四卷/(清)高其名,(清)鄭師成纂.--刻本.--百尺樓,清乾隆三十九年(1774).--6 冊(1 函).--書名頁題"增補四書左國輯要"。半葉9行,行20字,小字雙行字同,白口,左右雙邊,單黑魚尾,版心下刻"百尺樓",半框17.1×12.5cm。百尺樓藏板。鈐"觀雲草堂珍藏"朱文印、"瀋涑"朱文印、"瀋涑珍藏"白文印.--綫裝 (丙三)/5668

四書拾遺:九卷,首一卷/(清)佚名撰.--抄本.--清(1644~1911).--4 冊(1 函).--半葉9行,行18字,無界格邊欄。鈐"祁氏藏書"朱文印、"寯藻"白文印、"三沼堂藏書"朱文印.--綫裝 (丙三)/484

四書釋地:一卷,續一卷,又續一卷,三續一卷,附孟子生卒年月考一卷/(清)閻若璩撰.--刻本.--歸安丁傑,清乾隆五十二年(1787).--4 冊(1 函).--半葉11行,行20字,小字雙行字數不等,白口,左右雙邊,單黑魚尾,半框19.5×15cm。佚名批點.--綫裝

(丙三)/618

四書釋地:一卷,續一卷,又續一卷,三續一卷,附孟子生卒年月考一卷/(清)閻若璩撰.--刻本.--南城吳氏聽雨齋,清乾隆五十二至五十三年(1787~1788).--6 冊(1 函).--半葉9行,行20字,左右雙邊,單黑魚尾,半框17.2×12.3cm.--綫裝 (丙一)/1450

四書釋地:一卷,續一卷,又續一卷,三續一

卷，附孟子生卒年月考一卷/（清）閻若璩撰. --
刻本. --東涪王氏，清乾隆（1736～1795）. --4
冊（1 函）. --半葉 11 行，行 20 字，小字雙行
字數不等，白口，左右雙邊，單黑魚尾，版心下
刻"眷西堂"，半框 19.5×15cm. --綫裝
(丙三) /623

論語註疏解經：二十卷/（三國魏）何晏集解；
（宋）邢昺疏. --刻本. --清（1644～1911）. --4
冊（1 函）. --書名頁題"論語注疏"。翻刻明
崇禎汲古閣本。半葉 9 行，行 21 字，小字雙行
字同，白口，左右雙邊，版心下刻"汲古閣"，
半框 17.8×12.6cm. --綫裝 (丙三) /3325

論語集解義疏：十卷/（三國魏）何晏撰；（梁）
皇侃義疏；（日本）根遜志校正. --刻本. --日本：
萬蘊堂，日本寬延三年（1750）刻；寬政七年
（1795）增刻；元治元年（1864）補刻. --5 冊
（1 函）. --書名頁題"論語義疏"。半葉 9 行，
行 20 字，小字雙行字同，白口，左右雙邊，單
黑魚尾，半框 20.5×14.6cm。佚名批. --綫裝
(乙一) /436

論語集注：[滿漢對照]：十卷，序説一卷/
（宋）朱熹註. --刻本. --清乾隆（1644～
1911）. --8 冊（1 函）. --半葉 6 行，行字數不
等，小字雙行字數不等，白口，四周雙邊，無界
行，單黑魚尾，半框 21.2×15.7cm。佚名圈點. --
綫裝 (乙・一) /30

論語集註本義匯參：二十卷，卷首一卷/（清）
王步青輯. --刻本. --敦復堂， 清乾隆十年
（1745）. --12 冊（2 函）. --（四書朱子本義匯
參：四種/[清]王步青輯）. --半葉 9 行，行 23
字，小字雙行字同，白口，四周單邊，單黑魚尾，
版心下刻"敦復堂課本"，半框 20.7×
14.2cm. --綫裝 (丙三) /3597

論語傳註：二卷；**大學傳註**：一卷；**中庸傳註**：
一卷；**傳註問**：四卷/（清）李塨撰. --刻本. --
清康熙（1662～1722）. --4 冊（1 函）. --半葉
9 行，行 24 字，白口，四周雙邊，單黑魚尾，

半框 20.9×15.4cm. --綫裝 (丙三) /6382

鄉黨圖考：十卷/（清）江永撰. --刻本. --金
閶：綠蔭堂，清乾隆（1736～1795）. --6 冊（1
函）：附圖、表. --半葉 9 行，行 25 字，小字雙
行字同，白口，左右雙邊，單黑魚尾，半框
19.4×14.1cm. --綫裝 (丙三) /1029

孟子註疏解經：十四卷/（漢）趙岐注；（宋）
孫奭疏. --刻本. --虞山毛氏汲古閣，明崇禎
（1628～1644）. --5 冊（1 函）. --（十三經注
疏）. --半葉 9 行，行 21 字，小字雙行字同，白
口，左右雙邊 半框 17.3×12.6cm. --綫裝
(丙三) /721

孟子：二卷/（戰國）孟軻撰；（宋）蘇洵批點
. --刻本，朱墨套印. --吳興：閔齊伋，明萬曆四
十五年（1617）. --2 冊（1 函）. --半葉 8 行，
行 18 字，白口，左右雙邊，半框 20.8×15.3cm.
綫裝 (丙三) /745

孟子集註本義匯參：十四卷，卷首一卷/（清）
王步青輯. --刻本. --敦復堂，清乾隆十年（1745）
. --12 冊（2 函）. --（四書朱子本義匯參：四種
/[清]王步青輯）. --半葉 9 行，行 23 字，小字
雙行字同，白口，四周單邊，單黑魚尾，版心下
刻"敦復堂課本"，半框 20.4×14.5cm. --綫裝
(丙三) /3604

孟子讀法附記：十四卷/（清）周人麒撰. --
刻本. --清乾隆四十九年（1784）. --6 冊（1
函）. --半葉 8 行，行 22 字，有眉批，行 4 字，
白口，左右雙邊，單黑魚尾，半框 17.9×
13.1cm. 保積堂藏板. --綫裝 (丙一) /184

大學：一卷；**中庸**：一卷/（宋）朱熹集注. --
刻本. --明（1368～1644）. --2 冊（1 函）. --
本書是《四書集注》中的兩篇。半葉 6 行，行
10 字，粗黑口，四周雙邊，雙順花魚尾，半框
17.2×12.2cm. 鈐"娑羅花樹館周氏藏書"朱文
印. --綫裝 (丁) /14455

中庸脈絡：二卷/（清）吳蔭華撰.--刻本.--清乾隆（1736～1795）.--1 冊.--半葉 9 行，行 19 字，白口，左右雙邊，單黑魚尾，半框 17.3×13cm.--綫裝：市府贈書　　　　（戊）/2819

群經總義類

經典釋文：三十卷/（唐）陸德明撰.經典釋文攷証：三十卷/（清）盧文弨撰.--刻本.--常州：餘姚盧氏龍城書院，清乾隆五十六年（1791）.--12 冊（2 函）.--（抱經堂叢書：十七種/[清]盧文弨輯）.--半葉 11 行，行 22 字，小字雙行字同，粗黑口，四周單邊，雙對黑魚尾，半框 19.2×14.9cm.有刻工：劉文楷、劉文奎。抱經堂藏版。民國鄭大洲題簽。鈐“鄭大洲印”白文印、“瀛仙”朱文印.--綫裝

（乙一）/407

第二部　鈐“許喬林印”朱文印、“石華藏書子孫永寶鬻及借人是皆不孝”朱文印

（丁）/15753

第三部　附孟子音義：二卷/（宋）孫奭撰，鈐“歸安錢氏”白文印、“元仲鑑藏”白文印.--綫裝　　　　（丙一）/1147

六經圖：六卷/（宋）楊甲撰；（宋）苗昌言等編；（明）吳繼仕考校.--刻本，影刻.--明（1368～1644）.--6 冊（1 函）.--影宋刻本。圖文格式不一，白口，四周單邊，半框 35.9×24.7cm。熙春楼藏板。鈐“熙春樓”白文印.--綫裝

（乙一）/356

六經圖考：六種/（宋）楊甲撰；（清）潘宷鼎考.--刻本.--禮耕堂，清康熙（1662～1722）.--12 冊（2 函）：有插圖.--序 1 葉係抄補。半葉 9 行，行 20 字，白口，四周單邊，單黑魚尾，半框 19.6×13.9cm.--綫裝
子目：
大易象數鈎深圖：不分卷
春秋筆削發微圖：不分卷
毛詩正變指南圖：不分卷
禮記制度示掌圖：不分卷

尚書軌範撮要圖：不分卷
周禮文物大全圖：不分卷　　　（丙一）/310

六經圖定本：不分卷/（清）王晷輯.--刻本.向山堂，清乾隆五年（1740）.--12 冊（2 函）：有插圖.--半葉 10 行，行 20 字，白口，四周單邊，半框 19.8×13.9cm.--綫裝　　　（乙一）/558

朱子六經圖：十六卷；增定四書圖：四卷/（清）江為龍撰.--刻本.--清康熙四十八年（1709）.--6 冊（1 函）.--半葉行數不等，行字數不等，小字雙行字數不等，白口，四周雙邊，單黑魚尾，半框 23.6×16.5cm。鈐“千秋不朽”朱文印、“周養安小市得”朱文印.--綫裝

（丙一）/1112

五經圖：十二卷/（明）盧謙芳訂正；（清）盧雲英編.--刻本.--盧江盧氏，清雍正二年（1724）.--6 冊：有插圖.--半葉 9 行，行 23 字，白口，四周單邊，單黑魚尾，半框 22.9×15.1cm.--綫裝　　　　（庚）/710

四經圖表：不分卷.--刻本.--明（1368～1644）.--4 冊（1 函）.--半葉行字數不等，白口，四周單邊，半框 37.1×24.7cm。上圖下文.--綫裝　　　　（乙一）/606

經言枝指纂：四十卷/（明）陳禹謨輯；（明）林永平纂.--刻本.--聚星館葉均字，明萬曆（1573～1644）.--6 冊（1 函）.--半葉 10 行，行 24 字，小字雙行字同，白口，四周單邊，單黑魚尾，半框 22.3×14.5cm。佚名圈點。鈐“玉函山房藏書”朱文印、“北平孔德學校之章”朱文印.--綫裝　　　　（甲一）/143

經史辨體：十三卷/（清）徐與喬輯評.--刻本.--敦化堂，清康熙十七年（1678）.--24 冊（2 函）：插圖.--半葉 9 行，行 26 字，小字雙行字同，有眉批，行 5 字，白口，四周單邊，無界行，版心下刻“增刪定本”，半框 20×12cm。鈐“經蔭堂藏書”白文印.--綫裝　（丙三）/719

經玩：五種二十卷/（清）沈淑撰.--刻本.--清雍正七年（1729）.--6 冊（1 夾）.--半葉 9 行，行 16 字，小字雙行 32 字，白口，左右雙邊，單黑魚尾，半框 15.9×11.7cm。佚名批註.--綫裝

子目：

陸氏經典异文輯：六卷

經典异文補：六卷

春秋左傳分國土地名：二卷

職官器物宮室：二卷

注疏瑣語：四卷　　　（乙一）/496

悍齋講義：不分卷/（清）王元啓撰.--刻本.--祇平居，清乾隆四年（1739）.--1 冊.--半葉 10 行，行 21 字，黑口，左右雙邊，雙對黑魚尾，半框 18.5×14.1cm.--綫裝：市府贈書

（戊）/345

群經補義：五卷/（清）江永撰.--刻本.--書業堂，清乾隆二十五年（1760）.--1 冊（1 函）.--半葉 10 行，行 22 字，小字雙行字同，白口，左右雙邊，單黑魚尾，半框 19.1×14cm。有刻工：文、如等。書業堂藏板.--綫裝

（丙一）/1321

北海經學七錄：八卷/（清）孔廣林錄.--刻本.--古俊樓，清乾隆三十九年（1774）.--2 冊（1 函）.--半葉 10 行，行 20 字，小字雙行字數不等，粗黑口，左右雙邊，單黑魚尾，半框 17.7×13.4cm。檟山氏校。鈐“金茗之印”白文印、“涉江道人所藏”朱文印、“晏”朱文印、“北平孔德學校之章”朱文印.--綫裝

（甲一）/105

湘蘅漫錄：四卷/（清）查彬編.--抄本.--清（1644～1911）.--13 冊（1 函）.--殘本，存卷 5（上之上、中之上、中之下、下之上、下之下）、卷 6 下、卷 8 之一、二、三等，卷數有塗改.--綫裝

（丁）/13008

五經旁訓辨體：五種/（清）徐立綱輯.--刻本.--清乾隆五十四年（1789）.--8 冊（1 函）.--存四種。序題“五經旁訓辨體合訂”。半葉行數不等，行字數不等，白口，四周單边，單黑魚尾，半框 22.7×14.7cm。循陔堂藏板.--綫裝

子目：

周易讀本：三卷

詩經讀本：四卷

尚書讀本：四卷

春秋讀本：四卷　　（丙一）/1172

七緯：三十八卷/（清）赵在翰辑.--刻本.--侯官：小積石山房，清嘉慶 9 年（1804）.--8 冊（1 函）.--半葉 10 行，行 23 字，小字雙行字同，白口，四周雙邊，單黑魚尾，版心下方刻“小積石山房”，半框 26.3×16.2cm.--綫裝

（乙一）/446

小學類

訓詁

新刊爾雅：三卷/（晉）郭璞注. **新刊爾雅音釋**：三卷/（唐）陸德明撰.--刻本.--瑞桃堂，明萬曆十六年（1588）.--1 冊（1 函）.--（五雅/[明]郎奎金輯）.--版心題“爾雅”。半葉 11 行，行 22 字，小字雙行字同，白口，左右雙邊，單黑魚尾，半框 19.6×14.3cm.--綫裝

（甲一）/103

爾雅正義：二十卷/（清）邵晉涵撰. **爾雅釋文**：三卷/（唐）陸德明撰.--刻本.--餘姚邵氏家塾，清乾隆五十三年（1788）.--12 冊（1 函）.--半葉 9 行，行 21 字，小字雙行字同，白口，四周雙邊，單黑魚尾，半框 17.4×12.4cm.--綫裝

（丙一）/302

埤雅：二十卷/（宋）陸佃撰.--刻本.--劉廷吉，明成化十五年（1479）刻；王俸，明嘉靖二年（1523）修板.--4 冊（1 函）.--半葉 11 行，

行 20 字，黑口，四周雙邊，雙對黑魚尾，半框
20.5×14.3cm. 鈐 "金望喬瘦僊父考藏金石書籍
書畫鈐記" 白文印、"金鼐廷瘦僊氏考藏" 白文
印.--綫裝　　　　　　　　　　　　　（丁）/16047

增修埤雅廣要：四十二卷/（宋）陸佃撰；（明）
牛衷增修；（明）吳從政音釋.--刻本.--孫弘范，
明萬曆三十八年（1610）.--8 冊（1 函）.--半
葉 10 行，行 18 字，小字雙行字同，白口，四周
單邊，單黑魚尾，半框 21.8×13.2cm. 孫衙澄
心堂藏板。鈐 "坊間翻刻定行告治" 朱文印、
"山鬼雷公" 朱文印、"北平孔德學校之章" 朱
文印.--綫裝　　　　　　　　　　　（甲三）/546

爾雅翼：三十二卷/（宋）羅願撰；（元）洪焱
祖音釋.--刻本.--羅文端，明萬曆三十三年
（1605）.--4 冊（1 函）.--半葉 9 行，行 18
字，小字雙行字同，白口，四周雙邊，單黑魚尾，
半框 23.5×14.8cm。有刻工：趙邦才.--綫裝
　　　　　　　　　　　　　　　　（乙一）/492

爾雅翼：三十二卷/（宋）羅願撰；（元）洪焱
祖音釋.--刻本.--明崇禎六年（1633）.--12 冊
（2 函）.--書名頁題 "羅鄂州先生爾雅翼"。
半葉 9 行，行 18 字，小字雙行字同，白口，四
周雙邊，單黑魚尾，半框 23.7×14.7cm。有刻
工：趙邦才。呈坎文獻祠藏板.--綫裝
　　　　　　　　　　　　　　　　（乙一）/489

第二部　　　　　　　　　　　　　　（乙一）/242

別雅：五卷/（清）吳玉搢撰.--刻本.--新安
程氏督經堂，清乾隆七年（1742）.--5 冊（1
函）.--半葉 10 行，行 20 字，小字雙行字同，
粗黑口，左右雙邊，雙對黑魚尾，半框 17×
12.9cm.--綫裝　　　　　　　　　　（丁）/11287

第二部　　何寶善跋，鈐 "何寶善印" 白文
印、"天尺樓" 朱文印　　　　　　　　（戊）/435

拾雅：六卷/（清）夏味堂撰.--刻本.--高郵夏
氏遂園，清嘉慶二十四年（1819）.--2 冊（1
函）.--半叶 10 行，行 20 字，小字雙行 30 字，
细黑口，左右双边，單黑魚尾，半框 18.9×

12.8cm。鈐 "求放心齋所藏" 朱文印、"彤宣"
白文印.--綫裝　　　　　　　　　　（乙一）/528

通俗編：三十八卷/（清）翟灝撰.--刻本.--
無不宜齋，清乾隆十六年（1751）.--12 冊（1
夾）.--半葉 12 行，行 22 字，白口，左右雙邊，
單黑魚尾，半框 17.1×12.6cm.--綫裝
　　　　　　　　　　　　　　　　（丁）/14461

輶軒使者絕代語釋別國方言：十三卷/（漢）
揚雄撰；（晉）郭璞注. **校注補遺**：一卷/（清）
盧文弨撰.--刻本.--餘姚盧氏抱經堂，清乾隆四
十七年（1782）.--1 冊（1 函）.--半葉 10 行，
行 21 字，小字雙行字同，白口，左右雙邊，單
黑魚尾，半框 17.8×14cm.--綫裝
　　　　　　　　　　　　　　　　（丙一）/121

助字辨略：五卷/（清）劉淇撰.--抄本.--清
（1644～1911）.--5 冊（1 函）.--鈐 "張鳴岐"
朱文印、"鳴岐鑑賞" 朱文印.--綫裝
　　　　　　　　　　　　　　　　（乙一）/136

同文彙集：［滿漢對照］：四卷/（清）劉順，
（清）桑格編.--刻本.--天繪閣，清康熙 32 年
（1693）.--4 冊（1 函）.--書名頁、書籤題 "同
文廣彙全書"。半葉 8 行，行字數不等，白口，
四周單邊，單黑魚尾，半框 20.4×15.2cm。佚
名圈點、批註.--綫裝　　　　　　　（乙·一）/109

御製清文鑑：［滿文］/（清）聖祖玄燁敕譯.--
刻本.--京師：武英殿，清康熙（1662～
1722）.--14 冊（1 函）.--半葉 6 行，行字數不
等，白口，四周雙邊，無界行，半框 22.1×
16.4cm.--綫裝　　　　　　　　　　（乙·一）/33

清文彙書：［滿漢對照］：十二卷/（清）李延
基撰.--刻本.--清雍正二年（1724）.--12 冊（1
函）.--半葉 8 行，行字數不等，小字雙行字數
不等，白口，四周雙邊，單黑魚尾，半框 21×
14.9cm。師禮堂藏板.--綫裝　　　　（乙·一）/44

清文彙書：［滿漢對照］：十二卷/（清）李延

基撰.--刻本.--三槐堂,清雍正乾隆間（1723
～1795）.--12冊（1函）.--半葉8行,行字數
不等,小字雙行字數不等,白口,四周雙邊,單
黑魚尾,半框20.4×14.6cm.--綫裝

(乙·一)/60

音漢清文鑑：[滿漢對照]：二十卷/（清）董
佳明鐸注.--刻本.--騎河樓文瑞堂,清雍正十三
年（1735）.--4冊（1函）.--半葉8行,行字
數不等,白口,上下雙邊,無界行,半框
21×14.4cm。騎河樓文瑞堂藏板。佚名圈點、
批。鈐"鳳山藏書"白文印.--綫裝

(乙·一)/55

第二部 (乙·一)/35

音漢清文鑑：[滿漢對照]：二十卷/（清）董
佳明鐸注.--刻本.--繡谷中和堂,清乾隆二十二
年（1757）.--4冊（1函）.--半葉8行,行字
數不等,白口,四周雙邊,無界行,半框
20.9×14.8cm。繡谷中和堂藏板.--綫裝

(乙·一)/54

御製增訂清文鑑：[滿漢對照]：三十二卷,補
編四卷/（清）傅恒等撰.--京師：武英殿,清乾
隆三十六年（1671）.--48冊（4函）.--半葉8
行,行字數不等,白口,四周雙邊,半框22×
17.8cm。佚名圈點、批註.--綫裝

(乙·一)/36

御製滿珠蒙古漢字三合切音清文鑑：[滿蒙漢
對照]：三十一卷/（清）高宗弘曆敕撰.--刻本.
京師：武英殿,清乾隆四十五年（1780）.--32
冊（4函）.--半葉6行,行字數不等,白口,
四周雙邊,無界行,半框21.6×16.9cm.--綫裝

(乙·一)/34

御製四體清文鑑：[滿漢蒙藏對照]：三十二
卷,補編四卷/（清）高宗弘曆敕撰.--刻本.--
京師：武英殿,清乾隆三十七年（1772）.--36
冊（6函）.--半葉4行,行字數不等,白口,
四周雙邊,半框21.3×15.4cm.--綫裝

(乙·一)/38

四體合璧文鑑：[滿漢蒙藏對照]：三十二卷,
總綱八卷/（清）高宗弘曆敕撰.--刻本.--清
（1644～1911）.--11冊（1函）.--半葉9行,
行字數不等,白口,四周雙邊,單黑魚尾,半框
21.3×16.5cm.--綫裝 (乙·一)/37

第二部 (乙·一)/32

一學三貫清文鑑：[滿漢對照]：四卷,十二字
頭一卷/（清）屯圖撰.--刻本.--京都：英華堂
徐氏,清乾隆十一年（1746）.--4冊（1函）.--
版心題"一學三貫"。序署著者名"肫圖"。半
葉7行,行字數不等,白口,四周雙邊,單黑魚
尾,半框21.7×17.5cm。佚名批點.--綫裝

(乙·一)/40

第二部 (乙·一)/39

增訂清文鑑：[滿漢對照]：四卷,十二字頭一
卷/（清）高宗弘曆敕譯.--抄本,朱絲欄.--清
（1644～1911）.--12冊（1函）.--鈐"臣昌"
白文印、"松筠室藏書印"朱文印.--綫裝

(乙·一)/50

翻譯類編：[滿漢對照]：四卷/（清）冠景撰.--
刻本.--周祖榮,清乾隆十四年（1749）.--4冊
（1函）.--半葉9行,行字數不等,粗黑口,
四周雙邊,單黑魚尾,半框18.3×13cm。永魁
齋藏板。佚名批。鈐"老二酉堂"朱文印.--綫
裝 (乙·一)/103

欽定清漢對音字式：不分卷/（清）高宗弘曆
敕撰.--刻本.--京師：武英殿,清乾隆三十七年
（1772）.--1冊（1函）.--半葉9行,行20
字,小字雙行字同,白口,四周雙邊,單黑魚尾,
半框19.3×14cm.--綫裝 (乙·一)/114

欽定清漢對音字式：不分卷/（清）高宗弘曆
敕撰.--刻本.--清乾隆（1736～1795）.--1冊
（1函）.--翻刻清乾隆37年武英殿刻本。半葉
9行,行20字,小字雙行字同,白口,四周雙
邊,單黑魚尾,半框19×14.4cm.--綫裝

(乙·一)/111

三合便覽：[滿漢蒙對照]：不分卷／（清）敬齋輯.--刻本.--清乾隆四十五年（1780）.--12冊（2函）.--半葉 8 行，行字數不等，白口，四周雙邊，無界行，雙對黑魚尾，半框 20.6×15.3cm.佚名圈點.--綫裝 　　　（乙·一）/120
　　第二部 　　　　　　　　　（乙·一）/121

三合便覽：[滿漢蒙對照]／（清）敬齋輯；（清）富俊補.--抄本.--清道光（1821～1850）.--24冊（4函）.--綫裝 　　　　　　（丁）/8460

清文補彙：[滿漢對照]：八卷／（清）宜興撰.--刻本.--清乾隆五十一年（1786）.--8 冊（1函）.--半葉 8 行，行字數不等，白口，四周單邊，單黑魚尾，半框 20.5×15cm.--綫裝
　　　　　　　　　　　　（乙·一）/53

滿洲字類／（清）佚名編.--刻本.--清（1644～1911）.--39 冊（8函）.--半葉 8 行，行字數不等，小字雙行字數不等，白口，四周雙邊，半框 24×16.4cm.鈐“國子監印”朱文印（滿漢合璧）.--綫裝 　　　（丙一）/1528

滿漢典要大全／（清）明昌譯.--抄本.--清（1644～1911）.--20 冊（4函）.--綫裝
　　　　　　　　　　　　（乙·一）/98

藏蒙語彙：[藏滿文].--刻本.--清（1644～1911）.--1 冊（1函）.--半葉 4 行，行字數不等，白口，四周雙邊，半框 26.7×17.9cm.--綫裝 　　　　　　　　（丙一）/1527

字書

説文解字：十五卷／（漢）許慎撰；（宋）徐鉉校定.--刻本.--虞山毛氏汲古閣，清初（1644～1722）.--6 冊（1函）.--據宋本仿刻.版心題“説文”、書名頁題“説文真本”.半葉 7 行，行字數不等，小字雙行字數不等，白口，左右雙邊，單黑魚尾，半框 21.2×16cm.汲古閣藏板.--綫裝 　　　　　（乙一）/221
　　第二部 　8 冊（1函），佚名批點

　　　　　　　　　　　　（丙一）/1107
　　第三部 　16 冊（2函） 　　（丙一）/320

説文解字：十五卷／（漢）許慎撰；（宋）徐鉉等校.--刻本.--大興：朱筠椒華吟舫，清乾隆三十八年（1773）.--8 冊（1函）.--半葉 7 行，行字數不等，小字雙行字數不等，白口，左右雙邊，單黑魚尾，半框 20.4×15.9cm.有刻工：江寧顧晴崖.椒華吟舫藏板.佚名題跋，佚名題字.--綫裝 　　　　　　（丙一）/1115
　　第二部 　6 冊（1函） 　　（乙一）/253

説文解字通釋：四十卷，附錄一卷／（南唐）徐鍇撰.--刻本.--新安汪啓淑，清乾隆四十七年（1782）.--10 冊（1夾）.--書名頁、版心題“説文繫傳”.半葉 7 行，行字數不等，小字雙行 21 字，粗黑口，左右雙邊，單黑魚尾，半框 20.1×15.5cm.新安汪氏藏板.鈐“學部圖書之印”朱文印（滿漢合璧）、“京師圖書館收藏之印”朱文印.--綫裝 　　（丙一）/1040

説文長箋：一百卷，首二卷／（明）趙宦光撰.--刻本.--趙均小宛堂，明崇禎四年（1631）.--40 冊（1匣）.--半葉 10 行，行 20字，小字雙行字同，白口，左右雙邊，單白魚尾，半框 21.5×13.9cm.--綫裝 　　（乙一）/605

説文解字舊音／（清）畢沅輯.--刻本.--鎮洋畢沅靈巖山館，清乾隆四十八年（1783）.--1冊（1函）.--半葉 11 行，行 22 字，小字雙行字同，粗黑口，四周單邊，雙對黑魚尾，半框 19.3×14.3cm.經訓堂藏板.鈐“侯官鄭氏雲門珍藏”朱文印、“北京市文化局文物調查研究組藏書印”朱文印.--綫裝 　　　（丁）/10400

説文字原集註：十六卷 .説文字原表：一卷.説文字原表説：一卷／（清）蔣和撰.--刻本.--清乾隆五十二年（1787）.--4 冊（1函）.--半葉 6 行，行字數不等，小字雙行 21 字，細黑口，四周雙邊，單黑魚尾，半框 20×13.7cm.鈐“求古堂藏書印”朱文印.--綫裝 　　（乙一）/219

諧聲補逸：十四卷／（清）宋保撰.--刻本.--志學堂,清嘉慶（1796～1820）.--6冊（1函）.--半葉10行,行20字,白口,左右雙邊,單黑魚尾,半框 19.7×14.5cm.志學堂藏板.鈐"儷桓秘笈"朱文印、"姚大榮印"白文印、"蜀丞"朱文印、"孫人龢藏書印"朱文印、"鹽城孫氏"朱文印.--綫裝　　　　（乙一）/612-1

急就篇：四卷／（漢）史游撰.--刻本.--虞山毛氏汲古閣,明崇禎（1628～1644）.--4冊（1函）.--（津逮秘書／[明]毛晉輯）.--半葉8行,行19字,小字雙行字同,白口,左右雙邊,版心下刻"汲古閣",半框19.2×13.4cm.鈐"張繼之章"白文印.--綫裝　　（乙三）/775

同文千字文：二卷／（梁）周興嗣撰；（明）汪以成輯注.--刻本.--婺源汪氏經義齋,明萬曆十年（1582）.--4冊（1函）.--半葉5行,行10字,小字雙行20字,四周單邊,單黑魚尾,半框 20.8×13.8cm.有刻工：黃鎮、洋等.經義齋藏板.--綫裝　　（乙一）/327

大廣益會玉篇：三十卷／（梁）顧野王撰.--刻本.--澤存堂,清康熙四十三年（1704）.--3冊（1函）.--簡名題"玉篇".半葉10行,行字數不等,小字雙行27字,白口,左右雙邊,單黑魚尾,半框 21×15.3cm.有刻工：何昇、金滋等.--綫裝　　　（丙一）/1032
　　　　第二部　5冊（1函）　　（丙一）/1447

五經文字：二卷／（唐）張參撰.**新加九經字樣**：一卷／（唐）唐玄度撰.--刻本,影刻.--祁門：馬曰璐叢書樓,清乾隆五年（1740）.--6冊（1函）.--據宋拓石經影刻.半葉5行,行9或10字,小字雙行字數不等,四周單邊,半框22.4×14.8cm.鈐"初福"白文印、"北平孔德學校之章"朱文印.--綫裝　　（甲一）/10

汗簡：七卷,目錄敍略一卷／（宋）郭忠恕撰.刻本.--汪立名一隅草堂,清康熙四十二年（1703）.--2冊（1函）.--半葉8行,行字數不等,白口,左右雙邊,版心下刻"一隅草堂",半框 21.4×15.3cm.鈐"養安藏書"朱文印、"雙榆書屋"白文印.--綫裝　　　　（丁）/14742

佩觿：三卷／（宋）郭忠恕撰.--刻本.--張士俊澤存堂,清康熙四十九年（1710）.--1冊.--（澤存堂五種／[清]張士俊編）.--半葉8行,行17、18字,小字雙行24到26字,白口,左右雙邊,單黑魚尾,半框 20.7×15.6cm.澤存堂藏板.佚名題記.鈐"吳澄張氏"朱文印、"丕承堂賈藏書"朱文印、"林汲山房藏書"朱文印、"北京市文化局文物調查研究組藏書印"朱文印.--綫裝　　　　（丁）/14360
　　　　第二部　鈐"中華民國三十八年六月二十九日寄贈者：高師杜"朱文印　　（丙一）/1

復古編：二卷／（宋）張有撰.**校正**：一卷／（清）葛鳴陽撰.**附錄**：一卷；**曾樂軒稿**：一卷／（宋）張維撰.**安陸集**：一卷／（宋）張先撰.--安邑葛氏,清乾隆四十六年（1781）.--3冊（1函）.--半葉5行,行字數不等,白口,四周單邊,單黑魚尾,半框 16.1×13.1cm.--綫裝　　　　（乙一）/457
　　　　第二部　4冊（1函）,缺曾樂軒稿、安陸集,鈐"无竟先生獨志堂物"朱文印"北平孔德學校之章"朱文印　　（甲一）/89

漢隸字源：五卷,碑目一卷,附字一卷／（宋）婁機輯.--刻本.--虞山毛氏汲古閣,明末（1573～1644）.--4冊（1夾）.--據宋本重刻.半葉5行,行字數不等,小字雙行17字,白口,左右雙邊,版心下刻"汲古閣",半框23.7×16.2cm.汲古閣藏板.鈐"宗湉"朱文印、"吟香僊舘"朱文印、"楊霈讀書記"白文印.--綫裝　　　　（乙一）/626
　　　　第二部　6冊（1函）,受恒堂藏板　　　　（丙二）/3930

班馬字類：二卷／（宋）婁機撰.--刻本.--祁門：馬氏叢書樓,清乾隆（1736～1795）.--4冊（1函）.--半葉9行,行17字,小字雙行字同,細黑口,左右雙邊,單黑魚尾,半框17.8×14cm.叢書樓藏板.--綫裝

（丙三）/5712

班馬字類：五卷/（宋）婁機撰.--刻本，覆刻.--經鉏堂，清乾隆（1736～1795）.--4 冊（1 函）.--書名頁題"史漢字類"。覆刻宋淳熙本。半葉 6 行，行字數不等，小字雙行 18 字，細黑口，四周單邊，單黑魚尾，半框 21.3×14.7cm。經鉏堂藏板。鈐"陳壽祺書畫之印"朱文印、"陳壽祺"朱文印、"王璵"朱文印.--綫裝

（丙二）/1740

增訂金壺字考：十九卷；**金壺字考二集**：二十一卷，補錄一卷，補注一卷/（宋）釋適之撰；（清）田朝恒增訂.--刻本.--清乾隆（1736～1795）.--8 冊（1 函）.--書名頁題"金壺字考"。半葉 8 行，行字數不等，小字雙行 32 字，白口，左右雙邊，單黑魚尾，半框 16.3×13cm。貽安堂藏板.--綫裝　（丙一）/1234

第二部 2 冊（1 函），存增訂金壺字考十九卷　（乙三）/822

龍龕手鑑：四卷/（遼）釋行均撰.--刻本.--清初（1644～1722）.--3 冊（1 函）.--半葉 8 行，行字數不一，白口，四周雙邊，半框 19.2×14.9cm.--綫裝：群芳閣藏書　（庚）/158

字鑑：五卷/（元）李文仲編.--刻本.--張士俊澤存堂，清康熙（1662～1722）.--1 冊.--（澤存堂五種/[清]張士俊編）.--半葉 8 行，行 19 字，小字雙行字同，白口，四周單邊，單黑魚尾，半框 19.3×13.8cm。澤存堂藏板。鈐"丕承堂賈藏書"朱文印、"吳淞張氏"朱文印、"林汲山房藏書"朱文印、"北京市文化局文物調查研究組藏書印"朱文印.--綫裝　（丁）/14359

翰林重考字義韻律大板海篇心鏡：二十卷，卷首一卷/（明）劉孔當撰.--刻本.--書林葉天熹，明萬曆二十四年（1596）.--20 冊（2 函）.--簡名題"海篇心鏡"。半葉 10 行，行字數不等，小字雙行字數不等，粗黑口，四周單邊，雙順黑魚尾，半框 22.4×15.4cm.--綫裝

（乙三）/680

重校經史海篇直音：十卷，目錄一卷，附新集背篇列部之字補添印行一卷/（明）佚名撰--刻本.--明（1368～1644）.--16 冊（2 函）.--半葉 10 行，行 15 字，小字雙行 30 字，白口，左右雙邊間四周單邊，半框 21.8×14.9cm。有刻工：信。鈐"北平孔德學校之章"朱文印.--綫裝

（甲一）/85

龍文鞭影：二卷/（明）肖良有撰.--刻本.--皖城：文德堂，清乾隆四十四年（1779）.--2 冊（1 函）.--下卷有 1 葉係抄配。上下兩欄，上欄半葉 4 行，行 4 字，小字單行字數不等，下欄半葉 16 行，行 25 字，白口，四周單邊，無界行，單黑魚尾，版心下刻"文德堂"，半框 21.8×14.1cm。佚名圈點、批校.--綫裝 （丁）/14698

摭古遺文：二卷/（明）李登撰.**再增摭古遺文**：一卷/（明）姚履旋增補.--刻本.--李思謙，明萬曆三十一年（1603）.--2 冊（1 函）.--半葉 8 行，行 10 字，小字雙行字數不等，白口，四周單邊，半框 20.3×14.8cm。佚名圈點。本衙藏板.--綫裝

（乙一）/296

字彙：十二卷，卷首一卷，卷末一卷/（明）梅膺祚音釋.--刻本.--靈隱寺，清康熙二十七年（1688）.--14 冊（1 函）.--半葉 8 行，行 12 字，小字雙行 24 字，白口，左右雙邊，半框 21×14.5cm。金閶會文堂藏板.--綫裝

（丙一）/257

正字通：十二卷，卷首一卷，附十二字頭/（明）張自烈撰；（清）廖文英輯.--刻本.--清康熙九年（1670）.--30 冊（3 函）.--半葉 8 行，行 12 字，小字雙行 24 字，白口，四周雙邊，單黑魚尾，半框 21×14cm。鈐"教育部直轄編審會圖書室藏書"朱文印.--綫裝 （丙一）/242

黃公說字：十二集/（清）顧景星撰.--刻本.--清乾隆（1736～1795）.--1 冊.--半葉 7 行，行 20 字，小字雙行字同，白口，左右雙邊，單黑魚尾，半框 17.5×12.7cm。與白茅堂集合函.--綫裝　（丙四）/4241-2

康熙字典：十二集，總目一卷，檢字一卷，辨似一卷，補遺一卷，備考一卷，等韻一卷/（清）張玉書等奉敕撰．--刻本.--清（1644~1911）．12 冊（3 夾）.--半葉 8 行，行 12 字，小字雙行 24 字，白口，四周雙邊，單黑魚尾，半框 19.6×13.9cm.--綫裝　　　　　　（丙一）/486

六書故：三十三卷；**六書通釋**：一卷/（元）戴侗撰．--刻本.--綿州：李鼎元，清乾隆四十九年（1784）．--16 冊（2 函）.--半葉 7 行，行 16 字，小字雙行字同，有眉欄，白口，四周單邊，半框 21.7×15cm。師竹齋藏板。佚名圈點。鈐"北平孔德學校之章"朱文印.--綫裝
　　　　　　　　　　　　　　（甲一）/83

　　第二部　鈐"學部圖書之印"朱文印（滿漢合璧）、"京師圖書館收藏之印"朱文印
　　　　　　　　　　　　　　（丙一）/1041

六書賦：不分卷/（明）張士佩撰．--刻本.--明萬曆三十年（1602）．--4 冊（1 函）.--半葉 8 行，行 12 字，小字雙行 24 字，四周雙邊，單黑魚尾，半框 21.7×14.7cm。鈐"北京市文化局文物調查研究組藏書印"朱文印.--綫裝　　　　　　　　　　（丁）/12555

千文六書統要：二卷，附篆法偏旁正訛歌一卷/（清）胡正言纂．--刻本.--十竹齋，清康熙（1662~1722）．--4 冊（1 函）.--半葉 6 行，行 9 字，白口，四周單邊，單黑魚尾，版心下刻"十竹齋"，半框 18.4×13.5cm。十竹齋藏板。鈐"服古人官"朱文印.--綫裝　　（丙一）/547
　　第二部　　　　　　　　（乙一）/291
　　第三部　　　　　　　　（丁）/8784

六書通：十卷/（明）閔齊伋輯；（清）畢弘述訂．--刻本.--畢氏基聞堂，清康熙五十九年（1720）．--5 冊（1 函）.--半葉 8 行，行 12 字，小字雙行 24 字，白口，四周雙邊，半框 21.2×15.4cm。鈐"淮陽黃柏心觀"印（陰陽合璧、"黃柏心收藏珍賞"朱文印，"曾經東山柳蓉邨過眼印"朱文印、"黃世樨印"朱文印、"中華民國三十八年六月二十九日寄贈者：高師杜"朱

文印.--綫裝　　　　　　　　　（丙一）/3

六書分類：十二卷，首一卷/（清）傅世垚輯．--刻本.--周天健，清康熙四十四年（1705）．--1 冊（2 函）.--半葉 8 行，行 12 字，小字雙行 24 字，白口，四周單邊，單黑魚尾，版心下刻"聽松閣"，半框 19.9×13.7cm。鈐"小竹里館主人"白文印.--綫裝
　　　　　　　　　　　　　　（乙一）/205

六書分類：十二卷，首一卷/（清）傅世垚撰．--刻本.--韓城：傅應奎聽松閣，清乾隆 54 年（1789）．--12 冊（2 函）.--半葉 8 行，行 12 字，小字雙行 24 字，白口，四周單邊，單黑魚尾，版心下刻"聽松閣"，半框 20.1×14.1cm。維隅堂藏板.--綫裝
　　　　　　　　　　　　　　（乙一）/4
　　第二部　14 冊（2 函）　（乙一）/163
　　第三部　13 冊（1 函）　（戊）/1882

六書例解/（清）楊錫觀撰．--刻本.--清乾隆（1736~1795）．--1 冊（1 函）.--半葉 9 行，行 22 字，小字雙行字同，粗黑口，四周單邊，雙黑魚尾，半框 20.7×14.3 cm.--綫裝
　　　　　　　　　　　　　　（丁）/13000

鍾鼎字源：五卷/（清）汪立名撰．--刻本.--錢塘：汪氏一隅草堂，清康熙（1662~1722）．--4 冊（1 函）.--半葉 6 行，行 10 字，小字雙行 20 字，白口，左右雙邊，單黑魚尾，半框 17.5×13cm。一隅草堂藏板.--綫裝　（乙二）/1302

廣金石韻府：五卷/（清）林尚葵輯．--刻本，朱墨套印.--賴古堂，清康熙九年（1670）．--6 冊（1 函）.--半葉 6 行，行字數不等，白口，四周單邊，半框 22×14.8cm。大業堂藏板。佚名批。鈐"四山圖書之印"朱文印、"李氏"白文印、"曾入李四山家"朱文印、"李望之印"白文印、"醉墨"朱文印、"勤能補拙"朱文印、"北京市文化司文物調查研究組藏書印"朱文印.--綫裝　　　　　　　　（丁）/12599

篆書正：四卷／（清）戴明説纂.--刻本.--胡正言,清順治十四年（1657）.--4 冊（1 函）.--半葉 8 行,行字數不等,白口,四周單邊,單黑魚尾,半框 20.3×14.1cm.鈐"永福"朱文印、"錫純"白文印、"士樂齋印"朱文印、"孫華卿"朱文印.--綫裝　　　　　（乙一）/400

隸辨：八卷／（清）顧藹吉撰；（清）黃晟重校.--刻本.--喻義堂,清乾隆八年（1743）.--8 冊（1 函）.--據玉淵堂本重校.半葉 6 行,行字數不等,小字雙行 20 字,細黑口,四周單邊,單黑魚尾,半框 18.8×14.6cm.--綫裝

（丙一）/1523

第二部　後印　　　　　（乙二）/1706

隸辨：八卷／（清）顧藹吉撰.--刻本.--清乾隆（1736～1795）.--8 冊（1 函）.--仿喻義堂刻本.半葉 6 行,行字數不等,小字雙行 20 字,細黑口,四周單邊,單黑魚尾,半框 19×14.6cm.--綫裝　　　　　（丙一）/231

第二部　　　　　（丙一）/1141

隸要分類：二卷／（清）何裕編.--稿本.--清嘉慶六年（1801）.--2 冊（1 函）.--半葉 4 行,行字數不等,小字雙行字數不等,白口,四周單邊.臥云樓藏本.鈐"何裕字豐亭號昔如長字問花又號夢生"朱文印、"問花解語"朱文印、"筆硯精良人生一樂"朱文印.--綫裝

（丙一）/670

草韻彙編：二十六卷／（清）陶南望輯.--刻本.--南邨草堂,清乾隆十九年（1754）.--16 冊（2 函）.--半葉 4 行,行字數不等,白口,四周單邊,半框 21.8×15.1cm。南邨艸堂藏板.鈐"蔚山岡"朱文印.--綫裝　　　　　（乙三）/444

蒙文輯要：五十六卷,首一卷／（清）佚名輯.抄本.--清（1644～1911）.--6 冊（1 函）.--綫裝　　　　　（乙·一）/85

韻書

澤存堂五種／（清）張士俊輯.--刻本.--張氏澤存堂,　清康熙（1662～1722）.--10 冊（1 函）.--行款不一.有刻工：何昇、金滋等.澤存堂藏板.鈐"澤存堂印"白文印、"任見龍印"白文印、"沈澹人珍藏"白文印、"沈清草堂印"白文印、"靜香齋印"朱文印、"吳澡張氏"朱文印、"葉德輝煥彬甫藏閱書"白文印.--綫裝

子目：

大宋重修廣韻：五卷／（宋）陳彭年等重修.--清康熙 43 年（1704）.--半葉 10 行,行字數不等,小字雙行 27 字,白口,左右雙邊,單黑魚尾,半框 21.1×15.3cm

大廣益會玉篇：三十卷／（宋）陳彭年等重修.--清康熙 43 年（1704）.--半葉 10 行,行字數不等,小字雙行 27 字,白口,左右雙邊,單黑魚尾,半框 20.6×15cm

佩觿：三卷／（宋）郭忠恕撰.--清康熙 49 年（1710）.--半葉 8 行,行 17、18 字,小字雙行 24 到 26 字,白口,左右雙邊,單黑魚尾,半框 20.8×15.2cm

群經音辨：七卷／（宋）賈昌朝撰.--清康熙 53 年（1714）.--半葉 10 行,行 20 字,小字雙行字同,白口,左右雙邊,單黑魚尾,半框 19.2×15.2cm

字鑑：五卷／（元）李文仲撰.--清康熙四十八年（1709）.--半葉 8 行,行 19 字,小字雙行字同,白口,四周單邊,單黑魚尾,半框 19×13.4cm　　　　　（乙一）/298

第二部　　　　　（乙五）/305

第三部　3 冊（1 函）,存 3 種：佩觿、群經音辨、字鑑.清錢恂題識,佚名圈點、批校.鈐"乾隆五十有七年遂初堂初氏記"朱文印、"歸安錢恂癸丑以后所讀書"朱文印、"北京市文化局文物調查研究組藏書印"朱文印

（丁）/12475

廣韻：五卷／（宋）陳彭年等重修.--刻本.--北京：內府,明（1368～1644）.--5 冊（1 函）.--

半葉 9 行，行 20 字，小字雙行 32 字，粗黑口，四周雙邊，雙對黑魚尾，半框 24.4×17.9cm。鈐"常熟趙氏舊山樓經籍記"朱文印、"舊山樓"朱文印、"趙宗建印"朱文印.--綫裝

（乙一）/319

大宋重修廣韻：五卷/（宋）陳彭年等重修.--刻本，影刻.--吳郡：張士俊澤存堂，清康熙四十三年（1704）.--6 冊（1 函）.--（澤存堂五種/[清]張士俊輯）.--據南宋浙刊本影刻。半葉 10 行，行字數不等，小字雙行 27 字，白口，左右雙邊，單黑魚尾，半框 20.9×15.5cm。澤存堂藏板。鈐"歸安錢恂癸丑以後所讀書"朱文印、"北京市文化局文物調查研究組藏書印"朱文印.--綫裝 　　　　（丁）/10470

第二部　2 冊（1 函），鈐"吳凁張氏"朱文印、"澤存堂印"白文印、"進呈御覽"朱文印

（丙一）/1166

附釋文互注禮部韻略：五卷/（宋）歐陽德隆撰；（宋）郭守正增補.--刻本.--揚州使院，清康熙四十五年（1706）.--5 冊（1 函）.--半葉 9 行，行 12 字，小字雙行 24 字，細黑口，左右雙邊，雙對黑魚尾，半框 16.5×11.6cm。鈐"學部圖書之印"朱文印（滿漢合璧）、"京師圖書館藏書之印"朱文印.--綫裝　　（丙一）/1053

第二部　8 冊（1 函），鈐"趙氏藏書"朱文印、"孚民小印"朱文印、"孚民曾經過眼"朱文印、"趙氏藏書之印"朱文印、"琅邪趙氏珍賞"白文印、"北京市文化局文物調查研究組藏書印"朱文印 　　　　　　　（丁）/10341

大明成化庚寅重刊改併五音集韻：十五卷/（金）韓道昭撰.--刻本.--明成化六至七年（1470～1471）.--5 冊（1 函）.--簡名題"五音集韻"。半葉 10 行，行字數不等，小字雙行 32 字，粗黑口，四周雙邊，雙順黑魚尾，半框 23.3×16cm。有刻工：錄、定等.--綫裝

（乙一）/241

大明成化庚寅重刊改併五音集韻：十五卷/（金）韓道昭撰.--刻本.--明（1368～

1644）.--12 冊（2 函）.--仿明成化 6 至 7 年刻本。半葉 10 行，行字數不等，小字雙行字數不等，粗黑口，四周雙邊，雙順黑魚尾，半框 23.9×15.6cm。鈐"張繼之印"白文印.--綫裝

（乙一）/287

古今韻會舉要：三十卷，**禮部韻略七音三十六字母通考**一卷/（元）黃公紹輯；（元）熊忠舉要.--刻本.--陳寀，元（1271～1368）.--18 冊（2 函）.--存卷首、卷 2-4，其他卷用明刻本補配。半葉 8 行，行字數不等，小字雙行 22 字，黑口，左右雙邊，雙對黑魚尾，半框 19.9×12.8cm。有刻工：能、良等。鈐"鐵珊圖書館章"朱文印、"鐵珊先生遺書特贈本館"朱文印（樹葉形）.--綫裝　　　　（丁）/16038

古今韻會舉要：三十卷，**禮部韻略七音三十六字母通考**一卷/（元）熊忠撰.--刻本.--秦鉞、李舜臣，明嘉靖十五年（1536）刻；西京劉儲秀，明嘉靖十七年（1538）補刻.--10 冊（2 函）.--半葉 8 行，行字數不等，小字雙行 22 字，白口，左右雙邊，單黑魚尾，半框 20.4×14.7cm。佚名圈點.--綫裝　　　　　　　　（乙一）/212

第二部　20 冊（1 夾），鈐"學部圖書之印"朱文印（滿漢合璧）、"京師圖書館收藏之印"朱文印 　　　　　　　　（丙一）/1136

第三部　　　　　　　　　　（乙一）/272

經史正音切韻指南：不分卷/（元）劉鑑撰.--刻本.--北京，明萬曆二十三年（1595）.--1 冊（1 函）：圖 2 幅.--半葉行數、字數不等，粗黑口，四周雙邊，雙對黑魚尾，半框 18.8×14.3cm。鈐"養菴秘笈"朱文印.--綫裝

（丁）/12580

經史正音切韻指南：一卷/（元）劉鑑撰.**直指玉鑰匙門法**：一卷/（明）釋真空輯.--刻本.--明（1368～1644）.--1 冊（1 函）：插圖 2 幅.--半葉 13 行，行 18 字，或半葉 10 行，行 16 字，粗黑口，四周雙邊，半框 20.8×14.5cm。鈐"毛氏子晉"朱文印、"毛子晉印"朱文印、"汲古閣"朱文印、"甲"朱文印、"無竟先生獨志堂

物"朱文印、"馬氏大雅堂藏"白文印等.--綫
裝　　　　　　　　　　　　　　（丁）/13735

洪武正韻：十六卷/（明）樂韶鳳等撰.--刻
本.--青州 ： 衡王厚德堂，明隆慶元年
（1567）.--5 冊（1 函）.--半葉 8 行，行字數
不等，小字雙行 24 字，粗黑口，四周雙邊，雙
對黑魚尾，半框 21.9×14.8cm. 有刻工：李炤、
紀等. 鈐"閒田張氏聞三藏書"朱文印.--綫裝
　　　　　　　　　　　　　　（乙一）/218
　　第二部　　　　　　　　　　　（乙一）/132

洪武正韻：十六卷/（明）樂韶鳳撰.--刻本.--
衡藩，明萬曆十一年（1583）.--8 冊（1 匣）.--
半葉 8 行，行字數不等，小字雙行 24 字，粗黑
口，四周雙邊，雙對黑魚尾，半框 21.9×
14.7cm. 鈐"姚覲元字彥侍"朱文印、"大疊山
房" 朱文印、"學部圖書之印"朱文印（滿漢
合璧）、"京師圖書館收藏之印"朱文印.--綫
裝　　　　　　　　　　　　　　（丙一）/1140

洪武正韻：十卷/（明）宋濂等編；（明）楊時
偉補牋.--刻本.--明崇禎四年（1631）.--12 冊
（2 函）.--版心題"正韻牋". 半葉 8 行，行
字數不等，小字雙行 26 字，白口，四周單邊，
半框 21.4×14cm. 鈐"萬天沐印"白文印、"平
齋"朱文印.--綫裝　　　　　　　（乙一）/168

洪武正韻：十六卷/（明）樂韶鳳，（明）宋濂
等撰.--刻本.--明（1368～1644）（清初[1644
～1722]印）.--4 冊（1 函）.--卷端原題"洪武
正韻". 半葉 8 行，行字數不等，小字雙行 24
字，有眉批，行 3 字，白口，四周雙邊，單黑魚
尾，半框 21.4×14.7cm. 有刻工：高仁、末五
等.--綫裝　　　　　　　　　　　（乙一）/131

正韻篆：二卷/（明）沈延銓編.**學古編**：二卷
/（元）吾丘衍撰；（明）何震續；（明）沈延銓
校.--刻本.--沈氏，明天啟二年（1622）.--3
冊（1 函）.--半葉 8 行，行字數不等，白口，
左右雙邊，半框 22.4×15.6cm. 佚名圈點.--毛
裝　　　　　　　　　　　　　　（丙一）/816

重編廣韻：五卷/（明）朱祐檳編.--刻本.--
益藩，明嘉靖二十八年（1549）.--5 冊（1 函）.--
版心題"廣韻". 半葉 9 行，行 15 字，小字雙
行 30 字，粗黑口，四周雙邊，雙順黑魚尾，半
框 23×15.5cm. 鈐"學部圖書之印"朱文印
（滿漢合璧）、"京師圖書館收藏之印"朱文
印.--綫裝　　　　　　　　　　　（丙一）/1098

讀易韻考：七卷/（明）張獻翼撰.--刻本.--
明萬曆（1573～1620）.--6 冊（1 函）.--半葉
10 行，行 20 字，白口，左右雙邊，單黑魚尾，
半框 21.2×13.8cm. 鈐"北平孔德學校之章"
朱文印.--線裝　　　　　　　　　（甲一）/92

重訂直音篇：七卷/（明）章黼編；（明）吳道
長重訂.--刻本.--練川明德書院，明萬曆三十四
年（1606）.--5 冊（1 函）.--存卷 1-5. 有殘
缺. 版心題"直音". 半葉 8 行，行 12 字，小
字雙行 24 字，白口，左右雙邊，單白魚尾，半
框 21.6×13.9cm. 佚名圈點.--綫裝
　　　　　　　　　　　　　　（丁）/12745

重刊併音連聲韻學集成：十三卷/（明）章黼
撰.--刻本.--維揚資政左室，明萬曆 6 年
（1578）.--16 冊（2 函）.--半葉 8 行，行字數
不等，小字雙行 24 字，白口，四周雙邊，雙對
黑魚尾，半框 23.6×15.2cm. 有刻工：林、程
等.--綫裝　　　　　　　　　　　（乙一）/286

重訂併音連聲韻學集成：十三卷/（明）章黼
撰.--刻本.--余敏，清康熙四年（1665）.--24
冊（4 函）.--序言題"韻學集成". 半葉 8 行，
行字數不等，小字雙行 24 字，白口，四周雙邊，
單白魚尾，半框 22.1×14.3cm. 有刻工：楊文、
龔魁等.--線裝　　　　　　　　　（乙一）/280

韻譜本義：十卷，**説文未收字**一卷/（明）茅
溱輯；（明）范科校.--刻本.--明萬曆三十二年
（1604）.--5 冊（1 函）.--半葉 8 行，行字數
不等，小字雙行 26 字，白口，四周單邊，單黑
魚尾，半框 20.7×14.6cm. 鈐"北平孔德學校
之章"朱文印.--綫裝　　　　　　（甲一）/106

第二部　10 冊（2 函），鈐"芭蕉雨聲"白文印　　　　　　　　　　　（乙一）/297

正音攟言：四卷/（明）王荔著；（明）王允嘉注.--刻本.--古項王氏，明崇禎元年（1628）.--4 冊（1 函）.--半葉 8 行，行 20 字，白口，四周雙邊，眉欄有評，半框 21.1×12.3cm。鈐"吳"朱文印、"曉鈴贈書"朱文印.--綫裝：吳曉鈴贈書　　　　　　　　　　　　（己）/1424

古隸韻宗：五卷/（清）魏師段編.--刻本.--清初（1644～1722）.--5 冊（1 函）.--半葉 8 行，行 12 字，小字雙行 24 字，白口，四周單邊，單黑魚尾，半框 18.8×11.5cm。佚名圈點.--綫裝　　　　　　　　　　　　（乙一）/165

音學五書/（清）顧炎武撰.--刻本.--山陰張弨符山堂，清康熙六年（1667）.--12 冊（2 函）.--半葉 8 行，行 12 字，小字雙行 24 字，白口，左右雙邊，單黑魚尾，半框 23×14.5cm。鈐"古稀天民之寶"白文印.--綫裝

子目：
音論：三卷
詩本音：十卷
易音：三卷
唐韻正：二十卷
古音表：二卷　　　　　　　　　　　　（丁）/15553

古今韻略：五卷/（清）邵長蘅撰.--刻本.--清康熙三十五年（1696）.--5 冊（1 函）.--半

葉 9 行，行字數不等，小字雙行 28 字，細黑口，四周單邊，單黑魚尾，半框 19.7×14.5cm.--綫裝　　　　　　　　　　　　（乙一）/311
　第二部　　　　　　　　　　（丙一）/281

類音：八卷/（清）潘耒撰.--刻本.--潘氏遂初堂，清雍正三年（1725）.--4 冊（1 函）.--半葉 11 行，行 22 字，小字雙行字同，白口，左右雙邊，單黑魚尾，半框 20.5×15cm。有刻工：中山、坤生等。遂初堂藏板。鈐"滴滄閣閱讀"朱文印、"善本書"朱文印、"真齋吳氏有福讀書堂藏書"朱文印.--綫裝　　　　　（乙一）/415

音韻闡微：十八卷/（清）李光地等編.--刻本.--京師：武英殿，清雍正六年（1728）.--5 冊（1 函）.--版心題"御定音韻闡微"。半葉 8 行，行 12 字，小字雙行 24 字，白口，四周雙邊，單黑魚尾，半框 20.7×14.9cm.--綫裝

　　　　　　　　　　　　（乙一）/310

詩韻歌訣初步：五卷/（清）倪璐撰.--刻本.--克復堂，清乾隆二十五年（1760）.--4 冊（1 函）.--半葉 14 行，行 23 字，小字雙行字同，白口，四周雙邊，單黑魚尾，半框 19.4×13.2cm.--綫裝　　　　　　　　　　（丁）/13007

重斠唐韻考：五卷/（清）紀容舒撰；（清）錢熙祚斠，（清）錢恂重斠.--抄本.--清末（1875～1911）.--5 冊（1 函）.--綫裝

　　　　　　　　　　　　（丁）/12466

史　　部

紀傳類

正史

十七史/（明）毛晉編.--刻本.--清初（1644～1722）.--96 冊（12 函）.--存 8 種，其中 5 種爲清初翻刻汲古閣本，三國志、南史、北史係清古吳書業趙氏翻刻本補配，魏書卷 114 後誤加入明萬曆二十四年南京國子監刻本卷 108-114。半葉 12 行，行 25 字，小字雙行 37 字，白口，左右雙邊，單黑魚尾，每卷第一葉版心中刻“汲古閣毛氏正本”，半框 21.2×15.2cm.--綫裝

子目：

三國志：六十五卷/（晉）陳壽撰；（南朝宋）裴松之註

宋書：一百卷/（梁）沈約撰

梁書：五十六卷/（唐）姚思廉撰

陳書：三十六卷/（唐）姚思廉撰

魏書：一百十四卷/（北齊）魏收撰

南史：八十卷/（唐）李延壽撰

北史：一百卷/（唐）李延壽撰

五代史：七十四卷/（宋）歐陽修撰；（宋）徐無黨註　（丙二）/378

史記：一百三十卷/（漢）司馬遷撰；（南朝宋）裴駰集解；（唐）司馬貞索隱；（唐）張守節正義.刻本.--南京：國子監，明萬曆二至三年（1574～1575）.--20 冊（4 函）.--半葉 10 行，行 21 字，細黑口，四周雙邊，雙順黑魚尾，半框 21.9×15.1cm。有刻工：黃大昱、易鎡、傅機等。佚名圈點。鈐“寶坻王氏宏藏”朱文印、“振緒私印”白文印、“一內齋常氏藏”朱文印.--綫裝　（乙二）/624

史記：一百三十卷/（漢）司馬遷撰；（南朝宋）裴駰集解；（唐）司馬貞索隱；（唐）張守節正義.刻本.--北京：國子監，明萬曆二十六年（1598）.--16 冊（4 函）.--卷 79-85 係萬曆三年刻本補配。半葉 10 行，行 21 字，小字雙行字同，白口，左右雙邊，單黑魚尾，半框 22.3×15.2cm.--綫裝　（丙二）/2798

史記：一百三十卷，首一卷/（漢）司馬遷撰；（明）徐孚遠，（明）陳子龍測議.--刻本.--明崇禎（1628～1644）.--24 冊（4 函）.--半葉 9 行，行 20 字，小字雙行字同，有眉欄，行 4 字，白口，左右雙邊，單黑魚尾，半框 19.7×14cm.綫裝　（丙二）/2470

汲古閣前後漢書：兩種/（明）毛晉輯.--刻本.--清初（1644～1722）.--64 冊（8 函）.--（十七史/[明]毛晉編）.--書名據書名頁著錄。仿汲古閣刻本。半葉 12 行，行 25 字，小字雙行 37 字，白口，左右雙邊，單黑魚尾，每卷第一葉版心刻“汲古閣毛氏正本”，半框 21.2×15.2cm.--綫裝

子目：

前漢書：一百卷/（漢）班固撰；（唐）顏師古註

後漢書:一百二十卷/（南朝宋）范曄撰；（唐）李賢註　（丙二）/2000

第二部　26 冊（4 函），存前漢書 100 卷　（丙二）/2017

前漢書：一百卷/（漢）班固撰；（唐）顏師古註.--刻本.--京師：武英殿，清乾隆四年（1739）.--32 冊（4 函）.--（二十四史）.--缺卷 100。半葉 10 行，行 21 字，小字雙行字同，白口，左右雙邊，單黑魚尾，版心上刻“乾隆四年校刊”，半框 22×15.3cm.--綫裝

（丙二）/5116

漢書：一百卷/（漢）班固撰；（唐）顔師古註.--刻本.--金陵書局，清同治八年（1869）.16 冊（4 函）.--仿汲古閣本刻本.--半葉 12 行，行 25 字，小字雙行 37 字，白口，左右雙邊，單黑魚尾，半框 21.1×15.3cm。清光緒三十一年沈宗疇過錄清何焯、王元啓、楊葆光等批校題跋。鈐"孝耕讀本"朱文印、"翼扶"朱文印、"沈緒詒印"白文印、"曾經滄海"白文印、"沈宗疇印"朱文印、"沈宗疇字孝耕"白文印、"沈孝耕校閱秘藏本"朱文印.--綫裝
（甲二）/378

漢書評林：一百卷/（明）淩稚隆輯校.--刻本.--淩稚隆，明萬曆九年（1581）.--20 冊（4 函）：圖 3 幅.--半葉 10 行，行 20 字，小字雙行字同，有眉欄，行 6 字，白口，左右雙邊，單黑魚尾，半框 24.1×14.7cm。有刻工：長洲顧楎、徐禎等。佚名圈點。鈐"馮雲驤印"白文印.--綫裝
（乙二）/716

前漢書校異/（清）佚名撰.--抄本.--清中晚期（1796～1911）.--2 冊（1 函）.--存卷 1-27.--包背裝
（甲二）/228

後漢書：九十卷/（南朝宋）范曄撰；（唐）李賢註.志：三十卷/（晉）司馬彪纂；（梁）劉昭註.--刻本.--清初（1644～1722）.--24 冊（4 函）.--（十七史/[明]毛晉編）.--仿汲古閣刻本。半葉 12 行，行 25 字，小字雙行 37 字，白口，左右雙邊，單黑魚尾，每卷第一葉版心刻"汲古閣毛氏正本"，半框 21.2×15.2cm.--綫裝
（丙二）/1998
　第二部　　　　　　　（丙二）/1999
　第三部　12 冊（2 函）　（丙二）/2836
　第四部　8 冊，存帝紀卷 1-10，列傳卷 8-80，鈐"吳汝淪"白文印、"摯父"朱文印
（戊）/898

後漢書補逸：二十一卷/（清）姚之駰撰.--刻本.--清康熙（1662～1722）.--8 冊（1 函）.--

卷 21 有半葉係抄配。半葉 10 行，行 20 字，小字雙行字同，白口，左右雙邊，單黑魚尾，半框 20.6×14.4 cm。鈐"筱飲齋印"白文印、"竹筱寶藏書畫"朱文印、"楳孫藏書"朱文印.--綫裝
（丁）/3029

三國志：六十五卷/（晉）陳壽撰；（南朝宋）裴松之註.--刻本.--南京：國子監，明萬曆二十四年（1596）刻；清順治十六年（1659）、清康熙三十九年（1700）修版.--12 冊（2 函）.--半葉 12 行，行 23 字，細黑口，左右雙邊，單黑魚尾，半框 20.7×14.4cm。楊玉章、宋步津題記。鈐"吳世傑印"白文印、"臣楊玉章"白文印、"寄鷗"朱文印、"宋步津記"朱文印.--綫裝
（丙二）/2058

補三國疆域志：二卷/（清）洪亮吉撰.--刻本.--西安：孫星衍，清乾隆四十六年（1781）.--1 冊（1 函）.--半葉 12 行，行 24 字，小字雙行字同，粗黑口，四周單邊，雙對黑魚尾，半框 19.7×15cm。鈐"詩龕書畫印"朱文印、"鹿巖"朱文印.--綫裝
（丙二）/5285

補三國藝文志/（清）侯康撰.--抄本.--清末（1851～1911）.--2 冊（1 函）.--鈐"香港圖書館管理"朱文印.--綫裝
（丁）/12545

晉書：一百三十卷/（唐）房玄齡等撰.--刻本.--元（1271～1368）刻；明（1368～1644）修版.--2 冊（1 函）.--存卷 110-113。函套書籤題"元修宋版晉書殘本"。半葉 10 行，行 19 字，粗黑口，左右雙邊，雙對黑魚尾間雙順黑魚尾、單黑魚尾、三黑魚尾，板框左上角間有書耳，半框 20.7×13.5cm。有刻工：東、樂等。佚名圈點。鈐"馬笏齋藏書記"朱文印、"讀書精舍"白文印.--綫裝
（丁）/14454

晉書：一百三十卷/（唐）房玄齡等撰.--刻本.--明萬曆二十四年（1596）刻；清康熙二十五年（1686）重修.--10 冊（1 函）.--存卷 1-59。半葉 10 行，行 21 字，小字雙行字同，白口，左右雙邊，單黑魚尾，半框 22.3×15.1cm。吳汝

綸題識、批點。鈐"吳汝綸"白文印、"摯父"朱文印.--綫裝：市府贈書　　　　（戊）/896

晉書：一百三十卷/（唐）房玄齡等撰.--刻本.--清初（1644～1722）.--22 冊（2 夾）.--（十七史/[明]毛晉編）.--仿汲古閣刻本。半葉 12 行，行 25 字，小字雙行 37 字，白口，左右雙邊，單黑魚尾，半框 21.4×15.4cm。鈐"吳興姚伯子覲元鑑藏書畫圖籍之印"朱文印、"學部圖書之印"朱文印（滿漢合璧）、"京師圖書館收藏之印"朱文印.--綫裝　　　（丙二）/4144
　　　第二部　26 冊（4 函）　　（丙二）/2019
　　　第三部　17 冊（3 函），存卷 1-108，鈐"李氏景銘寄藏"朱文印　　　（丙二）/3687

晉書地理志新補正：五卷/（清）畢沅撰.--刻本.--清乾隆四十八年（1783）.--3 冊（1 函）.--（經訓堂叢書/[清]畢沅輯）.--半葉 11 行，行 22 字，小字雙行字同，粗黑口，四周單邊，雙對黑魚尾，半框 19.7×14.6cm。鈐"北平館嚴氏珍藏圖書"朱文印.--綫裝
　　　　　　　　　　　　（丁）/14987

宋書：一百卷/（南朝梁）沈約撰.--刻本.--清初（1644～1722）.--16 冊（2 夾）.--（十七史/[明]毛晉輯）.--仿汲古閣刻本。半葉 12 行，行 25 字，白口，左右雙邊，單黑魚尾，版心刻"汲古閣毛氏正本"，半框 21.8×15.5cm。鈐"四存學會藏書印"朱文印、"四存學會"朱文印.--綫裝　　　　　（丙二）/5770
　　　第二部　24 冊（3 函）　　（丙二）/3688

宋書：一百卷/（梁）沈約撰.--刻本.--京師：武英殿，清乾隆四年（1739）.--30 冊（3 夾）.--（二十四史）.--有抄配。半葉 10 行，行 21 字，小字雙行字同，白口，左右雙邊，單黑魚尾，版心上刻"乾隆四年校刊"，半框 22×15.4cm。鈐"學部圖書之印"朱文印（滿漢合璧）、"京師圖書館收藏之印"朱文印.--綫裝
　　　　　　　　　　　　（丙二）/4145

南齊書：五十九卷/（梁）蕭子顯撰.--刻本.

清初（1644～1722）.--6 冊（1 冊）.--（十七史/[明]毛晉編）.--仿汲古閣刻本。半葉 12 行，行 25 字，小字雙行 37 字，白口，左右雙邊，單黑魚尾，版心刻"汲古閣毛氏正本"，半框 21.6×15.5cm。鈐"四存學會"朱文印、"四存學會藏書印"朱文印.--綫裝　　　（丙二）/5771
　　　第二部　8 冊（1 函）　　（丙二）/2052

梁書：五十六卷/（唐）姚思廉撰.--刻本.--清初（1644～1722）.--6 冊（1 函）.--（十七史/[明]毛晉編）.--仿汲古閣刻本。半葉 12 行，行 25 字，白口，左右雙邊，單黑魚尾，半框 21.2×15.5cm.--綫裝　　　（丙二）/5772
　　　第二部　8 冊（1 函）　　（丙二）/3685

陳書：三十六卷/（唐）姚思廉撰.--刻本.--清初（1644～1722）.--4 冊（1 函）.--（十七史/[明]毛晉輯）.--仿汲古閣刻本。半葉 12 行，行 25 字，白口，左右雙邊，單黑魚尾，版心刻"汲古閣毛氏正本"，半框 21.8×15.3cm.--綫裝　　　　　　　　　　　　（丙二）/3686
　　　第二部　　　　　　　　（丙二）/5773

陳書：三十六卷/（唐）姚思廉撰.--刻本.--京師：武英殿，清乾隆四年（1739）.--6 冊（1 函）.--（二十四史）.--卷 4 第 1 葉、卷 10 考證、卷 31 考證、校刊陳書職名係抄配。半葉 10 行，行 21 字，小字雙行字同，白口，左右雙邊，單黑魚尾，半框 21.9×14.4cm.--綫裝
　　　　　　　　　　　　（丙二）/4148

魏書：一百一十四卷/（北齊）魏收撰.--刻本.--清初（1644～1722）.--24 冊（4 夾）.--（十七史/[明]毛晉編）.--仿汲古閣刻本。半葉 12 行，行 25 字，白口，左右雙邊，單黑魚尾，版心刻"汲古閣毛氏正本"，半框 21.8×15.4cm。鈐"四存學會藏書印"朱文印、"四存學會"朱文印.--綫裝　　　（丙二）/5774

魏書：一百一十四卷/（北齊）魏收撰.--刻本.--京師：武英殿，清乾隆四年（1739）.--32 冊（3 函）.--（二十四史）.--有抄配。半葉 10

行，行 21 字，小字雙行字同，白口，左右雙邊，單黑魚尾，版心上刻"乾隆四年校刊"，半框 22×15.4cm。鈐"學部圖書之印"朱文印（滿漢合璧）、"京師圖書館收藏之印"朱文印.--綫裝　　　　　　　　　　　（丙二）/4149

北齊書：五十卷/（唐）李百藥撰.--刻本.--清初（1644～1722）.--4 冊（合裝 1 函）.--仿汲古閣刻本。半葉 12 行，行 25 字，白口，左右雙邊，單黑魚尾，半框 21.9×15.2cm。與周書合函。鈐"四存學會藏書印"朱文印、"四存學會"朱文印.--綫裝　　　　　　（丙二）/5775

周書：五十卷/（唐）令狐德棻等撰.--刻本.--南京：國子監，明萬曆十六年（1588）刻；明崇禎七年（1634）、清順治十六年（1660）補刻；江寧知府陳龍巖，清康熙二十年（1681）補刻.7 冊（1 函）.--存卷 1-44。半葉 9 行，行 18 字，白口，四周雙邊，雙順黑魚尾，版心上刻"萬曆十六年刊"，半框 20×15.1cm。佚名圈點。鈐"致哉藏書"朱文印.--綫裝　　　　（丙二）/2247

周書：五十卷/（唐）令狐德棻撰.--刻本.--清初（1644～1722）.--6 冊（合裝 1 函）.--（十七史/[明]毛晉輯）.--仿汲古閣刻本。半葉 12 行，行 25 字，白口，左右雙邊，單黑魚尾，半框 21.5×15.3cm。與北齊書合函。鈐"四存學會藏書印"朱文印、"四存學會"朱文印.--綫裝　　　　　　　　　　（丙二）/5775-1
　　　第二部　鈐"象山勵德人藏"朱文印　　　　　　　　　　　　　　（甲二）/342

隋書：八十五卷/（唐）魏徵等撰.--刻本.--清初（1644～1722）.--16 冊（2 冊）.--（十七史/[明]毛晉輯）.--仿汲古閣刻本。半葉 12 行，行 25 字，白口，左右雙邊，單黑魚尾，版心刻"汲古閣毛氏正本"，半框 21.6×15.5cm。鈐"四存學會"朱文印、"四存學會藏書印"朱文印.--綫裝　　　　　　　　（丙二）/5776
　　　第二部　12 冊（2 函）　　（丙二）/3689

南史：八十卷/（唐）李延壽撰.--刻本.-- 清

初（1644～1722）.--16 冊（2 夾）.--（十七史/[明]毛晉輯）.--仿汲古閣刻本。半葉 12 行，行 25 字，白口，左右雙邊，單黑魚尾，版心刻"汲古閣毛氏正本"，半框 22×15.5cm。鈐"四存學會藏書印"朱文印、"四存學會"朱文印.--綫裝　　　　　　　　　　　（丙二）/5777

南史：八十卷/（唐）李延壽撰.--刻本.--京師：武英殿，清乾隆四年（1739）.--28 冊（3 函）.--（二十四史）.--目錄有 4 葉係抄配。半葉 10 行，行 21 字，白口，左右雙邊，單黑魚尾，半框 21.8×15.1cm。鈐"學部圖書之印"朱文印（滿漢合璧）、"京師圖書館收藏之印"朱文印.--綫裝　　　　　　　　　（丙二）/4153

北史：一百卷/（唐）李延壽撰.--刻本.--清初（1644～1722）.--24 冊（2 函）.--（十七史/[明]毛晉輯）.--仿汲古閣刻本。半葉 12 行，行 25 字，白口，左右雙邊，單黑魚尾，版心刻"汲古閣毛氏正本"，半框 21.7×15.3cm。鈐"四存學會"朱文印、"四存學會藏書印"朱文印.--綫裝　　　　　　　　　　　（丙二）/5778

北史：一百卷/（唐）李延壽撰.--刻本.--京師：武英殿，清乾隆四年（1739）.--32 冊（4 夾）.--（二十四史）.--有抄配。半葉 10 行，行 21 字，小字雙行字同，白口，左右雙邊，單黑魚尾，版心上刻"乾隆四年校刊"，半框 22×15.4cm。鈐"學部圖書之印"朱文印（滿漢合璧）、"京師圖書館收藏之印"朱文印.--綫裝　　　　　　　　　　　（丙二）/4154

舊唐書：二百卷/（後晉）劉昫撰.--刻本.--京師：武英殿，清乾隆四年（1739）.--64 冊（6 夾）.--（二十四史）.--半葉 10 行，行 21 字，小字雙行字同，白口，左右雙邊，單黑魚尾，半框 21.2×15.2cm。佚名圈點.鈐"華陽鄭氏百瞻樓珍藏圖籍"白文印、"遲清亭後人鄭言之章"白文印，"弘治乙丑進士鄭善夫少谷山人十三世孫光緒甲辰進士鄭言字元謹印信"朱文印.--綫裝　　　　　　　　　　　（丙二）/2018

唐書： 二百二十五卷／（宋）歐陽修，（宋）宋祁撰．--刻本.-- 清初（1644～1722）.--40 冊（5 函）.--（十七史／[明]毛晉輯）．--仿汲古閣刻本。半葉 12 行，行 25 字，小字雙行 37 字，白口，左右雙邊，單黑魚尾，版心刻"汲古閣毛氏正本"，半框 21.8×15.2cm。鈐"四存學會藏書印"朱文印、"四存學會"朱文印.--綫裝
（丙二）/5779

舊五代史： 一百五十卷，目錄二卷／（宋）薛居正等撰．--刻本.--京師：武英殿，清乾隆四十九年（1784）.--24 冊（2 函）.--（二十四史）.--半葉 10 行，行 21 字，小字雙行字同，白口，左右雙邊，單黑魚尾，半框 21.8×15.2cm.--24 冊（2 函）.--綫裝
（乙二）/1014
　　第二部　20 冊（2 函），卷 11-30、38-44、64-74、99-103 係用掃葉山房刻本補配。鈐"學部圖書之印"朱文印（滿漢合璧）、"京師圖書館收藏之印"朱文印
（丙二）/4157

舊五代史： 一百五十卷，目錄二卷／（宋）薛居正等撰．--刻本.--掃葉山房，清嘉慶元年（1796）.--16 冊（2 函）.--半葉 12 行，行 25 字，小字雙行 37 字，白口，左右雙邊，單黑魚尾，卷端刻"武英殿聚珍版原本"，版心下刻"掃葉山房"，半框 20.5×15.3cm。鈐"四存學會"朱文印、"四存學會藏書印"朱文印.--綫裝
（丙二）/5780

五代史： 七十四卷／（宋）歐陽修撰；（宋）徐無黨註.--刻本.-- 清初（1644～1722）.--8 冊（1 函）.--（十七史／[明]毛晉輯）．--序題名"五代史記"。仿汲古閣刻本。半葉 12 行，行 25 字，小字雙行 37 或 38 字，白口，左右雙邊，單黑魚尾，版心刻"汲古閣毛氏正本"，半框 21.8× 15.3cm。鈐"四存學會藏書印"朱文印、"四存學會"朱文印.--綫裝
（丙二）/5792
　　第二部　　　　　　　　（丙二）/2050
　　第三部　6 冊（1 函）　　（丙二）/2070
　　第四部　4 冊（1 函）　　　（丁）/12654

五代史： 七十四卷，目錄一卷／（宋）歐陽修撰；（宋）徐無黨註.--刻本.--京師：武英殿，清乾隆四年（1739）.--12 冊（1 函）.--（二十四史）.--序言、目錄 5 葉係抄配。序題名"五代史記"。半葉 10 行，行 21 字，小字雙行字同，白口，左右雙邊，單黑魚尾，半框 21.9×15.3cm。鈐"學部圖書局印"朱文印（滿漢合璧）、"京師圖書館收藏之印"朱文印.--綫裝
（丙二）/4158

元史： 二百一十卷，目錄二卷／（明）宋濂等纂修.--刻本.--京師：武英殿，清乾隆四年（1739）.--50 冊（5 函）.--（二十四史）.--有抄配。半葉 10 行，行 21 字，小字雙行字同，白口，左右雙邊，單黑魚尾，版心上刻"乾隆四年校刊"，半框 21.8×15.2cm。鈐"學部圖書之印"朱文印（滿漢合璧）、"京師圖書館收藏之印"朱文印.--綫裝
（丙二）/4162

明史： 三百三十二卷，目錄四卷／（清）張廷玉等纂修.--刻本.--京師：武英殿，清乾隆四年（1739）.--112 冊（10 夾）.--（二十四史）.--目錄三 3 葉、目錄四 3 葉、卷 74-76、96-99、100-101 係抄配。半葉 10 行，行 21 字，白口，左右雙邊，單黑魚尾，半框 22.1×15.1cm。鈐"學部圖書之印"朱文印（滿漢合璧）、"京師圖書館收藏之印"朱文印.--綫裝
（丙二）/4163
　　第二部　111 冊（12 函），缺目錄四卷
（丙二）/1

別史

通代

古史： 六十卷／（宋）蘇轍撰．--刻本.--宋（960～1279）.--1 冊（1 函）.--存魏世家第十四、韓世家第十五、田敬仲世家第十六，有 3 葉殘缺。半葉 11 行，行 21 至 24 字不等，小字雙行 22 字，白口，左右雙邊，單黑魚尾，半框 23.8

×16.5cm。有刻工：金榮、王洪霖等.--蝴蝶裝
（丁）/16041

古史：六十卷/（宋）蘇轍撰.--刻本.--南京：
國子監，明萬曆三十九年（1611）.--16 冊（2
函）.--半葉 10 行，行 20 字，小字雙行字同，
白口，左右雙邊，單黑魚尾，半框 20.7×
14.6cm。有刻工：王應龍、戴惟孝。佚名圈點、
批註。鈐"北平孔德學校之章"朱文印.--綫裝
（甲二）/376

重訂古史全本：本紀七卷，世家十六卷，列傳
三十七卷/（宋）蘇轍撰.--刻本.--明末（1573
～1644）.--10 冊（1 函）：卷前附系圖.--列傳
卷 37 有 4 葉係抄配。半葉 8 行，行 20 字，小字
雙行字同，有眉批，行 4 字，白口，左右雙邊，
半框 18.8×12.7cm。鈐"菜根齋珍藏印"朱文
印、"緯雲"朱文印、"應麐"白文印.--綫裝
（丁）/960

路史：四十七卷/（宋）羅泌撰；（宋）羅苹註.
刻本.--洪楩，明嘉靖（1522～1566）.--16 冊
（2 函）.--半葉 10 行，行 20 字，小字雙行字
同，白口，四周單邊，半框 18.1×14cm.--綫裝
子目：
路史前紀：九卷
路史後紀：十四卷
路史國名紀：八卷
路史發揮：六卷
羅氏路史餘論：十卷 （乙二）/1293

重訂路史全本：四十七卷/（宋）羅泌撰；（宋）
羅苹註.--刻本.--明末（1573～1644）.--20 冊
（2 函）.--版心題"路史"。半葉 8 行，行 20
字，小字雙行字同，有眉批，行 4 字，白口，左
右雙邊，半框 18.7×12.4cm。鈐"識往齋藏書
印"白文印、"天尺樓"朱文印、"高凌霨澤畬
甫收藏印"朱文印.--綫裝 （乙二）/1028

通志略：五十一卷/（宋）鄭樵撰；（明）陳宗
夔校.--刻本.--明（1368～1644）.--32 冊（2
夾）.--序題"通志二十略"。半葉 10 行，行

20 字，小字雙行字同，白口，四周單邊，半框
18.8×13.5cm。金匱山房藏板.--綫裝
（乙二）/101

第二部 5 冊（1 函），存 13 卷：氏族略卷
1-6 卷、六書略卷 1-5 卷、七音略卷 1、2，鈐"百
鏡庵"朱文印 （丙二）/326

通志二十略：五十一卷/（宋）鄭樵撰；（清）
汪啓淑校.--刻本.--汪啓淑飛鴻堂，清乾隆十四
年（1749）.--48 冊（6 函）.--書名據序所題著
錄。半葉 10 行，行 20 字，小字雙行字同，白口，
四周單邊，半框 18.9×13.3cm。鈐"北平孔德
學校之章"朱文印.--綫裝 （甲二）/217

第二部 6 冊（1 函），存藝文略 8 卷、校讐
略 1 卷、圖譜略 1 卷，鈐"濟甯王伯子謝家舊燕
堂藏書"朱文印 （丁）/3798

通志：二百卷/（宋）鄭樵撰.--刻本.--京師：
武英殿，清乾隆十二至十四年（1747～1749）.
140 冊（20 函）.--半葉 10 行，行 21 字，小字
雙行字同，白口，左右雙邊，單黑魚尾，版心上
刻"乾隆十二年校刊"，半框 21.8×15.3cm.--
綫裝 （丙二）/3361
第二部 120 冊 （戊）/2505

二史會編：十六卷/（明）況叔祺編.--刻本.--
雲南：普安蔣忠魯，明嘉靖四十年（1561）.--32
冊（4 函）.--卷 10 係抄配。半葉 10 行，行 20
字，小字雙行字同，有眉批，行 2 至 5 字不等，
白口，四周雙邊，單黑魚尾，半框 18.9×13cm。
有刻工：王申、楊朝口等。佚名圈點。鈐"北平
孔德學校之章"朱文印.--綫裝 （甲二）/433

李氏藏書：六十八卷/（明）李贄撰.--刻本.--
金陵：稽古齋，明萬曆二十七年（1599）.--36
冊（4 函）.--書名據序言著錄，各卷卷端題名
不一。半葉 9 行，行 20 字，白口，四周單邊，
無界行，單黑魚尾，半框 23.6×15.2cm。佚名
圈點。鈐"琴書自樂"白文印、"陳氏珍藏"朱
文印.--綫裝 （乙二）/1084
第二部 20 冊（4 函），亭曾跋，鈐"綠玉
齋舊主藏書印"朱文印、"草不餘齋書畫"白文

印、"亭曾"朱文印、"燕京魏氏金石書畫之章"白文印、"魏氏珍藏"白文印、"北平孔德學校之章"朱文印.--綫裝　　　　（甲二）/312

藏書：六十八卷；**續藏書**：二十七卷/（明）李贄撰.--刻本.--明萬曆（1573～1620）.--48冊（6函）.--目錄末、卷47、50、56皆抄配半葉。半葉9行，行20字，白口，四周單邊，單黑魚尾，半框23.9×15cm。鈐"張衍字蓬海"白文印.--綫裝　　　　（乙二）/1009

續藏書：二十七卷/（明）李贄撰；（明）陳仁錫評正.--刻本.--明天啟三年（1623）.--10冊（1函）.--半葉10行，行22字，有眉批，行4字，白口，四周單邊，無界行，單黑魚尾，半框22.1×14.8cm.--綫裝　　　　（乙二）/1138

函史：上編八十二卷，下編二十一卷/（明）鄧元錫撰.--刻本.--金陵：徐智督，明萬曆（1573～1620）.--60冊（6函）.--目錄有16葉、卷75有2葉係抄配。半葉10行，行21字，小字雙行字同，白口，左右雙邊，單黑魚尾，半框20.2×13.9cm。鈐"近聖居柯氏藏書印"白文印、"柯氏珍藏"白文印、"時還讀我書"朱文印.--綫裝　　　　（丁）/4056

尚史：七十卷/（清）李鍇撰.--刻本.--悅道樓，清乾隆三十八年（1773）.--28冊（4函）.--半葉10行，行24字，小字雙行字同，白口，左右雙邊，半框19.2×13.5cm。悅道樓藏板。佚名圈點.--綫裝　　　　（乙二）/899
　　　　第二部　24冊（4函）　　（乙二）/967
　　　　第三部　32冊（4函）　　（甲二）/419

歷代史表：五十九卷/（清）萬斯同撰；（清）紀昀等纂.--刻本.--寧波：甬上孫傳澂，清嘉慶元年（1796）.--6冊（1函）.--目錄題"補歷代史表"。行款不一，白口，四周單邊，單黑魚尾，版心下刻"留香閣藏板"，半框23.9×15.5cm。留香閣藏板。鈐"韓氏藏書"白文印.綫裝　　　　（丙二）/6007

斷代

東觀漢記：二十四卷/（漢）劉珍等撰.--刻本.--蘇州：掃葉山房，清乾隆六十年（1795）.4冊（1函）.--據武英殿聚珍本重刻。半葉12行，行25字，小字雙行37字，白口，左右雙邊，單黑魚尾，版心下刻"掃葉山房"，半框20.9×15cm。鈐"求放心齋藏書之印"朱文印、"求放心齋所藏"朱文印、"求放心齋"朱文印、"馬"朱文印.--綫裝　　　　（乙二）/1154
　　　　第二部　　　　　　　（乙二）/829

季漢書：六十卷，正論五篇，答問二十篇，凡例四十四條/（明）謝陛撰；（明）藏懋循訂.--刻本.--明萬曆三十一年（1603）.--24冊（4函）.--半葉10行，行22字，小字雙行字同，白口，四周單邊，單白魚尾，半框20.8×13.9cm。有刻工：朱、春等。鈐"兼葭堂印"白文印.--綫裝　　　　（丙二）/3359
　　　　第二部　佚名圈點　　（乙二）/663

西魏書：二十四卷/（清）謝啟昆撰.--刻本.--樹經堂，清乾隆六十年（1795）.--6冊（1函）.--半葉11行，行23字，小字雙行字同，白口，左右雙邊，單黑魚尾，半框18.9×14cm。樹經堂藏板.--綫裝　　　　（乙二）/675

弘簡錄：二百五十四卷/（明）邵經邦撰. **續弘簡錄元史類編**：四十二卷/（清）邵遠平撰.--刻本.--邵錫蔭，清康熙二十七年（1688）刻；清康熙四十五年（1706）續刻：有插圖.--84冊（10函）.--半葉12行，行24字，小字雙行字同，白口，四周單邊，單黑魚尾，半框20.7×14.7cm。鈐"祁陽刀氏家藏"朱文印.--綫裝　　　　（丙二）/4215
　　　　第二部　80冊（5夾）　（乙二）/769

唐餘紀傳：十八卷/（明）陳霆撰.--刻本.--吳興：馮煥，明嘉靖二十三年（1544）.--4冊（1函）.--半葉9行，行18字，粗黑口，四周雙邊，雙順綫魚尾，半框18.3×12.2cm。佚名圈點、眉

批。鈐"曾藏當湖徐梅似家"白文印、"北平孔德學校之章"朱文印.--綫裝　　　　（甲二）/379

隆平集：二十卷/（宋）曾鞏撰.--刻本.--彭期七業堂，清康熙四十年（1701）.--4 冊（1 函）.--書名頁題"宋曾文定公隆平集"。半葉 9 行，行 20 字，小字雙行字同，白口，左右雙邊，單黑魚尾，半框 20.4×13cm。劉氏藏板.--綫裝　　　　（丁）/5481

東都事略：一百三十卷/（宋）王偁撰.--刻本.--掃葉山房，清乾隆六十年（1795）.--14 冊（1 函）.--半葉 12 行，行 25 字，白口，左右雙邊，單黑魚尾，半框 21.7×14.9cm。掃葉山房藏板.--綫裝　　　　（乙二）/1225

宋史新編：二百卷/（明）柯維騏編.--刻本.明嘉靖（1522～1566）.--80 冊（8 函）.--卷 52、53、154-160、192、193 係抄配。半葉 10 行，行 21 字，白口，四周單邊，半框 18.7×13cm。有刻工：鄭五、王良等。鈐"蘇象乾藏書記"朱文印、"真州吳氏有福讀書堂藏書"朱文印.--綫裝　　　　（乙二）/977

元史類編：四十二卷/（清）邵遠平撰.--刻本.--南沙席氏掃葉山房，清乾隆六十年（1795）.--24 冊（1 夾）.--半葉 12 行，行 25 字，小字雙行 38 字，白口，左右雙邊，單黑魚尾，半框 21.4×15.2cm.--綫裝　　　　（乙二）/787

吾學編：六十九卷/（明）鄭曉撰.--刻本.--鄭心材，明萬曆二十七年（1599）.--24 冊（3 函）.--半葉 10 行，行 19 字，白口，左右雙邊，單黑魚尾，半框 18.4×13.7cm。有刻工：劉登、陳元等.--綫裝　　　　（乙二）/1834

名山藏：一百零九卷/（明）何喬遠撰.--刻本.--明崇禎十四年（1640）.--36 冊（7 函）.--存卷 1-84。半葉 10 行，行 20 字，白口，四周單邊，單黑魚尾，半框 21.6×14.8cm。鈐"樂天珍藏金石書畫印"朱文印、"酷嗜詩書不計貧"白文印、"北平孔德學校之章"朱文印.--

綫裝　　　　（甲二）/647

明史稿：三百一十卷，目錄二卷/（清）王鴻緒等撰.--刻本.--敬慎堂，清雍正（1723～1735）.--60 冊（8 函）.--版心題"橫雲山人集"。半葉 11 行，行 23 字，小字雙行字同，白口，左右雙邊，單黑魚尾，版心下刻"敬慎堂"，半框 19.9×14.6cm。佚名圈點、批註。鈐"北平孔德學校之章"朱文印.--綫裝
　　　　（甲二）/511

　　第二部　79 冊（8 夾）　　（乙二）/1052
　　第三部　81 冊（10 函），鈐"四存學會藏書印"朱文印、"四存學會"朱文印
　　　　（丙二）/5785

編年類

通代

資治通鑑：二百九十四卷/（宋）司馬光撰；（元）胡三省音註.通鑑釋文辯誤：十二卷/（元）胡三省撰.--刻本.--元至元（1271～1294）刻；南京：國子監，明（1368～1644）遞修.--200 冊（24 函）.--卷 272-274 係抄配，卷 9、21、290 各有 1 葉抄配。半葉 10 行，行 20 字，小字雙行字同，黑口，四周雙邊，雙順黑魚尾，半框 22.2×14.9cm。有刻工：汪文琯、王藝等。羅振玉跋，佚名眉批。鈐"羅叔言"白文印、"殷禮在斯堂"白文印、"臣振玉"印（陰陽合璧）、"羅振玉印"朱文印、"羅振玉"白文印、"叔言審定"白文印、"宸翰樓"白文印、"振玉印信"白文印、"新安胡氏"印（陰陽合璧）、"南臺柱史"朱文印、"琴書知己"朱文印、"明月前身"朱文印.--綫裝　　　　（丙二）/4098

資治通鑑：二百九十四卷/（宋）司馬光撰；（元）胡三省音註.通鑑釋文辯誤：十二卷/（元）胡三省撰.--刻本.--元（1271～1368）刻；南京：國子監，明弘治至嘉靖（1488～1566）遞修.--192 冊（24 函）.--序、卷 1 前 2 葉為影印補配。半葉 10 行，行 20 字，小字雙行字同，黑口，四

周雙邊，雙順黑魚尾，半框 21.6×14.6cm。有刻工：兵、信等.--綫裝　　　　　（丙二）/4097

資治通鑑：二百九十四卷/（宋）司馬光編集；（元）胡三省音註；（明）陳仁錫評閱.--刻本.--長洲陳仁錫，明天啟五年（1625）.--68 冊（8 函）.--版心題"通鑑"。半葉 10 行，行 20 字，小字雙行字同，有眉批，行 4 字，白口，四周單邊，單黑魚尾，半框 21.4×15.2cm。有刻工：陳天禎。佚名圈點。鈐"學部圖書之印"朱文印（滿漢合璧）、"南陵徐氏仁山珍藏"白文印、"京師圖書館收藏之印"朱文印.--綫裝
　　　　　　　　　　（丙二）/4197
　　第二部　　　　　　（丙二）/5137

資治通鑑目錄：三十卷/（宋）司馬光撰.**資治通鑑釋例圖譜**：一卷/（宋）司馬光撰；（明）陳仁錫評閱.**資治通鑑問疑**：一卷/（宋）劉羲仲纂.--刻本.--明崇禎二年（1629）.--10 冊（1 函）.--半葉 8 行，行 12 字，資治通鑑問疑半葉 8 行，行 19 字，有眉批，行 4 字，白口，四周單邊，單黑魚尾，半框 21.6×14.9cm。鈐"南陵徐氏仁山珍藏"白文印、"學部圖書之印"朱文印（滿漢合璧）、"京師圖書館收藏之印"朱文印.--綫裝　　　　　　（丙二）/5095

陸狀元增節音註精議資治通鑑：一百二十卷，卷首一卷，目錄三卷/（宋）陸唐老集註；（明）毛晉訂正.--刻本.--毛氏汲古閣，明末（1573～1644）.--39 冊（8 函）.--缺 84-88。半葉 8 行，行 17 字，小字雙行字同，白口，左右雙邊，版心下刻"汲古閣"，半框 18.8×13.5cm。佚名圈點、批註。"牧翁蒙叟"朱文印、"錢謙益印"白文印、"隱居放言"朱文印、"式儒收藏"朱文印.--綫裝　　（丙二）/1805

司馬溫公稽古錄：二十卷/（宋）司馬光撰.--刻本.--天一閣，明中後期（1522～1644）.--6 冊（1 函）.--半葉 9 行，行 19 字，小字雙行字同，白口，四周單邊，單白魚尾，半框 20.5×15.6cm。有刻工：黃文九、姜培等。天一閣藏板。佚名圈點。鈐"昭餘渠夢翔圖籍訪古印"朱文

印.--綫裝　　　　　　（乙二）/593

司馬溫公稽古錄：二十卷/（宋）司馬光撰.--刻本.--明（1368～1644）.--6 冊（1 函）.--版心題"稽古錄"。半葉 9 行，行 19 字，小字雙行字同，白口，四周單邊，單黑魚尾，半框 20×14.3cm。鈐"春草堂圖書印"朱文印、"真德堂印"白文印、"陽明山人"白文印.--綫裝
　　　　　　　　　　（乙二）/1193

資治通鑑綱目前編：二十五卷/（明）南軒撰.**資治通鑑綱目**：五十九卷/（宋）朱熹撰.**續資治通鑑綱目**：二十七卷/（明）商輅撰；（明）陳仁錫評定.--刻本.--明崇禎三年（1630）.--105 冊（15 函）.--版心題"通鑑綱目"。半葉 7 行，行 18 字，小字雙行字同，有眉批，行 4 字，白口，四周單邊，單黑魚尾，半框 21×14.7cm。佚名批點.--綫裝　　（丙二）/3828

資治通鑑綱目前編：二十五卷/（明）南軒撰.**資治通鑑綱目**：五十九卷/（宋）朱熹撰.**續資治通鑑綱目**：二十七卷/（明）商輅撰；（明）陳仁錫評定.--刻本.--王公行，清康熙四十年（1701）.--120 冊（12 函）.--書簽題"同文堂原板資治通鑑綱目"，版心題"通鑑綱目"。半葉 7 行，行 18 字，小字雙行字同，有眉批，行 4 字，白口，四周單邊，單黑魚尾，半框 20.7×14.5cm。郁郁堂藏板。鈐"文會堂"白文印、"文會堂印"白文印.--綫裝　　（丙二）/2791
　　第二部　　　　　　（丙二）/3767

資治通鑑綱目/（明）陳仁錫評閱.--刻本.--四喜堂，康熙六十一年（1722）.--100 冊（10 函）.--半葉 7 行，行 18 字，小字雙行字同，白口，四周單邊，單綫魚尾，半框 20.8×14.9cm.綫裝：群芳閣藏書
　　子目：
　　資治通鑑綱目前編：二十五卷/（宋）金履祥撰；（明）南軒訂正；（明）陳仁錫評閱
　　資治通鑑綱目：五十九卷，首一卷/（宋）朱熹撰；（明）陳仁錫評閱
　　續資治通鑑綱目：二十七卷/（明）商輅撰；

（明）陳仁錫評閱　　　　　　　（庚）/144

御批資治通鑑綱目全書：一百零九卷/（清）宋犖等編.--刻本.--揚州詩局，清康熙四十六至四十九年（1707～1710）.--84 冊（10 函）.--半葉 11 行，行 22 字，小字雙行字同，黑口，四周雙邊，雙順黑魚尾，半框 18.8×13.3cm.--綫裝
　　子目：
　　御批資治通鑑綱目前編：十八卷，外紀一卷，舉要三卷/（宋）金履祥撰
　　御批資治通鑑綱目：五十九卷，卷首一卷/（宋）朱熹撰
　　御批續資治通鑑綱目：二十七卷/（明）商輅撰　　　　　　　　　　（乙二）/996
　　　　第二部　50 冊（8 函）　（丙二）/663
　　　　第三部　80 冊（8 函）　（丙二）/786

資治通鑑綱目：五十九卷/（宋）朱熹撰.--刻本.--趙府居敬堂，明嘉靖三十五年（1556）.--30 冊（6 函）.--半葉 10 行，行 20 字，小字雙行字同，白口，四周雙邊，雙對黑魚尾，半框 20.4×14.8cm。有刻工：楊仁、楊惠等。鈐"阮元"白文印.--綫裝　　　（乙二）/693

資治通鑑綱目：五十九卷，卷首一卷/（宋）朱熹撰；（明）陳仁錫評閱.--刻本.--福建：巡按福建監察御史吉澄，明嘉靖（1522～1566）.--69 冊（7 函）.--缺卷 1 之上，卷 1 之下、卷 12 第 1-2 葉、卷 4、卷 5、卷 6 第 1-41 葉、卷 9 第 1-88 係用清康熙四十年王公行刻本補配。半葉 7 行，行 18 字，白口，四周單邊間左右雙邊，單黑魚尾間雙順黑魚尾，半框 19.7×14.5cm.--綫裝　　　　　　　　（丙二）/3363

資治通鑑綱目：[滿文]：五十九卷/（宋）朱熹撰；（清）和素翻譯.--刻本.--京師：武英殿，清康熙三十年（1691）.--91 冊（10 函）.--半葉 8 行，行字數不等，小字雙行字數不等，白口，四周雙邊，半框 22.9×16.5cm。佚名批跋.--綫裝　　　　　　　　　　　（乙·二）/6

御批資治通鑑綱目正編：五十九卷/（宋）朱熹撰.--刻本.--揚州詩局，清康熙四十六年（1707）.--40 冊.--（御製資治通鑑綱目全書）.--半葉 11 行，行 22 字，小字雙行字同，黑口，四周雙邊，雙順黑魚尾，半框 19.2×13.4cm.--綫裝　　　　　　　（戊）/2516
　　第二部　24 冊，存卷 11-59　（戊）/2517
　　第三部　30 冊（5 函），缺卷 10-16　　　　　　　　　　　　　（丙二）/3765

御批資治通鑑綱目：五十九卷，卷首一卷/（宋）朱熹撰；（清）聖祖玄燁批.**御批續資治通鑑綱目**：二十七卷/（明）商輅撰；（清）聖祖玄燁批.刻本.--揚州詩局，清康熙四十六至四十九年（1707～1710）.--42 冊（7 函）.--（御製資治通鑑綱目全書）.--半葉 11 行，行 22 字，小字雙行字同，續編有眉批，行 4 字，粗黑口，四周雙邊，雙順黑魚尾，半框 19.2×13.4cm.--綫裝　　　　　　　　　　　（丙二）/3761

資治通鑑綱目：五十九卷/（宋）朱熹撰；（明）陳仁錫評閱.--刻本.--王公行，清康熙四十年（1701）.--79 冊（8 函）.--半葉 7 行，行 18 字，小字雙行字同，有眉批，行 4 字，白口，四周單邊，單黑魚尾，半框 21×14.7cm.--綫裝　　　　　　　　　　　（丙二）/919

資治通鑑綱目發明：五十九卷/（宋）尹起莘撰.--刻本.--清雍正十一年（1733）.--4 冊（1 函）：肖像 1 幅.--半葉 8 行，行 18 字，小字雙行 21 字，白口，四周單邊，單黑魚尾，半框 22.5×15cm。遂昌樂育堂藏板。雲山散人江朝宗題記。鈐"雲山散人"朱文印.--綫裝　　　　　　　　　　　（丁）/14693

資治通鑑綱目集覽：五十九卷/（元）王幼學撰；（明）陳濟編.**資治通鑑綱目發明**：五十九卷/（宋）尹起莘撰.--刻本.--明永樂（1403～1424）.--10 冊（3 函）.--半葉 8 行，行 18 字，小字雙行 21 字，粗黑口，四周雙邊，雙對黑魚尾，半框 27.3×18.5cm.--綫裝　　（丙二）/932

資治通鑑綱目前編：十八卷，舉要三卷/（宋）金履祥撰.--刻本.--吉澄，明嘉靖三十六年（1557）.--19 冊（2 函）.--卷 7 有 6 葉係補配。半葉 9 行，行 20 字，小字雙行字同，白口，四周單邊，雙順黑魚尾，半框 20.6×14cm.--綫裝
　　　　　　　　　　　　　　　（丙二）/3410

資治通鑑綱目前編：二十五卷/（明）南軒撰；（明）陳仁錫評.--刻本.--明末（1573～1644）.--10 冊（1 函）.--半葉 7 行，行 18 字，小字雙行字同，有眉欄，行 4 字，白口，四周單邊，單黑魚尾，半框 20.8×14.6cm。松茂堂藏板。鈐"巨水"朱文印、"孫學濬印"白文印.--綫裝
　　　　　　　　　　　　　　　（丙二）/662

御批資治通鑑綱目前編：十八卷，舉要三卷，外紀一卷/（宋）金履祥撰；（清）聖祖玄燁批.--刻本.--揚州詩局，清康熙四十六至四十九年（1707～1710）.--8 冊（1 函）.--（御製資治通鑑綱目全書）.--半葉 11 行，行 22 字，小字雙行字同，黑口，四周雙邊，雙順黑魚尾，半框 18.6×13.4cm.--綫裝
　　　　　　　　　　　　　　　（丙二）/3769

資治通鑑綱目前編：二十五卷/（明）南軒撰；（明）陳仁錫評.資治通鑑綱目：五十九卷/（宋）朱熹撰.--刻本.--四喜堂，清康熙六十一年（1722）.--40 冊（4 函）.--資治通鑑綱目存卷 1-23。版心題"通鑑綱目"。半葉 7 行，行 18 字，小字雙行字同，有眉批，行 4 字，白口，四周單邊，單黑魚尾，半框 20.5×14.6cm。本衙藏板.--綫裝
　　　　　　　　　　　　　　　（丙二）/2331

續編資治宋元綱目大全：二十七卷/（明）商輅等撰；（明）周禮發明.--刻本.--吉澄，明嘉靖三十六年（1557）.--29 冊（3 函）.--卷 26 係補配。半葉 9 行，行 20 字，小字雙行字同，白口，四周單邊，雙順黑魚尾，半框 20.3×14.1cm。佚名圈點.--綫裝
　　　　　　　　　　　　　　　（丙二）/3411

續資治通鑑綱目：二十七卷/（明）商輅等撰.刻本.--明（1368～1644）.--20 冊（4 函）.--御製序 1 葉、凡例 1 葉、卷 3 有 2 葉係抄配。半葉 8 行，行 20 字，小字雙行字同，粗黑口，四周雙邊，雙順黑魚尾，半框 20.9×13cm.--綫裝
　　　　　　　　　　　　　　　（甲二）/87

續資治通鑑綱目：二十七卷/（明）商輅撰；（明）陳仁錫評.--刻本.--王公行，清康熙四十年（1701）.--30 冊（3 函）.--半葉 7 行，行 18 字，小字雙行字同，有眉批，行 4 字，白口，四周單邊，單黑魚尾，半框 20.6×14.7cm.--綫裝
　　　　　　　　　　　　　　　（丙二）/920
　　第二部　10 冊（1 函），存卷 18-27
　　　　　　　　　　　　　　　（丙二）/6032

御批續資治通鑑綱目：二十七卷/（明）商輅撰；（清）聖祖玄燁批.--刻本.--揚州詩局，清康熙四十六至四十九年（1707～1710）.--12 冊（2 函）.--（御製資治通鑑綱目全書）.--半葉 11 行，行 22 字，小字雙行字同，有眉批，行 4 字，粗黑口，四周雙邊，雙順黑魚尾，半框 19.2×13.4cm.--綫裝
　　　　　　　　　　　　　　　（丙二）/3770

資治通鑑綱目續編卷之末：一卷/（明）陳桱撰.--刻本.--金陵：唐翀字，明萬曆（1573～1620）.--1 冊（合裝 1 函）.--（重刻資治通鑑綱目全書）.--半葉 10 行，行 20 字，小字雙行字同，白口，四周單邊，單黑魚尾，半框 21.3×14.7cm.--綫裝
　　　　　　　　　　　　　　　（丙二）/3411-1

新集分類通鑑：不分卷/（明）佚名撰.--刻本.--明弘治十二年（1499）.--6 冊（1 函）.--半葉 11 行，行 20 字，粗黑口，四周雙邊，雙順花魚尾，半框 19×11.4cm。佚名圈點、批校。鈐"錢塘丁氏藏書"白文印、"慎遠堂師"白文印、"沈陽師守玉勉之甫珍藏善本圖書印信"白文印、"劉氏圖書"朱文印、"勉之讀記"白文印、"椿宣書屋藏書"朱文印、"北平館嚴氏珍藏圖書"朱文印、"清代通史作者蕭一山"朱文印.--綫裝
　　　　　　　　　　　　　　　（丁）/15682

歷代通鑑纂要：九十二卷/（明）李東陽等編.刻本.--慎獨齋，明正德十四年（1519）.--40 冊（6 函）.--半葉 10 行，行 20 字，小字雙行

字同，有眉批，行字數不等，白口，四周雙邊，雙順黑魚尾，半框 18×12.6cm。有刻工：之、易等。佚名圈點。鈐"无竟先生獨志堂物"朱文印、"蘭揮"朱文印、"宋筠"白文印、"北平孔德學校之章"朱文印.--綫裝　　　(甲二)/423

第二部　　　　　　　　　　(丙二)/931

綱目集略：五卷/（明）董繼祖編.--刻本.--王繼祖，明萬曆六年（1578）.--5 冊（1 函）.--半葉 9 行，行 20 字，小字雙行字同，有眉欄，行字數不等，白口，四周單邊，單黑魚尾，半框 20.8×14.6cm。有刻工：蔡偉、張金等.--綫裝

(丁)/3736

通鑑要刪：六卷，首一卷/（明）宗臣，（明）孫繼皋纂.--刻本.--歙縣蔣氏，明萬曆十一年（1583）.--4 冊（1 函）：冠圖 1 幅.--首卷版心題"通鑑要刪總論"。半葉 12 行，行 27 字，小字雙行字同，有眉欄，行 4 字，白口，四周單邊，半框 20.9×12.8cm。佚名圈點、批.--綫裝

(丁)/12571

新鐫獻蓋喬先生綱鑑彙編：九十一卷，首一卷，目錄十卷/（明）喬承詔撰.--刻本.--福建，明天啟四年（1624）.--64 冊（9 函）.--半葉 8 行，行 17 字，白口，四周單邊，單黑魚尾，半框 23.9×16.9cm。有刻工：陳聘、葉明等。鈐"梁氏巖窟藏書"朱文印.--綫裝

(丙二)/5058

通鑑韻書：三十二卷，附彈詞一卷/（清）沈尚仁編註.--刻本.--清康熙四十四年（1705）.5 冊（1 夾）.--書名頁題"歷朝通鑑韻書"。半葉 10 行，行 20 字，小字雙行字同，白口，左右雙邊，單黑魚尾，版心下刻"玉極堂"，半框 18.4×14cm。鈐"綠蔭堂"白文印、"李氏山房藏書記"朱文印.--綫裝　　(丁)/13006

第二部　8 冊（1 函）　　　(丁)/12553

宋元通鑑：一百五十七卷/（明）薛應旂編集；（明）陳仁錫評閱.--刻本.--陳仁錫，明天啟六年（1626）.--18 冊（2 函）.--半葉 10 行，

行 20 字，小字雙行字同，有眉批，行 4 字，白口，四周單邊，單黑魚尾，半框 21.2×14.9cm。鈐"南陵徐氏仁山珍藏"白文印、"學部圖書局印"朱文印（滿漢合璧）.--綫裝

(丙二)/4202

第二部　16 冊（2 函），存卷 1-69，鈐"華陽鄭氏百瞻樓珍藏圖籍"白文印、"遲清亭後人鄭言之章"白文印　　　　　(戊)/5212

元經薛氏傳：十卷/（隋）王通撰；（唐）薛收傳；（宋）阮逸註.--刻本.--金溪王氏，清乾隆五十六年（1791）.--6 冊（1 函）.--（增訂漢魏叢書）.--版心題"元經"。半葉 9 行，行 20 字，小字雙行字同，白口，左右雙邊，單綫魚尾，半框 19.5×14.4cm.--綫裝　　(丙二)/1912

甲子會紀：五卷/（明）薛應旂編；（明）陳仁錫評閱.--刻本.--明末（1573～1644）.--4 冊（1 函）.--卷 4 有 1 葉抄補。半葉 8 行，行 18 字，小字雙行字同，有眉批，行 3 字，白口，四周單邊，單黑魚尾，半框 21.6×15cm。佚名圈點.--綫裝　　(乙二)/695

世曆：四卷/（明）陳士元撰.--刻本.--明萬曆（1573～1620）.--2 冊（1 函）.--存卷 1、2。半葉 9 行，行 20 字，小字雙行字同，白口，四周單邊，半框 19.2×12.9cm。鈐"小李山房圖籍"白文印、"北平孔德學校之章"朱文印.--綫裝　　　　　　　　　　(甲二)/79

御定歷代紀事年表：一百卷. 歷代三元甲子編年：一卷/（清）王之樞纂修.--刻本.--王之樞，清康熙五十四年（1715）刻進呈.--100 冊（10 函）.--文字部分半葉 9 行，行 24 字，白口，四周雙邊，半框 21.8×13.6cm.--綫裝

(乙二)/974

歷代帝王年表/（清）齊召南編.--刻本.--清乾隆（1736～1795）.--2 冊（1 函）：表格.--半葉 8 行，行 24 字，小字雙行字數不等，有眉批，行字數不等，粗黑口，左右雙邊，雙對黑魚尾，半框 20×12.9cm。鈐"安城任亮儕氏藏

書"白文印、"詩書滋味長"白文印、"周肇祥讀過書"朱文印. --綫裝　　　　　　（丁）/9892

歷代甲子紀元表：不分卷/（清）董酵輯. --刻本. --東皋書堂，清咸豐五年（1855）. --1 冊（1 函）. --半葉 11 行，行 20 字，白口，左右雙邊，單黑魚尾，半框 21.5×14.4cm。有清光緒十年（1884）錢恂批校、題跋。鈐"積跬步齋"朱文印、"錢恂"白文印、"董鴻禕字恂士"白文印、"楹書世家"朱文印、"北京市文化局文物調查研究組藏書印"朱文印. --綫裝　　　　　　　（丁）/14466

斷代

前漢紀：三十卷/（漢）荀悅撰. **後漢紀**：三十卷/（晉）袁宏撰. --刻本. --襄平蔣氏樂三堂，清康熙三十五年（1696）. --16 冊（2 函）. --半葉 11 行，行 21 字，粗黑口，左右雙邊，單黑魚尾，半框 17.8×14cm。有刻工：子珍、穎涵等。鈐"周肇祥讀過書"朱文印. --綫裝　　　　　　　（丙二）/815

　　第二部　20 冊（4 函），振鷺堂藏板，加清康熙五十年郎廷極敘　　（乙二）/1880

大唐創業起居註：三卷/（唐）溫大雅撰. --刻本. --李際期宛委山堂，清順治三年（1646）--1 冊（1 函）. --（説郛/[明]陶宗儀編）. --半葉 9 行，行 20 字，小字雙行字同，白口，左右雙邊，單白魚尾，半框 20.4×14.4cm。鈐"雙榆書屋"白文印、"養安藏書"朱文印. --綫裝　　　　　　　（丙二）/2830

東萊先生音註唐鑑：二十四卷/（宋）范祖禹撰；（宋）呂祖謙註. --刻本. --明弘治（1488～1515）. --8 冊（1 函）. --版心題"唐鑑"。半葉 9 行，行 18 字，小字雙行字同，粗黑口，四周雙邊，雙順黑魚尾，半框 20.1×13.4cm。有民國十九年吳中子題跋。鈐"慈溪馮氏醉經閣圖籍"朱文印、"五橋珍藏"白文印、"吳中子"白文印. --綫裝　　　　　　（乙二）/709

東萊先生音註唐鑑：二十四卷/（宋）范祖禹撰；（宋）呂祖謙註. --刻本. --明（1368～1644）. --6 冊（1 函）. --版心題"唐鑑"。半葉 9 行，行 18 字，小字雙行字同，粗黑口，四周雙邊，雙順黑魚尾，半框 20.1×13.8cm。鈐"學部圖書之印"朱文印（滿漢合璧）、"京師圖書館收藏之印"朱文印. --綫裝　　　　　（丙二）/4761

　　第二部　4 冊（1 函）　　（乙二）/1098

皇明資治通紀：三十卷/（明）陳建撰. --刻本. --明末（1573～1644）. --16 冊（2 函）. --半葉 10 行，行 22 字，小字雙行字同，白口，四周單邊，單黑魚尾，半框 22.4×14.6cm。有刻工：甫、偉等。本衙藏板。佚名圈點. --綫裝　　　　　　（乙二）/819

皇明從信錄：四十卷/（明）陳建輯；（明）沈國元訂. --刻本. --明萬曆四十八年（1620）. --36 冊（6 函）. --半葉 10 行，行 22 字，小字雙行字同，有眉批，行 4 字，白口，四周單邊，單黑魚尾，半框 21.9×14.6cm。佚名圈點. --綫裝　　　　　　（乙二）/958

憲章錄：四十七卷/（明）薛應旂編. --刻本. 明萬曆二年（1574）. --20 冊（2 函）. --半葉 10 行，行 20 字，小字雙行字同，白口，四周單邊，單黑魚尾，半框 19.3×14.2cm。有刻工：唐廷瑞、劉朱等. --綫裝　　　（乙二）/605

兩朝憲章錄：二十卷/（明）吳瑞登撰. --刻本. --光洲儒學，明萬曆二十二年（1594）. --12 冊（2 函）. --卷 20 有 10 葉係抄配。半葉 10 行，行 22 字，白口，四周雙邊，單黑魚尾，版心下刻"輝縣張一體校"等，半框 19.9×12.8cm。有刻工：亨、祥等. --綫裝　　　　（乙二）/1037

皇明大政紀：二十五卷/（明）雷禮輯. --刻本. --博古堂，明萬曆三十年（1602）. --24 冊（4 函）. --半葉 11 行，行 22 字，白口，四周單邊，單黑魚尾，半框 22.1×14.9cm。佚名圈點、批。鄒鍾題款。鈐"鄒道沂字仲味收藏圖籍

之印"白文印、"洪都安成鄒氏"白文印、"鄒
文莊公十三代孫"朱文印、"樂生"朱文印、
"北平孔德學校之章"朱文印、"訒齋藏書"白
文印.--綫裝　　　　　　　　　　（甲二）/59

皇明大政記：三十六卷/（明）朱國禎輯.--
刻本.--明末（1573～1644）.--10 冊（2 函）.--
（皇明史概/[明]朱國禎輯）.--半葉 10 行，行
21 字，小字雙行字同，白口，左右雙邊，單黑
魚尾，半框 21.7×14.8cm.--綫裝
　　　　　　　　　　　　　　　　（乙二）/1073

通紀會纂：四卷/（明）諸燮撰；（明）鍾惺定.
刻本.--清初（1644～1722）.--6 冊（1 函）.--
半葉 9 行，行 24 字，有眉欄，行 4 字，白口，
左右雙邊，無界行，單黑魚尾，半框 21×
11.9cm.佚名圈點。鈐"北平孔德學校之章"朱
文印.--綫裝　　　　　　　　　　（甲二）/630

通紀直解：十六卷/（明）張嘉和撰.--刻本.
明末清初（1573～1722）.--10 冊（1 函）.--
卷 1、2 卷端題"通鑑直解"，其他卷題"通紀
直解"，凡例題"皇明通紀直解"。半葉 8 行，
行 18 字，小字雙行字同，有眉欄，行 3 字，白
口，四周單邊，無界行，半框 20.3×14.4cm.--
綫裝　　　　　　　　　　　　　（乙二）/1099

通紀彙編：九卷/（清）楊本源纂輯.--刻本.--
清初（1644～1722）.--4 冊（1 函）.--半葉 9
行，行 20 字，小字雙行字同，白口，左右雙邊，
單白魚尾，半框 20×14.5cm.鈐"讀書于蒹葭
秋水之間"白文印.--綫裝　　　（丁）/12743

[清天聰史料].--抄本.--清末（1851～
1911）.--1 冊（1 函）.--書名據內容自擬.--
綫裝　　　　　　　　　　　　　（丁）/12691

皇清開國方略：三十二卷，首一卷/（清）阿
桂等撰.--刻本.--京師：武英殿，清乾隆五十一
年（1786）.--16 冊（2 函）.--半葉 8 行，行
21 字，小字雙行字同，白口，四周雙邊，單黑
魚尾，半框 28×20.3cm.--綫裝　（乙二）/918

東華錄：十六卷/（清）蔣良騏編.--抄本.--
清（1644～1911）.--15 冊（2 函）.--記事從
天命朝至雍正朝.--綫裝　　　　（丙二）/2280

[乾隆起居注]：不分卷.--抄本，紅格.--清
（1644～1911）.--20 冊（2 函）.--書名原缺，
據內容自擬。記乾隆三十年正月初一至三十七年
九月二十九日事。半葉 12 行，行 23 字，粗黑口，
左右雙邊，雙對黑魚尾，半框 16.8×14.7cm.--
綫裝　　　　　　　　　　　　　（丙二）/2251

紀事本末類

繹史：一百六十卷，世系圖一卷/（清）馬驌
撰.--刻本.--馬驌，清康熙九年（1670）刻進
呈.--40 冊（6 函）.--半葉 11 行，行 24 字，小
字雙行 36 字，白口，左右雙邊，半框 19.3×
14.5cm.鈐"北平孔德學校之章"朱文印.--綫
裝　　　　　　　　　　　　　　（甲二）/567

繹史：一百六十卷，世系圖一卷，年表一卷/
（清）馬驌撰.--刻本.--清康熙（1662～
1722）.--36 冊（6 函）.--仿清康熙九年馬驌刻
本。半葉 11 行，行 24 字，小字雙行 36 字，白
口，左右雙邊，半框 19.3×14.2cm.--綫裝
　　　　　　　　　　　　　　　　（乙二）/903

繹史：一百六十卷，世系圖一卷/（清）馬驌撰.
刻本.--澹寧齋，清康熙（1662～1722）.--36
冊（4 函）.--仿清康熙九年馬驌刻本。半葉 11
行，行 24 字，小字雙行 36 字，白口，左右雙邊，
半框 19.8×14.4cm。鈐"國子監印"朱文印（滿
漢合璧）.--綫裝　　　　　　　　（丙二）/488
　　第二部　48 冊（8 函），鈐"再再生"朱文
印、"周氏伯子"朱文印　　　　　（乙二）/1041

鴻猷錄：十六卷/（明）高岱撰.--刻本.--京
山高思誠，明嘉靖四十四年（1565）.--16 冊（2
函）.--半葉 9 行，行 22 字，白口，四周雙邊，
單黑魚尾，半框 22.2×14.3cm.有刻工：仁、
八等。鈐"綠竹草堂藏書印"白文印、"華陽高

氏"朱文印、"高世異藏書記"朱文印、"華陽高氏鑒藏"白文印、"蒼茫齋收藏精本"朱文印、"尚同小印"白文印、"王懿榮印"白文印、"翰林供奉"朱文印.--綫裝 （乙二）/700

明朝紀事本末：八十卷/（清）谷應泰撰.--刻本.--清順治十五年（1658）.--24 冊（2 函）.--書名頁題"明鑑紀事本末"。半葉 9 行，行 20 字，白口，左右雙邊，單黑魚尾，半框 17.9×14cm。本衙藏板。鈐"張濬源印"朱文印、"是哲卿"朱文印.--綫裝 （丙二）/3054

親征平定朔漠方略：四十八卷，附御製親征朔漠紀略一卷/（清）聖祖玄燁撰.--刻本.--京師：内府，清康熙四十七年（1708）.--20 冊（2 函）.半葉 7 行，行 20 字，粗黑口，四周雙邊，雙對黑魚尾，半框 24.4×16.7cm.--綫裝 （丙二）/5003

平臺紀略：不分卷/（清）藍鼎元撰；（清）王者輔評.--刻本.--清雍正十年（1732）.--1 冊（1 函）.--半葉 9 行，行 19 字，白口，左右雙邊，無界行，單黑魚尾，半框 18.6×13.9cm。有刻工：馮齊、馮士等.--綫裝 （丙二）/1778

欽定平定臺灣紀略：六十五卷，首五卷/（清）高宗弘曆敕撰.--刻本.--清乾隆（1736～1795）.--22 冊（2 函）.--仿清乾隆五十三年武英殿刻本。半葉 7 行，行 20 字，小字雙行字同，白口，四周雙邊，單黑魚尾，半框 22.7×17.1cm.--綫裝 （丙二）/5004

欽定蘭州紀略：二十卷，首一卷/（清）阿桂等撰.--刻本.--北京：武英殿，清乾隆（1736～1795）.--20 冊（2 函）.--半葉 7 行，行 20 字，小字雙行字同，粗黑口，四周雙邊，雙對黑魚尾，半框 22.5×16.8cm。鈐"北平孔德學校之章"朱文印.--綫裝 （甲二）/372

欽定平定教匪紀略：四十二卷，首一卷/（清）托津等撰.--刻本.--京師：武英殿，清嘉慶（1796～1820）.--24 冊（4 函）.--半葉 7 行，

行 20 字，白口，四周雙邊，單黑魚尾，半框 28.4×18.9 cm.--綫裝 （乙二）/1140

欽定平苗紀略：五十二卷，卷首四卷/（清）鄂輝等撰.--活字本，木活字.--京師：武英殿，清嘉慶（1796～1820）.--40 冊（4 夾）.--半葉 7 行，行 20 字，小字雙行字同，白口，四周雙邊，單黑魚尾，半框 18.3×12.6cm。鈐"南陵徐氏仁山珍藏"白文印、"學部圖書之印"朱文印（滿漢合璧）、"京師圖書館收藏之印"朱文印.--綫裝 （丙二）/4253
第二部 （乙二）/898

雜史類

稗史彙編：一百七十五卷/（明）王圻編.--刻本.--明萬曆（1573～1620）.--28 冊（4 函）.--存卷 40-45、60-67、71-87、99-114、131-133、142-175。半葉 10 行，行 20 字，白口，左右雙邊，單黑魚尾，半框 20.9×14.5cm。鈐"北平孔德學校之章"朱文印.--綫裝 （甲三）/949

周書王會：一卷/（晉）孔晁傳；（宋）王應麟補傳.--刻本.--慶元路儒學，元後至元六年（1340）.--1 冊（1 函）.--（玉海/［宋］王應麟撰）.--題名一作"周書王會補註"。半葉 10 行，行 20 字，小字雙行字同，白口，左右雙邊，雙對黑魚尾，半框 22.2×13.8cm。有刻工：青、崇等。鈐"京師圖書館收藏之印".--綫裝 （丙二）/5169

國語：二十一卷/（吳）韋昭解；（宋）宋庠補音.--刻本.--吳汝紀，明萬曆十三年（1585）.4 冊（1 函）.--卷 16 有 7 葉抄配。半葉 9 行，行 20 字，小字雙行字同，白口，左右雙邊，單黑魚尾，半框 21.5×14.8cm。鈐"繡水盛氏春艸堂印"朱文印、"可清"白文印、"吳氏圖章"朱文印、"娑羅花樹館周氏藏書"朱文印.--綫裝 （丙二）/942

國語：九卷/（吳）韋昭解.--刻本.--閔齊伋，

明萬曆四十七年（1619）.--4 冊（1 函）.--半葉 9 行，行 19 字，有眉批，行 5 字，白口，四周單邊，無界行，單黑魚尾，半框 21×15.1cm。佚名圈點、批註.--綫裝 （丙一）/353

國語：二十一卷/（吳）韋昭解；（宋）宋庠補音.--刻本.--明末（1573～1644）.--6 冊（1 函）.--半葉 9 行，行 20 字，小字雙行字同，白口，左右雙邊，單黑魚尾，半框 21.3×14.7cm。有刻工：武光漢、李宗文等。佚名圈點。鈐“必端堂圖書記”朱文印、“島範家藏萬卷”朱文印、“勿折角勿卷腦勿以墨汙勿令鼠咬勿唾幅揭勿爪字抓勿跨帙或作枕勿不如奉師教勿粥市及借人勿違命為不孝必端野父題以囑兒元徽”朱文印、“白雲書庫”朱文印、“穉節所藏”朱文印.--綫裝 （丙二）/808

國語：二十一卷/（吳）韋昭註.--刻本.--詩禮堂，清乾隆三十一年（1766）.--4 冊（1 函）.半葉 9 行，行 20 字，小字雙行字同，白口，左右雙邊，單黑魚尾，版心下刻“詩禮堂”，半框 17.7×12.9cm。卷 21 末有朱筆書“桐鄉金德興讀過”，佚名圈點、批校。鈐“養安藏書”朱文印、“閱古樓收藏金石書畫圖籍章”白文印.--綫裝 （丙二）/328

國語鈔評：八卷/（明）穆文熙輯.--刻本.--傅光宅，明萬曆十二年（1584）.--4 冊（1 函）.半葉 9 行，行 20 字，小字雙行字同，有眉欄，行 5 字，白口，四周雙邊，單黑魚尾，半框 24.3×14.3cm。有刻工：柯應春.--綫裝 （乙二）/1153

吳越春秋：十卷/（漢）趙曄撰；（元）徐天祐音註.--刻本.--明（1368～1644）.--2 冊.--仿元大德十年紹興路儒學劉克昌刻本。半葉 9 行，行 17 字，細黑口，四周雙邊，單綫魚尾，半框 18.8×13.6cm。鈐“豫章太守”白文印、“彭觀民藏書” 朱文印、“彭孫遹印”朱文印、“山陰沈仲濤珍藏秘籍”朱文印、“馬亞堂印”白文印.--綫裝：馬彥祥贈書 （戊）/8

戰國策：十二卷/（漢）高誘註.--刻本.--閔齊伋，明萬曆四十七年（1619）.--8 冊（1 函）.--半葉 9 行，行 19 字，有眉批，行 5 至 6 字不等，白口，四周單邊，無界行，單黑魚尾，半框 21×15.1cm。佚名圈點、批註.--綫裝 （丙一）/354

戰國策：三十三卷/（漢）高誘註.--刻本.--德州盧氏雅雨堂，清乾隆二十一年（1756）.--6 冊（1 函）.--（雅雨堂叢書）.--版心題“高氏戰國策”。半葉 10 行，行 21 字，小字雙行字同，白口，四周單邊，單黑魚尾，半框 18.7×14.4cm。鈐“一為要齋”白文印.--綫裝 （丁）/14422

第二部 1 冊（合函），存卷 1-4，群芳閣藏書 （庚）/191

越絕書：十五卷/（漢）袁康撰；（漢）吳平定.--刻本.--張佳胤雙柏堂，明嘉靖三十三年（1554）.--4 冊（1 函）.--半葉 8 行，行 17 字，白口，四周雙邊，單白魚尾，版心下刻“雙栢堂板”，半框 19.9×14.1cm。佚名圈點、批註。鈐“王本品印”白文印、“葉德輝鑒藏善本書籍”朱文印、“樓華草堂”朱文印.--綫裝 （丙二）/3800

越絕：十五卷，附外傳本事/（漢）袁康撰.--刻本.--明（1368～1644）.--1 冊（1 函）.--缺序及卷 15 的部分內容。半葉 9 行，行 20 字，有眉批，行 4 字，白口，左右雙邊，單白魚尾，半框 19.6×14.3cm。佚名圈點.--綫裝 （丙二）/1741

短長：二卷/（明）王世貞撰.--刻本.--明（1368～1644）.--1 冊（1 函）.--半葉 8 行，行 18 字，白口，四周單邊，半框 21.3×13.1cm。有書工：菜室居士曹湜；刻工：徐宇、蔡相、陶仲等。鈐“徐幼榮”白文印、“徐惕殿”白文印、“古潭州袁卧雪廬收藏”白文印.--綫裝 （丁）/3861

十六國春秋：一百卷/（北魏）崔鴻撰.--刻

本.--清乾隆四十六年（1781）.--16 冊（2 函）.--半葉 9 行，行 18 字，小字雙行字同，白口，左右雙邊，單黑魚尾，半框 20.8×14.7cm。鈐"鹿巖精舍"白文印、"周肇祥讀過書"朱文印.--綫裝 （丙二）/801

貞觀政要：十卷/（唐）吳兢撰；（元）戈直集論.--刻本.--北京：内府，明成化元年（1465）.12 冊（2 函）.--序題"御製貞觀政要"。半葉 10 行，行 20 字，小字雙行字同，粗黑口，四周雙邊，雙對黑魚尾，半框 27.1×19cm。鈐"廣運之寶"朱文印、"王懿榮印"朱文印.--綫裝 （乙二）/800

古燕史/（明）郭造卿撰.--抄本.--清末（1851～1911）.--8 冊（2 函）.--存 10 種。鈐"壽彭"朱文印、"王思籛印"白文印.--綫裝
子目：
燕政記：二卷
燕統記：三卷
燕雄記：二卷
燕鎮記：九卷
燕敵記：二卷
燕督記：六卷
燕道記：三卷
燕擊記：三卷
燕裔記：二卷
燕朔記：三卷 （丁）/12999

五代史闕文：一卷/（宋）王禹偁撰.--抄本，朱絲欄.--清道光（1821～1850）.--1 冊（1 函）.--半葉 8 行，行 21 字，白口，四周雙邊。鈐"芯厂藏書"朱文印.--綫裝 （丁）/12632

十國春秋：一百一十四卷/（清）吳任臣撰.**十國春秋拾遺**：一卷；**十國春秋備考**：一卷/（清）周昂輯.--刻本.--昭文周昂此宜閣，清乾隆五十八年（1793）.--12 冊（2 函）.--半葉 10 行，行 21 字，小字雙行字同，白口，左右雙邊，單黑魚尾，半框 20.8×13.7cm。此宜閣藏板。鈐"北平孔德學校之章"朱文印.--綫裝
（甲二）/170

第二部 16 冊（2 函） （乙二）/783

北夢瑣言：二十卷/（宋）孫光憲撰.--刻本.--明（1368～1644）.--6 冊（1 夾）.--卷 2 有 1 葉殘缺。半葉 9 行，行 20 字，小字雙行字同，白口，四周單邊，單黑魚尾，半框 21×14.2cm。鈐"喜飲酒懶吟詩"朱文印、"左右圖書結大觀"朱文印、"我在昭陽協洽聽鸝山館鈐記"朱文印、"水綠野在緘齋所藏"朱文印、"左琴右書樂在其中"朱文印、"朝耕夕讀山樵水漁"朱文印、"曾在南雲蔡氏猶春群籤之内"朱文印、"北平孔德學校之章"朱文印.--綫裝
（甲三）/929

北夢瑣言：二十卷/（宋）孫光憲輯.--刻本.--德州盧氏雅雨堂，清乾隆二十一年（1756）.--2 冊（1 函）.--（雅雨堂叢書）.--半葉 10 行，行 21 字，小字雙行字同，白口，四周單邊，單黑魚尾，半框 18.2×14.5cm。雅雨堂藏板.--綫裝 （丙三）/5449
第二部 群芳閣藏書 （庚）/188
第三部 群芳閣藏書 （庚）/189
第四部 群芳閣藏書 （庚）/190
第五部 4 冊，楊明贈書 （庚）/20
第六部 4 冊（1 函） （丙四）/1469

孫公談圃：三卷/（宋）孫升撰.--刻本.--明萬曆（1573～1620）.--1 冊（1 函）.--（稗海：四十六種/[明]商濬編）.--半葉 9 行，行 20 字，小字雙行字同，白口，四周單邊，單黑魚尾，半框 21.6×14.3cm.--綫裝 （乙二）/676

石林燕語：十卷/（宋）葉夢得撰.--刻本.--明萬曆（1573～1620）.--1 冊（1 函）.--（稗海：四十六種/[明]商濬編）.--存卷 1-3。半葉 9 行，行 20 字，四周單邊，單黑魚尾，半框 21.3×14.7cm.--綫裝：群芳閣藏書 （庚）/177

楓窗小牘：二卷/（宋）袁褧撰.--刻本.--明萬曆（1573～1620）刻；清康熙（1662～1722）補刻.--1 冊（1 函）.--（稗海：四十六種/[明]商濬編）.--半葉 9 行，行 20 字，小字雙行字同，

白口，四周單邊，單黑魚尾，半框 20.5×14cm。
鈐"象山勵德人藏"朱文印.--綫裝
（甲三）/840

楓窗小牘：二卷/（宋）袁褧撰.--刻本.--明
（1368～1644）.--1 冊.--（唐宋叢書）.--半
葉 9 行，行 20 字，白口，左右雙邊，單綫魚尾，
半框 19.4×14.3cm.--綫裝：市府贈書
（戊）/3072

竊憤錄：一卷，續錄一卷；**南渡錄大略**：一卷
/（宋）辛棄疾撰.--抄本.--清（1644～1911）.--2
冊（1 函）.--著者據《中國古籍善本書目》補。
佚名朱筆批校.--綫裝 （丁）/1144

揮塵前錄：四卷；**揮塵後錄**：十一卷；**揮塵第
三錄**：三卷；**揮塵後錄餘話**：二卷/（宋）王明
清撰；（明）毛晉訂.--刻本.--毛氏汲古閣，明
崇禎（1628～1644）.--13 冊（2 函）.--半葉 9
行，行 19 字，白口，左右雙邊，版心下刻"汲
古閣"，半框 18.9×14.4cm.--綫裝
（乙二）/1092
第二部　6 冊（1 函），存揮塵前錄、揮塵後
錄，鈐"養安藏書"朱文印、"肇祥盦讀"朱文
印 （丙四）/893

辛巳泣蘄錄/（宋）趙與裒撰.--抄本.--清
（1644～1911）.--2 冊（1 函）.--半葉 7 行，
行 21 字。鈐"泉唐陳氏抱洗堂藏書記"朱文
印、"百竟之盦"朱文印、"無畏曾觀"白文
印.--綫裝 （丁）/12708

錢塘遺事：十卷/（元）劉一清編.--抄本.--
清中後期（1796～1911）.--4 冊（1 函）.--半
葉 10 行，行 21 字，白口，四周雙邊，半框 19.4
×12.2cm。佚名圈點。鈐"高原私印"白文印、
"高凌霨印"白文印.--綫裝 （丙二）/14

二申野錄：八卷/（清）孫之騄撰.--刻本.--
清康熙雍正間（1662～1735）.--4 冊（1 函）.--
記明洪武戊申至崇禎甲申（1368～1644）事。半
葉 10 行，行 20 字，小字雙行字同，白口，左右

雙邊，單黑魚尾，半框 20.1×14.5cm.--綫
裝 （乙二）/1137

致身錄：一卷，附編二卷/（明）史仲彬撰.--
刻本.--史兆麟，明崇禎二年（1629）.--1 冊（1
函）.--半葉 9 行，行 20 字，小字雙行字同，白
口，四周雙邊，半框 21.7×14.2 cm.--綫裝
（丁）/13895

建文朝野彙編：二十卷/（明）屠叔方撰.--
刻本.--明萬曆（1573～1620）.--7 冊（1 函）.--
半葉 9 行，行 18 字，小字雙行字同，白口，左
右雙邊，單綫魚尾，半框 20.8×14.9cm。佚名
批。鈐"安樂堂藏書記"朱文印、"明善堂覽書
畫印記"白文印.--綫裝 （乙二）/755
第二部　20 冊（2 函） （乙二）/592

西征石城記：一卷；**興復哈密記**：一卷/（明）
馬文升撰.--刻本.--明（1368～1644）.--1 冊
（1 函）.--（新刊皇明小說今獻匯言：二十五
種二十五卷/[明]高鳴鳳編）.--半葉 10 行，行
23 字，白口，四周單邊，半框 18.7×13.5cm。
有刻工：陳一、熊還等。鈐"潘氏汝材"白文印、
"朝朝染翰"朱文印、"筆硯精良"白文印.--
綫裝 （丙二）/1830

水東日記：四十卷/（明）葉盛撰.--刻本.--
葉重華，清康熙十九年（1680）.--12 冊（2 函）.
半葉 9 行，行 19 字，小字雙行字同，白口，四
周單邊，半框 20.9×14.7cm。賜書樓藏板.--綫
裝 （乙二）/985

世廟識餘錄：二十六卷/（明）徐學謨編.--
刻本.--周本正，明萬曆四十二年（1614）.--4
冊（1 函）.--存卷 1-8。半葉 10 行，行 21 字，
白口，左右雙邊，半框 19.9×14cm。佚名批點。
鈐"蔡氏書印"朱文印、"蕭山蔡陸士藏玩書畫
鈐記"朱文印、"李清之印"朱文印、"變光讀
過"朱文印、"北平孔德學校之章"朱文印.--
綫裝 （甲二）/400

皇明典故紀聞：十八卷/（明）余繼登撰；（明）

馮琦訂.--刻本.--明萬曆（1573～1620）.--3
冊（1函）.--存卷1-4、10、11。半葉9行，行
18字，細黑口，左右雙邊，半框22.1×14.8cm。
有刻工：黃士、王溥等。鈐"北平孔德學校之
章"朱文印.--綫裝　　　　　　　　　　（甲二）/212

皇明史概：五種/（明）朱國禎輯.--刻本.--
明末（1573～1644）.--48冊（4函）.--半葉
10行，行21字，小字雙行字同，白口，左右雙
邊，單黑魚尾，半框21.7×14.8cm。有刻工：
李、周等。--綫裝
子目：
皇明大政記：三十六卷
皇明大訓記：十六卷
皇明大事記：五十卷.--卷45、48原註嗣刻
皇明開國臣傳：十三卷
皇明遜國臣傳：五卷，卷首一卷
　　　　　　　　　　　　　　　　　（乙二）/618

弇山堂別集：一百卷/（明）王世貞撰.--刻
本.--翁良瑜雨金堂，明萬曆十八年（1590）.--22
冊（3函）.--部分缺損書葉抄配，1葉係它本補
配。半葉10行，行20字，小字雙行字數不等，
白口，左右雙邊，單黑魚尾，版心下刻"雨金
堂"，半框19.5×13.8cm。有刻工：王應龍、
劉嶽等。鈐"屍守生"朱文印、"莫友芝圖書
印"朱文印、"莫繩孫字仲武"朱文印.--綫裝
　　　　　　　　　　　　　　　　　（乙二）/745

弇山堂別集：一百卷/（明）王世貞撰.--刻
本.--明萬曆（1573～1620）.--48冊（8函）.--
序言、部分書葉有抄配。半葉10行，行20字，
小字雙行字數不等，白口，四周單邊，單黑魚尾，
半框20×13.2cm。有刻工：蔡明光.--綫裝
　　　　　　　　　　　　　　　　（乙二）/1889

弇州史料：前集三十卷，後集七十卷/（明）
王世貞撰；（明）董復表編.--刻本.--楊鶴，明
萬曆四十二年（1614）.--60冊（10函）.--序
1-3葉、前集卷3第19、20葉、卷9第43葉、
後集卷70第14葉係抄配。半葉9行，行18字，
小字雙行字同，白口，四周單邊，單黑魚尾，半

框21.7×15.1cm。有刻工：施仲、洪文等。佚
名朱筆圈點.--綫裝　　　　　　　　　　（丁）/2
　第二部　30冊（3函），鈐"衣文庫"朱文
印　　　　　　　　　　　　　　　　（乙二）/1040

弇州史料前集：三十卷/（明）王世貞撰.--
刻本.--明萬曆（1573～1620）.--12冊（1函）.--
有董復表作《纂弇州史料後集意》，實缺後集七
十卷。版心題"弇州史料"。半葉9行，行18
字，白口，四周單邊，單黑魚尾，半框21.5×
14cm。鈐"四後居士"朱文印.--綫裝
　　　　　　　　　　　　　　　　　（乙二）/952

病榻遺言：四卷/（明）高拱撰.--刻本.--高
有聞，清康熙（1662～1722）.--2冊（1函）.--
半葉9行，行18字，小字雙行字同，白口，四
周雙邊，單黑魚尾，半框19.1×14.7cm。鈐"周
養安小市得"朱文印.--綫裝　　　　　（丙二）/401

三朝要典：二十四卷/（明）顧秉謙纂；（明）
徐紹言等纂.--刻本.--禮部，明天啟六年
（1626）.--12冊（2函）.--半葉9行，行18
字，白口，四周單邊，單黑魚尾，半框21×
14.7cm。--綫裝　　　　　　　　　　（乙二）/1947

酌中志：六卷/（明）劉若愚撰.--抄本，烏絲
欄.--清康熙（1662～1722）.--6冊（1函）.--
半葉9行，行20字，白口，四周雙邊，單綫魚
尾，半框21.3×14.6cm。鈐"小水精宮道人"
白文印、"古雪軒"白文印、"海陵張氏石琴收
藏善本"朱文印、"張文梓"白文印、"白雲明
月"白文印、"松雲"白文印、"尌伯"朱文
印、"北京市人民政府文化教育委員會文物調
查組"朱文印.--綫裝　　　　　　　　（丁）/12582

酌中志略/（明）劉若愚撰.--抄本.--清（1644
～1911）.--2冊（1函）.--半葉10行，行20
字，白口，四周雙邊，單黑魚尾，半框13.3×
10cm。鈐"天心水面"朱文印.--綫裝
　　　　　　　　　　　　　　　　　（丁）/12544

玉鏡新譚：八卷/（明）朱長祚編.--刻本.--

文盛堂,明崇禎(1628~1644).--6冊(1函).
半葉 8 行,行 18 字,白口,四周單邊,無界行,
半框 20×12.8cm。鈐"蛟川方義路正甫氏所藏
金石書畫之印"朱文印、"北平孔德學校之章"
朱文印.--綫裝　　　　　　　　　　(甲二)/84

孫淵如校錄明末五種/(清)孫星衍輯.--抄
本,藍格.--孫星衍,清乾隆嘉慶間(1736~
1820).--8冊(1函).--書名、著者據函套著
錄。半葉 9 行,行 25 字,白口,左右雙邊,藍
格。佚名校。鈐"孫星衍"白文印、"伯淵"白
文印、"式古訓齋藏書"白文印、"天津高澤畬
氏小榘菴珍藏"朱文印、"高凌霨澤畬甫收藏
印"朱文印、"吳丙湘校勘經籍印"朱文印、
"畊心齋"朱文印.--綫裝
子目:
酌中志:六卷
酌中志餘:一卷
欽定逆瑠魏忠賢全案:一卷
天啟宮中詞百詠:一卷
今史存錄:六卷　　　　　　　　　(丙二)/11

明季逸史:利、貞集/(清)佚名撰.--抄本,
綠絲欄.--經進堂,清(1644~1911).--1冊(1
函).--半葉 10 行,行 19 字,白口,四周雙邊,
版心下刻"經進齋祕錄"。鈐"潛叟秘笈"朱文
印、"北京市文化局文物調查研究組藏書印"朱
文印.--綫裝　　　　　　　　　(丁)/12612

明季遺聞:四卷/(清)鄒漪撰.--刻本.--日
本,日本寬文二年(1662).--4冊(1函).--
半葉 9 行,行 20 字,小字雙行字同,有眉批,
行 4 字,白口,四周單邊,無界行,單黑魚尾,
半框 19×14cm。嬴華書局藏版。鈐"春在堂江
氏藏書之章"朱文印.--綫裝
　　　　　　　　　　　　　　　(乙二)/1026

[**明末軼事**]:二卷.--抄本,紅格.--餐秀簃,
清末(1851~1911).--2冊(1函).--題名編
者擬定。詩詞部半葉 8 行,行 16 字,小字雙行
字數不等;實錄部半葉 16 行,行字數不等,白
口,四周單邊,紅格抄書紙,版心下鐫"餐秀簃

抄本".--綫裝　　　　　　　　　(丁)/5053

餘生錄:一卷,附塘報稿、塘報再稿/(清)
邊大綏撰.--刻本.--清順治(1644~1661).--1
冊(1函).--序題"邊長白先生餘生錄","塘
報稿"、"塘報再稿"版心題"塘報"。半葉 8
行,行 18 字,白口,左右雙邊,單黑魚尾,半
框 19.3×13.6cm.--綫裝　　　　　(丁)/12725

子遺錄:一卷/(清)戴名世撰;(清)王源,
(清)方正玉評.--刻本.--清康熙(1662~
1722).--1冊(1函).--方正玉序及著者自序
係抄配。半葉 9 行,行 20 字,白口,四周單邊,
無界行,單黑魚尾,半框 19×13.2 cm.--綫裝
　　　　　　　　　　　　　　　(丁)/12998

晋乘蒐略:三十二卷/(清)康基田撰.--刻
本.--霞蔭堂,清嘉庆十六年(1811).--35 冊
(4 函).--半葉 9 行,行 20 字,白口,四周雙
邊,單黑魚尾,半框 19.3×14.3cm.--綫裝
　　　　　　　　　　　　　　　(乙二)/643

蜀碧:四卷/(清)彭遵泗撰.--刻本.--清乾
隆二十八年(1763).--4 冊(1 函).--半葉 8
行,行 20 字,白口,四周雙邊,單黑魚尾,半
框 21.2×14.2cm。石室藏板。佚名圈點、批註.
綫裝　　　　　　　　　　　　　　(甲二)/3

東征集:六卷/(清)藍鼎元撰;(清)王者輔
評.--刻本.--清雍正十年(1732).--2 冊(1
函).--半葉 9 行,行 20 字,白口,左右雙邊,
單黑魚尾,半框 18.9×14cm。有刻工:羅文、
馮和.--綫裝　　　　　　　　　(丙四)/1246

海甸野史:五卷/題(清)古吳亭林老人輯.--
抄本.--清(1644~1911).--8 冊(1 函).--
卷二題南沙夢仙散人手輯。鈐"北平孔德學校
之章"朱文印.--綫裝　　　　　　(甲二)/358

鴉片事略:二卷/(清)李圭撰.--稿本.--清
末(1875~1911).--1 冊(1 函).--半葉 11 行,
行 25 字,无邊框。鈐"赵静和印"朱文印.--

綫裝　　　　　　　　　　　　　（乙二）/932

海東野史：八卷/（朝鮮）南夏正撰；（朝鮮）朴思正繕寫改刪.--活字本.--朝鮮，李朝正祖三年（1779）.--4冊.--半葉10行，行18字，小字雙行字同，白口，左右雙邊，雙對花魚尾，半框20.1×17cm.--綫裝　　　（庚）/711

詔令奏議類

詔令

皇明詔令：二十一卷.--刻本.--傅鳳翔，明嘉靖十八年（1539）刻；浙江布政使司，明嘉靖二十七年（1548）修版.--18冊（2函）.--卷1、3、9、12、13、18、19、20係抄配。半葉10行，行20字，白口，四周雙邊，雙對白魚尾，半框21.2×15.6cm。有刻工：王光宙、余環等。鈐"廣運之寶"朱文印.--綫裝　　（乙二）/681

大清聖祖合天弘運文武睿哲恭儉寬裕孝敬誠信中和功德大成仁皇帝聖訓：六十卷/（清）聖祖玄燁敕撰.--刻本.--京師：武英殿，清乾隆六年（1741）.--12冊（4函）.--半葉9行，行18字，白口，四周雙邊，單黑魚尾，半框24.3×17.1cm.--綫裝　　　　　（丙二）/4315

聖諭像解：二十卷/（清）梁延年編.--刻本.承宣堂，清康熙二十年（1681）.--20冊（2函）：有插圖.--半葉10行，行21字，白口，四周單邊，半框24.6×16.1cm.--綫裝　　（乙二）/972

大清世宗憲皇帝聖訓：[滿文]：三十六卷/（清）世宗胤禛撰.--刻本.--京師：武英殿，清乾隆（1736~1795）.--36冊（1匣）.--半葉9行，行字數不等，白口，四周雙邊，無界行，單黑魚尾，半框23.6×17.1cm.--綫裝

　　　　　　　　　　　　　　（乙二）/2019

世宗上諭八旗：十三卷/（清）世宗胤禛撰；

（清）允祿等編.--刻本.--内府，清雍正九年（1731）刻；武英殿，清乾隆六年（1741）續刻.--10冊（1函）.--半葉11行，行21字，白口，四周雙邊，單黑魚尾，半框20.6×14.8cm.--綫裝　　　　　　　　　　　（丙二）/2328

上諭旗務議覆：十二卷/（清）世宗胤禛撰；（清）允祿等編.--刻本.--内府，清雍正九年（1731）刻；武英殿，清乾隆六年（1741）續刻.--11冊（1函）.--半葉11行，行21字，白口，四周雙邊，單黑魚尾，半框20.6×14.8cm.--綫裝　　　　　　　　　　　（丙二）/2344

世宗上諭八旗：十三卷；**上諭旗務議覆**：十二卷；**諭行旗務奏議**：十三卷/（清）世宗胤禛撰；（清）允祿等編.--刻本.--内府，清雍正九年（1731）刻；武英殿，清乾隆六年（1741）續刻.--32冊（4函）.--半葉11行，行21字，白口，四周雙邊，單黑魚尾，半框20.8×15cm.--綫裝　　　　　　　　　　　（丙二）/2386

上諭八旗：[滿漢]：十三卷；**上諭旗務議覆**：[滿漢]：十三卷；**諭行旗務奏議**：[滿漢]：十三卷/（清）世宗胤禛撰；（清）允祿等編.--刻本.--内府，清雍正九年（1731）刻；武英殿，清乾隆六年（1741）續刻.--38冊（4函）.--半葉11行，行21字，白口，四周雙邊，單黑魚尾，半框20.9×14.4cm。滿漢文分冊刊印，行款據漢文部分著録。佚名圈點.--綫裝　　（乙·二）/8
第二部 40冊（4函）　　（乙·二）/7

世宗上諭内閣：一百五十九卷/（清）世宗胤禛撰；（清）允祿等編.--刻本.--内府，清雍正九年（1731）刻；武英殿，清乾隆六年（1741）續刻.--34冊（4函）.--自康熙六十一年十一月至雍正十三年八月。半葉11行，行21字，白口，四周雙邊，單黑魚尾，半框21×14.8cm。"陽湖陶氏涉園所有書籍之記"朱文印、"清代通史作者蕭一山"朱文印.--綫裝　　　（丁）/15438

硃批諭旨：不分卷/（清）世宗胤禛批.--刻本，朱墨套印.--内府，清雍正十年至乾隆三年（1732

～1738）．--112 冊（18 函）．--半葉 10 行，行 21 字，白口，四周雙邊，單黑魚尾，半框 20.5×14.7cm．--綫裝

（丙二）/512

　　第二部　上諭缺 1 葉　　（丙二）/669
　　第三部　　　　　　　　（戊）/2541

硃批諭旨：不分卷/（清）世宗胤禛批．--刻本，朱墨套印．--清中期（1736～1850）．--112 冊（14 函）．--缺第 1 冊。半葉 10 行，行 21 字，白口，四周雙邊，單黑魚尾，半框 19.9×14.7cm．--綫裝 　　　（丙二）/4310

硃批諭旨：不分卷/（清）世宗胤禛硃批．--活字本，朱墨套印．--清中期（1736～1850）．109 冊（19 函）．--缺第 23、55、56 冊。半葉 10 行，行 21 字，白口，四周雙邊，無界行，單黑魚尾，半框 20.6×16.3cm．--綫裝

（丙二）/5761

大義覺迷錄：四卷/（清）世宗胤禛撰．--刻本．--京師：內府，清雍正八年（1730）．--4 冊（1 函）．--半葉 8 行，行 17 字，小字雙行 24 字，白口，四周雙邊，無界行，單黑魚尾，半框 20.5×14.3cm。鈐"北平孔德學校之章"朱文印．--綫裝 　　　（甲五）/134

大義覺迷錄：四卷/（清）世宗胤禛撰．--刻本．--清雍正（1723～1735）．--6 冊（1 函）．--卷 1 第 1 葉殘缺。仿內府刻本。半葉 8 行，行 17 字，小字雙行 24 字，白口，四周雙邊，無界行，單黑魚尾，半框 19.6×13.8cm。鈐"北平孔德學校之章"朱文印．--綫裝 　　　（甲五）/135

大義覺迷錄：四卷/（清）世宗胤禛撰．--刻本．--清雍正（1723～1735）．--8 冊（1 函）．--有抄配。仿內府刻本。半葉 8 行，行 17 字，小字雙行 24 字，白口，四周雙邊，無界行，單黑魚尾，半框 20.5×14.3cm．--綫裝

（乙二）/730

奏議

歷代名臣奏議：三百一十九卷，目錄一卷/（明）黃淮，（明）楊士奇合編；（明）張溥刪正．--刻本．--明崇禎八年（1635）．--80 冊（8 函）．--版心題"奏議"。半葉 9 行，行 18 字，小字雙行字同，有眉欄，行 5 字，白口，左右雙邊，單黑魚尾，半框 20.5×14cm．--綫裝 （乙二）/911
　　第二部　40 冊　　（戊）/1003

歷代名臣奏議：三百五十卷/（明）楊士奇等輯；（明）張溥刪正．--刻本．--明崇禎（1628～1644）．--50 冊（5 函）．--存卷 100-349。半葉 9 行，行 18 字，有眉欄，行 5 字，白口，左右雙邊，單黑魚尾，半框 20.5×14.2cm．--綫裝

（丙二）/5074

秦漢書疏：十八卷/（明）徐紳輯．--刻本．--山西：桂天祥，明隆慶六年（1572）．--12 冊（2 函）．--半葉 10 行，行 20 字，小字雙行字同，白口，四周單邊，單白魚尾，半框 20.9×14.9cm。佚名圈點．--綫裝 　　　（乙二）/712

盡言集：十三卷/（宋）劉安世撰．--刻本．--張佳胤、王叔杲，明隆慶五年（1571）．--5 冊（1 函）．--半葉 10 行，行 18 字，白口，四周雙邊，雙對黑魚尾，半框 18.3×13.3cm。有刻工：孝、第等。佚名圈點。鈐"華山馬仲安家藏善本"朱文印．--綫裝 　　　（丁）/2501

重錄文公先生奏議：十五卷/（宋）朱熹撰；（明）朱吾弼編．--刻本．--朱崇沐，明萬曆三十二年（1604）．--8 冊（1 函）．--半葉 9 行，行 19 字，小字雙行字同，白口，四周單邊，單白魚尾，半框 21.1×14.6cm。有刻工：劉國彰．--綫裝 　　　（丁）/12699

皇明疏鈔：七十卷/（明）孫旬輯．--刻本．--明萬曆十二年（1584）．--36 冊（4 函）．--卷 35-46 係抄配。半葉 11 行，行 20 字，白口，四周單邊，單綫魚尾，半框 19×14.5cm。有刻工：

趙文煥、夏尚賓等。鈐 "何煜私印" 白文印、"南孫" 朱文印.--綫裝 （乙二）/765

江西奏議：二卷/（明）唐龍撰.**江西奏議附錄**：一卷/（明）陳金等撰.--刻本.--明嘉靖（1522～1566）刻；張鯤，明嘉靖十四年（1535）修版.--2 冊（1 函）.--書名頁題 "唐漁石奏議"。半葉 10 行，行 20 字，白口，四周單邊，單黑魚尾，半框 19.2×14.1cm。鈐 "初齋秘笈" 朱文印、"高澤畬收藏金石書畫" 白文印、"澤畬長壽" 朱文印、"曾藏章武高氏小榘庵" 朱文印.--綫裝 （丙二）/6

譚襄敏公奏議：十卷/（明）譚綸撰.--刻本.顧所有，明萬曆二十八年（1600）.--7 冊：肖像 1 幅.--存卷 1-9。半葉 9 行，行 20 字，白口，四周單邊，單黑魚尾，半框 20.9×14.5cm。有 "劉白庚捐入香山慈幼院圖書館" 朱文印、"香山教育圖書館所藏" 朱文印.--綫裝：市府贈書 （戊）/1430

掖草：二卷/（明）熊明遇撰.--刻本.--明末（1573～1644）.--2 冊（1 函）.--半葉 9 行，行 21 字，白口，左右雙邊，單黑魚尾，半框 21.7×15.1cm。鈐 "北平孔德學校之章" 朱文印.--綫裝 （甲二）/536

漕撫奏疏：四卷/（明）郭尚友撰.--刻本.--明崇禎（1628～1644）.--4 冊（1 函）.--半葉 9 行，行 20 字，小字雙行字同，白口，四周雙邊，單黑魚尾，半框 21.7×17cm.--綫裝 （乙二）/1039

于清端公政書：八卷，首編一卷，外集一卷/（清）于成龍撰；（清）蔡方炳，（清）諸匡鼎合編.--刻本.--于準，清康熙四十六年（1707）.--10 冊（1 函）：肖像 1 幅.--半葉 8 行，行 20 字，白口，四周單邊，單黑魚尾，半框 18.1×13.5cm。鈐 "定遠胡氏珍藏書畫" 朱文印.--綫裝 （丙二）/6002

第二部 （丙二）/1760

于清端公政書：八卷，首一卷/（清）于成龍撰.**于清端公政書外集**：一卷/（清）陳廷敬等撰.**于清端公政書續集**：一卷/（清）金岳撰.--刻本.--于準，清康熙四十六年（1707）刻；清乾隆二十六年（1761）補刻.--6 冊（1 函）：像 1 幅.--半葉 8 行，行 20 字，白口，四周單邊，單黑魚尾，半框 17.9×13.6cm.--綫裝 （乙二）/1730

李文襄公奏議：二卷；**李文襄公奏疏**：十卷；**李文襄公別錄**：六卷，卷首一卷/（清）李之芳撰.**李文襄公年譜**/（清）程光袓編.--刻本.--清康熙（1662～1722）.--10 冊（1 夾）.--半葉 10 行，行 22 字，小字雙行字同，白口，左右雙邊或四周雙邊，無界行，半框 20.1×15cm。鈐 "基福堂馮氏珍藏" 朱文印.--綫裝 （乙二）/649

第二部 12 冊（2 函） （丙四）/971

靳文襄公奏疏：八卷/（清）靳輔撰；（清）靳治豫編.--刻本.--遼陽靳氏，清雍正（1723～1735）.--8 冊（1 函）.--半葉 9 行，行 22 字，白口，左右雙邊，單黑魚尾，半框 20×14.7cm.綫裝 （丙二）/1747

[郭華野]疏稿：五卷/（清）郭華野撰.**[華野郭公年譜]**：一卷/（清）郭廷翼編.--刻本.--即墨郭氏，清雍正十年（1732）.--6 冊（1 函）.--書名據版心題。半葉 9 行，行 20 字，白口，左右雙邊，單黑魚尾，半框 20.4×13.9cm.--綫裝 （丁）/12305

吳柳堂先生請預定大統遺摺疏稿附廷議各疏稿/（清）吳可讀等撰.--抄本.--伯雲，清光緒五年（1879）.--1 冊（1 函）.--半葉 9 行，行 20 字，無邊框。鈐 "五畝邨人" 朱文印、"講雲盦" 朱文印.--綫裝 （丁）/7491

[清皖撫院恩銘奏稿].--抄本.--清光緒三十二年（1906）.--36 冊（1 函）.--書名自擬。半葉 6 行，行 20 字，白口，四周雙邊，半框 21.2×12cm。鈐 "兩顧" 朱文印、"照情理想" 白文

印、"端意以詳其理"朱文印、"一春須有憶人時"朱文印.--綫裝 （丁）/3301

傳記類

總傳

總錄

新鋟評林旁訓薛湯二先生家藏酉陽搜古人物奇編：十八卷，卷首一卷/（明）薛應旂纂輯；（明）湯賓尹註評.--刻本.--南京：鄭名相、鄭以初，明萬曆四十四年（1616）.--8 冊（1 函）.--序題"方山人物考"。半葉 9 行，行 22 字，小字雙行字同，有眉欄，行 3 或 4 字，白口，左右雙邊，半框 21.6×12.9cm。佚名圈點。鈐"攬翠園藏書"朱文印、"北平孔德學校之章"朱文印.--綫裝 （甲二）/607

人物概：十五卷/（明）陳禹謨輯.--刻本.--明萬曆（1573～1620）.--2 冊（1 函）.--半葉 10 行，行 24 字，白口，四周單邊，單黑魚尾，半框 22×14.3cm。鈐"孔德學校之章"朱文印.--綫裝 （甲二）/133

尚友錄：二十二卷/（明）廖用賢編；（清）張伯琮補.--刻本.--天祿齋，清康熙（1662～1722）.--12 冊（2 函）.--序有 1 葉係抄配。半葉 7 行，行 20 字，小字雙行字同，白口，四周單邊，半框 17.3×13.8cm。瀲水天祿齋藏板.--綫裝 （乙二）/1049

本朝京省人物考：一百十五卷/（明）過庭訓纂輯.--刻本.--明天啟（1621～1627）.--96 冊（16 函）.--目錄題"本朝京省分郡人物考"。半葉 10 行，行 20 字，白口，四周單邊，單黑魚尾，半框 22.3×15.7cm。有刻工：梁仲、光等。鈐"北平孔德學校之章"朱文印.--綫裝 （甲二）/80

俎豆集：三十卷/（清）潘承焯編.--刻本.--清乾隆四十三年（1778）.--10 冊（2 函）.--半葉 11 行，行 23 字，小字雙行字同，白口，左右雙邊，單黑魚尾，半框 19.3×14.9cm.--綫裝 （丙二）/5923

九史同姓名略：七十二卷，補遺四卷/（清）汪輝祖編.--刻本.--蕭山汪繼培，清乾隆五十五至五十七年（1790～1792）.--16 冊（2 函）.--上下兩欄，上欄為姓名，大字單行，半葉 8 行，行 3 字，下欄小字雙行註，半葉 8 行，行 24 字，細黑口，四周單邊，單黑魚尾，半框 18.9×13.5cm。雙節堂藏板。有刻工：唐首春.--綫裝 （乙二）/1221

苗民圖說：不分卷/（清）佚名撰.--抄本，彩繪.--清（1644～1911）.--1 冊（1 函）.--綫裝 （丙二）/2082

地方

襄陽耆舊傳：一卷/（晉）習鑿齒撰.--刻本.--明（1368～1644）.--1 冊（1 函）.--半葉 10 行，行 18 字，白口，左右雙邊，半框 17.9×12.8cm。莫棠題跋。鈐"頤庭所藏"朱文印、"莫棠字楚生印"朱文印、"獨山莫氏銅井文房之印"朱文印.--綫裝 （丁）/15298

闕里志：十二卷/（明）孔貞叢撰.--刻本.--明萬曆（1573～1620）.--6 冊（1 函）：附圖.--半葉 9 行，行 21 字，小字雙行字同，白口，四周單邊，單白魚尾，半框 23.6×14.6cm。有刻工：鄭文、楊仕等.--綫裝 （丙二）/2007

闕里志：二十四卷/（明）陳鎬撰；（清）孔胤植補修.--刻本.--清雍正（1723～1735）.--10 冊（2 夾）：有插圖.--半葉 10 行，行 19 字，小字雙行字同，白口，四周單邊，單黑魚尾，半框 19.8×14.2cm.--綫裝 （丙二）/3402

東野志：二卷/（明）呂兆祥輯.--刻本.--清

康熙（1662～1722）刻；清乾隆（1736～1795）補刻.--4 冊（1 函）：插圖 4 幅.--半葉 10 行，行 19 字，小字雙行字同，白口，左右雙邊間四周單邊，單黑魚尾，半框 19.7×14.5cm.--綫裝

（丁）/1337

豫章十代文獻略：五十卷，卷首一卷，補遺二卷/（清）王謨編.--刻本.--金谿王氏，清乾隆五十三年（1788）.--16 冊（2 函）.--目錄末葉殘破，缺補遺 2 卷。半葉 9 行，行 20 字，小字雙行字同，白口，左右雙邊，單黑魚尾，半框 16.8×12.5cm。汝糜藏版。佚名圈點.--綫裝

（甲四）/682

名臣

歷代名臣傳：三十五卷，卷首一卷；**歷代名臣傳續編**：五卷/（清）朱軾，（清）蔡世遠輯.--刻本.--清雍正七年（1729）.--16 冊（2 函）.--半葉 9 行，行 22 字，白口，左右雙邊，雙對黑魚尾，半框 18.8×13.5cm。本衙藏板。佚名圈點.--綫裝

（丙二）/5941

歷代循吏傳：八卷/（清）朱軾，（清）蔡世遠輯.--刻本.--清雍正七年（1729）.--4 冊（1 函）.--半葉 9 行，行 22 字，白口，左右雙邊，雙對黑魚尾，半框 19.1×13.3cm。鈐“蕭一山書”朱文印.--綫裝

（丁）/15636

新刊官板批評正百將傳：十卷/（宋）張預集；（明）趙光裕評.--刻本.--金陵：周曰校，明萬曆（1573～1620）.--10 冊（1 函）.--有眉欄，行 5 至 7 字，半葉 10 行，行 25 字，白口，四周單邊，雙順黑魚尾，半框 21.7×13cm。鈐“智勝善藏”朱文印、“清玩草堂”朱文印、“章氏珍藏書畫”朱文印、“孫麒氏使東所得”白文印、“六合徐氏孫麒珍藏書畫印”朱文印、“瑞堂新校”白文印、“瑞堂鑑賞書畫之印”朱文印、“馬氏彥祥藏書”朱文印.--綫裝：馬彥祥贈書

（戊）/9

新鐫旁批詳註總斷廣名將譜：二十卷/（明）黃道周註斷.--刻本.--明崇禎（1628～1644）.--20 冊（2 函）.--版心題“廣名將譜”。半葉 9 行，行 20 字，小字雙行字同，白口，四周單邊，單黑魚尾，半框 18.6×13.2cm。佚名批點.--綫裝

（丁）/14161

第二部 10 冊（1 函） （丙二）/3891

安危註：四卷/（明）吳甡輯.--刻本.--吳元復，清康熙（1662～1722）.--4 冊（1 函）.--半葉 9 行，行 20 字，白口，四周雙邊，單黑魚尾，半框 19.5×13.9cm。佚名圈點.--綫裝

（丁）/7556

脩史試筆：二卷/（清）藍鼎元纂；（清）曠敏本評.--刻本.--清雍正（1723～1735）.--2 冊（1 函）.--半葉 9 行，行 20 字，白口，左右雙邊，無界行，單黑魚尾，半框 18.8×14.3cm.--綫裝

（丙二）/2060

第二部 （丙二）/830

唐宋名臣筆錄：二卷/（明）東棐編；（明）東文豸續編.--刻本.--梁炳，明崇禎八年（1635）.--半葉 9 行，行 18 字，白口，左右雙邊，單白魚尾，半框 20.3×13.4cm.--綫裝

（乙二）/723

宋朱晦菴先生名臣言行錄：前集十卷，後集十四卷，續集八卷，外集十七卷，別集十三卷/（宋）朱熹輯；（宋）李幼武補輯.--刻本.--古吳：聚錦堂，明崇禎（1628～1644）.--20 冊（2 函）.--總目題“宋名臣言行錄”。半葉 10 行，行 20 字，有眉批，行 5 字，白口，左右雙邊，單黑魚尾，半框 20.5×14.8cm.--綫裝

（丙二）/2063

重鋟纂集宋名臣言行錄：前集十卷，後集十四卷，續集八卷，別集二十六卷，外集十七卷/（宋）朱熹輯；（宋）李幼武輯.--刻本.--林雲銘，清初（1644～1722）.--11 冊.--存前集卷 1-10、後集卷 1-10、續集卷 1-8、別集卷 1-4、外集卷

1-7。半葉 11 行，行 22 字，白口，四周單邊，
單黑魚尾，半框 19.7×15.1cm. --綫裝
（庚）/726

皇明開國臣傳：十三卷/（明）朱國禎輯.--
刻本.--明崇禎（1628～1644）.--4 冊（1 函）.--
（皇明史概/[明]朱國禎輯）.--版心題"開國臣
傳"。半葉 10 行，行 21 字，小字雙行字同，白
口，左右雙邊，單黑魚尾，半框 21.3×15.1cm。
鈐"棟亭曹氏藏書"朱文印、"長白敷槎氏董齋
昌齡圖書印"朱文印、"北平孔德學校之章"朱
文印.--綫裝
（甲二）/649

皇明異姓諸侯傳：二卷；**皇明異姓諸侯表**：一
卷；**皇明恩澤侯表**：一卷/（明）鄭曉撰.--刻本.
明嘉靖（1522～1566）.--4 冊（1 函）.--半葉
10 行，行 19 字，白口，左右雙邊，單白魚尾，
半框 18.1×13.7cm。有刻工：忠、志等。鈐"陶
齋鑑藏書畫"朱文印、"北平孔德學校之章"朱
文印.--綫裝
（甲二）/46

嘉靖以來首輔傳：八卷/（明）王世貞撰.--
刻本.--茅元儀，明萬曆四十五年（1617）.--4
冊（1 函）.--半葉 9 行，行 18 字，白口，四周
單邊，半框 18.9×13.6cm。佚名圈點。鈐"得
耕堂藏書記"朱文印.--綫裝 （乙二）/1104

今獻備遺：四十二卷/（明）項篤壽纂.--刻
本.--項氏萬卷堂，明萬曆十一年（1583）.--8
冊（2 函）.--半葉 9 行，行 20 字，四周
單邊，單黑魚尾，半框 18.2×13.7cm。有刻工：
徐、洪等。鈐"曹溶"白文印、"橋李"朱文印、
"北平孔德學校之章"朱文印.--綫裝
（甲二）/66

東林列傳：二十四卷，卷末二卷/（清）陳鼎
輯.--刻本.--售山山壽堂，清康熙五十年（1711）.
16 冊（2 函）.--半葉 9 行，行 20 字，白口，左
右雙邊，單黑魚尾，半框 17.1×13.8cm。售山
山壽堂藏板。鈐"北平孔德學校之章"朱文
印.--綫裝
（甲二）/241
　　第二部　鈐"文錦堂記"朱文印

（乙二）/938

國初名臣列傳.--抄本，朱絲欄.--清（1644
～1911）.--11 冊（2 函）.--卷端未題書名，據
原書簽著錄，函套書簽題"書史列傳"。半葉 7
行，行 17 字，黑口，四周單邊，單黑魚尾，半
框 18.6×12.4cm。鈐"紀"、"昀"朱文印.--
綫裝
（丙二）/39

崇祀名宦紀/（清）姚文爕等撰.--刻本.--清
康熙（1662～1722）.--1 冊（1 函）.--半葉 8
行，行 20 字，白口，四周單邊，無界行，單黑
魚尾，半框 20.2×11.7cm. --綫裝

（丁）/8186

儒林

大成通志：十八卷，卷首一卷/（清）楊慶撰.
刻本.--清康熙八年（1669）.--20 冊（2 函）.--
半葉 9 行，行 24 字，白口，四周雙邊，版心下
刻"里齋"，半框 21.3×14.2cm. --綫裝
（丙二）/5904

歷代象賢錄：二十卷/（明）郭良翰輯.**皇明任
子考附錄**：一卷/（明）王世貞撰.--刻本.--明
萬曆三十四至三十五年（1606～1607）.--10 冊
（2 函）.--半葉 9 行，行 20 字，白口，四周單
邊，半框 20.1×14.7cm。有刻工：子蟾、岩宇
等.--綫裝
（乙二）/884

聖賢像贊：三卷；**先賢像贊**：一卷/（明）呂
維祺編.--刻本.--明崇禎（1628～1644）.--4
冊（1 函）：圖 114 幅.--半葉 10 行，行 19 字，
小字雙行字同，白口，左右雙邊，單黑魚尾，半
框 19.3×14.1cm. --綫裝 （丁）/12422

歷代名儒名臣循吏傳/（清）朱軾，（清）蔡世
遠合編.--刻本.--清雍正（1723～1735）.--16
冊（2 函）.--缺歷代名臣傳 35 卷。半葉 9 行，
行 22 字，白口，左右雙邊，雙對黑魚尾，半框
19.2×13.4cm. --綫裝

子目：

歷代名儒傳：八卷

歷代循吏傳：八卷　　　　　　　（甲二）/435

文廟賢儒功德錄/（清）張僙撰.--抄本.--清（1644～1911）.--1 冊（1 函）.--半葉 9 行，行 21 字，白口，無界行，無邊框。佚名圈點、批校.--毛裝　　　　　　　（丁）/12462

伊洛淵源錄：十四卷/（宋）朱熹編；續錄：六卷/（明）謝鐸編.--刻本.--高賁亨，明嘉靖八年（1529）.--8 冊（1 函）.--半葉 10 行，行 20 字，白口，左右雙邊，單黑魚尾，半框 19.3×14.6cm。鈐"居敬齋"白文印、"北平孔德學校之章"朱文印.--綫裝　　（甲二）/107

維閩源流錄：十九卷/（清）張夏撰.--刻本.--彝敘堂，清康熙二十一年（1682）刻；杜瑛，清康熙六十年（1721）修版.--6 冊（1 函）.--半葉 10 行，行 21 字，小字雙行字同，白口，四周雙邊，單黑魚尾，版心下刻"彝敘堂"，半框 19.7×14.4cm。姑執學舍藏板。鈐"北平孔德學校之章"朱文印.--綫裝　　（甲二）/591

洛學編：五卷/（清）湯斌，（清）尹會一輯.--刻本.--睢州湯定祥，清乾隆（1736～1795）.--1 冊（1 函）.--半葉 10 行，行 20 字，左右雙邊，單黑魚尾，半框 18.8×13.4cm。懷潤堂藏板.--綫裝　　　　（丙三）/499

北學編：四卷/（清）魏一鼇輯；（清）尹會一，（清）戈濤續輯.--刻本.--清乾隆（1736～1795）.--1 冊（1 函）.--半葉 10 行，行 20 字，小字雙行字同，白口，左右雙邊，單黑魚尾，半框 18×13.3cm。鈐"北平孔德學校之章"朱文印.--綫裝　　（甲二）/513

學統：五十三卷/（清）熊賜履編.--刻本.--清康熙（1662～1722）.--16 冊（2 函）.--半葉 9 行，行 20 字，白口，左右雙邊，單黑魚尾，半框 19.9×13.9cm。下學堂藏版。鈐"深澤王氏洗心精舍所藏書畫"白文印.--綫裝

　　　　　　　　　　　　（乙三）/433

儒林宗派：十六卷/（清）萬斯同編.--刻本.--歷城周氏，清乾隆三十八年（1773）.--4 冊（1 函）.--半葉 8 行，行字數不等，小字雙行字數不等，白口，左右雙邊，單黑魚尾，半框 19.9×13.5cm。辨志堂藏板。鈐"俞氏藏書"白文印、"涿鹿俞氏家藏書畫印"朱文印、"北平孔德學校之章"朱文印.--綫裝　　（甲三）/212

重編三立祠列傳：二卷，附錄一卷/（明）袁繼咸撰；（清）劉梅重訂；（清）和其衷重編.--刻本.--清乾隆（1736～1795）.--4 冊（1 夾）.--版心題"三立祠傳"。半葉 9 行，行 22 字，白口，四周單邊間四周雙邊，單黑魚尾，半框 21.2×14.1cm。佚名圈點。鈐"九峰舊廬珍藏書畫之記"朱文印、"南溪珍藏"朱文印.--綫裝

　　　　　　　　　　　　（丙二）/324

第二部　　　　　　　　　　（丁）/12429

忠孝

表忠彙錄：六卷/（明）張朝瑞撰.--刻本.--明（1368～1644）.--1 冊（1 函）.--存卷 3-6。半葉 9 行，行 18 字，白口，四周單邊，單黑魚尾，半框 21×14.3cm。有刻工：吳廷。鈐"吳維坻字湄實號寄菴"白文印.--綫裝

　　　　　　　　　　　　（丁）/13005

昭忠錄.--抄本，朱絲欄.--清（1644～1911）.--1 冊（1 函）.--半葉 8 行，行 21 字，白口，四周雙邊。鈐"芯厂藏書"朱文印.--綫裝　　　　　　　　　　（丁）/12436

古今孝友傳：十五卷/（清）劉青蓮纂.--刻本.--清乾隆（1736～1795）.--4 冊（1 函）.--半葉 11 行，行 21 字，粗黑口，左右雙邊，無界行，單黑魚尾，半框 18.6×14.5cm。鈐"天風閣藏"朱文印.--綫裝　　（丁）/10853

列女

新刊古列女傳：八卷／（漢）劉向撰；（晉）顧愷之繪．--刻本．--揚州：阮福，清道光五年（1825）．--2 冊（1 函）：有插圖．--摹刊南宋建安余氏刻本．半葉 15 行，行字數不等，或上圖下文，黑口，左右雙邊，雙順黑魚尾，半框 18.7×12.7cm．--綫裝　　　　　（乙二）/1027

列女傳：十六卷／（漢）劉向撰；（明）汪氏增輯；（明）仇英繪圖．--刻本．--明萬曆（1573～1620）（清乾隆四十四年[1779]印）．--16 冊（2 函）：有插圖．--半葉 10 行，行 21 字，白口，四周單邊，單黑魚尾，半框 23×15.6cm．--綫裝　　　　　　　　　（乙二）/1874

　　第二部　12 冊（2 函）　　（乙二）/1010

千古奇聞：八卷／（清）李漁編．--刻本．--清康熙十八年（1679）．--8 冊（1 函）．--半葉 9 行，行 20 字，白口，四周單邊，單黑魚尾，半框 19.7×13.4cm．鈐“北平孔德學校之章”朱文印．--綫裝　　　　　（甲二）/362

歷代名賢列女氏姓譜：一百五十七卷／（清）蕭智漢輯．--刻本．--清乾隆五十七年（1792）刻；清嘉慶二十年（1815）補刻．--132 冊（10 函）．--半葉 13 行，行 22 字，白口，四周雙邊，無界行，單黑魚尾，半框 19.7×12.6cm．聽濤山房藏板．鈐“象山勵德人藏”朱文印．--綫裝
　　　　　　　　　　　　　（甲二）/432

　　第二部　120 冊（12 函）　　（乙二）/754

侍兒小名錄拾遺／（宋）張邦幾輯．**補侍兒小名錄**／（宋）王銍輯．**續補侍兒小名錄**／（宋）溫豫輯．--刻本．--商氏半埜堂，明萬曆（1575～1620）．--1 冊（1 函）．--（稗海/[明]商濬輯）．--半葉 9 行，行 20 字，小字雙行字同，白口，四周單邊，單黑魚尾，半框 21.1×14.1cm．--綫裝
　　　　　　　　　　　　　（丙三）/6595

釋道

神仙傳；**登涉符籙**／（晉）葛洪撰．**續神仙傳**／（唐）沈份撰．**集仙傳**／（宋）曾慥撰．**高道傳**／（宋）賈善翊撰．--刻本．--宛委山堂，清順治四年（1647）．--1 冊（合訂）．--（説郛/[明]陶宗儀編）．--半葉 9 行，行 20 字，白口，左右雙邊，單綫魚尾，半框 19.3×14.2cm．--綫裝：市府贈書　　　　　　　　　（戊）/3075

棲真志：四卷／（明）夏樹芳輯．--刻本．--明萬曆（1572～1620）．--1 冊（1 函）．--半葉 7 行，行 16 字，白口，四周單邊，單黑魚尾，半框 19.1×12.5cm。有刻工：楊同春、梅朝等。鈐“僊臺郎”朱文印．--綫裝　　（丙二）/3867

古今列仙通紀：六十卷／（清）薛大訓纂輯．--刻本．--清初（1644～1735）．--30 冊（2 函）．--半葉 9 行，行 20 字，小字雙行字同，白口，四周單邊，單白魚尾，半框 21.2×14.4cm．--綫裝　　　　　　　　　　（乙三）/1001

古懽錄：八卷／（清）王士禛撰．--刻本．--新安朱從延快宜堂，清康熙三十九年（1700）．--2 冊（1 函）．--半葉 10 行，行 19 字，小字雙行字同，白口，左右雙邊，單黑魚尾，版心下刻“快宜堂”，半框 16.7×13.3cm．有刻工：有恆、鄧欽明等。佚名圈點。鈐“北平孔德學校之章”朱文印．--綫裝　　　　　　　（甲三）/693

別傳

晏子春秋：七卷／（清）孫星衍校．**音義**：二卷／（清）孫星衍撰．--刻本．--陽湖孫氏，清乾隆五十三年（1788）．--2 冊（1 函）．--半葉 12 行，行 24 字，粗黑口，左右雙邊，雙對黑魚尾，半框 18.5×15.3cm．陽湖孫氏板．--綫裝
　　　　　　　　　　　　　（丙一）/210

　　第二部　　　　　　　（丙二）/1813

三遷誌：六卷/（明）史鶚撰.--刻本.--明嘉靖（1522～1566）刻；明隆慶（1567～1572）增補.--4冊（1函）：圖1卷.--半葉10行，行21字，小字雙行字同，黑口，四周雙邊，雙對黑魚尾，半框 21.4×14.7cm.--綫裝

（乙二）/1045

三遷誌：十二卷/（明）史鶚撰；（清）孟衍泰補輯.--刻本.--海鹽呂氏，清康熙六十一年（1722）.--6冊（1函）.--半葉10行，行19字，白口，左右雙邊，單黑魚尾，半框 19.9×15.2cm。佚名批.--綫裝　（丙二）/2003

綠珠内傳：一卷/（宋）樂史撰.白獺髓：一卷/（宋）張仲文撰.--刻本.--明（1368～1644）.--1冊（1夾）.--半葉10行，行18字，白口，左右雙邊，單白魚尾，半框17.6×12.9cm。鈐"范毓桂"印（陰陽合璧）、"范毓桂印"白文印.--綫裝

（丁）/9982

忠武誌：八卷/（清）張鵬翮輯.--刻本.--清康熙（1662～1722）.--8冊（合裝1函）：肖像1幅.--半葉9行，行19字，小字雙行字同，粗黑口，左右雙邊，雙對黑魚尾，半框 19.7×14.9cm。冰雪堂藏板。與臥龍岡志合函.--綫裝

（丙二）/1750

忠武誌：八卷/（清）張鵬翮輯.--刻本.--清康熙（1662～1722）.--8冊（合裝1函）：肖像1幅.--仿冰雪堂刻本。半葉9行，行19字，小字雙行字同，粗黑口，左右雙邊，雙對黑魚尾，半框 19.5×14.8cm。與臥龍岡志合函。鈐"碧雲鄉館主人"朱文印、"聊城王氏家藏"朱文印、"詩禮傳家"白文印.--綫裝　（丁）/8585

宋忠獻韓魏王君臣相遇傳：十卷，別錄一卷，遺事一卷/（明）鄭鄤點評.--刻本.--明崇禎（1628～1644）.--4冊（1函）：肖像1幅.--版心題"君臣相遇傳"。半葉9行，行18字，白口，四周單邊，單黑魚尾，半框20.5×14.4cm。鈐"清祕"朱文印.--綫裝

（乙二）/758

蔡端明別紀：十卷/（明）徐𤊹編.--刻本.--明萬曆（1573～1620）.--2冊（1函）.--半葉9行，行19字，白口，左右雙邊，單黑魚尾，半框 21.5×14.5cm。有刻工：化、奇、良等。鈐"山陰祁氏藏書之章"白文印、"澹生堂藏書記"朱文印、"曠翁手識"白文印、"四明盧氏抱經樓藏書印"白文印、"吳興劉氏嘉業堂藏"朱文印.--綫裝　　　（丁）/3791

蘇子瞻：二卷/（明）毛鳳苞輯.--刻本.--毛氏綠君亭，明天啟五年（1625）.--2冊（1函）.--半葉8行，行18字，白口，四周單邊，無界行，版心下刻"綠君亭"，半框 20.8×14.4cm。鈐"普定姚大榮字儷桓號芷澧金石書畫"朱文印、"金蓮花館"白文印、"周肇祥讀過書"朱文印.--綫裝　　　（丙四）/183
　第二部　存卷上，鈐"詩禮後人"白文印、"北平孔德學校之章"朱文印　　（甲四）/980

晦庵先生朱文公行狀：二卷/（宋）黃榦撰.--刻本.--杭州：謝池，元至正九年（1349）.--1冊（1函）.--存卷上。函套書簽題"元刊朱文公行狀殘本"。半葉10行，行20字，細黑口，四周雙邊，雙對黑魚尾，半框 20.8×14.3cm。有刻工：李友文、何秀父等。費寅題記.--綫裝

（丁）/16037

倪雲林：一卷/（明）毛晉輯.--刻本.--毛氏綠君亭，明末（1573～1644）.--1冊（1函）.--書名頁題"雲林遺事"。半葉8行，行18字，白口，四周單邊，版心下刻"綠君亭"，半框20.4×14.3cm。汲古閣藏板。鈐"汲古閣"白文印、"毛氏正本"朱文印.--綫裝　（乙三）/326

行實錄：五卷/（明）王鴻撰.--刻本.--欽差巡按山西等處監察御史吳達可，明萬曆十六年（1588）.--4冊（1函）.--序題"薛文清公行實錄"，目錄題"皇明文清公薛先生行實錄"。半葉10行，行18字，白口，四周雙邊，單黑魚尾，半框20.5×14cm.--綫裝　（丙二）/1921

李溫陵外紀：五卷/（明）潘曾紘編.--刻本.

明末（1573~1644）.--2 冊（1 函）.--半葉 9 行，行 20 字，白口，四周單邊，無界行，單綫魚尾，半框 22.3×15cm。鈐"沈士鳳印"白文印、"蔡以瑩印"白文印、"硯香一字伯生"朱文印、"北平孔德學校之章"朱文印、"北平孔德學校藏"朱文印.--綫裝　　　（甲四）/545

紳佩摛光録：三卷/（清）鮑家本輯.--刻本.清乾隆二十四年（1759）.--3 冊（1 函）.--行款不一，四周單邊間左右雙邊，白口，半框 19×13cm.--綫裝　　　　（丁）/11082

年譜

延平四先生年譜：四種/（明）毛念恃編.--刻本.--滏陽張坦，清乾隆十年（1745）.--2 冊（1 函）.--半葉 9 行，行 20 字，小字雙行字同，白口，四周雙邊，單黑魚尾，半框 20×14.7cm。鈐"抹經室所讀書"白文印.--綫裝
子目：
宋儒龜山楊先生年譜：一卷/（清）毛念恃訂
豫章羅先生年譜：一卷/（清）曹振輯；（清）毛念恃增訂
延平李先生年譜：一卷/（清）毛念恃訂
紫陽朱先生年譜：一卷/（清）毛念恃訂
　　　　　　　　　　（丙二）/2384
　　第二部　　　　　（甲二）/499

宋儒龜山楊先生年譜：一卷/（清）毛念恃編.--刻本.--滏陽張坦，清乾隆十年（1745）.1 冊（1 函）.--（延平四先生年譜）.--版心題"龜山先生年譜"。半葉 9 行，行 20 字，白口，四周雙邊，單黑魚尾，半框 19.5×14.5cm。佚名眉批.--綫裝　　　（丁）/12901

朱子年譜：四卷；**朱子年譜考異**：四卷；**朱子論學切要語**：二卷/（清）王懋竑編.--刻本.--白田草堂，清乾隆十七年（1752）；浙江：浙江書局，清末（1851~1911）補刻.--4 冊（1 函）.半葉 8 行，行 20 字，小字雙行字同，白口，左右雙邊，單黑魚尾，版心下刻"白田草堂"，半

框 18×13.5cm。白田草堂藏板。鈐"京師圖書館收藏之印"朱文印.--綫裝　　（丙二）/4649
　　第二部　　　　（丙二）/525
　　第三部　　　　（甲二）/519-1

西山真文忠公年譜：一卷/（清）真采撰.**衛生歌**：一卷/（宋）真德秀撰.--刻本.--真氏，清乾隆二十九年（1764）.--1 冊（1 函）：肖像 1幅.--半葉 9 行，行 18 字，白口，四周雙邊，無界行，單黑魚尾，半框 21.5×15.6cm.--綫裝
　　　　　　　　　　（丁）/9645

高陽太傅孫文正公年譜：五卷/（明）孫銓編；（清）孫奇逢訂正.--刻本.--孫爾然，清乾隆六年（1741）.--5 冊（1 函）：肖像 1 幅.--書名頁題"孫文正公年譜"。半葉 8 行，行 18 字，白口，左右雙邊，單黑魚尾，半框 17.8×13.2cm。師儉堂藏板.--綫裝　　　（丁）/1538

安我素先生年譜：一卷/（明）安紹傑輯，（清）安吉增輯.--刻本.--清乾隆（1736~1795）.--1冊（1 函）：肖像 1 幅.--半葉 9 行，行 20 字，白口，四周雙邊，單黑魚尾，半框 20.2×13.2cm。鈐"王璥私印"白文印、"式儒"朱文印.--綫裝　　　　　　　　　（丁）/11004

徵君孫先生年譜：二卷/（清）趙御眾等撰.**遊譜**：一卷；**孝友堂家規**：一卷；**答問**：一卷/（清）孫奇逢撰.--刻本.--清乾隆元年（1736）.--5 冊（1 函）：有插圖.--半葉 9 至 10 行不等，行 20 至 24 字不等，白口，左右雙邊間四周單邊，單黑魚尾，半框約 18×13.6cm.綫裝　　　　　　（丙二）/4954

漁洋山人自撰年譜：二卷，附一卷/（清）王士禛撰；（清）惠棟註補.--刻本.--吳縣惠氏紅豆齋，清乾隆（1736~1795）.--1 冊（1 函）.--半葉 10 行，行 21 字，小字双行字同，白口，四周雙邊，單黑魚尾，版心下刻"紅豆齋"，半框 19.4×15cm。鈐"北平孔德學校之章"朱文印.--綫裝　　　　　　（甲二）/388

家傳、宗譜

岩鎮汪氏重輯本宗譜：四卷，附錄一卷/（明）汪淵輯.--刻本.--明弘治十三年（1500）.--1冊（1函）.--缺附錄1卷。書籤題"巖鎮汪氏宗譜"。半葉16行，行24字，白口，四周雙邊，雙對白魚尾，半框29.2×24.9cm。有刻工：清、昊等.--綫裝 （丁）/16044

新安黃氏會通譜：十六卷，序一卷，文原一卷，新安黃氏會通譜考一卷，圖一卷，新安黃氏文獻錄二卷，新安黃氏文獻錄外集一卷/（明）黃雲蘇，（明）黃祿修；（明）黃濩等續；（明）程天相輯.--刻本.--黃氏，明弘治十四年（1501）.8冊（2函）.--卷7、卷12各有1葉抄配，序及部分目錄、圖係抄配。書名頁題"新安黃氏會通宗譜"。半葉14行，行27字，譜為表格式，5柱，14行，粗黑口，四周雙邊，雙順黑魚尾，半框27.9×19cm。有刻工：淳、方等。鈐"子孫永寶"朱文印.--綫裝 （丁）/16051

濟美錄：四卷/（明）鄭燭撰.--刻本.--鄭燭，明嘉靖十四年（1535）刻；清（1644～1911）遞修.--1冊.--半葉10行，行20字，小字雙行字同，白口，四周單邊，單白魚尾，半框18.6×13cm.--綫裝 （丁）/13227

重修歙城東許氏世譜：八卷，首一卷/（明）許光勳輯.--刻本.--歙城許氏，明崇禎七年（1634）.--4冊（1函）：肖像19幅，圖11幅.--存卷1-7、卷首。半葉10行，行26字，白口，四周雙邊，雙順白魚尾，半框24.3×17.4cm。有刻工：黃安中、黃應達。鈐"許氏家珍"朱文印、"高陽里"朱文印.--綫裝 （丁）/16045

孔子世家譜：二十四卷，首一卷/（清）孔尚任等編.--刻本，朱印.--曲阜孔氏，清康熙二十三年（1684）.--20冊（4函）.--半葉9行，行20或21字，小字雙行20字，白口，四周單邊，單黑魚尾，半框21.1×14.3cm。鈐"孔毓圻印"朱文印、"魯國鄒氏"白文印、"素王六十九代孫"朱文印、"闕里世家"白文印、"尼山後裔"朱文印、"北平孔德學校之章"朱文印.--綫裝 （甲二）/41

八旗滿洲氏族通譜：八十卷，目錄二卷/（清）鄂爾泰等纂.--刻本.--京師：內府，清乾隆九年（1744）.--24冊（2函）.--半葉10行，行20字，小字雙行字同，白口，四周雙邊，單黑魚尾，半框20.4×14 4cm.--綫裝 （乙二）/820

第二部 22冊（2函），缺卷22-24、32-35、41-45、78-80 （丙二）/539

欽定八旗氏族通譜輯要：二卷/（清）阿桂等編.--刻本.--京師：武英殿，清乾隆五十七年（1792）.--2冊（1函）.--半葉8行，行23字，小字雙行字同，白口，四周雙邊，單黑魚尾，半框22.3×14.5cm。鈐"北平孔德學校之章"朱文印.--綫裝 （甲二）/135

宗室王公功績表傳：五卷，表一卷/（清）允秘等編.--刻本.--京師：武英殿，清乾隆三十年（1765）.--7冊（1函）.--半葉8行，行20字，白口，四周雙邊，雙對黑魚尾，半框24.2×16.9cm.--綫裝 （乙二）/670

清高宗十七房子輩後裔女譜.--抄本，朱絲欄.--清末民初（1851～1919）.--2冊（1函）.--上下分為七欄，每欄8字，半葉大字13行，小字26行，無書口，上下雙邊，半框26.1×17cm.經折裝 （丁）/12732

越城周氏支譜：不分卷/（清）周以均撰；（清）周錫嘉編訂.--活字本，木活字.--周氏甯壽堂，清光緒三年（1877）.--6冊（1函）.--半葉9行，行21字，小字雙行字同，白口，四周雙邊，單黑魚尾，版心下刻"甯壽堂"，半框22.2×15.2cm。馬廉題記、周作人題跋。鈐"馬廉"白文印、"越周作人"朱文印、"北平孔德學校之章"朱文印.--綫裝 （甲二）/65

姓氏

姓氏譜纂：七卷/（明）李日華撰；（明）魯重民補訂.--刻本.--明崇禎（1628～1644）.--6冊（1函）.--（四六全書：五種四十二卷/[明]李日華撰）.--半葉9行，行20字，小字雙行字同，白口，四周單邊，半框20.1×14.6cm。鈐"北平孔德學校之章"朱文印.--綫裝

（甲二）/348

科舉

狀元圖考：四卷/（明）顧鼎臣彙編；（明）吳承恩，（明）程一楨校益；（明）黃應澄繪圖；（明）黃應纘書考；（清）陳枚增訂.--刻本.--武林：文治堂，清康熙（1662～1722）.--4冊（1函）：插圖86幅.--半葉9行，行20字，白口，四周單邊，半框20.5×13.5cm。朱鶴天跋。鈐"髯道人"白文印、"彥祥心賞"朱文印、"馬氏彥祥藏書"朱文印.--綫裝：馬彥祥贈書

（戊）/46

國朝歷科題名碑錄/（清）錢維城等奉敕纂.附**明洪武至崇禎各科題名**.--刻本.--清康熙五十五年至乾隆十一年（1716～1746）.--10冊（1函）.--半葉10行，行字數不等，小字雙行字數不等，白口間粗黑口，左右雙邊間四周雙邊，雙順黑魚尾，半框19.9×15.1cm.--綫裝

（丙二）/1802

　　第二部 16冊（2函），遞刻至乾隆十二年

（甲二）/82

　　第三部 12冊（2函），遞刻至道光朝

（丙二）/2800

　　第四部 12冊（2函）遞刻至咸豐朝，鈐"北平孔德學校之章"朱文印 （甲二）/194

國朝歷科館選錄/（清）沈廷芳輯；（清）陸費墀，（清）沈世煒重訂.--刻本.--清乾隆十一年（1746）刻；清乾隆三十一年（1766）至光緒三十四（1908）遞刻.--2冊（1函）.--書名頁題

"國朝館選錄"。半葉8行，行19字，小字雙行字同，白口，四周雙邊，單黑魚尾，半框15.5×13.3cm。翰林院藏板.--綫裝 （丁）/4004

國朝歷科館選錄/（清）沈廷芳輯.--刻本.--清乾隆（1736～1795）.--4冊（1函）.--仿清乾隆十一年刻本。半葉8行，行字數不等，小字雙行字數不等，白口，四周雙邊，單黑魚尾，半框15.6×13.4cm.--綫裝

（乙二）/1953

國朝翰詹源流編年：五卷/（清）吳鼎雯撰.--刻本.--清乾隆五十八年（1793）.--4冊（1夾）.--半葉9行，行21字，白口，四周雙邊，單黑魚尾，半框19×14.6cm.--綫裝

（乙二）/651

詞科掌錄：十七卷，餘話七卷/（清）杭世駿撰.--刻本.--仁和杭氏道古堂，清乾隆（1736～1795）.--8冊（1函）.--半葉11行，行21字，細黑口，左右雙邊，單黑魚尾，半框16.6×11.8cm.--綫裝 （乙二）/805

山東鄉試錄：不分卷/（清）劉躍雲撰.--刻本.--清乾隆五十七年（1792）.--1冊（1函）.--卷端題"乾隆伍拾柒年壬子科山東鄉試"。半葉9行，行18字，粗黑口，四周雙邊，單黑魚尾，半框19.5×13.5cm。佚名圈點。鈐"北平孔德學校之章"朱文印.--綫裝 （甲二）/619

史抄類

十七史詳節：二百七十三卷/（宋）呂祖謙輯.刻本.-- 劉弘毅慎獨齋，明正德十一年（1516）.--80冊（12函）.--帝紀目錄1葉、唐書詳節卷之首7葉係抄配。半葉13行，行26字，小字雙行字同，細黑口，四周雙邊，雙順黑魚尾，半框18.3×11.8cm。佚名圈點、批校。鈐"清白吏子孫"白文印、"諸大綬印"朱文印、"長沙龍氏"朱文印.--綫裝

（丁）/16252

十七史詳節：二百七十三卷/（宋）呂祖謙輯.
刻本.--明（1368～1644）.--4 冊（1 函）.--
存 9 卷："東萊先生增入正義音註史記詳節二十
卷"之卷 12-20。半葉 13 行，行 24 字，小字雙
行字同，有眉批，行 2 字，細黑口，左右雙邊，
雙順黑魚尾，半框 16×10cm。鈐"宗室盛昱私
印"白文印、"環墅齋主人五十已後得"朱文印
等.--毛裝　　　　　　　　　　　　　（丁）/13952

歷代史纂左編：一百四十二卷/（明）唐順之
輯；（明）胡宗憲校.--刻本.--新安胡宗憲，明
嘉靖四十年（1561）.--101 冊（10 函）.--半葉
10 行，行 20 字，白口，四周單邊，單白魚尾，
半框 20.9×14.5cm。有刻工：敖、漢等.--綫裝
　　　　　　　　　　　　　　　　　　（乙二）/886

歷代史纂左編：一百四十二卷/（明）唐順之
輯.--刻本.--吳用先，明萬曆三十九年
（1611）.--64 冊（8 函）.--半葉 10 行，行 20
字，有眉批，行 2 字，白口，左右雙邊，單白魚
尾，半框 22.2×14.6cm。鈐"己未進士"朱文
印、"華陽鄭氏百瞻樓藏圖籍"白文印、"元讜
鄭言"朱文印、"百瞻樓"白文印.--綫裝
　　　　　　　　　　　　　　　　　（丙二）/2216

四史鴻裁：四十卷/（明）穆文熙輯.--刻本.--
朱朝聘，明萬曆十八年（1590）.--20 冊（2 函）.
半葉 10 行，行 20 字，小字雙行字數同，有眉欄，
行 5 字，白口，四周雙邊，單黑魚尾，半框 23.5×
15cm.--綫裝
子目：
國語：八卷
戰國策：八卷
左傳：十二卷
史記：十二卷　　　　　　　　　　　（丁）/13936

諸史品節：三十九卷/（明）陳深，（明）陸翀
之撰.--刻本.--明萬曆二十一年（1593）.--8
冊（2 函）.--半葉 9 行，行 20 字，小字雙行字
同，有眉批，行 4 字，白口，四周單邊，單白魚
尾，半框 23.6×14.6cm。鈐"劉永珍印"朱文
印.--綫裝　　　　　　　　　　　　　（丙二）/1804

雪廬讀史怢編：六十卷/（明）趙維寰編.--
刻本.--趙氏　明天啟（1621～1627）.--24 冊
（3 函）.--半葉 10 行，行 20 字，白口，左右
雙邊，單黑焦尾，半框 22.3×14.7cm.--綫裝
　　　　　　　　　　　　　　　　　（甲二）/506

竹香齋類書：三十七卷/（明）張墉輯.--刻
本.--明崇禎《1628～1644）.--12 冊（1 函）.--
半葉 9 行，行 20 字，有眉批，行 5 字，白口，
四周單邊，單黑魚尾，半框 20.6×14.8cm.--綫
裝　　　　　　　　　　　　　　　　（丙三）/4514

二十一史精義：二十一卷/（清）王南珍輯.--
刻本.--清乾隆（1736～1795）.--6 冊（1 函）.--
半葉 8 行，行 18 字，小字雙行字數不等，白口，
左右雙邊，單黑魚尾，半框 20.4×14.3cm。鈐
"式儒"朱文印、"王璐私印"白文印.--綫裝
　　　　　　　　　　　　　　　　　（丙二）/1800

左國腴詞：八卷/（明）凌迪知輯.--刻本.--
明萬曆四年（1576）.--4 冊（1 函）.--半葉 8
行，行 17 字，小字雙行字同，白口，左右雙邊，
單黑魚尾，半框 19×12.9cm。有刻工：錢世英、
何道甫等。鈐"古潭州袁臥雪廬收藏"白文
印.--綫裝　　　　　　　　　　　　　　（丁）/961

國語鈔：二卷；國策鈔：二卷；穀梁傳鈔：一
卷；公羊傳鈔　一卷/（清）高嵣集評.--刻本.--
廣郡永邑：楊氏培元堂，清乾隆五十三年
（1788）.--6 冊（1 函）.--半葉 9 行，行 25 字，
小字雙行字同，有眉批，行 6 字，白口，四周雙
邊，單黑魚尾，半框 19.8×14.9cm。廣郡永邑
培元堂楊藏板。鈐"讀書最樂"朱文印.--綫
裝　　　　　　　　　　　　　　　　（丙一）/1509

史記抄：九十一卷，首一卷/（明）茅坤撰.--
刻本.--茅坤，明萬曆三年（1575）.--16 冊（2
函）.--有抄配。半葉 10 行，行 21 字，小字雙
行字同，白口，四周單邊，單黑魚尾，半框
19.7×12.6cm。有刻工：閩人遊子建、程等。鈐
"陳氏珍藏"朱文印.--綫裝　　　　　（乙二）/768

史記鈔：九十一卷／（明）茅坤輯.--刻本，朱墨套印.--吳興：閔士隆，明泰昌元年（1620）.--24 冊（4 函）.--半葉 9 行，行 19 字，有眉批，行 6 字，白口，四周單邊，半框 21×14.5cm。鈐"得天然樂趣齋印"朱文印、"謝在杭藏書印"朱文印、"敬慎堂藏書畫印"朱文印、"綠滿窗書畫記"朱文印、"北京市文化局文物調查研究組藏書印"朱文印.--綫裝
（丁）/12661

史記纂：二十四卷／（明）淩稚隆纂.--刻本，朱墨套印.--淩稚隆，明萬曆七年（1579）.--12 冊（2 函）.--半葉 9 行，行 19 字，有眉批，行 5 字，白口，四周單邊，無界行，半框 20.5×14.7cm。鈐"吳泓之印"朱文印、"鍾山子"白文印、"曾在丁松叡家"朱文印、"虎門珍頑"朱文印、"品芝過目"朱文印、"吳興丁雙燕堂珍藏"朱文印.--綫裝　（乙二）/714

太史華句：八卷／（明）淩迪知輯.--刻本.--吳興淩氏，明萬曆五年（1577）.--4 冊（1 函）.半葉 8 行，行 17 字，小字雙行字同，白口，左右雙邊，單黑魚尾，半框 18.5×13cm。有刻工：沈玄易、顧植等。鈐"天尺樓"朱文印、"高凌霨澤審甫收藏印"朱文印.--綫裝　（丙四）/62
　　第二部　序殘缺　　（丙二）/1896
　　第三部　鈐"古潭州袁臥雪廬收藏"白文印　　　　　　　　　　　（丁）/962

鼎鐫金陵三元合選評註史記狐白：六卷／（明）湯賓尹輯；（明）朱之蕃註；（明）龔三益評.--刻本.--書林自新齋余良木，明萬曆（1573～1620）.--1 冊（1 函）.--存卷 1。簡名題"史記狐白"。半葉 10 行，行 20 字，小字雙行字同，有眉批，半葉 22 行，行 7 字，白口，四周單邊，雙順黑魚尾，半框 20.9×13.1cm。佚名圈點，佚名批.--綫裝　　（丙二）/4056

史記論文：一百三十卷／（漢）司馬遷撰；（清）吳見思評點.--刻本.--清康熙二十六年（1687）.12 冊（2 函）.--半葉 9 行，行 21 字，小字雙行字同，白口，左右雙邊，單黑魚尾，半框 20.2×

14.1cm。佚名圈點。鈐"嵩江時遠樓江氏珍藏"朱文印、"周肇祥讀過書"朱文印.--綫裝　　　　　　　　　　　　　　　　（丙二）/2001

同菴史彙：十卷／（清）蔣善選評.--刻本.--思永堂，清康熙（1662～1722）.--8 冊（1 函）.半葉 9 行，行 22 字，小字雙行字同，有眉批，行 5 字，白口，四周雙邊，單黑魚尾，版心下刻"思永堂"，半框 18.9×14.1cm.--綫裝
（乙二）/645
　　第二部　佚名圈點　　（丁）/8808

山曉閣史記選：八卷／（清）孫琮評選.--刻本.--清康熙（1662～1772）.--6 冊（1 函）.--半葉 9 行，行 24 字，白口，四周單邊，無界行，半框 20.1×11.9 cm。張照圈點。鈐"程慶甫印"朱文印、"程氏藏書"朱文印、"張照"朱文印、"張照之印"白文印、"天祿閣圖書"朱文印、"斐齋"朱文印等.--綫裝　（丁）/12994

史記鈔：四卷／（清）高塘集評.--刻本.--清乾隆五十三年（1788）.--4 冊（1 函）.--半葉 9 行，行 25 字，小字雙行字同，有眉批，行 6 字，白口，四周雙邊，單黑魚尾，半框 19.7×15.2cm。廣郡永邑培元堂楊藏板.--綫裝
（丙二）/4957

史漢合編題評：八十八卷，附錄四卷／（明）茅一桂輯.--刻本.--金陵：唐龍泉、周對峰，明萬曆十四年（1586）.--60 冊（6 函）.--各卷首末卷次不同，與目錄亦不相符。版心題"史漢合編"。半葉 10 行，行 21 字，小字雙行字同，有眉批，行 5 字，白口，左右雙邊，單黑魚尾，半框 22.6×13.5cm。有刻工：烏程馬嗣廉寫，錫山何緣刻。佚名圈點。鈐"劉墉印信"朱文印.綫裝
（乙二）/953

兩漢博聞：十二卷／（宋）楊侃輯.--刻本.--黃魯曾，明嘉靖三十七年（1558）.--12 冊（2 函）.--卷一卷端誤題為"兩漢博文"。半葉 8 行，行 16 字，白口，左右雙邊，單白魚尾，半框 17.6×12.4cm.--綫裝　　（甲二）/504

兩漢博聞類編：九卷／（明）黃魯曾校閱．--刻本．--漢中楊明盛，明萬曆二十九年（1601）．--6 冊（1 函）．--版心題“兩漢類編”。目錄分十卷，正文為九卷，内容完整。半葉 10 行，行 20 字，白口，左右雙邊，單黑魚尾，半框 21.1×15.1cm。有刻工：紀、汀等。鈐“無竟先生獨志堂物”朱文印．--綫裝

（乙二）/767

漢雋：十卷／（宋）林越撰．--刻本．--明初（1368～1424）（後印）．--4 冊（1 函）．--半葉 9 行，行字數不等，小字雙行 28 至 30 字不等，粗黑口，四周雙邊，雙對黑魚尾，半框 21.4×14.9cm。葉啓峰題記。鈐“葉啓峰印”白文印、“曹家騄印”白文印、“江都曹氏家騄秘笈”白文印．--綫裝

（丁）/3859

兩晉南北合纂：四十卷／（明）錢岱纂．--刻本．--明萬曆（1573～1620）．--12 冊（2 函）．--半葉 10 行，行 20 字，有眉欄，行 3 字，白口，四周單邊，單黑魚尾，半框 21.8×14.7cm。佚名朱筆圈點、註．--綫裝　（丁）/1355

歐陽文忠公五代史抄：二十卷／（明）茅坤編．--刻本，朱墨套印．--吳興閔氏，明萬曆（1573～1620）．--6 冊（1 函）．--版心題“五代史抄”。半葉 8 行，行 18 字，有眉欄，行 6 字，白口，四周單邊，無界行，半框 20.3×14.8cm．--綫裝

（乙二）/684

通鑑總類：二十卷／（宋）沈樞撰．--刻本．--平江路儒學下吳郡庠，元至正二十三年（1363）．--1 冊（1 函）．--存 1 卷：卷 18（不全）。半葉 11 行，行 23 字，白口，左右雙邊，單黑魚尾，半框 24.8×17.2cm。有刻工：盧昱、可等．--蝴蝶裝　（丁）/16039

通鑑總類：二十卷／（宋）沈樞撰．--刻本．--劉成，明萬曆三十九年（1611）．--20 冊（4 函）．半葉 11 行，行 23 字，白口，左右雙邊，單黑魚尾，半框 24.8×17.6cm。佚名圈點。鈐“洪氏藏書萬卷”白文印、“書直白金三百兩”朱文

印．--綫裝　（乙二）/701

第二部　鈐“古度齋收藏印”白文印
（乙二）/711

时令類

月令廣義：二十四卷，首一卷，統紀一卷，附錄一卷／（明）馮應京輯；（明）戴任釋．--刻本．明萬曆（1573～1620）．--10 冊（1 函）．--書名頁刻“梅墅石渠閣梓”。半葉 9 行，行 20 字，小字雙行字同，白口，四周單邊，單黑魚尾，半框 22.7×14.9cm。佚名圈點。鈐“文樞堂”白文印、“蘭溪陳氏家藏”朱文印、“翠嵒賈七”白文印、“景冄所藏”朱文印．--綫裝

（丙二）/5837

第二部　12 冊（2 函），書名頁刻“聚文堂張心所梓”，鈐“聚文堂藏板”白文印
（乙二）/1765

月令廣義：二十四卷，首一卷，統記一卷，附錄一卷／（明）馮應京撰；（明）戴任增釋．--刻本．--陳邦泰，明萬曆（1573～1620）．--12 冊（1 函）．--半葉 9 行，行 20 字，小字雙行字同，白口，四周單邊，單黑魚尾，半框 22.7×15cm。吳郡舒琳溪藏版．--綫裝　（乙一）/302

月令輯要：二十四卷，卷首一卷／（清）李光地等修，（清）吳廷楨等輯．--刻本．--京師：内府，清康熙五十五年（1716）．--12 冊（2 函）．--半葉 7 行，行 20 字，小字雙行字同，白口，四周雙邊，單黑魚尾，半框 18.9×12.6cm。鈐“清江楊氏”白文印、“高安鄒氏收藏金石書籍印”白文印、“北平孔德學校之章”朱文印．--綫裝

（甲二）/57

第二部　20 冊（2 函），鈐“五峰氏崇善堂藏書”朱文印、“學部圖書之印”朱文印（滿漢合璧）、“京師圖書館收藏之印”

（丙二）/4386

日涉編：十二卷／（明）陳堦編輯．--刻本．--應城：徐養量，明萬曆三十九年（1611）刻；清

乾隆三十四年（1769）修版.--12 冊（1 函）.--
書名據卷二卷端著錄。半葉 9 行，行 19 字，小
字雙行字同，白口，四周單邊，單黑魚尾，半框
22.9×14.3cm。清畏堂藏板.--綫裝

（乙二）/1720

第二部　　　　　　　　　　　（乙二）/1708

地理類

總志

大明清類天文分野之書：二十四卷/（明）劉
基撰.--刻本.--明洪武（1368～1398）.--10 冊
（1 函）.--半葉 8 行，行 20 字，小字雙行字同，
黑口，四周雙邊，雙對花魚尾，半框 28.2×
15.8cm。有刻工：劉子和、李玉等.--綫裝

（乙三）/935

大明一統志：九十卷/（明）李賢等纂；（明）
萬安等修.--刻本.--北京：内府，明天順五年
（1461）.--74 冊（8 函）：有圖.--卷 8 有 1 葉、
卷 22 有 5 葉、卷 23 有 6 葉、卷 45 有 3 葉、卷
63 有 1 葉、卷 76 有 1 葉、卷 90 有 3 葉係抄配。
半葉 10 行，行 22 字，小字雙行字同，粗黑口，
四周雙邊，雙對黑魚尾，半框 26.8×17.8cm。
佚名圈點.--綫裝　　　　　　　（丁）/4044

大明一統志：九十卷/（明）李賢，（明）萬安
等編.--刻本.--萬壽堂，明末（1573～1644）.
--44 冊（6 函）：地圖 13 幅.--卷 33 有半葉係抄
配。半葉 10 行，行 22 字，小字雙行字同，白口，
四周單邊，單黑魚尾，版心下刻"萬壽堂刊"，
半框 21.4×14.5 cm.--綫裝　　（丁）/2088

皇輿考：十卷/（明）張天復輯.--刻本.--豫
章朱瑻，明萬曆（1573～1620）.--10 冊（2 函）：
有圖.--2 葉係抄補。半葉 9 行，行 18 字，小字
雙行字同，白口，左右雙邊，單黑魚尾，半框
20×15cm。有刻工：孝、敬等。佚名批點。鈐"張
嘉仁印"白文印、"第十世秀才"白文印.--綫

裝　　　　　　　　　　　　　（乙二）/664

皇輿表：十六卷/（清）喇沙里纂修；（清）揆
敘增修.--刻本.--揚州詩局，清康熙四十三年
（1704）.--10 冊（2 函）：有表格.--半葉 9 行，
行 18 字，小字雙行字同，有眉欄，行 6 字，表
半葉 18 行，行 18 字，小字雙行 36 字，白口，
四周單邊，無界行，單黑魚尾，半框 22.4×
15.1cm。鈐"臣寶儉印"印（陰陽合璧）.--綫
裝　　　　　　　　　　　　　（乙二）/581

第二部　32 冊（4 函）　　　（乙二）/580
第三部　24 冊（5 函）　　　（丁）/9308
第四部　24 冊（3 函）　　　（丙二）/4424

郡國利病書：一百二十卷/（清）顧炎武撰.--
抄本.--清（1644～1911）.--120 冊（12 函）.--
半葉 10 行，行 21 字，白口，四周雙邊，單黑魚
尾，半框 21.2×14.8cm。鈐"畢沅鑑藏"朱文
印、"靈岩山人秘笈之印"朱文印、"王氏家
藏"朱文印、"葉氏德輝鑑藏"白文印、"觀古
堂"朱文印.--綫裝　　　　　　（乙二）/162

天下山河兩戒考：十四卷，圖一卷/（清）徐
文靖撰.--刻本.--清雍正元年（1723）.--3 冊.--
半葉 9 行，行 20 字，小字雙行字同，白口，左
右雙邊，單黑魚尾，半框 19.9×13.5cm.--綫
裝：市府贈書　　　　　　　　（戊）/1306

方志

畿輔通志：[雍正]：一百二十卷，卷首一卷/
（清）唐執玉，（清）李衛修；（清）陳儀纂.--
刻本.--清雍正十三年（1735）.--70 冊（9 函）：
插圖 17 幅.--半葉 10 行，行 20 字，小字雙行字
同，白口，四周雙邊，單黑魚尾，半框 18.9×
14.9cm。鈐"鹿巖精舍"朱文印.--綫裝

（丙二）/569

第二部　48 冊（8 函）　　　（丙二）/6005

通州志：[康熙]：十二卷/（清）吳存禮，（清）
陸茂騰纂修.--刻本.--清康熙三十六年

（1697）.--10 冊（2 函）：有插圖.--半葉 9 行，行 20 字，小字雙行字同，白口，四周雙邊，單黑魚尾，半框 20.2×15.3cm. 鈐"長白敷槎氏董齋昌齡圖書印"朱文印.--綫裝

（丙二）/5940

通州新志：[雍正]：九卷/（清）黄成章纂修.--刻本.--清雍正二年（1724）.--8 冊（2 函）.--半葉 9 行，行 20 字，白口，四周雙邊，單黑魚尾，半框 19.2×15cm. 佚名圈點. 鈐"長白敷槎氏董齋昌齡圖書印"朱文印.--綫裝

（丙二）/5940-1

通州志：[乾隆]：十卷/（清）高天鳳，（清）金梅等纂修.--刻本.--清乾隆四十八年（1783）.--8 冊（1 函）：圖 3 幅.--半葉 10 行，行 22 字，小字雙行字同，白口，四周雙邊，單黑魚尾，半框 20×14.7cm.--綫裝

（丁）/16255

大興縣志：[康熙]：六卷/（清）張茂節，（清）李開泰等纂修.--刻本.--清康熙（1662～1722）.--4 冊（1 函）：冠圖 7 幅.--書中有大量抄配. 半葉 9 行，行 20 字，白口，四周雙邊，單黑魚尾，半框 21.2×15cm. 崔麟臺題跋. 鈐"崔麟臺印"朱文印.--綫裝 （丁）/13948

懷柔縣新志：[康熙]：八卷/（清）吴景果纂修.--刻本.--清康熙六十年（1721）.--4 冊（1 函）：圖 4 幅.--半葉 9 行，行 20 字，小字雙行字同，白口，左右雙邊，單黑魚尾，半框 19.6×14.2cm. 采康題跋.--綫裝 （丁）/16256

延慶州志：[乾隆]：十卷，卷首一卷/（清）李鍾偉修；（清）穆元肇，（清）方世熙纂.--刻本.--清乾隆七年（1742）.--6 冊（1 函）：圖 1 卷.--半葉 10 行，行 20 字，小字雙行字同，白口，左右雙邊，單黑魚尾，半框 21.5×14.3cm. 鈐"鹿巖精舍"朱文印.--綫裝 （丙二）/759
第二部 （丙二）/59

天津縣志：[乾隆]：二十四卷/（清）朱奎揚，（清）張志奇纂；（清）吴廷華修. **續天津縣志**：

二十四卷/（清）吴惠元等修.--刻本.--清乾隆四年（1739）刻；清同治九年（1970）續刻.--8 冊（1 函）：附圖 4 幅.--半葉 10 行，行 21 字，小字雙行字同，白口，四周雙邊，單黑魚尾，半框 19.1×14.6cm.--綫裝 （丁）/9145

寧河縣志：[乾隆]：十六卷/（清）關廷牧，（清）徐以觀纂修.--刻本.--清乾隆四十四年（1779）.--6 冊（1 函）：插圖 11 幅.--半葉 9 行，行 22 字，小字雙行字同，白口，四周雙邊，單黑魚尾，半框 19.4×13.8cm. 鈐"退耕堂藏書記"朱文印.--綫裝 （丁）/13595

正定府志：[乾隆]：五十卷，首一卷/（清）鄭大進纂修.--刻本.--清乾隆二十七年（1762）.--32 冊（4 函）：圖 20 幅.--半葉 10 行，行 22 字，小字雙行字同，白口，左右雙邊，單黑魚尾，半框 18.8×13.6cm. 鈐"田會聰印"白文印、"六癡氏"白文印.--綫裝 （丁）/14325

靈壽縣志：[康熙]：十卷/（清）陸隴其纂修. **附修志議**：一卷/（清）傅維橒撰.--刻本.--清康熙二十五年（1686）.--4 冊（1 夾）：圖 1 幅. 半葉 10 行，行 23 字，小字雙行字同，白口，四周雙邊，單黑魚尾，半框 20.1×13.6cm. 鈐"鹿巖精舍"朱文印.--綫裝 （丙二）/119

直隸遵化州志：[乾隆]：二十卷/（清）劉埥纂；（清）傅修續纂.--刻本.--清乾隆五十九年（1794）.--10 冊（1 函）：附圖 19 幅.--半葉 10 行，行 20 字，小字雙行字同，白口，四周雙邊，單黑魚尾，半框 16.9×14.5cm. 鈐"鹿巖精舍"朱文印.--綫裝 （丁）/9168
第二部 （戊）/1493

栢鄉縣志：[乾隆]：十卷，卷首一卷/（清）鍾賡華纂修.--刻本.--清乾隆三十二年（1767）. 6 冊.--半葉 9 行，行 20 字，小字雙行 30 字，白口，四周雙邊，單黑魚尾，半框 17.4×14.3cm.--綫裝：市府贈書 （戊）/938
第二部 （戊）/1467

保定府志：[康熙]：二十九卷／（清）紀弘謨重修；（清）郭棻纂輯．--刻本．--郭棻，清康熙十九年（1662～1722）．--12 冊（2 函）：有插圖．半葉 10 行，行 20 字，小字雙行字同，白口，四周雙邊，單黑魚尾，半框 21.9×16.4cm。佚名圈點．--綫裝　　　　　　（乙二）/507

涿州志：[乾隆]：二十二卷，卷首一卷／（清）吳山鳳纂修．--刻本．--清乾隆三十年（1765）．12 冊（1 夾）：附圖．--半葉 10 行，行 20 字，小字雙行字同，白口，左右雙邊，單黑魚尾，半框 17.5×13.9cm。鈐“鹿巖精舍”朱文印．--綫裝　　　　　（丙二）/94

涿州志：[乾隆]：二十二卷，卷首一卷，續志十八卷／（清）吳山鳳纂修；（清）周紹達等續．--刻本．--清乾隆三十年（1765）刻；都門翰藻齋王世芳，清光緒元年（1875）續刻．--12 冊（1 函）：圖 14 幅．--半葉 10 行，行 20 字，小字雙行字同，白口，左右雙邊，單黑魚尾，半框 17.3×14cm。同治續志分別附於乾隆志有關各卷之後．--綫裝　　　　　　　（丁）/524

直隸易州志：[乾隆]：十八卷，卷首一卷／（清）張登高等纂修．--刻本．--清乾隆十二年（1747）．--8 冊（2 函）：圖 6 幅．--版心題“易州志”。半葉 9 行，行 20 字，小字雙行字同，白口，四周雙邊，單黑魚尾，半框 18.5×14.8cm。鈐“易縣縣立新民圖書館圖章”朱文印．--綫裝　　　　　　（丙二）/5516
　　第二部　　　　　　　　　（丙二）/58
　　第三部　鈐“北平孔德學校之章”朱文印　　　　　　　　　　　　（甲二）/396

博野縣誌：[乾隆]：八卷，卷首一卷，卷末一卷／（清）吳鼇等纂修．--刻本．--清乾隆三十二年（1767）．--6 冊（1 函）：圖 2 幅．--半葉 9 行，行 20 字，小字雙行字同，白口，左右雙邊，單黑魚尾，半框 17.4×13.2cm。--綫裝　　　　　　　　　（丙二）/747
　　第二部　　　　　　　　　（丙二）/5676

宣化縣志：[康熙]：三十卷／（清）陳坦等纂修．--刻本．--清康熙五十年（1711）刻；清乾隆（1736～1795）續刻．--6 冊（1 函）：地圖 8 幅．半葉 9 行，行 21 字，小字雙行字同，白口，四周雙邊，單黑魚尾，半框 22.2×14.3cm。鈐“五河沿革圖説編纂所”朱文印、“香山慈幼院圖書館所藏”朱文印、“北京市人民政府圖書室圖書”藍文印．--綫裝　　　　（戊）/2216
　　第二部　　　　　　　　　（丙二）/70

赤城縣志：[乾隆]：八卷，卷首一卷／（清）孟思誼修；（清）張曾炳纂；（清）黃紹七續纂．--刻本．--清乾隆十三年（1748）刻；清乾隆二十四年（1759）補刻（清光緒七年[1881]印）．--4 冊（合裝 1 函）：冠圖 6 幅．--續修卷八藝文志。半葉 10 行，行 22 字，小字雙行字同，白口，左右雙邊，單黑魚尾，半框 18×14.9cm。--綫裝　　　　　　　　　（丁）/10613-1

懷來縣志：[康熙]：十八卷，卷首圖一卷／（清）許隆遠纂修．--刻本．--清康熙五十一年（1712）刻；清乾隆（1736～1795）修補後印．--6 冊（1 函）．--半葉 9 行，行 20 字，小字雙行字同，粗黑口，四周單邊，單黑魚尾，半框 18.4×14.1cm。鈐“鹿巖精舍”白文印．--綫裝　　　　　　　　　（丁）/9192

滄州志：[乾隆]：十六卷／（清）徐時作，（清）劉燾雯修．--刻本．--清乾隆八年（1743）．--6 冊．--半葉 10 行，行 21 字，小字雙行字同，白口，四周雙邊，單黑魚尾，半框 18.1×14.9cm.綫裝：市府贈書　　　　　（戊）/1788

任邱縣志：[乾隆]：十二卷，卷首一卷／（清）劉統等重修；（清）劉炳等纂．--刻本．--清乾隆二十八年（1763）．--10 冊（1 函）：有插圖．--半葉 10 行，行 20 字，小字雙行字同，白口，左右雙邊，單黑魚尾，半框 18.1×14.6cm。鈐“李天民印”朱文印、“任邱縣政府印”朱文印．--綫裝　　　　　　　　　（丙二）/5706

獻縣志：[乾隆]：二十卷，圖一卷，表一卷／

（清）萬廷蘭修；（清）戈濤纂.--刻本.--清乾隆二十六年（1761）.--12 冊（1 函）：圖 6 幅.--半葉 10 行，行 20 字，小字雙行字同，白口，左右雙邊，單黑魚尾，半框 16.6×14.7cm.--綫裝
（丙二）/749

第二部 （丙二）/5606

肅寧縣志：[乾隆]：十卷/（清）尹侃修；（清）談有典纂.--刻本.--清乾隆二十一年（1756）.--5 冊（1 函）：附圖 6 幅.--宋序抄配 3 葉，卷 1 有 2 葉、卷 2 有 3 葉、卷 6 有 4 葉、卷 10 有 8 葉補配。半葉 9 行，行 21 字，小字雙行字同，白口，四周單邊，單黑魚尾，半框 18.6×14.2cm.--綫裝
（丁）/9177

永清縣志：[乾隆]：十卷；永清文徵：五卷/（清）周震榮，（清）章學誠撰.--刻本.--清乾隆四十四年（1779）刻；清嘉慶十八年（1813）補刻.--4 冊（1 函）.--半葉 12 行，行 25 字，小字雙行 38 字，白口，左右雙邊，單黑魚尾，半框 19.1×14.8cm。有刻工：鄧湧泉、吳耀宗等。鈐“思易草廬曾藏”白文印、“賈田”朱文印.--綫裝
（丙二）/5955

第二部 鈐“鹿巖精舍”白文印
（丁）/9055

衡水縣志：[乾隆]：十四卷/（清）陶淑纂修.--刻本.--清乾隆三十二年（1767）.--5 冊.--半葉 10 行，行 20 字，小字雙行字同，白口，四周單邊，單黑魚尾，半框 16.2×14.1cm.--綫裝：市府贈書
（戊）/1442

冀州志：[乾隆]：二十卷，續編一卷/（清）苑清曠纂輯.--刻本.--清乾隆十二年（1747）.--10 冊（1 函）：地圖 3 幅.--半葉 10 行，行 22 字，小字雙行字同，白口，左右雙邊，單黑魚尾，半框 19.1×14.8cm.--綫裝
（丙二）/4065-2

饒陽縣志：[乾隆]：二卷，卷首一卷，卷末一卷/（清）單作哲纂.--刻本.--清乾隆十四年（1749）.--2 冊（1 函）.--半葉 10 行，行 20

字，小字雙行字同，白口，四周雙邊，單黑魚尾，半框 18.1×14.8cm.--綫裝
（丙二）/744

口北三廳志：[乾隆]：十六卷，首一卷/（清）黃可潤纂修.--刻本.--清乾隆二十四年（1758）.--6 冊（1 函）：有插圖.--半葉 10 行，行 22 字，小字雙行字同，白口，左右單邊，單黑魚尾，半框 17.7×15.2cm.--綫裝
（乙二）/587

大同府志：[乾隆]：三十二卷，首一卷/（清）吳輔宏，（清）王飛藻纂修.--刻本.--清乾隆四十七年（1782）.--16 冊（2 函）：圖 15 幅.--半葉 10 行，行 22 字，小字雙行字同，白口，四周雙邊，單黑魚尾，半框 18.5×14.7cm.--綫裝
（丁）/14283

渾源州志：[乾隆]：十卷/（清）桂敬順纂修.--刻本.--清乾隆二十八年（1763）.--5 冊（1 函）：卷 1 為圖.--半葉 9 行，行 20 字，小字雙行字同，白口，左右雙邊，單黑魚尾，半框 18.3×14.5cm。州署藏板。鈐“鹿巖精舍”朱文印.--綫裝
（丁）/10711

第二部 （丙二）/5604

廣靈縣志：[乾隆]：十卷，卷首一卷，卷末一卷/（清）郭磊纂修.--刻本.--清乾隆十九年（1754）.--4 冊（1 函）：插圖 3 幅.--半葉 10 行，行 22 字，小字雙行字同，白口，四周雙邊，單黑魚尾，半框 19.2×14.8cm.--綫裝
（丁）/13376

沁州志：[乾隆]：十卷/（清）葉士寬，（清）吳正纂修；（清）雷暢續修.--刻本.--清乾隆六年（1741）.--10 冊（1 函）：圖 7 幅.--半葉 9 行，行 21 字，小字雙行字同，白口，四周雙邊，單黑魚尾，半框 20.9×14.9cm.--綫裝
（丁）/14323

朔平府志：[雍正]：十二卷/（清）劉士銘纂輯.--刻本.--清雍正十一年（1733）.--8 冊（1 函）：圖 4 幅.--半葉 9 行，行 22 字，小字雙行

字同，白口，四周雙邊，單黑魚尾，半框 19.4
×14.5cm。鈐"鹿巖精舍"朱文印.--綫裝
（丙二）/54

第二部 5 冊（1 函），存卷 1-7，鈐"梁氏
巖窟藏書"朱文印 （丙二）/5608

壽陽縣志：［乾隆］：十卷，圖一卷/（清）龔
導 江 修 纂.-- 刻本.-- 清 乾 隆 三 十 六 年
（1771）.--4 冊（1 函）.--半葉 10 行，行 21
字，小字雙行字同，白口，四周雙邊，單黑魚尾，
半框 18.9×14cm。鈐"梁氏巖窟藏書"朱文
印.--綫裝 （丙二）/5626

崞縣志：［乾隆］：八卷/（清）邵豐鍭等纂.--
刻本.--清乾隆二十二年（1757）.--4 冊（1
夾）.--半葉 9 行，行 19 字，小字雙行字同，白
口，四周雙邊，單黑魚尾，半框 20.2×14.8cm。
本衙藏板。佚名批.--綫裝 （丙二）/104

直隸代州志：［乾隆］：六卷，圖一卷/（清）
吳重光等纂修.--刻本.--清乾隆五十年（1785）.
8 冊（1 函）.--半葉 9 行，行 20 字，小字雙行
字同，白口，四周雙邊，單黑魚尾，半框
19.6×14.7cm.--綫裝 （丙二）/5515

解州全志：［乾隆］：十八卷，首一卷/（清）
言如泗等纂修.--刻本.--清乾隆（1736～
1795）.--4 冊（1 函）.--半葉 10 行，行 21 字，
小字雙行字同，白口，左右雙邊，單黑魚尾，半
框 18.6×15.8cm.--綫裝 （乙二）/572

解州平陸縣志：［乾隆］：十六卷，首一卷，圖
一卷/（清）言如泗修；（清）韓夔典等纂.--刻
本.--清乾隆二十九年（1764）.--4 冊（1 函）：
插圖 16 幅.--半葉 10 行，行 21 字，小字雙行字
同，白口，左右雙邊，單黑魚尾，半框
18.3×15.8cm。官衙藏板。鈐"梁氏巖窟藏書"
朱文印.--綫裝 （丙二）/5607
第二部 6 冊（1 函） （丁）/13712

汾州府志：［乾隆］：三十四卷，首一卷/（清）
孫和相纂修.--刻本.--清乾隆三十六年（1771）.

16 冊（2 函）.--半葉 10 行，行 21 字，小字雙
行字同，白口，左右雙邊，單黑魚尾，半框20.4
×13.7cm。鈐"北平孔德學校之章"朱文印.--
綫裝 （甲二）/48

汾陽縣志：［乾隆］：十四卷，卷首一卷/（清）
李文起修；（清）戴震纂.--刻本.--清乾隆三十
七年（1772）.--6 冊（1 函）：圖 12 幅.--半葉
10 行，行 21 字，小字雙行字同，白口，左右雙
邊，單黑魚尾，半框 19.5×13.5cm.--綫裝
（丁）/1304

興縣志：［雍正］：十八卷/（清）程雲撰；（清）
孫鴻淦修.--刻本.--清雍正八年（1730）.--4
冊（1 函）：有插圖.--半葉 10 行，行 20 字，小
字雙行字同，白口，四周單邊，單黑魚尾，半框
20.1×14.6cm.--綫裝 （丙二）/5518

古豐識略：四十二卷/（清）鍾秀，（清）張曾
編纂.--抄本.--清末（1851～1911）.--4 冊（1
函）.--缺卷 24. 鈐"百鏡盦物"白文印、"養
菴鑑藏"朱文印.--綫裝 （丁）/7401

盛京通志：［乾隆］：四十八卷/（清）呂耀曾
修；（清）魏樞等纂.--刻本.--奉天府，清乾隆
元年（1736）.--20 冊（2 函）.--序殘缺。半葉
10 行，行 21 字，白口，四周雙邊，單黑魚尾，
半框 19.5×14.3cm.--綫裝 （丙二）/3500

盛京通志：［乾隆］：四十八卷/（清）呂耀曾
等修.--刻本.--奉天府，清乾隆元年（1736）刻；
清咸豐二年（1852）修版.--20 冊：有圖.--半
葉 10 行，行 21 字，小字雙行字同，白口，四周
雙邊，單黑魚尾，半框 20.9×14.2cm.--綫裝
（戊）/1908

奉天備志：職官表五卷.--抄本.--清宣統
（1909～1911）.--5 冊（1 函）.--鈐"北平孔
德學校之章"朱文印.--綫裝 （甲二）/447

陝西通志：［康熙］：三十二卷，首一卷，圖一
卷/（清）賈漢復修；（清）李楷等纂.--刻本.--

清康熙五十年（1711）.--31 冊（6 函）.--半葉 9 行，行 20 字，小字雙行字同，白口，四周單邊，單黑魚尾，半框 21.9×15.1cm。鈐"秋水主人"朱文印、"志麈堂"朱文印.--綫裝

(乙二) /526

陝西通志：[雍正]：一百卷，卷首一卷/（清）劉于義等修；（清）沈青崖纂.--刻本.--清雍正十三年（1735）（清乾隆嘉慶間 [1736～1820] 印）.--100 冊（12 函）：有圖和表.--半葉 12 行，行 26 字，小字雙行字同，白口，四周雙邊，單黑魚尾，半框 22.8×16.7cm.--綫裝

(丁) /2790

長安志：[熙寧]：二十卷/（宋）宋敏求撰.長安圖志：三卷/（元）李好文編.--刻本.--畢沅靈巖山館，清乾隆四十九年（1784）.--4 冊（1 函）.--長安圖志卷端題"河濱漁者類編圖説"。半葉 11 行，行 22 字，小字雙行字同，粗黑口，四周單邊，雙對黑魚尾，半框 19.9×15cm。靈巖山館藏板。鈐"范以煦讀書印"朱文印.--綫裝

(丙二) /785

第二部 6 冊（1 函） (乙二) /327

臨潼縣志：[康熙]：八卷/（清）趙于京編.--刻本.--清康熙（1662～1722）.--4 冊（1 夾）：有圖 3 幅.--半葉 10 行，行 20 字，小字雙行字同，粗黑口，四周單邊，單黑魚尾，半框 20.2×15.2cm。藕葉山房藏板。鈐"鹿巖精舍"白文印.--綫裝

(丙二) /269

鳳翔縣志：[乾隆]：八卷，卷首一卷/（清）羅鼇等纂修.--刻本.--清乾隆三十二年（1767）.--8 冊（1 函）：有圖.--半葉 9 行，行 22 字，小字雙行字同，白口，四周雙邊，單黑魚尾，半框 20.5×13.3cm。鈐"李紫若"朱文印、"鳳翔城南之李士圖記"朱文印、"某華 [梅花] 居士"白文印、"武都分席陳窨縣令李恩綬印"朱文印.--綫裝

(丁) /7892

隴州志：[康熙]：八卷，卷首一卷/（清）羅彰彝纂修.--刻本.--清康熙五十二年（1713）.

4 冊（1 夾）.--半葉 9 行，行 21 字，白口，四周單邊，單黑魚尾，半框 20.7×14.9cm。鈐"鹿巖精舍"白文印.--綫裝

(丙二) /133

鄜縣志：[乾隆]：十八卷，卷首圖一卷/（清）李帶雙修；（清）張若纂.--刻本.--清乾隆四十四年（1779）.--4 冊（1 函）.--半葉 12 行，行 24 字，小字雙行 36 字，粗黑口，四周單邊，雙對黑魚尾，半框 20×15.1cm。鈐"鹿巖精舍"朱文印.--綫裝

(丙二) /2901

第二部 鈐"百鏡盦"朱文印

(丙二) /139

武功縣志：[正德]：三卷，卷首一卷/（明）康海撰；（清）孫景烈評註.--刻本.--武功：長白瑪星阿，清乾隆二十六年（1761）.--1 冊（1 函）.--序題"康對山先生武功縣志"、"新刊康對山先生武功縣志"。半葉 12 行，行 25 字，小字雙行字同，有眉批，行 4 字，白口，四周雙邊，單黑魚尾，半框 19.7×14.8cm。鈐"王璵私印"白文印.--綫裝

(丙二) /1844

韓城縣志：[乾隆]：十六卷，首一卷/（清）傅應奎纂.--刻本.--清乾隆四十九年（1784）.--5 冊（1 函）.--半葉 12 行，行 24 字，黑口，四周單邊，雙對黑魚尾，半框 19.5×15.1cm。本衙藏板.--綫裝

(丙二) /98

澄城縣志：[乾隆]：二十卷/（清）洪亮吉，（清）孫星衍撰.--刻本.--清乾隆四十九年（1784）.--4 冊（1 函）.--半葉 12 行，行 24 字，粗黑口，四周單邊，雙對黑魚尾，半框 19.7×15.1cm。本衙藏板。鈐"鹿巖精舍"朱文印.綫裝

(丙二) /120

郃陽縣全志：[乾隆]：四卷/（清）孫景烈撰.刻本.--清乾隆三十四年（1769）.--4 冊（1 函）.--半葉 10 行，行 22 字，小字雙行字同，白口，四周單邊，無界行，單黑魚尾，半框 17.7×14.5cm.--綫裝

(丙二) /96

富平縣志：[乾隆]：八卷/（清）吳六鼇修；

（清）胡文銓纂.--刻本.--清乾隆四十三年
（1778）.--6 冊（1 函）：插圖.--半葉 10 行，
行 20 字，小字雙行字同，白口，左右雙邊，單
黑魚尾，半框 20×15.2cm.--綫裝
（丁）/14382

甘泉縣志：［乾隆］：二十卷/（清）吳鶚峙，
（清）厲鶚纂修.--刻本.--揚州，清乾隆八年
（1743）.--12 冊（1 函）：附圖 12 幅.--目錄缺
1 葉。半葉 10 行，行 21 字，小字雙行字同，白
口，左右雙邊，單黑魚尾，半框 20×14.8cm。
鈐“藤香水榭收藏”朱文印、“江蘇省館所藏圖
籍記”朱文印.--綫裝　　　　（丁）/9157

洵陽縣誌：［乾隆］：十四卷/（清）鄧夢琴纂
修.--刻本.--清乾隆四十八年（1783）.--4 冊
（1 函）：插圖 4 幅，有表格.--半葉 9 行，行 22
字，小字雙行字同，白口，左右雙邊，單黑魚尾，
半框 20.5×14.5cm.--綫裝　　　（丁）/13260

直隸商州志：［乾隆］：十四卷，首一卷，圖一
卷/（清）王如玖纂修.續商州志：十卷/（清）
羅文思纂修.--刻本.--清乾隆九至二十二年
（1734～1757）.--10 冊（1 函）.--半葉 10 行，
行 20 字，小字雙行字同，白口，四周雙邊，單
黑魚尾，半框 20.4×14.8cm.--綫裝
（丙二）/5651

甘肅通志：［乾隆］：五十卷，卷首一卷/（清）
查郎珂等修；（清）李迪等纂.--刻本.--清乾隆
元年（1736）.--36 冊（6 函）.--半葉 9 行，行
21 字，小字雙行字同，白口，四周雙邊，單黑
魚尾，半框 21.9×17.3cm.--綫裝
（乙二）/603

皋蘭縣志：［乾隆］：二十卷，圖一卷，表一卷
/（清）吳鼎新修；（清）黃建中纂.--刻本.--
清乾隆四十三年（1778）.--4 冊（1 函）.--半
葉 9 行，行 23 字，小字雙行字同，白口，四周
雙邊，單黑魚尾，半框 18.5×13.9cm.--綫裝
（丁）/18

直隸秦州新志：［乾隆］：十二卷，卷首圖一
卷，卷末一卷/（清）費廷珍修；（清）胡釴纂.--
刻本.--清乾隆二十九年（1764）.--16 冊（2
函）.--半葉 9 行，行 20 字，小字雙行字同，白
口，四周雙邊，單黑魚尾，半框 19.7×14.2cm.
綫裝　　　　　　　　　　　（丁）/13988

隴西縣誌：［乾隆］：十二卷，卷首一卷/（清）
魯廷琰纂輯.--刻本.--清乾隆三年（1738）.--6
冊（1 夾）：附圖.--版心題“隴西誌”。半葉 10
行，行 20 字，小字雙行字同，白口，四周雙邊，
單黑魚尾，半框 20×13.8cm。鈐“鹿巖精舍”
朱文印.--綫裝　　　　　　（丙二）/83

直隸階州志：［乾隆］：二卷/（清）林忠原編；
（清）毛琪麟補輯.--刻本.--清乾隆元年
（1736）.--4 冊（1 夾）.--半葉 10 行，行 18
字，小字雙行字同，白口，四周雙邊，單黑魚尾，
半框 21.1×14.8cm.--綫裝　　（丙二）/134

甘州府志：［乾隆］：十六卷，卷首圖一卷/
（清）鍾賡起纂修.--刻本.--清乾隆四十四年
（1779）.--10 冊（2 函）.--半葉 9 行，行 22
字，小字雙行字同，白口，四周雙邊，單黑魚尾，
半框 21.4×16cm.--綫裝　　　（丁）/13989

莎車府志：［光緒］：不分卷/（清）佚名纂修.--
抄本.--清宣統元年（1909）.--1 冊（1 函）.--
綫裝　　　　　　　　　　　（丁）/13874

婁縣志：［乾隆］：三十卷，卷首二卷/（清）
謝廷薰，（清）陸錫熊纂修.--刻本.--清乾隆五
十一至五十二年（1786～1787）.--6 冊（1 函）.--
半葉 11 行，行 21 字，小字雙行字同，白口，左
右雙邊，單黑魚尾，半框 19.3×15cm。版藏縣
庫。鈐“藤香水榭收藏”朱文印、“江蘇省館所
藏圖籍記”朱文印.--綫裝　　（丁）/9388

崇明縣志：［乾隆］：二十卷/（清）趙廷健，
（清）韓彥曾合纂.--刻本.--清乾隆（1736～
1795）.--10 冊（1 函）.--半葉 10 行，行 21 字，
小字雙行字同，粗黑口，左右雙邊，半框 18×

13.4cm。鈐"藤香小榭收藏"朱文印、"江蘇省館所藏圖籍記"朱文印.--綫裝　　　（丁）/14580

齊乘：六卷/（元）于欽撰. **音釋**：一卷/（元）于潛撰. **攷證**：六卷/（清）周嘉猷撰.--刻本.--清乾隆四十六年（1781）.--4 冊（1 函）.--半葉 11 行，行 21 字，小字雙行字同，白口，左右雙邊，單黑魚尾，半框 18.9×13.9cm。佚名圈點。鈐"蘇"朱文印、"谷"朱文印.--綫裝　　　（乙二）/433

顏神鎮志：[康熙]：五卷/（清）葉先登修；（清）馮文顯纂.--刻本.--清康熙九年（1670）.--2 冊（1 函）.--半葉 9 行，行 20 字，白口，四周雙邊，單黑魚尾，半框 18.3×13.4cm.--綫裝　　　（丁）/13591

諸城縣志：[乾隆]：四十六卷/（清）宮懋讓修；（清）李文藻等纂.--刻本.--清乾隆二十九年（1764）.--8 冊（1 函）：地圖 13 幅.--半葉 10 行，行 21 字，小字雙行字同，粗黑口，四周單邊，雙對黑魚尾，半框 20.4×15.1 cm。佚名批、校、圈點.--綫裝　　　（丁）/2368

濟寧直隸州志：[乾隆]：三十四卷，首一卷/（清）胡德琳等纂修.--刻本.--清乾隆五十年（1785）.--20 冊（2 函）：圖 19 幅.--半葉 10 行，行 21 字，小字雙行字同，白口，左右雙邊，單黑魚尾，半框 19.1×14.7cm。尊經閣吏房藏板.--綫裝　　　（丁）/14320

德州志：[乾隆]：十二卷，卷首一卷/（清）王道亨撰.--刻本.--清乾隆五十三年（1788）.--8 冊（1 函）：插圖 9 幅.--半葉 9 行，行 20 字，小字雙行字同，白口，左右雙邊，單黑魚尾，半框 19.5×14.5cm.--綫裝　　　（丁）/8831

夏津縣志：[乾隆]：十卷，卷首一卷/（清）梁大鯤纂.--刻本.--清乾隆六年（1741）.--6 冊（1 函）：有圖.--半葉 10 行，行 22 字，小字雙行字同，白口，左右雙邊，單黑魚尾，半框 19.9×14.4cm。鈐"北平孔德學校之章"朱文

印.--綫裝　　　（甲二）/173

臨清直隸州志：[乾隆]：十一卷，卷首一卷/（清）張度，（清）鄧希曾修纂.--刻本.--臨清，清乾隆五十年（1785）.--10 冊（1 函）：插圖 6 幅.--半葉 9 行，行 21 字，小字雙行字同，白口，四周雙邊，單黑魚尾，半框 18.2×14.5cm.--綫裝　　　（丁）/9461

張秋志：[康熙]：十二卷/（明）黃承玄輯；（清）林芃重修；（清）馬之驃補編.--抄本.--清康熙雍正間（1662～1735）.--4 冊（1 函）：插圖 9 幅.--鈐"鹿巖精舍"朱文印.--綫裝　　　（丁）/12585

長山縣志：[康熙]：十卷，首一卷/（清）孫衍輯.--刻本.--清康熙五十四年（1715）.--4 冊（1 夾）.--半葉 10 行，行 22 字，小字雙行字同，白口，左右雙邊，單黑魚尾，半框 18.7×14.5cm。公署藏板。鈐"鹿巖精舍"朱文印.--綫裝　　　（丙二）/147

徐州府志：[乾隆]：三十卷，卷首一卷/（清）王峻，（清）石傑纂修.--刻本.--徐州，清乾隆七年（1742）.--12 冊（2 函）.--半葉 10 行，行 21 字，小字雙行字同，白口，左右雙邊，單黑魚尾，半框 21.9×14.7cm。鈐"藤香水榭收藏"朱文印、"江蘇省館所藏圖籍記"朱文印.綫裝　　　（丁）/9152

銅山縣志：[乾隆]：十二卷，卷首一卷/（清）張宏運纂修.--刻本.--清乾隆（1736～1795）.--6 冊（1 函）：附圖 9 幅.--半葉 10 行，行 21 字，小字雙行字同，白口，左右雙邊，單黑魚尾，半框 21.8×14.8cm。鈐"藤香水榭收藏"朱文印、"江蘇省館所藏圖籍記"朱文印.--綫裝　　　（丁）/9141

海州志：[康熙]：十卷/（清）劉兆龍纂修. **雲臺山記略詩集**：一卷/（清）趙一琴輯.--刻本.--清順治十七年（1660）刻；康熙九年（1670）補刻.--2 冊（1 函）.--半葉 10 行，行

20 字，小字雙行字同，白口，四周單邊，單黑魚尾，半框 20.6×14.1cm。鈐"藤香水榭收藏"朱文印、"江蘇省館所藏圖籍記"朱文印.--綫裝 　　　　　　　　　　　　（丁）/9148

揚州府志：［雍正］：四十卷/（清）尹會一，（清）程夢星等纂修.--刻本.--清雍正十一年（1733）.--12 冊（2 函）.--序言有 8 葉係抄配。卷 1 為輿圖。半葉 10 行，行 21 字，小字雙行字同，白口，左右雙邊，單黑魚尾，半框 20.2×15.2cm.--綫裝 　　　（丁）/7758

江都縣志：［雍正］：二十卷/（清）陸朝璣纂修.--刻本.--清雍正（1723~1735）.--10 冊（1 函）：附圖 13 幅.--卷前序缺 1 葉。半葉 10 行，行 21 字，小字雙行字同，白口，左右雙邊，單黑魚尾，半框 18.6×14.5cm。鈐"藤香水榭收藏"朱文印、"江蘇省館所藏圖籍記"朱文印.--綫裝 　　　　　　　　　　　（丁）/9142

直隸通州志：［乾隆］：二十二卷/（清）汪繼祖修；（清）夏之蓉纂.--刻本.--清乾隆二十年（1755）.--16 冊（1 函）：附圖 14 幅.--半葉 11 行，行 22 字，小字雙行字同，白口，左右雙邊，單黑魚尾，半框 18.2×14cm。鈐"藤香水榭收藏"朱文印、"江蘇省館所藏圖籍記"朱文印.--綫裝 　　　　　　　　　　　　（丁）/9102

鎮江府志：［乾隆］：五十五卷，卷首一卷/（清）朱霖纂修.--刻本.--清乾隆十五年（1750）.--20 冊（2 函）：附圖 5 幅.--半葉 10 行，行 21 字，小字雙行字同，白口，左右雙邊，單黑魚尾，半框 21.7×14.8cm。鈐"藤香水榭收藏"朱文印、"江蘇省館所藏圖籍記"朱文印.--綫裝 　　　　　　　　　　（丁）/9099

金壇縣志：［乾隆］：十二卷/（清）楊景曾修；（清）于枋纂.--刻本.--清乾隆（1736~1795）.--8 冊（1 函）：附圖 4 幅.--半葉 9 行，行 21 字，小字雙行字同，白口，左右雙邊，單黑魚尾，半框 20.6×15.3cm。鈐"藤香水榭收藏"朱文印、"江蘇省館所藏圖籍記"朱文印.--綫

裝 　　　　　　　　　　　　　（丁）/9100

溧陽縣志：［乾隆］：十二卷，卷首一卷/（清）吳學濂輯.--刻本.--清乾隆八年（1743）.--6 冊（1 函）：附圖 5 幅.--半葉 9 行，行 21 字，小字雙行字同，白口，四周單邊，半框 19.9×14.4cm。鈐"藤香水榭收藏"朱文印、"江蘇省館所藏圖籍記"朱文印.--綫裝 　　　　（丁）/9071

吳郡志：［紹定］：五十卷/（宋）范成大纂修；（宋）汪泰亨續修.--刻本.--虞山毛氏汲古閣，明崇禎八年（1635）刻；清（1644~1911）修版.--12 冊（2 函）.--半葉 9 行，行 18 字，小字雙行字同，粗黑口，左右雙邊，三對黑魚尾，半框 19.9×14.4cm。鈐"笥河府君遺藏書記"朱文印、"遇者善讀"白文印、"西山圖書"朱文印、"南昌彭氏"朱文印、"泗水之濱"朱文印.--綫裝 　　　　　　　　（乙二）/505

蘇州府志：［康熙］：八十二卷，卷首一卷/（清）寧雲鵬纂修.--刻本.--清康熙（1662~1722）.--60 冊（6 函）：圖 14 幅.--半葉 10 行，行 21 字，小字雙行字同，白口，左右雙邊，單黑魚尾，半框 21.5×14.5cm。鈐"藤香水榭收藏"朱文印、"江蘇省館所藏圖籍記"朱文印.--綫裝 　　　　　　　　　　　　（丁）/9119

崑山新陽合志：［乾隆］：三十八卷，卷首一卷，卷末一卷/（清）邵大業，（清）王峻纂修.--刻本.--清乾隆十六年（1751）.--16 冊（2 函）：附圖 6 幅.--半葉 11 行，行 22 字，小字雙行字同，白口，左右雙邊，單黑魚尾，半框 20×15cm。有刻工：顧登、王宜仁等。鈐"藤香水榭收藏"朱文印、"江蘇省館所藏圖籍記"朱文印.--綫裝 　　　　　　　（丁）/9048

鳳台縣志：［乾隆］：二十卷，首一卷/（清）林荔修；（清）姚學甲纂.--刻本.--清乾隆四十九年（1784）.--8 冊（1 函）.--缺卷首、卷 19、20。半葉 9 行，行 22 字，小字雙行字同，四周雙邊，單黑魚尾，半框 18.5×14cm。鈐"鹿巖精舍"朱文印.--綫裝 　　　　（丙二）/47

新安志：［淳熙］：十卷/（宋）羅願撰.--刻本，影宋.--黃以祚程德堂，清康熙四十六至四十七年（1707～1708）.--4冊（1夾）.--半葉9行，行19字，小字雙行28字，白口，左右雙邊，單黑魚尾，半框 18.4×13.6cm。鈐"鹿巖精舍"朱文印.--綫裝 （丙二）/55

廬江縣志：［雍正］：十二卷，首一卷/（清）陳慶門等纂修.--刻本.--清雍正十年（1732）.6冊（1函）：插圖3幅.--半葉9行，行20字，白口，單黑魚尾，四周雙邊，半框20.5×15cm。鈐"小存"印（陰陽合璧）.--綫裝 （丁）/13244

錢塘縣志：［康熙］：三十六卷，卷首一卷/（清）魏峴修；（清）裘璉等纂.--刻本.--清康熙五十七年（1718）.--20冊（4函）：圖12幅.--缺"浙江潮候圖"半葉、卷1第1-2葉、卷5末葉、卷6末葉。半葉9行，行22字，小字雙行字同，白口，四周單邊，單黑魚尾，半框 19.7×14.8cm。佚名圈點、批校.--綫裝 （丁）/16065

蕭山縣志：［乾隆］：四十二卷/（清）黃鈺纂修.--刻本.--清乾隆十六年（1751）.--8冊（2函）：地圖4幅.--半葉10行，行22字，小字雙行字同，白口，四周雙邊，單黑魚尾，半框20.9×15.1cm。鈐"釐爵堂王照楠珍藏書畫印章"朱文印、"曹煥藏書"朱文印、"浙簫弗知足齋藏印"白文印.--綫裝 （丁）/7793

吳興合璧：四卷/（清）陳文煜纂輯.--刻本.--清乾隆五十二年（1787）.--2冊（1函）.--半葉9行，行19字，小字雙行字同，白口，左右雙邊，單黑魚尾，半框17×13.6cm.--綫裝 （丙二）/275

太平縣誌：［康熙］：八卷/（清）曹文斑編.--刻本.--清康熙二十二年（1683）.--2冊（1夾）.--書名據卷五卷端著錄。半葉9行，行20字，小字雙行字同，白口，四周雙邊，單黑魚尾，半框19.9×14.5cm。鈐"鹿巖精舍"白文印.--綫裝 （丙二）/131

寧化縣志：［康熙］：七卷，地圖一卷/（清）李世熊撰；（清）祝文郁重修.--刻本.--清康熙二十三年（1648）（清乾隆［1736～1795］印）.--8冊（2函）.--半葉9行，行22字，小字雙行字同，白口，四周雙邊，單黑魚尾，半框20.4×14.7cm。有牌記"板藏檀河精舍".--綫裝 （丁）/28

河南通志：［順治］：五十卷/（清）賈漢復修；（清）沈荃纂.--刻本.--清順治十七年（1660）.16冊（2函）：有圖.--卷30-35為抄補。半葉10行，行20字，小字雙行20字，白口，四周雙邊，單黑魚尾，半框25.4×17.9cm.--綫裝 （乙二）/93

彰德府志：［乾隆］：三十二卷，卷首一卷/（清）盧崧修.--刻本.--清乾隆五十二年（1787）.--20冊（2函）：有圖.--半葉11行，行22字，小字雙行字同，白口，左右雙邊，單黑魚尾，半框20.5×15.3cm.--綫裝 （丁）/9150

西華縣志：［乾隆］：十四卷，卷首一卷/（清）宋恂重修；（清）于大猷纂.--刻本.--清乾隆十九年（1754）.--6冊（1函）：有插圖.--半葉10行，行22字，小字雙行字同，白口，四周雙邊，單黑魚尾，半框 21.1×15.1cm。鈐"石檜書巢"白文印.--綫裝 （丙二）/64

長沙府志：［乾隆］：五十卷，首一卷/（清）呂肅高，（清）張雄圖纂修.--刻本.--清乾隆十二年（1747）.--31冊（4函）.--缺卷1-4。半葉10行，行20字，小字雙行字同，白口，四周雙邊，單黑魚尾，半框22.2×16.3cm.--綫裝 （丁）/14284

鬱林州志：［乾隆］：十卷/（清）邱桂山修；（清）劉玉麟等纂.--刻本.--見賢堂書坊閣氏，清乾隆五十七年（1792）.--4冊（1夾）.--半葉10行，行22字，小字雙行字同，白口，左右雙邊，單黑魚尾，半框 19.6×15.1cm。本衙藏板。鈐"鹿巖精舍"白文印.--綫裝

（丙二）/137

貴州通志：[乾隆]：四十六卷，卷首一卷/（清）鄂爾泰等纂修．--刻本．--清乾隆六年（1741）．--32 冊（4 函）：圖 16 幅．--半葉 11 行，行 21 字，小字雙行字同，白口，四周雙邊，單黑魚尾，半框 20.3×14.5cm．--綫裝　　　　　（丁）/2779

路南州志：[康熙]：四卷/（清）金廷獻修；（清）李汝相纂．--刻本．--清康熙五十一年（1712）．--2 冊（1 函）：插圖 6 幅．--卷 3-4 係抄配．半葉 9 行，行 19 字，白口，四周雙邊，單黑魚尾，半框 19.7×15.2cm．--綫裝

（丁）/13629

西藏志：不分卷．--抄本．--清（1644～1911）．--2 冊（1 函）．--半葉 9 行，行 23 字，無邊框．鈐"泊廬所藏金石書畫印"朱文印．--綫裝　　　　　（乙二）/530

雜志

益部方物略記：一卷/（宋）宋祁撰；（明）胡震亨，（明）毛晉訂．**玉蕊辨證**：一卷/（宋）周必大撰．--刻本．--常熟：虞山毛氏汲古閣，明崇禎（1628～1644）．--1 冊（1 函）．--（津逮秘書/[明]毛晉輯）．--益部方物略記半葉 9 行，行 18 字，白口，左右雙邊，單白魚尾，半框 19.1×13.9cm；玉蕊辨證半葉 8 行，行 19 字，白口，左右雙邊，版心下刻"汲古閣"，半框 18.8×13.6cm．鈐"炳廷"白文印．--綫裝

（庚）/707

東京夢華錄：十卷/（宋）孟元老撰；（明）胡震亨，（明）毛晉訂．--刻本．--明崇禎（1628～1644）．--2 冊（1 函）．--（津逮秘書/[明]毛晉編）．--書末有 1 葉係抄配．半葉 9 行，行 18 字，小字雙行字同，白口，左右雙邊，單白魚尾，半框 19×13.9cm．鈐"惜華讀書"朱文印、"碧蕖館藏"朱文印、"芸子"朱文印．--綫裝

（丁）/12431

第二部　1 冊（1 函），鈐"黃節"白文印，馬彥祥贈書　　　　　（戊）/24

中吳紀聞：六卷/（宋）龔明之撰．--刻本．--虞山毛氏汲古閣，明末（1573～1644）．--4 冊（1 函）．--半葉 9 行，行 18 字，小字雙行字同，黑口，左右雙邊，三黑魚尾，半框 20.7×14.9cm．汲古閣藏板．鈐"毛氏正本"朱文印、"汲古閣"白文印．--綫裝　　　　　（丙三）/4525

高寄齋訂正武林舊事：六卷；**寶顏堂後集武林舊事**：五卷/（宋）周密撰．--刻本．--繡水沈氏，明萬曆四十三年（1615）．--5 冊（1 函）．--（寶顏堂秘笈/[明]陳繼儒輯）．--簡名題"武林舊事"．半葉 8 行，行 18 字，小字雙行字同，白口，四周單邊，半框 20.1×12.8cm．鈐"授經樓藏書印"朱文印、"吳興藥盒"朱文印、"五萬卷藏書樓"朱文印、"曾在王鹿鳴處"朱文印．--綫裝　　　　　（甲二）/126

莆陽比事：七卷/（宋）李俊甫撰．--抄本，藍絲欄．--清嘉慶（1796～1820）．--2 冊（1 函）．--半葉 7 行，行 18 字，白口，四周單邊，單黑魚尾，半框 19.3×12.8cm．--綫裝　　　　　（丁）/4329

帝京景物略：二卷/（明）劉侗，（明）于奕正撰．--刻本．--明崇禎（1628～1644）．--6 冊（1 函）．--半葉 8 行，行 19 字，白口，四周單邊，單黑魚尾，半框 19.5×14cm．佚名朱筆圈點．鈐"津門劉氏固園藏書"朱文印．--綫裝

（丁）/13934

顏山雜記：四卷/（清）孫廷銓撰．--刻本．--清康熙（1662～1722）．--2 冊（1 函）．--（孫文定公全集/[清]孫廷銓撰）．--半葉 8 行，行 18 字，白口，四周單邊，半框 18.9×12.6cm．鈐"圖畊堂易氏藏書印"朱文印、"容氏"白文印、"春谷"朱文印．--綫裝　　　（丁）/6136
第二部　　　　　（丙二）/309

日下舊聞：四十二卷/（清）朱彝尊編．--刻本．--六峰閣，清康熙（1662～1722）．--24 冊

（4 函）.--卷 31 係抄配。半葉 12 行，行 21 字，白口，四周單邊，單黑魚尾，半框 18.8×13.8cm。鈐"臣珏字二毓"白文印.--綫裝

（丙二）/4402-1

第二部　24 冊（4 函），佚名圈點

（丙二）/4402

第三部　24 冊，存卷 1-20　（戊）/1396

皇華紀聞：四卷/（清）王士禎撰.--刻本.--清康熙（1662~1722）（清雍正[1723~1735]後印）.--2 冊（1 函）.--半葉 10 行，行 19 字，小字雙行 28 字，粗黑口，左右雙邊，單黑魚尾，半框 16.5×13.4cm。鈐"北京市文化局文物調查研究組藏書印"朱文印.--綫裝

（丁）/10640

隴蜀餘聞：一卷/（清）王士禎撰.--刻本.--清康熙（1662~1722）.--1 冊（1 函）.--半葉 10 行，行 19 字，小字雙行字數不等，黑口，左右雙邊，單黑魚尾，半框 16.1×13.3cm.--綫裝

（丁）14746

長河志籍考：[康熙]：十卷/（清）田雯編.--刻本.--清康熙三十七年（1698）.--2 冊（1 函）.--（德州田氏叢書/[清]田雯等撰）.--半葉 12 行，行 24 字，小字雙行字同，粗黑口，左右雙邊，單黑魚尾，半框 17.3×13.8cm.--綫裝

（丙二）/2888

西藏見聞錄：二卷/（清）蕭騰麟撰.--刻本.--峽江蕭錫珀賜硯堂，清乾隆二十四年（1759）.1 冊（1 函）：地圖 1 幅.--半葉 10 行，行 22 字，小字雙行字同，白口，左右雙邊，單黑魚尾，半框 19.3×13.8cm.--綫裝：馬彥祥贈書

（戊）/26

西域聞見錄：八卷，首一卷/（清）椿園撰.--抄本.--清（1644~1911）.--3 冊（合函）.半葉 8 行，行 16 字，無行格。佚名圈點.--綫裝

（乙二）/403-2

雲棧紀程：八卷/（清）張邦伸編.--刻本.--

清乾隆五十九年（1794）.--4 冊（1 函）.--半葉 9 行，行 20 字，小字雙行字同，白口，左右雙邊，單黑魚尾，半框 15.9×11cm。敦彝堂藏板。鈐"廷霖之章"朱文印、"倚沁晶宜石齋"朱文印.--綫裝

（丙二）/5461

四明談助：四十六卷/（清）徐北曧撰.--活字本，木活字.--浣江敩學半齋，清道光八年（1828）.--20 冊（4 函）.--半葉 11 行，行 24 字，小字雙行字同，粗黑口，四周雙邊，單黑魚尾，半框 22.6×14.5cm.--綫裝　（丁）/12753

擇里志：二卷/（朝鮮）李重煥撰.--抄本.--朝鮮，李朝後期（1724~1910）.--2 冊（1 函）.又名"八域志"。半葉 12 行，行字數不一。鈐"鹿巖精舍"白文印.--綫裝　（丁）/13929

山水志

新鐫海內奇觀：十卷，附一卷/（明）楊爾曾撰；（明）陳一貫繪圖.--刻本.--錢塘：夷白堂，明萬曆（1573~1621）.--6 冊（1 函）：有插圖.版心題"海內奇觀"。半葉 10 行，行 24 字，白口，四周單邊，單黑魚尾，版心下刻"夷白堂"，半框 22.9×15.4cm。佚名圈點.--綫裝

（乙二）/715

新鐫海內奇觀：十卷/（明）楊爾曾輯；（明）陳一貫繪圖.--刻本.--明萬曆（1573~1620）.10 冊（1 函）：有圖.--版心題"海內奇觀"。仿夷白堂刻本。半葉 10 行，行 24 字，白口，四周單邊，單黑魚尾，版心下刻"夷白堂"，半框 23.3×15.2cm。鈐"九鼎之圖"朱文印、"夷白堂"白文印、"北平孔德學校之章"朱文印.--綫裝

（甲二）/633

林屋民風：十二卷，附錄一卷/（清）王維德編.--刻本.--清康熙（1662~1722）（清雍正[1723~1735]印）.--6 冊（1 函）.--缺附錄 1 卷。半葉 10 行，行 21 字，小字雙行字同，白口，左右雙邊，雙對黑魚尾，半框 16.7×13.3cm。

鈐"鹿巖精舍"白文印、"周肇祥讀過書"朱文
印.--綫裝　　　　　　　　　　　（丁）/9325

山志

恒山志：五卷，圖一卷/（清）桂敬順纂修.--
刻本.--清乾隆二十八年（1763）（清嘉慶二十四
年[1819]印）.--5 冊（1 函）.--半葉 9 行，行
20 字，小字雙行字同，白口，左右雙邊，單黑
魚尾，半框 18.7×14.5cm。州署藏板。鈐"鹿
巖精舍"朱文印.--綫裝　　　　（丁）/9171

清凉山新志：十卷/（清）釋丹巴撰.--刻本.
清康熙三十三年（1694）.--4 冊（1 函）.--半
葉 9 行，行 20 字，白口，四周雙邊，單黑魚尾，
半框 20.3×14.3cm。鈐"北平孔德學校之章"
朱文印.--綫裝　　　　　　　　（甲二）/559

清凉山志：十卷/（明）釋鎮澄修；（清）釋阿
王老藏重修.--刻本.--淮陰：釋聚用，清乾隆二
十年（1755）.--4 冊（1 函）：冠像 1 幅，圖 1
幅.--半葉 9 行，行 20 字，小字雙行字同，白口，
四周雙邊，單黑魚尾，半框 20.5×15.7cm。淮
陰祁豐元鐫。鈐"式儒"朱文印.--綫裝
　　　　　　　　　　　　　　　（丙二）/1817
　第二部　清光緒十三年（1887）印，吳曉鈴
贈書　　　　　　　　　　　　　　（己）2284

欽定清凉山志：二十二卷/（清）高宗弘曆敕
纂.--刻本.--武英殿，清乾隆（1736～1795）.--
8 冊（1 函）：附圖 10 幅.--半葉 9 行，行 20 字，
小字雙行字同，白口，四周雙邊，單黑魚尾，半
框 19.8×14.2cm。鈐"娑羅花樹館周氏藏書"
朱文印.--綫裝　　　　　　　　　（丁）/9050

華嶽全集：十一卷/（明）李時芳撰.--刻本.--
李時芳，明嘉靖四十一年（1562）刻；清（1644
～1911）補刻.--6 冊（1 函）：有圖.--半葉 10
行，行 20 字，白口，四周單邊，單黑魚尾，半
框 22.2×15.6cm。鈐"家世珍藏"白文印.--綫
裝　　　　　　　　　　　　　　（乙二）/707

長白山錄：不分卷/（清）王士禎撰.--刻本.
清康熙（1662～1722）.--1 冊（1 函）.--半葉
10 行，行 19 字，粗黑口，左右雙邊，單黑魚尾，
半框 16.4×13.1cm。鈐"鹿巖"朱文印.--綫裝
　　　　　　　　　　　　　　　（丙二）/1831

岱史：十八卷/（明）查志隆撰.--刻本.--明
萬曆十五年（1587）.--12 冊（2 函）：圖 8 幅.--
半葉 9 行，行 20 字，白口，四周單邊，半框 22
×15.4cm.--綫裝　　　　　　　　（乙二）/430

泰山述記：十卷/（清）宋思仁撰.--刻本.--
泰安：泰安縣署，清乾隆五十五年（1790）.--8
冊（1 函）.--半葉 10 行，行 20 字，白口，四
周雙邊，單黑魚尾，半框 18.6×14.9cm。板藏
泰安縣署.--綫裝　　　　　　　　（丙二）/1764

岱覽摘錄/（清）唐仲冕撰.--抄本.--谢宝田，
清嘉慶十七年（1812）.--2 冊（1 函）.--半葉
16 行，行字數不等，無邊框。鈐"天津楊氏藏
書"朱文印.--綫裝　　　　　　　（乙二）/412

五蓮山志：五卷/（清）釋海霆輯.--刻本.--
萬松禪林，清康熙二十年（1681）.--2 冊（1
夾）.--半葉 8 行，行 20 字，小字雙行字同，白
口，四周單邊，單黑魚尾，半框 18.6×14.5cm。
鈐"周肇祥印"白文印、"鹿巖精舍"朱文
印.--綫裝　　　　　　　　　　　（丙二）/211

攝山志：八卷，首一卷/（清）陳毅撰.--刻本.
蘇州：蘇州府署，清乾隆五十五年（1790）.--5
冊（1 函）：地圖 11 幅.--半葉 10 行，行 22 字，
白口，左右雙邊，單黑魚尾，半框 20.3×
14.2cm.--綫裝　　　　　　　　　（乙二）/570
　第二部　6 冊（1 函），鈐"鎦子雲印"白文
印、"養安藏書"朱文印、"雙楡書屋"白文印
　　　　　　　　　　　　　　　（丙二）/167

金山志：十卷，卷首一卷/（清）盧見曾撰.--
刻本.--清乾隆（1736～1795）.--4 冊（1 函）.--
半葉 10 行，行 21 字，小字雙行 18 字，白口，
左右雙邊，單黑魚尾，半框 18×14.1cm。鈐"積

學齋徐乃昌藏書"朱文印.--綫裝
（丙二）/2099

焦山志：[乾隆]：十二卷/（清）盧見曾撰.--刻本.--德州盧見曾雅雨堂，清乾隆二十七年（1762）.--4冊（1函）：冠圖5幅.--半葉10行，行21字，小字雙行字同，白口，左右雙邊，單黑魚尾，版心下刻"雅雨堂"，半框18.1×14.1cm。鈐"周養菴藏書記"朱文印.--綫裝
（丁）/10011

　　第二部 （丙二）/1814
　　第三部 後印，版心無"雅雨堂"，鈐"揚州阮氏琅嬛仙館藏書印"朱文印、"北平孔德學校之章"朱文印
（甲二）/561

茅山志：十四卷，附道秩考一卷/（清）笪蟾光重修.--刻本.--清康熙（1662～1722）.--6冊（2函）.--存卷1-6，"劉宗師自序"有2葉係抄配。半葉9行，行21字，小字雙行字同，白口，四周雙邊，單黑魚尾，半框21.2×14.6cm。鈐"竹西書屋"白文印、"李文藻印"朱文印、"養菴鑑藏"朱文印、"鹿巖精舍"朱文印.--綫裝
（丙二）/2905

寶華山志：十五卷，卷首一卷/（清）劉名芳纂修.--刻本.--清乾隆（1736～1795）.--4冊（1函）：附圖11幅.--半葉9行，行20字，小字雙行字同，白口，四周單邊，單黑魚尾，半框21.4×14.2cm.--綫裝
（丁）/8573
　　第二部 （丙二）/190

虎丘山圖志：一卷；**虎丘山志**：五卷/（明）文肇祉輯.--刻本.--明萬曆（1573～1620）.--4冊（1函）：冠圖1幅.--存圖志1卷，文集1卷，詩集卷3、4，續集1卷。卷數據序言著錄。半葉8行，行19字，小字雙行字同，白口間粗黑口，左右雙邊，單黑魚尾，半框20×13.5cm。鈐"鹿巖"朱文印、"養菴鑑藏"朱文印.--綫裝
（丁）/12563

虎阜志：[乾隆]：十卷，卷首一卷/（清）陸肇域輯；（清）任兆麟纂.--刻本.--清乾隆五十

七年（1792）.--10冊（1函）：附圖25幅.--半葉10行，行20字，小字雙行字同，粗黑口，四周雙邊，雙對黑魚尾，半框19×13.7cm。西溪別墅藏板。鈐"鹿巖精舍"朱文印、"養菴秘笈"朱文印.--綫裝
（丁）/9101

穹窿山志：六卷/（清）向球纂修；（清）李標輯.--刻本.--清康熙（1662～1722）.--4冊（1函）：附圖15幅.--半葉9行，行20字，白口，四周單邊，單黑魚尾，半框21.7×14.9cm。有刻工：金。鈐"娑羅花樹館周氏藏書"朱文印.綫裝
（丁）/9115

黃山志定本：七卷，卷首一卷/（清）閔麟嗣纂.--刻本.--清康熙十八年（1679）（清康熙二十五年[1686]後印）.--7冊（1夾）：冠圖16幅.半葉9行，行21字，小字雙行字同，白口，四周雙邊，半框19.3×13.8cm。有刻工：周長年、栢青芝、湯能臣。鈐"鹿巖精舍"朱文印.--綫裝
（丙二）/268

黃山志：二卷/（清）張佩芳輯.--刻本.--清乾隆三十六年（1771）.--1冊（1函）：插圖16幅.--圖1-5葉殘，首尾缺。半葉9行，行24字，小字雙行字同，白口，左右雙邊，單黑魚尾，半框20.7×14.9cm。圖有寫工：許嶸。黃裳題識。鈐"黃裳小雁"朱文印、"來燕榭珍藏記"朱文印.--綫裝
（丁）/8407

徑山志：十四卷/（明）宋奎光輯.--刻本.--明天啟（1621～1627）.--6冊（1函）.--半葉9行，行21字，小字雙行字同，白口，四周單邊，單綫魚尾，半框21.3×14.6cm。鈐"衡陽常氏潭印閣藏書之圖記"朱文印、"養菴鑑藏"朱文印、"鹿巖精舍"朱文印.--綫裝
（丙二）/191

阿育王山志略：二卷/（明）陸基志編.--刻本.--明末（1573～1644）.--1冊（1函）.--半葉9行，行18字，白口，左右雙邊，單黑魚尾，半框20.4×14.2cm.--綫裝
（丙二）/2497

明州阿育王山志：十卷，續志六卷/（明）郭子章撰；（清）釋畹荃續輯.--刻本.--明萬曆（1573～1620）；清乾隆（1736～1795）增刻.6 冊（1 函）：有圖.--半葉 10 行，行 19 字，小字雙行字同，白口，四周單邊，半框 19.6×14.5cm。鈐"北平孔德學校之章"朱文印.--綫裝　　　　　　　　（甲二）/616

第二部　4 冊（1 函），鈐"劍廬藏書畫印"朱文印、"胡劍吟"朱文印　　　（丁）/8389

第三部　6 冊（1 函），鈐"六一山房藏書"朱文印、"鄞六一山房董氏藏書"朱文印、"娑羅花樹館周氏藏書"朱文印　　　（丁）/9116

廣雁蕩山志：[乾隆]：二十八卷，卷首圖一卷，卷末一卷/（清）曾唯纂.--刻本.--清乾隆五十五年（1790）.--8 冊（1 函）.--半葉 9 行，行 21 字，小字雙行字同，白口，四周雙邊，單黑魚尾，半框 13.3×10cm。東嘉依綠園藏板.--綫裝　　　　　　　（丁）/9966

南海普陀山志：十五卷/（清）裘璉編輯.--刻本.--清康熙（1662～1722）.--4 冊（1 函）：山圖 12 幅.--半葉 10 行，行 21 字，小字雙行字同，白口，四周雙邊，單黑魚尾，半框 21.9×14.3cm。鈐"娑羅花樹館周氏藏書"朱文印.--綫裝　　　　　　　（丁）/12565

重修南海普陀山志：二十卷，卷首一卷/（清）許琰編.--刻本.--清乾隆四年（1739）.--4 冊（1 函）：山圖 9 幅.--版心題"普陀山志"。半葉 10 行，行 21 字，小字雙行字同，白口，四周雙邊，單黑魚尾，半框 2.6×14.5cm。鈐"鹿巖精舍"白文印.--綫裝　　　　（丁）/9226

天臺山方外志：三十卷/（明）釋傳燈撰.--刻本.--明萬曆（1573～1620）.--6 冊（1 函）.--有抄配。半葉 9 行，行 18 字，小字雙行字同，白口，左右雙邊，單黑魚尾，半框 20.5×15.2cm.--綫裝　　　　　（丙二）/201

天臺山方外志要：十卷/（明）釋傳燈撰；（清）齊召南訂.--刻本.--清乾隆三十九年（1774）.

4 冊（1 函）.--半葉 10 行，行 23 字，小字雙行字同，白口，左右雙邊，單黑魚尾，半框 18.9×14.9cm.--綫裝　　　　　　（丙二）/2265

天臺山全志：十八卷/（清）張聯元輯.--刻本.--臺郡：尊經閣，清康熙六十年（1721）.--8 冊（1 函）.--半葉 10 行，行 21 字，小字雙行字同，白口，左右雙邊，單黑魚尾，半框 18.4×13.7cm。臺郡尊經閣藏板.--綫裝　　　　　　　　（丙二）/2899

西山志：十二卷/（清）歐陽桂撰.--刻本.--梅谷山房，清乾隆三十一年（1766）.--4 冊（1 函）.--半葉 9 行，行 21 字，小字雙行字同，白口，左右雙邊，單黑魚尾，半框 17.7×18.2cm。鈐"鹿巖精舍"朱文印.--綫裝　　（丙二）/174

廬山紀事：十二卷/（明）桑喬撰.--刻本.--明嘉靖（1522～1566）.--10 冊（2 函）：地圖 7 幅.--半葉 10 行，行 22 字，白口，四周單邊，半框 20.7×15.2cm.--綫裝　　（甲二）/634

第二部　2 冊（1 函），存卷 1-6，佚名批點，靜虛居士吳天思題識，鈐"吳天思印"朱文印、"新建裘氏珍藏"白文印、"新建裘氏藏書"朱文印、"思芹"白文印、"長富"朱文印、"褚"朱文印、"北平孔德學校之章"朱文印　　　　　　　（甲二）/621

廬山志：十五卷/（清）毛德琦纂.--刻本.--清乾隆五十八年（1793）.--12 冊（2 函）：插圖 4 幅.--半葉 9 行，行 21 字，白口，左右雙邊，單黑魚尾，版心下鎸"順德堂"，半框 19.5×13.8cm。順德堂藏版.--綫裝　　（丙二）/813

青原志略：十三卷，卷首一卷/（清）釋大然編；（清）施閏章補輯.--刻本.--清康熙八年（1669）刻；清康熙四十一年（1702）補刻.--4 冊（1 函）.--半葉 10 行，行 21 字，小字雙行字同，白口，左右雙邊，半框 17.8×13cm。鈐"鹿巖精舍"朱文印.--綫裝　　（丁）/9165

鼓山志：十四卷，卷首一卷/（清）黃任輯.--

刻本.--清乾隆（1736～1795）.--6 冊（1 函）.--半葉 9 行，行 20 字，小字雙行字同，白口，四周雙邊，單黑魚尾，半框 22.1×14.6cm。有刻工：施俊章。鈐"鹿巖精舍"白文印.--綫裝
(丙二)/892

玉華洞志：五卷/（清）廖雲友重修.--刻本.--清康熙六十一年（1722）.--3 冊（1 函）.--卷 1 為圖。半葉 8 行，行 21 字，粗黑口，四周雙邊，單黑魚尾，半框 19.1×13.9cm。鈐"鹿巖精舍"白文印.--綫裝
(丁)/12645

嵩山志：二十卷，卷首一卷/（清）葉封等輯.刻本.--清康熙十五年（1676）.--5 冊（1 函）：插圖 12 幅.--半葉 9 行，行 22 字，小字雙行字同，粗黑口，左右雙邊，單黑魚尾，半框 19.6×14.7cm。鈐"周肇祥燕市所得記"朱文印.--綫裝
(丙二)/875

説嵩：三十二卷/（清）景日昣撰.--刻本.--嶽生堂，清康熙六十年（1721）（後印）.--10 冊（2 函）.--半葉 11 行，行 25 字，白口，四周雙邊，無界行，單黑魚尾，半框 19.5×14.5cm.--綫裝
(丁)/8778

雲臺山志：八卷，卷首一卷，卷末一卷/（清）崔應階重編.--刻本.--研露樓，清乾隆三十七年（1772）.--4 冊（1 函）：圖 51 幅.--半葉 10 行，行 21 字，小字雙行字同，白口，左右雙邊，單黑魚尾，半框 20×14.3cm。研露樓藏板。鈐"娑羅花樹館周氏藏書"朱文印.--綫裝
(丁)/9221

臥龍崗志：[康熙]：二卷/（清）羅景撰.--刻本.--南陽：羅景，清康熙五十一年（1712）.2 冊（合裝 1 函）：肖像 1 幅，插圖 6 幅.--缺序言 1 葉。半葉 8 行，行 20 字，小字雙行字同，白口，左右雙邊，單黑魚尾，半框 17.2×13.5cm。與忠武誌合函。鈐"碧雲鄉館主人"朱文印、"聊城王氏家藏"朱文印、"詩禮傳家"白文印.--綫裝
(丙二)/1750
　　第二部
(丁)/11162

第三部
(丁)/8585-2
　　第四部　鈐"居東"朱文印、"居東"印（陰陽合璧）
(丁)/16119

太嶽太和武當山志：二十卷/（清）王民皞纂輯.--刻本.--王民皞、盧維茲，清康熙二十二年（1683）.--8 冊（2 函）.--半葉 10 行，行 20 字，白口，四周單邊，單黑魚尾，半框 20.6×14.5cm。佚名圈點。鈐"鹿巖"朱文印.--綫裝
(丙二)/2904

大嶽太和山紀略：八卷/（清）王槩等纂修.--刻本.--清乾隆九年（1744）.--8 冊（1 函）：有插圖.--半葉 9 行，行 20 字，小字雙行字同，白口，左右雙邊，單黑魚尾，半框 19.6×13.8cm。下荆南道署藏板.--綫裝
(丁)/9882

衡嶽志：八卷/（明）鄧雲霄撰.--刻本.--明萬曆四十年（1612）.--7 冊（1 函）.--半葉 10 行，行 20 字，小字雙行字同，白口，四周單邊，單黑魚尾，半框 20.6×14.1cm。有刻工：周吉、鄧洪、李竹等。鈐"鹿巖精舍"朱文印.--綫裝
(丙二)/200

南嶽志：八卷/（清）高自位重編；（清）曠敏本輯.--刻本.--清乾隆十八年（1753）.--8 冊（1 函）：插圖 6 幅.--半葉 10 行，行 20 字，小字雙行字同，白口，四周雙邊，單黑魚尾，半框 20.4×14.4cm。開雲樓藏板。鈐"北京市文化局文物調查研究組藏書"朱文印.--綫裝
(丁)/9311
　　第二部　4 冊（1 函），鈐"鹿巖精舍"朱文印
(丁)/9140
　　第三部　5 冊（1 函）
(丙二)/2490
　　第四部　6 冊（1 函）
(丙二)/2848

九疑山志：八卷/（明）蔣鑌輯.--刻本.--明萬曆四十八年（1620）.--4 冊（1 函）.--半葉 9 行，行 20 字，白口，四周單邊，單白魚尾，半框 22.8×15.3cm。鈐"養菴鑑藏"朱文印、"鹿巖"朱文印.--綫裝
(丁)/12558

羅浮山志會編：二十二卷，卷首一卷／（清）宋廣業纂輯.--刻本.--清康熙五十五年（1716）（清乾隆[1736~1795]印）.--10冊（1函）：有圖.--半葉9行，行20字，小字雙行字同，白口，左右雙邊，單黑魚尾，半框18.4×13.6cm.--綫裝
（丁）/8388
第二部 （丙二）/318

鼎湖山志：八卷／（清）釋成鷲纂.--刻本.--清康熙四十九年（1710）（清乾隆嘉慶間[1736~1820]印）.--4冊（1函）：圖11幅.--半葉9行，行19字，小字雙行字同，白口，左右雙邊，單白魚尾，半框19.5×13.5cm.--綫裝
（丁）/8309

禺峽山志：四卷／（清）孫繩祖纂修.--刻本.--清康熙六十年（1721）.--4冊（1夾）.--半葉9行，行20字，白口，四周單邊，單黑魚尾，半框19.6×14.9cm.鈐"許氏星臺藏書"朱文印、"周肇祥讀過書"朱文印、"鹿巖"朱文印.--綫裝 （丙二）/192

湘山志：五卷／（清）徐泌修；（清）謝允復纂.刻本.--清康熙二十年（1681）.--4冊（1函）：插圖5幅.--半葉10行，行20字，小字雙行字同，白口，四周雙邊，單黑魚尾，半框21.7×14.2cm.鈐"鹿巖精舍"朱文印.--綫裝
（丙二）/68

峨嵋山志：十八卷／（清）蔣超撰.--刻本.--清康熙二十八年（1689）.--4冊（1函）：冠圖6幅.--半葉10行，行20字，小字雙行字同，粗黑口，四周雙邊，半框22.1×15.2cm.鈐"娑羅花樹館周氏藏書"朱文印.--綫裝
（丁）/10435

雞足山志：五卷／（清）釋海霆輯.--刻本.--清康熙（1662~1722）.--6冊（1函）.--半葉9行，行19字，白口，四周雙邊，單黑魚尾，半框19.8×14.5cm.--綫裝 （丙二）/213

水志

水經：四十卷／（漢）桑欽撰；（北魏）酈道元註.--刻本.--吳琯，明萬曆十三年（1585）.--16冊（2函）.--半葉10行，行20字，白口，左右雙邊，單黑魚尾，半框20.8×13.9cm.--綫裝
（乙二）/619
第二部 14冊（2函），王世懋序末葉刻"金陵徐智督刊"。鈐"芳伯氏"朱文印、"張明揚印"白文印 （乙二）/620

水經注箋：四十卷／（漢）桑欽撰；（北魏）酈道元注；（明）朱謀㙔箋.--刻本.--李長庚，明萬曆四十三年（1615）.--16冊（2函）--水經注敘係抄配.半葉10行，行20字，小字雙行字同，白口，左右雙邊，單黑魚尾，半框21.6×14.3cm.有刻工：郭景光、姜球等。佚名圈點，過錄王國維批註、題跋。鈐"瑞彭"白文印.--綫裝
（乙二）/606

水經：四十卷／（漢）桑欽撰；（北魏）酈道元注；（明）朱謀㙔箋.--刻本.--歙縣項絪群玉書堂，清康熙五十四年（1715）.--10冊（1函）.--書名頁題"水經注"。半葉11行，行21字，小字雙行字同，細黑口，四周單邊，單黑魚尾，半框18×13.3cm。與山海經合刻。鈐"北京市文化局文物調查研究組藏書印"朱文印.--綫裝
（丁）/10173
第二部 （戊）/217

水經：四十卷／（漢）桑欽撰；（後魏）酈道元注；（明）朱謀㙔箋.--刻本.--新安歙西黃晟槐蔭草堂，清乾隆十八年（1753）.--5冊（1函）.--書名頁題"水經注"。半葉11行，行21字，小字雙行字同，細黑口，四周單邊，單黑魚尾，半框18×13.8cm。槐蔭草堂藏版。鈐"敬思堂藏書"白文印.--綫裝 （乙二）/500
第二部 16冊（2函），與山海經合刻
（丙二）/22
第三部 14冊（1函），鈐"百鏡庵"朱文印 （丙二）/1821

　　第四部　10 冊（2 函），與山海經合刻，鈐"百鏡庵"朱文印　　　　　（丙二）/820

水經注箋刊誤：十二卷/（清）趙一清撰.--刻本.--趙氏小山堂，清乾隆五十九年（1794）. 6 冊（1 函）.--半葉 10 行，行 22 字，小字雙行字同，白口，左右雙邊，單黑魚尾，半框 19.9×14.8cm.--綫裝　　　　　（丙二）/573

水經注釋：四十卷，卷首一卷，附錄二卷/（清）趙一清撰.--刻本.--江蘇：東潛趙氏小山堂，清乾隆五十九年（1794）.--14 冊（2 函）.--半葉 10 行，行 22 字，小字雙行字同，白口，左右雙邊，單黑魚尾，版心下刻"東潛趙氏定本"，半框 20.1×14.6cm。佚名圈點。鈐"壽椿堂王氏家藏"白文印、"靖延"朱文印、"松江沈樹鍾鄭齋收藏金石書籍"朱文印、"靖延圖書"朱文印、"西甯教諭文欄藏書印"白文印.--綫裝　　　　　（丙二）/572
　　第二部　12 冊　　　　　（戊）/212
　　第三部　24 冊（2 函）　　　（乙二）/1656

水經注：不分卷，附禹貢山水澤地/（漢）桑欽撰；（北魏）酈道元注；（清）戴震校訂.--刻本.--曲阜孔氏微波榭，清乾隆（1736～1795）. 8 冊.--半葉 10 行，行 21 字，白口，左右雙邊，半框 19×14.2cm.--綫裝：市府贈書
　　　　　　　　　　　　　　（戊）/218

行水金鑑：一百七十五卷/（清）傅澤洪撰.--刻本.--淮揚官署，清雍正三年（1725）.--32 冊.--半葉 11 行，行 21 字，小字雙行字同，黑口，左右雙邊，單黑魚尾，半框 18.1×13.5cm. 綫裝：市府贈書　　　　　（戊）/855

靳文襄公治河方略：十卷，卷首一卷/（清）靳輔纂；（清）崔應階重編.--刻本.--崔應階，清乾隆三十二年（1767）.--12 冊（2 函）：有插圖.--版心題"治河方略"。半葉 10 行，行 20 字，小字雙行字同，白口，左右雙邊，單黑魚尾，半框20.6×15.3cm.--綫裝　　　（乙二）/1616

豫東宣防錄：八卷/（清）白鍾山撰.--刻本. 清乾隆五年（1740）.--8 冊（1 函）.--版心題"宣防錄"。半葉 10 行，行 21 字，白口，左右雙邊，單黑魚尾，半框 19.2×14.4cm。本衙藏板.--綫裝　　　　　（乙二）/916

江南河道圖説：不分卷/（清）高斌等撰.--彩繪本.--清乾隆（1736～1795）.--1 冊 20 幅.--書簽題"聖駕南巡南河河臣繪呈江南河道圖説二十幅"。王蒼批註、題跋。鈐"兼山"朱文印、"之萬"白文印.--綫裝　　　　　（丁）/12597

三江水利紀略：四卷/（清）蘇爾德等纂.--刻本.--清乾隆（1736～1795）.--4 冊（1 函）：附圖 4 幅.--半葉 9 行，行 19 字，小字雙行字同，白口，四周雙邊，單黑魚尾，半框 19.6×14.3cm。有刻工：穆大展。鈐"李氏藏書"朱文印、"藤香水樹收藏"朱文印、"江蘇省館所藏圖籍記"朱文印.--綫裝　　　　　（丁）/9056

勅修兩浙海塘通志：二十卷，卷首一卷/（清）方觀承等修；（清）查祥等纂.--刻本.--清乾隆十六年（1751）.--6 冊（1 函）.--卷 20 有 1 葉係抄配。半葉 9 行，行 21 字，小字雙行字同，白口，四周雙邊，單黑魚尾，半框 19.8×14.3cm.--綫裝　　　　　（丙二）/4475

西湖遊覽志：二十四卷；**西湖遊覽志餘**：二十六卷/（明）田汝成撰；（明）商維濬重訂.--刻本.--會稽商維濬，明萬曆四十七年（1619）；清（1644～1911）補刻.--15 冊（1 夾）.--缺遊覽志卷 1、2。半葉 10 行，行 21 字，白口，四周單邊，單白魚尾，半框 22.6×14.7cm。佚名圈點.--綫裝　　　　　（丙二）/5689

西湖志：四十八卷/（清）李衛，（清）傅王露纂修.--刻本.--杭州，清雍正十三年（1735）. 15 冊（4 函）：插圖 25 幅.--半葉 9 行，行 21 字，小字雙行字同，白口，四周雙邊，單黑魚尾，半框 19.9×14.5cm。兩浙鹽驛道庫藏板。鈐"思敬堂書畫印"朱文印、"北京市文化局文物調查研究組藏書印"朱文印.--綫裝　　　（丁）/9571

第二部　32 冊（4 函），鈐"鹿巖精舍"朱文印
　　　　　　　　　　　　　　（丙二）/319

西湖志纂：十二卷，卷首一卷，卷末一卷/
（清）沈德潛，（清）傅王露輯；（清）梁詩正纂.
刻本.--賜經堂，清乾隆二十三年（1758）刻進
呈.--5 冊（1 函）：插圖 33 幅.--半葉 9 行，行
21 字，小字雙行字同，白口，四周雙邊，單白
魚尾，半框 17.8×12.2cm。賜經堂藏板。鈐"北
平孔德學校之章"朱文印.--綫裝
　　　　　　　　　　　　　　（甲二）/608
　　第二部　　　　　　　　　（丙二）/13

西湖志纂：十五卷，卷首一卷/（清）沈德潛，
（清）傅王露輯；（清）梁詩正纂.--刻本.--賜
經堂，清乾隆二十三年（1758）刻；清中期（1796
～1850）改刻.--6 冊（1 函）：插圖 35 幅.--目
錄重刻，卷數改為十五卷。半葉 9 行，行 21 字，
小字雙行字同，白口，四周雙邊，單白魚尾，半
框 17.9×11.8cm.--綫裝　　　（乙二）/335

具區志：十六卷/（清）翁澍撰.--刻本.--清
康熙二十八年（1689）.--4 冊（1 函）.--半葉
9 行，行 18 字，小字雙行字同，粗黑口，左右
雙邊，雙對黑魚尾，半框 19.2×14.7cm。鈐"周
肇祥讀過書"朱文印、"鹿巖精舍"白文印.--
綫裝　　　　　　　　　　　　（丙二）/44

太湖備考：十六卷，卷首一卷/（清）金友理
撰.--刻本.--清乾隆十五年（1750）.--8 冊（1
函）：有插圖.--半葉 10 行，行 21 字，小字雙行
字數不等，白口，左右雙邊，單黑魚尾，半框
18.5×13.5cm。有刻工：省南、明妙等。藝蘭圃
藏板。鈐"東山金氏圖書"印（陰陽合璧）、"湖
山掌故"朱文印.--綫裝　　　（乙二）/552

太湖備考：十六卷，卷首一卷，續編四卷/（清）
金友理纂；（清）鄭言紹續.湖程紀略：一卷/（清）
吳曾撰.--刻本.--清乾隆十五年（1750）刻；清
光緒二十九年（1903）增修.--12 冊（1 函）：地
圖 11 幅.--半葉 10 行，行 21 字，小字雙行字數
不等，白口，左右雙邊，單黑魚尾，半框 18.6

×13.5cm（續編小字雙行 21 字，半框 18.2×
13.6cm）。藝蘭圃藏板；續編為憩園藏板.--綫
裝　　　　　　　　　　　　　（丁）/8484
　　第二部　　　　　　　　　（戊）/2049
　　第三部　　　　　　　　　（丙二）/5687

婁江志：二卷/（清）虞光祚，（清）顧士璉等
輯.--刻本.--清康熙十二年（1673）.--2 冊（1
函）：地圖 1 幅.--卷 2 有 2 葉係抄配。半葉 9
行，行 19 字，小字雙行字同，白口，左右雙邊，
單黑魚尾，半框 19.8×13.8cm.--綫裝
　　　　　　　　　　　　　　（丁）/122

泉河紀略：七卷，圖二卷/（明）張純撰；（明）
徐淵校.--刻本.--清風堂，明隆慶三年
（1569）.--4 冊（1 函）.--半葉 10 行，行 21
字，白口，四周雙邊，雙順黑魚尾，半框 22.1×
14.8cm。鈐"雪苑宋氏蘭揮藏書記"朱文印、
"宋氏蘭揮藏書善本"白文印、"宋筠"朱文
印、"穌松菴"白文印、"北平孔德學校之章"
朱文印.--綫裝　　　　　　　（甲二）/586

洭溪考：二卷/（清）王士禎撰.--刻本.--清
康熙（1662～1722）.--2 冊（1 函）.--半葉 10
行，行 19 字，粗黑口，左右雙邊，雙對黑魚尾，
17.8×13.9cm。鈐"鹿巖精舍"朱文印.--綫裝
　　　　　　　　　　　　　　（丙二）/396

靈璧河渠原委：三卷；靈璧河防錄：一卷/
（清）貢震撰.--刻本.--清乾隆（1736～1795）
（後印）.--4 冊（1 函）.--靈璧河防錄缺第 1、
2 葉，靈璧河防錄缺卷端。半葉 9 行，行 21 字，
小字雙行字同，白口，四周雙邊，單黑魚尾，半
框 18.3×14.3cm。石馨山房藏板.--綫裝
　　　　　　　　　　　　　　（丁）/10265

專志

古跡

浙江分合十一府名勝志：十一卷.--刻本.--明崇禎三年（1630）.--6冊（1函）.--（大明一統名勝志/［明］曹學佺撰）.--扉頁手書“明槧本浙江十一府名勝志”、“萬曆浙江名勝志”。半葉10行，行19字，白口，左右雙邊，單白魚尾，半框20.5×14cm.--綫裝
（丙二）/251

石柱記：五卷/（唐）顏真卿撰；（清）鄭元慶箋釋.--刻本.--鄭氏魚計亭，清康熙（1662～1722）.--2冊（1函）.--書名頁題“顏魯公石柱記”。半葉11行，行21字，小字雙行字數不等，白口，左右雙邊，單黑魚尾，半框18.9×14.3cm。嚴迪莊題識。鈐“陳克綏脩□卧雪軒藏書”朱文印、“福州丁壽父貞吉艸堂圖書印”朱文印、“世德堂珍藏印”白文印、“蜨莊”朱文印、“嚴啟豐印”白文印、“曾在歸安嚴迪莊處”白文印.--綫裝 （丙二）/2015

江南名勝圖説.--刻本.--清乾隆（1736～1795）.--1冊（1函）：圖25幅.--半葉10行，行26字，四周單邊，無界行，半框24.4×31.6cm.--單葉裝 （乙二）/332

廣陵名勝全圖：二卷/（清）佚名撰；（清）佚名繪圖.--刻本.--清乾隆（1736～1795）.--2冊（1函）：有插圖.--半葉12行，行23字，小字雙行字同，白口，四周單邊，半框23.1×14.1cm。半圖半文。鈐“藤香水榭收藏”朱文印、“江蘇省館所藏圖籍記”朱文印.--綫裝
（丁）/9125

平山堂圖志：十卷，宸翰一卷，名勝全圖一卷/（清）趙之壁編纂.--刻本.--清乾隆（1736～1795）.--4冊（1函）.--半葉10行，行21字，小字雙行字同，白口，左右雙邊，單黑魚尾，半

框18.5×14.2cm.--綫裝 （乙二）/349

滄浪小志：二卷/（清）宋犖編.--刻本.--清康熙三十五年（1696）.--2冊（1函）.--半葉10行，行21字，小字雙行字同，白口，四周雙邊，雙對黑魚尾，半框17.4×13.5cm。鈐“鹿巖精舍”白文印.--綫裝
（丙四）/362

續刻麻姑山丹霞洞天志：十七卷/（明）左宗郢編；（清）何天爵續.--刻本.--瀧溪曉樓，清康熙五十七年（1718）.--5冊（1函）：有圖3幅.--半葉9行，行20字，小字雙行字同，白口，左右雙邊，單黑魚尾，版心下刻“瀧溪曉樓”，半框20.7×13.7cm。鈐“鹿巖精舍”白文印.--綫裝
（丙二）/169

江城名蹟記：三卷/（清）陳弘緒撰；（清）陳新德補輯.--刻本.--京山堂，清乾隆二十三年（1758）.--4冊（1函）.--半葉10行，行21字，白口，四周單邊，單黑魚尾，半框17.8×12.7cm。京山堂藏板。鈐“北平孔德學校之章”朱文印.--綫裝 （甲二）/128

宮殿

三輔黃圖：六卷/（漢）佚名撰；（明）吳琯校.刻本.--吳琯，明萬曆（1573～1620）.--2冊（1函）.--（古今逸史：四十二種一百六十三卷/［明］吳琯編）.--半葉10行，行20字，小字雙行字同，白口，左右雙邊，單黑魚尾，半框20.6×13.9cm.--綫裝
（乙二）/577

禁扁：五卷/（元）王士點撰.--刻本.--揚州：揚州使院，清康熙四十五年（1706）.--4冊（1函）.--（曹棟亭十二種/［清］曹寅輯）.--半葉11行，行21字，小字雙行字數不等，細黑口，左右雙邊，雙對黑魚尾，半框16.3×11.8cm。鈐“子馭”朱文印.--綫裝 （甲二）/31

金鰲退食筆記：二卷/（清）高士奇撰.--抄本.--清（1644～1911）.--1冊（1函）.一版心

題"說鈴金鰲退食筆記"。半葉 11 行, 行 25 字, 無邊框。書皮手書"就道堂所藏之書"、"鞠盦珍本"。鈐"就道堂藏書印"朱文印、"衡平"白文印.--綫裝　　　　　　　　　　（丁）/12687

寺觀

潭柘山岫雲寺志: 二卷/（清）神穆德編；（清）釋義庵續輯.--刻本.--清乾隆（1736~1795）刻; 清光緒（1875~1908）續刻.--2 冊（1 函）. 半葉 8 行, 行 18 字, 小字雙行字同, 白口, 四周雙邊, 無界行, 單黑魚尾, 半框 19×13.5cm.--綫裝　　　　　　　　　　（丁）/9067

金山龍遊禪寺志略: 四卷, 卷首一卷/（清）釋行海輯.--刻本.--清康熙（1662~1722）.--4 冊（1 函）: 冠圖 3 幅.--版心題名"金山志略"。半葉 10 行, 行 20 字, 小字雙行字同, 白口, 左右雙邊, 單黑魚尾, 半框 20.9×15.3cm。鈐"藤香水榭收藏"朱文印、"江蘇省館所藏圖籍記"朱文印.--綫裝　　　　　（丁）/9234

杭州上天竺講寺志: 十五卷, 卷首一卷/（清）釋廣賓纂.--刻本.--清順治三年（1646）.--4 冊（1 函）.--版心題"上天竺山志"。半葉 9 行, 行 19 字, 小字雙行字同, 白口, 四周雙邊, 單黑魚尾, 半框 21.5×15.7cm.--綫裝　　　　　　　　　　（丙二）/338

韜光庵紀遊初編: 二卷/（清）釋山止輯.--刻本.--清康熙五十七年（1718）.--1 冊（1 函）.--書名頁題"韜光紀遊初編", 卷 2 卷端題"韜光紀遊集"。半葉 9 行, 行 20 字, 白口, 左右雙邊間四周雙邊, 單黑魚尾, 19.4×13.7cm.--綫裝　　　　　（丙二）/392

增修雲林寺志: 八卷/（清）厲鶚等輯.--刻本.--清乾隆九年（1744）.--2 冊（1 函）: 冠圖 12 幅.--版心題"雲林寺志"。半葉 9 行, 行 20 字, 白口, 四周雙邊, 半框 21.6×15.5cm。鈐"鹿巌精舍"朱文印.--綫裝　　　（丙二）/339

洞霄宮志: 四卷/（清）聞人儒纂輯.--刻本.--清乾隆十八年（1753）刻; 清乾隆二十三年（1758）補刻.--4 冊（1 函）.--半葉 10 行, 行 20 字, 白口, 四周單邊, 單黑魚尾, 半框 20.5×16.1cm.--綫裝　　　　　　　（丙二）/222

重修白雲山福林禪院志: 二卷/（清）李芳,（清）釋性湛纂修.--刻本.--釋三明證、接雲壽, 清乾隆二十七至二十九年（1762~1764）.--2 冊（1 函）: 附圖 6 幅.--書名頁題"白雲寺志"。半葉 9 行, 行 20 字, 小字雙行字同, 白口, 四周雙邊, 單黑魚尾, 半框 21.3×15cm。本山藏板.--綫裝　　　　　　　（丁）/9093

逍遙山萬壽宮志: 二十卷/（清）丁步上等輯.--刻本.--清乾隆五年（1740）.--4 冊（1 函）: 插圖 19 幅.--半葉 9 行, 行 21 字, 小字雙行字同, 白口, 左右雙邊, 單黑魚尾, 半框 19.5×13.5cm。佚名圈點。鈐"林雲記"朱文印、"種菊草堂"朱文印.--綫裝　　　（丁）/8845

雪峰志: 十卷/（明）徐熽纂輯.--刻本.--清乾隆十九年（1754）.--3冊（1函）: 表.--書名頁題"雪峰寺志"。半葉9行, 行20字, 小字雙行字同, 白口, 四周雙邊, 單黑魚尾, 半框21.1×13.9cm。板藏本寺.--綫裝　　　（丁）/10236

南山略紀: 一卷/（清）釋非剛輯.--刻本.--清乾隆（1736~1795）刻; 清嘉慶七年（1802）補刻.--2 冊（1 函）: 附圖 6 幅.--半葉 9 行, 行 20 字, 白口, 四周單邊, 單黑魚尾, 半框 20.4×13.1cm。有刻工: 熊奉先。佚名圈點.--綫裝　　　（丁）/9113

支提寺志: 六卷/（清）崔嵸纂.--刻本.--清康熙三十三年（1694）.--2 冊（1 夾）.--序、卷 3 有 2 葉、卷 4 有 1 葉、卷 6 有 5 葉係抄補。半葉 10 行, 行 20 字, 白口, 四周雙邊, 單黑魚尾, 半框 21.7×14.6cm.--綫裝

　　　　　　　　　　　　（丙二）/235

大潙山古密印寺志: 八卷/（清）陶汝鼐纂;

（清）陶之典續輯.--刻本.--清康熙三十六至三十七年（1697～1698）.--6 冊（1 函）：附圖 8 幅.--半葉 9 行，行 20 字，小字雙行字同，白口，四周單邊，單黑魚尾，半框 21.5×14.4cm。本山藏板。鈐"鹿巖精舍"朱文印.--綫裝
（丁）/9105

明蘭寺志：六卷，卷首一卷/（清）王玒修.--刻本.--清康熙四十六年（1707）.--4 冊（1 函）.--序題"醴陵明蘭寺志"。半葉 10 行，行 20 字，白口，四周雙邊，半框 23×15.4cm。鈐"鹿巖精舍"白文印.--綫裝 （丙二）/237

神鼎誌略：一卷，補遺一卷/（清）釋元揆纂輯.--刻本.--清康熙（1662～1722）.--1 冊（1 函）：山圖 1 幅.--半葉 10 行，行 20 字，小字雙行字同，白口，四周雙邊，半框 22.5×15.4cm.綫裝 （丙二）/189

鼎湖山慶雲寺志：八卷，卷首圖一卷/（清）丁易修；（清）釋成鷲纂.--刻本.--清康熙（1662～1722）.--4 冊（1 函）.--版心題"鼎湖山志"。半葉 9 行，行 19 字，小字雙行字同，白口，左右雙邊，單白魚尾，半框 19.6×13.6cm。鈐"鹿巖精舍"朱文印.--綫裝 （丙二）/187
第二部 鈐"抱經樓"白文印
（丁）/9109

華嚴備志：二卷，附石林即景一卷/（清）鄧迪纂.--刻本.--清康熙（1662～1722）.--1 冊（1 函）.--版心題"華嚴寺志"。半葉 10 行，行 20 字，白口，四周雙邊，半框 22.7×13.8cm。鈐"鹿巖精舍"朱文印.--綫裝
（丙二）/317

祠廟

嵩嶽廟史：十卷/（清）景日昣纂.--刻本.--清康熙三十五年（1696）.--3 冊（1 函）.--半葉 8 行，行 20 字，粗黑口，四周雙邊，單黑魚尾，半框 18.9×13.7cm。太壹園藏板.--綫裝

（丙二）/860

湯陰精忠廟志：十卷/（明）張應登輯；（清）楊世達續輯.--刻本.--清乾隆（1736～1795）.--6 冊（1 函）：插圖 3 幅，表.--半葉 12 行，行 28 字，小字雙行字同，白口，左右雙邊，單黑魚尾，半框 22.8×16cm.--綫裝
（丙二）/242
第二部 （丁）/8282

崇德祠志略：四卷/（清）李心正輯.--刻本.--澗松齋，清乾隆十一年（1746）.--2 冊（1 函）.--半葉 10 行，行 21 字，小字雙行字同，白口，四周雙邊，單黑魚尾，半框 18.4×13cm。澗松齋藏板。佚名圈點、題記.--綫裝 （丙四）/1733

園林

洛陽名園記：一卷/（宋）李廌撰；（明）毛晉訂.--刻本.--汲古閣，明崇禎（1628～1644）.1 冊（1 函）.--（津逮秘书/[明]毛晉編）.--半葉 8 行，行 18 字，白口，左右雙邊，半框20.4×14.3cm。鈐"白巖草廬收藏書籍之章"朱文印、"時氏百城"白文印、"楊明"朱文印.--綫裝：楊明贈書 （庚）/11

遊記

名山勝概記：四十六卷/（明）何鏜纂；（明）慎蒙續纂.--刻本.--明崇禎（1628～1644）.--48 冊（6 函）.--半葉 9 行，行 20 字，白口，左右雙邊，單白魚尾，半框 19.8×14.7cm。佚名圈點。鈐"南堂家藏圖書"朱文印、"北平孔德學校之章"朱文印.--綫裝 （甲二）/136

名山勝概記：四十六卷，名山圖一卷/（明）何鏜輯.--刻本.--墨繪齋，明崇禎六年（1633）.--46 冊（4 函）.--書名頁題"天下名山勝概記"。半葉 9 行，行 20 字，白口，左右雙邊，單白魚尾，半框 19.2×14.4cm .--綫裝

（乙二）/468

南來志：一卷；**北歸志**：一卷；**廣州遊覽小志**：一卷/（清）王士禎撰.--刻本.--清康熙（1662～1722）.--2 冊（1 函）.--半葉 10 行，行 19 字，粗黑口，左右雙邊，單黑魚尾，半框 16.4×13.3cm。周肇祥題識。鈐"鹿巖精舍"朱文印.--綫裝　　　　　（丙二）/245

蜀道驛程記：二卷/（清）王士禎撰.--刻本.--清康熙（1662～1722）（後印）.--1 冊（1 函）.--半葉 10 行，行 19 字，小字雙行 28 字，粗黑口，左右雙邊，單黑魚尾，半框 16.5×13.2cm。鈐"枕薪過目"白文印、"寸心日月樓所藏"朱文印.--綫裝　　　　（丁）/15123
　　　　第二部　　　　　（丙二）/2064

出口程記：不分卷/（清）李調元撰.--刻本.--清乾隆（1736～1795）.--1 冊.--半葉 10 行，行 20 至 21 字，小字雙行字數不等，白口，四周雙邊，單黑魚尾，半框 19×14.8 cm.--綫裝
　　　　　　　　　　　　　（丁）/6003

扈從隨筆：不分卷/（清）英和撰.--抄本.--清嘉慶八年（1803）.--1 冊（1 函）.--英和手記。鈐"英和之印"朱文印.--綫裝
　　　　　　　　　　　　　（丁）/7934

外紀

殊域周咨錄：二十四卷/（明）嚴從簡輯.--刻本.--明萬曆（1573～1620）.--8 冊（2 函）.--存卷 1-13。半葉 9 行，行 20 字，白口，四周單邊，單黑魚尾，半框 19.3×13.8cm。鈐"曉鈴藏書"朱文印--綫裝：吳曉鈴贈書
　　　　　　　　　　　　　（己）/1446

寶顏堂訂正四夷考：八卷/（明）葉向高撰.--刻本.--明萬曆（1573～1620）.--4 冊（1 函）.--（寶顏堂秘笈/[明]陳繼儒輯）.--存卷 1-7。半葉 8 行，行 18 字，小字雙行字同，白口，四周

單邊，單黑魚尾，半框 19.6×13.3cm。鈐"鹿巖精舍"朱文印.--綫裝　　　（丙二）/2903

杜天使冊封琉球真記奇觀/（明）胡靖撰.--刻本.--杜恩顯，清（1644～1911）.--1 冊（1 函）.--書名頁題"崇禎六年杜天使冊封琉球真記奇觀"，卷末題"八世孫恩顯重印"。半葉 9 行，行 30 字，白口，四周單邊，單黑魚尾，半框 20.1×11.4cm.--綫裝：馬彥祥贈書
　　　　　　　　　　　　　（戊）/31

中山傳信錄：六卷；附中山贈送詩文：一卷/（清）徐葆光撰.--刻本.--清康熙六十年（1721）.--6 冊（1 函）：圖 9 幅.--半葉 9 行，行 21 字，小字雙行字同，粗黑口，左右雙邊，雙對黑魚尾，半框 19.4×14.6cm。鈐"北平孔德學校之章"朱文印.--綫裝　　　（甲二）/413

皇清職貢圖：九卷/（清）傅恒等撰.--刻本.--京師：武英殿，清乾隆（1736～1795）.--9 冊（1 函）：有插圖.--半葉 8 行，行 20 字，白口，四周雙邊，單黑魚尾，半框 20.6×14.7cm。鈐"半巢書屋"朱文印.--綫裝　　　（乙二）/1002

俄遊彙編：十二卷/（清）繆祐孫撰.--稿本.--清光緒十五年（1889）.--4 冊（1 函）.--半葉 9 行，行 25 字，黑口，左右雙邊，單黑魚尾，半框 25.1×17.8cm.--綫裝　　　（乙二）/517

歸潛記/錢恂撰. **新釋宮**/錢稻孫撰.--稿本，朱絲欄.--清宣統（1909～1911）.--3 冊（1 函）.--存：乙編之一，丙編之一，丁編之一，戊編之一，辛編之三，癸編之二，癸編之二附.--綫裝
　　　　　　　　　　　　　（丁）/12602

三憂堂文先生實紀：四卷/（朝鮮）文就默撰.活字本.--朝鮮，朝鮮高宗二年（1864）.--2 冊（1 函）.--半葉 10 行，行 20 字，白口，四周單邊，雙對黑魚尾，半框 22.2×16.2cm.--綫裝
　　　　　　　　　　　　　（丁）/12503

東國史略：六卷/（朝鮮）佚名撰.--抄本.--

清（1644～1911）.--4 冊（1 函）.--半葉 9 行，行 19 字，小字雙行字同，白口，左右雙邊，半框 16.9×13cm。鈐"纂喜廬"朱文印、"百鏡盦物"白文印.--綫裝　　　　　　　（丁）/12618

雙節錄：二卷，首一卷/（朝鮮）金養善輯.--刻本.--朝鮮，朝鮮純祖四年（1803）.--1 冊（1 函）.--半葉 10 行，行 20 字，小字雙行字同，白口，四周雙邊，雙對花魚尾，半框 19.5×16.3cm。鈐"金蓮花館"白文印.--綫裝　　　　　　　　　　　　（丁）/12610

地圖

廣輿圖：二卷/（元）朱思本編；（明）羅洪先補訂.--刻本.--明萬曆七年（1579）.--2 冊（1 函）.--書名頁題"廣輿圖全書"。半葉 12 或 13 行，行 20 字，白口，四周雙邊，雙對黑魚尾，半框 28.2×20.1cm。有刻工：棟、楫等.--綫裝　　　　　　　　　　　　　　　　（乙二）/451

海鹽縣圖經：十六卷/（明）樊維城，（明）胡震亨纂修.--刻本.--清乾隆十二年（1747）.--5 冊（1 函）：圖 12 幅.--半葉 10 行，行 20 字，白口，左右雙邊，單黑魚尾，半框 19.9×14.6cm。有刻工：夏明.--綫裝　　　（丙二）/4487

關中勝蹟圖志：三十卷/（清）畢沅撰.--刻本.--清乾隆（1736～1795）.--8 冊.--半葉 10 行，行 21 字，小字雙行字同，白口，四周雙邊，單黑魚尾，半框 20.8×13.7cm。經訓堂藏板.綫裝：市府贈書　　　　　　　　（戊）/1815

雲南省總圖説/（清）佚名撰.--彩繪本.--清（1644～1911）.--2 冊（1 函）.--半葉 13 行，行 25 字，無邊框.--冊頁裝　　　（丁）/13950

綏服紀略圖誌：一卷/（清）松筠撰.--抄本.--清（1644～1911）.--1 冊（合函）.--半葉 8 行，行 16 字，無行格.--綫裝　　　（乙二）/403-1

職官類

歷代職官考：十卷/佚名撰.--刻本.--明（1368～1644）.--3 冊（1 函）.--半葉 12 行，行 25 字，小字雙行字同，白口，四周單邊，單黑魚尾，半框 21.8×14.9cm。鈐"北平孔德學校之章"朱文印.--綫裝　　　　　　　　　　　（甲二）/76

歷代封建考：十一卷/佚名撰.--刻本.--明（1368～1644）.--3 冊（1 函）.--半葉 12 行，行 25 字，小字雙行字同，白口，四周單邊，單黑魚尾，半框 21.8×14.9cm。鈐"恩江徐以文家書史"朱文印、"矦山主人"朱文印、"聽松濤館珍藏"白文印、"看到子孫能幾家"朱文印、"北平孔德學校之章"朱文印.--綫裝　　　　　　　　　　　　　　　（甲二）/83

中博聞錄：四卷/黃蘅仲纂.--抄本.--尚友堂，清末（1875～1911）.--4 冊（1 函）.--附恒山集天壤遺文。半葉 6 行，行 17 至 18 字，白口，無界行，無邊框。鈐"曾藏章武高氏小椠庵"朱文印、"中國民國三十八年六月二十九日寄贈者高師杜"朱文印.--綫裝　　（丙二）/36

詞林典故：八卷/（清）張廷玉等輯.--刻本.--清乾隆（1736～1795）.--8 冊（1 函）.--仿乾隆十三年武英殿刻本。半葉 7 行，行 18 字，小字雙行字同，白口，四周雙邊，單黑魚尾，半框 28.5×17.8cm.--綫裝　　　　　　　　　（丙二）/5945

欽定學政全書：八十卷/（清）素爾訥等纂.--刻本.--京師：武英殿，清乾隆三十九年（1774）.--12 冊（1 函）.--半葉 9 行，行 20 字，小字雙行字同，白口，四周雙邊，單黑魚尾，半框 21.7×16.6cm.--綫裝　　（丙二）/4032

州縣提綱：四卷/（宋）陳襄撰.--刻本.--李調元萬卷樓，清乾隆（1735～1795）.--3 冊（1 函）.--（函海/[清]李調元編）.--半葉 10 行，行 20 字，小字雙行字同，白口，四周雙邊，單黑魚尾，半框 18.8×14.3cm.--綫裝：群芳閣藏

書

附錄各书：

諸蕃志：二卷/（宋）趙汝適撰

省心雜言：一卷/（宋）李邦獻撰

三國雜事：一卷/（宋）唐庚撰

三國紀年：一卷/（宋）陳亮撰

五國故事：二卷/（宋）佚名撰

東原錄：一卷/（宋）龔鼎臣撰

肯綮錄：一卷/（宋）趙叔向撰

燕魏雜記：一卷/（宋）呂頤浩撰

夾漈遺稿：三卷/（宋）鄭樵撰　　（庚）/173

學仕遺規：四卷；**學仕遺規補**：四卷/（清）
陳宏謀輯.--刻本.--培遠堂，清乾隆三十四年
（1769）.--8 冊（1 函）.--半葉 11 行，行 20
字，小字雙行字同，白口，四周雙邊，單黑魚尾，
版心下刻“培遠堂”，半框 17.9×13.2cm。培
遠堂藏板。鈐“北平特別市中山圖書館藏書章”
朱文印.--綫裝　　　　　　　　（丙三）/163

政書類

通制

通典：二百卷/（唐）杜佑撰.--刻本. --明
（1368～1644）.--40 冊（4 函）.--半葉 10 行，
行 23 字，小字雙行字同，白口，四周雙邊，雙
順黑魚尾，半框21.8×15.3cm。有刻工：吳玠、
易諫、劉琦、劉元等.--綫裝　　　　（丁）/16310

通典：二百卷/（唐）杜佑撰.--刻本.--京師：
武英殿，清乾隆十二年（1747）.--40 冊（4 夾）.
半葉 10 行，行 21 字，小字雙行字同，白口，左
右雙邊，單黑魚尾，版心上刻“乾隆十二年校
刊”，半框 22.2×15.2cm.--綫裝

（丙二）/3360

第二部　36 冊　　　　　　　　（戊）/2504

皇朝通典：一百卷/（清）嵇璜等編.--抄本，

紅格.--京師：内府，清（1644～1911）.--17
冊（2 函）.--存兵禮卷 1-10，軍禮卷 1，吉禮
卷 3、4、7、9，凶禮卷 1、2。半葉 9 行，行 21
字，白口，四周雙邊，單黑魚尾，半框 21×
15cm .--綫裝　　　　　　　　　　（乙二）/703

文獻通考：三百四十八卷/（元）馬端臨撰.--
刻本.--北京：司禮監，明嘉靖三年（1524）.--2
冊（1 函）.--存卷 14-16、159-162。半葉 10 行，
行 20 字，小字雙行字同，粗黑口，四周雙邊，
雙對黑魚尾，半框 25.6×17.3cm。鈐“黃紹齋
家珍藏”朱文印、“梁氏巖窟藏書”朱文印、
“五福堂收藏明版善本書”朱文印.--綫裝

（丁）/12669

文獻通考：三百四十八卷/（元）馬端臨撰.--
刻本.--馮天馭，明嘉靖（1522～1566）.--60
冊（6 函）.--卷 9 有 1 葉、卷 98 有 1 葉、卷 237
有 2 葉係抄配。半葉 13 行，行 24 字，小字雙行
字同，白口，左右雙邊，單黑魚尾，半框 19.7
×14.8cm。有刻工：周能、劉丙等。鈐“雅雨堂
珍藏印”朱文印.--綫裝　　　　　　（乙二）/4

文獻通考：三百四十八卷/（元）馬端臨撰；
（明）馮天馭校.--刻本.--馮天馭，明嘉靖
（1522～1566）刻；明萬曆三年（1575）補刻.
15 冊（2 函）.--存卷 42-45、59-62、83-85、
98-108、131-142、168-171、188-193、220-226、
243-247、264-267、299-302 。半葉 13 行，行
24 字，小字雙行字同，白口，左右雙邊，單黑
魚尾，半框 20×14.3cm。有刻工：林山、桂方
等。鈐“黃叔琪印”白文印、“僊植”朱文印.
綫裝　　　　　　　　　　　　　（丁）/15169

文獻通考：三百四十八卷/（元）馬端臨撰；
（明）馮天馭校.--刻本.--馮天馭，明嘉靖
（1522～1566）刻；明崇禎三年（1630）補刻.--21
冊（1 函）.--存 83 卷：卷 8-10、16-22、31-42、
46-50、65-66、117-119、166-171、180-183、
194-199、205-223、246-249、309-314、317-
322。半葉 13 行，行 24 字，小字雙行字同，白
口，左右雙邊，單黑魚尾，半框 19.2×14.3cm。

佚名批校、圈點.--綫裝　　　　　（丁）/15180

文獻通考：三百四十八卷/（元）馬端臨纂.--刻本.--京師：武英殿，清乾隆十二年（1747）.--88冊.--半葉10行，行21字，小字雙行字同，白口，左右雙邊，單黑魚尾，版心上刻"乾隆十二年校刊"，半框22.1×15.2cm.--綫裝：市府贈書　　　　　（戊）/2506

文獻通考：三百四十八卷/（元）馬端臨撰.--刻本.--清乾隆（1736～1795）.--100冊（14函）.--仿清乾隆十二年武英殿刻本。半葉10行，行21字，小字雙行字同，白口，左右雙邊，單黑魚尾，版心上刻"乾隆十二年校刊"，半框21.7×15.2cm.--綫裝　　　（丙二）/3362

文獻通考詳節：二十四卷/（元）馬端臨撰；（清）嚴虞惇輯.--刻本.--常熟：嚴有禧，清乾隆二十九年（1764）.--10冊（1函）.--半葉11行，行24字，白口，左右雙邊，單黑魚尾，半框17.1×13.5cm。繩武堂藏版。鈐"北京師範學院藏書之章"朱文印.--綫裝　　（庚）/723
　　　第二部　6冊，鈐"仲孚藏書"朱文印
　　　　　　　　　　　　　　　　　（戊）/2512

續文獻通考：二百五十四卷/（明）王圻撰.--刻本.--松江府，明萬曆（1573～1620）.--120冊（12函）.--半葉11行，行22字，白口，左右雙邊，單黑魚尾，半框20.1×14.7cm。有刻工：孫納、王成等.--綫裝　　　（乙二）/8

皇朝文獻通考：三百卷/（清）稽璜等編修.--抄本，紅格.--北京：内府，清（1644～1911）.3冊（1函）.--存錢幣考卷1-3。半葉9行，行21字，白口，四周雙邊，單紅魚尾，半框20.4×14.9cm。佚名圈點.--綫裝
　　　　　　　　　　　　　　　　　（乙二）/1950

漢制攷：四卷/（宋）王應麟撰.--刻本.--慶元路儒學，元後至元六年（1340）.--1冊（1函）.--（玉海/[元]王應麟編）.--存卷1。半葉10行，行20字，小字雙行字同，白口，左右

雙邊，雙對黑魚尾，書耳内鐫"漢制"，半框22.2×13.8cm。與周書王會合冊。有刻工：玉、用等。鈐"京師圖書館珍藏之印"朱文印.--綫裝　　　　　　　　　　　（丙二）/5169

五代會要：三十卷/（宋）王溥撰.--抄本.--周夢堂，清乾隆四十二年（1777）.--4冊（1函）.--有周夢堂跋。鈐"山陰周氏籐花館藏本"朱文印、"周夢堂印"白文印、"有雷"朱文印、"臣錫璋印"白文印、"子元一字滋園"朱文印.--綫裝　　　　　（丁）/12667

大明會典：二百二十八卷，目錄一卷/（明）申時行，（明）趙用賢等纂修.--刻本.--北京：内府，明萬曆十五年（1587）.--80冊（10函）.--半葉10行，行20字，粗黑口，四周雙邊，雙對黑魚尾，半框24.6×17.6cm。鈐"寧有斐讀"白文印、"寧士源印"白文印、"曾在丁松叡家"朱文印、"品芝過目"朱文印、"虎門珍頑"朱文印、"陸軍軍法協都統印"朱文印、"志方"朱文印.--綫裝　　（乙二）/891
　　　第二部　120冊（20函）　（乙二）/892

大清會典：二百五十卷，目錄一卷/（清）兆華等奉敕纂.--刻本.--京師：武英殿，清雍正十年（1732）.--87冊（9函）.--缺卷57-86。半葉10行，行20字，小字雙行字同，白口，四周雙邊，單黑魚尾，半框23.5×17.3cm。鈐"國子監印"朱文印（滿漢合璧）、"國子監八學官書"朱文印.--綫裝　　　（丙二）/2793

典禮

大金集禮：四十卷/（金）張暐等撰.--抄本.--清末（1851～1911）.--2冊（1函）.--半葉13行，行23字，白口，無行綫，無邊框.--綫裝
　　　　　　　　　　　　　　　　　（乙二）/1811

皇明典禮志：二十卷/（明）郭正域輯.--刻本.--明萬曆三十八年（1610）.--6冊（1函）.--半葉10行，行20字，白口，左右雙邊，單黑魚

尾，半框 22×15.6cm。鈐"安樂堂藏書記"朱文印.--綫裝　　　　　　　　　　（乙二）/917

明倫大典：二十四卷/（明）楊一清等修；（明）熊浹等纂.--刻本.--北京：内府，明嘉靖七年（1528）.--24 冊（2 函）：有圖.--卷 1、10、18、24 有抄配。半葉 8 行，行 18 字，粗黑口，四周雙邊，雙對黑魚尾，半框 26.9×18.2cm。鈐"廣運之寶"朱文印.--綫裝　　（乙二）/621

大清通禮：五十卷/（清）來保等奉敕撰.--刻本.--清乾隆（1736～1795）.--8 冊（2 函）.--半葉 9 行，行 22 字，白口，四周雙邊，單黑魚尾，半框 23.1×16.3cm.--綫裝　　（乙二）/748

太常紀要：十五卷/（清）江蘩撰.--刻本.--清康熙（1662～1722）.--8 冊（1 函）.--半葉 10 行，行 22 字，小字雙行字同，白口，四周雙邊，單黑魚尾，半框 19.7×14.2cm。鈐"鶴侶氏墨香書屋珍藏"朱文印.--綫裝　　　　　　　　　　　　（乙二）/1781

聖門禮志：不分卷/（清）孔傳鐸輯. **聖門樂誌**：不分卷/（清）孔東塘纂；（清）孔尚忻輯.刻本.--清康熙（1662～1722）.--4 冊：有插圖.半葉 10 行，行 22 字，白口，左右雙邊間四周單邊，單黑魚尾，半框 20.9×14.5cm.--綫裝　　　　　　　　　　　　　（庚）/724

皇朝禮器圖式：十八卷/（清）福隆安，（清）彭元瑞等奉敕纂修.--刻本.--清乾隆（1736～1795）.--16 冊（4 函）：有圖.--仿武英殿刻本。半葉 11 行，行 20 字，白口，四周雙邊，單黑魚尾，半框 20.3×16.4cm.--綫裝　　（乙二）/1673

廟制圖考：四卷/（清）萬斯同撰.--刻本.--甬東萬福，清乾隆三十年（1765）.--1 冊（1 函）：圖表.--半葉 11 行，行 21 字，粗黑口，左右雙邊，雙對黑魚尾，半框 18.5×13.1cm。辨志堂藏板.--綫裝　　　　　（乙二）/740

壇廟祀典：三卷/（清）方觀承撰.--刻本.--

清乾隆二十三年（1758）：插圖 91 幅.--3 冊（1 函）.--半葉 9 行，行 20 字，小字雙行字同，白口，四周雙邊，單黑魚尾，半框 19.8×14.2cm。鈐"張氏家藏"白文印、"茹古軒鑒賞書畫印"朱文印.--綫裝　　　　　　（丁）/12657
　　第二部　　　　　　　　　　（丁）/3351

欽定滿洲祭神祭天典禮：六卷/（清）允祿等撰.--抄本.--清（1644～1911）.--6 冊（1 函）.--半葉 9 行，行 23 字，無邊框.--綫裝　　　　　　　　　　　　　（乙二）/1935

滿文祭祀條例：［滿文］：六卷/（清）允祿撰.刻本.--清乾隆（1736～1795）.--6 冊（1 函）：插圖.--半葉 9 行，行字數不等，白口，四周雙邊，單黑魚尾，半框 22.9×17.1cm.--綫裝　　　　　　　　　　　　（乙·二）/15

萬壽盛典初集：一百二十卷/（清）王原祁等纂錄；（清）宋駿業繪圖.--刻本.--内府，清康熙五十二年（1713）.--4 冊（1 函）：圖 2 卷.--存 3 卷：卷 40-42。半葉 9 行，行 19 字，白口，四周雙邊，單黑魚尾，半框 22.8×16.9cm。鈐"皇十一子成親王詒晉齋圖書印" 朱文印、"成親王章" 白文印、"皇十一子" 朱文印、"詒晉齋印" 白文印、"蕭璠私印" 白文印、"馬氏彦祥藏書" 朱文印、"彦祥心賞" 朱文印、"馬二" 朱文印.--綫裝：馬彦祥贈書　　　　　　　　　　　　　　（戊）/43

幸魯盛典：四十卷/（清）孔毓圻等撰.--刻本.--曲阜：孔毓圻，清康熙五十年（1711）刻進呈.--20 冊（2 函）.--半葉 10 行，行 21 字，白口，四周雙邊，單黑魚尾，半框 20×14.2cm.綫裝　　　　　　　　　　　　（丙二）/4686
　　第二部　12 冊（1 函）　（丁）/16074

南巡盛典：一百二十卷/（清）高晉等輯.--刻本.--高晉等，清乾隆三十六年（1771）刻進呈.--48 冊（4 函）：有插圖.--半葉 9 行，行 19 字，白口，四周雙邊，單黑魚尾，半框 21.8×17.1cm.--綫裝　　　　　（甲二）/286

第二部　　　　　　　　（乙二）/736
第三部　　　　　　　　（乙二）/1987

西巡盛典：二十四卷，首一卷/（清）董誥撰.
活字本，木活字.--京師：武英殿，清嘉慶十七
年（1812）.--12 冊（2 函）：插圖 43 幅.--半葉
8 行，行 20 字，白口，四周雙邊，單黑魚尾，
半框 16.1×12.6cm.--綫裝　　　（丁）/13894

裝束圖式：二卷/佚名撰.--刻本.--日本京
都：出雲寺，日本元祿五年（1692）.--2 冊（1
函）：插圖.--半葉 10 至 11 行，行字數不等，小
字雙行字數不等，白口，四周單邊，雙對黑魚尾，
半框 19.4×13.7cm. 鈐"山川藏書"朱文印、
"北平孔德學校之章"朱文印.--綫裝

（甲三）/39

邦計

鹽政志：十卷/（明）朱廷立等撰.--刻本.--
明嘉靖（1522～1566）刻；明嘉靖二十八年
（1549）增修.--8 冊（1 函）.--半葉 8 行，行
17 字，白口，四周單邊，半框 18.3×14.4cm.--
綫裝　　　　　　　　　（乙二）/738

皇明經濟文輯：二十三卷/（明）陳其愫輯.--
刻本.--餘杭陳氏，明天啟七年（1627）.--20
冊（2 函）.--缺 6 葉，殘 2 葉.半葉 8 行，行
18 字，小字雙行字同，白口，四周單邊，半框
20.6×15.1cm。鈐"大明貴沱鎦氏藏書"白文
印、"北平孔德學校之章"朱文印.--綫裝

（甲四）/915
　　第二部　12 冊（1 函），佚名圈點
（乙二）/951

山東通省州縣經征錢糧數目簡明表冊/（清）
胡廷幹編.--抄本.--清光緒三十年（1904）.--1
冊（1 函）.--半葉 12 行，行字數不等，白口，
四周雙邊，印刷專用格紙，半框 20.1×13.9cm。
鈐"山東等處承宣布政使司之印"朱文印（滿漢
合璧）.--綫裝　　　　　　（丙二）/3618

漕運則例纂：二十卷/（清）楊錫紱編.--刻
本.--清乾隆三十五年（1770）.--20 冊（1 函）：
運河圖 1 幅.--半葉 10 行，行 22 字，小字雙行
字同，白口，四周雙邊，單黑魚尾，半框 17.9
×13.9cm.--綫裝　　　　　　（乙二）/1931

敕修河東鹽法志：十二卷/（清）朱一鳳等纂.--
刻本.--清雍正五年（1727）（後印）.--8 冊（1
函）.--半葉 9 行，行 20 字，小字雙行字同，白
口，四周雙邊，單黑魚尾，半框 19.5×14.8cm.
綫裝：市府贈書　　　　　　（戊）/2033

欽定康濟錄：四卷/（清）陸曾禹撰；（清）倪
國璉續撰.--刻本.--京師：武英殿，清乾隆五年
（1740）.--6 冊（1 函）.--半葉 9 行，行 22 字，
白口，四周單邊，無界行，單黑魚尾，半框 19.2
×14.4cm.--綫裝　　　　　　（乙二）/743

水利營田冊説.--刻本.--清乾隆（1736～
1795）.--1 冊（1 函）.--半葉 12 行，行 25 字，
白口，四周單邊，半框 19.5×11.3 cm.--綫裝

（丁）/1194

邦交

中俄界約斠注：六卷/（清）錢恂撰.--抄本，
朱絲欄.--清末（1851～1911）.--2 冊（1 函）.--
半葉 9 行，行 21 字，小字雙行字同，版心下刻
"松竹齋"，半框 18.1×12.5cm.--綫裝

（乙二）/710

軍政

籌海圖編：十三卷/（明）胡宗憲輯.--刻本.
新安胡維極，明天啟四年（1624）.--8 冊（1
函）：有插圖.--半葉 12 行，行 22 字，小字雙行
字同，白口，四周單邊，單白魚尾，半框 20.1
×14.9cm 。本衙藏板.--綫裝　　（乙二）/473
　　第二部　14 冊（2 函）　　　（乙二）/718

籌海圖編：十三卷／（明）鄭若曾撰．--刻本．--鄭起泓，清康熙三十二年（1693）．--14 冊（2 函）：有圖．--半葉 10 行，行 20 字，白口，四周雙邊，單黑魚尾，半框 22.3×15.6cm。本衙藏板．--綫裝　　　　　（乙二）/1089

九邊圖論：一卷／（明）許論撰．**海防圖論**：一卷／（明）胡宗憲撰．**日本考略**：一卷／（明）殷都輯．--刻本，朱墨套印．--茗上閔氏，明天啟元年（1621）．--4 冊（1 函）．--（兵垣四編：四卷，附四種四卷／[明]閔聲編）．--半葉 8 行，行 18 字，白口，四周單邊，半框 20.6×14.7cm。鈐“張璉之印”白文印、“中甫”朱文印．--綫裝　　　　　（乙二）/426

九邊圖．--彩繪本．--明（1368～1644）．--9 軸．--缺第 2 軸。畫芯高 52.6 cm，長 149 cm。汪申伯藏．--卷軸裝　　　　（丁）/13954

八旗通志初集：二百五十卷，目錄二卷／（清）鄂爾泰等纂修．--刻本．--京師：武英殿，清乾隆四年（1739）．--80 冊（10 函）：地圖 10 幅．--版心題“八旗通志”。半葉 10 行，行 20 字，小字雙行字同，白口，四周雙邊，單黑魚尾，半框 23×17.1cm．--綫裝　　　　　（丙二）/4426
第二部　　　　　　　　　　　（丙二）/619

鑄礮圖説．--彩繪本．--清（1644～1911）．--1 冊（1 函）：插圖．--半葉 7 行，行 26 字，白口，四周雙邊，單黑魚尾，半框 22×11.4cm．--綫裝
　　　　　　　　　　　　　（丁）/12547

法令

故唐律疏議：三十卷／（唐）長孫無忌撰；佚名釋文．**纂例**：十二卷／（元）王元亮撰．--刻本．建安余志安勤有堂，元（1271～1368）（元至順三年[1332]印）．--23 冊（2 函）．--序 1 葉係抄配。半葉 12 行，行 24 字，小字雙行字同，細黑口，四周雙邊，雙順花魚尾，半框 19.6×13.1cm。鈐“毘陵周氏九松迂叟藏書記”朱文

印、“周氏允元”朱文印、“周良金印”朱文印．--綫裝　　　　　　　（丙二）/4096

大明律講解：三十卷／（明）明太祖敕撰．--活字本．--朝鮮，朝鮮光武七年（1903）．--3 冊（1 函）．--半葉 10 行，行 18 字，小字雙行字同，白口，四周單邊，雙對花魚尾，半框 22.2×16.2cm。鈐“金彰鉉印”白文印、“光後藏書”朱文印．--綫裝　　　　　（丁）/15408

大清律集解附例：三十卷，卷首一卷；大清律總類：六卷／（清）朱軾等奉敕纂；（清）剛林等校訂．--刻本．--京師：武英殿，清雍正三年（1725）．--20 冊（2 函）．--半葉 9 行，行 20 字，小字雙行字同，白口，四周雙邊，單黑魚尾，半框 22.5×16.8cm。佚名圈點。鈐“國子監印”朱文印（滿漢合璧）、“國子監八學官書”朱文印．--綫裝　　　　　（丙二）/2250

大清律例彙纂：三十三卷／（清）沈緗南輯．--刻本．--清乾隆五十四年（1789）．--16 冊（2 函）．--上下兩欄，上欄半葉 18 行，行 18 字，下欄半葉 9 行，行 19 字，小字雙行字同，有眉批，行 4 字，白口，四周單邊，無界行，半框 22.3×14.4cm。本衙藏板。月軒、書田批註，佚名圈點。鈐“張緒之印”朱文印、“強恕而行”朱文印．--綫裝　　　　　（丁）/15426

未信編：三集六卷／（清）潘杓燦撰．--刻本．清康熙（1662～1722）．--8 冊（1 函）．--半葉 9 行，行 22 字，白口，左右雙邊，單白魚尾，半框 18.2×12.3cm。五雲齋藏板．--綫裝
　　　　　　　　　　　　　（丁）/105

律例圖説：十卷；**幕學舉要**：一卷／（清）萬維翰撰．--刻本．--清乾隆（1736～1795）．--8 冊（1 函）．--書名頁題“律例圖説正編”。律例圖説半葉行數字數不等，白口，四周單邊，半框 19.4×13.2cm。幕學舉要半葉 10 行，行 22 字，白口，四周單邊，單黑魚尾，半框 19.4×14cm。芸暉堂藏板．--綫裝　　　　　（丁）/7621

欽定工部則例：五十卷／（清）史貽直等纂．--刻本．--清乾隆十四年（1749）．--8 冊（1 函）．--半葉 9 行，行 20 字，白口，四周雙邊，單黑魚尾，半框 21.5×15cm．鈐"北平館嚴氏珍藏圖書"朱文印．--綫裝　　　　　（丁）/14768

禮科則例：四卷．--抄本，藍丝欄．--清乾隆（1736～1795）．--4 冊（1 函）．--半葉 11 行，行 24 字，黑口，四周雙邊，單黑魚尾，半框 19.4×21.5cm 鈐"節厂"白文印．--綫裝　　　　　　　　　　　　（丁）/8212

太常寺則例：一百二十九卷，另輯六卷．--抄本，朱絲欄．--北京：內府，清道光（1821～1850）．--55 冊（10 函）．--缺卷 44-69．半葉 9 行，行 20 字，白口，四周單邊．--綫裝　　　　　　　　　　　　（丁）/12766

讀律佩觿：八卷／（清）王明德輯．--刻本．--冷然閣，清康熙十五年（1676）．--10 冊（1 函）．半葉 9 行，行 20 字，白口，四周雙邊，單黑魚尾，半框 19.8×13.8cm．鈐"鹿貽"朱文印、"陳學夔印"白文印、"北京政法學院藏"朱文印．--綫裝：市府贈書　　　　　（戊）/722

鹿洲公案：二卷／（清）藍鼎元撰．--刻本．--清雍正七年（1729）．--2 冊（1 函）．--半葉 9 行，行 20 字，白口，左右雙邊，無界行，單黑魚尾，半框 19×14.2cm．--綫裝　（丙二）/1737

考工

天工開物：三卷／（明）宋應星撰．--刻本．--日本：浪華書林菅生堂，日本明和八年（1771）．--9 冊（1 函）：有圖．--半葉 9 行，行 21 字，白口，四周單邊，單黑魚尾，半框 20.9×14.8cm．崇高堂藏板．鈐"菅生堂"白文印．綫裝　　　　　　　　　　　　（甲三）/360

清乾隆工築則例：一卷．--抄本．--清（1644～1911）．--2 冊（1 函）．--存甲、丙 2 冊．鈐

"總管內務府印"朱文印（滿漢合璧）、"周氏百鏡盦記"白文印．--綫裝　　　　（丁）/9911

物料價值則例：二百二十卷／（清）陳宏謀等纂；（清）快亮等修．--刻本．--清乾隆（1736～1795）．--8 冊（1 函）．--存湖南省物料價值則例卷 1-8．書名據版心著錄．半葉 9 行，行 20 字，小字雙行字同，白口，四周雙邊，單黑魚尾，半框 21×14.8cm．--綫裝　　（甲二）/390

公牘、檔冊

[滿漢合璧吳三桂戰書]：不分卷／（清）吳三桂撰．--抄本．--清（1644～1911）．--1 冊（1 函）．--書名代擬．--綫裝　　　　（丁）/6015

乾隆官報：不分卷．--活字本，木活字．--公慎堂，清乾隆三十五年（1770）．--1 冊（1 函）．--半葉 14 行，行 22 字，白口，無版框．馮若海題款．鈐"馮水珧祕"朱文印、"馮若海藏書印"朱文印、"宗室盛昱私印"白文印．--綫裝　　　　　　　　　　　　（乙二）/1858

黑龍江墾務要覽：四編／（清）佚名編．--抄本．--清光緒三十四年（1908）．--4 冊（1 函）．--第一編：綱要，第二編：統計表，第三編：圖說，第四編：成案輯要．--綫裝　　（乙二）/804

目錄類

公藏

內閣書目：二卷／（明）佚名編．--抄本．--漱六樓，清（1644～1911）．--2 冊（1 函）．--半葉 12 行，行字數不等，無邊框．佚名跋．鈐"北平孔德學校之章"朱文印．--綫裝　（甲二）/278

浙江採集遺書總錄：十一卷／（清）沈初等編．刻本．--清乾隆三十九年（1774）．--12 冊（2

函）.--半葉 10 行，行 20 字，粗黑口，四周單邊，單黑魚尾，半框 18.1×13cm。鈐"朱士楷藏書章"白文印、"訪梅氏"朱文印.--綫裝
（甲二）/296

欽定四庫全書總目：二百卷，卷首四卷/（清）紀昀奉敕撰.--刻本.--清乾隆（1736～1795）.--120 冊（20 函）.--仿乾隆間武英殿刻本。半葉 9 行，行 21 字，白口，四周雙邊，單黑魚尾，半框 19.6×13.7cm.--綫裝 （丙二）/2403

欽定四庫全書總目：二百卷，卷首四卷/（清）紀昀等編纂.--刻本.--浙江：杭州官府，清乾隆末年（1775～1795）.--112 冊（14 函）.--半葉 9 行，行 21 字，白口，左右雙邊，半框 14.6×11cm。鈐"鴻寶校書記"朱文印、"德福壽安甯署齋"朱文印、"德福壽安甯署周氏珍藏"朱文印、"王璥私印"白文印.--綫裝 （丙二）/1702

欽定四庫全書簡明目錄：二十卷/（清）紀昀等編.--抄本，朱絲欄.--清中後期（1736～1911）.--6 冊（1 函）.--半葉 12 行，行字數不等，白口，四周雙邊。鈐"北平孔德學校之章"朱文印.--綫裝 （甲二）/302

四庫全書排架目錄：不分卷/（清）紀昀奉敕撰.--抄本.--清（1644～1911）.--4 冊（1 函）.--目錄題名"簡明目錄"，封面書簽題"四庫簡明目錄"。半葉 8 行，行字數不等，無邊框。佚名批校。鈐"北平孔德學校之章"朱文印.--綫裝 （甲二）/236

私藏

昭德先生郡齋讀書志：五卷/（宋）晁公武撰.**後志**：二卷/（宋）趙希弁撰.--刻本.--海寧陳氏，清康熙六十一年（1722）.--12 冊（2 函）.--半葉 10 行，行 20 字，粗黑口，左右雙邊，單黑魚尾，半框 13.5×10.2cm。鈐"賈焴珍印"白文印、"希陶"朱文印、"抑齋"朱文印.--綫裝 （乙二）/57

絳雲樓書目：不分卷/（清）錢謙益藏.--抄本.--沈韻齋，清道光（1821～1850）.--沈韻齋題識。鈐"感峰樓藏"朱文印、"沈韻齋藏書記"朱文印、"韻齋手鈔秘笈"朱文印.--綫裝
（丙二）/3881

天一閣書目：一卷；**天一閣碑目**：一卷/（清）范懋柱編.--刻本.--浙江：阮元，清嘉慶（1796～1820）.--5 冊（1 函）.--經部 1 葉係抄補。半葉 10 行，行 21 字，白口，左右雙邊，單黑魚尾，半框 20.1×14.3cm。鈐"貞亮"朱文印、"北平孔德學校之章"朱文印.--綫裝
（甲二）/258

其他

國史經籍志：六卷/（明）焦竑輯.--抄本.--清（1644～1911）.--12 冊（2 函）.--鈐"盱眙吳氏藏書"朱文印、"北平孔德學校之章"朱文印、"望三益齋"朱文印.--綫裝
（甲二）/328

汲古閣刊書細目：一卷/（明）毛晉撰.--抄本.--清（1644～1911）.--1 冊（1 函）.--半葉 8 行，無行格。鈐"何元錫印"白文印、"謏聞齋"白文印、"竹泉珍祕圖籍"白文印.--綫裝
（丙二）/31

經義考：三百卷，總目二卷/（清）朱彝尊編.--刻本.--嘉興：盧見曾，清乾隆二十年（1755）.48 冊（6 函）.--卷 125 有 3 葉係抄配。半葉 12 行，行 23 字，小字雙行字同，白口，四周單邊，單黑魚尾，半框 19.6×14.8cm。曝書亭藏板。鈐"北平孔德學校之章"朱文印.--綫裝
（甲一）/52

經義考補正：十二卷/（清）翁方綱撰.--刻本.--清乾隆五十七年（1792）.--4 冊（1 函）.--半葉 19 行，行 20 字，小字雙行字同，白口，左右雙邊，單黑魚尾，半框 20.4×15.5cm。鈐"北平孔德學校之章"朱文印.--綫裝 （甲一）/133

讀書引：十二卷／（清）王謨等輯.--刻本.--清乾隆四十八年（1783）.--6冊（1函）.--半葉9行，行20字，小字雙行字同，白口，左右雙邊，單黑魚尾，半框17×12.6cm。本衙藏板.--綫裝
（丁）/10166

畿輔古今文匯擬目／（清）史夢蘭編.--稿本.--清（1644~1911）.--1冊（1函）.--鈐"畿南文獻"朱文印、"王思筬"朱文印等.--綫裝
（丁）/13020

金石類

總類

集古錄：十卷／（宋）歐陽修撰；（清）謝啟光校.--刻本.--謝啟光四留堂，清順治（1644~1661）.--3冊（1函）.--缺3卷：卷8-10。半葉9行，行21字，小字雙行字同，白口，四周單邊，單黑魚尾，半框18.6×13.2cm.--綫裝：群芳閣藏書
（庚）/183

金石錄：三十卷／（宋）趙明誠編.--刻本.--德州盧氏雅雨堂，清乾隆二十七年（1762）.--6冊（1函）.--半葉10行，行21字，小字雙行字同，白口，四周單邊，單黑魚尾，版心下刻"雅雨堂"，半框17.8×14.5cm。鈐"學部圖書之印"朱文印（滿漢合璧）.--綫裝
（丙二）/4613

金石錄：三十卷／（宋）趙明誠撰.--抄本.--清（1644~1911）.--6冊（1函）.--綫裝
（丁）/12425

金石三例：三種／（清）盧見曾輯.--刻本.--德州盧見曾雅雨堂，清乾隆二十年（1755）.--2冊.--半葉10行，行22字，小字雙行33字，白口，左右雙邊，單黑魚尾，半框20.8×15.2cm。鈐"瑞軒"朱文印、"莫天麟印"白文印、"莫

棠所藏"朱文印、"獨山莫氏銅井文房藏書記"朱文印.--綫裝
子目：
金石例：十卷／（元）潘昂霄撰
墓銘舉例：四卷／（明）王行撰
金石要例：一卷／（清）黃宗羲撰
（庚）/719

金石文字記：六卷／（清）顧炎武撰.--刻本.--清康熙（1662~1722）.--6冊（1函）.--半葉11行，行20字，白口，左右雙邊，單黑魚尾，半框18.9×14.6cm.--綫裝 （丙二）/1848

觀妙齋藏金石文考略：十六卷／（清）李光暎撰.--刻本.--嘉興李氏觀妙齋，清雍正七年（1729）.--12冊（2函）.--半葉9行，行19或20字，白口，四周單邊，單黑魚尾，半框6.6×11.5cm.--綫裝 （乙二）/1703

金石圖／（清）褚峻摹圖；（清）牛運震集説.刻本暨拓本.--清乾隆十年（1745）.--4冊（1夾）.--半葉10行，行20字，白口，四周單邊，半框23.3×15.5cm。圖為拓片剪貼。鈐"嬴縮硯齋藏書"朱文印.--綫裝：群芳閣藏書
（庚）/170

金石契：不分卷／（清）張燕昌撰.--刻本.--清乾隆四十一至四十四年（1776~1779）.--4冊（1函）.--半葉10行，行18字，小字雙行字數不等，白口，四周單邊，無界行，單黑魚尾，半框17.1×14.1cm。有刻工：張純齋、王舜長.--綫裝 （乙二）/1507

東巡金石錄：八卷／（清）崔應階，（清）梁翥鴻合輯.--刻本.--清乾隆（1736~1795）.--2冊.--半葉9行，行17字，小字雙行字同，白口，四周雙邊，單黑魚尾，半框20.2×13.9cm.--綫裝 （丙二）/1967
第二部 （乙二）/1604
第三部 胡迺穎題款，鈐"北京市人民政府文化教育委員會文物調查組所藏金石圖書"朱文印 （丁）/7463

粵東金石略：九卷，卷首一卷，附二卷/（清）翁方綱撰.--刻本.--石洲艸堂，清乾隆三十六年（1771）.--4 冊（1 函）.--半葉 10 行，行 22 字，小字雙行字數不等，白口，左右雙邊，單黑魚尾，半框 20×14.5cm.--綫裝 （乙二）/1639

兩漢金石記：二十二卷，年表一卷/（清）翁方綱撰.--刻本.--大興翁方綱南昌使院，清乾隆五十四年（1789）.--6 冊（1 函）.--半葉 10 行，行 20 字，小字雙行字同，白口，左右雙邊，單黑魚尾，半框 20.7×15.2cm.--綫裝 （乙二）/1578

　　第二部 8 冊（1 函） （丙二）/648

蜀碑記補：十卷/（清）李調元撰.--刻本.--清乾隆（1662～1722）.--1 冊（1 函）.--（函海：一百六十三種/[清]李調元編）.--半葉 10 行，行 20 字，小字雙行字同，白口，四周雙邊，單黑魚尾，半框 18.9×14.4cm.--綫裝 （丙二）/2919

金石存：十五卷/（清）吳玉搢撰.--刻本.--妙香閣，清嘉慶二十四年（1819）.--6 冊（1 函）.--半葉 11 行，行 21 字，小字雙行字同，黑口，左右雙邊，單黑魚尾，半框 19.5×13.4cm.鈐"項城袁氏抱存所藏"朱文印、"積勳"白文印.--綫裝 （丁）/15158

東洲草堂金石詩抄/（清）何紹基撰.--抄本.--清末（1851～1911）.--1 冊（1 函）.--半葉 8 行，行 20 字，無邊框.鈐"桂岑所藏"朱文印、"弼臣之章"白文印、"王法良印"白文印、"白玉之白"朱文印、"聖臥群書內"白文印、"金石緣"白文印等.--綫裝 （丁）/12668

金類

泊如齋重修宣和博古圖錄：三十卷/（宋）王黼撰；（明）丁雲鵬，（明）吳左幹繪圖；（明）劉季然書錄.--刻本.--泊如齋，明萬曆十六年（1588）.--20 冊（2 函）：有插圖.--書名頁、

序題"博古圖"，版心題"博古圖錄"。半葉 8 行，行 17 字，白口，四周單邊，單白魚尾，半框 24.5×15.3cm.歙縣黃德時刻版。泊如齋藏版.--綫裝 （丁）/12697

　　第二部 15 冊（1 函），鈐"北京市工藝美術研究所資料室專用章"朱文印 （庚）/221

重修宣和博古圖錄：三十卷/（宋）王黼撰.--刻本.--于承祖，明萬曆二十七年（1599）刻；于道南，明崇禎九年（1636）修補.--24 冊（4 函）：有插圖.--半葉 8 行，行 17 字，白口，四周單邊，半框 21.2×14.1cm.--綫裝 （乙二）/1648

　　第二部 鈐"北京市文化局文物調查研究組藏書印"朱文印 （丁）/12478

亦政堂重修宣和博古圖錄：三十卷/（宋）王黼等撰. **亦政堂重修考古圖**：十卷/（宋）呂大臨撰. **亦政堂重考古玉圖**：二卷/（元）朱德潤撰.--刻本.--寶古堂，明萬曆三十一年（1603）刻；亦政堂，清乾隆十七年（1752）得版改刻.24 冊（4 函）.--卷一題名"東書堂重修宣和博古圖錄"，卷一末及其它卷均題"亦政堂重修宣和博古圖錄"。半葉 8 行，行 17 字，白口，四周單邊，單白魚尾，半框 23.8×15.8 cm。亦政堂藏版.--綫裝 （丁）/13907
　　第二部 （乙二）/1465

亦政堂重修宣和博古圖錄：三十卷/（宋）王黼撰.--刻本.--寶古堂，明萬曆三十一年（1603）刻；亦政堂，清乾隆十七年（1752）得版改刻.7 冊（1 函）.--存卷 8-15、26、28。半葉 8 行，行 17 字，白口，四周單邊，單黑魚尾，半框 24.5×15.9cm.--綫裝 （丙二）/3550

西清古鑑：四十卷；**錢錄**：十六卷/（清）梁詩正等編.--刻本.--京師：武英殿，清乾隆十四至十六年（1749～1751）.--40 冊（2 匣）：有插圖.--半葉 10 行，行 18 字，白口，四周雙邊，雙對黑魚尾，半框 29.6×22.4cm.--綫裝 （丙二）/3834

金塗銅塔考：一卷/（清）錢泳錄.--刻本.--清乾隆五十九年（1794）.--1 冊（1 函）：圖 11 幅.--半葉 10 行，行 23 字，小字雙行字同，白口，左右雙邊，單黑魚尾，半框 19×13.6cm。表忠觀藏板．鈐"立群"朱文印、"錢泳私印"白文印.--綫裝　　　　　（丁）/8080

焦山鼎銘考：一卷/（清）翁方綱撰.--刻本.--清乾隆（1736～1795）.--1 冊（1 函）.--半葉 11 行，行 17 字，小字雙行字數不等，白口，四周單邊，半框 15.7×11.7cm。鈐"能補過齋"朱文印、"壽彭曾觀"朱文印、"錫生"朱文印.--綫裝　　　　　（丁）/9253

古刀銘盡大全：三卷/（日本）仰木弘邦藏並輯.--刻本.--日本寬政三年（1791）.--3 冊（1 函）.--行款不一，半框 21.7×16.9cm。鈐"鹿巖精舍"朱文印、"周肇祥"白文印、"俸錢易得"白文印.--綫裝　　　　　（丙二）/895

石類

宋淳熙敕編古玉圖譜：一百卷/（宋）龍大淵等奉敕輯.--刻本.--江春康山草堂，清乾隆四十四年（1779）.--12 冊（1 函）.--半葉 8 行，行 17 字，白口，四周單邊，單白魚尾，半框 23.1 或 23.7×15.4cm。康山草堂藏板．鈐"近藏吳陵王寶庸水崖家"朱文印，"北京市工藝美術研究所資料室專用章"朱文印.--綫裝　（庚）/222
　　第二部　24 冊（4 函）　　（乙三）/873

亦政堂重考古玉圖：二卷/（元）朱德潤撰.--刻本.--寶古堂，明萬曆三十一年（1603）刻；亦政堂，清乾隆十七年（1752）改版.--1 冊（1 函）.--半葉 8 行，行 17 字，白口，四周單邊，半框 24×14.9cm。亦政堂藏板．鈐"朱枕薪印"白文印.--綫裝　　　　　（丁）/15000

金薤琳琅：二十卷，補遺一卷/（明）都穆撰.--刻本.--清乾隆四十三年（1778）.--4 冊（1 函）.--半葉 9 行，行 18 字，白口，四周單邊，

單黑魚尾，半框 19.6×13.6cm。鈐"北平孔德學校之章"朱文印.--綫裝　　　（甲二）/452

秦漢瓦當文字：二卷，續一卷/（清）程敦輯.--刻本.--臨潼：橫渠書院，清乾隆五十二年（1787）刻；清乾隆五十九年（1787）續刻.--2 冊（1 函）：拓片圖.--半葉 11 行，行 25 字，細黑口，四周單邊，半框 22.3×17.2cm。鈐"學部圖書之印"朱文印（滿漢合璧）、"京師圖書館收藏之印"朱文印.--綫裝　　　（丙二）/4688

秦漢瓦當文字：二卷，續一卷/（清）程敦撰.--刻本.--清（1644～1911）.--3 冊（1 函）：拓片圖.--翻刻橫渠書院刻本。半葉 11 行，行 25 字，粗黑口，四周單邊，半框 21.5×17.2cm.--綫裝　　　（乙二）/1490

百塼考：二卷/（清）呂佺孫撰.--抄本.--清末民初（1851～1919）.--2 冊（1 函）.--綫裝　　　　（丙二）/3423

錢幣

泉志：十五卷/（宋）洪遵撰；（明）胡震亨，（明）毛晉合訂.--刻本.--胡震亨，明萬曆三十一年（1603）.--4 冊（1 函）：有插圖.--（秘冊匯函：二十四種一百四十三卷/［明］沈士龍，［明］胡震亨編）.--半葉 9 行，行 18 字，白口，左右雙邊，單白魚尾，半框 19.3×14cm.--綫裝　　　　　（乙二）/1387
　　第二部　　　　　　（丁）/12434

癖談：六卷；清白士集校補：一卷/（清）蔡雲撰.--刻本.--清道光（1796～1820）.--4 冊（1 函）.--半葉 10 行，行 21 字，小字雙行字同，白口，左右雙邊，半框 16.9×13.1cm。李適可跋．鈐"李塏"朱文印、"採石山房珍藏"朱文印.--綫裝　　　　　（丁）/9220

泉寶所見錄：十六卷/（清）沈巍皆撰.--抄本.--清咸豐元年（1851）.--4 冊（1 函）.--

鈐"書癖"朱文印、"今生不用造孽錢"白文印、"子孫永保"白文印、"誦芬書屋珍藏"朱文印、"鬻及借人為不孝"朱文印.--綫裝

（丁）/12711

璽印

佩銘類譜：八卷/（明）安世鳳輯.--刻本，朱墨套印.--安世鳳，明崇禎二年（1629）.--6 冊（1 函）.--書名頁題"安氏楷園佩銘類譜"。上下兩欄，上欄刻朱文印，下欄半葉 8 行，行 9 字，白口，四周單邊，半框 20.3×13.7cm。林□題識，黃裳題識。鈐"文素松印"白文印、"黃裳青囊文苑"朱文印.--綫裝 （丁）/12681

避暑山莊璽印錄：二卷/楊舒玫拓.--鈐印本.--民國三年（1914）.--2 冊.--書前有連文澂識語。鈐"孟青所藏"白文印、"慕泰"朱文印.--綫裝

（丁）/13933

史評類

史通通釋：二十卷，附錄一卷/（清）浦起龍撰.--刻本.--梁溪浦氏求放心齋，清乾隆十七年（1752）.--8 冊（1 函）.--半葉 9 行，行 22 字，小字雙行字同，白口，左右雙邊，半框 19×13.6cm。佚名圈點。鈐"松阪學問所"朱文印、"北平特別市藏書處"朱文印.--綫裝

（丙二）/658

史通訓故補：二十卷/（清）黃叔琳撰.--刻本.--黃叔琳養素堂，清乾隆十二年（1747）.--4 冊（1 函）.--半葉 9 行，行 19 字，小字雙行字同，有眉批，行 5 字，白口，左右雙邊，單黑魚尾，半框 15.7×11.2cm。佚名題跋、圈點、批註.--綫裝

（乙二）/1058

閱史約書：三卷/（明）王光魯撰.--刻本.--明崇禎（1628～1644）.--2 冊（1 函）：地圖 17 幅.--地圖係朱墨套印。半葉 9 行，行 20 字，小

字雙行字同，白口，四周單邊，半框 20.6×13.9cm。鈐"孫華卿印"朱文印.--綫裝

（丁）/1431

班馬異同：三十五卷/（宋）倪思編；（宋）劉辰翁評.--刻本.--明末（1573～1644）.--4 冊（1 函）.--半葉 9 行，行 20 字，有眉批，行 6 字，白口，四周單邊，單綫魚尾，半框 20.7×14.2cm。鈐"溫棟甫藏書記"朱文印、"雲心秘笈"朱文印、"溫氏藏書"白文印.--綫裝

（乙二）/706

古今治統：二十卷/（明）徐奮鵬撰.--刻本.柳齋，清雍正元年（1723）.--6 冊（1 函）.--缺序言 2 葉。半葉 10 行，行 20 字，小字雙行字同，有眉欄，行 4 字，白口，四周單邊，單黑魚尾，半框 20.7×13.4cm.--綫裝 （丁）/8798

讀史漫錄：十四卷/（明）于慎行撰.--刻本.--于緯，明萬曆四十二年（1614）.--6 冊（1 函）.書名頁題"穀山于文定公讀史漫錄"。半葉 9 行，行 18 字，白口，四周單邊，單黑魚尾，半框 18.4×14.4cm。有刻工：胡、史等。本衙藏板.--綫裝 （乙二）/940

新鐫全補標題音註歷朝捷錄：四卷/（明）顧充編；（明）顧憲成音釋；（明）李王孫評註. **新刻全補標題音註元朝捷錄**：四卷/（明）湯賓尹編纂. **新鐫增補評林音註國朝捷錄**：四卷/（明）鄭以偉編.--刻本.--書林余陟瞻，明末（1573～1644）.--8 冊（1 函）.--半葉 9 行，行 18 字，小字雙行字同，有眉欄，行 4 字，白口，四周單邊，半框 20.8×13.2cm。有刻工：陳聘洲。佚名批註、圈點。鈐"北平孔德學校之章"朱文印.--綫裝 （甲二）/293

新鐫歷朝捷錄增定全編大成：四卷/（明）顧充編；（明）鍾惺增編.--刻本.--明末（1573～1644）.--8 冊（1 函）.--版心題"捷錄大成"。半葉 8 行，行 18 字，小字雙行字同，有眉批，行 4 字，白口，四周單邊，無界行，半框 18.5×12.6cm.--綫裝 （乙二）/813

新鐫歷朝捷錄增定全編大成：四卷/（明）顧充原編；（明）屠隆續編；（明）鍾惺增編.--刻本.--名山聚，明末（1573～1644）.--6 冊（1 函）.--版心題"捷錄大成"。半葉 8 行，行 18 字，小字雙行字同，有眉批，行 4 字，白口，四周單邊，半框 18.8×12.6cm。名山聚藏板。鈐"北平孔德學校之章"朱文印.--綫裝

（甲二）/355

新鐫歷朝捷錄增定全編大成：四卷/（明）顧充原編；（明）鍾惺增編.--刻本.--致和堂，明末（1573～1644）.--6 冊（1 函）.--版心題"捷錄大成"。半葉 8 行，行 18 字，小字雙行字同，有眉批，行 4 字，白口，四周單邊，無界行，半框 18.2×12.4cm。致和堂藏板.--綫裝

（乙二）/816

捷錄法原旁註：十卷/（明）錢昱輯.--刻本.清康熙二十五年（1686）.--4 冊（1 函）.--半葉 11 行，行 20 字，小字雙行 40 字，有眉批，行 8 字，白口，左右雙邊，單黑魚尾，半框 20.3×14.9cm。佚名圈點、批註。鈐"程恩霖印"白文印、"藻儔"朱文印.--綫裝 （丁）/6649

秋士史疑：四卷/（明）宋存標撰；（明）陳繼儒選.**秋士新詩**：一卷/（明）宋存標撰.**君子堂詩**：一卷/（明）宋存標撰；（明）宋存楠選.--刻本.--宋氏君子堂，明崇禎二年（1629）.--4 冊（1 函）.--半葉 8 至 9 行，行 18 至 20 字，白口，左右雙邊間四周單邊，版心下刻"君子堂"，半框 20.7×14.3cm。佚名圈點。鈐"北平孔德學校之章"朱文印.--綫裝 （甲二）/496

讀書鏡：五卷/（明）陳繼儒撰.--刻本.--明末（1573～1644）.--2 冊（1 函）.--（眉公十種藏書）.--書口題"眉公秘笈真本"。半葉 9 行，行 21 字，白口，左右雙邊，無界行，單黑魚尾，半框 20.3×13.5cm。佚名圈點.--綫裝

（丁）/12472

靳史：三十卷/（明）查應光撰.--刻本.--明天啟（1621～1627）.--10 冊（1 匣）.--半葉 9

行，行 20 字，小字雙行字同，白口，四周單邊，單白魚尾，半框 21.7×14.2cm。佚名圈點。鈐"皖南張師亮筱漁氏校書於篤素堂"朱文印、"篤素堂張曉漁校藏圖籍之章"朱文印.--綫裝

（乙二）/794

狂狷裁中：十卷；**春秋賞析**：二卷，附論補遺一卷/（明）楊時偉撰.--刻本.--明天啟（1621～1627）.--6 冊（1 函）.--半葉 9 行，行 18 字，白口，四周單邊，半框 19.3×12.8cm。鈐"北平孔德學校之章"朱文印.--綫裝 （甲五）/147

帝鑑圖說：不分卷/（明）張居正，（明）呂調陽輯.--刻本.--純忠堂，清乾隆嘉慶間（1736～1820）.--6 冊（1 函）：插圖 117 幅.--半葉 9 行，行 19 字，白口，四周雙邊，單黑魚尾，半框 19.8×14.3cm.--綫裝 （乙二）/678

讀史四集：四種/（明）楊以任輯.--刻本.--西楊家塾，明末（1573～1644）.--4 冊（1 函）.半葉 9 行，行 20 字，有眉批，行 3 字，白口，四周雙邊，單黑魚尾，半框 19.5×14.5cm。西楊家塾藏板.--綫裝 （丙二）/2065

留餘堂史取：十二卷/（明）賀詳撰.--抄本.--清（1644～1911）.--2 冊（1 函）.--存卷 1。半葉 9 行，行 20 字，無邊框。鈐"北平孔德學校之章"朱文印.--綫裝 （甲二）/497

看鑑偶評：五卷/（清）尤侗撰.--刻本.--清康熙（1662～1722）.--3 冊（1 函）.--半葉 10 行，行 21 字，白口，四周單邊，單黑魚尾，半框 17.6×13.9cm.--綫裝 （乙二）/935

刪定通鑑感應錄：二卷/（清）秦鏡纂集.--刻本.--金陵：張聖佐，清康熙五十四年（1715）.--4 冊（1 函）.--版心題"通鑑感應錄"。半葉 9 行，行 20 字，粗黑口，左右雙邊，雙對黑魚尾，半框 19.7×15.2cm。佚名圈點、批校.--綫裝 （庚）/704

讀史辨道：四卷/（清）張大復纂.--刻本.--

近古堂, 清乾隆四十九年（1784）.--2 冊（1
函）.--半葉 9 行, 行 24 字, 小字雙行字同, 白
口, 四周雙邊, 單黑魚尾, 版心下刻"近古
堂", 半框 20.2×12.7cm。膠東官署藏板.--綫
裝　　　　　　　　　　　　　　（乙二）/963

評鑑闡要：十二卷/（清）劉統勳等奉敕編.--
刻本.--京師：武英殿, 清乾隆三十六年
（1771）.--6 冊（1 函）.--半葉 9 行, 行 17 字,
白口, 四周雙邊, 單黑魚尾, 半框 19.3×
13.9cm.--綫裝　　　　　　　（乙二）/1008

重刻歷代史略辭話：二卷/（明）楊慎纂.--
刻本.--古吳：德聚堂, 清初（1644～1722）.--2
冊（1 函）.--書皮題名"鑑略便讀十段錦詞話"。
半葉 8 行, 行 22 字, 有眉批, 行 6 字, 白口,
四周單邊, 半框 19.4×11.7cm.--綫裝：吳曉鈴
贈書　　　　　　　　　　　　（己）/1006

張文僖公詠史詩：四卷/（明）張升撰；（明）
莊一俊評.--抄本.--清（1644～1911）.--2 冊
（1 函）.--鈐"曾在王鹿鳴處"朱文印、"雪
苑王瓊宴家藏書"白文印、"手校鈔本"朱文
印、"子湘"朱文印、"邵長蘅印"白文印.--
綫裝　　　　　　　　　　　（丁）/12570

南宋襍事詩：七卷/（清）沈嘉轍等撰.--刻
本.--武林：芹香齋, 清雍正（1723～1735）.--2
冊（1 函）.--書名頁題"南宋雜事詩"。卷末
鎸"嘉善劉子端手錄, 武林芹香齋摹鎸"。半葉
11 行, 行 21 字, 小字雙行 29 字, 白口, 左右
雙邊, 單黑魚尾, 半框 17.4×13.2cm。鈐"詩
卷長留天地間"朱文印、"小山堂"朱文印、
"歸安錢氏"白文印、"北京市文化局文物調查
研究組藏書印"朱文印。希聲批校、題識, 佚名
圈點、校.--綫裝　　　　　　（丁）/12703
　　第二部　佚名圈點。鈐"陸韜經眼"白文

印、"王韜祕籍"白文印、"弢園王氏真賞"朱
文印、"紫衲所藏"朱文印、"淞北玉魷生"朱
文印　　　　　　　　　　　　（丁）/13550
　　第三部　　　　　　　　（丙二）/2271
　　第四部　4 冊（1 函）, 清乾隆（1736～1795）
印, 鈐"苦雨齋藏書印"朱文印、"曉鈴藏書"
朱文印　　　　　　　　　　　　（己）/2095

讀史偶吟：二卷/（清）孫玉甲撰；（清）吳如
珩註.--刻本.--清乾隆六年（1741）.--4 冊（1
函）.--此書卷端書名、作者被挖改, 偽充楊慎
《廿一史彈詞註》, 據諸序改回。半葉 10 行, 行
19 字, 小字雙行字同, 白口, 四周單邊, 單黑
魚尾, 半框 18.6×13.8cm。玲瓏山館藏板。鈐
"北平孔德學校之章"朱文印.--綫裝
　　　　　　　　　　　　　　（甲四）/1097

擬明史樂府：不分卷/（清）尤侗撰.--刻本.--
清康熙（1662～1722）.--1 冊（1 函）.--半葉
10 行, 行 21 字, 小字雙行字同, 有眉欄, 行 4
字, 白口, 四周單邊, 單黑魚尾, 半框 19.3×
14.1cm。佚名圈點.--綫裝　　　（丁）/7246

明史雜詠：四卷/（清）嚴遂成撰.--刻本.--
清乾隆（1736～1795）.--2 冊（1 函）.--半葉
10 行, 行 19 字, 小字雙行字同, 白口, 四周單
邊, 單黑魚尾, 半框 17.9×14cm。鈐"北平孔
德學校之章"朱文印.--綫裝
　　　　　　　　　　　　　　（甲二）/405

歷代貞淫百美詠正續編：一卷, 附合輯詩鈔/
（清）張嘉言撰.--稿本.--張嘉言, 清同治
（1862～1874）.--4 冊（1 函）.--題名據書簽
著錄, 卷端題名"讀史貞淫百美詠"。半葉 6 行,
行 25 字, 白口, 四周雙邊, 版心印"讀書最
樂"、"文成堂", 半框 24.3×13.6cm.--綫裝
　　　　　　　　　　　　　　（丙四）/4590

子 部

總 類

六子書：六種/（明）顧春編.--刻本.--吳郡：顧春世德堂，明嘉靖九至十二年（1530～1533）.--36 冊（6 函）.--半葉 8 行，行 17 字，小字雙行字同，白口，四周雙邊，單白魚尾，半框 19.5×14.4cm。有刻工：陸奎.--綫裝

子目：

老子道德經：二卷/題（漢）河上公註

南華真經：十卷/（晉）郭象註；（唐）陸德明音義

沖虛至德真經：八卷/（晉）張湛註

荀子：二十卷/（唐）楊倞註

新纂門目五臣音註揚子法言：十卷/（漢）揚雄撰；（唐）李軌等註

中説：十卷/（隋）王通撰；（宋）阮逸註.--序題"文中子中説" （乙三）/379

六子書：六種/（明）顧春編.--刻本.--桐陰書屋，明（1368～1644）.--30 冊（4 函）.--老子道德經係明嘉靖顧春世德堂刻本補配，其他仿世德堂刻本。半葉 8 行，行 17 字，小字雙行字同，白口，四周雙邊，單白魚尾，半框 19.5×14.4cm。有刻工：仁。佚名批點。鈐"鞠園藏書"朱文印.--綫裝

（子目同上） （乙三）/454

六子書：六種/（明）顧春編.--刻本.--明（1368～1644）.--34 冊（5 函）.--存 4 種 48 卷。據明嘉靖顧春世德堂刻本仿刻。半葉 8 行，行 17 字，小字雙行字同，白口，四周雙邊，單白魚尾，半框 20.1×14.3cm。 鈐"天尺 樓"朱文印、"安樂堂藏書記"朱文印、"明善堂覽書畫印記"白文印、"仁和蔡氏滋齋珍藏"印（陰陽合璧）.--綫裝

存書子目：

沖虛至德真經：八卷/（晉）張湛註

荀子：二十卷/（唐）楊倞註

新纂門目五臣音註揚子法言：十卷/（漢）揚雄撰；（晉）李軌等註

文中子中説：十卷/（隋）王通撰；（宋）阮逸註 （丙三）/33

二十家子書：二十種/（明）謝汝韶編.--刻本.--吉藩崇德書院，明萬曆六年（1578）.24 冊（4 函）.--存 16 種。書名頁題"十六子全書"。半葉 11 行，行 22 字，小字雙行字同，有眉欄，行 2 字，白口，四周雙邊，單黑魚尾，版心上刻"崇德書院"，半框 22.7×15.9cm。有刻工：堯、登等。鈐"五硯樓袁氏收金石書畫印"朱文印.--綫裝

存書子目：

亢倉子洞靈真經：一卷/（戰國）庚桑楚撰.版心題"亢倉子"

莊子南華真經：四卷/（戰國）莊周撰

關尹子文始真經：一卷/（春秋）尹喜撰.--版心題"關尹子"

公孫龍子：一卷/（戰國）公孫龍撰；（宋）謝希深註

子華子：二卷/（春秋）程本撰

鬼谷子：一卷/（梁）陶弘景註.--序誤入《子華子》前

文子通玄真經：一卷/（春秋）辛鈃撰.--版心題"文子"

尹文子：一卷/（春秋）尹文撰

列子沖虛真經：二卷/（戰國）列御寇撰

荀子：三卷/（戰國）荀況撰

黃石公：一卷/（秦）黃石公撰.--序殘缺

揚子法言：一卷/（漢）揚雄撰.--版心題"揚子"

文中子中説：一卷/（隋）王通撰

無能子：一卷/（唐）佚名撰

天隱子：一卷/（唐）司馬承禎撰
玄真子：一卷/（唐）張志和撰

（丙三）/32

楊升菴先生評註先秦五子全書：五種/（明）
楊慎評註；（明）張懋宷校．--刻本．--武林張氏
橫秋閣，明天啓五年（1625）．--2 冊（1 函）．--
半葉9行，行20字，有眉批，行5字，白口，
四周單邊，單白魚尾，半框20.5×14.1cm。橫
秋閣藏板。佚名圈點．--綫裝
子目：
鬻子：一卷/（周）鬻熊撰
關尹子：一卷/（春秋）尹喜撰
鬼谷子：一卷/（戰國）佚名撰
鄧子：一卷/（春秋）鄧析撰
公孫龍子：一卷/（戰國）公孫龍撰

（乙三）/198

諸子彙函：二十六卷九十四種/（明）歸有光
輯；（明）文震孟校訂．--刻本．--明末（1621
～1644）．--27 冊（2 函）．--原缺第94種《龍
門子》。卷前有談藪、篇目及諸子評林姓氏等。
半葉9行，行18字，小字雙行字同，有眉欄，
行 6 字，白口，四周單邊，單黑魚尾，半框
22.4×13.6cm．--綫裝
子目：
鬻子/（周）鬻熊撰
子牙子/（周）呂望撰
關尹子/（春秋）尹喜撰
子華子/（春秋）程本撰．--以上合為一卷
老子/（春秋）李耳撰
莊子/（戰國）莊周撰．--以上合為一卷
列子/（戰國）列御寇撰
墨子/（戰國）墨翟撰．--以上合為一卷
管子：二卷/（春秋）管仲撰
亢倉子/（戰國）庚桑楚撰
晏子/（春秋）晏嬰撰
鄧析子/（春秋）鄧析撰
鬼谷子/（戰國）佚名撰．--以上合為一卷
文子/（春秋）辛鈃撰
公孫龍子/（戰國）公孫龍撰
商子/（戰國）商鞅撰

鶡冠子．--以上合為一卷
司馬子/（春秋）司馬穰苴撰
吳子/（戰國）吳起撰
尹文子/（周）尹文撰
孫武子/（春秋）孫武撰
尉繚子/（戰國）尉繚撰．--以上合為一卷
玉虛子/（戰國）屈平撰
鹿溪子/（戰國）宋玉撰
慎子/（戰國）慎到撰
汗子/（戰國）汗明撰
尸子/（戰國）尸佼撰
嚚嚚子/（戰國）江乙撰．--以上合為一卷
荀子/（戰國）荀況撰
韓非子：二卷/（戰國）韓非撰
波弄子/（戰國）淳于髡撰
惠子/（戰國）惠施撰
胡非子/（戰國）胡非撰
子家子/（戰國）孔求撰
希子/（戰國）希寫撰
薛子/（春秋）薛燭撰
風胡子/（春秋）風胡撰
三柱子/（戰國）魯仲連撰
歲寒子/（戰國）張孟同撰
首山子/（秦）頓弱撰
呂子/（秦）呂不韋撰
潼山子/（秦）甘羅撰
雲晃子/（秦）齊辯貌撰
隨巢子/（秦）佚名撰
孔叢子/（漢）孔鮒撰．--以上合為一卷
黃石子/（漢）黃石公撰
雲陽子/（漢）陸賈撰
金門子/（漢）賈誼撰．--以上合為一卷
淮南子：二卷/（漢）劉安撰
桂巖子：二卷/（漢）董仲舒撰
封龍子/（漢）韓嬰撰
吉雲子/（漢）東方朔撰
青黎子/（漢）劉向撰．--以上合為一卷
揚子/（漢）揚雄撰
符子/（漢）符口撰
金樓子/（梁）梁元帝撰
嵹岈子/（漢）崔寔撰．--以上合為一卷
荊山子/（漢）桓譚撰

委宛子/（漢）王充撰
白虎通/（漢）班固撰
風俗通/（漢）應劭撰
慎陽子/（漢）黃憲撰.--以上合為一卷
釁山子/（漢）仲長統撰
回中子/（漢）王符撰
貞山子/（漢）桓寬撰
天隱子/（唐）司馬承禎撰
徐子/（漢）徐幹撰.--以上合為一卷
小荀子/（漢）荀悅撰
鏡機子/（三國魏）曹植撰
抱樸子/（晉）葛洪撰
白雲子/（晉）束皙撰
靈源子/（三國魏）嵇康撰.--以上合為一卷
雲門子/（梁）劉勰撰
干山子/（晉）陸機撰
石匏子/（北齊）劉晝撰
無能子/（唐）佚名撰
譚子/（南唐）譚峭撰.--以上合為一卷
文中子/（隋）王通撰
天隨子/（唐）陸龜蒙撰
鹿門子/（唐）皮日休撰
玄真子/（唐）張志和撰
來子/（唐）來鵠撰
文泉子/（唐）劉蛻撰
協律子/（唐）李翱撰.--以上合為一卷
靈壁子/（唐）羅隱撰
次山子/（唐）元結撰
東萊子/（宋）呂祖謙撰
邵子/（宋）邵雍撰
橫渠子/（宋）張載撰
長春子/（宋）石介撰
艸廬子/（元）吳澄撰
道園子/（元）虞集撰
郁離子/（明）劉基撰.--以上合為一卷

（丁）/12664

儒家類

孔子家語：十卷/（三國魏）王肅註.--刻本.
明嘉靖三十三年（1554）.--5 冊（1 函）.--

半葉 9 行，行 16 字，小字雙行字同，白口，左右雙邊，半框 17.1×13.7cm。卷 10 末有牌記"歲甲寅端陽望吳時用書，黃周賢、金賢刻"。佚名圈點.--綫裝 （丁）/16046

家語：十卷/（三國魏）王肅註.**集語**：二卷/（宋）薛據纂.--刻本.--明（1368～1644）.--6 冊（1 函）.--半葉 9 行，行 19 字，小字雙行字同，有眉批，行 3 字，白口，四周單邊，單黑魚尾，半框 19.5×14cm。佚名圈點、批註。鈐"西谿漁父"朱文印、"天尺樓"朱文印、"王孝詠印"白文印、"王徨之印"白文印、"慧音"朱文印、"三畏居"朱文印.--綫裝 （丙二）/19

家語：十卷；**孔叢**：五卷/（清）姜兆錫正義.刻本.--清雍正十一年（1733）.--8 冊（1 函）.--書名頁題"先聖遺書"。半葉 9 行，行 25 字，小字雙行字同，白口，四周單邊，雙對黑魚尾，版心下刻"寅清樓"，半框 18.4×13.2cm.--綫裝 （丁）/8285

新刻註釋孔子家語憲：四卷/（明）陳際泰釋.--刻本.--金閶：書業堂，明末（1573～1644）.--4 冊：圖 14 幅.--卷首有素王事實、紀年。半葉 9 行，行 21 字，小字雙行字同，白口，四周單邊，半框 19.2×12.6cm.--綫裝：群芳閣藏書 （庚）/195

荀子：二十卷/（唐）楊倞註.--刻本.--桐陰書屋，明（1368～1644）.--20 冊（2 函）.--（六子書：六種/[明]顧春編）.--仿明嘉靖顧春世德堂刻本。半葉 8 行，行 17 字，小字雙行字同，白口，四周雙邊，單白魚尾，半框 20.1×14.4cm。鈐"怡府世寶"朱文印、"明善堂覽書畫記"白文印、"退耕堂藏書記"朱文印.--綫裝 （乙三）/340

荀子：二十卷/（周）荀況撰；（唐）楊倞註.--刻本.--日本：平安書林，日本延享二年（1745）.--10 冊（1 函）.--書名頁題"荀子全書"。據明嘉靖世德堂刻本翻刻。半葉 8

行，行 17 字，小字雙行字同，白口，四周雙邊，單白魚尾，半框 20×14cm。鈐"其利斷金"白文印、"學部圖書之印"朱文印（滿漢合璧）.綫裝　　　　　　　　　（丙三）/4786

孔叢：四卷/（漢）孔鮒撰；（明）鍾惺評.--刻本.--鍾惺，明末（1573～1644）.--2 冊（1 函）.--（秘書九種/[明]鍾惺編）.--半葉 9 行，行 25 字，有眉批，行 2 字，白口，四周單邊，無界行，半框 20.3×12.2cm。佚名註.--綫裝　　　　　　　　　　　　（丙三）/640

新書：十卷/（漢）賈誼撰；（明）錢震瀧閱.--刻本.--明末（1573～1644）.--4 冊（1 函）.--序言内容有缺失，目錄有抄配。半葉 9 行，行 20 字，小字雙行字同，有眉欄，行 4 字，白口，左右雙邊，單白魚尾，半框 19.8×14.5cm.--綫裝　　　　　　　　（乙三）/439

新書：十卷/（漢）賈誼撰.--刻本.--杭州：盧文弨抱經堂，清乾隆四十九年（1784）.--2 冊（1 函）.--（抱經堂叢書：十七種二百七十四卷/[清]盧文弨編）.--序言、書名頁題"賈誼新書"。半葉 10 行，行 20 字，小字雙行字同，白口，左右雙邊，單黑魚尾，版心下刻"抱經堂校定本"，半框 18.1×13.3cm。鈐"硯翁"朱文印、"大興皇氏繩齋藏書之印"朱文印.--綫裝　　　　　　　（乙三）/368

新書：十卷/（漢）賈誼撰；（清）陳希祖校.刻本.--清乾隆五十六年（1791）.--2 冊（1 函）.--（增訂漢魏叢書/[清]王謨輯）.--半葉 9 行，行 20 字，小字雙行字同，白口，左右雙邊，單白魚尾，半框 19.4×14.3cm。鈐"王希光"朱文印.--綫裝　　　　　（丙三）/5464

鹽鐵論：十二卷/（漢）桓寬撰；（明）鍾惺評.--刻本.--鍾惺，明末（1573～1644）.--4 冊（1 函）.--（秘書九種/[明]鍾惺編）.--半葉 9 行，行 25 字，小字雙行字同，有眉批，行 2 字，白口，四周單邊，無界行，半框 20.5×12.6cm。佚名題識、評.--綫裝　（丙二）/1759

劉向説苑：二十卷/（漢）劉向編.--刻本.--汾陽：澗東鄡邑楊美益，明萬曆四年（1576）.10 冊（1 函）.--（劉氏二書：三十卷/[漢]劉向撰）.--半葉 11 行，行 20 字，白口，四周單邊，單黑魚尾，半框 19.1×14.7cm。鈐"竹葉"朱文印、"自清"白文印.--綫裝
　　　　　　　　　　　　（乙三）/854

纂圖互註揚子法言：十卷/（漢）揚雄撰；（晉）李軌，（唐）柳宗元，（宋）司馬光等註.刻本.--明（1368～1644）.--4 冊（1 函）：有插圖.--半葉 11 行，行 24 字，小字雙行字同，黑口，四周雙邊，雙順黑魚尾，半框 19.5×13.2cm。鈐"吳翌鳳枚庵氏珍藏"朱文印、"秀野草堂顧氏藏書印"朱文印.--綫裝
　　　　　　　　　　　　（乙三）/361

揚子：十卷/（漢）揚雄撰；（明）許宗魯編.刻本.--芸窻書院，明（1368～1644）.--2 冊（1 函）.--（六子書：六十二卷/[明]許宗魯編）.--半葉 10 行，行 20 字，白口，左右雙邊，版心上刻"芸窻書院刻"，半框 18.3×13.2cm.--綫裝　　　　　　（乙三）/404

忠經/（漢）馬融撰；（漢）鄭玄註.--刻本.--汲古閣，明崇禎（1628～1644）.--1 冊（1 函，與耒耟經、周髀算經合訂）.--（津逮秘書：十五集一百四十六種/[明]毛晉編）.--半葉 8 行，行 19 字，小字雙行字同，白口，左右雙邊，版心下題"汲古閣"，半框 18.2×12.6cm.--綫裝：群芳閣藏書　　　　（庚）/157

中説：十卷/（隋）王通撰；（宋）阮逸註.--刻本.--敬忍居，明隆慶萬曆間（1567～1620）.--4 冊（1 函）.--有抄配。序、版心題"文中子中説"。翻刻明嘉靖世德堂刻本。半葉 8 行，行 17 字，小字雙行字同，白口，四周雙邊，單黑魚尾，版心下刻"敬忍居"，半框 18.9×14cm.--綫裝　　　（乙三）/371
第二部　　　　　　　　　（丙三）/776

中説：十卷/（隋）王通撰；（宋）阮逸註.--

刻本.--明（1368～1644）.--4 冊（1 函）.--
（六子書：六種／[明] 顧春編）.--有抄配。
仿明嘉靖世德堂刻本。半葉 8 行，行 17 字，小
字雙行字同，白口，四周雙邊，單白魚尾，半
框 18.9×14cm.--綫裝　　　　　　（乙三）/463

家範：十卷／（宋）司馬光撰；（清）朱軾評
點.--刻本.--高安朱軾，清康熙五十八年
（1719）.--4 冊（1 函）.--序題"溫公家範"。
半葉 9 行，行 21 字，小字雙行字同，有眉批，
行 4 字，白口，四周單邊，單黑魚尾，半框
18.2×13.5cm。本衙藏板。鈐"安昌毛氏藏書
之印"朱文印.--綫裝　　　　　　（丙三）/132

張子全書：十五卷／（宋）張載撰；（宋）朱
熹註。呂氏四禮翼：八卷／（明）呂坤撰.--刻
本.--高安朱軾，清康熙五十八年（1719）.--7
冊（1 函）.--半葉 10 行，行 20 字，小字雙行
字同，白口，左右雙邊，單黑魚尾，半框
20.5×15cm.--綫裝

子目：
西銘：一卷／（宋）張載撰；（宋）朱熹註
正蒙：二卷／（宋）張載撰；（宋）朱熹註
經學理窟：五卷／（宋）張載撰
易説：三卷／（宋）張載撰
張子語錄抄：一卷／（宋）張載撰
張子文集抄：一卷／（宋）張載撰
張子全書拾遺：一卷／（宋）張載撰
張子全書附錄：一卷／（宋）呂大臨等撰
　　　　　　　　　　　　　　（丙三）/5618
　　第二部　4 冊（1 函），末葉有殘，鈐"京
師圖書館收藏之印"朱文印　　（丙三）/5235
　　第三部　6 冊（1 函）　　　（乙三）/442

正蒙：二卷／（宋）張載撰；（清）李光地註
解.--刻本.--清康熙（1662～1722）.--1 冊（1
函）.--書名頁題"安溪先生註解正蒙"。半葉
8 行，行 22 字，白口，四周單邊，雙順黑魚尾，
半框 17.6×12.1cm。鈐"教忠堂藏板"朱文
印、"國子監印"朱文印（滿漢合璧）.--綫裝
　　　　　　　　　　　　　　（丙三）/133
　　第二部　4 冊（1 函），鈐"教忠堂藏板"

朱文印、"國子監印"朱文印（滿漢合璧）
　　　　　　　　　　　　　　（丁）/9462

正蒙：十七卷，序論一卷，臆説一卷／（清）
王植輯.--刻本.--清雍正（1723～1735）.--5
冊（1 函）.--一名"正蒙初義"。半葉 10 行，
行 25 字，白口，四周單邊，無界行，半框
18.8×12.9cm.--綫裝　　　　　　（丙一）/1456

淵鑑齋御纂朱子全書：六十六卷／（宋）朱熹
撰；（清）李光地等編.--刻本.--京師：内府，
清康熙五十三年（1714）.--25 冊（4 函）.--
版心題"朱子全書"。半葉 9 行，行 20 字，小
字雙行字同，白口，四周單邊，無界行，單黑
魚尾，半框 19.2×14.1cm .--綫裝
　　　　　　　　　　　　　　　（丙五）/6
　　第二部　　　　　　　　　　（乙三）/1060
　　第三部　　　　　　　　　　（乙三）/1061

淵鑑齋御纂朱子全書：六十六卷／（宋）朱熹
撰；（清）李光地等編.--刻本.--京師：内府，
清康熙五十三年（1714）.--25 冊（4 函）.--
版心題"朱子全書"。半葉 9 行，行 20 字，小
字雙行字同，粗黑口，四周單邊，無界行，雙
順黑魚尾，半框 19.2×14.1cm。鈐"國子監
印"朱文印（滿漢合璧）、"國子監八學官書"
朱文印.--綫裝　　　　　　　　　（丙五）/5

小學集註：六卷／（宋）朱熹撰；（明）陳選
註.--刻本.--清雍正五年（1727）.--2 冊（1
函）.--半葉 9 行，行 18 字，小字雙行字同，
白口，四周雙邊，單黑魚尾，半框 18.7×
13.9cm。八旗官學藏板。鈐"八旗第八小學堂
圖記"朱文印.--綫裝　　　　　　（丙一）/478

朱子近思錄：十四卷／（宋）朱熹撰；（清）
朱顯祖輯.--刻本.--清康熙（1662～1722）.--4
冊（1 函）.--半葉 9 行，行 20 字，粗黑口，
左右雙邊，單黑魚尾，半框 18.3×13.6cm。味
經堂藏板。佚名圈點.--綫裝　　（丁）/14766

朱子語類：五十二卷／（宋）朱熹撰；（清）

周在延輯. --刻本. --金陵：金谿周氏大業堂，清康熙十七年（1678）. --8 冊（1 函）. --書名頁題"朱子四書語類". 半葉 12 行，行 25 字，小字雙行字同，白口，左右雙邊，單黑魚尾，半框 20.8×13.8cm. 鈐"天籟堂圖書記"朱文印、"南陵徐氏仁山珍藏"白文印、"學部圖書之印"朱文印（滿漢合璧）、"京師圖書館收藏之印"朱文印. --綫裝　　（丙三）/5689

朱文公問答全集：三十一卷. --刻本. --清雍正八年（1730）. --8 冊. --（朱子文集大全類編）. --存卷 2-15. 半葉 12 行，行 24 字，黑口，四周單邊，單黑魚尾，半框 18.9×14.6cm. --綫裝：市府贈書　　　（戊）/1710

先聖大訓：六卷/（宋）楊簡輯並註. --刻本. 雲間張翼軫，明萬曆四十三年（1615）. --12 冊（2 函）. --半葉 8 行，行 16 字，小字雙行字同，白口，四周單邊，半框 21.9×15.4cm. 綫裝　　　　　　　　　　（乙三）/812

大學衍義：四十三卷/（宋）真德秀撰. --刻本. --北京：司禮監，明嘉靖六年（1527）. --20 冊（4 函）. --半葉 8 行，行 14 字，小字雙行字同，粗黑口，四周雙邊，雙順黑魚尾，半框 22.4×16.5cm. 張直題記. 鈐"欽文之璽"朱文印、"廣運之寶"朱文印、"張直之印"白文印. --綫裝　　　（丙三）/3610
　　第二部　26 冊（4 函），缺卷 10、12-14、23-29. 鈐"欽文之璽"朱文印、"廣運之寶"朱文印、"弢庵主人"印（陰陽合璧）、"仰恬書屋"朱文印、"津沽後學"印（陰陽合璧）、"仰恬子保藏圖書記"白文印、"嗜古道人圖書"白文印、"養田"印（陰陽合璧）　　　　　　　　　　　（丙三）/7

大學衍義：四十三卷/（宋）真德秀撰. --刻本. --楊鶚，明崇禎十一年（1638）刻；清（1644～1911）補刻. --10 冊（1 函）. --半葉 10 行，行 21 字，白口，四周雙邊，單黑魚尾間單白魚尾，半框 21.1×14.5cm. 鈐"國子監南學書光緒九年二月查過準部齊全"朱文印、

"國子監印"朱文印（滿漢合璧）. --綫裝　　　　　　　　　　　　　　　（丙三）/142

大學衍義：四十三卷/（宋）真德秀撰. --刻本. --清乾隆二年（1737）. --10 冊（1 夾）. --半葉 10 行，行 21 字，小字雙行字同，白口，四周雙邊，單黑魚尾間單白魚尾，半框 21.1×14.9cm. --綫裝　　　　　　　（丙三）/605

大學衍義補：一百六十卷，卷首一卷/（明）丘濬撰. --刻本. --建寧府，明弘治元年（1488）. --64 冊（8 函）. --序 1 葉、卷 160 第 2 葉係抄配. 半葉 10 行，行 20 字，小字雙行字同，粗黑口，四周雙邊，雙順黑魚尾，半框 19.7×13.2cm. --綫裝　　　（乙三）/768

大學衍義補：一百六十卷，前書一卷/（明）丘濬撰. --刻本. --明正德元年（1506）. --40 冊（4 函）. --半葉 10 行，行 20 字，小字雙行字同，粗黑口，四周雙邊，雙順黑魚尾，半框 19.8×12.8cm. 佚名批. 鈐"孫華卿章"朱文印. --綫裝　　　　　　　（丙三）/769

大學衍義補：一百六十卷，首一卷/（明）丘濬撰. --刻本. --福建：開州吉澄，明嘉靖三十八年（1559）. --40 冊（4 函）. --卷 117 第 1 葉係抄配. 版心題"衍義補". 半葉 10 行，行 20 字，小字雙行字同，白口，四周單邊間左右雙邊，單白魚尾，半框 19.2×14.2cm. --綫裝　　　　　　　　　　　　（乙三）/769

大學衍義補：一百六十卷，卷首一卷/（明）丘濬撰；（明）陳仁錫評. --刻本. --明末（1573～1644）. --24 冊（3 函）. --卷前書、卷 1、2 用明萬曆喬應甲揚州刊本補配. 半葉 10 行，行 20 字，小字雙行字同，有眉欄，行 4 字，白口，四周單邊，單綫魚尾，半框 20.6×15cm. 佚名圈點. 鈐"南陵徐氏仁山珍藏"白文印、"學部圖書之印"朱文印（滿漢合璧）、"京師圖書館收藏之印"朱文印. --綫裝　　（丙三）/4779

大學衍義補纂要：六卷/（明）徐栻撰. --刻

本.--明萬曆五年（1577）.--6冊（1函）.--半葉10行，行20字，小字雙行字同，白口，四周單邊，單黑魚尾，半框19.1×14.1cm。有刻工：余宗。鈐"錢敬之記"朱文印、"光霽樓主人"朱文印、"寶善居"白文印.--綫裝　　　（丁）/12414

第二部　鈐"高凌霨澤畬甫收藏印"朱文印、"衡陽常氏潭印閣藏書之圖記"朱文印　　　　（丙三）/12

西山先生真文忠公讀書記：四十卷/（宋）真德秀撰.--刻本.--真氏後裔，清乾隆四年（1739）刻；清乾隆八年（1743）補刻.--30冊（3函）.--半葉10行，行21字，白口，四周雙邊，單黑魚尾，半框20.8×15.2cm。本祠藏本.--綫裝　　　（丙三）/3577

第二部　13冊（2函），存缺卷1-10、12-17　　　　（丙四）/3239

慈溪黃氏日抄分類：九十七卷；**慈溪黃氏日抄分類古今紀要**：十九卷/（宋）黃震編輯.--刻本.--新安汪氏，清乾隆三十二年（1767）.24冊（4函）.--半葉14行，行26字，細黑口，四周雙邊，雙順黑魚尾，半框19.4×13.5cm。珠樹堂藏板。鈐"北平孔德學校之章"朱文印.--綫裝　　　　（甲二）/231

第二部　13冊（2函）　　（丙四）/6021
第三部　30冊（4函）　　（乙三）/1067

聖學心法：四卷/（明）成祖朱棣撰.--刻本.南京：司禮監，明永樂七年（1409）.--10冊（2函）.--半葉10行，行22字，小字雙行字同，黑口，四周雙邊，雙對花魚尾，半框26.3×19.2cm.--綫裝　　　　（乙二）/801

性理群書大全：七十卷，卷首一卷/（明）胡廣等編.--刻本.--明初（1368～1424）.--36冊（6函）.--卷38第3葉、卷70最後3葉係抄配。卷端題"玉峰道人集覽"。半葉11行，行22字，小字雙行字同，黑口，四周雙邊，雙順黑魚尾，半框19.2×13.1cm。佚名圈點。鈐"話雨樓"朱文印.--綫裝　　　（乙三）/770

新刊憲臺釐正性理大全：七十卷/（明）胡廣等編.--刻本.--余氏自新齋，明嘉靖三十一年（1552）.--24冊（4函）：有圖.--版心題"性理大全"。半葉11行，行24字，小字雙行字同，白口，四周雙邊，雙順黑魚尾，半框18.1×13cm。佚名批點。鈐"賜書閣"朱文印、"積古齋"朱文印、"南陵徐氏仁山珍藏"白文印、"學部圖書之印"朱文印（滿漢合璧）、"京師圖書館收藏之印"朱文印.--綫裝　　　（丙三）/4759

性理大全書：七十卷/（明）胡廣等編.--刻本.--福建：縉雲樊獻科，明嘉靖三十八年（1559）.--24冊（3函）.--半葉10行，行20字，小字雙行字同，白口，四周單邊間左右雙邊，雙順黑魚尾，半框20.8×14.6cm。有刻工：劉熺、蔡五等。佚名圈點。鈐"南陵仁山徐氏珍藏"白文印、"學部圖書之印"朱文印（滿漢合璧）.--綫裝　　　（丙三）/4778

第二部　36冊（4函），鈐"王璸"朱文印　　　　（丙三）/664

性理大全書：七十卷/（明）胡廣等編.--刻本.--吳勉學師古齋，明萬曆二十五年（1597）.--40冊（6函）：有圖.--卷35-39裝訂顛倒，卷39之第1-35葉重複。半葉10行，行20字，小字雙行字同，有眉批，行5字，白口，左右雙邊，雙順黑魚尾，半框21×14.7cm。佚名圈點.--綫裝　　　（丙三）/835

性理大全書：七十卷/（明）胡廣等撰.--刻本.--明末（1573～1644）.--6冊（1函）.--存卷36-55。半葉10行，行20字，白口，左右雙邊，單黑魚尾，半框20.9×15cm。有刻工：曾華、陳文等.--綫裝　　　（丙三）/5625

性理大全書：七十卷/（明）胡廣等撰.--刻本.--清康熙（1662～1722）刻；清（1723～1911）補刻.--16冊（4函）.--半葉10行，行22字，小字雙行字同，粗黑口，四周雙邊，雙對黑魚尾，半框25.5×18.2cm。鈐"國子監八學官書"朱文印、"國子監印"朱文印（滿漢

合璧）．--綫裝　　　　　　　（丙三）/3489

五倫書：六十二卷/（明）宣宗朱瞻基纂．--刻本．--北京：内府，明正統十二年（1447）．24 冊（4 函）．--半葉 9 行，行 18 字，粗黑口，四周雙邊，雙對花魚尾，半框 29.5×19.3cm。鈐"廣運之寶"朱文印．--綫裝　（乙三）/865

讀書錄：十一卷；**讀書續錄**：十二卷/（明）薛瑄撰．--刻本．--明嘉靖四年（1525）．--4 冊（1 函）．--半葉 10 行，行 20 字，白口，四周單邊，半框 20.3×13.4cm．--綫裝

（丙三）/609

讀書錄：十卷；**讀書續錄**：十二卷/（明）薛瑄撰．--刻本．--平陽府解州聞喜縣：沈維藩，明嘉靖三十四年（1555）．--10 冊（2 函）．--半葉 10 行，行 20 字，白口，四周雙邊，半框 20.2×13cm。佚名圈點．--綫裝　（乙三）/673

讀書錄：十一卷；**讀書續錄**：十二卷/（明）薛瑄撰．--刻本．--清康熙（1662～1722）．--6 冊（1 函）．--書名頁題"薛文清公讀書錄"。半葉 12 行，行 22 字，黑口，左右雙邊，雙對花魚尾，半框 17.5×14.1cm．--綫裝

（丙三）/780

讀書錄：十一卷；**讀書續錄**：十二卷/（明）薛瑄撰．--刻本．--河東薛天章，清乾隆十一年（1746）．--10 冊（1 函）．--半葉 12 行，行 22 字，小字雙行字同，粗黑口，左右雙邊，雙對黑魚尾，半框 18.4×13.8cm．--綫裝

（丙三）/779

　　第二部　4 冊（合裝 1 函）（乙四）/255

薛文清公從政名言：一卷/（明）薛瑄撰．--刻本．--薛氏家刻，明崇禎十六年（1643）．--1 冊（1 函）．--半葉 10 行，行 18 字，白口，四周雙邊間四周單邊，單黑魚尾，半框 20×13.2cm．--綫裝　　（丙四）/6306

薛文清公要語：[滿漢對照]：二卷/（明）薛瑄撰；（清）富達禮翻譯．--刻本．--清康熙（1662～1722）．--4 冊（1 函）．--半葉 7 行，行字數不等，白口，四周單邊，無界行，單黑魚尾，半框 20.4×16.4cm．--綫裝

（乙·三）/36

閑闢錄：十卷/（明）程瞳輯．--刻本．--清（1644～1911）．--2 冊（1 函）．--半葉 9 行，行 18 字，小字雙行字同，白口，左右雙邊，單黑魚尾，半框 17.8×13.7cm。鈐"衡陽常氏潭印閣藏書之圖記"朱文印、"北平孔德學校之章"朱文印．--綫裝　　（甲四）/1345
　　第二部　佚名圈點、批註，鈐"周肇祥讀過書"朱文印　　　　　（丙四）/3188

傳習錄：三卷，附錄一卷/（明）王守仁撰．刻本．-- 日本：嵩山堂，日本正德二年（1712）．--4 冊（1 函）．--上下兩欄，上欄半葉 16 行，行 12 字，下欄半葉 8 行，行 16 字，粗黑口，四周雙邊，單黑魚尾，半框 24.2×16.9cm．--綫裝　　　　　（乙三）/1109

慎言：十三卷/（明）王廷相撰．--刻本．--明嘉靖（1522～1566）．--2 冊（1 函）．--（王浚川所著書：九種/[明]王廷相撰）．--半葉 10 行，行 18 字，白口，左右雙邊間四周單邊，單白魚尾，半框 17.7×13.9cm。鈐"真定府儒學印"朱文印（滿漢合璧）、"閒田張氏聞三藏書"朱文印．--綫裝　　　　　（乙三）/1021

常郡新刻李會元先生性理書抄：八卷/（明）李廷機輯．--刻本．--書林舒其材，明萬曆十九年（1591）．--8 冊（1 函）．--半葉 10 行，行 20 字，小字雙行字同，有眉欄，行 4 字，白口，四周雙邊，單黑魚尾，版心下鐫"石泉原板"，半框 21.4×13cm．--綫裝　（丙三）/520

困知記：八卷/（明）羅欽順撰．--刻本．--羅珽仕，明萬曆四十八年（1620）．--8 冊（1 函）．--半葉 9 行，行 20 字，小字雙行字同，白口，左右雙邊，單黑魚尾，半框 21.6×14cm．--綫裝

（乙三）/855

呻吟語：六卷/（明）呂坤撰. --刻本. --明萬曆（1573～1620）. --8 冊（1 函）. --半葉 9 行，行 19 字，白口，左右雙邊，單黑魚尾，半框 21.6×13.7cm。鈐"鄭重藏書"朱文印、"惺齋"朱文印. --綫裝 　　（丙二）/4956
　　第二部　6 冊（1 函）　　（丙三）/1105

呻吟語：六卷；**皇帝陰符經**：一卷；**救命書**：一卷/（明）呂坤撰. --刻本. --江寧：新安呂燕昭，清乾隆五十九年（1794）（清末[1851～1911]印）. --6 冊（1 函）. --半葉 11 行，行 21 字，白口，左右雙邊，單黑魚尾，半框 15.2×12.9cm。《呻吟語跋》末葉鐫"江寧顧晴崖家刻版"。本衙藏版. --綫裝

　　　　　　　　　　　　　（丙三）/1740

呻吟語摘：二卷/（明）呂坤撰. --刻本. --明萬曆（1573～1620）刻；清（1644～1911）補刻. --2 冊（1 函）. --半葉 8 行，行 20 字，白口，四周單邊，單黑魚尾，半框 22×14.4cm。佚名圈點. --綫裝　　（丙三）/6556

黽記：四卷/（明）錢一本撰. --刻本. --明萬曆四十一年（1613）. --4 冊（1 函）. --半葉 9 行，行 19 字，白口，四周單邊，單黑魚尾，半框 21.6×13.9cm. --綫裝　　（乙三）/435

明手斧鋤：四卷/（明）金勵編. --刻本. --明萬曆（1573～1620）. --6 冊（1 函）. --半葉 10 行，行 18 字，白口，四周單邊，單黑魚尾，半框 21.4×14.7cm。寬夫題跋、圈點，佚名圈點。鈐"翼南藏書"朱文印、"李"朱文印、"北平孔德學校之章"朱文印. --綫裝
　　子目：
　　明手斧言前集：一卷
　　明手斧言後集：一卷
　　明手鋤言前集：一卷
　　明手鋤言後集：一卷　　（甲三）/184

諸儒學案：不分卷/（明）劉元卿編. --刻本. 劉應舉，明萬曆（1573～1620）. --12 冊（2 函）. --半葉 9 行，行 18 字，白口，四周單邊，

半框 19.7×14.6cm。有刻工：宋允、川等。佚名圈點。鈐"北平孔德學校之章"朱文印. --綫裝　　　　　　　　　　　（甲三）/444

福壽全書：不分卷/（明）陳繼儒輯. --抄本. 朝鮮，李朝後期（1800～1910）. --6 冊（1 函）. 半葉 10 行，行 19 字，白口，左右雙邊，半框 19.1×14.2cm。劉英豪題跋。鈐 "朴希困印"白文印、"劉子傑"白文印. --綫裝

　　　　　　　　　　　　　　（丁）/7482

簡身箴：二卷/（明）馬維鉉輯. --刻本. --馬德澍，明天啟（1621～1627）刻；明末（1621～1644）補刻. --1 冊（1 函）. --半葉 9 行，行 20 字，白口，四周單邊，半框 20.5×12.1cm。鈐"王"朱文印、"貢忱"白文印、"醒虛珍藏"白文印、"止適齋藏書"白文印. --綫裝：群芳閣藏書　　　　　　　　　　（庚）/142

人臣儆心錄：[滿文]：一卷/（清）世祖福臨撰. --刻本. --京師：內府，清順治十二年（1655）. --1 冊（1 函）. --半葉 6 行，行字數不等，白口，四周雙邊，單黑魚尾，半框 16.9×11.5cm. --綫裝　　　　　（乙·三）/14

理學宗傳：二十六卷/（清）孫奇逢輯. --刻本. --張沐，清康熙五年（1666）. --12 冊（2 函）. --半葉 9 行，行 20 字，小字雙行字同，有眉批，行 4 字，白口，四周單邊，單黑魚尾，半框 19.4×13.8cm. --綫裝　　（丙三）/1075

溯流史學鈔：二十卷，附遊梁書院學規一卷，遊梁書院講語一卷/（清）張沐撰. --刻本. 敦臨堂，清康熙三十三年（1694）. --10 冊（2 函）. --半葉 9 行，行 20 字，粗黑口，四周雙邊，單黑魚尾，半框 18.1×13.2cm. --綫裝

　　　　　　　　　　　　　（乙二）/1921

理學正宗：十五卷/（清）竇克勤編. --刻本. 求善居，清康熙二十六年（1687）. --6 冊（1 函）. --半葉 9 行，行 20 字，小字雙行字同，白口，四周雙邊，單黑魚尾，半框 19.4×

13.7cm。求善居藏板.--綫裝　　　（丙三）/627

庸行編：八卷/（清）史典輯；（清）牟允中補.--刻本.--閭山尚氏澹寧堂，清康熙三十年（1691）.--4 冊（1 函）.--半葉 9 行，行 21 字，小字雙行字同，白口，四周單邊，單黑魚尾，版心下刻"澹寧堂"，半框 20.3×14.4cm.--綫裝　　　（丙三）/380
　　第二部　8 冊（1 函）　　　（乙三）/1022

御纂性理精義：十二卷/（清）李光地等奉敕纂.--刻本.--京師：武英殿，清康熙五十六年（1717）.--5 冊（1 函）：有圖.--半葉 8 行，行 18 字，小字雙行 22 字，白口，四周雙邊，無界行，單黑魚尾，半框 22.3×16.1cm。鈐"吉清書院官書外人不得私用"朱文印.--綫裝　　　（乙三）/478

御纂性理精義：十二卷/（清）李光地等編校.--刻本.--清康熙（1662～1722）.--6 冊（1 函）.--仿武英殿刻本。半葉 8 行，行 18 字，小字雙行 22 字，白口，四周雙邊，無界行，單黑魚尾，半框 21.3×15.9cm .--綫裝
　　　　　　　　　　　　　（丙三）/154

御纂性理精義：十二卷/（清）李光地等纂修.--刻本.--清雍正（1723～1735）.--4 冊（1 函）.--仿武英殿刻本。半葉 8 行，行 18 字，小字雙行 22 字，白口，四周雙邊，單黑魚尾，半框 22×16.1cm。鈐"文元氏誌"朱文印、"古訓是式"朱文印.--綫裝　　（丙三）/3627

御纂性理精義：十二卷/（清）李光地等編.刻本.--京師：國子監，清乾隆（1736～1795）.--4 冊（1 函）.--半葉 8 行，行 18 字，小字雙行 22 字，白口，四周雙邊，單黑魚尾，無界行，半框 22×15.9cm。鈐"國子監八學官書"朱文印等.--綫裝　　　（丙三）/526

性理精義：［滿文］：十二卷/（清）李光地等奉敕校正.--刻本.--京師：武英殿，清康熙五十六年（1717）.--8 冊（1 函）.--半葉 7 行，

行字數不等，小字雙行字數不等，白口，四周雙邊，單黑魚尾，半框 20.7×16.5cm.--綫裝
　　　　　　　　　　　　　（乙·三）/3
　　第二部　　　　　　　（乙·三）/2

程山遺書：五十六卷/（清）謝文洊撰.--刻本.--尊洛堂，清康熙（1662～1722）刻；清嘉慶（1796～1820）補刻.--4 冊（1 函）.--存 5 卷。半葉 10 行，行 23 字，小字雙行字同，白口，四周單邊，單黑魚尾，半框 19.8×14.2cm。尊洛堂藏板。鈐"豫章別業藏本"朱文印.--綫裝
　　存書子目：
　　大學切己錄：一卷
　　中庸切己錄：二卷
　　講義：二卷
　　程山十則：一卷　　　（丙三）/5622

三魚堂賸言：十二卷，傳略一卷/（清）陸隴其撰；（清）陳濟編.--刻本.--清乾隆八年（1743）.--1 冊（1 函）.--半葉 11 行，行 19 字，粗黑口，左右雙邊，雙對黑魚尾，半框 15.5×11.3cm。三蕉書屋藏板.--綫裝
　　　　　　　　　　　　　（丁）/7299

萬世玉衡錄：四卷/（清）蔣伊輯.--刻本.--清康熙（1662～1722）.--4 冊（1 函）.--半葉 9 行，行 23 字，白口，左右雙邊，單黑魚尾，半框 19.6×14cm.--綫裝　　　（丁）/8361

三合聖諭廣訓：［滿漢蒙合璧］：不分卷/（清）清世宗胤禛撰.--刻本.--清雍正二年（1724）.4 冊（1 函）.--行款不一，白口，四周雙邊，單黑魚尾，半框 22.4×15.7cm .--綫裝
　　　　　　　　　　　　　（乙·三）/27

小學合解：［滿文］：六卷/（清）古巴岱奉敕譯.--刻本.--京師：武英殿，清雍正五年（1727）.--8 冊（1 函）.--半葉 7 行，行字數不等，白口，四周雙邊，單黑魚尾，半框 21×16.5cm.--綫裝　　　（乙·三）/6
　　第二部　　　　　　　（乙·三）/4

第三部　　　　　　　　　　（乙・三）/5

棉陽學準：五卷/（清）藍鼎元撰.--刻本.--閑存堂,清雍正七年（1729）.--2冊（1函）.--半葉9行,行17字,白口,左右雙邊,無界行,單黑魚尾,半框 19.1×14cm。閑存堂藏板.--綫裝　　　　　　　　　　（丙三）/488

濂洛關閩書：十九卷/（清）張伯行輯註.--刻本.--清雍正（1723～1735）.--8冊（1夾）.--半葉9行,行17字,小字雙行字同,白口,四周單邊,單黑魚尾,版心下刻"正誼堂",半框 19×13.6cm。鈐"十三本某華書屋"白文印、"琚德堂藏書"朱文印、"歸安錢恂癸丑以後所讀書"朱文印、"少林"朱文印.--綫裝　　　　　　　　　　（丙三）/5583

五子近思錄輯要：十四卷/（清）孫嘉淦訂.刻本.--清雍正（1723～1735）.--2冊（1函）.--半葉9行,行20字,小字雙行字同,粗黑口,左右雙邊,單黑魚尾,半框17×12.2cm。佚名圈點。鈐"伍彌特氏珍藏書畫之章"朱文印.綫裝　　　　　　　　　　（丙三）/5191

日知薈説：四卷/（清）高宗弘曆撰.--刻本.京師：武英殿,清乾隆元年（1736）.--4冊（1函）.--半葉7行,行18字,白口,四周雙邊,無界行,單黑魚尾,半框18.7×14cm。鈐"鄭聯芳印"白文印、"允和"朱文印、"杳田氏"朱文印.--綫裝　　　　　　（丙三）/775
　　　　第二部　　　　　　　　（乙三）/188

日知薈説：四卷/（清）高宗弘曆撰.--刻本.總督江南江西等處地方軍務慶復等,清乾隆（1736～1795）.--4冊（1函）.--仿清乾隆元年內府刻本。半葉7行,行18字,白口,四周雙邊,無界行,單黑魚尾,半框19×14cm。鈐"河南開封等府理事同知關防"朱文印（滿漢合璧）.--綫裝　　　　　（乙三）/1049

日知薈説：四卷/（清）高宗弘曆撰.--刻本.清乾隆（1736～1795）.--3冊（1函）.--卷1、卷3殘末葉。仿刻清乾隆元年內府刻本,卷4用總督江南江西等處地方軍務慶復等刻本補配。半葉7行,行18字,白口,四周雙邊,無界行,單黑魚尾,半框18.9×14.2cm.--綫裝　　　　　　　　　　（丁）/7229

御覽經史講義：三十卷,卷首一卷/（清）蔣溥等編.--刻本.--京師：武英殿,清乾隆二十年（1755）.--30冊（4函）.--半葉10行,行20字,白口,四周雙邊,單黑魚尾,半框18.3×14.5cm.--綫裝　　　　　（乙一）/460

掄秀堂重訂幼學須知句解：四卷/（清）錢元龍撰.--刻本.--清乾隆二十八年（1763）.--4冊（1函）.--書名頁題"幼學須知句解"。半葉9行,行17字,小字雙行字同,有眉欄,行3字,白口,四周單邊,單黑魚尾,半框17.9×14.3cm。通州掄秀堂藏板。佚名圈點.--綫裝　　　　　　　　　　（丁）/7178

思補錄：二卷,首一卷,終一卷/（清）董寀撰.--稿本.--清乾隆三十年（1765）.--2冊（1函）.--半葉10行,行19字。鈐"周肇祥審定金石書畫"朱文印.--綫裝　　　　（丙三）/840

四本簡要：[滿漢對照]：四卷/（清）富公魯撰；（清）富明安譯.--刻本.--富翼,清乾隆三十三年（1768）.--4冊（1函）.--半葉6行,行字數不等,白口,四周雙邊,無界行,單黑魚尾,半框18.2×13.8cm.--綫裝　　　　　　　　　　（乙・三）/10

四本簡要：[滿漢對照]：四卷/（清）富公魯撰；（清）富明安譯.--抄本.--清（1644～1911）.--4冊（1函）.--綫裝　　（乙・三）/9

澄懷園語：四卷/（清）張廷玉撰.--刻本.--清乾隆（1736～1795）.--2冊（1函）.--半葉10行,行19字,小字雙行字同,白口,左右雙邊,單黑魚尾,半框 17.6×13.5cm。佚名批。鈐"孫海波"朱文印.--綫裝

　　　　　　　　　　（丁）/8600

百二老人語：［滿漢對照］：八卷／（清）松筠輯；（清）富俊譯.--抄本.--清（1644～1911）.--19 冊（2 函）.--鈐"北平館嚴氏珍藏圖書"朱文印.--綫裝　　　　（丁）/13951

百二老人語錄：［滿漢合璧］：八卷／（清）松筠輯；（清）富俊譯.--抄本.--清（1644～1911）.--8 冊（1 函）.--綫裝（乙·三）/35

仁說：一卷，附錄一卷／（日本）河田孝成著.刻本.--日本天明五年（1785）.--1 冊（1 函）.--半葉 10 行，行 18 字，粗黑口，四周單邊，單黑魚尾，半框 20.1×14.9cm.鈐"寸心日月樓所藏"朱文印.--綫裝　　　　（丁）/15370

道家類

三子合刊：三種／（明）閔齊伋輯.--刻本，朱墨套印.--西吳閔齊伋，明（1368～1644）.--10 冊（2 函）.--書簽題"閔刻三子"。半葉 9 行，行 19 字，有眉批，行字數不等，白口，四周單邊，無界行，半框 21.5×15.2cm。鈐"北京市文化局文物調查研究組藏書印"朱文印.--綫裝
子目：
老子道德經：二卷
莊子南華真經：四卷，附音義
列子冲虛真經：八篇，附音義
　　　　（丁）/12550

老子道德經：二卷／（漢）河上公章句.--刻本.--明（1368～1644）.--2 冊（1 函）.--半葉 8 行，行 17 字，小字雙行字同，白口，四周雙邊，單綫魚尾，半框 20.2×14.3cm.--綫裝
　　　　（丙二）/8

老子道德經／（春秋）李耳撰.--抄本.--清（1644～1911）.--1 冊（1 函）.--孟芳朱筆圈點、批校。鈐"鹿巖精舍典書印"朱文印.--綫裝　　　　（丁）/13911

道德寶章：一卷／（宋）葛長庚註.--刻本.--明（1368～1644）.--1 冊（1 函）.--半葉 6 行，行 12 字，小字雙行 24 字，粗黑口，四周雙邊，雙對黑魚尾，半框 27.2×18.8cm。周肇祥題記、跋。鈐"退翁"白文印、"百竟庵曾藏記"朱文印、"周養安小市得"朱文印、"周肇祥印"白文印、"江海所以能為百谷王者以其善下之"朱文印.--綫裝　　　　（丁）/15611

鬳齋三子口義：三種／（宋）林希逸註；（明）施觀民校.--刻本.--施觀民，明萬曆二年（1574）.--8 冊（1 函）.--半葉 10 行，行 22 字，小字雙行字同，白口，左右雙邊，單黑魚尾，半框 19.5×13.7cm。佚名圈點、批校。有刻工：曹祐、何銓等。鈐"默淵"白文印.--綫裝
子目：
鬳齋老子口義：二卷
鬳齋列子口義：八卷.--卷 7 有 2 葉抄配
鬳齋莊子口義：十卷，釋音一卷.--卷 6 有 3 葉抄配　　　　（丁）/12445

老子翼：三卷；**莊子翼**：八卷／（明）焦竑撰；（明）王元貞校.--刻本.--王元貞，明萬曆十六年（1588）.--10 冊（1 函）.--半葉 10 行，行 20 字，小字雙行字同，白口，左右雙邊，單黑魚尾，半框 20.2×13.7cm.--綫裝
　　　　（丙三）/5667

老子約說：三卷，續篇一卷／（清）紀大奎撰；（清）紀大婁評註.--刻本.--清乾隆五十三年（1788）.--1 冊（1 函）：八卦圖 1 幅.--半葉 8 行，行 20 字，粗黑口，四周雙邊，無界行，單黑魚尾，半框 18.7×12.9cm。衙署藏板.--綫裝　　　　（乙三）/467

莊子南華真經：十卷／（戰國）莊周撰；（晉）郭象註.--刻本.--明末（1573～1644）.--6 冊（1 函）.--版心題"南華經"。半葉 9 行，行 19 字，小字雙行字同，有眉批，行 4 字，白口，四周單邊，單綫魚尾，半框 20.9×14.8cm.--綫裝　　　　（乙三）/400

南華真經副墨：八卷/（明）陸西星撰．--刻本．--明萬曆六年（1578）．--12冊（2函）．--半葉8行，行17字，小字雙行字同，白口，四周單邊，無界行，半框20.7×14.3cm。佚名圈點。鈐"真如舊館"白文印、"周肇祥讀過書"朱文印．--綫裝　　　　（丙三）/655

南華真經旁註：五卷/（明）方虛名輯註；（明）孫平仲音校．--刻本．--金陵：唐氏世德堂，明萬曆二十二年（1594）．--10冊（2函）．--書名頁題"南華真經旁註評林"。半葉6行，行17字，小字雙行字同，小字夾註6行字數不等，有眉欄，行7字，白口，左右雙邊，單白魚尾間單黑魚尾，半框24.1×15.1cm。牌記題"金陵唐氏世德堂繡梓"。鈐"北京市文化局文物調查研究組藏書印"朱文印．--綫裝
（丁）/12556

莊子南華真經：四卷/（戰國）莊周撰；（明）閔齊伋輯評．**莊子南華真經音義**：四卷/（唐）陸德明撰．--刻本，朱墨套印．--吳興閔齊伋，明萬曆（1573～1620）．--4冊（1函）．--半葉9行，行19字，有眉批，行5或6字，白口，四周單邊，半框21.7×15.2cm。鈐"授經樓藏書印"朱文印、"授經樓"朱文印、"沈德耆秘寶"白文印、"吳興樂盦"朱文印、"抱經樓藏善本"白文印、"凌霨藏本"朱文印．--綫裝　　　　　　　　　　（丙三）/25
　　第二部　鈐"高凌霨澤畲甫收藏印"朱文印　　　　　　　　　　　　（丙三）/9

南華發覆：八卷/（清）釋性通註．--刻本．--雲林：懷德堂，清乾隆十四年（1749）．--6冊（1夾）．--半葉9行，行20字，小字雙行字同，白口，四周單邊，單黑魚尾，半框21.3×14.6cm。佚名圈點。鈐"養菴鑑藏"朱文印．--綫裝　　　　　　　　　（丙三）/552

莊子因：六卷/（清）林雲銘評述．--刻本．--清康熙（1662～1722）．--6冊（1函）．--半葉9行，行22字，白口，四周雙邊，無界行，單黑魚尾，半框21.3×14.2cm。小澤斑美批註、圈點．--綫裝　　　　　　　（丙三）/3437

莊子因：六卷，卷首一卷/（清）林雲銘撰．--刻本．--日本：柳原積玉圃，日本寬政九年（1797）．--6冊（1函）．--書名頁題"補義莊子因"。半葉9行，行22字，小字雙行字同，有眉欄，行6字，白口，四周單邊，單白魚尾，半框23.1×14.1cm。滄浪居藏板。鈐"小川房太郎藏書之記"朱文印、"小嶌藏書"朱文印．--綫裝
（乙三）/696

列子沖虛真經：八卷/（戰國）列御寇撰．--刻本，朱墨套印．--閔齊伋，明末（1573～1644）．--4冊（1函）．--版心題"列子"。半葉9行，行19字，有眉批，行5字，白口，四周單邊，無界行，半框21.3×15.3cm。鈐"伊都立印"白文印、"孫華卿章"朱文印、"積雪堂書畫記"朱文印、"年相堯印"白文印．綫裝　　　　　　　　　　　　（乙三）/456

列子沖虛真經：八卷/（戰國）列御寇撰．--刻本．--明（1368～1644）．--2冊（1函）．--版心題"列子"。半葉9行，行19字，有眉批，行5字，白口，四周單邊，無界行，半框21×15.5cm。讀書坊藏板。鈐"許氏藏書"白文印、"愛古"白文印．--綫裝　　　（乙三）/397

列子：八卷/（晉）張湛註；（唐）殷敬順釋文．--刻本．--明（1368～1644）．--2冊（1函）．--卷1及序係補配。仿世德堂刻本。半葉8行，行17字，小字雙行字同，白口，四周雙邊，單綫魚尾，半框20×14.6cm。佚名錄黃丕烈批校題跋．--綫裝　　　　　（乙三）/333

列子：八卷/（戰國）列御寇撰；（明）許宗魯編．--刻本．--芸窗書院，明（1368～1644）．--2冊（1函）．--（六子書：六種/[明]許宗魯編）．--半葉10行，行20字，白口，左右雙邊，版心上刻"芸窗書院刻"，半框18.3×13.4cm．--綫裝　　　　　（乙三）/403

兵家類

新鍥漢丞相諸葛孔明異傳奇論註解評林：五卷/（明）章嬰評註. --刻本. --余東泉，明萬曆二十六年（1598）刻；清（1644～1911）補刻. 4 冊（1 函）. --版心題"孔明異傳奇論"。半葉 8 行，行 18 字，小字雙行字同，有眉欄，行 5 字，白口，四周雙邊間左右雙邊間四周單邊，單黑魚尾，半框 20.7×12.4cm。有刻工：李基。佚名圈點、批校. --綫裝　　　（丁）/7364

塞語：不分卷/（明）尹畊撰. --刻本. --明嘉靖（1522～1566）. --2 冊（1 函）. --半葉 9 行，行 19 字，白口，四周單邊，半框 18.3×13.8cm。佚名圈點。鈐"四明盧氏抱經樓藏書印"白文印、"北平孔德學校之章"朱文印. --綫裝　　　（甲二）/515

江南經略：八卷/（明）鄭若曾撰. --刻本. --吳郡：林潤，明隆慶二年（1568）. --8 冊（1 函）：有插圖. --半葉 12 行，行 22 字，白口，四周雙邊，單白魚尾，半框 21.7×15.9cm。有刻工：顧時中、唐林等。佚名圈點。鈐"念祖堂藏書印"朱文印. --綫裝　　　（乙二）/563

救命書：一卷，附河工書一卷/（明）呂坤撰. 刻本. --明萬曆（1573～1620）刻；清（1644～1911）修版. --1 冊（1 函）. --（呂新吾全集）. --半葉 8 行，行 20 字，白口，左右雙邊，單黑魚尾，半框 21.6×14.4cm. --綫裝　　　（丁）/8161

練兵實紀：九卷. **練兵實紀雜集**：六卷/（明）戚繼光撰；（明）舒榮都輯. --抄本. --清（1644～1911）. --8 冊（1 函）. --據明天啟二年刻本抄. --綫裝　　　（丙三）/6459

登壇必究：四十卷/（明）王鳴鶴編；（明）袁世忠校. --刻本. --明萬曆（1573～1620）. --15 冊（2 函）：地圖、插圖. --原書 72 類，存 29 類：地理、漕河（附漕運、海運）、長鎗、京輔、郡國、征討、軍行、奇伏、師律、師戒、號令、敘戰、百戰、戰地、戰陣、江防、器圖、營器、火器、劍經、烽燧、間諜、祭禱、謀主、醫藥、陣圖、奏疏。半葉 10 行，行 20 字，小字雙行字同，白口，左右雙邊間四周雙邊，單黑魚尾，半框 21.1×14.3cm. --綫裝　　　（丙三）/6455

　　第二部　16 冊（2 函），存 26 類，有抄配：城守、守邊、京輔、郡國、征討、兩直各省事宜、兵柄、將權、將帥、選將、任將、賞罰、訓練、威武、懷遠、地理、屯田、經武、屯戍、軍行、軍情、營法、教兵、簡閱、選兵、賞功　　　（丙二）/4858

　　第三部　6 冊（1 函），存 17 卷：守邊、馬政、車戰、廣東事宜、兵柄、將權、將帥、選將、任將、賞罰、訓練、威武、懷遠、下學、軍制、經武、六壬　　　（丙三）/3581

登壇必究：四十卷/（明）王鳴鶴編輯. --活字本，木活字. --清道光（1821～1850）. --40 冊（8 函）. --半葉 9 行，行 20 字，小字雙行字同，白口，左右雙邊，單黑魚尾，半框 20.8×15.3cm. --綫裝　　　（乙三）/154

唐荊川先生纂輯武前編：六卷；**唐荊川先生纂輯武後編**：六卷/（明）唐順之撰. --活字本，木活字. --清（1644～1911）. --12 冊（2 函）. --版心題"武前編"、"武後編"。半葉 9 行，行 20 字，白口，四周單邊，單黑魚尾，半框 20.3×14.8cm。鈐"北平孔德學校之章"朱文印. --綫裝　　　（甲三）/374

戡定玄機：三十二卷/（明）張龍翼撰. --刻本. --明末（1573～1644）. --9 冊（1 函）. --存卷 2-8、15-32。《四庫全書存目叢書》所收同內容書題名"兵機類纂"。半葉 10 行，行 25 字，白口，四周單邊，無界行，半框 21.3×13.9cm。鈐"北平孔德學校之章"朱文印. 綫裝　　　（甲三）/253

緯弢：二卷/（明）郭增光輯評. --刻本. --郭增光，明天啟七年（1627）. --6 冊（1 函）.

半葉 9 行，行 18 字，白口，四周雙邊，單黑魚尾，半框 20.9×14.2cm.--綫裝 （乙三）/158

武備志：二百四十卷/（明）茅元儀輯.--刻本.--明天啓（1621～1627）.--120 冊（12 函）：有圖.--半葉 9 行，行 19 字，小字雙行字同，有眉批，行 3 字，白口，四周單邊，無界行，半框 21.2×14.2cm。有刻工：高梁。佚名圈點。鈐"德仁"白文印、"紹光"朱文印.--綫裝
子目：
兵訣評：十八卷
戰略考：三十三卷
陣練制：四十一卷
軍資乘：五十五卷
占度載：九十三卷 （丙三）/6581

武備志：二百四十卷/（明）茅元儀撰.--活字本，木活字.--清道光（1821～1850）.48 冊（6 函）.--現缺第 3、4 函共 16 冊 。半葉 9 行，行 19 字，小字雙行字同，有眉批，行 3 字，白口，四周單邊，無界行，單黑魚尾，半框 20.3×15.8cm.--綫裝 （乙三）/377

經武要略：上集二卷，正集二十二卷/（明）莊應會輯.--刻本.--明崇禎（1628～1644）.--48 冊（8 函）.--半葉 9 行，行 20 字，有眉批，行 4 字，白口，四周單邊，半框 19.6×14.3cm.--綫裝 （甲二）/218

督師閣部頒發車營制/（明）鹿善繼編.--抄本.--清（1644～1911）.--1 冊（合裝 1 函）.--佚名圈點。鈐"煙火神仙"白文印、"世希"朱文印、"陳方"朱文印.--綫裝 （丙二）/35-1

車營百八叩/（明）孫承宗撰.--抄本.--清（1644～1911）.--1 冊（合裝 1 函）.--佚名圈點。鈐"煙火神仙"白文印、"世希"朱文印、"陳方"朱文印.--綫裝 （丙二）/35-2

倭情考略/（明）郭光復撰.--抄本.--清（1644～1911）.--1 冊（1 函）.--綫裝

（丁）/13598

洴澼百金方：十四卷，卷首一卷/（清）袁宮桂編.--刻本.--榕城：嘉魚堂，清乾隆五十三年（1788）.--6 冊（1 函）.--半葉 9 行，行 24 字，白口，四周單邊，單黑魚尾，半框 19.7×14cm。榕城嘉魚堂藏板。鈐"雲湄"白文印、"徐錫第印"白文印.--綫裝
（丙三）/584

法家類

管子：二十四卷/（唐）房玄齡註.--刻本.--吳郡趙用賢，明萬曆十年（1582）.--12 冊（2 函）.--半葉 9 行，行 19 字，小字雙行字同，有眉批，行 5 字，白口，四周單邊，單白魚尾，半框 21.9×12.9cm。有刻工：劉、呂等。佚名評、圈點.--綫裝 （乙三）/338

管子：二十四卷/（唐）房玄齡註；（明）劉績補註.--刻本.--明萬曆（1573～1620）.--6 冊（1 函）.--（中立四子集）.--半葉 10 行，行 21 字，小字雙行字同，白口，四周雙邊，單黑魚尾，半框 21.7×14.7cm。鈐"天尺樓"朱文印.--綫裝 （丙二）/12

管子：二十四卷/（唐）房玄齡註；（明）劉績，（明）朱長春補.--刻本.--明（1368～1644）.--4 冊（1 函）.--半葉 9 行，行 20 字，小字雙行字同，有眉批，行 4 字，白口，左右雙邊，單白魚尾，半框 19.9×14.2cm。佚名圈點、評。鈐"曾藏袁文藪家"朱文印.--綫裝
（乙三）/420

管子：二十四卷/（唐）房玄齡註釋；（唐）劉績增註；（明）朱長春通演；（明）沈鼎新，（明）朱養純輯訂.--刻本.--朱養純花齋，明天啓五年（1625）.--6 冊（1 函）.--半葉 9 行，行 20 字，小字雙行字同，有眉批，行 5 字，白口，四周單邊，單白魚尾，版心下刻"花齋藏板"，半框 20.2×14.2cm.--綫裝

（丙三）/5698

韓非子：二十卷/（戰國）韓非撰. 管子：二十四卷/（唐）房玄齡註. --刻本. --吳郡趙用賢，明萬曆十年（1582）. --14 冊（2 函）. --半葉 9 行，行 19 字，小字雙行字同，有眉批，行 5 字，白口，四周單邊，單白魚尾，半框 21.8×13cm 。有刻工：中、劉等. --綫裝

（乙三）/434

韓非子：二十卷/（戰國）韓非撰. --刻本. --吳郡趙用賢，明萬曆十年（1582）. --4 冊（1 函）. --卷 3 第 17、18 葉係抄配。半葉 9 行，行 19 字，小字雙行字同，有眉欄，行 5 字，白口，四周單邊，單白魚尾，半框 21.8×13.2cm。有刻工：何、吳丙初等。佚名圈點、批校。鈐“高郵王氏藏書印”白文印、“吳縣潘氏鄭菴藏”朱文印、“北平金叔子”朱文印、“竹溪”白文印. --綫裝 （乙三）/416

韓非子：二卷/（戰國）韓非撰；（明）寶星輯. --刻本. --明末（1573～1644）. --2 冊（1 函）. --半葉 9 行，行 19 字，白口，四周單邊，單黑魚尾，半框 19.7×14.5cm。佚名批點. --綫裝 （乙三）/493

韓非子：二十卷/（戰國）韓非撰；（日本）芥煥彦章校. --刻本. --日本，日本延享（1744～1747）. --10 冊（1 函）. --書名頁題“韓非子全書”。半葉 9 行，行 19 字，小字雙行字同，有眉欄，行 4 字，白口，四周單邊，單白魚尾，半框 21.1×13cm。鈐“長沙余氏古研香齋藏書之印”白文印. --綫裝 （乙三）/594

韓子：二十卷/（戰國）韓非撰；（明）門無子註. --刻本，朱墨套印. --明萬曆（1573～1620）. --6 冊（1 函）. --序言題“韓子迂評”，書簽題“硃評韓子”。半葉 9 行，行 20 字，有眉批，行 5 字，白口，四周單邊，無界行，半框 21×14.7cm. --綫裝 （丙三）/1

第二部 7 冊（1 函），高師杜題款，鈐“高凌霨印”白文印、“初齋祕笈”朱文印、“高

凌霨澤畲甫收藏印”朱文印 （丙三）/2

刑統賦：一卷/（宋）傅霖撰；（元）郄□韻釋. --刻本. --建安余氏勤有堂，元（1271～1368）. --1 冊（1 函）. --半葉 12 行，行 24 字，黑口，四周雙邊，雙順黑魚尾，半框 19.5×13.2cm。鈐“周良金印”朱文印、“毗陵周氏九松迂叟藏書記”朱文印. --綫裝

（丙二）/4095

農家類

欽定授時通考：七十八卷/（清）鄂爾泰等撰. --刻本. --京師：武英殿，清乾隆七年（1742）. --22 冊（4 函）：有插圖. --缺卷 52、53、56、57。半葉 11 行，行 21 字，白口，四周雙邊，無界行，單黑魚尾，半框 21.1×14.7cm. --綫裝 （丙三）/178

欽定授時通考：七十八卷/（清）鄂爾泰等撰. --刻本. --江西：陳弘謀，清乾隆（1736～1795）. --20 冊（4 函）. --仿武英殿刻本。半葉 11 行，行 21 字，白口，四周雙邊，無界行，單黑魚尾，半框 20.8×14.8cm。鈐“姚大榮印”朱文印、“儷桓祕笈”朱文印. --綫裝

（乙二）/1176

耒耜經：一卷/（唐）陸龜蒙撰. --刻本. --汲古閣，明崇禎（1628～1644）. --1 冊（1 函，合訂）. -- （津逮秘書：十五集一百四十一種/[明]毛晉編）. --半葉 8 行，行 19 字，小字雙行字同，白口，左右雙邊，版心下題“汲古閣”，半框 18.1×12.5cm. --綫裝：群芳閣藏書 （庚）/157

麟書/（宋）汪若海撰. 相牛經/（春秋）戚寧撰. 相馬書/（宋）徐咸撰. --刻本. --宛委山堂，清順治四年（1647）. --1 冊（合訂）. -- （説郛：一百二十卷/[明]陶宗儀編）. --半葉 9 行，行 20 字，白口，左右雙邊，单綫魚尾，半框 19.3×14.5cm. --綫裝：市府贈書 （戊）/3077

養魚經：不分卷/（春秋）范蠡撰. 蟹譜：二卷/（宋）傅肱撰. 蠶書：不分卷/（宋）秦觀撰. 刻本.--宛委山堂，清順治四年（1647）.--1冊（合訂）.--（說郛：一百二十卷/[明]陶宗儀編）.--半葉9行，行20字，白口，左右雙邊，單綫魚尾，半框19.1×14.6cm.--綫裝

（戊）/3074

致富全書：十二卷/（明）周文華撰.--刻本. 明末（1573～1644）.--6冊（1函）.--版心、序題"圃史"。半葉8行，行18字，小字雙行字同，白口，左右雙邊，單白魚尾，半框20.3×13.6cm. 鈐"北平孔德學校之章"朱文印. 綫裝

（甲三）/310

醫家類

華先生中藏經：八卷/（漢）華佗撰.--刻本. 明（1368～1644）刻；清（1644～1911）修版.--2冊（1函）.--版心題"中藏經"。半葉10行，行20字，小字雙行字同，白口，四周雙邊間四周單邊間左右雙邊，單黑魚尾，半框19.8×13.8cm. 鈐"又春"朱文印.--綫裝

（丙三）/4646

儒門事親：十五卷/（金）張從正撰.--刻本. 邵輔，明嘉靖二十年（1541）.--6冊（1函）. 半葉10行，行20字，白口，四周單邊，半框20.2×14.5cm. 佚名圈點、批校. 鈐"大城劉氏地山堂世傳必讀書"朱文印.--綫裝

（乙三）/621

儒門事親：十五卷/（金）張從正撰；（明）吳勉學校.--刻本.--吳勉學，明萬曆二十九年（1601）刻；步月樓，清初（1644～1722）修版.--7冊（1函）.--（古今醫統正脈全書：四十四種二百五卷/[明]王肯堂編）.--缺卷2，卷14係抄配. 卷端題"張子和"，張從正，字子和。半葉10行，行20字，小字雙行字同，白口，四周雙邊間左右雙邊，單黑魚尾，半框20.1×13.8cm. 映旭齋藏板. 佚名圈點.--綫裝

（丙三）/5245

儒門事親：十五卷/（金）張從正撰.--刻本. 渡邊榮元安，日本正德元年（1711）.--5冊（1函）.--半葉10行，行20字，白口，四周雙邊，單黑魚尾，無界行，半框19.8×13.7cm。田緣叔平藏版.--綫裝

（丙三）/4695

新刊丹溪先生心法：五卷，附錄一卷/（元）朱震亨撰.--刻本.--蔣奎，明嘉靖三十三年（1554）.--8冊（1函）.--卷3第33、86葉，卷4第18、51、101葉係抄配. 半葉10行，行22字，白口，四周雙邊，半框17×11.9cm。佚名註.--綫裝

（乙三）/57

丹溪心法附餘：二十四卷，卷首一卷/（明）方廣撰；（明）吳國倫校.--刻本.--書林吳氏，明（1368～1644）刻；清（1644～1911）修版. 12冊（2函）.--書名頁題"邵武原板丹溪心法附餘"。半葉11行，行24字，粗黑口，四周單邊，單黑魚尾間無魚尾，半框20.5×12.8cm。書末鐫"武陽中憲大夫吳國倫精校，書林吳氏梓行"。佚名圈點.--綫裝

（丙三）/6722

韓氏醫通：二卷/（明）韓㤚撰.--刻本.--於然室，清乾隆（1736～1795）.--1冊（1夾）. 半葉8行，行19字，小字雙行字同，白口，左右雙邊，單黑魚尾，半框14.9×11cm。修敬堂藏板.--綫裝

（丙三）/632

醫學綱目：四十卷，附錄一卷/（明）樓英撰. 刻本.--曹灼，明嘉靖四十四年（1565）.--20冊（4函）.--卷2、3、11、12、35、36係抄配. 附錄版心題"醫學綱目運氣占候"。半葉13行，行22字，有眉欄，白口，左右雙邊，單綫魚尾，半框19.2×15.1cm。有刻工：夏文德、錢世傑等. 佚名圈點.--綫裝

（丁）/12476

合類李梴先生醫學入門：十七卷/（明）李梴撰；（日本）八尾玄長編.--刻本.--日本，日本

寬文六年（1666）.--17 冊（2 函）：圖.--半葉 9 行，行 22 字，小字雙行字同，白口，四周單邊，單黑魚尾，半框 22.3×17.2cm。鈐"更生"朱文印.--綫裝 　　　　　　（乙三）/643

新刊醫林狀元濟世全書：八卷/（明）龔廷賢撰.--刻本.--日本：平樂寺，日本寬永十三年（1636）.--4 冊（1 函）.--書名頁題"鍥雲林龔先生新編濟世全書"。據明萬曆金陵周氏萬卷樓本翻刻。半葉 12 行，行 27 字，小字雙行字同，白口，四周單邊，無界行，單黑魚尾，半框 21.1×14.5cm。鈐"古閩力軒舉子舒東收藏醫書"朱文印.--綫裝 　　（乙三）/597

原病集：八卷/（明）唐椿輯.--刻本.--嘉定：唐敏學，明崇禎六年（1633）.--20 冊（4 函）.--原病集利類鈐法卷下第 1-5 葉係抄配。半葉 9 行，行 18 字，白口，四周雙邊，單黑魚尾，半框 19×12.9cm。佚名圈點.--綫裝 　　　　　　　　　　（乙三）/55

丹臺玉案：六卷/（明）孫文胤撰.--刻本.--清順治十七年（1660）.--6 冊（1 函）.--半葉 9 行，行 20 字，白口，四周單邊，無界行，半框 20×13.8cm。佚名批校。鈐"地山堂書籍"白文印、"劉氏師放"白文印、"掃地除心"朱文印.--綫裝 　　　　（乙三）/628

醫學階梯：二卷/（清）張叡撰.--刻本.--清康熙四十三年（1704）.--4 冊（1 函）.--半葉 9 行，行 24 字，粗黑口，四周雙邊，單黑魚尾，半框 20.5×14.2cm。鈐"大城劉氏地山堂世傳必讀書"朱文印、"地山堂"朱文印.綫裝 　　　　　　　　　　　　　（乙三）/601

醫級：十卷，卷首一卷，卷末一卷/（清）董西園撰.--刻本.--清乾隆四十二年（1777）.--12 冊（2 函）.--半葉 9 行，行 22 字，白口，左右雙邊，單黑魚尾，半框 19.7×14.7cm。文苑堂藏板.--綫裝 　　　　　（乙三）/30

吳醫彙講：十卷/（清）唐大烈纂輯；（清）

沈文爕校訂.--刻本.--清乾隆五十八年（1793）.--4 冊（1 函）.--半葉 9 行，行 20 字，小字雙行字同，白口，四周雙邊，單黑魚尾，半框 17.3×11.6cm.--綫裝（乙三）/539

醫門法律：二十四卷/（清）喻昌撰.--刻本.清乾隆六十年（1795）.--6 冊（1 函）.--書名頁題"醫門法律全集"。半葉 10 行，行 20 字，小字雙行字同，白口，左右雙邊，單黑魚尾，半框 18.3×13.2cm。博古堂藏板.--綫裝 　　　　　　　　　　（丙三）/4491

醫學源流論：二卷/（清）徐大椿撰.--刻本.清乾隆（1736～1795）.--4 冊（1 函）.--半葉 9 行，行 22 字，白口，左右雙邊，單黑魚尾，半框 16.5×12.3cm.--綫裝 　　（丙三）/1026

東醫寶鑑：二十二卷，目錄二卷/（朝鮮）許浚撰.--刻本.--朝鮮，李朝後期（1649～1910）.--25 冊（5 函）：有插圖.--本書分內景篇、外形篇、雜病篇、湯液篇、鍼灸篇。半葉 10 行，行 21 字，小字雙行字同，白口，四周雙邊，雙對黑魚尾，半框 22.9×17cm.--綫裝 　　　　　　　　　　　（丙三）/795

叢編

劉河間醫學六書/（金）劉完素撰.--刻本.--明（1368～1644）.--8 冊（1 函）.--半葉 10 行，行 20 字，小字雙行字同，白口，四周單邊間左右雙邊間四周雙邊，單黑魚尾，半框 20.7×13.6cm。同德堂藏板.--綫裝

　　子目：

　　素問玄機原病式：一卷

　　黃帝素問宣明方論：十五卷

　　素問病機氣宜保命集：三卷

　　劉河間傷寒醫鑑：一卷/（元）馬宗素撰

　　劉河間傷寒直格論方：三卷/（金）劉完素撰；（金）葛雍編

　　傷寒標本心法類萃：二卷

　　附錄：

河間傷寒心要：一卷／（金）劉洪編

張子和心鏡別集：一卷／（元）常德編

（丙三）/4434

證治準繩／（明）王肯堂輯.--刻本.--明萬曆（1573～1620）刻；清（1644～1911）補刻.100 冊（10 函）.--半葉 9 行，行 18 至 20 字，小字雙行字同，有眉批，行 2 字，白口，四周單邊，單黑魚尾，半框 20.4×13.8cm。有書工：武進陳時泰.--綫裝

子目：

雜症準繩：八卷

類方準繩：八卷

傷寒準繩：八卷

瘍醫準繩：六卷

幼科證治準繩：九卷

女科證治準繩：五卷　　（丁）/3649

證治準繩／（明）王肯堂輯.--刻本.--修敬堂，清乾隆五十八年（1793）.--96 冊（16 函）.半葉 10 行，行 20 字，小字雙行字同，白口，左右雙邊，單黑魚尾，版心下刻"修敬堂"，半框 16.1×11.5cm。金氏藏板。鈐"大城劉氏地山堂世傳必讀書"朱文印.--綫裝

（子目同上）　　（乙三）/527

東垣十書／（金）李杲等撰.--刻本.--明（1368～1644）.--16 冊（2 函）.--半葉 10 行，行 20 字，白口，四周雙邊間左右雙邊，雙對黑魚尾間單黑魚尾，半框 19.2×13.4cm。敦化堂藏板.--綫裝

子目：

脈訣：一卷／（宋）紫虛崔真人撰；（明）吳勉學校

局方發揮：一卷／（元）朱彥修撰；（明）吳中珩校

脾胃論：三卷／（金）李杲撰；（明）吳中珩校

格致餘論：一卷／（元）朱彥修撰；（明）吳中珩校

蘭室秘藏：三卷／（金）李杲撰；（明）吳勉學校

內外傷辨：三卷／（金）李杲撰；（明）吳勉學校

東垣先生此事難知集：二卷／（元）王好古撰；（明）吳勉學校

湯液本草：三卷／（元）王好古類集；（明）吳中珩校正

醫經溯洄集：一卷／（元）王履撰；（明）吳勉學校

外科精義：二卷／（元）齊德之纂集

醫壘元戎：一卷／（元）王好古撰；（明）吳中珩校

海藏癍論萃英：一卷／（元）王好古撰；（明）吳勉學校　　（乙三）/669

石山醫案：八種／（明）汪機編.--刻本.--明嘉靖（1522～1566）.--16 冊（3 函）：有圖.書名據總目錄著錄。半葉 9 行，行 20 字，小字雙行字同，白口，四周單邊，單黑魚尾，半框 19.4×13.4cm。有刻工：用錄、黃鑑等。佚名圈點.--綫裝

子目：

脈訣刊誤集解：二卷／（元）戴起宗撰；（明）朱升節抄；（明）汪機補訂.附錄：二卷／（明）汪機輯.--吳子用，明嘉靖二年（1523）. --脈訣刊誤集解卷下、附錄係抄配

石山醫案：三卷／（明）汪機撰；（明）陳桷編.附錄：一卷／（明）陳桷編.--陳桷，明嘉靖十至二十年（1531～1541）

讀素問鈔：三卷，補遺一卷／（元）滑壽編輯；（明）汪機續註.--程從遷等，明嘉靖三至五年（1524～1526）

運氣易覽：三卷／（明）汪機編輯；（明）陳桷校正.--程鐈，明嘉靖十二年（1533）

外科理例：七卷，補遺一卷，附方一卷／（明）汪機編輯；（明）陳桷校正.--明嘉靖（1522～1566）.--卷 5-7、附錄係抄配

痘治理辨：一卷；痘治附方：一卷／（明）汪機編輯.--新安祁門朴里汪機，明嘉靖十三年（1534）

針灸問對：三卷／（明）汪機編輯；（明）陳桷校正.--新安祁門朴里汪機，明嘉靖十一年（1532）.--係抄配

推求師意：二卷／（明）戴元禮撰；（明）汪機編輯；（明）陳桷校.--新安祁門石墅陳桷，明嘉靖十三年（1534）.--係抄配

(丁)/12477

薛氏醫按：二十四種一百零七卷／（明）吳琯輯.--刻本.--明萬曆（1573～1620）.--40 冊（2 夾）：有插圖.--有殘葉。半葉 10 行，行 20字，白口，左右雙邊，單黑魚尾，半框 20×14cm。兩儀堂藏板.--綫裝
子目：
十四經發揮：三卷／（元）滑壽撰
難經本義：二卷／（戰國）秦越人撰；（元）滑壽註
本草發揮：四卷／（明）徐用誠編
平治會萃：三卷／（元）朱震亨撰
內科摘要：二卷／（明）薛己撰
明醫雜著：六卷／（明）王編集；（明）薛己註
傷寒鈐法：一卷／（漢）張機撰
敖氏傷寒金鏡錄：一卷／（元）杜清碧撰
原機啟微：二卷，附錄一卷／（明）倪維德撰
保嬰撮要：二十卷／（明）薛鎧集
錢氏小兒直訣：四卷／（宋）錢仲陽撰；（明）薛己註
陳氏小兒痘疹方論：一卷／（明）薛己註
保嬰金鏡錄：一卷／（明）薛己註
婦人良方：二十四卷／（宋）陳自明撰；（明）薛己註
女科撮要：二卷／（明）薛己撰
立齋外科發揮：八卷／（明）薛己撰
外科心法：七卷／（明）薛己撰
外科樞要：四卷／（明）薛己撰
外科精要：三卷／（宋）陳自明編；（明）薛己註
外科經驗方：一卷／（明）薛己撰
癰疽神秘驗方：一卷／（明）陶華編
正體類要：二卷／（明）薛己撰
口齒類要：一卷／（明）薛己撰
癘瘍機要：三卷／（明）薛己撰

(乙三)/651

薛氏醫按：二十四種／（明）吳琯輯.--刻本.明（1368～1644）.--10 冊（1 函）.--存 8 種。半葉 10 行，行 20 字，白口，左右雙邊，單黑魚尾，半框 19.9×14cm.--綫裝：群芳閣藏書
存書子目：
立齋外科發揮：八卷／（明）薛己著
外科心法：七卷／（明）薛己著
外科樞要：四卷／（明）薛己著
外科精要：三卷／（宋）陳自明編；（明）薛己註
癰疽神秘驗方：一卷／（明）陶華編；（明）薛己校；（明）吳玄有閱
外科經驗方：一卷／（明）薛己著
正體類要：二卷／（明）薛己著
口齒類要：一卷／（明）薛己著 (庚)/192

景岳全書：十六種／（明）張介賓撰.--刻本.清康熙（1662～1722）.--24 冊（4 函）.--半葉 9 行，行 24 字，白口，左右雙邊，單黑魚尾，半框 19×14.9cm。佚名批、圈點.--綫裝
子目：
傳忠錄：三卷
脈神章：三卷
傷寒典：二卷
雜證謨：二十九卷
婦人規：二卷
小兒則：二卷
痘疹詮：四卷
外科鈐：二卷
本草正：二卷
新方八略：一卷
新方八陣：一卷
古方八陣：九卷
婦人規古方：一卷
小兒則古方：一卷
痘疹詮古方：一卷
外科鈐古方：一卷 (乙三)/161

景岳全書：十六種／（明）張介賓撰；（清）魯超訂.--刻本.--三畏堂，清乾隆十五年（1750）.--24 冊（2 函）.--半葉 9 行，行 24字，白口，四周單邊，單黑魚尾，半框 20.5×

14.2cm。三畏堂藏板。佚名批、圈點.--綫裝
（子目同上）　　　　　　　　（乙三）/63

[萬蜜齋遺書]：九種/（明）萬全編.--刻
本.--張坦議視履堂，清康熙五十一年（1712）.
--40 冊（4 函）.--半葉 10 行，行 20 字，白口，
四周單邊，單黑魚尾，半框 19.6×12.7cm.--
綫裝
　　子目：
　　新刊萬氏家傳養生四要：五卷
　　萬氏家傳保命歌括：三十五卷
　　萬氏家傳傷寒摘錦：二卷
　　萬氏家傳廣嗣紀要：十六卷
　　萬氏家傳婦人秘科：三卷
　　萬氏家傳育嬰：四卷
　　新刊萬氏家傳幼科發揮：二卷
　　萬氏秘傳片玉痘疹：十三卷
　　萬氏家傳痘疹心法：二十三卷　（乙三）/641

醫書六種/（清）徐大椿撰.--刻本.--清乾隆
（1736～1795）.--8 冊（1 函）.--行款不一。
半松齋藏板。鈐"瑜后氏珍藏"朱文印.--綫
裝
　　子目：
　　難經經釋：二卷/（戰國）秦越人撰；（清）
徐大椿釋.--半葉 9 行，行 22 字，小字雙行 29
字，白口，左右雙邊，單黑魚尾，半框 17.2×
12.6cm
　　醫學源流論：二卷.--半葉 9 行，行 22 字，
白口，左右雙邊，單黑魚尾，半框 16.8×
12.5cm
　　神農本草經百種錄：一卷.--半葉 9 行，行
22 字，小字雙行字同，白口，左右雙邊，單黑
魚尾，半框 16.8×12.2cm
　　醫貫砭：二卷.--半葉 9 行，行 22 字，小字
雙行字同，白口，左右雙邊，單黑魚尾，半框
16.9×12cm
　　傷寒論類方：一卷.--半葉 9 行，行 22 字，
小字雙行字同，白口，左右雙邊，單黑魚尾，
半框 17.8×13cm
　　蘭臺軌範：八卷.--半葉 9 行，行 22 字，小
字雙行字同，白口，左右雙邊，單黑魚尾，半

框 17.8×13cm　　　　　　（丙三）/6733

醫林指月：十二種/（清）王琦纂輯.--刻本.--
王琦，清乾隆三十五年（1770）.--12 冊（2
函）.--書名頁題"醫書十二種"。半葉 10 行，
行 20 字，粗黑口，左右雙邊，半框 17.5×
13.5cm。寶笏樓藏板.--綫裝
　　子目：
　　高士宗先生手授醫學真傳：一卷/（清）高世
栻撰
　　質疑錄：一卷/（明）張介賓撰
　　醫家心法：一卷/（清）高斗魁撰；（清）胡
玨評
　　易氏醫按：一卷/（明）易大艮撰
　　芷園臆草存案：一卷/（明）盧復撰
　　敖氏傷寒金鏡錄：一卷/（元）杜清碧增定；
（明）薛立齋圖
　　芷園素社痎瘧論疏：一卷；芷園素社痎瘧疏
方：一卷/（明）盧之頤疏
　　達生編：二秩/（清）亟齋居士撰
　　扁鵲心書：三卷，首一卷，扁鵲心書神方一
卷/（戰國）扁鵲撰；（宋）竇材重集；（清）胡
玨參論
　　本草崇原：三卷/（清）張志聰註釋；（清）
高世栻纂集
　　侶山堂類辯：二卷/（清）張志聰撰
　　學古診則：四秩/（明）盧之頤輯正
　　　　　　　　　　　　　　　（乙三）/613
　　第二部　16 冊（2 函）　　（乙三）/718
　　第三部　5 冊（1 函），存五種：高士宗先
生手授醫學真傳、芷園臆草存案、敖氏傷寒金
鏡錄、達生編、本草崇原　　　（丁）/382

醫經

重廣補註黃帝內經素問：二十四卷/（唐）王
冰註；（宋）林億等校正；（宋）孫兆改誤.--
刻本，影宋.--武陵顧從德，明嘉靖二十九年
（1550）.--12 冊（2 函）.--半葉 10 行，行
20 字，小字雙行字數不等，白口，左右雙邊，
單黑魚尾，半框 21.8×15.6 cm。有刻工：付

益、張詢等。佚名題。鈐"喜曾"朱文印、"半巢書屋主人李氏紹白珍藏"朱文印、"侍講青宮讀書中秘"白文印、"岳瀆字拙存印"朱文印.--綫裝　　　　　　　　　（乙三）/42

補註釋文黃帝內經素問：十二卷，黃帝內經素問遺篇一卷/（唐）王冰註；（宋）林億等校正；（宋）孫兆改誤.**黃帝素問靈樞經**：十二卷/（宋）史崧音釋.--刻本.--彰德：趙府居敬堂，明嘉靖（1522～1566）.--10冊（2函）.--半葉8行，行17字，小字雙行字同，細黑口，四周雙邊，雙對綫魚尾，版心上刻"赵府居敬堂"，半框19.9×14cm。有刻工：信、侃等。鈐"乾清宮寶"朱文印、"華藻堂杭氏書畫圖書記"朱文印、"山陰楊氏珍藏書畫記"白文印.--綫裝　　　　　　　　（乙三）/21

讀素問鈔：十二卷/（唐）王冰撰；（元）滑壽註.--刻本.--明萬曆（1573～1620）.--4冊（1函）.--目錄題"四明滑伯仁先生讀素問鈔"，版心題"素問鈔"。半葉10行，行20字，小字雙行字同，白口，四周雙邊，單黑魚尾，半框21.3×15cm.--綫裝　　（乙三）/622

新刊黃帝內經靈樞：二十四卷/（宋）史崧音釋.--刻本.--繡谷書林周曰校，明（1368～1644）.--4冊（1函）.--目錄題"黃帝內經靈樞"，版心題"黃帝內經素問"。半葉11行，行23字，小字雙行字同，白口，四周雙邊，單黑魚尾，半框20.7×14.7cm.--綫裝　　　　　　　　　　（丙三）/4698

素問靈樞類纂約註：三卷/（清）汪昂纂輯.刻本.--清乾隆（1736～1795）.--1冊（1函）.--半葉8行，行22字，小字雙行字同，有眉欄，行3字，白口，四周單邊，半框21.5×13.4cm。佚名圈點.--綫裝　　　　　　（乙三）/710

素問靈樞類纂約註：三卷/（清）汪昂纂.--刻本.--清乾隆（1736～1795）.--3冊（1函）.--仿刻本。半葉8行，行22字，小字雙行字同，有眉欄，行3字，白口，四周單邊，半框21.2

×13.5cm。佚名圈點。鈐"謝平"朱文印.--綫裝　　　　　　　　　　　（丁）/8367

重訂駱龍吉內經拾遺方論：四卷/（宋）駱龍吉撰；（明）劉浴德，（明）朱練合訂.--刻本.--清乾隆四十一年（1776）.--6冊（1函）.--書名頁題"增補內經拾遺方論"，版心題"增補內經拾遺"。半葉8行，行20字，小字雙行字同，有眉批，行2字，白口，左右雙邊，單黑魚尾，半框19.2×13.7cm。武林大成齋藏板。佚名圈點.--綫裝　　（乙三）/554
第二部　4冊（1函）　　　　　　（丁）/13

難經本義：二卷/（元）滑壽撰.--刻本.--日本：吉野屋德兵衛，日本貞享元年（1684）.1冊（1函）.--半葉10行，行20字，小字雙行字同，粗黑口，四周單邊，無界行，雙對黑魚尾，半框19.9×14.7cm。書末鐫"天和四甲子曆二月吉辰吉野屋德兵衛板行"。佚名批、圈點。鈐"黑道齋印"白文印.--綫裝
　　　　　　　　　　　　　　（乙三）/847

類經圖翼：十一卷/（明）張介賓撰.--刻本.明末（1573～1644）.--4冊（1函）：有插圖.--半葉9行，行19字，小字雙行字同，白口，四周單邊，單綫魚尾，半框21.5×14.6cm.--綫裝　　　　　　　　　　　　　　（丙三）/4501

本草

神農本草經疏：三十卷/（明）繆希雍撰.--刻本.--毛晉綠君亭，明天啟五年（1625）.--10冊（2函）.--半葉8行，行18字，小字雙行字同，白口，四周單邊，版心下刻"綠君亭"，半框20.6×14.4cm。金陵蘊古堂藏板。鈐"張謙之印"白文印、"張謙"白文印.--綫裝
　　　　　　　　　　　　　　（乙三）/500
第二部　16冊（2函）　　　　（乙三）/557

東垣先生此事難知：二卷/（元）王好古撰.刻本.--遼藩朱寵瀼梅南書屋，明嘉靖八年

（1529）.--1 冊（1 函）.--（東垣十書：十種）.--存卷上。半葉 11 行，行 20 字，小字雙行同，白口，左右雙邊，單白魚尾，版心下鎸"梅南書屋"，半框 18.3×13.4cm。佚名圈點。鈐"豐玉堂鑑藏"朱文印.--綫裝

（丙三）/6565

本草綱目：五十二卷，卷首一卷/（明）李時珍撰.--刻本.--張鼎思，明萬曆三十一年（1603）.--26 冊（4 函）.--半葉 9 行，行 20 字，小字雙行字同，白口，四周單邊，單黑魚尾，半框 21.7×15.6cm。梅墅煙蘿閣藏板.--綫裝

（乙三）/571

本草綱目：五十二卷，卷首二卷，瀕湖脈學一卷/（明）李時珍撰.--刻本.--張朝璘，清順治十四至十五年（1657~1658）.--40 冊（4 函）：附圖.--書名頁題"太和堂重訂本草綱目"。半葉 9 行，行 20 字，小字雙行字同，白口，四周單邊，單黑魚尾，半框 23.2×15.4cm。清畏堂藏板。鈐"醫學實業館圖記"朱文印.綫裝

（丙三）/184

本草綱目拾遺：十二卷/（清）趙學敏撰.--抄本.--清後期（1851~1911）.--4（1 函）.--鈐"吳興姚伯子覲元鑑藏書畫圖籍印"朱文印、"吳興姚氏"朱文印、"學部圖書之印"朱文印（滿漢合璧）、"京師圖書館收藏之印"朱文印.--綫裝

（丙三）/4672

食物本草會纂：十二卷/（清）沈李龍撰.--刻本.--清康熙三十年（1691）.--6 冊（1 函）：有圖.--半葉 9 行，行 22 字，小字雙行字同，白口，四周單邊，單黑魚尾，半框 18.2×11.8cm.--綫裝

（丙三）/4432

增訂本草備要：四卷，總義一卷，附醫方湯頭歌括一卷，經絡歌訣一卷/（清）汪昂輯.--刻本.--汪昂，清康熙三十三年（1694）.--4 冊（1 函）.--書名頁題"新鎸增補詳註本草備要"。半葉 8 行，行 22 字，小字雙行字同，有眉欄，行 3 字，白口，四周單邊，版心下刻"成

裕堂"，半框 21.4×13.6cm。成裕堂藏板。佚名批點。鈐"大成劉氏地山堂世傳必讀書"朱文印.--綫裝

（乙三）/573

增訂本草備要：六卷；**醫方集解**：六卷/（清）汪昂著輯.--刻本.--胡宗文，清乾隆五年（1740）.--6 冊（1 函）.--書名頁題"重鎸本草醫方合編"。上下兩欄，上欄半葉 10 行，行 16 字，下欄半葉 10 行，行 22 字，小字雙行字同，白口，四周單邊，半框 24.4×14.3cm。經綸堂藏板。佚名批點.--綫裝 （丙三）/4450

本草逢原：四卷/（清）張璐纂.--刻本.--金閶：書業堂，清康熙（1662~1722）.--4 冊（1 函）.--半葉 9 行，行 20 字，小字雙行字同，白口，四周雙邊，半框 19.4×12.8cm。石叟題記。鈐"臣賓洛印"白文印.--綫裝

（乙三）/503

本草經解要：四卷，附餘一卷/（清）葉桂撰.刻本.--王從龍，清雍正二年（1724）.--4 冊（1 函）.--半葉 8 行，行 20 字，小字雙行字同，白口，四周單邊，半框 18×12.7cm。佚名圈點、批校.--綫裝 （丁）/12430
　　第二部 2 冊（1 函） （丁）/3108

本草詩箋：十卷/（清）朱鑰撰.--刻本.--鄆城：群玉山房，清乾隆二十七年（1762）.--4 冊（1 函）.--半葉 10 行，行 18 字，小字雙行 27 字，白口，左右雙邊，單黑魚尾，半框 16×13.1cm。佚名圈點.--綫裝 （丙三）/4427

本草和名：二卷，序目一卷/（日本）深江輔仁撰.--刻本.--日本，日本寬政八年（1796）.--2 冊（1 函）.--半葉 9 行，行 19 字，小字雙行 24 字，有眉欄，行 7 字，白口，四周單邊，半框 21.2×14.1cm。聿修堂藏版。鈐"曾在鉄嶺張紹重家"朱文印等.--綫裝 （丁）/12653

診法

丹溪朱氏脈因証治：二卷/（元）朱震亨撰.--刻本.--清乾隆四十年（1775）.--2 冊（1 函）.--書名頁題"脉因証治"。半葉 10 行，行 20 字，小字雙行字同，白口，左右雙邊，單黑魚尾，半框 17.7×13.8cm.--綫裝　　（丁）/464

明彭用光太素脉訣：不分卷/（明）彭用光撰.--抄本，黃絲欄.--清末（1851～1911）.--2 冊（1 函）.--鈐"鹿巖精舍典書印"朱文印、"周養安小市得"朱文印、"優曇花館"白文印.--綫裝　　（丁）/12494

症因脈治：四卷/（明）秦昌遇撰；（清）秦之楨輯.--刻本.--清乾隆十八年（1753）.--4 冊（1 函）.--目錄、書名頁題"證因脈治"。半葉 10 行，行 20 字，白口，左右雙邊，單黑魚尾，版心下鐫"攸寧堂"，半框 19.1×13.9cm。博古堂藏板。佚名朱筆圈點、批、註.綫裝　　（丁）/15

辨證錄：十四卷；**洞垣全書脉訣闡微**：一卷/（清）陳士鐸撰.--刻本.--年希堯，清雍正三年（1725）.--14 冊（2 函）.--半葉 9 行，行 22 字，小字雙行字同，有眉批，行 4 字，白口，左右雙邊，單黑魚尾，半框 18.3×13.8cm。佚名圈點.--綫裝　　（丁）/175

方論

重刊孫真人備急千金要方：三十卷/（唐）孫思邈撰.--刻本.--日本皇都：西宮園，日本天明六年（1786）.--14 冊（2 函）.--書名頁題"元版翻刻孫真人千金方"。半葉 10 行，行 24 字，小字雙行字同，白口，四周雙邊，單黑魚尾，半框 21.4×15.2cm。佚名批點。鈐"光芒直射斗牛間"朱文印.--綫裝　　（丁）/13913

唐王燾先生外臺秘要方：四十卷，目錄一卷/（唐）王燾撰；（明）程衍道訂.--刻本.--日本延享三年（1746）.--24 冊（6 函）.--據宋本翻刻。半葉 10 行，行 22 字，小字雙行字同，有眉批，行 3 字，白口，四周雙邊，單白魚尾，半框 20.4×14cm。平安養壽院藏板。鈐"地山堂書籍"白文印、"下條氏藏書記"朱文印.--綫裝　　（乙三）/83

聖濟總錄纂要：二十六卷/（宋）徽宗趙佶敕編；（清）程林刪定.--刻本.--清乾隆五年（1740）.--10 冊（1 函）.--半葉 9 行，行 22 字，小字雙行字同，白口，左右雙邊，單黑魚尾，半框 19.2×12.7cm.--綫裝　　（乙三）/16

醫方選要：十卷/（明）周文采編.--刻本.--明嘉靖（1522～1566）.--10 冊（1 函）.--卷 8-10 係抄配。半葉 10 行，行 21 字，粗黑口，四周雙邊，雙對黑魚尾，半框 20.6×15.5cm。佚名圈點、批註.--綫裝　　（丁）/7493

攝生衆妙方：十一卷；**急救良方**：二卷/（明）張時徹編.--刻本.--青州：衡府，明隆慶三年（1569）.--5 冊（1 函）.--半葉 10 行，行 20 字，小字雙行字同，白口，四周雙邊，半框 20×15.9cm.--綫裝　　（丙三）/6711
第二部　4 冊（1 函），缺急救良方 2 卷　　（丙三）/4634

醫方考：六卷，脈語二卷/（明）吳崑撰.--刻本.--明末（1573～1644）.--6 冊（1 函）.--缺脈語，目錄缺 1 葉。崇善堂發行。半葉 10 行，行 20 字，小字雙行字同，白口，四周單邊間左右雙邊，單白魚尾，半框 18.6×13cm。佚名圈點.--綫裝　　（丁）/12721

訂補簡易備驗方：十六卷/（明）胡正心，（明）胡正言輯.--刻本.--胡氏十竹齋，明末（1573～1644）.--9 冊（1 函）.--存卷 3、6-8、12、13、15、16。袖珍本。半葉 7 行，行 16 字，白口，四周單邊，單白魚尾，版心下刻"十竹齋"，半框 10×7.1cm.--綫裝

（丙三）/4330

程氏即得方：二卷/（清）程林輯. --刻本. --清康熙（1662～1722）. --1 冊（1 函）. --半葉 8 行，行 20 字，小字雙行字同，白口，四周單邊，半框 18.7×11.6cm。佚名圈點、批. --綫裝　　　　　　　（丁）/6602

[秘方集腋]：不分卷/（清）佚名輯. --刻本. --清康熙（1662～1722）. --6 冊（1 函）. --書名自擬。半葉 8 行，行 21 字，白口，四周單邊，半框 22.6×15.2cm. --綫裝　　（丙三）/54

絳雪園古方選註：不分卷，附得宜本草/（清）王子接註. --刻本. --清雍正十年（1732）. --8 冊（1 函）. --書名頁題"十三科選註"，目錄題"十三科古方選註"。半葉 10 行，行 22 字，小字雙行字同，白口，左右雙邊，單黑魚尾，半框 17.9×13.4cm。介景樓藏板. 綫裝　　　　　　　　　　（乙三）/238

絳雪園古方選註：不分卷，附得宜本草/（清）王子接註. --刻本. --清雍正（1723～1735）. --4 冊（1 函）. --書名頁題"十三科選註"。半葉 10 行，行 22 字，小字雙行字同，白口，左右雙邊，單黑魚尾，半框 17.5×13.4cm。金閶綠蔭堂藏板。佚名圈點. --綫裝　　　　　　　　（丁）/9329

絳雪園古方選註：不分卷，條目一卷/（清）王子接註. --刻本. --埽葉山房，清雍正乾隆間（1723～1795）. --4 冊（1 函）. --總目題"十三科絳雪園古方選註"，書名頁題"十三科古方選註"。半葉 10 行，行 22 字，小字雙行字同，白口，左右雙邊，單黑魚尾，半框 18.1×13.4cm. --綫裝　　　　（乙三）/562
　　　　第二部　　　　　　（丙三）/516

新刊良朋彙集：五卷/（清）孫偉輯. --刻本. 清康熙五十年（1711）（清乾隆三年[1738]印）. --5 冊（1 函）. --書名頁題"良朋彙集經驗神方"，版心題"良朋彙集"。半葉 10 行，行 20 字，小字雙行字同，白口，四周單邊，單黑魚尾，半框 20.2×14.3cm。京都書肆文錦堂

藏板。佚名圈點. --綫裝　　　　（乙三）/713

經驗丹方彙編/（清）錢峻輯. --刻本. --懷德堂，清乾隆十七年（1752）. --8 冊（2 函）. --版心題"經驗單方"。半葉 9 行，行 25 字，小字雙行字同，白口，左右雙邊，單黑魚尾，版心下刻"餘愛堂"，半框 19.4×13.7cm。佚名批、圈點。鈐"馬澤清"白文印. --綫裝
　　　　　　　　　　　　　　（丁）/14

蘭臺軌範：八卷/（清）徐大椿撰. --刻本. --清乾隆二十九年（1764）. --6 冊（1 函）. --半葉 9 行，行 22 字，小字雙行字同，白口，左右雙邊，單黑魚尾，半框 18.4×13cm. --綫裝
　　　　　　　　　　　　　　（乙三）/24

急救方：一卷/（清）胡季堂輯. --刻本. --江蘇：胡季堂，清乾隆（1736～1795）[蘇州：近文齋穆店，清[1644～1911]印]. --1 冊（1 函）. --首末有缺葉。半葉 9 行，行 20 字，小字雙行字同，白口，四周單邊，無界行，單黑魚尾，半框 19.1×14.2cm . --綫裝
　　　　　　　　　　　　　（丙三）/4578

本草萬方鍼綫：八卷/（清）蔡烈先輯. --刻本. --金閶：書業堂，清乾隆四十九年（1784）. 4 冊（1 函）. --半葉 10 行，行 30 字，小字雙行字數不等，白口，左右雙邊，單黑魚尾，半框 19.4×13.7cm。金閶書業堂藏板. --綫裝
　　　　　　　　　　　　　　（乙三）/611

靜耘齋集驗方：不分卷/（清）黃元基輯. --抄本. --清（1644～1911）. --6 冊（1 函）. --綫裝　　　　　　　　　　（丙三）/537

資生堂誠修諸門應症丸散：一卷. --抄本. --清（1644～1911）. --2 冊（1 函）. --題名據目錄著錄，卷端題"資生堂目錄"，書皮題"壽世奇方"。鈐"卜質彬"朱文印. --綫裝
　　　　　　　　　　　　　　（丁）/13029

新增證脈方藥合編：不分卷，附補遺/（朝

鮮）黃度淵撰；（朝鮮）黃泌秀編.--刻本.--朝鮮，朝鮮高宗二十二年（1885）.--1 冊（1 函）.--書名頁題"證脈方藥合編"。行款不一，半框 21.8×16.7cm。佚名圈點、批註.--綫裝　　　　　　　　　　　（丁）/6161

內科

註解傷寒論：十卷，圖一卷；**傷寒明理論**：四卷/（金）成無己撰；（明）徐鎔校.--刻本.--吳勉學，明萬曆二十九年（1601）刻；步月樓，清初（1644～1722）修版.--8 冊（1 函）.--（古今醫統正脈全書：四十四種二百五卷/[明]王肯堂編）.--半葉 10 行，行 20 字，小字雙行字同，白口，四周雙邊，單黑魚尾，半框 19.9×13.5cm。汶上老人題跋。鈐"大城劉氏地山堂世傳必讀書"朱文印、"劉林立印"白文印、"儉勤堂書畫印"朱文印、"汾陽葉家"朱文印、"三十六鑑齋"朱文印、"石翁讀過"朱文印.--綫裝　　　　（乙三）/41

傷寒論註：四卷/（漢）張機撰；（清）柯琴註.--刻本.--崑山馬中驊，清乾隆二十年（1755）.--2 冊（1 函）.--書名頁題"傷寒論註來蘇集"。半葉 10 行，行 21 字，小字雙行字同，白口，左右雙邊，單黑魚尾，半框 18.8×13.3cm。佚名評點。鈐"楊霽青"朱文印、"隱芝道人"白文印.--綫裝

（丙三）/4441

傷寒論三註：十六卷/（清）周揚俊撰.--刻本.--清乾隆四十五年（1780）.--6 冊（1 函）.--半葉 9 行，行 21 字，白口，四周單邊，單黑魚尾，半框 19.3×14.2cm。松心堂藏板。鈐"大城劉氏地山堂世傳必讀書"朱文印、"兩益軒"朱文印.--綫裝　　　（乙三）/584

張仲景金匱要略論註：二十四卷/（清）徐彬撰.--刻本.--清康熙（1662～1722）.--4 冊（1 函）.--卷 16 有抄配，卷 24 尾殘。半葉 9 行，行 20 字，小字雙行字同，有眉批，行 5 字，白

口，四周單邊，半框 19.3×13.2cm。佚名圈點.--綫裝　　　　　　　　　　（乙三）/656

增註類證活人書：二十一卷，傷寒藥性一卷，活人書釋音一卷/（宋）朱肱撰；（明）吳勉學校.--刻本.--新安吳勉學，明末（1573～1644）.--6 冊（1 函）插圖 13 幅.--目錄題"增註無求子類證傷寒活人書"。半葉 10 行，行 20 字，小字雙行字同，白口，四周雙邊，單黑魚尾，半框 20×13.4cm。鈐"地山堂"朱文印、"大城劉氏地山堂世傳必讀書"朱文印.綫裝　　　　　　　　　　　（乙三）/51

新刊傷寒撮要：六卷/（明）繆存濟編撰.--刻本.--新安歙邑汪滋，明隆慶（1567～1572）.--6 冊（1 函）：有插圖.--半葉 10 行，行 23 字，小字雙行字同，白口，左右雙邊，單黑魚尾間單白魚尾，半框 18.8×12.2cm。佚名圈點、批校.--綫裝　　　　（丁）/4315

傷寒六書：六卷/（明）陶華撰.--刻本.--明（1368～1644）.--8 冊（1 函）.--半葉 10 行，行 20 字，白口，四周雙邊，單黑魚尾，半框20.3×13.6cm。吳門蘊古堂、百城樓藏板.--綫裝
子目：
傷寒瑣言：一卷
傷寒家秘的本：一卷
殺車槌法：一卷
傷寒一提金：一卷
傷寒證脈藥截江網：一卷
傷寒明理續論：一卷　　　（丙三）/4693

傷寒六書/（明）陶華撰.--刻本.--敦化堂，明末（1573～1644）.--6 冊（1 函）.--半葉 10 行，行 20 字，白口，左右雙邊，單黑魚尾，半框 19.6×13.6cm。汶上老人題識.--綫裝
　　（子目同上）　　　　　（乙三）/119

傷寒論條辨：八卷，傷寒論條辨本草鈔一卷，傷寒論條辨或問一卷，痙書一卷/（明）方有執撰.--刻本.--浩然樓，清康熙（1662～

1722）.--6 冊（1 函）：有插圖.--半葉 10 行，行 20 字，小字雙行字同，白口，左右雙邊，單黑魚尾，版心下刻“浩然樓”，半框 21.1×14.7cm。浩然樓藏版。石翁題記。鈐“劉林立印”白文印、“大城劉氏地山堂世傳必讀書”朱文印.--綫裝　　　　　　　　　　（乙三）/632

尚論篇：四卷；**尚論後篇**：四卷/（清）喻昌撰.--刻本.--黎川陳守誠，清乾隆二十八年（1763）.--8 冊（1 函）.--半葉 10 行，行 20 字，小字雙行字同，白口，左右雙邊，單黑魚尾，半框 18.2×13.2cm。集思堂藏板。鈐“志剛藏書”朱文印.--綫裝　　　　（乙三）/216

吳氏醫學述第五種：十卷/（漢）張機撰；（清）喻昌註；（清）吳儀洛訂.--刻本.--硤川利濟堂，清乾隆三十一年（1766）.--8 冊（1 夾）.--版心題“傷寒分經”。半葉 9 行，行 19 字，小字雙行字同，白口，左右雙邊，單黑魚尾，半框 18.8×13.9cm。利济堂藏板。兩益軒主跋。鈐“大城劉氏地山堂世傳必讀書”朱文印、“劉林立”白文印.--綫裝（乙三）/588
　　　　第二部　8 冊（1 函）　　（乙三）/58

傷寒論後條辨：十五卷，附錄一卷/（漢）張機撰；（清）程應旄註.--刻本.--美錦堂，清康熙十年（1671）.--6 冊（1 函）.--半葉 10 行，行 20 字，有眉欄，行 5 字，白口，四周單邊，單黑魚尾，半框 21.4×14.1cm。佚名圈點。鈐“大城劉氏地山堂世傳必讀書”朱文印.--綫裝　　　　　　　　　（乙三）/511

證治彙補：八卷/（清）李用粹撰.--刻本.--劉公生舊德堂，清康熙（1662～1722）刻；清（1662～1911）修版.--8 冊（1 函）.--半葉 10 行，行 20 字，小字雙行字同，白口，左右雙邊，單黑魚尾，版心下刻“舊德堂”，半框 19.9×14.1cm。佚名圈點.--綫裝
　　　　　　　　　　　　　（乙三）/579

重編張仲景傷寒論證治發明溯源集：十卷（清）錢潢撰.--刻本.--虛白室，清康熙四十

七年（1708）.--1 冊（1 函）.--存卷前附：方法辯論、動氣臆說。書名頁題“溯源集”。半葉 9 行，行 21 字，白口，左右雙邊，單黑魚尾，版心下刻“虛白室”，半框 19.2×13.9cm。佚名圈點。鈐“定武楊氏素園藏書印”朱文印.--綫裝　　　　　（丁）/11565

傷寒大白：四卷，附傷寒大白總論/（清）秦之楨撰.--刻本.--清康熙五十三年（1714）.--4 冊（1 函）.--半葉 10 行，行 20 字，左右雙邊，單黑魚尾，半框 18.9×13.8cm。佚名圈點.--綫裝　　　　　　（乙三）/222

傷寒纘論：二卷；**傷寒緒論**：二卷/（清）張璐撰.**傷寒兼證析義**：不分卷/（清）張倬撰.**傷寒舌鑑**：不分卷/（清）張登撰.--刻本.--清康熙（1662～1722）.--16 冊（2 函）.--半葉 9 行，行 20 字，小字雙行字同，白口，四周單邊，單黑魚尾，半框 20.1×13.2cm。佚名圈點、批註.--綫裝　　　　　（丁）/6652

溫熱暑疫全書：四卷/（清）周揚俊輯.--刻本.--清乾隆十九年（1754）.--4 冊（1 函）.--半葉 10 行，行 20 字，白口，左右雙邊，單黑魚尾，半框 19.2×14.3cm。庸德堂藏板。鈐“志剛藏書”朱文印、“張志剛印”朱文印、“張劍衡印”白文印.--綫裝　　　　（乙三）/116

傷寒論類方：一卷/（清）徐大椿編.--刻本.--清乾隆（1736～1795）.--4 冊（1 函）.--（徐氏醫書六種/[清]徐大椿撰）.--半葉 9 行，行 22 字，小字雙行字同，白口，左右雙邊，單黑魚尾，半框 21.7×12.4cm.--綫裝
　　　　　　　　　　　　　（丙三）/478

傷寒名數解：五卷/（日本）中西惟忠撰.--刻本.--日本，日本安永三年（1774）.--5 冊（1 函）.--半葉 10 行，行 20 字，小字雙行字同，白口，四周單邊，單黑魚尾，版心下刻“澄霞園”，半框 21.6×15.3cm.--綫裝
　　　　　　　　　　　　　（乙三）/582

外科

瘡瘍經驗全書：六卷/（宋）竇漢卿撰；（明）竇夢麟增訂.--刻本.--陳氏浩然閣，清康熙五十六年（1717）.--6 冊（1 函）：附圖.--書名頁題"竇太師外科全書"。半葉 11 行，行 26 字，小字雙行字同，白口，左右雙邊，單黑魚尾，半框 21.2×14cm.--綫裝 　　（丁）/8599

申斗垣校正外科啓玄：十二卷/（明）申拱宸撰；（明）申斗垣校正.--刻本.--明萬曆（1573～1620）.--3 冊（1 函）：有插圖.--半葉 10 行，行 20 字，白口，四周雙邊，單黑魚尾，半框 20.7×12.9cm。佚名圈點。鈐"浴德堂"朱文印.--綫裝 　　（丁）/4015

外科心法：七卷/（明）薛己撰.--刻本.--明萬曆（1573～1620）.--2 冊（1 函）.--（薛氏醫按：二十四種/[明]吳琯輯）.--半葉 10 行，行 20 字，小字雙行字同，白口，左右雙邊，單黑魚尾，半框 20.5×14cm .--綫裝 　　（丁）/2435

癰瘍機要：三卷/（明）薛己撰.--刻本.--明萬曆（1573～1620）.--1 冊（1 函）.--（薛氏醫按：二十四種/[明]吳瑢輯）.--半葉 10 行，行 20 字，白口，左右雙邊，單黑魚尾，半框 20.8×13.8cm.--綫裝 　　（丁）/2449

瘍科選粹：八卷/（明）陳文治輯；（明）繆希雍校.--刻本.--明崇禎元年（1628）.--6 冊（1 函）.--序題"瘍科秘旨"。半葉 10 行，行 20 字，小字雙行字同，白口，左右雙邊，單黑魚尾，半框 21.2×14.6cm.--綫裝 　　（乙三）/707

外科大成：四卷/（清）祁坤撰.--刻本.--聚錦堂，清康熙（1662～1722）.--4 冊（1 函）.半葉 10 行，行 20 字，小字雙行字同，白口，四周單邊，單黑魚尾，版心下鑴"古雪堂藏板"，半框 21.4×14.9cm.--綫裝

　　（丁）/12569

祁氏家傳外科大羅：不分卷/（清）祁坤輯.--抄本.--祁文翺，清乾隆十年（1745）.--2 冊（1 函）.--佚名圈點、批。鈐"劉"朱文印、"載民"朱文印、"周養庵小市得"朱文印.綫裝 　　（丙三）/1330

眼科

原機啟微：二卷/（明）倪維德撰；（明）薛己校補.**原機啟微附錄**：一卷/（明）薛己集.--刻本.--吳郡：薛己，明嘉靖二十一年（1542）.--3 冊（1 函）.--半葉 10 行，行 22 字，白口，四周雙邊，單黑魚尾，半框 19.7×14cm。佚名圈點.--綫裝 　　（乙三）/585

新刻秘傳眼科七十二症全書：六卷/（明）袁學淵輯.--刻本.--明（1368～1644）.--5 冊（1 函）.--存卷 1 第 16-25 葉，卷 2-4，卷 5 第 1-26 葉。版心題"眼科全書"。半葉 10 行，行 26 字，白口，四周雙邊，單黑魚尾， 半框 19.8×12.4cm。 周元圈點、批.--綫裝

　　（丁）/12515

傅氏眼科審視瑤函：六卷，卷首一卷/（明）傅仁宇纂.--刻本.--清初（1644～1722）.--6 冊（1 函）：有插圖.--版心題"審視瑤函"。半葉 10 行，行 22 字，小字雙行字同，白口，四周單邊間左右雙邊，無界行，單黑魚尾間白魚尾，版心下刻"匯源堂"，半框 20×14cm。佚名批、圈點.--綫裝 　　（丁）/2278

婦科

婦人良方：二十四卷/（宋）陳自明編；（明）薛己註.--刻本.--明嘉靖（1522～1566）.--7 冊（1 函）：圖 1 幅.--卷 1 第 17 葉係抄配。半葉 10 行，行 18 字，細黑口間白口，左右雙邊，單黑魚尾，半框 18.7×14.2cm。有刻工：唐

其、仁等。佚名圈點、批校.--綫裝（乙三）/69

婦人良方：二十四卷/（宋）陳自明編；（明）薛己註.--刻本.--明萬曆（1573～1620）.--12冊（2函）：插圖1幅.--（薛氏醫按：二十四種/[明]吳琯輯）.--半葉10行，行20字，小字雙行字同，白口，左右雙邊，單黑魚尾，半框20.3×13.9cm.--綫裝（丁）/2437

濟陰綱目：五卷/（明）武之望編.--刻本.--明萬曆四十八年（1620）.--12冊（2函）.--半葉10行，行21字，白口，四周雙邊，單黑魚尾，半框23.3×15.3cm。鈐"荊邦"朱文印、"家在驪山"朱文印.--綫裝（乙三）/19

濟陰綱目：十四卷，首一卷/（明）武之望輯撰；（清）汪淇箋釋.--刻本.--清康熙（1662～1722）.--14冊（2函）.--書名頁題"重訂濟陰綱目"。半葉10行，行25字，小字雙行字同，有眉欄，行5字，白口，四周單邊，單黑魚尾，半框18.8×11.2cm.--綫裝（丙三）/925

祈嗣真詮：不分卷/（明）袁黃編.--刻本.--王珠，清乾隆四十四年（1779）.--2冊（1函）.半葉9行，行21字，小字雙行字同，白口，左右雙邊，單黑魚尾，半框18.3×13.2cm。有刻工：金陵周品漁。慎齋藏板.--綫裝（丙三）/477

重訂宜麟策/（明）張介賓撰.--刻本.--王珠，清乾隆四十五年（1780）.--1冊（1函）.--缺景岳傳。半葉9行，行21字，小字雙行字同，白口，左右雙邊，單黑魚尾，半框18.5×13.2cm。慎齋藏板.--綫裝（丙三）/588

女科經綸：八卷/（清）蕭壎撰.--刻本.--清康熙（1662～1722）.--4冊（1函）.--半葉9行，行24字，白口，左右雙邊，單黑魚尾，版心下刻"燕貽堂"，半框19.9×13cm。文淵堂藏板.--綫裝（丙三）/4430

胎産輯萃：四卷/（清）汪嘉謨輯.--刻本.--清乾隆十七年（1752）.--6冊（1函）.--書名頁題"婦科胎産經驗良方"。半葉9行，行21字，白口，四周雙邊，單黑魚尾，半框19.8×14.6cm。安懷堂藏板.--綫裝（乙三）/624

第二部 4冊（1函）（乙三）/726

兒科

錢氏小兒藥證直訣：三卷/（宋）錢乙撰.--刻本.--陳世傑起秀堂，清康熙（1662～1722）.--2冊（1函）.--據宋本重刻。半葉8行，行16字，小字雙行27字，白口，左右雙邊，單黑魚尾，半框22.1×16cm。鈐"地山堂印"朱文印、"大城劉氏地山堂世傳必讀書"朱文印.--綫裝（乙三）/734

嬰童百問：十卷/（明）魯伯嗣撰.--刻本.--明（1368～1644）.--6冊（1函）.--半葉10行，行24字，小字雙行字同，粗黑口，四周單邊，無界行，單白魚尾，半框21.1×14.3cm。鈐"大城劉氏地山堂世傳必讀書"朱文印.--綫裝（乙三）/44

保嬰粹要：一卷/（明）薛己撰.--刻本.--明嘉靖（1522～1566）.--1冊（1函）.--半葉10行，行22字，白口，四周雙邊，單黑魚尾，半框20.1×13.3cm。佚名圈點.--綫裝（丙三）/6564

保嬰撮要：十卷/（明）薛鎧編集.**保嬰撮要續集**：十卷/（明）薛鎧撰；（明）薛己編集.--刻本.--明（1368～1644）.--18冊（4函）.--目錄缺半葉，卷17、20有殘。半葉9行，行19字，小字雙行字同，白口，四周單邊，半框20.7×13.7cm.--綫裝（丁）/12576

保赤全書：二卷/（明）管橓編；（明）李時中增補.--刻本.--大業堂，明末（1573～1644）.--6冊（1函）.--書名頁題"新刻官板保赤全書"。半葉10行，行22字，小字雙行

字同，白口，四周單邊，單黑魚尾，半框 20.3
×12.3cm。佚名圈點、批註.--綫裝

(丁)／5306

活幼心法大全：九卷／（明）聶尚恒撰.--刻
本.--清乾隆四十六年（1781）.--2 冊（1 函）.--
半葉 9 行，行 21 字，小字雙行字同，白口，四
周雙邊，單黑魚尾，半框 19.4×13.9cm。大興
堂藏板。鈐"徐石卿"白文印.--綫裝

(乙三)／633

抱乙子幼科指掌遺藁：五卷／（清）葉其蓁編
輯.--刻本.--清乾隆八年（1743）.--8 冊（1
函）.--書名頁題"幼幼集成"。半葉 9 行，行
18 字，白口，左右雙邊，單黑魚尾，半框 19.2
×13.3cm。會成堂書坊藏板。佚名批點.--綫
裝

(乙三)／494

鼎鍥幼幼集成：六卷／（清）陳復正輯.--刻
本.--清乾隆（1736～1795）.--6 冊（2 函）：
附圖.--版心、書名頁題"幼幼集成"。半葉
10 行，行 24 字，小字雙行字同，白口，左右
雙邊，無界行，單黑魚尾，半框 20×13.1cm。
金裕堂藏板.--綫裝

(丙三)／895

幼科醫學指南：四卷／（清）周震撰.--刻本.
溧陽：保赤堂、玉樹堂，清乾隆五十四年
（1789）.--4 冊（1 函）：有插圖.--半葉 8 行，
行 20 字，小字雙行字同，白口，左右雙邊，單
黑魚尾，半框 17.7×12.9cm。溧陽保赤堂、玉
樹堂藏板.--綫裝

(乙三)／545

其他

陳氏小兒痘疹方論：一卷／（宋）陳文中撰；
（明）薛己註.**正體類要**：二卷／（明）薛己撰.
刻本.--明嘉靖（1522～1566）.--4 冊（1 函）.--
（家居醫錄：二種五卷）.--版心題名"小兒豆
疹方"、"正體驗要"。半葉 10 行，行 18
字，小字雙行字同，白口，左右雙邊，單黑魚
尾，版心上刻"家居醫錄"，半框 19×14.5cm。

佚名圈點.--綫裝

(乙三)／534

瘡瘍經驗全書：十三卷／（宋）竇漢卿輯撰.--
刻本.--浩然樓，清康熙五十六年（1717）.--6
冊（1 函）.--半葉 10 行，行 20 字，白口，左
右雙邊，單黑魚尾，版心下刻"浩然樓"，半
框 19.5×14.6cm。浩然樓藏板。鈐"杜燿亭"
朱文印.--綫裝

(丙三)／4435

痘治附方：一卷／（明）汪機撰.--刻本.--
汪機，明（1368～1644）.--1 冊（1 函）：有圖.
行款不一，白口，四周單邊，半框 18.5×
12.7cm。有刻工：黃豈.--綫裝 (丁)／12648

痘科彙編：四卷／（明）翟玉華纂著；（明）
唐上正音釋.--刻本.--朝鮮，朝鮮純祖八年
（1807）.--2 冊（1 函）.--半葉 9 行，行 20
字，白口，四周單邊，單黑魚尾，半框 17.9×
13.1cm。嶺營藏板.--綫裝 (丁)／6160

秘傳痘疹奇方活套：五卷／（明）洞雲翼子
撰.--刻本.--詹琥，明（1368～1644）.--1 冊
（1 函）：插圖 49 幅.--存卷 1-4，卷 5 殘存 2
葉。半葉 9 行，行 20 字，粗黑口，四周雙邊，
雙順黑魚尾，半框 19×12.8cm.--綫裝

(丁)／13914

仁端錄痘疹玄珠：五卷／（清）徐謙撰.--刻
本.--清乾隆八年（1743）.--5 冊（1 函）.--
半葉 10 行，行 25 字，小字雙行字同，白口，
四周單邊，無界行，雙對黑魚尾，半框 19.7×
14.3cm。黃葉邨莊藏板。鈐"守愚堂"白文印、
"讀書種子不斷"朱文印.--綫裝 (丁)／8975

增補秘傳痘疹玉髓金鏡錄真本：四卷，增補
痘疹金鏡錄一卷／（清）翁仲仁編.--刻本.--
姑蘇：書業堂，清乾隆二十八年（1763）.--4
冊（1 函）.--書名頁題"增補痘疹玉髓金鏡
錄"。半葉 10 行，行 24 字，小字雙行字同，
白口，左右雙邊，單黑魚尾，半框 18.5×
11.5cm。佚名圈點.--綫裝 (乙三)／616

痘疹正宗：二卷/（清）宋麟祥撰. --刻本. --文盛堂，清乾隆四十六年（1781）. --2 冊（1函）. --半葉 8 行，行 20 字，小字雙行字同，白口，四周單邊，單黑魚尾，半框 20×12.3cm。佚名圈點。鈐"玉邑廣益堂記"朱文印. --綫裝 　　　　　　　　　　（丙三）/4377

痘疹會通：五卷/（清）曾鼎撰. --刻本. --忠恕堂，清乾隆五十一年（1786）. --9 冊（1函）：有插圖. --半葉 9 行，行 20 字，小字雙行字同，白口，左右雙邊，單黑魚尾，半框 16.9×12.6cm。忠恕堂藏板. --綫裝 　　　　　　　　　　（乙三）/606

翁仲仁先生痘科金鏡賦：六卷/（清）俞茂鯤集解. --刻本. --懷德堂，清乾隆五十二年（1787）. --2 冊（1函）. --書名頁題名"痧痘集解"。半葉 9 行，行 24 字，白口，四周雙邊，單黑魚尾，半框 20.1×13.4cm。懷德堂藏板。鈐"飲和"朱文印、"徐石卿"白文印. --綫裝 　　　　　　　　　　（丙三）/4495

翁仲仁先生痘科金鏡賦：六卷/（清）俞茂鯤集解. --刻本. --清乾隆（1736～1795）. --4 冊（1函）. --目錄缺卷 1-5。書名頁題"痧痘集解"，版心題"痘科金鏡賦"。仿乾隆五十二年（1787）懷德堂刻本。半葉 9 行，行 24 字，小字雙行字同，白口，左右雙邊，無界行，單黑魚尾，半框 19.5×13.5cm。懷德堂藏板. --綫裝 　　　　　　　　　　（丁）/9673

痘疹捷要彙編：四卷/（清）王進之纂輯. --稿本. --清嘉慶十七年（1812）. --4 冊（1函）. --半葉 8 行，行 16 字，白口，四周雙邊，單黑魚尾，半框 14×9.5 cm. --綫裝 　　（丁）/13018

豆醫蟲酌錄：三卷/（清）曹禾撰. --活字本，木活字. --惜陰書屋，清道光二十四年（1844）. --2 冊（1函）. --序缺半葉。書名頁和版心均題"豆法述原"。半葉 7 行，行 17 字，有眉批，行 3 字，白口，四周單邊，單黑魚尾，半框 19.3×13.2cm. --綫裝 　　　　（丁）/12416

痧脹玉衡書：三卷，後卷一卷/（清）郭志邃撰. --刻本. --揚州：有義堂，清康熙十四至十七年（1675～1678）. --3 冊（1函）. --半葉 9 行，行 20 字，白口，左右雙邊，單黑魚尾，半框 19.9×14cm。鈐"水玲瓏山館"朱文印. --綫裝 　　　　　　　　　　（乙三）/591

痧脹玉衡書：三卷，後卷一卷/（清）郭志邃撰. --刻本. --日本：植村藤三郎，日本寬保元年（1741）. --5 冊（1夾）. --半葉 9 行，行 20 字，小字雙行字同，白口，左右雙邊，單黑魚尾，半框 19.5×14.1cm. --綫裝（乙三）/706

鍼灸

鍼灸甲乙經：十二卷/（晉）皇甫謐撰. --刻本. --吳勉學，明萬曆二十九年（1601）；步月樓，清初（1644～1722）修版. --6 冊（1函）. --（古今醫統正脈全書：四十四種二百五卷/[明]王肯堂編）. --卷1第1葉係抄配。書名頁題"甲乙經"。半葉 12 行，行 20 字，小字雙行字同，白口，左右雙邊，單黑魚尾，半框 19.7×15.2cm。映旭齋藏板。佚名圈點. --綫裝 　　　　　　　　　　（丙三）/4635
第二部　　　　　　　　（乙三）/221

鍼灸大成：十卷/（明）楊繼洲撰. --刻本. --巡按山西監察御史趙文炳，明萬曆二十九年（1601）. --10 冊（1函）：有插圖. --半葉 10 行，行 22 字，小字雙行字同，白口，四周雙邊，半框 22×15.3cm。佚名圈點。鈐"師放私鈐"朱文印、"大城劉氏地山堂世傳必讀書"朱文印. --綫裝 　　　　　　（乙三）/491
第二部　16 冊（2函）　　（乙三）/13

鍼灸大成：十卷/（明）楊繼洲撰. --刻本. --同文堂，清乾隆五十九年（1794）. --4 冊（1函）：有插圖. --存卷 1、4、5、10。書名據書名頁著錄。半葉 10 行，行 22 字，小字雙行字同，白口，四周單邊間四周雙邊間左右雙邊，單黑魚尾，半框 19.5×15.5cm. --綫裝

（丁）/12309

經絡彙編：不分卷/（明）翟良纂；（清）林起龍鑑定.--刻本.--清康熙（1662～1722）.--2冊（1函）：有圖.--缺 5 葉。半葉 10 行，行 20 字，白口，左右雙邊，單黑魚尾，半框 19.4×14cm.--綫裝　　　　　（丁）/8523

養生

新刻山居四要：五卷/（元）汪汝懋編.--刻本.--虎林：胡氏文會堂，明萬曆二十年（1592）.--2 冊（1 函）.--版心題"山居四要"。半葉 10 行，行 20 字，小字雙行字同，白口，左右雙邊，雙對白魚尾，半框 19.2×13.7cm。鈐"可園圖書"朱文印、"和亭賞鑑"白文印、"周肇祥藏善本"朱文印.--綫裝　　　　　　　　　（丁）/4942

新刻攝生總論秘授脉訣：十二卷/（明）張時徹撰.--刻本.--文林魏瑞昌，清康熙五十四年（1715）.--8 冊（1 函）.--版心、目錄題"攝生總論"，書名頁題"壽世攝生總要"。據康熙四年王梅之本摹刻。半葉 9 行，行 20 字，小字雙行字同，白口，四周雙邊，半框 19.1×13.7cm。聚錦堂藏板。鈐"北平孔德學校之章"朱文印.--綫裝　　　　　（甲三）/536

新刻保生心鑑：一卷/（明）鐵峰居士撰；（明）胡文煥校正.**活人心法**：一卷/（明）朱權撰；（明）胡文煥校正.--刻本.--胡氏文會堂，明萬曆（1573～1620）.--1 冊（1 函）：圖.--（格致叢書/[明]胡文煥編）.--版心題"保生心鑑"。半葉 10 行，行 20 字，小字雙行字同，白口，左右雙邊，雙對白魚尾，半框 19.5×14cm。鈐"匋守正印"白文印、"北平孔德學校之章"朱文印.--綫裝　　（甲三）/888
第二部　　　　　　　　（丙三）/4671

心聖圖説要言：不分卷，附卻病心法/（明）殷宗器校輯.--刻本.--殷宗器，明萬曆（1573

～1620）.--1 冊（1 函）：有插圖.--半葉 9 行，行 19 字，白口，四周雙邊，單黑魚尾，半框 21.5×14cm。序首葉有刻工：黃忠純.--綫裝　　　　　　　　（丁）/12624

醫案

名醫類案：十二卷/（明）江瓘輯.--刻本.--鮑廷博知不足齋，清乾隆三十五年（1770）.--12冊（1 函）.--半葉 10 行，行 23 字，小字雙行字同，細黑口，左右雙邊，版心下刻"知不足齋正本"，半框 18.8×14.3cm。知不足齋藏板。鈐"大城劉氏地山堂世傳必讀書"朱文印.--綫裝　　　　　　　（乙三）/574

醫按：六卷，首論一卷，驗方一卷/（明）程侖撰.--刻本.--明崇禎（1628～1644）.--5 冊（1 函）.--半葉 9 行，行 18 字，白口，四周單邊，單白魚尾，半框 20.9×13.7cm.--綫裝　　　　　　　　　　　（甲三）/446

崇陵病案：八卷/（清）力鈞撰.--稿本.--清光緒（1875～1908）.--1 冊（1 函）.--李兆年跋。鈐"李兆年印"白文印.--綫裝

（丙三）/1707

雜錄

祝由科：六卷/原題（漢）張道陵撰.--抄本.清（1644～1911）.--8 冊（2 函）.--綫裝
（丁）/12572

祝由科諸符秘：六卷.--抄本.--清中期（1723～1850）.--2 冊（1 函）.--書根題"祝由符秘書"。鈐"養庵秘笈"朱文印.--綫裝
（丁）/12709

赤水玄珠：三十卷，醫旨緒餘二卷，醫案五卷/（明）孫一奎撰.--刻本.--孫泰來，孫朋來，明萬曆二十四年（1596）刻；清（1644～1911）

補刻. --32 冊（4 函）. --缺醫案 5 卷。半葉 9 行，行 19 字，白口，四周單邊，單白魚尾，半框 19.5×13cm。有刻工：黃鼎。西泠吳氏藏板。鈐"烏鎮丁翰亭墨林甫藏"朱文印、"虎門珍頑"朱文印、"曾在丁松叡家"朱文印、"品芝過目"朱文印. --綫裝　　（乙三）/762

第二部　鈐"大城劉氏地山堂世傳必讀書"朱文印、"地山堂書籍"白文印

（乙三）/497

石室秘錄：六卷/（清）陳士鐸撰. --刻本. --綠蔭堂，清康熙二十六年（1687）. --6 冊（1 函）. --半葉 10 行，行 25 字，小字雙行字同，有眉欄，行 6 字，白口，左右雙邊，單黑魚尾，版心下刻"萱永堂藏板"，半框 19.7×14.7cm。佚名批點. --綫裝　　（乙三）/605

天文算法類

天文

皇明天文述：一卷；**皇明地理述**：二卷/（明）鄭曉撰. --刻本. --明萬曆（1573～1620）. --4 冊（1 函）. --（吾學編：十四種六十九卷/[明]鄭曉撰）. --半葉 10 行，行 19 字，白口，左右雙邊，單黑魚尾，半框 18×13.9cm。有刻工：魏秀、李承等. --綫裝　　　（丁）/12433

天文玉曆祥異賦：六卷/（明）鄭重繪. --彩繪抄本，藍格. --明萬曆二十四年（1596）. 12 冊（2 函）. --鈐"鄭千里繪"白文印、"千里"朱文印、"王時敏印"白文印、"輔臣"朱文印、"書畫"朱文印、"寶熙之印"白文印. --綫裝　　　（乙三）/849

管窺輯要：八十卷/（清）黃鼎纂. --刻本. --清順治九年（1653）刻；清康熙（1662～1722）修版. --40 冊（2 夾）. --書名頁題"天文大成全志輯要"。半葉 9 行，行 19 字，白口，四周單邊間四周雙邊，單黑魚尾，半框 20.5×

14.3cm。鈐"毅齋"朱文印、"毅齋居士"朱文印、"白雲逸士"朱文印、"祕華堂主人"朱文印、"溥儞長壽"白文印. --綫裝

（乙三）/962

管窺輯要：八十卷/（清）黃鼎纂. --刻本. --清順治（1644～1661）. --36 冊（6 函）：有圖. 書名頁題"天文大成輯要"。半葉 9 行，行 19 字，白口，四周單邊間左右雙邊，單黑魚尾，半框 20.4×14.5cm。周東村題識。鈐"周家珍藏"朱文印、"東村"白文印、"周臣"朱文印. --綫裝　　　（乙三）/192

第二部　32 冊（4 函）　　（丙三）/208
第三部　40 冊（4 函）　　（乙三）/899

御定星曆考原：六卷/（清）李光地等撰. --活字本，銅活字. --京師：內府，清康熙五十二年（1713）. --2 冊（1 函）. --半葉 9 行，行 20 字，白口，四周雙邊，單綫魚尾，半框 21.4×14.8cm。鈐"野人居珍藏圖書"朱文印、"北平孔德學校之章"朱文印. --綫裝

（甲三）/243

欽定儀象考成：三十卷，卷首二卷/（清）允祿等撰. --刻本. --京師：武英殿，清乾隆二十一年（1756）. --16 冊（4 函）：附圖、表. --半葉 9 行，行 20 字，小字雙行字同，白口，四周雙邊，單黑魚尾，半框 21.3×14.6cm。鈐"南陵徐氏仁山珍藏"白文印、"修養堂藏書之印"朱文印、"學部圖書之印"朱文印（滿漢合璧）、"京師圖書館收藏之印"朱文印. --綫裝　　　（丙三）/4763

天文圖說：不分卷. --抄本. --清（1644～1911）. --2 冊（1 函）：圖. --佚名批點. --綫裝　　　（乙三）/869

天文星象攷--抄本. --清（1644～1911）. --2 冊（1 函）. --存卷 6。上圖下文。鈐"寸心日月樓所藏"朱文印、"澄心堂朱"朱文印. --綫裝　　　（丁）/12755

天文星象形圖：不分卷/（清）余仁撰.--抄本.--清光緒宣統間（1875～1911）.--2 冊（1 函）：插圖.--綫裝　　　　（乙三）/901

曆法

大明弘治元年歲次戊申大統曆：一卷/（明）欽天監制.--刻本.--欽天監,明成化二十三年（1487）.--1 冊（合裝 1 函）：圖 1 幅.--首葉殘缺。半葉 17 行,行字數不等,小字雙行字數不等,有眉欄,行 2 字,粗黑口,左右雙邊,雙對黑魚尾,半框 27.2×14.4cm。馬衡題跋。鈐"欽天監曆官印"朱文印、"馬衡叔平"白文印.--蝴蝶裝　　　　（甲三）/913-1

大明正德十一年歲次丙子大統曆：一卷/（明）欽天監制.--刻本.--明正德十年（1515）.1 冊（合裝 1 函）：圖 1 幅.--封面題"大明正德十一年大統曆"。半葉 17 行,行 46 字至 50 字不等,粗黑口,左右雙邊,雙對黑魚尾,半框 25.6×14.5cm.--蝴蝶裝　（甲三）/913-2

大明隆慶二年歲次戊辰大統曆：一卷/（明）欽天監制.--刻本.--明隆慶元年（1567）.--1 冊（合函）.--封面題"大明隆慶二年大統曆"。半葉 17 行,行 44 字至 49 字不等,粗黑口,左右雙邊,雙對黑魚尾,半框 23×13.3cm.--包背裝　　　（甲三）/913-3

大明隆慶六年歲次壬申大統曆：一卷/（明）欽天監制.--刻本.--明隆慶五年（1571）.--1 冊（合裝 1 函）：圖 1 幅.--卷端殘缺。半葉 16 行,行 44 字至 51 字不等,粗黑口,左右雙邊,雙對黑魚尾,半框 25.6×14.3cm。鈐"北京孔德學校藏"朱文印.--綫裝　　（甲三）/913-4

大明萬曆二十二年歲次甲午大統曆：一卷/（明）欽天監制.--刻本.--明萬曆二十一年（1593）.--1 冊（1 函）.--半葉 17 行,行字數不等,小字雙行字數不等,粗黑口,左右雙邊,雙對黑魚尾,半框 23.7×13.7cm。鈐"北

京孔德學校藏"朱文印.--綫裝　　　　（甲三）/913-5

大明萬曆四十七年歲次己未大統曆：一卷/（明）欽天監制.--刻本.--明萬曆四十六年（1618）.--1 冊（1 函）.--半葉 17 行,行 46 至 50 字不等,粗黑口,左右雙邊,雙對黑魚尾,半框 21.7×13.7cm。鈐"北京孔德學校藏"朱文印、"北平孔德學校之章"朱文印.綫裝　　　　（甲三）/913-6

天元曆理全書：十二卷,卷首一卷/（清）徐發撰.--刻本.--清康熙（1662～1722）.--12 冊（1 函）：有插圖.--書名頁題"天文曆理大全"。半葉 10 行,行 21 字,小字雙行字同,有眉批,行 4 字,白口,四周單邊,單白魚尾,半框 21.3×14.5cm.--綫裝　（乙三）/1132

御製欽若曆書：上編十六卷,下編十卷,表十六卷/（清）允祉,（清）允祿纂修.--刻本.--京師：内府,清雍正二年（1724）.--32 冊（4 函）.--半葉 9 行,行 20 字,白口,四周雙邊,單綫魚尾,半框 21.2×14.7cm。鈐"歸安錢氏"白文印.--綫裝　　　（乙三）/851

御製曆象考成：上編十六卷,下編十卷,後編十卷,表十六卷/（清）允祉,（清）允祿纂修.--刻本.--京師：内府,清雍正二年（1724）刻；武英殿,清乾隆七年（1742）補刻後編.31 冊（4 函）：圖.--缺上編卷 1、2。與御製欽若曆書同一版,卷端、版心剜改爲此名。半葉 9 行,行 20 字,小字雙行字同,白口,四周雙邊,單綫魚尾,半框 20.7×14.5cm。鈐"學部圖書之印"朱文印（滿漢合璧）、"京師圖書館收藏之印"朱文印.--綫裝　　（丙三）/4762

御製律曆淵源/（清）允祿,（清）允祉等編.--刻本.--京師：内府,清雍正至道光（1723～1850）.--93 冊（16 函）：有插圖.--半葉 9 行,行 20 字,小字雙行字同,白口,四周雙邊,單綫魚尾間單黑魚尾,半框 20.7×14.8cm.--綫裝

子目：

御製曆象考成：上編十六卷，下編十卷，表十六卷/（清）何國宗，（清）梅毂成編.--内府，清雍正二年（1724）

御製曆象考成後編：十卷/（清）顧琮，（清）張照等編.--武英殿，清乾隆七年（1742）

御製律呂正義：上編二卷，下編二卷，續編一卷/（清）何國宗，（清）梅毂成編.--内府，清雍正二年（1724）

御製數理精蘊：上編五卷，下編四十卷，表八卷/（清）何國宗，（清）梅毂成編.--内府，清雍正二年（1724）

欽定儀象考成：三十卷，卷首二卷/（清）允祿，（清）鄂爾泰等編.--武英殿，清乾隆二十一年（1756）

欽定儀象考成續編：三十二卷/（清）周餘慶，（清）高煜等修.--武英殿，清道光二十五年（1845）

第二部　81 冊（16 函）　（乙三）/182

算書

周髀算經：二卷/（漢）趙君卿註；（北周）甄鸞重述；（唐）李淳風註釋；（明）毛晉校. **音義**：一卷/（宋）李籍撰.--刻本.--汲古閣，明崇禎（1628～1644）.--1 冊（1 函，合訂）.--（津逮秘書：十五集/[明]毛晉編）.--存上卷。半葉 8 行，行 18 字，小字雙行字同，白口，左右雙邊，單白魚尾，半框 19.7×13.9cm.--綫裝：群芳閣藏書　（庚）/157

算學新説：不分卷/（明）朱載堉撰.--刻本.明萬曆三十一年（1603）.--1 冊（1 函）.--（樂律全書：十五種/[明]朱載堉撰）.--半葉 12 行，行 25 字，小字雙行字同，粗黑口，四周雙邊，雙對黑魚尾，半框 25.1×20cm.--綫裝　（乙三）/819

御製數理精蘊：上編五卷，下編四十卷，表八卷/（清）聖祖玄燁敕撰.--活字本，銅活字.京師：内府，清康熙（1662～1722）.--8 冊（2

函）.--存表 8 卷。版心題"御製數理精蘊表"。半葉 9 行，行 20 字，白口，四周雙邊，單綫魚尾，半框 21.3×14.6cm。鈐"積跬步齋"朱文印、"北京市文化局文物調查研究組藏書印"朱文印.--綫裝　（丁）/14743

九數通考：十一卷，卷首一卷，卷末一卷/（清）屈曾發輯.--刻本.--清乾隆三十七年（1772）.--16 冊（1 函）.--題名據目錄著錄，書名頁題"屈曾發先生九數通考"。半葉 12 行，行 24 字，白口，左右雙邊，單黑魚尾，半框 20.7×14.9cm.--綫裝　（丙三）/678

第二部　6 冊（1 函），戴序缺 1 葉，卷 11 缺第 24-26 葉　（乙三）/1134

勾股割圓記：三卷/（清）戴震撰；（清）吳思孝註.--刻本.--曲阜孔氏微波榭，清乾隆（1736～1795）.--1 冊（1 函）：有插圖.--（微波榭叢書：十五種/[清]孔繼涵輯）.--半葉 10 行，行 21 字，小字雙行 31 字，白口，四周雙邊，版心下刻"微波榭刻"，半框 18.4×13.6cm.--綫裝　（丁）/10268

其他

格物彙编/（清）徐文淵撰.--抄本.--北京：内府，清末（1851～1911）.--4 冊（1 函）.--存格物初志二卷，格物次編二卷。半葉 9 行，行 20 字，白口，四周單邊.--綫裝　（甲三）/449

術數類

數學

揚子太玄經：十卷/（漢）揚雄撰；（明）趙如源輯註.--刻本.--武林書坊趙世楷，明天啓六年（1626）.--6 冊（1 函）.--半葉 9 行，行 18 字，小字雙行字同，白口，四周單邊，有眉

批，行 4 字，半框 19.9×14.5cm. --綫裝

（乙三）/393

璇璣經集註：不分卷/（晉）趙載撰. --刻本.
樂真堂，清乾隆五十五年（1790）. --1 冊（合
裝 1 函）. --半葉 10 行，行 22 字，有眉批，行
5 字，白口，左右雙邊，單黑魚尾，版心下刻
"樂真堂"，半框 20.5×13.6cm. 有刻工：譚
一夔。樂真堂藏板. --綫裝 （丙一）/294

皇極經世書：八卷，卷首一卷/（宋）邵雍撰；
（清）王植辑. --刻本. --清乾隆（1736～
1795）. --8 冊（1 函）. --半葉 9 行，行 21 字，
白口，四周單邊，無界行，半框 18.2×13cm.
鈐"四存學會藏書之印"朱文印. --綫裝

（丙一）/1455

第二部 （丙一）/68

陽明按索：五卷，卷首一卷/（明）陳復心編；
（明）陳漢卿補註. --刻本. --尚白齋，明崇禎
五年（1633）. --2 冊（1 函）. --半葉 10 行，
行 22 字，小字雙行字同，白口，四周單邊，版
心刻"尚白齋"，半框 21.2×14.6cm. 佚名朱
筆圈點. --綫裝 （丁）/3851

陽明按索：五卷，卷首一卷/（明）陳復心編；
（明）陳漢卿補註；（明）顧吾廬旁註. --刻
本. --樂真堂，清乾隆五十五年（1790）. --4
冊（1 夾）：卷 1-4 為圖. --半葉 10 行，行 22
字，小字雙行字同，白口，左右雙邊，單黑魚
尾，版心下刻"樂真堂"，半框 20.2×
13.5cm. 樂真堂藏板。鈐"寶舫樓秘笈之印"
朱文印. --綫裝 （丙三）/43

第二部 3 冊（1 函） （丙一）/295

洪範圖解：一卷/（明）韓邦奇撰. --刻本. --
明嘉靖十九年（1540）. --1 冊（1 函）. --（性
理諸家解/[明]韓邦奇撰）. --卷端半葉 10 行，
其他葉 9 行，行 20 字，白口，左右雙邊，半框
18×13.1cm. 有刻工：葛文顯、王九成等. --
綫裝 （丁）/12638

占候

觀象玩占：五十卷/（唐）李淳風撰. --抄本，
朱絲欄. --清（1644～1911）. --8 冊（2 函）. --
存卷 1-22。鈐"國子先生"朱文印. --綫裝

（乙三）/929

寶元天人祥異書：不分卷/佚名撰. --抄本.
清（1644～1911）. --10 冊（2 函）. --上圖下
文。鈐"明善堂珍藏書畫印記"朱文印. --綫
裝 （乙三）/994

占卜

靈棋經：一卷/題（晉）顏幼明，（宋）何承
天註；（元）陳師凱，（明）劉基解. --抄本. --
周文珍，明末（1573～1644）. --1 冊. --半葉 9
行，行 20 字。明周文珍題跋，佚名題字。鈐
"誠齋"白文印. --綫裝 （丙三）/939

推背圖：不分卷/（唐）李淳風撰. --抄本，
彩繪. --清（1644～1911）. --1 冊（1 函）. --
鈐"退翁"朱文印、"周肇祥"朱文印. --綫
裝 （丙三）/3516

推背圖：不分卷/（唐）袁天罡，（唐）李淳
風撰. --抄本，彩繪. --清後期（1851～1911）.
--4 冊（1 函）. --綫裝 （丙三）/5158

推背圖/（唐）袁天罡，（唐）李淳風撰. --
抄本，彩繪. --清後期（1851～1911）. --1 折：
彩圖. --綫裝 （丁）/12524

新鍥纂集諸家全書大成斷易天機：六卷/
（明）徐紹錦校. --刻本. --書林：鄭雲齋，明
萬曆二十五年（1597）. --2 冊（1 函）：有圖. --
半葉 10 行，行 24 字，小字雙行字同，白口，
四周單邊，雙順黑魚尾，半框 20.4×12.9cm.
鈐"北平孔德學校之章"朱文印. --綫裝

（甲三）/557

鼎鍥卜筮鬼谷源流斷易天機大全：三卷/（明）佚名撰.--刻本.--明（1368～1644）.--3冊（1函）：插圖.--版心題"斷易天機"，卷二版心題"斷易金鑑"，卷三卷端題"鼎鍥卜筮鬼谷便讀易課源流大全"、版心題"通神斷易"、"斷易天機"。半葉11行，行32字，小字雙行字同，白口，四周單邊，卷一、三無界行，半框20×12cm。佚名圈點.--綫裝

（丁）/3539

新刻搜集諸家卜筮源流斷易大全：四卷/（明）余興國輯.--刻本.--致和堂，明末（1573～1644）刻；明清間（1573～1795）補刻.--3冊（1函）：有圖.--版心題"斷易大全"。半葉14行，行30字，小字雙行字同，白口，四周雙邊間四周單邊，單黑魚尾，半框21.1×12.8cm。鈐"北平孔德學校之章"朱文印.--綫裝

（甲一）/94

夢占類考：十二卷/（明）張鳳翼編.--刻本.信陽王祖嫡，明萬曆十三年（1585）.--4冊（1函）.--半葉10行，行22字，小字雙行字同，白口，左右雙邊，雙對綫魚尾，半框19.8×13.7cm。有刻工：沈玄易。鈐"古潭州袁臥雪廬收藏"白文印、"北平孔德學校之章"朱文印.--綫裝

（甲三）/157

字觸：六卷/（清）周亮工輯.--刻本.--清康熙（1662～1722）.--2冊（1函）.--存卷1、2。半葉9行，行18字，小字雙行字同，白口，四周單邊，單白魚尾，半框17.4×13.5cm。賴古堂藏板。鈐"周肇祥讀過書"朱文印、"百竟庵題"朱文印.--綫裝 （丁）/12573

陰陽五行

選擇叢書集要：五種/（明）江之棟輯.--刻本.--尚白齋，明崇禎五年（1632）.--4冊（1函）：有圖.--存3種。半葉10行，行22字，白口，四周單邊，半框21×14.7cm。佚名圈點、批校.--綫裝

存書子目：
剋擇璇璣經括要：不分卷/（晉）趙載撰
陽明按索：五卷/（元）陳復心撰；（明）陳漢卿補註
陰陽寶海三元玉鏡奇書：三卷/（元）釋幕講撰
（丁）/14442

選擇叢書集要：五種/（明）江之棟輯.--刻本.--吳之馭，清康熙三十九年（1700）.--6冊（1函）.--半葉10行，行22字，小字雙行字同，白口，四周單邊，版心上刻"尚白齋藏板"，半框20.4×14.6cm。有刻工：黃正如。佚名批.--綫裝

子目：
元經：十卷/（晉）郭璞著；（晉）趙載註
剋擇璇璣經集註：一卷/（晉）趙載撰
陽明按索圖：五卷/（明）陳復心撰
佐玄直指圖解：九卷，首卷一卷/（明）劉基撰
三白寶海鈎玄：三卷/（元）釋幕講撰
（丙五）/99

選擇叢書集要：五種/（明）江之棟輯.--刻本.--姑蘇：顧氏樂真堂，清乾隆五十五年（1790）.--6冊（1函）：附圖.--有抄配。書名頁題"陰陽五要奇書"。半葉10行，行22字，小字雙行字同，白口，左右雙邊，單黑魚尾，版心下刻"樂真堂"，半框20.1×13.6cm。姑蘇胥門外樂真堂藏板.--綫裝

子目：
元經：十卷/（晉）郭璞撰；（晉）趙載註；（明）江之棟輯.--書名頁、版心題"郭氏元經"，序題"郭氏陰陽元經"。有刻工：譚雲龍
璇璣經集註：一卷/（晉）趙載撰；（清）顧滄籌旁註.--書名頁題"璇璣經"，目錄題"剋擇璇璣經"。附郭氏致用口訣
陽明按索：五卷，卷首一卷/（明）陳復心撰；（明）陳漢卿補註；（清）顧滄籌旁註
佐元直指圖解：九卷，卷首一卷/（明）劉基撰.--有眉批，行4字，佚名題註
三白寶海：三卷/（元）釋幕講撰.--有眉批，

行 4 或 6 字，佚名圈點

　　附八宅明鏡：二卷　　　　　（乙五）/128

　　新刻趨避檢：三卷/（明）胡泰文輯；（明）胡文煥重修.--刻本.--胡文煥，明（1368～1644）.--4 冊（1 函）.--（格致叢書/[明]胡文煥編）.--版心題"趨避檢"。半葉 10 行，行 20 至 23 字不等，白口，左右雙邊，雙對白魚尾，半框 19.6×14cm.--綫裝　（甲三）/788

　　欽定選擇曆書：十卷/（清）安泰等編.--刻本.--京師：欽天監，清康熙二十四年（1685）.--10 冊（1 函）.--半葉 12 行，行字數不等，小字雙行字數不等，白口，四周雙邊，單黑魚尾，半框 26.9×17.1cm.--綫裝　　　　　　　（乙三）/910

　　欽定協紀辨方書：三十六卷/（清）允祿纂.--刻本，朱墨套印.--京師：武英殿，清乾隆六年（1741）.--15 冊（2 函）.--半葉 9 行，行 20 字，白口，四周雙邊，單黑魚尾，半框 20.9×14.8cm.--綫裝　　　　（丙二）/6006

　　天鏡約旨：二卷/（清）佚名撰.--刻本，朱墨套印.--清乾隆（1736～1795）.--2 冊（1 函）.--半葉 12 行，行 22 字，白口，四周單邊，半框 19.2×12.2cm。鈐"一樓藏書"朱文印.--線裝　　　　　　（丙三）/414

相宅相墓

　　重校刊官板地理玉髓真經：二十八卷/（宋）張洞玄撰；（宋）劉允中註.**重校刻官板玉髓真經後卷**：一卷/（宋）房正述.--刻本.--陳孫賢龍溪堂，明末（1573～1644）.--8 冊（2 函）.--部分書葉用其他版本補配。半葉 10 行，行 28 字，小字雙行字同，白口，四周單邊，單黑魚尾，半框 21.8×13.4cm.--綫裝（乙二）/588

　　羅經發源起例：十卷/（明）甘霖撰.**新鐫唐氏壽域**：一卷/（明）王福賢撰.--刻本.--唐錦

池文林閣，明崇禎（1628～1644）.--5 冊（1 函）.--版心題"羅經秘竅"，卷 2-10 卷端題"羅經秘竅"。半葉 9 行，行 22 字，白口，四周單邊，單黑魚尾，半框 22×14.6cm.--綫裝　　　　　　　　　　（丙三）/6432

　　新刊真宗摘要正傳地理集説大全.--刻本.--明（1368～1644）.--2 冊（1 函）.--存卷首、卷 1、卷 2。半葉 13 行，行 24 字，粗黑口，四周雙邊，雙順黑魚尾，半框 18.6×13cm.--綫裝　　　　　　　　　　　（丁）/13004

　　新編秘傳堪輿類纂人天共寶：十二卷/（明）黃慎編.--刻本.--清乾隆三十七年（1772）.10 冊（1 函）：有插圖.--版心題"地理人天共寶"，書名頁題"人天共寶"。半葉 9 行，行 24 字，白口，四周單邊，單白魚尾，半框 22×14cm。有刻工：黃伯符。佚名圈點。鈐"養菴鑑藏"朱文印.--綫裝　　（丙二）/320

　　地理辨正：五卷/（明）蔣平階補傳；（清）姜垚辨正.--抄本.--清（1644～1911）.--2 冊（1 函）.--鈐"儼齋書印"朱文印、"儀周鑑定"朱文印、"翁方綱印"白文印、"竹垞藏本"朱文印、"覃溪"朱文印.--綫裝　　　　　　　　　（丙二）/321

　　地理正義鉛彈子砂水要訣：六卷/（清）張鳳藻撰.--刻本.--滄雅，清康熙三十四年（1695）.--8 冊（1 函）：有圖.--版心題"地理鉛彈子"。半葉 9 行，行 18 字，小字雙行字同，白口，四周雙邊間四周單邊，無界行，半框 19.6×13.4cm.--綫裝　　（乙三）/904

　　增補地理直指原真大全：三卷，卷首一卷/（清）釋如玉編.--刻本.--清康熙三十五年（1696）（清乾隆四十八年[1783]印）.--8 冊（1 函）：有插圖.--半葉 8 行，行 24 字，小字雙行字同，白口，四周單邊，版心下刻"指歸庵"，半框 20.6×13.6cm。鈐"弢園藏"白文印、"陳弢素"朱文印、"陳弢素"白文印.--綫裝　　　　　　　（乙二）/568

增補地理直指原真：三卷，首一卷/（清）釋如玉撰.--刻本.--清康熙（1662～1722）.--8冊（2函）.--半葉8行，行24字，小字雙行字同，白口，四周單邊，版心下刻"指歸庵"，半框20.6×13.7cm。光德堂藏板。佚名批註、圈點.--綫裝　　　　　　　　（丙三）/550

陳子性藏書：十二卷/（清）陳應選撰.--刻本.--奎元堂，清乾隆四十七年（1782）.--6冊（1函）.--題名據版心著錄，各卷卷端題名不一，書名頁題"陳子性家藏書"。半葉15行，行31字，小字雙行字同，粗黑口，四周單邊，單黑魚尾，半框19.2×14.1cm。聚盛堂藏板.--綫裝　　　　　　　　（丙三）/1058

地理大成：五集/（清）葉泰輯.--刻本.--三德堂，清康熙（1662～1722）.--27冊（2函）：有插圖.--半葉9行，行21字，白口，左右雙邊，單黑魚尾，半框19.1×13.9cm。佚名圈點.--綫裝
子目：
山法全書：十九卷，卷首一卷
平陽全書：十五卷
地理六經註：六卷
羅經指南撥霧集：三卷
理氣三訣：四卷　　　　　（乙二）/485

地理知新錄：不分卷/（清）張受祺撰.--刻本.--清乾隆二十五年（1760）.--6冊（1函）：有插圖.--半葉9行，行19字，小字雙行字同，白口，左右雙邊，單黑魚尾，半框18.6×13.7cm。素宜堂藏板.--綫裝　　（乙二）/685

藝術類

書畫

鐵網珊瑚：書品十卷，畫品六卷/（明）朱存理集錄.--刻本.--年希堯澄鑑堂，清雍正六年（1728）.--書品卷1、4、10各有1葉抄配，畫品卷3有2葉抄配。半葉10行，行21字，白口，左右雙邊，單黑魚尾，半框20.9×14.5cm。澄鑑堂藏板。鈐"彥修印"白文印、"我錡之印"朱文印　　　　（丁）/12758

鐵網珊瑚：二十卷/（明）都穆撰.--刻本.--廣東：吳郡都氏光霽山房，清乾隆二十三至二十四年（1758～1759）.--4冊（1函）.--半葉10行，行22字，小字雙行字同，白口，左右雙邊，單黑魚尾，半框17×13.4cm
　　　　　　　　　　　（乙三）/280
第二部　　　　　　　　（乙三）/1073
第三部　　　　　　　　（丙三）/6386

畫禪室隨筆：四卷/（明）董其昌撰；（清）楊補編次.--刻本.--清康熙（1662～1722）.--3冊（1函）.--半葉8行，行18字，白口，左右雙邊，雙對黑魚尾，半框17×11.5cm。百尺樓藏板。鈐"周旋"白文印.--綫裝
　　　　　　　　　　　（乙三）/151
第二部　3冊（1函），掞藻堂藏板
　　　　　　　　　　　（丁）/10408

清河書畫舫：十二集，鑑古百一詩一卷/（明）張丑撰.--刻本.--仁和吳氏池北草堂，清乾隆二十七至二十八年（1762～1763）.--12冊（2函）.--半葉9行，行22字，黑口，左右雙邊，半框13.5×9.9cm.--綫裝
　　　　　　　　　　　（丙三）/4270
第二部　　　　　　　　（乙三）/704

庚子銷夏記：八卷/（清）孫承澤撰.--鮑廷博，清乾隆二十六年（1761）.--半葉10行，行20字，小字雙行字數不等，粗黑口，左右雙邊，雙對黑魚尾，半框18×13.5cm.--綫裝
　　　　　　　　　　　（乙三）/299

大觀錄：二十卷/（清）吳升輯.--抄本.--清同治九年（1870）.--20冊（2函）.--書名據版心題。版心下題"怡寄齋"。鈐"樂閒堂印"朱文印.--綫裝　　　（丁）/13902

江邨消夏錄：三卷／（清）高士奇輯．--刻本．清康熙三十二年（1693）．--6 冊（1 函）．--半葉 9 行，行 18 字，小字雙行字同，粗黑口，左右雙邊，雙對黑魚尾，半框 18.6×14.7cm．--綫裝 （乙三）/176
　　第二部 （乙三）/147

佩文齋書畫譜：一百卷／（清）孫岳頌等纂．刻本．--揚州詩局，清康熙四十七年（1708）．--64 冊（8 函）．--半葉 11 行，行 21 字，白口，左右雙邊，單黑魚尾，半框 16.7×11.6cm。靜永堂藏板．鈐"稽古齋"朱文印、"南陵徐氏仁山珍藏"白文印、"學部圖書之印"朱文印（滿漢合璧）、"京師圖書館收藏之印"朱文印．--綫裝 （丙三）/4756
　　第二部 （乙三）/380
　　第三部 48 冊（3 夾），存卷 34-100，鈐"理齋"朱文印、"曹秉章印"白文印、"玉研堂"白文印 （丙三）/5106

蔣氏遊藝秘錄：二卷／（清）蔣衡輯．--刻本．清乾隆五十九年（1794）．--2 冊（1 函）．--半葉 9 行，行字數不等，小字雙行字數不等，白口，左右雙邊，單黑魚尾，半框 20.4×14.4cm．--綫裝
子目：
書法論／（清）蔣衡撰
續書法論／（清）蔣驥撰
九宮新式／（清）蔣驥撰
讀畫紀聞／（清）蔣驥撰
傳神秘要／（清）蔣驥撰
説文字原表／（清）蔣和撰
漢碑隸體舉要／（清）蔣和撰
學書雜論／（清）蔣和撰
學畫雜論／（清）蔣和撰 （丁）/11023
　　第二部 4 冊（1 函），鈐"任父"朱文印 （丙三）/613
　　第三部 4 冊（1 函） （乙三）/307
　　第四部 4 冊（1 函） （乙三）/186

吳越所見書畫錄：六卷；書畫説鈐：一卷／（清）陸時化輯．--抄本．--清（1777～1911）．--4 冊（1 函）．--鈐"學部圖書之印"朱文印（滿漢合璧）、"京師圖書館收藏之印"朱文印．--綫裝 （丙三）/5234

書法

法書要錄：十卷／（唐）張彥遠輯．--刻本．--毛氏汲古閣，明（1368～1644）．--10 冊（1 函）．--半葉 8 行，行 19 字，白口，左右雙邊，半框 18.6×13.6cm．--綫裝 （乙三）/880

墨池編：二十卷／（宋）朱長文纂．**印典**：八卷／（清）朱象賢編．--刻本．--朱之勷就閒堂，清康熙（1662～1722）（清乾隆［1736～1795］印）．--12 冊（2 函）．--據朱氏家藏正本重刻。半葉 11 行，行 21 字，小字雙行 32 字，細黑口，左右雙邊，雙對黑魚尾，半框 16.9×11.7cm。鈐"弢園老民"朱文印、"長洲王韜"白文印、"甫里弢園王氏藏書"朱文印、"紫荃父"朱文印、"臣王韜印"白文印、"曾經王韜藏過"朱文印、"弢園王氏真賞"朱文印．--綫裝 （乙三）/277
　　第二部 14 冊（2 函），鈐"北平孔德學校之章"朱文印 （甲四）/248

法帖刊誤：二卷／（宋）黃伯思撰．**高宗皇帝御製翰墨志**：一卷／（宋）高宗趙構撰．**譜系雜説**：二卷／（宋）曹士冕撰．--刻本．--華珵，明弘治十四年（1501）．--1 冊（1 函）．--（百川學海：一百種／［宋］左圭編）．--半葉 12 行，行 20 字，白口，左右雙邊，半框 19.2×14.8cm．綫裝 （丁）/12676

書法離鈎：十卷／（明）潘之淙撰．**歷代法帖釋文**：五卷；**二王帖釋**：不分卷／（宋）劉次莊撰．--抄本．--卜崑，清雍正四年（1726）．--1 冊（1 函）．--書首缺葉，書末缺行。版心下題"介石堂"。鈐"卜崑之印"白文印、"兆帷氏"朱文印．--綫裝 （丁）/12636

書史會要：九卷，補遺一卷／（明）陶宗儀撰．

續編：一卷/（明）朱謀垔撰.**畫史會要**：五卷/
（明）朱謀垔撰.--刻本.--朱氏寒玉館，明崇
禎（1628～1644）；朱統鉽，清順治十六年
（1659）修版.--20 冊（4 函）.--半葉 10 行，
行 20 字，粗黑口，左右雙邊，單黑魚尾，半框
19.4×13.7cm。佚名圈點。鈐“保世私印”白
文印、“自在香館”朱文印.--綫裝

（乙三）/183

草韻辨體：五卷/（明）神宗朱翊鈞輯；（清）
金一鳳鑑正.--刻本.--山陰趙氏，清康熙五十
四年（1715）.--5 冊（1 函）.--題名據書名頁
著錄。半葉 6 行，行 6 字，小字雙行 6 字，白
口，四周雙邊，半框21.2×14.7cm。山陰華舍
趙氏藏板。佚名批。鈐“江夏黃溍”白文印、
“黃溍”朱文印、“尊古齋”白文印、“尊古
齋”朱文印、“尊古齋藏書記”朱文印.--綫
裝
（丁）/12548

玄抄類摘：六卷/（明）徐渭纂；（明）陳汝
元補註.--刻本.--陳汝元，明萬曆十九年
（1591）.--4 冊（1 函）.--半葉 9 行，行 20
字，小字雙行字同，白口，四周雙邊，單黑魚
尾，半框 19.9×12.6cm。佚名圈點、批。鈐
“醉翁”朱文印、“彤軒”白文印、“馬廣榮
印”白文印、“馬彤官”白文印、“忍安”朱
文印、“求放心齋”朱文印、“馬”朱文印.--
綫裝
（丁）/7620

墨池瑣錄：四卷/（明）楊慎撰；（清）李調
元校定.--刻本.--綿州：李氏萬卷樓，清乾隆
（1736～1795）.--1 冊（1 函）.--（函海/[清]
李調元輯）.--目錄題二卷。半葉 10 行，行 20
字，白口，四周雙邊，單黑魚尾，半框 19×
14.6cm。佚名圈點.--綫裝 （乙三）/269

淳化閣帖釋文：十卷/（清）朱家標校定.--
刻本.--龍潭：朱家標絧錦堂，清康熙二十二年
（1683）.--2 冊（1 函）.--半葉 9 行，行 20
字，小字雙行字同，白口，四周雙邊，單黑魚
尾，版心下刻“絧錦堂”，半框 20×13.9cm。
鈐“景苟堂藏書印”朱文印、“初齋秘笈”朱

文印、“高澤畬收藏金石書畫”白文印、“澤
畬收藏”白文印、“澤畬長壽”朱文印.--綫
裝
（丙二）/21

淳化閣帖釋文：十卷/（清）朱家標校定.--
刻本.--清康熙（1662～1722）.--2 冊（1 函）.--
目錄題“朱清田先生校訂淳化閣帖釋文”。仿
康熙二十二年絧錦堂刻本。半葉 9 行，行 20
字，小字雙行字同，白口，四周雙邊，單黑魚
尾，版心下刻“絧錦堂”，半框 19.5×
13.8cm。佚名校.--綫裝 （丙三）/6367

淳化祕閣法帖考正：十二卷/（清）王澍撰；
（清）汪玉球參正.--刻本.--詩鼎齋，清雍正
（1723～1735）.--2 冊（1 函）.--半葉 10 行，
行 18 字，白口，左右雙邊，單黑魚尾，版心下
刻“詩鼎齋”，半框 19.9×12.9cm。卷 12 末
題“宛陵劉茂生鎸”。鈐“式儒”朱文印、
“王澍”印（陰陽合璧）.--綫裝 （丁）/13926

欽定重刻淳化閣帖：十卷/（清）允祕等修.
刻本.--清乾隆（1736～1795）.--4 冊（1 函）.--
半葉 10 行，行 21 字，小字雙行字同，白口，
左右雙邊，單黑魚尾，半框 16.6×12.2cm.--
綫裝
（乙三）/205

漢溪書法通解：八卷/（清）戈守智纂.--刻
本.--清乾隆（1736～1795）.--6 冊（1 函）：
圖 12 幅.--題名據版心著錄。半葉 9 行，行 21
字，小字雙行字同，白口，四周單邊，單白魚
尾，版心上刻“霱雲閣珍藏”，半框
16.3×12cm。鈐“齊振林印”白文印.--綫裝
（丙三）/6366
第二部 佚名圈點，鈐“北平孔德學校之
章”朱文印 （甲三）/435
第三部 佚名圈點 （丙三）/107

草書備考：四卷/（清）秦彬撰.--稿本.--
秦彬，清乾隆十九年（1754）.--4 冊（1 函）.--
張廷濟題記。鈐“赤子”朱文印、“筠亭”朱
文印、“秦彬”白文印、“半窗烟雨”朱文印、
“松研齋”白文印、“松研齋”朱文印、“希

古"朱文印、"詩卷長留天地間"白文印、"芸亭"朱文印、"尨字衷皇"白文印、"此中有真意"朱文印、"閑與仙人掃落花"白文印、"臣彬"白文印、"黃絹幼婦外孫虀臼"白文印、"孤篷自振驚砂坐飛"白文印、"聽鶯藏處"朱文印、"以仁存心"朱文印、"松研齋圖書"朱文印、"淮海世家"白文印、"淮海二十六世孫"朱文印、"秦彬號曰筠亭"白文印.--綫裝　　　　　　（丁）/12496

書譜

十體千字文/（明）孫丕顯編.--刻本.--日本：澤田庄龍衛門，日本寬永二十年（1643）.1 冊（1 函）--半葉 6 行，行 10 字，白口，四周單邊，單黑魚尾，半框 20.3×17cm。鈐"倉長之章"朱文印、"周養庵小市得"朱文印等.--綫裝　　　　　　（丙一）/415

宋章仔鈞及練夫人行述/（清）章藻功草書.--寫本.--清康熙（1662～1722）.--1 冊.--綫裝　　　　　　　　　　（丁）/13401

澹遠堂臨黃庭經：不分卷/（清）查昇書.--寫本.--查昇，清康熙三十年（1691）.--1 冊（合裝 1 函）；20.3×11.2cm.--書名據題簽著錄。與快雨堂詩翰、恭壽老人書謙卦、蝯叟臨婁壽碑合函。鈐"石漾"朱文印、"查昇之印"朱文印、"聲山"白文印、"聲山翰墨"白文印、"日講官起居註"朱文印.--經折裝　　　　　　　　　　（丙三）/3988-3

恭壽老人書謙卦：不分卷/（清）王澍書.--寫本.--王澍，清雍正十年（1732）.--1 冊（合裝 1 函）；31.5×19.3cm.--鈐"王澍印"白文印.--經折裝　　　　（丙三）/3988-1

快雨堂詩翰/（清）王文治書.--寫本.--清乾隆嘉慶間（1736～1820）.--1 冊.--鈐"王氏禹卿"朱文印、"夢樓"朱文印.--經折裝　　　　　　　　　　（丙三）/3988-2

蝯叟臨婁壽碑/（清）何紹基書.--寫本.--清咸豐同治間（1851～1874）.--1 冊.--經折裝　　　　　　　　　　（丙三/3988-4）

王岳望先生墨蹟/（清）王嵩書.--寫本.--清乾隆十三年（1748）.--1 冊（1 函）.--鈐"己山人"朱文印、"岳望"白文印、"王嵩印"白文印.--經折裝　　　　（丙三）/3787

五樂齋司馬頌言/（清）周洪輯.--稿本.--清乾隆三十年（1765）.--1 冊.--鈐"蕙園"朱文印、"星源"朱文印、"辛人周洪"白文印.--經折裝　　　　　　　　　　（丙三）/3816

草韻彙編：二十六卷/（清）陶南望輯.--刻本.--清乾隆十九年（1754）.--6 冊（1 函）.--存卷 1-18。半葉行數不等，行字數不等，四周單邊，半框 21.7×15cm.--綫裝　（丙三）/6400

草字彙：不分卷/（清）石樑集.--刻本.--清乾隆五十二年（1787）.--6 冊（1 函）.--半葉 3 行，行字數不等，小字雙行字數不等，白口，四周雙邊，無界行，半框 19.3×13.8cm。本衙藏板.--綫裝　　　　（丙三）/841

張照臨蘇軾帖：不分卷/（清）張照書.--寫本.--清乾隆（1736～1795）.--1 冊.--鈐"臣照私印"白文印、"張照之印"白文印、"瀛海仙琴"朱文印、"北京市工藝美術研究所資料室專用章"朱文印.--冊葉裝　　　　　　　　　　（庚）/212

孔葭谷書演聯珠/（清）孔繼涑書.--寫本.--清乾隆（1736～1795）.--1 冊.--鈐"繼涑私印"朱文印、"懸臂學書"白文印、"振甫所藏"白文印、"北京市工藝美術研究所資料室專用章"朱文印.--綫裝　（庚）/204

蘇虛谷臨聖教敍/（清）蘇廷煜書.--寫本.--清乾隆（1736～1795）.--1 冊.--罷齋跋。鈐"虛谷"朱文印、"廷煜之印"白文印、"北京市工藝美術研究所資料室專用章"朱文

印.--冊葉裝　　　　　　　　　（庚）/207

蘇虛谷臨顏魯公送劉太冲敘/（清）蘇廷煜書.--寫本.--清乾隆（1736～1795）.--1 冊.--鈐"虛谷"朱文印、"蘇廷煜之印"白文印、"文輝"朱文印、"北京市工藝美術研究所資料室專用章"朱文印.--綫裝　　（庚）/208

梁山舟書寧圃府君墓誌：一卷/（清）吳錫麒撰；（清）梁同書書.--稿本.--清嘉慶十一年（1806）.--1 冊.--半葉 6 行，行 16 字。鈐"李氏家藏"朱文印.--冊葉裝　　（庚）/205

英和書論書四則：一卷/（清）英和書.**董誥書論畫九則**：一卷/（清）董誥書.--寫本.--清嘉慶（1796～1820）.--2 冊（1 函）.--函套題"董蔗林英煦齋先生真跡"。半葉 5 行，行 12 字。鈐"嘉慶御覽之寶"朱文印、"北京市工藝美術研究所資料室專用章"朱文印. --冊葉裝　　　　　　　　　　（庚）/201

西園藏帖.--寫本.--清（1644～1911）.--2 冊（1 函）.--有殘缺。鈐"西園"朱文印、"西園翁"白文印、"張墉圖書"白文印. --冊葉裝　　　　　　　　　（丙三）/3812

畫法

圖畫見聞誌：六卷/（宋）郭若虛撰.--刻本.常熟：虞山毛氏汲古閣，明末（1573～1644）.2 冊（1 函）.--半葉 8 行，行 19 字，小字雙行字同，白口，左右雙邊，版心下刻"汲古閣"，半框 18.8×13.8cm.--綫裝　　（乙三）/233

聖朝名畫評：三卷/（宋）劉道醇撰.--刻本.明（1368～1644）.--2 冊（1 函）.--半葉 10 行，行 20 字，小字雙行字同，白口，左右雙邊，單黑魚尾，半框 19.8×13.7cm.--綫裝　　　　　　　　　　　　（乙三）/230

宋周公謹雲煙過眼錄：四卷/（宋）周密撰；

（明）陳繼儒訂.--刻本.--寶顏堂，明萬曆（1573～1620）.--2 冊（1 函）.--（寶顏堂秘笈：六集/[明]陳繼儒輯）.--半葉 8 行，行 18 字，白口，四周單邊，單黑魚尾間白魚尾，半框 20.3×12.8 cm.--綫裝　　（丁）/13932
　　第二部　　　　　　　　　（乙二）/1651

圖繪寶鑑：八卷/（元）夏文彥纂.--刻本.--借綠草堂，清康熙（1662～1722）.--6 冊（1 函）.--半葉 9 行，行 20 字，白口，左右雙邊，單黑魚尾，版心下刻"借綠草堂"，半框 20.9×14.5cm.--綫裝　　　　（乙三）/138
　　第二部　　　　　　　　　（乙三）/197
　　第三部　　4 冊（1 函），缺末葉
　　　　　　　　　　　　　　（丙三）/5244

無聲詩史：七卷/（清）姜紹書輯.--刻本.--觀妙齋，清康熙五十九年（1720）.--6 冊（1 函）.--半葉 8 行，行 17 字，黑口，左右雙邊，單黑魚尾，半框 13.8×10.2cm.--綫裝
　　　　　　　　　　　　　　（乙三）/177

畫譜

水滸全圖/（明）杜堇繪.--刻本.--粵東：藏修堂，清光緒六至八年（1880～1882）.--2 冊（1 函）.--半葉圖式，半框 25.6×20.3cm。鈐"北平孔德學校之章"朱文印.--綫裝
　　　　　　　　　　　　　　（甲三）/52

十竹齋書畫冊/（明）胡正言輯.--刻本，餖版套印.--明末（1621～1644）刻；清（1644～1911）印.--8 冊（1 函）；25.6×29cm.--綫裝　　　　　　　　　　　　　　（乙三）/933

芥子園畫傳：四集/（清）王槩輯並摹.--刻本，彩色套印.--清嘉慶（1796～1820）.--16 冊（4 函）：有圖.--仿金閶書業堂刻本，前三集卷末都有"乾隆壬寅金閶書業堂重鐫"。半葉 9 行，行 20 字，白口，四周單邊間左右雙邊，單黑魚尾，半框 21×14.8cm.--綫裝

（丙三）/17

芥子園畫傳二集/（清）王槩摹繪．--刻本，彩色套印．--金閶：文淵堂，清嘉慶（1796～1820）．--4 冊（1 函）．--仿金閶書業堂刻本，卷末有"乾隆壬寅仲春月金閶書業堂重鐫珍藏"。半葉 9 行，行 20 字，白口，左右單邊，半框 21.8×14.2cm。金閶文淵堂鐫藏。鈐"二十四番花信風"朱文印．--綫裝

子目：

青在堂蘭譜

青在堂竹譜

青在堂菊譜

青在堂梅譜　　　　　　　（乙三）/309

耕織圖墨跡：不分卷/（清）佚名繪．--繪本．清（1644～1911）．--1 冊（1 函）．--鈐"沐蒼"朱文印．--綫裝　　　　（丙三）/452

天下有山堂畫藝：二卷/（清）汪之元撰．--刻本，套印．--清雍正二年（1724）．--2 冊（1 函）；29.1×45cm．--經折裝　　（丁）/7667

趙忠愍公遺像：不分卷/（清）弘敷等撰．--寫本．--清雍正十年至民國十八年（1732～1929）．--1 冊（1 函）：肖像 1 幅．--書名據書籤題．--綫裝　　　　　（丙三）/3981

晚笑堂竹莊畫傳：不分卷/（清）上官周編繪．--刻本．--閩汀上官惠，清乾隆八年（1743）．--3 冊（1 函）．--書名據書名頁著錄。第 1、2 冊版心題"晚笑堂畫傳"，第 3 冊版心題"明太祖功臣圖"。正文每葉 a 面圖，b 面文，b 面行款不一，白口，左右雙邊，單黑魚尾，半框 22.7×15.2cm。鈐"千秋"朱文印等．--綫裝　　　　　（乙三）/227

第二部　2 冊，鈐"古吳汪孟舒"白文印、"北京市工藝美術研究所圖書資料章"朱文印　　　　　　　　　（庚）/215

第三部　4 冊，鈐"蘭品藏書"朱文印　　　　　　　　　　　　　（乙三）/729

平定準噶爾回部得勝圖：不分卷/（清）傅恒等編；（清）高宗弘曆題詩．--銅版印本．--京師：內府，清乾隆三十至三十九年（1765～1774）．--18 葉（1 匣）．--又名"平定伊犁回部戰圖"、"御題平定新疆戰圖"。圖版為法國銅版刻印。半框 50.6×44.1cm．--冊葉裝

（乙二）/1881

第二部　14 幅（1 匣），存圖 6 幅，詩 8 幅。圖上無題詩，詩文為內府木版刷印。鈐"楊繼震"白文印、"半緣道人"白文印、"星鳳堂收藏典籍祕本"朱文印

（乙二）/1882

御題平定臺灣戰圖：不分卷/（清）高宗弘曆題詩．--銅版印本．--京師：內府，清乾隆（1736～1795）．--12 幅．--書名據封面著錄。半框 50.8×43.6cm。裕穀堂祝氏題款．--冊葉裝　（乙二）/1883

清高宗南巡名勝圖：二十四景圖冊．--彩繪本．--清（1644～1911）．--1 冊（1 函）：圖 24 幅．--經折裝　　　　（丁）/16253

賞奇軒四種合編：四卷/（清）佚名輯．--刻本．--清（1644～1911）．--4 冊（1 函）．--半葉行數不等，行字數不等，白口，四周單邊間四周雙邊．--綫裝

子目：

無雙譜：一卷/（清）金古良撰．--半框 19.1×12.1cm

竹譜：一卷/（明）高松繪．--半框 20.1×13.3cm

東坡遺意：一卷．--半框 19.5×13.4cm

官子譜：一卷．--半框 18.7×13.8cm

（甲三）/718

丁觀鵬羅漢冊：一卷/（清）丁觀鵬作．--彩繪本．--清乾隆（1736～1795）．--1 冊；35.2×31.5cm．--鈐"乾隆御覽之寶"朱文印、"北京市工藝美術研究所圖書資料章"朱文印．--綫裝　　　　　　　（庚）/203

十六羅漢冊．--泥金繪本．--清（1644～

1911).--1 冊；29.9×16.7cm.--缺第 6、7 葉，行 16 字。有"李氏家藏"朱文印.--綫裝

(庚)/206

汪浦羅漢圖：一卷/（清）汪浦繪.--彩繪本.清道光七年（1827）.--1 冊；31×29.8cm.--鈐"汪浦"白文印、"玉賓"朱文印、"石溪道人"朱文印、"北京工藝美術工廠技術檢驗科"朱文印等.--綫裝

(庚)/202

紅樓夢圖詠/（清）改琦繪.--刻本.--淮浦居士，清光緒五年（1879）.--4 冊（1 函）.--半葉爲圖，半葉題跋，行款不一，白口，四周單邊，半框 22.6×15.5cm。鈐"孫谿世家"朱文印、"武烈王孫"朱文印、"何減驃騎"朱文印、"北平孔德學校之章"朱文印.--綫裝

(甲三)/197

文美齋詩箋譜/（清）張兆祥繪.--刻本，彩色套印.--天津：文美齋，清宣統三年（1911）.--2 冊（1 函）.--函套題名"百花詩箋譜"。半葉 1 圖，白口，花紋式邊框，半框 24.3×15.2cm。鈐"北京市工藝美術研究所資料室專用章"朱文印.--綫裝 (庚)/217

篆刻

陳眉公重訂學古編：一卷，附錄一卷/（元）吾丘衍撰.--刻本.--繡水沈氏，明萬曆（1573～1620）.--1 冊（1 函）.--（寶顏堂秘笈叢書/[明]陳繼儒輯）.--半葉 8 行，行 18 字，小字雙行字同，白口，四周單邊，半框 20.2×12.4cm.--綫裝 (丁)/15168

集古印譜：六卷/（明）王常編；（明）顧從德校.--刻本，朱印.--顧從德芸閣，明萬曆三年（1575）.--6 冊（1 函）.--半葉 8 行，行字數不等，細黑口，四周單邊，版心下刻"顧氏芸閣"，半框 20.9×14.3cm。卷 1 末題"吳門姚起刻"。葉木達批。鈐"妙春閣"朱文印、"山陰樊守忠印信長樂"白文印、"守忠藏

書"白文印、"樊氏子印"白文印、"守忠所藏"白文印、"信初"朱文印、"子孫保之"朱文印、"樊氏百子"朱文印、"樊氏信初"朱文印、"守忠之印"白文印.--綫裝

(乙三)/748

集古印譜：六卷/（明）王常編.--刻本，朱印.--明末（1573～1644）.--6 冊（1 函）.--仿武陵顧從德芸閣萬曆三年刻本。半葉 8 行，行字數不等，細黑口，四周單邊，版心下刻"顧氏芸閣"，半框 20.3×14.3cm.--綫裝

(丁)/13931

集古印譜：六卷/（明）王常編.--刻本，朱印.--清（1644～1911）.--4 冊（1 函）.--仿武陵顧從德芸閣萬曆三年刻本。半葉 8 行，行字數不等，白口，四周單邊，版心下刻"顧氏芸閣"，半框 20.9×14.2cm。淵雅堂藏板。鈐"澤腴"白文印、"以養其身"朱文印、"曾藏章武高氏小檠庵"朱文印.--綫裝

(丙三)/13

鑑定印確：一卷/（清）邵願雍摹選.--鈐印本.--清初（1644～1722）.--1 冊（1 函）.--版心、序題名"印確"。半葉 6 行，行字數不等，白口，四周單邊，單黑魚尾，半框 21×13.4cm。鈐"張玉輪印"白文印、"秋槎"朱文印、"遊好在六經"朱文印、"古鹽張氏"白文印.--綫裝 (丁)/12717

箕籠印肇/（清）琴垞撰.--寫本，朱印.--清同治十三年（1874）.--1 冊（1 函）.--1 冊（1 函）.--鈐"李琴聲印"白文印、"蘭圃"朱文印.--綫裝 (丁)/8854

音樂

臞仙神奇秘譜：三卷/題（明）臞仙輯.--抄本.--明（1368～1644）.--3 冊（1 函）.--少孫跋.--綫裝 (丁)/12598

重修正文對音捷要真傳琴譜大全：十卷/（明）楊表正撰．--刻本．--金陵：富春堂，明萬曆十三年（1585）．--5 冊（1 函）：插圖 36 幅．--半葉 10 行，行 24 字，小字雙行字同，白口，四周雙邊，單黑魚尾，半框 20.8×13.9cm．積秀堂藏板．鈐“永嘉馬壽洛章”白文印、“菌湄又號澹廬”朱文印、“平生憂樂與人同”朱文印等．--綫裝　　　（丁）/12646
　　第二部　10 冊（2 函）　　（丁）/13925

伯牙心法：一卷/（明）楊掄輯．--刻本．--明萬曆（1573～1620）．--6 冊（1 函）．--半葉 8 行，行 16 字，白口，四周雙邊，單黑魚尾，半框 22.9×15.2cm．--綫裝　　（丁）/12688

誠一堂琴譜：六卷，附琴談二卷/（清）程允基選訂．--刻本．--誠一堂，清康熙四十四年（1705）．--6 冊（1 函）．--書名頁題“琴譜大全”。半葉 8 行，行字數不等，白口，四周雙邊，單黑魚尾，版心下刻“誠一堂”，半框 18×14.3cm．紅雪齋藏板．--綫裝　（丁）/9880

五知齋琴譜：八卷/（清）徐祺撰；（清）周魯封彙輯．--刻本．--清乾隆十一年(1746)．--4 冊（1 函）：圖．--書名頁題“琴譜大成”。半葉 8 行，行 18 字，小字雙行字同，間半葉 7 行，行 12 字，小字雙行 24 字，白口，左右雙邊，單黑魚尾，半框 18.9×14.8cm．懷德堂藏板．--綫裝　　　（丁）/10189

五知齋琴譜：八卷/（清）徐祺撰；（清）周魯封彙輯．--刻本．--棲心琴社，清乾隆（1736～1795）．--6 冊（1 函）：圖．--書名頁題“琴譜大成”。半葉 8 行，行 18 字，小字雙行字同，白口，左右雙邊，單黑魚尾，半框 18.2×14.5cm．紅杏山房藏板。鈐“淮陰績道人私印”朱文印．--綫裝　　　（丁）/9386

治心齋琴學練要：五卷/（清）王善輯．--刻本．--清乾隆（1736～1795）．--6 冊（1 函）．--有抄配。半葉 9 行，行 20 字，小字雙行字同，白口，四周單邊，單黑魚尾，半框 18.5×

13.4cm。治心齋藏板．--綫裝　　（丙三）/4516

仙音宗旨．--抄本．--京師：張本昶，清乾隆三十年（1765）．--1 冊（1 函）．--書皮題“載寧堂，乾隆乙酉年夏五吉日後學張本昶錄”。鈐“曉鈴藏書”朱文印．--毛裝：吳曉鈴贈書　　　　　（己）/480

黃門鼓吹：不分卷．--抄本．--清（1644～1911）．--4 冊（1 函）．--書名據書簽著錄．--綫裝　　　　　　（丁）/13725

樂府指迷：一卷/（清）大觀園輯．--抄本．1 冊．--清中期（1796～1850）．--鈐“澍屏”朱文印、“周養安小市得”朱文印．--綫裝
　　　　　　　（丁）/7400

棋弈

玄玄碁經：不分卷/（元）晏天章，（元）嚴天甫輯．--刻本．--明（1368～1644）．--3 冊（1 函）：棋譜圖．--抄配 137 葉。半葉 12 行，行 18 字，小字雙行字同，白口，四周雙邊，半框 24.6×23.5cm．--綫裝　　　（丁）/9451

坐隱先生訂譜/（明）汪廷訥編．--刻本．--汪氏環翠堂，明（1368～1644）．--1 冊（1 函）.書名據版心著錄。行款不一，白口，四周單邊，版心下刻“環翠堂”，半框 24.2×28.2cm．--綫裝　　　　　（丁）/13651

奕正：二卷/（明）雍熙世輯．--刻本．--明末（1573～1644）．--4 冊（1 函）．--半葉 9 行，行 20 字，小字雙行字同，白口，四周單邊，半框 22.4×13.8cm．佚名圈點、批．--綫裝
　　　　　　　（丙三）/6736

仙機武庫：八集/（明）陸玄宇輯．--刻本．--明崇禎二年（1629）．--6 冊（1 函）：棋譜圖．--有眉欄，行 4 至 7 字，白口，四周單邊，半框 26.8×22.8cm．西陵碧雲書屋藏板．--綫裝

官子譜：三卷/（清）陶式玉評輯．--刻本．--榕城，清康熙三十三年（1690）．--4 冊（1函）：棋譜圖．--有眉欄，行 8 或 9 字，白口，四周單邊，單黑魚尾，半框 23.8×19.4cm．--綫裝
（丁）/10093

桃花泉奕譜：二卷/（清）范世勳撰．--刻本．清乾隆三十年（1765）．--2 冊（1 函）：棋譜圖．題名據目錄．有眉欄，半葉 14 行，行 8 字，白口，四周單邊，單黑魚尾，半框 23.1×17cm。佚名圈點。鈐"靜寄軒"白文印、"靜寄軒圖書印"白文印、"味穌"朱文印、"樊輿樊"印（陰陽合璧）、"退安"朱文印．--綫裝
（丁）/2595

槐蔭堂鈔存圍棋譜：二十四卷/（清）譚其文輯．--抄本．--清光緒七年（1881）．--24 冊（2函）：圖．--綫裝　（丁）/12704

雜技

射書：三卷/（明）顧煜輯．--抄本．--清末（1851～1911）．--3 冊（1 函）．--綫裝
（丁）/25

牌統孚玉：四卷/（明）棲筠子撰．--刻本．--明崇禎十三年（1640）．--2 冊（1 函）：有表格．書名頁題"牌通孚玉骨牌譜"。作者自序署"鍾離迂士"。半葉 9 行，行 20 字，小字雙行字同，白口，四周單邊，單綫魚尾，半框 18.5×13.2cm．--綫裝　（丁）/509

新刻時尚華筵趣樂談笑酒令：四卷/（明）佚名撰．--刻本．--種德堂，明（1368～1644）．--4冊（1 函）：圖 2 幅．--有殘葉。書名頁題"博笑珠璣"。上下兩欄，上欄半葉 13 行，行 10字，下欄半葉 11 行，行 17 字，白口，四周單邊，單黑魚尾，半框 15.9×11.3cm。吳曉鈴跋。鈐"曉鈴藏書"朱文印．--綫裝：吳曉鈴贈書

（己）/1474

西廂酒令：不分卷/題東山居士撰．--刻本．--清嘉慶（1796～1820）．--1 冊（1 函）．--缺第4、5、6 葉．行款不一，白口，四周單邊，半框 17.5×12cm。鈐"胡蘋秋印"朱文印．--綫裝
（丁）/112

毛會侯先生四書燈謎詩/（清）毛際可撰；（清）吳陳琰評．續四書燈謎詩/（清）宋洽撰；（清）吳陳琰評．--刻本．--清康熙四十五年（1706）．--1 冊（1 函）．--書名頁題"嚴陵毛宋兩先生合刻四書燈謎詩"。半葉 8 行，行 20字，白口，四周單邊，單黑魚尾，半框 18.3×11.5cm。有文堂藏板。佚名圈點、註．--綫裝
（丁）/12529

下酒物：二卷/（清）張潮輯．--刻本．--清康熙（1662～1722）．--6 冊（1 函）．--（心齋三種）．--序缺半葉。半葉 7 行，行 16 字，白口，四周單邊，半框 14.1×10.5cm．--綫裝
（丁）/6612

彈弓譜：不分卷/（清）徐潤甫書繪．--彩繪本．--徐潤甫，清咸豐十年（1860）．--1 冊（1函）：圖 10 幅．--半葉 8 行，行 20 字，白口，四周單邊，無界行，半框 19.8×14cm．--綫裝
（乙三）/883

譜錄類

飲食

茶經：三卷/（唐）陸羽撰．茶具圖贊：一卷/題（宋）審安老人撰．茶譜：一卷/（明）顧元慶撰．--刻本．--明萬曆（1573～1620）．--1 冊（1 函）：有圖．--半葉 9 行，行 18 字，小字雙行字同，白口，左右雙邊，單白魚尾，半框20.7×14.7cm。有刻工：大、光等。日文註釋，佚名圈點．--綫裝　（丙三）/4512

山家清供；山家清事/（宋）林洪撰.--刻本.--
宛委山堂，清順治四年（1647）.--1冊.--（說
郛/[明]陶宗儀編）.--半葉9行，行20字，白
口，左右雙邊，單綫魚尾，半框 18.7×
14.3cm。鈐"江陰劉氏"白文印、"劉復所
藏"朱文印、"半農"朱文印、"曉鈴藏書"
朱文印.--綫裝　　　　　　　　（己）/1430
　　第二部　　　　　　　　　　（戊）/3073

酒史：二卷/（明）馮時化撰.--刻本.--獨醒
居士，明隆慶四年（1570）.--2冊（1函）.--
序言有1葉係抄配。半葉8行，行19字，小字
雙行字同，白口，四周單邊，半框 20.2×
12.4cm。佚名圈點。鈐"萬卷藏書宜子弟"白
文印、"況翁歡喜"白文印、"百鍊盦"朱文
印、"慈舟祕笈"朱文印.--綫裝
　　　　　　　　　　　　　　（丁）/13746

酒顛：二卷；茶董：二卷/（明）夏樹芬輯.--
刻本.--夏氏清遠樓，明（1368～1644）.--6
冊（1函）.--半葉7行，行16字，白口，四
周單邊，單黑魚尾，半框18.8×12.7cm。有刻
工：楊同春、古等。周大烈題記。鈐"利本草
堂"朱文印、"桂堂"朱文印、"周氏大烈"
白文印.--綫裝　　　　　　　（乙三）/1108

器物

硯箋：四卷/（宋）高似孫撰.墨經：一卷/
（宋）晁説之撰.--刻本.--揚州：曹寅揚州使
院，清康熙四十五年（1706）.--2冊（1函）.
（楝亭十二種/[清]曹寅輯）.--半葉11行，行
21字，小字雙行32字，細黑口，左右雙邊，
雙對黑魚尾，半框16.8×11.7cm。鈐"素亭"
朱文印.--綫裝　　　　　　　（乙三）/504
　　第二部　1冊（1函），缺墨經（丁）/15342

端溪硯志：三卷，卷首一卷/（清）吳繩年編
錄.--刻本.--清乾隆二十二年（1757）.--2冊

（1函）：圖2幅.--半葉9行，行19字，小
字雙行字同，白口，左右雙邊，單黑魚尾，半
框 19×14.4cm。寧遠堂藏板。鈐"文盛堂藏
書"白文印.--綫裝　　　　　　（丁）/13009

方氏墨譜：六卷/（明）方于魯撰.墨賦：一
卷/（明）汪道會撰.墨書：一卷/（明）汪道貫
撰.墨表：一卷/（明）汪道昆撰--刻本.--方氏
美蔭堂，明萬曆（1573～1620）.--8冊（2
函）：附圖.--書名據目錄著錄。行款不一，白
口，四周單邊，單白魚尾，版心下刻"美蔭堂
集"，半框24.7×15.4cm。有刻工：守言、黃
德時.--綫裝　　　　　　　　（乙三）/821

程氏墨苑：二十三卷/（明）程大約撰.--刻
本.--程氏滋蘭堂，明萬曆（1573～1644）.
24冊（2函）：有圖.--行款不一，白口，四周
單邊，版心下刻"滋蘭堂"，半框24×15.3cm。
鈐"楝亭曹氏藏書"朱文印、"長白敷槎氏董
齋昌齡圖書印"朱文印、"後漾山人"朱文
印.--綫裝　　　　　　　　　（乙三）/352

曹氏墨林：二卷/（清）曹聖臣輯.--刻本.--
藝粟齋，清乾隆（1736～1795）.--2冊（1函）.
書名頁題"墨林初集"，書籤題"墨林"。半
葉行數不等，行字數不等，白口，四周單邊，
半框24.1×14.9cm.--綫裝　　　（丁）/7904

文房肆攷圖説：八卷/（清）唐秉鈞撰.--刻
本.--唐氏竹映山莊，清乾隆四十一年（1776）.
--4冊（1函）：有圖及肖像.--半葉9行，行
20字，粗黑口，左右雙邊，單黑魚尾，半框
18.1×12.8cm。趙烈文跋。鈐"天放樓"朱文
印、"陽湖趙烈文字惠父號能靜僑于虞籍天放
樓收庋文翰記"朱文印.--綫裝（丙三）/4515
　　第二部　鈐"假司馬"白文印，群芳閣藏
書　　　　　　　　　　　　　（庚）/159

香乘：二十八卷/（明）周嘉胄撰.--刻本.--
淮海周嘉胄，明崇禎十四年（1641）.--6冊（1
函）：圖21幅.--半葉9行，行17字，白口，
四周單邊，半框18×13.7cm.--綫裝

（乙三）/1030

鳥獸蟲魚

蟲天志: 十卷/（明）沈弘正撰. --刻本. --暢閣, 明（1368～1644）. --6 冊（1 函）. --半葉 8 行, 行 16 字, 細黑口, 四周雙邊, 版心下刻"暢閣", 半框 16.6×12cm. 鈐"慈谿馮氏醉經閣圖籍"朱文印、"五橋珍藏"朱文印、"劉氏晚勝閣收藏圖書記"朱文印. --綫裝
（乙三）/751

　　第二部　鈐"紫陽丙記"朱文印、"珍重"朱文印、"北平孔德學校之章"朱文印
（甲二）/350

蟹譜: 二卷/（宋）傅肱撰. **師曠禽經**: 一卷/（晉）張華註. **古今刀劍譜**: 一卷/（梁）陶弘景撰. **酒譜**: 一卷/（宋）竇子野撰. **本心齋疏食譜**: 一卷/（宋）陳達叟編. --刻本. --無錫華氏, 明弘治（1488～1505）. --1 冊（1 函）. --（百川學海: 一百七十七卷/[宋]左圭輯）. --半葉 12 行, 行 20 字, 白口, 左右雙邊, 半框 19.3×14.4cm. --綫裝
（丁）/8979

花草樹木

新鎸草本花詩譜/（明）黃鳳池撰並繪. --刻本. --明天啟元年（1621）. --2 冊（1 函）. --有殘葉. 半圖半文, 行款不一, 白口, 四周單邊, 半框 26.1×19cm. 周作人題識. 鈐"曉鈴藏書"朱文印. --綫裝
（己）/1453

二如亭群芳譜: 不分卷/（明）王象晉纂輯. --刻本. --明末（1621～1644）刻；清（1644～1911）修板. --28 冊（4 函）. --半葉 8 行, 行 18 字, 小字雙行字同, 有天地欄, 行 3 字或 4 字, 白口, 左右雙邊, 單黑魚尾, 半框 21.9×14.5cm. 本衙藏板. --綫裝
（丙三）/521

　　第二部　25 冊（2 函）　　　（庚）/156
　　第三部　23 冊（4 函）　　　（丙三）/5666

二如亭群芳譜: 二十九卷/（明）王象晉輯；（明）陳繼儒等校. --刻本. --沙村草堂, 明末清初（1628～1722）. --24 冊（4 函）. --版心題"群芳譜". 仿崇禎二年刻本. 半葉 8 行, 行 18 字, 小字雙行字同, 有天地欄, 行 3 字或 4 字, 白口, 左右雙邊, 單黑魚尾, 半框 21.9×14.7cm. 沙村艸堂藏板. --綫裝
（乙三）/455

　　第二部　　　　　　　　　（丙三）/58

北墅抱甕錄: 一卷/（清）高士奇撰. --刻本. 清康熙（1662～1722）. --2 冊（1 函）. --半葉 9 行, 行 18 字, 粗黑口, 左右雙邊, 雙對黑魚尾, 半框 18.3×14.3cm. 復廬居士題識. 鈐"文恪元孫"白文印、"錢塘胡重子健號菊圃"朱文印、"錢塘胡重菊圃"朱文印、"復廬題識"朱文印. --綫裝
（丁）/6530

佩文齋廣群芳譜: 一百卷, 目錄二卷/（清）汪灝等編. --刻本. --京師: 內府, 清康熙四十七年（1708）　--24 冊（4 函）. --半葉 11 行, 行 21 字, 白口, 左右單邊, 雙對黑魚尾, 半框 16.6×11.7cm. 鈐"光緒初書歸黃縣王氏海西閣"白文印、"北京市特種工藝工業公司研究所專用章"朱文印. --綫裝　（庚）/213

　　第二部　32 冊（4 函）, 鈐"安樂堂印"白文印
（乙三）/148

　　第三部　32 冊（4 函）, 鈐"吳越世家"朱文印
（丙三）/3592

雜家類

雜學雜說

鶡冠子: 三卷/（宋）陸佃解；（明）王宇評. --刻本. --王氏花齋, 明天啟五年（1625）. --1

冊（1函）. --半葉 9 行，行 20 字，小字雙行字同，有眉批，行 5 字，白口，四周單邊，單白魚尾，版心下刻"花齋藏板"，半框 20.4×14.4cm。聚奎樓藏板. --綫裝　　　（丙三）/761

鶡冠子：三卷/（宋）陸佃解；（明）王宇評. --刻本. --明末（1621～1644）. --1 冊（1函）. --仿王氏花齋刻本。半葉 9 行，行 20 字，小字雙行字同，有眉批，行 5 字，白口，四周單邊，單白魚尾，版心下刻"花齋藏板"，半框 20.4×14.4cm. --綫裝　　　（丙三）/573

呂氏春秋：二十六卷/（戰國）呂不韋撰；（漢）高誘訓解；（明）汪一鸞重訂. --刻本. --新安汪一鸞，明萬曆三十三年（1605）. --12 冊（2函）. --末葉係抄配。半葉 9 行，行 18 字，小字雙行字同，白口，四周單邊，單白魚尾，半框 20.7×14.8cm。有刻工：汪超先、武陵趙希迪等. --綫裝　　　（乙三）/432

呂氏春秋：二十六卷/（戰國）呂不韋撰；（宋）陸游評；（明）凌稚隆批. --刻本，朱墨套印. --凌毓枏，明萬曆四十八年（1620）. --10 冊（1函）. --書名頁、版心題"呂覽"。半葉 9 行，行 18 字，白口，四周單邊，半框 19.6×14cm。佚名圈點。鈐"屠沽之閒"白文印、"三山中上"白文印. --綫裝　　　（乙三）/459

呂氏春秋：二十六卷/（戰國）呂不韋撰；（漢）高誘註. --刻本. --吳勉學，明萬曆（1573～1620）. --4 冊（1函）. --（二十子全書/[明]吳勉學編）. --半葉 9 行，行 18 字，白口，左右雙邊，單黑魚尾，半框 19.6×14.1cm. --綫裝　　　（丙三）/3628

呂氏春秋：二十六卷/（戰國）呂不韋撰；（漢）高誘註；（清）畢沅輯校. **附攷**：一卷/（清）畢沅撰. --刻本. --畢氏靈巖山館，清乾隆五十三年（1788）. --5 冊（1函）. --（經訓堂叢書：二十一種/[清]畢沅輯）. --半葉 11 行，行 22 字，小字雙行字同，粗黑口，四周單邊，雙對黑魚尾，半框 19.3×14.7cm。有刻

工：劉文奎。靈巖山館藏板。佚名圈點。鈐"百瀨氏圖書記"朱文印、"北京市文化局文物調查研究組藏書印"朱文印. --綫裝　　　（丁）/10374

淮南鴻烈解：二十一卷/（漢）劉安撰；（明）茅坤等評. --刻本，朱墨套印. --吳興閔氏，明萬曆（1573～1620）. --8 冊（1函）. --書簽題"硃評淮南鴻烈解"。半葉 9 行，行 20 字，有眉批，行 5 字，白口，四周單邊，半框 20.8×14.7cm. --綫裝　　　（乙三）/781
第二部　2 冊（1函），存卷 4-8、18-21。鈐"萬卷樓珍藏"朱文印、"省齋"朱文印、"健餘堂"朱文印　　　（庚）/176

淮南子：二十一卷，敘目一卷/（漢）劉安撰；（漢）高誘註. --刻本. --武進莊達吉咸寧官署，清乾隆五十三年（1788）. --10 冊（2函）. --半葉 11 行，行 21 字，黑口，四周單邊，半框 17.9×13.8cm。鈐"楊明"朱文印. --綫裝：楊明贈書　　　（庚）/29

白虎通德論：二卷/（漢）班固撰；（明）程榮校. --刻本. --明萬曆（1573～1620）. --2 冊（1函）. --（漢魏叢書：三十五種/[明]程榮編）. --半葉 9 行，行 20 字，白口，左右雙邊，單黑魚尾，半框 20.1×14.2cm。有刻工：仇俊 余等. --綫裝　　　（乙一）/607

白虎通德論：四卷/（漢）班固撰；（明）郎壁金訂. --刻本. --明天啟六年（1626）. --4 冊（1函）. --半葉 9 行，行 20 字，有眉批，行 4 字，白口，四周單邊，版心下刻"堂策檻"，半框 20.6×13.9cm。鈐"唐謨之印"白文印、"嘉士"白文印. --綫裝　　　（乙一）/394

白虎通德論：二卷/（漢）班固撰；（明）俞元符校. --刻本. --敬思堂，明（1368～1644）. --2 冊（1函）. --（津逮秘書/[明]毛晉編）. --半葉 8 行，行 18 字，白口，四周單邊，單黑魚尾，半框 19×11.7cm. --綫裝　　　（丙一）/746

白虎通：四卷/（漢）班固撰.白虎通闕文；白虎通校勘補遺；白虎通義攷/（清）莊述祖輯--刻本.--抱經堂，清乾隆四十九年（1784）.4 冊（1 函）.--半葉 10 行，行 20 字，小字雙行字同，白口，左右雙邊，單黑魚尾，半框 18.4×13.1cm.--綫裝　　　　　　（丙一）/267

論衡：三十卷/（漢）王充撰；（明）程榮編.刻本.--明萬曆（1573～1620）.--10 冊（2 函）.--（漢魏叢書：三十五種/[明]程榮編）.--半葉 9 行，行 20 字，白口，左右雙邊，單黑魚尾，半框 20.4×14.3cm。有刻工：黃尚潤、呂等。佚名圈點。鈐“金嘉會印”朱文印、“湘潭黃氏聽天命齋藏本”朱文印.--綫裝
（乙三）/811

風俗通義：十卷/（漢）應劭撰；（明）鍾惺評.--刻本.--飯田忠兵衛，日本萬治三年（1660）.--1 冊（1 函）.--半葉 9 行，行 25 字，白口，四周單邊，無界行，半框 20.5×12cm.--綫裝　　　　　（丙三）/6497

天祿閣外史：八卷/題（漢）黃憲撰；（明）鍾惺評.--刻本.--明（1368～1644）.--4 冊（1 函）.--（秘書九種：九種/[明]鍾惺輯）.--序題“秘傳天祿閣外史”，版心題“外史”。半葉 9 行，行 25 字，有眉批，行 2 字，白口，四周單邊，無界行，半框 19.7×12.5cm。鈐“周養庵藏書記”朱文印.--綫裝（丁）/12707
第二部　　　　　　　（丙三）/902

天祿閣外史：八卷/題（漢）黃憲撰.--刻本.清乾隆五十六年（1791）.--4 冊（1 函）.--（增訂漢魏叢書/[清]王謨輯）.--卷 1 第 15、16 葉係抄配。半葉 9 行，行 20 字，白口，左右雙邊，單白魚尾，半框 19.3×14.5cm.--綫裝　　　　　　　　　　（丁）/14250

顏氏家訓：二卷/（北齊）顏之推撰.--刻本.程榮，明萬曆（1573～1620）.--2 冊（1 函）.--（漢魏叢書：三十五種/[明]程榮編）.--半葉 9 行，行 20 字，左右雙邊，單白魚尾，

半框 19.8×14.1cm。有刻工：鋒、余等。佚名圈點.--綫裝　　　　　　　　（丁）/12509

長短經：十卷/（唐）趙蕤撰；（清）李調元校.--抄本，藍格.--王初桐白阜山房，清乾隆四十五年（1780）.--2 冊（1 函）.--缺卷 10。半葉 10 行，行 24 至 25 字，白口，環形邊，雙對黑魚尾，版心上刻“白阜山房”。佚名圈點。鈐“孖孚”朱文印、“北京市文化局文物調查研究組藏書印”朱文印.--綫裝
（丁）/12724

昭德新編：三卷/（宋）晁迥撰.--抄本，藍絲欄.--王端履，清中期（1796～1850）.--2 冊（1 函）.--鈐“端履手抄”朱文印.--綫裝
（丙四）/4231

續墨客揮犀：十卷/（宋）彭乘撰.--抄本.--志雅齋，清（1644～1911）.--1 冊（1 函）.--據明正德四年（1509）刻本抄。鈐“嬛嬛仙館”白文印、“常熟趙氏舊山樓經籍記”朱文印、“舊山樓書畫記”朱文印、“非昔讀過”白文印、“吳”朱文印、“曉鈴藏書”朱文印.--綫裝：吳曉鈴贈書　　　　　　（己）/1485

江鄰幾雜誌：一卷/（宋）江休復撰.--刻本.明萬曆（1573～1620）.--1 冊（1 函）.--（稗海續：二十二種一百六十一卷/[明]商濬編）.半葉 9 行，行 20 字，小字雙行字同，白口，四周單邊，單黑魚尾，半框 20.3×14.6cm。鈐“蔡氏仲子”朱文印.--綫裝　　　　（丁）/14131

文昌雜錄：六卷，補疑一卷/（宋）龐元英撰.刻本.--雅雨堂，清乾隆二十一年（1756）.--2 冊（1 函）.--半葉 10 行，行 21 字，小字雙行字同，白口，四周單邊，單黑魚尾，版心下方鐫“雅雨堂”，半框 18.5×14.3cm。雅雨堂藏板。鈐“北平孔德學校之章”朱文印.--綫裝
（甲三）/717
第二部　鈐“金陵夏氏所藏圖書”朱文印
（丙二）/20

嬾真子：五卷/（宋）馬永卿撰.--刻本.--明末清初（1573～1722）.--2 冊（1 函）.--（稗海/[明]商濬輯）.--半葉 9 行，行 20 字，小字雙行字同，白口，四周單邊，單黑魚尾，半框 21×14.1cm。鈐"雪苑宋氏蘭揮藏書記"朱文印.--綫裝　　　　　　（乙三）/441

泊宅編：三卷/（宋）方勺撰.--刻本.--明（1368～1644）.--1 冊（1 函）.--（稗海/[明]商濬輯）.--半葉 9 行，行 20 字，小字雙行字同，白口，四周單邊，單黑魚尾，半框 21.2×14.2cm.--綫裝　　　　　　（丁）/12650

能改齋漫錄：十八卷/（宋）吳曾纂.--活字本，木活字.--臨嘯書屋，清（1644～1911）.8 冊（2 函）.--半葉 9 行，行 21 字，白口，左右雙邊，單黑魚尾，半框 20.2×14cm.--綫裝　　　　　　（丙三）/4513

經鉏堂雜誌：四卷/（宋）倪思撰.--抄本.--清乾隆（1736～1795）.--2 冊（1 函）.--缺卷 1 第 1、2 葉。書名據卷 2 卷端題。朱錫庚跋，周肇祥題識。鈐"少河"朱文印、"錫庚閱目"白文印、"年年歲歲花相似歲歲年年人不同"白文印、"不可問天"朱文印、"天許作閒人"朱文印、"周肇祥讀過書"朱文印、"肇祥審定"白文印.--綫裝　　（丁）/4905

雞肋編：不分卷/（宋）莊綽撰.--刻本.--明（1368～1644）.--2 冊（1 函）.--（宋人百家小説/[明]馮猶龍輯）.--半葉 9 行，行 20 字，小字雙行字同，白口，左右雙邊，單白魚尾，半框 19.6×14.2cm.--綫裝

（丙三）/5628

癸辛雜識：前集一卷，後集一卷，別集二卷/（宋）周密編；（明）毛晉重訂.--刻本.--常熟：毛氏汲古閣，明崇禎（1628～1644）.--8 冊（1 函）.--（津逮秘書/[明]毛晉輯）.--半葉 9 行，行 19 字，白口，左右雙邊，版心下方鐫"汲古閣"，半框 19.2×14cm。佚名圈點、批註。鈐"安愚堂"白文印、"北平孔德學校

之章"朱文印、"本來面目"朱文印.--綫裝

（甲三）/241

癸辛雜識：新集一卷，外集一卷/（宋）周密撰.--刻本.--明末（1573～1644）.--4 冊（1 函）.--半葉 9 行，行 20 字，小字雙行字同，白口，四周單邊，單黑魚尾，半框 20.9×14.1cm。佚名圈點、批校。鈐"濛説"朱文印、"天尺樓"朱文印.--綫裝　　　（丙三）/27

齊東野語：二十卷/（宋）周密撰.--刻本.--明（1368～1644）.--6 冊（1 函）.--半葉 9 行，行 20 字，白口，四周單邊，單黑魚尾，半框 20.5×14.1cm.--綫裝　　　　（乙三）/695

善誘文/（宋）陳錄撰.--刻本.--無錫華氏，明弘治（1488～1505）.--1 冊（1 函）.--（百川學海：十集一百零一種/[宋]左圭輯）.--半葉 12 行，行 20 字，小字雙行字同，白口，左右雙邊，半框 19.7×14.7cm。鈐"无竟先生獨志堂物"朱文印.--綫裝　　　（丁）/12625

老學庵筆記：十卷/（宋）陸游撰.--刻本.--毛氏汲古閣，明末（1621～1644）.--4 冊（1 函）.--（津逮秘書/[明]毛晉輯）.--半葉 8 行，行 19 字，白口，左右雙邊，半框 18.8×14.2cm。鈐"信古堂印"白文印、"馬氏彥祥藏書"朱文印、"馬氏大雅堂藏"白文印.--綫裝：馬彥祥贈書　　　　　　（戊）/55

鶴林玉露：十六卷，補遺一卷/（宋）羅大經撰.--刻本.--南京：都察院，明萬曆七年（1579）刻；明萬曆三十六年（1608）補刻.--8 冊（1 函）.--半葉 10 行，行 22 字，白口，四周單邊，單白魚尾間單黑魚尾，半框 21.5×13.9cm。鈐"西昀藏書"朱文印、"樂意軒吳氏藏書"朱文印、"鄞蝸寄廬孫氏藏書"朱文印、"翔熊"白文印等.--綫裝

（丁）/12995

千古功名鏡：十三卷/（宋）吳大有編.--抄本.--寶芸齋，清（1644～1911）.--2 冊（1

函）．--版心下刻"寶芸齋藏本"．--綫裝

（丁）/13031

冐綮錄：一卷/（宋）趙叔向撰．--抄本．--清（1644～1911）．--1冊（1函）．--綫裝

（丁）/1145

草木子：四卷/（明）葉子奇撰．--抄本，烏絲欄．--清（1644～1911）．--1冊（1函）．--鈐"覃谿"朱文印、"翁方綱印"白文印、"信夫"白文印、"繼涑"白文印、"雲台"朱文印、"阮伯元"朱文印、"成親王"白文印、"實甫"朱文印、"祁寯藻印"白文印、"曾在西充于生齋中"白文印、"陶銘遠印"、"浭陽散人"朱文印、"陶齋經眼"朱文印、"匋齋攷藏"白文印、"端方私印"白文印．--綫裝

（丁）/12421

霏雪錄：不分卷/（明）劉績撰．--刻本．--巢陵張文昭，明弘治元年（1488）．--4冊（1函）．--半葉10行，行16字，粗黑口，四周雙邊，雙對黑魚尾，半框20.6×14.5cm．有刻工：李人、李璽等．鈐"北平孔德學校之章"朱文印、"獨志堂印"朱文印、"聽雨齋"朱文印．--綫裝

（甲三）/719

濯舊：一卷/（明）王俊撰．--刻本．--明嘉靖三十年（1551）．--1冊（1函）．--半葉10行，行21字，白口，四周雙邊，單黑魚尾，半框20×14.6cm．鈐"北平孔德學校之章"朱文印．--綫裝

（甲四）/326

震澤長語：二卷/（明）王鏊撰．--刻本．--明（1368～1644）．--1冊（1函）．--半葉10行，20字，白口，左右雙邊，單黑魚尾．半框16.7×14.3cm．卷末墨書"易安堂藏書"．--綫裝

（丁）/8345

七修類稿：五十一卷，續稿七卷/（明）郎瑛撰．--刻本．--周棨耕煙草堂，清乾隆四十年（1775）．--16冊（2函）．--半葉9行，行20字，粗黑口，左右雙邊，半框13.2×9.5cm．--

綫裝

（乙三）/969

古言：二卷；**今言**：四卷/（明）鄭曉撰．--刻本．--項篤壽，明嘉靖四十四至四十五年（1565～1566）．--6冊（1函）．--半葉8行，行16字，白口，四周雙邊間左右雙邊，單黑魚尾間白魚尾，半框20.8×13.8cm．有刻工：曹金、雲等．鈐"北平孔德學校之章"朱文印．--綫裝

（甲四）/550

今言：四卷/（明）鄭曉撰．--刻本．--項篤壽，明嘉靖四十五年（1566）．--4冊（1函）．--缺卷4．半葉8行，行16字，白口，左右雙邊，單黑魚尾，半框20.9×13.6cm．有刻工：劉、雲等．鈐"馮氏辨齋藏書"白文印、"慈谿耕餘樓藏"朱文印．--綫裝

（丙二）/37

燕泉何先生餘冬序錄：六十五卷/（明）何孟春撰．--刻本．--黃齊賢、張汝賢，明萬曆（1573～1620）．--12冊（2函）．--序言題名"餘冬序錄"．半葉11行，行21字，白口，左右雙邊，單黑魚尾，半框20.7×14.3cm．有刻工：中、山等．佚名批．--綫裝

（乙三）/824

推篷寤語：九卷，餘錄一卷/（明）李豫亨撰．刻本．--李氏思敬堂，明隆慶五年（1571）．--6冊（1函）．--引、跋後係抄配，卷3有6葉抄配．半葉10行，行21字，白口，四周雙邊，單黑魚尾，半框19.5×14.2cm．有刻工：袁宸、吳倫等．佚名圈點、批校．鈐"張"朱文印．--綫裝

（乙三）/1025

無甚高論：三卷/（明）趙鴻賜輯．--刻本．--明萬曆三十六年（1608）．--4冊（1函）．--半葉9行，行18字，白口，四周單邊，單黑魚尾，半框18.1×13.2cm．有刻工：雲、元．淡菊齋藏板．鈐"桃紅復含宿雨，柳綠更帶朝煙，花落家童未掃，鳥啼山客猶眠"朱文印、"北平孔德學校之章"朱文印．--綫裝

（甲三）/694

蠡海集/（明）王逵輯．--刻本．--商氏半埜

堂，明萬曆（1573～1620）．--2 冊（1 函）．--（稗海/［明］商濬輯）．--卷端著者題"宋錢唐王逵"。半葉 9 行，行 20 字，白口，四周單邊，單黑魚尾，半框 20.8×14.4cm．--綫裝

（丙三）/6594

祝子小言：一卷/（明）祝世祿撰．--刻本．--明萬曆（1573～1620）．--1 冊（1 函）．--版心題"環碧齋小言"。半葉 9 行，行 18 字，白口，四周單邊，半框 20.1×13.9cm。鈐"方功惠藏書印"朱文印、"仲若所藏圖籍"朱文印．--綫裝

（丁）/13001

五雜俎：十六卷/（明）謝肇淛撰．--刻本．--新安：潘方凱如韋館，明萬曆（1573～1620）．--16 冊（1 匣）．--半葉 9 行，行 18 字，小字雙行字同，白口，四周單邊，單白魚尾，半框 21.7×14.7cm。有刻工：黃行素。新安如韋館藏板。鈐"北平孔德學校之章"朱文印．--綫裝

（甲三）/958

認字測：三卷/（明）周宇撰．--刻本．--關中周傳誦，明萬曆三十九年（1611）．--4 冊（1 函）．--半葉 9 行，行 20 字，白口，四周單邊，半框 20.2×13.4cm。佚名批點。鈐"楊氏珍藏"白文印．--綫裝

（乙一）/199

通源集：八卷，卷首一卷，卷末一卷/（明）曹宗先撰．--刻本．--清乾隆二十八年（1763）．--2 冊（1 函）：插圖 1 幅．--半葉 9 行，行 20 字，有眉欄，行 3 字，白口，四周雙邊，無界行，單黑魚尾，半框 21.2×13.2cm。福星宮藏板．--綫裝

（丁）/8136

原李耳載/（明）李中馥撰．--抄本．--清（1644～1911）．--1 冊（1 函）．--綫裝 （丁）/4801

豐草菴雜著/（清）董說撰．--刻本．--清初（1644～1722）．--4 冊（1 函）．--存 5 種 5 卷。半葉 8 行，行 19 字，小字雙行字同，白口，左右雙邊，半框 18.8×14.4cm。鈐"北平孔德學校之章"朱文印．--綫裝

子目：
昭陽夢史：一卷
非煙香法：一卷
柳谷編：一卷
河圖卦版：一卷
文字障：一卷 （甲三）/347

槐下新編雅説集：十九種十九卷/（清）魏裔介編．--刻本．--清康熙（1662～1722）．--5 冊（1 函）．--存 16 種 16 卷。半葉 9 行，行 20 字，白口，四周單邊，單黑魚尾，半框 19.5×14cm．--綫裝

子目：
劄記内外篇：一卷/（明）王世貞撰
閑居擇言：一卷/（明）趙南星撰
小心齋劄記：一卷/（明）顧憲成撰
南牖日牋：一卷/（明）王佐之撰
忠節語錄：一卷/（明）金鉉撰
歲寒居答問：一卷/（明）孫奇逢撰
大中：一卷/（清）張蓬玄撰
述古自警：一卷/（清）魏裔介纂
居學錄：一卷/（清）曹本榮撰
庸言：一卷/（清）魏象樞撰
好善編；身世言：一卷/（清）成性撰
荊園小語：一卷/（清）申涵光撰
野語：一卷/（清）喬鉢撰
知至編：一卷/（清）韓詩撰
芝在堂語：一卷/（清）劉千里撰
管言：一卷/（清）張肇祥撰 （丁）/6030

經史辨體：十三卷/（清）徐與喬輯評．--刻本．--敦化堂，清康熙（1662～1722）．--24 冊（2 函）：有插圖．--半葉 9 行，行 26 字，小字雙行字同，有眉批，行 5 字，白口，四周單邊，無界行，版心下刻"增刪定本"，半框 20×12cm。鈐"經蔭堂藏書"白文印．--綫裝

（丙三）/719

池北偶談：二十六卷/（清）王士禛撰．--刻本．--臨汀郡署，清康熙三十九年（1700）．--10 冊（1 函）．--半葉 11 行，行 23 字，粗黑口，左右雙邊，單黑魚尾，半框 19.1×14.6cm。佚

名圈點、批註.--綫裝　　　　　　（丙四）/1449

香祖筆記：十二卷/（清）王士禎撰.--刻本.
清康熙（1662～1722）.--6 冊（1 函）.--半葉
10 行，行 19 字，小字雙行字數不等，白口，
左右雙邊，單黑魚尾，半框 16.3×13.4cm。佚
名批點。鈐"北平孔德學校之章"朱文印.--
綫裝　　　　　　　　　　　　（甲三）/723
　　第二部　4 冊（1 函）　　（丙四）/1520

香祖筆記：十二卷/（清）王士禎撰.--刻本.
清康熙（1662～1722）.--12 冊（1 函）.--仿
刻本。半葉 10 行，行 19 字，小字雙行字數不
等，白口，左右雙邊，單黑魚尾，半框 16.2×
13.4cm。佚名批點.--綫裝　　　（乙三）/1023

分甘餘話：四卷/（清）王士禎撰.--刻本.--
程哲七略書堂，清康熙（1662～1722）.--2 冊
（1 函）.--（帶經堂全集：九十二卷/[清]王
士禎撰；[清]程哲編）.--半葉 10 行，行 19
字，小字雙行字數不等，白口，左右雙邊，單
黑魚尾，半框 17.9×13.5cm。鈐"七略書堂"
朱文印、"物外山水"朱文印、"隴西布衣"
白文印、"貽園"朱文印、"紫湄鑒藏"朱文
印、"士政堂鑒藏"朱文印、"樗庭"白文
印.--綫裝　　　　　　　　　　（丁）/4360

古夫于亭雜錄：六卷/（清）王士禎撰.--刻
本.--廣陵：如皋范邃，清康熙（1662～
1722）.--4 冊（1 函）.--版心題"夫于亭雜
錄"。半葉 10 行，行 19 字，小字雙行字數不
等，粗黑口，左右雙邊，雙順黑魚尾，半框
17.8×13.7cm。鈐"北平孔德學校之章"朱文
印.--綫裝　　　　　　　　　　（甲三）/768

古夫于亭雜錄：五卷/（清）王士禎撰.--刻
本.--清康熙（1662～1722）.--5 冊（1 函）.--
半葉 10 行，行 19 字，小字雙行字同，粗黑口，
左右雙邊，雙順黑魚尾，半框 17.8×13.8cm。
佚名圈點。鈐"鹿山朱氏古懽齋珍藏"朱文
印、"負笈硯齋藏書"朱文印.--綫裝
　　　　　　　　　　　　　　　　（丁）/5425

蓉槎蠡說：十二卷/（清）程哲撰.--刻本.--
程氏七略書堂，清康熙五十年（1711）.--4 冊
（1 函）.--半葉 11 行，行 21 字，小字雙行 30
字，白口，左右雙邊，單黑魚尾，半框 17.7×
13.1cm。七略書堂藏版。佚名批註。鈐"游息
之暇以像鼓吹"朱文印、"趙氏元方"朱文
印.--綫裝　　　　　　　　　　（乙三）/1052

因樹屋書影：十卷/（清）周亮工撰.--刻本.
懷德堂，清雍正三年（1725）.--6 冊（1 函）.--
周亮工號"櫟下老人"。半葉 9 行，行 18 字，
白口，四周單邊，單白魚尾，版心下刻"因樹
屋"，半框 17.1×13.5cm。鈐"巴陵方氏珍
藏"白文印、"方功惠藏書印"朱文印、"方
氏碧琳琅館藏書印"朱文印.--綫裝
　　　　　　　　　　　　　　　　（乙三）/1035
　　第二部　6 冊（2 函），鈐"新日收藏書
印"朱文印、"漢陽周氏晚喜廬所藏"朱文
印、"吳中周氏寶藏"朱文印、"北平孔德學
校之章"朱文印　　　　　　　　（甲二）/277

權衡一書：四十一卷/（清）王植輯.--刻本.
清乾隆（1736～1795）.--24 冊（4 函）：天文
星宿圖 6 幅.--半葉 10 行，行 21 字，小字雙行
字同，白口，四周單邊，單黑魚尾，無界行，
半框 18.3×13cm。崇雅堂藏板。鈐"四存學會
藏書印"朱文印.--綫裝　　　　（丙三）/6570
　　第二部　　　　　　　　　　（乙三）/304
　　第三部　　　　　　　　　　（戊）/2854
　　第四部　　　　　　　　　　（乙三）/1051

心簡齋集錄：六卷/（清）于光華編.--刻本.
清乾隆三十五年（1770）.--12 冊（2 函）：地
圖 18 幅.--版心題"心簡集錄"。半葉 9 行，
行 22 字，小字雙行字同，白口，左右雙邊，無
界行，半框 19.1×13.7cm。尊聞堂藏版。鈐
"王爵剝印"白文印.--綫裝　　（乙四）/86

黃媚餘話：八卷/（清）陳錫路撰.--刻本.--
湘陰曾光先，清乾隆（1736～1795）.--2 冊（1
函）.--半葉 9 行，行 20 字，粗黑口，左右雙
邊，單黑魚尾，半框 17.8×12.1cm。鈐"弢園

王氏真賞"朱文印、"王韜之章"白文印、
"曾經王韜藏過"朱文印、"王韜私印"白文
印、"紫詮"朱文印、"紫衲"朱文印、"天
尺樓"朱文印、"初齋秘笈"朱文印、"章武
高氏"朱文印.--綫裝　　　　　（丙四）/42

雜考

獨斷：二卷/（漢）蔡邕撰.--刻本.--餘姚盧
氏抱經堂，清乾隆五十五年（1790）.--1 冊（1
函）.--（抱經堂叢書/[清]盧文弨編）.--半葉
10 行，行 20 字，小字雙行字同，白口，左右
雙邊，單黑魚尾，版心下刻"抱經堂校定
本"，半框 18.1×13.2cm。有刻工：劉文奎、
劉文楷。鈐"蓮莊珍賞"朱文印、"均伯過眼"
朱文印.--綫裝　　　　　　　（丁）/9475

夢溪筆談：二十六卷，補三卷，續一卷/（宋）
沈括撰.--刻本.--明末（1573～1644）.--6 冊
（1 函）.--卷 25 末葉抄配。半葉 9 行，行 18
字，小字雙行字同，細黑口，左右雙邊，半框
18.8×13cm。趙憑鐸題跋。鈐"趙憑鐸印"白
文印、"澂齋收藏書畫"朱文印、"曾經何則
賢丹墨"朱文印.--綫裝　　　　（丙三）/6393

容齋隨筆：十六卷，續筆十六卷，三筆十六
卷，四筆十六卷，五筆十卷/（宋）洪邁撰.--
刻本.--馬元調，明崇禎三年（1630）刻；洪
璟，清康熙三十九年（1700）補刻.--28 冊（4
函）.--半葉 9 行，行 18 字，細黑口，左右雙
邊，半框 19.5×14.1cm。樹來堂藏板。佚名圈
點、評.--綫裝　　　　　　　（乙三）/1064
　　第二部　16 冊（2 函）　　（丙四）/1126

野客叢書：三十卷 附錄一卷/（宋）王楙撰.--
刻本.--王毅祥，明嘉靖四十一年（1562）.--8
冊（2 函）.--半葉 10 行，行 20 字，白口，左
右雙邊，單白魚尾，半框 18.3×13.7cm。有刻
工：黃周賢、吳中等。佚名批.--綫裝
　　　　　　　　　　　　　　（乙五）/332

野客叢書：三十卷，錄野老紀聞一卷/（宋）
王楙撰.--刻本.--明（1368～1644）.--6 冊（1
箱）.--半葉 9 行，行 20 字，白口，四周單邊，
單黑魚尾，半框 21.4×14.2cm。鈐"北平孔德
學校之章"朱文印.--綫裝　　　　（甲五）/133
　　第二部　8 冊（1 函）　　　（丙三）/1722
　　第三部　7 冊（1 函）　　　（丙三）/4433

鶴山渠陽讀書雜鈔：二卷/（宋）魏了翁撰.--
刻本.--寶顏堂，明萬曆（1573～1620）.--2
冊（1 函）.--（寶顏堂秘笈續集/[明]陳繼儒
編）.--卷 2 卷端題"寶顏堂訂正讀書雜鈔"。
半葉 8 行，行 18 字，小字雙行字同，白口，四
周單邊，半框 20.4×12.5cm。孫書年題記，佚
名批校。鈐"整躬"白文印、"書年暫有"朱
文印、"味道守真之室"白文印、"江東孫
伯"朱文印.--綫裝　　　　　　（丁）/12507

困學紀聞：二十卷/（宋）王應麟撰.--刻本.
祁門馬氏叢書樓，清乾隆三年（1738）.--6 冊
（1 函）.--半葉 11 行，行 20 字，小字雙行 30
字，白口，左右雙邊，單黑魚尾，半框 19.4×
14.9cm。書名頁題"叢書樓藏板"，鈐"板現
存揚郡學舍菊林居"朱文印。卷尾有刊記"閣
百詩先生勘本，乾隆戊午春月馬氏叢書樓校
刊".--綫裝　　　　　　　　　（丙三）/256

困學紀聞：二十卷/（宋）王應麟撰.--刻本.
清乾隆（1736～1795）.--6 冊（1 函）.--半葉
11 行，行 25 字，小字雙行 33 字，有眉批，行
5 字，白口，左右雙邊，單黑魚尾，半框 18.1×
14cm。佚名題記。鈐"四存學會藏書印"朱文
印、"四存學會"朱文印.--綫裝
　　　　　　　　　　　　　　（丙三）/6573

新增格古要論：十三卷/（明）曹昭撰；（明）
舒敏編；（明）王佐增訂.--刻本.--黃正位，明
萬曆（1573～1620）.--8 冊（1 函）.--半葉
10 行，行 20 字，小字雙行字同，白口，四周
單邊，單黑魚尾，半框 19.1×12.6cm。有刻
工：吳應芝。淑躬堂藏板.--綫裝
　　　　　　　　　　　　　　（乙二）/1372

新增格古要論：十三卷/（明）曹昭撰；（明）舒敏編校；（明）王佐增校；（明）黃正位重校. 刻本.--明末（1573～1644）.--8 冊（1 函）.--版心題"格古要論"。仿明萬曆黃正位刻本。半葉 10 行，行 20 字，小字雙行字同，白口，四周單邊，單黑魚尾，半框 19.2×11.9cm。鈐"北平孔德學校之章"朱文印.--綫裝

（甲三）/424

第二部 6 冊（1 函），鈐"王治平印"白文印、"何寶義印"白文印 （乙二）/1305

丹鉛總錄：二十七卷/（明）楊慎撰.--刻本. 滇池梁佐，明嘉靖三十三年（1554）.--12 冊（2 函）.--半葉 11 行，行 24 字，白口，四周雙邊，單黑魚尾，半框 22.3×16.6cm。保世題識。鈐"汪大燮印"白文印、"伯唐"朱文印、"法華寶笈"朱文印、"保世"朱文印、"適園藏"白文印.--綫裝 （乙三）/1017

丹鉛總錄：二十七卷/（明）楊慎撰；（明）陸弼校訂.--刻本.--明萬曆（1573～1620）.--10 冊（1 函）.--半葉 10 行，行 20 字，白口，左右雙邊，單黑魚尾，半框 20.8×13.9cm。卷 1 第 1 葉版心下刻"句吳何之源書，何鯨刻"。鈐"蒼茫齋"朱文印、"華陽國士"白文印、"秦氏子雙圖籍"白文印、"北平孔德學校之章"朱文印.--綫裝 （甲三）/403

第二部 3 冊（1 函），每卷第 1 葉為後刻，題"楊慎撰，汪駿聲校訂"。存卷 1-4。鈐"寶觚樓秘笈之印"朱文印、"娑羅花樹館周氏藏書"朱文印 （丁）/7899

疑耀：七卷/（明）李贄撰.--刻本.--張萱，明萬曆（1573～1620）.--6 冊（1 函）.--半葉 8 行，行 16 字，白口，四周單邊，單黑魚尾，半框 19.1×13.9cm。佚名圈點。鈐"恧閑堂"朱文印、"縣藜"朱文印.--綫裝（乙三）/688

古今釋疑：十八卷/（清）方中履撰.--刻本. 汗青閣，清康熙（1662～1722）.--20 冊（2 函）.--半葉 8 行，行 20 字，小字雙行字同，白口，左右雙邊，單白魚尾，版心下刻"汗青閣"，半框 19.9×13.1cm。鈐"靜齋藏書"朱文印、"靜齋鑑賞圖書"白文印.--綫裝

（乙三）/927

第二部 10 冊（1 函） （丙三）/261

天祿識餘：十卷/（清）高士奇輯.--刻本.--清康熙（1662～1722）.--5 冊（1 函）.--半葉 11 行，行 19 字，粗黑口，四周單邊，雙順黑魚尾，半框 18.8×13.3cm.--綫裝

（乙三）/276

日知錄：三十二卷/（清）顧炎武撰.--刻本. 閩中：潘耒遂初堂，清康熙三十四年（1695）.--10 冊.--半葉 11 行，行 22 字，小字雙行字同，白口，左右雙邊，單黑魚尾，半框 20.1×15.4cm.--綫裝：市府贈書 （戊）/912

日知錄：三十二卷/（清）顧炎武撰.--刻本. 清康熙（1662～1722）.--8 冊（2 函）.--翻刻清康熙三十四年遂初堂本。半葉 11 行，行 22 字，小字雙行字同，白口，左右雙邊，單黑魚尾，半框 19.?×14.8cm。遂初堂藏板。佚名批點--綫裝 （乙三）/1039

日知錄：三十二卷/（清）顧炎武撰.--刻本. 清乾隆（1736～1795）.--10 冊（2 函）.--翻刻清康熙三十四年遂初堂本。半葉 11 行，行 22 字，小字雙行字同，白口，左右雙邊，單黑魚尾，半框 20.2×15cm.--綫裝

（丙三）/1056

管城碩記：三十卷/（清）徐文靖撰.--刻本. 志寧堂，清乾隆九年（1744）.--8 冊（1 函）.--半葉 9 行，行 20 字，白口，左右雙邊，單黑魚尾，半框 18.2×12.8cm。志寧堂藏板。鈐"周肇祥讀過書"朱文印.--綫裝 （丙四）/294

潛邱劄記：六卷/（清）閻若璩撰. 左汾近稾：一卷/（清）閻詠撰.--刻本.--眷西堂，清乾隆十年（1745）.--12 冊（2 函）.--卷 6 有 1 葉抄配。半葉 11 行，行 20 字，小字雙行字同，白口，左右雙邊，單黑魚尾，半框 19×15cm。

眷西堂藏板。鈐"景偉廩印"白文印、"荆鄉田氏藏書之印"朱文印、"北平孔德學校之章"朱文印.--綫裝　　　　　（甲三）/527

陔余叢考：四十三卷/（清）趙翼撰.--刻本.陽湖趙氏湛貽堂，清乾隆五十五至五十六年（1790～1791）.--12 冊（2 函）.--卷 32 第 1 葉、卷 33 第 1 葉用他本補配。半葉 11 行，行 21 字，小字雙行 31 字，白口，左右雙邊，單黑魚尾，半框 18×13.9cm。湛貽堂藏板。鈐"陶"朱文印、"況翁歡喜"白文印.--綫裝　　　　　　　　（乙三）/818

　　第二部　16 冊（2 函），佚名圈點，鈐"北平孔德學校之章"朱文印　　　（甲五）/188

　　第三部　12 冊（2 函），鈐"陳篆之印"白文印　　　　　　　　　（丙三）/367

陔余叢考：四十三卷；**簷曝雜記**：六卷，續一卷/（清）趙翼撰.--刻本.--陽湖趙翼湛貽堂，清乾隆五十五年（1790）.--11 冊（1 函）.半葉 11 行，行 21 字，白口，左右雙邊，單黑魚尾，半框 18.1×14.1cm。湛貽堂藏板.--綫裝　　　　　　　（乙五）/150

鐘山札記：四卷/（清）盧文弨撰.--刻本.--杭州：抱經堂，清乾隆五十五年（1790）.--1 冊.--（抱經堂叢書：十七種/[清]盧文弨編）.半葉 10 行，行 21 字，白口，左右雙邊，單黑魚尾，半框 18×13cm。有刻工：劉文奎、劉文楷.--綫裝：市府贈書　　（戊）/577

香墅漫鈔：四卷；**香墅漫鈔續**：四卷；**香墅漫鈔又續**：四卷/（清）曾廷枚輯.--刻本.--南城曾氏家塾，清乾隆五十二年（1787）刻；清乾隆五十九年（1794）、清乾隆六十年（1795）續刻.--6 冊（1 函）.--半葉 10 行，行 20 字，白口，左右雙邊，單黑魚尾，半框 17×12.6cm。鈐"普定姚大榮字儷桓號芷澧金石書畫"朱文印.--綫裝　　（乙三）/1059

南江札記：四卷/（清）邵晉涵撰.--刻本.--清嘉慶八年（1803）.--1 冊（1 函）.--卷端有

缺。半葉 10 行，行 21 字，小字雙行字同，白口，左右雙邊，單黑魚尾，半框 17.9×13.5cm。佚名朱筆批點.--綫裝　　　　（丁）/12719

雜記

世説新語：八卷/（南朝宋）劉義慶撰；（梁）劉孝標註；（明）王世懋批點.--刻本.--明（1368～1644）.--8 冊（1 函）.--卷 8 末葉係抄配。半葉 9 行，行 20 字，細黑口，左右雙邊，單黑魚尾，半框 20×13.2cm。有刻工：張佩之、汝等。拜石題跋。鈐"劉氏阮溪珍藏"朱文印、"劉生阮溪"白文印、"拜石山房"朱文印、"雪峰"朱文印、"雪峰父"白文印、"楊維宗印"白文印、"維宗"白文印、"管領伊洛瀍潤"朱文印、"清白吏子孫"白文印、"夷門吏印"白文印、"謝氏月樵珍藏"朱文印、"拜石山房藏書讀畫印"白文印、"季珊珍藏"朱文印、"季珊氏"朱文印、"十年一覺揚州夢"朱文印、"讀父書"白文印、"壬申子"朱文印、"北京市文化局文物調查研究組藏書印"朱文印.--綫裝　　（丁）/14582

世説新語：六卷/（南朝宋）劉義慶撰；（梁）劉孝標註；（宋）劉辰翁，（宋）劉應登評.--刻本，四色套印.--吳興：凌瀛初，明萬曆（1573～1620）.--6 冊（1 函）.--半葉 8 行，行 18 字，小字雙行字同，白口，四周單邊，半框 20.9×14.6cm。鈐"子真氏"白文印、"歷年"白文印、"史歷年印"白文印、"莫友芝圖書印"朱文印、"莫繩孫印"白文印、"邵亭長"白文印、"莫友芝"白文印、"王氏敬盖"朱文印.--綫裝　　　（乙三）/942

世説新語：八卷/（南朝宋）劉義慶撰；（梁）劉孝標註；（宋）劉辰翁，（宋）劉應登評.--刻本，四色套印.--吳興：凌瀛初，明萬曆（1573～1620）.--8 冊（1 函）.--與六卷本同一版，挖改為八卷，葉碼亦挖改。半葉 8 行，行 18 字，小字雙行字同，白口，四周單邊，半框 20.9×14.6cm。鈐"李承烈印"白文印、

"曾藏章武高氏小椠庵"朱文印、"高淩霽澤畬甫收藏印"朱文印.--綫裝　　　　　（丙三）/20

世説新語：三卷/（南朝宋）劉義慶撰；（梁）劉峻註；（明）淩濛初訂.**世説新語補**：四卷/（明）何良俊補.--刻本.--清康熙十五年（1676）.--4 冊（1 函）.--書名頁題"世説新語鼓吹"。半葉 9 行，行 20 字，小字雙行字同，有眉欄，行 8 字，白口，左右雙邊，單黑魚尾，半框 23.8×13.1cm。佚名朱筆圈點。佑啓堂藏版。鈐"湯為霈印"白文印.--綫裝
　　　　　　　　　　　　　　（丁）/259

　　第二部　6 冊（1 函），存世説新語 3 卷，鈐"北平孔德學校之章"朱文印（甲三）/343

李卓吾批點世説新語補：二十卷/（南朝宋）劉義慶撰；（梁）劉孝標註；（宋）劉辰翁批點；（明）何良俊增補；（明）王世貞刪定；（明）王世懋批釋；（明）李贄批點.--刻本.--明萬曆（1573~1620）.--4 冊（1 函）.--半葉 9 行，行 18 字，小字雙行字同，有眉欄，行 6 字，白口，四周單邊，半框 23.4×14.8cm。鈐"江之漸印"朱文印、"味青齋藏書"朱文印.--綫裝
　　　　　　　　　　　　　　（丁）/2656

世説新語補：二十卷/（南朝宋）劉義慶撰；（梁）劉孝標註；（明）何良俊峻等增補；（明）王世貞刪定；（明）張文柱校註.--刻本.--茂清書屋，清乾隆二十七年（1762）.--10 冊（2 函）.--版心題"世説補"。半葉 9 行，行 18 字，小字雙行字同，白口，左右雙邊，單黑魚尾，版心下刻"茂清書屋"，半框 17.8×12.8cm。茂清書屋藏板.--綫裝　（丙四）/3187
　　第二部　4 冊（1 函）　　（丙三）/907
　　第三部　6 冊（1 函）　　（丁）/3202

唐國史補：三卷/（唐）李肇撰.--刻本.--汲古閣，明（1368~1644）.--3 冊（1 函）.--半葉 8 行，行 18 字，小字雙行字同，白口，左右雙邊，半框 18.8×14.3cm。鈐"閑云野鶴"白文印、"枕煙樓書畫印"朱文印、"古芬樓藏書"白文印、"雪北山樵"朱文印、"高平

張氏承綸家藏喜本"朱文印、"敬事而信"朱文印.--綫裝　　　　　（丁）/12410

玉泉子：不分卷/（唐）佚名輯.--刻本.--商濬，明萬曆（1573~1620）刻；振鷺堂，清康熙（1662~1722）補刻.--1 冊（1 函）.--（稗海：四十六種二百八十五卷/［明］商濬編）.--半葉 9 行，行 20 字，白口，四周單邊，單黑魚尾，半框 20.9×14.4cm.--綫裝
　　　　　　　　　　　　　　（丙三）/3391

摭言：一卷/（五代）王定保撰.--刻本.--明萬曆（1573~1620）.--1 冊（1 函）.--（稗海：四十六種二百八十五卷/［明］商濬輯）.--半葉 9 行，行 20 字，白口，四周單邊，單黑魚尾，半框 21×14.5cm.--綫裝　　（丙三）/3389

東坡先生物類相感志：十八卷/（宋）蘇軾撰.--抄本.--清（1644~1911）.--6 冊（1 函）.--鈐"小東珍藏"白文印.--綫裝
　　　　　　　　　　　　　　（丙三）/22

御覽曲洧舊聞：十卷/（宋）朱弁撰.--刻本.清乾隆（1736~1795）.--2 冊（1 函）.--半葉 10 行，行 21 字，小字雙行字同，細黑口，左右雙邊，半框 18.3×13.3cm。鈐"胡貞樾珍藏"朱文印、"真州吳氏有福讀書堂藏本"朱文印.--綫裝　　　　　（丙二）/3868

揮麈前錄：四卷；**揮麈後錄**：十一卷；**揮麈第三錄**：三卷；**揮麈後錄餘話**：二卷/（宋）王明清編；（明）毛晉訂.--刻本.--常熟：毛氏汲古閣，明崇禎（1628~1644）.--12 冊（2 函）.--半葉 9 行，行 19 字，白口，左右雙邊，版心下鎸"汲古閣"，半框 19.2×13.8cm。鈐"北平孔德學校之章"朱文印.--綫裝
　　　　　　　　　　　　　　（甲三）/863

桯史：十五卷，附錄一卷/（宋）岳珂著；（明）毛晉訂.--刻本.--海虞毛氏汲古閣，明崇禎（1628~1644）.--4 冊（1 函）.--（津逮秘書/［明］毛晉編）.--卷 5 第 4 葉抄配。半葉

8 行，行 19 字，白口，左右雙邊，半框 18.9 ×13.7cm。鈐"馬氏大雅堂藏"白文印、"馬氏彥祥藏"朱文印. --綫裝：馬彥祥贈書

(戊) /133

厚德錄：四卷/（宋）李元綱撰. --刻本. --商氏半埜堂，明萬曆（1573～1620）刻；清（1644～1911）重編補刻. --4 冊（1 函）. --（續稗海：二十二種/[明]商濬輯）. --半葉 9 行，行 20 字，小字雙行字同，白口，四周單邊，單黑魚尾，半框 21×14cm. --綫裝

(丙三) /3189

穀山筆麈：十八卷/（明）于慎行撰. --刻本. 明萬曆四十一年（1613）刻；清康熙十六年（1677）補刻. --6 冊（1 函）. --半葉 9 行，行 18 字，白口，四周單邊，單黑魚尾，半框 18.5×14.3cm。鈐"謝剛國"白文印、"蘇氏家藏"朱文印、"百鍊盦"朱文印、"馬彥祥藏書"朱文印等. --綫裝　　(丁) /13744

第二部　8 冊（1 函）　　　(乙二) /699

增定玉壺冰：二卷，補一卷/（明）都穆編；（明）閔元衢增. --刻本. --明萬曆（1573～1620）. --3 冊（1 函）. --第 1 冊據明萬曆刻本抄配。半葉 8 行，行 18 字，白口，四周單邊，單黑魚尾，半框 20.8×13.4cm。鈐"慶善字叔美印"白文印、"尚友齋印"白文印、"顧曾壽"白文印、"顧雲臺印"白文印、"北平孔德學校之章"朱文印. --綫裝　　(甲四) /1157

孤樹哀談：十卷/（明）李默撰. --刻本. --明（1368～1644）. --12 冊（1 匣）. --半葉 13 行，行 24 字，四周單邊，雙對黑魚尾，半框 19.3×14.1cm。有刻工：丙。佚名圈點、批註。鈐"北平孔德學校之章"朱文印. --綫裝　　　　　　　　　　　(甲二) /557

何氏語林：三十卷/（明）何良俊撰並註. --刻本. --華亭柘湖何氏清森閣，明嘉靖二十九年（1550）. --16 冊（4 函）. --半葉 10 行，行 20 字，小字雙行字同，白口，左右雙邊，雙對

黑魚尾，半框20.7×15.3cm。鈐"夢澤鑑賞"朱文印、"津門王鳳岡風篁館收藏印"朱文印. --綫裝　　　　　　　　　(乙五) /35

見聞雜記：十一卷，卷首一卷/（明）李樂撰；（明）朱國禎校正. --刻本. --明萬曆（1573～1620）. --4 冊（1 函）. --半葉 10 行，行 18 字，白口，四周單邊，單黑魚尾，半框 17.3×13cm。鈐"詩龕書畫印"朱文印、"馬氏彥祥藏書"朱文印. --綫裝：馬彥祥贈書

(戊) /50

第二部　12 冊（2 函），胡桌題跋，鈐"北平孔德學校之章"朱文印　　　(甲三) /607

冥寥子遊：二卷/（明）屠隆撰；（明）何三畏評. --刻本. --明萬曆（1573～1620）. --1 冊（1 函）. --（寶顏堂秘笈/[明]陳繼儒編）. --半葉 8 行，行 18 字，白口，左右雙邊間四周單邊，單黑魚尾間單白魚尾，半框 20.9×13.7cm。佚名圈點。鈐"北平孔德學校之章"朱文印. --綫裝　　　　　　(甲三) /787

陳眉公考槃餘事：四卷/（明）屠隆撰. --刻本. --沈氏尚白齋，明萬曆三十四年（1601）. 2 冊. --（尚白齋鐫陳眉公訂正秘笈二十一種/[明]陳繼儒編）. --半葉 8 行，行 18 字，小字雙行字同，白口，四周單邊，半框20.4×12.5cm. --綫裝　　　　　　(庚) /709

寶顏堂訂正偶譚：一卷/（明）李鼎撰. **寶顏堂訂正陳眉公考槃餘事**：四卷/（明）屠隆撰. 刻本. --沈氏尚白齋，明萬曆（1573～1620）. --2 冊（1 函）. --（寶顏堂秘笈/[明]陳繼儒編）. --考槃餘事存卷 1。半葉 8 行，行 18 字，小字雙行字同，白口，四周單邊，半框 21.1×12.4cm。佚名批校. --綫裝　　　　　　(丁) /12440

陳眉公珍珠船：四卷/（明）陳繼儒撰. --刻本. --明末（1573～1644）. --1 冊（1 函）. --半葉 8 行，行 18 字，小字雙行字同，白口，四周單邊，半框 19.6×12.7cm。佚名圈點. --綫裝

(丁) /4690

[鄧氏爭奇四種]：十一卷/（明）鄧志謨纂. --刻本. --萃慶堂，明（1368～1644）. --12 冊（2 函）：圖 21 幅. --鄧志謨別號風月主人。半葉 6 行，行 20 至 21 字不等，白口，四周單邊，無界行，半框 20.7×12.5cm。鈐"安政七改"朱文印. --綫裝
子目：
蔬果爭奇：三卷
茶酒爭奇：二卷
梅雪爭奇：三卷
風月爭奇：三卷　　　　　　（甲四）/49

癖顛小史：一卷/（明）聞道人撰；（明）袁宏道評. --刻本，朱墨套印. --閔于忱松筠館，明末（1573～1644）. --1 冊（1 函）. --（枕函小史：四卷/[明]閔于忱編）. --卷端題"袁石公評"，袁石公即袁宏道。半葉 7 行，行 17 字，白口，四周單邊，無界行，半框 19.3×14.1cm. --綫裝　　　（乙三）/1130

野獲編：三卷/（明）沈德符撰. --抄本. --清（1644～1911）. --6 冊（1 函）. --據萬曆間刻本抄. --綫裝　　　　　（丁）/12543

堯山堂外紀：一百卷，附偶雋七卷/（明）蔣一葵撰. --抄本. --清（1644～1911）. --16 冊（4 函）. --鈐"鏡源"朱文印、"容齋"朱文印、"北平孔德學校之章"朱文印. --綫裝
　　　　　　　　　　　　　（甲二）/47

湧幢小品：三十二卷/（明）朱國禎撰. --刻本. --明末（1573～1644）. --16 冊（4 函）. --有抄配。半葉 9 行，行 20 字，白口，左右雙邊，部分葉無界行，單黑魚尾，半框 20.2×15.2cm。佚名批點。鈐"湘西賀瑗秘籍書畫印"朱文印、"湘西賀瑗所藏"朱文印、"吳門陸儁鑒藏"白文印、"臣儁私印"白文印、"別號樹蘭"白文印. --綫裝　（乙三）/1053

清賢紀：六卷/（明）尤鏜編. --刻本. --倪錦，明天啟三年（1623）. --4 冊（1 函）. --半葉 9 行，行 18 字，白口，四周雙邊，半框

22.5×15cm。有刻工：何之清. --綫裝
　　　　　　　　　　　　　（甲三）/829

焦氏說楮：七卷/（明）焦周撰. --刻本. --清初（1644～1722）. --7 冊（1 函）. --半葉 11 行，行 22 字，白口，四周單邊，單黑魚尾，半框 22.4×15.1cm。佚名圈點. --綫裝
　　　　　　　　　　　　　（乙三）/779

咫聞集：三卷/（清）郭為峽撰. --刻本. --清乾隆三十六年（1771）. --3 冊（1 函）. --半葉 8 行，行 19 字，白口，左右雙邊，半框 17.5×12.2cm。佚名圈點. --綫裝
　　　　　　　　　　　　　（丙三）/858

雜纂

群書治要：五十卷/（唐）魏徵等奉敕撰. --刻本. --日本：尾張國，日本天明七年（1787）. --26 冊（1 夾）. --缺卷 4、13、20。半葉 9 行，行 18 字，小字雙行字同，有眉欄，行 3 字，白口，四周雙邊，單黑魚尾，半框 20.4×15.5cm. --綫裝　　　　（乙三）/462

雲仙散錄：一卷/（唐）馮贄撰. --刻本. --明（1368～1644）. --1 冊（1 函）. --缺第 4、5 葉。半葉 10 行，行 18 字，小字雙行字同，白口，左右雙邊，單白魚尾，半框 17.2×13cm。佚名題跋、批校。鈐"獨山莫氏銅井文房之印"朱文印、"獨山莫棠"朱文印、"頤庭昕藏"朱文印. --綫裝　　　（丁）/15299

雲仙雜記：十卷/（唐）馮贄輯. --刻本. --葉氏菉竹堂，明隆慶五年（1571）. --1 冊（1 函）. --（唐宋叢書：八十九種/[明]鍾人傑，[明]張遂辰編）. --半葉 10 行，行 18 字，白口，四周單邊，單黑魚尾，版心下記字數，半框 18.4×12.4cm. --綫裝
　　　　　　　　　　　　　（丁）/4357

自警編：五卷/（宋）趙善璙撰. --刻本. --明（1368～1644）. --9 冊（2 函）. --存 3 卷：

乙、丙、丁。半葉 10 行，行 20 字，小字雙行
字同，白口，四周雙邊，雙順黑魚尾，半框
22.2×16.5cm。有刻工：宗、尺等。--綫裝
（乙三）/1143

自警編：九卷/（宋）趙善璙撰。--刻本。--
唐曜，明嘉靖二十四年（1545）。--6 冊（1 函）。
缺卷 9，卷 4 第 43、44 葉、卷 6 第 76 葉、卷 7、
卷 8 第 89、90 葉係抄配。半葉 10 行，行 21
字，小字雙行字同，粗黑口，四周雙邊，三黑
魚尾，半框 22.8×14.8cm。佚名批點。--綫裝
（丁）/12700

大明仁孝皇后勸善書：二十卷/（明）仁孝皇
后徐氏撰。--刻本。--南京：内府，明永樂（1403
～1424）。--10 冊（2 函）。--半葉 14 行，行
28 字，粗黑口，四周雙邊，雙對花魚尾，半框
29.6×19.4cm。鈐"厚載之記"朱文印、"京
師圖書館收藏之印"朱文印。--綫裝
（丙三）/5936

大明仁孝皇后勸善書：二十卷/（明）仁孝皇
后徐氏撰。--刻本。--南京：内府，明永樂（1403
～1424）。--20 冊（2 函）。--半葉 14 行，行
28 字，粗黑口，四周雙邊，雙對花魚尾，半框
30.9×19.3cm。鈐"厚載之記"朱文印。--包
背裝
（乙三）/485

儼山外集：四十卷/（明）陸深撰。--刻本。--
雲間陸楫，明嘉靖二十四年（1545）。--12 冊
（2 函）。--半葉 10 行，行 20 字，小字雙行字
同，白口，左右雙邊，雙順白魚尾，半框 18.7
×13.7cm。鈐"吳興劉氏嘉業堂藏"朱文印、
"蒼茫齋收藏精本"朱文印、"高氏家藏"白
文印、"蒼茫齋收藏金石書畫"朱文印、"莆
陽高氏鑒藏"白文印、"高世異圖書印"朱文
印、"一字德啓"朱文印、"世異長壽"白文
印、"蒼芒齋藏善本"朱文印。--綫裝
（丁）/391

翼學編：十三卷/（明）朱應奎撰。--刻本。--
明萬曆（1573～1620）。--3 冊（1 函）。--缺卷

1、2。半葉 9 行，行 20 字，小字雙行字同，白
口，四周雙邊間四周單邊，單黑魚尾，半框 22
×15cm。佚名圈點。鈐"北平孔德學校之章"
朱文印。--綫裝
（甲三）/370

初潭集：三十卷/（明）李贄撰。--刻本。--
明末（1573～1644）。--24 冊（2 函）。--半葉
9 行，行 20 字，有眉批，行 2 字，白口，四周
單邊，無界行，單黑魚尾，半框 20.6×
13.6cm。佚名朱筆批點。鈐"孔廣田印"朱文
印、"蓮塘"白文印。--綫裝
（丁）/7494

初潭集：三十卷/（明）李贄撰；（明）王克
安重訂。--刻本。--明末（1573～1644）。--10
冊（2 函）。--半葉 9 行，行 20 字，白口，四
周單邊，單黑魚尾，半框 21.6×14.9cm。有刻
工：黃惟用。鈐"少泉蔡氏珍藏"朱文印、"求
善價而沽諸"白文印、"北平孔德學校之章"
朱文印。--綫裝
（甲三）/945

廣造福編/（明）袁黃撰；（明）徐守貞纂。--
刻本。--明萬曆二十四年（1596）。--1 冊（1
函）。--此書不全。題名據序言著錄。卷端題
"纂了凡先生格言"。半葉 8 行，行 18 字，白
口，四周雙邊，單黑魚尾，半框 20.5×
14.5cm。--綫裝
（丁）/12677

琅邪代醉編：四十卷/（明）張鼎思輯。--刻
本。--陳性學，明萬曆二十五年（1597）。--20
冊（4 函）。--半葉 10 行，行 21 字，小字雙行
字同，白口，四周雙邊，單黑魚尾，半框 21.4
×14.3cm。鈐"潢川吳氏收藏圖書"朱文印。
綫裝
（丁）/12455

諸子合雅：四卷/（明）王志遠編。--刻本。--
明萬曆四十四年（1616）。--8 冊（1 函）。--
版心題"合雅"。半葉 9 行，行 17 字，白口，
四周單邊，單黑魚尾，半框 19.7×12.6cm。佚
名圈點。鈐"北平孔德學校之章"朱文印。--
綫裝
（甲三）/339

諸經品節：二十八種二十卷/（明）楊起元

編.--刻本.--明萬曆（1573～1620）.--2 冊（1
函）.--存 12 種：文始經、洞古經、大通經、
定觀經、玉樞經、心印經、五廚經、護命經、
胎息經、龍虎經、洞靈經、黃庭經。半葉 9 行，
行 20 字，小字雙行字同，白口，四周單邊，單
黑魚尾，半框 21.7×15cm .--綫裝

（丙三）/5736

智品：十三卷/（明）樊玉衡評；（明）於倫
增編.--刻本.--明萬曆（1573～1620）.--24
冊（4 函）.--半葉 10 行，行 20 字，小字雙行
字同，白口，左右雙邊，單黑魚尾，半框 21.3
×15cm.--綫裝　　　　　　　（丁）/14189

冰月補：三卷/（明）馬思恭輯.--刻本.--
明萬曆（1573～1620）.--3 冊（1 函）.--卷上
為：玉壺冰/（明）都穆輯；卷中為：秋潭月/
（明）黃松林輯；卷下為：冰月補/（明）馬思
恭輯。半葉 8 行，行 19 字，小字雙行字同，白
口，四周單邊，半框 20.7×13.8cm。有刻工：
李基。鈐"北平孔德學校之章"朱文印.--綫
裝　　　　　　　　　　　　　（甲三）/862

墨林快事：六卷/（明）安世鳳撰.--抄本.--
清（1644～1911）.--6 冊（1 函）.--鈐"江東
包氏天祿閣藏書印"白文印.--綫裝

（丁）/13032

清寤齋心賞編：一卷/（明）王象晉輯.--刻
本.--明崇禎（1628～1644）.--1 冊（1 函）.--
半葉 9 行，行 20 字，白口，四周單邊，單黑魚
尾，半框 21×14.6cm。周肇祥跋。鈐"珊瑚閣
珍藏印"朱文印、"光熙之印"白文印、"裕
如秘笈"白文印、"肇祥長壽"白文印.--綫
裝　　　　　　　　　　　　　（丁）/12670

僬里塵譚：十二卷/（明）林有麟撰.--刻本.
明天啟元年（1621）.--12 冊（2 函）.--半葉
7 行，行 16 字，白口，四周單邊，半框 19.9
×12.5cm。鈐"三祝花封人"白文印、"漢陽
葉名灃潤臣甫印"白文印、"北平孔德學校之
章"朱文印.--綫裝　　　　　　（甲三）/698

最樂編：五卷/（明）高道淳輯.--刻本.--
明天啟四年（1624）（明崇禎[1628～1644]
印）.--4 冊（1 函）.--半葉 8 行，行 18 字，
白口，四周單邊，半框 19.7×14.1cm。有刻
工：景泰徵。鈐"汪氏惟念"朱文印.--綫裝

（乙三）/1044

新鐫諸子拔萃：八卷/（明）李雲翔評選.--
刻本，朱墨套印.--秣陵唐建元，明天啟七年
（1627）.--8 冊（1 函）.--書名頁、版心題"諸
子拔萃"。半葉 9 行，行 18 字，有眉批，行 5
字，白口，四周單邊，半框 20.2×14.9cm。鈐
"北平孔德學校之章"朱文印.--綫裝

（甲三）/692

福壽全書：不分卷/（明）陳繼儒撰.--刻本.
金閶張叔籟，明崇禎（1628～1644）.--5 冊.--
半葉 8 行，行 19 字，白口，左右雙邊，半框
19.2×13.7cm。鈐"方功惠藏書之印"朱文
印、"得天然樂趣齋之印"朱文印.--綫裝

（戊）/1491

說雅：十五卷/（明）張如蘭撰.--刻本.--
明崇禎（1628～1644）.--6 冊（1 函）.--半葉
9 行，行 18 字，小字雙行字同，白口，四周單
邊，單白魚尾，半框 21.9×13.9cm。鈐"北平
孔德學校之章"朱文印.--綫裝　（甲一）/126

穀詒彙：十四卷，卷首二卷/（明）陶希皋，
（明）王之垣輯.--刻本.--滇南陶氏，明崇禎
（1628～1644）.--8 冊（1 函）.--存卷 1-7。
半葉 8 行，行 18 字，小字雙行字同，白口，四
周單邊，半框 14.4×20cm。鈐"北平孔德學校
之章"朱文印.--綫裝　　　　　　（甲三）/561

瓶花供：二十四卷，附四卷/（明）劉鳳翱輯
評.--刻本.--明崇禎三年（1630）.--14 冊（1
夾）.--題詞 1 葉係抄配。半葉 8 行，行 20 字，
有眉批，行 6 字，白口，四周單邊，無界行，
單白魚尾，半框 21.4×14.1cm.--綫裝

（乙四）/336

閑存錄：四卷／（明）王永祚輯．--刻本．--二思堂，明崇禎（1628～1644）．--4 冊（1 函）．半葉 8 行，行 20 字，白口，四周雙邊，單黑魚尾，版心下刻"二思堂"，半框 20.9×14.1cm。佚名批點．--綫裝 　　　（乙三）/1113

梨雲館廣清紀：四卷／（明）吳從先，（明）王綠督纂．--刻本．--南雍周文煒，明（1368～1644）．--4 冊（1 函）．--版心題"廣清紀"。半葉 8 行，行 18 字，小字雙行字同，白口，四周單邊。大業堂藏板。佚名圈點。鈐"大業堂"朱文印、"北平孔德學校之章"朱文印．綫裝 　　　（甲三）/880

新鐫分類評註文武合編百子金丹：十卷／（明）郭偉選註；（明）郭中吉編次．--刻本．--經國堂，清初（1644～1722）．--12 冊（2 函）．半葉 9 行，行 22 字，小字雙行字同，白口，四周單邊，無界行，半框 22×14.5cm。佚名圈點．--綫裝 　　　（丙三）/910

倘湖樵書：初編六卷，二編六卷／（明）來集之輯．--刻本．--來氏倘湖小築，清康熙（1662～1722）．--12 冊（2 函）．--半葉 9 行，行 20 字，小字雙行字同，白口，四周雙邊，單黑魚尾，版心下刻"倘湖小築"，半框 18.1×14.3cm。鈐"寶德堂藏書"朱文印、"真州吳氏有福讀書堂藏書"朱文印．--綫裝 　　　（乙三）/1057

博學彙書：十二卷／（明）來集之纂．--刻本．來氏倘湖小築，清康熙（1662～1722）．--24 冊（4 函）．--與倘湖樵書同一版，卷端題"博學彙書初編"、"博學彙書二編"，版心題"彙書初編"、"彙書二編"，係剜改而成。半葉 9 行，行 20 字，小字雙行字同，白口，四周雙邊，單黑魚尾，版心下刻"倘湖小築"，半框 18.1×14.2cm。鈐"果親王府圖書記"朱文印、"北平孔德學校之章"朱文印．--綫裝 　　　（甲三）/915

邛竹杖：七卷／（清）施男撰．--刻本．--留髡堂，清初（1644～1722）．--4 冊（1 函）．--半葉 8 行，行 18 字，白口，左右雙邊，版心下刻"留髡堂"，半框 19.3×13.5cm。留髡堂藏板。鈐"北平孔德學校之章"朱文印．--綫裝 　　　（甲三）/349

臣鑑錄：二十卷／（清）蔣伊編輯．--刻本．--清康熙十四年（1675）．--28 冊（4 函）．--半葉 9 行，行 23 字，小字雙行字同，白口，左右雙邊，單黑魚尾，半框 20.8×14cm。書末牌記題"集中凡遇御諱改用元圓，康熙乙卯秋梓"。鈐"錢啟年印"朱文印．--綫裝 　　　（乙二）/1109

讀書樂趣初集：八卷／（清）伍涵芬撰．--刻本．--伍氏華日堂，清康熙三十七年（1698）．8 冊（1 函）．--半葉 8 行，行 20 字，小字雙行字同，白口，四周單邊，無界行，單黑魚尾，版心下刻"華日堂"，半框 18.3×12.4cm。華日堂藏板。鈐"映旭齋藏板"朱文印．--綫裝 　　　（丙四）/3309

警心錄：十二卷／（清）李毓之輯．--刻本．--清康熙（1662～1722）．--4 冊（1 函）．--半葉 9 行，行 22 字，小字雙行字同，粗黑口，左右雙邊，單黑魚尾，半框 18.8×14.9cm。翠飛岩館藏板。周肇祥題記。鈐"金蓮花館"白文印、"周肇祥讀過書"朱文印．--綫裝 　　　（丙三）/5504

閒情偶寄：十六卷／（清）李漁著．--刻本．--翼聖堂，清康熙（1662～1722）．--8 冊（1 函）：插圖 14 幅．--（笠翁秘書；第一種）．--半葉 9 行，行 20 字，有眉批，行 3 字，白口，四周單邊，半框 18.4×13.1cm。鈐"曉鈴藏書"朱文印．--綫裝：吳曉鈴贈書（己）/1292

第二部 　　　（丁）/13844

居易錄：三十四卷／（清）王士禎撰．--刻本．清康熙（1662～1722）（清雍正[1723～1735]印）．--8 冊（1 函）．--半葉 10 行，行 20 字，小字雙行字數不等，粗黑口，左右雙邊，單黑

魚尾，半框 17.1×13.2cm。鈐 "北平孔德學校之章" 朱文印. --綫裝 （甲三）/786

  第二部　12 冊（2 函），鈐 "山淵" 朱文印 （乙三）/1063

  第三部　7 冊（1 函），存卷 5-17、22-34 （庚）/179

漁洋説部精華：十二卷/（清）王士禎撰；（清）劉堅編次. --刻本. --清乾隆（1736～1795）. --4 冊（1 函）. --書名頁題 "漁洋山人説部精華"。半葉 10 行，行 21 字，白口，左右雙邊，半框 19.3×13.9cm。鈐 "敦仁堂藏書" 朱文印. --綫裝：群芳閣藏書 （庚）/160

女學：六卷/（清）藍鼎元編. --刻本. --清雍正（1723～1735）. --3 冊（1 函）. --（鹿洲全集/[清]藍鼎元編）. --半葉 9 行，行 17 字，小字雙行字同，白口，左右雙邊，無界行，單黑魚尾，半框 17.8×14.2cm. --綫裝 （丙三）/1787

酒鑑七十二條及其他雜抄. --抄本. --清雍正乾隆間（1723～1795）. --1 冊（1 函）. --書名據卷端及内容著録。佚名圈點. --綫裝 （丁）/5987

幽夢影：二卷/（清）張潮撰. --抄本，朱絲欄. --清末（1851～1911）. --2 冊（1 函）. --綫裝 （丙四）/2757

述記/（清）任兆麟編. --刻本. --忠敏家塾，清乾隆五十三年（1788）. --6 冊（1 函）. --題名據書名頁著録。半葉 9 行，行 17 字，小字雙行字同，白口，左右雙邊，單黑魚尾，半框 17.8×13.6cm。映雪草堂藏板。佚名圈點。鈐 "北平孔德學校之章" 朱文印. --綫裝 （甲三）/244

嘉懿集初鈔：四卷.**嘉懿集續鈔**：四卷/（清）高嵦輯. --刻本. --清乾隆五十四年(1789). --8 冊（1 函）. --半葉 9 行，行 25 字，小字雙行字同，有眉批，行 6 字，白口，四周雙邊，無

界行，單黑魚尾，半框 19.2×15.2cm。廣郡永邑培元堂楊藏板。佚名圈點。鈐 "讀書最樂" 朱文印. --綫裝 （丁）/2316

[古今選文]：不分卷. --抄本，藍絲欄. --清（1644～1911）. --1 冊（1 函）. --前後均有缺葉。書名係中國書店所擬。有朱筆標點，少量眉批. --綫裝 （丁）/12463

董氏鈔存：不分卷/（清）董恂抄. --抄本. --清道光至光緒(1821～1908). --4 冊（1 函）. --少元跋。鈐 "董淳字飲之號醖卿行世" 朱文印、"少元" 朱文印. --綫裝 （丁）/12575

讀書自得隨筆記/（清）李守真撰. --稿本. --清光緒（1875～1908）. --1 冊. --綫裝 （丁）/12639

狐白集：不分卷. --抄本. --清（1644～1911）. --4 冊（1 函）. --佚名朱筆圈點。鈐 "養雲山館" 朱文印、"儷笙" 朱文印、"曹振鏞印" 白文印、"從吾好齋" 朱文印. --綫裝 （丁）/1735

文典璆琳；周禮序官；策學萃語/（清）佚名輯. --抄本. --清（1644～1911）. --3 冊（1 函）. --鈐 "趙秉沖印" 白文印、"梁玉繩藏書" 朱文印、"夢樓" 朱文印、"馮登府藏" 白文印、"周養庵小市得" 朱文印. --綫裝 （丙四）/302

宗教類

佛教

大藏

徑山藏/（明）釋僧可等輯. --刻本. --明萬曆

至清康熙（1573～1722）.--存 669 種。半葉 10 行，行 20 字，白口，四周雙邊，半框 23.2×15.7cm.--綫裝

子目：

刻藏緣起：一卷，附檢經會約一卷，刻藏規則一卷/（明）釋僧可等撰.--明萬曆（1573～1620）.--1 冊（合裝 1 函）.--卷端未題書名，根據書簽題名著錄。半葉 8 行，行字數不等，粗黑口，左右雙邊間四周單邊，單白魚尾，半框 21.8×14.8cm. 有刻工：鄒友。與大明三藏聖教目錄、遵依北藏字號編次畫一合函

（丙二）/329

大明三藏聖教目錄：四卷/（明）佚名編.--餘杭：徑山寂照庵，明萬曆二十九年（1601）. 1 冊（合裝 1 函）.--有刻工：鄒友

（丙二）/329

遵依北藏字號編次畫一：一卷；續藏經值畫一：一卷；又續藏經值畫一：一卷/（清）佚名編.--清康熙（1662～1722）.--1 冊（合裝 1 函）

（丙二）/329

大乘般若部

摩訶般若波羅蜜經：三十卷/（後秦）釋鳩摩羅什，（後秦）釋僧叡譯.--餘杭：徑山寂照庵，明萬曆三十三至三十四年（1605～1606）；清（1644～1911）修版.--6 冊（1 函）：扉畫 1 幅.--版心題"摩訶般若經"。有刻工：鄒友、洪以信等　　　　　（丙三）/1532

摩訶般若波羅蜜鈔經：五卷/（前秦）釋曇摩蜱等譯.--明萬曆三十八年（1610）.--1 冊（1 函）　　　　　（丙三）/1579

大明度無極經：六卷/（吳）支謙譯.--明萬曆三十八年（1610）.--1 冊（1 函）

（丙三）/1580

勝天王般若波羅蜜經：七卷/（陳）釋月婆首那譯.--餘杭：徑山寂照庵，明萬曆三十三年（1605）.--1 冊（合裝 1 函）.--有刻工：芮一鶚、丘添祥等　　　　（丙三）/1469

金剛般若波羅蜜經：一卷/（後秦）釋鳩摩羅什譯.--餘杭：徑山寂照庵，明萬曆二十九年（1601）.--1 冊（與下兩種合訂）

（丙三）/1470-1

金剛般若波羅蜜經：一卷/（北魏）釋留支

譯.--餘杭：徑山寂照庵，明萬曆三十一年（1603）　　　　　　　　　（丙三）/1470-2

金剛般若波羅蜜經：一卷/（陳）釋真諦譯.--餘杭：徑山寂照庵，明萬曆三十一年（1603）　　　　　　　　　（丙三）/1470-3

能斷金剛般若波羅蜜多經：一卷/（唐）釋玄奘譯.--餘杭：徑山寂照庵，明萬曆三十二年（1604）.--2 冊（與下九種合訂）

（丙三）/1465-1

能斷金剛般若波羅蜜經：一卷/（唐）釋義淨譯.--餘杭：徑山寂照庵，明萬曆三十二年（1604）　　　　　　　　　（丙三）/1465-2

金剛能斷般若波羅蜜經：一卷/（隋）釋笈多譯.--餘杭：徑山寂照庵，明萬曆三十二年（1604）　　　　　　　　　（丙三）/1465-3

佛說濡首菩薩無上清淨分衛經：二卷/（南朝宋）翔公譯.--餘杭：徑山寂照庵，明萬曆三十二年（1604）　　　　　（丙三）/1465-4

仁王護國般若波羅蜜經：二卷/（後秦）釋鳩摩羅什譯.--餘杭：徑山寂照庵，明萬曆三十二年（1604）　　　　　　　（丙三）/1465-5

實相般若波羅蜜經：一卷/（唐）釋菩提流志譯.--餘杭：徑山寂照庵，明萬曆三十二年（1604）　　　　　　　　　（丙三）/1465-6

摩訶般若波羅蜜大明咒經：一卷/（後秦）釋鳩摩羅什譯.--餘杭：徑山寂照庵，明萬曆三十二年（1604）　　　　　（丙三）/1465-7

般若波羅蜜多心經：一卷/（唐）釋玄奘譯. 餘杭：徑山寂照庵，明萬曆三十二年（1604）

（丙三）/1465-8

文殊師利所說摩訶般若波羅蜜經：一卷/（梁）釋曼陀羅仙譯.--餘杭：徑山寂照庵，明萬曆三十二年（1604）　　　（丙三）/1465-9

文殊師利所說般若波羅蜜經：一卷/（梁）僧伽婆羅譯.--餘杭：徑山寂照庵，明萬曆三十二年（1604）　　　　　（丙三）/1465-10

寶積部

大寶積經：一百二十卷/（唐）釋菩提流志譯.--餘杭：徑山興聖萬壽禪寺，明萬曆二十三年（1595）（清康熙三十九年[1700]印）.--2 冊.--存卷 51-60. 鈐"張端之印"朱文印.--綫裝　　　　　　　　　　　　（丁）/16316

大方廣三戒經：三卷/（北涼）釋曇無讖譯.
杭州：雲棲寺，明萬曆三十八年（1610）；海鹽
朱灝，清康熙（1662～1722）補刻.--2 冊（合
裝 1 函）.--扉畫頁版心下刻"徑山化城恒瑞
梓".--綫裝　　　　　　　　（丙三）/1592-1

佛說無量清淨平等覺經：三卷/（漢）釋支婁
迦讖譯.--當湖馮洪業，明末（1573～1644）.
1 冊（合裝 1 函）　　　　　（丙三）/1592-2

佛說阿彌陀經：二卷/（吳）支謙譯.--餘杭：
徑山寂照庵，明萬曆三十七年（1609）刻；清
康熙（1662～1722）補刻.--1 冊（合裝 1
函）　　　　　　　　　　　（丙三）/1592-3

佛說無量壽經：二卷/（三國魏）釋康僧鎧
譯.--當湖馮洪業，明末（1573～1644）.--1
冊（合裝 1 函）　　　　　　（丙三）/1592-4

佛說阿閦佛國經：三卷/（漢）釋支婁迦讖
譯.--餘杭：徑山化城寺，明萬曆四十一年
（1613）.--1 冊（與下五種合訂）
　　　　　　　　　　　　　（丙三）/1593-1

佛說大乘十法經：一卷/（梁）釋僧伽婆羅
譯.--當湖馮洪業，明末（1573～1644）
　　　　　　　　　　　　　（丙三）/1593-2

佛說普門品經：一卷/（晉）釋竺法護譯.--
餘杭：徑山化城寺，明崇禎三年（1630）
　　　　　　　　　　　　　（丙三）/1593-3

文殊師利佛土嚴淨經：二卷/（晉）釋竺法護
譯.--明萬曆三十九年（1611）（丙三）/1593-4

佛說胞胎經：一卷/（晉）釋竺法護譯.--當
湖馮洪業，明末（1573～1644）
　　　　　　　　　　　　　（丙三）/1593-5

佛說法鏡經：二卷/（漢）釋安玄，（漢）嚴
佛調譯.--當湖馮洪業，明末（1573～1644）
　　　　　　　　　　　　　（丙三）/1593-6

郁迦羅越問菩薩行經：一卷/（晉）釋竺法護
譯.--當湖馮洪業，明末（1573～1644）.--2
冊（與下十種合訂）　　　　（丙三）/1594-1

幻士仁賢經：一卷/（晉）釋竺法護譯.--當
湖馮洪業，明末（1573～1644）
　　　　　　　　　　　　　（丙三）/1594-2

佛說決定毗尼經：一卷/（晉）燉煌三藏譯.
當湖馮洪業，明末（1573～1644）
　　　　　　　　　　　　　（丙三）/1594-3

發覺淨心經：二卷/（隋）釋闍那崛多譯.--
餘杭：徑山化城寺，明萬曆四十年（1612）
　　　　　　　　　　　　　（丙三）/1594-4

佛說優填王經：一卷/（晉）釋法炬譯.--餘
杭：徑山化城寺，明萬曆三十七年（1609）
　　　　　　　　　　　　　（丙三）/1594-5

佛說須摩提經：一卷/（晉）釋竺法護譯.--
餘杭：徑山化城寺，明萬曆三十八年（1610）
　　　　　　　　　　　　　（丙三）/1594-6

佛說須摩提菩薩經：一卷/（後秦）釋鳩摩羅
什譯.--餘杭：徑山化城寺，明萬曆三十八年
（1610）　　　　　　　　　（丙三）/1594-7

佛說離垢施女經：一卷/（晉）釋竺法護譯.
當湖馮洪業，明末（1573～1644）
　　　　　　　　　　　　　（丙三）/1594-8

佛說阿闍世王女阿術達磨菩薩經：一卷/
（晉）釋竺法護譯.--當湖馮洪業，明末（1573
～1644）　　　　　　　　　（丙三）/1594-9

佛說須賴經：一卷/（三國魏）釋白延譯.--
當湖馮洪業，明末（1573～1644）
　　　　　　　　　　　　　（丙三）/1594-10

佛說須賴經：一卷/（前涼）釋支施崙譯.--
當湖馮洪業，明末（1573～1644）
　　　　　　　　　　　　　（丙三）/1594-11

得無垢女經：一卷/（北魏）釋般若流支譯.
餘杭：徑山化城寺，明萬曆四十一年（1613）.
1 冊（與下六種合訂）　　　（丙三）/1595-1

文殊師利所說不思議佛境界經：二卷/（唐）
釋菩提流志譯.--餘杭：徑山化城寺，明萬曆三
十六年（1608）　　　　　　（丙三）/1595-2

佛說如幻三昧經：三卷/（晉）釋竺法護譯.
餘杭：徑山化城寺，明萬曆四十一年（1613）
　　　　　　　　　　　　　（丙三）/1595-3

善住意天子所問經：三卷/（北魏）釋毗目智
仙，（北魏）釋流支譯.--餘杭：徑山化城寺，
明萬曆三十七年（1609）　　（丙三）/1595-4

太子刷護經：一卷/（晉）釋竺法護譯.--明
萬曆（1573～1620）　　　　（丙三）/1595-5

太子和休經：一卷/（晉）佚名譯.--明萬曆
（1573～1620）　　　　　　（丙三）/1595-6

入法界體性經：一卷/（隋）釋闍那崛多譯.
明萬曆（1573～1620）　　　（丙三）/1595-7

慧上菩薩問大善權經：二卷／（晉）釋竺法護譯.--餘杭：徑山寂照庵，明萬曆三十六年（1608）.--1冊（與下四種合訂）.--又名"善權方便所度無極經"。有刻工：陶邦立
（丙三）/3177-1

大乘顯識經：二卷／（唐）釋地婆訶羅譯.--餘杭：徑山化城寺，明萬曆三十六年（1608）
（丙三）/3177-2

佛說大乘方等要慧經／（漢）釋安世高譯.--餘杭：徑山化城寺，明天啟七年（1627）.--有刻工：陶邦立
（丙三）/3177-3

彌勒菩薩所問本願經／（晉）釋竺法護譯.--餘杭：徑山化城寺，明天啟七年（1627）
（丙三）/3177-4

度一切諸佛境界智嚴經／（梁）釋僧伽婆羅譯.--餘杭：化城寺，明天啟七年（1627）
（丙三）/3177-5

佛遺日摩尼寶經：一卷／（漢）釋支婁迦讖譯.--餘杭：徑山化城寺，明崇禎元年（1628）.--1冊（與下三種合訂）
（丙三）/3178-1

佛說摩訶衍寶嚴經，一名，大迦葉品：一卷／（晉）佚名譯.--餘杭：徑山化城寺，明崇禎元年（1628）
（丙三）/3178-2

勝鬘師子吼一乘大方便方廣經：一卷／（南朝宋）釋求那跋陀羅譯.--餘杭：徑山化城寺，明崇禎元年（1628）
（丙三）/3178-3

毗耶娑問經：二卷／（北魏）釋瞿曇般若流支譯.--餘杭：徑山化城寺，明崇禎元年（1628）
（丙三）/3178-4

大集部

大乘大方等日藏經：十卷／（隋）釋那連提耶舍譯.--清順治三年（1646）.--2冊（1函）
（丙三）/1577

大方等大集月藏經：十卷／（隋）釋那連提耶舍譯.--清順治三年（1646）.--2冊（合裝1函）
（丙三）/1581

大乘大集地藏十輪經：十卷／（唐）釋玄奘譯.--明末（1573～1644）.--2冊（1函）
（丙三）/1431

佛說大方廣十輪經：八卷／（北涼）佚名譯.明末（1573～1644）.--2冊（與下一種合訂）
（丙三）/1432-1

大集須彌藏經：二卷／（隋）釋那連提耶舍，（隋）釋法智譯.--明末（1573～1644）
（丙三）/1432-2

虛空孕菩薩經：二卷／（隋）釋闍那崛多譯.當湖馮洪業，明末（1573～1644）（都察院揆叙、耿氏，清康熙五十二年[1713]印）.--1冊（與下三種合訂）：扉畫1幅.--扉畫末端鐫"靈慧重刻"
（丙三）/1582-1

虛空藏菩薩經：一卷／（後秦）釋佛陀耶舍譯.--當湖馮洪業，明末（1573～1644）（都察院揆叙、耿氏，清康熙五十二年[1713]印）
（丙三）/1582-2

虛空藏菩薩神咒經：一卷／（南朝宋）釋曇摩蜜多譯.--當湖馮洪業，明末（1573～1644）（都察院揆叙、耿氏，清康熙五十二年[1713]印）
（丙三）/1582-3

觀虛空藏菩薩經：一卷／（南朝宋）釋曇摩蜜多譯.--當湖馮洪業，明末（1573～1644）（都察院揆叙、耿氏，清康熙五十二年[1713]印）
（丙三）/1582-4

佛說菩薩念佛三昧經：六卷／（南朝宋）釋功德直，（南朝宋）釋玄暢譯.--山西：清涼山妙德庵，明萬曆十九年（1591）（都察院揆叙、耿氏，清康熙五十二年[1713]印）.--1冊（合裝1函）.--有刻工：許可久、晏承爵等
（丙三）/1583

佛說大方等大集菩薩念佛三昧經：十卷／（隋）釋達磨笈多譯.--當湖馮洪業 明末（1573～1644）（都察院揆叙、耿氏，清康熙五十二年[1713]印）.--2冊（合裝1函）.--版心題"佛說大集菩薩念佛三昧經"
（丙三）/1584

阿差末菩薩經：七卷／（晉）釋竺法護譯.--當湖馮洪業，明末（1573～1644）（揆叙、耿氏，清康熙五十二年[1713]印）.--2冊（與下一種合訂）
（丙三）/1585-1

般舟三昧經，亦名，十方現在佛悉在前立定經：三卷／（漢）釋支婁迦讖譯.--當湖馮洪業，明末（1573～1644）（揆叙、耿氏，清康熙五十二年[1713]印）
（丙三）/1585-2

大方等大集賢護經：五卷／（隋）釋闍那崛多等譯.--餘杭：徑山楞嚴寺般若堂，清順治十

七年（1660）（揆叙、耿氏，清康熙五十二年
[1713]印）. --1冊（與下一種合訂）
　　　　　　　　　　　　　　（丙三）/1586-1

拔陂菩薩經，亦名，拔陁經：一卷/（漢）釋
支婁迦讖譯. --嘉興：楞嚴寺般若堂，清順治
十七年（1660）（揆叙、耿氏，清康熙五十二年
[1713]印）. --卷端註"僧祐錄云，安公古典
經"　　　　　　　　　　　　（丙三）/1586-2

無盡意菩薩經：四卷/（南朝宋）釋智嚴，（南
朝宋）釋寶雲譯. --嘉興：楞嚴寺經坊，清順治
十四年（1657）（揆叙、耿氏，清康熙五十二年
[1713]印）. --1冊（合裝1函）（丙三）/1587

華嚴部

大方廣佛華嚴經：四十卷/（唐）釋般若譯.
山西：五臺山妙德庵，明萬曆十九年（1591）
（清康熙三十九年[1700]印）. --2冊. --存卷
26-30、36-40。書皮題名"大方廣佛華嚴經普
賢行願品"　　　　　　　　　　（丁）/16318

信力入印法門經：五卷/（北魏）釋曇摩流支
譯. --山西：清涼山妙德庵，明萬曆十九年
（1591）. --1冊（合裝1函）：扉畫1幅. --有
刻工：許一克、陶孝詩等. --綫裝
　　　　　　　　　　　　　　　（丙三）/1471

佛華嚴入如來德智不思議境界經：一卷/
（隋）釋闍那崛多譯. --山西：清涼山妙德庵，
明萬曆十九年（1591）刻；清康熙九年（1670）
修版. --1冊（與下一種合訂）. --有刻工：趙
宗周、端繼慧等　　　　　　　（丙三）/1472-1

佛說如來興顯經：四卷/（西晉）釋竺法護
譯. --山西：清涼山妙德庵，明萬曆十九年
（1591）刻；清康熙九年（1670）修版
　　　　　　　　　　　　　　　（丙三）/1472-2

大方廣入如來智德不思議經：一卷/（唐）釋
實叉難陀譯. --餘杭：徑山寂照庵，明萬曆二十
六年（1598）. --1冊（與下十種合訂）. --目
錄題"十一經同本"。有刻工：李茂松、端學
堯等　　　　　　　　　　　　（丙三）/1475-1

大方廣佛華嚴經修慈分：一卷/（唐）釋提雲
般若等譯. --餘杭：徑山寂照庵，明萬曆二十六
年（1598）　　　　　　　　　（丙三）/1475-2

顯無邊佛土功德經：一卷/（唐）釋玄奘譯.
餘杭：徑山寂照庵，明萬曆二十六年（1598）

　　　　　　　　　　　　　　　（丙三）/1475-3

大方廣佛華嚴經不思議佛境界分：一卷/
（唐）釋提雲般若譯. --餘杭：徑山寂照庵，
明萬曆二十六年（1598）　　　（丙三）/1475-4

大方廣如來不思議境界經：一卷/（唐）釋實
叉難陀譯. --餘杭：徑山寂照庵，明萬曆二十
六年（1598）　　　　　　　　（丙三）/1475-5

大方廣普賢所説經：一卷/（唐）釋實叉難陀
譯. --餘杭：徑山寂照庵，明萬曆二十六年
（1598）　　　　　　　　　　　（丙三）/1475-6

莊嚴菩提心經：一卷/（後秦）釋鳩摩羅什
譯. --餘杭：徑山寂照庵，明萬曆二十六年
（1598）　　　　　　　　　　　（丙三）/1475-7

佛說菩薩本業經：一卷/（吳）支謙譯. --餘
杭：徑山寂照庵，明萬曆二十六年（1598）
　　　　　　　　　　　　　　　（丙三）/1475-8

大方廣佛華嚴經續入法界品：一卷/（唐）釋
地婆訶羅譯. --餘杭：徑山寂照庵，明萬曆二十
六年（1598）　　　　　　　　（丙三）/1475-9

大方廣菩薩十地經：一卷/（北魏）釋吉迦
夜，（北魏）釋曇曜譯. --餘杭：徑山寂照庵，
明萬曆二十六年（1598）　　（丙三）/1475-10

佛說兜沙經：一卷/（東漢）釋支婁迦讖譯.
餘杭：徑山寂照庵，明萬曆二十六年（1598）
　　　　　　　　　　　　　　（丙三）/1475-11

度世品經：六卷/（西晉）釋竺法護譯. --餘
杭：徑山寂照庵. 明萬曆二十六年（1598）. --1
冊（合裝1函）　　　　　　　　（丙三）/1476

十住經：六卷/（後秦）釋鳩摩羅什，（後秦）
釋佛陀耶舍合譯. --餘杭：徑山寂照庵，明萬曆
三十五年（160⁷）. --1冊（合裝1函）. --有
刻工：端師堯、羅仕顯等　　　（丙三）/1473

佛說羅摩伽經：四卷/（西秦）釋聖堅譯. --
餘杭：徑山寂照庵，明萬曆三十六至三十八年
（1608～1610）. --1冊（合裝1函）. --有刻
工：陳應武、戴仕麟等　　　　（丙三）/1474

諸菩薩求佛本業經：一卷/（晉）釋聶道真
譯. --明末（1573～1644）刻；清康熙三十年
（1691）修版. --1冊（與下十種合訂）
　　　　　　　　　　　　　　（丙三）/1477-1

佛說菩薩十住經：一卷/（晉）釋祇多蜜譯. --
餘杭：徑山寂照庵，明萬曆三十六年（1608）

刻；清康熙三十年（1691）修版

(丙三)/1477-2

菩薩十住行道品經：一卷/（晉）釋竺法護譯.-- 明末（1573～1644）.--1 冊（合裝 1 函）

(丙三)/1477-3

等目菩薩所問三昧經：三卷/（晉）釋竺法護譯.--餘杭：徑山寂照庵，明萬曆三十五年（1607）刻；清康熙三十年（1691）修版.--1 冊（與下一種合訂）.--有刻工：羅仕貴、王大純

(丙三)/1477-4

文殊師利問菩薩署經：一卷/（後漢）釋支婁迦讖譯.--餘杭：徑山寂照庵，明萬曆三十五年（1607）刻；清康熙三十年（1691）修版

(丙三)/1477-5

漸備一切智德經：五卷/（晉）釋竺法護譯.--餘杭：徑山寂照庵，明萬曆三十六年（1608）.1 冊（1 函）.--有刻工：許一科、潘沔等

(丙三)/1478

涅槃部

大般涅槃經：四十卷/（北涼）釋曇無讖譯.餘杭：徑山寂照庵，明萬曆三十二年（1604）（清康熙三十九年[1700]印）.--2 冊.--存卷16-20、26-30

(丁)/16317

南本大般涅槃經：三十六卷/（北涼）釋曇無讖譯；（南朝宋）釋慧嚴，（南朝宋）釋慧觀，（南朝宋）謝靈運再治.--餘杭：徑山化城寺，明萬曆四十至四十五年（1612～1617）刻；釋恒瑞，清康熙十六年（1677）修版（揆叙、耿氏，清康熙五十二年[1713]印）.--7 冊（合裝1 函）：扉畫 1 幅.--版心題“大般涅槃經”。有刻工：端司堯、潘尚禮等。與大般涅槃經後分、佛說方等般泥洹經合函 (丙三)/1560-1

大般涅槃經後分：二卷/（唐）釋若那跋陀羅等譯.--吳江：接待寺，明天啟四年（1624）（揆叙、耿氏，清康熙五十二年[1713]印）.--1 冊（合裝 1 函） (丙三)/1560-2

佛說方等般泥洹經：二卷/（晉）釋竺法護譯.--餘杭：徑山寂照庵，明萬曆三十五年（1607）（揆叙、耿氏，清康熙五十二年[1713]印）.--1 冊（合裝 1 函）.--有刻工：潘沔、吳守倫等 (丙三)/1560-3

大乘五大部重譯經

妙法蓮華經：八卷，卷首一卷/（隋）釋闍那崛多，（隋）釋笈多添品譯.--餘杭：徑山寂照庵，明萬曆三十六年（1608）.--2 冊（合裝 1函）：扉畫 1 幅.--版心題“添品妙法蓮華經”

(丙三)/1387-1

分別緣起初勝法門經：二卷/（唐）釋玄奘譯.--嘉興：楞嚴寺般若堂，清順治十七年（1660）.--1 冊（合裝 1 函）(丙三)/1387-2

佛說緣生初勝分法本經：二卷/（隋）釋達磨笈多譯.--當湖馮洪業，明末（1573～1644）.1 冊（合裝 1 函） (丙三)/1387-3

悲華經：十卷/（北涼）釋曇無讖譯.--餘杭：徑山寂照庵，明萬曆三十六至三十九年（1608～1611）：徑山化城寺，明萬曆三十九至四十二年（1611～1614）.--2 冊（合裝 1 函）.--有刻工：端師堯、劉邦承 (丙三)/1388

六度集經：八卷/（吳）釋康僧會譯.--嘉興：楞嚴寺般若堂，清康熙十二年（1673）.--2 冊（合裝 1 函）.--序言缺葉 (丙三)/1385

大乘頂王經：一卷/（梁）釋月婆首那譯.--餘杭：徑山化城寺，明天啟七年至崇禎元年（1627～1628）.--1 冊（與下一種合訂）

(丙三)/1386-1

大方等頂王經，一名，維摩詰子問經：一卷/（晉）釋竺法護譯.--餘杭：徑山化城寺，明天啟七年至崇禎元年（1627～1628）

(丙三)/1386-2

維摩詰經，亦名，不可思議法門之稱：三卷/（吳）支謙譯.--嘉興：楞嚴寺般若堂，清康熙元年（1662）.--1 冊（合裝 1 函）

(丙三)/1506

道神足無極變化經：四卷/（晉）釋安法欽譯.--嘉興：楞嚴寺般若堂，清順治十七年（1660）.--1 冊（合裝 1 函） (丙三)/1507

說無詬稱經：六卷/（唐）釋玄奘譯.--餘杭：徑山寂照庵，明萬曆三十九年（1611）.--1 冊（合裝 1 函）.--有刻工：陶邦立、汪文旦

(丙三)/1504

阿惟越致遮經：四卷/（晉）釋竺法護譯.--餘杭：徑山寂照庵，明萬曆三十九年（1611）.1 冊（合裝 1 函）.--有刻工：李應章、王芝等

佛説寶雨經，一名，顯授不退轉菩薩記：十卷/（唐）釋達磨流支等譯.--當湖馮洪業，明末（1573～1644）.--2 冊（合裝 1 函）.--有刻工：潘應鳳、邵應兆等　　　（丙三）/1508

佛説寶雲經：七卷/（梁）釋曼陀羅仙，（梁）釋僧伽婆羅譯.--吳江：接待寺，明天啟五年（1625）.--1 冊（與下一種合訂）
（丙三）/1509-1

佛昇忉利天爲母説法經：三卷/（晉）釋竺法護譯.--餘杭：徑山寂照庵，明萬曆三十六年（1608）　　　　（丙三）/1509-2

伅真陀羅所問寶如來三昧經：三卷/（漢）釋支婁迦讖譯.--餘杭：徑山寂照庵，明萬曆三十六年（1608）.--2 冊（與下兩種合訂）.--插圖下端鐫"靈慧重刊"　　　（丙三）/1486-1

諸法本無經：三卷/（隋）釋闍那崛多譯.--餘杭：徑山寂照庵，明萬曆三十六年（1608）
（丙三）/1486-2

大樹緊那羅王所問經：四卷/（後秦）釋鳩摩羅什譯.--餘杭：徑山寂照庵，明萬曆三十六年（1608）　　　（丙三）/1486-3

諸法無行經：二卷/（後秦）釋鳩摩羅什譯.--餘杭：徑山寂照庵，明崇禎九年（1636）.--2 冊（與下一種合訂）

（丙三）/1488-1

持人菩薩所問經：四卷/（晉）釋竺法護譯.--餘杭：徑山寂照庵，明崇禎十年（1637）

（丙三）/1488-2

持世經：四卷/（後秦）釋鳩摩羅什譯.--餘杭：徑山寂照庵，明崇禎十年（1637）；清康熙九年（1670）修版　　　（丙三）/1488-3

佛説大灌頂神咒經：十二卷/（晉）釋帛尸黎蜜多羅譯.--明萬曆三十八年（1610）刻；清康熙（1662～1722）修版.--2 冊（與下兩種合訂）.--有刻工：端師堯　　　（丙三）/1485-1

佛説文殊師利現寶藏經：二卷/（晉）釋竺法護譯.--餘杭：徑山寂照庵，明萬曆三十七年（1609）

（丙三）/1485-2

大方廣寶篋經：二卷/（南朝宋）釋求那跋陀羅譯.--餘杭：徑山寂照庵，明萬曆三十六

（1608）

（丙三）/1485-3

佛説藥師如來本願經：一卷/（隋）釋達磨笈多譯.--刻本.--嘉興：楞嚴寺般若堂，清康熙三年（1664）.--3 冊（與下四種合訂）

（丙三）/1484-1

藥師琉璃光如來本願功德經：一卷/（唐）釋玄奘譯.--明萬曆三十九年（1611）.--有刻工：端師堯　　　（丙三）/1484-2

藥師琉璃光王七佛本願功德經：二卷/（唐）釋義淨譯.--餘杭：徑山寂照庵，明萬曆三十六年（1608）　　　（丙三）/1484-3

佛説阿闍世三經：二卷/（後漢）釋支婁迦讖譯.--餘杭：徑山化城寺，明崇禎四年（1631）

（丙三）/1484-4

楞伽阿跋多羅寶經：四卷/（南朝宋）釋求那跋陀羅譯.--餘杭：徑山寂照庵，明萬曆三十一年（1603）　　　（丙三）/1484-5

入楞伽經：十卷/（北魏）釋菩提留支譯.--餘杭：徑山寂照庵，明萬曆三十五年（1607）.2 冊（合裝 1 函）：有扉畫.--有刻工：芮一鶚、劉文元等　　　（丙三）/1591

大乘入楞伽經：七卷/（唐）釋實叉難陀譯.--金壇，清順治二年（1645）.--2 冊（與下一種合訂）　　　（丙三）/1590-1

菩薩行方便境界神通變化經/（南朝宋）釋求那跋陀羅譯.--餘杭：徑山寂照庵，明萬曆三十六年（1608）刻；釋恒瑞，清康熙十八年（1678）修版　　　（丙三）/1590-2

大薩遮尼乾子受記經：十卷/（北魏）釋菩提留支譯.--餘杭：徑山化城寺，明崇禎元年（1628）.--2 冊（合裝 1 函）　（丙三）/1589

大乘大悲分陀利經：八卷/（後秦）佚名譯.--吳江：接待寺，明天啟五至六年（1625～1626）刻；清康熙（1662～1722）修版.--2 冊（第 2 冊與下一種合訂）　　　（丙三）/1588-1

善思童子經：二卷/（隋）釋闍那崛多譯.--明萬曆三十六年（1611）　　　（丙三）/1588-2

普超三昧經：四卷/（晉）釋竺法護譯.--明末（1573～1644）.--1 冊（與下六種合訂）

（丙三）/1511-1

佛説放鉢經：一卷/（晉）佚名譯.--明末

（丙三）/1505　（1608）

（1573～1644） （丙三）/1511-2

佛說大淨法門品經：一卷／（晉）釋竺法護譯.--明崇禎四年（1631） （丙三）/1511-3

大莊嚴法門經：二卷／（隋）釋那連提黎耶舍譯.--明萬曆三十七年（1609）

（丙三）/1511-4

佛說大方等大雲請雨經：一卷／（隋）釋闍那崛多等譯.--清順治十八年（1661）

（丙三）/1511-5

大雲請雨經：不分卷／（北周）釋闍那耶舍等譯.--明末（1573～1644） （丙三）/1511-6

大雲輪請雨經：不分卷／（隋）釋那連提耶舍譯.--清順治十八年（1661） （丙三）/1511-7

勝思惟梵天所問經：六卷／（北魏）釋菩提留支譯.--明末（1573～1644）.--1冊（合裝1函） （丙三）/1512

思益梵天所問經：四卷／（後秦）釋鳩摩羅什譯.--明末（1573～1644）.--1冊（合裝1函） （丙三）/1513

月燈三昧經：十一卷／（北齊）釋那連提黎耶舍譯.--金壇：干元凱，清順治二年（1645）.2冊（合裝1函） （丙三）/1514

月燈三昧經：一卷／（南朝宋）釋先公譯.--當湖馮洪業，明末（1573～1644）.--1冊（與下五種合訂） （丙三）/1518-1

佛說象腋經：一卷／（南朝宋）釋曇摩蜜多譯.--當湖馮洪業，明末（1573～1644）

（丙三）/1518-2

佛說大乘同性經：二卷／（北周）釋闍那耶舍，（北周）釋僧安合譯.--當湖馮洪業，明末（1573～1644） （丙三）/1518-3

佛說證契大乘經：二卷／（唐）釋地婆訶羅等譯.--當湖馮洪業，明末（1573～1644）

（丙三）/1518-4

起世因本經：十卷／（隋）釋達摩笈多等譯.當湖馮洪業，明末（1573～1644）

（丙三）/1518-5

佛說無所希望經，一名，象步經：一卷／（晉）釋竺法護譯.--嘉興：楞嚴寺般若堂，清康熙三年（1664） （丙三）/1518-6

持心梵天所問經：四卷／（晉）釋竺法護譯.明末（1573～1644）.--1冊（合裝1函）.--

又名"莊嚴佛法經"、"等御諸法經"

（丙三）/1519

佛說觀無量壽佛經：一卷／（南朝宋）釋畺良耶舍譯.--山西：清涼山妙德禪院，明萬曆十九年（1591）刻；清康熙（1662～1722）補刻.--1冊（與下五種合訂） （丙三）/1516-1

稱讚淨土佛攝受經：一卷／（唐）釋玄奘譯.--山西：清涼山妙德禪院，明萬曆十九年（1591）刻；清康熙（1662～1722）補刻

（丙三）/1516-2

佛說阿彌陀經：一卷／（後秦）釋鳩摩羅什譯.--山西：清涼山妙德禪院，明萬曆十九年（1591）刻；清康熙（1662～1722）補刻

（丙三）/1516-3

拔一切業障根本得生淨土神咒／（南朝宋）釋求那跋陀羅譯.--山西：清涼山妙德禪院，明萬曆十九年（1591）刻；清康熙（1662～1722）補刻 （丙三）/1516-4

後出阿彌陀佛偈經／（後秦）佚名譯.--山西：清涼山妙德禪院，明萬曆十九年（1591）刻；清康熙（1662～1722）補刻 （丙三）/1516-5

佛說大阿彌陀經：二卷／（吳）支謙譯；（宋）王日休校輯.--山西：清涼山妙德禪院，明萬曆十九年（1591）刻；清康熙（1662～1722）補刻 （丙三）/1516-6

佛說觀彌勒菩薩上生兜率陀天經：一卷／（南朝宋）沮渠京聲譯.--餘杭：徑山寺，明萬曆二十五年（1597）刻；清康熙（1662～1722）補刻.--1冊（與下八種合訂） （丙三）/1517-1

佛說彌勒下生經：一卷／（後秦）釋鳩摩羅什譯.--餘杭：徑山寺，明萬曆二十五年（1597）刻；清康熙（1662～1722）補刻

（丙三）/1517-2

佛說彌勒來時經：一卷／（晉）佚名譯.--餘杭：徑山寺，明萬曆二十五年（1597）刻；清康熙（1662～1722）補刻 （丙三）/1517-3

佛說彌勒下生成佛經：一卷／（唐）釋義淨譯.--餘杭：徑山寺，明萬曆二十五年（1597）刻；清康熙（1662～1722）補刻

（丙三）/1517-4

佛說觀彌勒菩薩下生經：一卷／（晉）釋竺法護譯.--明萬曆二十五年（1597）刻；清康熙

（1662～1722）補刻　　　　　　（丙三）/1517-5

佛説彌勒成佛經：一卷/（後秦）釋鳩摩羅什譯.--明萬曆二十五年（1597）刻；清康熙（1662～1722）補刻　　　　　　（丙三）/1517-6

佛説第一義法勝經：一卷/（北魏）釋瞿曇般若流支等譯.--餘杭：徑山寺，明萬曆二十五年（1597）刻；清康熙（1662～1722）補刻

（丙三）/1517-7

佛説大威燈光仙人問疑經：一卷/（隋）釋闍那崛多譯.--餘杭：徑山寺，明萬曆二十五年（1597）刻；清康熙（1662～1722）補刻

（丙三）/1517-8

一切法高王經：一卷/（北魏）釋瞿曇般若流支譯.--餘杭：徑山寺，明萬曆二十五年（1597）刻；清康熙（1662～1722）補刻

（丙三）/1517-9

佛説諸法勇王經：一卷/（南朝宋）釋曇摩蜜多譯.--餘杭：徑山興聖萬壽禪寺，明萬曆二十一年（1593）刻；清康熙（1662～1722）修版.1冊（與下七種合訂）：扉畫1幅.--書簽題"八經同本"　　　（丙三）/1520-1

順權方便經：二卷/（晉）釋竺法護譯.--餘杭：徑山興聖萬壽禪寺，明萬曆二十一年（1593）；清康熙（1662～1722）修版

（丙三）/1520-2

佛説樂瓔珞莊嚴方便經，別名，轉女身菩薩問答經：二卷/（後秦）釋曇摩耶舍譯.--餘杭：徑山興聖萬壽禪寺，明萬曆二十一年（1593）刻；清康熙（1662～1722）修版.--1冊（合裝1函）：扉畫1幅　　　（丙三）/1520-3

菩薩睒子經：一卷/（晉）佚名譯.--餘杭：徑山興聖萬壽禪寺，明萬曆二十一年（1593）刻；清康熙（1662～1722）修版

（丙三）/1520-4

佛説睒子經：一卷/（後秦）釋聖堅譯.--餘杭：徑山興聖萬壽禪寺，明萬曆二十一年（1593）刻；清康熙（1662～1722）修版.--1冊（合裝1函）：扉畫1幅　　（丙三）/1520-5

佛説九色鹿經：一卷/（吳）支謙譯.--餘杭：徑山興聖萬壽禪寺，明萬曆二十一年（1593）刻；清康熙（1662～1722）修版.--1冊（合裝1函）：扉畫1幅　　　（丙三）/1520-6

佛説太子沐魄經：一卷/（晉）釋竺法護譯.餘杭：徑山興聖萬壽禪寺，明萬曆二十一年（1593）刻；清康熙（1662～1722）修版.--1冊（合裝1函）：扉畫1幅　　（丙三）/1520-7

太子慕魄經：一卷/（漢）釋安世高譯.--餘杭：徑山興聖萬壽禪寺，明萬曆二十一年（1593）刻；清康熙（1662～1722）修版.--1冊（合裝1函）：扉畫1幅　　（丙三）/1520-8

無字寶篋經：一卷/（北魏）釋菩提留支譯.餘杭：徑山興聖萬壽禪寺，明萬曆二十一年（1593）.--1冊（與下十五種合訂）：扉畫1幅.--書簽題"十六經同本"。有刻工：李焠、王文昇等　　　　　（丙三）/1521-1

大乘離文字普光明藏經：一卷/（唐）釋地婆訶羅譯.--餘杭：徑山興聖萬壽禪寺，明萬曆二十一年（1593）　　　（丙三）/1521-2

大乘徧照光明藏無字法門經：一卷/（唐）釋地婆訶羅譯.--餘杭：徑山興聖萬壽禪寺，明萬曆二十一年（1593）　　（丙三）/1521-3

佛説老女人經：一卷/（吳）支謙譯.--餘杭：徑山興聖萬壽禪寺，明萬曆二十一年（1593）

（丙三）/1521-4

佛説老母經：一卷/（南朝宋）佚名譯.--餘杭：徑山興聖萬壽禪寺，明萬曆二十一年（1593）　　　　　　　（丙三）/1521-5

佛説老母女六英經：一卷/（南朝宋）釋求那跋陀羅譯.--餘杭：徑山興聖萬壽禪寺，明萬曆二十一年（1593）　　　（丙三）/1521-6

佛説長者子制經：一卷/（漢）釋安世高譯.餘杭：徑山興聖萬壽禪寺，明萬曆二十一年（1593）　　　　　　　（丙三）/1521-7

佛説菩薩逝經：一卷/（晉）釋白法祖譯.--餘杭：徑山興聖萬壽禪寺，明萬曆二十一年（1593）　　　　　　　（丙三）/1521-8

佛説逝童子經：一卷/（晉）釋支法度譯.--餘杭：徑山興聖萬壽禪寺，明萬曆二十一年（1593）　　　　　　　（丙三）/1521-9

佛説月光童子經，亦名，申日经：一卷/（晉）釋竺法護譯.--餘杭：徑山興聖萬壽禪寺，明萬曆二十一年（1593）　（丙三）/1521-10

佛説申日兒本經：一卷/（南朝宋）釋求那跋陀羅譯.--餘杭：徑山興聖萬壽禪寺，明萬曆二

十一年（1593）　　　　　　　　（丙三）/1521-11

佛説德護長者經：二卷/（隋）釋那連提黎耶舍譯.--餘杭：徑山興聖萬壽禪寺，明萬曆二十一年（1593）　　　　　　　　（丙三）/1521-12

佛説犢子經：一卷/（吳）支謙譯.--餘杭：徑山興聖萬壽禪寺，明萬曆二十一年（1593）
　　　　　　　　（丙三）/1521-13

佛説乳光佛經：一卷/（晉）釋竺法護譯.--餘杭：徑山興聖萬壽禪寺，明萬曆二十一年（1593）　　　　　　　（丙三）/1521-14

佛説無垢賢女經：一卷/（晉）釋竺法護譯.餘杭：徑山興聖萬壽禪寺，明萬曆二十一年（1593）　　　　　　　（丙三）/1521-15

佛説腹中女聽經：一卷/（北涼）釋曇無讖譯.--餘杭：徑山興聖萬壽禪寺，明萬曆二十一年（1593）　　　　　（丙三）/1521-16

不空羂索神變真言經：三十卷/（唐）釋菩提流志譯.--姑蘇：寒山化城庵，明萬曆四十年（1612）.--6冊（1函）　　（丙三）/1526

千眼千臂觀世音菩薩陀羅尼神咒經：二卷/（唐）釋智通譯.--明萬曆三十八年（1610）（清康熙元年[1662]印）.--2冊（與下六種合訂）　　　　　　　（丙三）/1524-1

千手千眼觀世音菩薩姥陀羅尼身經：一卷/（唐）釋菩提流志譯.--明萬曆三十八年（1610）（清康熙元年[1662]印）（丙三）/1524-2

千手千眼觀世音菩薩廣大圓滿無礙大悲心陀羅尼經：一卷/（唐）釋伽梵達摩譯.--明萬曆三十八年（1610）（清康熙元年[1662]印）
　　　　　　　　（丙三）/1524-3

番大悲神咒.--明萬曆三十八年（1610）（清康熙元年[1662]印）　　（丙三）/1524-4

觀世音菩薩祕密藏神咒經：一卷/（唐）釋實叉難陀譯.--明萬曆三十八年（1610）（清康熙元年[1662]印）　　　（丙三）/1524-5

觀世音菩薩如意摩尼陀羅尼經：一卷/（唐）釋實思惟譯.--明萬曆三十八年（1610）（清康熙元年[1662]印）　　（丙三）/1524-6

如意輪陀羅尼經：一卷/（唐）釋菩提流志譯.--餘杭：徑山化城寺，清康熙元年（1662）
　　　　　　　　（丙三）/1524-7

觀自在菩薩怛嚩多唎隨心陀羅尼經：一卷/

（唐）釋智通譯.--明萬曆三十四年（1606）.--1冊（與下十六種合訂）　　（丙三）/1525-1

請觀世音菩薩消伏毒害陀羅尼咒經：一卷/（晉）釋竺難提譯.--餘杭：徑山寂照庵，明萬曆三十四年（1606）　　（丙三）/1525-2

佛説十一面觀世音神咒經：一卷/（北周）釋耶舍崛多等譯.--明萬曆三十四年（1606）
　　　　　　　　（丙三）/1525-3

十一面神咒心經/（唐）釋玄奘譯.--明萬曆三十四年（1606）　　（丙三）/1525-4

千轉陀羅尼觀世音菩薩咒經：一卷/（唐）釋智通譯.--明萬曆三十四年（1606）
　　　　　　　　（丙三）/1525-5

咒五首經：一卷/（唐）釋玄奘譯.--明萬曆三十四年（1606）　　（丙三）/1525-6

六字神咒經：一卷/（唐）釋菩提流志譯.--明萬曆三十四年（1606）　　（丙三）/1525-7

咒三首經：一卷/（唐）釋地婆訶羅譯.--明萬曆三十四年（1606）　　（丙三）/1525-8

大方廣菩薩藏經中文殊師利根本一字陀羅尼法：一卷/（唐）釋寶思惟譯.--餘杭：徑山寂照庵，明萬曆三十九年（1611）（丙三）/1525-9

曼殊室利菩薩咒藏中一字咒王經：一卷/（唐）釋義淨譯.--餘杭：徑山寂照庵，明萬曆三十九年（1611）　　（丙三）/1525-10

十二佛名神咒校量功德除障滅罪經：一卷/（隋）釋闍那崛多譯.--餘杭：徑山寂照庵，明萬曆三十九年（1611）　　（丙三）/1525-11

佛説稱讚如來功德神咒經：一卷/（唐）釋義淨譯.--餘杭：徑山寂照庵，明萬曆三十九年（1611）　　　　　　（丙三）/1525-12

華積陀羅尼神咒經：一卷/（吳）支謙譯.--清順治十三年（1656）　　（丙三）/1525-13

師子奮迅菩薩所問經：一卷/（東晉）佚名譯.--清順治十三年（1656）
　　　　　　　　（丙三）/1525-14

佛説華聚陀羅尼咒經：一卷/（晉）佚名譯.清順治十三年（1656）　　（丙三）/1525-15

六字咒王經：一卷/（晉）佚名譯.--清順治十三年（1656）　　（丙三）/1525-16

六字神咒經：一卷/（梁）佚名譯.--清順治十三年（1656）　　（丙三）/1525-17

大乘單譯經

佛説首楞嚴三昧經：三卷／（後秦）釋鳩摩羅什譯．--明萬曆三十八年（1610）．--2 冊（與下三種合訂）　　　　　　　（丙三）/1483-1

未曾有因緣經：二卷／（齊）釋曇景譯．--餘杭：徑山化城寺，明萬曆四十年（1612）　　　　　　　　　　　（丙三）/1483-2

諸佛要集經：二卷／（晉）釋竺法護譯．--餘杭：徑山化城寺，明崇禎六年（1633）　　　　　　　　　　　（丙三）/1483-3

稱揚諸佛功德經：三卷／（北魏）釋吉迦夜，（北魏）釋曇曜譯．--餘杭：徑山寂照庵，明萬曆三十六年（1608）；釋靈慧，清康熙四十七年（1708）補刻．--有刻工：王起鳳　　　　　　　　　　　（丙三）/1483-4

賢劫經：十卷／（晉）釋竺法護譯．--金沙：東禪寺，明崇禎十一年（1638）．--2 冊（合裝1 函）　　　　　　　　　　（丙三）/1481

佛説佛名經：十二卷／（北魏）釋菩提留支譯．--金沙：顧龍山，明崇禎十四年（1641）．--3 冊（合裝1 函）　　　　（丙三）/1482

三劫三千佛緣起：不分卷／（南朝宋）釋畺良耶舍譯．--明末（1573～1644）．--1 冊（與下三種合訂）　　　　（丙三）/1479-1

過去莊嚴劫千佛名經：不分卷／（梁）佚名譯．--明末（1573～1644）　　　（丙三）/1479-2

現在賢劫千佛名經：不分卷／（梁）佚名譯．明末（1573～1644）　　　　（丙三）/1479-3

未來星宿劫千佛名經：不分卷／（梁）佚名譯．--明末（1573～1644）　　（丙三）/1479-4

五千五百佛名神咒除障滅罪經：八卷／（隋）釋崛多，（隋）釋笈多等譯．--明萬曆三十八年（1610）刻；清康熙十八年（1679）補刻．--2 冊（合裝1 函）　　　　（丙三）/1480

大法炬陀羅尼經：二十卷／（隋）釋闍那崛多等譯．--金沙：顧龍山，明天啟五年（1625）．--4 冊（1 函）　　　　（丙三）/1463

法集經：六卷／（北魏）釋菩提留支譯．--餘杭：徑山寂照庵，明萬曆二十六年（1598）．--1 冊（合裝1 函）：扉畫1 幅．--有刻工：李茂枝、李再興等　　　　　（丙三）/3180

大方廣圓覺修多羅了義經：二卷／（唐）釋佛陀多羅譯．--餘杭：徑山寂照庵，明萬曆二十六年（1598）．--1 冊（與下兩種合訂）．--有刻工：端學堯、端學舜等　　　（丙三）/3181-1

佛説施燈功德經：一卷／（北齊）釋那連提黎耶舍譯．--餘杭：徑山寂照庵，明萬曆二十六年（1598）　　　　　　（丙三）/3181-2

金剛三昧經：二卷／（北涼）佚名譯．--餘杭：徑山寂照庵，明萬曆二十六年（1598）　　　　　　　　（丙三）/3181-3

觀佛三昧海經：十卷／（晉）釋佛陀跋陀羅譯．--明末（1573～1644）刻；清康熙二十年（1681）修版．--2 冊（合裝1 函）　　　　　　　　　　（丙三）/3179

大方便佛報恩經：七卷／（東漢）佚名譯．--餘杭：徑山寂照庵，明萬曆二十六年（1598）．2 冊（合裝1 函）．--有刻工：許一科、吳伯高等　　　　　（丙三）/1578

菩薩本行經：三卷／（晉）佚名譯．--餘杭：徑山興聖萬壽禪寺，明萬曆二十四年（1596）．--1 冊（1 函）．--有刻工：鄒友、芮一鶚　　　　　（丙三）/1576

菩薩處胎經：五卷／（後秦）釋竺佛念譯．--松江：弘法會，明崇禎十六年（1643）（揆叙、耿氏，清康熙五十二年[1713]印）．--1 冊（與下三種合訂）．--有刻工：劉邦承　　　　　（丙三）/1569-1

央掘魔羅經：四卷／（南朝宋）釋求那跋陀羅譯．--嘉興：楞嚴寺般若堂，清康熙五年（1666）（揆叙、耿氏，清康熙五十二年[1713]印）　　　　（丙三）/1569-2

菩薩内習六波羅密多經：不分卷／（漢）釋嚴佛調譯．--餘杭：徑山化城寺，明萬曆四十六年（1618）（揆叙、耿氏，清康熙五十二年[1713]印）　　　　（丙三）/1569-3

菩薩投身飼餓虎起塔因緣經：不分卷／（北涼）釋法盛譯．--餘杭：徑山化城寺，明萬曆四十六年（1618）（揆叙、耿氏，清康熙五十二年[1713]印）　　　　（丙三）/1569-4

三昧弘道廣顯定意經：四卷／（晉）釋竺法護譯．--當湖馮洪業，明末（1573～1644）（揆叙、耿氏，清康熙五十二年[1713]印）．--2 冊

（與下兩種合訂）　　　　　（丙三）/1570-1

佛説明度五十校計經：二卷/（漢）釋安世高譯.--當湖馮洪業，明末（1573～1644）（揆叙、耿氏，清康熙五十二年[1713]印）
　　　　　　　　　　　　（丙三）/1570-2

無所有善菩薩經：四卷/（隋）釋闍那崛多等譯.--當湖馮洪業，明末（1573～1644）（揆叙、耿氏，清康熙五十二年[1713]印）
　　　　　　　　　　　　（丙三）/1570-3

大法鼓經：二卷/（南朝宋）釋求那跋陀羅譯.--當湖馮洪業，明末（1573～1644）（揆叙、耿氏，清康熙五十二年[1713]印）.--2冊（與下四種合訂）　　（丙三）/1571-1

月上女經：二卷/（隋）釋闍那崛多譯.--明末（1573～1644）（揆叙、耿氏，清康熙五十二年[1713]印）.--1冊（1函）
　　　　　　　　　　　　（丙三）/1571-2

文殊師利問經：二卷/（梁）釋僧伽婆羅譯.餘杭：徑山寂照庵，明萬曆三十九年（1611）（揆叙、耿氏，清康熙五十二年[1713]印）.1冊（1函）.--有刻工：徐廷旻
　　　　　　　　　　　　（丙三）/1571-3

大方廣如來秘密藏經：二卷/（後秦）佚名譯.--當湖馮洪業，明末（1573～1644）（揆叙、耿氏，清康熙五十二年[1713]印）.--1冊（1函）　　　　　　（丙三）/1571-4

大乘密嚴經：三卷/（唐）釋地婆訶羅譯.--當湖馮洪業，明末（1573～1644）（揆叙、耿氏，清康熙五十二年[1713]印）.--1冊（1函）
　　　　　　　　　　　　（丙三）/1571-5

七佛所説神咒經：四卷/（晉）佚名譯.--常熟：虞山華嚴閣，明崇禎十五年（1642）.--1冊（與下八種合裝1函）（丙三）/1534-1

文殊師利寶藏陀羅尼經，亦名，文殊師利菩薩八字三昧經：一卷/（唐）釋菩提流志譯.--餘杭：徑山化城寺，明崇禎（1628～1644）.--1冊（與下七種合訂）　　（丙三）/1534-2

僧伽吒經：四卷/（北魏）釋月婆首那譯.--常熟：虞山華嚴閣，明崇禎十五年（1642）.--1冊（1函）　　　　　　（丙三）/1534-3

出生菩提心經：一卷/（隋）釋闍那崛多譯.餘杭：徑山寂照庵，明萬曆三十六年（1608）.

1冊（1函）　　　　　　（丙三）/1534-4

佛説佛印三昧經：一卷/（漢）釋安世高譯.--餘杭：徑山寂照庵，明萬曆三十六年（1608）.--1冊（1函）　　　　　　（丙三）/1534-5

佛説十二頭陀經，一名，沙門頭陀經：不分卷/（南朝宋）釋求那跋陀羅譯.--明末（1573～1644）.--1冊（1函）　　（丙三）/1534-6

佛説樹提伽經：一卷/（南朝宋）釋求那跋陀羅譯.--明末（1573～1644）.--1冊（與下一種合訂）　　　　　　（丙三）/1534-7

佛説法常住經：一卷/（晉）佚名譯.--明末（1573～1644）　　　　（丙三）/1534-8

佛説長壽王經：一卷/（晉）佚名譯.--餘杭：徑山寂照庵，明萬曆三十七年（1609）.--1冊（1函）　　　　　　（丙三）/1534-9

佛説海龍王經：四卷/（晉）釋竺法護譯.--常熟：虞山華嚴閣，明崇禎十五年（1642）.--2冊（與下十六種合訂）　（丙三）/1533-1

佛為海龍王説法印經：一卷/（唐）釋義淨譯.--常熟：虞山華嚴閣，明崇禎十五年（1642）　　　　　　　　（丙三）/1533-2

佛説右遶佛塔功德經：一卷/（唐）釋實叉難陀譯.--常熟：虞山華嚴閣，明崇禎十五年（1642）　　　　　　　　（丙三）/1533-3

佛説妙色王因緣經：一卷/（唐）釋義淨譯.--常熟：虞山華嚴閣，明崇禎十五年（1642）
　　　　　　　　　　　　（丙三）/1533-4

師子素馱娑王斷肉經：一卷/（唐）釋智嚴譯.--常熟：虞山華嚴閣，明崇禎十五年（1642）
　　　　　　　　　　　　（丙三）/1533-5

佛説差摩婆帝受記經：一卷/（北魏）釋菩提留支譯.--常熟：虞山華嚴閣，明崇禎十五年（1642）　　　　　　　　（丙三）/1533-6

佛説師子莊嚴王菩薩請問經：一卷/（唐）釋那提譯.--常熟：虞山華嚴閣，明崇禎十五年（1642）　　　　　　　　（丙三）/1533-7

中陰經：二卷/（後秦）釋竺佛念譯.--餘杭：徑山化城寺，明天啟七年至崇禎元年（1627～1628）刻；釋恒瑞，清康熙十六年（1677）修版　　　　　　　　　（丙三）/1533-8

占察善惡業報經：二卷/（隋）釋菩提登譯.餘杭：徑山化城寺，明崇禎五年（1632）

（丙三）/1533-9

佛説蓮花面經：二卷/（隋）釋那連提黎耶舍譯.--餘杭：徑山化城寺，明崇禎元年（1628）
（丙三）/1533-10

佛説三品弟子經/（吳）支謙譯.--常熟：虞山華嚴閣，明崇禎十五年（1642）
（丙三）/1533-11

佛説四輩經：一卷/（晉）釋竺法護譯.--常熟：虞山華嚴閣，明崇禎十五年（1642）
（丙三）/1533-12

佛説當來變經：一卷/（晉）釋竺法護譯.--常熟：虞山華嚴閣，明崇禎十五年（1642）
（丙三）/1533-13

過去佛分衛經：一卷/（晉）釋竺法護譯.--常熟：虞山華嚴閣，明崇禎十五年（1642）
（丙三）/1533-14

佛説法滅盡經：一卷/（南朝宋）佚名譯.--常熟：虞山華嚴閣，明崇禎十五年（1642）
（丙三）/1533-15

佛説甚深大迴向經：一卷/（南朝宋）佚名譯.--常熟：虞山華嚴閣，明崇禎十五年（1642）
（丙三）/1533-16

天王太子辟羅經：一卷/（後秦）佚名譯.--常熟：虞山華嚴閣，明崇禎十五年（1642）
（丙三）/1533-17

諸佛集會陀羅尼經：一卷/（唐）釋提雲般若等譯.--餘杭：徑山化城寺，明萬曆四十年（1612）.--1 冊（與下十二種合訂）.--書簽題"十三經"。有刻工：劉邦瀛、鄭大化等
（丙三）/1437-1

佛説智炬陀羅尼經：一卷/（唐）釋提雲般若等譯.--餘杭：徑山化城寺，明萬曆四十年（1612）
（丙三）/1437-2

佛説隨求即得大自在陀羅尼神咒經：一卷/（唐）釋寶思惟譯.--餘杭：徑山化城寺，明萬曆四十年（1612）
（丙三）/1437-3

佛説一切法功德莊嚴王經：一卷/（唐）釋義淨譯.--餘杭：徑山化城寺，明萬曆四十年（1612）
（丙三）/1437-4

佛説拔除罪障咒王經：一卷/（唐）釋義淨譯.--餘杭：徑山化城寺，明萬曆四十年（1612）
（丙三）/1437-5

佛説善夜經：一卷/（唐）釋義淨譯.--餘杭：徑山化城寺，明萬曆四十年（1612）
（丙三）/1437-6

佛説虛空藏菩薩能滿諸願最勝心陀羅尼求聞持法：一卷/（唐）釋輪波迦羅譯.--餘杭：徑山化城寺，明萬曆四十年（1612）
（丙三）/1437-7

佛説佛地經：一卷/（唐）釋玄奘譯.--餘杭：徑山化城寺，明萬曆四十年（1612）
（丙三）/1437-8

百千印陀羅尼經：一卷/（唐）釋實叉難陀譯.--餘杭：徑山化城寺，明萬曆四十年（1612）
（丙三）/1437-9

莊嚴王陀羅尼咒經：一卷/（唐）釋義淨譯.餘杭：徑山化城寺，明萬曆四十年（1612）
（丙三）/1437-10

香王菩薩陀羅尼咒經：一卷/（唐）釋義淨譯.--餘杭：徑山化城寺，明萬曆四十年（1612）
（丙三）/1437-11

優婆夷淨行法門經：二卷/（北涼）佚名譯.--餘杭：徑山化城寺，明萬曆四十年（1612）
（丙三）/1437-12

諸法最上王經：一卷/（隋）釋闍那崛多等譯.--餘杭：徑山化城寺，明萬曆四十年（1612）
（丙三）/1437-13

小乘阿含部

中阿含經：六十卷/（晉）釋僧伽提婆譯.--金壇：顧龍山，明崇禎十四年至清順治三年（1641～1646）（納蘭永壽、關氏，清雍正二年[1724]印）.--12 冊（1 函）：有插圖
（丙三）/1461

增壹阿含經：五十卷/（前秦）釋曇摩難提譯.--餘杭：徑山寂照庵，明萬曆三十六至三十七年（1608～1609）.--10 冊（1 函）
（丙三）/1438

雜阿含經：五十卷/（南朝宋）釋求那跋陀羅譯.--餘杭：徑山寂照庵，明萬曆三十七至三十八年（1609～1610）；清康熙（1662～1722）補刻.--10 冊（1 函）：扉畫 1 幅.--有刻工：端師禹、陳應武等
（丙三）/1425

別譯雜阿含經：二十卷/（後秦）佚名譯.--餘杭：徑山化城寺，明萬曆四十六年（1618）.

4 冊（與下兩種合訂）　　　　（丙三）/1464-1

雜阿含經：一卷/（三國）佚名譯.--餘杭：徑山化城寺，明萬曆四十六年（1618）

（丙三）/1464-2

長阿含十報法經：二卷/（後漢）釋安世高譯.--餘杭：徑山化城寺，明萬曆四十六年（1618）　　　　（丙三）/1464-3

起世因本經：十卷/（隋）釋達摩笈多等譯.明末（1573～1644）.--2 冊（1 函）

（丙三）/1538

起世經：十卷/（隋）釋闍那崛多譯.--吳江：接待寺，明崇禎十五年至清順治元年（1642～1644）.--2 冊（1 函）　　（丙三）/1537

小乘單譯經

佛本行集經：六十卷/（隋）釋闍那崛多譯.金沙：顧龍山，明崇禎十六年（1643）（清康熙三十九年[1700]印）.--1 冊.--存卷 56-60

（丁）/16314

禪秘要法經：三卷/（後秦）釋鳩摩羅什譯.常熟：虞山華嚴閣，明崇禎十五年（1642）.--2 冊（與下四種合訂）　　（丙三）/1562-1

陰持入經：二卷/（漢）釋安世高譯.--常熟：虞山華嚴閣，明崇禎十五年（1642）

（丙三）/1562-2

佛説因緣僧護經：一卷/（晉）佚名譯.--常熟：虞山華嚴閣，明崇禎十五年（1642）

（丙三）/1562-3

宋元入藏諸大小乘經

佛説大乘莊嚴寶王經：四卷/（宋）釋天息災譯.-- 餘杭：徑山化城寺，明崇禎四年（1631）

（丙三）/1562-4

分別善惡報應經：二卷/（宋）釋天息災譯.--常熟：虞山華嚴閣，明崇禎十五年（1642）

（丙三）/1562-5

大方廣總持寶光明經：五卷/（宋）釋法天譯.--餘杭：徑山化城寺，明崇禎六年（1633）.2 冊（與下五種合訂）　　（丙三）/1563-1

佛説守護大千國土經：三卷/（宋）釋施護譯.--餘杭：徑山化城寺，明崇禎五年（1632）

（丙三）/1563-2

佛説大乘聖無量壽決定光明王如來陀羅尼經/（宋）釋法天譯.--餘杭：徑山化城寺，明崇

禎六年（1633）　　　　（丙三）/1563-3

佛説大乘聖吉祥持世陀羅尼經/（宋）釋法天譯.--餘杭：徑山化城寺，明崇禎六年（1633）

（丙三）/1563-4

佛説大乘日子王所問經/（宋）釋法天譯.--明萬曆三十九年（1611）

（丙三）/1563-5

佛説金耀童子經/（宋）釋天息災譯.--明萬曆三十九年（1611）　　（丙三）/1563-6

佛頂放無垢光明入普門觀察一切如來心陀羅尼經：二卷/（宋）釋施護譯.--常熟：虞山華嚴閣，明崇禎十五年（1642）.--1 冊（與下十三種合訂）.--有刻工：楊可澮

（丙三）/1567-1

佛説樓閣正法甘露鼓經：一卷/（宋）釋天息災譯.-- 餘杭：徑山化城寺，明崇禎二年（1629）　　　　（丙三）/1567-2

佛説大乘善見變化文殊師利問法經：一卷/（宋）釋天息災譯.--餘杭：徑山化城寺，明崇禎二年（1629）　　（丙三）/1567-3

聖虛空藏菩薩陀羅尼經：一卷/（宋）釋法天譯.--餘杭：徑山化城寺，明崇禎二年（1629）

（丙三）/1567-4

佛説大護明大陀羅尼經：一卷/（宋）釋法天譯.--餘杭：徑山化城寺，明崇禎二年（1629）

（丙三）/1567-5

佛説無能勝旛王如來莊嚴陀羅尼經：一卷/（宋）釋施護譯.--餘杭：徑山化城寺，明崇禎四年（1631）　　（丙三）/1567-6

最勝佛頂陀羅尼經：一卷/（宋）釋法天譯.--餘杭：徑山化城寺，明崇禎四年（1631）

（丙三）/1567-7

聖佛母小字般若波羅蜜多經：一卷/（宋）釋天息災譯.--餘杭：徑山化城寺，明崇禎四年（1631）　　　　（丙三）/1567-8

消除一切閃電障難隨求如意陀羅尼經：一卷/（宋）釋施護譯.--餘杭：徑山化城寺，明崇禎四年（1631）

（丙三）/1567-9

聖最上燈明如來陀羅尼經：一卷/（宋）釋施護譯.-- 餘杭：徑山化城寺，明崇禎四年（1631）　　　　（丙三）/1567-10

大寒林聖難拏陀羅尼經：一卷/（宋）釋法天

譯.--常熟：虞山華嚴閣，明崇禎十六年
（1643）.--有刻工：濮承烈、潘守誠等
（丙三）/1567-11

佛説諸行有爲經：一卷/（宋）釋法天譯.--
常熟：虞山華嚴閣，明崇禎十六年（1643）.--
有刻工：濮承烈、潘守誠等（丙三）/1567-12

息除中夭陀羅尼經：一卷/（宋）釋施護譯.--
常熟：虞山華嚴閣，明崇禎十六年（1643）.--
有刻工：濮承烈、潘守誠等（丙三）/1567-13

一切如來正法秘密篋印心陀羅尼經：一卷/
（宋）釋施護譯.--常熟：虞山華嚴閣，明崇禎
十六年（1643）.--有刻工：濮承烈、潘守誠等
（丙三）/1567-14

妙法聖念處經：八卷/（宋）釋法天譯.--明
末（1573～1644）.--1冊（與下一種合訂）
（丙三）/1568-1

佛説大迦葉問大寶積正法經：五卷/（宋）釋
施護譯.--明末（1573～1644）
（丙三）/1568-2

嗟襪曩法天子受三歸依獲免惡道經：一卷/
（宋）釋法天譯.--常熟：虞山華嚴閣，明崇
禎十五年（1642）刻；清康熙（1662～1722）
修版.--1冊（與下十五種合訂）.--書籤題"十
六經同本"。有刻工：潘守誠、李如科等
（丙三）/1565-1

佛説較量壽命經：一卷/（宋）釋天息災譯.
明崇禎（1628～1644）刻；清康熙（1662～
1722）修版 （丙三）/1565-2

佛説沙彌十戒儀則經：一卷/（宋）釋施護
譯.--餘杭：徑山化城寺，明崇禎二年（1629）
刻；清康熙（1662～1722）修版
（丙三）/1565-3

佛説聖持世陀羅尼經：一卷/（宋）釋施護
譯.--餘杭：徑山化城寺，明崇禎二年（1629）
刻；清康熙（1662～1722）修版
（丙三）/1565-4

佛説布施經：一卷/（宋）釋法天譯.--餘杭：
徑山化城寺，明崇禎二年（1629）刻；清康熙
（1662～1722）修版 （丙三）/1565-5

佛説聖曜母陀羅尼經：一卷/（宋）釋法天
譯.--餘杭：徑山化城寺，明崇禎二年（1629）
刻；清康熙（1662～1722）修版

（丙三）/1565-6

法集名數經：一卷/（宋）釋施護譯.--明崇
禎（1628～1644）刻；清康熙（1662～1722）
修版 （丙三）/1565-7

聖多羅菩薩一百八名陀羅尼經：一卷/（宋）
釋法天譯.--明崇禎（1628～1644）刻；清康熙
（1662～1722）修版 （丙三）/1565-8

十二緣生祥瑞經：二卷/（宋）釋施護譯.--
明崇禎（1628～1644）刻；清康熙（1662～
1722）修版 （丙三）/1565-9

讚揚聖德多羅菩薩一百八名經：一卷/（宋）
釋天息災譯.--明崇禎（1628～1644）刻；清康
熙（1662～1722）修版 （丙三）/1565-10

聖觀自在菩薩一百八名經：一卷/（宋）釋天
息災譯.--常熟：虞山華嚴閣，明崇禎十六年
（1643）刻；清康熙（1662～1722）修版
（丙三）/1565-11

佛説目連所問經：一卷/（宋）釋法天譯.--
明崇禎（1628～1644）刻；清康熙（1662～
1722）修版 （丙三）/1565-12

外道問聖大乘法無我義經：一卷/（宋）釋法
天譯.--明崇禎（1628～1644）刻；清康熙
（1662～1722）修版 （丙三）/1565-13

毗俱胝菩薩一百八名經：一卷/（宋）釋法天
譯.--明崇禎（1628～1644）刻；清康熙（1662
～1722）修版 （丙三）/1565-14

聖軍化世百喻伽他經：一卷/（宋）釋天息災
譯.--明崇禎（1628～1644）刻；清康熙（1662
～1722）修版 （丙三）/1565-15

六道伽陀經：一卷/（宋）釋法天譯.--明崇
禎（1628～1644）刻；清康熙（1662～1722）
修版 （丙三）/1565-16

妙臂菩薩所問經：四卷/（宋）釋法天譯.--
明崇禎（1628～1644）.--1冊（與下十四種合
訂） （丙三）/1566-1

佛説苾芻五法經：一卷/（宋）釋法天譯.--
常熟：虞山華嚴閣，明崇禎十五年（1642）
（丙三）/1566-2

佛説苾芻迦尸迦十法經：一卷/（宋）釋法天
譯.--明崇禎（1628～1644）（丙三）/1566-3

諸佛心印陀羅尼經：一卷/（宋）釋法天譯.--
明崇禎（1628～1644） （丙三）/1566-4

大乘寶月童子問法經：一卷/（宋）釋施護譯.--明崇禎（1628~1644）（丙三）/1566-5

佛說蓮華眼陀羅尼經：一卷/（宋）釋施護譯.--明崇禎（1628~1644）（丙三）/1566-6

佛說觀想佛母般若波羅蜜多菩薩經：一卷/（宋）釋天息災譯.--明崇禎（1628~1644）（丙三）/1566-7

佛說如意摩尼陀羅尼經：一卷/（宋）釋施護譯.--明崇禎（1628~1644）（丙三）/1566-8

佛說聖大總持王經：一卷/（宋）釋施護譯.餘杭：徑山化城寺，明天啟七年（1627）（丙三）/1566-9

佛說最上意陀羅尼經：一卷/（宋）釋施護譯.--餘杭：徑山化城寺，明天啟七年（1627）（丙三）/1566-10

佛說持明藏八大總持王經：一卷/（宋）釋施護譯.--餘杭：徑山化城寺，明天啟七年（1627）（丙三）/1566-11

聖無能勝金剛火陀羅尼經：一卷/（宋）釋法天譯.--餘杭：徑山化城寺，明天啟七年（1627）（丙三）/1566-12

佛說尊勝大明王經：一卷/（宋）釋施護譯.餘杭：徑山化城寺，明天啟七年（1627）（丙三）/1566-13

佛說智光滅一切業障陀羅尼經：一卷/（宋）釋施護譯.--餘杭：徑山化城寺，明天啟七年（1627）（丙三）/1566-14

佛說如意寶總持王經：一卷/（宋）釋施護譯.--餘杭：徑山化城寺，明天啟七年（1627）（丙三）/1566-15

佛母出生三法藏般若波羅蜜多經：二十五卷/（宋）釋施護等譯.--吳江：接待寺，明天啟四年（1624）（清康熙三十九年[1700]印）.--2冊.--存卷9-25（丁）/16312

瑜珈集要燄口施食儀/（唐）釋不空譯；（宋）釋不動金剛輯.--清康熙三十年（1691）.--2冊（1函）（丙三）/608

大乘理趣六波羅密多經：十卷/（唐）釋般若譯.--山西：清涼山妙德庵，明萬曆十九年（1591）刻；清康熙九年（1670）補刻.--2冊（1函）（丙三）/1422

佛說大乘菩薩藏正法經：四十卷/（宋）釋法

護等譯.--餘杭：徑山化城寺，明萬曆四十七年（1619）.--4冊（1函）（丙三）/1423

佛說秘密三昧大教王經：四卷/（宋）釋施護譯.--常熟：虞山華嚴閣，明崇禎十五年（1642）.--1冊（與下一種合訂）：有扉畫（丙三）/3167-1

佛說金剛手菩薩降伏一切部多大教王經：三卷/（宋）釋法天譯.--常熟：虞山華嚴閣，明崇禎十五年（1642）（丙三）/3167-2

佛說無二平等最上瑜伽大教王經：六卷/（宋）釋施護譯.--常熟：虞山華嚴閣，明崇禎十五年（1642）.--1冊（合裝1函）：有扉畫（丙三）/3168

聖妙吉祥真實名經：一卷/（元）釋釋智譯.--餘杭：徑山化城寺，明崇禎元年（1628）.--1冊（與下五種合訂）（丙三）/3169-1

金剛頂瑜伽理趣般若經：一卷/（唐）釋金剛智譯.--餘杭：徑山化城寺，明崇禎二年（1629）（丙三）/3169-2

大樂金剛不空真實三麼耶般若波羅密多理趣經：一卷/（唐）釋不空譯.--餘杭：徑山化城寺，明崇禎二年（1629）（丙三）/3169-3

金剛頂瑜伽念珠經：一卷/（唐）釋不空譯.--餘杭：徑山化城寺，明崇禎二年（1629）（丙三）/3169-4

佛說佛母般若波羅密多大明觀想儀軌經：一卷/（宋）釋施護譯.--餘杭：徑山化城寺，明崇禎二年（1629）（丙三）/3169-5

佛說最上秘密那拏天經：三卷/（宋）釋法賢譯.--餘杭：徑山化城寺，明崇禎二年（1629）（丙三）/3169-6

佛說最上根本大樂金剛不空三昧大教王經：三卷/（宋）釋法賢譯.--常熟：虞山華嚴閣，明崇禎十五年（1642）.--1冊（合裝1函）（丙三）/3170

金剛峰楼閣一切瑜伽瑜祇經：二卷/（唐）釋金剛智譯.--常熟：虞山華嚴閣，明崇禎十六年（1643）.--1冊（與下一種合訂）.--有刻工：潘守誠（丙三）/3171-1

佛說妙吉祥最勝根本大教經：三卷/（宋）釋法賢譯.--常熟：虞山華嚴閣，明崇禎十六年（1643）（丙三）/3171-2

妙吉祥平等秘密最上觀門大教王經：五卷/（宋）釋慈賢譯．--常熟：虞山華嚴閣，明崇禎十六年（1643）．--1 冊（與下一種合訂）．--有刻工：潘守誠 （丙三）/3172-1

普徧光明焰鬘清靜熾盛如意寶印心無能勝大明王大隨求陀羅尼經：二卷/（唐）釋不空譯．常熟：虞山華嚴閣，明崇禎十六年（1643） （丙三）/3172-2

如來不思議秘密大乘經：二十卷/（宋）釋法護譯．--餘杭：徑山寂照庵，明萬曆三十六年（1608）．--2 冊（1 函）．--有刻工：許一科、端師堯等 （丙三）/3173

大乘瑜伽金剛性海曼殊室利千臂千鉢大教王經：十卷/（唐）釋不空譯．--餘杭：徑山寂照庵，明萬曆三十八年（1610）．--2 冊（1 函）．--版心題"大乘瑜伽金剛王經" （丙三）/3174

佛說聖寶藏神儀軌：二卷/（宋）釋法天譯．嘉興：楞嚴寺般若堂，清康熙三年（1664）．--1 冊（與下三種合訂） （丙三）/3175-1

佛說寶藏神大明曼拏羅儀軌經：二卷/（宋）釋法天譯．--嘉興：楞嚴寺般若堂，清康熙三年（1664） （丙三）/3175-2

金剛恐怖集會方廣軌儀觀自在菩薩三世最勝心明王經/（唐）釋不空譯．--嘉興：楞嚴寺般若堂，清康熙三年（1664） （丙三）/3175-3

金剛恐怖集會方廣軌儀觀自在菩薩三世最勝心明王大威力烏樞瑟摩明王經：三卷/（唐）釋阿質達霰譯．--嘉興：楞嚴寺般若堂，清康熙三年（1664） （丙三）/3175-4

佛說大乘觀想曼拏羅淨諸惡趣經：二卷/（宋）釋法賢譯．--嘉興：楞嚴寺般若堂，清順治十七年（1660）．--1 冊（與下六種合訂） （丙三）/3176-1

佛說大方廣曼殊室利經觀自在多羅菩薩儀軌經/（唐）釋不空譯．--嘉興：楞嚴寺般若堂，清順治十七年（1660） （丙三）/3176-2

佛說一切佛攝相應大教王經聖觀自在菩薩念誦儀軌經/（宋）釋法賢譯．--嘉興：楞嚴寺般若堂，清順治十七年（1660）（丙三）/3176-3

瑜伽金剛頂經釋字母品/（唐）釋不空譯．--嘉興：楞嚴寺般若堂，清順治十七年（1660） （丙三）/3176-4

佛說一切如來安像三昧儀軌經/（宋）釋施護譯．--嘉興：楞嚴寺般若堂，清順治十七年（1660） （丙三）/3176-5

文殊師利菩薩根本大教王金翅鳥王品/（唐）釋不空譯．--嘉興：楞嚴寺般若堂，清順治十七年（1660） （丙三）/3176-6

十一面觀自在菩薩心密言念誦儀軌經：二卷/（唐）釋不空譯．--嘉興：楞嚴寺般若堂，清順治十七年（1660） （丙三）/3176-7

大乘律

菩薩善戒經：十卷/（南朝宋）釋求那跋摩等譯．--金沙：顧龍山，明崇禎十六年至十七年（1643～1644）．--2 冊（合裝 1 函）：有插圖 （丙三）/1468

菩薩地持經：八卷/（北涼）釋曇無讖譯．--金沙：顧龍山，明崇禎十六年（1643）．--2 冊（合裝 1 函） （丙三）/1466

佛說梵網經：二卷/（後秦）釋鳩摩羅什譯．--山西：五臺山妙德庵，明萬曆十八年（1590）．1 冊（合裝 1 函）．--有刻工：鄒友、毛有光等 （丙三）/1467

優婆塞戒經：七卷/（北涼）釋曇無讖譯．--當湖馮洪業，明末（1573～1644）．--1 冊（與下三種合訂） （丙三）/1599-1

寂調音所問經：不分卷/（南朝宋）釋法海譯．--餘杭：徑山化城寺，明崇禎二年（1629） （丙三）/1599-2

大乘三聚懺悔經：不分卷/（隋）釋闍那崛多譯．--餘杭：徑山化城寺，明崇禎二年（1629） （丙三）/1599-3

佛說文殊悔過經：不分卷/（晉）釋竺法護譯．--餘杭：徑山化城寺，明萬曆四十年（1612） （丙三）/1599-4

菩薩瓔珞本業經：二卷/（後秦）釋竺佛念譯．--餘杭：徑山化城寺，明崇禎二年（1629）．--1 冊（與下六種合訂）．--有刻工：丘添祥、尚熄等 （丙三）/1598-1

佛說受十善戒經：不分卷/（後漢）佚名譯．餘杭：徑山化城寺，明崇禎四年（1631） （丙三）/1598-2

佛說淨業障經：不分卷/（後秦）佚名譯．--

餘杭：徑山化城寺，明崇禎四年（1631）

（丙三）/1598-3

佛藏經：四卷/（後秦）釋鳩摩羅什譯．--餘杭：徑山寂照庵，明萬曆三十四年（1606）

（丙三）/1598-4

菩薩戒本經：不分卷/（北涼）釋曇無讖譯．餘杭：徑山化城寺，明崇禎四年（1631）

（丙三）/1598-5

菩薩戒羯磨文：不分卷/（唐）釋玄奘譯．--餘杭：徑山化城寺，明崇禎四年（1631）

（丙三）/1598-6

菩薩戒本：不分卷/（唐）釋玄奘譯．--餘杭：徑山化城寺，明崇禎五年（1632）

（丙三）/1598-7

佛説法律三昧經：不分卷/（吳）支謙譯．--餘杭：徑山寂照庵，明崇禎十年（1637）．--1冊（與下八種合訂）　　　（丙三）/1596-1

佛説十善業道經：不分卷/（唐）釋實叉難陀譯．--餘杭：徑山寂照庵，明崇禎十年（1637）　　　　　（丙三）/1596-2

清淨毗尼方廣經：不分卷/（後秦）釋鳩摩羅什譯．--當湖馮洪業，明崇禎（1628～1644）

（丙三）/1596-3

菩薩五法懺悔經：不分卷/（梁）佚名譯．--餘杭：徑山化城寺，明崇禎二年（1629）

（丙三）/1596-4

菩薩藏經：不分卷/（梁）釋僧伽婆羅譯．--餘杭：徑山化城寺，明崇禎二年（1629）

（丙三）/1596-5

三曼陀颰陀羅菩薩經：不分卷/（晉）聶道真譯．--餘杭：徑山化城寺，明崇禎二年（1629）

（丙三）/1596-6

菩薩受齋經：不分卷/（晉）聶道真譯．--明崇禎（1628～1644）　（丙三）/1596-7

舍利弗悔過經：不分卷/（漢）釋安世高譯．--餘杭：徑山化城寺，明崇禎二年（1629）

（丙三）/1596-8

小乘律

佛阿毗曇經：二卷/（陳）釋真諦譯．--餘杭：徑山化城寺，明崇禎二年（1629）

（丙三）/1596-9

解脱戒本經：不分卷/（北魏）釋瞿曇般若流

支譯．--當湖馮洪業，明崇禎（1628～1644）．--1冊（與下六種合訂）（丙三）/1597-1

優波離問經：不分卷/（南朝宋）釋求那跋摩譯．--餘杭：徑山化城寺，明崇禎三年（1630）

（丙三）/1597-2

根本説一切有部戒經：不分卷/（唐）釋義淨譯．--餘杭：徑山化城寺，明崇禎三年（1630）

（丙三）/1597-3

佛説迦葉禁戒經：不分卷/（南朝宋）沮渠京聲譯．--餘杭：徑山化城寺，明崇禎三年（1630）

（丙三）/1597-4

佛説犯戒罪報輕重經：不分卷/（漢）釋安世高譯．--餘杭：徑山化城寺，明崇禎三年（1630）

（丙三）/1597-5

佛説戒消災經：不分卷/（吳）支謙譯．--餘杭：徑山化城寺，明崇禎三年（1630）

（丙三）/1597-6

佛説優婆塞五戒相經：不分卷/（南朝宋）釋求那跋摩譯．--餘杭：徑山化城寺，明崇禎三年（1630）　　　　（丙三）/1597-7

十誦律：六十一卷/（後秦）釋弗若多羅，（後秦）釋鳩摩羅什譯．--餘杭：徑山化城寺，明崇禎六年（1633）．--7冊（1函）．--存卷1-35

（丙三）/1561

根本説一切有部毗奈耶：五十卷/（唐）釋義淨譯．--金沙：顧龍山，明崇禎三至六年（1630～1633）；清康熙（1662～1722）補刻．--10冊（1函）：扉畫1幅　　　　（丙三）/1515

根本説一切有部毗奈耶雜事：四十卷/（唐）釋義淨譯．--金沙：顧龍山，明崇禎六年（1633）．--8冊（1函）：扉畫1幅

（丙三）/1542

摩訶僧祇律：四十卷/（晉）釋佛陀跋陀羅，（晉）釋法顯譯．--金沙：顧龍山，明崇禎七年（1634）（清康熙三十九年[1700]印）．--3冊．--存卷14-22、31-34　　（丁）/16322

彌沙塞部和醯五分律：三十卷/（南朝宋）釋佛陀什，（南朝宋）釋竺道生譯．--嘉興：楞嚴寺經坊，明崇禎八年（1635）．--6冊（合裝1函）　　　　　　　　（丙三）/1456

善見毗婆沙律：十八卷/（南朝齊）釋僧伽跋陀羅譯．--金壇：紫柏庵，明崇禎十二年（1639）．

4 冊（合裝 1 函） （丙三）/1531

大比丘三千威儀：二卷/（漢）釋安世高譯. 餘杭：徑山化城寺，明崇禎九年（1636）.--1 冊（1 函） （丙三）/1424

根本薩婆多部律攝：十四卷/（唐）釋義淨譯.--常熟：虞山華嚴閣，明崇禎十七年（1644）.--3 冊（合函）：有扉畫.--有刻工：潘守誠.--綫裝 （丙三）/1606

根本薩婆多部律攝：十四卷/（唐）釋義淨譯.--常熟：虞山華嚴閣，明崇禎十七年（1644）（清康熙三十九年[1700]印）.--1 冊. 存卷 11-14 （丁）/16313

四分僧羯磨：五卷/（唐）釋懷素集.--常熟：虞山華嚴閣，明崇禎十六年（1643）.--1 冊（與下一種合訂） （丙三）/1605-1

四分比丘尼羯磨法：一卷/（南朝宋）釋求那跋摩譯.--餘杭：徑山化城寺，明崇禎四年（1631） （丙三）/1605-2

戒因緣經：十卷/（後秦）釋竺佛念譯.--餘杭：徑山化城寺，明崇禎五年（1632）.--2 冊（合裝 1 函） （丙三）/1600

根本説一切有部百一羯磨：十卷/（唐）釋義淨譯.--明崇禎十七年（1644）.--2 冊（1 函）.--有刻工：楊可澹 （丙三）/1523

薩婆多部毗尼摩得勒伽：十卷/（南朝宋）釋僧伽跋摩譯.--常熟：虞山華嚴閣，明崇禎十七年（1644）.--2 冊（合裝 1 函）.--有刻工：李如科 （丙三）/1522

根本説一切有部尼陀那：五卷；根本説一切有部目得迦：五卷/（唐）釋義淨譯.--常熟：虞山華嚴閣，明崇禎十七年（1644）.--2 冊（1 函）.--有刻工：楊可澹 （丙三）/1564

薩婆多毗尼毗婆沙：九卷/（後秦）佚名譯.--明末（1573～1644）.--2 冊（與下一種合訂） （丙三）/1429-1

出家授近圓羯磨儀範：一卷/（元）釋拔合思巴集.--當湖馮洪業，明末（1573～1644） （丙三）/1429-2

毗尼母論：八卷/（後秦）佚名譯.--當湖馮洪業，明末（1573～1644）刻；釋靈慧，清康熙四十五年（1706）修版.--2 冊（與下四種合訂） （丙三）/1430-1

律二十二明了論：一卷/（天竺）釋佛陀多羅多撰；（陳）釋真諦譯.--當湖馮洪業，明末（1573～1644）刻；釋靈慧，清康熙四十五年（1706）修版 （丙三）/1430-2

根本説一切有部毗奈耶尼陀那目得迦攝頌：一卷/（唐）釋義淨譯.--當湖馮洪業，明末（1573～1644）刻；釋靈慧，清康熙四十五年（1706）修版 （丙三）/1430-3

根本説一切有部毗奈耶雜事攝頌：一卷/（唐）釋義淨譯.--當湖馮洪業，明末（1573～1644）刻；釋靈慧，清康熙四十五年（1706）修版 （丙三）/1430-4

普賢菩薩行願贊：一卷/（唐）釋不空譯.--釋靈慧，清康熙四十五年（1706） （丙三）/1430-5

根本説一切有部毗奈耶頌：四卷/（天竺）毗舍佉撰；（唐）釋義淨譯.--明末（1573～1644）.--1 冊（合裝 1 函）.--版心題"根本部毗奈耶頌" （丙三）/1434

十誦律毗尼序：三卷/（晉）釋卑摩羅叉譯.明末（1573～1644）.--1 冊（合裝 1 函） （丙三）/1435

沙彌十戒法并威儀：一卷/（晉）佚名譯.--嘉興：徑山寂照庵，明萬曆三十七年（1609）.1 冊（與下一種合訂）.--有刻工：洪以忠 （丙三）/1436-1

羯磨：二卷/（三國魏）釋曇諦譯.--明末（1573～1644）.--1 冊（合裝 1 函） （丙三）/1436-2

大乘論

大智度論：一百卷/（後秦）釋鳩摩羅什譯.山西：五臺山妙德庵，明萬曆十九年（1591）（清康熙三十九年[1700]印）.--3 冊.--存卷 11-25 （丁）/16320

瑜伽師地論：一百卷/（唐）釋玄奘譯.--餘杭：徑山寂照庵，明萬曆二十七至二十九年（1599～1601）.--20 冊（2 函）（丙三）/1343
第二部 2 冊，存卷 61-65、96-100 （丁）/16319

中論：六卷/（後秦）釋鳩摩羅什譯.--山西：五臺山妙德庵，明萬曆十八年（1590）.--1 冊（1 函）.--有刻工：洪以忠、熊本達等

（丙三）/1491

成唯識論：十卷/（唐）釋玄奘譯.--清初（1644～1722）.--2冊（1函）（丙三）/1444

因明入正理論：不分卷/（唐）釋玄奘譯.--常熟：虞山華嚴閣，明崇禎十七年（1644）.--1冊（與下三種合訂） （丙三）/1489-1

顯識論：不分卷/（陳）釋真諦譯.--常熟：虞山華嚴閣，明崇禎十七年（1644）
（丙三）/1489-2

發菩提心論：二卷/（後秦）釋鳩摩羅什譯.--常熟：虞山華嚴閣，明崇禎十七年（1644）
（丙三）/1489-3

三無性論：二卷/（陳）釋真諦譯.--常熟：虞山華嚴閣，明崇禎十七年（1644）
（丙三）/1489-4

小乘論

阿毗達磨大毗婆沙論：二百卷/（唐）釋玄奘譯.--餘杭：徑山化城寺，明萬曆四十四年（1616）（清康熙三十九年[1700]印）.--1冊.--存卷96-100 （丁）/16323

阿毗曇毗婆沙論：八十二卷/（天竺）迦旃延子造；（北涼）浮陀跋摩，（北涼）釋道泰譯.--金沙：顧龍山，明天啟六年（1626）（清康熙三十九年[1700]印）.--1冊.--存卷11-15
（丁）/16324

尊婆須蜜菩薩所集論：十五卷/（後秦）釋僧伽跋澄等譯.--吳江：接待寺，明崇禎十二年（1639）.--3冊（1函）：有扉畫.--有刻工：栢良堦 （丙三）/2802

宋元續入藏諸論

施設論：七卷/（宋）釋施護等譯.--嘉興：楞嚴寺般若堂，清順治十八年（1661）.--1冊（與下三種合訂） （丙三）/1490-1

大乘法界無差別論：不分卷/（唐）釋提雲般若譯.--餘杭：徑山化城寺，明崇禎四年（1631）
（丙三）/1490-2

金剛頂瑜伽中發阿耨多羅三藐三菩提心論：不分卷/（唐）釋不空譯.--餘杭：徑山化城寺，明崇禎四年（1631） （丙三）/1490-3

彰所知論：不分卷/（元）釋沙羅巴譯.--餘杭：徑山化城寺，明崇禎四年（1631）

（丙三）/1490-4

西土撰集

出曜經：二十卷/（印度）釋法救撰；（後秦）釋竺佛念譯.--餘杭：徑山化城寺，明崇禎五年（1632）
（丙三）/1460

賢愚因緣經：十三卷/（北魏）釋慧覺譯.--餘杭：徑山寂照庵，明萬曆三十五年（1607）；釋靈慧，清康熙四十四年（1705）補刻.--3冊（合裝1函）：扉畫1幅.--有刻工：陶邦本、萬志等 （丙三）/1433

佛本行經：七卷/（宋）釋寶雲譯.--餘杭：徑山化城寺，明天啟五年（1625）刻；清康熙十八年（1679）補刻.--2冊（合裝1函）
（丙三）/1535

撰集百緣經：十卷/（吳）支謙譯.--餘杭：徑山化城寺，明崇禎四年（1631）.--2冊（合裝1函） （丙三）/1536

此土著述

經律異相：五十卷/（梁）釋僧旻，（梁）釋寶唱等集.--餘杭：徑山化城寺，明萬曆四十年（1612）（清康熙三十九年[1700]印）.--1冊.--存卷31-35 （丁）/16315

出三藏記集：十七卷/（梁）釋僧祐撰.--常熟：虞山華嚴閣，明崇禎十六年（1643）.--4冊（1函）.--缺卷6。書後題"常熟信士毛晉捐資刊出三藏記集全部"。鈐"張遵驪"朱文印、"孫華卿章"朱文印、"曉鈴藏書"朱文印 （己）/1452

集神州塔寺三寶感通錄：三卷/（唐）釋道宣撰.--明末清初（1573～1722）.--1冊（合裝1函） （丙三）/1541

六祖大師法寶壇經：一卷，卷首一卷，附錄一卷/（唐）釋慧能說；（元）釋宗寶編.--餘杭：徑山寂照庵，明萬曆三十七年（1609）.--1冊（合裝1函）.--有刻工：洪以忠。扉畫頁下刻"靈慧重刻" （丙三）/1544

宗門統要續集：二十二卷/（宋）釋宗永集；（元）釋清茂續集.--餘杭：徑山寂照庵，明萬曆三十五年（1607）.--5冊（合裝1函）.--有刻工：劉懋敷、陳叔道等 （丙三）/1543

明覺禪師語錄：六卷/（宋）釋惟蓋竺等編.嘉興：楞嚴寺般若堂，明崇禎七年（1634）.

2 冊（1 函）.--卷 4 卷端題"明覺禪師瀑泉集"，卷 5、6 卷端題"明覺禪師祖英集"。鈐"无畏居士"朱文印、"滿足清凈"白文印
（丁）/12559

第二部
（丙三）/1362

圓悟佛果禪師語錄：二十卷/（宋）釋紹隆等編.--山西：清涼山妙德庵，明萬曆十八至十九年（1590～1591）.--4 冊（1 夾）：冠圖 1 幅.--有刻工：傅汝光、毛詩賦等。鈐"十顧齋"朱文印
（丙三）/786

第二部 8 冊（1 函），鈐"王維翰"朱文印、"墨林"朱文印
（丁）/7301

佛説仁王護國般若波羅密經疏：三卷，附仁王經疏科文/（後秦）釋鳩摩羅什譯；（隋）釋智顗疏.--明崇禎十七年（1644）刻（納蘭永壽、關氏，清雍正二年[1724]印）.--3 冊（合裝 1 函）.--版心題"仁王護國般若經疏"。板藏寶善庵
（丙三）/1348

大方廣佛華嚴經疏：六十卷/（唐）釋澄觀撰.--餘杭：徑山化城寺，明崇禎二至五年（1629～1632）.--12 冊（2 函）
（丙三）/1529

楞伽阿跋多羅寶經註解：四卷/（南朝宋）釋求那跋多羅譯；（明）釋宗泐，（明）釋如𢉖註.嘉興：楞嚴寺經坊，明崇禎五年（1632）.--2 冊（與下三種合函）
（丙三）/1496-1

般若波羅蜜多心經註解：一卷/（唐）釋玄奘譯；（明）釋宗泐，（明）釋如𢉖註.--嘉興：楞嚴寺經坊，明崇禎五年（1632）.--1 冊（與下二種合訂）
（丙三）/1496-2

金剛般若波羅蜜經註解：一卷/（後秦）釋鳩摩羅什譯；（明）釋宗泐，（明）釋如𢉖註.--嘉興：楞嚴寺經坊，明崇禎五年（1632）
（丙三）/1496-3

大明太宗文皇帝御製序讚文：一卷/（明）太宗朱棣撰.--嘉興：楞嚴寺般若堂，清康熙元年（1662）
（丙三）/1496-4

諸佛世尊如來菩薩尊者神僧名經：四十卷/（明）成祖朱棣輯.--餘杭：徑山化城寺，明崇禎八年（1635）；金沙：東禪寺，明崇禎十年（1637）；金沙，顧龍山，明崇禎十三年（1640）刻；清康熙三十年（1691）修版.--8 冊（1 函）：

扉畫 1 幅.--卷 1 卷端未題書名，據卷 2 卷端著錄
（丙三）/1601

諸佛世尊菩薩如來尊者名稱歌曲：二十卷/（明）成祖朱棣撰.--餘杭：徑山古梅庵，清康熙二至五年（1663～1666）.--6 冊（1 夾）.--有刻工及捐資者姓名。鈐"曉鈴藏書"朱文印
（己）/679

華嚴懸談會玄記：四十卷/（元）釋普瑞集.餘杭：徑山化城寺，明崇禎元年至四年（1628～1631）.--8 冊（1 函）：扉畫 1 幅.--扉畫頁版心下刻"化城寺恒瑞梓"
（丙三）/1462

金剛般若經疏論纂要刊定記會編：十卷/（後秦）釋鳩摩羅什譯；（唐）釋宗密，（宋）釋子璿疏；（清）釋行策編.--嘉興：楞嚴寺般若堂，清康熙八年（1669）.--3 冊（合裝 1 函）.--版心題"金剛般若經疏記會編"
（丙三）/3182

北藏缺南藏函號附

續傳燈錄：三十六卷/（明）釋居頂撰.--明崇禎八至九年（1635～1636）.--7 冊（1 函）
（丁）/14768-1

密雲禪師語錄：十二卷，年譜一卷/（清）釋道忞輯.--清順治（1644～1661）.--4 冊（1 函）
（丙三）/1369

禪宗頌古聯珠通集：四十卷/（宋）釋法應集；（元）釋普會續集.--餘杭：徑山萬壽禪寺，明萬曆二十四至二十五年（1596～1597）.--8 冊（1 函）：有圖.--版心題"頌古聯珠通集"
（丙三）/1445

大方廣佛新華嚴經合論：一百二十卷/（唐）釋實叉難陀譯；（唐）李通玄造論；（唐）釋志寧釐經合論.--山西：五臺山妙德庵，明萬曆十八年（1590）（清康熙三十九年[1700]印）.--2 冊.--存卷 66-70、71-75
（丁）/16321

續藏

四分戒本如釋：十二卷，附攝頌戒相圖一卷/（明）釋弘贊釋.--明崇禎（1628～1644）（撲叙、妻耿氏，清康熙五十二年[1713]印）.--4 冊（合函）.--有刻工：偉、徹等
（丙三）/3166

第二部 4 冊（1 函）（丙三）/1527

大明高僧傳：八卷/（明）釋如惺撰.--明萬曆四十五年（1617）.--4 冊（1 函）.--鈐"程

分"朱文印、"積學齋徐乃昌藏書"朱文印
　　　　　　　　　　　　　　　　（乙三）/820

佛祖綱目：四十一卷，卷首一卷/（明）朱時恩編.--明崇禎五年（1632）.--10 冊（1函）
　　　　　　　　　　　　　　　　（丙三）/6739

宋文憲公護法錄：十卷/（明）宋濂撰；（明）釋袾宏輯；（明）錢謙益訂.--餘杭：徑山化城寺，明天啟（1621～1627）.--4 冊（合裝 1 函）.--有刻工：許一科、吳文輝等　　（丙三）/1419

林間錄：二卷，後集一卷/（宋）釋德洪集.顧雲程，明萬曆十二年（1584）.--3 冊（1 函）.鈐"周肇祥印"白文印、"鹿巖精舍"朱文印
　　　　　　　　　　　　　　　　（丁）/12577

石門文字禪：三十卷/（宋）釋德洪撰.--餘杭：徑山興聖萬壽寺，明萬曆二十五年（1597）.--15 冊（2 函）：有扉畫.--有刻工：端學堯、鄒友等。周肇祥題識。鈐"覺非堂"朱文印、"本嵩"朱文印、"如在錫舟之閣"白文印、"周肇祥之印"白文印、"周肇祥"白文印、"自獲道符不由師授"朱文印 （丙三）/394

雪巖和尚住潭州隆興寺語錄：二卷/（元）釋昭如，（元）釋希陵等編.--嘉興：楞嚴寺般若堂，南明弘光元年（1644）（永壽、妻關氏，清雍正二年［1724］印）.--2 冊（合裝 1 函）
　　　　　　　　　　　　　　　　（丙三）/1418

高峰大師語錄：不分卷/（元）釋原妙撰.--嘉興：楞嚴寺般若堂，清康熙六年（1667）.--1 冊（合裝 1 函）　　　　（丙三）/1572

斷橋妙倫和尚語錄：不分卷/（宋）釋文寶等編；（清）釋機雲等輯.--嘉興：釋真雄，清康熙三十一年（1692）（清雍正二年［1724］印）.--1 冊（合裝 1 函）　　　（丙三）/1395

台州府瑞巖淨土禪寺方山文寶禪師語錄：不分卷/（清）釋機雲編.--清康熙（1662～1722）（清雍正二年［1724］印）.--1 冊（1 函）.--版心題"瑞巖方山寶禪師語錄"（丙三）/1414

慧文正辯佛日普照元叟端禪師語錄：八卷/（元）釋法林等編.--餘杭：徑山寂照庵，明萬曆三十五年（1607）（永壽、妻關氏，清雍正二年（1724）印）.--1 冊（合裝 1 函）.--有刻工：王大純、徐成等　　　　（丙三）/1415

羅湖野錄：二卷/（宋）釋曉瑩集.--餘杭：

徑山寂照庵，明萬曆二十九年（1601）（永壽、妻關氏，清雍正二年［1724］印）.--1 冊（1函）.--有刻工：洪國輔　　　　（丙三）/1574

福源石屋珙禪師語錄：二卷/（元）釋清珙撰；（元）釋至柔等編.--姑蘇：兜率園，明天啟七年（1627）.--1 冊（1 函）.--鈐 "无畏居士"朱文印　　　　　　　（丙三）/695

南堂了菴禪師語錄：二十二卷/（元）釋一志等編；（明）釋兜率等重訂.--姑蘇：兜率園，明崇禎八年（1635）.--4 冊（合裝 1 函）.--有刻工：蔣淨榮　　　　　　　（丙三）/1457

龍池幻有禪師語錄：十二卷/（明）釋圓悟，（明）釋圓修等編.--嘉興：楞嚴寺，明崇禎十一年（1638）（包顯貴及妻趙氏，清康熙三十九年［1700］印）.--3 冊（1 夾）.--鈐"无畏居士"朱文印　　　　　　　　　　　（丙三）/551

第二部　3 冊（合裝 1 函）（丙三）/1408

徑山雪嶠大師住東塔語錄：四卷；徑山雪嶠禪師拈古頌：一卷；徑山語風老人嗣臨濟第三十世雪嶠信大禪師道行碑：一卷/（清）釋弘歇等編.--嘉興：楞嚴寺，清順治九年（1652）（納蘭永壽、關氏，清雍正二年［1724］印）.--3 冊（合裝 1 函）.--卷 2 卷端題名"雪大師住廬山開先語錄"，卷 3、4 卷端題名"徑山雪大師語錄"，目錄題名"雪嶠禪師語錄"
　　　　　　　　　　　　　　　　（丙三）/1411

破山禪師語錄：二十卷/（清）釋印正等編.嘉興：楞嚴寺般若坊，清康熙十九年（1680）.4 冊（1 函）　　　　　　　　（丙三）/791

南嶽山茨際禪師語錄：四卷/（明）釋達尊等編.--清順治（1644～1661）（永壽、妻關氏，清雍正二年［1724］印）.--1 冊（合裝 1 函）
　　　　　　　　　　　　　　　　（丙三）/1407

百癡禪師語錄：二十八卷/（明）釋超宣等編.--清順治十六年（1659）.--5 冊（1 函）
　　　　　　　　　　　　　　　　（丙三）/543

三山禪師語錄 二十八卷/（清）釋普定編.--清康熙七年（1668）（包顯貴及妻趙氏，清康熙三十九年〔1700〕印）.--3 冊（1 夾）.--存卷1-16。鈐"繡佛弟子"白文印、"无畏居士"朱文印　　　　　　　　　　　（丁）/14602

妙法蓮華經授手：十卷/（清）釋智祥集.--

清康熙二十三年（1684）.--6 冊（1 函）.--
存卷 1-5 　　　　　　　　　　（丙三）/1528

又續藏：

大佛頂如來密因修證了義諸菩薩萬行首楞嚴
經觀心定解：四卷，大綱一卷，科一卷/（清）
釋靈耀撰.--嘉興，清康熙二十年（1681）刻
（清雍正二年[1724]印）.--5 冊（1 函，與以
下兩種合函）.--存卷 1、3、4 及大綱、科。版
心題"楞嚴定解"，封面書簽題"首楞嚴經觀
心定解" 　　　　　　　　　（丙三）/1396

明覺聰禪師語錄：十六卷/（清）釋寂空等
編.--清康熙九年（1670）（清雍正二年[1724]
印）.--4 冊（1 函） 　　　　（丙三）/1397

虛舟省禪師語錄：四卷；虛舟省禪師詩集：
二卷/（清）釋超直編. 筏喻初學：一卷/（清）
徐善編.--清康熙（1662～1722）.--2 冊（合
裝 1 函） 　　　　　　　　　（丙三）/1439

續燈存稿：十二卷/（清）施沛集. 續燈存稿
增集：四卷/（清）釋大珍編.--清康熙（1662
～1722）.--6 冊（1 函）.--杭州十八里澗理安
寺流通藏板 　　　　　　　　（丙三）/789

漆園指通：三卷/（清）釋瀞挺撰.--清康熙
（1662～1722）.--1 冊（1 函）（丙三）/1365

閱經十二種/（清）釋淨挺撰.--清康熙（1662
～1722）.--2 冊（合裝 1 函）

子目：
華嚴經頌
梵網戒光
楞伽心印
維摩饒舌
圓覺連珠
楞嚴答問
藥師燈燄
彌陀舌相
金剛三昧
心經句義
法華懸譚
涅槃末後句 　　　　　　　（丙三）/1487

沙彌律儀要略增註：二卷/（明）釋袾宏輯；
（清）釋弘贊註.--清康熙（1662～1722）.--1
冊（1 函） 　　　　　　　　　（丙三）/1448

沙彌學戒儀軌頌：一卷；沙彌學戒儀軌頌

註：一卷/（清）釋弘贊撰.--清康熙五年
（1666）.--1 冊（與下一種合訂）
　　　　　　　　　　　　　（丙三）/1450-1

禮佛儀式：一卷/（清）釋弘贊編.--清康熙
九年（1670） 　　　　　　　（丙三）/1450-2

式叉摩那尼戒本：一卷；比丘尼戒錄：不分
卷/（清）釋弘贊輯.--清康熙十年（1671）.--1
冊（1 函） 　　　　　　　　（丙三）/1449

沙門日用：二卷；比丘受戒錄：不分卷/（清）
釋弘贊編.--清康熙十年（1671）.--1 冊（1
函） 　　　　　　　　　　　（丙三）/1447

供諸天科儀：不分卷；禮舍利塔儀式：不分
卷/（清）釋弘贊集.--清康熙九年（1670）.--1
冊（1 函） 　　　　　　　　（丙三）/1454

鼎湖山木人居在慘禪師剩稿：五卷/（清）釋
開溈等錄.--清康熙二十二年二十三年（1683
～1684）.--1 冊（合裝 1 函）.--版心題"鼎
湖山木人剩稿" 　　　　　　（丙三）/1357

七俱胝佛母所説準提陀羅尼經會釋：三卷，
附持誦法要/（唐）釋不空譯；（清）釋弘贊會
釋.--清康熙十年(1671).--1 冊（合裝 1 函）.--
版心題"準提會釋" 　　　　（丙三）/1360

溈山警策句釋記：二卷，附溈山警策句釋科
文/（清）釋弘贊註.--清康熙九年（1670）.--1
冊 　　　　　　　　　　　　（丙三）/1361

歸戒要集：三卷/（清）釋弘贊輯.--清康熙
（1662～1722）.--1 冊（合裝 1 函）
　　　　　　　　　　　　　（丙三）/1356

兜率龜鏡集：三卷/（清）釋弘贊輯.--刻本.
廣州：南海寶象林釋開覺等，清康熙十年
（1671）.--1 冊（1 函） 　（丙三）/1359

靈瑞尼祖揆符禪師妙湛錄：五卷/（清）釋師
炤等編.--清康熙（1662～1722）.--1 冊（1
函） 　　　　　　　　　　　（丙三）/1552

靈瑞禪師喦華集：五卷/（清）釋振澄等編.
清康熙（1662～1722）.--1 冊（1 函）
　　　　　　　　　　　　　（丙三）/1370

慧覺衣禪師語錄：二卷，附錄一卷/（清）釋
徹御等編.--嘉興：楞嚴寺般若坊，清康熙二十
一年（1682）.--1 冊（合裝 1 函）
　　　　　　　　　　　　　（丙三）/1421

道德經順硃：二卷/（清）釋德玉撰.--清康

熙（1662～1722）.--1 冊（1 函）.--鈐 "周肇祥讀過書" 朱文印　　　　（丙三）/2816

古林如禪師語錄：四卷/（清）釋全威等輯.嘉興：楞嚴寺，清康熙（1662～1722）.--1 冊（合裝 1 函）　　　　（丙三）/1556

藥師三昧行法：四卷/（清）釋受登集.--清康熙（1662～1722）.--1 冊（合裝 1 函）　　　　　　　　　　（丙三）/1377

准提三昧行法：五卷，附本咒同譯一卷/（清）釋受登集.--天溪：大覺庵，清康熙八年（1669）.--1 冊（合裝 1 函）.--大覺庵藏板　　　　　　　　　　（丙三）/1378

藥師琉璃光如來本願功德經直解：不分卷/（清）釋靈耀撰.--清康熙（1662～1722）.--1 冊（合裝 1 函）　　　　（丙三）/1384

錦江禪燈：二十卷，卷首一卷/（清）釋通醉輯.--嘉興：楞嚴寺，清康熙三十二年（1693）（永壽、妻關氏，清雍正二年[1724]印）.--5 冊（1 函）.--有刻工：倪爾純（丙三）/1557

其他：

金剛般若波羅密經部旨：二卷/（清）釋靈耀撰.--清康熙（1662～1722）.--1 冊（合裝 1 函）　　　　　　　　　　（丙三）/1383

大佛頂首楞嚴經臆說：四卷/（明）釋湛然，（明）釋圓澄註.--明萬曆四十四年（1616）.--1 冊（1 函）　　　　（丙三）/1371

觀世音菩薩普門品膚說：不分卷；佛說盂蘭盆經折中疏：不分卷/（清）釋靈耀撰.--清康熙（1662～1722）.--1 冊（合裝 1 函）　　　　　　　　　　（丙三）/1379

佛說梵網經菩薩心地品下略疏：八卷/（後秦）釋鳩摩羅什譯；（清）釋弘贊述.--清康熙十四年（1675）（撲叙、耿氏，清康熙五十二年[1713]印）.--2 冊（1 函）　　（丙三）/1413

大乘本生心地觀經淺註：八卷，附懸示一卷，科一卷/（清）釋來舟註.--清康熙三十六年（1697）.--18 冊（2 函）.--鈐 "諸藏未收" 朱文印、"无畏居士" 朱文印　　（丙三）/545

傳佛心印記註：二卷/（元）釋惟則撰；（明）釋傳燈註；（清）釋靈耀校.--嘉興：楞嚴寺經坊，清康熙十九年（1680）.--1 冊（合裝 1 函）.楞嚴寺藏板　　　　　　　（丙三）/1382

黑白半月兩乘布薩正範：一卷；比丘戒相：一卷；比丘尼戒相：一卷；菩薩戒相：一卷；篇聚圖：一卷/（清）釋讀體集.--清順治（1644～1661）.--1 冊（1 函）.--鈐 "天機" 白文印、"无畏" 朱文印、"諸藏未收" 朱文印
　　　　　　　　　　（丁）/9043

羯磨指南：十四卷/（清）釋炤明輯.--天隆律院，清康熙二十一年（1682）.--6 冊（1 函）.鈐 "无畏" 朱文印　　　　（丙三）/3165

第二部 1 冊，存卷 3、4 （丙三）/444-1
比丘戒犯緣略釋：十卷/（清）釋炤明釋.--天隆律院，清康熙二十一年（1682）.--5 冊（1 函）　　　　　　　　　　（丙三）/444-2

宗鑑法林：七十二卷/（清）集雲堂編.--杭州：理安禪寺，清康熙五十七年（1718）.--16 冊（4 函）　　　　（乙三）/1003

雜毒海：四卷/（清）釋性音重編.--北京：大覺山佛泉寺沙門性音，清康熙六十年（1721）.--1 冊（1 函）.--鈐 "安昌毛氏藏書之印" 朱文印、"曉鈴藏書" 朱文印
　　　　　　　　　　（己）/2091

集註節義：十卷，釋籤緣起序指明一卷/（清）釋靈耀撰.--清康熙（1662～1722）.--1 冊（合裝 1 函）　　　　（丙三）/1380

摩訶止觀貫義科：二卷/（清）釋天溪撰；（清）釋靈耀補定.--清康熙（1662～1722）.--1 冊（合裝 1 函）　　　　（丙三）/1381

沙彌律儀要略述義：二卷/（清）釋玉科釋.清乾隆二十四年（1759）.--2 冊（1 函）.--板存華山律堂。鈐 "无畏居士" 白文印
　　　　　　　　　　（丁）/12591

湖州吳山端禪師語錄：二卷/（宋）釋師皎重編.--山西：清涼山妙德庵，明萬曆二十年（1592）.--1 冊（1 函）.--有刻工：鄒友、趙宗周等　　　　　　　（丙三）/1573

壽昌無明和尚語錄：二卷/（明）釋元來輯.餘杭：徑山寂照庵，明崇禎十年（1637）.--1 冊（合裝 1 函）　　　　（丙三）/1420

聚雲吹萬真禪師語錄：三卷/（明）釋燈來編.--廬山熊汝學，明崇禎十五年（1642）（清雍正二年［1724］印）.--1 冊（合裝 1 函）　　　　　　　　　　（丙三）/1394

靈崑退翁和尚語錄：不分卷/（清）釋曉青編.--清康熙（1662～1722）.--5冊（1函）.--鈐"玉函山房藏書"朱文印　　　　（丙三）/806

海舟普慈禪師拈古頌古/（明）釋圓悟編.--明末（1573～1644）.--1冊（1函）.--鈐"諸藏未收"朱文印、"无畏居士"白文印
　　　　　　　　　　　　　　　　（丁）/12493

夫山和尚住甞州祥符寺語錄：一卷；夫山和尚住台州能仁寺語錄：一卷；夫山和尚住天台景德國清禪寺語錄：一卷/（明）釋濟璣等錄.夫山和尚住台州靈鷲興化禪寺語錄：一卷/（明）釋文杲等錄.--明末清初（1573～1722）.--1冊（與下一種合訂）.--版心題名"祥符語錄"、"能仁語錄"、"國清語錄"、"興化語錄"。鈐"玉函山房進書"朱文印、"无畏居士"白文印　　　　（丙三）/805

永覺和尚廣錄：三十卷/（清）釋道霈編.--清順治十四年（1657）.--6冊（1函）
　　　　　　　　　　　　　　　　（丙三）/1510

原直禪師靈巖首座秉拂語錄：一卷/（明）釋啟先等錄.--明末（1573～1644）.--1冊（與下兩種合訂）.--鈐"无畏居士"白文印
　　　　　　　　　　　　　　　　（丁）/9041-1

婁東海寧寺至善安禪師語錄：一卷，附機緣、佛事、偈頌/（清）釋斗杓等記錄.--清雍正（1723～1735）.--鈐"无畏居士"白文印
　　　　　　　　　　　　　　　　（丁）/9041-2

竺仙宸禪師語錄：五卷/（清）釋宏音錄.--清康熙（1662～1722）.--缺第1、2葉。鈐"无畏居士"白文印　　　　（丁）/9041-3

長慶空隱獨和尚語錄：二卷/（清）釋今釋編.--清初（1644～1722）.--2冊（合裝1函）　　　　（丙三）/1492

興善南明廣禪師語錄：不分卷/（明）釋妙用集；（清）釋悟進重輯.--清順治十二年（1655）.--1冊（1函）　　（丙三）/1372

會聖堂集：七卷/（明）釋大成撰.--清順治（1644～1661）.--2冊（1函）.--序言缺葉。鈐"周養安小市得"朱文印、"肇祥過眼"白文印　　　　（丙三）/5424

明州天童景德禪寺宏智覺禪師語錄：四卷/（明）釋淨啓重編.--嘉興：楞嚴寺般若堂，清康熙十一年（1672）（永壽、妻關氏，清雍正二年[1724]印）.--1冊（1函）.--封面書簽題"天童宏智覺禪師語錄"　　（丙三）/1575

象崖珽禪師語錄：四卷/（明）釋性珽撰.--嘉興：楞嚴寺般若坊，清康熙十九年（1680）.1冊（1函）.--楞嚴寺般若坊藏板
　　　　　　　　　　　　　　　　（丙三）/1443

龍光達夫禪師雞肋集/（明）釋道汜等輯.--清康熙（1662～1722）.--1冊（1函）.--鈐"周肇祥讀過書"朱文印　　（丙三）/1638

古雪喆禪師語錄：二十卷/（明）釋傳我等編.--清初（1644～1722）.--4冊（合函）　　　　　　　　　　　（丙三）/1347

翼菴禪師語錄：二卷/（明）釋序燈等編.--清康熙（1662～1722）.--2冊（與下兩種合訂）.--卷2卷端題"翼菴禪師國清語錄"
　　　　　　　　　　　　　　　　（丙三）/1398-1

翼菴禪師通玄語錄：一卷/（明）釋力端等錄.--清康熙（1662～1722）（丙三）/1398-2

翼菴禪師真如語錄：三卷/（明）釋序璋等記.--清康熙（1662～1722）（丙三）/1398-3

入就瑞白禪師語錄：十八卷/（清）釋寂蘊編.--清順治六年（1649）.--3冊（合裝1函）　　　　　　　　（丙三）/1530

林野奇禪師語錄：八卷，附一卷/（清）釋行謐等編.--清順治十五年（1658）.--2冊（合裝1函）.--版心題"林野禪師語錄"
　　　　　　　　　　　　　　　　（丙三）/1427

三峰藏和尚語錄：十六卷，年譜一卷/（清）釋弘儲輯.--清順治十八年（1661）.--5冊（合裝1函）　　　　（丙三）/1555

季總徹禪師語錄：四卷/（清）釋超祥錄.--清順治（1644～1661）.--1冊（合裝1函）
　　　　　　　　　　　　　　　　（丙三）/1345

芝巖秀禪師語錄：二卷/（清）釋超秀撰；（清）釋明一等編.--清初（1644～1722）.--1冊（1函）.--周肇祥朱筆批點。鈐"周肇祥讀過書"朱文印.--綫裝　　（丁）/12629

靈隱具德禪師語錄：一卷/（清）釋慶祉等錄.--清初（1644～1722）.--1冊（1函）.--佚名批。鈐"无畏居士"白文印、"諸藏未收"朱文印　　　　（丁）/12588

達變權禪師語錄：五卷/（清）釋海澂編.--
清初（1644～1722）（清雍正二年[1724]印）.--1
冊（合裝 1 函）　　　　　　（丙三）/1393

玄水禪師語錄：不分卷/（清）釋明楷等錄.
清順治康熙間（1644～1722）.--2 冊（1 函）.--
書名據版心著錄．鈐"无畏居士"白文印、
"諸藏未收"朱文印　　　　　（丁）/12594

浮石禪師語錄：十卷/（清）釋行浚等編.--
清康熙元年（1662）（包顯貴及妻趙氏，清康熙
三十九年[1700]印）.--2 冊（1 夾）.--鈐"无
畏居士"朱文印　　　　　　　（丙三）/408

雲外禪師語錄：十五卷/（清）釋宏㑅等編.
神鼎塔院，清康熙四年（1665）.--4 冊（合裝
1 函）　　　　　　　　　　（丙三）/1441

笑堂和尚語錄：不分卷/（清）釋超睃等編.
清康熙四年（1665）.--1 冊（合函）
　　　　　　　　　　　　　（丙三）/1451

介菴進禪師語錄：十卷；介菴和尚源流頌：
一卷/（清）釋真理等編.--古吳釋真衍，清康
熙七年(1668)（永壽、妻關氏，清雍正二年[1724]
印）.--3 冊（合裝 1 函）.--版心題"介菴禪
師語錄"　　　　　　　　　（丙三）/1351

三山來禪師語錄：二十卷，附一卷/（清）釋
普定等編.--雲安：南浦譚詣，清康熙七年
（1668）刻；南海釋性統，清康熙三十六年
（1697）補刻（永壽、妻關氏，清雍正二年
[1724]）.--5 冊（合裝 1 函）　（丙三）/1389

天然昰禪師語錄：十二卷/（清）釋今辯輯.--
清康熙九年（1670）.--3 冊（合裝 1 函）
　　　　　　　　　　　　　（丙三）/1493

蓮月禪師語錄：六卷/（清）釋性容錄.--嘉
興：楞嚴寺藏經坊，清康熙九年（1670）（永壽、
妻關氏，清雍正二年[1724]印）.--2 冊（合裝
1 函）　　　　　　　　　　（丙三）/1352

蔗菴範禪師語錄：三十卷/（清）釋智璋等
編.--清康熙十五年（1676）（揆叙、耿氏，清
康熙五十二年[1713]印）.--6 冊（1 函）
　　　　　　　　　　　　　（丙三）/1373

寶持總禪師語錄：二卷/（清）釋明英等錄.
清康熙十六年（1677）.--1 冊（1 函）.--鈐"无
畏"朱文印、"養菴秘笈"朱文印
　　　　　　　　　　　　　（丁）/8038

第二部　　1 冊（合裝 1 函）（丙三）/1549

伏獅義公禪師語錄：一卷，諸祖源流頌古一
卷/（清）釋明元輯.--釋明元，清康熙十七年
（1678）.--1 冊（合裝 1 函）（丙三）/1549-1

玉泉蓮月正禪師語錄：二卷/（清）釋發慧等
錄.--嘉禾：楞嚴寺般若坊，清康熙十九年
（1680）（永壽、妻關氏，清雍正二年[1724]
印）.--1 冊（合裝 1 函）.--有刻工：倪雲望
　　　　　　　　　　　　　（丙三）/1352

雲叟住禪師語錄：二卷/（清）釋元一編.--
清康熙十九年（1680）.--1 冊（合裝 1 函）.--
嘉興楞嚴寺藏板　　　　　　（丙三）/1440

朝宗禪師語錄：十卷/（清）釋行導編.--刻
本.--清康熙二十年（1681）.--2 冊（合裝 1
函）　　　　　　　　　　　（丙三）/1553

破蘊禪師語錄/（清）釋源省錄.--清康熙二
十年（1681）.--1 冊（1 函）　（丁）/8042

續燈存稿增集：四卷/（清）釋大珍編.--清
康熙二十一年（1682）.--1 冊（1 函）.--板存
杭州十八澗理安寺　　　　　（丙三）/555

廣福山勝覺寺密印禪師語錄：十二卷/（清）
釋如暐等編.--嘉興：楞嚴寺般若坊，清康熙二
十一年（1682）.--2 冊（1 函）.--版心題"密
印禪師語錄"．板存嘉興府楞嚴寺般若坊．鈐
"周肇祥讀過書"朱文印　　　（丙三）/787

第二部　　　　　　　　　　（丙三）/1368

萬育霖沛汾禪師語錄/（清）釋祖燈錄.--清
康熙二十四年（1685）.--1 冊（1 函）.--鈐"无
畏居士"白文印　　　　　　　（丁）/8039

天岸昇禪師語錄：二十卷/（清）釋元玉等
編.--清康熙二十五年（1686）.--4 冊（合裝 1
函）.--版心題"天岸禪師語錄"．有刻工：周
國銘　　　　　　　　　　　（丙三）/1428

護國啟真誠和尚語錄：四卷/（清）釋振聞編
錄.--嘉興：楞嚴寺經坊，清康熙二十五年
（1686）.--1 冊（1 函）　　　（丙三）/1400

草堂耨雲實禪師語錄：二卷/（清）釋寂訥等
編.--嘉興：楞嚴寺般若堂，清康熙二十六年
（1687）（揆叙、耿氏，清康熙五十二年[1713]
印）.--1 冊（1 函）.--板存嘉興楞嚴般若堂流
通　　　　　　　　　　　　（丙三）/1374

佛冤綱禪師語錄：十二卷/（清）釋性純等

編.--嘉興，清康熙二十六年（1687）（揆叙、
妻耿氏，清康熙五十二年[1713]印）.--2 冊（1
函）.--楞嚴寺藏房藏板　　　　　（丙三）/1376

印心佛敏訥禪師語錄：二卷/（清）釋法棟等
錄；（清）釋性通等編.--嘉興：楞嚴寺般若堂，
清康熙二十六年（1687）（揆叙、耿氏，清康熙
五十二年[1713]印）.--1 冊（1 函）.--板存嘉
興楞嚴般若堂流通　　　　　　（丙三）/1375

華嚴還初佛禪師語錄：二卷/（清）釋通量等
編.--嘉興：楞嚴寺般若坊，清康熙二十七年
（1688）.--1 冊（合裝 1 函）.--嘉郡楞嚴寺
般若坊藏板　　　　　　　　　（丙三）/1402

法瀾澂禪師語錄：二卷，附法瀾澂禪師塔銘/
（清）釋清杲編.--嘉興：楞嚴寺，清康熙二十
八年（1689）（永壽、妻關氏，清雍正二年
[1724]印）.--2 冊（合裝 1 函）.--嘉興府楞
嚴寺藏板　　　　　　　　　　（丙三）/1410

鶴林天樹植禪師語錄：不分卷/（清）釋湛祐
編.--清康熙二十八年（1689）.--1 冊（合裝 1
函）　　　　　　　　　　　　　（丙三）/1404

滇楚九臺山知空蘊禪師語錄：二卷/（清）釋
通味等編.--嘉興：楞嚴寺，清康熙二十九年
（1690）.--1 冊（合裝 1 函）.--嘉興府楞嚴
寺藏板　　　　　　　　　　　（丙三）/1403

水鑑海和尚六會錄：十卷/（清）釋原澂等
編.--嘉興：清康熙二十九年（1690）刻（清雍
正二年[1724]印）.--2 冊（1 函）

（丙三）/1412

雲峩喜禪師語錄：十卷/（清）釋如乾等編.
清康熙二十九年（1690）.--2 冊（1 函）.--
書簽題“風穴雲峩禪師語錄”（丙三）/1499

法乳樂禪師語錄：三卷/（清）釋寂睿錄.--
清康熙二十九年（1690）.--1 冊（1 函）.--
鈐“无畏居士”白文印　　　　　（丁）/9045

浦峰法柱棟禪師語錄：二卷/（清）釋慧昇
集；（清）釋慧渠編；（清）釋慧岱錄.--嘉興：
楞嚴寺，清康熙三十年（1691）.--1 冊（1 函）.
板存嘉興府楞嚴寺流通正藏　　（丙三）/1399

浦峰長明炅禪師語錄：不分卷/（清）釋海棟
編.--清康熙三十年（1691）.--1 冊（合裝 1
函）　　　　　　　　　　　　　（丙三）/1401

楚林睿禪師住潭州興化禪林語錄：十卷/

（清）釋照琮等輯.--清康熙三十二年（1693）.
1 冊（1 函）.一存卷 1-5.版心題“楚林睿禪
師興化語錄”　　　　　　　　　（丙三）/2817

衡州開峰密行忍禪師語錄：四卷/（清）釋明
廣等編.--清康熙（1662～1722）.--1 冊（與
下一種合訂）.--版心題“密行禪師語錄”、
“嗣燈胤禪師語錄”.有刻工：倪爾繩.板存
楞嚴寺經坊　　　　　　　　　（丙三）/1558-1

中興寺嗣燈胤禪師語錄：一卷/（清）釋如玉
等編.--清康熙（1662～1722）（永壽、妻關氏，
清雍正二年[1724]印）.--有刻工：倪爾繩.板
存楞嚴寺經坊　　　　　　　　（丙三）/1558-2

京都仁壽大志祚禪師語錄：二卷/（清）釋成
明編輯.--清康熙四十二年（1703）.--1 冊（1
函）.--版心題“仁壽大志祚禪師語錄”，序題
“大志和尚語錄”　　　　　　　（丁）12592

玉泉其白富禪師語錄：三卷/（清）釋圓頂等
編.--嘉興：楞嚴寺般若坊，清康熙三十四年
（1695）.--1 冊（與下一種合訂）.--序題“蟠
龍山玉泉其白富禪師語錄”.板藏嘉禾楞嚴寺
般若坊附藏流通　　　　　　　（丙三）/1502-1

玉泉融徹頂禪師語錄：不分卷/（清）釋明盛
等編.--嘉興：楞嚴寺，清康熙三十四年
（1695）.--序題“蟠龍山玉泉融徹頂禪師語
錄”　　　　　　　　　　　　　（丙三）/1502-2

雲峰體宗寧禪師語錄：不分卷/（清）釋續清
等編.--嘉興：楞嚴寺經坊，清康熙三十四年
（1695）.--1 冊（合裝 1 函）（丙三）/1452

法幢遠禪師語錄：一卷/（清）釋通慧等編.--
嘉興：楞嚴寺經坊，清康熙三十四年（1695）.
1 冊（合裝 1 函）.--版心題“法幢禪師語錄”.
板存嘉興楞嚴寺經坊　　　　　（丙三）/1550

古林智禪師語錄：六卷/（清）釋正燈等編.
清康熙三十六年（1697）.--2 冊（1 函）.--
封面書簽題“盛京奉天般若古林智禪師語
錄”.楞嚴寺流通藏板　　　　　（丙三）/1503

昭覺丈雪醉禪師語錄：十二卷/（清）釋通醉
述；（清）釋徹綱等編.--清康熙三十七年
（1698）.--3 冊（1 函）.--有刻工：倪爾繩

（丙三）/1495

界弘量禪師語錄：一卷/（清）釋頓信等編.

清康熙四十七年（1708）.--1 冊（1 函）.--鈐"无畏居士"朱文印、"諸藏未收"朱文印
（丁）/12593

蓮台弘野增禪師語錄/（清）釋福燦等錄.--清康熙六十年（1721）.--1 冊（1 函）.--鈐"无畏居士"朱文印
（丁）/12628

爾瞻尊禪師語錄：二卷/（清）釋本開，（清）釋本虔錄.石霜爾瞻尊禪師塔銘：一卷/（清）錢光繡撰.--清康熙（1662～1722）（永壽、妻關氏，清雍正二年[1724]印）.--1 冊（1 函）.目錄題"石霜爾瞻尊禪師語錄"（丙三）/1353

斌雅禪師語錄：二卷/（清）釋海岳等錄.--清康熙（1662～1722）.--1 冊（1 函）.--書簽題"福寧斌雅禪師語錄"（丙三）/1501

華嚴聖可禪師語錄：十卷，百頌一卷，年譜一卷/（清）釋光佛等編.--嘉興：楞嚴寺，清康熙（1662～1722）.--3 冊（1 函）
（丙三）/1366

介爲舟禪師語錄：十卷/（清）釋海鹽等編.清康熙（1662～1722）.--2 冊（1 函）
（丙三）/1498

浮石禪師語錄：十卷/（清）釋行浚等編.--清康熙（1662～1722）.--2 冊（合裝 1 函）
（丙三）/1426

古瓶山牧道者究心錄：不分卷/（清）釋機峻等編.--清康熙（1662～1722）.--1 冊（1 函）.--書簽題"牧道者究心錄"（丙三）/1500

永濟融禪師住關東廣寧普慈寺語錄：二卷/（清）釋師住等錄.--清康熙（1662～1722）.--1 冊（合裝 1 函）（丙三）/1344

益州嵩山野竹禪師語錄：八卷/（清）釋洪希等編.--清康熙（1662～1722）.--2 冊（合函）.--板存嘉興楞嚴寺經坊（丙三）/1545

一初元禪師語錄：二卷/（清）釋真開等編.附重建永正禪院碑記：一卷/（清）譚貞默撰.清康熙（1662～1722）（永壽、妻關氏，清雍正二年[1724]印）.--1 冊（合裝 1 函）
（丙三）/1350

慶忠鐵壁機禪師語錄：三卷/（清）釋燈來編.治平鐵壁機禪師年譜：一卷/（清）釋至善編.--清康熙（1662～1722）（永壽、妻關氏，清雍正二年（1724）印）.--2 冊（丙三）/1390

耳庵嵩禪師語錄：不分卷/（清）釋性愷編.清康熙（1662～1722）（永壽、妻關氏，清雍正二年[1724]印）.--1 冊（1 函）
（丙三）/1416

嘉興退菴斷愚智禪師語錄：二卷/（清）釋機輪等編.--清康熙（1662～1722）.--1 冊（合裝 1 函）
（丙三）/1391

坦庵禪師住嘉興普光寺語錄：不分卷/（清）釋全弘錄.--清康熙（1662～1722）（清雍正二年[1724]印）.--1 冊（1 函）.--版心題"普光坦菴禪師語錄"
（丙三）/1417

方融璽禪師語錄：三卷/（清）釋興林等編.和中峰禪師懷淨土詩：一卷/（清）釋大璽撰.清康熙（1662～1722）（清康熙五十二年[1713]印）.--1 冊
（丙三）/1392

千巖和尚語錄：不分卷，附塔銘/（明）釋嗣詔錄.--清康熙（1662～1722）（永壽、妻關氏，清雍正二年[1724]印）.--2 冊（合裝 1 函）.--版心題"千巖語錄"（丙三）/1409

不會禪師語錄：十卷/（清）釋性靈等編.--清康熙（1662～1722）.--2 冊（1 函）.--嘉興府楞嚴寺藏經坊藏板（丙三）/1367

梓舟船禪師襄陽檀溪語錄：三卷/（清）釋明法等編.--清康熙（1662～1722）.--1 冊（合裝 1 函）
（丙三）/1442

兜率不磷堅禪師語錄：三卷/（清）釋紗聖，（清）釋紗德等編.--刻本.--清康熙（1662～1722）.--1 冊（合裝 1 函）.--板存嘉興楞嚴寺經坊
（丙三）/1453

憨予暹禪師語錄：六卷/（清）釋法雲等編.清康熙（1662～1722）.--1 冊（1 函）
（丙三）/1363

雲腹智禪師語錄：二卷/（清）釋嶽賢等編.清康熙（1662～1722）.--1 冊（合裝 1 函）
（丙三）/1548

南海寶象林慧弓訶禪師語錄：八卷/（清）釋傳一等輯.--清康熙（1662～1722）.--2 冊（1 函）.--版心題"慧弓禪師語錄"（丙三）/1539

百愚斯禪師語錄：二十卷/（清）釋智樸編.清康熙（1662～1722）.--4 冊（1 函）.--書簽題"百祖語錄"。鈐"无畏居士"朱文印
（丙三）/802

憨休乾禪師語錄：十二卷/（清）釋繼堯等編.--清康熙（1661～1722）.--2冊（1函）
(丙三)/1540

寒松操禪師語錄：二卷/（清）釋德昊等編.清康熙（1662～1722）.--4冊（1函）
(丙三)/1406

終南山蟠龍子肅禪師語錄：不分卷/（清）釋性明等編.--清康熙（1662～1722）.--1冊（與下一種合訂） (丙三)/1405-1

傳授三壇弘受法儀：三卷/（明）釋法藏撰；（清）釋超遠錄.--清康熙（1662～1722）
(丙三)/1405-2

即非禪師全錄：二十五卷/（明）釋明洞等編.--嘉興：楞嚴寺，清康熙（1662～1722）.5冊（1函）.--有刻工：倪爾繩.板存嘉興楞嚴寺經坊.周肇祥批.鈐"周肇祥讀過書"朱文印 (丙三)/703

青城山鳳林寺竹浪生禪師語錄：七卷/（清）釋如鵬等編.--嘉興：楞嚴寺，清康熙（1662～1722）（永壽、妻關氏，清雍正二年[1724]印）.--2冊（1函）.--封面書簽題"青城竹浪禪師語錄".板存楞嚴經坊 (丙三)/1559

幻住明禪師語錄：二卷/（清）釋清尚等編.--清康熙（1662～1722）.--1冊（合裝1函）.--有刻工：夏維寧.板存楞嚴寺經坊流通
(丙三)/1546

純備德禪師語錄：二卷/（清）釋智遠等編.清康熙（1662～1722）.--1冊（合裝1函）.--板存嘉興府楞嚴寺經坊 (丙三)/1551

糸同一揆禪師語錄：不分卷/（清）釋普明編.--清康熙（1662～1722）.--1冊（合裝1函） (丙三)/1547

靈機觀禪師語錄：二卷，首一卷/（清）釋超正等編.--釋明宗，清康熙（1662～1735）.--2冊（與下一種合訂）.--鈐"周肇祥讀過書"朱文印 (丁)/12595-1

明心鑑禪師語錄：一卷/（清）釋明宗等編.資福寺住持釋明宗，清康熙（1662～1735）
(丁)/12595-2

蘇州竹菴衍禪師語錄：二卷/（清）釋機如，（清）釋機湧編.--清康熙（1662～1722）.--1冊（合裝1函） (丙三)/1554

聞谷悟禪師語錄：八卷/（清）釋明宗等輯錄.--清康熙（1662～1722）.--2冊（1函）.--目錄題"盛京南城法華寺聞谷悟禪師語錄".鈐"无畏居士"白文印、"諸藏未收"朱文印 (丁)/12587

維揚天寧寺巨渤禪師語錄：一卷/（清）釋了琇等輯.--釋了思，清康熙（1662～1722）.--1冊（與下三種合訂）.--鈐"无畏居士"朱文印 (丁)/12627-1

風穴雪兆禪師語錄/（清）釋寶鑑等編.--清康熙（1662～1722）.--存卷上
(丁)/12627-2

雪兆性禪師住汝州風穴白雲寺語錄/（清）釋明道輯.--張寂廣，清康熙（1662～1722）.--存卷上 (丁)/12627-3

萬山達虛禪師住興國語錄：四卷/（清）釋明瑞輯.--清康熙（1662～1722） (丁)/12627-4

懷日光和尚語錄：二卷/（清）釋明湛，（清）釋明濟編.--清康熙（1662～1722）.--1冊（1函）.--鈐"无畏居士"白文印 (丁)/8041

棄楉義禪師語錄：一卷，行實一卷/（清）釋普輝，（清）釋普鐸錄.--清康熙（1662～1722）.--1冊（1函） (丙三)/882

勅賜圓照茆溪森禪師語錄：六卷/（清）釋勝德編.--清康熙（1662～1722）.--2冊（1函）.--鈐"周肇祥讀過書"朱文印、"无畏居士"朱文印 (丙三)/694

長慶空隱獨和尚語錄：二卷/（清）釋今釋重編.長慶空隱和尚塔銘/（清）錢謙益撰.長慶老和尚行狀/（清）釋函罡撰.--傅弘烈，清康熙（1662～1722）.--2冊（1函）.--鈐"自獲道符不由師授"朱文印、"周肇祥讀過書"朱文印 (丁)/12600

博庵仁禪師語錄：三卷，附博庵仁禪師詩一卷/（清）釋明覺等編.--清雍正九年（1731）.--1冊（1函）.--鈐"无畏居士"白文印
(丁)/9039

第二部 2冊（1函），維揚法華丈室藏板，周肇祥批點，鈐"周肇祥讀過書"朱文印
(丙三)/652

夢菴格禪師語錄：四卷/（清）釋性音等編.清雍正（1723～1735）.--1冊（1函）.--鈐"无

畏居士印記"朱文印、"筱草堂"朱文印、
"白雲深處有人家"白文印　　　（丁）/9044

大端容禪師語錄：二卷/（清）釋實隆，（清）
釋實蘊編.--清雍正（1723～1735）.--1 冊（1
函）　　　　　　　　　　　　　　（丁）/9040

調梅鼎禪師語錄：十二卷/（清）釋實勝等
編.--清雍正（1723～1735）.--4 冊（1 函）.--
鈐"周肇祥讀過書"朱文印、"无畏居士"白
文印　　　　　　　　　　　　　（丙三）/548

海幢朗如大師語錄：三卷/（清）釋法真述；
（清）釋默演記.--清乾隆（1736～1795）.--2
冊（1 夾）.--鈐"十願盒"朱文印
　　　　　　　　　　　　　　　（丙三）/699

攖寧靜禪師住蕺山戒珠寺結制語錄：六卷/
（清）釋德亮編.--姑蘇：朱時榮，清初（1644
～1722）.--3 冊（1 函）.--版心題"攖寧靜禪
師語錄"　　　　　　　　　　　（丙三）/1446

隱元禪師語錄：十六卷/（清）釋海寧等編.--
清順治十三年（1656）.--4 冊（1 函）
　　　　　　　　　　　　　　　（丙三）/1494

鴛湖用禪師住福建建寧府普明寺語錄 二卷/
（清）釋悟進等編.--長水退庵釋真智，清順治
（1644～1661）（永壽及妻關氏，清雍正二年
[1724]印）.--1 冊（合裝 1 函）（丙三）/1354

伏獅祇園禪師語錄：二卷/（清）釋超內錄；
（清）釋授遠等編.--清順治（1644～1661）.--1
冊（合裝 1 函）　　　　　　　　（丙三）/1346

月幢了禪師語錄：四卷/（清）釋達最等編.
嘉興：楞嚴寺經坊，清順治（1644～1661）（永
壽及妻關氏，清雍正二年[1724]印）.--1 冊
（合裝 1 函）.--板藏嘉興楞嚴寺經坊
　　　　　　　　　　　　　　　（丙三）/1349

遠門禪師摘欺説：一卷/（明）釋淨行錄.--
明末（1573～1644）（瑪瑙經房印行）.--1 冊
（1 函）.--鈐"天機"白文印、"无畏"朱文
印　　　　　　　　　　　　　　　（丁）/9036

洞宗彙選中集：不分卷/（清）釋智考輯.--
清康熙（1662～1722）.--3 冊（1 函）.--鈐"周
養安小市得"朱文印　　　　　　（丙三）/3625

宗門拈古彙集：四十五卷/（清）釋淨符彙
集.--清康熙（1662～1722）.--20 冊（4 函）
　　　　　　　　　　　　　　　（丁）/12750

居士分燈錄：二卷，卷首一卷，補遺一卷/
（明）朱時恩輯.--明崇禎五年（1632）.--2
冊（1 函）　　　　　　　　　　（丙三）/1364

濟宗世譜：不分卷/（清）釋行溎輯.--清康
熙十七年（1678）.--4 冊（1 函）.--周肇祥批。
鈐"水流雲在之居"朱文印、"周肇祥讀過
書"朱文印　　　　　　　　　　　（丁）/12564

佛祖正傳古今捷錄：一卷，拈頌一卷/（清）
釋果性集.--清康熙（1662～1722）.--1 冊（合
裝 1 函）　　　　　　　　　　　（丙三）/1455

乾隆版大藏經：一千六百六十九種/（清）
弘晝，（清）釋超盛等奉敕編.--刻本.--内
府，清雍正十三年至乾隆三年（1735～
1738）.--6875 冊（691 函）：有佛陀説法變
相圖、護法天神韋馱圖等.--缺 365 冊：東
函，結函，推函，民函，女函，必函，能函
第 2、6 冊，莫函第 1、2 冊，忘函，罔函第
1-3 冊，傳函第 1 冊，堂函第 3、9 冊，習
函第 4 冊，非函第 5 冊，是函第 10 冊，競
函，資函第 6 冊，與函第 1、9 冊，斯函第
1 冊，詠函，受函第 1 冊，同函第 9、10 冊，
匪函，邑函，據函，觀函，吹函，左函，杜
函，漆函，勒函第 7 冊，説函第 1、2 冊，
俊函，困函第 1 冊，用函，沙函第 8 冊，馳
函，野函第 1、2 冊，本函第 1 冊，於函，
南函，畝函第 1 冊，藝函第 6-10 冊，魚函
第 1 冊，庶函，色函，貽函，厥函，嘉函，
猷函，勉函，其函，殆函，辱函，恥函，林
函第 3、4、6 冊。半葉 5 行，行 17 字，上
下雙邊，半框 27.5×12.7cm。--經折裝
　　　　　　　　　　　　　　　（丁）/16325

譯經

二十八經同函：一百四十七卷/（北涼）釋曇
無讖等譯.--刻本.--京師：武英殿，清雍正
（1723～1735）.--32 冊（4 函）：扉畫 2 幅.--
總目係咸豐年間抄配。半葉 10 行，行 20 字，
小字雙行字同，白口，四周單邊，無界行，單
黑魚尾，半框 20.2×14.1cm。鈐"延古堂李氏

珍藏"朱文印、"日華印信"白文印.--綫裝
　子目：
　大般涅槃經：四十二卷/（北涼）釋曇無讖譯
　解深密經：五卷/（唐）釋玄奘譯
　大方廣圓覺修多羅了義經：二卷/（唐）釋佛
陀多羅譯
　金剛般若波羅蜜經：一卷/（後秦）釋鳩摩羅
什譯
　入法界體性經：一卷/（隋）釋闍那崛多譯
　楞伽阿跋多羅寶經：四卷/（南朝宋）釋求那
跋陀羅譯
　佛説如來不思議秘密金剛手經：二十卷/
（宋）釋法護等譯
　大乘瑜伽金剛性海曼殊室利千臂千鉢大教王
經：十卷/（唐）釋不空譯
　持世經：四卷/（後秦）釋鳩摩羅什譯
　維摩詰所説經：三卷/（後秦）釋鳩摩羅什譯
　大佛頂如來密因修證了義諸菩薩萬行首楞嚴
經：十卷/（唐）釋般刺密帝譯
　妙法蓮華經：七卷/（後秦）釋鳩摩羅什譯
　佛説賢首經：一卷/（西秦）釋聖堅譯
　佛説白衣金幢二婆羅門緣起經：三卷/（宋）
釋施護譯
　佛説魔逆經：一卷/（晉）釋竺法護譯
　大明仁孝皇后夢感佛説第一希有大功德經：
二卷/（明）仁孝皇后徐氏述
　善住意天子所問經：三卷/（北魏）釋毗目智
仙，（北魏）釋流支譯
　佛説長者女庵提遮師子吼了義經：一卷/
（梁）佚名譯
　佛説辯意長者子所問經：一卷/（北魏）釋法
場譯
　佛説五王經：一卷/（晉）佚名譯
　佛説賢者五福德經：一卷/（晉）釋白法祖譯
　無量義經：一卷/（齊）釋曇摩伽陀耶舍譯
　勝天王般若波羅蜜經：七卷/（陳）釋月婆首
那譯
　思益梵天所問經：四卷/（後秦）釋鳩摩羅什
譯
　大乘本生心地觀經：八卷/（唐）釋般若譯
　文殊師利所説摩訶般若波羅蜜經：一卷/（梁）
釋曼陀羅僊譯

仁王護國般若波羅蜜經：二卷/（後秦）釋鳩
摩羅什譯
　佛説如來智印經：一卷/（南朝宋）佚名譯
　　　　　　　　　　　　　　（丙三）/4451

大般若波羅蜜多經：六百卷/（唐）釋玄奘
譯.--刻本.--杭州路餘杭縣南山大普寧寺，元
（1271～1368）.--6 冊（1 函）.--（普寧藏）.--
存 6 卷：卷 157、223、263、297、334、485，
千字文編號爲"張、冬、成、吕、騰、劍"。
半葉 6 行，行 17 字，小字雙行字同，上下單
邊，半框 24.1×11.3cm。有刻工：遊、允等。
鈐"无畏居士"朱文印.--經折裝
　　　　　　　　　　　　　　（丁）/13946

大般若波羅蜜多經：六百卷/（唐）釋玄奘
譯.--刻本.--北京：内府，明正統五年
（1440）.--10 冊（1 函）：圖 2 幅.--存 10 卷：
卷 361-370.--（永樂北藏）.--半葉 5 行，行
17 字，上下雙邊，半框 28.2×12.8cm.--經折
裝　　　　　　　　　　　　　　（丁）/15602

大般若波羅蜜多經：六百卷/（唐）釋玄奘
譯.--刻本.--北京：内府，明正統五年（1440）
（北京：内府，明萬曆二十六年[1598]印）.
30 冊（3 函）：有扉畫.--（永樂北藏）.--存卷
391-400、491-500、591-600。半葉 5 行，行
17 字，小字雙行字同，上下雙邊，半框 28.6×
12.8cm.--經折裝　　　　　　　（丙三）/1142

大般若波羅蜜多經：六百卷/（唐）釋玄奘
譯.--刻本.--日本，日本應永（1392～1412）.
--1 冊（1 函）.--存 1 卷：卷 457。半葉 4 行，
行 17 字。有周肇祥題識，考訂刊刻年代應早
于日本應永十七年。鈐"周肇祥"朱文印.--
經折裝　　　　　　　　　　　（丙三）/3086-2

摩訶般若波羅蜜經：三十卷/（後秦）釋鳩摩
羅什譯.--刻本.--平江：磧砂延聖院，南宋咸
淳五年（1269）.--1 冊（1 函）.--（磧砂藏）.--
存卷 11。半葉 6 行，行 17 字，上下單邊，半
框 24.4×11.2cm。鈐"周肇祥讀過書"朱文

印.--經折裝　　　　　　　（丙三）/6319

光讚般若波羅蜜經：十卷/（晉）釋竺法護
譯.--刻本.--北京：内府，明正統五年
（1440）.--10 冊（1 函）：扉畫 1 幅.--（永樂
北藏）.--半葉 5 行，行 17 字，上下雙邊，半
框 27.8×12.8cm.--經折裝　　（丙三）/1226

金剛般若波羅蜜經：一卷/（後秦）釋鳩摩羅
什譯；（宋）釋莫菴集篆.--刻本.--北京：李福
善，明正統二年（1447）.--1 冊（1 函）：有圖.
本書又稱"三十二體金剛般若波羅蜜經"，序
題"篆書金剛般若波羅蜜經"，版心題"金
經"。半葉 4 行，行 7 字，上下雙邊，半框 27
×14cm.--經折裝　　　　　　（丁）/13919

金剛般若波羅蜜多經：一卷/（後秦）釋鳩摩
羅什譯.--抄本. --敦煌，唐晚期（827～907）.
--1 軸.--存前半卷。每行 17 至 20 字，框高
19.6cm，紙高 25.4cm，長 223cm .--卷子裝
　　　　　　　　　　　　　　（丁）/16307

金剛般若波羅蜜經：一卷/（後秦）釋鳩摩羅
什譯.--刻本.--明成化六年（1470）.--1 冊（1
函）：扉畫 1 幅.--半葉 5 行，行 14 字，上下雙
邊，半框 28.3×13.1cm.--經折裝
　　　　　　　　　　　　　　（丙三）/1253

金剛般若波羅蜜經：一卷/（後秦）釋鳩摩羅
什譯.--寫本，泥金寫本.--黨孝，明萬曆二十
九年（1601）.--1 冊（1 匣）.--李少蘭題跋.
鈐"錢塘李氏少蘭謹識"白文印、"留雲閣
藏"白文印、"周肇祥曾護持"朱文印、"紹
興周氏鑑藏"朱文印.--經折裝　（丙三）/42

金剛般若波羅蜜經：一卷/（後秦）釋鳩摩羅
什譯.--寫本.--釋性澄，清康熙五十八年
（1719）：有扉畫.--1 冊（1 函）.--鈐"釋性
證印"白文印、"廣慧菴記"朱文印.--經折
裝　　　　　　　　　　　　　（丙三）/3083

金剛般若波羅蜜經：一卷/（後秦）釋鳩摩羅

什譯.--抄本.--釋明中，清乾隆四十五年
（1780）.--1 冊（1 函）.--周肇祥題記。鈐
"明中"朱文印，"周肇祥"白文印.--經折裝
　　　　　　　　　　　　　　（丁）/12727

金剛般若波羅蜜經：一卷/（後秦）釋鳩摩羅
什譯.--寫本.--周於禮，清乾隆（1736～
1795）.--5 冊.--第 2 冊缺 2 葉。大字楷書。
鈐"於"白文印、"禮"白文印、"周氏立
厓"白文印.--經折裝　　　　　（丙三）/4301

金剛般若波羅蜜經：一卷/（後秦）釋鳩摩
什譯.--抄本.--愛新覺羅·永瑋，清乾隆
（1736～1795）.--1 冊（1 函）.--經折裝
　　　　　　　　　　　　　　（丙三）/4302

金剛般若波羅蜜經：一卷/（後秦）釋鳩摩羅
什譯.--抄本，朱絲欄.--清（1644～1911）.
1 冊：圖 2 幅.--半葉 6 行，行 22 字，上下雙
邊，半框 29.8×12cm.--經折裝
　　　　　　　　　　　　　　（丁）/16268

金剛般若波羅密經/（後秦）釋鳩摩羅什譯.--
抄本.--曾和，清（1644～1911）.--1 冊（1
函）.--鈐"臣紀昀印"白文印、"曉嵐"朱文
印、"曾和私印"白文印、"臣林則徐字少穆
印"白文印、"身行萬里半天下"朱文印.--
經折裝　　　　　　　　　　　（丁）/12678

大寶積經：一百二十卷/（唐）釋菩提流志譯
併合.--刻本.--北京：内府，明正統五年
（1440）（北京：内府，明萬曆二十六年[1598]
印）.--10 冊（1 函）：扉畫 1 幅.--（永樂北藏）.
存卷 51-60。千字文編號爲"官"。半葉 5 行，
行 17 字，上下雙邊，半框 28×12.8cm.--經折
裝　　　　　　　　　　　　　（丙三）/1179

大寶積經：一百二十卷/（唐）釋菩提流志譯
併合.--刻本.--南京，明（1368～1644）補刻
（天界寺祿泉，明[1368～1644]印）.--1 冊：
扉畫 1 幅.--（永樂南藏）.--存卷 11，（晉）
釋竺法護譯。半葉 6 行，行 17 字，上下單邊，

半框 24.5×11.3cm，鈐"普法大佛寺記"朱文印．--經折裝　　　　　　　　（丁）/16264

佛説阿閦佛國經：三卷/（後漢）釋支婁迦讖譯．--刻本．--北京：内府，明正統五年（1440）（明萬曆二十六年[1598]印）．--3 冊（合裝 1 函）：有圖．--（永樂北藏）．--千字文編號爲"服"。半葉 5 行，行 17 字，小字雙行字同，上下雙邊，半框 27.5×12.8cm．--經折裝　　　　　　　　（丙三）/1128

佛説大乘十法經：不分卷/（梁）釋僧伽婆羅譯．--刻本．--北京：内府，明正統五年（1440）（明萬曆二十六年[1598]印）．--1 冊（合裝 1 函）：有圖．--（永樂北藏）．--千字文編號爲"服"。半葉 5 行，行 17 字，小字雙行字同，上下雙邊，半框 27.5×12.8cm．--經折裝　　　　　　　　（丙三）/1129

佛説普門品經：不分卷/（晉）釋竺法護譯．--刻本．--北京：内府，明正統五年（1440）（明萬曆二十六年[1598]印）．--1 冊（合裝 1 函）．--（永樂北藏）．--千字文編號爲"服"。半葉 5 行，行 17 字，小字雙行字同，上下雙邊，半框 27.5×12.8cm．--經折裝　　　　　　　　（丙三）/1130

文殊師利佛土嚴淨經：二卷/（晉）釋竺法護譯．--刻本．--北京：内府，明正統五年（1440）（明萬曆二十六年[1598]印）．--2 冊（合裝 1 函）：有圖．--（永樂北藏）．--千字文編號爲"服"。半葉 5 行，行 17 字，小字雙行字同，上下雙邊，半框 27.3×12.8cm．--經折裝　　　　　　　　（丙三）/1131

佛説胞胎經：不分卷/（晉）釋竺法護譯．--刻本．--北京：内府，明正統五年（1440）（明萬曆二十六年[1598]印）．--2 冊（合裝 1 函）：有圖．--（永樂北藏）．--千字文編號爲"服"。半葉 5 行，行 17 字，小字雙行字同，上下雙邊，半框 27×12.8cm．--經折裝　　　　　　　　（丙三）/1132

佛説法鏡經：二卷/（後漢）釋安玄，（後漢）嚴佛調譯．--刻本．--北京：内府，明正統五年（1440）（明萬曆二十六年[1598]印）．--2 冊（合裝 1 函）：有圖．--（永樂北藏）．--千字文編號爲"服"。半葉 5 行，行 17 字，小字雙行字同，上下雙邊，半框 27.7×12.8cm．--經折裝　　　　　　　　（丙三）/1133

佛説大方廣十輪經：八卷/（北涼）佚名譯．--刻本．--北京：内府，明正統五年（1440）（明萬曆二十六年[1598]印）．--8 冊（1 函）．--（永樂北藏）．--千字文編號爲"唐"。半葉 5 行，行 17 字，小字雙行字同，上下雙邊，半框 27.6×13cm．--經折裝　　　　　　　　（丙三）/1231

大集須彌藏經：二卷/（北齊）釋那連提耶舍，（北齊）釋法智譯．--刻本．--北京：内府，明正統五年（1440）（明萬曆二十六年[1598]印）．--2 冊（1 函）．--（永樂北藏）．--千字文編號爲"唐"。半葉 5 行，行 17 字，小字雙行字同，上下雙邊，半框 27.9×12.7cm．--經折裝　　　　　　　　（丙三）/1232

大方廣佛華嚴經：八十卷/（唐）釋實叉難陀譯．--刻本．--南宋紹興（1131~1162）．--3 冊（1 函）．--（思溪藏）．--存卷 16、32、71，千字文編號分別爲"平、愛、臣"。半葉 6 行，行 17 字，上下單邊，半框 24.8×11.2cm。陸應塾題款。鈐"一切經南都善光院"朱文印、"古經堂藏"朱文印、"鹿巌精舍"朱文印．--經折裝　　　　　　　　（丙三）/6315

大方廣佛華嚴經：八十一卷/（唐）釋實叉難陀譯．--刻本．--福賢，明永樂十七年（1419）．--2 冊（1 函）．--存 2 卷：卷 23-24。半葉 5 行，行 15 字，上下雙邊，半框 26.7×12cm．--經折裝　　　　　　　　（丁）/16272

大方廣佛華嚴經：八十一卷/（唐）釋實叉難陀譯．--刻本．--明正德十六年（1521）．--5 冊：扉畫 2 幅．--存 5 卷：卷 71-75。半葉 5 行，行 15 字，上下雙邊，半框 27.2×12cm．--

經折裝　　　　　　　　　　　　（丁）/16270

大方廣佛華嚴經：八十卷/（唐）釋實叉難陀譯. 附復菴和尚華嚴綸貫：一卷/（宋）釋復菴撰. --刻本. --明萬曆二十一年（1593）（釋福寧、釋海金，明萬曆二十八年[1600]印）. --20 冊（4 函）：扉畫 1 幅. --存卷 1-7、9、10、16-25、33。半葉 5 行，行 15 字，上下雙邊，半框 26.5×12.1cm . --經折裝　　　　（丙三）/1154

大方廣佛華嚴經：八十卷/（唐）釋實叉難陀譯. --刻本. --明（1368～1644）. --2 冊（1 函）：圖 1 幅. --存卷 52、69，有缺葉，千字編號分別為"黎"、"首"。半葉 6 行，行 17 字，上下單邊，半框 24.4×11.1cm. --經折裝　　　　　　　　　　（丙三）/3073

大方廣佛華嚴經：八十卷/（唐）釋實叉難陀譯. --寫本. --大功德寺釋了魁，明（1368～1644）. --2 冊（1 函）：扉畫 1 幅. --存卷 35、39. --經折裝　　　　（丙三）/3076

大方廣佛華嚴經：八十卷/（唐）釋實叉難陀譯. --刻本. --南京，明（1368～1644）. --1 冊：扉畫 1 幅. --（永樂南藏）. --存卷 54。半葉 6 行，行 17 字，四周單邊，半框 24.3×11.3cm. 經折裝　　　　　　　　　　（丁）/16309

大方廣佛華嚴經：八十卷/（唐）釋實叉難陀譯. --寫本. --釋顯鐸，清康熙十八年（1679）. 1 冊（1 函）：扉畫 1 幅. --存卷第 40. --經折裝　　　　　　　　　　（丙三）/3107

大方廣佛華嚴經：八十卷/（唐）釋實叉難陀譯. --寫本. --清（1644～1911）. --5 冊（1 函）：扉畫 2 幅. --存 5 卷：卷 31-35。半葉 5 行，行 15 字，上下雙邊，半框 26.8×12.2cm. --經折裝　　　　　　　　　　（丁）/16271

大方廣佛華嚴經普賢行願品/（唐）釋般若奉敕譯. --刻本. --明（1368～1644）. --1 冊（1 函）. --半葉 4 行，行 11 字，上下單邊，半框

28.4×15.4cm. --經折裝　　　　（丁）/15605

大方廣佛華嚴經入法界品第三十九之十七善財童子參善知衆藝童子唱經字母/（唐）釋地婆訶羅譯. --刻本. --慧光寺，明弘治十四年（1501）. --1 冊（1 函）：有扉畫. --半葉 5 行，行 18 字，小字雙行字同，上下雙邊，半框 22.3×10.2cm. --經折裝　　　　（丙三）/3092

大般涅槃經：四十卷/（北涼）釋曇無讖譯. **大般涅槃經後分**：二卷/（唐）釋若那跋陀羅，（唐）釋會寧譯. --刻本. --明嘉靖三十六年（1557）（北京：内官監太監李柰，明嘉靖三十八年[1559]）. --11 冊：扉畫 4 幅. --存 9 卷：卷 26-30、37-40。版心刻編號"我"、"淨"。半葉 5 行，行 15 字，上下雙邊，半框 25.8×12cm. --經折裝　　　　（丁）/16279

大般涅槃經：四十卷/（北涼）釋曇無讖譯. **大般涅槃經後分**：二卷/（唐）釋若那跋陀羅等譯. --刻本. --明萬曆（1573～1620）（清康熙五十七年[1718]印）. --20 冊：有圖. --大般涅槃經缺卷 1、2。編號分"常"、"樂"、"我"、"淨"。半葉 5 行，行 15 字，小字雙行字同，上下雙邊，半框 25.5×11.8cm。王氏題記. --經折裝　　　　（丙三）/1160
　　第二部　明萬曆二十八年（1600）釋福寧、釋海金印，14 冊（3 函），存卷 1、2、4、5、11-20　　　　　　　　　（丙三）/1159

金光明最勝王經：十卷/（唐）釋義淨撰. --刻本. --明萬曆十五年（1587）（釋福寧、釋海金，明萬曆二十八年[1600]印）. --10 冊（1 函）：扉畫 1 幅. --半葉 5 行，行 15 字，上下雙邊，半框 27.5×12.2cm。徒海金題記. --經折裝　　　　　　　　　　（丙三）/1150

金光明最勝王經：十卷/（唐）釋義淨譯. --刻本. --明初（1368～1435）. --1 冊（1 函）. --存卷 2。半葉 4 行，行 12 字，上下單邊，半框 33.5×15.5cm。周肇祥跋。鈐"周肇祥攷定古物記"白文印. --經折裝　　　（丁）/12733

金光明經：四卷/（北涼）釋曇無讖譯.--刻本.--北京：內官監太監朱興，明永樂二十年（1422）（朱興，明永樂二十二年[1424]印）.4 冊：有扉畫.--半葉 5 行，行 17 字，小字雙行 28 字，上下雙邊，半框 28.3×13cm.--經折裝 （丁）/16283

第二部 3 冊（1 函），存卷 2-4 （丁）/16273

金光明經：四卷/（北涼）釋曇無讖譯.--刻本.--明（1368～1644）刻（劉繼明，明萬曆三十七年[1619]印）.--4 冊（1 函）.--半葉 5 行，行 15 字，小字雙行字同，上下雙邊，半框 20.9×9.1cm.--經折裝 （丙三）/3093

大乘妙法蓮華經：七卷/（後秦）釋鳩摩羅什譯.--刻本.--明永樂十七年（1419）.--7 冊（1 函）：圖 2 幅.--半葉 5 行，行 15 字，上下雙邊，半框 25.4×12cm。鈐"鹿巖精舍"朱文印.--經折裝 （丁）/15607

妙法蓮華經：七卷/（後秦）釋鳩摩羅什譯.--刻本.--北京：內府，明萬曆二十八年（1600）.--7 冊（1 函）：有圖.--封面書籤題"大乘妙法蓮華經"。半葉 5 行，行 15 字，上下雙邊，半框 25.4×12.2cm。佚名題記.--經折裝 （丙三）/1152

第二部 （丙三）/1153

妙法蓮華經：七卷/（後秦）釋鳩摩羅什譯.--刻本.--法海寺園理，明萬曆三十七年（1609）.--1 冊（1 函）：圖 1 幅.--存卷 7。半葉 5 行，行 15 字，小字雙行字同，上下雙邊，半框 20.3×9.2cm。鈐"百鏡庵藏古雕刻記"朱文印.--經折裝 （丙三）/3069

妙法蓮華經：七卷/（後秦）釋鳩摩羅什譯.刻本.--明（1368～1644）.--1 冊：扉圖 1 幅.存卷 1.--半葉 5 行，行 15 字，上下雙邊，半框 26.8×12.1cm.--經折裝 （丁）/15600

大乘妙法蓮華經：七卷/（後秦）釋鳩摩羅什

譯.--刻本.--明（1368～1644）.--7 冊（1 函）：圖 2 幅.--半葉 5 行，行 15 字，上下雙邊，半框 20.6×9cm .--經折裝 （丁）/15593

妙法蓮華經：七卷/（後秦）釋鳩摩羅什譯.寫本.--釋寂通，明（1368～1644）.--7 冊（1 函）.--半葉 5 行，行 17 字，小字雙行字同，上下雙邊，半框 26.8×11.8cm。佚名批.--經折裝 （丙三）/3064

妙法蓮華經：七卷/（後秦）釋鳩摩羅什譯.刻本.--明（1368～1644）（順天府大興縣：時景同妻佟淑真，明嘉靖八年[1529]印）.--3 冊.--存 3 卷：卷 4-6。半葉 5 行，行 15 字，上下雙邊，半框 20.6×9cm.--經折裝 （丁）/16294

妙法蓮華經：七卷/（後秦）釋鳩摩羅什譯.血書寫本.--釋興泰，明（1368～1644）.--1 冊：扉畫 1 幅.--存卷 7.--經折裝 （丙三）/3105

大乘妙法蓮華經：七卷/（後秦）釋鳩摩羅什譯.--刻本.--清康熙（1662～1772）（清康熙四十七年[1708]印）.--7 冊（1 函）：有扉畫.--半葉 5 行，行 15 字，上下雙邊，半框 25×12.2cm.--經折裝 （丙三）/1151

妙法蓮華經：七卷/（後秦）釋鳩摩羅什譯.寫本.--高洪佐，清康熙五十八年（1719）.--7 冊（1 函）.--經折裝 （丙三）/3094

大乘妙法蓮華經：七卷/（後秦）釋鳩摩羅什譯.--刻本.--清（1644～1911）.--6 冊：圖 1 幅.--存卷 1-6。據明杭州菩提寺明綱寫本刻，配清龍藏扉畫。半葉 5 行，行 15 字，上下雙邊，半框 25.2×11.7cm.--經折裝：市府贈書 （戊）/1974

妙法蓮華經觀世音菩薩普門品：一卷/（後秦）釋鳩摩羅什譯.--刻本.--孫思孝，明萬曆十三年（1585）.--1 冊：圖 2 幅.--半葉 5 行，

行 15 字，上下雙邊，半框 19.2×8.7cm.--經折裝 （丁）/16301

正法華經：十卷/（晉）釋竺法護譯.--刻本.南京，明（1368～1644）補刻（北京：内官監丁字庫太監李朗，明嘉靖三十年［1551］印）.--10 冊：扉畫 1 幅.--（永樂南藏）.千字文編號為"木"。半葉 6 行，行 17 字，上下單邊，半框 24.7×11.1cm.--經折裝

（丁）/16278

維摩詰所説經：三卷/（後秦）釋鳩摩羅什譯.--寫本.--敦煌，唐晚期（827～907）.--1軸.--存卷下四品：菩薩行品第十一、見阿閦佛品第十二、法供養品第十三、囑類品第十四。每行 16-18 字，框高 20cm，紙高 26.8cm，長597cm.--卷子裝 （丁）/16308

維摩詰所説大乘經：三卷/（後秦）釋鳩摩羅什譯.--刻本.--京師：内府，清乾隆三十九年（1774）重刻.--3 冊（1 函）：扉畫 1 幅.--（乾隆版大藏經）.--千字文編號為"方"。半葉 5 行，行 17 字，上下雙邊，半框 26.4×12.9cm.--經折裝 （丁）/16280

佛説寶雨經：十卷/（唐）釋達磨流支譯.--刻本.--南京，明（1368～1644）.--10 冊（1函）：扉畫 1 幅.--（永樂南藏）.--千字文編號為"身"。半葉 6 行，行 17 字，上下單邊，半框 24.6×11.2cm.--綫裝 （丙三）/1199

佛昇忉利天爲母説法經：三卷/（晉）釋竺法護譯.--刻本.--南京，明（1368～1644）.--1冊（1 函）.--（永樂南藏）.--存卷上。千字文編號為"身"。半葉 6 行，行 17 字，上下單邊，半框 24.6×11.2cm.--綫裝 （丙三）/1198

諸法本無經：三卷/（隋）釋闍那崛多譯.--刻本.--南京禮部祠祭清吏司，明永樂十至十五年（1412～1417）.--2 冊.--（永樂南藏）.--存卷上、卷中。半葉 6 行，行 17 字，上下雙邊，半框 24.6×11.2cm.--綫裝：市府贈書

（戊）/1970

諸法無行經：二卷/（後秦）釋鳩摩羅什譯.刻本.--北京：内府，明正統五年（1440）（明萬曆二十六年［1598］印）.--2 冊（合裝 1 函）：扉畫 1 幅.--（永樂北藏）.--半葉 5 行，行 17字，小字雙行字同，上下雙邊，半框 27.9×13cm。與持世經、持人菩薩所問經合函.--經折裝 （丙三）/1174

持世經，一名，佛説法印品經：四卷/（後秦）釋鳩摩羅什譯.--刻本.--北京：内府，明正統五年（1440）（明萬曆二十六年［1598］印）.--4 冊（合裝 1 函）.--（永樂北藏）.--半葉 5 行，行 17 字，小字雙行字同，上下雙邊，半框 28.2×13cm。佚名批校.--經折裝

（丙三）/1176

佛説大灌頂神咒經：十二卷/（晉）釋帛尸黎蜜多羅譯.--刻本.--北京：内府，明正統五年（1440）（明萬曆二十六年［1598］印）.--6 冊（合裝 1 函）：有圖.--（永樂北藏）.--千字文編號為"恭"。半葉 5 行，行 17 字，小字雙行字同，上下雙邊，半框 27.8×12.9cm.--經折裝 （丙三）/1146

佛説文殊師利現寶藏經：二卷/（晉）釋竺法護譯.--刻本.--北京：内府，明正統五年（1440）（明萬曆二十六年［1598］印）.--2 冊（合裝 1 函）.--（永樂北藏）.--千字文編號為"恭"。半葉 5 行，行 17 字，小字雙行字同，上下雙邊，半框 27.9×12.9cm.--經折裝

（丙三）/1147

大方廣寶篋經：二卷/（南朝宋）釋求那跋陀羅譯.--刻本.--北京：内府，明正統五年（1440）（明萬曆二十六年［1598］印）.--2 冊（合裝 1 函）：有圖.--（永樂北藏）.--千字文編號為"恭"。半葉 5 行，行 17 字，小字雙行字同，上下雙邊，半框 28×12.8cm.--經折裝

（丙三）/1148

藥師瑠璃光如來本願功德經：一卷/（唐）釋玄奘譯.--刻本.--明初（1368～1521）（杭州：杭州大街衆安橋北沈氏經鋪，明[1368～1644]印）.--1 冊（1 函）：圖 14 幅.--有 2 葉係抄配。序題"藥師經"。半葉 5 行，行 14 字，小字雙行字數不等，半框 25.6×12.3cm.--經折裝
（丁）/13939

藥師瑠璃光如來本願功德經：一卷/（唐）釋玄奘譯.--刻本.--清康熙四十四年（1705）.--1 冊（1 函）：有扉畫.--半葉 4 行，行 13 字，小字雙行字同，上下雙邊，半框 30.1×11.7cm。鈐"周養安小市得"朱文印.--經折裝
（丙三）/3082

大乘入楞伽經：七卷/（唐）釋實叉難陀譯.刻本.--北京：内府，明正統五年（1440）（明萬曆二十六年[1598]印）.--7 冊（合裝 1 函）：扉畫 1 幅.--（永樂北藏）.--半葉 5 行，行 17 字，小字雙行字同，上下雙邊，半框 28.5×12.8cm.與菩薩行方便境界神通変化經合函.--經折裝
（丙三）/1134

菩薩行方便境界神通變化經：三卷/（南朝宋）釋求那跋陀羅譯.--刻本.--北京：内府，明正統五年（1440）（明萬曆二十六年[1598]印）.--3 冊（合裝 1 函）.--（永樂北藏）.--半葉 5 行，行 17 字，小字雙行字同，上下雙邊半框 27.8×12.9cm.--經折裝
（丙三）/1135

大乘大悲分陀利經：八卷/（後秦）佚名譯.南宋紹興（1131～1162）.--1 冊（合裝 1 函）.--（思溪藏）.--存卷 5。千字文編號爲"駒"。半葉 6 行，行 17 字，上下單邊，半框 24.4×11.3cm。吉村彌次郎題款。鈐"一切經南都善光院"朱文印，"鹿巖精舍"朱文印.--經折裝
（丙三）/6313

大乘大悲分陀利經：八卷/（後秦）佚名譯.刻本.--北京：内府，明正統五年（1440）（明萬曆二十六年[1598]印）.--8 冊（合裝 1 函）：有扉畫.--（永樂北藏）.--半葉 5 行，行 17

字，小字雙行字同，上下雙邊，半框 27.6×12.8cm.--經折裝
（丙三）/1177

善思童子經：二卷/（隋）釋闍那崛多譯.--刻本.--北京：内府，明正統五年（1440）（北京：内府，明萬曆二十六年[1598]印）.--2 冊（合裝 1 函）：有扉畫.--（永樂北藏）.--半葉 5 行，行 17 字，小字雙行字同，上下雙邊，半框 27.8×12.8cm.--經折裝
（丙三）/1178

勝思惟梵天所問經：六卷/（北魏）釋菩提流支譯.--刻本.--南宋紹興（1131～1162）.--1 冊（合裝 1 函）.--（思溪藏）.--存卷 3（殘缺）。千字文編號爲"萬"。半葉 6 行，行 17 字，上下單邊，半框 24.7×11.3cm。鈐"鹿巖精舍"朱文印.--經折裝
（丙三）/6310

月燈三昧經：一卷/（南朝宋）釋先公譯.佛說象腋經：一卷/（南朝宋）釋曇摩蜜多譯.--刻本.--北京：内府，明正統五年（1440）（北京：内府，明萬曆二十六年[1598]印）.--1 冊（合裝 1 函）：扉畫 1 幅.--（永樂北藏）.--半葉 5 行，行 17 字，小字雙行字同，上下雙邊，半框 27.2×12.9cm。與持心梵天所問經、佛說大乘同性經、佛說證契大乘經合函.--經折裝
（丙三）/1168

佛說大乘同性經：二卷/（北周）釋闍那耶舍譯.--刻本.--北京：内府，明正統五年（1440）（北京：内府，明萬曆二十六年[1598]印）.--2 冊（合裝 1 函）.--（永樂北藏）.--半葉 5 行，行 17 字，小字雙行字同，上下雙邊，半框 27.6×12.9cm.--經折裝
（丙三）/1170

佛說證契大乘經：二卷/（唐）釋地婆訶羅等譯.--刻本.--北京：内府，明正統五年（1440）（北京：内府，明萬曆二十六年[1598]印）.--2 冊（合裝 1 函）.--（永樂北藏）.--半葉 5 行，行 17 字，小字雙行字同，上下雙邊，半框 28×13cm.--經折裝
（丙三）/1171

持心梵天所問經，一名，莊嚴佛法經，又

名，等御諸法經：四卷／（晉）釋竺法護譯.--刻本.北京：內府，明正統五年（1440）（北京：內府，明萬曆二十六年[1598]印）.--4 冊（合裝 1 函）.--（永樂北藏）.--半葉 5 行，行 17 字，小字雙行字同，上下雙邊，半框 28×13cm .--經折裝　　　　　（丙三）/1172

佛説觀無量壽佛經：一卷，附圖頌／（南朝宋）釋畺良耶舍譯.--刻本.--清順治十二年（1655）.--1 冊（1 函）.--版心題"觀無量壽佛經圖頌"。半葉 9 行，行 18 字，小字雙行字同，細黑口，四周單邊，半框 20.7×14.5cm .綫裝　　　　　（丙三）/540

佛説大阿彌陀經：二卷／（宋）王日休校正.--刻本.--明嘉靖二十一年（1542）.--2 冊（1 函）.--半葉 5 行，行 15 字，上下雙邊，半框 21.9×9.3cm .--經折裝　　　　（丙三）/3091

佛説大阿彌陀經：二卷／（宋）王日休校正.刻本.--明嘉靖（1522～1566）.--2 冊（1 函）.--半葉 5 行，行 15 字，上下雙邊，半框 20.8×9.3cm .周肇祥題跋。鈐"退翁"朱文印.--經折裝　　　　　（丙三）/3090

持人菩薩所問經：四卷／（晉）釋竺法護譯.刻本.--北京：內府，明正統五年（1440）（北京：內府，明萬曆二十六年[1598]印）.--4 冊（合裝 1 函）：扉畫 1 幅.--（永樂北藏）.--半葉 5 行，行 17 字，小字雙行字同，上下雙邊，半框 27.8×13cm。與諸法無行經、持世經合函.--經折裝　　　　　（丙三）/1175

佛説諸法勇王經：一卷／（南朝宋）釋曇摩蜜多譯.--刻本.--北京：內府，明正統五年（1440）（北京：內府，明萬曆二十六年[1598]印）.--1 冊（合裝 1 函）：扉畫 1 幅.--（永樂北藏）.--千字文編號爲"潔"。半葉 5 行，行 17 字，上下雙邊，半框 28×12.8cm.--經折裝　　　　　（丙三）/1200

順權方便經：二卷／（晉）釋竺法護譯.--刻

本.--北京：內府，明正統五年（1440）（北京：內府，明萬曆二十六年[1598]印）.--2 冊（合裝 1 函）：扉畫 1 幅.--（永樂北藏）.--千字文編號爲"潔"。半葉 5 行，行 17 字，上下雙邊，半框 28×12.8cm.--經折裝　　　　　（丙三）/1201

佛説樂瓔珞莊嚴方便經，亦名，轉女身菩薩問答經：一卷／（後秦）釋曇摩耶舍譯.--刻本.北京：內府，明正統五年（1440）（北京：內府，明萬曆二十六年[1598]印）.--1 冊（合裝 1 函）.--（永樂北藏）.--千字文編號爲"潔"。半葉 5 行，行 17 字，上下雙邊，半框 28×12.8cm.--經折裝　　　　　（丙三）/1202

菩薩睒子經：一卷／（晉）佚名譯.**佛説睒子經**：一卷／（後秦）釋聖堅譯.**佛説九色鹿經**：一卷／（吳）支謙譯.**佛説太子沐魄經**：一卷／（晉）釋竺法護譯.**太子慕魄經**：一卷／（後漢）釋安世高譯.--刻本.--北京：內府，明正統五年（1440）（北京：內府，明萬曆二十六年[1598]印）.--1 冊（合裝 1 函）.--（永樂北藏）.--目錄題"五經同卷"。千字文編號爲"潔"。半葉 5 行，行 17 字，上下雙邊，半框 28×12.8cm.--經折裝　　　　（丙三）/1203

無字寶篋經：一卷／（北魏）釋菩提留支譯.**大乘離文字普光明藏經**：一卷／（唐）釋地婆訶羅譯.**大乘徧照光明藏無字法門經**：一卷／（唐）釋地婆訶羅譯.**佛説老女人經**：一卷／（吳）支謙譯.**佛説老母經**：一卷／（南朝宋）佚名譯.**佛説老母女六英經**：一卷／（南朝宋）釋求那跋陀羅譯.--刻本.--北京：內府，明正統五年（1440）（北京：內府，明萬曆二十六年[1598]印）.--1 冊（合裝 1 函）.--（永樂北藏）.--目錄題"六經同卷"。千字文編號爲"潔"。半葉 5 行，行 17 字，上下雙邊，半框 28×12.8cm.--經折裝　　　　（丙三）/1204

佛説長者子制經：一卷／（後漢）釋安世高譯.**佛説菩薩逝經**：一卷／（晉）釋白法祖譯.**佛説逝童子經**：一卷／（晉）釋支法度譯.**佛説月光童子經**：一卷／（晉）釋竺法護譯.**佛説申

日兒本經: 一卷/（南朝宋）釋求那跋陀羅譯. --刻本. --北京：內府，明正統五年（1440）（北京：內府，明萬曆二十六年[1598]印）. --1 冊（合裝 1 函）. --（永樂北藏）. --目錄題"五經同卷"。千字文編號爲"潔"。半葉 5 行，行 17 字，上下雙邊，半框 28×12.8cm. --經折裝

（丙三）/1205

佛説德護長者經: 二卷/（隋）釋那連提黎耶舍譯. --刻本. --北京：內府，明正統五年（1440）（北京：內府，明萬曆二十六年[1598]印）. --2 冊（合裝 1 函）. --（永樂北藏）. --千字文編號爲"潔"。半葉 5 行，行 17 字，上下雙邊，半框 28×12.8cm. --經折裝

（丙三）/1206

佛説犢子經: 一卷/（吳）支謙譯. 佛説乳光佛經: 一卷/（晉）釋竺法護譯. 佛説無垢賢女經: 一卷/（晉）釋竺法護譯. 佛説腹中女聽經: 一卷/（北涼）釋曇無讖譯. --刻本. --北京：內府，明正統五年（1440）（北京：內府，明萬曆二十六年[1598]印）. --1 冊（合裝 1 函）. --（永樂北藏）：扉畫 1 幅. --目錄題"四經同卷"。千字文編號爲"潔"。半葉 5 行，行 17 字，上下雙邊，半框 28×12.8cm. --經折裝

（丙三）/1207

深密解脱經: 五卷/（北魏）釋菩提留支譯. 刻本. --南京禮部祠祭清吏司，明永樂十至十五年（1412～1417）. --5 冊. --（永樂南藏）. --千字文編號為"常"。半葉 6 行，行 17 字，上下單邊，半框 24.5×11.3cm. --經折裝

（丁）/16304

解深密經: 五卷/（唐）釋玄奘譯. --刻本. --南京禮部祠祭清吏司，明永樂十至十五年（1412～1417）（北京：韋覺田，明宣德六年[1431]）. --5 冊：韋陀像 1 幅. --（永樂南藏）. 千字文編號為"常"。半葉 6 行，行 17 字，上下單邊，半框 24.5×11.3cm. --經折裝

（丁）/16305

佛説寶積三昧文殊師利菩薩問法身經: 一卷

/（漢）釋安世高譯. 入法界體性經: 一卷/（隋）釋闍那崛多譯. --刻本. --南宋紹興（1131～1162）. --1 冊（合裝 1 函）. --（思溪藏）. --千字文編號為"常"。半葉 6 行，行 17 字，上下單邊，半框 24.4×11.3cm. 鈐"一切經南都善光院"朱文印、"鹿巖精舍"朱文印. --經折裝

（丙三）/6314

佛説無極寶三昧經: 二卷/（晉）釋竺法護譯. --刻本. --南京禮部祠祭清吏司，明永樂十年至十五年（1412～1417）. --2 冊. --（永樂南藏）. --半葉 6 行，行 17 字，上下單邊，半框 24.8×11.1cm. --經折裝：市府贈書

（戊）/1973

佛母大孔雀明王經: 三卷/（唐）釋不空譯. --刻本. --明（1368～1644）. --1 冊：扉畫 1 幅. 存卷上。半葉 5 行，行 17 字，小字雙行 29 字，上下單邊，半框 23.2×10cm. --經折裝

（丁）/16286

佛説孔雀王咒經: 二卷/（梁）釋僧伽婆羅譯. 結咒界法: 不分卷/（晉）釋帛尸梨蜜譯. --刻本. --北京：內府，明正統五年（1440）（明萬曆二十六年[1598]印）. --2 冊（合裝 1 函）：有圖. --（永樂北藏）. --千字文編號為"過"。半葉 5 行，行 17 字，小字雙行字同，上下雙邊，半框 27.5×12.8cm. --經折裝 （丙三）/1116

佛説大孔雀王神咒經/（晉）釋帛尸黎蜜多羅譯. 佛説大孔雀王雜神咒經/（晉）釋帛尸黎蜜多羅重譯. --刻本. --北京：內府，明正統五年（1440）（明萬曆二十六年[1598]印）. --1 冊（合裝 1 函）. --（永樂北藏）. --半葉 5 行，行 17 字，上下雙邊，半框 28.2×12.8cm. --經折裝

（丙三）/1117

大金色孔雀王咒經/（後秦）釋鳩摩羅什譯. 佛説不空羂索咒經/（隋）釋闍那崛多等譯. --刻本. --北京：內府，明正統五年（1440）（明萬曆二十六年[1598]印）. --1 冊（合裝 1 函）. --（永樂北藏）. --半葉 5 行，行 17 字，小字雙

行字同，上下雙邊，半框 28.6×12.7cm.--經折裝 　　　　　　　　　　　　　（丙三）/1118

不空羂索心咒王經：三卷/（唐）釋寶思惟譯.--刻本.--北京：內府，明正統五年（1440）（明萬曆二十六年[1598]印）.--2 冊（合裝 1 函）.--（永樂北藏）.--千字文編號為"過"。半葉 5 行，行 17 字，小字雙行字同，上下雙邊，半框 27.6×12.8cm.--經折裝 （丙三）/1119

不空羂索陀羅尼經：二卷/（唐）釋李無諂譯.--刻本.--北京：內府，明正統五年（1440）（明萬曆二十六年[1598]印）.--2 冊（合裝 1 函）.--（永樂北藏）.--千字文編號為"過"。半葉 5 行，行 17 字，小字雙行字同，上下雙邊，半框 27.8×12.8cm.--經折裝 （丙三）/1120

不空羂索咒心經：不分卷/（唐）釋菩提流志譯.--刻本.--北京：內府，明正統五年（1440）（明萬曆二十六年[1598]印）.--1 冊（合裝 1 函）.--（永樂北藏）.--千字文編號為"過"。半葉 5 行，行 17 字，小字雙行字同，上下雙邊，半框 27.6×12.8cm .--經折裝

　　　　　　　　　　　　　（丙三）/1121

不空羂索神咒心經：不分卷/（唐）釋玄奘譯.--刻本.--北京：內府，明正統五年（1440）（明萬曆二十六年[1598]印）.--1 冊（合裝 1 函）：有圖.--（永樂北藏）.--千字文編號為"過"。半葉 5 行，行 17 字，小字雙行字同，上下雙邊，半框 28×12.8cm.--經折裝

　　　　　　　　　　　　　（丙三）/1120-1

不空羂索神變真言經：三十卷/（唐）釋菩提流志譯.--刻本.--南宋紹興（1131~1162）.--1 冊（合裝 1 函）.--（思溪藏）.--存卷 24，有殘缺。千字文編號為"潔"。半葉 6 行，行 17 字，上下單邊，半框 24.8×11.3cm。鈐"一切經南都善光院"朱文印、"鹿巖精舍"朱文印.--經折裝 　　　　　　（丙三）/6308

千眼千臂觀世音菩薩陀羅尼神咒經：二卷/

（唐）釋智通譯.--刻本.--北京：內府，明正統五年（1440）（北京：內府，明萬曆二十六年[1598]印）.--1 冊（合裝 1 函）：有扉畫.--（永樂北藏）.--半葉 5 行，行 17 字，小字雙行字同，上下雙邊，半框 27.8×12.8cm.--經折裝

　　　　　　　　　　　　　（丙三）/1208

千手千眼觀世音菩薩姥陀羅尼身經：一卷/（唐）釋菩提流志譯.--刻本.--北京：內府，明正統五年（1440）（北京：內府，明萬曆二十六年[1598]印）.--1 冊（合裝 1 函）.--（永樂北藏）.--半葉 5 行，行 17 字，小字雙行字同，上下雙邊，半框 27.8×12.8cm.--經折裝

　　　　　　　　　　　　　（丙三）/1209

千手千眼觀世音菩薩廣大圓滿無礙大悲心陀羅經：一卷/（唐）釋伽梵達摩譯.--刻本.--北京：內府，明正統五年（1440）（北京：內府，明萬曆二十六年[1598]印）.--1 冊（合裝 1 函）.--（永樂北藏）.--半葉 5 行，行 17 字，小字雙行字同，上下雙邊，半框 27.8×12.8cm.--經折裝 （丙三）/1210

千手千眼觀世音菩薩廣大圓滿無礙大悲心陀羅經：一卷/（唐）釋伽梵達摩譯.--刻本.--明萬曆二十九年（1601）.--1 冊（1 函）：圖 1 幅.--卷首有殘缺。半葉 4 行，行 11 字，上下雙邊，半框 26.1×11.9cm。鈐"周養安小市得"朱文印.--經折裝 　　　　（丁）/15601

佛説千手千眼觀世音菩薩廣大圓滿無礙大悲心陀羅尼經/（唐）釋伽梵達摩譯.--刻本.--清中期（1736~1850）.--1 冊（1 函）：插圖.--附千手眼大悲心咒行法；修懺要旨略/（宋）釋知禮輯.--翻刻明本。半葉 8 行，行 17 字，小字雙行字同，白口，四周單邊，單黑魚尾，半框 19.7×12.6cm。昭慶寺藏板.--綫裝

　　　　　　　　　　　　　（丙三）/2149

觀世音菩薩秘密藏神咒經：一卷/（唐）釋實叉難陀譯.**觀世音菩薩如意摩尼陀羅尼經**：一卷/（唐）釋寶思惟譯.**觀自在菩薩如意心陀羅**

尼咒經：一卷/（唐）釋義淨譯. --刻本. --北京：内府，明正統五年（1440）（北京：内府，明萬曆二十六年[1598]印）. --1 冊（合裝 1 函）. --（永樂北藏）. --半葉 5 行，行 17 字，小字雙行字同，上下雙邊，半框 27.8×12.8cm. --經折裝　　　　　（丙三）/1211

如意輪陀羅尼經：一卷/（唐）釋菩提流志譯. --刻本. --北京：内府，明正統五年（1440）（北京：内府，明萬曆二十六年[1598]印）. --1 冊（合裝 1 函）. --（永樂北藏）. --半葉 5 行，行 17 字，小字雙行字同，上下雙邊，半框 27.8×12.8cm. --經折裝　　（丙三）/1212

觀自在菩薩怛嚩多唎隨心陀羅尼經：一卷/（唐）釋智通譯. --刻本. --北京：内府，明正統五年（1440）（北京：内府，明萬曆二十六年[1598]印）. --1 冊（合裝 1 函）. --（永樂北藏）. --半葉 5 行，行 17 字，小字雙行字同，上下雙邊，半框27.8×12.8cm. --經折裝　　（丙三）/1213

請觀世音菩薩消伏毒害陀羅尼咒經：一卷/（東晉）釋竺難提譯. **佛説十一面觀世音神咒經**/（北周）釋耶舍崛多譯. --刻本. --北京：内府，明正統五年（1440）（北京：内府，明萬曆二十六年[1598]印）. --1 冊（合裝 1 函）. --（永樂北藏）. --半葉 5 行，行 17 字，小字雙行字同，上下雙邊，半框 27.8×12.8cm. --經折裝　　　（丙三）/1214

十一面神咒心經：一卷/（唐）釋玄奘譯. **千轉陀羅尼觀世音菩薩咒經**：一卷/（唐）釋智通譯. **咒五首經**：一卷/（唐）釋玄奘譯. **六字神咒經**：一卷/（唐）釋菩提流志譯. **咒三首經**：一卷/（唐）釋地婆訶羅譯. --刻本. --北京：内府，明正統五年（1440）（北京：内府，明萬曆二十六年[1598]印）. --1 冊（合裝 1 函）. --（永樂北藏）. --半葉 5 行，行 17 字，小字雙行字同，上下雙邊，半框 27.8×12.8cm. --經折裝　　　（丙三）/1215

大方廣菩薩藏經中文殊師利根本一字陀羅尼

法：一卷/（唐）釋寶思惟譯. **曼殊室利菩薩咒藏中一字咒王經**：一卷/（唐）釋義淨譯. **十二佛名神咒校量功德除障滅罪經**：一卷/（隋）釋闍那崛多譯. **佛説稱讚如來功德神咒經**：一卷/（唐）釋義淨譯. --刻本. --北京：内府，明正統五年（1440）（北京：内府，明萬曆二十六年[1598]印）. --1 冊（合裝 1 函）. --（永樂北藏）. --半葉 5 行，行 17 字，小字雙行字同，上下雙邊，半框27.8×12.8cm. --經折裝　　（丙三）/1216

華積陀羅尼神咒經：一卷/（吳）支謙譯. **師子奮迅菩薩所問經**：一卷/（晉）佚名譯. **佛説華聚陀羅尼咒經**：一卷/（晉）佚名譯. **六字咒王經**：一卷/（晉）佚名譯. **六字神咒王經**：一卷/（梁）佚名譯. --刻本. --北京：内府，明正統五年（1440）（北京：内府，明萬曆二十六年[1598]印）. --1 冊（合裝 1 函）. --（永樂北藏）. --半葉 5 行，行 17 字，小字雙行字同，上下雙邊，半框27.8×12.8cm. --經折裝　　（丙三）/1217

佛頂尊勝總持經咒：一卷. --刻本. --北京：萬曆皇帝，明萬曆三十六年（1608）. --1 冊（1 函）：扉畫 1 幅. --半葉 4 行，行 11 字，上下雙邊，半框 26.3×12cm. 鈐"十願盦"朱文印. --經折裝　　（丙三）/1190

虛空藏菩薩問七佛陀羅尼咒經：一卷/（梁）佚名譯. --刻本. --南宋紹興（1131～1162）. --1 冊（合裝 1 函）. --（思溪藏）. --千字文編號爲"過"。半葉 6 行，行 17 字，上下單邊，半框 24.4×11.3cm。川崎屋德題記。鈐"一切經南都善光院"朱文印、"鹿巖精舍"朱文印. 經折裝　　　　　（丙三）/6307

現在賢劫千佛名經：一卷/（梁）佚名譯. --刻本. --清初（1644～1722）. --1 冊. --半葉 5 行，行 13 字，上下雙邊，半框 24.8×12cm。鈐"周肇祥曾護持"朱文印. --經折裝　　　　　　　（丁）/16288

未來星宿劫千佛名經：一卷/（梁）佚名譯.

刻本. --明末（1573～1644）. --1 冊：扉畫 1 幅. --半葉 5 行，行 15 字，上下雙邊，半框 25.9×12.2cm. --經折裝 　　　　（丁）/16287

大方廣圓覺修多羅了義經：不分卷/（唐）釋佛陀多羅譯. --刻本. --北京：內府，明正統五年（1440）（明嘉靖二十六年[1547]印）. --1 冊（1 函）. --（永樂北藏）. --千字文編號爲"難"。半葉 5 行，行 17 字，上下雙邊，半框 27.8×12.9cm. --經折裝 　　（丙三）/4305

大方廣圓覺修多羅了義經：二卷/（唐）釋佛陀多羅譯. --刻本. --明（1368～1644）. --2 冊（2 函）：圖 4 幅. --半葉 4 行，行 13 字，上下雙邊，半框 20.8×8.8cm. --經折裝

（丁）15589、15591

大方便佛報恩經：七卷/（東漢）佚名譯. --刻本. --明萬曆二十九年（1601）. --7 冊（1 函）：扉畫 1 幅. --半葉 5 行，行 15 字，上下雙邊，半框 26.5×12cm. --經折裝（丙三）/1113

大佛頂如來密因修證了義諸菩薩萬行首楞嚴經：十卷/（唐）釋般剌密帝譯. --刻本. --杭州：昭慶寺大字經房，明天啟四年（1624）. 10 冊（1 函）. --序題"大佛頂首楞嚴經"。半葉 5 行，行 15 字，上下雙邊，半框 25.4×12.1cm。板存昭慶經房. --經折裝

（丙三）/1158

大佛頂如來密因修証了義諸菩薩萬行首楞嚴經：十卷/（唐）釋般剌密諦譯. --寫本. --北京：萬善殿欽度僧明廣，清（1644～1911）. --2 冊（1 函）. --存卷 7、10. --經折裝

（丙三）/3070

御書楞嚴經：十卷/（唐）釋般剌密帝譯. --刻本. --京師：內府，清乾隆十九年（1754）. 4 冊（1 函）：圖 9 幅. --存卷 6、8、9、10。半葉 5 行，行 11 字，上下雙邊，半框 18.7×10.3cm。鈐"乾隆年仿金粟山藏經紙"朱文印. --經折裝 　　　　（丁）/15592

大佛頂首楞嚴神咒：一卷.**大隨求陀羅尼神咒**：一卷. --刻本. --明永樂十八年（1420）. 1 冊：韋陀像 1 幅. --書皮題"佛説大藏正教血盆經"。半葉 6 行，行 17 字，上下雙邊，半框 17×7.3cm. --經折裝 　　　　（丁）/16267

佛説佛印三昧經/（東漢）釋安世高譯. --抄本. --孫德威，清康熙五十二年（1713）. --1 冊（1 函）：扉畫 1 幅. --周肇祥跋。鈐"觀河居士"白文印，"識分知足"朱文印、"周肇祥曾護持"朱文印. --經折裝 　　　（丁）/12684

佛説海龍王經：四卷/（晉）釋竺法護譯. --刻本. 北京：內府，明正統五年（1440）（北京：內府，明萬曆二十六年[1598]印）. --4 冊（合裝 1 函）：扉畫 1 幅. --（永樂北藏）. --千字文編號爲"景"。半葉 5 行，行 17 字，上下雙邊，半框 28×12.8cm. --經折裝

（丙三）/1162

佛為海龍王説法印經：一卷/（唐）釋義淨譯.**佛説右遶佛塔功德經**：一卷/（唐）釋實叉難陀譯.**佛説妙色王因緣經**：一卷/（唐）釋義淨譯.**師子素馱娑王斷肉經**：一卷/（唐）釋智嚴譯.**佛説差摩婆帝受記經**：一卷/（北魏）釋留支譯.**佛説師子莊嚴王菩薩請問經**：一卷/（唐）釋那提譯. --刻本. --北京：內府，明正統五年（1440）（北京：內府，明萬曆二十六年[1598]印）. --1 冊（合裝 1 函）. --（永樂北藏）. --千字文編號爲"景"。半葉 5 行，行 17 字，上下雙邊，半框 28×12.8cm. --經折裝
（丙三）/1163

中陰經：二卷/（後秦）釋竺佛念譯. --刻本. 北京：內府，明正統五年（1440）（北京：內府，明萬曆二十六年[1598]印）. --2 冊（合裝 1 函）. --（永樂北藏）. --千字文編號爲"景"。半葉 5 行，行 17 字，上下雙邊，半框 28×12.8cm. --經折裝 　　　　（丙三）/1164

占察善惡業報經：二卷/（隋）釋菩提登譯.

刻本.--北京：内府，明正統五年（1440）（北京：内府，明萬曆二十六年[1598]印）.--1冊（合裝1函）.--（永樂北藏）.--千字文編號爲"景"。半葉5行，行17字，上下雙邊，半框28×12.8cm.--經折裝　　　　（丙三）/1165

佛説蓮華面經：二卷/（隋）釋那連提耶舍譯.--刻本.--北京：内府，明正統五年（1440）（北京：内府，明萬曆二十六年[1598]印）.--1冊（合裝1函）.--（永樂北藏）.--千字文編號爲"景"。半葉5行，行17字，上下雙邊，半框28×12.8cm.--經折裝　　（丙三）/1166

佛説三品弟子經：一卷/（吳）支謙譯.佛説四輩經：一卷/（晉）釋竺法護譯.佛説當來變經：一卷/（晉）釋竺法護譯.過去佛分衛經：一卷/（晉）釋竺法護譯.佛説法滅盡經：一卷/（南朝宋）佚名譯.佛説甚深大迴向經：一卷/（南朝宋）佚名譯.天王太子辟羅經：一卷/（後秦）佚名譯.--刻本.--北京：内府，明正統五年（1440）（北京：内府，明萬曆二十六年[1598]印）.--1冊（合裝1函）：扉畫1幅.--（永樂北藏）.--目錄題"七經合卷"。千字文編號爲"景"。半葉5行，行17字，上下雙邊，半框28×12.8cm.--經折裝　　（丙三）/1167

大毗盧遮那成佛神變加持經：七卷/（唐）釋輸波迦羅，（唐）釋一行合譯.--刻本.--北京：内府，明正統五年（1440）（北京：内府，明萬曆二十六年[1598]印）.--7冊（合裝1函）：扉畫1幅.--（永樂北藏）.--千字文編號爲"賢"。半葉5行，行17字，上下雙邊，半框28×12.8cm。與蘇婆呼童子經合函.--經折裝　　　　（丙三）/1127

蘇婆呼童子經：三卷/（唐）釋輸波迦羅，（唐）釋一行合譯.--刻本.--北京：内府，明正統五年（1440）（北京：内府，明萬曆二十六年[1598]印）.--3冊（合裝1函）：扉畫1幅.--（永樂北藏）.--千字文編號爲"賢"。半葉5行，行17字，上下雙邊，半框28×12.8cm.--經折裝　　　　（丙三）/1126

佛説樓炭經：六卷/（晉）釋法立，（晉）釋法炬譯.--刻本.--北京：内府，明正統五年（1440）.--6冊：扉畫1幅.--（永樂北藏）.--千字文編號爲"福"。半葉5行，行17字，上下雙邊，半框28.1×12.9cm.--經折裝　　　　（丙三）/1240

佛般泥洹經：二卷/（晉）釋白法祖譯.--刻本.--北京：内府，明正統五年（1440）.--2冊.--（永樂北藏）.--千字文編號爲"福"。半葉5行，行17字，上下雙邊，半框28.1×12.9cm.--經折裝　　　　（丙三）/1241

佛説人本欲生經：不分卷/（漢）釋安世高譯.--刻本.--北京：内府，明正統五年（1440）.--1冊.--（永樂北藏）.--千字文編號爲"福"。半葉5行，行17字，上下雙邊，半框28.1×12.9cm.--經折裝　　（丙三）/1242

佛説梵網六十二見經：一卷/（吳）支謙譯.佛説尸迦羅越六方禮經：一卷/（後漢）釋安世高譯.--刻本.--北京：内府，明正統五年（1440）.--1冊：有圖.--（永樂北藏）.--千字文編號爲"福"。半葉5行，行17字，上下雙邊，半框28.1×12.9cm.--經折裝　　　　（丙三）/1243

摩登伽經：三卷/（吳）釋竺律炎，（吳）支謙譯.--刻本.--南宋紹興（1131～1162）.--1冊（合裝1函）.--（思溪藏）.--存卷中。千字文編號爲"言"。半葉6行，行17字，上下單邊，半框24.8×11.3cm。有刻工：王迪、顔宜等。鈐"鹿巖精舍"朱文印.--經折裝　　　　（丙三）/6311

佛説聖法印經/（西晉）釋竺法護譯.--抄本.--孫德威，清康熙五十二年（1713）.--1冊（1函）：扉畫1幅.--周肇祥跋。鈐"觀河居士"白文印，"識分知足"朱文印、"周肇祥曾護持"朱文印.--經折裝　　（丁）/12683

撰集百緣經：十卷／（吳）支謙譯. --南京，明（1368~1644）補刻（北京：内官監丁字庫太監李朗，明嘉靖三十年[1551]印）. --10 冊（1 函）：扉畫 1 幅. --（永樂南藏）. --千字文編號為"慎"。半葉 6 行，行 17 字，上下單邊，半框 24.4×11.3cm. --經折裝

（丁）/16276

佛説生經：五卷／（晉）釋竺法護譯. --刻本. 北京：内府，明正統五年（1440）（北京：内府，明萬曆二十六年[1598]印）. --5 冊（合裝 1 函）. --（永樂北藏）. --千字文編號為"壁"。半葉 5 行，行 17 字，小字雙行字同，上下雙邊，半框 27.9×12.9cm. --經折裝 （丙三）/1244

莽沙王五願經：一卷／（吳）支謙譯. 瑠璃王經：一卷／（晉）釋竺法護譯. 佛説海八德經：一卷／（後秦）釋鳩摩羅什譯. 佛説法海經：一卷／（晉）釋法炬譯. --刻本. --北京：内府，明正統五年（1440）（北京：内府，明萬曆二十六年[1598]印）. --1 冊（合裝 1 函）. --（永樂北藏）. --千字文編號為"壁"。半葉 5 行，行 17 字，小字雙行字同，上下雙邊，半框 28×12.8cm. --經折裝 （丙三）/1245

佛説義足經：二卷／（吳）支謙譯. --刻本. --北京：内府，明正統五年（1440）（北京：内府，明萬曆二十六年[1598]印）. --2 冊（合裝 1 函）. --（永樂北藏）. --千字文編號為"壁"。半葉 5 行，行 17 字，小字雙行字同，上下雙邊，半框 28.2×12.9cm. --經折裝

（丙三）/1246

鬼問目連經：不分卷／（漢）釋安世高譯. 雜藏經：不分卷／（晉）釋法顯譯. 餓鬼報應經：不分卷／（晉）佚名錄. --刻本. --北京：内府，明正統五年（1440）（北京：内府，明萬曆二十六年[1598]印）. --1 冊（合裝 1 函）. --（永樂北藏）. --千字文編號為"壁"。半葉 5 行，行 17 字，小字雙行字同，上下雙邊，半框 28×12.9cm. --經折裝 （丙三）/1247

佛説四十二章經／（東漢）迦葉摩騰，（東漢）竺法蘭譯. --刻本. --明永樂十八年（1420）. --1 冊（1 函）：扉畫 1 幅. --半葉 4 行，行 12 字，小字雙行 24 字，上下單邊，半框 25.5×12.7cm. --經折裝 （丁）/15598

佛本行集經：六十卷／（隋）釋闍那崛多譯. 刻本. --北京：内府，明正統五年（1440）（北京：内府，明萬曆二十六年[1598]印）. --10 冊（1 函）：扉畫 1 幅. --（永樂北藏）. --存卷 11-20。千字文編號為"事"。半葉 5 行，行 17 字，上下雙邊，半框 28×13cm. --經折裝 （丙三）/1180

妙臂菩薩所問經：四卷／（宋）釋法天譯. --刻本. --南宋紹興（1131~1162）. --1 冊（合裝 1 函）. --（思溪藏）. --存卷 1。千字文編號為"八"。半葉 6 行，行 17 字，上下單邊，半框 24.7×11.3cm。有刻工：董奇、黃俊等。佚名題記。鈐"鹿巖精舍"朱文印. --經折裝 （丙三）/6309

妙臂菩薩所問經：四卷／（宋）釋法天譯. --刻本. --南京禮部祠祭清吏司，明永樂十至十五年（1412~1417）. --1 冊. --（永樂南藏）. --存卷 1、2。千字文編號為"盡"。半葉 6 行，行 17 字，小字雙行 28 字，上下雙邊，半框 24.5×11.2cm。 鈐"普法大佛寺記"朱文印. --經折裝 （丁）/16284

佛説摩利支天菩薩經／（唐）釋不空，（宋）釋法天奉詔譯. --寫本. --魏珠，清康熙五十四年（1715）. --1 冊（1 函）：圖 2 幅. --周肇祥題跋，佚名圈點. --經折裝 （丁）/15581

佛説聖莊嚴陀羅尼經：二卷；佛説聖六字大明王陀羅尼經：一卷；千轉大明陀羅尼經：一卷；佛説華積樓閣陀羅尼經：一卷；佛説勝旛瓔珞陀羅尼經 一卷/（宋）釋施護譯. --刻本. --北京：内府，明正統五年（1440）. --1 冊（1 函）. --（永樂北藏）. --目錄題"五經同卷"。千字文編號為"命"。半葉 5 行，行 17 字，小

字雙行字同，上下雙邊，半框 28×12.8cm．--經折裝　　　　　　　（丙三）/1233

佛頂心大陀羅尼經 三卷．--刻本．--明（1368～1644）（田氏，明嘉靖四十年［1561］印）．--1冊：有插圖．--上下兩欄，上圖下文，下欄半葉9行，行14字，上下雙邊，半框15.9×8cm．經折裝　　　　　　　　　　（丁）/16265

佛頂心大陀羅尼經：三卷．--刻本．--魏妙秀，明宣德七年（1432）．--1冊（1函）：扉畫1幅．--上下兩欄，上圖下文，下欄半葉8行，行14字，上下單邊，半框16.4×8.4cm．--經折裝　　　　　　　　　　（丙三）/3087

佛頂心大陀羅尼經：三卷．--刻本．--北京：佑聖夫人張善蓮，明宣德八年（1433）．--1冊：有插圖．--上下兩欄，上圖下文，下欄半葉5行，行9字，上下雙邊，半框22×9.7cm．--經折裝　　　　　　　　　　（丁）/16266

佛頂心陀羅尼經：三卷．--刻本．--順天府大興縣：許慧秀，明正統四年（1439）．--1冊（1函）：插圖26幅．--卷中卷端題"佛頂心觀世音菩薩療病救產方"，卷下卷端題"佛頂心觀世音菩薩救難神驗經"。半葉5行，行15字，上下單邊，半框16.3×8.4cm．--經折裝

　　　　　　　　　　（丁）/16295
　　第二部　　　　　　（丁）/16296
　　第三部　　　　　　（丁）/16297
　　第四部　　　　　　（丁）/16298
　　第五部　　　　　　（丁）/16299

眾許摩訶帝經：十三卷/（宋）釋法賢譯．--刻本．--北京：內府，明正統五年（1440）．--7冊（1函）．--（永樂北藏）．--千字文編號為"命"。半葉5行，行17字，上下雙邊，半框28×12.8cm．--綫裝　　（丙三）/1234

佛說七佛經：一卷；**佛說解憂經**：一卷/（宋）釋法天譯．**佛說徧照般若波羅蜜經**：一卷/（宋）釋施護譯．--刻本．--北京：內府，明正統五年

（1440）．--1冊（1函）．--（永樂北藏）．--目錄題"三經同卷"。千字文編號為"命"。半葉5行，行17字，上下雙邊，半框28×12.8cm．--經折裝　　　　　　（丙三）/1235

佛說大乘無量壽莊嚴經：三卷/（宋）釋法賢譯．--刻本．--北京：內府，明正統五年（1440）．--1冊（1函）：扉畫1幅．--（永樂北藏）．--千字文編號為"命"。半葉5行，行17字，上下雙邊，半框28×12.8cm．--經折裝　　　　　　（丙三）/1236

佛說寶帶陀羅尼經：一卷；**佛說金身陀羅尼經**：一卷/（宋）釋施護譯．--刻本．--南宋紹興（1131～1162）．--1冊（合裝1函）．--（思溪藏）．--佛說金身陀羅尼經有殘缺。千字文編號為"策"。半葉6行，行17字，半框24.7×11.2cm。鈐"鹿巖精舍"朱文印．--經折裝　　　　　　　　　　（丙三）/6312

大乘本生心地觀經：八卷/（唐）釋般若等譯．--寫本．--釋證月，明隆慶五年（1571）．--8冊（1函）：圖2幅．--鈐"周肇祥曾護持"朱文印、"周養安小市得"朱文印．--經折裝　　　　　　　　　　（丁）/15599

聖妙吉祥真實名經/（元）釋釋智譯．--刻本．--北京：內府，明正統五年（1440）（北京：內府，明萬曆二十六年［1598］印）．--1冊（1函）：有扉畫．--（永樂北藏）．--半葉5行，行17字，小字雙行字同，上下雙邊，半框28.2×12.8cm．--經折裝　　　　　（丙三）/1122

金剛頂瑜伽理趣般若經：一卷/（唐）釋金剛智譯．**大樂金剛不空真實三麼耶般若波羅蜜多理趣經**：一卷/（唐）釋不空譯．**佛說佛母般若波羅蜜多大明觀想儀軌經**：一卷/（宋）釋施護譯．**金剛頂瑜伽念珠經**：一卷/（唐）釋不空譯．刻本．--北京：內府，明正統五年（1440）（北京：內府，明萬曆二十六年［1598］印）．--1冊（合裝1函）：有扉畫．--（永樂北藏）．--半葉5行，行17字，小字雙行字同，上下雙邊，半

框 28.2×12.8cm. --經折裝　　（丙三）/1123

佛説最上根本大樂金剛不空三昧大教王經：七卷/（宋）釋法賢譯. --刻本. --北京：内府，明正統五年（1440）（北京：内府，明萬曆二十六年[1598]印）. --7 冊（合裝 1 函）：有扉畫. （永樂北藏）. --半葉 5 行，行 17 字，小字雙行字同，上下雙邊，半框 28.2×12.8cm. --經折裝　　（丙三）/1124

佛説最上祕密那拏天經：三卷/（宋）釋法賢譯. --刻本. --北京：内府，明正統五年（1440）（北京：内府，明萬曆二十六年[1598]印）. --1 冊（合裝 1 函）：有扉畫. --（永樂北藏）. --半葉 5 行，行 17 字，小字雙行字同，上下雙邊，半框 28.2×12.8cm. --經折裝　　（丙三）/1125

大隨求陀羅尼神咒經. --刻本. --明宣德元年（1426）. --1 冊（1 函）：圖 2 幅. --半葉 5 行，行 14 字，上下雙邊，半框 22×9.7cm. --經折裝　　（丁）/15588

梵網經菩薩戒：不分卷/（後秦）釋鳩摩羅什譯. --刻本. --釋永海等，明（1368～1644）（御用監太監信官劉世芳，明[1368～1644]印）. 1 冊（1 函）. --半葉 5 行，行 15 字，上下雙邊，半框 23.9×10.6cm. --經折裝　　（丙三）/3112

四分律藏：六十卷/（罽賓）釋佛陀耶舍，（罽賓）釋竺佛念譯. --刻本. --杭州路餘杭縣南山大普寧寺，元（1271～1368）. --3 冊（1 函）. --（普寧藏）. --存卷 5、17、49，千字文編號為"下、睦、婦"。半葉 6 行，行 17 字，小字雙行字同，上下單邊，半框 24.6×11.3cm。有刻工：朱萬三、何等. --經折裝　　（丁）/13943

根本説一切有部苾芻尼毗奈耶：二十卷/（唐）釋義淨譯. --刻本. --杭州路餘杭縣南山大普寧寺，元（1271～1368）. --1 冊（合裝 1 函）. --（普寧藏）. --存卷 2，千字文編號為"樂"。半葉 6 行，行 17 字，小字雙行字同，上下單邊，半框 24.8×11.4cm。有刻工：孟.

經折裝　　（丁）/13944

根本説一切有部毗奈耶：五十卷/（唐）釋義淨譯. --刻本. --杭州路餘杭縣南山大普寧寺，元（1271～1368）. --2 冊（合裝 1 函）. --（普寧藏）. --存卷 5、42，千字文編號為"棠、詠"。半葉 6 行，行 17 字，小字雙行字同，上下單邊，半框 24.9×11.3cm。有刻工：崇信、蔡等. --經折裝　　（丁）/13945

根本説一切有部毗奈耶雜事：四十卷/（唐）釋義淨譯. --刻本. --南京，明（1368～1644）補刻. --1 冊. --（永樂南藏）. --存卷 22。半葉 6 行，行 17 字，上下單邊，半框 24.4×11.2cm. 經折裝　　（丁）/16263

根本説一切有部毗奈耶破僧事：十卷/（唐）釋義淨譯. --刻本. --南京，明（1368～1644）補刻（北京：内官監丁字庫太監李朗，明嘉靖三十年[1551]印）. --10 冊：扉畫 1 幅. （永樂南藏）. --千字文編號為"連"。半葉 6 行，行 17 字，上下單邊，半框 24.4×11.1cm. 經折裝　　（丁）/16281

摩訶僧祇律：四十卷/（晉）釋佛陀跋陀羅，（晉）釋法顯合譯. --刻本. --明永樂（1403～1424）. --8 冊：圖 2 幅. --（永樂南藏）. --存卷 25-32。半葉 6 行，行 17 字，上下單邊，半框 24.3×11.1cm. --綫裝　　（丙三）/1183

根本薩婆多部律攝：十四卷/（唐）釋義淨譯. --刻本. --北京：内府，明正統五年（1440）（明萬曆[1573～1620]印）. --4 冊（合裝 1 函）：扉畫 1 幅. --（永樂北藏）. --存卷 11-14，千字文編號為"畢"。半葉 5 行，行 17 字，上下雙邊，半框 27.9×12.8cm. --經折裝　　（丙三）/1143

四分僧羯磨：五卷/（唐）釋懷素集. --刻本. 北京：内府，明正統五年（1440）（明萬曆[1573～1620]印）. --5 冊（合裝 1 函）：扉畫 1 幅. （永樂北藏）. --千字文編號為"畢"。半葉 5 行，行 17 字，上下雙邊，半框 27.9×12.8cm.

經折裝　　　　　　　　　（丙三）/1144

薩婆多部毘尼摩得勒伽：十卷/（南朝宋）釋僧伽跋摩譯.--刻本.--北京：內府，明正統五年（1440）（北京：內府，明萬曆二十六年[1598]印）.--10冊（1函）：扉畫1幅.--（永樂北藏）.--半葉5行，行17字，小字雙行字同，上下雙邊，半框27.5×13cm.--經折裝
　　　　　　　　　（丙三）/1145

十誦律毘尼序：三卷/（晉）釋卑摩羅叉譯.--刻本.--北京：內府，明正統五年（1440）（北京：內府，明萬曆二十六年[1598]印）.--3冊（合裝1函）.--（永樂北藏）.--千字文編號為"婦"。半葉5行，行17字，小字雙行字同，上下雙邊，半框27.6×12.8cm。與大明三藏聖教目錄、沙彌十戒法並威儀合函.--經折裝
　　　　　　　　　（丙三）/1219

沙彌十戒法並威儀：不分卷/（晉）佚名譯.刻本.--北京：內府，明正統五年（1440）（北京：內府，明萬曆二十六年[1598]印）.--1冊（合裝1函）.--（永樂北藏）.--千字文編號為"婦"。半葉5行，行17字，小字雙行字同，上下雙邊，半框27.5×12.7cm.--經折裝
　　　　　　　　　（丙三）/1220

羯磨：二卷/（三國魏）釋曇諦譯.--刻本.--北京：內府，明正統五年（1440）（北京：內府，明萬曆二十六年[1598]印）.--2冊（1函）：有圖.--（永樂北藏）.--千字文編號為"婦"。半葉5行，行17字，小字雙行字同，上下雙邊，半框27.7×12.8cm.--綫裝　　（丙三）/1221

佛說四分戒本/（唐）釋道宣刪定.--刻本.--釋永海，明天啟四年（1624）.--1冊（1函）：圖2幅.--半葉5行，行15字，上下雙邊，半框22.1×10.6cm.--經折裝　　　（丁）/15594

瑜伽師地論：一百卷/（唐）釋玄奘譯.--刻本.--元大德十年（1306）.--1冊（1函）.--（磧砂藏）.--存卷98。半葉6行，行17字，

上下單邊，半框24.4×11.3cm。有刻工：盛富。周肇祥題跋。鈐"周肇祥讀過書"朱文印.--經折裝　　　　　（丙三）/6320

攝大乘論：三卷/（印度）無著菩薩造；（北魏）釋佛陀扇多譯.--刻本.--杭州路餘杭縣南山大普寧寺，元（1271～1368）.--1冊（合裝1函）.--（普寧藏）.--存卷下，千字文編號為"嚴"。半葉6行，行17字，上下單邊，半框24.7×11.2cm。有刻工：可.--經折裝
　　　　　　　　　（丁）/13941

攝大乘論本：三卷/（唐）釋玄奘譯.--刻本.北京：內府，明正統五年（1440）（北京：內府，明萬曆二十六年[1598]印）.--3冊（合裝1函）.--（永樂北藏）.--千字文編號為"情"。半葉5行，行17字，小字雙行字同，上下雙邊，半框27.9×12.8cm.--經折裝　　（丙三）/1249

攝大乘論釋：十卷/（唐）釋玄奘譯.--刻本.明（1368～1644）.--6冊（1函）.--（永樂北藏）.--存卷2-7。半葉6行，行17字，上下單邊，半框24.3×11.1cm。鈐"西禪寺記"朱文印.--經折裝　　　　（丙三）/1197

大乘莊嚴經論：十三卷/（印度）無著菩薩造；（唐）釋波羅頗蜜多羅譯.--刻本.--北京：內府，明正統五年（1440）（北京：內府，明萬曆二十六年[1598]印）.--1冊.--（永樂北藏）.--存卷13，千字文編號為"弗"。半葉5行，行17字，小字雙行字同，上下雙邊，半框27.5×12.8cm.--經折裝　　　（丙三）/1224

十地經論：十二卷/（北魏）釋菩提留支譯.刻本.--北京：內府，明正統五年（1440）（北京：內府，明萬曆二十六年[1598]印）.--2冊（1函）.--（永樂北藏）.--存卷11、12，千字文編號為"節"。半葉5行，行17字，上下雙邊，半框27.4×12.7cm.--經折裝
　　　　　　　　　（丙三）/1222

佛地經論：七卷/（唐）釋玄奘譯.--刻本.

北京：内府，明正統五年（1440）（北京：内府，明萬曆二十六年[1598]印）．--5 冊（1 函）．--（永樂北藏）．--缺卷 3、5，千字文編號為"節"。半葉 5 行，行 17 字，上下雙邊，半框 27.4×12.7cm.--經折裝　　　（丙三）/1223

成唯識論：十卷/（唐）釋玄奘譯．--刻本．--北京：内府，明正統五年（1440）（北京：内府，明萬曆二十六年[1598]印）．--10 冊（1 函）：扉畫 1 幅．--（永樂北藏）．--半葉 5 行，行 17 字，小字雙行字同，上下雙邊，半框 27.6×13cm.--經折裝　　（丙三）/1161

無量壽經優波提舍：一卷/（印度）婆藪槃豆菩薩造；（北魏）釋菩提留支譯．**轉法輪經優波提舍**：一卷/（印度）天親菩薩造；（北魏）釋毗目智仙譯．--刻本．--元（1271～1368）．--1 冊（1 函）：有圖．--（磧砂藏）．--半葉 6 行，行 17 字，小字雙行字同，上下單邊，半框 24.7×11.3cm。有刻工：行后、何等。鈐"百鏡庵藏古雕刻記"朱文印．--經折裝

（丙三）/6318

三具足經優波提舍/（北魏）釋毗目智仙等譯．--刻本．--北京：内府，明正統五年（1440）（北京：内府，明萬曆二十六年[1598]印）．--1 冊．--（永樂北藏）．--千字文編號為"節"。半葉 5 行，行 17 字，上下雙邊，半框 27.4×12.7cm.--經折裝　　　（丙三）/1225

順中論：二卷/（北魏）釋瞿曇般若流支譯．刻本．--北京：内府，明正統五年（1440）（北京：内府，明萬曆二十六年[1598]印）．--2 冊（合裝 1 函）．--（永樂北藏）．--千字文編號為"情"。半葉 5 行，行 17 字，小字雙行字同，上下雙邊，半框 27.8×12.8cm。與攝大乘論本、中邊分別論、大乘起信論合函．--經折裝

（丙三）/1248

中邊分別論：二卷/（陳）釋真諦譯．--刻本．北京：内府，明正統五年（1440）（北京：内府，明萬曆二十六年[1598]印）．--2 冊（合裝 1

函）．--（永樂北藏）．--千字文編號為"情"。半葉 5 行，行 17 字，小字雙行字同，上下雙邊，半框 28×12.8cm.--經折裝　　（丙三）/1250

大乘起信論：二卷/（梁）釋真諦譯．--刻本．北京：内府，明正統五年（1440）（北京：内府，明萬曆二十六年[1598]印）．--1 冊（合裝 1 函）．--（永樂北藏）．--千字文編號為"情"。半葉 5 行，行 17 字，小字雙行字同，上下雙邊，半框 27.8×12.8cm.--經折裝

（丙三）/1251-1

大乘起信論：二卷/（唐）釋實叉陁譯．--刻本．--北京：内府，明正統五年（1440）（北京：内府，明萬曆二十六年[1598]印）．--2 冊（合裝 1 函）．--（永樂北藏）．--千字文編號為"情"。半葉 5 行，行 17 字，小字雙行字同，上下雙邊，半框 28.1×12.8cm.--經折裝

（丙三）/1251

阿毗達磨順正理論：八十卷/（天竺）眾賢撰；（唐）釋玄奘譯．--刻本．--福州：開元禪寺，南宋紹興十八年（1148）．--1 冊（1 函）．--（毗盧大藏經）．--存卷 18，千字文編號為"物"。書簽題"宋槧阿毗達磨順正理論"。半葉 6 行，行 17 字，上下單邊，半框 25.2×11.3cm。有刻工：陳生、潘元等.--經折裝

（丁）/16040

道地經：一卷/（天竺）釋僧伽羅刹撰；（漢）釋安世高譯．--南京，明（1368～1644）補刻（北京：内官監丁字庫太監李朗，明嘉靖三十年[1551]）．--1 冊（1 函）：扉畫 1 幅．--（永樂南藏）．--千字文編號為"慎"。半葉 6 行，行 17 字，上下單邊，半框 24.5×11.1cm.--經折裝

（丁）/16277

藥師瑠璃光王七佛本願功德經念誦儀軌：二卷/（元）釋沙囉巴譯．--刻本．--元至大四年（1311）．--1 冊（1 函）．--存卷下。半葉 5 行，行 16 字，上下雙邊，半框 24.1×11.1cm。與佛説壽生經合冊．--綫裝　　（丁）/13938

馬鳴菩薩傳：一卷；龍樹菩薩傳：一卷；提婆菩薩傳：一卷/（後秦）釋鳩摩羅什譯.--刻本.--元（1271～1368）.--1 冊（1 函）：有圖.（磧砂藏）.--千字文編號為"畫"。半葉 6 行，行 17 字，小字雙行字同，上下單邊，半框 24.8×11.2cm。有刻工：徐侊。佚名批點。鈐"英宗御覽"朱文印、"百鏡庵藏古雕刻記"朱文印.--經折裝　　　（丙三）/6317

附疑偽經

佛説壽生經：一卷.--抄本.--清（1644～1911）.--1 冊（合冊）.--書於藥師瑠璃光王七佛本願功德經念誦儀軌背面.--綫裝　　　　　　　　　　（丁）/13938

佛説大藏血盆經.--寫本.--蔣仁錫，清康熙五十二年（1713）.--1 冊（1 函）.--鈐"周養安小市得"朱文印.--經折裝　　（丙三）/3114

撰疏

註疏

金剛般若經疏：一卷/（隋）釋智顗撰.--刻本.--四明：阿育王山釋受益，明萬曆（1573～1620）.--1 冊（1 函）.--半葉 8 行，行 16 字，白口，四周單邊，單黑魚尾，半框 20×13.3cm.--綫裝　　　　（丙三）/1906

金剛般若經疏論纂要：二卷/（唐）釋宗密撰.釋金剛經纂要疏：二卷/（宋）釋子璿錄.--刻本.--明正統五年（1440）（明萬曆二十六年[1598]印）.--3 冊（合裝 1 函）：有圖.--（永樂北藏）.--釋金剛經纂要疏書籤題名"金剛經疏記科文"。千字文編號為"農"。半葉 5 行，行 17 字，上下雙邊，半框 27.6×12.9cm.--經折裝　　　　（丙三）/1140

金剛經纂要刊定記：七卷/（宋）釋子璿錄.刻本.--明正統五年（1440）（明萬曆二十六年[1598]印）.--7 冊（合裝 1 函）.--（永樂北藏）.--千字文編號為"農"。半葉 5 行，行 17 字，小字雙行字同，上下雙邊，半框 27.6×12.9cm.--經折裝　　　（丙三）/1141

銷釋金剛科儀會要註解：九卷，附原文一卷/（後秦）釋鳩摩羅什譯；（宋）宗鏡禪師述；（明）釋覺連重集.--刻本.--北京：衍法寺沙門本讚，明萬曆七年（1579）.--10 冊（1 函）：有插圖.--半葉 9 行，行 18 字，粗黑口，四周雙邊，單黑魚尾，半框 20.3×14.8cm。鈐"積學齋徐乃昌藏書"朱文印、"徐乃昌讀"朱文印、"曉鈴藏書"朱文印.--綫裝：吳曉鈴贈書　　　　（己）/1059

銷釋金剛科儀錄説記：二卷/（後秦）釋鳩摩羅什譯；（宋）宗鏡禪師述；（明）釋成桂註.--刻本.--明（1368～1644）.--2 冊（1 函）.--書末殘缺。半葉 8 行，行 14 字，小字雙行 23 字，黑口，四周雙邊，雙對黑魚尾，半框 20.3×13.6cm。鈐"曉鈴藏書"朱文印.--綫裝：吳曉鈴贈書　　　　　　（己）/1081

金剛決疑解：一卷；金剛經頌十八首：一卷/（明）釋德清撰.--刻本.--京師：香界寺，清乾隆（1736～1795）.--2 冊（1 函）：扉畫 1 幅.--版心題"金剛解"。半葉 9 行，行 19 字，白口，四周雙邊，單黑魚尾，半框 19.9×14.8cm。鈐"无畏"朱文印、"无畏居士"朱文印.--綫裝　　　　　　　（丙三）/410

金剛般若波羅蜜經郢説：不分卷/（清）徐發撰.--刻本.--清康熙（1662～1722）.--1 冊（1 函）.--版心題"金剛經郢説"。上下兩欄，上欄半葉 16 行，行 8 字，下欄半葉 8 行，行 20 字，小字雙行字同，白口，左右雙邊，半框 22.3×14.1cm.--綫裝　　（丙三）/1603

金剛般若波羅蜜經釋義：一卷/（清）陳儀註釋；（清）王至德校.--刻本.--王至德，清乾隆元年（1736）.--1 冊.--半葉 9 行，行 22 字，小字雙行字同，白口，四周雙邊，單黑魚尾，

半框 20.1×15.5cm。鈐"諸藏未收"朱文印.--綫裝 　　　　　　　　　　（丁）/12589

金剛般若波羅蜜經直解：二卷/（清）釋續法撰.--刻本.--清乾隆四十四年（1779）.--1冊（1函）.--半葉10行，行20字，小字雙行字同，白口，四周雙邊，半框19.6×13.6cm。鈐"无畏居士"朱文印、"諸藏未收"朱文印.綫裝 　　　　　　　　　（丁）/12532

金剛般若波羅蜜經直解：一卷/（清）釋續法撰.--寫本，烏絲欄.--清（1644～1911）.--1冊（1函）.--版心題"金剛直解".--綫裝 　　　　　　　　　　　　（丙三）/2664

摩訶般若波羅蜜多心經註疏：不分卷；**金剛經註正訛**/（清）仲之屏纂註. **附明李卓吾先生心經箋釋**/（明）李贄撰.--刻本.--清康熙（1662～1722）.--1冊（1函）.--封面書籤題"金剛經註正訛"，版心題"心經註疏"。半葉8行，行21字，小字雙行字同，白口，四周單邊，半框21.5×14.5cm.--經裝 　　　　（丙三）/1604

華嚴經隨疏演義鈔：九十卷/（唐）釋澄觀述.--刻本.--南京禮部祠祭清吏司，明永樂十至十五年（1412～1417）（京都：韋覺田，明宣德六年[1431]印）.--4冊.--（永樂南藏）.--存卷21-24。半葉6行，行17字，上下單邊，半框24.6×11.1cm.--經折裝：市府贈書 　　　　　　　　　　　　（戊）/1971

大方廣佛華嚴經疏：一百二十卷/（唐）釋澄觀撰；（宋）釋淨源錄疏註經.--刻本. --兩浙轉運司，宋（960～1279）.--1冊（1函）.--存卷114。半葉4行，行15字，小字雙行20字，上下單邊，半框23.3×10.9cm。鈐"十無盡院"朱文印、"錢德培海外訪古印章"朱文印、"固始張氏所收"朱文印.--經折裝 　　　　　　　　　（丁）/16042

大方廣佛華嚴經疏：四十卷/（唐）釋澄觀撰；（宋）釋淨源疏.--刻本.--明（1368～

1644）.--3冊（1函）：扉畫1幅.--（永樂南藏）.--存卷1-3。千字文編號為"頗"。半葉6行，行17字，上下單邊，半框23.8×11cm。鈐"西禪寺記"朱文印.--經折裝 　　　　　　　　　　　（丙三）/1196

大方廣佛華嚴經普賢行願品別行疏鈔：六卷，附科文一卷/（唐）釋澄觀疏；（唐）釋宗密鈔.--刻本.--明（1368～1644）（明萬曆六年[1578]印）.--7冊（1函）：有扉畫.--半葉6行，行17字，小字雙行字同，上下雙邊，半框23.4×10.9cm。鈐"周養安小市得"朱文印.經折裝 　　　　　　　　　　（丙三）/3057

華嚴懸談會玄記：四十卷/（元）釋普瑞集.刻本.--明正德（1506～1521）.--15冊（3函）：有扉畫.--存卷1-15。半葉9行，行23字，小字雙行字同，上下雙邊，半框25.9×12.2cm。有刻工：劉溥。鈐"周肇祥曾護持"朱文印.--經折裝 　　　　　　　　　　　　（丙三）/1155

華嚴懸談會玄記：四十卷/（元）釋普瑞集.刻本.--北京：內府，明正統五年（1440）（北京：內府，明萬曆二十六年[1598]印）.--20冊（2函）：有扉畫.--（永樂北藏）.--存卷1-20。半葉5行，行17字，小字雙行字同，上下雙邊，半框27.6×12.8cm.--經折裝 　　　　　　　　　　（丙三）/1181

金光明經文句記：六卷/（宋）釋知禮譯.--刻本.--北京：內府，明正統五年（1440）（北京：內府，明萬曆二十六年[1598]印）.--8冊：有圖.--（永樂北藏）.--存卷3-6，千字文編號為"何"。半葉5行，行17字，小字雙行字同，上下雙邊，半框28×12.8cm.--經折裝 　　　　　　　　　　（丙三）/1156

佛說梵網經菩薩心地品玄義：不分卷/（明）釋智旭註；（明）釋道昉訂. **佛說梵網經菩薩心地品合註**：七卷/（後秦）釋鳩摩羅什譯；（明）釋智旭註. **律要後集**：不分卷/（明）釋智旭述.刻本.--清康熙十五年（1676）.--5冊.--半葉

9 行，行 20 或 21 字，白口，四周單邊，單黑魚尾，半框 21.1×15cm。板存金陵古林庵.--綫裝　　　　　　　　　　（丙三）/1602

妙法蓮花經知音：七卷/（後秦）釋鳩摩羅什譯；（明）釋如愚撰. **妙法蓮華經弘傳序知音**：一卷/（唐）釋道宣述；（明）釋如愚撰--刻本.--明萬曆四十八年（1620）.--8 冊（1 函）.--半葉 10 行，行 20 字，小字雙行字同，白口，四周雙邊，半框 22.8×16.6cm。鈐"无畏居士"朱文印.--綫裝　　　　　　（丙三）/794

妙法蓮華經大窾：七卷/（後秦）釋鳩摩羅什譯；（明）釋通潤箋.--刻本.--明末（1573～1644）.--8 冊（1 函）.--有 27 葉係抄配。半葉 9 行，行 19 字，小字雙行字同，白口，左右雙邊，單綫魚尾，半框20×12.7cm。有刻工：李堂、王氏等。鈐"周肇祥讀過書"朱文印.--綫裝　　　　　　　　　　（丙三）/429

妙法蓮華經綸貫：不分卷；**教觀綱宗釋義**：不分卷/（明）釋智旭撰.--刻本.--清初（1621～1722）.--1 冊（合裝 1 函）.--半葉 9 行，行 20 字，小字雙行字同，白口，四周單邊，單黑魚尾，半框 21.7×14.8cm.--綫裝　　　　　　　　　　（丙三）/1459

妙法蓮華經台宗會義：十六卷/（明）釋智旭撰.--刻本.--清初（1644～1722）.--8 冊（合裝 1 函）.--半葉 9 行，行 20 字，小字雙行字同，白口，四周單邊，單黑魚尾，半框 21.8×14.6cm.--綫裝　　　　　　（丙三）/1458

妙法蓮華經大成：九卷，音義九卷，科文一卷/（後秦）釋鳩摩羅什譯；（清）釋大義輯.--刻本.--江寧王茂源，清康熙四十八年（1709）.--12 冊（1 函）：圖 1 幅.--半葉 10 行，行 21 字，白口，四周雙邊，單黑魚尾，半框20.7×14.6cm。鈐"善果寺"朱文印.--綫裝　　　　　　　　　　（丙三）/809

法華提綱：不分卷/（清）修閑道人集.--寫

本.--天寧雙松道人興存，清康熙（1662～1722）.--1 冊（1 函）：扉畫 1 幅.--書簽題"法華懸判".--經折裝　　　　（丙三）/3104

藥師琉璃光如來本願功德經玄義：不分卷/（清）釋應輝述. **藥師琉璃光如來本願功德經義疏**：三卷/（唐）釋玄奘譯；（清）釋應輝義疏.抄本.--清康熙雍正間（1662～1735）.--4 冊（1 函）.--鈐"无畏居士"朱文印、"无畏"朱文印、"諸藏未收"朱文印.--綫裝　　　　　　　　　　（丁）/10639

楞伽阿跋多羅寶經：四卷/（南朝宋）釋求那跋陀羅譯；（明）釋如能註.--刻本.--明末（1573～1644）.--6 冊（1 函）：冠圖 1 幅.--版心題"楞伽接響"。半葉 9 行，行 18 字，小字雙行字同，白口，四周雙邊，單黑魚尾，半框 21.1×15.2cm。雲棲寺藏板。鈐"无畏居士"朱文印.--綫裝　　　　（丁）/12765

楞伽阿跋多羅寶經講錄：二卷/（南朝宋）釋求那跋陀羅譯；（明）釋乘旹講錄.--刻本.--新安　汪益源，明天啟二年（1622）.--4 冊（1 函）. 上下兩欄，下欄半葉 8 行，行 13 字，上欄半葉 16 行，行 17 字，小字雙行字同，白口，四周單邊，半框23.2×14.5cm。鈐"周肇祥讀過書"朱文印.--經折裝　　　（丙三）/544

楞伽阿跋多羅寶經註解：四卷/（南朝宋）釋求那跋多羅譯；（明）釋宗泐，（明）釋如玘註.--刻本.--明（1368～1644）.--1 冊.--存卷2。半葉 5 行，行 17 字，小字雙行字同，上下雙邊，半框27.9×12.1cm.--經折裝　　（丁）/16306

請觀音經疏：不分卷/（隋）釋智顗説；（隋）釋灌頂記.--刻本.--北京：内府，明正統五年（1440）.--1 冊（合裝 1 函）：扉畫 1 幅.--（永樂北藏）.--千字文編號為"法"。半葉 5 行，行 17 字，小字雙行字同，上下雙邊，半框27.4×12.9cm。鈐"内西華門大街敕建靜默寺記"朱文印、"百鏡庵藏古雕刻記"朱文印.經折裝　　　　　　　　（丙三）/3058

觀音玄義記：二卷／（隋）釋智顗撰；（宋）釋知禮述．--刻本．--明崇禎四年（1633）刻；明崇禎七年（1636）修版（清順治四年 [1647] 印）．--2冊（1函）．--後跋殘。書簽題"明刊觀音玄義記"。半葉10行，行20字，有眉批，行4字，白口，四周單邊，半框21.8×14.6cm。有刻工：周大秉。鈐"五磊常住大藏法寶記"朱文印．--綫裝 　　　　　　（丁）/12713

觀音義疏記：四卷／（宋）釋知禮撰．--刻本．北京：內府，明正統五年（1440）．--2冊（合裝1函）：有扉畫．--（永樂北藏）．--缺卷1、2。半葉5行，行17字，小字雙行字同，上下雙邊，半框28.2×12.8cm．--經折裝 　　　　　　（丙三）/1237

請觀音經疏闡義鈔：四卷／（宋）釋智圓撰．--刻本．--北京：內府，明正統五年（1440）．--4冊（合裝1函）．--（永樂北藏）．--千字文編號為"法"。半葉5行，行17字，小字雙行字同，上下雙邊，半框27.9×12.9cm。鈐"內西華門大街敕建靜默寺記"朱文印．--經折裝 　　　　　　（丙三）/3059

觀無量壽佛經疏妙宗鈔：六卷／（宋）釋知禮撰．**佛說觀無量壽佛經疏**：一卷／（隋）釋智顗撰．--刻本．--北京：內府，明正統五年（1440）．7冊（合裝1函）：有扉畫．--（永樂北藏）．--觀無量壽佛經疏妙宗鈔缺卷1、2。半葉5行，行17字，小字雙行字同，上下雙邊，半框28.2×12.8cm．--綫裝 　　　　　　（丙三）/1238

佛說阿彌陀經要解：不分卷／（後秦）釋鳩摩羅什譯；（明）釋智旭解．--刻本．--清乾隆五十二年（1787）．--2冊（1函）．--版心題"彌陀要解"。半葉9行，行17字，小字雙行字同，白口，四周單邊，單黑魚尾，半框 19.8×15.3cm．--綫裝 　　　　　　（丙三）/701

彌陀經疏鈔演義定本：四卷／（明）釋古德撰．--刻本．--北京：慈因寺惟誠，清乾隆十七年（1752）．--4冊（1函）．--半葉10行，行

20字，白口，四周單邊，半框18.9×12.3cm。板存京都慈因寺。釋性融題記。鈐"周肇祥讀過書"朱文印、"周養安小市得"朱文印．--綫裝 　　　　　　（丙三）/793
第二部 　　　　　　（丙三）/442

大方廣圓覺修多羅了義經略疏註：二卷，圓覺經疏前序科文一卷，圓覺經略疏之鈔五卷／（唐）釋宗密撰．--刻本．--北京：內府，明正統五年（1440）（明萬曆二十六年[1598]印）．--10冊（1函）：有圖．--（永樂北藏）．--半葉5行，行17字，小字雙行字同，上下雙邊，半框28×12.8cm．--經折裝 　　　（丙三）/1114

圓覺經析義疏：四卷／（清）釋通理撰．--清乾隆五十八年（1793）．--4冊（1夾）．--半葉10行，行20字，小字雙行字同，白口，四周雙邊，單黑魚尾，半框20.1×14.7cm。鈐"十願盦"朱文印．--綫裝 　　（丙三）/554

首楞嚴經義海：三十卷／（宋）釋咸輝撰．--刻本．--南京，明（1368～1644）補刻（北京：內官監丁字庫太監李朗，明嘉靖三十年[1551]印）．--10冊（1函）：扉畫1幅．--（永樂南藏）．--存10卷：卷11-20。千字文編號為"州"。半葉6行，行17字，上下單邊，半框24.2×11.2cm．--經折裝 　　（丁）/16269

大佛頂如來密因修證了義諸菩薩萬行首楞嚴經會解：二十卷／（元）釋惟則撰．--刻本．--北京：內府，明正統五年（1440）（北京：內府，明萬曆二十六年[1598]印）．--20冊（2函）：有扉畫．--（永樂北藏）．--半葉5行，行17字，小字雙行字同，上下雙邊，半框27.6×12.8cm．--經折裝 　　（丙三）/1149

大佛頂如來密因脩證了義諸菩薩萬行首楞嚴經語旨：十卷／（唐）釋般剌密諦譯；（明）釋明潮述．--刻本．--古并州：文殊寺住持慧祿等，明萬曆三十五年（1607）（大關聖廟住持淨玉等，清順治五年[1648]印）．--5冊（1函）：有圖．--版心題"楞嚴語旨"。半葉9行，行

18 字，白口，四周雙邊，單綫魚尾，半框 21.7×14.3cm。鈐 "諸藏未收" 朱文印、"周肇祥讀過書" 朱文印.--綫裝　　（丙三）/44

大佛頂如來密因修證了義諸菩薩萬行首楞嚴經合轍：十卷/（明）釋通潤撰.--刻本. 姑蘇季蘭庭，明崇禎九年（1636）.--10 冊（1 函）.--版心題 "楞嚴合轍"。半葉 9 行，行 18 字，白口，四周雙邊，單黑魚尾，半框 20×14.4cm。鈐 "西來天竟" 白文印、"滿足清淨" 白文印、"无畏居士" 朱文印.--綫裝　（丙三）/547

大佛頂如來密因修證了義諸菩薩萬行首楞嚴經貫珠集：十卷/（明）釋戒潤述.--刻本.--明崇禎十七年（1644）.--10 冊（1 函）.--卷 6 殘。卷 2-10 卷端題名 "大佛頂首楞嚴經貫珠集"。半葉 8 行，行 20 字，小字雙行字同，白口，四周單邊，單黑魚尾，半框 22×15.6cm。鈐 "无畏居士" 朱文印、"諸藏未收" 朱文印.--綫裝　　　　　（丁）/12578

大佛頂如來密因修證了義諸菩薩萬行首楞嚴經如説：十卷/（明）鍾惺撰.--刻本.--清康熙十八年（1679）.--5 冊（合裝 1 函）.--版心題 "楞嚴如説"。半葉 9 行，行 20 字，白口，四周雙邊，半框 22.4×15.4cm。--綫裝　　　　　　（丙三）/1497

楞嚴説通：十卷/（清）劉道開纂.--刻本.--巴郡劉道開，清康熙六至七年（1667～1668）.--10 冊（1 夾）.--書簽題 "楞嚴經貫攝"，版心題 "楞嚴貫攝"。半葉 9 行，行 20 字，白口，四周單邊，半框 17.6×12.4cm。妙喜庵藏板。鈐 "无畏居士" 朱文印.--經折裝　　　　　　（丙三）/785

楞嚴自知錄：二卷，附同安察禪師十玄談一卷/（清）王麟印撰.--刻本.--清康熙（1662～1722）.--1 冊（1 函）.--半葉 7 行，行 20 字，小字雙行字同，粗黑口，四周雙邊，雙對黑魚尾，半框 27.9×18.9cm。鈐 "諸藏未收" 朱文印、"退翁" 朱文印.--綫裝

（丁）/12488

大佛頂首楞嚴經正脈修釋略記：十卷/（清）釋慧海集.--刻本.--清乾隆（1736～1795）.--2 冊（1 函）.--半葉 10 行，行 22 字，白口，四周雙邊，單黑魚尾，半框 19.3×14.6cm。--綫裝　　　　　　（丙三）/607

地藏菩薩本願經開蒙：三卷/（清）釋品珊撰.--刻本.--清雍正元年（1723）.--8 冊（1 函）.--上卷卷端未題書名，據中卷卷端著錄。半葉 10 行，行 21 字，小字雙行字同，白口，左右雙邊，單黑魚尾，半框 19.6×14.5cm。鈐 "无畏居士" 朱文印.--綫裝　　　　　　（丁）/9230

菩薩戒義疏：二卷/（隋）釋智顗撰.--刻本.--北京：内府，明正統五年（1440）（明萬曆二十六年[1598]印）.--2 冊（1 函）：有圖.--（永樂北藏）.--半葉 5 行，行 17 字，上下雙邊，半框 27.8×12.8cm.--經折裝

（丙三）/1157

成唯識論俗詮：十卷/（明）釋明昱詮釋.--刻本.--明萬曆三十九年（1611）.--10 冊（1 函）.--半葉 10 行，行 20 字，粗黑口，四周雙邊，單黑魚尾，半框 22×15.8cm。雪浪大師題跋，佚名圈點。鈐 "周肇祥讀過書" 朱文印、"无畏居士" 白文印.--綫裝　　（丙三）/122

大乘百法明門論隨疏畧釋：二卷，百法附錄一卷/（唐）釋玄奘譯；（唐）釋窺基註解；（明）釋魯山增註.--刻本.--釋性通，明（1368～1644）.--2冊（1函）.--半葉10行，行20字，小字雙行字同，白口，四周雙邊，半框23.5×15.2cm。有刻工：寂珂。鈐 "无畏居士" 朱文印、"諸藏未收" 朱文印.--綫裝　（丁）/12557

大乘起信論疏：四卷，科文一卷/（唐）釋法藏撰.--刻本.--北京：内府，明正統五年（1440）（北京：内府，明萬曆二十六年[1598]印）.--5 冊（合裝 1 函）：扉畫 1 幅.--（永樂北藏）.--半葉 5 行，行 17 字，小字雙行字同，

上下雙邊，半框 27.5×13cm. --經折裝
（丙三）/1136

大乘起信論疏筆削記：五卷/（宋）釋子璿撰. --刻本. --北京：內府，明正統五年（1440）（北京：內府，明萬曆二十六年[1598]印）. --5冊（合裝1函）：扉畫1幅. --（永樂北藏）. --半葉5行，行17字，小字雙行字同，上下雙邊，半框27.5×13cm. --經折裝 （丙三）/1137

天台四教儀集註：十卷，科文一卷/（元）釋蒙潤集. --刻本. --北京：內府，明正統五年（1440）（北京：內府，明萬曆二十六年[1598]印）. --10冊（1函）：扉畫1幅. --（永樂北藏）. --半葉5行，行17字，小字雙行字同，上下雙邊，半框27.5×12.9cm. --經折裝
（丙三）/1115

撰述

慈悲道場懺法：十卷/（梁）釋寶志，（梁）釋寶唱等製. --刻本. --北京：衍法寺釋圓經，明萬曆三十一年（1603）（北京：皇極門管事李忠發，明萬曆四十年[1613]印）. --10冊（1函）：圖2幅. --半葉5行，行17字，上下單邊，半框26.4×12.1cm. 鈐"周肇祥曾護持"朱文印. --綫裝 （戊）/1972

慈悲道場懺法：十卷/（梁）釋寶志，（梁）釋寶唱等製. --刻本. --北京：御馬監太監楊大桐，明萬曆四十三年（1615）. --1冊. --存卷9。半葉5行，行15字，上下雙邊，半框25.7×12cm. --經折裝
（丁）/16285

慈悲道場懺法：十卷/（梁）釋寶志，（梁）釋寶唱等製. --刻本. --盛京：嚮鈴寺釋性亮，清順治九年（1652）. --10冊（1函）：扉畫4幅. --書籤題"註解慈悲道場懺法"。半葉5行，行14字，小字雙行28字，上下雙邊，半框24.1×12cm. 本寺存板. --經折裝
（丁）/16282

慈悲道場懺法：十卷/（梁）釋寶志，（梁）釋寶唱等製. --刻本. --杭州：雲棲寺，清初（1644～1722）. --2冊（1函）. --缺卷4-6。書皮題名"梁皇寶懺"。書尾題"甲子歲雲棲重梓"。半葉8行，行17字，白口，四周雙邊，半框19.5×11.8cm。鈐"曉鈴藏書"朱文印. 綫裝：吳曉鈴贈書 （己）/1112

慈悲道場懺法要略解：十卷/（明）釋覺明撰. --刻本. --明（1368～1644）. --10冊（1函）：有扉畫. --半葉5行，行14字，小字雙行28字，上下雙邊，半框23.4×12cm。鈐"周養安小市得"朱文印、"諸藏未收"朱文印. --經折裝
（丙三）/6321

方等三昧行法：不分卷/（隋）釋智顗撰；（隋）釋灌頂記. --刻本. --北京：內府，明正統五年（1440）. --1冊. --（永樂北藏）. --千字文編號為"刑"。半葉5行，行17字，上下雙邊，半框28.1×12.9cm. --經折裝
（丙三）/1228

圓覺道場修證禮懺文：十八卷/（唐）釋宗密述. --刻本. --北京：釋勝馥，明萬曆四十年（1612）（北京：太子太保武清侯李誠銘，明天啟五年[1625]印）. --1冊. --存卷18。半葉6行，行17字，上下雙邊，半框25.2×11.9cm。牌記題"古燕刻字趙文奎，住在順天府角頭一條衚衕"。鈐"吳曉鈴藏書印"朱文印、"曉鈴藏書"朱文印. --經折裝：吳曉鈴贈書
（己）/2223

慈悲水懺法：三卷/（唐）釋悟達，（唐）釋知玄撰. --刻本. --北京：內府，明正統五年（1440）（北京：內府，明萬曆二十六年[1598]印）. --3冊（1函）. --（永樂北藏）. --千字文編號為"輔"。半葉5行，行17字，小字雙行字同，上下雙邊，半框28×12.8cm. --經折裝
（丙三）/1252

往生淨土懺儀式：不分卷/（宋）釋遵式撰. --刻本. --釋梭立，清康熙五十七年（1718）. --1

冊（1 函）：扉畫 1 幅．--書簽題 "往生淨土懺願儀軌"。半葉 4 行，行 12 字，小字雙行字同，上下雙邊，半框 25.4×12.4cm。瑞應律堂存板．--經折裝　　　　　　　　（丙三）/3081

第二部　5 冊（1 函），內容相同，皆為復本，鈐 "勅賜瑞應寺" 朱文印　（丙三）/1195

敕修百丈清規：二卷，附一卷/（元）釋德煇重編．--刻本．--明（1368～1644）．--1 冊（1 函）．--存上卷，有殘葉。半葉 10 行，行 24 字，粗黑口，四周雙邊，雙對黑魚尾，半框 22.2×13.2cm。鈐 "曉鈴藏書" 朱文印．--綫裝：吳曉鈴贈書　　　　　　（己）/1449

彌陀往生淨土懺儀：不分卷．--刻本．--明永樂十八年（1420）．--1 冊（1 函）：有圖．--半葉 5 行，行 16 字，上下雙邊，半框 27.2×12.3cm。周肇祥題跋。鈐 "百鏡庵藏古雕刻記" 朱文印、"極樂" 白文印、"周肇祥" 朱文印．--經折裝　　　　　　　（丁）/15603

大方便報恩寶懺：三卷/（清）佚名撰．--刻本．--清（1644～1911）（京師：寧進禮、寧國政，清乾隆二年[1737]印）．--3 冊（1 函）：插圖 2 幅．--半葉 4 行，行 11 字，上下雙邊，半框 24.6×11.9cm。--經折裝　　（丁）/16274
第二部　　　　　　　　　　（丁）/16275

沙彌成範：二卷/（明）釋月心撰．--刻本．--釋廣通，明嘉靖四十三年（1564）．--1 冊（1 函）：圖 1 幅．--半葉 10 行，行 21 字，小字雙行字同，白口，四周雙邊，雙對黑魚尾，半框 20.1×13.8cm。佚名題識、圈點．--綫裝　　　　　　　　　　（丁）/12680

一晝夜齋式/（明）吳沉，（明）釋文彬等纂修．--刻本．--明（1368～1644）．--1 冊（1 函）：有圖．--目錄題名：脩齋科儀。半葉 6 行，行字數不等，上下單邊，半框 30.1×12.8cm。鈐 "曉鈴藏書" 朱文印．--經折裝：吳曉鈴贈書　　　　　　（己）/2219

雅俗通用釋門疏式：十卷/（明）釋如德輯．刻本．--明末（1621～1644）．--8 冊（1 函）．--半葉 9 行，行 25 字，小字雙行字同，白口，四周單邊，單黑魚尾，版心下刻 "知儒精舍"，半框 20.7×12.1cm。鈐 "壽安山十願庵主无畏居士記" 朱文印．--綫裝　　（丙三）/5603

寶華山見月和尚律規/（清）釋觀照錄．--刻本．--清順治十二年（1655）．--1 冊（1 函）．--半葉 9 行，行 18 字，白口，四周雙邊，半框 21×13.6cm。華山律堂藏板。鈐 "天機" 白文印、"无畏" 朱文印、"性句堂" 白文印．--綫裝　　　　　　　　　（丁）/8037

千手千眼觀世音菩薩廣大圓滿無礙大悲心懺：一卷．--刻本．--清康熙（1662～1722）．1 冊：有插圖．--半葉 5 行，行 20 字，小字雙行字同，上下雙邊，半框 24.3×11.8cm。--經折裝　　　　　　　　　（庚）/198

折中施食儀範/（清）釋祖毓校訂．--刻本．--清乾隆（1736～1795）．--1 冊（1 函）：附手印圖多幅．--半葉 6 行，行 19 字，小字雙行 28 字，白口，四周單邊，半框 19.2×14.7cm。鈐 "心平气和" 朱文印、"先進野人" 白文印．綫裝　　　　　　　　　　（丁）/9042

加持天輪燈--寫本．--清（1644～1911）．--1 冊（1 函）．--鈐 "周養安小市得" 朱文印．--經折裝　　　　　　　　　（丁）/15584

釋摩訶般若波羅蜜經覺意三昧：不分卷/（隋）釋智顗説；（隋）釋灌頂記．--刻本．--北京：內府，明正統五年（1440）．--1 冊（合裝 1 函）．--（永樂北藏）．--千字文編號為 "法"。半葉 5 行，行 17 字，小字雙行字同，上下雙邊，半框 27.8×12.9cm。鈐 "內西華門大街敕建靜默寺記" 朱文印．--經折裝　　　　　　　　　　（丙三）/3060

淨土十疑論：不分卷/（隋）釋智顗撰．--刻本．--北京：內府，明正統五年（1440）．--1

冊.--（永樂北藏）.--千字文編號為"刑"。半葉 5 行，行 17 字，上下雙邊，半框 28.1×12.9cm.--經折裝　　　　　（丙三）/1229

天台智者大師禪門口訣：不分卷/（隋）釋智顗撰.--刻本.--北京：內府，明正統五年（1440）.--1 冊：扉畫 1 幅.--（永樂北藏）.千字文編號為"約"。半葉 5 行，行 17 字，上下雙邊，半框 28.1×12.9cm.--經折裝

（丙三）/1239

法界次第初門：三卷/（隋）釋智顗撰.--刻本.--北京：內府，明正統五年（1440）.--3 冊：扉畫 1 幅.--（永樂北藏）.--千字文編號為"刑"。半葉 5 行，行 17 字，上下雙邊，半框 28.1×12.9cm.--經折裝　　　　（丙三）/1227

四念處：四卷/（隋）釋智顗說；（隋）釋灌頂記.--刻本.--北京：內府，明正統五年（1440）.--4 冊（合裝 1 函）.--（永樂北藏）.--千字文編號為"法"。半葉 5 行，行 17 字，小字雙行字同，上下雙邊，半框 27.7×12.9cm.鈐"內西華門大街敕建靜默寺記"朱文印.--經折裝　　　　　　　（丙三）/3061

觀心論疏：五卷/（隋）釋灌頂撰.--刻本.--北京：內府，明正統五年（1440）.--5 冊：扉畫 1 幅.--（永樂北藏）.--千字文編號為"刑"。半葉 5 行，行 17 字，上下雙邊，半框 28.1×12.9cm.--經折裝　　　　（丙三）/1230

金師子章雲間類解：不分卷/（宋）釋淨源述.**修華嚴奧旨妄盡還源觀**：不分卷/（唐）釋法藏述.--刻本.--明（1368～1644）.--1 冊（1 函）.--半葉 6 行，行 17 字，上下雙邊，半框 23×11cm。佚名批校.--經折裝　　（丙三）/1192

折疑論：五卷/（唐）釋師子撰.--刻本.--北京：內府，明正統五年（1440）（北京：內府，明萬曆二十六年[1598]印）.--5 冊（合裝 1 函）：扉畫 1 幅.--（永樂北藏）.--千字文編號為"茲"。半葉 5 行，行 17 字，小字雙行字同，

上下雙邊，半框 27.3×12.9cm。與華嚴原人論科合函.--經折裝　　　　　（丙三）/1139

華嚴原人論科：一卷；**華嚴原人論**：一卷/（唐）釋宗密撰.**華嚴原人論解**：三卷/（唐）釋圓覺解.--刻本.--北京：內府，明正統五年（1440）（北京：內府，明萬曆二十六年[1598]印）.--5 冊（合裝 1 函）：扉畫 1 幅.--（永樂北藏）.--千字文編號為"茲"。半葉 5 行，行 17 字，小字雙行字同，上下雙邊，半框 27.3×12.9cm.--經折裝　　　　（丙三）/1138

禪源諸詮集都序：二卷/（唐）釋宗密撰.--刻本.--高麗順天府：曹溪山松廣寺，明萬曆三十六年（1608）.--2 冊（1 函）.--半葉 9 行，行 19 字，白口，四周單邊，無界行，雙對黑魚尾，半框 20.3×14.2cm.--綫裝　　（丁）/12690

永嘉真覺禪師證道歌：一卷/（宋）釋法泉頌.--刻本.--高麗：釋僧俊，北元宣光八年（1378）.--1 冊（1 函）.--半葉 10 行，行 18 或 19 字，白口，左右雙邊，單黑魚尾，半框 16.3×12.4cm。板藏中原府青龍禪寺。佚名批點，周肇祥跋。鈐"養菴秘笈"朱文印.--綫裝

（丙三）/3317

宗鏡錄：一百卷/（宋）釋延壽集.--刻本.--杭州路餘杭縣南山大普寧寺，元（1271～1368）.--1 冊（1 函）.--（普寧藏）.--存卷 85，千字文編號為"說"。半葉 6 行，行 17 字，小字雙行字同，上下單邊，半框 24.8×11.2cm。有刻工：子、葉虜等。釋質吉祥題記。鈐"周肇祥曾護持"朱文印.--經折裝

（丙三）/6316

宗鏡錄：一百卷/（宋）釋延壽撰.--刻本.--京師：內府，清雍正十二年（1734）.--20 冊（4 函）.--半葉 10 行，行 20 字，小字雙行字同，白口，四周單邊，單黑魚尾，半框 17.6×13cm。鈐"无畏居士"朱文印.--綫裝

（丙三）/97

御錄宗鏡大綱：二十卷／（宋）釋智覺撰．--刻本．--京師：内府，清雍正十二年（1734）．--4冊（1夾）．--半葉10行，行20字，白口，四周單邊，單黑魚尾，半框 17.6×13.1cm。鈐"壽安山十願庵主无畏居士記"朱文印．--綫裝　　　　　　　（丙四）/156

念佛法門往生西方公據．--刻本．--京都：釋德儀，明永樂十四年（1416）．--1冊（1函）：附圖12幅．--半葉6行，行20字，上下雙邊，半框 26.4×11.1cm．--經折裝　　（丁）/15597

若愚指南捷徑門法：一卷／（明）釋若愚輯．--刻本．--明隆慶（1567～1572）．--1冊（1函）．--書名據書簽著錄。半葉行數、字數不等，粗黑口，四周雙邊，雙對黑魚尾，半框 20.6×14.9cm．--綫裝　　　　　　（丁）/9034

西方合論：不分卷／（明）袁宏道撰；（明）釋智旭評點．--刻本．--清初（1644～1722）．--4冊（1函）．--半葉9行，行20字，小字雙行字同，白口，四周單邊，單黑魚尾，半框20.8×14.1cm．--綫裝　　　　　（丙三）/792

性住釋；物不遷題旨／（明）釋迦正撰．--刻本．--明末（1573～1644）．--1冊（合函）．--半葉9行，行18字，白口，左右雙邊，單黑魚尾或無魚尾，半框 19.9×13.3cm。鈐"達源"朱文印．--綫裝　　　　　（丁）/12663-1

生生四諦：一卷／（明）鄭奎光纂．--刻本．--明崇禎（1628～1644）．--1冊（合函）．--半葉8行，行18字，小字雙行字同，白口，左右雙邊，單白魚尾，半框 19.3×14.6cm．--綫裝　　　　　　　　　　（丁）/12663

菩提千文：一卷；**菩提千文述釋**：二卷／（明）釋無念述集．--刻本．--明末清初（1573～1722）．1冊（1函）．--半葉10行，行20字，小字雙行字同，四周雙邊，單黑魚尾，半框22.2×14.5cm。鈐"无畏"朱文印、"諸藏未收"朱文印．--綫裝　　　　　　（丁）/12537

孔雀集．--抄本．--釋寂安，清初（1644～1722）．--2冊（1函）．--半葉7行，行21字，黑口，四周單邊，半框20.5×14.3cm。鈐"山間明月"朱文印、"无畏居士"朱文印、"諸藏未收"朱文印．--綫裝

（丁）/12562

是名正句：六卷／（清）宗鑑堂編．--刻本．--清康熙（1662～1722）．--3冊（1函）．--（釋典禪宗）．--半葉10行，行20字，白口，四周雙邊，半框21.3×14.7cm。鈐"安昌毛氏藏書之印"朱文印、"鹿巖精舍"朱文印．--綫裝　　　　　　（丙三）/2540

御製揀魔辨異錄：八卷／（清）世宗胤禛錄．刻本．--北京：内府，清雍正十一年（1733）．4冊（1函）．--半葉10行，行20字，小字雙行字同，白口，四周單邊，單黑魚尾，半框17.5×13cm．--綫裝　　　　　（乙三）/961

南山宗統：十卷／（清）釋福聚輯．--刻本．--清乾隆（1736～1795）．--4冊（1函）．--半葉9行，行18字，小字雙行字同，白口，四周雙邊，半框20.6×14.5cm。鈐"鹿巖精舍"朱文印．--綫裝　　　　　　（丙三）/5482

淨土救生船詩註：三卷／（清）釋寬量撰．--稿本．--清光緒二十二年（1896）．--3冊（1函）．--半葉10行，行20字，無邊框。鈐"寬量寫經"印（陰陽合璧）、"源海之印"朱文印、"无畏居士"白文印．--綫裝

（丁）/12492

語　錄

列祖提綱錄：四十二卷，卷首一卷／（清）釋行悅輯．--刻本．--雄州：微笑堂，清康熙五年（1666）．--10冊（2函）：肖像1幅、扉畫1幅．--扉畫鐫"古杭瑪瑙寺西房仰山梓行"。半

葉 10 行，行 20 字，小字雙行字同，白口，四周雙邊，半框 21.7×15.7cm。鈐"无畏居士"朱文印.--綫裝　　　　　　　　　（丁）/12566

大慧普覺禪師宗門武庫：一卷；**雪堂行和尚拾遺錄**：一卷/（宋）釋道謙編.--刻本.--明末（1573～1644）.--1 冊（1 函）.--半葉 11 行，行 20 字，白口，左右雙邊，單花魚尾，半框 21.8×15.2cm。鈐"无畏居士"朱文印. --綫裝　　　　　　　　　　　　（丙三）/808

無趣老人語錄：一卷/（明）釋如空撰；（明）釋性沖編.--刻本.--寶夢堂，明萬曆三十四年（1606）.--1 冊（合裝 1 函）：圖 1 幅.--半葉 9 行，行 18 字，白口，左右雙邊，單黑魚尾，半框 19.3×14.3cm。佚名批。鈐"无畏居士"朱文印.--綫裝　　　　　　　　　　（丙三）/690

無幻禪師語錄：一卷/（明）釋性沖述；（明）釋慧廣編.--刻本.--寶夢堂，明萬曆（1573～1620）.--1 冊（合裝 1 函）.--半葉 9 行，行 18 字，白口，左右雙邊，單黑魚尾，半框 20×14.3cm。佚名圈點。鈐"无畏居士"朱文印.--綫裝　　　　　　　　　　（丙三）/691

淨慈要語：二卷/（明）釋元賢撰.--刻本.--揚州：揚州藏經院，明崇禎十年（1637）.--1 冊（1 函）.--半葉 10 行，行 20 字，白口，四周雙邊，單黑魚尾，半框 21.4×15.5cm。板存揚州藏經院.--綫裝　　　　（丙三）/2543

觀音慈林集：三卷/（清）釋弘贊編.--刻本.清康熙七年（1668）.--1 冊（合裝 1 函）.--版心題"慈林集"。半葉 11 行，行 22 字，小字雙行字同，白口，四周雙邊，半框 20×13.6cm.--綫裝　　　　　　　（丙三）/1358

盤山拙菴朴大師電光錄：一卷；**存誠錄**：一卷；**存誠錄二刻**：一卷/（清）釋智朴撰.**辛壬蔓草**：一卷；**青溝偈語**：一卷/（清）釋智朴撰；（清）王士禎批點.--刻本.--清康熙（1662～1722）.--2 冊（1 函）.--半葉 10 行，行 20

字，小字雙行字同，粗黑口，四周單邊，雙對黑魚尾，半框 19.3×14.5cm。牌記題"張家灣弟子許進義、秦國章、王良輔、王良卿助刊"。佚名評註。鈐"百鏡盒"朱文印、"性安之印"白文印、"清字經館總纂画一兼秘密館寧一安記"朱文印、"橫街西白芷芳崇效寺"朱文印.--綫裝　　　　　　　　　　（丁）/9126
　第二部　1 冊（1 函），存電光錄 1 卷，鈐"無畏居士印記"朱文印、"諸藏未收"朱文印　　　　　　　　　　　　（丁）/8040

六道集：五卷/（清）釋弘贊輯.--刻本.--清康熙（1662～1722）.--2 冊（合裝 1 函）.--半葉 12 行，行 22 字，小字雙行字同，白口，四周雙邊，半框 22×15.9cm.--綫裝　　　　　　　　　　　　　（丙三）/1355

會心錄：四卷/（清）趙堂撰.--刻本.--尚友齋，清雍正三年（1725）.--2 冊（1 函）.--半葉 9 行，行 17 字，白口，四周雙邊，單黑魚尾，半框 19.7×13.2cm。佚名圈點、批校。鈐"无畏居士"白文印.--綫裝　　（丙三）/1786

清涼山遺稿：四卷/（清）喇嘛阿王老藏撰；（清）戴璿編.--刻本.清雍正八年（1730）.--4 冊（1 函）.--半葉 9 行，行 20 字，白口，四周雙邊，單黑魚尾，半框 20.1×14.2cm。鈐"周肇祥讀過書"朱文印.--綫裝　　（丙三）/6518

具宜大師普明隨錄：二卷/（清）釋覺堂撰.刻本.--釋實衡，清乾隆十年（1745）.--1 冊（1 函）.--半葉 10 行，行 20 字，白口，四周雙邊，單黑魚尾，半框 22×14.4cm。鈐"天機"白文印、"无畏"朱文印.--綫裝　　　　　　　　　　　　（丁）/8043

具宜大師時思隨錄：二卷/（清）釋實經錄.刻本.--清乾隆（1736～1795）.--1 冊（1 函）.--半葉 10 行，行 20 字，白口，四周雙邊，單黑魚尾，半框 21.1×15.1cm。鈐"天機"白文印、"无畏"朱文印、"諸藏未收"朱文印.--綫裝　　　　　　　　　　（丁）/9038

角虎集：二卷，附起念佛七儀式/（清）釋濟能纂輯.--刻本.--海幢禪寺，清乾隆三十五年（1770）.--2 冊（1 函）.--半葉 10 行，行 21 字，白口，四周雙邊，半框 21×14.9cm。鈐"南州書樓藏書徐湯殷整理"蓝印.--綫裝
（丁）/4177

勅建栢林禪寺履衡貴和尚語錄：二卷/（清）釋際魁等編.--刻本.--清乾隆三十九年（1774）.--2 冊（1 函）.--半葉 10 行，行 19 字，白口，四周雙邊，半框 18.2×13.6cm。鈐"无畏居士"朱文印、"周肇祥印"白文印.綫裝
（丁）/12633

曙山崙禪師語錄：二卷，附行實/（清）釋明禪等錄.--刻本.--清乾隆（1736～1795）.--2 冊（1 函）.--半葉 10 行，行 20 字，白口，四周雙邊，半框 21.4×14.6cm。鈐"諸藏未收"朱文印、"无畏居士"朱文印.--綫裝
（丁）/12549

第二部 1 冊（1 函） （丁）/12630

法南勝禪師語錄：二卷，卷首一卷/（清）釋際珠等編.--刻本.--清乾隆（1736～1795）.--1 冊（1 夾）.--序題"磐山法南和尚語錄"。半葉 10 行，行 20 字，白口，四周雙邊，半框 22.3×15.5cm。鈐"鹿巖精舍典書印"朱文印.--綫裝
（丙三）/700

恢慈仁和尚語錄：二卷/（清）釋際恒等編.刻本.--清乾隆（1736～1795）.--2 冊（1 函）.--半葉 10 行，行 19 字，白口，四周雙邊，半框 18.6×14.2cm。鈐"无畏居士"白文印、"諸藏未收"朱文印.--綫裝
（丁）/12541

東悟本禪師語錄：二卷/（清）釋通界記錄；（清）釋實福等集.--刻本.--清乾隆（1736～1795）.--1 冊（1 函）.--卷一又分上、中、下卷。半葉 10 行，行 20 字，小字雙行字數不等，白口，四周雙邊，單黑魚尾，半框 21.4×14.9cm。鈐"諸藏未收"朱文印、"无畏居士"朱文印.--綫裝
（丁）/12540

纂集

廣弘明集：三十卷/（唐）釋道宣撰.--刻本.杭州路餘杭縣南山大普寧寺，元（1271～1368）.--1 冊（合裝 1 函）.--（普寧藏）.--存卷 26，千字文編號為"聚"。半葉 6 行，行 17 字，小字雙行字同，上下單邊，半框 24.6×11.3cm。有刻工：徐、永等。周肇祥題記。鈐"无畏"朱文印.--經折裝 （丁）/13942

集古今佛道論衡實錄：四卷/（唐）釋道宣撰.--刻本.--南京禮部祠祭清吏司，明永樂十至十五年（1412～1417）.--3 冊（1 函）：圖 2 幅.--（永樂南藏）.--存卷 2-4。半葉 6 行，行 17 字，上下單邊，半框 24.5×11.1cm。鈐"周養安小市得"朱文印.--經折裝
（丙三）/3075

大藏一覽集：十卷/（明）陳實編.--刻本.--明永樂十六年（1418）.--2 冊（1 函）.--存卷 7-10。半葉 11 行，行 21 字，粗黑口，左右雙邊，半框 22.2×14.5cm。鈐"周肇祥讀過書"朱文印.--綫裝
（丁）/12523

大藏一覽：十卷/（明）陳實編.--抄本.--古金閶亭釋慧通，清嘉慶七年（1802）.--4 冊（1 函）.--存卷 3-10。鈐"無巢隱山"白文印、"毛山頭院"朱文印、"自獲道符不由師授"朱文印、"周肇祥讀過書"朱文印.--綫裝
（丙三）/893

雍正十年中秋月御選寶筏精華：二卷/（清）世宗胤禛輯.--活字本，銅活字.--京師：内府，清雍正十一年（1733）.--2 冊（1 函）.--書簽題"御選寶筏精華"，序言題"御製寶筏精華"。半葉 9 行，行 19 字，白口，四周雙邊，無界行，單綫魚尾，半框 20.3×14.6cm。鈐"曼陀羅室"朱文印、"石佛"朱文印.--綫裝
（丁）/3889

金屑一撮：不分卷/（清）世宗胤禛輯.--活

字本，銅活字.--京師：内府，清雍正（1723
～1735）.--2 冊（1 函）.--半葉 9 行，行 19
字，白口，四周雙邊，無界行，單綫魚尾，半
框 20.3×14.8cm。鈐"北平孔德學校之章"朱
文印.--綫裝　　　　　　　　　　（甲三）/729

御錄經海一滴：六卷/（清）世宗胤禛錄.--
刻本.--京師：内府，清雍正十三年（1735）.
6 冊（1 函）：圖 2 幅.--半葉 10 行，行 20 字，
白口，四周單邊，單黑魚尾，半框 17.5×13cm。
鈐"王勁聞印"白文印、"孫華卿章"朱文
印.--綫裝　　　　　　　　　　　（乙三）/959
　　第二部　鈐"无竟先生獨志堂物"朱文
印　　　　　　　　　　　　　　　（乙三）/960

史傳

釋迦譜：五卷/（齊）釋僧祐撰.--刻本.--
南京禮部祠祭清吏司，明永樂十至十五年（1412
～1417）.--1 冊（1 函）.--（永樂南藏）.--
存卷 4。半葉 6 行，行 17 字，上下單邊，半框
24.5×11.2cm.--經折裝　　　　　（丙三）/3071

釋迦如來成道記註：不分卷/（唐）王勃記；
（宋）釋道誠註.--刻本.--蜿虹丈室，清康熙
（1662～1722）.--1 冊（1 函）.--書籤題名"成
道記註"，版心題名"成道記"。半葉 8 行，
行 20 字，白口，四周雙邊，版心下刻"蜿虹丈
室"，半框 19.5×12.9cm.--綫裝
　　　　　　　　　　　　　　　　（丙三）/2873

有宋高僧傳/（宋）釋贊寧，（宋）釋智輪合
撰.--刻本.--南京禮部祠祭清吏司，明永樂十
至十五年（1412～1417）.--2 冊（1 函）.--
（永樂南藏）.--存卷 17、18。半葉 6 行，行
17 字，上下單邊，半框 24.2×11.2cm.--經折
裝　　　　　　　　　　　　　　　（丙三）/3072

廣清涼傳：三卷/（宋）釋延一重編.--刻本.--
明（1368～1644）.--3 冊（1 函）.--半葉 11
行，行 20 字，小字雙行字同，粗黑口，四周雙

邊，雙對黑魚尾，半框 22.7×15.8cm。鈐"怡
府世藏"朱文印、"安樂堂藏書記"朱文印、
"明善堂覽書畫印記"白文印、"伯寅藏書"
朱文印.--綫裝　　　　　　　　　（丁）/12491

續傳燈錄：三十六卷/（明）釋玄極輯.--刻
本.--南京禮部祠祭清吏司，明永樂十至十五年
（1412～1417）.--1 冊（1 函）：圖 1 幅.--（永
樂南藏）.--存卷 32。半葉 6 行，行 17 字，上
下單邊，半框 24.4×11.1cm。鈐"周養安小市
得"朱文印.--綫裝　　　　　　　（丙三）/3074

禪宗正脉：十卷/（明）釋啟明撰.--刻本--
北京：内府，明正統五年（1440）（明萬曆二十
六年[1598]印）.--10 冊（1 函）.--（永樂北
藏）.--半葉 5 行，行 17 字，上下雙邊，半框
27.8×12.8cm.--經折裝　　　　　（丙三）/1173

指月錄：三十二卷/（明）瞿汝稷輯.--刻本.
釋海明，明崇禎三年（1630）.--10 冊（1 函）.--
半葉 11 行，行 21 字，小字雙行字同，白口，
四周單邊，單黑魚尾，21.5×15.3cm。佚名圈
點、批註。鈐"北平孔德學校之章"朱文印.--
綫裝　　　　　　　　　　　　　　（甲三）/548

指月錄：三十二卷/（明）瞿汝稷輯.--刻本.
清乾隆六年（1741）.--20 冊（2 函）.--序言
題"水月齋指月錄"。半葉 9 行，行 18 字，小
字雙行字同，白口，四周雙邊，單黑魚尾，半
框 19×13.7cm。鈐"壽安山十願庵主无畏居士
記"朱文印.--綫裝　　　　　　　　（丙三）/788

釋氏源流：四卷/（明）釋寶成輯.--刻本.--
明（1368～1644）.--3 冊（1 函）：有圖.--存
卷 3、4（殘）。半圖半文，文半葉 14 行，行 24
字，粗黑口，四周雙邊，雙對黑魚尾，半框 30
×18.9cm。鈐"北平孔德學校之章"朱文印.--
綫裝　　　　　　　　　　　　　　（甲三）/156

釋氏源流：二卷/（明）釋寶成撰.--刻本.--
北京：大興隆寺比丘圓道，明（1368～1644）.
2 冊（1 函）：有圖.--存卷下。上圖下文，文半

葉 20 行，行 16 字，粗黑口，四周雙邊，雙對
黑魚尾，半框 29.1×18.6cm.--綫裝
（甲三）/156-1

故大行禪師通圓懿公功德碑並序/（元）武庭
實撰.--刻本.--京師：釋遠進義，清康熙十一
年（1672）.--1 冊（1 函）：圖 1 幅.--書簽題
"摩訶祖師碑記".半葉 8 行，行 18 字，白口，
四周雙邊，單黑魚尾，半框20.1×12.5cm。卷
末刊記鐫"京都前門外豬市口往西虎房橋舊稅
務司口内街西第一門刻字韓鋪刊印".--綫
裝 （丁）/9550

具宜大師行實編年：二卷/（清）釋覺堂撰.--
刻本.--姑蘇：釋實端，清乾隆六年（1741）.
1 冊（1 函）.--半葉 10 行，行 20 字，白口，
四周雙邊，半框 21.9× 14.5cm。鈐"无畏居
士"朱文印.--綫裝 （丁）/12631

目錄音義等

大周刊定眾經目錄：十五卷/（唐）釋明佺等
撰.--刻本.--杭州路餘杭縣南山大普寧寺，元
（1271~1368）.--1 冊（合裝 1 函）.--（普
寧藏）.--存卷 1，千字文編號為"瑟"。半葉
6 行，行 17 字，小字雙行字同，上下單邊，半
框 24.6×11.3cm。有刻工：董、用等.--經折
裝 （丁）/13940

大明三藏聖教目錄：四卷；**續入藏經目錄**：
一卷/（明）佚名編.--刻本.--北京：内府，明
正統五年（1440）（北京：内府，明萬曆二十六
年[1598]印）.--5 冊（合裝 1 函）.--（永樂
北藏）.--半葉 5 行，行 17 字，小字雙行字同，
上下雙邊，半框 27.6×12.8cm。與十誦律毗尼
序、沙彌十戒法並威儀合函.--經折裝
（丙三）/1218

一切經音義：一百卷/（唐）釋慧琳撰.**續一
切經音義**：十卷/（遼）釋希麟撰.--刻本.--
日本：獅谷白蓮社，日本元文二年至延享三年

（1737~1746）.--55 冊（4 函）.--半葉 10
行，行 20 字，小字雙行字同，粗黑口，四周雙
邊，無界行，半框 22.2×14.6 cm。獅谷白蓮
社藏板.--綫裝 （乙三）/987
第二部 55 冊（6 函），鈐"北平孔德學校
之章"朱文印 （甲三）/560
第三部 55 冊（4 夾） （乙三）/991

諸佛世尊如來菩薩尊者神僧名經：不分卷/
（明）成祖朱棣敕編.--刻本.--南京：内府，
明永樂十五年（1417）.--1 冊（1 函）：扉畫 1
幅.--半葉 16 行，行 30 至 31 字，四周雙邊，
無界行，粗黑口，雙對花魚尾，半框 29.6×
19.6cm.--包背裝 （丁）/12735
第二部 序殘缺 （丁）/12736

諸佛世尊如來菩薩尊者神僧名經：不分卷/
（明）成祖朱棣敕撰.--刻本.--南京：内府，
明永樂十五年（1417）.--1 冊（1 函）：有圖.--
與上一部同版，有增刻，增加若干 168 葉、194
葉等。半葉 16 行，行 30 至 31 字，粗黑口，四
周雙邊，無界行，雙對花魚尾，半框 29.7×
19.5cm。鈐"北平孔德學校之章"朱文印.--
包背裝 （甲三）/53

諸佛世尊如來菩薩尊者名稱歌曲：不分卷/
（明）成祖朱棣敕編.--刻本.--南京：内府，
明永樂十五年（1417）.--1 冊（1 函）：扉畫 1
幅.--半葉 16 行，行 31 字，粗黑口，四周雙邊，
無界行，雙對花魚尾，半框29.5×19.3cm.--
包背裝 （丁）/12734

諸佛世尊如來菩薩尊者名稱歌曲：不分卷/
（明）成祖矢棣敕編.--刻本.--南京：内府，
明永樂十五年（1417）.--1 冊（1 函）有扉畫.--
半葉 9 行，行 19 字，四周雙邊，無界行，細黑
口，雙對花魚尾，半框 18.7×10.9cm.--包背
裝 （丁）/12738
第二部 （丁）/12739

華嚴經唱字母.--刻本.--明萬曆十年（1582）.
--1 冊（1 函）：圖 1 幅.--半葉 5 行，行 18 字，

上下雙邊，半框 22.1×10.1cm。鈐"周養安小市得"朱文印．--經折裝 　　　　（丁）/15595

御製滿漢西番合璧大藏全咒．--刻本．--京師：內府，清乾隆二十四年（1759）．--7 冊（1 函）：扉畫 1 幅．--存覆、悲、染、羔、羊、景、行、維、賢、克函。半葉 5 行，行 17 字，上下雙邊，半框 25.7×12.8cm．--經折裝

（丁）/16289

　　第二部 1 冊（1 函），存實、公、輔、濟、弱、傾、綺、廻、惠、説、寔、馳、郡、遠、務、貢、其、祉、極、機函 （丁）/16290

　　第三部 13 冊（1 函），存體、賓、鳴、鳳、白、食、場、化、彼、草、賴、及、念、忠、則、盡、臨、深、不、淵、澄、取、映、容函 　　　　　　　　（丁）/16291

　　第四部 56 冊（6 函），存裳、讓、國、有、體、賓、鳴、鳳、白、食、場、化、彼、草、賴、及、五、恭、惟、鞠、養、敢、傷、慕、貞、男、知、過、必、改、能、莫、忘、罔、彼、長、信、使、可、行、清、似、斯、蘭、馨、之、盛、川、流、不、息、淵、澄、取、映、容、止、若、思、言、辭、安、慎、竟、睦、唱、孔、轉、疑、達、既、亦、群、英、枉、杜、槀、鍾、隸、漆、驅、實、勒、輔、濟、弱、傾、綺、廻、惠、説、寔、馳、郡、遠、務、貢、其、祉、極、機函

（丁）/16292

　　第五部 19 冊（2 函），存珍、羽、翔、龍、帝、文、裳、讓、國、有、虞、陶、唐、吊、殷、慕、敢、五、恭、養、傷、毀、惟、鞠、必、覆、悲、染、羔、羊、景、行、維、賢、克、念、慶、壁、當、竭、力、臨、深、薄、夙、盡函 （丁）/16293

道教

碧霞元君護國庇民普濟保生妙經：一卷．--刻本．--多羅平郡王福彭，清乾隆元年（1736）．--1 冊．--半葉 4 行，行 11 字，上下雙邊，半框 25.7×12.3cm．--經折裝

（丁）/16257

　　第二部 　　　　　　　　　　（丁）/16258
　　第三部 　　　　　　　　　　（丁）/16259
　　第四部 　　　　　　　　　　（丁）/16260
　　第五部 　　　　　　　　　　（丁）/16261

高上玉皇本行集經：三卷．--抄本．--北京：王斌，明景泰六年（1455）．--1 冊：扉畫 1 幅．半葉 5 行，行 18 字，上下雙邊，半框 24.4×11.8cm。王斌題識。鈐"周養安小市得"朱文印．--經折裝 （丁）/16262

太上洞玄靈寶高上玉皇本行集經：三卷．--刻本．--京師：內府，清順治十四年（1657）．--3 冊（1 函）：圖 2 幅．--半葉 5 行，行 13 字，上下雙邊，半框 28.7×14.1cm．--經折裝

（丁）/15608

太上洞玄靈寶高上玉皇本行集經：三卷．--刻本．--京師：內府，清康熙五十一年（1712）．--3 冊（1 函）：圖 2 幅．--半葉 5 行，行 13 字，上下雙邊，半框 28.7×14.7cm．--經折裝 （丁）/15610

太上洞玄靈寶高上玉皇本行集經：三卷．--刻本．--京師：內府，清乾隆二年（1737）．--3 冊（1 函）：圖 2 幅．--半葉 5 行，行 13 字，上下單邊，半框 24×12.6cm。鈐"无畏居士"朱文印．--經折裝 （丁）/15606

九天應元雷聲普化天尊説玉樞寶經：不分卷．--刻本．--明前期（1368～1521）．--1 冊（1 函）．--每版 7 個半葉，半葉 5 行，行 14 字，上下雙邊，全框 12.9×49.2cm。本應爲經折裝 未折葉 按綫裝裝訂．--綫裝（丙三）/3065

太上老君説常清靜經：一卷．--刻本．--明（1368～1644）（王平，明萬曆六年[1578]印）．--1 冊（1 函）：扉畫 1 幅．--半葉 4 行，行 15 字，上下雙邊，半框 21.7×7.5cm。鈐"周養安小市得"朱文印．--經折裝 （丙三）/3089

太上玄靈北斗本命延生真經：一卷．太上説平

安竈經：一卷. **元始天尊説北方真武妙經**：一卷. **太上靈寶天尊説禳災度厄真經**.一卷. **太上正一天尊説鎮宅消災龍虎妙經**：一卷.--刻本.--明宣德元年（1426）.--22葉（1函）：扉畫2幅.--每葉25行，行15字，上下雙邊，全框23×56.7cm.--散葉裝　　　　（丙三）/3068

太上玄靈北斗本命延生真經.--刻本.--清（1644～1911）.--1冊：有圖.--書籤題名"太上三元賜福赦罪解厄消災延生保命妙經"。半葉4行，行11字，上下雙邊，半框23.2×11.2cm。鈐"曉鈴藏書"朱文印。--經折裝：吳曉鈴贈書　　　　　　　　（己）/2222

太上玄靈斗姥大聖元君本命延生心經：一卷.寫本.--清康熙四十年（1701）.--1冊：圖1幅.半葉4行，行16字，上下雙邊，半框19×9.5cm。邊欄為墨畫.--經折裝　　（丁）/16300

太上説三官經序：一卷. **太上元始天尊説三官寶號**：一卷. **太上三元賜福赦罪解厄消災延生保命妙經**：一卷.--刻本.--明成化十六年（1480）.--22葉（1函）：扉畫2幅.--每葉25行，行15字，上下雙邊，全框21.7×55.5cm.--散葉裝　　　　（丙三）/3066

太上洞玄靈寶無量度人上品妙經：一卷. **太上消禳火災經**：一卷. **元始天尊説北方真武妙經**：一卷. **太上泰清天童護命妙經**：一卷. **元始天尊説十一曜大消災神咒經**：一卷.--刻本.--明成化十二年（1476）.--26葉（1函）：扉畫2幅.--半葉4行，行16字，上下雙邊，全框19×41.7cm.散葉裝　　（丙三）/3067

道書四種/（明）王一清輯註.--刻本.--明萬曆（1573～1620）.--6冊（1函）.--存3種.書名據書籤著錄。半葉9行，行24字，粗黑口，四周單邊，單黑魚尾，半框20.6×12.1cm。鈐"劉燦"朱文印.--綫裝
　存書子目：
　道德經釋辭：二卷
　文始經釋辭了：九卷

化書新聲：七卷　　　　　　（丙三）/5641

道書全集/（明）閣鶴洲輯.--刻本.--金陵閣氏，明萬曆十九年（1591）.--8冊（1函）：插圖8幅.--存15種25卷。總書名據版心著錄。半葉11行，行22字，小字雙行字同，白口，左右雙邊，單黑魚尾，半框20.9×14.6cm。佚名圈點.--綫裝
　子目：
　老子説五廚經註：一卷/（唐）尹愔撰
　崔公入藥鏡註解：一卷/（元）王玠撰
　青天歌註釋：一卷/（元）王玠撰
　太上老君説常清淨經註：一卷/（元）李道純撰
　太上赤文洞古經註：一卷/（元）長筌子撰
　太上大通經註：一卷/（元）李道純撰
　太上昇玄説消災護命妙經註：一卷/（元）王玠撰
　洞玄靈寶定觀經註：一卷/（唐）冷虛子撰
　胎息經註：一卷/（□）幻真先生撰
　無上玉皇心印經：一卷/（宋）李簡易撰
　玉清金笥青華祕文金寶内煉丹訣：三卷/（宋）張伯端撰
　金丹正理大全悟真篇註疏：三卷/（宋）陳達靈傳；（宋）翁葆光註；（元）戴起宗疏；[□]涵蟾子輯
　陳虛白規中指南：二卷/（元）陳沖素撰
　張洪陽註解陰符經：一卷/（明）張位撰
　譚子化書：六卷/（五代）譚峭撰
　　　　　　　　　　　　（丙三）/2585

太上靈寶朝天謝罪懺：十卷.--刻本.--清（1644～1911）.--10冊（2函）：扉圖1幅.--半葉4行，行12字，上下單邊，半框28.5×12.6cm.--經折裝　　　　（丁）/15604

[道書五種]：五種/佚名編.--抄本.--清（1644～1911）.--1冊（1函）.--鈐"執闇"朱文印、"執闇藏品"白文印.--綫裝
　子目：
　上清太極真人撰所施行秘要經：一卷
　養性延命錄：二卷/（梁）陶弘景撰.--陶弘

景，號貞白、華陽陶隱居

　　神仙食氣金櫃妙錄：一卷/（隋）京黑先生撰

　　枕中記：一卷/（唐）孫思邈撰.--又名"攝養枕中方"

　　服氣精義論：一卷/（唐）司馬承禎撰.--司馬承禎，字子微，法號道隱，自號白雲子

　　　　　　　　　　　　　　　（丁）/13909

　　參同契經文：三篇/（漢）魏伯陽撰；（明）鄭樸校.**參同契箋註**：三篇/（漢）徐景休撰；（明）鄭樸校.**參同契三相類**：二篇/（漢）淳于叔通補遺；（明）鄭樸校.--刻本.--明（1368～1644）.--1 冊（1 函）.--半葉 8 行，行 16 字，白口，四周單邊，半框 19.9×13.3cm。鈐"梅君"白文印、"王生"朱文印、"白石齋"白文印、"澄心堂朱"朱文印、"枕薪過目"白文印.--綫裝　　　　（丁）/12519

　　參同契經文分節解：三卷/（漢）魏伯陽撰；（元）陳致虛解.--刻本.--姚汝循，明嘉靖（1522～1566）.--1 冊（1 函）.--版心題"參同契經文"。半葉 10 行，行 20 字，白口，四周單邊，單綫魚尾間單黑魚尾，半框 18.4×13cm。佚名圈點、批註。鈐"忠孝神仙"朱文印.--綫裝　　　　　　（丁）/4792

　　悟真篇集註：三卷/（宋）張伯端撰；（宋）薛道光等註.--抄本，烏絲欄.--清（1644～1911）.--4 冊（1 函）.--佚名圈點。鈐"吳興抱經樓"朱文印、"藥盦卅年精力所為"朱文印.--綫裝　　　　　　（丁）/12473

　　金丹正理大全悟真篇註疏：三卷/（宋）陳達靈撰；（宋）翁葆光註；（元）戴起宗疏.**悟真註疏直指詳說三乘祕要**：一卷/（宋）翁葆光撰.刻本.--周藩，明嘉靖十七年（1538）.--4 冊（1 函）.--（金丹正理大全：十二種）.--半葉 10 行，行 21 字，粗黑口，四周雙邊，四對黑魚尾，半框 20.3×13.7cm。鈐"尤士任印"白文印、"藥樵"白文印等.--綫裝

　　　　　　　　　　　　　　　（丁）/13897

　　三天易髓：一卷/（元）李清菴撰；（明）混然子校正.--刻本.--明正統十年（1445）.--1 冊.--（正統道藏：五千三百零五卷/[明]張宇初，[明]張宇清等輯）.--卷尾缺葉。千字文編號爲"光"。半葉 5 行，行 17 字，上下雙邊，半框 27.8×12.9cm。鈐"曉鈴藏書"朱文印.--綫裝：吳曉鈴贈書　　　（己）/2220

　　金丹正理大全群仙珠玉集成：四卷.--刻本.--周藩，明嘉靖十七年（1538）.--2 冊（1 函）.--（金丹正理大全：十二種）.--存卷 3、4。半葉 10 行，行 21 字，粗黑口，四周雙邊，四對黑魚尾，半框 20.3×13.7cm.--綫裝

　　　　　　　　　　　　　　　（丁）/13900

　　性命雙修萬神圭旨：四卷/（明）尹真人撰.--刻本.--吳之鶴，明萬曆四十三年（1615）.--4 冊（1 函）：插圖 52 幅.--元集 3 葉、亨集 4 葉、貞集 1 葉係抄配，有殘缺。序題名"性命圭旨"。半葉 11 行，行 18 字，或半葉 12 行，行 20 字，無邊欄，無界行。佚名圈點.--綫裝

　　　　　　　　　　　　　　　（丁）/12705

　　性命圭旨：一卷；**續性命圭旨**：一卷/（明）尹真人秘授.--刻本.--清康熙（1662～1722）刻；江蘇祝其會然居士，清乾隆五十八年（1793）續刻.--4 冊：有插圖.--半葉 11 行，行 18 字，白口，四周單邊，無界行，單黑魚尾，半框 18×13.8cm。京都宝仁堂藏板。鈐"劉白庚捐入香山慈幼院圖書館"朱文印、"香山教育圖書館所藏"朱文印.--綫裝：市府贈書

　　　　　　　　　　　　　　　（戊）/2141

　　道言内外：六卷/（明）彭好古編.--刻本.--明末（1573～1644）.--16 冊（2 函）.--半葉 9 行，行 18 字，小字雙行字同，白口，左右雙邊，單黑魚尾，半框 19×14.2cm。文錦堂藏板。佚名圈點、批校.--綫裝　　（甲三）/425
　　第二部　6 冊（1 函）　　　　（丙三）/865

　　道元一炁：四集/（明）曹士珩撰.--刻本.--方逢時，明崇禎九年（1636）.--5 冊（1 函）：

有插圖.--郭序有 1 葉系抄配。内篇名"道元一炁"，外篇名"保生秘要"。半葉 11 行，行 18 字，白口，四周單邊，半框 22.6×21.7cm。鈐"拜石軒藏"朱文印、"米"朱文印、"米樂斯"白文印.--綫裝　　　　　　　　　（丁）/14190

　　第二部　5 冊（1 函），存内篇乾集第 12 葉之後及外篇利集、貞集　　　（丙三）/4536

關帝寶訓像註.--刻本.--清雍正九年（1731）.--4 冊（1 函）：有插圖.--書名據版心著錄，書名頁題"關帝寶訓"。半葉 11 行，行 22 字，白口，四周雙邊，單黑魚尾，半框 18.4×13.7cm。善慶堂何藏板.--綫裝
　　　　　　　　　　　　　　（丁）/9888

太極靈寶祭煉科儀：二卷/（清）婁近垣增訂.--刻本，朱墨套印.--北京：和親王弘畫，清乾隆三十二年（1767）.--2 冊（1 函）.--半葉 9 行，行 15 字，白口，四周雙邊，單黑魚尾，半框 22.4×15.3cm。鈐"曉鈴藏書"朱文印.--綫裝：吳曉鈴贈書　　　（己）/444

唱道真言/（清）鶴臞子撰.--抄本.--清（1644～1911）.--1 冊（1 函）.--有周肇祥跋。鈐"覺非堂"朱文印.--綫裝　　　　　　　（丁）/12649

道書十一種.--抄本.--清（1644～1911）.--8 冊（1 函）.--綫裝
　　子目：
　　太上修真玄章
　　悟玄篇
　　太虛心淵
　　稚川真人校正術
　　雲官法語
　　太玄寶典
　　道體論
　　坐忘論
　　大道論
　　心目論
　　三論元旨　　　　　　　　（丁）/12996

類書類

編珠：四卷，續二卷/（隋）杜公瞻撰；（清）高士奇校.--抄本.--清光緒十七年（1891）.--3 冊（1 函）.--半葉 8 行，行 16 字。鈐"士穎"白文印、"稷香館"朱文印、"迪莊藏本"朱文印.--綫裝　　　　　　　　（丁）/13013

藝文類聚：一百卷/（唐）歐陽詢輯.--活字本，銅活字.--華堅蘭雪堂，明正德十年（1515）.--1 冊（1 函）.--存卷 51。半葉 7 行，行 13 字，小字雙行字同，白口，左右雙邊，單黑魚尾，版心上刻"蘭雪堂"，半框 16.2×12.3cm。有刻工：魁、廣等.--綫裝
　　　　　　　　　　　　　（丁）/16048

藝文類聚：一百卷/（唐）歐陽詢撰.--刻本.山西：平陽府，明嘉靖二十八年（1547）.--32 冊（4 函）.--半葉 14 行，行 28 字，白口，左右雙邊，單黑魚尾，半框 22.6×15.7cm。有刻工：王、文等。佚名圈點.--綫裝
　　　　　　　　　　　　（乙三）/481

初學記：三十卷/（唐）徐堅等撰.--刻本.--錫山安國桂坡館，明嘉靖十年（1531）（清初[1644～1722]挖改後印）.--16 冊（2 函）.--半葉 9 行，行 18 字，小字雙行 24 字，白口，左右雙邊，單黑魚尾，半框 20.7×16.1cm。有刻工：其、方等。佚名圈點.--綫裝
　　　　　　　　　　　　（乙三）/911

　　第二部　12 冊（1 函），卷 28 係抄補。鈐"古鹽馬氏"朱文印、"馬玉堂"白文印、"笏齋"朱文印、"笏齋珍藏之印"朱文印、"酒耽"朱文印、"永清朱玖聘珍藏金石經籍書畫記"朱文印、"宜秋館藏書"白文印、"振唐"朱文印、"振唐鑒藏"朱文印、"高凌霨澤奮甫收藏印"朱文印　　（丙三）/28

初學記：三十卷/（唐）徐堅等撰.--刻本.--太原：晉府，明嘉靖十三年（1534）.--12 冊（2 函）.--半葉 9 行，行 18 字，小字雙行 24

字，粗黑口，左右雙邊，單黑魚尾，版心上刻"晉府重刊"，半框 20.9×16.2cm。有刻工：歐江、呂賢等。佚名圈點。鈐"德蔚堂印"白文印、"魏氏家藏"朱文印、"振文"白文印、"石庵"朱文印.--綫裝　　　　（乙三）/730

第二部　24 冊（4 函），有抄配
（丙三）/6404

初學記：三十卷/（唐）徐堅等撰.--刻本.--沈藩，明嘉靖二十三年（1544）.--12 冊（2 函）.--據明嘉靖十年安國桂坡館本翻刻。半葉 9 行，行 18 字，小字雙行 24 字，白口，左右雙邊，單黑魚尾，半框 20.7×16.1cm。佚名題識。鈐"定遠胡氏珍藏書畫"朱文印.--綫裝
（丁）/12672

唐宋白孔六帖：一百卷/（唐）白居易撰；（宋）孔傳續撰.--刻本.--明（1368～1644）.--100 冊（10 函）.--半葉 10 行，行 18 字，小字雙行字同，白口，左右雙邊，單白魚尾，半框 19.3×15.3cm。有刻工：仲、守等。鈐"滄葦"朱文印、"御史之章"白文印、"老見異書猶眼明"白文印、"李振定藏書"朱文印、"李振定印"朱文印、"枕碧樓藏書記"朱文印.--綫裝　　　　（乙三）/875

太平御覽：一千卷，目錄十五卷/（宋）李昉等輯.--活字本.--江都：喜多邨氏學訓堂，日本安政二年（1855）.--153 冊（26 函）.--半葉 13 行，行 22 字，小字雙行字同，白口，四周單邊，單黑魚尾，無界行，半框 18.7×13.2cm.--綫裝　　　　（丙三）/292

事類賦：三十卷/（宋）吳淑撰並註.**廣事類賦**：四十卷/（清）華希閔撰註.--刻本.--清（1644～1911）.--16 冊（2 函）.--事類賦卷 8 係補配。半葉 12 行，行 20 字，小字雙行字同，白口間細黑口，四周單邊間左右雙邊，單黑魚尾，半框 19.2×14.9cm.--綫裝
（丙三）/1100

冊府元龜：一千卷，目錄十卷/（宋）王欽若

等纂.--刻本.--五繡堂，明崇禎（1628～1644）.--240 冊（30 函）.--半葉 10 行，行 20 字，白口，四周單邊，半框 19.2×14.3cm。五繡堂藏板。鈐"李氏藏書"白文印、"片雲"白文印、"丁丑翰林"印（陰陽合璧）.--綫裝　　　　（乙三）/766

第二部　200 冊（16 函），鈐"南陵徐氏仁山珍藏"白文印、"學部圖書之印"朱文印（滿漢合璧）、"京師圖書館收藏之印"朱文印
（丙三）/4754

冊府元龜：一千卷/（宋）王欽若等編.--刻本.--清康熙（1662～1722）刻；清乾隆（1736～1796）補刻.--320 冊（32 夾）.--半葉 10 行，行 20 字，小字雙行字同，白口，四周單邊，半框 18.6×14.4cm。鈐"北平孔德學校之章"朱文印.--綫裝　　　　（甲三）/381

王先生十七史蒙求：十六卷/（宋）王令撰.--刻本，影刻.--海陽程宗琠，清康熙四十九年（1710）.--2 冊（1 函）.--據宋乾道刻本影刻。半葉 11 行，行 21 字，白口，左右雙邊，單黑魚尾，半框 16.7×11.6cm。鈐"則古昔齋"朱文印、"拭塵鑒賞"白文印、"曉鈴藏書"朱文印.--綫裝：吳曉鈴贈書　　　　（己）/2174

事物紀原集類：十卷/（宋）高承撰.--刻本.南昌：閻敬，明正統十二年（1447）.--10 冊（1 函）.--半葉 12 行，行 24 字，黑口，四周雙邊，雙順黑魚尾，半框 20×13.3cm。鈐"价藩"朱文印、"古婁韓氏應陛載陽父子珍藏善本書籍印記"朱文印、"半農"白文印、"滄鯨"白文印、"甲子丙寅韓德均錢潤文夫婦兩度攜書避難記"白文印、"松江讀有用書齋金山守山閣兩後人韓德均錢潤文夫婦之印"白文印、"韓繩夫印"白文印、"梁氏義高書滿家"白文印.--綫裝　　　　（丁）/13928

海錄碎事：二十二卷/（宋）葉廷珪輯.--刻本.--沛國劉鳳，明萬曆二十六年（1598）.24 冊（4 函）.--卷 22 第 1 葉、後序係抄配。半葉 12 行，行 21 字，白口，左右雙邊，單黑

魚尾，半框 20.7×14cm。張松頤跋。鈐"西圃蔣氏藏書"白文印、"北平孔德學校之章"朱文印.--綫裝　　　　　　（甲三）/266

古今合璧事類備要：前集六十九卷，後集八十一卷，續集五十六卷/（宋）謝維新編.--刻本.--三衢夏相，明嘉靖（1522～1566）.--8冊（1函）.--存續集 56 卷。半葉 8 行，行字數不等，小字雙行 24 字，白口，左右雙邊，單白魚尾間單黑魚尾，版心下刻"江南鐫書夏日彰刻"，半框 19.9×13.8cm。佚名題跋.--綫裝　　　　　　　　　　（丁）/14332

新編古今事文類聚：二百三十六卷.--刻本.--德壽堂，明萬曆三十二年（1604）.--80冊（8函）.--牌記題名"古今事文類聚"。半葉 11 行，行 24 字，小字雙行字同，白口，四周單邊，單黑魚尾，半框 21.2×15.1cm。鈐"北平孔德學校之章"朱文印.--綫裝

子目：
前集：六十卷/（宋）祝穆編
後集：五十卷/（宋）祝穆編
續集：二十八卷/（宋）祝穆編
別集：三十二卷/（宋）祝穆編
新集：三十六卷/（元）富大用編
外集：十五卷/（元）富大用編
遺集：三十六卷/（元）祝淵編

　　　　　　　　　　　　　　（甲三）/382

小學紺珠：十卷/（宋）王應麟撰.--刻本.--常熟：毛氏汲古閣，明末（1573～1644）.--10冊（2函）.--（津逮秘書：十五集/[明]毛晉輯）.--半叶 8 行，行 19 字，小字雙行字同，白口，左右雙邊，版心下刻"汲古閣"，半框 19.1×13.5cm。鈐"北平孔德學校之章"朱文印、"讀古人書"朱文印.--綫裝　（甲一）/41

記纂淵海：一百卷/（宋）潘自牧纂；（明）陳文燧纂修；（明）王嘉賓補遺.--刻本.--滕陽王嘉賓，明萬曆七年（1579）.--48 冊（8 函）.半葉 12 行，行 22 字，小字雙行字同，白口，四周雙邊，單黑魚尾，半框 19.7×14.7cm。有

刻工：登、云等.--綫裝　　　　（乙三）/877

錦繡萬花谷：前集四十卷，後集四十卷，續集四十卷，別集三十卷/（宋）佚名撰.--刻本.錫山秦汴鏽石書堂，明嘉靖十五年（1536）.--26冊（3 函）.--半葉 12 行，行 21 字，小字雙行字同，白口，左右雙邊，單黑魚尾，半框 18.9×13.5cm。鈐"陳氏珍藏"朱文印.--綫裝

　　　　　　　　　　　　　（乙三）/1050

第二部　12 冊（2 函），存後集 40 卷，續集 40 卷。鈐"氏陶龕藏書印"白文印、"閩田張氏聞三藏書"朱文印、"梁氏巖窟藏書"朱文印、"北京市文化局文物調查研究組藏書印"朱文印.--綫裝　　　　　（丁）/14465

韻府群玉：二十卷/（元）陰時夫編；（元）陰中夫註.--刻本.--秀巖書堂，明（1368～1644）.--20 冊（4 函）.--半葉 10 行，行 29字，小字雙行字同，粗黑口，四周雙邊，雙順黑魚尾，半框 21.3×13cm。鈐"寫韻樓珍藏"朱文印.--綫裝　　　　　　　　　（丙三）/6322

新增説文韻府羣玉：二十卷/（元）陰時夫輯；（元）陰中夫註.--刻本.--秣陵王孟遲，明萬曆（1573～1620）.--10 冊（1 匣）.--半葉 11行，行 22 字，小字雙行字同，白口，左右雙邊，單黑魚尾，半框 21.7×14.4cm。周肇祥題記，佚名批點。鈐"梁氏玉繩藏書"白文印、"待鳳閣"朱文印、"退翁"朱文印、"周肇祥小市得"朱文印.--綫裝　　　　　（丙一）/15

新增説文韻府羣玉：二十卷/（元）陰時夫輯；（元）陰中夫註；（明）王元貞校.--刻本.--清康熙五十五年（1716）.--10 冊（1 函）.--據萬曆本翻刻。半葉 11 行，行 22 字，小字雙行字同，白口，左右雙邊，單黑魚尾，半框 21.4×14.3cm。佚名圈點、批校.--綫裝

　　　　　　　　　　　　　（丙三）/5425

新增説文韻府群玉：二十卷/（元）陰時夫輯；（元）陰中夫註；（元）王元貞校.--刻本.--聚錦堂，清乾隆（1736～1795）.--20 冊（2

函).--書名頁題"重鐫韻府群玉原本",版心題"韻府群玉"。據萬曆本翻刻。半葉11行,行22字,小字雙行字同,白口,四周單邊間左右雙邊,單黑魚尾,版心下刻"聚錦堂"或"文秀堂",半框21.3×14.3cm。鈐"北平孔德學校之章"朱文印.--綫裝　　（甲一）/47

新編事文類聚翰墨全書：一百三十四卷/（元）劉應李編.--刻本.--明初（1368～1424）.--25冊（4函）：有圖.--存79卷：甲集12卷,乙集卷1-3、7-9,丙集卷1-5,丁集卷1-5,戊集卷1-5,己集卷1-7,庚集卷1-6,辛集卷1-10,壬集12卷,癸集卷1-8。半葉12或14行,行24字,小字雙行字同,黑口,四周雙邊,雙順黑魚尾,半框 15.7×10.6cm.--綫裝　　（丁）/13947

新編事文類聚翰墨大全：一百三十四卷/（元）劉應李撰.--刻本.--清白堂楊氏歸仁齋,明嘉靖三十六年（1557）.--17冊（3函）：輿圖14幅.--甲集缺卷6-12。版心題"翰墨大全"。半葉12或14行,行26或28字,小字雙行26字,粗黑口,四周單邊,雙順黑魚尾,半框 19.7×12.8cm。佚名圈點,佚名摘錄要點。鈐"佐伯文庫"朱文印、"學部圖書之印"朱文印（滿漢合文）、"京師圖書館收藏之印"朱文印.--綫裝　　（丙四）/6113

聲律發蒙：二卷/（元）祝明撰.--刻本.--清（1644～1911）.--1冊（1函）.--半葉8行,行22字,白口,四周單邊,單黑魚尾,版心上刻"陽平書院",半框 18×10.2cm。周肇祥題記,佚名圈點。鈐"鹿巖精舍"朱文印、"肇祥"白文印、"整菴"朱文印.--綫裝　　（丁）/13901

楮記室：十五卷/（明）潘塤撰.--刻本.--潘蔓,明嘉靖（1522～1566）.--6冊（1函）.--半葉10行,行20字,白口,四周單邊,半框19.3×13.5cm。佚名圈點。鈐"北平孔德學校之章"朱文印.--綫裝　　（甲三）/16

三才考略：十三卷/（明）莊元臣輯.--抄本.

倪珊,清乾隆五十四年（1789）.--1冊（1函）.綫裝　　（丁）/13030

群書考索古今事文玉屑：二十四卷/（明）楊淙編；（明）濮陽傳校閱.--刻本.--葉貴,明萬曆二十五年（1597）.--4冊（1函）.--存卷1-13。版心題"事文玉屑"。半葉8行,行18字,小字雙行字同,有眉欄,行5字,白口,四周雙邊,單黑魚尾,半框23.1×14.6cm。佚名批。鈐"彝尊書畫小記"朱文印、"北平孔德學校之章"朱文印.--綫裝　　（甲三）/454

古今名喻：八卷/（明）吳仕期編輯.--刻本.葉貴,明萬曆五年（1577）.--8冊（2函）.--半葉10行,行20字,白口,四周雙邊,單黑魚尾,半框19×12.9cm。卷末題"建陽近山葉貴梓行,莆田桂海張尚志錄"。佚名批點。鈐"北平孔德學校之章"朱文印.--綫裝　　（甲三）/365

天中記：六十卷/（明）陳耀文纂.--刻本.--明（1368～1644）.--60冊（6函）.--卷1序第1葉、卷60第1葉係抄補。半葉11行,行21字,白口,左右雙邊,單黑魚尾,半框19.4×13.7cm。佚名圈點。鈐"北平孔德學校之章"朱文印.--綫裝　　（甲三）/857

彙苑詳註：三十六卷/（明）王世貞輯；（明）鄒道元重訂.--刻本.--明萬曆二十三年（1595）.--9冊（2函）.--半葉10行,行20字,小字雙行字同,白口,左右雙邊,單黑魚尾間花魚尾,半框21.6×14.6cm.--綫裝
　　（丁）/4316

山堂肆考：二百二十八卷,補遺十二卷/（明）彭大翼輯.--刻本.--明萬曆二十三年（1595）刻；明萬曆四十七年（1619）重修.--40冊（5函）.--書名據序、版心著錄,版心題"宮集"、"商集"、"角集"、"徵集"、"羽集"。半葉11行,行22字,有眉欄,行3字,白口,四周單邊,單黑魚尾,版心下記字數,半框19.8×13cm。佚名朱筆圈點.--綫裝
　　（丁）/13930

第二部　120 冊（15 函），京都文錦堂藏板　　　　　　　　　　　　　　　　　（丙三）/1721

第三部　48 冊（6 函），缺補遺 12 卷，書名頁題"類書山堂肆考"，文新堂藏板，鈐"北平孔德學校之章"朱文印　（甲三）/914

亘史鈔/（明）潘之恒輯.--刻本.--明萬曆（1573～1620）.--14 冊（2 函）.--存內紀 11 卷，內篇 10 卷。作者原題"天都逸史冰華生"，即潘之恒（1556～1622）。半葉 10 行，行 20 字，小字雙行字同，白口，左右雙邊，單白魚尾，半框 20.8×15.2cm。鈐"雲閒陶秋圃藏書之印"白文印等.--綫裝　（乙二）/639

古雋考略：六卷/（明）顧充撰.--刻本.--李楨、蕭大亨等，明萬曆二十七年（1599）.--6 冊（1 函）.--半葉 7 行，行 12 字，小字雙行 24 字，白口，左右雙邊，單白魚尾，半框 18×12.8cm。佚名圈點。鈐"周肇祥小市得"朱文印.--綫裝　（丁）/5300

經濟類編：一百卷/（明）馮琦纂；（明）馮瑗校.--刻本.--周家棟，明萬曆三十二年（1604）.--50 冊（6 函）.--卷 100 有 2 葉係抄配。半葉 10 行，行 20 字，白口，四周單邊，半框 21.7×15.1cm。佚名圈點、批註。鈐"百瞻樓藏"朱文印、"鄭宜收藏印"朱文印、"遲清亭讀書種子"朱文印、"鄭言子孫長壽"白文印、"安樂堂藏書記"朱文印、"華陽鄭氏百瞻樓珍藏圖籍"白文印、"鄭元讜言"朱文印.--綫裝　（乙二）/956

三才圖會：一百零六卷/（明）王圻纂集；（明）王思義續集.--刻本.--明萬曆三十五年（1607）.--96 冊（10 函）：有圖.--天文第 2 卷係抄配。半葉 9 行，行 22 字，小字雙行字同，白口，四周單邊，半框 21×13.8cm。有刻工：吳等.--綫裝　（乙三）/879

精選舉業切要諸子粹言分類評林文源宗海：四卷/（明）陶望齡輯；（明）董其昌評.--刻本.--余良木，明萬曆（1573～1620）.--2 冊（1 函）.--半葉 11 行，行 22 字，白口，四周單邊，單黑魚尾，半框 19.9×12.6cm。佚名圈點.--綫裝　（丁）/7490

廣博物志：五十卷/（明）董斯張編.--刻本.--吳興蔣禮高暉堂，明萬曆（1573～1620）.--24 冊（4 函）.--半葉 9 行，行 18 字，小字雙行字同，白口，四周單邊，單黑魚尾，半框 21×15.4cm。鈐"嶽葵珍藏"白文印.--綫裝　（丙三）/1059

文苑彙雋：二十四卷/（明）孫丕顯纂.--刻本.--明萬曆三十六年（1608）.--16 冊（2 函）.--目錄 2 葉係抄配。上下兩欄，上欄半葉 22 行，行 7 字，下欄半葉 11 行，行 21 字，小字雙行字同，白口，四周單邊，單黑魚尾，半框 22.6×15.2cm.--綫裝　（乙三）/850

劉氏鴻書：一百零八卷/（明）劉仲達纂輯.--刻本.--明萬曆三十九年（1611）.--48 冊（8 函）.--卷 108 有 3 葉係抄配。半葉 10 行，行 21 字，白口，四周單邊，單白魚尾，半框 21.2×14.8cm.--綫裝　（乙三）/852

喻林：一百二十卷/（明）徐元太輯；（明）徐胥慶校.--刻本.--明萬曆四十三年（1615）.42 冊（6 函）.--半葉 10 行，行 20 字，小字雙行字同，白口，四周單邊，單白魚尾，半框 21×14.7cm。有刻工：汪旦、劉汝恩等。佚名圈點。鈐"遂之"朱文印、"遂之書畫"白文印.--綫裝　（甲三）/372

第二部　36 冊（4 函）　　　（乙三）/986

古今萬姓統譜：一百四十卷，附歷代帝王姓系統譜六卷，氏族博考十四卷/（明）淩迪知編.--刻本.--明萬曆（1573～1620）.--40 冊（6 函）.--古今萬姓統譜卷 76 第 1 葉、氏族博考卷 4 有 1 葉係抄配。半葉 9 行，行 20 字，小字雙行字同，白口，四周單邊，單黑魚尾，半框 20.5×13.9cm。有刻工：彭天恩、沈玄龍等。鈐"鹿巖精舍"朱文印.--綫裝　（丙三）/1608

第二部 36 冊（6 函），鈐"開卷有益"白文印、"禮園圖書"白文印、"古子氏"朱文印、"談"白文印

（甲二）/239、（甲二）/552

新鍥袁中郎校訂旁訓古事鏡：十二卷/（明）鄧志謨撰.--刻本.--金陵：鄭大經四德堂，明萬曆四十三年（1615）.--6 冊（1 函）.--版心題名"古事鏡"。半葉 8 行，行 18 字，小字雙行 27 字，白口，四周單邊，單黑魚尾，半框 21.5×13.3cm。鈐"北平孔德學校之章"朱文印.--綫裝 （甲二）/68

精選故事黃眉：十卷/（明）鄧志謨輯.--刻本.--李少泉，明萬曆四十四年（1616）.--6 冊（1 函）.--半葉 9 行，行 21 字，小字雙行字同，有眉欄，行 5 字，白口，四周單邊，單黑魚尾，半框 21.6×14cm.--綫裝

（丁）/13927

啓雋類函：一百二卷，職官考五卷，目錄九卷/（明）俞安期編；（明）李國祥輯撰.--刻本.明萬曆四十六年（1618）.--32 冊（3 匣）.--半葉 10 行，行 20 字，白口，四周單邊，單黑魚尾，半框 19.7×13.9cm。有刻工：葉顯.--綫裝 （乙五）/336

唐類函：二百卷/（明）俞安期纂.--刻本.--明萬曆三十一年（1603）刻；明萬曆四十六年（1618）重修.--48 冊（6 函）.--半葉 10 行，行 20 字，小字雙行字同，白口，四周單邊，單黑魚尾，半框 20.8×14.8cm。鈐"王恩之印"朱文印.--綫裝 （乙三）/954

編年拔秀：二卷/（明）孫森纂集.--刻本.--明萬曆（1573～1620）.--2 冊（1 函）.--半葉 8 行，行 18 字，小字雙行字同，白口，左右雙邊，單黑魚尾，半框 19.5×13.5cm。鈐"毛古愚藏"白文印、"五十一子"朱文印、"北平孔德學校之章"朱文印.--綫裝 （甲二）/369

卓氏藻林：八卷/（明）卓明卿編.--刻本.--

明萬曆（1573～1620）.--8 冊（1 函）.--半葉 10 行，行 20 字，小字雙行字同，白口，四周單邊，單黑魚尾，半框 20.3×14cm。有刻工：刘三、陽等。鈐"披雲閣藏書印"朱文印、"北平孔德學校之章"朱文印.--綫裝

（甲三）/171

第二部 8 冊（2 函） （乙三）/895

卓氏藻林：八卷/（明）卓明卿編.--刻本.--明萬曆（1573～1620）.--8 冊（1 函）.--半葉 10 行，行 20 字，小字雙行字同，白口，四周單邊，單黑魚尾，半框 20.3×13.8cm.--綫裝

（乙三）/614

玉府鈎玄：六卷/（明）沈堯中輯.--刻本.--沈夢斗，明萬曆（1573～1620）.--12 冊（2 函）.--半葉 10 行，行 22 字，小字雙行字同，白口，四周單邊，單黑魚尾，半框 21.4×12.7cm。有刻工：顧言。鈐"璜川吳氏收藏圖書"朱文印、"張"朱文印、"北平孔德學校之章"朱文印.--綫裝 （甲三）/606

新鋟獵古詞章釋字訓解三台對類正宗：十九卷/（明）庚居子編.--刻本.--閩建：德聚堂，明（1368～1644）.--10 冊（1 函）.--半葉 12 行，行 27 字，小字雙行字同，大小兩眉欄，大眉欄行 5 字，小眉欄行 2 字，白口，四周單邊間四周雙邊，半框 21.5×12.8cm。鈐"江安傅曾湑收藏書畫金石印"朱文印、"北平孔德學校之章"朱文印.--綫裝 （甲四）/139

新刻物原：一卷/（明）羅頎撰.--刻本.--錢塘：胡文煥，明末（1573～1644）.--1 冊（1 函）.--（格致叢書/[明]胡文煥編）.--卷末有 3 葉係抄配。半葉 10 行，行 20 字，白口，左右雙邊，雙對白魚尾，半框 19.5×13.9cm。鈐"胡孟璽校藏善本書"朱文印.--綫裝

（丁）/12432

新刻大千生鑑聖賢年譜萬壽全書：六卷/（明）劉維韶輯.--刻本.--明末（1573～1644）.--6 冊（1 函）.--半葉 11 行，行 22

字，白口，四周單邊，單黑魚尾，半框 21×14cm。鈐"北平孔德學校之章"朱文印.--包背裝 （甲二）/420

新編古今品彙故事啟牘：二十卷/（明）余應虬編.--刻本.--明末（1573～1644）.--2 冊（1 函）.--版心題"故事啟讀"。上下兩欄，上欄半葉行數不等，行 10 字，下欄半葉 9 行，行 20 字，小字雙行字同，白口，四周單邊，無界行，半框 20.9×12.3cm。鈐"北平孔德學校之章"朱文印.--綫裝 （甲三）/792

五車韻瑞：一百六十卷/（明）凌稚隆輯.--刻本.--金閶葉瑤池，明（1368～1644）.--20 冊（4 函）.--半葉 10 行，行 20 字，有眉欄，行 2 字，白口，左右雙邊，單黑魚尾，半框 21.9×15.5cm。有刻工：陶、元、伯等。鈐"葉氏天葆堂印"（陰陽合璧）、"積跬步齋"朱文印等.--綫裝 （丁）/13905
　　第二部 30 冊（4 函），鈐"葉氏天葆堂印"（陰陽合璧） （丙三）/3519

説略：三十二卷/（明）顧起元撰.--刻本.--陸楫儼山書院、雲山書院，明嘉靖二十三年（1544）.--10 冊（1 函）.--（古今説海/[明]陸楫等編）.--半葉 8 行，行 16 字，小字雙行字同，白口，左右雙邊，雙順白魚尾，版心下刻"雲山書院"，半框 17.2×12.3cm。鈐"黃紹齋家珍藏"朱文印.--綫裝 （丁）/1186

圖書編：一百二十七卷/（明）章潢編；（明）岳元聲訂.--刻本.--涂鏡源，明萬曆四十一年（1613）（岳元聲，明天啟三年[1623]印）.--164 冊（16 函）：有插圖.--有抄 配。半葉 10 行，行 22 字，小字雙行字同，白口，四周單邊，半框 22.2×15.2cm。有刻工：周先、云等。佚名圈點.--綫裝 （乙二）/888

士商類要：四卷/（明）程春字輯.--刻本.--文林閣，明天啟六年（1626）.--4 冊（1 函）.--半葉 10 行，行 20 字，小字雙行字同，白口，四周單邊，單黑魚尾，半框 20×14.5cm。鈐

"张"朱文印、"北平孔德學校之章"朱文印.--綫裝 （甲二）/635

麗句集：六卷/（明）許之吉輯.--刻本.--明天啟（1621～1627）.--6 冊（1 函）.--半葉 9 行，行 19 字，小字雙行字同，白口，四周單邊，半框 20.5×14cm。鈐"東山衍泗"白文印、"王孔祚印"朱文印.--綫裝 （丁）/13935
　　第二部 6 冊（1 函），鈐"順德蘇伯揚珍藏金石書畫記"朱文印 （丁）/3508

麗句集：六卷/（明）許之吉選輯.--刻本.--明末（1621～1644）.--12 冊（2 函）.--仿天啟刻本。半葉 9 行，行 19 字，小字雙行字同，白口，四周單邊，半框 20.5×13.9cm。鈐"燕京大學圖書館"朱文印.--綫裝 （丁）/6608

潛確居類書：一百二十卷/（明）陳仁錫輯.--刻本.--明崇禎（1628～1644）.--半葉 10 行，行 20 字，小字雙行字同，白口，四周單邊，單黑魚尾，半框 21.2×14.8cm。鈐"裕滋堂"白文印、"蘭齋"白文印、"宸翰澹遠堂"朱文印、"韞輝"朱文印、"查映山讀書記"朱文印、"查瑩之印"白文印、"四存學會"朱文印、"四存學會藏書印"朱文印.--48 冊（6 函）.--綫裝 （丁）/16117
　　第二部 50 冊（8 函），鈐"古莘陳氏子子孫孫永寶用"朱文印、"龍山蟄廬藏書之章"白文印 （戊）/1902
　　第三部 68 冊（8 函） （乙三）/874
　　第四部 31 冊，存卷 1-8、27-45、61-106、113-117 （戊）/839

增訂二三場羣書備考：四卷/（明）袁黃撰；（明）袁儼註；（明）沈昌世增.--刻本.--大觀堂，明崇禎十五年（1642）.--8 冊（1 函）.--半葉 9 行，行 21 字，小字雙行字同，白口，四周單邊，單白魚尾間黑魚尾，半框 20.6×14.4cm.--綫裝 （丙二）/1920
　　第二部 4 冊（1 函） （丙三）/506

第三部 6 冊（1 函） （乙三）/988

增訂二三場羣書備考：四卷/（明）袁黃撰；（明）袁儼註；（明）沈昌世增.--刻本.--明崇禎（1628～1644）.--8 冊（1 函）.--版心題名"羣書備考"。仿明崇禎十五年刻本。半葉 9 行，行 21 字，小字雙行字同，白口，四周單邊，單黑魚尾，半框 21.3×13.8cm。佚名圈點.--綫裝 （甲三）/547

目前集：二卷/（明）趙南星撰.--刻本.--明（1368～1644）.--4 冊（1 函）.--半葉 9 行，行 18 字，白口，四周單邊，半框 20.6×13cm。鈐"南宮閣氏藏書"朱文印、"奎園所存書畫金石"朱文印、"北平孔德學校之章"朱文印.--綫裝 （甲三）/451

文奇豹斑：十二卷，目錄一卷/（明）陳繼儒編.--刻本.--申申閣，明（1368～1644）.--8 冊（1 函）.--半葉 9 行，行 21 字，白口，四周單邊，單黑魚尾，目錄版心下刻"申申閣藏板"，半框 20.1×12.6cm。佚名題記。鈐"松明藏書"白文印.--綫裝 （乙三）/845

時物典彙：二卷/（明）李日華撰；（明）魯重民補訂.--刻本.--明崇禎（1628～1644）.--2 冊（1 函）.--（四六全書：五種/[明]李日華撰）.--半葉 9 行，行 20 字，白口，四周單邊，半框 21.4×14.2cm。鈐"錫山華氏珍藏"朱文印.--綫裝 （丁）/12449

名句文身表異錄：二十卷/（明）王志堅撰.刻本.--清康熙（1662～1722）（清乾隆[1736～1795]印）.--2 冊（1 函）.--存卷 1-14。半葉 11 行，行 21 字，小字雙行 31 字，粗黑口，左右雙邊，雙對黑魚尾，半框 16.1×11.7cm。書名頁題"漱六閣藏書"。佚名圈點。鈐"枕經葄史"朱文印.--綫裝 （丁）/9925

古今疏：十五卷/（清）朱虗撰.--刻本.--萬卷樓，清順治（1644～1661）.--12 冊（2 函）.--半葉 9 行，行 22 字，白口，四周單邊，半框 21.2×12.2cm。萬卷樓藏板。佚名題字。鈐"北平孔德學校之章"朱文印.--綫裝 （甲三）/369

三才彙編：六卷/（清）龔在升撰.--刻本.--清康熙六年（1667）.--6 冊（1 函）.--半葉 9 行，行 24 字，有眉批，行 6 字，白口，左右雙邊，無界行，單黑魚尾，半框 20.4×14.3cm.綫裝 （乙三）/399

史要聚選：九卷/（朝鮮）權以生編.--刻本.高麗：武橋，明崇禎後乙丑年（1685）.--4 冊（1 函）.--半葉 20 行，行 32 字，白口，四周雙邊，雙對黑魚尾，半框 18.7×14cm。卷末鐫刊記"乙丑孟夏武橋新刊".--綫裝 （乙二）/683

古今類傳：四卷/（清）董穀士，（清）董炳文輯.--刻本.--未學齋，清康熙三十一年（1692）.--4 冊（1 函）.--半葉 11 行，行 28 字，小字雙行字同，白口，左右雙邊，單黑魚尾，半框 21×14.5cm。未學齋藏板。佚名圈點、批註.--綫裝 （丁）/7289
第二部 （丙三）/4510
第三部 鈐"竹雲"朱文印、"徐森玉印"朱文印、"發穎齋圖書"朱文印、"北京工業學院圖書館藏書"朱文印 （丁）/1930

三才發秘：九卷/（清）陳雯撰.--刻本.--清康熙三十六年（1697）.--6 冊（1 函）：有插圖.--部分插圖三色套印。半葉 10 行，行 21 字，小字雙行字同，有眉批，行 3 字，白口，左右雙邊，單黑魚尾，半框 20×14cm。佚名圈點。鈐"平江謝氏望炊樓藏書印"白文印.--綫裝 （丁）/2398

古事比：五十二卷/（清）方中德輯.--刻本.書種齋，清康熙四十五年（1706）.--16 冊（2 函）.--半葉 9 行，行 21 字，小字雙行字同，白口，左右雙邊，單黑魚尾，版心下刻"書種齋"，半框 21.3×14.4cm。書種齋藏板。鈐"桐城方氏著錄"白文印、"時騁天與其宿"

朱文印.--綫裝　　　　　　　（丙三）/6302

讀書紀數略: 五十四卷/（清）宮夢仁編.--刻本.--宮夢仁,清康熙四十七年（1708）刻進呈.--16 冊（2 函）.--半葉 11 行,行 21 字,小字雙行字同,粗黑口,四周雙邊,單黑魚尾,半框 16×11.3cm。鈐"逸經閣收藏圖書"白文印、"汾城劉煥之藏籍"朱文印.--綫裝
（丙三）/1011
　　第二部　鈐"北平孔德學校之章"朱文印　　　　　　　　　　　　　（甲三）/944
　　第三部　　　　　　　（乙三）/884

淵鑑類函: 四百五十卷,目錄四卷/（清）張英等纂修.--刻本.--揚州詩局,清康熙四十九年（1710）.--140 冊（20 函）.--序言題"御製淵鑑類函"。半葉 10 行,行 21 字,小字雙行字同,粗黑口,四周雙邊,雙順黑魚尾,半框 17.2×11.7cm。鈐"教育部直轄編審會藏書室藏書"朱文印、"教育部直轄編審會藏書室中南海西四所"朱文印.--綫裝（丙三）/2220
　　第二部　140 冊　　　　（戊）/904

佩文韻府: 一百零六卷/（清）張玉書等纂.--刻本.--揚州詩局,清康熙五十年（1711）.95 冊.--半葉 12 行,行 25 字,小字雙行字同,白口,四周雙邊,單黑魚尾,半框 17×11.7cm。鈐"默菴"白文印、"看奕軒圖書記"朱文印、"香山教育圖書館之章"朱文印.--綫裝: 市府贈書　　　　　　　（戊）/424

佩文韻府: 一百零六卷/（清）張玉書等纂.--刻本.--清康熙（1662～1722）.--95 冊（25 函）.--仿揚州詩局刻本。半葉 12 行,行 25 字,小字雙行字同,白口,四周雙邊,無界行,單黑魚尾,半框 16.8×11.7cm。鈐"佩璋錢氏珍藏"白文印、"南陵徐氏仁山珍藏"白文印、"徐氏酉山珍藏"白文印、"學部圖書館印"朱文印（滿漢合文）.--綫裝
（丙三）/297
　　第二部　95 冊,鈐"鄭親王印"朱文印、"鄭邸珍藏"朱文印　　（戊）/423

佩文韻府: 一百零六卷/（清）張玉書等纂.--刻本.--清康熙（1662～1722）.--95 冊（20 夾）.--仿揚州詩局刻本。半葉 12 行,行 25 字,小字雙行字同,白口,四周雙邊,單黑魚尾,半框 16.4×11.4cm.--綫裝
（丙三）/5102

分類字錦: 六十四卷/（清）張廷玉等纂.--刻本.--京師: 內府,清康熙六十一年（1722）.--40 冊（10 函）.--半葉 8 行,行 24 字,小字雙行字同,白口,四周雙邊,無界行,單黑魚尾,半框 18.7×12.5cm.--綫裝
（乙三）/1011

分類字錦: 六十四卷/（清）張廷玉等纂.--刻本.--清雍正（1723～1735）.--64 冊（8 函）.--仿內府刻本。半葉 8 行,行 24 字,小字雙行字同,白口,四周雙邊,無界行,單黑魚尾,半框 18.1×12.6cm。鈐"王研堂"白文印、"曹秉印章"朱文印.--綫裝
（丙三）/5098
　　第二部　120 冊（20 函）　　（丙三）/3605

遊藝編: 不分卷/（清）朱確編.--抄本.--清（1644～1911）.--44 冊（4 函）: 有插圖.--鈐"三山陳氏居敬堂圖書"朱文印、"孔氏嶽雪樓影鈔本"朱文印.--綫裝　（甲三）/394

省軒考古類編: 十二卷/（清）柴紹炳撰;（清）姚培謙評.--刻本.--清雍正四年（1726）.--4 冊（1 函）.--版心題"考古類編"。半葉 10 行,行 21 字,小字雙行字同,黑口,左右雙邊,雙對黑魚尾,半框 17.9×12.3cm。澹成堂藏板。佚名圈點、批註。鈐"陶齋鑑藏書畫"朱文印、"北平孔德學校之章"朱文印.--綫裝　　　　　（甲二）/220

省軒考古類編: 十二卷/（清）柴紹炳撰;（清）姚培謙評.--刻本.--清雍正（1723～1735）.--4 冊（1 函）.--版心題"考古類編"。仿雍正四年刻本。半葉 10 行,行 21 字,小字雙行字同,黑口,左右雙邊,雙對黑魚尾,半

框 17.9×12.3cm。鈐 "北平孔德學校之章" 朱文印. --綫裝　　　　　　（甲二）/208

　　省軒考古類編：十二卷/（清）柴紹炳撰；（清）姚培謙評. --刻本. --清雍正（1723~1735）. --6 冊（1 函）. --書名頁題 "增訂考古類編"。仿雍正四年刻本。半葉 10 行，行 21 字，小字雙行字同，粗黑口，左右雙邊，雙對黑魚尾，半框 17.6×12.2cm。敦化堂藏板. --綫裝　　　　　　（丁）/8412

　　子史精華：一百六十卷/（清）允祿等纂. --刻本. --清雍正（1723~1735）. --32 冊（4 函）. --仿內府刻本。半葉 8 行，行 24 字，小字雙行字同，白口，四周雙邊，單黑魚尾，半框 18.2×12.5cm. --綫裝　　　　（乙三）/1098

　　經濟類考約編：二卷/（清）顧九錫撰. --刻本. --積秀堂，清雍正八年（1730）. --10 冊（1 函）. --半葉 9 行，行 25 字，小字雙行字同，白口，左右雙邊，單黑魚尾，半框 19.2×11.8cm. --綫裝　　　　（乙三）/810

　　欽定古今圖書集成：一萬卷/（清）陳夢雷輯；（清）蔣廷錫重輯. --活字本，銅活字. --京師：內府，清雍正（1723~1735）. --1 冊（1 函）. --存卷 209、210。書名據書簽著錄，版心題 "古今圖書集成"。半葉 9 行，行 20 字，白口，四周雙邊，無界行，單綫魚尾，半框 21.3×14.8cm. --綫裝　　　（丁）/15166

　　格致鏡原：一百卷/（清）陳元龍輯. --刻本. 清雍正十三年（1735）. --32 冊（4 函）. --半葉 11 行，行 21 字，小字雙行字數不等，粗黑口，左右雙邊，雙對黑魚尾，半框 16.9×11.3cm。鈐 "北平孔德學校之章" 朱文印. --綫裝　　　　　（甲三）/523

　　格致鏡原：　一百卷/（清）陳元龍輯. --刻本. --清乾隆（1736~1795）. --80 冊（8 函）. --仿雍正十三年刻本。半葉 11 行，行 21 字，小字雙行字同，粗黑口，左右雙邊，雙對黑魚尾，

半框 17.2×11.3cm. --綫裝　　　（丙三）/1625
　　第二部　18 冊（2 函）　　　（乙三）/982

　　杜韓詩句集韻：三卷/（清）汪文柏輯. --刻本. --清康熙四十六年（1707）. --8 冊（1 函）. --版心題 "杜韓集韻"。半葉 8 行，行 8 字，小字雙行 23 字，黑口，左右雙邊，單黑魚尾，半框 16.3×13.1cm。有刻工：張玉、兆周等。鈐 "曾在繆繼珊家收藏" 朱文印、"天津繆氏繼珊辛亥劫後所得善本" 朱文印. --綫裝
　　　　　　　　　　　　　　（乙四）/435

　　唐詩金粉：十卷/（清）沈炳震輯. --刻本. --清雍正（1723~1735）（清乾隆[1736~1795]印）. --4 冊（1 函）. --半葉 11 行，行字數不等，小字雙行 33 字，白口，左右雙邊，單黑魚尾，版心下刻 "冬讀書齋藏本"，半框 19.1×14.5cm。佚名批，周肇祥跋。鈐 "檀尊藏本" 朱文印、"蔣廷錫印" 白文印、"周養安小市得" 朱文印、"周肇祥" 朱文印. --綫裝
　　　　　　　　　　　　　　（丙四）/102
　　第二部　冬讀書齋藏板　　（丙三）/621
　　第三部　冬讀書齋藏板　　（丙四）/3181

　　通俗編：三十八卷/（清）翟灝輯. --刻本. --清乾隆十六年（1751）. --4 冊（1 函）. --半葉 12 行，行 22 字，白口，左右雙邊，單黑魚尾，半框 17.1×12.6cm。佚名圈點。鈐 "思瀾堂印" 朱文印. --綫裝　　　　（乙三）/736

　　事物異名錄：四十卷/（清）厲荃輯；（清）關槐增纂. --刻本. --清乾隆五十三年（1788）. 12 冊（1 函）. --半葉 11 行，行 21 字，小字雙行字同，白口，左右雙邊，單黑魚尾，半框 16.8×11.9cm。本衙藏板。鈐 "北平孔德學校之章" 朱文印. --綫裝　　　　　（甲三）/948
　　第二部　書名頁題 "粵東鋟本"
　　　　　　　　　　　　　　（乙三）/825

　　奩史：一百卷，拾遺一卷/（清）王初桐纂. --刻本. --古香堂，清嘉慶二年（1797）. --16 冊（2 函）. --半葉 10 行，行 20 字，白口，左右

雙邊，單黑魚尾，半框 14.7×12.8cm. --綫裝

（丁）/12674

集　部

總集類

叢編

文選逸集七種/（明）閭光世輯.--刻本.--笙臺，明末（1573～1644）.--12 冊（1 函）.--半葉 9 行，行 20 字，白口，四周單邊，半框 20.6×14.8cm。佚名註釋。鈐"長歔懷古越禮驚衆"朱文印、"笙臺圖書記"白文印、"北平孔德學校之章"朱文印.--綫裝
　子目：
　梁武帝集：八卷/（梁）蕭衍撰；（明）閭光世輯
　梁昭明太子集：六卷/（梁）蕭統撰；（明）閭光世輯
　梁簡文帝集：十四卷/（梁）蕭綱撰；（明）閭光世輯
　梁元帝集：八卷/（梁）蕭繹撰；（明）閭光世輯
　梁代帝王合集：二卷/（梁）蕭綸、蕭綜等撰；（明）閭光世輯
　徐孝穆集：十卷/（陳）徐陵撰；（明）屠隆評
　庾子山集：十六卷/（北周）庾信撰；（明）屠隆評　　　　　（甲四）/624

讀風臆評：一卷/（明）戴君恩撰.**楚辭**：二卷/（明）閔齊伋校.**空同詩選**：一卷/（明）李夢陽撰；（明）楊慎評.--刻本，三色套印.--閔齊伋，明萬曆（1573～1620）.--8 冊（1 函）.--半葉 9 行，行 19 字，小字雙行字同，白口，四周單邊，無界行，半框 21.4×15.3cm。鈐"坐花醉月"白文印、"華徹嗣宗圖書"朱文印、"斗酒百篇詩"白文印、"楊柳風梧桐月芭蕉雨梅花雪"朱文印、"振衣千仞岗濯足萬里流"朱文印、"半巢書屋主人李氏紹白珍藏"朱文印.--

綫裝　　　　　　　　　　　　　（乙五）/251

陸士衡集：十卷/（晉）陸機撰.**陸士龍集**：十卷/（晉）陸雲撰.--刻本.--汪士賢，明萬曆天啟間（1573～1627）.--2 冊（1 函）.--（漢魏諸名家集/[明]汪士賢輯）.--序言題"晉二俊文集"。半葉 9 行，行 20 字，白口，左右雙邊，單白魚尾，半框 20×14cm.--綫裝

　　　　　　　　　　　　　　（丁）/3664

初唐四傑集：四種三十七卷/（清）項家達輯.--刻本.--星渚項氏，清乾隆四十六年（1781）.--10 冊（1 夾）.--半葉 9 行，行 21 字，白口，四周雙邊，單黑魚尾，半框 17.9×13cm。鈐"楊明"朱文印.--綫裝：楊明贈書
　子目：
　王子安集：十六卷/（唐）王勃撰
　楊盈川集：十卷/（唐）楊炯撰
　盧升之集：七卷/（唐）盧照鄰撰
　駱丞集：四卷/（唐）駱賓王撰　　　（庚）/14

唐十二家詩：十二卷/（明）楊一統編.--刻本.--楊一統，明萬曆十二年（1584）.--12 冊（2 函）.--半葉 9 行，行 20 字，小字雙行字同，白口，四周雙邊，無界行，半框 20×13.4cm。鈐"王吉修"朱文印.--綫裝
　子目：
　王勃集：一卷/（唐）王勃撰
　楊炯集：一卷/（唐）楊炯撰
　盧照鄰集：一卷/（唐）盧照鄰撰
　駱賓王集：一卷/（唐）駱賓王撰
　陳子昂集：一卷/（唐）陳子昂撰
　杜審言集：一卷/（唐）杜審言撰
　沈佺期集：一卷/（唐）沈佺期撰
　宋之問集：一卷/（唐）宋之問撰
　孟浩然集：一卷/（唐）孟浩然撰
　王維集：一卷/（唐）王維撰

高適集：一卷／（唐）高適撰
岑參集：一卷／（唐）岑參撰　　　（丁）/1396

唐百家詩：一百七十一卷／（明）朱警輯.--刻本.--明嘉靖十九年（1540）.--12 冊（1 函）.--存 13 種。半葉 10 行，行 18 字，白口，左右雙邊，單黑魚尾，半框 17.5×12.3cm。佚名批校。鈐"鹿原林氏所藏"朱文印、"晉安薩玉香藏書印"朱文印、"是書曾藏蔣絢臣家"朱文印、"某巢所藏"印（陰陽合璧）、"北平孔德學校之章"朱文印.--綫裝
子目：
孟浩然集：二卷／（唐）孟浩然撰
王昌齡詩集：三卷／（唐）王昌齡撰
常建詩集：二卷／（唐）常建撰
顏魯公詩集：一卷／（唐）顏真卿撰
崔曙集：一卷／（唐）崔曙撰
嚴武集：一卷／（唐）嚴武撰
唐包秘監詩集：一卷／（唐）包佶撰
唐包刑侍詩：一卷／（唐）包何撰
華陽真逸詩：二卷／（唐）顧況撰
戎昱詩集：一卷／（唐）戎昱撰
李益集：二卷／（唐）李益撰
宋之問集：二卷／（唐）宋之問撰
李嶠集：三卷／（唐）李嶠撰　　（甲四）/54

唐齊己詩集：一卷／（唐）釋齊己撰.**僧無可詩集**：二卷／（唐）釋無可撰.--刻本.--明嘉靖十九年（1540）.--1 冊（1 函）.--（唐百家詩／[明]朱警輯）.--半葉 10 行，行 18 字，白口，左右雙邊，單黑魚尾，半框 17.7×12.9cm。佚名圈點、批註.--綫裝　　　（丁）/12620

唐四家詩：四種八卷／（清）汪立名輯.--刻本.--天都汪氏，清康熙三十四年（1695）.--6 冊（1 函）.--半葉 10 行，行 19 字，小字雙行 28 字，粗黑口，左右雙邊，單黑魚尾，半框 17.7×13.5cm。佚名圈點、批校.--綫裝
子目：
王右丞詩集：二卷／（唐）王維撰
柳河東詩集：二卷／（唐）柳宗元撰
韋蘇州詩集：二卷／（唐）韋應物撰

孟襄陽詩集：二卷／（唐）孟浩然撰
　　　　　　　（丙四）/2093
　第二部　　　　（丙四）/6208
　第三部　4 冊（1 函），存王右丞詩集二卷、韋蘇州詩集下卷、孟襄陽詩集上卷，鈐"湘潭王氏藏書"朱文印、"王氏啓原"白文印、"君豫"朱文印　　　（丙四）/6038

中唐十二家詩集：十一卷／（明）朱之蕃輯.--刻本.--金陵書坊，王世茂，明萬曆四十年（1612）.--20 冊（4 函）.--缺卷 11。半葉 9 行，行 19 字，小字雙行字同，白口，四周單邊間四周雙邊，單黑魚尾，半框 21.8×14.4cm。鈐"仙井胡菊潭藏書印"朱文印、"北平孔德學校之章"朱文印.--綫裝
子目：
儲光羲詩集：一卷／（唐）儲光羲撰
毘陵詩集／（唐）獨孤及撰（與下兩種合爲一卷）
唐孫集賢詩集／（唐）孫逖撰
唐崔補闕詩集／（唐）崔峒撰
唐錢起詩集：一卷／（唐）錢起撰
唐隨州詩集：一卷／（唐）劉長卿撰
唐劉賓客詩集：一卷／（唐）劉禹錫撰
唐劉賓客外集：一卷／（唐）劉禹錫撰
唐盧戶部詩集：一卷／（唐）盧綸撰
唐張司業詩集：一卷／（唐）張籍撰
唐王建詩集：一卷／（唐）王建撰
唐賈浪仙長江詩集：一卷／（唐）賈島撰
　　　　　　　（甲四）/1178

十三唐人詩選：十五卷；**八劉唐人詩**：八卷／（清）劉雲份編.--刻本.--野香堂，清康熙（1662~1722）（金閶：綠蔭堂，清[1644~1911]印）.--10 冊（1 函）.--題名據書名頁著錄，版心題"十三唐人詩"。半葉 9 行，行 19 字，白口，左右雙邊，每卷第 1 葉版心下刻"野香堂"，半框 18.6×14.3cm.--綫裝
十三唐人詩選子目：
姚合詩：一卷／（唐）姚合撰
周賀詩：一卷／（唐）周賀撰
戎昱詩：一卷／（唐）戎昱撰

唐球詩：一卷/（唐）唐球撰

沈亞之詩：一卷/（唐）沈亞之撰

儲嗣宗詩：一卷/（唐）儲嗣宗撰

曹鄴詩：一卷/（唐）曹鄴撰

姚鵠詩：一卷/（唐）姚鵠撰

邵謁詩：一卷/（唐）邵謁撰

韓偓詩：一卷，補遺一卷，附香奩集詩：一卷/（唐）韓偓撰

林寬詩：一卷/（唐）林寬撰

孟貫詩：一卷/（唐）孟貫撰

伍喬詩：一卷/（唐）伍喬撰

八劉唐人詩子目：

劉叉詩：一卷/（唐）劉叉撰

劉商詩：一卷/（唐）劉商撰

劉言史詩：一卷/（唐）劉言史撰

劉得仁詩：一卷/（唐）劉得仁撰

劉駕詩：一卷/（唐）劉駕撰

劉滄詩：一卷/（唐）劉滄撰

劉兼詩：一卷/（唐）劉兼撰

劉威詩：一卷/（唐）劉威撰

（丁）/3031

韓柳全集/（明）蔣之翹輯註.--刻本.--蔣氏三徑草堂，明崇禎（1628～1644）.--48 冊（8 函）.--半葉 9 行，行 17 字，小字雙行 17 字，白口，左右雙邊，版心下刻"三徑藏書"，半框 19×13.8cm.--綫裝

子目：

唐韓昌黎集：四十卷，外集十卷，遺文一卷，附錄一卷/（唐）韓愈撰.--卷 1 有 9 葉抄配

唐柳河東集：四十五卷，外集五卷，遺文一卷，附錄一卷/（唐）柳宗元撰

（丙四）/2995、2996

韓文：四十卷，外集十卷，集傳一卷，遺文一卷；**柳文**：四十三卷，別集二卷，外集二卷，附錄一卷/（明）游居敬編.--刻本.--日本嘉永七年至安政四年（1854～1857）.--24 冊（4 函）.半葉 11 行，行 22 字，白口，左右雙邊，雙順白魚尾，半框 19×13.3cm。鈐"歸安錢氏"白文印、"錢恂"白文印、"念劬曾讀"朱文印、"積跬步齋"朱文印等.--綫裝

（丁）/13906

唐宋八大家文鈔：八種/（明）茅坤輯.--刻本.--明崇禎（1628～1644）.--30 冊（3 函）.--半葉 9 行，行 20 字，有眉批，行 5 字，白口，四周單邊，單白魚尾，半框 20.3×13.7cm。佚名批。鈐"紅鹽館"朱文印.--綫裝

子目：

唐大家韓文公文抄：十六卷/（唐）韓愈撰

唐大家柳柳州文抄：十二卷/（唐）柳宗元撰

宋大家歐陽文忠公文抄：三十二卷/（宋）歐陽修撰

宋大家蘇文公文抄：十卷/（宋）蘇洵撰.--卷 5-6 係抄配

宋大家蘇文忠公文抄：二十八卷/（宋）蘇軾撰.--卷 11 有 15 葉、卷 12 有 3 葉抄配

宋大家蘇文定公文抄：二十卷/（宋）蘇轍撰

宋大家曾文定公文抄：十卷/（宋）曾鞏撰

宋大家王文公文抄：十六卷/（宋）王安石撰

（丙四）/273

唐宋八大家文鈔：一百四十四卷/（明）茅坤輯.**歐陽文忠公五代史抄**：二十卷/（宋）歐陽修撰.--刻本.--雲林：大盛堂，清康熙四十二年（1703）.--32 冊（2 函）.--半葉 10 行，行 24 字，有眉批，行 4 字，白口，四周單邊，單黑魚尾，半框 20.2×14.3cm。鈐"大盛堂"朱文印、"大盛堂藏板"白文印、"慎齋氏"朱文印、"田廣運印"白文印、"南陵徐氏仁山珍藏"白文印、"學部圖書之印"朱文印（滿漢合璧）、"京師圖書館收藏之印"朱文印.--綫裝

（丙四）/6075

（子目同上）

唐大家韓文公文抄：十六卷/（唐）韓愈撰；（明）茅坤評.**唐大家柳柳州文抄**：十二卷/（唐）柳宗元撰；（明）茅坤評.--刻本.--明（1368～1644）.--16 冊（2 函）.--（唐宋八大家文鈔/[明]茅坤輯）.--半葉 9 行，行 20 字，小字雙行字同，有眉批，行 5 字，白口，四周單邊，單白魚尾，半框 19.7×14.1cm。佚名批點。鈐"唐仁壽讀書記"朱文印.--綫裝

（乙四）/339

[唐宋]四大家文選/（明）孫鑛評選.--刻本.--明末（1573～1644）.--5 冊（1 函）.--半葉 9 行，行 20 字，白口，四周單邊，單白魚尾，半框 20.6×14.9cm。鈐"味青齋藏書"朱文印.--綫裝

子目：

韓文公集選：二卷/（唐）韓愈撰.--卷 2 有 1 葉係抄配

柳柳州集選：二卷/（唐）柳宗元撰

歐陽文忠公集選：二卷/（宋）歐陽修撰

蘇文忠公集選：二卷/（宋）蘇軾撰

（丁）/14567

唐宋大家全集錄：十種五十二卷/（清）儲欣輯.--刻本.--清康熙（1662～1722）.--30 冊（4 函）.--半葉 9 行，行 25 字，小字雙行字同，有眉批，行 5 字，粗黑口，左右雙邊，雙對花魚尾，半框 19.8×14.3cm。松鱗堂藏板。鈐"南陵徐氏仁山珍藏"白文印，"學部圖書之印"朱文印（滿漢合璧）.--綫裝

子目：

昌黎先生全集錄：八卷/（唐）韓愈撰

河東先生全集錄：六卷，附外集錄一卷/（唐）柳宗元撰

習之先生全集錄：二卷/（唐）李翶撰

可之先生全集錄：二卷/（唐）孫樵撰

六一居士全集錄：五卷，附外集錄二卷/（宋）歐陽修撰

老泉先生全集錄：五卷/（宋）蘇洵撰

東坡先生全集錄：九卷/（宋）蘇軾撰

欒城先生全集錄：六卷/（宋）蘇轍撰

南豐先生全集錄：二卷/（宋）曾鞏撰

臨川先生全集錄：四卷/（宋）王安石撰

（丙四）/6103

第二部 24 冊（2 夾），佚名圈點。鈐"子宣"印（陰陽合璧） （丙四）/940

第三部 40 冊（4 函），遺清堂藏板 （乙四）/97

元白長慶集：一百四十一卷/（明）馬元調輯.--刻本.--馬元調，明萬曆三十二至三十四年（1604～1606）.--32 冊（4 函）.--題名據書名頁著錄。半葉 10 行，行 21 字，小字雙行字同，白口，左右雙邊，單黑魚尾，半框 20.9×14.8cm。寶儉堂藏板。佚名批點、題記。鈐"武定"朱文印、"樹滋堂"白文印、"漢陽李氏子孫保之"朱文印、"李氏珍藏圖書"朱文印、"般民校讀"朱文印、"清梵亭"朱文印.--綫裝

子目：

元氏長慶集：六十卷，補遺六卷，附錄一卷/（唐）元稹撰；（明）馬元調校

白氏長慶集：七十一卷，附錄一卷，目錄二卷/（唐）白居易撰；（明）馬元調校

（丙四）/6071

唐人四集/（明）毛晉輯.--刻本.--毛氏汲古閣，明崇禎（1628～1644）.--3 冊（1 函）.--存 3 種。半葉 12 行，行 20 字，小字雙行字數不等，細黑口，左右雙邊，單黑魚尾，半框 18.8×13.7cm。鈐"周肇祥讀過書"朱文印、"周養安密藏金石書畫圖籍記"朱文印、"爛雲"朱文印.--綫裝

子目：

唐風集：三卷/（唐）杜荀鶴撰

唐英歌詩：三卷/（唐）吳融撰

竇氏聯珠集：一卷/（唐）竇常等撰

（丙四）/1354-56

唐詩百名家全集：三百二十六卷/（清）席啓寓編.--刻本.--洞庭席氏琴川書屋，清康熙（1662～1722）.--78 冊（4 夾）.--缺曹松詩集：二卷/（唐）曹松撰。半葉 10 行，行 18 字，小字雙行 27 字，白口，左右雙邊，單黑魚尾，半框 16.7×13.5cm。鈐"北平孔德學校之章".--綫裝

子目：

劉隨州詩：十卷，補遺一卷/（唐）劉長卿撰.--缺卷 1-3

錢考功詩集：十卷，補遺一卷/（唐）錢起撰

包刑侍詩集：一卷/（唐）包何撰

包祕監詩集：一卷/（唐）包佶撰

臺閣集：一卷/（唐）李嘉祐撰

韓君平詩集：一卷，補遺一卷/（唐）韓翃撰

張祠部詩集：一卷/（唐）張繼撰

皇甫補闕詩集：二卷，補遺一卷/（唐）皇甫冉撰

皇甫御史詩集：一卷，補遺一卷/（唐）皇甫曾撰

毘陵集：三卷/（唐）獨孤及撰

韋蘇州集：十卷，拾遺一卷/（唐）韋應物撰

郎刺史詩集：一卷/（唐）郎士元撰

秦公緒詩集：一卷/（唐）秦系撰

嚴正文詩集：一卷/（唐）嚴維撰

顧逋翁詩集：四卷/（唐）顧況撰

耿拾遺詩集：一卷，補遺一卷/（唐）耿湋撰

李君虞詩集：二卷/（唐）李益撰

盧戶部詩集：十卷/（唐）盧綸撰

臨淮詩集：二卷/（唐）武元衡撰

楊凝詩集：一卷/（唐）楊凝撰

羊士諤詩集：一卷/（唐）羊士諤撰

戎昱詩集：一卷，補遺一卷/（唐）戎昱撰

劉虞部詩集：四卷/（唐）劉商撰

戴叔倫詩集：二卷，補遺一卷/（唐）戴叔倫撰

唐司空文明詩集：三卷/（唐）司空曙撰

陳羽詩集：一卷/（唐）陳羽撰

昌黎先生詩集：十卷，外集一卷，遺詩一卷/（唐）韓愈撰

柳河東先生詩集：三卷/（唐）柳宗元撰

張司業詩集：八卷，拾遺一卷，附錄一卷/（唐）張籍撰

孟東野詩集：十卷/（唐）孟郊撰

王建詩集：十卷/（唐）王建撰

權文公詩集：十卷/（唐）權德輿撰

于鵠詩集：一卷/（唐）于鵠撰

楊少尹詩集：一卷/（唐）楊巨源撰

歐陽助教詩集：一卷/（唐）歐陽詹撰

鮑溶詩集：六卷，補遺一卷/（唐）鮑溶撰

呂衡州詩集：二卷，補遺一卷/（唐）呂溫撰

張祜詩集：二卷/（唐）張祜撰

李衛公詩集：一卷/（唐）李德裕撰

追昔游詩集：三卷/（唐）李紳撰

朱慶餘詩集：一卷/（唐）朱慶餘撰

姚少監詩集：十卷/（唐）姚合撰

樊川集：六卷，補遺一卷/（唐）杜牧撰

李商隱詩集：三卷/（唐）李商隱撰

溫庭筠詩集：七卷，集外詩一卷，別集一卷/（唐）溫庭筠撰

李遠詩集：一卷/（唐）李遠撰

丁卯詩集：二卷，續集一卷，續補一卷，集外遺詩一卷/（唐）許渾撰

渭南詩集：二卷/（唐）趙嘏撰

會昌進士詩集：一卷，補遺一卷/（唐）馬戴撰

喻鳧詩集：一卷/（唐）喻鳧撰

唐姚鵠詩集：一卷/（唐）姚鵠撰

梨岳集：一卷/（唐）李頻撰

項斯詩集：一卷/（唐）項斯撰

段成式詩：一卷/（唐）段成式撰

顧非熊詩集：一卷/（唐）顧非熊撰

唐鄭嵎詩：一卷/（唐）鄭嵎撰

唐隱居詩：一卷/（唐）唐求撰

李群玉詩集：三卷，後集五卷，補遺一卷/（唐）李群玉撰

曹祠部詩集：二卷，補遺一卷/（唐）曹鄴撰

儲嗣宗詩集：一卷/（唐）儲嗣宗撰

司馬扎先輩詩集：一卷/（唐）司馬扎撰

鹿門詩集：三卷，拾遺一卷，續補詩一卷/（唐）唐彥謙撰

賈浪仙長江集：十卷，附錄一卷/（唐）賈島撰

陳嵩伯詩集：一卷/（唐）陳陶撰

李昌符詩集：一卷/（唐）李昌符撰

張喬詩集：四卷/（唐）張喬撰

羅鄴詩集：一卷/（唐）羅鄴撰

元英先生詩集：十卷/（唐）方干撰

甲乙集：十卷，補遺一卷/（唐）羅隱撰

于鄴詩集：一卷/（唐）于鄴撰

于濆詩集：一卷/（唐）于濆撰

文化集：一卷/（唐）許棠撰

曹從事詩集：一卷/（唐）曹唐撰

李山甫詩集：一卷/（唐）李山甫撰

許琳詩集：一卷/（唐）許琳撰

邵謁詩集：一卷/（唐）邵謁撰

周見素詩集：一卷/（唐）周樸撰

司空表聖詩：三卷/（唐）司空圖撰

章碣詩集：一卷/（唐）章碣撰

秦韜玉詩集：一卷/（唐）秦韜玉撰

雲臺編：三卷／（唐）鄭谷撰

李才江詩集：三卷／（唐）李洞撰

韓翰林詩集：一卷／（唐）韓偓撰

韓内翰香奩集：三卷／（唐）韓偓撰

唐英歌詩：三卷／（唐）吳融撰

杜荀鶴文集：三卷／（唐）杜荀鶴撰

浣花集：十卷，補遺一卷／（唐）韋莊撰

徐昭夢詩集：三卷／（唐）徐寅撰

張蠙詩集：一卷／（唐）張蠙撰

翁拾遺詩集：一卷／（唐）翁承贊撰

唐任藩詩小集：一卷／（唐）任藩撰

孟一之詩集：一卷／（唐）孟貫撰

唐李推官披沙集：六卷／（唐）李咸用撰

黃滔詩集：二卷／（唐）黃滔撰

林寬詩集：一卷／（唐）林寬撰

李丞相詩集：二卷／（南唐）李建勛撰

碧雲集：三卷／（唐）李中撰

伍喬詩集：一卷／（唐）伍喬撰

王周詩集：一卷／（唐）王周撰

（甲四）/910

唐詩百名家全集：三百二十六卷／（清）席啓寓編.--刻本.--清康熙（1662～1722）.--3 冊（1 函）.--存 4 種。半葉 10 行，行 18 字，小字雙行 27 字，白口，左右雙邊，單黑魚尾，半框 16.8×13.3cm。鈐 “郢周精舍”朱文印、“岳瑞私印”白文印、“願為明鏡”朱文印.--綫裝

子目：

唐司空文明詩集：三卷／（唐）司空曙撰

渭南詩集：二卷／（唐）趙嘏撰

陳羽詩集：一卷／（唐）陳羽撰

會昌進士詩集：一卷／（唐）馬戴撰

（丁）/12665

唐人選唐詩：八種二十三卷／（明）毛晉輯.--刻本.--毛氏汲古閣，明崇禎元年（1628）.--8 冊（1 函）.--半葉 8 行，行 19 字，小字雙行字同，白口，左右雙邊，版心下刻“汲古閣”，半框 19.1×13.6cm。佚名批圈。鈐“孫學曾印”朱文印.--綫裝

子目：

御覽詩：一卷／（唐）令狐楚輯

篋中集：一卷／（唐）元結輯

國秀集：三卷／（唐）芮挺章輯

河嶽英靈集：三卷／（唐）殷璠輯

中興間氣集：二卷／（唐）高仲武輯

搜玉小集：一卷／（唐）佚名撰

極玄集：二卷／（唐）姚合輯

才調集：十卷／（後蜀）韋縠輯

（丁）/6284

第二部　12 冊（2 函），卷 9 有 18 葉、卷 10 有 1 葉抄配　　　　　（乙四）/7

唐人選唐詩：八種二十三卷／（明）毛晉輯.--刻本.--黃虞學稼草堂，清康熙三十二年（1693）.--16 冊（2 函）.--仿明崇禎元年汲古閣刻本。半葉 8 行，行 19 字，小字雙行字同，白口，左右雙邊，版心下刻“學稼草堂藏板”，半框 18.9×13.7cm。鈐“魯陽趙氏藏書之印”朱文印、“筱三藏書”朱文印.--綫裝

子目：

御覽詩：一卷／（唐）令狐楚輯.--係抄配

篋中集：一卷／（唐）元結輯

國秀集：三卷／（唐）芮挺章輯

河嶽英靈集：三卷／（唐）殷璠輯

中興間氣集：二卷／（唐）高仲武輯

搜玉小集：一卷／（唐）佚名撰

極玄集：二卷／（唐）姚合輯

才調集：十卷／（唐）韋縠輯　　（丁）/13375

唐詩豔逸品／（明）楊肇祉輯.--刻本.--清初（1644～1722）.--4 冊（1 函）：插圖 4 幅.--書名頁題“美人書”，序言題“唐詩四種”。半葉 8 行，行 18 字，白口，四周單邊，半框 21×13.2cm。佚名圈點。鈐“北平孔德學校之章”朱文印.--綫裝

子目：

唐詩名媛集：一卷

唐詩香奩集：一卷

唐詩觀妓集：一卷

唐詩名花集：一卷　　　　　（甲四）/26

石研齋校刻書：三種／（清）秦恩復編.--刻

本.--秦氏石研齋,清嘉慶道光間（1796～1820）.--4冊（1函）.--半葉11行,行20字,小字雙行字同,白口,左右雙邊,單黑魚尾,半框18.5×11.3cm。有刻工:鄭祥林、吳世永等。鈐"又塵鑑藏"朱文印.--綫裝

　子目:

　駱賓王集:十卷,考異一卷/（唐）駱賓王撰;（清）顧廣圻考異.--清嘉慶二十一年（1816）

　李元賓文集:六卷/（唐）李觀撰;（唐）陸希聲編.--清嘉慶二十三年（1818）

　呂衡州文集:十卷,考證一卷/（唐）呂溫撰;（清）顧廣圻考證.--清道光七年（1827）

（丁）/7481

蘇門六君子文粹:六種七十卷/（明）陳繼儒編.--刻本.--明末（1573～1644）.--24冊（4函）.--半葉9行,行19字,白口,左右雙邊,單白魚尾,半框19.4×13.8cm。鈐"芸香館珍藏書畫印"白文印、"商邱宋氏家藏"朱文印、"北平孔德學校之章"朱文印.--綫裝

　子目:

　豫章先生文粹:四卷/（宋）黃庭堅撰

　淮海先生文粹:十四卷/（宋）秦觀撰

　宛丘先生文粹:二十二卷/（宋）張耒撰

　濟南先生文粹:五卷/（宋）李廌撰

　濟北先生文粹:二十一卷/（宋）晁補之撰

　後山居士文粹:四卷/（宋）陳師道撰

（甲四）/667

宋詩鈔初集/（清）吳之振,（清）呂留良,（清）吳爾堯選.--刻本.--吳氏鑒古堂,清康熙十年（1671）.--12冊（1夾）.--半葉12行,行22字,小字雙行字同,粗黑口,左右雙邊,雙對花魚尾,半框17.6×13.7cm。洲錢吳氏鑒古堂藏板。佚名題記。鈐"存梅堂後人"朱文印、"東園老人"朱文印、"定遠胡氏珍藏書畫"朱文印.--綫裝

　子目:

　小畜集鈔/（宋）王禹偁撰

　騎省集鈔/（宋）徐鉉撰

　安陽集鈔/（宋）韓琦撰

　滄浪集鈔/（宋）蘇舜欽撰

乖崖詩鈔/（宋）張詠撰

清獻詩鈔/（宋）趙抃撰

宛陵詩鈔/（宋）梅堯臣撰

武溪詩鈔/（宋）余靖撰

歐陽文忠詩鈔/（宋）歐陽修撰

和靖詩鈔/（宋）林逋撰

徂徠詩鈔/（宋）石介撰

武仲清江集鈔/（宋）孔武仲撰

平仲清江集鈔/（宋）孔平仲撰

文仲清江集鈔/（宋）孔文仲撰

南陽集鈔/（宋）韓維撰

臨川詩鈔/（宋）王安石撰

東坡詩鈔/（宋）蘇軾撰

西塘詩鈔/（宋）鄭俠撰

廣陵詩鈔/（宋）王令撰

後山詩鈔/（宋）陳師道撰

丹淵集鈔/（宋）文同撰

襄陽詩鈔/（宋）米芾撰

山谷詩鈔/（宋）黃庭堅撰

宛丘詩鈔/（宋）張耒撰

具茨集鈔/（宋）晁沖之撰

陵陽詩鈔/（宋）韓駒撰

雞肋集鈔/（宋）晁補之撰

道鄉詩鈔/（宋）鄒浩撰

淮海集鈔/（宋）秦觀撰

江湖長翁詩鈔/（宋）陳造撰

雲巢詩鈔/（宋）沈遼撰

西溪集鈔/（宋）沈遘撰

龜谿集鈔/（宋）沈與求撰

節孝詩鈔/（宋）徐積撰

簡齋詩鈔/（宋）陳與義撰

盱江集鈔/（宋）李覯撰

雙溪詩鈔/（宋）王炎撰

眉山詩鈔/（宋）唐庚撰

鴻慶集鈔/（宋）孫覿撰

蘆川歸來集鈔/（宋）張元幹撰

建康集鈔/（宋）葉夢得撰

橫浦詩鈔/（宋）張九成撰

浮溪集鈔/（宋）汪藻撰

香溪集鈔/（宋）范浚撰

屏山集鈔/（宋）劉子翬撰

韋齋詩鈔/（宋）朱松撰

玉瀾集鈔/（宋）朱槔撰

北山小集鈔/（宋）程俱撰

竹洲詩鈔/（宋）吳儆撰

益公省齋稿鈔/（宋）周必大撰

益公平園續稿鈔/（宋）周必大撰

文公集鈔/（宋）朱熹撰

石湖詩鈔/（宋）范成大撰

劍南詩鈔/（宋）陸游撰

止齋詩鈔/（宋）陳傅良撰

誠齋江湖集鈔/（宋）楊萬里撰

誠齋荊溪集鈔/（宋）楊萬里撰

誠齋西歸集鈔/（宋）楊萬里撰

誠齋南海集鈔/（宋）楊萬里撰

誠齋朝天集鈔/（宋）楊萬里撰

誠齋江西道院集鈔/（宋）楊萬里撰

誠齋朝天續集鈔/（宋）楊萬里撰

誠齋江東集鈔/（宋）楊萬里撰

誠齋退休集鈔/（宋）楊萬里撰

浪語集鈔/（宋）薛季宣撰

水心詩鈔/（宋）葉適撰

艾軒詩鈔/（宋）林光朝撰

攻媿集鈔/（宋）樓鑰撰

清苑齋詩鈔/（宋）趙師秀撰

韋碧軒詩鈔/（宋）翁卷撰

芳蘭軒詩鈔/（宋）徐照撰

二薇亭詩鈔/（宋）徐璣撰

知稼翁集鈔/（宋）黃公度撰

後村詩鈔/（宋）劉克莊撰

盧溪集鈔/（宋）王庭珪撰

漫塘詩鈔/（宋）劉宰撰

義豐集鈔/（宋）王阮撰

石屏詩鈔/（宋）戴復古撰

農歌集鈔/（宋）戴昺撰

秋崖小稿鈔/（宋）方岳撰

清雋集鈔/（宋）鄭起撰

晞髮集鈔/（宋）謝翱撰

晞髮近稿鈔/（宋）謝翱撰

文山詩鈔/（宋）文天祥撰

先天集鈔/（宋）許月卿撰

白石樵唱鈔/（宋）林景熙撰

山民詩鈔/（宋）真山民撰

水雲詩鈔/（宋）汪元量撰

隆吉詩鈔/（宋）梁棟撰

潛齋詩鈔/（宋）何夢桂撰

參廖詩鈔/（宋）釋道潛撰

石門詩鈔/（宋）釋惠洪撰

花蕊詩鈔/（五代）費氏撰　　　（丙四）/2069

　　第二部　32 冊（4 函），騎省集鈔有半葉抄配　　　　　　　　　　　　　　　　（丙四）/591

　　第三部　40 冊（4 函），佚名圈點

（丙四）/1863

宋十五家詩選：十五種十六卷/（清）陳訏輯.--刻本.--清康熙三十二年（1693）.--18 冊（2 函）.--半葉 11 行，行 22 字，小字雙行字同，粗黑口，左右雙邊，雙對黑魚尾，半框 19.4×14.2cm。鈐“伯筠之印”白文印、“伯筠之印”印（陰陽合璧）、“松南居士”白文印、“北平孔德學校之章”朱文印.--綫裝

　子目：

　宛陵詩選：一卷/（宋）梅堯臣撰

　盧陵詩選：一卷/（宋）歐陽修撰

　南豐詩選：一卷/（宋）曾鞏撰

　臨川詩選：一卷/（宋）王安石撰

　東坡詩選：一卷/（宋）蘇軾撰

　欒城詩選：一卷/（宋）蘇轍撰

　山谷詩選：一卷/（宋）黃庭堅撰

　石湖詩選：一卷/（宋）范成大撰

　劍南詩選：二卷/（宋）陸游撰

　誠齋詩選：一卷/（宋）楊萬里撰

　梅溪詩選：一卷/（宋）王十朋撰

　朱子詩選：一卷/（宋）朱熹撰

　菊磵詩選：一卷/（宋）高翥撰

　秋崖詩選：一卷/（宋）方岳撰

　文山詩選：一卷/（宋）文天祥撰

（甲四）/243

　　第二部　8 冊（1 函），鈐“北平孔德學校之章”朱文印　　　　　　　　　　　　（甲四）/269

　　第三部　10 冊（1 函），佚名圈點，文山詩選有 1 葉抄配　　　　　　　　　　（丁）/4106

宋四名家詩：四種/（清）周之鱗，（清）柴升選.--刻本.--清康熙（1662～1722）.--6 冊（1 函）.--半葉 10 行，行 21 字，小字雙行字同，

粗黑口，左右雙邊，單黑魚尾，半框 18.6×
13.7cm。弘訓堂藏板。佚名圈點。鈐"陶齋鑑藏
書畫"朱文印、"常雅"朱文印、"九思閣"朱
文印、"華山藏書之印"朱文印、"北平孔德學
校之章"朱文印.--綫裝

子目：

東坡先生詩鈔：七卷/（宋）蘇軾撰

山谷先生詩鈔：七卷/（宋）黃庭堅撰

石湖先生詩鈔：六卷/（宋）范成大撰

放翁先生詩鈔：七卷/（宋）陸游撰

（甲四）/1156

宋百家詩存：一百種/（清）曹庭棟編.--刻
本.--嘉善：曹庭棟，清乾隆五至六年（1740～
1741）.--20 冊（4 函）.--半葉 11 行，行 21
字，小字雙行字同，白口，左右雙邊，單黑魚尾，
半框 17.4×13.1cm。二六書堂藏板。鈐"麥谿
張氏"朱文印、"籍圃主人"白文印、"擁書萬
卷亦足以豪"朱文印、"羲皇上人"白文印、
"蛾術齋藏"朱文印、"北平孔德學校之章"朱
文印.--綫裝

子目：

慶湖集：一卷/（宋）賀鑄撰

東觀集：一卷/（宋）魏野撰

穆參軍集：一卷/（宋）穆修撰

景文詩集：一卷/（宋）宋祁撰

伐檀集：一卷/（宋）黃庶撰

公是集：一卷/（宋）劉敞撰

陳副使遺藁：一卷/（宋）陳洎撰

傳家集：一卷/（宋）司馬光撰

文潞公集：一卷/（宋）文彥博撰

無爲集：一卷/（宋）楊傑撰

鄱陽集：一卷/（宋）彭汝礪撰

樂靜居士集：一卷/（宋）李昭玘撰

姑溪集：一卷/（宋）李之儀撰

青山集：一卷/（宋）郭祥正撰

倚松老人集：一卷/（宋）饒節撰

龍雲集：一卷/（宋）劉弇撰

紫薇集：一卷/（宋）呂本中撰

竹友集：一卷/（宋）謝薖撰

棣華館小集：一卷/（宋）楊甲撰

西渡詩集：一卷/（宋）洪炎撰.--目錄題"西

渡集"

竹谿集：一卷/（宋）李彌遜撰

松隱集：一卷/（宋）曹勛撰

雅林小藁：一卷/（宋）王琮撰

醉軒集：一卷/（宋）姚孝錫撰

傅忠肅集：一卷/（宋）傅察撰

華陽集：一卷/（宋）張綱撰

苕溪集：一卷/（宋）劉一止撰

栟櫚集：一卷/（宋）鄧肅撰

雪溪集：一卷/（宋）王銍撰

綱山月魚集：一卷/（宋）林亦之撰

太倉稊米集：一卷/（宋）周紫芝撰

洺水集：一卷/（宋）程珌撰

漁溪詩藁：一卷/（宋）俞桂撰

樂軒集：一卷/（宋）陳藻撰

歸愚集：一卷/（宋）葛立方撰

默堂集：一卷/（宋）陳淵撰

秋堂遺藁：一卷/（宋）柴望撰

于湖集：一卷/（宋）張孝祥撰

小山集：一卷/（宋）劉翰撰

蠹齋鉛刀編：一卷/（宋）周孚撰

雪窗小藁：一卷/（宋）張良臣撰

臞翁集：一卷/（宋）敖陶孫撰

巽齋小集：一卷/（宋）危稹撰

龍洲道人集：一卷/（宋）劉過撰

梅屋吟藁：一卷/（宋）鄒登龍撰

招山小集：一卷/（宋）劉仙倫撰

皇芧曲：一卷/（宋）鄧林撰

順適堂吟藁：一卷/（宋）葉茵撰

玉楮集：一卷/（宋）岳珂撰

野谷詩集：一卷/（宋）趙汝鐩撰

白石道人集：一卷/（宋）姜夔撰

靜佳詩集：一卷/（宋）朱繼芳撰

鷗渚微吟：一卷/（宋）趙崇鉘撰

翠微南征錄：一卷/（宋）華岳撰

秋江煙草：一卷/（宋）張弋撰

檜庭吟藁：一卷/（宋）葛起耕撰

沃州雁山吟：一卷/（宋）呂聲之撰

橘潭詩藁：一卷/（宋）何應龍撰

杜清獻集：一卷/（宋）杜範撰

蕓居乙藁：一卷/（宋）陳起撰

山居存藁：一卷/（宋）陳必復撰

方泉集：一卷／（宋）周文璞撰

方壺存藁：一卷／（宋）汪莘撰

雪林删餘：一卷／（宋）張至龍撰

端平集：一卷／（宋）周弼撰

庸齋小集：一卷／（宋）沈説撰

露香拾藁：一卷／（宋）黄大受撰

雪蓬詩藁：一卷／（宋）姚鏞撰

東齋小集：一卷／（宋）陳鑒之撰

竹莊小藁：一卷／（宋）胡仲參撰

骰藁：一卷／（宋）利登撰

適安藏拙餘藁：一卷／（宋）武衍撰

薈隱詩集：一卷／（宋）施樞撰

竹溪詩集：一卷／（宋）林希逸撰

無懷小集：一卷／（宋）葛天民撰

抱拙小稿：一卷／（宋）赵希楷撰

華穀集：一卷／（宋）嚴粲撰

瓜廬集：一卷／（宋）薛師石撰

吾竹小藁：一卷／（宋）毛珝撰

雪坡小藁：一卷／（宋）羅與之撰

雲泉詩集：一卷／（宋）薛嵎撰

靖逸小藁：一卷／（宋）葉紹翁撰

斗野支藁：一卷／（宋）張蘊撰

端隱吟藁：一卷／（宋）林尚仁撰

寶齋詠梅集：一卷／（宋）張道洽撰

梅屋集：一卷／（宋）許棐撰

雪磯叢藁：一卷／（宋）樂雷發撰

癖齋小集：一卷／（宋）杜旟撰

可齋詩藁：一卷／（宋）李曾伯撰

學吟：一卷／（宋）朱南傑撰

竹所吟稿：一卷／（宋）徐集孫撰

野趣有聲畫：一卷／（元）楊公遠撰

佩韋齋集：一卷／（宋）俞德鄰撰

西麓詩藁：一卷／（宋）陳允平撰

菊潭詩集：一卷／（宋）吳惟信撰

古梅吟稿：一卷／（宋）吳龍翰撰

月洞吟：一卷（宋）王鎡撰

滄州集：一卷／（宋）羅公升撰

柳塘外集：一卷／（宋）釋道璨撰

采芝集：一卷／（宋）釋斯植撰

（甲四）／249

第二部 40 冊（4 函），鈐"歸安趙鱉侯珍藏之印"朱文印 （乙四）／349

詩詞雜俎：十二種五十二卷／（明）毛晉輯.--刻本.--江蘇常熟：虞山毛氏汲古閣，明天啟崇禎間（1621～1644）.--12 冊（2 函）.--缺 2 種：石湖詩集 1 卷、元宮詞 1 卷。半葉 8 行，行 19 字，小字雙行字同，白口，左右雙邊，版心下刻"汲古閣"，半框 19.3×13.5cm。古松堂藏板.--綫裝

子目：

衆妙集：一卷／（宋）趙師秀輯

剪綃集：二卷／（宋）李龏輯

月泉吟社：一卷／（宋）吳渭輯

谷音：二卷／（元）杜本輯

河汾諸老詩集：八卷／（元）房祺輯

三家宮詞：三種／（明）毛晉輯.--半葉 8 行，行 18 字，小字雙行字同，白口，四周單邊，無界行，版心下刻"綠君亭"，半框 20.4×14.3cm

王建宮詞：一卷／（唐）王建撰

花蕊夫人宮詞：一卷／（五代）花蕊夫人撰

王珪宮詞：一卷／（宋）王珪撰

二家宮詞：二種／（明）毛晉輯.--半葉 8 行，行 18 字，小字雙行字同，白口，四周單邊，無界行，版心下刻"綠君亭"，半框 20.4×14.3cm

宋徽宗宮詞：一卷／（宋）徽宗趙佶撰

楊太后宮詞：一卷／（宋）楊皇后撰

漱玉詞：一卷／（宋）李清照撰

斷腸詞：一卷／（宋）朱淑真撰

龍輔女紅餘志：二卷／（元）龍輔撰

（乙四）／44

第二部 6 冊（6 函），缺 1 種：元宮詞 1 卷。鈐"真州吳氏有福讀書堂藏書"白文印 （丁）／2379-2383

第三部 10 冊（1 函），存 8 種：衆妙集、剪綃集、谷音、石湖詩集、月泉吟社、河汾諸老詩集、三家宮詞、二家宮詞。鈐"北平孔德學校之章"朱文印、"獨志堂印"朱文印 （甲四）／716

第四部 6 冊（1 函），存 4 種：衆妙集、剪綃集、石湖詩集、月泉吟社。鈐"濟南周氏藉書園印"朱文印、"北平孔德學校之章"朱文印 （甲四）／645

第五部 1 冊（1 函），存 2 種：剪綃集、石湖詩集。鈐"魯氏書印"朱文印、"廚官"白文

印、"四明林氏大酉山房藏書之印"朱文印、
"林集虛印"白文印　　　　　　　（丁）/12621

三家宮詞：三卷/（明）毛晉輯.--刻本.--綠
君亭，明天啟五年（1625）.--1冊（1函）.--
半葉8行，行18字，白口，四周單邊，版心下
刻"綠君亭"，半框20.3×14.3cm. 鈐"真州
吳氏有福讀書堂"白文印.--綫裝
　　　　　　　　　　　　　　　　（丁）/2378

元人集十種/（明）毛晉編.--刻本.--毛氏汲
古閣，明崇禎十一年（1638）.--24冊（4函）.--
半葉9行，行19字，白口，左右雙邊，半框
18.7×14.2cm. 汲古閣藏板。鈐"竹泉山房"朱
文印、"慎獨齋"朱文印.--綫裝
　子目：
　遺山先生詩集：二十卷/（金）元好問撰.--
卷1-4、6-8、10-12、17-20係抄配
　薩天錫詩集：三卷/（元）薩都剌撰
　薩天錫集外詩：一卷/（元）薩都剌撰
　金臺集：二卷/（元）迺賢撰
　啽囈集：一卷；翠寒集：一卷/（元）宋无撰.--
翠寒集係抄配
　倪雲林先生詩集：六卷，附錄一卷/（元）倪
瓚撰
　南邨詩集：四卷/（元）陶宗儀撰
　玉山草堂集：二卷/（元）顧瑛撰
　句曲外史集：三卷/（元）張雨撰
　霞外詩集：十卷/（元）馬臻撰
　　　　　　　　　　　　　　　（乙四）/10

盛明百家詩：三百二十四卷/（明）俞憲編.--
刻本.--明嘉靖末至隆慶間（1551～1572）.--80
冊（10函）.--存199卷，序、目錄係抄配。半
葉10行，行21字，白口，四周單邊，半框
19.1×13.1cm. 鈐"元茂堂項氏珍藏圖書"朱文
印、"御賜介景堂印"朱文印、"北平孔德學校
之章"朱文印.--綫裝
　子目：
　二杭詩集：一卷/（明）杭濟，（明）杭淮撰
　張伎陵集：一卷/（明）張鳳翔撰
　王浚川集：一卷/（明）王廷相撰

邊華泉集：一卷/（明）邊貢撰
康狀元集：一卷/（明）康海撰
戴學憲集：一卷/（明）戴冠撰
顧司寇集：一卷/（明）顧璘撰
韓參議集：一卷/（明）韓邦靖撰
蔣南冷集：一卷/（明）蔣山卿撰
鄭少穀集：一卷/（明）鄭善夫撰
薛考功集：一卷/（明）薛蕙撰
王夢澤集：一卷/（明）王廷陳撰
李嵩渚集：一卷/（明）李濂撰
馬西玄集：一卷/（明）馬汝驥撰
續馬西玄集：一卷/（明）馬汝驥撰
許少華集：一卷/（明）許宗魯撰
許雲村集：一卷/（明）許相卿撰
二周詩集：一卷/（明）周祚，（明）周沛撰
高蘇門集：一卷/（明）高叔嗣撰
黃泰泉集：一卷/（明）黃佐撰
徐相公集：一卷/（明）徐階撰
栗太行集：一卷/（明）栗應宏撰
王參政集：一卷/（明）王慎中撰
傅夢求集：一卷/（明）傅起岩撰
蔡翰目集：一卷/（明）蔡羽撰
文翰詔集：一卷/（明）文徵明撰
續文翰詔集：一卷/（明）文徵明撰
唐伯虎集：一卷/（明）唐寅撰
傅山人集：一卷/（明）傅汝舟撰
陸盧龍集：一卷/（明）陸果撰
華學士集：一卷/（明）華察撰
樊南溟集：一卷/（明）樊鵬撰
屠漸山集：一卷/（明）屠應峻撰
王少泉集：一卷/（明）王格撰
袁學憲集：一卷/（明）袁袠撰
陸貞山集：一卷/（明）陸粲撰
陳鳴野集：一卷/（明）陳鶴撰
宗室匡南詩集：一卷/（明）朱拱樋撰
陳後岡集：一卷/（明）陳束撰
田豫陽集：一卷/（明）田汝成撰
張昆侖集：一卷/（明）張詩撰
唐中丞集：一卷/（明）唐順之撰
羅贊善集：一卷/（明）羅洪先撰
沈鳳峰集：一卷/（明）沈愷撰
任少海集：一卷/（明）任瀚撰

薛浮休集：一卷/（明）薛章憲撰

皇甫昆季集：二卷/（明）皇甫沖，（明）皇甫涍，（明）皇甫汸，（明）皇甫濂撰

續皇甫百泉集：一卷/（明）皇甫汸撰

孔方伯集：一卷/（明）孔天胤撰

蔡白石集：一卷/（明）蔡汝楠撰

續蔡白石集：一卷/（明）蔡汝楠撰

許茗山集：一卷/（明）許應元撰

王祭酒集：一卷/（明）王維楨撰

薛憲副集：一卷/（明）薛應旂撰

喬三石集：一卷/（明）喬世寧撰

陳參議集：一卷/（明）陳鳳撰

王僉憲集：一卷/（明）王問撰

馮少洲集：一卷/（明）馮惟訥撰

侯二穀集：一卷/（明）侯一元撰

孟衛源集：一卷/（明）孟淮撰

吳霽寰集：一卷/（明）吳維岳撰

范中方集：一卷/（明）范惟一撰

華比部集：一卷/（明）華雲撰

謝中丞集：一卷/（明）謝東山撰

何刑侍集：一卷/（明）何遷撰

洪芳洲集：一卷/（明）洪朝選撰

施武陵集：一卷/（明）施漸撰

姚山人集：一卷/（明）姚咨撰

萬履庵集：一卷/（明）萬士和撰

鄧山人集：一卷/（明）鄧儀撰

王上舍集：一卷/（明）王穉登撰

梁國子生集：一卷/（明）梁辰魚撰

張敉集：一卷/（明）張獻翼撰

俞繡峰集：一卷/（明）俞寰撰

龔內監集：一卷/（明）龔輦撰

周真人集：一卷/（明）周思得撰

釋雪江集：一卷/（明）釋明秀撰

釋魯山集：一卷/（明）釋魯山撰

釋半峰集：一卷/（明）釋果斌撰

釋同石集：一卷/（明）釋希復撰

淑秀總集：一卷/（明）郭愛等撰

練榜眼集：一卷/（明）練安撰

唐丹崖集：一卷/（明）唐肅撰

王忠文公集：一卷/（明）王褘撰

趙鳴秋集：一卷/（明）趙迪撰

郭子章集：一卷/（明）郭奎撰

許士修集：一卷/（明）許繼撰

華氏黃楊集：一卷/（明）華幼武撰

解學士集：一卷/（明）解縉撰

韓中允集：一卷/（明）韓守益撰

二倪詩集：一卷/（明）倪峻，（明）倪敬撰

姚少師集：一卷/（明）姚廣孝撰

曾狀元集：一卷/（明）曾棨撰

郭定襄伯集：一卷/（明）郭登撰

王翰檢集：一卷/（明）王偁撰

林登州集：一卷/（明）林弼撰

高漫士集：一卷/（明）高棅撰

王皆山集：一卷/（明）王恭撰

劉忠宣公集：一卷/（明）劉大夏撰

聶掌教集：一卷/（明）聶大年撰

張東海集：一卷/（明）張弼撰

周草庭集：一卷/（明）周塤撰

張白齋集：一卷/（明）張琦撰

謝文肅公集：一卷/（明）謝鐸撰

顧東江集：一卷/（明）顧清撰

秦端敏公集：一卷/（明）秦金撰

錢太守集：一卷/（明）錢琦撰

王方伯集：一卷/（明）王尚絅撰

朱蕩南集：一卷/（明）朱諫撰

孫鷺沙集：一卷/（明）孫偉撰

楊通府集：一卷/（明）楊中撰

湛甘泉集：一卷/（明）湛若水撰

周尚書集：一卷/（明）周金撰

顧同府集：一卷/（明）顧彥夫撰

續傅夢求集：一卷/（明）傅起岩撰

蘇督撫集：一卷/（明）蘇祐撰

田莘野集：一卷/（明）田汝成撰

金子有集：一卷/（明）金大車撰

沈少參集：一卷/（明）沈謐撰

孫漁人集：一卷/（明）孫宜撰

馮三石集：一卷/（明）馮世雍撰

吳少參集：一卷/（明）吳子孝撰

續姚山人集：一卷/（明）姚咨撰

唐山人集：一卷/（明）唐詩撰

姚本修集：一卷/（明）姚廉敬撰

續沈鳳峰集：一卷/（明）沈愷撰

薛兵憲集：一卷/（明）薛甲撰

張臬副集：一卷/（明）張意撰

沈石灣集：一卷／（明）沈翰卿撰

續黃五嶽集：一卷／（明）黃省曾撰

陳山人集：一卷／（明）陳鳳撰

岳山人集：一卷／（明）岳岱撰

顧給舍集：一卷／（明）顧存仁撰

高光州集：一卷／（明）高應冕撰

趙文學集：一卷／（明）趙綱撰

周太僕集：一卷／（明）周復俊撰

包侍御集：一卷／（明）包節撰

秦封君集：一卷／（明）秦瀚先撰

王侍御集：一卷／（明）王瑛撰

黎瑤石集：一卷／（明）黎民表撰

駱翰編集：一卷／（明）駱文盛撰

強德州集：一卷／（明）強仕撰

陸文學集：一卷／（明）陸九州撰

舒東岡集：一卷／（明）舒緩撰

林介山集：一卷／（明）林應麒撰

溫大毅集：一卷／（明）溫新撰

續王僉憲集：一卷／（明）王問撰

茅副使集：一卷／（明）茅坤撰

二莫詩集：一卷／（明）莫如忠，（明）莫是龍撰

曹于野集：一卷／（明）曹大同撰

呂山人集：一卷／（明）呂時臣撰

續呂山人集：一卷／（明）呂時臣撰

續萬履庵集：一卷／（明）萬士和撰

何翰目集：一卷／（明）何良俊撰

劉魏比玉集：一卷／（明）劉鳳，（明）魏學禮撰

劉子威集：一卷：（明）劉鳳撰

魏季朗集：一卷／（明）魏學禮撰

萬總戎集：一卷／（明）萬表撰

續皇甫理山集：一卷／（明）皇甫濂撰

龔副使集：一卷／（明）龔秉德撰

王督撫集：一卷／（明）王崇古撰

李青霞集：一卷／（明）李時行撰

續王鳳洲集：二卷／（明）王世貞撰

王儀部集：一卷／（明）王世懋撰

胡苑卿集：一卷／（明）胡安撰

方員外集：一卷／（明）方攸躋撰

續吳川樓集：一卷／（明）吳國倫撰

李武選集：一卷／（明）李文麟撰

張周田集：一卷／（明）張九一撰

續徐龍灣集：一卷／（明）徐中行撰

余憲副集：一卷／（明）余德撰

李內翰集：一卷／（明）李袞撰

范中吳集：一卷／（明）范惟丕撰

沈青門集：一卷／（明）沈仕撰

方待御集：一卷／（明）方新撰

沈嘉則集：一卷／（明）沈明臣撰

朱仲開集：一卷／（明）朱永年撰

王貢士集：一卷／（明）王淶撰

潘象安集：一卷／（明）潘緯撰

康裕卿集：一卷／（明）康從理撰

續王上舍集：一卷／（明）王穉登撰

朱山人集：一卷／（明）朱察卿撰

莫公遠集：一卷／（明）莫叔明撰

顧伯子集：一卷／（明）顧允默撰

張文學集：一卷／（明）張文柱撰

童賈集：一卷／（明）童珮撰

吳之山集：一卷／（明）吳擴撰

徐文學集：一卷／（明）徐渭撰

顧山人集：一卷／（明）顧聖撰

林公子集：一卷／（明）林世璧撰

葉客集：一卷／（明）葉芳撰

周東田集：一卷／（明）周□□撰

王逸人集：一卷／（明）王昆侖撰

李公子集：一卷／（明）李言恭撰

王僅初集：一卷／（明）王懋明撰

黃趙客集：一卷／（明）黃道撰

釋全室集：一卷／（明）釋宗泐撰

釋夢觀集：一卷／（明）釋守仁撰

釋方澤集：一卷／（明）釋方澤撰

盧羽士集：一卷／（明）盧大雅撰

章羽士集：一卷／（明）章志宗撰

錢羽士集：一卷／（明）錢月齡撰

俞二子集：一卷／（明）俞淵，（明）俞沂撰

（甲四）/295

邱海二公合集／（清）焦映漢等編.--刻本.--黨維世，清乾隆十八年（1753）.--16 冊（3 函）：肖像 2 幅.--半葉 10 行，行 22 字，白口，四周雙邊，單黑魚尾，半框 19.9×14.3cm。邱氏可繼堂藏板。佚名批、圈點.--綫裝

子目：

丘文莊公集：十卷/（明）邱濬撰

（丁）/2482

海忠介公集：六卷，卷首一卷/（明）海瑞撰

（丁）/2483

皇明十六名家小品：十六種/（明）丁允和，（明）陸雲龍編.--刻本.--錢塘陸雲龍，明崇禎六年（1633）.--29 冊（4 函）.--缺翠娛閣評選董其昌先生小品。半葉 9 行，行 19 字，有眉批，行 4 字，白口，四周單邊，半框 20.5×13.9cm。佚名圈點、評點。鈐"三山陳氏居敬堂圖書"朱文印.--綫裝

子目：

翠娛閣評選屠赤水先生小品：二卷/（明）屠隆撰；（明）何偉然選；（明）陸雲龍評

翠娛閣評選文太青先生小品：二卷/（明）文翔鳳撰；（明）陸雲龍選；（明）陳燮明評

翠娛閣評選虞德園先生小品：二卷/（明）虞淳熙撰；（明）丁允和選；（明）陸雲龍訂

翠娛閣評選鍾伯敬先生小品：二卷/（明）鍾惺撰.--缺卷上

翠娛閣評選王季重先生小品：二卷/（明）王思任撰；（明）馮元仲選；（明）陸雲龍評

翠娛閣評選湯若士先生小品：二卷/（明）湯顯祖撰；（明）江之淮選；（明）陸雲龍評

翠娛閣評選徐文長先生小品：二卷/（明）徐渭撰；（明）陸雲龍選；（明）陶良棟評

翠娛閣評選李本寧先生小品：二卷/（明）李維楨撰；（明）陸雲龍選；（明）陶良棟評

翠娛閣評選陳明卿先生小品：二卷/（明）陳仁錫撰；（明）陸雲龍選；（明）陳嘉兆評

翠娛閣評選黃貞父先生小品：二卷/（明）黃汝亨撰；（明）丁允和選；（明）陸雲龍評

翠娛閣評選曹能始先生小品：二卷/（明）曹學佺撰；（明）陸雲龍選；（明）陸府治評

翠娛閣評選張侗初先生小品：二卷/（明）張鼐撰；（明）丁允和選；（明）陸雲龍評

翠娛閣評選袁小脩先生小品：二卷/（明）袁中道撰；（明）全汝棟選；（明）陸雲龍評

翠娛閣評選陳眉公先生小品：二卷/（明）陳繼儒撰；（明）梅羹選；（明）陸雲龍評

翠娛閣評選袁中郎先生小品：二卷/（明）袁宏道撰；（明）陸雲龍選；（明）梅羹閱

（甲四）/648

第二部 17 冊（5 函）.--缺翠娛閣評選陳眉公先生小品，佚名圈點 （丁）/3734

名家尺牘選：二十卷/（明）馬睿卿選.--刻本.--清康熙（1662～1722）.--12 冊（2 函）.--半葉 7 行，行 15 字，白口，四周單邊，無界行，半框 9.6×6.9cm。鈐"北平孔德學校之章"朱文印.--綫裝

子目：

李獻吉尺牘：一卷/（明）李夢陽撰

何仲默尺牘：一卷/（明）何景明撰

楊用修尺牘：一卷/（明）楊慎撰

王稚欽尺牘：一卷/（明）王廷陳撰

陸子餘尺牘：一卷/（明）陸粲撰

趙孟靜尺牘：一卷/（明）趙貞吉撰

茅順甫尺牘：一卷/（明）茅坤撰

袁伯修尺牘：一卷/（明）袁宗道撰

袁中郎尺牘：一卷/（明）袁宏道撰

袁小修尺牘：一卷/（明）袁中道撰

湯義仍尺牘：一卷/（明）湯顯祖撰

屠長卿尺牘：一卷/（明）屠隆撰

余僧杲尺牘：一卷/（明）余寅撰

王辰玉尺牘：一卷/（明）王衡撰

文天瑞尺牘：一卷/（明）文翔鳳撰

鍾伯敬尺牘：一卷/（明）鍾惺撰

譚友夏尺牘：一卷/（明）譚元春撰

王百穀尺牘：一卷/（明）王穉登撰

徐文長尺牘：一卷/（明）徐渭撰

陳仲醇尺牘：一卷/（明）陳繼儒撰

（甲四）/783

皇明十大家文選：二十五卷/（明）陸弘祚批選.--刻本.--金陵：明（1368～1644）.--16 冊（2 函）.--半葉 9 行，行 20 字，白口，四周單邊，單黑魚尾，半框 18.8×13.3cm.--綫裝

子目：

空同文選：四卷/（明）李夢陽撰；（明）陸弘祚批選

鳳洲文選：四卷/（明）王世貞撰；（明）陸弘

槐野文選：二卷/（明）王維楨撰；（明）陸弘祚批選

滄溟文選：二卷/（明）李攀龍撰；（明）陸弘祚批選

荊川文選：二卷/（明）唐順之撰；（明）陸弘祚批選

陽明文選：三卷/（明）王守仁撰；（明）陸弘祚批選

遵巖文選：二卷/（明）王慎中撰；（明）陸弘祚批選

鹿門文選：二卷/（明）茅坤撰；（明）陸弘祚批選

南明文選：二卷/（明）汪道昆撰；（明）陸弘祚批選

潯陽文選：二卷/（明）董份撰；（明）陸弘祚批選　　　（丁）/12666

四先生文範：四種/（明）焦竑選編.--刻本.--日本：武江書林谷村豐左衞門，日本寬保元年（1741）.--4冊（1函）.--目錄版心題名"明文範"。半葉10行，行20字，有眉欄，行2字，白口，左右雙邊，單黑魚尾，半框19.9×14.9cm。佚名批校，佚名圈點.--綫裝

子目：

鍥獻吉李先生文：一卷

鍥于鱗李先生文：一卷

鍥元美王先生文：一卷

鍥伯玉汪先生文：一卷　　　（丁）/11403

歸錢尺牘：五卷/（清）顧栻編.--刻本.--顧氏如月樓，清康熙三十八年（1699）.--4冊（1函）.--半葉10行，行20字，粗黑口，左右雙邊，單黑魚尾，半框18.4×13.7cm。佚名圈點。鈐"北平孔德學校之章"朱文印.--綫裝

子目：

震川先生尺牘：二卷/（明）歸有光撰

錢牧齋先生尺牘：三卷/（清）錢謙益撰.--卷3末葉有半葉抄配　　　（甲四）/1250

江左三大家詩鈔：九卷/（清）顧有孝，（清）趙澐合輯.--刻本.--清康熙七年（1668）.--8

冊（1夾）.--卷9有12葉部分係抄配。半葉11行，行21字，小字雙行字同，細黑口，左右雙邊，單黑魚尾，半框18.7×14.3cm。佚名圈點。鈐"寶觚樓秘笈之印"朱文印、"鷗士"朱文印、"綠窗人靜"白文印.--綫裝

子目：

牧齋詩鈔：三卷/（清）錢謙益撰

梅村詩鈔：三卷/（清）吳偉業撰

芝麓詩鈔：三卷/（清）龔鼎孳撰

（丙四）/6058

國朝六家詩鈔：八卷/（清）劉執玉輯.--刻本.--清乾隆三十二年（1767）.--4冊（1函）.--半葉10行，行21字，小字雙行31字，細黑口，左右雙邊，單黑魚尾，半框18.1×13.5cm。詒燕樓藏板。鈐"風流儒雅亦吾師"白文印、"退思居記"白文印、"檢亭藏書"朱文印、"陽湖陶氏涉園所有書籍之記"朱文印.--綫裝

子目：

荔裳詩鈔：一卷/（清）宋琬撰

愚山詩鈔：一卷/（清）施閏章撰

阮亭詩鈔：二卷/（清）王士禛撰

秋谷詩鈔：一卷/（清）趙執信撰

竹垞詩鈔：一卷/（清）朱彝尊撰

初白詩鈔：二卷/（清）查慎行撰

（丙四）/1498

第二部　8冊（1函），佚名圈點，鈐"高凌霨澤畬甫收藏印"朱文印　　　（丙四）/15

第三部　6冊（1函）　　　（丙四）/1217

國朝三家文鈔：三十二卷/（清）宋犖，（清）許汝霖選.--刻本.--清康熙三十三年（1694）.--10冊（1函）.--半葉12行，行23字，粗黑口，左右雙邊，單黑魚尾，半框18.5×14.1cm。鈐"宛委堂圖書"白文印.--綫裝

子目：

侯朝宗文鈔：八卷/（清）侯方域撰

魏叔子文鈔：十二卷/（清）魏禧撰

汪鈍翁文鈔：十二卷/（清）汪琬撰

（丁）/16130

第二部　16冊（2函）　　　（丙四）/4336

二家詩鈔：二十卷/（清）邵長蘅選．--刻本．--清康熙三十四年（1695）．--6 冊（1 函）．--半葉 10 行，行 21 字，小字雙行 32 字，粗黑口，四周單邊，單黑魚尾，半框 18.3×13.6cm。佚名圈點。鈐"曾藏章武高氏小椠庵"朱文印、"小椠庵藏書印"朱文印、"澤畬長壽"朱文印、"高凌霨澤畬甫收藏印"朱文印、"舊雨草堂"朱文印、"初齋秘笈"朱文印、"檀芬館藏"白文印．--綫裝

子目：

王氏漁洋詩鈔：十二卷/（清）王士禎撰．--卷 2 有 1 葉抄配

宋氏綿津詩鈔：八卷/（清）宋犖撰

（丙四）/59

第二部　5 冊（1 函），鈐"宛委堂圖書記"朱文印　（丙四）/1137

第三部　4 冊（1 函），缺宋氏綿津詩鈔卷 5-8　（丙四）/5643

江左十五子詩選：十五卷/（清）宋犖編．--刻本．--商丘：宋氏宛委堂，清康熙四十二年（1703）．--4 冊（1 函）．--半葉 10 行，行 19 字，小字雙行 28 字，粗黑口，左右雙邊，單黑魚尾，半框 16.1×13.2cm。鈐"葛氏璉印"白文印、"璉印"朱文印、"林屋幽居"白文印、"葛氏月波樓珍藏"白文印、"荃孫"朱文印、"曾藏洞庭葛香士家"白文印、"雲輪閣"朱文印、"聖俞又字咏莪"朱文印、"葛璉私印"白文印．--綫裝

子目：

王式丹［詩選］：一卷/（清）王式丹撰

吳廷楨［詩選］：一卷/（清）吳廷楨撰

宮鴻曆［詩選］：一卷/（清）宮鴻曆撰

徐昂發［詩選］：一卷/（清）徐昂發撰

錢名世［詩選］：一卷/（清）錢名世撰

張大受［詩選］：一卷/（清）張大受撰

楊楄［詩選］：一卷/（清）楊楄撰

吳士玉［詩選］：一卷/（清）吳士玉撰

顧嗣立［詩選］：一卷/（清）顧嗣立撰

李必恒［詩選］：一卷/（清）李必恒撰

蔣廷錫［詩選］：一卷/（清）蔣廷錫撰

繆沅［詩選］：一卷/（清）繆沅撰

王圖炳［詩選］：一卷/（清）王圖炳撰

徐永宣［詩選］：一卷/（清）徐永宣撰

郭元釪［詩選］：一卷/（清）郭元釪撰

（丙四）/1302

第二部　10 冊（1 函），卷 5 係抄配

（丁）/12454

鴛央湖櫂歌/（清）朱彝尊，（清）譚吉璁，（清）陸以誠，（清）張燕昌撰．--刻本．--清乾隆四十年（1775）．--3 冊（1 函）．--存朱彝尊、譚吉璁、陸以誠三人詩作。半葉 9 行，行 20 字，小字雙行字同，粗黑口，四周單邊，版心下刻"曝書亭"、"狷石居"、"聽雨軒"，半框 16.4×11.3cm．--綫裝　（丁）/2431

七子詩選：十四卷/（清）沈德潛選．--刻本．--清乾隆（1736~1795）．--2 冊（1 函）．--半葉 10 行，行 19 字，小字雙行字數不等，白口，左右雙邊，單黑魚尾，半框 15.9×12cm。鈐"濟甯孫氏蘭枝館藏"朱文印、"孟延父"朱文印、"孫樋之印"白文印、"長在桑枝桵頭"朱文印、"孟延手校"朱文印．--綫裝

子目：

耕養齋集：二卷/（清）王鳴盛撰

硯山堂集：二卷/（清）吳泰來撰

履二齋集：二卷/（清）王昶撰

聽雨樓集：二卷/（清）黃文蓮撰

嫭雅堂集：二卷/（清）趙文哲撰

辛楣吟藁：二卷/（清）錢大昕撰

宛委山房集：二卷/（清）曹仁虎撰

（丁）/2286

第二部　4 冊（1 函），鈐"惲叔子鑒賞印"朱文印、"梧陰"朱文印、"魏仲衡"朱文印、"覯岳一字春帆"朱文印、"兆牧"白文印

（丁）/2257

第三部　佚名圈點，鈐"鄞林氏藜照廬藏書印"朱文印　（丁）/5567

國初十大家詩鈔：十種七十五卷/（清）王相輯．--活字本，木活字．--信芳閣，清道光十年（1830）．--34 冊（6 函）．--半葉 9 行，行 20 字，白口，四周單邊，單黑魚尾，版心下刻"信

芳閣藏"，半框 19.8×14.3cm。鈐"漢陽葉氏敦夙好齋印"朱文印、"漢陽葉名澧潤臣甫印"白文印、"潤臣"白文印、"葉名澧印"印（陰陽合璧）、"端四生"印（陰陽合璧）、"北平孔德學校之章"朱文印．--綫裝

　子目：

　靜惕堂詩：八卷／（清）曹溶撰

　賴古堂詩：十二卷／（清）周亮工撰

　南田詩：五卷／（清）惲格撰

　采山堂詩：八卷／（清）周篔撰

　十笏草堂詩：四卷／（清）王士祿撰

　遺山詩：四卷／（清）高詠撰

　青門詩：十卷／（清）邵長蘅撰

　陋軒詩：六卷／（清）吳嘉紀撰

　畏壘山人詩：十卷／（清）徐昂發撰

　弱水詩：八卷／（清）屈復撰　（甲四）/1221

通代

文選：十二卷／（梁）蕭統輯．--刻本．--新安吳勉學，明萬曆（1573～1620）．--12 冊（2 函）．--半葉 9 行，行 17 字，小字雙行字同，有眉欄，行 2 字，白口，左右雙邊，單黑魚尾，半框 20.5×14.3cm，鈐"南陵徐氏仁山珍藏"白文印、"學部圖書之印"朱文印（滿漢合璧）．--綫裝
　　　　　　　　　　　　　　（丙四）/5929

第二部　　　　　　　　　　（乙四）/212

六家文選：六十卷／（梁）蕭統輯；（唐）李善等註．--刻本．--吳郡袁褧嘉趣堂，明嘉靖二十八年（1549）．--60 冊（8 函）．--半葉 11 行，行 18 字，小字雙行 26 字，白口，左右雙邊，半框 24×18.7cm。有刻工：信、淮等。鈐"侯官鄭氏藏書"朱文印、"注韓居士"白文印．--綫裝
　　　　　　　　　　　　　　（丁）/13899

六臣注文選：六十卷／（梁）蕭統撰；（唐）李善等注．--刻本．--洪楩，明嘉靖二十八年（1549）；項氏萬卷堂，明（1368～1644）修版．--16 冊（4 函）．--函套書簽題"明田汝成萬卷堂刊本六臣文選"。半葉 10 行，行 18 字，小

字雙行 23 字，白口，四周單邊，半框 19×13.6cm。有刻工：劉、蔡武等。佚名眉批、圈點．--綫裝　　　　　　　　（乙四）/193

六臣注文選：六十卷／（梁）蕭統輯；（唐）李善等注．附諸儒議論：一卷／（元）陳仁子輯．--刻本．--崔孔昕，明萬曆二年（1574）刻；徐成位，明萬曆六年（1578）重修．--60 冊（8 函）．--版心題"文選"。半葉 9 行，行 18 字，小字雙行字同，白口，四周雙邊，單綫魚尾，半框 20.4×15.2cm．--綫裝　　　　（乙四）/14

文選：六十卷／（梁）蕭統撰；（唐）李善注；（清）葉樹藩參訂．--刻本，朱墨套印．--長洲葉氏海錄軒，清乾隆三十七年（1772）．--12 冊（2 函）．--書名頁題"重刻昭明文選李善注"。卷端題著者名稱"梁昭明太子"。半葉 12 行，行 25 字，小字雙行 37 字，白口，左右雙邊，單黑魚尾，版心下刻"海錄軒"，半框 20×15cm。海錄軒藏板。佚名批點。鈐"長洲葉氏圖書"白文印、"高凌霨澤靇甫收藏印"朱文印、"天尺樓"朱文印．--綫裝　　　　（丙四）/81

文選：六十卷／（梁）蕭統輯；（唐）李善注；（清）葉樹藩參訂．--刻本，朱墨套印．--清乾隆（1736～1795）．--24 冊（4 函）．--仿清乾隆三十七年葉樹藩海錄軒刻本。書名頁題"重刻昭明文選李善注"。半葉 12 行，行 25 字，小字雙行 37 字，有眉批，行 7 字，白口，左右雙邊，單黑魚尾，版心下刻"海錄軒"，半框 19.3×14.8cm。海錄軒藏板。佚名圈點．--綫裝
　　　　　　　　　　　　　　（丁）/9403

第二部　12 冊（1 函），每卷第 1、2 葉版心改為"大文堂"，其他葉仍為"海錄軒"，大文堂藏板，佚名圈點　　　　（丙四）/582

文選：六十卷／（梁）蕭統撰；（唐）李善註；（清）葉樹藩參訂；（清）何義門評點．--刻本，朱墨套印．--清乾隆（1736～1795）．--24 冊（4 函）．--仿清乾隆三十七年葉樹藩海錄軒刻本。半葉 12 行，行 25 字，小字雙行 37 字，有眉批，行 7 字，白口，左右雙邊，單黑魚尾，版心下刻

"海錄軒"，半框 19.6×15cm。書名頁題"海錄軒藏板"，鈐"芸生堂珍藏"白文印.--綫裝

（丙四）/1415

第二部 （丙四）/6119

文選：六十卷/（梁）蕭統輯；（唐）李善注；（清）葉樹藩參訂.--刻本，朱墨套印.--清乾隆（1736～1795）.--11 冊（1 函）.--仿清乾隆三十七年葉樹藩海錄軒刻本。缺卷 46-50，卷 60 有 1 葉殘損。書名頁題"重刻昭明文選李善注"。半葉 12 行，行 25 字，小字雙行 37 字，有眉批，行 7 字，白口，左右雙邊，單黑魚尾，版心下刻"雙桂堂"，半框 19.8×14.9cm。雙桂堂藏板。鈐"京師圖書館收藏之印"朱文印.--綫裝 （丙四）/5920

文選：十二卷/（梁）蕭統輯；（明）張鳳翼篆註.--刻本.--明萬曆（1573～1620）.--12 冊（2 函）.--書簽題名"文選篆註"。半葉 11 行，行 22 字，小字雙行字同，白口，左右雙邊，單白魚尾，半框 18.8×13cm. 有刻工：子、沈等。鈐"紅橱書屋"朱文印.--綫裝 （丙四）/23

梁昭明文選：十二卷/（梁）蕭統輯；（明）張鳳翼注.--刻本.--明末（1573～1644）.--12 冊（1 函）.--半葉 11 行，行 22 字，小字雙行字同，有眉欄，行 5 字，白口，四周單邊，單黑魚尾，半框 22.9×14.8cm。佚名圈點、批.--綫裝 （丙四）/1325

文選瀹註：三十卷/（梁）蕭統輯；（明）孫鑛評；（明）閔齊華注.--刻本.--烏程閔氏，明末（1573～1644）刻；柯維楨，清康熙二十年（1681）重修.--24 冊（4 函）.--錢謙益序言缺半葉。半葉 9 行，行 19 字，有眉批，行 6 字，白口，四周單邊，無界行，半框 21.2×15.4cm。清潘耒跋。佚名圈點、批。鈐"偉人"白文印.--綫裝 （丁）/12760

文選章句：二十八卷/（梁）蕭統選；（唐）李善注；（明）陳與郊編.--刻本.--明萬曆二十五年（1597）.--16 冊（4 函）.--半葉 10 行，行

20 字，小字雙行字同，白口，左右雙邊，單綫魚尾，半框20.9×13.7cm.--綫裝

（乙四）/284

文選刪註：十二卷/（明）王象乾刪訂.--刻本.--明萬曆（1573～1620）.--8 冊（2 函）.--缺卷 8、9、11、12。卷 10 塗改為卷 8，目錄有挖改。半葉 9 行，行 16 字，小字雙行 32 字，天欄半葉 21 行，行 9 字，地欄半葉 27 行，行 3 字，白口，四周雙邊，雙對黑魚尾，半框 24.5×15.9cm。佚名圈點.--綫裝 （丙四）/1305

文選刪註旁訓：十二卷/（明）馮夢禎刪訂.--刻本.--孫震卿，明末（1573～1644）.--13 冊（3 函）.--序言缺 2 葉。書名頁題"文選刪註"。半葉 9 行，行 16 字，有天地欄，天欄半葉 21 行，行 9 字，地欄半葉 27 行，行 3 字，白口，四周雙邊，單黑魚尾，半框 24.7×15.8cm。佚名圈點。鈐"恬昉秘藏"朱文印、"歐陽鳳熙之印"白文印、"天津高澤畬小榘菴珍藏"朱文印、"東孫所藏"朱文印.--綫裝 （丙四）/3

選詩補注：八卷/（明）劉履撰.補遺二卷，續編四卷/（明）劉履輯.--刻本.--顧存仁養吾堂，明嘉靖三十一年（1552）.--12 冊（1 匣）.--序題"風雅翼"。半葉 10 行，行 19 字，白口，左右雙邊，半框 19.4×13.9cm。鈐"澹齋家藏之章"朱文印、"北平孔德學校之章"朱文印.--綫裝 （甲四）/1515

選詩補註：八卷/（元）劉履補注.--刻本.--明（1368～1644）.--6 冊（1 函）.--存卷 3-5。半葉 10 行，行 20 字，粗黑口，四周雙邊，雙對黑魚尾，半框 20.9×13.6 cm。鈐"周肇祥燕市所得記"朱文印.--綫裝 （丁）/13898

選詩：七卷，詩人世次爵里一卷/（梁）蕭統輯；（明）郭正域批點；（明）凌濛初輯評.--刻本，朱墨套印.--吳興凌濛初，明末（1573～1644）.--8 冊（1 函）.--半葉 8 行，行 18 字，小字雙行字同，有眉批，行 6 字，白口，四周單邊，半框 20.5×14.6cm。鈐"余青園"朱文印、

"夢翔琳藏" 朱文印、"渠氏仲子" 朱文印、"子孫保之" 朱文印 "馬舜君字上善號簡庵弋號口園". --綫裝 （乙四）/5

選賦：六卷，附名人世次爵里：一卷/（梁）蕭統選；（明）郭正域評點. --刻本，朱墨套印. --淩氏鳳笙閣，明末（1573～1644）. --6 冊（1 函）. --半葉 8 行，行 18 字，有眉批，行 6 字，白口，四周單邊，半框 20.2×14.7cm. --綫裝 （丁）/15172

重訂文選集評：十五卷，卷首一卷，卷末一卷/（梁）蕭統選；（清）于光華編. --刻本. --啟秀堂，清乾隆四十三年（1778）. --16 冊（2 函）. --書名頁題 "昭明文選集評"。半葉 10 行，行 24 字，小字雙行 36 字，有眉批，行 6 字，白口，左右雙邊，無界行，單黑魚尾，半框 17.7×14.7cm。錫山啟秀堂藏板。鈐 "錫山鍾簡秀圖書" 白文印、"任城孫氏收藏" 朱文印、"念劬曾讀" 朱文印、"居近太白舊酒樓" 白文印、"臣肇烜印" 白文印. --綫裝 （丙四）/215

重訂文選集評：十五卷，卷首一卷，卷末一卷/（梁）蕭統輯；（清）于光華編. --刻本. --金閶：書業堂，清乾隆五十一年（1786）. --16 冊（1 夾）. --書名頁題 "昭明文選集評"。半葉 10 行，行 24 字，小字雙行 36 字，有眉批，行 6 字，白口，左右雙邊，無界行，單黑魚尾，半框 17.1×14.6cm。佚名圈點、批註. --綫裝 （丙四）/3260

文選補遺：四十卷/（宋）陳仁子撰；（宋）譚紹烈纂. --刻本. --陳文煜，清乾隆二年（1737）. --16 冊（2 函）. --半葉 10 行，行 18 字，小字雙行字數不等，白口，左右雙邊，單黑魚尾，半框 20.9×14.3cm。餘慶堂藏板。鈐 "北平孔德學校之章" 朱文印. --綫裝 （甲四）/304

文選補遺：四十卷/（宋）陳仁子輯；（宋）譚紹烈纂. --刻本. --陳文煜，清乾隆二年（1737）刻；清乾隆六年（1741）補刻. --16 冊（2 函）. --

半葉 10 行，行 18 字，小字雙行字數不等，白口，左右雙邊間四周單邊，單黑魚尾，半框 20×14.3cm。餘慶堂藏板。鈐 "北平孔德學校之章" 朱文印. --綫裝 （丙四）/586

廣文選：六十卷/（明）劉節輯；（明）陳蕙校. --刻本. --晉江陳蕙，明嘉靖十六年（1537）. --18 冊（2 函）. --半葉 11 行，行 21 字，白口，四周單邊，單黑魚尾，半框 21×14.8cm。有刻工：張朝、珮等。佚名批. --綫裝 （乙四）/390

續文選：三十二卷/（明）湯紹祖撰. --刻本. --希貴堂，明崇禎二年（1629）. --8 冊（1 函）. --存卷 1-15。半葉 10 行，行 20 字，白口，左右雙邊，單黑魚尾，版心下刻 "希貴堂"，半框 21.3×14.4cm。有刻工：思、文等。鈐 "曾在鄭萱坪處" 朱文印. --綫裝 （丙四）/43

玉臺新詠/（陳）徐陵輯. --刻本. --趙均，明崇禎（1628～1644）. --1 冊（1 函）. --存卷 7、8。半葉 15 行，行 30 字，細黑口，左右雙邊，半框 21.2×14.4cm. --經折裝 （乙四）/381

玉臺新詠：十卷/（陳）徐陵編；（清）吳兆宜原注；（清）程琰刪補. --刻本. --清乾隆三十九年（1774）. --4 冊（1 函）. --半葉 10 行，行 21 字，小字雙行字同，白口，四周雙邊，單黑魚尾，半框 17.6×13.4cm。有刻工：王鳳儀。佚名圈點。鈐 "雪滄楊氏所藏" 朱文印. --綫裝 （丙四）/1890

文苑英華：一千卷/（宋）李昉等輯. --刻本. --福建：姚江胡維新，明隆慶元年（1567）. --105 冊（6 夾）. --缺卷 44、90-101、126-138。序、目錄及部分卷次係抄配。半葉 11 行，行 22 字，小字雙行字同，白口，四周單邊，單白魚尾，半框 21.3×15.2cm。有刻工：劉亨、詹宏等。鈐 "南陵徐氏仁山珍藏" 白文印、"學部圖書之印" 朱文印（滿漢合璧）、"修養堂主人藏書之印" 朱文印、"永寶" 白文印、"京師圖書館收藏之印" 朱文印. --綫裝 （丙四）/6122

文苑英華：一千卷／（宋）李昉輯．--刻本．--福建：姚江胡維新，明隆慶元年（1567）刻；明隆慶六年至萬曆三十六年（1572～1608）遞修．--216 冊（36 函）．--卷 116、151、155、157、163、220、238、243、292、665、680、683、684、698、770、926、954 各有 1 葉抄配，卷 299、681、691 各有 2 葉抄配。半葉 11 行，行 22 字，小字雙行字同，白口，四周單邊，單白魚尾，半框 20.8×15.7cm。有刻工：劉亨、詹宏等。鈐"北平孔德學校之章"朱文印．--綫裝

（甲四）/1510

文苑英華選：六十卷／（清）宮夢仁輯．--刻本．--瀛州宮氏光明正大之堂，清康熙（1662～1722）．--16 冊（2 函）．--半葉 9 行，行 24 字，小字雙行字同，白口，左右雙邊，雙對黑魚尾，半框 18.8×11.3cm。光明正大之堂藏板。佚名批點。鈐"周肇祥讀過書"朱文印、"石檜書巢"白文印．--綫裝 （丙四）/1784

第二部 12 冊（3 函），存卷 11-18、29-39、50-60，鈐"曾研齋"朱文印 （丙四）/5211

樂府詩集：一百卷，目錄二卷／（宋）郭茂倩編．--刻本．--毛氏汲古閣，明末（1621～1644）．--24 冊（4 函）．--半葉 11 行，行 21 字，小字雙行字同，細黑口，左右雙邊，單黑魚尾，半框 18.7×14.3cm，每卷首葉版心題"汲古閣毛氏正本"。鈐"祥符馮汝桓果卿氏藏書畫印"朱文印、"孝翼齋"朱文印．--綫裝

（乙四）/13

第二部 20 冊（2 函），書名頁題"郭茂倩樂府解題"，汲古閣藏板 （丁）/14160

第三部 36 冊（4 函），佚名圈點 （乙四）/243

第四部 20 冊（4 函） （丙四）/1770

聲畫集：八卷／（宋）孫紹遠輯．--刻本．--揚州詩局，清康熙四十五年（1706）．--4 冊（1 函）．--半葉 11 行，行 21 字，小字雙行 35 字，細黑口，左右雙邊，雙對黑魚尾，半框 16.6×11.7cm。各卷後有牌記"棟亭藏本丙戌九月重刻於揚州使院"。鈐"桐軒心賞"朱文印．--綫

裝 （丁）/13010

新刊迂齋先生標註崇古文訣：三十五卷／（宋）樓昉輯．--刻本．--明嘉靖（1522～1566）．--10 冊（2 函）．--半葉 9 行，行 19 字，白口，左右雙邊，單白魚尾，半框 20.4×14.1cm。鈐"君詠三十後所收古刻善本"朱文印．--綫裝

（丁）/6377

第二部 12 冊（2 函），序言、目錄、卷 1-2 係抄配，鈐"北京市文化局文物調查研究組藏書印"朱文印 （丁）/14458

西山先生真文忠公文章正宗：二十四卷／（宋）真德秀編．--刻本．--馬卿，明正德十五年（1520）．--15 冊（3 函）．--半葉 10 行，行 21 字，小字雙行字同，白口，四周單邊，半框 19.1×13.1cm。有刻工：濟、澤等。鈐"宋啓新印"白文印．--綫裝 （丁）/375

西山先生真文忠公文章正宗：二十四卷／（宋）真德秀輯．--刻本．--馬卿 ，明正德十五年（1520）刻；安正書堂，嘉靖五年（1526）重修．--26 冊（4 函）．--半葉 10 行，行 21 字，小字雙行字同，白口，四周單邊間四周雙邊，半框 19.4×13.1cm。有刻工：余道宗、余元善等。何義門批註。鈐"觀卿氏"朱文印、"秀水莊氏蘭味軒收藏印"朱文印、"莊祖基守齋氏藏書印"朱文印、"北平孔德學校之章"朱文印．--綫裝

（乙四）/491

西山先生真文忠公文章正宗：二十四卷／（宋）真德秀撰．--刻本．--李豸、李磐，明嘉靖四十三年（1564）．--24 冊（4 函）．--版心題"文章正宗"。半葉 10 行，行 19 字，小字雙行字同，白口，四周單邊，單黑魚尾，半框 21.5×15.5cm。有刻工：李孫、李福、楊仁、章彬等．--綫裝

（乙四）/214

西山先生真文忠公文章正宗：二十四卷，續二十卷／（宋）真德秀輯．--刻本．--杜陵蔣氏家塾，明嘉靖四十三年（1564）．--38 冊（6 函）．--半葉 10 行，行 21 字，小字雙行字同，白口，左

右雙邊，單黑魚尾，半框 20.2×12.9cm。有刻工：陳壴、信等。佚名圈點.--綫裝

（丁）/13903

西山先生真文忠公文章正宗：二十四卷/（宋）真德秀輯.--刻本.--明（1368～1644）.--1冊（1函）.--存卷4。半葉10行，行21字，小字雙行字同，粗黑口，左右雙邊，雙對黑魚尾，半框 18.9×12.7cm。有刻工：景舟、伯美等.--綫裝

（丁）/7570

集錄真西山文章正宗：三十卷/（宋）真德秀輯.--刻本.--明（1368～1644）.--24冊（4函）.--半葉9行，行18字，小字雙行字同，白口，左右雙邊，單黑魚尾，半框 20.7×15.5cm.--綫裝

（乙四）/348

文章正宗復刻：三十卷；**續文章正宗復刻**：十二卷/（宋）真德秀輯.--刻本.--清乾隆三十三年（1768）.--22冊（2函）.--（西山先生真文忠公全集/[宋]真德秀撰）.--缺卷29、30。半葉10行，行21字，小字雙行字同，白口，四周雙邊，單黑魚尾，半框 20×14.9cm.--綫裝

（丁）/14513

妙絕古今：不分卷/（宋）湯漢輯.--刻本.--贛郡蕭氏古翰樓，明嘉靖（1522～1566）.--4冊（1函）.--序1葉、篇目1葉、正文3葉係抄配。半葉8行，行17字，小字雙行字同，白口，左右雙邊，單白魚尾，半框 21×14.2cm。有刻工：價、兌等。鈐"藝風堂藏書"朱文印、"荃孫"朱文印、"毛詩正義卅三卷人家"朱文印、"友年所見"白文印、"求古居"朱文印、"北平孔德學校藏"朱文印、"北平孔德學校之章"朱文印.--綫裝

（甲四）/549

妙絕古今：不分卷/（宋）湯漢輯.--刻本.--明（1368～1644）.--6冊（1函）.--缺1葉。翻刻明嘉靖間贛郡蕭氏古翰樓本。半葉8行，行17字，小字雙行字同，旁注小字行34字，白口，左右雙邊，單白魚尾，半框 21.1×13.9cm。鈐"華溪查氏"白文印、"松靄"朱文印、"周

旹"白文印、"博尔濟吉特瑞誥收藏"朱文印、"分司潮嘉汀贛鹽務運同之印"朱文印（漢蒙合文）、"瑞誥收藏精槧秘笈記"朱文印、"內樂邨農"朱文印、"西拉木棱瑞誥收藏書籍"朱文印、"苞兮"朱文印、"曾在趙元方家"朱文印、"南海謝小韞"朱文印、"鳳倫審定謝小韞侍"朱文印、"元方藏書"朱文印.--綫裝

（丙四）/6319

知非堂稿：六卷，附文獻外錄一卷；**知非堂外稿**：四卷；**通書問**：一卷；**通鑑綱目測海**：三卷/（元）何中撰.**雞肋集**/（宋）何希之撰.--刻本.--清康熙五十八年（1719）.--10冊（2函）.--半葉9行，行20字，小字雙行字同，白口，四周單邊，單黑魚尾，半框 19.2×13.3cm.--綫裝

（丁）/4464、4465

瀛奎律髓：四十九卷/（元）方回輯.--刻本.--明（1368～1644）.--24冊（6函）.--巾箱本。半葉9行，行22字，小字雙行字同，細黑口，四周雙邊，雙順黑魚尾，半框 15.6×10cm.--綫裝

（丁）/4392

瀛奎律髓：四十九卷/（元）方回輯；（清）吳孟舉評點.--刻本.--吳寶芝黃葉邨莊，清康熙五十一年（1712）.--6冊（1函）.--半葉10行，行19字，小字雙行28字，細黑口，左右雙邊，雙對黑魚尾，半框 16.7×13.1cm。有查慎行朱墨批校，丁菊甦跋。有"查氏悔餘"白文印"慎行之印"朱文印、"初白菴"朱文印、"方功惠藏書印"朱文印、"丁菊甦校讀印"白文印、"丁菊甦"朱文印、"藜青室"白文印、"光緒十年以後所得書"白文印、"秋香閣寄藏印"白文印.--綫裝：群芳閣藏書

（庚）/139

第二部 8冊（2函），書名頁題"方虛谷瀛奎律髓"，鈐"王璣私印"白文印

（丙四）/1611

瀛奎律髓刊誤：四十九卷/（元）方回輯；（清）紀昀評.--刻本.--蘇州：綠蔭堂，清乾隆（1736～1795）.--10冊（1函）.--半葉10行，行19字，小字雙行26字，有眉批，行7字，白口，

左右雙邊，雙對黑魚尾，半框 16.5×13.7cm。蘇州綠蔭堂藏板。佚名圈點.--綫裝

（丙四）/1654

古文精粹：十卷/（明）佚名編.--刻本.--明成化十一年（1475）.--4 冊（1 函）.--卷 10 末下半葉係抄配。半葉 10 行，行 20 字，小字雙行字同，粗黑口，四周雙邊，雙對黑魚尾，半框 21.9×14.9cm。鈐“誠之”朱文印、“高氏誠之”白文印、“高明私印”朱文印、“孔德學校之章”朱文印.--綫裝 （甲四）/1125

文翰類選大成：一百六十三卷/（明）李伯璵，（明）馮厚校.--刻本.--淮府，明成化（1465～1487）刻；明弘治十四年（1501）、嘉靖二十五年（1546）遞修.--82 冊（14 函）.--存卷 46-82、96-107、111-163。半葉 12 行，行 23 字，四周雙邊，雙對黑魚尾，半框 23.2×15.3cm。佚名圈點。鈐“菊農”朱文印、“臣士塽印”白文印.--綫裝 （丁）/12479

詩林辨體：十六卷，首一卷/（明）潘援編.--刻本.--新安書堂，明正德七年（1512）.--2 冊（1 函）.--存卷 1-7，有殘頁。半葉 11 行，行 21 字，小字雙行字同，粗黑口，四周雙邊，雙順黑魚尾，半框 18.5×12.8cm。牌記“正德壬申孟冬月新安書堂刊”.--綫裝：吳曉鈴贈書 （己）/1448

絕句博選：五卷/（明）王朝雍輯.--刻本.--明嘉靖十五年（1536）.--5 冊（1 函）.--半葉 9 行，行 18 字，小字雙行字同，白口，四周雙邊，雙對黑魚尾，半框 20.1×13.9cm。鈐“郁彩芝記”朱文印、“曉鈴藏書”朱文印.--綫裝：吳曉鈴贈書 （己）/1450

苑詩類選：三十卷/（明）包節輯；（明）王交校.--刻本.--鄂州：何城，明嘉靖二十五年（1546）.--16 冊（2 函）.--缺卷 25-30。半葉 10 行，行 21 字，白口，四周單邊，雙對黑魚尾，半框 18.9×14.1cm。有刻工：蔣邦佑、宋本元等。佚名點。鈐“燕謀”朱文印、“行素堂藏書

記”朱文印、“王客氏”朱文印.--綫裝

（丙四）/6382

苑詩類選：三十卷/（明）包節輯.--刻本.--包樨芳，明嘉靖三十八年（1559）.--14 冊（2 函）.--半葉 10 行，行 21 字，白口，四周雙邊，雙對黑魚尾，半框 19.2×13.9cm。鈐“商丘宋筠蘭揮氏”朱文印、“宛平王氏家藏”白文印、“慕齋監定”朱文印、“北平孔德學校之章”朱文印.--綫裝 （甲四）/978

尺牘清裁：六十卷/（明）王世貞編；（明）王世懋校.--刻本.--明隆慶萬曆間（1567～1620）.--12 冊（2 函）.--仿明隆慶五年王世貞刻本。半葉 9 行，行 18 字，小字雙行字同，白口，左右雙邊，單黑魚尾，每卷首葉版心下刻“敬美書”。半框 18.9×13.5cm.--綫裝 （乙四）/464

新刻選注秦漢文：六卷/（明）董旦輯.--刻本.--前橋蔡氏，明萬曆元年（1573）.--12 冊（2 函）.--半葉 11 行，行 22 字，白口，四周單邊，單白魚尾，半框 18.8×12.2cm。有書工：方名湖。鈐“吾家祕密藏”朱文印.--綫裝 （丁）/12764

秦漢文鈔：不分卷/（明）馮有翼輯.--刻本.--清音館，明萬曆（1573～1620）.--12 冊（1 函）.--半葉 9 行，行 20 字，小字雙行字同，有眉欄，行 6 字，白口，左右雙邊，半框 22.7×13.7cm。有刻工：蔣曙、徐安。鈐“馬氏家藏圖書”朱文印、“祖房”白文印、“維駒”朱文印、“曾為古平壽郭申堂藏”朱文印.--綫裝 （丙四）/39

秦漢文鈔：不分卷/（明）馮有翼撰.--刻本.--明萬曆（1573～1620）.--4 冊（1 匣）.--仿明萬曆清音館刻本。半葉 9 行，行 20 字，小字雙行字同，有眉欄，行 6 字，白口，左右雙邊，半框 18.9×13.5cm。佚名圈點。鈐“高凌霨澤畬甫收藏印”朱文印、“曾藏章武高氏小椠庵”朱文印.--綫裝 （丙四）/13

秦漢文鈔：不分卷／（明）馮有翼輯.--刻本.--明萬曆（1573～1620）.--12 冊（1 函）.--仿明萬曆清音館刻本。半葉 9 行，行 20 字，小字雙行字同，有眉欄，行 6 字，白口，左右雙邊，單黑魚尾，半框 22.6×13.7cm.--綫裝
（丁）/12567

秦漢文鈔：六卷／（明）閔邁德等輯；（明）楊融博批點；（宋）呂祖謙等參評.--刻本，朱墨套印.--烏程閔氏，明萬曆四十八年（1620）.--12 冊（1 函）.--半葉 9 行，行 19 字，有眉批，行 5 字，白口，四周單邊，無界行，半框 20.6×14.7cm。鈐“少泉蔡氏珍藏”朱文印、“求善價而沽諸”白文印.--綫裝 （乙四）/136

名世文宗：三十卷，附談藪一卷／（明）胡時化輯；（明）陳仁錫訂正.--刻本.--明崇禎元年（1628）.--32 冊（2 函）.--半葉 9 行，行 18 字，小字雙行字同，眉欄鐫評，行 5 字，白口，四周單邊，單白魚尾，半框 23.1×13.9cm。鈐“弢伯”朱文印、“楊奇蘊印”白文印、“復園”朱文印、“漁歌浦深”朱文印.--綫裝
（丙四）/6597

尺牘雋言：十二卷／（明）陳臣忠輯；（明）閔邁德校.--刻本，朱墨套印.--吳興：閔邁德，明萬曆（1573～1620）.--4 冊（1 函）.--半葉 9 行，行 20 字，小字雙行字同，有眉批，行 4 字，白口，四周單邊，半框 21×14.1cm。鈐“北平孔德學校之章”朱文印.--綫裝 （甲四）/364

新刊古今名賢品彙註釋玉堂詩選：八卷／（明）舒芬輯；（明）舒琛增補；（明）楊淙注編.--金陵：唐氏富春堂，明萬曆七年（1579）.--8 冊（1 函）.--版心、目錄題“古今玉堂詩選”。半葉 10 行，行 20 字，小字雙行字同，白口，四周雙邊，單黑魚尾，半框 18.8×13.1cm。佚名批點。鈐“北平孔德學校之章”朱文印.--綫裝
（甲四）/297

文章正論：十五卷，緒論五卷／（明）劉祜輯.刻本.--徐圖，明萬曆十九年（1591）.--20 冊

（4 函）.--半葉 10 行，行 20 字，小字雙行字同，有眉批，行 5 字，白口，四周雙邊，單黑魚尾，半框 21.2×14.2cm。有刻工：付燮、劉欽等.--綫裝 （丁）/186

續刻溫陵四太史評選古今名文珠璣：八卷／（明）黃鳳翔等選.--刻本.--余紹崖自新齋，明萬曆二十三年（1595）.--3 冊（1 函）.--半葉 10 行，行 20 字，小字雙行字同，有眉欄，行 7 字，白口，四周單邊，雙對黑魚尾，半框 20.9×12.8cm。鈐“胡鐵桒家藏書”朱文印.--綫裝
（丁）/12427

書記洞詮：一百十六卷，目錄十卷／（明）梅鼎祚輯.--刻本.--玄白堂，明萬曆二十五至二十七年（1597～1599）.--24 冊（4 函）.--半葉 10 行，行 20 字，小字雙行字同，白口，左右雙邊，單白魚尾，半框 21.1×15.1cm。鈐“壽椿堂王氏家藏”白文印、“太原仲子”白文印、“王臣恭靖廷甫”朱文印、“王靖廷觀”白文印.--綫裝 （丁）/3762

古詩類苑：一百三十卷／（明）張之象輯；（明）俞顯卿補訂.--刻本.--俞顯謨、王穎、陳甲，明萬曆三十年（1602）.--32 冊（4 函）.--卷 28-32 係補配。半葉 10 行，行 21 字，小字雙行字同，白口，左右雙邊，單黑魚尾，半框 21×14.2cm。有刻工：文、李、朱等。佚名圈點。鈐“松年”白文印、“健侯”朱文印.--綫裝
（丁）/13019

文府滑稽：十二卷／（明）鄒迪光選.--刻本.--梁谿鄒同光，明萬曆三十七年（1609）.--8 冊（1 函）.--半葉 10 行，行 20 字，白口，四周雙邊，半框 21.1×14.2cm。有刻工：崔繼、崔等。佚名點校、批，佚名圈點.--綫裝
（甲四）/47

古論玄箸：八卷／（明）傅振商輯.--刻本.--順德國士書院，明萬曆四十年（1612）.--8 冊（1 函）.--半葉 9 行，行 20 字，四周單邊，單黑魚尾，半框 21.8×14.7cm。有刻工：石、山.--綫裝 （乙三）/733

詩紀前集：十卷，詩紀前集附錄一卷；詩紀正集：一百三十卷；詩紀外集：四卷；詩紀別集：十二卷/（明）馮惟訥編．--刻本．--黃承玄等，明萬曆四十一年（1613）．--40 冊（6 函）．--半葉 9 行，行 19 字，小字雙行字同，白口，左右雙邊，單黑魚尾，半框 20.7×14.3cm。鈐"高樟之印"白文印、"公考"白文印．--綫裝

（乙四）/455

詩紀：一百五十六卷，目錄三十六卷/（明）馮惟訥輯．--刻本．--吳琯、謝陛、陸弼、俞策，明萬曆（1573～1644）．--30 冊（3 函）．--半葉 9 行，行 19 字，小字雙行字同，白口，四周雙邊，單黑魚尾，半框 20.1×13.5cm。文樞堂藏板。佚名圈點、批註。鈐"北平孔德學校之章"朱文印．--綫裝

（甲四）/803

第二部 聚錦堂藏板 （丙四）/2997

古文奇賞：二十二卷，續古文奇賞三十四卷，奇賞齋廣文苑英華二十六卷，四續古文奇賞五十三卷/（明）陳仁錫選輯．--刻本．--明萬曆四十六年至天啟（1618～1627）．--60 冊（8 夾）．--奇賞齋廣文苑英華目錄題名"三續古文奇賞廣文苑英華"，版心題"廣文苑英華"，序言題"三續古文奇賞"。半葉 10 行，行 20 字，小字雙行字同，有眉批，行 4 字，白口，四周單邊，無界行，單黑魚尾，版心下刻作者姓名、文章序號及卷名，奇賞齋廣文苑英華版心下刻"奇賞齋"，半框 20.6×14.7cm。有刻工：章逸素。佚名圈點，佚名貼注。鈐"嚴"朱文印、"享誠"白文印、"新日吉藏"朱文印、"浭陽于氏印波藏書印"朱文印、"原馨舘"白文印、"北平孔德學校之章"朱文印．--綫裝 （甲四）/702

新刊三方家兄弟註點校正昭曠諸文品粹魁華：十九卷/（明）王士騖等註釋．--刻本．--余文臺雙峰堂，明萬曆（1573～1620）．--16 冊（2 函）．--半葉 9 行，行 18 字，小字雙行字同，有眉欄，行 8 字，白口，四周雙邊，單黑魚尾，半框 21.7×13.1cm。鈐"明崖"朱文印、"陳武鈺印"白文印、"伯藩氏"朱文印．--綫裝

（乙四）/92

古今濡削選章：四十卷/（明）李國祥輯．--刻本．--明萬曆（1573～1620）．--12 冊（2 函）．--書名頁題"濡削選章"。半葉 10 行，行 20 字，白口，左右雙邊，單黑魚尾，半框 21.2×13.5cm。有刻工：戴祿、周等。松門山房藏板。佚名圈點．--綫裝 （丁）/3831

古樂苑：五十二卷，前卷一卷，衍錄四卷，目錄二卷/（明）梅鼎祚輯．--刻本．--明萬曆（1573～1620）．--16 冊（2 函）．--版心題"樂苑"。半葉 10 行，行 21 字，小字雙行字同，白口，左右雙邊，單綫魚尾，半框 21.4×14.9cm。有刻工：劉仁、陳才等。鈐"大采父"白文印、"己吾弱翁"白文印、"彭冠小印"朱文印、"竹右"朱文印、"綵谿釣叟"朱文印、"麈見亭讀式過"朱文印、"娜嬛妙境"朱文印．--綫裝

（甲四）/310

第二部 24 冊（4 函），鈐"筬甫藏書信"朱文印、"淑芳閣"白文印、"子翩圖書"白文印 （丙四）/915

新鐫增補校正寅幾熊先生尺牘雙魚：九卷/（明）熊寅幾撰；（明）陳繼儒輯．**補選捷用尺牘雙魚**：四卷/（明）陳繼儒輯--刻本．--明末（1573～1644）．--3 冊（1 函）．--版心題"尺牘雙魚"。新鐫增補校正寅幾熊先生尺牘雙魚半葉 9 行，行 24 字，補選捷用尺牘雙魚半葉 9 行，行 22 字，小字雙行字同，白口，四周單邊，單黑魚尾，半框 20.7×12.2cm。佚名評點。鈐"奚疑齋藏書"朱文印、"真州吳氏有福讀書堂藏書"朱文印、"北平孔德學校之章"朱文印．--綫裝

（甲四）/365

新刊陳眉公先生精選古論大觀：四十卷/（明）陳繼儒輯；（明）吳震元編．--刻本．--明末（1573～1644）．--24 冊（4 函）．--半葉 9 行，行 24 字，白口，四周單邊，單黑魚尾，半框 21.6×12.8cm。佚名圈點。鈐"弢齋藏書記"朱文印、"安樂堂藏書記"朱文印、"明善堂覽書畫印記"白文印．--綫裝 （乙四）/366

古文品外錄：二十四卷/（明）陳繼儒評．--

刻本.--明末（1573～1644）.--4 冊（1 函）.--
半葉 9 行，行 21 字，小字雙行字同，白口，四
周單邊，單綫魚尾，半框 20.8×14.3cm。鈐"孫
季"朱文印、"鶴巢藏書"朱文印、"百城侯"
白文印.--綫裝　　　　　　　　（乙四）/309
　　　第二部　24 冊（2 函）　　（戊）/3438

藝林粹言：四十一卷/（明）陳繼儒輯.--刻
本.--明（1368～1644）.--16 冊（4 函）.--目
錄頁題"陳眉公匯選古今粹言"。半葉 11 行，
行 21 字，白口，四周單邊，無界行，單黑魚尾，
半框 20.2×14.7 cm.--綫裝　　　（丁）/13937

文致：不分卷/（明）劉士鏻輯；（明）閔無頗，
（明）閔昭明增删并集評；（明）沈聖岐，（明）
閔元衢正定.--刻本，朱墨套印.--閔元衢，明天
啟元年（1621）.--4 冊（1 函）.--半葉 8 行，
行 18 字，有眉批，行 5 字，白口，四周單邊，
無界行，半框 20.1×14.6cm.--綫裝
　　　　　　　　　　　　　　　（丁）/16049
　　　第二部　8 冊（1 函）　　（乙四）/253

删補古今文致：十卷/（明）劉士鏻輯；（明）
王宇增删.--刻本.--明天啟（1621～1627）.--4
冊（1 函）.--書名頁題"鎸湧翠亭重訂批點古
今文致"，目錄題"新鎸王永啓先生評選古今文
致"，版心題"古今文致"。半葉 9 行，行 20
字，有眉批，行 4 字，白口，四周單邊，無界行，
單黑魚尾，半框 20.9×13.6cm。佚名圈點。鈐
"圓旭"白文印.--綫裝　　　　　（丁）/2611

花鏡雋聲：十六卷/（明）馬嘉松輯.--刻本.--
明天啓四年（1624）.--2 冊（1 函）.--存卷 1-5、
6、8。半葉 9 行，行 18 字，白口，四周單邊，
半框 20.8×14.2cm。佚名圈點、批註。鈐"鄞
林氏藜照廬圖書"朱文印.--綫裝　（丁）/6264

古今翰苑瓊琚：十二卷/（明）楊慎輯；（明）
孫鑛評；（明）陳元素校.--刻本.--明天啟（1621
～1627）.--12 冊（2 函）.--半葉 9 行，行 20
字，小字雙行字同，白口，左右雙邊，單白魚尾，
半框 22.3×13.8cm。佚名圈點。鈐"北平孔德

學校之章"朱文印.--綫裝　　　　（甲二）/77

古今風謠：六卷/（明）楊慎輯.--刻本.--明
（1368～1644）.--1 冊（1 函）.--殘本。半葉
9 行，行 16 字，白口，四周雙邊，半框 22.4×
15.7cm.--綫裝：吳曉鈴贈書　　（己）/1445

古今名文走盤珠：四卷，讀古喻言一卷/（明）
施澤深輯.--刻本.--奎璧堂鄭思鳴，明天啟
（1621～1627）.--4 冊（1 函）.--半葉 9 行，
行 20 字，白口，四周單邊，半框 21.7×13.5cm。
佚名圈點。鈐"北平孔德學校之章"朱文印.--
綫裝　　　　　　　　　　　　　（甲四）/827

純師集：十二卷/（明）余鈺輯.--刻本.--明
崇禎（1628～1644）.--12 冊（1 函）.--半葉
10 行，行 20 字，小字雙行字同，有眉批，行 4
字，白口，四周單邊，單黑魚尾，半框 20.2×
14.5cm。鈐"定武楊氏花園藏書印"朱文印、
"北平孔德學校之章"朱文印.--綫裝
　　　　　　　　　　　　　　　（甲四）/511

尺牘青蓮鉢：十二卷/（明）何偉然纂.--刻
本.--夏承侯，明崇禎（1628～1644）.--6 冊（1
函）.--半葉 8 行，行 18 字，白口，四周單邊，
半框 21.5×15cm。鈐"天瑞珍賞"朱文印等.--
綫裝　　　　　　　　　　　　（丁）/12694

文體明辯：四十八卷，卷首一卷/（明）徐師
曾輯；（明）沈芬，（明）沈騏箋注.--刻本.--
明崇禎十三年（1640）.--18 冊（2 函）.--半葉
9 行，行 25 字，小字雙行字同，有眉批，行 4
字，白口，四周單邊，無界行，半框 20×
12.1cm.--綫裝　　　　　　　　（丁）/3439

石倉十二代詩選/（明）曹學佺輯.--刻本.--
明崇禎（1628～1644）.--168 冊（2 匣又 12 函）.--
存古詩 13 卷、唐詩 110 卷、元詩選 50 卷、明次
集 140 卷。半葉 9 行，行 18 字，小字雙行字同，
白口，左右雙邊，單黑魚尾，半框 21.3×
13.9cm。佚名圈點、批註。鈐"張"朱文印、
"鄒起元印"白文印、"雲峰"朱文印、"古山

人"朱文印、"南"朱文印、"津門徐氏藏書"
朱文印、"北平孔德學校之章"朱文印.--綫裝
（甲四）/1389

文品芾函：三卷/（明）陳仁錫選.--刻本.--
明末（1573～1644）.--3 冊（1 函）.--半葉 9
行，行 22 字，小字雙行字同，有眉批，行 5 至
6 字不等，白口，四周單邊，無界行，半框 19.5
×12.8cm.有刻工：瑞、劉。本衙藏板.佚名圈
點、批註.--綫裝　　　　　　　　（丁）/5437

奇賞齋古文彙編：二百三十六卷/（明）陳仁
錫輯.--刻本.--明崇禎（1628～1644）.--110
冊（16 函）.--半葉 10 行，行 20 字，小字雙行
字同，有眉批，行 4 字，白口，四周單邊，單黑
魚尾，半框 21.8×14.9cm.--綫裝
（丙四）/6076

古抄：八卷/（明）劉一相輯.--抄本，烏絲
欄.--明（1368～1644）.--24 冊（4 函）.--有
眉批，行 6 字。佚名朱筆圈點。鈐"吳重熹字仲
懌號心樵"朱文印.--綫裝　　　　（丁）/1307

詩鏡：三十六卷，總論一卷，目錄一卷；**唐詩
鏡**：五十四卷，目錄二卷/（明）陸時雍選評.--
刻本.--明（1368～1644）.--20 冊（2 函）.--
唐詩鏡卷 8、卷 54 各有 1 葉抄配。半葉 9 行，
行 18 字，小字雙行字同，白口，左右雙邊，單
白魚尾，半框 19.2×14.5cm.鈐"慧昊"朱文
印、"顯照之印"朱文印、"蓮香"朱文印、"北
平孔德學校之章"朱文印.--綫裝
（甲四）/534

古文奇艷：八卷/（明）徐應秋輯.--刻本.--
萬卷樓，明末（1573～1644）.--3 冊（1 函）.--
半葉 9 行，行 20 字，小字雙行字同，白口，四
周單邊，單白魚尾，半框 20.8×14.4cm。有刻
工：陳俊望、顧伯巽等。鈐"奇花初胎"朱文
印.--綫裝　　　　　　　　　　　（丙四）/4355

新鐫歷代名家翰墨備覽：六卷/（明）黃光輯.
刻本.--王光猷，明末（1573～1644）.--3 冊（1

函）.--缺卷 3 第 1 葉、卷 5 第 1 葉、卷 6 末葉。
上下兩欄，上欄半葉 12 行，行 8 字，下欄半葉
10 行，行 16 字，小字雙行字同，白口，四周雙
邊，單黑魚尾，半框 20.7×13.3cm.佚名圈點
批校.--綫裝　　　　　　　　　　（丁）/12411

新刻藝林尺一明珠：七卷/（明）佚名編.--
刻本.--明（1368～1644）.--2 冊（1 函）：插圖
7 幅.--有缺頁、殘頁。半葉 11 行，行 21 字，
有眉欄，行 7 字，白口，四周單邊，單黑魚尾，
半框 20.9×11.7cm。函套書簽題"鐵嶺鄭氏珍
藏"，鈐"曙雲樓藏"白文印、"曉鈴藏書"朱
文印.--綫裝：吳曉鈴贈書　　　　（己）/1423

名媛詩歸：三十六卷/（明）鍾惺點輯.--刻
本.--明（1368～1644）.--4 冊（1 函）.--半葉
9 行，行 19 字，小字雙行字同，白口，左右雙
邊，單黑魚尾，半框 20.6×13.7cm。有書工：
周明徵。佚名圈點.--綫裝　　　　（丁）/3913

古今女史詩集：八卷；**精刻古今女史**：十二
卷；**新刻古今女史姓氏字里詳節**：一卷/（明）
趙世傑輯.--刻本.--清初（1644～1722）.--6
冊（1 函）.--半葉 9 行，行 20 字，有眉批，行
4 字，白口，四周單邊，單綫魚尾，半框 20.9
×14.4cm.鈐"北平孔德學校之章"朱文印.--
綫裝　　　　　　　　　　　　　　（甲三）/559

斯文正統：十二卷/（清）刁包編.--刻本.--
清順治十一年（1654）.--12 冊（2 函）.--半葉
9 行，行 20 字，有眉批，行 4 字，白口，左右
雙邊，單黑魚尾，半框 19.6×14.1cm.--綫裝
（甲四）/1237

雁字詩：不分卷/（清）馮如京等撰.--刻本.--
清順治（1644～1661）.--1 冊（合裝 1 函）.--
有殘缺。半葉 8 行，行 19 字，有眉批，字數不
等，白口，四周單邊，單黑魚尾間單白魚尾，半
框 21.9×12.4cm。與古今鴈字詩選合函.--綫
裝　　　　　　　　　　　　　　（丁）/12712-1

古今鴈字詩選：五卷/（清）馮如京輯.--刻

本.--秋水閣,清順治十一年(1654).--1冊(合裝1函).--半葉8行,行18字,小字雙行字同,有眉批,行4字,白口,四周單邊,版心下刻"秋水閣",半框17.7×11.9cm。與雁字詩合函。鈐"名予曰鄆兮"白文印、"字予曰合三"朱文印.--綫裝　　　　　　　　(丁)/12712-2

詩苑天聲:五種二十二卷/(清)范良輯評.--刻本.--金閶童晉之、武林還讀齋,清順治十七年(1660).--8冊(1函).--半葉10行,行22字,小字雙行字同,白口,左右雙邊,無界行,單黑魚尾,半框19.3×14.3cm。幽草軒藏板。佚名圈點.--綫裝
子目:
應制集:四卷
應試集:三卷
朝堂集:七卷
館課集:六卷.--卷3、4係抄配
歷代樂章:二卷　　　　　　(乙四)/385

詩苑天聲:五種二十二卷/(清)范與良評選.--刻本.--清順治十七年(1660);清初(1660~1722)修版.--20冊(2函)--半葉10行,行22字,小字雙行字同,白口,左右雙邊,無界行,單黑魚尾,半框19.2×14.3cm。旋采堂藏板。佚名圈點。鈐"北平孔德學校之章"朱文印.--綫裝　　　　　　　　(甲四)/1274

寫情集:四集/(清)錢尚濠輯.--刻本.--清初(1644~1722).--4冊(1函).--首尾皆缺頁。又名買愁集,分想書、恨書、哀書、悟書四集。半葉8行,行22字,白口,四周單邊,無界行,單黑魚尾間單綫魚尾,半框18.8×11.7cm。有"餘姚謝氏永耀樓藏書"朱文印、"吳"朱文印、"曉鈴藏書"朱文印.--綫裝:吳曉鈴贈書　　　　　　(己)/2199
　第二部　2冊(1函)　　　(丁)/3585

賴古堂文選:二十卷/(清)周亮工輯.--刻本.--周亮工,清康熙六年(1667).--8冊(1函).--卷11、13係抄配。半葉9行,行20字,白口,四周單邊,單綫魚尾,半框20.1×

14.5cm。本衙藏板.--綫裝　　　(乙四)/156

古文淵鑑:六十四卷/(清)徐乾學等奉敕編.--刻本,四色套印.--京師:內府,清康熙二十四年(1685).--48冊(8函).--半葉9行,行20字,小字雙行字同,有眉批,紅字行6字,藍字行6字,黃字行7字,粗黑口,四周單邊,無界行,雙順黑魚尾,半框19.1×14.4cm。鈐"南陵徐氏仁山珍藏"白文印、"修養堂藏書"朱文印、"學部圖書之印"朱文印(滿漢合璧)、"京師圖書館收藏之印"朱文印.--綫裝
　　　　　　　　　(丙四)/6126
　第二部　24冊(4函),鈐"柳雙橋藏"白文印、"古度齋收藏印"白文印　(乙四)/67
　第三部　24冊(4函),鈐"索綽絡氏家塾之章"朱文印　　　　(丙四)/216
　第四部　24冊(4匣)　　(乙四)/494
　第五部　48冊(8函),鈐"北京市文化局文物調查研究組藏書印"朱文印　(丁)/15698

古文淵鑑:六十四卷/(清)徐乾學等奉敕編注.--刻本,四色套印.--清康熙(1662~1722).--30冊(4函).--仿清康熙二十四年內府刻本。半葉9行,行20字,小字雙行字同,有眉批,行6至7字,粗黑口,四周單邊,無界行,雙順黑魚尾,半框19.2×14.1cm.--綫裝
　　　　　　　　　(丙四)/602

古文淵鑑:六十四卷/(清)徐乾學等奉敕編注.--刻本,四色套印.--清康熙(1662~1722).--40冊(4函).--仿清康熙二十四年內府刻本。半葉9行,行20字,小字雙行字同,有眉批,行6至7字,粗黑口,四周單邊,無界行,雙順黑魚尾,半框19.2×14.1cm.--綫裝
　　　　　　　　　(乙四)/85

古文淵鑑:六十四卷/(清)徐乾學等奉敕編注.--刻本,四色套印.--清康熙(1662~1722).--24冊(4函).--仿清康熙二十四年內府刻本。半葉9行,行20字,小字雙行字同,有眉批,行6至7字,粗黑口,四周單邊,無界行,雙順黑魚尾,半框19.2×14.1cm.--綫裝

（丙四）/3096

古文淵鑑：六十四卷/（清）徐乾學等編注.--刻本.--清康熙（1662～1722）.--32 冊（4 函）.--仿清康熙二十四年内府刻本。半葉 9 行，行 20 字，小字雙行字同，有眉批，行 6 至 7 字，粗黑口，四周單邊，雙順黑魚尾，半框 19×14.3cm。鈐"國子監印"朱文印（滿漢合璧）、"國子監八學官書"朱文印、"博古堂藏書"白文印.--綫裝　　　　　　　（丙二）/3594

古文淵鑑：[滿文]：六十四卷/（清）徐乾學等編.--刻本.--京師：武英殿，清康熙二十四年（1685）.--58 冊（8 函）.--半葉 8 行，字數不等，小字雙行字數不等，白口，四周雙邊，半框 24×16.5cm.--綫裝　　　　（乙·四）/1

阮亭選古詩：三十二卷/（清）王士禎選.--刻本.--江南：陽羨蔣景祁，清康熙三十六年（1697）.--5 冊（1 函）.--存五言詩卷 1-5、12-17，七言詩卷 1-15。半葉 10 行，行 21 字，小字雙行字同，粗黑口，左右雙邊，單黑魚尾，半框 19.1×14cm。籟閣藏版。佚名圈點、批。鈐"馬氏玲瓏山館所藏書畫"朱文印.--綫裝　（丙四）/28

古詩箋：五言詩十七卷，七言詩歌行鈔十五卷/（清）王士禎編；（清）聞人倓箋.--刻本.--芷蘭堂，清乾隆三十一年（1766）.--10 冊（2 函）.--半葉 10 行，行 21 字，小字雙行字同，白口，左右雙邊，單黑魚尾，半框 17.4×13.6cm。鈐"歸安錢氏"白文印、"念劬"朱文印、"北京市文化局文物調查研究組藏書印"朱文印.--綫裝　　　　（丁）/14478

七言詩歌行：十五卷/（清）王士禎選.--刻本.--清（1644～1911）.--2 冊（1 函）.--半葉 10 行，行 20 字，小字雙行字同，白口，左右雙邊，單黑魚尾，半框 19.9×15.5cm。佚名圈點、批校。鈐"東卿持贈"白文印、"葉志詵印"白文印.--綫裝　　　　　（丁）/12426

晚邨精選八大家古文：不分卷/（清）呂留良

編.--刻本.--清康熙四十三年（1704）.--6 冊（1 函）.--半葉 10 行，行 25 字，細黑口，左右雙邊，雙對黑魚尾，半框 19.6×14.3cm。佚名圈點。鈐"北平孔德學校之章"朱文印.--綫裝　　　　　　　　　（甲四）/587

佩文齋詠物詩選：不分卷/（清）張玉書等編；（清）聖祖玄燁御定.--刻本.--京師：内府，清康熙四十六年（1707）.--64 冊（8 函）.--半葉 11 行，行 21 字，細黑口，左右雙邊，雙對黑魚尾，半框 16.7×11.3cm。佚名圈點，鈐"吉林索綽絡氏"朱文印、"海粟園藏書"白文印.--綫裝　　　　　　　　　　　　（丙四）/6150
　　第二部　48 冊（6 函），書名頁題"御定佩文齋詠物詩選"，鈐"修養堂珍藏書畫印章"朱文印、"南陵徐氏仁山珍藏"白文印、"學部圖書之印"朱文印（滿漢合璧）　（丙四）/5440
　　第三部　16 冊（2 函）　　　　（丙四）/279
　　第四部　　　　　　　　　　　（乙四）/297

御定歷代題畫詩類：一百二十卷/（清）陳邦彥輯.--刻本.--京師：内府，清康熙四十六年（1707）.--24 冊（4 函）.--半葉 11 行，行 23 字，粗黑口，左右雙邊，單黑魚尾，半框 18.8×12.8cm。佚名圈點.--綫裝　　　（乙三）/1005
　　第二部　30 冊（4 函），鈐"古芸書屋"朱文印　　　　　　　　　　　　　　　（乙三）/126
　　第三部　　　　　　　　　　　（乙三）/453

古文析義：十六卷/（清）林雲銘評注.--刻本.--清康熙五十五年（1716）.--16 冊（1 函）.--書名頁題"增訂古文析義合編"。半葉 9 行，行 23 字，小字雙行字同，白口，左右雙邊，無界行，單黑魚尾，半框 17.5×13.9cm。奎璧堂藏板。佚名圈點.--綫裝　　　　　（丁）/7652
　　第二部　佚名批點　　　　　　（丙四）/2782

文章練要/（清）王源評訂.--刻本.--居業堂，清乾隆九年（1745）.--8 冊（2 函）.--存左傳評 10 卷。書名頁題"文章練要左傳真本"。半葉 9 行，行 22 字，小字雙行字同，有眉批，行 4 字，白口，左右雙邊，雙順黑魚尾，半框 20.2

×14.3cm.--綫裝　　　　　　（丙四）/6206

斯文正宗：十六卷/（清）張伯行輯.--刻本.--張氏正誼堂，清康熙六十一年（1722）.--16 冊（4 函）.--半葉 10 行，行 22 字，白口，左右雙邊，單黑魚尾，版心下刻“正誼堂”，半框 20.2×14.6cm. 正誼堂藏板.--綫裝　（庚）/703

古詩源：十四卷/（清）沈德潛輯注.--刻本.--清康熙（1662～1722）.--6 冊（1 夾）.--半葉 10 行，行 19 字，小字雙行 29 字，粗黑口，左右雙邊，單黑魚尾，半框 17.5×13.5cm。竹嘯軒藏板.--綫裝　　　（丙四）/1775

古詩源：十四卷/（清）沈德潛輯.--刻本.--清康熙（1662～1722）.--4 冊（1 函）.--半葉 10 行，行 19 字，小字雙行 29 字，粗黑口，左右雙邊，單黑魚尾，半框 17.7×13.9cm。渝城尊經閣藏板。佚名圈點.--綫裝　（丙四）/2298
第二部　6 冊（1 函），鈐“鑲黃旗官學”朱文印、“北平市立第一民衆教育館藏書”朱文印　　　　　　　　　　（丙四）/2212

古詩源：十四卷/（清）沈德潛輯注.--刻本.--清康熙（1662～1722）.--4 冊（1 夾）.--仿刻本。半葉 10 行，行 19 字，小字雙行 29 字，粗黑口，左右雙邊，單黑魚尾，半框 17.5×13.5cm。霽月山房藏板.--綫裝　（丙四）/4691

詩賦備體：十四卷，外集五卷/（清）張晴峰論定；（清）祝文彥訂.--刻本.--清康熙（1662～1722）.--8 冊（1 函）.--版心題“古學備體”，目錄題“詩詞歌賦備體”。半葉 10 行，行 23 字，小字雙行字同，白口，四周單邊，單黑魚尾，半框 20.3×12.8cm。佚名圈點、評注、佚名批點。鈐“北平孔德學校之章”朱文印.--綫裝　　　　　　（甲四）/1385

榕村詩選：八卷，卷首一卷/（清）李光地編.刻本.--杭州：石川方觀，清雍正八年（1730）.--4 冊（1 函）.--書名頁題“安溪先生榕村詩選”。半葉 9 行，行 19 字，小字雙行

29 字，白口，左右雙邊，單黑魚尾，半框 18×13.1cm.石川方氏藏版。鈐“御賜教忠堂”朱文印.--綫裝　　　　　　　（丙四）/30

五朝名家七律英華/（清）顧有孝，（清）王載輯.--刻本.--金閶：寶翰樓，清康熙（1662～1722）.--5 冊（1 函）.--書名頁題“五朝詩名家七律英華”。半葉 11 行，行 21 字，小字雙行字同，粗黑口，左右雙邊，雙對花魚尾，半框 18.1×13.6cm。鈐“學耕堂珍賞”朱文印、“斐卿”朱文印、“德彬印”白文印.--綫裝　　　　　　　　　　（丁）/3635

宋金元詩永：二十卷，補遺二卷/（清）吳綺選.--刻本.--廣陵：千古堂，清康熙（1662～1722）.--10 冊（1 函）.--半葉 9 行，行 19 字，白口，四周單邊，單黑魚尾，半框 17.5×13.5cm。佚名圈點、箋注。鈐“北平孔德學校之章”朱文印.--綫裝　　　（甲四）/826

詩倫：二卷/（清）汪薇輯.--刻本.--寒木堂，清康熙五十六年（1717）.--4 冊（1 函）.--半葉 10 行，行 19 字，小字雙行字同，白口，四周單邊，單黑魚尾，半框 17.3×13.4cm。鈐“初齋祕笈”朱文印、“高凌霨澤審甫收藏印”朱文印.--綫裝　　　　　　　（丙四）/1

近光集：二十八卷/（清）汪士鈜輯；（清）徐修仁注.--刻本.--清康熙五十八年（1719）.--8 冊（1 函）.--半葉 9 行，行 19 字，小字雙行字同，粗黑口，左右雙邊，單黑魚尾，半框 16.7×12.9cm。鈐“式儒收藏”朱文印.--綫裝　　　　　　　　　　（丙四）/1556

詩林韶濩：二十卷/（清）顧嗣立編.--刻本.--顧氏秀野草堂，清康熙（1662～1722）.--8 冊（1 函）.--半葉 11 行，行 21 字，白口，左右雙邊，雙順黑魚尾，半框 18×13.3cm。鈐“顧”白文印、“北平孔德學校之章”朱文印.--綫裝　　　　　　　（甲四）/1024

詩林韶濩：二十卷/（清）顧嗣立輯.--刻本.--

清康熙（1662～1722）.--16 冊（2 函）.--半葉 10 行，行 24 字，小字雙行字同，粗黑口，左右雙邊，單黑魚尾，半框 19.6×14cm。弘文書屋藏板.--綫裝　　　　　　　　　（丙四）/1509

歷朝尺牘：六卷/（清）曹三德輯. **靜惕堂尺牘**：二卷/（清）曹溶稿；（清）曹三德校輯.--刻本.--清康熙（1662～1722）.--3 冊（1 函）.--半葉 9 行，行 22 字，小字雙行字同，白口，四周單邊，無界行，半框 21.1×14.3cm。鈐"培蘭"朱文印、"培蘭一字芷湘"朱文印、"海昌管庭芬讀"朱文印、"臣庭芬印"白文印、"管庭芬印"白文印、"北平孔德學校之章"朱文印.--綫裝　　　　　　　　　（甲四）/1108

冰雪攜三選稿：不分卷/（清）衛泳輯.--稿本.--清康熙（1662～1722）.--4 冊（1 函）.--鈐"懶僊"白文印、"蔣湘南印"朱文印、"惜花心性"朱文印、"白雲明月露全身"朱文印、"鄞馬廉字隅卿所藏圖書"朱文印.--綫裝　　　　　　　　　（甲四）/1513

文津：二卷/（清）王晫評選.--刻本.--王氏霞舉堂，清康熙（1662～1722）.--4 冊（1 函）.--半葉 9 行，行 20 字，白口，四周單邊，單黑魚尾，版心下刻"霞舉堂"，半框 20.5×14.8cm。書名頁題"還讀齋梓行"。鈐"北京孔德學校藏"朱文印、"北平孔德學校之章"朱文印.--綫裝　　　　　　　　　（甲四）/860

古文觲前集：十六卷；**古文觲後集**：十八卷/（清）姚培謙選.--刻本.--華亭姚氏，清康熙六十一年至雍正元年（1722～1723）.--16 冊（1 函）.--書名頁題"唐宋八大家文觲"。半葉 9 行，行 21 字，小字雙行字同，粗黑口，左右雙邊，雙對黑魚尾，半框 17.6×12.3cm。遂安堂藏板.--綫裝　　　　　　　　　（丁）/6378
第二部　後集卷首題"向青閣古文觲讀本"，鈐"吳慈培印長壽"白文印、"滇西吳氏佩伯藏書印"朱文印、"耐菴"白文印
　　　　　　　　　（乙四）/1

古文觲：十八卷/（清）姚培謙評注.--刻本.--虞山照曠閣，清乾隆三十一年（1766）.--8 冊（2 函）.--缺卷 18 第 35 葉至末葉。此書即古文觲後集，而無"後集"字樣。半葉 9 行，行 21 字，小字雙行字同，粗黑口，左右雙邊，雙對黑魚尾，半框 17.5×12.5cm。有刻工：原道、伯等。虞山照曠閣藏板。佚名圈點。鈐"王璆"朱文印.--綫裝　　　　　　　　　（丙四）/1725

古文雅正：十四卷/（清）蔡世遠選評.--刻本.--念修堂，清雍正三年（1725）.--6 冊（1 函）.--半葉 8 行，行 24 字，白口，左右雙邊，無界行，單黑魚尾，半框 20×11.2cm。念修堂藏板。鈐"國子監印"朱文印（滿漢合璧）.--綫裝　　　　　　　　　（丙四）/613

時務金華集/（清）宗觀輯.--刻本.--清雍正七年（1729）.--2 冊（1 函）.--半葉 8 行，行 20 字，小字雙行字同，白口，四周單邊，單黑魚尾，半框 19.5×11.9cm。鈐"漢階珍藏"朱文印.--綫裝　　　　　　　　　（丁）/11185

悅心集：四卷/（清）世宗胤禛輯.--抄本.--吳榮光，清嘉慶道光間（1796～1850）.--2 冊（1 函）.--綫裝　　　　　　　　　（丁）/12552

古文約選：不分卷/（清）允禮輯.--刻本.--和碩果親王，清雍正十一年（1733）.--10 冊（1 函）.--半葉 9 行，行 19 字，有眉批，行 4 字，白口，四周雙邊，無界行，單黑魚尾，半框 21.3×14.7cm。鈐"孫華卿章"朱文印、"北皮亭鎦氏所藏秘笈"朱文印、"辛酉"白文印、"劉千里所藏金石書畫"朱文印、"劉駒賢印"白文印、"千里"朱文印、"駒賢"白文印、"劉千里"朱文印、"鎦伯子"朱文印、"劉駒賢"白文印.--綫裝
子目：
　西漢文約選
　東漢文約選
　後漢文約選
　韓退之文約選
　柳子厚文約選

歐陽永叔文約選
曾子固文約選
蘇明允文約選
蘇子瞻文約選
蘇子由文約選
王介甫文約選　　　　　　（乙四）/171
　第二部　24 冊（4 函）　　（乙四）/388

詠物詩選：八卷/（清）俞琰輯．--刻本．--清
雍正（1723～1735）．--4 冊（1 函）．--書名頁
題"歷朝詠物詩選"。半葉 10 行，行 21 字，粗
黑口，左右雙邊，單黑魚尾，半框 16×11.5cm。
寧儉堂藏板。佚名圈點、批註。鈐"雪漁"白文
印、"陳寶泉印"白文印、"退思齋"白文印、
"葆光內融"白文印、"芯厂藏書"朱文印、
"芯厂珍藏"朱文印．--綫裝　　（丙四）/3259

御選唐宋文醇：五十八卷/（清）高宗弘曆輯．
刻本，四色套印．--京師：內府，清乾隆三年
（1738）．--20 冊（4 函）．--半葉 9 行，行 22
字，白口，四周單邊，單黑魚尾，半框 19.6×
14.3cm．--綫裝　　　　　　（乙四）/421

御選唐宋文醇：五十八卷/（清）高宗弘曆選．
刻本．--清乾隆六年（1741）．--20 冊（2 函）．--
直隸總督孫嘉淦進呈本，翻刻清乾隆三年內府
本。半葉 9 行，行 22 字，白口，左右雙邊，單
黑魚尾，半框 18×11.5cm．--綫裝
　　　　　　　　　　　　（丙四）/1418

古文眉詮：七十九卷，卷首一卷/（清）浦起
龍評選．--刻本．--三吳書院，清乾隆九年
（1744）．--16 冊（2 函）．--半葉 9 行，行 22
字，小字雙行字同，有眉欄，行 8 字，白口，左
右雙邊，無界行，版心下刻"三吳書院"，半框
22.5×13.8cm．--綫裝　　　（乙四）/427
　第二部　24 冊（2 函），靜寄東軒藏版
　　　　　　　　　　　　（丙四）/281

古文眉詮：七十九卷，卷首一卷/（清）浦起
龍編．--刻本．--清乾隆（1736～1795）．--16 冊
（2 函）．--仿刻清乾隆九年三吳書院本。半葉 9

行，行 22 字，小字雙行字同，有眉欄，行 8 字，
白口，左右雙邊，無界行，版心下刻"三吳書
院"，半框 22.5×13.8cm。靜寄東軒藏版。鈐
"泉壽堂"白文印．--綫裝　　　（丙四）/282

藜照堂臨池新編：四卷/（清）劉昭輯．--刻
本．--清乾隆十八年（1753）．--2 冊（1 函）．--
半葉 9 行，行 21 字，白口，四周單邊，無界行，
單黑魚尾，半框 14×10cm。令德堂藏板．--綫裝
　　　　　　　　　　　　（丙四）/4675

賴古堂尺牘新鈔三選結鄰集：十六卷/（清）
周亮工編．--刻本．--清乾隆十九年（1754）．--8
冊（1 函）．--書名頁題"尺牘新鈔結鄰集"，
版心題"結鄰集"。半葉 9 行，行 20 字，有眉
批，行 4 字，白口，四周單邊，單綫魚尾，版心
下刻"賴古堂"，半框 19.4×13.4cm。懷德堂
藏板。鈐"迪莊藏本"朱文印、"北平孔德學校
之章"朱文印．--綫裝　　　（甲四）/664

斯文精萃：不分卷/（清）尹繼善輯．--刻本．--
清乾隆二十九年（1764）．--12 冊（2 函）．--
半葉 8 行，行 21 字，白口，左右雙邊，無界行，
半框 18.1×12.4cm．--綫裝　　（丙四）/6042

御選唐宋詩醇：四十七卷，目錄二卷/（清）
高宗弘曆選．--刻本．--清乾隆二十五年
（1760）．--22 冊（2 函）．--半葉 9 行，行 19
字，白口，四周雙邊，單黑魚尾，半框 18.7×
14.1cm。珊城遺安堂藏板．--綫裝　（乙四）/457

欽定四書文：不分卷/（清）方苞等奉敕輯．--
刻本．--京師：武英殿，清乾隆五年（1740）．
22 冊（2 函）．--半葉 9 行，行 25 字，白口，四
周雙邊，無界行，單黑魚尾，半框 22.3×
15.7cm。鈐"國子監印"朱文印（滿漢合璧）、
"國子監八學官書"朱文印．--綫裝
　子目：
　　欽定化治四書文
　　欽定正嘉四書文
　　欽定隆萬四書文
　　欽定啓禎四書文

欽定本朝四書文　　　　　　（丙三）/1101

　　第二部　　　　　　　　（丙三）/1102

　　第三部　16 冊（4 函）　　（丙三）/1078

　　第四部　4 冊（1 函），存化治、正嘉（大學、論語部分）、隆萬四書文　　（丙一）/1245

　歷朝名媛詩詞：十二卷/（清）陸昶評選.--刻本.--吳門陸氏紅樹樓，清乾隆三十八年（1773）.--4 冊（1 函）：插圖 57 幅.--半葉 9 行，行 19 字，白口，左右雙邊，版心上刻"紅樹樓選"，半框 15.8×13.1cm。有刻工：王鳳儀。紅樹樓藏板。佚名圈點。鈐"晉安薩玉香藏書印"朱文印、"四癖生"朱文印、"人淡如菊"朱文印、"翼齋"白文印、"家謀"朱文印、"劉家謀印"朱文印、"周養庵陳默嫻同欣賞"朱文印、"積石山房藏書"朱文印、"積石山房珍藏秘籍"朱文印、"娑羅花樹館周氏藏書"朱文印.--綫裝　　（丙四）/830

　　第二部　6 冊（1 函），鈐"崇義堂"朱文印、"北平孔德學校之章"朱文印　　　　　　　　　　　　　　　　（甲四）/421

　　第三部　　　　　　　　（丁）/5410

　重訂古文雅正：十四卷/（清）蔡世遠輯.--刻本.--清乾隆四十二年（1777）.--6 冊（1 函）.--半葉 9 行，行 25 字，白口，左右雙邊，單黑魚尾，半框 18.6×14.4cm。佚名朱墨筆評點.--綫裝　　　　　　（丙四）/2864

　古文集宜：四卷/（清）魏起泰編選.--刻本.--清乾隆五十一年（1786）.--4 冊（1 函）.--半葉 9 行，行 25 字，有眉批，行 6 字，白口，左右雙邊，無界行，單黑魚尾，半框 19×11.8cm.綫裝　　　　　　　　（丁）/9720

　唐宋八大家類選：十四卷/（清）儲欣編.--刻本.--清乾隆四十九年（1784）.--6 冊（1 函）.--半葉 8 行，行 25 字，白口，左右雙邊，無界行，半框 19.1×11.2cm。受祉堂藏板。佚名記、圈點。鈐"南陵徐氏仁山珍藏"白文印、"修養堂珍藏書畫印章"朱文印、"學部圖書之印"朱文印（滿漢合璧）、"京師圖書館收藏之

印"朱文印.--綫裝　　　　（丙四）/6052

　唐宋八家鈔：八卷/（清）高嶪輯.--刻本.--清乾隆五十三年（1788）.--8 冊（1 函）.--半葉 9 行，行 25 字，小字雙行字同，有眉批，行 6 字，白口，四周雙邊，無界行，單黑魚尾，半框 19.5×15cm。鈐"廣郡永邑培元堂楊藏板"朱文印、"讀書最樂"朱文印.--綫裝

　　　　　　　　　　　　（丙四）/6100

　　第二部　　　　　　　　（甲四）/1177

　古文分編集評：四集/（清）于光華編.--刻本.--清乾隆五十二年（1787）.--18 冊（3 函）.--缺第三集。半葉 10 行，行 24 字，小字雙行 36 字，有眉批，行 6 字，白口，左右雙邊，無界行，單黑魚尾，半框 17×14.1cm。友于堂藏板。鈐"捫窗主人秘笈印"朱文印.--綫裝

　　　　　　　　　　　　（丙四）/5612

　歸餘鈔：四卷/（清）高嶪集評.--刻本.--清乾隆五十三年（1788）.--8 冊（1 函）.--半葉 9 行，行 25 字，小字雙行字同，有眉批，行 6 字，白口，四周雙邊，單黑魚尾，半框 19.6×15.2cm。廣郡永邑培元堂楊藏板.--綫裝

　　　　　　　　　　　　（丙三）/6403

　　第二部　　　　　　　　（戊）/580

　古詩賞析：二十二卷/（清）張玉穀選解.--刻本.--清乾隆（1736～1795）.--6 冊（1 函）.半葉 9 行，行 19 字，小字雙行字同，白口，左右雙邊，單黑魚尾，半框 16.9×13.5cm。樂圃齋藏板。佚名批點。鈐"云驤"朱文印、"少愚"白文印、"春"朱文印、"少愚"朱文印、"嚴春"白文印、"嚴"白文印.--綫裝

　　　　　　　　　　　　（丙四）/5811

　　第二部　鈐"養居士金石書畫印信"朱文印、"娑羅花樹館周氏藏書"朱文印

　　　　　　　　　　　　（丙四）/303

　選材錄：一卷/（清）周春撰；遼詩話：一卷/（清）周春輯.--刻本.--清乾隆嘉慶間（1736～1820）.--1 冊.--半葉 10 行，行 21 字，小字

雙行字同，粗黑口，左右雙邊，單黑魚尾，半框 17.2×12cm.--綫裝　　　　　　　　（丁）/4784

金錯膽鮮：四卷/（清）永恩輯錄.--抄本.--清乾隆（1736~1795）.--4 冊（1 函）.--適廬跋。鈐"禮王之章"朱文印、"蘭亭主人"白文印、"豐府藏書"白文印、"誠正堂"朱文印、"檀尊藏本"朱文印、"自在香館"朱文印.--綫裝　　　　　　　　　（乙四）/410

詠梅詩鈔.--抄本.--清乾隆嘉慶間（1736~1820）.--4 冊（1 夾）.--鈐"養菴秘笈"朱文印、"梅花禪"朱文印.--綫裝　　（丁）/5480

古名文鈔/（清）汪士鐸輯.--抄本，烏絲欄.--汪士鐸，清後期（1851~1911）.--鈐"勇猛精進"朱文印.--3 冊（1 函）.--綫裝
　　　　　　　　　　　　　　　（丁）/12437

傳記文鈔.--寫樣稿本.--清末（1851~1911）.--14 冊（2 函）.--書名據内容自擬。半葉 10 行，行 24 字，小字雙行字同，白口，四周雙邊，雙對黑魚尾。半框 21.8×15.6cm。鈐"勤慎"朱文印、"篤華堂張曉漁校藏圖籍之章"朱文印、"皖南張師亮筱漁氏校書于篤華堂"朱文印.--綫裝　　　（丁）/12762

千古文瀾.--活字本.--朝鮮，李朝後期（1694~1910）.--2 冊（1 函）.--存 2 卷。半葉 9 行，行 16 字，四周單邊，雙對花魚尾，半框 21.2×15.3cm。鈐"賜號善寶齋"朱文印、"閔丙承印"白文印.--綫裝　　　（丁）/13953

古賦辯體：十卷/（元）祝堯輯.--刻本.--明嘉靖十六年（1537）.--5 冊（1 函）.--半葉 10 行，行 18 字，白口，四周單邊，單黑魚尾，半框 17.4×13.4cm。佚名圈點。鈐"戴昺印"白文印、"全性堂陳氏藏書記"朱文印.--綫裝　　　　　　　　　（丁）/6470

四六法海：十二卷/（明）王志堅輯.--刻本.--張德仲，明天啟七年（1627）刻；清乾隆二十三

年（1758）補修.--12 冊（2 函）.--半葉 9 行，行 20 字，白口，四周單邊，無界行，單綫魚尾，半框 20.9×14.2cm。載德堂藏板。鈐"南陵徐氏仁山珍藏"白文印、"修養堂主人藏書之印"朱文印、"學部圖書之印"朱文印（滿漢合璧）、"京師圖書館收藏之印"朱文印.--綫裝
　　　　　　　　　　　　　　　（丙四）/5636

第二部　鈐"許氏星臺藏書"朱文印
　　　　　　　　　　　　　　　（丙四）/2265

第三部　佚名圈點，鈐"沌陽鄒氏家藏"朱文印　　　　　　　　　　　　　　（丙四）/2123

賦略外篇：二十卷/（明）陳山毓輯.--刻本.--明末（1573~1644）.--4 冊（1 函）.--半葉 9 行，行 18 字，小字雙行字同，有眉批，行 4 字，白口，四周單邊，單白魚尾，半框 20.4×15.3cm.--綫裝　　　　　（丁）/5555

夢澤張先生手授選評四六燦花：二卷/（明）毛應翔等輯.--刻本.--明天啟三年（1623）.--2 冊（1 函）.--版心題"四六燦花"。半葉 9 行，行 18 字，小字雙行字同，有眉批，行 3 字，白口，四周單邊，單綫魚尾，半框 20.9×14.4cm。鈐"北平孔德學校之章"朱文印.--綫裝
　　　　　　　　　　　　　　　（甲四）/985

御定歷代賦彙：一百四十卷，外集二十卷，逸句二卷，補遺二十二卷，目錄二卷/（清）陳元龍編.--刻本.--揚州詩局，清康熙四十五年（1706）（陳元龍進呈）.--60 冊（10 函）.--版心題"歷代賦彙"。半葉 11 行，行 21 字，小字雙行字數不等，粗黑口，左右雙邊，單黑魚尾，半框 19.1×14.3cm。佚名圈點。鈐"東山藏書"印（陰陽合璧）、"寶勤堂書畫印"朱文印.--綫裝　　　　　　　　　　　　（乙四）/282

第二部　64 冊（8 函），鈐"十年磨一劍"白文印　　　　　　　　　　　　（丙四）/2991

第三部　48 冊（8 函），鈐"北平孔德學校之章"朱文印　　　　　　　　（甲四）/62

四賦體裁箋註：十二卷/（清）盧文弨重輯.--刻本.--清乾隆（1736~1795）.--6 冊（1 夾）.--

半葉 10 行，行 22 字，小字雙行字同，白口，左右雙邊，單黑魚尾，半框 19.1×13.2cm。--綫裝

（丁）/13396

賦鈔箋略：十五卷/（清）雷琳，（清）張杏濱箋。--刻本。--清乾隆（1736～1795）。--5 冊（1 函）。--半葉 9 行，行 19 字，小字雙行 30 字，白口，左右雙邊，單黑魚尾，半框 15.5×11.3cm。佚名圈點、批注。鈐"栢錦林印"白文印、"庚辰翰林"朱文印。--綫裝

（丙四）/5731

斷代

春秋戰國文選：三十四卷/（明）姚三才輯。--刻本。--萬卷樓，明萬曆（1573～1620）。--20 冊（2 函）。--半葉 9 行，行 20 字，小字雙行字同，白口，四周雙邊，單綫魚尾，版心下刻"萬卷樓梓"，半框 21.2×14.5cm。佚名圈點。鈐"四明林氏大酉山房藏書之印"朱文印。--綫裝

（丙四）/1817

漢詩音註：十卷，古今韻考一卷/（清）李因篤撰。--刻本。--王梓槐蔭堂，清康熙三十六年（1697）。--4 冊（1 函）。--半葉 9 行，行 19 字，小字雙行字同，白口，四周單邊，單黑魚尾，半框 18.5×13.6cm。槐蔭堂藏板。鈐"汪喜孫印"白文印、"何紹業觀"白文印、"北平孔德學校之章"朱文印。--綫裝 （甲四）/1118

西漢文：二十卷；**東漢文**：二十卷/（明）張采輯。--刻本。--金閶：委宛齋，明崇禎（1628～1644）。--20 冊（2 函）。--半葉 9 行，行 19 字，小字雙行字同，有眉批，行 4 字，白口，左右雙邊，無界行，單黑魚尾，半框 20.4×14.5cm。鈐"篤素堂藏書"朱文印、"彭良馮印"白文印、"咸一氏"朱文印等。--綫裝

（丁）/14186

西漢文：二十卷；**東漢文**：二十卷/（明）張采輯。--刻本。--清順治（1644～1661）。--36 冊

（4 函）。--半葉 9 行，行 19 字，小字雙行字同，有眉批，行 4 字，白口，左右雙邊，無界行，單黑魚尾，半框 20.7×14.5cm。佚名圈點。--綫裝

（丙四）/6111

西漢文鑑：二十一卷；**東漢文鑑**：二十卷/（宋）陳鑑輯。--刻本。--明（1368～1644）。--4 冊（1 函）。--西漢文鑑存卷 1-11，東漢文鑑存卷 10-14，17-20。半葉 9 行，行 18 字，小字雙行字同，白口，四周單邊，半框 18.3×13.2 cm。佚名朱筆圈點。鈐"王鶴泉家藏"白文印。--綫裝

（丁）/13893

兩漢策要：十二卷/（宋）陶叔獻輯。--刻本。張朝樂，清乾隆五十六年（1791）。--8 冊（1 函）。--卷 3 未刻。半葉 6 行，行 13 至 14 字，小字雙行字數不等，粗黑口，四周雙邊，雙對黑魚尾，半框 23.3×13.4cm。--綫裝 （乙二）/795

三國文：二十卷/（明）張采輯。--刻本。--清順治（1644～1661）。--12 冊（1 函）。--半葉 9 行，行 19 字，小字雙行字同，有眉批，行 4 字，白口，左右雙邊，無界行，單黑魚尾，半框 20.5×14.6cm。鈐"浿陽于氏印波藏書印"朱文印。--綫裝

（丁）/12526

重校正唐文粹：一百卷/（宋）姚鉉輯。--刻本。--蘇州：徐焴，明嘉靖三年（1524）。--12 冊（2 函）。--半葉 14 行，行 25 字，小字雙行字同，白口，左右雙邊，單黑魚尾，半框 20×14.1cm。有刻工：李本、宅等。鈐"曉霞藏本"朱文印、"愛日館收藏印"朱文印、"曉霞"朱文印、"曉椴收藏"朱文印、"徐鈞印"白文印、"徐安"朱文印。--綫裝

（丁）/12748

唐文粹：一百卷/（宋）姚鉉纂。--刻本。--明末（1573～1644）。--8 冊（2 函）。--半葉 9 行，行 20 字，小字雙行字同，眉上鐫諸家評語，行 4 字，白口，左右雙邊，單白魚尾，半框 20.1×14.6cm。鈐"童氏石塘"朱文印、"臣濂私印"朱文印、"南陵徐氏仁山珍藏"白文印、

"學部圖書之印"朱文印（滿漢合璧）.--綫裝
（丙四）/5927

河嶽英靈集：三卷/（唐）殷璠輯.--刻本.--汲古閣，明（1368～1644）.--4 冊（1 函）.--半葉 8 行，行 19 字，白口，左右雙邊，半框 19.2×13.8cm.--綫裝 （乙四）/509

中興間氣集：二卷/（唐）高仲武輯.--刻本.--毛氏汲古閣，明崇禎（1628～1644）.--2 冊（1 函）.--半葉 8 行，行 19 字，白口，左右雙邊，版心下刻"汲古閣"，半框 19.4×13.7cm。佚名圈點。鈐"澹巖"朱文印、"見山草堂"朱文印、"沈氏珍藏"白文印.--綫裝
（丙四）/2851

極玄集：二卷/（唐）姚合輯.--刻本.--毛氏汲古閣，明末（1573～1644）.--1 冊（1 函）.--半葉 8 行，行 19 字，小字雙行字同，白口，左右雙邊，版心下刻"汲古閣"，半框 19.2×13.8cm。佚名圈點.--綫裝 （丁）/3650

松陵集：十卷/（唐）皮日休，（唐）陸龜蒙撰.--刻本.--江蘇常熟：虞山毛氏汲古閣，明末（1573～1644）.--8 冊（1 函）.--半葉 8 行，行 19 字，小字雙行字同，白口，左右雙邊，版心下刻"汲古閣"，半框 19.3×13.5cm.--綫裝
（乙四）/515

才調集：十卷/（後蜀）韋縠編；（清）馮舒評.--刻本.--垂雲堂，清康熙四十三年（1704）.--4 冊（1 函）.--半葉 8 行，行 19 字，小字雙行 28 字，白口，左右雙邊，單黑魚尾，半框 18.2×13.1cm。宛委堂藏板。佚名圈點。鈐"北平孔德學校之章"朱文印.--綫裝
（甲四）/504

第二部 牌記題"金閶書業堂梓行"，華峰題記，佚名圈點，鈐"定遠胡氏珍藏書畫"朱文印
（丙四）/2183

才調集：十卷/（後蜀）韋縠集；（清）馮舒，（清）馮班評點.--刻本.--清康熙（1662～

1722）.--6 冊.--仿清康熙四十三年垂雲堂刻本。半葉 8 行，行 19 字，小字雙行 28 字，白口，左右雙邊，單黑魚尾，版心下刻"垂雲堂"，半框 17.9×13cm。佚名批點。鈐"張玉冊印"白文印、"杏苑飛花"朱文印、"楊明"朱文印.--綫裝：楊明贈書 （庚）/99

第二部 佚名圈點，鈐"王璥"朱文印
（丙四）/1234

搜玉小集：一卷/（唐）佚名輯.--刻本.--毛氏汲古閣，明崇禎元年（1628）.--1 冊（1 函）.--（唐人選唐詩：八種/［明］毛晉輯）.--半葉 8 行，行 19 字，小字雙行字同，白口，左右雙邊，版心下刻"汲古閣"，半框 19.3×13.6cm。鈐"德壽檢理書籍"朱文印、"授經樓藏書印"朱文印、"吳興夔盦"朱文印、"沈氏家藏"白文印.--綫裝 （丁）/8634

王荆公唐百家詩選 二十卷/（宋）王安石編.--刻本.--山陽丘迥，清康熙四十三年（1704）.--10 冊.--半葉 10 行，行 18 字，白口，左右雙邊，單黑魚尾，半框 18.9×14.1cm。雙清閣藏板.--綫裝：吳曉鈴贈書 （己）/2145

第二部 10 冊（1 函），鈐"節厂藏本"朱文印、"北平孔德學校之章"朱文印
（甲四）/473

第三部 6 冊（1 函），序言有缺頁
（丁）/12419

王荆公唐百家詩選 二十卷/（宋）王安石輯.--刻本.--清康熙四十三年（1704）刻；清康熙四十七年（1708）修版.--6 冊（1 函）.--半葉 10 行，行 18 字，小字雙行 27 字，白口，左右雙邊，單黑魚尾，半框 18.6×14cm。緯蕭草堂藏板。佚名評。鈐"蠹吾齋仲子曉山所藏"朱文印.--綫裝 （丙四）/6581

宋洪魏公進萬首唐人絕句：四十卷，目錄四卷/（宋）洪邁輯；（明）趙宧光，（明）黃習遠補.--刻本.--吳郡寒山：趙宧光，明萬曆三十五年（1607）.--12 冊（2 函）.--版心題"萬首絕句"。半葉 10 行，行 18 字，小字雙行字同，白

口，左右雙邊，單白魚尾間單黑魚尾，半框 21.6
×14.4cm。佚名圈點。卷 1 末有牌記"萬曆丙午
秋日吳郡寒山校刻"。鈐"廖世蔭印"白文
印.--綫裝　　　　　　　　　　　（丁）/1410
　　第二部　44 冊（4 函），鈐"霽巖"朱文印、
"北平孔德學校之章"朱文印　（甲四）/651

　　唐人萬首絕句選：七卷/（宋）洪邁編；（清）
王士禛選.--刻本.--芸香閣，清康熙（1662～
1722）.--2 冊（1 函）.--半葉 10 行，行 19 字，
粗黑口，左右雙邊，單黑魚尾，半框 16.3×
13.5cm。鈐"學部圖書之印"朱文印（滿漢合
璧）.--綫裝　　　　　　　　　（丙四）/5909

　　唐人萬首絕句選：七卷/（宋）洪邁編；（清）
王士禛選.--刻本.--松花屋，清康熙（1662～
1722）.--2 冊（1 函）.--半葉 10 行，行 19 字，
小字雙行 29 字，粗黑口，左右雙邊，單黑魚尾，
半框 16×13.5cm.--綫裝　　（丙四）/2139

　　唐人萬首絶句選：七卷/（宋）洪邁編；（清）
王士禛選.--抄本，烏絲欄.--清（1644～
1911）.--7 冊（1 函）.--巾箱本。鈐"北平孔
德學校之章"朱文印.--綫裝　（甲四）/1279

　　唐詩鼓吹：十卷/（元）郝天挺，（元）廖文炳
注解.--刻本.--清乾隆十一年（1746）.--4 冊
（1 夾）.--半葉 11 行，行 21 字，小字雙行字
同，細黑口，左右雙邊，單黑魚尾，半框 19.1
×14.1cm。懷德堂藏板。程穆衡批校、題跋。鈐
"味青齋藏書"朱文印.--綫裝　（丁）/14590

　　唐詩品彙：九十卷，拾遺十卷，附歷代名公敘
論、詩人爵里詳節等/（明）高棅輯.--刻本.--
姚芹泉，明嘉靖十六年(1537).--36 冊（6 函）.--
半葉 11 行，行 20 字，小字雙行字同，白口，四
周單邊，單白魚尾，半框 17.3×13.8cm。佚名
批點，佚名題記。鈐"東埜藏書之記"白文
印.--綫裝　　　　　　　　　（丁）/12652

　　唐詩品彙：九十卷，附歷代名公敘論、詩人爵
里詳節等/（明）高棅編.--刻本.--梅墅石渠閣，

清順治十四年（1657）.--14 冊（2 函）.--半葉
10 行，行 20 字，小字雙行字同，白口，左右雙
邊，單黑魚尾，半框 20.2×14.1cm。佚名圈點。
鈐"北平孔德學校之章"朱文印.--綫裝
　　　　　　　　　　　　　　　（甲四）/570

　　唐詩正聲：二十二卷/（明）高棅編.--刻本.--
明（1638～1644）.--6 冊（1 函）.--半葉 10
行，行 20 字，小字雙行字同，白口，左右雙邊，
單白魚尾，半框 18.3×14.2cm。有仇亮據宋本
《詩人玉屑》錄臞翁詩評、裘萬頃詩一首等。佚
名圈點。鈐"松煙閣鑒賞圖書"朱文印、"仇亮
印"白文印、"哀窈窕思賢才"朱文印、"千古
英雄人不見"朱文印、"吳申錫印"白文印、
"神鼎"朱文印、"北平孔德學校之章"朱文
印.--綫裝　　　　　　　　　（甲四）/1050

　　唐詩類苑：二百卷/（明）張之象編.--刻本.--
明萬曆二十九年（1601）刻；清（1644～1911）
補刻.--48 冊（8 夾）.--半葉 10 行，行 20 字，
白口，四周雙邊，單黑魚尾，半框 19.7×
14.1cm。鈐"北平孔德學校之章"朱文印.--綫
裝　　　　　　　　　　　　　（甲四）/1494

　　十二家唐詩類選：十二卷/（明）何東序輯.--
刻本.--明隆慶四年（1570）刻（後印）.--4 冊
（1 函）.--版心題"唐詩類選"。半葉 9 行，
行 21 字，白口，四周單邊，單黑魚尾，半框 20.8
×14cm。有刻工：江右付、江右良等。鈐"鳳山
藏書"白文印.--綫裝　　　　　（丁）/1353

　　唐詩紀：一百七十卷，目錄三十四卷/（明）
方一元彙編；（明）方天眷等重訂.--刻本.--明
末（1573～1644）.--30 冊（3 函）.--翻刻明萬
曆十三年吳琯刻本。版心題"詩紀"。全書分初
唐六十卷、盛唐一百一十卷。半葉 9 行，行 19
字，小字雙行字同，白口，四周雙邊，單黑魚尾，
半框 20.1×13.7cm。文樞堂藏板。王士禛批、
圈點。鈐"北平孔德學校之章"朱文印.--綫
裝　　　　　　　　　　　　　（甲四）/792

　　唐雅同聲：五十卷，目錄二卷/（明）毛懋宗

輯.--刻本.--毛謙,明萬曆十六年(1588)刻;朱謀㙔,明崇禎六年(1633)重修.--24 冊(4 函).--半葉 10 行,行 20 字,白口,四周雙邊,單黑魚尾,半框 20.6×13.7cm。鈐"无竟先生獨志堂物"朱文印、"北平孔德學校之章"朱文印.--綫裝　　　　　　　　　　　　(甲四)/486

初唐彙詩:七十卷,詩人氏系履歷一卷,目錄十卷;**盛唐彙詩**:一百二十四卷,詩人氏系履歷一卷,目錄二十二卷/(明)吳勉學輯.--刻本.--吳勉學,明萬曆三十年(1602).--80 冊(5 函).--(四唐彙詩/[明]吳勉學輯).--半葉 9 行,行 18 字,小字雙行字同,白口,左右雙邊,單白魚尾,半框 19.8×13.7cm。鈐"養雲石山房珍藏書籍"朱文印、"子子孫孫永寶用"朱文印、"張謹天圖書印"朱文印、"貞伯"朱文印、"篤素堂張曉漁校藏圖籍之章"朱文印.--綫裝　　　　　　　　　　　　(丙四)/4847

彙編唐詩十集:四十一卷,目錄七卷/(明)唐汝詢輯並補評.--刻本.--明天啟(1621~1627).--15 冊(2 函).--半葉 9 行,行 18 字,小字雙行字同,有眉欄,行 5 字,白口,四周單邊,無界行,半框 22.9×14.2cm。夏𧗽藏板。有刻工:吳天祥。佚名評點。鈐"北平孔德學校之章"朱文印.--綫裝　　(甲四)/1436

唐音戊籤:二百一卷;**戊籤餘諸國主詩**:一卷;**戊籤餘閏唐人集**:六十三卷/(明)胡震亨輯.--刻本.--胡氏南益堂,清康熙二十四年(1685).--36 冊(6 函).--題名據序及版心著錄,卷端題名"戊籤"。半葉 10 行,行 19 字,小字雙行字同,白口,左右雙邊,單黑魚尾,半框 20.1×14.8cm。鈐"北平孔德學校之章"朱文印.--綫裝　　　　　　　　　　　　(甲四)/1201

唐詩歸:三十六卷/(明)鍾惺,(明)譚元春合輯.--刻本.--明萬曆(1573~1620).--8 冊(1 函).--(詩歸:五十一卷).--半葉 9 行,行 18 字,小字雙行字同,白口,左右雙邊,無界行,單白魚尾,半框 21×14.1cm.--綫裝
(丙四)/1627

唐詩歸:三十六卷/(明)鍾惺,(明)譚元春編;(明)劉敦重訂.--刻本.--明末(1573~1644).--8 冊(1 函).--(詩歸:五十一卷).--半葉 10 行,行 19 字,小字雙行字同,白口,左右雙邊,無界行,單黑魚尾,半框 20.7×14.6cm。鈐"北平孔德學校之章"朱文印.--綫裝
(甲四)/715

唐詩歸:三十六卷/(明)鍾惺,(明)譚元春編.--刻本,三色套印.--閔振業、閔振聲,明(1368~1644).--12 冊(2 函).--(詩歸:五十一卷).--存卷 1-24.半葉 9 行,行 18 字,小字雙行 20 字,有眉批,行 6 字,白口,四周單邊,無界行,半框 20.3×15cm.--綫裝
(甲四)/779

唐詩三集合編:七十四卷,首一卷/(明)沈子來輯.--刻本.--明天啟四年(1624).--8 冊(1 函).--半葉 9 行,行 20 字,小字雙行字同,白口,四周單邊,半框 22.1×14.6cm。寧遠山房藏板。鈐"張慧田"白文印、"字定生"朱文印、"北平孔德學校之章"朱文印.--綫裝
(甲四)/1232

唐詩類苑選:三十四卷/(清)戴明說編.--刻本.--梅墅石渠閣,清順治(1644~1661).16 冊(2 函).--書名頁題"唐詩類苑",版心題"唐類苑選"。半葉 9 行,行 20 字,白口,四周單邊,半框 18.2×13.9cm。鈐"北平孔德學校之章"朱文印.--綫裝　　(甲四)/1409

唐詩快:三種/(清)黃周星選評.--刻本.--清康熙三十二年(1662~1722).--8 冊(2 函).--半葉 9 行,行 20 字,小字雙行字同,白口,四周雙邊,單黑魚尾,半框 19.7×13.6cm。本衙藏板.--綫裝
　子目:
　驚天集:一卷
　泣鬼集:二卷
　移人集:十三卷　　　　　　(丙四)/47
　第二部 12 冊(2 函),鈐"北平孔德學校之章"朱文印　　　　　　　　(甲四)/852

唐賢三昧集：三卷/（清）王士禛編.--刻本.--清康熙（1662～1722）（清雍正[1723～1735]印）.--1 冊（1 函）.--半葉 10 行，行 19 字，小字雙行 29 字，粗黑口，左右雙邊，單黑魚尾，半框 16.6×13.4cm.--綫裝　　　（丙四）/2138

　　第二部　有修版，鈐"定遠胡氏珍藏書畫"朱文印　　　　　　　（丙四）/1880

唐賢三昧集：三卷/（清）王士禛選；（清）吳煊，（清）胡棠輯注.--刻本.--聽雨齋，清乾隆五十二年（1787）.--3 冊（1 函）.--版心題"三昧集箋註"。半葉 10 行，行 21 字，小字雙行字同，白口，左右雙邊，單黑魚尾，半框 17.5×13.6cm。聽雨齋藏板。鈐"北平孔德學校之章"朱文印.--綫裝　　　（甲四）/558

唐詩正：三十卷/（清）俞南史，（清）汪森輯.--刻本.--金閶：天祿閣，清康熙（1662～1722）.8 冊（1 函）.--半葉 10 行，行 21 字，小字雙行字同，粗黑口，左右雙邊，單黑魚尾，半框 18.5×14.1cm。鈐"北平孔德學校之章"朱文印.--綫裝　　　（甲四）/1429

全唐詩：九百卷，目錄十二卷/（清）曹寅等輯.--刻本.--揚州詩局，清康熙四十六年（1707）.--109 冊（11 函）.--存第 1 函第 1 冊-第 5 函第 10 冊，第 6 函第 2 冊-第 10 冊，第 8 函第 1 冊-第 12 函第 10 冊。半葉 11 行，行 21 字，小字雙行 32 字，細黑口，左右雙邊，雙對黑魚尾，半框 16.7×11.7cm。佚名圈點。鈐"國子監八學官書"朱文印、"國子監印"朱文印（滿漢合璧）.--綫裝　　　（丙四）/2994

全唐詩：九百卷，目錄十二卷/（清）曹寅，（清）彭定求等輯.--刻本.--揚州詩局，清康熙四十六年（1707）；清嘉慶（1796～1820）補版.--120 冊（12 函）.--半葉 11 行，行 21 字，小字雙行 32 字，細黑口，左右雙邊，雙黑對魚尾，半框 16.8×11.7cm.--綫裝　　　（丙四）/6572

御選唐詩：三十二卷，目錄三卷/（清）聖祖玄燁選；（清）陳廷敬等編注.--刻本，朱墨套

印.--京師：內府，清康熙五十二年（1713）.--40 冊（4 函）.--半葉 7 行，行 17 字，小字雙行字數不等，白口，四周雙邊，無界行，單黑魚尾，半框 19×12.6cm。鈐"南陵徐氏仁山珍藏"白文印、"學部圖書之印"朱文印（滿漢合璧）、"京師圖書館收藏之印"朱文印.--綫裝

　　　　　　　　　　　　　（丙四）/6054

　　第二部　15 冊（2 夾），佚名批校　　　　　　　　　　　（乙四）/220

　　第三部　15 冊（3 函）　　　（丁）/14187

唐詩揆藻：八卷/（清）高士奇編.--刻本.--清康熙三十二年（1693）.--4 冊（1 函）.--半葉 11 行，行 19 字，小字雙行 27 字，黑口，左右雙邊，雙對黑魚尾，半框 19.4×14.6cm。清吟堂藏板。鈐"北平孔德學校之章"朱文印.--綫裝　　　　（甲四）/489

中晚唐詩叩彈集：十二卷，續集三卷/（清）杜詔，（清）杜庭珠輯.--刻本.--采山亭，清康熙四十三年（1704）.--4 冊（1 函）.--半葉 11 行，行 20 字，小字雙行 30 字，白口，左右雙邊，單黑魚尾，版心下刻"采山亭"，半框 19.5×15.3cm。有刻工：陳章、張玉等。采山亭藏板。佚名圈點。鈐"雲伯所藏"白文印.--綫裝

　　　　　　　　　　　　　（丁）/8909

　　第二部　10 冊（2 函），鈐"無是樓藏書"白文印、"楊明"朱文印，楊明贈書

　　　　　　　　　　　　　（庚）/15

中晚唐詩叩彈集：十二卷，續集三卷/（清）杜詔，（清）杜庭珠輯.--刻本.--清康熙（1662～1772）.--8 冊（1 函）.--仿刻清康熙四十三年（1704）采山亭本。半葉 11 行，行 20 字，小字雙行 30 字，白口，左右雙邊，單黑魚尾，版心下刻"采山亭"，半框 18.9×14.8cm。佚名批點.--綫裝　　　　（丁）/8520

　　第二部　6 冊（1 夾），佚名圈點，鈐"齊安李氏霖卿藏書印"朱文印　　（丙四）/1731

中晚唐詩叩彈集：十二卷，續集三卷/（清）杜詔，（清）杜庭珠輯.--刻本.--寶仁堂，清康

熙（1662～1722）.--6 冊（1 函）.--半葉 11 行，行 20 字，小字雙行字數不等，白口，四周單邊，單黑魚尾，版心下刻"采山亭"，半框 17.3×13.8cm。佚名圈點。鈐"嘉禾堂珍藏書畫之印"朱文印、"培遠書屋"白文印、"培遠書屋珍藏"朱文印、"湘帆"朱文印、"魯青書畫"朱文印、"湘帆之印"白文印、"雪泥鴻爪"朱文印、"家在江南"白文印.--綫裝
（丙四）/2184

中晚唐詩紀：不分卷/（清）龔賢編.--刻本.--龔賢，清康熙（1662～1722）.--32 冊（4 函）.--半葉 9 行，行 19 字，白口，左右雙邊，單白魚尾間單黑魚尾、無魚尾，半框 18.5×14.4cm。鈐"北平孔德學校之章"朱文印.--綫裝
（甲四）/681

昌穀集：一卷/（唐）李賀撰.**樊川詩集**：一卷，外集一卷，別集一卷，補遺一卷/（唐）杜牧撰--刻本.--清康熙（1662～1722）.--2 冊（1 夾）.--目錄題"中唐李賀詩"、"晚唐杜牧詩"。半葉 9 行，行 19 字，小字雙行字同，白口，左右雙邊，單黑魚尾，半框 18.4×14.3cm。佚名朱墨筆批點。鈐"心香鑑藏"白文印、"氣吐長虹"朱文印、"畹德"朱文印、"王模之印"白文印、"渭若"朱文印.--綫裝
（丙四）/6564

唐詩體經：六卷，目錄四卷/（清）吳廷偉選訂.--刻本.--清康熙四十二年（1703）.--2 冊.--存卷 1-4。半葉 8 行，行 19 字，小字雙行字同，白口，左右雙邊，單黑魚尾，半框 20×15.1cm.--綫裝 （丁）/13053

唐詩貫珠：六十卷，卷首一卷/（清）胡以梅箋釋.--刻本.--清康熙五十四年（1715）.--26 冊（4 函）.--書名頁題"唐詩貫珠箋釋"。半葉 9 行，行 23 字，小字雙行字同，細黑口，左右雙邊，無界行，單黑魚尾，版心下刻"素心堂"，半框 20×14.4cm.--綫裝 （丁）/2781

唐五言六韻詩豫：四卷/（清）花豫樓主人選

輯.--刻本.--清康熙（1662～1722）.--8 冊（1 函）.--半葉 11 行，行 23 字，小字雙行字同，細黑口，左右雙邊，雙順黑魚尾，半框 17.5×13cm。花豫樓藏板。鈐"北平孔德學校之章"朱文印.--綫裝
（甲四）/886
　　第二部　4 冊（1 函）　　（丁）/7270

唐詩別裁集：十卷/（清）沈德潛，（清）陳培脈合輯.--刻本.--清康熙五十六年（1717）.--10 冊（1 函）.--序有脫葉。半葉 10 行，行 19 字，小字雙行字數不等，有眉批，行 5 字，粗黑口，左右雙邊，單黑魚尾，半框 16.8×13.5cm。佚名圈點.--綫裝
（丙四）/2867

重訂唐詩別裁集：二十卷/（清）沈德潛選評.刻本.--教忠堂，清乾隆二十八年（1763）.--6 冊.--半葉 10 行，行 19 字，小字雙行 29 字，白口，左右雙邊，單黑魚尾，版心下刻"教忠堂"，半框 16.7×13.5cm。鈐"曾在秋雨梧桐館"朱文印、"癯仙"朱文印、"銅士"朱文印、"北京工藝美術工廠技術檢驗科"朱文印.--綫裝 （庚）/223

唐詩玉臺新詠：十卷/（清）朱存孝輯.--刻本.--清康熙（1662～1722）.--4 冊（1 函）.--書名據書名頁著錄，卷端題名"玉臺新詠"。半葉 11 行，行 21 字，細黑口，左右雙邊，雙對黑魚尾，半框 16.5×11.5cm。佚名圈點。鈐"筱塘鑑賞"朱文印、"振卿"朱文印、"妙品"朱文印、"周養安審藏金石書畫圖籍記"朱文印、"娑羅花樹館周氏藏書"朱文印、"肇祥延年"白文印.--綫裝 （丁）/14555

唐詩觀瀾集：二十四卷；唐人小傳：一卷/（清）李因培編；（清）淩應曾注.--刻本.--清乾隆（1736～1795）.--6 冊（1 函）.--半葉 9 行，行 21 字，小字雙行字同，白口，左右雙邊，單黑魚尾，半框 16.2×11.6cm。佚名圈點。鈐"北平孔德學校之章"朱文印.--綫裝
（甲四）/1168

全唐詩鈔：八十卷，補遺十六卷/（清）吳成

儀編輯.--刻本.--璜川書屋，清乾隆（1736～1795）.--20 冊（4 函）.--半葉 11 行，行 21 字，細黑口，左右雙邊，雙對黑魚尾，半框 15.8×11.8cm.--綫裝　　　　　　　　（丙四）/5841

網師園唐詩箋：十八卷/（清）宋宗元編.--刻本.--清乾隆三十二年（1767）.--8 冊（1 函）.--半葉 10 行，行 21 字，小字雙行 30 字，白口，左右雙邊，半框 18.7×14.4cm。尚絅堂藏板。鈐“北平孔德學校之章”朱文印.--綫裝　　　　　　　　　　　　（甲四）/1000

唐詩：不分卷.--抄本.--清康熙雍正間（1662～1735）.--3 冊（1 函）.--鈐“素王孫傳鐸書畫珍藏”朱文印.--綫裝：群芳閣藏書
　　　　　　　　　　　　　　（庚）/168

唐八家詩鈔/（清）陳明善輯.--刻本.--清乾隆三十四年（1769）.--8 冊（1 函）.--半葉 9 行，行 21 字，白口，左右雙邊，單黑魚尾，半框 15.5×11.7cm。鈐 “亦園陳氏圖書”白文印、“味青齋”朱文印.--綫裝　　　（丁）/1248

聞鶴軒初盛唐近體讀本：十七卷/（清）盧㕘，（清）王溥輯.--刻本.--聞鶴軒，清乾隆三十五年（1770）.--6 冊（1 函）.--書名頁題“唐詩近體評釋讀本”。半葉 9 行，行 19 字，小字雙行字同，白口，四周單邊間左右雙邊，單黑魚尾，半框 16.8×13cm。聞鶴軒藏板。佚名圈點。鈐“提督學院頒行”朱文印.--綫裝　　（丁）/6558

唐詩正聲：不分卷/（清）馬允剛編.--抄本，紅格.--芸經堂，清（1644～1911）.--10 冊（2 函）.--題名據版心著錄。佚名圈點、批註。鈐“北平孔德學校之章”朱文印.--綫裝
　　　　　　　　　　　　　　（甲四）/1049

欽定全唐文：一千卷，總目三卷，韻編一卷/（清）董誥奉敕編.--刻本.--揚州詩局，清嘉慶二十三年（1818）.--240 冊（40 函）.--半葉 9 行，行 22 字，白口，四周雙邊，單黑魚尾，半框 20×14.5cm。鈐“欽韓曾讀”白文印、“有

此廬圖書”朱文印、“纖簾藏書”白文印.--綫裝　　　　　　　　　　　　　　（甲四）/61
　　第二部　252 冊（25 函）　　（乙四）/69

唐人五言長律清麗集：六卷/（清）徐日璉，（清）沈士駿合輯.--刻本.--清乾隆二十二年（1757）.--2 冊（1 函）.--版心題“清麗集”。半葉 9 行，行 19 字，小字雙行字同，有眉欄，行 10 字，白口，左右雙邊，單黑魚尾，半框 19.9×12.5cm。佚名圈點.--綫裝　　（丙四）/4963

應試唐詩類釋：十九卷/（清）臧岳編.--刻本.--三樂齋，清乾隆二十六年（1761）.--5 冊（1 夾）.--缺卷 16-19。半葉 8 行，行 20 字，小字雙行字同，白口，左右雙邊，單黑魚尾，半框 20.1×13.5cm。三樂齋藏板。佚名圈點、批註.--綫裝　　　（丙四）/3072

南宋羣賢詩選：十二卷/（清）陸鍾輝輯.--刻本.--清雍正（1723～1735）.--4 冊（1 函）.--半葉 9 行，行 21 字，小字雙行字同，白口，左右雙邊，單黑魚尾，半框 18×13cm。鈐“希齋”朱文印、“泉唐許榮勳一字心庵金石書畫之印章”白文印.--綫裝　　　（丁）/4179
　　第二部　存卷 1-6　　（丙四）/2444

宋詩略：十八卷/（清）汪景龍，（清）姚塤編.刻本.--清乾隆三十五年（1770）.--8 冊（2 函）.--半葉 10 行，行 19 字，小字雙行 27 字，粗黑口，左右雙邊，單黑魚尾，半框 16×12.7cm。竹雨山房藏板。佚名圈點。鈐“北平孔德學校之章”朱文印.--綫裝　　（甲四）/441

校正重刊官板宋朝文鑑：一百五十卷/（宋）呂祖謙輯.--刻本.--胡韶，明弘治十七年（1504）.--30 冊（4 函）.--版心題“宋文鑑”。半葉 10 行，行 20 字，小字雙行字同，白口，四周單邊，單黑魚尾，半框 22.2×14.7cm。佚名批。鈐“南陵徐氏仁山珍藏”白文印、“學部圖書之印”朱文印（滿漢合璧）.--綫裝
　　　　　　　　　　　　　　（丙四）/6121

辟疆園宋文選：三十卷/（清）顧宸輯.--刻本.--顧氏辟疆園，清順治十八年（1661）.--16冊（2函）.--版心題"宋文選"。半葉9行，行21字，白口，左右雙邊，單黑魚尾，版心下刻"辟疆園"，半框20×13.7cm。有刻工：柳、范等。佚名批點。鈐"松齡"白文印、"北平孔德學校之章"朱文印.--綫裝　　　（甲四）/1222

宋四六選：二十四卷/（清）彭元瑞，（清）曹振鏞輯.--刻本.--翠微山麓：歙縣曹振鏞，清乾隆四十二年（1777）.--12冊（2函）.--半葉9行，行25字，白口，左右雙邊，無界行，單黑魚尾，半框19.1×14.6cm.--綫裝

（丙四）/242

宋四六選：二十四卷/（清）彭元瑞，（清）曹振鏞輯.--刻本.--清乾隆（1736～1795）.--12冊（2函）.--仿清乾隆四十二年曹振鏞刻本。半葉9行，行25字，白口，左右雙邊，無界行，單黑魚尾，半框18.9×14.6cm。鈐"㫋蒙單闕"朱文印.--綫裝　　（丙四）/5857

中州集：十卷，首一卷，中州樂府集一卷/（金）元好問輯.--刻本.--毛氏汲古閣，明末（1573～1644）.--10冊（2函）.--半葉8行，行19字，白口，左右雙邊，版心下刻"汲古閣"，半框19.2×13.7cm。吳門寒松堂藏板。鈐"寒松堂藏書記"白文印、"詩卷長留天地間"朱文印.--綫裝　　　（乙四）/68

　　第二部　21冊（2函），中州樂府集有2葉抄配，鈐"无竟先生獨志堂物"朱文印

（乙四）/2

　　第三部　10冊（1函），中州集引1葉、卷6、後序、中州樂府集係抄配。佚名批點。鈐"自然之室藏書"朱文印、"李哲明印"白文印、"皈民校讀"朱文印、"漢陽李氏子孫保之"朱文印、"蓬山舊史"朱文印、"虛緣葆真"朱文印

（丙四）/1031

　　第四部　2冊（1函），存卷首、卷1-2，群芳閣藏書　　　　　　（庚）/154

金詩選：四卷/（清）顧奎光選輯.--刻本.--

清乾隆十六年（1751）.--2冊（1函）.--半葉10行，行19字，有眉批，行5字，白口，左右雙邊，單黑魚尾，半框16.2×13cm。鈐"養庵"朱文印、"十萬山人"白文印.--綫裝

（丙四）/154

谷音：二卷/（元）杜本輯.--刻本.--毛氏汲古閣，明末（1621～1644）.--1冊（1函）.--（詩詞雜俎/[明]毛晉編）.--缺姓氏表1葉。半葉8行，行19字，小字雙行字同，白口，左右雙邊，版心下刻"汲古閣"，半框18.8×13.7cm。佚名圈點。鈐"瞻菴"朱文印.--綫裝

（丁）/8672

元詩選：十集，首一卷/（清）顧嗣立輯.--刻本.--顧氏秀野草堂，清康熙（1662～1722）.--53冊（9函）.--書名頁題"元百家詩集"。半葉13行，行23字，小字雙行35字，白口，左右雙邊，雙順黑魚尾，版心下刻"秀野草堂"，半框19.5×14.9cm。有刻工：公化、天渠等。鈐"北平孔德學校之章"朱文印.--綫裝

　　子目：

　　元詩選初集：十集/（清）顧嗣立輯.--清康熙三十三年（1702）

　　元詩選二集：八集/（清）顧嗣立輯.--清康熙四十一年（1702）

　　元詩選三集：八集/（清）顧嗣立輯.--清康熙五十九年（1720）

　　元詩選癸集：十集/（清）顧嗣立輯；（清）席世臣補.--席氏掃葉山房，清嘉慶三年（1798）.--半葉13行，行23字，細黑口，左右雙邊，單黑魚尾，半框18.3×13.9cm

　　元詩選補遺：九集/（清）錢熙彥輯.--橫谿草堂，清道光六年（1826）.--半葉10行，行20字，小字雙行字同，白口，左右雙邊，單黑魚尾，半框18.6×14.3cm　　　（甲四）/798

　　第二部　68冊（9函），存初集、二集、三集，秀野草堂藏版，鈐"北平孔德學校之章"朱文印

（甲四）/956

　　第三部　24冊（2函），存初集之甲至壬集，鄭盦題識，佚名圈點、批註，鈐"風石山房"朱

文印、“華陽鄭氏百瞻樓珍藏圖籍”白文印、“遲清亭讀書種子”白文印、“鄭言子孫長壽”白文印、“仙李堂藏書印”朱文印、“老鐵”朱文印、“雙榆書屋”朱文印　（乙四）/446

元詩選：六卷，補遺一卷/（清）顧奎光選輯. 刻本. --麗農堂，清乾隆十六年（1751）. --4 冊（1 函）. --半葉 10 行，行 19 字，有眉批，行 5 字，白口，左右雙邊，單黑魚尾，半框 16.3×13.4cm。鈐“小桀庵藏書印”朱文印、“澤畬長壽”朱文印、“曾藏章武高氏小桀庵”朱文印、“高凌霨澤畬甫收藏印”朱文印. --綫裝　（丙四）/40

第二部　鈐“周肇祥校讀記”白文印、“百鏡盦”白文印、“婆羅花樹館周氏藏書”朱文印　（丙四）/129

元詩選：六卷；附錄一卷；**金詩選**：四卷；附錄一卷/（清）顧奎光編. --刻本. --清乾隆（1736～1795）. --8 冊（1 函）. --翻刻清乾隆十六年麗農堂刻本。半葉 10 行，行 19 字，有眉批，行 5 字，白口，左右雙邊，單黑魚尾，半框 16.2×13.4cm。鈐“北平孔德學校之章”朱文印. --綫裝　（甲四）/965

元文類刪：四卷/（明）張溥刪閱. --刻本. --明末（1621～1644）. --4 冊（1 函）. --半葉 9 行，行 19 字，白口，左右雙邊，單黑魚尾，半框 20.1×14.2cm. --綫裝　（丁）/8706

蘭嵎朱宗伯彙選當代名公鴻筆百壽類函：八卷/（明）朱之蕃輯；（明）徐榛，（明）吳明郊釋注. --刻本. --王世茂、王鳳翔，明萬曆四十四年（1616）. --14 冊（2 函）：圖 1 幅. --有殘缺。版心、序題“百壽類函”。半葉 9 行，行 19 字，小字雙行字同，白口，四周雙邊間四周單邊間左右雙邊，單黑魚尾，半框 21.5×14.3cm。鈐“南州後人”白文印、“南州書樓所藏”朱文印、“徐紹棨”白文印. --綫裝　（丁）/12720

明詩選：十二卷/（明）李攀龍輯；（明）蔣一葵箋；（明）王世貞評. --刻本. --明崇禎（1628～1644）. --6 冊（1 函）. --半葉 9 行，行 20 字，小字雙行字同，有眉批，行 4 字，白口，四周單邊，單綫魚尾，半框 21.2×14.6cm. --綫裝　（乙四）/240

明詩選：二卷/（明）李贄編. --刻本. --日本：柳枝軒，日本延寶六年（1678）. --2 冊（1 函）. --半葉 10 行，行 18 字，粗黑口，四周雙邊，無界行，單黑魚尾，半框 19×15cm。鈐“茨木方道”白文印、“北平孔德學校之章”朱文印等. --綫裝　（甲四）/748

續明詩選：二卷/（明）李贄編. --刻本. --日本：滕右衛門、滕次郎，日本正德五年（1715）. --1 冊（1 夾）：冠圖 1 幅. --半葉 10 行，行 20 字，白口，四周雙邊，無界行，半框 19.8×14.5cm。鈐“北平孔德學校之章”朱文印. --綫裝　（甲四）/738

明詩選：十二卷，附盛明百家詩選姓氏爵里一卷/（明）馬世奇，（明）華淑選輯. --刻本. --金閶：簧玉堂，明末（1573～1644）. --4 冊（1 函）. --書名頁題“晚香堂訂百名家詩選”。半葉 9 行，行 20 字，白口，四周單邊，單綫魚尾，半框 22×14.7cm. --綫裝　（甲四）/303

皇明詩選：十三卷；**三子新詩合稿**：九卷/（明）陳子龍，（清）李雯，（清）宋輿輯撰. --刻本. --明崇禎十六年（1643）. --10 冊（1 函）. --書名頁題“明詩選”、“吳門蔣復貞梓”。半葉 9 行，行 18 字，小字雙行字同，白口，四周單邊，單黑魚尾，半框 19.4×14.5cm. --綫裝　（丁）/2384

第二部　12 冊（1 函），序言有缺頁，鈐“北平孔德學校之章”朱文印　（甲四）/1205

明詩正選：八卷/（明）周詩雅編. --刻本. --明崇禎（1628～1644）. --3 冊（1 函）. --缺卷 1、2。半葉 8 行，行 21 字，白口，四周單邊，半框 20.6×13.4cm。鈐“北平孔德學校之章”朱文印. --綫裝　（甲四）/1433

聯句私抄：四卷/（明）毛紀輯．--刻本．--明嘉靖（1522~1566）．--2 冊（1 函）．--序與卷 4 有缺頁。半葉 10 行，行 20 字，小字雙行字同，白口，四周雙邊，單花魚尾，半框 18.8×14.7cm。鈐"曉鈴藏書"朱文印．--綫裝：吳曉鈴贈書　　　　　　　　　　　　　（己）/1451

新都秀運集：二卷/（明）王寅編．--刻本．--吳菘、吳瞻泰，清康熙（1662~1722）．--2 冊（1 函）．--半葉 9 行，行 18 字，白口，左右雙邊，單黑魚尾，半框 16.9×14.1cm。佚名圈點。鈐"北平孔德學校之章"朱文印．--綫裝　　　　　　　　　　　　　（甲四）/1253

新鐫注釋出像皇明千家詩：四卷/（明）汪萬頃選注．--刻本．--日本：萃慶堂，日本貞亨二年（1685）．--4 冊（1 函）：插圖 29 幅．--書名頁題"鐫出像注釋皇明千家詩"。半葉 9 行，行 20 字，白口，四周單邊，無界行，單黑魚尾，半框 22.2×14.1cm。鈐"周豐一"印（陰陽合璧）、"周伯上"朱文印、"苦雨齋藏書印"朱文印、"曉鈴藏書"朱文印．--綫裝：吳曉鈴贈書　　　　　　　　　　　　　（己）/1454

明詩綜：一百卷/（清）朱彝尊編；（清）汪森評．--刻本．--清康熙（1662~1772）（清雍正[1723~1735]印）．--32 冊（4 函）．--半葉 11 行，行 21 字，小字雙行 31 字，白口，左右雙邊，單黑魚尾，半框 18.9×14.5cm。六峰閣藏板。佚名批注。鈐"吳越世家"朱文印、"歸安錢氏"白文印、"積踒步齋"朱文印．--綫裝　　　　　　　　　　　　　（丙四）/275

　　第二部　鈐"北平孔德學校之章"朱文印　　　　　　　　　　　　　（甲四）/685
　　第三部　40 冊（4 函）　　　　（丙四）/610

明詩綜：一百卷/（清）朱彝尊編．--刻本．--清康熙（1662~1722）（白蓮涇，清乾隆[1736~1795]印）．--32 冊（4 函）．--半葉 11 行，行 21 字，小字雙行 31 字，白口，左右雙邊，單黑魚尾，半框 18.9×14.2cm。佚名圈點。鈐"南陵徐氏仁山珍藏"白文印、"學部圖書之印"朱文印（滿漢合璧）、"京師圖書館收藏之印"朱文印．--綫裝　　　　　　（丙四）/5875

　　第二部　24 冊（4 夾），鈐"天門周氏藏書印"朱文印　　　　　　　　（乙四）/422

明詩別裁集：十二卷/（清）沈德潛，（清）周準輯．--刻本．--清乾隆（1736~1795）．--6 冊（1 函）．--半葉 10 行，行 19 字，小字雙行 29 字，白口，左右雙邊，單黑魚尾，半框 17.3×13.8cm。鈐"高平張氏枕煙樓藏"朱文印、"枕煙"朱文印、"承綸字錫三號西軒別號雪北山樵之印"朱文印、"高平張氏"白文印、"雪北山樵"朱文印、"高凌霨澤甫收藏印"朱文印、"高澤甫收藏金石書畫"白文印．--綫裝　　　　　　　　　　　　　（丙四）/61

　　第二部　鈐"析津胡氏觀生珍藏書畫印"白文印、"臥韜軒"朱文印　　（乙四）/134
　　第三部　鈐"濮陽吳氏"朱文印　　　　　　　　　　　　　（乙四）/217
　　第四部　4 冊（1 函），序言係抄配，每卷第 1、2 葉字體與其他葉不同，責任者挖去後抄補，佚名圈點，鈐"北平孔德學校之章"朱文印　　　　　　　　　　　　　（甲四）/1459

明人詩鈔：正集十四卷，續集十四卷/（清）朱琰編．--刻本．--海鹽朱琰，清乾隆二十五年（1760）．--8 冊（1 函）．--半葉 10 行，行 19 字，小字雙行 28 字，白口，左右雙邊，單黑魚尾，半框 16.2×12.7cm。鈐"映紅樓珍藏"朱文印、"北平孔德學校之章"朱文印．--綫裝　　　　　　　　　　　　　（甲四）/696

　　第二部　6 冊（1 函），正集缺卷 13、14，鈐"周養安小市得"朱文印　　（丙四）/917
　　第三部　3 冊（1 函），存續集 14 卷，佚名圈點、批校，鈐"北京市文化局文物調查研究組藏書印"朱文印　　　　　　　　（丁）/14570

皇明制科詩經文準定本：三卷/（明）李長華選輯．--刻本．--明末（1573~1644）．--6 冊．--目錄題名"詩經文準"。半葉 10 行，行 26 字，小字雙行字同，有眉欄，行 3 字，白口，四周單邊，半框 22.3×12.6cm。--綫裝　　（丁）/13408

翠樓集：一集一卷，二集一卷，新集一卷，附生平爵里/（清）劉雲份輯.--刻本.--野香堂，清康熙（1662～1722）.--4冊（1函）.--書名頁題"名媛詩選翠樓集"。半葉9行，行19字，白口，左右雙邊，版心下刻"野香堂"，半框18.4×14.1cm。佚名朱墨筆圈點.--綫裝

（丁）/1226

閒情集：六卷/（清）顧有孝輯；（清）陸世楷增訂.--刻本.--清康熙（1662～1722）.--6冊（1函）.--半葉11行，行21字，小字雙行字同，粗黑口，左右雙邊，單黑魚尾，半框18.8×14.1cm。鈐"別下齋印"白文印、"菱華館"朱文印.--綫裝

（丁）/12420

皇明文範：六十八卷，目錄二卷/（明）張時徹輯.--刻本.--明萬曆（1573～1620）.--42冊（6函）.--半葉11行，行22字，白口，左右雙邊，單白魚尾，半框19.6×14.6cm。有刻工：茹子淩、許亨等.--綫裝

（乙四）/329

皇明文宗：六卷/（明）虞懷忠輯.--刻本.--明（1368～1644）.--4冊（1函）.--有殘缺，無卷端。半葉10行，行24字，白口，四周雙邊，雙對黑魚尾，半框22.8×15.8cm。華庭道人等批點。鈐"北平孔德學校之章"朱文印.--綫裝

（甲四）/843

新刻精選當代臺閣精華：八卷/（明）朱國祚等輯評.--刻本.--書林周宗顏，明萬曆（1573～1644）.--8冊（1函）.--半葉11行，行24字，有眉批，行3字，白口，四周單邊，單黑魚尾，半框22.5×14.5cm。佚名圈點、批註。鈐"北平孔德學校之章"朱文印.--綫裝

（甲三）/72

皇明文徵：七十四卷/（明）何喬遠選.--刻本.--何喬遠，明崇禎四年（1631）.--63冊（6函）.--半葉9行，行18字，小字雙行字同，白口，左右雙邊，單白魚尾，半框19.3×14.7cm。鈐"北平孔德學校之章"朱文印.--綫裝

（甲四）/784

鼎鐫諸方家彙編皇明名公文雋：八卷/（明）袁宏道編；（明）丘兆麟補.--刻本.--金陵：奎璧堂鄭思鳴，明末（1573～1644）.--20冊（2函）.--書名頁題"鐫袁中郎先生評選今文化玉"，版心題"皇明文雋"。半葉9行，行20字，小字雙行字同，有眉欄，行4字，白口，四周單邊，半框21.3×12.9cm。卷末牌記題"金陵奎璧堂鄭思鳴繡梓"。鈐"北平孔德學校之章"朱文印.--綫裝

（甲四）/1428

第二部 5冊（1函） （丁）/1385

媚幽閣文娛：不分卷/（明）鄭元勳輯.--刻本.--暇園鄭元化，明崇禎三年（1630）.--5冊（1函）.--半葉9行，行20字，白口，四周單邊，無界行，單白魚尾，半框20.3×14.3cm。有刻工：李文孝。媚幽閣藏板。鈐"密爾自娛"朱文印、"鹿巖精舍典書印"朱文印、"周肇祥讀過書"朱文印、"儷蘭過眼"白文印.--綫裝

（丁）/4892

第二部 佚名圈點，鈐"雙柳軒"朱文印

（乙四）/8

第三部 10冊（1函），佚名圈點，鈐"神授永康"朱文印、"北平孔德學校之章"朱文印

（甲四）/15

第四部 1冊（1函），存雜文及附贊說頌評疏語駢語，佚名圈點，鈐"翰香"朱文印

（丁）/3946

媚幽閣文娛/（明）鄭元勳選.--刻本.--明崇禎（1628～1644）.--5冊（1函）.--仿刻鄭元化明崇禎三年本。半葉9行，行20字，白口，四周單邊，無界行，單白魚尾，半框20.7×14.2cm。有刻工：李文孝。馬廉題識。鈐"越周作人"朱文印、"會稽周氏鳳皇專齋藏"朱文印、"榮木山房"朱文印、"馬廉"白文印、"豈明"朱文印、"吳如棠印"白文印、"綠雲山館"朱文印、"曉鈴藏書"朱文印.--綫裝：吳曉鈴贈書 （己）/1456

明文授讀：六十二卷/（清）黃宗羲輯.--刻本.--張錫琨味芹堂，清康熙三十八年（1699）.--24冊（4函）.--半葉9行，行20

字，小字雙行字同，白口，左右雙邊，單白魚尾，版心下刻"味芹堂"，半框 18.4×13.9cm。鈐"馮真羣印"白文印、"优跗室"白文印.--綫裝　　　　　　　　　（丁）/12481

明文英華：十卷/（清）吳有孝輯.--刻本.--清康熙（1662~1722）.--8 冊（1 夾）.--半葉 9 行，行 22 字，小字雙行字同，粗黑口，左右雙邊，單黑魚尾，半框 18.7×13.5cm。鈐"蓀石"朱文印、"耕周子"朱文印、"姜氏藏書"朱文印、"子預珍藏"白文印、"芑貽手校"朱文印.--綫裝　　　　　　　　　（丁）/4011

借綠軒刪訂湯霍林先生讀書譜：四卷/（清）周清原輯.--刻本.--借綠軒，清康熙二十八年（1689）.--4 冊（1 函）.--半葉 9 行，行 25 字，白口，四周單邊，版心下刻"借綠軒"，半框 20.7×12.2cm。借綠軒藏板。鈐"古善堂藏書畫之印"朱文印.--綫裝　　（丙三）/5687

明文鈔：六編/（清）高塘編.--刻本.--清乾隆五十一年（1786）.--16 冊（3 函）.--半葉 9 行，行 25 字，有眉批，行 5 字，白口，四周雙邊，無界行，單黑魚尾，半框 20×15.6cm。廣郡永邑培元堂楊藏板。鈐"北平孔德學校之章"朱文印.--綫裝　　　　　　（甲四）/890

新刻國朝名公尺牘類選：十二卷/（明）吳之美選；（明）吳之鵬訂.--刻本.--書林：舒一泉、龔少岡，明末（1573~1644）.--12 冊（2 函）.--半葉 10 行，行 20 字，白口，左右雙邊，單黑魚尾，半框 21.1×14.4cm.--綫裝　　（乙四）/429

名家竿牘：四集/（明）程弘賓輯.--刻本.--明（1368~1644）.--2 冊（1 函）.--存"利集"1 卷。目錄題名"皇明名家竿牘"。半葉 10 行，行 22 字，白口，四周單邊，單黑魚尾，半框 17.8×11.9cm。佚名圈點.--綫裝　　　（丁）/952

尺牘類便：四卷/（明）孫應瑞輯.--刻本.--休寧孫氏，明崇禎十二年（1639）.--8 冊（1 函）.--目錄葉題名"尺牘簡便類選集"。半葉

8 行，行 18 字，白口，四周單邊，單黑魚尾，半框 20.2×14.4cm.--綫裝　　　　　（丁）/12655

明人尺牘選：四卷/（清）王元勳，（清）程化騄輯.--刻本.--常熟王元勳、休寧程化騄，清康熙四十四年（1705）.--2 冊（1 函）.--半葉 10 行，行 21 字，白口，左右雙邊，雙順黑魚尾，半框 17.7×13.5cm。鈐"輝平"白文印、"崇福"朱文印、"北京孔德學校藏"朱文印、"北平孔德學校之章"朱文印.--綫裝　　　　　　　　　（甲四）/596

增定國朝館課經世宏辭：十五卷/（明）王錫爵增訂；（明）沈一貫參訂.--刻本.--金陵：周曰校萬卷樓，明萬曆十八年（1590）.--9 冊（1 函）.--版心題名"增定皇明館課"，序言題名"經世宏辭"。半葉 12 行，行 24 字，有眉欄，行 3 字，白口，四周單邊，無界行，單黑魚尾，半框 21.5×14.4cm。周氏萬卷樓藏板。佚名圈點、批。鈐"北平孔德學校之章"朱文印.--綫裝　　　　　　　　　（甲四）/1228

皇明館課經世宏辭續集：十五卷/（明）王錫爵，（明）陸翀之輯.--刻本.--周曰校萬卷樓，明萬曆二十一年（1593）.--16 冊（1 函）.--半葉 12 行，行 24 字，有眉欄，行 3 字，白口，四周單邊，單黑魚尾，半框 20.8×14.5cm。鈐"北平孔德學校之章"朱文印.--綫裝　　　　　　　　　（甲四）/1227

名文前選/（清）李光地輯.--刻本.--清康熙（1662~1722）.--6 冊（1 函）.--書名頁題"安溪先生名文前選"。半葉 10 行，行 26 字，白口，左右雙邊，無界行，半框 18.5×12.3cm。鈐"御賜教忠堂"朱文印、"國子監印"朱文印（滿漢合璧）.--包背裝　　　　（丙三）/1619

群雅集：四卷/（清）　李振裕編.--刻本.--清康熙二十四年（1685）.--4 冊（1 函）.--半葉 9 行，行 20 字，白口，左右雙邊，單黑魚尾，半框 19.6×14.2cm。鈐"北平孔德學校之章"朱文印.--綫裝　　　　　　　　　（甲四）/479

詩持三集：十卷/（清）魏憲評選. --刻本. --雲間：枕江堂，清康熙九年（1670）. --10 冊（1 函）. --半葉 9 行，行 18 字，小字雙行 17 字，白口，四周單邊，單黑魚尾間單白魚尾間單綫魚尾，半框 17.6×13.6cm。佚名圈點。枕江堂藏板。鈐"文樞堂"白文印、"水雲居"朱文印. --綫裝　　　　　　　　　　　　（甲四）/307

百名家詩選：八十九卷，附御製詩一卷/（清）魏憲選. --刻本. --魏氏枕江堂，清康熙十年（1671）. --24 冊（4 函）. --書名頁題"皇清百名家詩"。半葉 9 行，行 18 字，白口，左右雙邊，單黑魚尾，版心下刻"枕江堂"，半框 19×13.8cm。聚錦堂藏板。佚名圈點。鈐"何氏圖書"白文印. --綫裝　　　　　（乙四）/440
　第二部　18 冊（1 夾），存卷 21-89，版心背面中心卷數被挖改、塗抹，佚名圈點
　　　　　　　　　　　　　　　（丙四）/5644

詩觀初集：十二卷/（清）鄧漢儀輯. --刻本. --清康熙十一年（1673）. --12 冊（1 函）. --半葉 11 行，行 23 字，小字雙行字同，白口，四周單邊，單黑魚尾，版心下刻"慎墨堂篋中藏稿"，半框 17.6×13.1cm。鈐"北平孔德學校之章"朱文印. --綫裝　　　　　　（甲四）/1175

清詩初集：十二卷/（清）蔣鑨，（清）翁介眉輯. --刻本. --清康熙二十年（1681）. --6 冊（1 函）. --半葉 11 行，行 21 字，小字雙行字同，白口，左右雙邊，單黑魚尾，版心下刻"鏡閣定本"，半框 19.4×13.9cm。佚名圈點. --綫裝　　　　　　　　　　　　（丁）/283

篋衍集：十二卷/（清）陳維崧輯. --刻本. --蔣國祥，清康熙三十六年（1697）（清雍正[1723～1735]印）. --10 冊（1 函）. --書名頁題"今詩篋衍集"。半葉 10 行，行 19 字，小字雙行 29 字，粗黑口，左右雙邊，單黑魚尾，半框 16.2×13.3cm。鈐"武夫"白文印、"孝與父"白文印、"宛委堂圖書"白文印、"耆齡藏本"朱文印. --綫裝　　　　　　　　　　　　（丁）/2372
　第二部　4 冊（1 函）　　　（丁）/9884

鳳池集：十卷/（清）沈玉亮，（清）吳陳琰集錄. --刻本. --清康熙四十四年（1705）. --2 冊（1 函）. --書名頁題"本朝應制詩賦鳳池集"。半葉 11 行，行 22 字，小字雙行字同，粗黑口，四周單邊，雙對黑魚尾，半框 18.7×13.4cm。鈐"嚴正心印"白文印、"眉齋"朱文印. --綫裝　　　　　　（丁）/9592

感舊集：十六卷/（清）王士禛選. 附小傳補遺/（清）盧見曾補傳. --刻本. --德州盧見曾，清乾隆十七年（1752）. --4 冊（1 函）. --卷前序、卷 1-2 係抄配。半葉 11 行，行 21 字，小字雙行 30 字，白口，左右雙邊，單黑魚尾，半框 17.9×14.4cm。鈐"式儒"朱文印、"王璲私印"白文印. --綫裝　　　（丙四）/1020

國朝詩正：六卷/（清）朱觀編. --刻本. --清康熙五十四年（1715）. --1 冊（1 函）. --存卷 1、卷 2 上半部。半葉 9 行，行 20 字，小字雙行字同，白口，左右雙邊，單黑魚尾，半框 18.3×13.9cm。鐵硯齋藏板。鈐"北平孔德學校之章"朱文印. --綫裝　　　　　　（甲四）/363

本朝館閣詩：二十卷，附錄一卷，續附錄一卷/（清）阮學浩，（清）阮學浚合編. --刻本. --清乾隆二十三年（1758）. --10 冊（2 函）. --半葉 10 行，行 21 字，小字雙行 31 字，粗黑口，左右雙邊，雙對黑魚尾，半框 15.7×11.7cm。鈐"漢儀"朱文印、"徐蘭室印"白文印、"崇明李氏丹厓鑒藏"白文印. --綫裝

　　　　　　　　　　　　　　（丁）/14413

國朝詩別裁集：三十六卷/（清）沈德潛輯並評. --刻本. --蔣重光，清乾隆二十四年（1759）. --16 冊（2 函）. --半葉 10 行，行 19 字，小字雙行約 27 字，白口，左右雙邊，單黑魚尾，半框 16.8×13.6cm. --綫裝　（乙四）/79

欽定國朝詩別裁集：三十二卷/（清）沈德潛纂評. --刻本. --清乾隆二十六年（1761）. --10 冊（1 函）. --半葉 10 行，行 19 字，小字雙行 28 字，白口，左右雙邊，單黑魚尾，半框

17.2×13.5cm。鈐"高凌霨澤畬甫收藏印"朱文印.--綫裝　　　　　　　（丙四）/5

第二部　6 冊　　　　　　（戊）/1727

第三部　8 冊（1 夾），佚名圈點　　　　　　（丙四）/3166

第四部　16 冊（4 函），卷 32 殘缺，御製序 4 葉係抄配　　　　　　（丙四）/6275

欽定國朝詩別裁集：三十二卷/（清）沈德潛編.--刻本.--清乾隆（1736～1795）.--12 冊（1 函）.--仿清乾隆二十六年刻本。版心題"國朝詩別裁集"。半葉 10 行，行 19 字，小字雙行 28 字，白口，左右雙邊，單黑魚尾，半框 17.1×13.3cm.--綫裝　　　　　　（甲四）/1162

本朝應制和聲集：六卷，卷首三卷/（清）沈德潛，（清）王居正評定.--刻本.--清乾隆九年（1744）.--8 冊（1 函）.--半葉 10 行，行 19 字，小字雙行字同，白口，左右雙邊，單黑魚尾，半框 16.8×13cm.--綫裝　　　　　　（丁）/9857

本朝五言近體瓣香集：十六卷/（清）許英輯.刻本.--許璥，清乾隆二十八年（1763）.--4 冊（1 函）.--版心題"瓣香集"。半葉 10 行，行 23 字，小字雙行 34 字，粗黑口，左右雙邊，單黑魚尾，半框 17.2×13.1cm.--綫裝　　　　　　（丁）/9304

第二部　心逸堂藏板　　　　　　（丁）/8328

國朝詩正聲集：不分卷，卷首一卷/（清）項章撰.--刻本.--清乾隆三十四年（1769）.--4 冊（1 函）.--半葉 9 行，行 19 字，小字雙行字同，白口，四周雙邊，單黑魚尾，半框 16.9×12.3cm。有刻工：張若遷。懷斯堂藏板。鈐"寶瓿樓秘笈之印"朱文印.--綫裝　　（丙四）/136

第二部　　　　　　（丙四）/1455

五言排律依永集：八卷/（清）張九鉞箋釋.--刻本.--清乾隆三十一年（1766）.--4 冊（1 函）.--書名頁題"本朝應制排律依永集"。半葉 10 行，行 25 字，小字雙行字同，白口，四周雙邊，單黑魚尾，半框 16.8×11.1cm。本衙藏板.--綫裝　　　　　　（丁）/9382

所知集初編：十二卷/（清）陳毅選輯.--刻本.--金陵陳毅，清乾隆三十二年（1767）.**所知集二編**：八卷.--金陵陳毅，清乾隆三十八年（1773）.**所知集三編**：十二卷.--懷寧潘瑛，清乾隆五十六年（1791）.--30 冊（4 函）.--半葉 9 行，行 19 字，小字雙行字同，白口，左右雙邊，單黑魚尾，半框 17.3×12.4cm。眠雲閣藏板。鈐"北平孔德學校之章"朱文印.--綫裝　　　　　　（甲四）/519

第二部　存所知集三編，6 冊（1 函），鈐"待鳳閣"朱文印、"周養庵小市得"朱文印　　　　　　（丙四）/311

本朝名媛詩鈔：六卷/（清）胡孝思，（清）朱珖評輯；（清）沈英等校訂.--刻本.--清乾隆（1736～1795）.--4 冊（1 函）.--半葉 9 行，行 20 字，小字雙行字同，白口，左右雙邊，單黑魚尾，半框 16.4×12cm。凌雲閣藏板。鈐"鑑雲樓詩畫印"朱文印、"陶"白文印、"北平孔德學校之章"朱文印.--綫裝　　（甲四）/140

第二部　佚名批點。鈐"北平孔德學校之章"朱文印　　　　　　（甲四）/136

吾炙集：二卷/（清）錢謙益輯.--抄本.--清（1644～1911）.--1 冊（1 函）.--鈐"北平師範學院藏書之章"朱文印.--綫裝　　　　　　（丁）/7413

熊劉詩集/（清）熊伯龍，（清）劉子壯合撰；（清）易履泰輯.--刻本.--名山閣，清乾隆五十七年（1792）.--2 冊（1 函）.--半葉 9 行，行 20 字，小字雙行字同，白口，四周雙邊，單黑魚尾，半框 18×11.6cm。名山閣藏板.--綫裝　　　　　　（丙四）/1108

千叟宴詩：四卷/（清）聖祖玄燁輯.--刻本.--京師：内府，清康熙六十一年（1722）.--8 冊（1 函）.--半葉 6 行，行 16 字，小字雙行字同，白口，左右雙邊，單黑魚尾，半框 19.4×12.7cm。鈐"武昌柯逢時收藏圖記"朱文印.--

綫裝　　　　　　　　　　　　（丁）/5508

沽上題襟集：一卷/（清）查為仁，（清）查學禮輯.--刻本.--清乾隆六年（1741）.--1 冊（1 函）.--半葉 10 行，行 22 字，細黑口，左右雙邊，半框 18.2×13.7cm。鈐"啓周所存"朱文印、"邵貞久觀過"朱文印.--綫裝

（丁）/12997

韓江雅集：十二卷/（清）全祖望等撰.--刻本.--清乾隆（1736～1795）.--4 冊（1 函）.--卷 12 有 1 葉係抄配。半葉 10 行，行 21 字，小字雙行字同，白口，四周單邊，單黑魚尾，半框 18×12.6cm。鈐"菊君寶笈"朱文印.--綫裝

（丁）/2348

榖林集：八卷/（清）杭世駿輯.--刻本.--清乾隆（1736～1795）.--2 冊（1 函）.--缺卷 8。半葉 10 行，行 20 字，小字雙行字同，白口，四周單邊，單黑魚尾，半框 17×13.5cm。鈐"趙康侯印"白文印、"晉弎"朱文印.--綫裝

（丁）/8948

苔岑集：二十四卷；苔岑集附：二卷/（清）王鳴盛輯.--刻本.--三槐堂，清乾隆三十二年（1767）.--4 冊（1 函）.--半葉 10 行，行 19 字，白口，左右雙邊，單黑魚尾，半框 17.8×13.8cm。鈐"揚州汪喜孫孟慈父印"朱文印.--綫裝

（丁）/6580

絜吳羹詩選：二十四卷/（清）茅應奎選.--刻本.--清乾隆三十四年（1769）.--6 冊（1 函）.--半葉 10 行，行 21 字，小字雙行字同，白口，左右雙邊，單黑魚尾，半框 19.5×13.7cm。佚名圈點。鈐"漢陽葉名澧潤臣印"白文印、"先世金陵"朱文印.--綫裝

（丁）/6268

樂遊聯唱集：二卷/（清）畢沅等撰.--刻本.--清乾隆四十七年（1782）.--1 冊（1 函）.--半葉 11 行，行 21 字，小字雙行字同，粗黑口，左右雙邊，單黑魚尾，半框 19.5×14.1cm。西安

節署藏板。鈐"小延年室"白文印.--綫裝

（丁）/11563

四六初征：二十卷/（清）李漁輯.--刻本.--芥子園，清康熙十年（1661）.--12 冊（1 函）.--半葉 9 行，行 20 字，白口，四周單邊，半框 18.9×13.1cm.--綫裝：吳曉鈴贈書　　（己）/1285

切問齋文鈔：三十卷/（清）陸燿輯.--刻本.--吳門：劉萬傳局，清乾隆四十年（1775）.--10 冊（2 函）.--半葉 12 行，行 25 字，小字雙行字同，白口，左右雙邊，單黑魚尾，半框 18.5×14.8cm。鈐"雲松"朱文印、"濠堂藏本之一"朱文印、"澹逋丙辰所得"朱文印.--綫裝

（丙二）/5924

第二部　佚名圈點，鈐"半園經眼"白文印

（丙四）/4998

國朝文鈔：五編；論文集鈔：二卷/（清）高塽編.--刻本.--清乾隆五十一年（1786）.--29 冊（5 函）.--半葉 9 行，行 25 字，有眉批，行 5 字，白口，四周雙邊，國朝文鈔無界行，單黑魚尾，半框 19.6×15.2cm。廣郡永邑培元堂楊藏板。鈐"北平孔德學校之章"朱文印.--綫裝

（甲四）/1200

憑山閣留青廣集：十二卷/（清）陳枚輯；（清）黃敏生，（清）張國泰參訂.--刻本.--古杭陳枚，清康熙十八年（1679）.--12 冊（1 函）.--半葉 9 行，行 24 字，白口，四周單邊，半框 18.5×12.2cm。有刻工：同文。佚名圈點。鈐"尚文堂"朱文印.--綫裝　　　　（丁）/12767

憑山閣新輯尺牘寫心二集：六卷/（清）陳枚選.--刻本.--憑山閣，清康熙三十五年（1696）.--6 冊（1 函）.--版心題"寫心二集"。半葉 9 行，行 24 字，小字雙行字同，白口，四周單邊，半框 19.1×12.5cm.--綫裝

（庚）/714

貴州鄉試墨卷/（清）佚名編.--刻本.--清康熙（1662～1722）.--4 冊（1 函）.--半葉 9 行，

行 25 字，小字雙行字同，白口，左右雙邊，半框 18.6×12.8cm. --綫裝　　　（丙三）/2241

程墨前選/（清）李光地輯. --刻本. --清康熙（1662～1722）. --2 冊（1 函）. --書名頁題"安溪先生程墨前選"。半葉 10 行，行 26 字，白口，左右雙邊，無界行，半框 18.4×11.8cm。鈐"御賜教忠堂"朱文印、"國子監印"朱文印（滿漢合璧）. --綫裝　　　（丙三）/4102

郵餘閒記：初集二卷，二集二卷/（清）陳廷燦撰. --刻本. --清康熙（1662～1722）. --4 冊（1 函）. --半葉 8 行，行 20 字，白口，左右雙邊，半框 19.8×11.7cm。佚名圈點. --綫裝
（丁）/14148

新鐫評釋巧對：十八卷/（清）王升選評. --刻本. --學海堂，清康熙五十一年（1712）. --4 冊（1 函）. --半葉 9 行，行 24 字，小字雙行字同，白口，左右雙邊，無界行，單黑魚尾，半框 18.2×11.4cm。鈐"韻峰"朱文印、"榮溪書屋"朱文印. --綫裝　　　（丁）/14417

類聯集古：四卷/（清）劉慶觀編. --刻本. --清乾隆三十七年（1772）. --2 冊（1 函）. --半葉 10 行，行字數不等，白口，左右雙邊，單黑魚尾，半框 21×14.1cm。青藜閣藏板. --綫裝
（丁）/14767

類聯集錦：八卷/（清）張宗壽輯. --刻本. --清乾隆三十八年（1773）. --2 冊（1 函）. --半葉 10 行，行 24 字，小字雙行字同，白口，四周單邊 無界行，單黑魚尾，半框 18.9×13.4cm. --綫裝
（丁）/14424

湘管聯吟：一卷，續集三卷，附錄一卷，附葉一卷/（清）陳焯編. --刻本. --清乾隆（1736～1795）. --2 冊（1 函）. --半葉 10 行，行 19 字，小字雙行字同，白口，四周雙邊，單黑魚尾，半框 17.8×12.3cm。鈐"東吳俞守己家藏記"朱文印、"敦復堂珍藏善本書籍之記"白文印、"揚州阮氏琅嬛僊館藏書印"朱文印. --綫裝

（丁）/5454
第二部　1 冊（1 函）　　　（丁）/6409

草花百詠：一卷/（清）施岷宗撰. --刻本. --寶山施氏默雷書屋，清乾隆四十一年（1776）. --1 冊（1 函）. --半葉 10 行，行 19 字，白口，左右雙邊，單黑魚尾，版心下刻"默雷書屋"，半框 15.9×12.6cm。默雷書屋藏板。佚名圈點。鈐"王璬私印"白文印. --綫裝　　（丙四）/1152

擊壤吟社/（清）蔡邦烜輯. --刻本. --清乾隆（1736～1795）. --1 冊（1 函）. --半葉 8 行，行 19 字，白口，左右雙邊，單黑魚尾，半框 16.1×11.9cm。卷末題"姑蘇近文齋鐫"。佚名圈點. --綫裝　　　（丁）/11771

風木圖題詠/（清）汪雨蒼編. --刻本. --清乾隆（1736～1795）. --1 冊（1 夾）. --半葉 11 行，行 24 字，白口，四周雙邊，單黑魚尾，半框 20.8×14.2cm. --綫裝　　　（丁）/12846

鴻案珠圍集：四卷/（清）陳世倌等撰. --刻本. --清乾隆二十一年（1756）. --4 冊（1 函）. --半葉 10 行，行 20 字，小字雙行字同，白口，四周雙邊，單黑魚尾，半框 17.9×12.3cm. --綫裝
（丁）/5568

[沈歸愚]八秩壽序詩：不分卷；**九秩壽序詩**：不分卷/（清）沈德潛輯. --刻本. --清乾隆（1736～1795）. --1 冊（1 夾）. --（沈歸愚詩文全集：十五種/[清]沈德潛撰）. --半葉 10 行，行 19 字，小字雙行字同，白口，左右雙邊，單黑魚尾，半框 17×13.7cm. --綫裝　　　（丁）/12351

雲林別墅新輯酬世錦囊書啟合編初集：八卷/（清）鄒景揚輯. --刻本. --大德堂，清乾隆三十六年（1771）. --4 冊（1 函）. --上下兩欄，上欄半葉 10 行，行 8 字，小字雙行字同，下欄半葉 10 行，行 18 字，小字雙行字同，白口，四周單邊，單黑魚尾，半框 20.8×13.9cm. --綫裝
（丁）/14536

制藝簡摩：不分卷.--抄本.--清（1644～1911）.--4 冊（1 函）.--佚名圈點.--綫裝
（丙四）/1650

棲雲唱和詩：不分卷/（清）曹學詩等撰.--刻本.--清乾隆二十六年（1761）.--1 冊（1 函）.--半葉 9 行，行 18 字，小字雙行字同，白口，左右雙邊，單黑魚尾，半框 18.6×13.6cm。本衙藏板.--綫裝　　（丁）/7382

隨園續同人集：不分卷/（清）袁枚輯.--刻本.--小倉山房，清乾隆五十五年（1790）.--1 冊（1 函）.--半葉 11 行，行 21 字，小字雙行字同，白口，左右雙邊，單黑魚尾，半框 15.9×12.6cm。小倉山房藏板.--綫裝
（丁）/14351

斷腸歌：一卷/（清）楊廷琮等撰.--寫本.--清（1644～1911）.--1 冊（1 函）.--孫壯題識。鈐"壽鑭"朱文印、"孫壯"白文印.--綫裝
（丁）/10288

九女士詩稿：一卷/（清）甘和等撰.--抄本.--清（1644～1911）.--1 冊.--鈐"亨壽曾藏"朱文印、"綏福堂珍藏書畫"朱文印.--綫裝
（丁）/11496

地方藝文

吳都文粹：十卷/（宋）鄭虎臣輯.--活字本，木活字.--清（1644～1911）.--10 冊（2 函）.--半葉 9 行，行 21 字，白口，左右雙邊，單黑魚尾，半框 20.2×12.8cm。鈐"王筱霞收藏圖書記"朱文印、"北平孔德學校之章"朱文印.--綫裝
（甲四）/99

河汾諸老詩集：八卷/（元）房祺輯.--刻本.--汲古閣，明天啟崇禎間（1621～1644）.--1 冊（1 函）.--（詩詞雜俎/[明]毛晉輯）.--版心題"河汾詩"。半葉 8 行，行 19 字，白口，左右雙邊，版心下刻"汲古閣"，半框 19.2×

13.7cm。鈐"剛父"朱文印.--綫裝
（丁）/6895

第二部　2 冊（1 函），鈐"北平孔德學校之章"朱文印　　（甲四）/1025

第三部　1 冊，佚名圈點，鈐"志澤一字青萍"白文印、"薛天泳印"朱文印
（丁）/2004

容城文靖劉先生文集：四卷/（元）劉因撰.容城忠愍楊先生文集：四卷/（明）楊繼盛撰.容城鍾元孫先生文集：四卷/（清）孫奇逢撰.--清康熙十八年（1679）.--12 冊（2 函）.--（三賢文集/[清]張斐然等輯）.--半葉 10 行，行 20 字，白口，四周雙邊，單黑魚尾，半框 20.3×14.5cm。佚名圈點.--綫裝
（丙四）/1431

中州名賢文表：三十卷/（明）劉昌編.--刻本.--汪立名，清康熙四十五年（1706）.--6 冊（1 函）.--半葉 12 行，行 22 字，小字雙行 33 字，黑口，左右雙邊，單黑魚尾，半框 18×14.2cm.--綫裝　　（丙四）/773

新鐫焦太史彙選中原文獻：二十四卷/（明）焦竑輯；（明）陶望齡評；（明）朱之蕃注.--刻本.--汪元湛，明萬曆二十四年（1596）.--10 冊（2 函）：有插圖.--存經集卷 1-4，文集 4 卷，通攷 1 卷。半葉 10 行，行 21 字，有眉批，字數不等，白口，四周單邊，半框 20.5×14.1cm。鈐"北京孔德學校藏"朱文印、"北平孔德學校之章"朱文印.--綫裝　　（甲二）/338

新安文獻志：一百卷，新安文獻志先賢事略二卷，目錄二卷/（明）程敏政輯.--刻本.--明萬曆（1573～1620）.--36 冊（6 函）.--半葉 9 行，行 20 字，小字雙行字同，白口，四周單邊，單黑魚尾，半框 20.6×14cm。本郡藏板。鈐"北平孔德學校之章"朱文印.--綫裝
（甲四）/224

宛雅初編：八卷，卷首一卷/（明）梅鼎祚原編；（清）施念曾，（清）張汝霖補輯.宛雅二編：

八卷/（清）施閏章，（清）蔡蓁春原編；（清）施念曾，（清）張汝霖補輯.**宛雅三編**：二十四卷，卷末一卷/（清）施念曾，（清）張汝霖編.--刻本.--施念曾、張汝霖，清乾隆十四年（1749）刻；清乾隆十七年（1752）補刻.--20冊（2函）.半葉10行，行21字，小字雙行27字，白口，左右雙邊，單黑魚尾，半框18.8×14.2cm。西阪艸堂藏板。佚名圈點。鈐"无竟先生獨志堂物"朱文印、"北平孔德學校之章"朱文印.--綫裝

（甲四）/1338

晉國垂棘：不分卷/（明）范弘嗣編；（清）范鄗鼎重訂.--刻本.--五經堂，清康熙十一年（1672）.--1冊（1函）.--半葉9行，行25字，白口，四周雙邊，無界行，半框19×12cm。鈐"北平孔德學校之章"朱文印.--綫裝

（甲四）/970

續垂棘編：六卷，二集十卷/（清）范鄗鼎編.**五經堂草草草**：一卷/（清）范鄗鼎撰.--刻本.--洪洞五經堂范鄗鼎，清康熙十四年至十六年（1675～1677）.--6冊（1函）.--二集存卷1-6。半葉9行，行25字，白口，四周雙邊，無界行，半框19.2×11.7cm。五經堂藏板。佚名批點。鈐"北平孔德學校之章"朱文印.--綫裝

（甲四）/340

皇明豫章詩選：二十四卷/（明）舒日敬輯.--刻本.--明崇禎九年（1636）.--12冊（2函）.--半葉8行，行18字，白口，四周單邊，半框19.8×12.8cm。鈐"留餘堂圖書印"朱文印、"負蒼"白文印、"北平孔德學校之章"朱文印.--綫裝

（甲四）/530

梁園風雅：二十七卷，附諸公爵里/（明）趙彥復選；（明）汪元范校.--刻本.--陸廷燦，清康熙四十三年（1704）.--12冊（2函）.--半葉10行，行19字，白口，左右雙邊，雙順黑魚尾，半框16.8×13.2cm。鈐"王協夢印"白文印、"王松盧圖書印"朱文印、"北平孔德學校之章"朱文印.--綫裝

（甲四）/744

嶺南三大家詩選：二十四卷/（清）王隼輯.--刻本.--清康熙（1662～1722）.--5冊（1函）.--半葉10行，行19字，粗黑口，左右雙邊，單黑魚尾，半框17.2×13.8cm。鈐"少室山房書畫珍藏"朱文印.--綫裝

（丁）/1438

甬上耆舊詩：三十卷/（清）胡文學，（清）李鄴嗣輯.--刻本.--清康熙十五年（1676）.--10冊（1函）.--半葉11行，行22字，小字雙行字同，白口，四周單邊，單黑魚尾，版心下刻"敬義堂"，半框18.4×14.6cm.--綫裝

（乙四）/304

四明四友詩：六卷/（清）鄭梁輯.--刻本.--清康熙四十八年（1709）.--2冊（1函）.--半葉11行，行19字，白口，四周單邊，雙順黑魚尾，半框18.4×13.3cm.--綫裝

子目：

東門閑閑閣草：一卷/（清）李暾撰

東門寄軒草：一卷/（清）李暾撰

南溪僅真集：一卷/（清）鄭性撰

北溟見山集：一卷/（清）謝緒章撰

西郭冰雪集：一卷/（清）萬承勳撰

西郭苦吟：一卷/（清）萬承勳撰

（丁）/12872

新安二布衣詩：八卷/（清）王士禎輯.--刻本.--新安汪洪度，清康熙四十三年（1704）.--2冊（1函）.--半葉10行，行19字，小字雙行29字，白口，四周單邊，雙對黑魚尾，半框17.4×13.4cm.--綫裝

子目：

吳非熊集：四卷/（明）吳兆撰

程孟陽集：四卷/（明）程嘉燧撰

（丁）/2484

昆陵六逸詩鈔：二十三卷/（清）孫讜輯.**六逸詩話**：一卷/（清）莊杜芬等輯.--刻本.--清康熙五十六年（1717）.--10冊（1夾）.--半葉11行，行21字，粗黑口，左右雙邊，單黑魚尾，半框17.5×13.2cm。壽南堂藏板.--綫裝

子目：

南田詩鈔：五卷／（清）惲格撰

白雲樓詩鈔：一卷／（清）楊宗發撰

香草堂詩鈔：五卷／（清）胡香昊撰

西林詩鈔：五卷／（清）陳煉撰

芑野詩鈔：四卷／（清）唐惲宸撰

梅坪詩鈔：三卷／（清）董大倫撰

（丁）/13688

金華文略：二十卷／（清）王崇炳編．--刻本．--蘭溪唐氏，清康熙四十八年（1709）刻；金華夏氏，清乾隆七年（1742）補刻．--14 冊（2 函）．--半葉 10 行，行 22 字，小字雙行字同，白口，四周單邊，無界行，單黑魚尾，半框 19.8×14cm。夏衙藏板，現存學耨堂。佚名圈點．--綫裝

（丁）/3820

沈南疑先生檇李詩繫：四十二卷／（清）沈季友編．--刻本．--敦素堂，清康熙（1662～1722）．--20 冊（2 函）．--半葉 11 行，行 21 字，小字雙行 31 字，粗黑口，左右雙邊，雙順黑魚尾，半框 17.7×13.8cm。佚名圈點。鈐"城西草堂"朱文印、"北平孔德學校之章"朱文印．--綫裝

（甲四）/19

松風餘韻：五十卷，卷末一卷／（清）姚弘緒編．--刻本．--清乾隆九年（1744）．--10 冊（2 函）．--半葉 11 行，行 21 字，白口，左右雙邊，單黑魚尾，半框 17.1×14.5cm。寶善堂藏板。鈐"北平孔德學校之章"朱文印．--綫裝

（甲四）/1121

滄洲近詩：八卷／（清）陳鵬年輯．--刻本．--清乾隆（1736～1795）．--4 冊（1 函）．--書名頁題"道榮堂近詩"。半葉 9 行，行 19 字，小字雙行字同，白口，左右雙邊，單黑魚尾，半框 16.5×12.5cm。鈐"亨壽家藏書畫印"朱文印．--綫裝

（丙四）/1620

山左明詩鈔：三十五卷／（清）宋弼編．--刻本．--廣東恩平：李文藻，清乾隆三十六年（1771）．--8 冊（1 函）．--半葉 11 行，行 21 字，小字雙行字同，粗黑口，左右雙邊，單黑魚

尾，半框 18.6×14cm。恩平縣衙藏板。鈐"有媯之後"白文印、"怡怡堂珍藏"朱文印、"舊家燕子傍誰飛"朱文印、"濟甯王伯子謝家舊燕堂藏書"朱文印、"百竟庵曾藏記"朱文印．--綫裝

（丙四）/92

國朝山左詩鈔：六十卷／（清）盧見曾輯．--刻本．--雅雨堂，清乾隆二十三年（1758）．--20 冊（2 函）．--序有半葉殘缺。半葉 10 行，行 21 字，小字雙行字同，白口，四周單邊，單黑魚尾，版心下刻"雅雨堂"，半框 18.3×14.3cm。鈐"學部圖書之印"朱文印（滿漢合璧）．--綫裝

（丙四）/5462

第二部　20 冊（2 函），鏟去與錢謙益相關文字，佚名圈點

（丙四）/4871

第三部　16 冊（2 函），卷 26 有 1 葉抄配，鏟去與錢謙益相關文字，雅雨堂藏板，鈐"北平孔德學校之章"朱文印

（甲四）/602

第四部　32 冊（4 函），鏟去與錢謙益相關文字，鈐"寶德堂藏書"朱文印、"山陰宋氏藏書"朱文印

（丙四）/6368

東皋詩存：四十八卷，東皋詩餘四卷／（清）汪之珩輯．--刻本．--清乾隆三十一年（1766）．--20 冊（2 夾）．--半葉 10 行，行 21 字，小字雙行字同，白口，左右雙邊，單黑魚尾，版心下刻"文園"，半框 18.1×13.1cm．--綫裝

（丁）/6527

江浙十二家詩選：十二卷／（清）王鳴盛選；（清）高攀桂輯評．--刻本．--東吳王氏，清乾隆三十年（1765）．--6 冊（1 函）．--書名頁記"苔岑集嗣出"。半葉 10 行，行 19 字，小字雙行字同，白口，左右雙邊，單黑魚尾，半框 17.9×14cm。吳門幽蘭巷本衙藏板．--綫裝

（丁）/10362

國朝松陵詩徵：二十卷／（清）周汝雨，（清）周仁開輯；（清）袁景輅編次．--刻本．--袁氏愛吟齋，清乾隆三十二年（1767）．--6 冊（1 函）．--半葉 10 行，行 21 字，小字雙行 31 字，白口，左右雙邊，單黑魚尾，版心下刻"愛吟齋"，半

框 17.7×13.9cm。愛唵齋藏板。鈐"北平孔德學校之章"朱文印.--綫裝 （甲四）/305

第二部 4 冊（1 函） （丁）/12409

九峰文鈔：二卷/（清）宋景關編.--刻本.--清乾隆五十八年（1793）.--1 冊（1 函）.--半葉 10 行，行 21 字，細黑口，左右雙邊，半框 16.7×12.7cm。鈐"北平孔德學校之章"朱文印.--綫裝 （甲四）/695

駐蹕惠山詩：一卷；**御題竹爐圖詠**：四卷/（清）高宗弘曆等撰；（清）吳鉞輯.--刻本.--吳鉞，清乾隆二十七年（1762）.--4 冊（1 函）：插圖 4 幅.--半葉 8 行，行 17 字，白口，四周雙邊，半框 16.6×11.2cm.--綫裝 （丁）/12495

國朝武定詩鈔：十二卷，補鈔二卷/（清）李衍孫編.--刻本.--清乾隆五十九年（1794）.--4 冊（1 函）.--半葉 10 行，行 19 字，小字雙行字同，粗黑口，左右雙邊，單黑魚尾，半框 16×13.3cm。鈐"北平孔德學校之章"朱文印.--綫裝 （甲四）/535

南昌文考：二十卷/（清）徐午等編.--刻本.--南昌：古歙徐午，清乾隆六十年（1795）.--11 冊（2 函）.--序言殘缺，卷 20 末缺葉。半葉 10 行，行 22 字，粗黑口，四周雙邊，雙順黑魚尾，半框 17.8×11.9cm。本署藏板。鈐"鍾離垔印"朱文印、"煥堂紹記"白文印、"北平孔德學校之章"朱文印.--綫裝 （甲四）/674

皖江採風錄：一卷/（清）徐立綱輯.--刻本.--清乾隆五十三年（1788）.--1 冊（1 函）.--題名據版心著錄。半葉 8 行，行 18 字，白口，四周雙邊，無界行，半框 17.2×11cm.--綫裝 （丁）/1109

莆風清籟集：六十卷/（清）鄭王臣輯.--刻本.--清乾隆（1736～1795）.--16 冊（1 函）.--半葉 9 行，行 21 字，小字雙行字同，白口，左右雙邊，單黑魚尾，半框 17.7×12cm.--綫裝 （丁）/395

七十二峰足徵集：八十八卷，文集十六卷/（清）吳定璋輯；（清）陳祖范等編訂.--刻本.--吳氏依綠園，清乾隆十年（1745）.--47 冊（8 函）.--原缺文集卷 3。半葉 9 行，行 19 字，小字雙行 29 字，白口，左右雙邊，單黑魚尾，半框 17.8×12.9cm。依綠園藏板。佚名圈點.--綫裝 （丁）/12482

第二部 12 冊（2 夾），存七十二峰足徵集卷 1-52。鈐"北平孔德學校之章"朱文印 （甲二）/640

永清文徵：五卷/（清）章學誠纂.--刻本.--清乾隆（1736～1795）.--2 冊（1 函）.--半葉 12 行，行 25 字，白口，左右雙邊，單黑魚尾，半框 20.2×14.7cm。鈐"百鏡盦"朱文印.--綫裝 （丙四）/202

吳中女士詩鈔：十種/（清）任兆麟輯；（清）張允滋錄.--刻本.--清乾隆五十四年（1789）.--4 冊（1 函）.--版心題"林屋吟榭"。半葉 9 行，行 19 字，小字雙行字同，白口，左右雙邊，單黑魚尾，半框 17.4×12.2cm。鈐"保粹堂校學服齋讀信古閣藏述窠摘錄"白文印、"南海黃氏秋南任恒"朱文印.--綫裝
子目：
清溪詩蘽：一卷/（清）張允滋撰.--版心題"潮生閣"
兩面樓詩蘽：一卷/（清）張芬撰.--版心題"兩面樓"
賞奇樓蠹餘稿：一卷/（清）陸瑛撰.--版心題"賞奇樓"
琴好樓小製：一卷/（清）李嫩撰.--版心題"琴好樓"
采香樓詩集：一卷/（清）席蕙文撰.--版心題"采香樓"
修竹廬吟稿：一卷/（清）朱宗淑撰.--版心題"修竹廬"
青藜閣集：一卷/（清）江珠撰.--版心題"青藜閣"
翡翠樓集：一卷/（清）沈纕撰.--版心題"翡翠樓"
曉春閣詩稿：一卷/（清）尤澹仙撰.--版心題

"曉春閣"

停雲閣詩橐：一卷/（清）沈持玉撰.--版心題
"停雲閣"

附：

翡翠林雅集：一卷/（清）任兆麟選.--目錄題
"翡翠林閨秀雅集"

簫譜：一卷/（清）任兆麟纂；（清）沈纕錄.--
半葉 9 行，行 21 字，小字雙行字數不等，粗黑
口，四周雙邊，單黑魚尾，半框 17.4 ×12.3cm

愛蘭詩鈔：一卷/（清）王瓊撰.--版心題"愛
蘭書屋"。半葉 9 行，行 19 字，小字雙行字同，
白口，四周單邊，單黑魚尾，半框 17.1×
12.2cm。題"吳門臬司前西張遇清刻"

（丁）/7196

家集

范文正公忠宣公全集：七十三卷/（宋）范仲
淹，（宋）范純仁撰；（清）范時崇，（清）范能
濬輯.--刻本.--范氏歲寒堂，清康熙四十六年
（1707）.--16 冊（2 函）.--半葉 11 行，行 21 字，
白口，左右雙邊，單黑魚尾，版心下鐫"歲寒
堂"，半框 18.5×14.3cm。歲寒堂藏板.--綫裝
子目：

范文正公集：文集二十卷，別集四卷，政府
奏議二卷，尺牘三卷，年譜一卷，年譜補遺一卷，
言行拾遺事錄四卷，鄱陽遺事錄一卷，遺跡一
卷，義莊規矩一卷，褒賢集五卷，補編五卷/（宋）
范仲淹撰

范文忠宣公集：文集二十卷，奏議二卷，補
編一卷，遺文一卷，附錄一卷/（宋）范純仁撰

（丁）/7961

第二部 13 冊（1 函），缺尺牘 2 卷，第 1
冊係抄配 （丙四）/5897

嘉樂齋三蘇文範：十八卷，卷首一卷/題（明）
楊慎編.--刻本.--明天啟（1621～1627）.--18
冊（4 函）.--半葉 9 行，行 18 字，小字雙行字
同，有眉欄，行 5 字，白口，四周單邊，單黑魚
尾，半框 21.7×13.5cm。有刻工：章欽；寫工：
姚可達。鈐"樹經堂"白文印、"江西汪石琴家

藏本"朱文印.--綫裝 （丁）/4445

鍾伯敬先生評選三蘇文匯/（明）錢穀，（明）
茅坤，（明）鍾惺評定.--刻本.--明末（1621～
1644）.--16 冊（2 函）.--半葉 9 行，行 20 字，
有眉批，行 5 字，白口，四周單邊，單白魚尾，
半框 20.9×14.4cm.--綫裝：群芳閣藏書
子目：

合刻三先生老泉文匯：十卷/（宋）蘇洵撰
合刻三先生東坡文匯：四十卷/（宋）蘇軾撰
合刻三先生潁濱文匯：十卷/（宋）蘇轍撰

（庚）/155

三蘇文集/（明）茅坤評點.--刻本.--明末
（1573～1644）.--9 冊（1 夾）.--（唐宋八大
家文抄）.--仿明末唐宋八大家文抄刻本。半葉
9 行，行 20 字，有眉批，行 5 字，白口，四周
單邊，單白魚尾，半框 20.2×14.2cm。佚名批、
圈點.--綫裝
子目：

宋大家蘇文公文抄：十卷/（宋）蘇洵撰
宋大家蘇文忠公文抄：二十八卷/（宋）蘇軾
撰

宋大家蘇文定公文抄：二十卷/（宋）蘇轍撰
（丙四）/2958

宋大家蘇文公文抄：十卷/（宋）蘇洵撰；（明）
茅坤評.**宋大家蘇文定公文抄**：二十卷/（宋）蘇
轍撰；（明）茅坤評.--刻本.--明末（1573～
1644）.--6 冊（1 函）.--（唐宋八大家文抄/[明]
茅坤評選）.--半葉 9 行，行 20 字，有眉批，行
5 字，白口，四周單邊，單白魚尾，半框 20.7
×14.5cm。鈐"張袞之印"朱文印、"北平孔德
學校之章"朱文印.--綫裝 （甲四）/521

河南程氏文集：十二卷/（宋）程顥，（宋）程
頤撰.**河南程氏遺文**：一卷/（宋）程顥，（宋）
程頤撰；（元）譚意輯.--刻本.--譚善心，元至
治三年（1323）；明（1368～1644）修版.--10
冊（1 匣）.--半葉 10 行，行 20 字，小字雙行
字同，粗黑口，四周雙邊，四黑魚尾，半框 21.9
×15.7cm。鈐"閔十二"白文印、"齊伋"朱文

印、"三松過眼"朱文印、"錢受之"朱文印、"健菴"朱文印、"傳是樓"朱文印、"徐仲子"朱文印、"西泠吳氏"朱文印、"璜川吳氏收藏圖書"朱文印、"北京孔德學校之章"朱文印.--綫裝　　　　　　（甲四）/1514

程山三世詩/（明）謝文洊等撰.--刻本.--清乾隆二十九年（1764）.--2冊（1函）.--存二種。題名據版心著錄。半葉10行，行21字，小字雙行字同，白口，四周雙邊，單黑魚尾，半框19×14.5cm.--綫裝
子目：
竹影亭詩：一卷/（明）謝文洊撰
龐舟詩稿：一卷/（明）謝德宏撰
　　　　　　　　　　　　（丙四）/3211

百旻遺草：一卷/（明）葉世偁撰.**靈護集**：一卷/（明）葉世俗撰.**靈護附集**：一卷/（明）周永年等撰.--抄本.--清乾隆（1736～1795）.--2冊（1函）.--鈐"讀書樂"白文印、"磊磊落落"白文印、"十二峰"朱文印.--綫裝
　　　　　　　　　　　　（丁）/7356

玉峰雍里顧氏六世詩文集：十二種/（清）顧登輯.--刻本.--昆山顧氏桂雲堂，清雍正十年（1732）.--8冊（1函）：肖像2幅.--存四種。半葉10行，行21字，小字雙行字同，白口，左右雙邊，單黑魚尾，版心下刻"桂雲堂"，半框19.9×14cm。桂雲堂藏板、雍里顧氏藏板。佚名圈點。鈐"北平孔德學校之章"朱文印.--綫裝
子目：
疣贅錄：九卷；疣贅續錄：二卷/（明）顧夢圭撰
炳燭軒詩集：五卷，南雍草一卷，楚思賦一卷/（明）顧懋宏撰
雙星舘集：一卷/（明）朱柔英撰.--半葉11行，行23字，粗黑口，左右雙邊，單黑魚尾
違竽集：四卷/（明）顧天埈撰
　　　　　　　　　　　　（甲四）/1348

商丘宋氏三世遺集：三種五卷/（清）宋犖編.刻本.--清康熙（1662～1722）.--2冊（1函）.--

半葉10行，行19字，白口，四周單邊，單黑魚尾，半框18.6×14.5cm。鈐"北平孔德學校之章"朱文印.--綫裝
子目：
莊敏公遺集：一卷/（明）宋纁撰
福山公遺集：一卷/（明）宋沾撰
文康公遺集：二卷/（清）宋權撰
文康府君年譜：一卷/（清）宋犖撰
　　　　　　　　　　　　（甲四）/309

寧都三魏全集：八十三卷/（清）林時益輯.--刻本.--易堂，清康熙（1662～1722）.--48冊（8函）.--半葉9行，行20字，白口，左右雙邊，單黑魚尾間單白魚尾、單綫魚尾，半框20.5×13.8cm。易堂藏板。鈐"張世垚印"朱文印、"號振宇直隸欒城人"白文印，"北平孔德學校之章"朱文印.--綫裝
子目：
魏伯子文集：十卷/（清）魏際瑞撰
魏叔子文集外篇：二十二卷；魏叔子日錄：三卷；魏叔子詩集：八卷/（清）魏禧撰
魏季子文集：十六卷/（清）魏禮撰
魏興士文集：六卷/（清）魏世傑撰
魏昭士文集：十卷/（清）魏世俲撰
魏敬士文集：八卷/（清）魏世儼撰
　　　　　　　　　　　　（甲四）/244

[曹氏全集]/（清）曹貞吉,（清）曹申吉撰.--刻本.--清乾隆（1736～1795）.--7冊（1函）.--鈐"北平孔德學校之章"朱文印.--綫裝
子目：
珂雪詞：二卷，補遺一卷/（清）曹貞吉撰.--半葉10行，行21字，小字雙行字同，白口，左右雙邊，半框17.4×12.8cm
珂雪集：一卷/（清）曹貞吉撰；（清）王士禛評.--半葉10行，行21字，小字雙行字同，白口，四周單邊，單黑魚尾，半框17.7×13.8cm
珂雪二集：一卷/（清）曹貞吉撰.--半葉9行，行19字，小字雙行字同，白口，左右雙邊，單黑魚尾，半框18×14cm
十子詩略：一卷/（清）曹貞吉撰.--半葉10行，行19字，小字雙行字同，四周單邊，

單黑魚尾，半框 17.6×13.7cm

朝天集：一卷／（清）曹貞吉撰.--半葉 10 行，行 19 字，小字雙行字同，粗黑口，四周單邊，雙對黑魚尾，半框 18.5×13.6cm

鴻爪集：一卷／（清）曹貞吉撰.--半葉 10 行，行 21 字，小字雙行字同，白口，左右雙邊，半框 17.2×12.7cm

黃山紀遊詩：一卷／（清）曹貞吉撰.--半葉 9 行，行 19 字，小字雙行字同，粗黑口，四周單邊，雙對黑魚尾，半框 18×13.6cm

澹餘詩集：四卷／（清）曹申吉撰.--半葉 10 行，行 21 字，小字雙行字同，白口，四周單邊，半框 17.5×13.4cm

南行日記：一卷／（清）曹申吉撰.--半葉 9 行，行 20 字，小字雙行字同，白口，四周單邊，單黑魚尾，半框 18.9×13.6cm

（甲四）/588

吳江沈氏詩集：十二卷／（清）沈祖禹輯.--刻本.--清乾隆五年（1740）.--2 冊（1 函）.--書名頁題"吳江沈氏詩集錄"。半葉 11 行，行 21 字，小字雙行字同，白口，左右雙邊，單黑魚尾，半框 18×13.3cm。青谿堂藏板。鈐"周夔私印"白文印.--綫裝 （丙四）/4277

匏菴先生遺集：五卷／（清）石璜撰.石月川遺集：三卷／（清）石洲撰.--刻本.--金陵陳君仲法古堂，清康熙（1662～1722）.--6 冊（1 函）.--石月川遺集缺卷 1。半葉 9 行，行 18 字，白口，四周單邊，半框 19.9×14.4cm。鈐"北平孔德學校之章"朱文印.--綫裝 （甲四）/1133

述本堂詩集／（清）方登嶧，（清）方式濟，（清）方觀承撰.--刻本.--清乾隆二十年（1755）.--16 冊（2 函）.--半葉 10 行，行 19 字，小字雙行 29 字，白口，左右雙邊，單黑魚尾，半框 17.7×13.3cm.--綫裝
子目：
依園詩略：一卷／（清）方登嶧撰
星硯齋存稿：一卷／（清）方登嶧撰
垢硯吟：一卷／（清）方登嶧撰
葆素齋集：三卷／（清）方登嶧撰
如是齋集：一卷／（清）方登嶧撰
陸塘初稿：一卷（清）／方式濟撰
出關詩：一卷／（清）方式濟撰
龍沙紀略：一卷／（清）方式濟撰.--半葉 10 行，行 21 字，小字雙行字同，白口，左右雙邊，單黑魚尾，半框 18.1×13.6cm
看蠶詞：一卷／（清）方觀承撰
東間剩稿：一卷／（清）方觀承撰
入塞詩：一卷／（清）方觀承撰
懷南草：一卷／（清）方觀承撰
豎步吟：一卷／（清）方觀承撰
叩舷吟：一卷／（清）方觀承撰
宜田彙稿：一卷／（清）方觀承撰
松漠草：一卷／（清）方觀承撰

（丁）/2288

素文女子遺稿：一卷／（清）袁機撰.樓居小草：一卷／（清）袁杼撰.--刻本.--清乾隆（1736～1795）.--1 冊（1 夾）.--半葉 9 行，行 19 字，小字雙行字同，白口，左右雙邊，單黑魚尾，半框 17.2×12.7cm.--綫裝 （丁）/5544

勾江詩緒：五種／（清）董正國選.--刻本.--清乾隆（1736～1795）.--2 冊（1 函）.--題名據書名頁著錄。半葉 10 行，行 20 字，小字雙行字同，有眉批，行 4 字，白口，四周單邊，無界行，單黑魚尾，半框 18.4×13cm。東井堂藏板。佚名圈點.--綫裝
子目：
澹園集：一卷／（清）施兆麟撰
栖竹軒集：一卷／（清）施國鑑撰
一醉樓集：一卷／（清）施鍠撰
飲香亭集：一卷／（清）施淞濤撰
石雲樓書空詞草：二卷／（清）施滄濤撰

（丁）/8974

趙氏淵源集：十卷／（清）趙紹祖輯撰.--刻本.--清嘉慶（1796～1820）.--6 冊（1 函）.--半葉 10 行，行 19 字，小字雙行 25 字，白口，左右雙邊，單黑魚尾，半框 17×13.5cm。古墨齋藏板。鈐"北平孔德學校之章"朱文印.--綫裝 （甲四）/1423

安氏家集/（清）安勳卿輯.--稿本.--清（1644～1911）.--1 冊（1 函）.--鈐"東林安勳卿家裔"白文印、"掩畫樓"朱文印、"王璵私印"白文印、"式儒"朱文印.--綫裝　　（丙四）/2130

織雲樓詩合刻.--抄本.--清（1644～1911）.--2 冊（1 函）.--題名據題辭著錄，書名頁題名"織雲樓女史詩".--綫裝
　子目：
　梅笑集：一卷/（清）周映清撰
　蘩香詩草：一卷/（清）李含章撰
　花南吟榭遺草：一卷/（清）葉令儀撰
　繪聲閣初稿：一卷；繪聲閣續稿：一卷/（清）陳長生撰　　（丙四）/138

闕里孔氏詩鈔：十四卷/（清）孔宪彝輯.--稿本.--清道光（1821～1850）.--4 冊（1 函）.--綫裝　　（甲四）/855

附錄：
六先生遺稿/（明）朴彭年等撰.--刻本.--朝鮮，明崇禎五年（1632）.--2 冊（1 函）.--原書卷數不詳，存卷 1、3、附錄 1 卷。半葉 10 行，行 20 字，小字雙行字同，白口，四周雙邊，雙對花魚尾，半框 20.4×16.5cm.--綫裝
　　　　　　　　　　（丁）/12469

楚辭類

楚辭：不分卷/（戰國）屈原等撰.**屈原列傳**/（漢）司馬遷撰.--抄本.--清乾隆（1736～1795）.--1 冊（1 函）.--惜誓及以下殘缺.--綫裝　　（丁）/7221

楚辭章句：十七卷，附錄一卷/（漢）王逸撰.--刻本.--馮紹祖觀妙齋，明萬曆十四年（1586）.--8 冊（1 函）.--卷 17 殘。卷端題名"楚辭"。半葉 9 行，行 18 字，小字雙行字同，有眉批，行 6 字，白口，左右雙邊，半框 21.1×14.7cm。鈐"寶詩籙鑒藏"朱文印.--綫裝　　（乙四）/137

楚辭：十七卷/（漢）王逸章句；（宋）洪興祖補注.--刻本.--汲古閣，清初（1644～1722）.--4 冊（1 函）.--半葉 9 行，行 15 字，小字雙行 20 字，白口，左右雙邊，雙對黑魚尾，半框 18.5×13.4cm。汲古閣藏板。佚名圈點、批。鈐"綠竹山房"白文印.--綫裝　　（乙四）/135

楚辭：十七卷/（漢）王逸章句；（宋）洪興祖補注.--刻本.--汲古閣，清初（1644～1722）（吳郡：寶翰樓，清[1644～1911]印）.--6 冊（1 函）.--書名頁題"楚辭箋注"。半葉 9 行，行 15 字，小字雙行 20 字，白口，左右雙邊，雙對黑魚尾，半框 18.4×13.2cm。每卷卷末有"汲古後人毛表字奏叔依古本是正"木記。有乾隆四十二年佚名抄錄林雲銘《楚辭燈》中評語.--綫裝：群芳閣藏書　　（庚）/153

楚辭：十七卷/（漢）王逸章句；（明）陳深批點.--刻本，朱墨套印.--吳興：淩毓枏，明（1368～1644）.--4 冊（1 函）.--半葉 8 行，行 18 字，白口，四周單邊，無界行，半框 21.8×14.7cm。鈐"梁允襄印"白文印、"陶侶"朱文印、"琴川"朱文印、"梁雝之印"白文印、"常山世家"朱文印.--綫裝
　　　　　　　　　　（乙四）/510

楚辭集注：八卷，辯證二卷，後語六卷/（宋）朱熹撰.--刻本.--吳原明，明成化十一年（1475）.--4 冊（1 函）.--存辯證 2 卷、後語 6 卷。半葉 9 行，行 17 字，小字雙行字同，粗黑口，四周雙邊，雙順黑魚尾，半框 21×14.4cm.--綫裝　　（丁）/8665

楚辭集注：八卷，辯證二卷，後語六卷/（宋）朱熹撰.--刻本.--明萬曆（1573～1620）.--4 冊（1 函）.--卷端題"楚辭"。半葉 9 行，行 18 字，小字雙行字同，白口，四周單邊，單黑魚尾，半框 20.8×14.1cm。序言第 1 葉版心下刻"南京栢芝挺刊"。鈐"曾藏章武高氏小樑庵"朱文印、"初齋祕笈"朱文印、"得補齋收藏金石書畫"朱文印、"景荀堂藏書印"朱文印.--綫裝　　（丙四）/71

楚辭集注：八卷，辯證二卷，後語八卷/（宋）朱熹撰；（明）蔣之翹評校.楚辭總評：一卷；楚辭附覽：二卷/（明）蔣之翹輯.--刻本.--檇李蔣之翹，明天啟六年（1626）.--6 冊（1 函）.--卷端題名“楚辭”。半葉 9 行，行 21 字，小字雙行字同，有眉批，行 4 字，白口，四周單邊，半框 20.6×13.7cm。鈐“聽香精舍”朱文印、“種榛後人藏書”白文印、“薛慎微印”白文印、“禾生珍藏”朱文印、“禾生藏古”朱文印、“禾生”朱文印、“龐”朱文印、“龐毓同印”白文印.--綫裝　　　（乙四）/157

楚辭集注：八卷/（宋）朱熹撰.附總評：一卷/佚名輯；屈原外傳/（唐）沈亞之撰；屈原列傳/（漢）司馬遷撰.--刻本，朱墨套印.--聽雨齋，清乾隆（1736～1795）.--12 冊（1 夾）.--書名頁題“朱文公楚辭集注”。半葉 8 行，行 22 字，有眉批，行 4 字，白口，左右雙邊，無界行，單黑魚尾，版心下刻“聽雨齋”，半框 19.1×13cm.--綫裝　　　（乙四）/216

楚辭後語：六卷/（宋）朱熹撰.--刻本.--司禮監，明前期（1368～1464）.--1 冊（1 函）.--存卷 1-4。半葉 8 行，行 17 字，小字雙行字同，白口，四周雙邊，單黑魚尾，半框 25.3×15.8cm。鈐“國楨藏書”朱文印.--綫裝　　　（丁）/12486

楚辭評林：八卷，楚辭總評一卷/（宋）朱熹集註；（明）沈雲翔輯評.--刻本.--吳郡：八詠樓，明崇禎十年（1637）.--4 冊（1 函）.--卷端題名“楚辭”。半葉 9 行，行 25 字，小字雙行字同，有眉批，行 4 字，白口，四周單邊，無界行，半框 20.8×12.2cm。吳郡八詠樓藏板。佚名圈點、批.--綫裝　　　（丙四）/74

楚辭疏：十九卷，讀楚辭語一卷，楚辭雜論一卷/（明）陸時雍撰.屈原傳：一卷/（漢）司馬遷撰.--刻本.--緝柳齋，明末（1573～1644）.--4 冊（1 函）：楚三閭大夫像 1 幅.--半葉 9 行，行 20 字，小字雙行字同，有眉批，行 5 字，白口，四周單邊，半框 21.1×14.7cm。鈐“聽香精舍”

朱文印、“禾生珍藏”朱文印.--綫裝　　　（乙四）/158

山帶閣註楚辭：六卷，首一卷；楚辭餘論：二卷；楚辭說韻：一卷/（清）蔣驥撰.--刻本.--武進蔣氏山帶閣，清雍正五年（1727）.--8 冊（2 函）：有地圖.--書名頁題“三閭楚辭”。半葉 10 行，行 21 字，小字雙行字數不等，白口，左右雙邊，單黑魚尾，半框 16.8×13.4cm。有刻工：呂殿揚、芮大千等。山帶閣藏板。鈐“東目館圖書記”朱文印、“胡氏藏書”朱文印、“北京孔德學校藏”朱文印“北平孔德學校之章”朱文印等.--綫裝　　　（甲四）/1151

楚辭餘論：二卷.楚辭說韻：一卷/（清）蔣驥著.--刻本.--清雍正（1723～1735）.--1 冊（1 函）.--半葉 10 行，行 21 字，小字雙行 32 字，白口，左右雙邊，單黑魚尾，半框 16.6×13.2cm。有刻工：呂殿揚、高心孺、王奕曾等.--綫裝　　　（丁）/4129

楚辭：八卷，卷首一卷，卷末一卷/（戰國）屈原等撰；（清）屈復集注.--刻本.--清乾隆三年（1738）.--4 冊（1 函）.--書名頁題“楚辭新注”。半葉 9 行，行 20 字，小字雙行字同，白口，四周雙邊，無界行，單黑魚尾，半框 21.1×14.8cm。居易堂藏板。鈐“北平孔德學校之章”朱文印.--綫裝　　　（甲四）/1020

離騷草木史：十卷，拾細一卷/（清）周拱辰注.--刻本.--清嘉慶八年（1803）.--6 冊（1 函）.--半葉 10 行，行 21 字，小字雙行字同，有眉批，行 4 字，白口，左右雙邊，無界行，單黑魚尾，半框 16.9×12.4cm。鈐“北京市文化局文物調查研究組藏書印”朱文印.--綫裝　　　（丁）/10732

楚騷綺語：六卷/（明）張之象輯.--刻本.--吳興：凌迪知，明萬曆四年（1576）.--2 冊（1 函）.--（文林綺繡/[明]凌迪知編）.--缺卷 1 第 6 和 23 葉、卷 2 第 15 葉、卷 3 第 20 葉、卷 4 第 5 葉。半葉 8 行，行 17 字，小字雙行字同，白口，左右雙邊，單黑魚尾，半框 18.5×13cm。
有刻工：王伯才、彭慶恩等.--綫裝

（丁）/12456

別集類

漢魏六朝

東方先生集：一卷/（漢）東方朔撰.--刻本.--明（1368～1644）.--1 冊.--半葉 9 行，行 20 字，白口，左右雙邊，單白魚尾，半框 20.2×14.1cm.--綫裝：市府贈書 （戊）/432

揚子雲集：三卷/（漢）揚雄撰.--刻本.--新安汪士賢，明萬曆（1573～1620）.--2 冊（1 函）.--（漢魏六朝二十一名家集：一百二十三卷/[明]汪士賢輯）.--半葉 9 行，行 20 字，小字雙行字同，白口，左右雙邊，單白魚尾間單黑魚尾，半框 19.3×14.2cm.--綫裝

（丙四）/1345

揚子雲集：三卷/（漢）揚雄撰.--刻本.--明天啟（1621～1627）.--1 冊（1 函）.--半葉 9 行，行 20 字，小字雙行字同，白口，左右雙邊，單黑魚尾間單白魚尾，半框 19.9×14.3cm。鈐"寶巘湯雯珍藏"朱文印.--綫裝 （丁）/7543

張河間集：二卷/（漢）張衡撰.--刻本.--婁東張溥，明末（1573～1644）.--1 冊（1 函）.--（漢魏六朝百三名家集/[明]張溥輯）.--半葉 9 行，行 18 字，小字雙行字同，白口，左右雙邊，單綫魚尾，半框 20.1×14.4cm。鈐"深澤王氏洗心精舍所藏書畫"白文印.--綫裝

（丙四）/1662

第二部　2 冊（1 函），鈐"訓琳琅堂"朱文印、"寅生秘笈"白文印、"錢唐夏氏禮畊堂收儲之印"朱文印 （丁）/8526

潘黃門集：六卷/（晉）潘岳撰；（明）呂兆禧

校.--刻本.--明萬曆天啟間（1573～1627）.--2 冊（1 函）.--（漢魏六朝二十一名家集/[明]汪士賢輯）.--半葉 9 行，行 20 字，小字雙行字同，白口，左右雙邊間四周單邊，單白魚尾，半框 19.5×14.6cm。鈐"白雲紅葉盦藏書書畫之章"朱文印、"拙盦經眼"朱文印、"周養庵藏書記"朱文印、"添香夜讀"朱文印.--綫裝

（丙四）/158

第二部　缺卷 6 末葉 （丙四）/1743

晉王大令集：一卷/（晉）王獻之撰；（明）張溥編.**晉孫廷尉集**：一卷/（晉）孫綽撰；（明）張溥編.--刻本.--張溥，明末（1573～1644）.--1 冊（1 函）.--（漢魏六朝百三名家集/（明）張溥輯）.--半葉 9 行，行 18 字，小字雙行字同，白口，左右雙邊，單白魚尾，半框 19.7×14.2cm.--綫裝 （丙四）/4934

陶靖節集：十卷，附總論一卷/（晉）陶潛撰；（宋）湯漢等箋注.**陶淵明傳**/（梁）蕭統撰.--刻本.--明（1368～1644）.--4 冊（1 函）.--半葉 9 行，行 18 字，小字雙行字同，白口，左右雙邊，半框 20.3×14cm。有刻工：夏文德、達等。鈐"曾藏董伯莼家"朱文印、"子子孫孫"白文印、"磊磊落落"白文印、"雲中白鶴"白文印、"王人初"朱文印、"激面軒董氏藏書之印"朱文印、"小娜嬛室鑒藏"朱文印、"董氏"朱文印、"董"朱文印.--綫裝

（丙四）/1648

箋注陶淵明集：六卷，附陶集總論/（晉）陶潛撰；（明）張自烈輯.--刻本.--明崇禎（1628～1644）.--2 冊（1 函）.--存卷 1-3。半葉 9 行，行 18 字，小字雙行字同，有眉批，行 4 字，白口，四周單邊，單黑魚尾間單白魚尾，無界行，半框 21×14.7cm。鈐"清俸買來手自較"朱文印.--綫裝 （庚）/717

陶靖節詩集：四卷/（晉）陶潛撰；（清）蔣薰評.**附東坡和陶詩**：一卷/（宋）蘇軾撰.**陶淵明詩集考異**：一卷；**陶靖節詩話**：一卷/（清）胡鳳丹纂.**律陶詩**：一卷/（明）王思任集.**敦好齋**

律陶纂：一卷/（明）黃槐開纂.--刻本.--清康熙（1662～1722）.--4 冊（1 函）.--書名頁、版心題“陶淵明詩集”。半葉 9 行，行 20 字，小字雙行字同，有眉欄，行 4 字，白口，四周單邊，單黑魚尾，半框 20.2×14.5cm。同文山房藏板.--綫裝　　　　　　　（丙四）/243

陶靖節詩集：四卷，卷首一卷/（晉）陶潛撰；（清）蔣薰評.附東坡和陶詩：一卷/（宋）蘇軾撰.--刻本.--最樂堂，清乾隆二年（1737）.--2 冊（1 函）.--書名頁題“陶淵明詩集”。半葉 9 行，行 19 字，小字雙行字同，有眉批，行 4 字，白口，四周單邊，單黑魚尾，半框 18.7×14.4cm。鈐“國子監印”朱文印（滿漢合璧）、“京師圖書館收藏之印”朱文印.--綫裝　　　（丙四）/5782

陶詩集注：四卷/（清）詹夔錫撰.東坡和陶詩：一卷/（宋）蘇軾撰.--刻本.--詹氏寶墨堂，清康熙三十三年（1694）.--4 冊（1 函）.--半葉 8 行，行 19 字，小字雙行字同，白口，左右雙邊，單黑魚尾，半框 18.9×13.7cm。鈐“宋廉之印”白文印、“北平孔德學校之章”朱文印.--綫裝　　　　　　　（甲四）/693

謝康樂集：四卷/（南朝宋）謝靈運撰，（明）焦竑校.附謝靈運傳：一卷/（梁）沈約撰.詩品：一卷/佚名輯.--刻本.--明萬曆（1573～1620）.--4 冊（1 函）.--半葉 9 行，行 20 字，小字雙行字同，白口，左右雙邊，單白魚尾間單黑魚尾，半框 19.1×14.3cm.--綫裝　　　　　　　　　　　（丁）/12406

謝康樂集：四卷/（南朝宋）謝靈運撰.謝宣城集：五卷/（齊）謝朓撰；謝惠連集：一卷/（南朝宋）謝惠連撰.--刻本.--明萬曆至天啟（1573～1627）.--6 冊（1 函）.--（漢魏諸名家集/[明]汪士賢輯）.--半葉 9 行，行 20 字，小字雙行字同，白口，左右雙邊，單白魚尾，半框 19.8×14.2cm。佚名圈點。鈐“式儒收藏”朱文印.--綫裝　　　　　（丙四）/1607

謝康樂集：四卷/（南朝宋）謝靈運撰，（明）

焦竑校.附謝靈運傳：一卷/（梁）沈約撰.詩品：一卷/佚名輯.--刻本.--明萬曆至天啟（1573～1627）.--3 冊（1 函）.--缺卷 4 第 31 葉。與上部同版。半葉 9 行，行 20 字，小字雙行字同，白口，左右雙邊，單白魚尾，半框 19.7×14.2cm。佚名圈點.--綫裝　　　（丙四）/1687

南齊竟陵王集：二卷/（齊）蕭子良撰.--刻本.--明末（1573～1644）.--2 冊（1 函）.--（漢魏六朝百三名家集/[明]張溥輯）.--書名頁題“竟陵王集”。半葉 9 行，行 18 字，小字雙行字同，白口，左右雙邊，單綫魚尾，半框 20×14.3cm。鈐“毘陵楊氏萬頃樓珍藏”朱文印、“管松厂之小篆”朱文印，“蘭陵管氏藏書”白文印.--綫裝　　　　（丙四）/4292

江文通文集：十卷/（梁）江淹撰；（明）汪士賢校.--刻本.--明萬曆天啟間（1573～1627）.--4 冊（1 函）.--（漢魏諸名家集/[明]汪士賢輯）.--版心題“江文通集”。半葉 9 行，行 20 字，白口，左右雙邊，單白魚尾，半框 19.4×14.3cm。有寫工：郭志學。鈐“清儀閣”朱文印、“程大中印”白文印、“返虛入渾積健為雄”朱文印.--綫裝　　　（丙四）/1762
　　第二部　卷 2 有半葉抄配。桂芳堂藏板。鈐“枚之”朱文印、“秦稈枚家珍藏”朱文印.--綫裝　　　　　　　　　　　（丁）/1436

江文通文集：十卷/（梁）江淹撰；（明）汪士賢校.--刻本.--明末（1573～1644）.--6 冊（1 函）.--目錄有 1 葉、卷 10 有 3 葉抄配。版心題“江文通集”。仿明萬曆天啟間刻本。半葉 9 行，行 20 字，白口，左右雙邊間四周單邊，單白魚尾間單黑魚尾，半框 19.6×14.2cm。佚名圈點。鈐“薈萃”朱文印、“北平孔德學校之章”朱文印.--綫裝　　　（甲四）/714

江醴陵集：二卷，附錄一卷/（梁）江淹撰.--刻本.--婁東張溥，明末（1621～1644）.--4 冊（1 函）.--（漢魏六朝百三名家集/[明]張溥輯）.--半葉 9 行，行 18 字，小字雙行字同，白口，左右雙邊，單綫魚尾，半框 20.2×14.3cm。

綫裝　　　　　　　　　　　　（丁）/8597

江文通集：四卷/（梁）江淹撰；（清）梁賓輯．附江氏本傳、南史列傳--刻本．--考城：安愚堂，清乾隆二十四年（1759）．--4 冊（1 函）．--半葉 10 行，行 19 字，小字雙行 28 字，粗黑口，左右雙邊，單黑魚尾，半框 15.5×13.1cm。鈐"李之廣"朱文印、"適可"朱文印、"淨業"朱文印．--綫裝　　　　　　　（丙四）/6332

陶貞白集：二卷/（梁）陶弘景撰；（明）黃省曾編；（明）汪士賢校．--刻本．--新安汪士賢，明萬曆（1573～1620）．--2 冊（1 函）．--（漢魏六朝二十一名家集/[明]汪士賢輯）．--半葉 9 行，行 20 字，小字雙行字同，白口，左右雙邊，單白魚尾，半框 19.2×14.3cm。鈐"北平孔德學校之章"朱文印．--綫裝　　　（甲四）/344

任彥升集：六卷/（梁）任昉撰；（明）呂兆禧校．--刻本．--南城翁少麓，明萬曆（1573～1620）．--2 冊（1 函）．--半葉 9 行，行 20 字，小字雙行字同，白口，左右雙邊，單白魚尾間單黑魚尾，半框 19.7×14.4cm。鈐"長白游氏花咢齋藏書印"朱文印．--綫裝　　　（丁）/12536

任彥升集：六卷/（梁）任昉撰；（明）呂兆禧校．--刻本．--明萬曆（1573～1620）．--1 冊（1 函）．--仿明萬曆翁少麓刻本。半葉 9 行，行 20 字，小字雙行字同，白口，左右雙邊，單黑魚尾間單白魚尾，半框 19.4×14.3cm.--綫裝　　　　　　（丁）/12560

任彥升集：六卷/（梁）任昉撰；（明）呂兆禧校．--刻本．--明萬曆（1573～1620）．--2 冊（1 函）．--半葉 9 行，行 20 字，小字雙行字同，白口，左右雙邊，單白魚尾間單黑魚尾，半框 19.7×14.3cm.--綫裝　　　（丙四）/1686

何水部集：不分卷/（梁）何遜撰．--刻本．--江昉貽清堂，清乾隆十九年（1754）．--1 冊．--（六朝二家集/[清]江昉輯）．--半葉 9 行，行 21 字，小字雙行字同，四周單邊，單黑

魚尾，半框 17.7×12.8cm。佚名批校。鈐"潯陽子"印（陰陽合璧）．--綫裝　　（丁）/15167

劉秘書集：二卷，附錄一卷/（梁）劉孝綽撰；（明）張燮纂．--刻本．--明天啟（1621～1627）．--2 冊（1 函）．--半葉 9 行，行 18 字，小字雙行字同，白口，左右雙邊，單黑魚尾，半框 20.8×14.6cm．--綫裝　　　　（丁）/554

徐孝穆全集：六卷/（陳）徐陵撰；（清）吳兆宜箋注．**徐孝穆備考**：一卷/（清）徐文炳撰．--刻本．--吳門：淮南阮學濬困學書屋，清乾隆十九年（1754）．--2 冊（1 函）．--半葉 10 行，行 20 字，小字雙行字同，白口，左右雙邊，單黑魚尾，半框 18.8×14.2cm。鈐"北平孔德學校之章"朱文印．--綫裝　　　　（甲四）/255

庾子山集：十六卷，年譜一卷，總釋一卷/（北周）庾信撰；（清）倪璠注釋．--刻本．--清康熙（1662～1722）．--12 冊（2 函）．--書名頁題"庾開府全集"。半葉 10 行，行 20 字，小字雙行字同，白口，左右雙邊，單黑魚尾，半框 20.4×14.4cm。崇岫堂藏板。鈐"月潭朱氏紗雲谷主人名蔚字霞山號茶客亦稱梧桐鄉寓公之章"朱文印、"小峰所藏"白文印、"緣情綺靡"白文印、"嗢噱於任范徐庾之閒"朱文印、"群雅書堂"朱文印．--綫裝　　（乙四）/71
　　第二部　16 冊（2 函），書名頁題"庾開府全集箋注"，金閶書業堂藏板　（丙四）/1848

江令君集：一卷/（陳）江總撰．--刻本．--張溥，明末（1573～1644）．--1 冊（1 函）．--（漢魏六朝百三名家集/[明]張溥輯）．--半葉 9 行，行 18 字，小字雙行字同，白口，左右雙邊，單綫魚尾，半框 20.1×14.3cm。鈐"深澤王氏洗心精舍所藏書畫"白文印．--綫裝

　　　　　　　　　　　　（丙四）/1688

籟紀：三卷/(陳)陳叔齊撰；（明）周履靖，（明）姚士粦校．--刻本．--金陵：荊山書林，明萬曆二十五年(1597)．--1 冊（1 函）．--(夷門廣牘)．--卷端誤題王叔齋。半葉 9 行，行 18 字，白口，

四周單邊，單黑魚尾，半框 19.6×13.8cm。鈐"北京孔德學校藏"朱文印.--綫裝

(丙四)/2812

邢特進集：一卷/（北齊）邢邵撰；（明）張溥閱.--刻本.--婁東張氏，明末（1621～1644).--1 冊（1 函）.--（漢魏六朝百三名家集/[明]張溥輯).--半葉 9 行，行 18 字，小字雙行字同，白口，左右雙邊，單綫魚尾，半框 20.2×14.2cm。鈐"京口耿氏十笏堂藏印"朱文印.--綫裝

(丁)/13336

唐五代

唐駱先生集：八卷，附錄一卷/（唐）駱賓王撰；（明）王衡批釋.--刻本，朱墨套印.--淩毓柟，明萬曆（1573～1620).--4 冊（1 函）.--半葉 8 行，行 18 字，有眉批，行 6 字，白口，四周單邊，無界行，半框 19.4×14.7cm。鈐"天津高澤畬氏小椠菴珍藏"朱文印、"初齋祕笈"朱文印、"高淩霨澤畬甫收藏印"朱文印、"曾藏章武高氏小椠庵"朱文印.--綫裝

(丙四)/63

第二部 鈐"孫華卿章"朱文印

(乙四)/315

靈隱子：六卷/（唐）駱賓王撰；（明）陳魁士注.--刻本.--陳大科，明萬曆二十四年（1596).--6 冊（1 函）.--卷 6 缺第 40-45 葉。半葉 10 行，行 20 字，小字雙行字同，白口，四周雙邊，單黑魚尾，半框 20.2×14.3cm。有刻工：劉雲承、張社等。鈐"豈凡珍藏"朱文印、"湛亭"白文印、"眉心閣珍藏"朱文印、"桃源龍氏收藏之章"朱文印、"合肥李氏藏書"朱文印.--綫裝

(丁)/12535

王子安集：十六卷/（唐）王勃撰.--刻本.--星渚項氏，清乾隆四十六年（1781).--3 冊（1 函）.--（初唐四傑集/[清]項家達輯).--半葉 9 行，行 21 字，小字雙行字同，白口，四周雙邊，單黑魚尾，半框 18.1×13.2cm。佚名朱筆

批、校、圈點.--綫裝 (丙四)/2849

楊盈川集：十卷/（唐）楊炯撰.--抄本.--清初（1644～1722).--2 冊（1 函）.--鈐"家在清風明月之間"白文印.--綫裝 (丁)/12512

張燕公集：二卷/（唐）張說撰.--刻本.--明（1368～1644).--1 冊（1 函）.--半葉 11 行，行 18 字，白口，四周單邊，單白魚尾，半框 18.2×13.8cm。鈐"汪魚亭藏閱書"朱文印、"振綺堂兵燹後收藏書"朱文印、"潛盦所有善本"白文印.--綫裝 (丙四)/4224

唐丞相曲江張先生文集：十二卷，附錄一卷/（唐）張九齡撰.--刻本.--曲江：明萬曆十二年（1584).--4 冊（1 函）.--封面書簽題"曲江文集"。半葉 10 行，行 20 字，小字雙行字同，白口，四周雙邊，單黑魚尾，半框 21.3×16.5cm。有刻工：余七、黃生等。佚名圈點.--綫裝 (丙四)/7

唐丞相曲江張先生文集：十二卷，附錄一卷，唐相張文獻公千秋金鑑錄一卷/（唐）張九齡撰.--刻本.--曾弘、周日燦，清順治（1644～1661).--4 冊（1 夾）：肖像 1 幅.--半葉 8 行，行 18 字，白口，四周單邊，無界行，半框 20.8×12.6cm。鈐"汪魚亭藏閱書"朱文印、"振綺堂兵燹後收藏書"朱文印.--綫裝

(丙四)/4206

王右丞集：二十八卷，卷首一卷，卷末一卷/（唐）王維撰；（清）趙殿成箋注.--刻本.--清乾隆（1736～1795).--10 冊（1 函）.--半葉 10 行，行 20 字，小字雙行字同，白口，左右雙邊，單黑魚尾，半框 18×13.9cm。鈐"徐乃昌藏書記"朱文印、"樓觀滄海日門對浙江潮"朱文印、"積學齋徐乃昌藏書"朱文印、"積學齋"朱文印.--綫裝 (丙四)/2959

第二部 8 冊（1 函），鈐"深澤王氏洗心精舍所藏書畫"白文印、"景叔"朱文印、"昌猷"白文印 (乙四)/367

第三部 8 冊（1 函），鈐"北平孔德學校之

章"朱文印　　　　　　　　　（甲四）/741
　　第四部　12 冊（1 函）　　（丙四）/2279

　　李太白文集：三十卷，目錄一卷，後序一卷/（唐）李白撰.--刻本.--吳門繆曰芑，清康熙五十六年（1717）.--4 冊（1 函）.--書名頁題"李太白全集"。半葉 11 行，行 20 字，小字雙行字數不等，白口，左右雙邊，單黑魚尾，半框 17.8×11.1cm。有刻工：王、呂等。雙泉草堂藏板。鈐"火居道士"白文印、"劉廷桂"白文印、"白下人"白文印、"薺黃香道人曾玩"朱文印.--綫裝　　　　　　　　（丙四）/1600

　　李太白文集：三十卷，目錄一卷，後序一卷/（唐）李白撰.--刻本.--清康熙（1662～1722）.--4 冊（1 函）.--仿吳門繆曰芑康熙五十六年刻本。半葉 11 行，行 20 字，小字雙行字數不等，白口，左右雙邊，單黑魚尾，半框 17.8×11.2cm。鈐"曉山父"朱文印、"齊振林印"白文印.--綫裝　　　　　　（丙四）/6578

　　分類補註李太白詩：二十五卷/（唐）李白撰；（宋）楊齊賢注；（元）蕭士贇補注.**分類編次李太白文**：五卷/（唐）李白撰；（明）郭雲鵬編次.刻本.--吳會郭雲鵬寶善堂，明嘉靖二十二年（1543）.--16 冊（2 函）.--半葉 8 行，行 17 字，小字雙行字同，白口，左右雙邊，單白魚尾，半框 20.1×13.9cm。佚名圈點.--綫裝
　　　　　　　　　　　　　（乙四）/340

　　分類補註李太白詩：二十五卷/（唐）李白撰；（宋）楊齊賢注；（元）蕭士贇補注.**唐翰林李太白年譜**：一卷/（宋）薛仲邕編.--刻本.--許自昌，明萬曆三十年（1602）.--12 冊（2 函）.--（李杜全集：四十七卷/[明]許自昌輯）.--卷末缺葉。版心題"李詩補注"。半葉 9 行，行 20 字，小字雙行字同，白口，左右雙邊，單黑魚尾，半框 22.4×14.9cm.--綫裝　　（乙四）/401

　　李太白全集：十六卷/（唐）李白撰；（清）李調元，（清）鄧在珩合編.--刻本.--清乾隆二十九年（1764）（徐鳳翔，清道光十三年[1833]

印）.--6 冊（1 夾）.--書名頁題"太白全集"。半葉 10 行，行 20 字，白口，左右雙邊，單黑魚尾，半框 17.6×13.5cm。清廉學舍藏板.--綫裝
　　　　　　　　　　　　　（丙四）/3158

　　李太白文集：三十六卷/（唐）李白撰；（清）王琦輯注.--刻本.--清乾隆（1736～1795）.--16 冊（2 函）.--半葉 10 行，行 20 字，小字雙行字同，白口，左右雙邊，單黑魚尾，半框 17.8×13.6cm.--綫裝　　　　（丙四）/2854
　　第二部　書名頁題"李青蓮全集輯註"，寶笏樓藏板　　　　　　　（丙四）/6044

　　顏魯公文集：二十卷/（唐）顏真卿撰；（明）顏欲章編.--刻本.--明萬曆（1573～1620）.--6 冊（1 函）.--半葉 9 行，行 19 字，白口，左右雙邊，單黑魚尾，半框 20.3×14.8cm。有刻工：陳諫、鄒國祥等。鈐"四勿齋檢閱書畫之章"朱文印.--綫裝　　　　　　　（乙四）/182

　　魯公文集：十五卷/（唐）顏真卿撰.--活字本.--清末（1862～1911）.--6 冊（1 函）.--書名頁題"顏魯公集"。半葉 9 行，行 21 字，小字雙行字同，白口，四周雙邊，單黑魚尾，半框 20.5×13.9cm.--綫裝　　　　（丙四）/2168
　　第二部　　　　　　　　　（乙四）/19

　　集千家註杜工部詩集：二十卷，附錄一卷，文集二卷/（唐）杜甫撰；（宋）黃鶴補注.--刻本.玉几山人，明嘉靖十五年（1536）.--12 冊（1 函）.--集千家註杜工部文集卷端題"杜工部文集"。半葉 8 行，行 17 字，小字雙行字同，白口，四周雙邊，雙對白魚尾，半框 22.3×14.1cm。有刻工：宗、仲等。鈐"式穀堂印章"白文印、"中丞世家"白文印.--綫裝　　（乙四）/402
　　第二部　2 冊（1 函），存附錄一卷，杜工部文集二卷，鈐"清白傳家"朱文印、"非聞圖記"朱文印、"掛君高堂之素壁"白文印、"筆銳幹將"印（陰陽合璧）、"毛氏收藏子孫永保"朱文印、"願生彼國"白文印　　（丙四）/1685

　　重刊千家註杜詩全集：二十卷，附錄一卷，文

集二卷/（唐）杜甫撰；（宋）黃鶴補注.重刊杜工部年譜：一卷/（宋）黃鶴編.--刻本.--隴西金鸞，明萬曆九年（1581）.--12 冊（2 函）.--半葉 11 行，行 22 字，小字雙行字同，白口，左右雙邊，單黑魚尾，半框 19.7×14.4cm。佚名批點.--綫裝 　　　　　（乙四）/406

集千家註杜工部詩集：二十卷，文集二卷/（唐）杜甫撰.--刻本.--許自昌，明萬曆三十年（1602）.--8 冊（1 函）.--（李杜全集：四十七卷/[明]許自昌輯）.--半葉 9 行，行 20 字，小字雙行字同，白口，左右雙邊，單黑魚尾，半框 21.5×14.5cm。佚名圈點。鈐“北平孔德學校之章”朱文印.--綫裝 　　　（甲四）/745

杜詩分類：五卷/（唐）杜甫撰；（明）傅振商輯.--刻本.--傅氏，明萬曆四十一年（1613）.--5 冊（1 函）.--半葉 10 行，行 20 字，白口，四周雙邊，單黑魚尾，半框 23.7×17.1cm。有刻工：魏良、邢文明等。鈐“秋蟾”白文印、“元澂印”朱文印、“鋤月種梅花”朱文印、“馬元澂印”白文印、“結客少年場”白文印等.--綫裝 　　　（乙四）/363

杜律五言集解：四卷/（唐）杜甫撰；（明）邵傅集注.--刻本.--日本：油屋市柿郎右衛門，日本延寶元年（1673）.--1 冊（1 函）.--半葉 8 行，行 17 字，小字雙行字同，白口，四周單邊，無界行，單黑魚尾，半框 18.8×13.2cm。佚名圈點。鈐“于龍韜印”白文印、“九僧”朱文印.--綫裝 　　　（丁）/15549

杜子美七言律：不分卷/（唐）杜甫撰；（明）郭正域批點.--刻本，三色套印.--烏程：閔齊伋，明末（1573～1644）.--2 冊（1 函）.--半葉 8 行，行 18 字，白口，左右雙邊，半框 20.3×15.2cm.--綫裝 　　　（丁）/7281

趙子常選杜律五言注：三卷/（唐）杜甫撰；（明）趙汸注；（清）查弘道，（清）金集補注.
虞伯生選杜律七言注：三卷/（唐）杜甫撰；（元）虞集注；（清）查弘道，（清）金集補注.--刻本.--

查弘道，清乾隆（1736～1795）.--4 冊（1 函）.--半葉 10 行，行 22 字，小字雙行 33 字，細黑口，四周單邊，單黑魚尾，半框 18.1×13.7cm。佚名圈點。鈐“謹書”朱文印、“雙溪舊館印記”朱文印、“北平孔德學校之章”朱文印.--綫裝 　　　（甲四）/1142

杜工部集：二十卷，首一卷/（唐）杜甫撰；（明）王世貞，（明）王慎中，（清）王士禛，（清）邵長蘅，（清）宋犖評.--刻本，六色套印.--清道光十四年（1834）.--10 冊（2 函）.--半葉 8 行，行 20 字，小字雙行字同，有眉批，行 6 字，粗黑口，左右雙邊，無界行，雙對黑魚尾，半框 18×13.6cm。芸葉盒藏板。鈐“敬松齋”朱文印、“馬書奎字季筠”白文印、“關疑殆齋”朱文印.--綫裝 　　　（丁）/8809

杜工部集：二十卷，卷首一卷/（唐）杜甫撰；（明）王世貞等評.--刻本，六色套印.--廣東：翰墨園，清光緒二年（1876）.--10 冊（1 函）.--半葉 8 行，行 20 字，小字雙行字同，有眉批，行 6 字，粗黑口，無界行，左右雙邊，雙對黑魚尾，半框 17.4×13.7cm。鈐“北京孔德學校之章”朱文印.--綫裝 　　　（甲四）/1319

杜工部集：二十卷/（唐）杜甫撰；（清）錢謙益箋註.附唱酬題詠附錄：一卷；諸家詩話：一卷；杜工部集附錄：一卷；少陵先生年譜：一卷.刻本.--季氏靜思堂，清康熙六年（1667）.--4 冊（1 函）.--封面題“王漁洋先生評點杜詩”。半葉 11 行，行 20 字，小字雙行 30 字，粗黑口，四周雙邊，雙對黑魚尾，半框 18.3×14cm。靜思堂藏板。清乾隆間邱氏過錄王士禛評點，姚鍔題識。鈐“姚鍔”白文印、“靖瀾所藏”朱文印、“心佛山人”朱文印、“心佛山人”白文印、“心佛山人金石書畫”白文印.--綫裝 　　　（丙四）/73

第二部 書名頁題“錢牧齋先生箋註杜工部集”，鈐 “北平孔德學校之章”朱文印 　　　（甲四）/1143

杜工部詩集：二十卷，文集二卷，集外詩一卷

/（唐）杜甫撰；（清）朱鶴齡輯註.**杜工部年譜**：
一卷；**杜詩補注**：一卷/（清）朱鶴齡撰--刻本.--
清康熙（1662～1722）.--12 冊（1 夾）.--序言
缺葉。半葉 9 行，行 19 字，小字雙行字同，白
口，左右雙邊，單黑魚尾間單白魚尾，半框 18.6
×14.3cm。佚名圈點，佚名評點。鈐"北平孔德
學校之章"朱文印.--綫裝　　　　（甲四）/1124

讀書堂杜工部詩集註解：二十卷；**讀書堂杜工
部文集註解**：二卷；**杜工部編年詩史譜目**：一卷
/（唐）杜甫撰；（清）張溍評注.--刻本.--讀
書堂，清康熙三十七年(1698).--12 冊（2 函）.--
書名頁題"杜詩註解"。半葉 9 行，行 22 字，
小字雙行字同，粗黑口，左右雙邊，單黑魚尾，
版心下刻"讀書堂"，半框 18.5×14.1cm。讀
書堂藏板。佚名圈點。鈐"俸錢易得"白文印、
"周肇祥讀過書"朱文印.--綫裝
　　　　　　　　　　　　　　　　（丙四）/144
　　第二部　鈐"歸安錢氏"白文印
　　　　　　　　　　　　　　　　（丙四）/5943

杜詩詳注：二十五卷，卷首一卷，附編二卷/
（唐）杜甫撰；（清）仇兆鰲註.--刻本.--清康
熙（1662～1722）.--30 冊（4 函）.--半葉 10
行，行 22 字，小字雙行字同，粗黑口，左右雙
邊，單黑魚尾，半框 20.4×14.8cm。佚名批註.--
綫裝　　　　　　　　　　　　　　（乙四）/286
　　第二部　25 冊（2 函），缺卷 25、附編 2 卷，
鈐"錦燦之印"白文印　　　　　　（丙四）/2968
　　第三部　28 冊（2 函）　　　（丙四）/2167

杜詩會粹：二十四卷/（唐）杜甫撰；（清）張
遠箋.--刻本.--文蔚堂，清康熙（1662～
1722）.--6 冊（1 函）.--書名頁題"杜詩箋註
全集會解"。卷端題"杜詩會粹"。半葉 9 行，
行 20 字，小字雙行字同，白口，四周單邊，半
框 18.7×14.2cm。佚名圈點、批注。鈐"北平
孔德學校之章"朱文印.--綫裝　　（甲四）/1122
　　第二部　12 冊（1 夾），蕉圃藏板，鈐"錢
氏藏書"朱文印　　　　　　　　　（丙四）/1878

杜詩闡：三十三卷/（清）盧元昌撰.--刻本.--

盧元昌，清康熙二十一年（1682）.--12 冊（2
函）.--有抄配。半葉 10 行，行 22 字，小字雙
行字同，粗黑口，四周單邊，單黑魚尾，半框
18.5×13.6cm。佚名圈點、批。鈐"北平孔德學
校之章"朱文印.--綫裝　　　　　（甲四）/1275

杜詩論文：五十六卷/（唐）杜甫撰；（清）吳
見思注；（清）潘眉評.--刻本.--常州：岱淵堂，
清康熙十一年（1672）.--8 冊（1 函）.--半葉
9 行，行 22 字，小字雙行字同，白口，左右雙
邊，半框 20.2×14.4cm。吳郡寶翰樓藏板。佚
名批。鈐"沈氏山樓藏書記"朱文印.--綫裝
　　　　　　　　　　　　　　　　（丙四）/274
　　第二部　10 冊（1 函），天德堂藏板，鈐"北
平孔德學校之章"朱文印　　　　　（甲四）/1269

杜律通解：四卷/（清）李文煒箋釋.--刻本.--
清康熙（1662～1722）.--4 冊（1 函）.--半葉
10 行，行 20 字，粗黑口，左右雙邊，無界行，
雙對黑魚尾，半框 17.2×12.7cm。鈐 "北平孔
德學校之章"朱文印.--綫裝　　　（甲四）/1123

讀杜心解：六卷，卷首二卷/（唐）杜甫撰；
（清）浦起龍注.--刻本.--浦氏寧我齋，清雍正
二至三年（1724～1725）.--6 冊（1 函）.--半
葉 10 行，行 22 字，小字雙行 32 字，白口，左
右雙邊，單黑魚尾，版心下刻"寧我齋"，半框
19×13.6cm。鈐"浦氏賞菽賞鑒"白文印、"高
凌霨澤畬甫收藏印"朱文印、"天尺樓"朱文
印.--綫裝　　　　　　　　　　　（丙四）/51
　　第二部　12 冊（2 函），靜寄東軒藏板。王
式儒題記　　　　　　　　　　　　（丙四）/1380

讀杜心解：六卷，卷首二卷/（唐）杜甫撰；
（清）浦起龍注.--刻本.--清雍正（1723～
1735）.--12 冊（1 函）.--仿寧我齋雍正二至三
年刻本。半葉 10 行，行 22 字，小字雙行 32 字，
白口，左右雙邊，單黑魚尾，半框 19×13.6cm。
佚名圈點.--綫裝　　　　　　　　（丙四）/6039

杜律啓蒙：十二卷；**年譜一卷**/（唐）杜甫撰；
（清）邊連寶集注.--刻本.--清乾隆四十二年

（1777）.--4 冊（1 函）.--半葉 9 行，行 19 字，小字雙行字同，白口，左右雙邊，無界行，單黑魚尾，半框 18.4×14.4cm。鈐"北平謝氏藏書印"朱文印、"曾藏章武高氏小榘庵"朱文印、"心齋手柬"白文印.--綫裝 （丙四）/34
第二部 鈐"北平孔德學校之章"朱文印 （甲四）/1329

杜詩偶評：四卷/（清）沈德潛編.--刻本.--賦閒草堂，清乾隆十二年（1747）.--2 冊（1 函）.--半葉 10 行，行 19 字，小字雙行 29 字，白口，左右雙邊，單黑魚尾，半框 17.1×13.9cm。賦閒草堂藏板。鈐"周養菴藏書記"朱文印.--綫裝 （丙四）/817
第二部 蘇州埽葉莊藏板 （丙四）/1034

杜詩偶評：四卷/（清）沈德潛編.--刻本.--清乾隆（1736～1795）.--4 冊（1 函）.--仿乾隆十二年賦閒草堂刻本。半葉 10 行，行 19 字，小字雙行 29 字，白口，左右雙邊，單黑魚尾，半框 17.1×13.9cm。鈐"北平孔德學校之章"朱文印.--綫裝 （甲四）/1134
第二部 周爾墉題識，佚名圈點、批註。鈐"容齋"朱文印、"白髮郎官老丑時"白文印、"趙氏樂天廬珍藏"朱文印、"趙恩館"白文印 （丁）/5878

杜詩提要：十四卷/（清）吳瞻泰撰.--刻本.--清乾隆（1736～1795）.--12 冊（2 函）.--半葉 10 行，行 19 字，小字雙行字同，白口，左右雙邊，單黑魚尾，半框 17.9×13.7cm。隨月讀書樓藏板.--綫裝 （丁）/2261

杜工部集：二十卷，卷首一卷/（唐）杜甫撰.諸家詩話：一卷/（宋）方惟道等輯.唱酬題詠附錄：一卷/（唐）高適等輯.--刻本.--鄭澐玉勾草堂，清乾隆五十年（1785）.--16 冊（2 函）.--半葉 8 行，行 17 字，小字雙行字同，粗黑口，左右雙邊，版心下刻"玉勾草堂"，半框 12.6×9.6cm。玉勾草堂藏板。鈐 "北平孔德學校之章"朱文印.--綫裝 （甲四）/1245

杜詩鏡銓：二十卷/（唐）杜甫撰；（清）楊倫注並輯.附年譜一卷，附錄一卷.--刻本.--九柏山房，清乾隆（1736～1795）.--8 冊（1 函）：肖像 1 幅.--半葉 9 行，行 20 字，小字雙行 30 字，有眉批，行 6 字，白口，四周單邊，無界行，單黑魚尾，半框 18.6×13.5cm。九柏山房藏板。佚名批點，鈐"慶槐堂章"朱文印、"銅鞮吳氏藏書"朱文印、"居肵德善俗"朱文印、"無爲樓主"白文印.--綫裝 （丙四）/1301
第二部 鈐"北平孔德學校之章"朱文印 （甲四）/1150

工部詩選：不分卷/（唐）杜甫撰.**唐詩約補錄**：不分卷.--抄本，烏絲欄.--鶴生，清嘉慶十六年（1811）；清咸豐五年（1855）抄唐詩約補.--1 冊（1 函）.--綫裝 （丁）/12716

唐錢仲文集：四卷/（唐）錢起撰；（明）張睿卿編.--刻本.--明（1368～1644）.--1 冊（1 函）.--半葉 9 行，行 18 字，小字雙行字同，白口，左右雙邊，單白魚尾，半框 21.6×14.2cm。徐時棟題識.--綫裝 （丙四）/4345

韋蘇州集：十卷，拾遺一卷/（唐）韋應物撰.--刻本.--明（1368～1644）.--2 冊（1 函）.--半葉 10 行，行 18 字，小字雙行字同，白口，左右雙邊，單黑魚尾，半框 17.5×12.6cm。佚名跋。鈐"希齋藏書"朱文印、"得異齋藏"白文印、"海豐吳氏"朱文印、"又塵監藏"白文印、"中憚"朱文印、"不受人憐"白文印、"希齋所得善本"朱文印、"懶雲道人"白文印.--綫裝 （丁）/13949

盧戶部詩集：十卷/（唐）盧綸撰.--刻本.--清康熙（1662～1722）.--4 冊（1 函）.--半葉 10 行，行 18 字，小字雙行 26 字，白口，左右雙邊，單黑魚尾，半框 16.9×13.6cm.--綫裝 （丁）/12730

孟東野詩集：十卷/（唐）孟郊撰；（宋）國材，（宋）劉辰翁評.--刻本，朱墨套印.--凌濛初，明（1368～1644）.--4 冊（1 函）.--半葉 8 行，行 19 字，白口，左右雙邊，半框 20.6×14.7cm。鈐"舊雨艸堂"朱文印、"十羽齋"朱文印、"水流花開"朱文印、"得天然樂趣齋之印"朱文印、"得天然樂趣齋"朱文印、"彭氏福德"朱文印、"和廷藏書畫印"朱文印、"穌廷過目"白文印.--綫裝 （丁）/13915

唐陸宣公翰苑集：二十四卷，奏議七卷，奏草七卷，制誥十卷/（唐）陸贄撰.--刻本.--明萬曆三十五年（1607）.--10 冊（1 函）.--半葉 9 行，行 18 字，白口，四周雙邊，單黑魚尾，半框 20.3×14.2 cm。有刻工：戴國衡、葉明；寫工：秣陵楊應時、陶國臣。佚名圈點.--綫裝 （丁）/13908

唐陸宣公集：二十二卷/（唐）陸贄撰；（清）年 羹 堯 重 訂.--刻本.--清康熙六十一年（1722）.--6 冊（1 函）.--書名頁題"陸宣公集"。半葉 10 行，行 20 字，小字雙行字同，白口，四周單邊，單黑魚尾，半框 18.9×13.9cm。鈐"華陽高世異印"白文印、"磁縣之印"朱文印、"蒼茫齋精鑑章"朱文印.--綫裝 （乙二）/1891
　　第二部 12 冊（2 函），鈐"休寧許氏少青鑑藏"朱文印、"休寧許氏"白文印 （乙二）/880
　　第三部 鈐"順天府印"朱文印（滿漢合璧） （丁）/7619

唐陸宣公集：二十二卷/（唐）陸贄撰.--刻本.--雲林懷德堂，清乾隆五年（1740）.--4 冊（1 函）.--半葉 10 行，行 20 字，小字雙行字同，白口，四周單邊，單黑魚尾，半框 18.4×14cm。佚名圈點。鈐"定遠胡氏珍藏書畫"朱文印.--綫裝 （丙四）/2081

陸宣公全集：二十四卷/（唐）陸贄撰；（日本）石 川 安 貞 注.--刻本.--日本，寬政二年（1790）.--10 冊（1 函）.--半葉 10 行，行 20 字，小字雙行字同，白口，左右雙邊，單黑魚尾，半框 20.9×16cm。鈐"清音樓藏書"朱文印、"娑羅花樹館周氏藏書"朱文印等.--綫裝 （丙四）/237

臨淮詩集：二卷/（唐）武元衡撰.--刻本.--東山席氏琴川書屋，清康熙（1662～1722）.--1 冊（1 函）.--（唐詩百名家全集/[清]席啓寓編）.--版心題"臨淮集"。半葉 10 行，行 18 字，小字雙行 27 字，白口，左右雙邊，單黑魚尾，半框 16.7×13.5cm.--綫裝 （丁）/7412

張司業詩集：八卷/（唐）張籍撰.--刻本.--洞庭席氏琴川書屋，清康熙（1662～1722）.--2 冊（1 夾）.--（唐詩百名家全集/[清]席啟寓編）.--半葉 10 行，行 18 字，白口，左右雙邊，單黑魚尾，半框 17.2×13.4cm。鈐"澄清妙墨之室"朱文印、"大司成章"朱文印、"池北書庫"朱文印、"王士禎印"白文印、"銕珊父"朱文印、"笠泉"朱文印、"西臯別墅"朱文印、"故城賈臻"白文印、"芝閣藏書"（陰陽合璧）、"曾在焦笠泉處"朱文印.--綫裝 （丁）/6445

朱文公校昌黎先生文集：四十卷，外集十卷，集傳一卷，遺文一卷/（唐）韓愈撰；（宋）朱熹考異；（宋）王伯大音釋；（明）朱吾弼編.--刻本.--新安朱崇沐，明萬曆三十三年（1605）.--12 冊（1 函）.--版心題"韓文考異"。半葉 9 行，行 18 字，小字雙行字同，白口，四周雙邊，單白魚尾，半框 22×15cm。本衙藏板。鈐"北平孔德學校之章"朱文印.--綫裝 （甲四）/964
　　第二部 16 冊（2 函） （丙三）/3631
　　第三部 16 冊（1 函），書名頁題"昌黎先生全集考異"，芝蘭堂藏板，群芳閣藏書 （庚）/151

昌黎先生集：四十卷，外集十卷，遺文一卷/（唐）韓愈撰；（宋）廖瑩中校正.**朱子校昌黎先生集傳**：一卷/（宋）朱熹校正.--刻本.--東吳徐氏東雅堂，明末（1573～1644）.--20 冊（2 函）.--卷 1 係抄配。半葉 9 行，行 17 字，小字雙行字同，細黑口，四周雙邊，雙對黑魚尾，版心下刻"東雅堂"，半框 20.7×13.6cm。有刻工：李鳳、李清等。鈐"高凌霨澤畲甫收藏印"朱文印.--綫裝 （丙四）/80
　　第二部 昌黎先生集缺卷 1-3、6、7、19-23、

32-36，昌黎先生外集缺卷 1-3，鈐"學部圖書之印"朱文印（滿漢合璧） （丙四）/434

昌黎先生集：四十卷，外集十卷，遺文一卷/（唐）韓愈撰；（宋）廖瑩中校正.**朱子校昌黎先生集傳**：一卷/（宋）朱熹撰.--刻本.--東吳徐氏東雅堂，明末（1573～1644）刻；冠山堂，清初（1644～1722）修版.--16 冊（2 函）.--半葉 9 行，行 17 字，小字雙行字同，白口，四周雙邊，單黑魚尾，版心下刻"東雅堂"，半框 20.5×13.4cm。鈐"徐氏圖書之記"朱文印、"葉氏所藏"白文印、"平生寶玩"白文印、"六橋居士"白文印、"毓桐小印"印（陰陽合璧）、"聽笙"朱文印、"大觀"白文印、"三昧"朱文印、"挺生"白文印、"葉仲子鑒藏印".--綫裝 （丙四）/6569
　第二部 （丙四）/1323
　第三部 （丙四）/37

新刊五百家註音辯昌黎先生文集：四十卷/（唐）韓愈撰；（宋）魏仲舉輯注.--刻本.--清乾隆四十九年（1784）.--16 冊（2 函）.--半葉 10 行，行 18 字，小字雙行 23 字，白口，左右雙邊，雙對黑魚尾，半框 20×12.2cm.--綫裝 （丙四）/1507

昌黎先生詩集注：十一卷/（唐）韓愈撰；（清）顧嗣立刪補.--刻本.--顧氏秀野草堂，清康熙三十八年（1699）.--4 冊（1 函）.--半葉 11 行，行 20 字，小字雙行 30 字，白口，左右雙邊，單黑魚尾，版心下刻"秀野草堂"，半框 19.4×14.9cm。有刻工：芃生、有恒等。秀野草堂藏版。鈐"豫章"白文印、"王氏北堂"白文印.--綫裝 （丙四）/1726

韓昌黎詩集編年箋注：十二卷/（唐）韓愈撰；（清）方世舉注.--刻本.--德州：盧見曾雅雨堂，清乾隆二十三年（1758）.--6 冊（1 函）.--半葉 10 行，行 23 字，小字雙行字同，白口，四周單邊，單黑魚尾，版心下刻"雅雨堂"，半框 18.3×14.4cm。佚名圈點。鈐"高凌霨澤畬甫收藏印"朱文印、"天尺樓"朱文印.--綫裝

（丙四）/25
　第二部 12 冊（2 函），春及堂藏板，佚名圈點，鈐"北平孔德學校之章"朱文印 （甲四）/1035

韓昌黎文啓：三卷/（唐）韓愈撰；（清）吳輅輯.--刻本.--西陵友益齋，清順治（1644～1661）.--2 冊（1 函）.--半葉 9 行，行 25 字，有眉欄，行 5 字，白口，左右雙邊，半框 21.5×11.6cm。鈐"象山勵德人藏"朱文印.--綫裝 （甲四）/1007

韓子粹言：一卷/（唐）韓愈撰；（清）李光地輯.**安溪先生註解正蒙**：二卷/（宋）張載撰；（清）李光地輯.--刻本.--清康熙（1662～1722）.--2 冊（1 函）.--半葉 8 行，行 22 字，有眉批，行 6 字，白口，四周單邊，雙順黑魚尾，半框 17.6×12.3cm。教忠堂藏板。鈐"御賜教忠堂"朱文印、"國子監印"朱文印（滿漢合璧）.--綫裝 （丙三）/5621
　第二部 存韓子粹言 1 卷，鈐"延年益壽"朱文印、"京師圖書館收藏之印"朱文印 （丙四）/5883

劉賓客詩集：十卷，附錄諸家詩評/（唐）劉禹錫撰；（清）趙駿烈輯.--抄本.--清中期（1796～1850）.--10 冊（1 夾）.--據清雍正元年刻本抄錄。鈐"石研齋秦氏印"朱文印、"秦伯敦父"白文印、"恩復"朱文印、"秦恩復印"白文印.--綫裝 （丙四）/6341

白香山詩長慶集：二十卷，後集十七卷，別集一卷，補遺二卷/（唐）白居易撰；（清）汪立名編訂.附**白香山年譜**：一卷/（清）汪立名撰；年譜舊本：一卷/（宋）陳振孫撰.--刻本.--汪立名一隅草堂，清康熙四十一至四十二年（1702～1703）.--12 冊（1 夾）.--書名頁題"白香山詩集"。半葉 12 行，行 21 字，小字雙行 32 字，白口，左右雙邊，單黑魚尾，版心下刻"一隅草堂"，半框 18.6×15.1cm。一隅草堂藏板。徐沅題識，過錄馮景評點。鈐"徐沅之印"朱文印.--綫裝 （乙四）/342

第二部　目錄 2 葉、補遺卷下 1 葉係抄配。鈐"高凌霨澤畬甫收藏印"朱文印、"章武高氏藏書"白文印、"天尺樓"朱文印

（丙四）/14

白香山詩長慶集：二十卷，後集十七卷，別集一卷，補遺二卷/（唐）白居易撰；（清）汪立名編訂．**附白香山年譜**：一卷/（清）汪立名撰；年譜舊本：一卷/（宋）陳振孫撰．--刻本．--清康熙（1662～1722）．--20 冊（2 函）．--仿康熙四十一至四十二年一隅草堂刻本。半葉 12 行，行 21 字，小字雙行 32 字，白口，左右雙邊，單黑魚尾，半框 18.6×14.9cm．--綫裝

（乙四）/437

第二部，12 冊（2 函），補遺卷下有 1 葉抄配，佚名圈點　　　　（丙四）/2287

白香山詩長慶集：二十卷，後集十七卷，別集一卷，補遺二卷/（唐）白居易撰；（清）汪立名編訂．**附白香山年譜**：一卷/（清）汪立名撰；年譜舊本：一卷/（宋）陳振孫撰．--刻本．--清康熙（1662～1722）．--12 冊（1 函）．--仿康熙四十一至四十二年一隅草堂刻本。半葉 12 行，行 21 字，小字雙行字數不等，白口，左右雙邊，單黑魚尾，半框 18.2×14.9cm。一隅草堂藏板。鈐"無礙菴"朱文印．--綫裝　　（丙四）/2970

追昔遊詩集：三卷/（唐）李紳撰．--刻本．--東山席氏琴川書屋，清康熙（1662～1722）．--2 冊（1 函）．--（唐詩百名家全集/[清]席啓寓編）．--半葉 10 行，行 18 字，小字雙行 27 字，白口，左右雙邊，單黑魚尾，半框 16.5×13.5cm．鈐"無錫鄒氏藏書"朱文印．--綫裝

（丙四）/4223

河東先生集：四十五卷/（唐）柳宗元撰；（宋）廖瑩中校正．--刻本．--東吳郭雲鵬濟美堂，明嘉靖（1522～1566）．--6 冊（1 函）．--存卷 3、4、18-20、25-31、43-45。半葉 9 行，行 17 字，小字雙行字同，細黑口，四周雙邊，雙對黑魚尾，版心下刻"濟美堂"，半框 20.2×13.4cm．有牌記"東吳郭雲鵬校壽梓"。朱筆圈點，墨筆眉批。鈐"水竹居"　朱文印．--綫裝：群芳閣藏書

（庚）/175

增廣註釋音辯唐柳先生集：四十三卷，別集二卷，外集二卷/（唐）柳宗元撰；（宋）童宗説注釋；（宋）張敦頤音辯；（宋）潘緯音義．附錄：一卷/（唐）劉禹錫等撰．--刻本．--善敬堂，明正統十三年（1448）（明[1368～1644]印）．--24 冊（4 函）．--序言題"唐柳先生文集"。半葉 9 行，行 18 字，小字雙行字同，粗黑口，四周雙邊，雙順黑魚尾，半框 22.4×14cm．有刻工：青、乂等。鈐"洪靜淵"朱文印．--綫裝

（丁）/7358

唐柳河東集：四十五卷，外集五卷，遺文一卷，附錄一卷/（唐）柳宗元撰；（明）蔣之翹輯注．--刻本．--明末（1573～1644）．--8 冊（2 函）．--存卷 1-40。半葉 9 行，行 17 字，小字雙行字同，白口，左右雙邊，版心下刻"三徑藏書"，半框 19.2×13.8cm。甘鵬雲跋。鈐"潛江甘鵬雲葯樵收藏書籍章"朱文印．--綫裝

（丁）/14165

柳河東詩集：二卷/（唐）柳宗元撰；（清）汪立名輯．--刻本．--天都汪立名，清康熙三十四年（1695）．--2 冊（1 函）．--（唐四家詩/[清]汪立名輯）．--半葉 10 行，行 19 字，小字雙行 28 字，粗黑口，左右雙邊，單黑魚尾，半框 17.1×13.4cm．佚名圈點．--綫裝　　（丙四）/1635

長江集：十卷/（唐）賈島撰．--刻本．--毛氏汲古閣，明末（1573～1644）．--2 冊（1 函）．--（唐人八家詩/[明]毛晉編）．--半葉 12 行，行 20 字，細黑口，左右雙邊，單黑魚尾，半框 19.4×13.7cm．鈐"王端履字福將號小穀"朱文印、"十萬卷樓"朱文印、"陳肇芳字蘭坡"　朱文印、"北平孔德學校之章"朱文印．--綫裝

（甲四）/581

賈浪仙長江集：十卷，附錄一卷/（唐）賈島撰．--刻本．--清康熙雍正間（1662～1735）．--2 冊（1 函）．--半葉 10 行，行 18 字，小字雙行

36 字，白口，左右雙邊，單黑魚尾，半框 16.8
×13.5cm。鈐"湘潭韓氏所藏"朱文印、"無念
居士"朱文印.--綫裝　　　　　　　（丁）/4023

沈下賢文集：十二卷/（唐）沈亞之撰.--抄
本.--清末（1851～1911）.--2 冊（1 函）.--
清同治元年黃維煊跋.--綫裝　　　　（丁）/7357

丁卯詩集：二卷；丁卯詩續集：一卷；丁卯詩
續補：一卷；丁卯集外遺詩：一卷/（唐）許渾
撰.--刻本.--東山席氏琴川書屋，清康熙（1662
～1722）.--3 冊（1 函）.--半葉 10 行，行 18
字，小字雙行 27 字，白口，左右雙邊，單黑魚
尾，半框 16.7×13.6cm。佚名圈點.--綫裝
　　　　　　　　　　　　　　　　（丁）/6905

昌穀集：四卷/（唐）李賀撰；（明）曾益釋.--
刻本.--明末（1573～1644）.--4 冊（1 函）.--
卷 1 有 1 葉係補刻。半葉 9 行，行 20 字，小字
雙行字同，白口，四周單邊，單白魚尾，半框
21.1×14.7cm。佚名題記、圈點.--綫裝
　　　　　　　　　　　　　　　（丙四）/5783

李長吉昌穀集句解定本：四卷/（唐）李賀撰；
（清）姚佺箋閱；（清）丘象隨等辯注.--刻本.--
梅村書屋，清初（1644～1722）.--4 冊（1 夾）.--
書名題名"李長吉詩集箋注"。半葉 9 行，行
20 字，小字雙行字同，白口，四周單邊，單黑
魚尾，半框 19.8×13.5cm。梅村書屋藏板.--綫
裝　　　　　　　　　　　　　　（丙四）/3060
　　第二部　鈐"張昭潛"白文印、"次陶"朱
文印等　　　　　　　　　　　　（丙四）/2321

李長吉歌詩：四卷，外集一卷，卷首一卷/
（唐）李賀撰；（清）王琦匯解.--刻本.--王氏
寶笏樓，清乾隆（1736～1795）.--2 冊.--半葉
10 行，行 20 字，小字雙行字同，白口，左右雙
邊，單黑魚尾，半框 17.2×13.5cm. 佚名圈點.--
綫裝　　　　　　　　　　　　　（丁）/13060

朱慶餘詩集：不分卷/（唐）朱慶餘撰.--刻
本.--東山席氏琴川書屋，清康熙（1662～

1722）.--1 冊（1 函）.--（唐詩百名家全集/[清]
席啓寓編）.--版心題"朱慶餘集"。半葉 10
行，行 18 字，白口，左右雙邊，單黑魚尾，半
框 16.9×13.4cm.--綫裝　　　　　　（丁）/7411

李遠詩集：一卷/（唐）李遠撰.--刻本.--洞
庭席氏琴川書屋，清康熙（1736～1795）.--1
冊（1 函）.--（唐詩百名家全集/[清]席啓寓
輯）.--半葉 10 行，行 18 字，小字雙行字數不
等，白口，左右雙邊，單黑魚尾，半框 16.8×
13.7cm。鈐"芬陀利室鑑藏書畫記"朱文印、
"顧氏藏書"白文印、"萬卷藏書宜子弟"白文
印、"雙漢符館"朱文印.--綫裝　　（丁）/8895

姚少監詩集：十卷/（唐）姚合撰.--刻本.--
洞庭席氏琴川書屋，清康熙（1662～1722）.--4
冊（1 函）.--（唐詩百名家全集：三百二十六
卷/[清]席啓寓編）.--半葉 10 行，行 18 字，白
口，左右雙邊，單黑魚尾，半框 17×13.6cm。
鈐"李家煌"白文印、"合肥李氏佛日樓藏書"
朱文印.--綫裝　　　　　　　　　　（丁）/7617

李文山詩集：三卷/（唐）李群玉撰.--刻本.--
江蘇常熟：虞山毛氏汲古閣，明崇禎十二年
（1639）.--2 冊（1 函）.--（唐人八家詩/[明]
毛晉編）.--半葉 12 行，行 20 字，細黑口，左
右雙邊，單黑魚尾，半框 19.6×14cm。鈐"北
平孔德學校之章"朱文印.--綫裝

　　　　　　　　　　　　　　（甲四）/920

溫飛卿詩集箋註：九卷/（唐）溫庭筠撰；（明）
曾益注；（清）顧予咸補注.--刻本.--顧氏秀野
草堂，清康熙三十六年（1697）.--2 冊（1 函）.--
卷端題"溫飛卿詩集"。半葉 11 行，行 20 字，
小字雙行 30 字，白口，左右雙邊，單黑魚尾，
版心下刻"秀野艸堂"，半框 19.4×15.1cm。
秀埜草堂藏板。佚名圈點。鈐"用無用盦"白文
印.--綫裝　　　　　　　　　　　（丙四）/2961
　　第二部　鈐"丁卯後人"白文印、"味青
齋"朱文印、"侯官許氏味青齋藏書"朱文印、
"澹齋家藏"朱文印　　　　　　　（丁）/15704
　　第三部　4 冊，鈐"楊明"朱文印，楊明贈

書 　　　　　　　　　　　　　（庚）/12

溫飛卿詩集箋注：九卷/（唐）溫庭筠撰；（明）曾益注；（清）顧予咸補注. --刻本. --顧氏秀野草堂，清康熙（1662～1722）刻；清乾隆（1736～1795）修版. --4 冊（1 函）. --半葉 11 行，行 20 字，小字雙行 30 字，白口，左右雙邊，單黑魚尾，版心下刻"秀野艸堂"，半框 19.3×14.9cm。秀埜草堂藏板。鈐"天尺樓"朱文印、"高淩霨澤畬甫收藏印"朱文印. --綫裝
　　　　　　　　　　　　　（丙四）/55

溫飛卿詩集箋注：九卷/（唐）溫庭筠撰；（明）曾益注；（清）顧予咸補注；（清）顧嗣立重校. --刻本. --清雍正（1723～1735）. --2 冊（1 函）. --仿康熙三十六年秀野草堂刻本。半葉 11 行，行 20 字，小字雙行 30 字，白口，左右雙邊，單黑魚尾，半框 19.2×15.2cm。佚名圈點. --綫裝
　　　　　　　　　　　　（丙四）/1127-1

李義山詩集：三卷/（唐）李商隱撰；（清）朱鶴齡箋注. --刻本. --清順治十六年（1659）. --2 冊（1 函）. --卷下有殘缺。半葉 10 行，行 21 字，小字雙行字同，白口，左右雙邊，單黑魚尾，半框 18.5×14.3cm。佚名眉批。鈐"學部圖書之印"朱文印（滿漢合璧）. --綫裝
　　　　　　　　　　　　（丙四）/5470

重訂李義山詩集箋注：三卷；**重訂李義山集外詩箋注**：一卷/（唐）李商隱撰；（清）朱鶴齡注；（清）程夢星刪補. **重訂李義山年譜**：一卷/（清）程夢星編--刻本. --江都汪增寧東柯草堂，清乾隆十一年（1746）. --4 冊（1 函）. --半葉 10 行，行 21 字，小字雙行 31 字，粗黑口，四周單邊，單黑魚尾，半框 18.8×14.5cm。佚名圈點、批. --綫裝　　　　（丙四）/6580
　　第二部　缺集外詩箋注第 21-25 葉，佚名批注　　　　　　　　　　（丙四）/1821
　　第三部　佚名圈點、批注，鈐"堅芳"白文印　　　　　　　　　　（丙四）/3449

重訂李義山詩集箋注：三卷；**重訂李義山集外**

詩箋注：一卷/（唐）李商隱撰；（清）朱鶴齡注；（清）程夢星刪補. **重訂李義山年譜**：一卷/（清）程夢星編. --刻本. --清乾隆（1736～1795）. --8 冊（1 函）. --仿清乾隆十一年東柯草堂刻本。半葉 10 行，行 21 字，小字雙行 31 字，粗黑口，四周單邊，單黑魚尾，半框 18.7×14.4cm. --綫裝
　　　　　　　　　　　　（丙四）/2963

李義山詩集箋注：　十六卷/（唐）李商隱撰；（清）姚培謙箋注. --刻本. --松桂讀書堂，清乾隆（1736～1795）. --2 冊（1 函）. --卷端題"李義山詩集"。半葉 10 行，行 21 字，小字雙行 31 字，白口，左右雙邊，單黑魚尾，版心下刻"松桂讀書堂"，半框 19.2×14.4cm。松桂讀書堂藏板。有刻工：德昭、俊公等。佚名批. --綫裝　　　　　　　　　　（丙四）/6090
　　第二部　4 冊（1 函），佚名圈點，王瓙題識，鈐"姜金書印"朱文印　　　（丙四）/1434

李義山文集箋註：十卷/（唐）李商隱撰；（清）徐樹穀箋注；（清）徐炯續注. --刻本. --徐氏花谿草堂，清康熙四十七年（1708）. --6 冊（1 函）. --卷端題"李義山文集"。半葉 10 行，行 21 字，小字雙行 31 字，白口，左右雙邊，單黑魚尾，半框 19.4×14.7cm。有刻工：奕成、子玉等。花谿草堂藏板。鈐"清苑龐氏珍藏金石書畫圖章"朱文印、"禾生"朱文印、"禾生藏古"朱文印、"禾生一字紹田"朱文印、"毓同私印"白文印、"毓同長壽"白文印. --綫裝
　　　　　　　　　　　　（丙四）/1567

玉谿生詩詳註：三卷，卷首一卷；**樊南文集詳註**：八卷，卷首一卷/（唐）李商隱撰；（清）馮浩注. --刻本. --桐鄉馮浩，清乾隆四十五年（1780）刻；馮寶圻，清同治七年（1868）修版. 8 冊（1 函）. --半葉 11 行，行 25 字，小字雙行 33 字，白口，左右雙邊，單黑魚尾，半框 19×14.5cm。德聚堂藏板。佚名圈點。鈐"葉德輝煥彬甫藏閱書"白文印. --綫裝　（丙四）/991
　　第二部　4 冊（1 函），存玉谿生詩詳註，鈐"楊明"朱文印，楊明贈書　　　（庚）/46
　　第三部　4 冊（1 函），存玉谿生詩詳註

（丙四）/5951

第四部　4 冊（1 函），存樊南文集詳註，鈐
"楊明"朱文印，楊明贈書　　　　　（庚）/125

玉谿生詩箋注：三卷，卷首一卷；**樊南文集詳
註**：八卷，卷首一卷/（唐）李商隱撰；（清）馮
浩注.--刻本.--清乾隆（1736～1795）.--8 冊
（1 函）.--翻刻清乾隆四十五年馮浩刻本。半
葉 11 行，行 25 字，小字雙行 33 字，白口，左
右雙邊，單黑魚尾，半框 18.6×14.5cm。鈐"北
平孔德學校之章"朱文印.--綫裝　（甲四）/357

第二部　鈐"學部圖書之印"朱文印（滿漢
合璧）　　　　　　　　　　　　　（丙四）/5915

第三部　存玉谿生詩箋注，佚名圈點、批
註，鈐"沈世洗印"白文印　（丙四）/3010

玉谿生詩箋注：三卷，卷首一卷；**樊南文集箋
注**：八卷/（唐）李商隱撰；（清）馮浩注.--刻
本.--清乾隆（1736～1795）.--8 冊（1 函）.--
翻刻清乾隆四十五年馮浩刻本。半葉 11 行，行
25 字，小字雙行 33 字，白口，左右雙邊，單黑
魚尾，半框 18.4×13.8cm。德聚堂藏板。佚名
圈點、批校。鈐"留心學到古人難"白文印.--
綫裝　　　　　　　　　　　　　（丁）/14362

玉溪生詩意：八卷，附錄一卷/（清）屈復撰.--
刻本.--清乾隆（1736～1795）.--6 冊（1 函）.--
書名頁題"李義山詩箋注"。半葉 10 行，行 21
字，小字雙行字同，白口，左右雙邊，單黑魚尾，
半框 18.5×14.4cm。清錢維喬嘉慶三年批、圈
點。鈐"晉萊書畫吟讀封寄印"白文印、"竹"
白文印，"初"朱文印.--綫裝　　（丁）/3744

禪月集：十二卷/（唐）釋貫休撰.--抄本.--
清末（1862～1911）.--3 冊（1 函）.--鈐"紅
蕅吟館吳氏藏書"朱文印.--綫裝

（丙四）/4295

豐溪存稿：一卷/（唐）呂從慶撰.--刻本.--
清乾隆元年（1736）.--1 冊（1 函）.--半葉 10
行，行 19 字，白口，左右雙邊，單黑魚尾，半
框 17.5×13.4cm.--綫裝　　　（丁）/13468

重刊校正笠澤叢書：四卷，補遺詩一卷，續補
遺一卷/（唐）陸龜蒙撰.--刻本.--陸鍾輝水雲
漁屋，清雍正九年（1731）.--2 冊（1 夾）.--
目錄有 1 葉、續補遺有 9 葉、跋有 3 葉係補配。
半葉 9 行，行 18 字，小字雙行 27 字，白口，四
周雙邊，雙對黑魚尾，半框 21.2×13.4cm。鈐
"青燈有味似兒時"白文印、"味青齋"朱文
印、"味青齋主人鑒賞"朱文印、"丁卯後人"
朱文印.--綫裝　　　　　　　　（丁）/1262

重刊校正笠澤叢書：四卷，補遺詩一卷，續補
遺一卷/（唐）陸龜蒙撰.--抄本，影抄.--清末
（1851～1911）.--4 冊（1 函）.--綫裝

（丙四）/65

唐陸魯望詩稿：不分卷/（唐）陸龜蒙撰；（清）
兰墅摘抄.--抄本.--清（1644～1911）.--1 冊
（1 函）.--鈐"北平孔德學校之章"朱文印.--
綫裝　　　　　　　　　　　　　（甲四）/1373

杜荀鶴文集：三卷/（唐）杜荀鶴撰.--刻本.--
清康熙（1662～1722）.--3 冊（1 函）.--（唐
詩百名家全集/[清]席啓寓編）.--版心題"荀鶴
詩"。半葉 10 行，行 18 字，小字雙行字數不等，
白口，左右雙邊，單黑魚尾，半框 17.1×
13.6cm。鈐"娛園藏書"朱文印.--綫裝

（丁）/7408

唐英歌詩：三卷/（唐）吳融撰.--刻本.--東
山席氏琴川書屋，清康熙（1662～1722）.--3
冊（1 函）.--（唐詩百名家全集/[清]席啓寓
編）.--版心題"英歌詩"。半葉 10 行，行 18
字，小字雙行字數不等，白口，左右雙邊，單黑
魚尾，半框 17.3×13.4cm.--綫裝　（丁）/7410

宋

河東柳仲塗先生文集：十六卷/（宋）柳開撰；
（宋）張景編.--抄本.--清中期（1736～
1850）.--4 冊（1 函）.--鈐"高淩霨澤畣甫收
藏印"朱文印、"臣許乃音"印（陰陽合璧）、

"滇翁"朱文印.--綫裝 　　　　　　（丙四）/75

河南穆公集：三卷，附穆參軍遺事一卷/（宋）穆修撰.--抄本.--清末（1851～1911）.--1 冊（1 函）.--鈐"負笈硯齋藏書"朱文印.--綫裝
　　　　　　（丁）/12659

河南穆公集：三卷，附穆參軍遺事一卷/（宋）穆修撰.--抄本.--清（1644～1911）.--2 冊（1 函）.--梅花簃主人題識、批校.--綫裝
　　　　　　（乙四）/291

范文正公集：八卷/（宋）范仲淹撰.--刻本.--毛一鷺，明萬曆三十六年（1608）.--6 冊（1 函）.--半葉 9 行，行 20 字，白口，四周單邊，單黑魚尾，半框 21.7×15cm.有刻工：朱元、溫壽等。本衙藏板。鈐 "明善堂覽書畫印記"白文印、"所寶惟賢"朱文印、"齊振林印"白文印.--綫裝 　　　　　　（丙四）/6598

宛陵先生文集：六十卷，附拾遺一卷/（宋）梅堯臣撰.--刻本.--徐氏白華書屋，清康熙四十一年（1702）.--12 冊（2 函）.--書名頁題"梅聖俞全集"。半葉 11 行，行 21 字，小字雙行 32 字，白口，左右雙邊，單黑魚尾，半框 19.3×14.2cm。白華書屋藏板。鈐"遇者善讀"白文印、"知聖道齋藏書"朱文印、"南昌彭氏"朱文印、"德壽私印"白文印、"慎先"朱文印.綫裝 　　　　　　（丁）/4022

宛陵集：六十卷/（宋）梅堯臣撰.附錄：一卷/（宋）歐陽修等撰.--刻本.--柯炘，清康熙（1662～1722）.--9 冊（1 函）.--缺卷 23-28.半葉 9 行，行 20 字，小字雙行字同，白口，四周單邊，單黑魚尾，半框 20.4×13.5cm.--綫裝
　　　　　　（丙四）/2972

徂徠石先生全集：二十卷，附錄一卷/（宋）石介撰.--刻本.--石鍵，清康熙五十六年（1717）.--6 冊（1 夾）.--書名頁題"宋石徂徠先生全集"。半葉 10 行，行 19 字，小字雙行 30 字，白口，左右雙邊，單黑魚尾，半框 18.3

×13.9cm。錫慶堂藏板.--綫裝 　　　　　　（丁）/611

歐陽文忠公全集：一百五十三卷，附錄五卷/（宋）歐陽修撰.--刻本.--清乾隆五十七年（1792）.--24 冊（2 函）：肖像 1 幅.--半葉 9 行，行 20 字，小字雙行字同，白口，左右雙邊，單黑魚尾，半框 22.3×16.9cm。惇敘堂藏板。鈐"修養堂主人藏書之印"朱文印、"南陵徐氏仁山珍藏"白文印、"學部圖書之印"朱文印（滿漢合璧）.--綫裝 　　　　　　（丙四）/6139
　　第二部　佚名圈點 　　　　　　（丙四）/2881

歐陽文忠公詩集：十二卷/（宋）歐陽修撰；（明）胡芬訂.--刻本.--世綵堂，清初（1644～1722）.--8 冊（1 函）：肖像 1 幅.書名頁題"廬陵歐陽文忠公詩集"。半葉 9 行，行 19 字，小字雙行字同，白口，四周單邊，版心下刻"世綵堂"，半框 19.7×14.2cm。世綵堂藏板.--綫裝 　　　　　　（丙四）/2169

歐陽先生文粹：二十卷，卷首一卷/（宋）歐陽修撰；（宋）陳亮輯；**歐陽先生遺粹**：十卷/（宋）歐陽修撰；（明）郭雲鵬輯.--刻本.--郭雲鵬寶善堂，明嘉靖二十六年（1547）.--10 冊（2 函）.--遺粹卷 1 有 5 葉抄配。半葉 11 行，行 21 字，白口，左右雙邊，單白魚尾，半框 18×14.1cm。有刻工：張敖。萬竹園湘老題識、圈點、批校。鈐"雲邁平生真賞"朱文印、"新銘曾藏"白文印、"新銘過眼"朱文印、"舉孝廉"白文印、"陽湖惲叔璵經眼"白文印、"曾在陽湖惲氏"朱文印、"希樸齋校刊"朱文印、"庭玉"朱文印、"蘇寶樹印"白文印.--綫裝
　　　　　　（丙四）/6104
　　第二部　存歐陽先生遺粹 10 卷，2 冊（1 函），卷 2 有 2 葉、卷 3 有 2 葉、卷 4 有 1 葉、卷 6 有 6 葉抄配，有刻工：章訓。鈐"星緣經眼"朱文印 　　　　　　（丁）/12510

宋大家歐陽文忠公文抄：三十二卷/（宋）歐陽修撰；（明）茅坤評.--刻本.--陸衙，明末（1573～1644）.--5 冊（1 函）.--卷 2 有 1 葉抄配。半葉 9 行，行 20 字，有眉批，行 5 字，

白口，四周單邊，單白魚尾，半框 19.9×
14.3cm.--綫裝　　　　　　　（丙四）/1318

六一題跋：十一卷/（宋）歐陽修撰.--刻本.--
毛氏汲古閣，明崇禎（1628～1644）.--6 冊（1
函）.--（津逮秘書/[明]毛晉編）.--半葉 8 行，
行 19 字，小字雙行字同，白口，左右雙邊，半
框 19×13.4cm。鈐"幼文別字西軒"朱文印、
"張承綸印"白文印、"雪北山樵"朱文印、
"高平張氏承綸家藏善本"朱文印，"北京市文
化局文物調查研究組藏書印"朱文印.--綫裝
　　　　　　　　　　　　　（丁）/14456

蘇學士文集：十六卷/（宋）蘇舜欽撰.--刻
本.--吳門：震澤徐惇孝、徐惇復，清康熙三十
七年（1698）.--6 冊（1 函）.--版心題"蘇學
士集"，序題"蘇子美文集"。半葉 10 行，行
21 字，小字雙行字數不等，白口，四周單邊，
雙順黑魚尾，半框 17.8×13.3cm。白華書屋藏
板。鈐"高凌霨澤畬甫收藏印"朱文印.--綫裝
　　　　　　　　　　　　　　（丙四）/57

安陽集：五十卷/（宋）韓琦撰；（清）黃邦寧
重修.**忠獻韓魏王家傳**：十卷/（宋）韓忠彥撰.
忠獻韓魏王別錄：三卷/（宋）王巖叟撰.**忠獻韓
魏王遺事**：一卷/（宋）強至撰.--刻本.--陳錫
輅，乾隆四年（1739）刻；彰德：同安黃邦寧，
清乾隆三十五年（1770）修版.--10 冊（1 函）：
肖像 1 幅.--半葉 10 行，行 21 字，細黑口，左
右雙邊，雙對黑魚尾，半框 17.8×14.5cm。晝
錦堂藏板。佚名圈點。鈐"李氏藏書"印（陰陽
合璧）、"怡怡園"白文印、"冬涵閱過"朱文
印、"北平孔德學校之章"朱文印.--綫裝
　　　　　　　　　　　　　（甲四）/354

趙清獻公集：十卷，目錄二卷/（宋）趙抃撰.
刻本.--明末（1573～1644）.--6 冊（1 函）.--
半葉 9 行，行 20 字，小字雙行字同，白口，四
周單邊，單白魚尾，半框 21×14.8cm。鈐"北
平孔德學校之章"朱文印.--綫裝 （甲四）/828
　第二部　　　　　　　　　　（丙四）/1853

重刊嘉祐集：十五卷/（宋）蘇洵撰.--刻本.--
太原府，明嘉靖十一年（1532）.--6 冊（1 函）.--
目錄 4 葉係抄配。版心題"嘉祐集"。半葉 10 行，
行 21 字，小字雙行字同，白口，四周單邊，半框
19.6×13.4cm。清蘭卿道光十三年題識，佚
名圈點。鈐"晉安何氏珍存"白文印、"注韓居印"
白文印、"慈竹居秘笈"朱文印、"蔭亭"朱文
印、"黃曾樾印"白文印.--綫裝　　（丁）/7359

蘇老泉先生全集：二十卷/（宋）蘇洵撰.附
錄：二卷/（宋）沈斐輯.--刻本.--邵仁泓安樂
居，清康熙三十七年（1698）.--4 冊（1 函）.--
半葉 9 行，行 19 字，白口，左右雙邊，單黑魚
尾，半框 18.3×13.4cm。安樂居藏板。佚名圈
點、批校。鈐"韋氏藏書"朱文印.--綫裝
　　　　　　　　　　　　　（丙四）/4486

宋邵康節先生伊川擊壤集：十卷/（宋）邵雍
撰；（明）吳瀚，（明）吳泰注.附擊壤集洛陽邵
氏三世名賢行實圖像：一卷.--刻本.--清康熙八
年（1669）刻；清乾隆至道光（1736～1850）遞
修.--6 冊（1 函）.--版心題"擊壤集"。半葉
9 行，行 18 字，小字雙行字同，白口，四周單
邊，單黑魚尾，半框 19.8×15.3cm。鈐"北平
孔德學校之章"朱文印.--綫裝　　（甲四）/713
　第二部　　　　　　　　　　（乙四）/442

宋濂溪周元公先生集：十卷，卷首一卷/（宋）
周敦頤撰.--刻本.--明萬曆三年（1575）.--4
冊（1 函）：插圖 4 幅，肖像 1 幅.--半葉 10 行，
行 20 字，白口，四周單邊，單白魚尾間單黑魚
尾，半框 21.3×13.6cm.--綫裝　　（丁）/5556

陳眉公先生訂正丹淵集：四十卷，拾遺二卷/
（宋）文同撰.**石室先生年譜**：一卷/（宋）家誠
之撰.**附錄諸公書翰詩文**：一卷/（明）李應魁編
--刻本.--吳一標，明萬曆三十八年（1610）刻；
毛晉，明崇禎四年（1631）重修.--10 冊（2 函）.--
目錄有 8 葉抄配。版心題"丹淵集"。半葉 9
行，行 18 字，小字雙行字同，白口，四周雙邊，
單黑魚尾，半框 20.7×13.9cm。鈐"環碧山房
珍藏"印.--綫裝　　　　　　　　（丁）/421

黃青社先生伐檀集：二卷／（宋）黃庶撰．--刻本．--緝香堂胡憓德，清乾隆（1736～1795）．--2冊（1函）．--半葉9行，行20字，小字雙行字同，白口，左右雙邊，單黑魚尾，版心下刻"緝香堂"，半框22×16cm。新建劉得宜、進賢龔廷光鎸。鈐"程錫聖印"白文印．--綫裝　　　　　　　　（丁）/6379

第二部　鈐"葉廣良印"白文印
　　　　　　　　　　　　　　（丁）/7298

雪溪詩集：五卷／（宋）王銍撰．--抄本．--東武劉氏味經書屋，清（1644～1911）．--1冊（1函）．--綫裝　　　　　　　（丙四）/69

南豐先生元豐類稿：五十卷／（宋）曾鞏撰．續附南豐先生行狀碑誌哀挽：一卷／（宋）曾肇等撰．--刻本．--曾敏才等，明萬曆二十五年（1597）．--16冊（2函）．--半葉10行，行20字，小字雙行字同，白口，四周單邊，單黑魚尾，半框18.4×14.3cm。有刻工：盾、文等。鈐"北平孔德學校之章"朱文印．--綫裝

　　　　　　　　　　　　　（甲四）/1410

南豐先生元豐類稿：五十卷／（宋）曾鞏撰．南豐先生集外文：二卷／（宋）曾鞏撰；（清）顧崧齡輯．續附南豐先生行狀碑誌哀挽：一卷／（宋）曾肇等撰．--刻本．--長洲顧崧齡，清康熙五十六年（1717）．--20冊（4函）．--書名頁題"曾南豐全集"。半葉10行，行21字，小字雙行32字，白口，四周雙邊，雙順黑魚尾，半框18.7×13.6cm。周貞亮題識。鈐"漢陽周貞亮退舟民國紀年後所收善本"朱文印、"周貞亮印"白文印、"周白子所藏金石圖書"朱文印、"中華民國三年五月漢陽周貞亮率男成侃敬造佛像一區願一切圖書永無災厄"白文印、"鄂中周氏寶藏"朱文印、"北平孔德學校之章"朱文印．--綫裝　　　　　　　（甲五）/166

元豐題跋：一卷／（宋）曾鞏撰．水心題跋：一卷／（宋）葉適撰．--刻本．--常熟：虞山毛氏汲古閣，明崇禎（1628～1644）．--2冊（1函）．--（津逮秘書：十五集一百四十一種七百四十八

卷／[明]毛晉編）．--半葉8行，行19字，白口，左右雙邊，版心下刻"汲古閣"，半框19×13.8cm．--綫裝　　　　　　　（乙三）/744

元豐類稿：五十卷／（宋）曾鞏撰．--刻本．--曾氏家刻，清康熙四十九年（1710）．--8冊（1函）．--卷50有2葉殘損。半葉10行，行20字，小字雙行字同，白口，左右雙邊，單黑魚尾，半框19.8×14.6cm．--綫裝　　（丙四）/5893

元豐類稿：五十卷／（宋）曾鞏撰．--刻本．--清乾隆（1736～1735）．--6冊（2函）．--半葉10行，行20字，小字雙行字同，白口，左右雙邊，單黑魚尾，版心下刻"查溪藏板"，半框19.7×14.7cm。鈐"學部圖書之印"朱文印（滿漢合璧）．--綫裝　　　（丙四）/446

南豐曾先生文粹：十卷／（宋）曾鞏撰．--刻本．--無錫安如石，明嘉靖二十八年（1549）．--4冊（1函）．--半葉10行，行21字，白口，左右雙邊，單黑魚尾，半框20.1×14.4cm。佚名圈點。鈐"无竟先生獨志堂物"朱文印、"北平孔德學校之章"朱文印．--綫裝　　（甲四）/1425

司馬溫公集：八十二卷，首一卷／（宋）司馬光撰．--刻本．--清康熙四十七年（1708）．--24冊（4函）．--半葉9行，行20字，小字雙行字同，白口，四周雙邊，單黑魚尾，半框21.4×15.2cm。有刻工：梁、志等．--綫裝

　　　　　　　　　　　　　（丙四）/6349

司馬文正公集：八十二卷，首一卷，目錄二卷／（宋）司馬光撰．--刻本．--臨汾劉組曾，清乾隆九年（1744）．--20冊（2函）．--半葉9行，行22字，小字雙行字同，白口，左右雙邊，單黑魚尾，半框18.5×13.7cm。百祿堂藏板．--綫裝　　　　　　　　（丙四）/976

司馬文正公傳家集：八十卷，目錄二卷／（宋）司馬光撰．司馬文正公傳家集附錄：一卷；宋司馬文正公年譜：一卷／（清）陳弘謀輯．--刻本．--清乾隆六年（1741）．--24冊（4函）．--半葉

11 行，行 21 字，小字雙行字同，粗黑口，左右雙邊，單黑魚尾，半框 19.2×14.1cm。培遠堂藏板。鈐"北皮亭鎦氏所藏秘笈"朱文印、"壬戌"朱文印、"北皮亭藏書印"朱文印、"鎦駒賢印"白文印、"鹽山劉千里藏書"朱文印、"鹽山劉氏"朱文印、"鎦伯子"朱文印、"千里劉駒賢印"白文印、"聞雲主人"朱文印.--綫裝 　　　　　　　　　　　　　（丁）/2439

　　第二部　12 冊（2 函）　　（丙四）/1351
　　第三部　12 冊（2 函），卷 80 有 2 葉係抄配，鈐"北平孔德學校之章"朱文印
　　　　　　　　　　　　　　（甲四）/474

張橫渠先生集：十二卷/（宋）張載撰；（清）張伯行編.--刻本.--蓉城：儀封張伯行正誼堂，清康熙四十七年（1708）.--2 冊（1 函）.--半葉 10 行，行 22 字，小字雙行字同，白口，四周單邊，單黑魚尾，版心下刻"正誼堂"，半框 20.1×13.9cm。正誼書院藏板.--綫裝 　　　　　　　　　　　　（丁）/9458

臨川先生文集：一百卷，目錄二卷/（宋）王安石撰.--刻本.--明末（1573～1644）.--24 冊（4 函）.--卷 9 有 2 葉、卷 12 有 1 葉、卷 36 有 1 葉、卷 44 有 1 葉、卷 68 有 1 葉、卷 96 有 2 葉、卷 98 有 2 葉係抄配。半葉 12 行，行 20 字，白口，左右雙邊，單黑魚尾間單白魚尾，半框 19.7×15.9cm。有刻工：頭三、貴等。佚名圈點、批注.--綫裝 　　　　　　（乙四）/496

新刻臨川王介甫先生詩文集：一百卷/（宋）王安石撰.--刻本.--金陵：王鳳翔光啟堂，明萬曆四十年（1612）.--24 冊（4 函）.--半葉 10 行，行 20 字，小字雙行字同，白口，四周單邊，單黑魚尾，半框 22×14.9cm。鈐"吳興姚氏邃雅堂鑑藏書畫圖籍之印"朱文印、"姚氏藏書"白文印、"曾歸徐氏彊誃"朱文印.--綫裝 　　　　　　　　　　　　（乙四）/15

　　第二部　16 冊（2 函），卷 44 有 2 葉、卷 100 有 1 葉係抄配　　（丁）/12742

王荊文公詩：五十卷，附補遺/（宋）王安石撰；（宋）李壁箋注.--刻本.--張宗松清綺齋，清乾隆五年至六年（1740～1741）.--8 冊（1 夾）.--半葉 11 行，行 21 字，小字雙行 31 字，細黑口，左右雙邊，單黑魚尾，半框 18.9×14.3cm。清綺齋藏板。鈐"陳氏賜書樓珍藏印"朱文印.--綫裝 　　　　　　　　　（丁）/2479

范忠宣公集：十卷/（宋）范純仁撰.--刻本.--明末（1573～1644）.--8 冊（1 函）.--半葉 9 行，行 20 字，白口，四周單邊，單黑魚尾，半框 21.9×15.1cm。有刻工：周、蔣等。本衙藏板。鈐"歲寒堂印"朱文印、"向穮守之"朱文印、"李作某"朱文印、"北平孔德學校之章"朱文印.--綫裝 　　　　　　　　　　（甲四）/267

節孝先生文集：三十卷，語錄一卷/（宋）徐積撰.--刻本.--清雍正（1723～1735）.--10 冊（1 函）.--目錄有 2 葉、卷 30 係抄配。半葉 9 行，行 18 字，細黑口，四周單邊，單黑魚尾，版心上刻字數，半框 16.4×12cm。鈐"石君"朱文印、"葉樹廉印"白文印.--綫裝 　　　　　　　　　　　　（丙四）/4314

　　第二部　10 冊（1 函），缺卷 18-21，另有節孝集事實 1 卷、附載 1 卷　　（丙四）/4730

伊川文集：八卷/（宋）程頤撰.--刻本.--清初（1644～1722）.--6 冊（1 函）.--半葉 12 行，行 22 字，小字雙行字同，粗黑口，左右雙邊，雙對花魚尾，半框 17.7×13.9 cm.--綫裝 　　　　　　　　　　　　（丙四）/1261

坡仙集：十六卷/（宋）蘇軾撰；（明）李贄評輯.--刻本.--陳大來繼志齋，明萬曆二十八年（1600）.--6 冊（1 函）.--半葉 9 行，行 20 字，白口，四周單邊，單黑魚尾，半框 23.3×15.1cm。有木記"萬曆庚子歲錄梓於繼志齋中".--綫裝 　　　　　　　　　（丁）/3823

坡仙集：十六卷/（宋）蘇軾撰；（明）李贄評輯.--刻本.--明末（1573～1644）.--8 冊（1 函）.--半葉 9 行，行 20 字，白口，四周單邊，單白魚尾，半框 21.5×14.9cm。佚名注。鈐"獨

立樓"朱文印、"芋仙所藏"朱文印.--綫裝
（丙四）/324

　　蘇長公小品：二卷/（宋）蘇軾撰；（明）王納
諫評選.--刻本.--章萬椿心遠軒，明萬曆三十九
年（1611）.--4 冊（1 函）.--半葉 9 行，行 21
字，有眉批，行 3 字，白口，四周單邊，無界行，
半框 21.5×13.6cm。鈐"石蓮閣收藏書"白文
印、"石蓮經眼"朱文印、"曾經石蓮勘讀"朱
文印、"北京市文化局文物調查研究組藏書印"
朱文印.--綫裝
（丁）/13910

　　蘇長公小品：四卷/（宋）蘇軾撰；（明）王納
諫點選.--刻本，朱墨套印.--吳興：淩啟康，明
（1368～1644）.--4 冊（1 函）.--半葉 8 行，
行 19 字，有眉批，行 5 字，白口，四周單邊，
半框 21×14.7cm.--綫裝
（乙四）/46

　　蘇長公表啓尺牘選：八卷/（宋）蘇軾撰；（明）
郭化輯.--刻本.--明萬曆四十一年（1613）.--4
冊（1 函）.--半葉 9 行，行 24 字，白口，四周
單邊，無界行，半框 21.4×12.3cm。鈐"勝堂
賞玩"白文印.--綫裝
（丁）/4909

　　新刻陶顧二會元類編蘇長公全集：四十卷，首
一卷/（宋）蘇軾撰；（明）陶望齡類編；（明）
顧起元補訂.--刻本.--明萬曆（1573～
1620）.--12 冊（2 函）.--存首卷、卷 1-10（元
集）。半葉 9 行，行 22 字，小字雙行字同，白口，
四周單邊，半框 21.8×13.5cm。閭衣批註、圈
點。鈐"陳覺生藏書"朱文印.--綫裝
（丙四）/1847

　　蘇長公二妙集：二十二卷/（宋）蘇軾撰；（明）
焦竑批點.--刻本.--徐氏曼山館，明天啟元年
（1621）.--12 冊（2 函）.--半葉 10 行，行 18
字，白口，四周單邊，單黑魚尾，版心下刻"曼
山館"，半框 20.7×14.4cm。鈐"東郫"白文
印.--綫裝
（丙四）/907

　　蘇長公密語：十六卷，卷首一卷/（宋）蘇軾
撰；（明）李一公輯.--刻本，朱墨套印.--明天

啟元年（1621）.--8 冊（1 函）.--版心題"東
坡密語"。半葉 8 行，行 19 字，小字雙行字同，
有眉批，行 5 字，白口，四周單邊，無界行，半
框 20.9×14.3cm.--綫裝
（乙四）/511

　　東坡禪喜集：十四卷/（宋）蘇軾撰；（明）馮
夢禎批點；（明）淩濛初輯增.--刻本，朱墨套
印.--吳興：淩濛初，明天啟元年（1621）.--4
冊（1 函）.--半葉 8 行，行 18 字，有眉批，行
6 字，白口，四周單邊，半框 20.7×14.7cm。唐
益公題識。鈐"景蘇堂"朱文印、"益公心賞"
朱文印、"馮鏡"白文印、"長宜子孫"白文
印、"心漢室"白文印、"成山唐益公藏典籍書
畫之記"朱文印.--綫裝
（丁）/4038

　　東坡文選：二十卷/（宋）蘇軾撰；（明）鍾惺
評選.--刻本，朱墨套印.--吳興閔氏，明末
（1573～1644）.--8 冊（1 函）.--半葉 9 行，
行 20 字，有眉批，行 4 字間有 5 至 7 字，白口，
四周單邊，半框 21×15.4cm。鈐"梁梅私印"白
文印、"孟山人"白文印.--綫裝　（乙四）/55

　　東坡先生全集：七十五卷/（宋）蘇軾撰.--
刻本.--明末（1573～1644）.--30 冊（4 函）.--
半葉 10 行，行 19 字，白口，左右雙邊，半框
20.3×14.9cm。鈐"蘄水陳曾壽捐"朱文印、
"京師廣東孝堂書藏"白文印.--綫裝
（丙四）/2966
　　第二部　23 冊（2 函），存卷 7-54
（丁）/14453

　　蘇東坡詩集注：三十二卷/（宋）蘇軾撰；（宋）
呂祖謙編；（宋）王十朋輯.年譜：一卷/（宋）
王宗稷撰.--刻本.--文蔚堂，清乾隆四十七年
（1782）.--16 冊（2 函）.--半葉 11 行，行 19
字，小字雙行 28 字，白口，左右雙邊，單黑魚
尾，版心下刻"文蔚堂"，半框 17.8×14.4cm。
有刻工：甘伯、元吉等.--綫裝　（丙四）/1560

　　施註蘇詩：四十二卷，總目二卷/（宋）蘇軾
撰；（宋）施元之注；（清）宋犖等閱定；（清）

邵長蘅等訂補. **東坡年譜**/（宋）王宗稷編. **王註正譌**/（清）邵長蘅撰；**蘇詩續補遺**：二卷，目錄一卷/（清）馮景撰. --刻本. --宋犖，清康熙三十八年（1699）. --10 冊（2 函）：肖像 1 幅. --半葉 10 行，行 21 字，小字雙行 31 字，粗黑口，四周單邊，單黑魚尾，半框 19.3×14.4cm。鈐"番禺姚禮泰珍藏善本印"朱文印. --綫裝

（丁）/14511

　第二部　12 冊（2 函），佚名批注，鈐"王琳慶印"白文印、"字香峰號春騷"朱文印

（丙四）/2817

　蘇長公合作內外篇：不分卷/（宋）蘇軾撰；（明）鄭之惠評選. --刻本. --明萬曆（1573～1620）. --8 冊（1 函）. --半葉 9 行，行 22 字，小字雙行字同，白口，四周單邊，半框 21.9×17.5cm. --綫裝　　　　（乙四）/357

　東坡先生編年詩：五十卷，年表一卷/（宋）蘇軾撰；（清）查慎行補注. --刻本. --香雨齋，清乾隆二十六年（1761）. --20 冊（2 函）. --書名頁題"初白庵蘇詩補註"，版心題"蘇詩補註"。半葉 10 行，行 21 字，小字雙行 32 字，白口，左右雙邊，單黑魚尾，版心下刻"香雨齋"，半框 18.2×14.2cm。香雨齋藏板。佚名評點。鈐"周養菴藏書記"朱文印、"肇祥盥讀"朱文印. --綫裝　　　　（丙四）/323

　蘇文忠公寓惠集：四卷/（宋）蘇軾撰；（清）鄭欽陛輯. --刻本. --清順治十五年（1658）. --6 冊（1 函）. --卷 2 有 1 葉抄配。半葉 9 行，行 20 字，小字雙行字同，白口，四周單邊，單黑魚尾，半框 19.6×14.7cm. --綫裝

（丁）/9656

　欒城集：五十卷，後集二十四卷，三集十卷；**應詔集**：十二卷/（宋）蘇轍撰. --刻本. --清夢軒，明（1368～1644）. --32 冊（2 夾）. --半葉 10 行，行 20 字，小字雙行字同，白口，左右雙邊，單黑魚尾，半框 21.8×15.3cm。有刻工：郭秀、鬱等。鈐"芷齋圖籍"朱文印、"張載化印"白文印. --綫裝　　（丙四）/1816

　參寥子詩集：十二卷/（宋）釋道潛撰；（明）汪汝謙等校. **東坡稱賞道潛之詩**：一卷/（宋）蘇軾撰；（明）汪汝謙校. --刻本. --汪汝謙，明崇禎十五年（1642）. --2 冊（1 函）. --卷 6 第 15、16 葉係抄配。半葉 9 行，行 18 字，小字雙行字同，白口，四周單邊，半框 20.2×14.4cm. --綫裝

（丙四）/4484

　山谷老人刀筆：二十卷/（宋）黃庭堅撰. --刻本. --江西：江西布政使司，明萬曆七年（1579）. --6 冊（1 函）. --半葉 10 行，行 20 字，白口，四周雙邊，單黑魚尾，半框 19.9×14.7cm。有刻工：夏邦彥、徐啟、郭彬、熊全等，有書工：吳文充. --綫裝

（丁）/12682

　黃詩全集：五十八卷，附錄一卷/（宋）黃庭堅撰；（清）翁方綱校注. --刻本. --樹經堂，清乾隆五十四年（1789）. --20 冊（4 函）：肖像 1 幅. --半葉 12 行，行 23 字，小字雙行字同，白口，左右雙邊，單黑魚尾，半框 19.7×14.4cm。鈐"恨不十年讀書"朱文印、"會稽山陰人"白文印、"子元一字滋園"朱文印、"臣錫璋印"白文印、"再再生"朱文印、"周氏珍藏"印（陰陽合璧）. --綫裝

　子目：

　山谷詩內集注：二十卷/（宋）任淵注

　山谷外集詩注：十七卷，補四卷/（宋）史容注

　山谷詩別集注：二卷，補一卷/（宋）史季溫注

　重刻山谷先生年譜：十四卷/（宋）黃㽦編

（丙四）/992

　第二部　　　　　　（丙四）/5904

　山谷題跋：四卷/（宋）黃庭堅撰. --刻本. --明崇禎（1628～1644）. --4 冊（1 函）. --半葉 9 行，行 20 字，有眉批，行 3 字，白口，四周單邊，單白魚尾，半框 21.1×14.9cm。周心如題跋，佚名批點。鈐"浦江周氏"朱文印、"僊花山館"印（陰陽合璧）、"曾在繆繼珊家收藏"朱文印、"天津繆氏繼珊辛亥劫後所得善

本"朱文印.--綫裝　　　　　　（丙二）/7

濟北晁先生雞肋集：七十卷/（宋）晁補之撰.--刻本.--吳郡：顧凝遠詩瘦閣，明崇禎八年（1635）.--8 冊（1 函）.--版心題"雞肋集"。半葉 9 行，行 19 字，小字雙行字同，細黑口，左右雙邊，版心下刻"詩瘦閣"，半框 19.1×14.1cm.--綫裝　　　　　（乙四）/226

龜山先生集：四十二卷/（宋）楊時撰.--刻本.--楊氏，清順治八年（1651）刻；清順治十一年（1654）補刻.--6 冊（1 函）.--卷 7 缺 4 葉。半葉 10 行，行 20 字，小字雙行字同，白口，四周雙邊，單黑魚尾，版心下刻字數，半框 20×14.2cm。有刻工：姚二、黃二等。佚名圈點。鈐"國子監印"朱文印（滿漢合璧）.--綫裝　　　　（丙四）/5847

唐眉山詩集：十卷，文集十四卷/（宋）唐庚撰.--活字本，木活字.--汪亮采南陔草堂，清雍正三年（1725）.--2 冊（1 函）.--書名頁題"宋唐眉山全集"，版心題"眉山集"。半葉 10 行，行 20 字，小字雙行字同，白口，左右雙邊，雙對黑魚尾，半框 19.5×14.7cm。南陔草堂藏板。鈐"溫氏丹銘"白文印、"古萬川溫氏藏"朱文印、"呂生"白文印、"碧雙樓"白文印、"劉絜敖"朱文印、"止齋"朱文印.--綫裝　　　　　　　　（丁）/619

第二部　6 冊（1 函），鈐"我鈞印"白文印　　　　　　　　（丁）/2787

具茨晁先生詩集：一卷/（宋）晁沖之撰.--刻本.--東吳：晁氏寶文堂，明嘉靖三十三年（1554）.--1 冊（1 函）.--半葉 10 行，行 20 字，白口，四周單邊，單黑魚尾，半框 19.9×14.7cm.--綫裝　　　（丙四）/1739

宋孫仲益內簡尺牘：十卷/（宋）孫覿撰；（宋）李祖堯注；（清）蔡焯等增訂.--刻本.--清乾隆十二年（1747）.--6 冊（1 函）.--半葉 9 行，行 20 字，小字雙行字同，粗黑口，四周單邊，單黑魚尾，半框 17.2×12.3cm。鈐"北平孔德

學校之章"朱文印.--綫裝　　　（甲四）/169
第二部　8 冊（1 函）　　　　（丁）/8202
第三部　5 冊（1 函）　　　　（丙四）/18

宋李忠定公文集選：二十九卷，首四卷，目錄二卷；**宋李忠定公奏議選**：十五卷/（宋）李綱撰；（明）左光先選.--刻本.--明崇禎十二年（1639）.--12 冊（2 函）.--卷 29 末缺 2 葉。半葉 10 行，行 20 字，小字雙行字同，白口，四周單邊，單白魚尾，版心下刻字數，半框 21×14.4cm。鈐"靜學樓閱過"朱文印、"國子監印"朱文印（滿漢合璧）.--綫裝　　　　　　　　　（丙四）/5779

宋李忠定公文集選：二十九卷，卷首四卷，目錄二卷；**宋李忠定公奏議選**：十五卷/（宋）李綱撰；（明）左光先選.--刻本.--明崇禎十二年（1639）；綏安徐時作，清乾隆二十七年（1762）修版.--16 冊（2 函）.--半葉 10 行，行 20 字，小字雙行字同，白口，四周單邊，單白魚尾，半框 20.6×13.7cm。鈐"北平孔德學校之章"朱文印.--綫裝　　（甲四）/1484

梁谿先生文集：一百八十卷，年譜一卷，附錄一卷，行狀三卷/（宋）李綱撰；（宋）李大有編.--刻本.--福建，清（1644～1911）.--18 冊（4 函）.--版心題"梁谿全集"。半葉 9 行，行 20 字，小字雙行字同，白口，四周雙邊，單黑魚尾，半框 18.9×14.2cm。周亮貞題識。鈐"鄂中周氏寶藏"朱文印、"漢陽周氏晚喜廬所藏"朱文印、"北平孔德學校之章"朱文印、"北平孔德學校藏"朱文印.--綫裝　　（甲四）/592

東萊先生詩集：二十卷/（宋）呂本中撰.--抄本.--清（1644～1911）.--8 冊（1 函）.--自然逸叟校。鈐"海寧陳鱣觀"朱文印、"仲魚圖象"朱文印.--綫裝　　　（丙四）/64

李延平先生文集：五卷/（宋）李侗撰；（宋）朱熹編；（清）林潤之彙輯.--刻本.--李孔文，清順治（1644～1661）.--4 冊（1 函）：肖像 1 幅.--半葉 9 行，行 20 字，小字雙行字同，白口，

四周雙邊，半框 19.5×14cm。鈐"北平孔德學校之章"朱文印.--綫裝　　　　（甲四）/635

韋齋集：十二卷/（宋）朱松撰.附玉瀾集：一卷/（宋）朱槔撰.--刻本.--程塏，清康熙四十七年（1708）.--6冊（1函）.--半葉10行，行20字，小字雙行字同，粗黑口，四周單邊，單黑魚尾，半框 18.7×13.3cm。鈐"枕碧樓藏書記"朱文印、"老見異書猶眼明"白文印.--綫裝　　　　（丁）/5446

韋齋集：十二卷/（宋）朱松撰.附玉瀾集：一卷/（宋）朱槔撰.蜀中草：一卷/（清）朱昇撰.--刻本.--朱昌辰，清康熙四十九年（1710）.--10冊（1函）.--半葉9行，行18字，小字雙行字同，粗黑口，四周單邊間左右雙邊，雙對黑魚尾，半框17.4×13cm。本府藏板。鈐"北平孔德學校之章"朱文印.--綫裝　　　　（甲五）/129

韋齋集：十二卷/（宋）朱松撰.附玉瀾集：一卷/（宋）朱槔撰.--抄本.--清初（1644～1722）.--2冊（1函）.--佚名批改。鈐"梁溪鄒氏延喜樓珍藏書畫記"白文印、"葆采"白文印、"廣圻審定"朱文印、"深澤王氏洗心精舍所藏書畫"白文印、"陽城張氏與古樓收藏經籍記"白文印、"古餘珍藏子孫永寶"朱文印.--綫裝　　　　（丙四）/1691

韋齋集：十二卷，卷首一卷/（宋）朱松撰;（清）朱玉重輯.--刻本.--清雍正七年（1729）.--4冊（1函）.--存卷1-6。半葉10行，行20字，粗黑口，四周單邊，單黑魚尾，半框17.2×14.3cm。鈐"周養庵家藏金石書畫圖籍記"朱文印.--綫裝　　　　（丙四）/850

劉屏山先生集：二十卷，卷首一卷/（宋）劉子翬撰.--刻本.--清康熙三十九年（1700）.--6冊（1函）：肖像1幅，插圖1幅.--半葉10行，行19字，有眉批，行3字，白口，四周單邊，無界行，雙對黑魚尾，半框 19.2×13.1cm。有刻工：舒民凱、葛茂若等。楊亨壽圈點。鈐"亨

壽家藏書畫印"朱文印.--綫裝　　　　（丙四）/1597

屏山先生文集：二十卷/（宋）劉子翬撰.--刻本.--歸三堂，清雍正八年（1730）.--4冊（1函）.--半葉9行，行20字，粗黑口，四周雙邊，雙對黑魚尾，半框 18.8×12.3cm。佚名圈點。鈐"經川洪氏師竹齋藏書印"朱文印、"葉啟芳藏"白文印、"葉啟芳西酉六十藏書"朱文印、"天涯芳草"朱文印、"葉啟芳印"白文印、"洪魯軒圖書記"朱文印.--綫裝　　　　（丁）/5400

梅溪先生廷試策：一卷，奏議四卷，文集二十卷，後集二十九卷，附錄一卷/（宋）王十朋撰.--刻本.--劉謙、何瀷，明正統五年（1440）刻;明天順六年（1462）重修.--24冊（1匣）.--半葉11行，行21字，粗黑口，四周雙邊，雙對黑魚尾，半框21.7×13.5cm。鈐 "少衡"朱文印、"无竟先生獨志堂物"朱文印、"古吳袁遂曾讀"朱文印、"北平孔德學校之章"朱文印.--綫裝　　　　（甲四）/1388

會稽三賦：四卷/（宋）王十朋撰;（明）南逢吉注;（明）尹壇補注.--刻本.--山陰致遠堂丁氏，明（1368～1644）.--2冊（1函）：肖像1幅.--卷1目錄缺第1、2葉。半葉8行，行18字，小字雙行字同，白口，四周單邊，單黑魚尾，版心下記字數，半框20.5×14cm.--綫裝　　　　（丙四）/1760

宋王忠文公文集：五十卷，目錄四卷/（宋）王十朋撰;（清）唐傳鉎重編.梅溪王忠文公年譜：一卷/（清）徐炯文編.--刻本.--清雍正六年（1728）.--10冊（2函）.--半葉11行，行21字，白口，四周單邊，單黑魚尾，半框17.9×14.1cm。鈐"鹿巖精舍"朱文印.--綫裝　　　　（丙四）/831
第二部　5冊（1函），存卷1-24，目錄存卷1，鈐"高澤畬收藏金石書畫"白文印、"高凌霨澤畬甫收藏印"朱文印　　　　（丙四）/52

艾軒先生文集：十卷/（宋）林光朝撰.--抄本，烏絲欄.--劉尚文，清光緒十八年（1892）.--3冊（1函）.--劉尚文題識。鈐"張治如藏書印"

朱文印、"莆田劉滄齋藏書記"朱文印.--綫裝
（丁）/12584

盤洲文集：八十卷/（宋）洪適撰.洪文惠年譜
/（清）錢大昕輯.--活字本,木活字.--三瑞堂,
清嘉慶十八年（1813）.--16冊（2函）.--半葉
10行,行20字,小字雙行字同,白口,四周單
邊,單黑魚尾,半框17.5×11.9cm。鈐"北平
孔德學校之章"朱文印.--綫裝 （甲四）/184

盤洲文集：八十一卷/（宋）洪適撰.--抄本.--
清（1644～1911）.--12冊（2函）.--鈐"柯溪
藏書"白文印、"小李山房"朱文印、"李守
信"白文印、"鹿巖精舍"朱文印、"周肇祥讀
過書"朱文印.--綫裝 （丙四）/885

容齋題跋：二卷/（宋）洪邁撰.**海岳題跋**：一
卷/（宋）米芾撰.--刻本.--江蘇常熟：虞山毛
氏汲古閣,明崇禎（1628～1644）.--2冊（1
函）.--（津逮秘書：十五集一百四十一種七百
四十八卷/[明]毛晋編）.--半葉8行,行19字,
白口,左右雙邊,版心下刻"汲古閣",半框
19.3×13.6cm.--綫裝 （乙三）/265
　　　　　　第二部 （乙三）/405

陸放翁全集：六種/（宋）陸游撰.--刻本.--
虞山毛晋汲古閣,明末（1573～1644）；毛扆,
清初（1644～1722）補刻.--48冊（8函）.--
半葉8行,行18字,小字雙行字數不等,白口,
左右雙邊,版心下刻"汲古閣",半框18.8×
14.5cm.--綫裝
　　子目：
　　渭南文集：五十卷
　　劍南詩稿：八十五卷
　　放翁逸稿：二卷,續添一卷
　　南唐書：十八卷,音釋一卷/（宋）陸游撰；
（元）戚光音釋
　　家世舊聞：一卷
　　齋居記事：一卷 （丁）/13920
　　　第二部 36冊（5函）,缺渭南文集50卷,劍
南詩稿卷75有2葉抄配.佚名圈點、批.鈐"桂
林胡氏書巢圖書"朱文印、"孫氏花海藏書"朱

文印 （丙四）/1027

劍南詩鈔：六卷/（宋）陸游撰.--刻本.--清
康熙二十四年（1685）.--6冊（1函）.--半葉
10行,行18字,小字雙行字同,白口,左右雙
邊,單黑魚尾,半框16.9×13.1cm。佚名圈
點.--綫裝 （丙四）/5468

放翁詩選：四卷,卷首一卷/（宋）陸游撰；（清）
王復禮輯.--刻本.--清康熙（1662～1722）.--4
冊（1函）.--半葉9行,行20字,白口,四周
單邊,單黑魚尾,半框18.2×13.6cm。杭城尊
行齋藏板.鈐"章祖純印"朱文印、"五郎"朱
文印、"李家"白文印、"榘庵圖書"朱文印、
"不堪持贈"白文印、"夢雲山房"白文印、
"退一齋印"白文印、"退一居士"白文印、
"李泉"白文印.--綫裝 （丙四）/1732

范石湖詩集：二十卷/（宋）范成大撰；（清）
黃昌衢訂.--刻本.--黃昌衢,清康熙二十七年
（1688）.--10冊（2函）.--卷18抄配.半葉
10行,行19字,黑口,四周單邊,雙對黑魚尾,
半框18.2×13.5cm.鈐"廣陵"朱文印、"錢
榮楠印"白文印、"馥嵩過眼"白文印、"江夏
費氏藏"白文印、"弢齋藏書記"朱文印.--綫
裝 （庚）/713

石湖居士詩集：三十四卷/（宋）范成大撰；
（清）顧嗣皋等重訂.--刻本.--吳郡顧氏依園,
清康熙二十七年（1688）.--6冊（1函）.--存
卷1-16.版心題"石湖詩集",書名頁題"范
石湖詩集"。半葉11行,行21字,小字雙行字
同,白口,左右雙邊,單黑魚尾,半框19.9×
14.8cm。依園藏板.鈐"高凌霨澤甫收藏印"
朱文印.--綫裝 （丙四）/50

誠齋文集：四十二卷,卷首一卷；**誠齋詩集**：
四十二卷,卷末一卷/（宋）楊萬里撰.--刻本.--
帶經軒,清乾隆五十九年至六十年（1794～
1795）.--26冊（2函）.--卷端題"楊文節公文
集",序題"楊文節公全集"。半葉10行,行
24字,小字雙行字同,白口,四周單邊,單黑

魚尾，半框 19.6×13.6cm。帶經軒藏板.--綫
裝　　　　　　　　　　　　（甲四）/1179

晦菴先生文集：一百卷，目錄二卷/（宋）朱
熹撰.--刻本.--南宋（1127～1279）.--1 冊（1
函）.--版心題"晦菴文集"。存卷 20、44、68
殘葉（共 9 葉）。半葉 10 行，行 19 字，白口，
左右雙邊，單黑魚尾，半框 23.8×17.9cm。有
刻工：范秀、董澄等。佚名圈點.--綫裝
　　　　　　　　　　　　　　（丁）/16043

晦庵先生朱文公文集：八十八卷，目錄二卷，
別集十卷，續集十一卷/（宋）朱熹撰；（明）朱
吾弼重編.--刻本.--吳養春、朱崇沐，明萬曆三
十三年（1605）.--40 冊（4 函）.--半葉 12 行，
行 22、23 字，小字雙行字同，白口，四周單邊，
單白魚尾，半框 20.9×14.3cm。鈐"長白游氏
花咢齋藏書印"朱文印、"歸安錢恂癸丑以後所
讀書"朱文印.--綫裝　　　　（丙四）/6120

朱子文集大全類編：一百十一卷/（宋）朱熹
撰；（清）朱玉輯.--刻本.--紫陽書堂，清雍正
八年（1730）（朱殿玉，清乾隆十五年[1750]
印）.--48 冊（6 函）：肖像 1 幅.--半葉 12 行，
行 24 字，小字雙行字同，粗黑口，四周單邊，
單黑魚尾，半框 19.8×14.6cm。采芝山房藏
板.--綫裝　　　　　　　　（乙四）/237
　第二部　48 冊（8 函）　　　（丙四）/465

唐荆川選輯朱文公全集：十五卷/（宋）朱熹
撰；（明）唐順之輯.--刻本.--明（1368～
1644）.--14 冊（2 函）.--半葉 10 行，行 20
字，小字雙行字同，有眉批，行 3 字，白口，四
周單邊，單黑魚尾，半框 20.1×12.7cm。有刻
工：王秀。鈐"華亭朱氏"白文印、"鄞林氏藜
照廬圖書"朱文印、"林集虛印"朱文印.--綫
裝　　　　　　　　　　　　（丁）/12417

南軒先生文集/（宋）張栻撰；（清）張純修輯.
刻本.--清康熙（1662～1722）.--10 冊（1 函）.--
目錄有挖改，現存卷 1-40。半葉 9 行，行 20 字，
小字雙行字同，細黑口，左右雙邊，單黑魚尾，

半框 17.2×12.4cm。鈐"國子監印"朱文印（滿
漢合璧）.--綫裝　　　　　　（丙四）/5855

江湖長翁文集：四十卷/（宋）陳造撰.--刻
本.--李之藻，明萬曆四十六年（1618）.--8 冊
（1 函）.--半葉 9 行，行 21 字，白口，左右雙
邊，單黑魚尾，半框 21.9×14.1cm。有刻工：
周克、朱信等.--綫裝　　　　（丁）/6910

羅鄂州小集：五卷，附羅郢州遺文一卷/（宋）
羅願撰.--刻本.--明天啟六年（1626）.--2 冊
（1 函）.--半葉 10 行，行 20 字，小字雙行字
同，白口，四周單邊，單白魚尾，半框 21.7×
14cm.--綫裝　　　　　　　　（丁）/14609

止齋先生奧論：八卷/（宋）陳傅良撰；（宋）
方逢辰批點.--刻本.--明（1368～1644）.--2
冊（1 函）.--半葉 10 行，行 22 字，小字雙行
字同，白口，四周雙邊，單黑魚尾，半框 20×
14cm。鈐"紫峰"白文印.--綫裝

　　　　　　　　　　　　　　（丁）/12442

象山先生文集：二十八卷，外集四卷/（宋）
陸九淵撰.**象山先生諡議**/（宋）孔煒撰.**象山先
生行狀**/（宋）佚名撰.**象山先生語錄**：四卷/（宋）
傅子雲，（宋）嚴松等輯.--刻本.--明（1368～
1644）.--20 冊（2 函）.--半葉 10 行，行 22
字，粗黑口，四周雙邊，雙順黑魚尾，半框 21.1
×13.5cm。有刻工：山三、春一等.--綫裝

　　　　　　　　　　　　　　（丁）/16050

陸象山先生集要：八卷/（宋）陸九淵撰；（明）
聶良杞編.--刻本.--明萬曆二十五年
（1597）.--8 冊（1 函）.--半葉 10 行，行 20
字，白口，四周單邊，無界行，半框 20×12.6cm。
鈐"版築居記"朱文印、"再再生"朱文印、
"周氏珍藏"印（陰陽合璧）、"子元一字滋園"
朱文印、"臣錫璋印"白文印、"北京市文化局
文物調查研究組藏書印"朱文印.--綫裝

　　　　　　　　　　　　　　（丁）/15177

蒙隱集：二卷/（宋）陳棣撰.--抄本.--清末

（1851～1911）.--2 冊（1 函）.--以八千卷樓珍藏善本為底本.--綫裝 　　　　（丁）/12715

慈湖先生遺書：十八卷/（宋）楊簡撰.--刻本.--明（1368～1644）.--16 冊（4 函）.--半葉 10 行，行 20 字，白口，四周雙邊，單黑魚尾，半框 21.3×14.1cm。鈐"李盛鐸印"白文印、"木犀軒藏書"朱文印、"退耕堂藏書記"朱文印.--綫裝 　　　　（乙五）/27

慈湖先生遺書：十八卷，續集二卷/（宋）楊簡撰.--刻本.--明（1368～1644）.--12 冊（2 函）.--半葉 10 行，行 22 字，白口，四周單邊，半框 19.9×13.6cm。目錄版心下題"江西高安藍門寫，蘇州章景華刻"。鈐"臥雪草堂藏書之章"白文印、"梁氏家藏"朱文印、"北平孔德學校之章"朱文印.--綫裝 　　　（甲四）/1248

龍川文集：三十卷/（宋）陳亮撰.--刻本.--鄒賀士，明崇禎六年（1633）.--4 冊（1 函）：肖像 1 幅.--半葉 9 行，行 19 字，白口，四周單邊，半框 19.8×14cm.--綫裝 　　（丙四）/1327
　　第二部 12 冊（2 函），小築藏板，書名頁題"宋陳同甫先生龍川集" 　　（乙四）/417

龍川先生文集：三十卷/（宋）陳亮撰.--刻本.--晉江：史朝富，明（1368～1644）.--2 冊（1 函）：肖像 1 幅.--存卷 1-4。半葉 10 行，行 22 字，白口，左右雙邊，單黑魚尾，半框 19.8×14.2cm。有刻工：趙永用、趙明等.--綫裝 　　　　　（丁）/12448

陳同甫集：三十卷/（宋）陈亮撰.--活字本，木活字.--清（1644～1911）.--8 冊（1 函）：肖像 1 幅.--目錄缺 3 葉，卷 4 末缺葉，卷 9 缺 3 葉，卷 16 末缺葉，卷 17 缺 5 葉，卷 19 末缺葉，卷 20 缺 3 葉，卷 21 末缺，卷 22 缺 2 葉，卷 30 末缺。半葉 10 行，行 21 字，白口，四周雙邊，單黑魚尾，半框 23.7×16.2cm.--綫裝 　　　　　（丁）/5537

水心文集：二十九卷/（宋）葉適撰.--刻本.--

清乾隆二十年（1755）.--10 冊（1 函）.--半葉 10 行，行 20 字，白口，左右雙邊，單黑魚尾，半框 19×14.5cm。鈐"武威樊氏收藏金石書畫之章"朱文印.--綫裝 　　　（丙四）/1206
　　第二部 16 冊（1 函） 　　（乙四）/347

校注橘山四六：二十卷/（宋）李廷忠撰；（明）孫雲翼注.--刻本.--明萬曆（1573～1620）.--4 冊（1 函）.--半葉 10 行，行 21 字，小字雙行字同，白口，左右雙邊，單黑魚尾，半框 20.5×14.9cm。佚名圈點.--綫裝 　　（丁）/4082

白石道人詩集：二卷，集外詩一卷，附錄諸賢酬贈詩一卷/（宋）姜夔撰.--刻本.--清乾隆（1736～1795）.--1 冊（1 函）.--（姜白石詩詞合集/[宋]姜夔撰）.--半葉 11 行，行 19 字，小字雙行字同，白口，左右雙邊，單黑魚尾，半框 18×11.5cm。鈐"藝盒藏書"朱文印.--綫裝 　　　　（丁）/15147

程端明公洺水集：二十六卷，首一卷/（宋）程珌撰.附錄：二卷/（明）程元昉等輯.--刻本.程元昉，明嘉靖三十五年（1556）.--12 冊（1 函）.--半葉 11 行，行 21 字，白口，左右雙邊，單白魚尾，半框 18.3×13.2cm。有刻工：黃銓、黃沛等。佚名圈點。鈐"真州吳氏有福讀書堂藏書"白文印.--綫裝 　　　（丙四）/4315

西山先生真文忠公集：五十五卷，西山真文忠公年譜一卷，西山真文忠公心政二經二卷，目錄二卷/（宋）真德秀撰.--刻本.--明（1368～1644）；清康熙四年（1665）修版；清乾隆（1736～1795）刻年譜.--29 冊（2 函）.--半葉 10 行，行 20 字，小字雙行字數不等，白口，左右雙邊，單黑魚尾，半框 18.1×14.1cm。有刻工：亮、劉等。本祠藏板。鈐"象山勵德人藏"朱文印.--綫裝 　　　　（甲五）/91

西山先生真文忠公文集：五十五卷，目錄二卷/（宋）真德秀撰.--刻本.--明（1368～1644）；清雍正十二年（1734）修版.--28 冊（1 夾）.--半葉 10 行，行 20 字，白口，四周雙邊，單黑魚

尾，半框 18.2×14.3cm。本祠藏板. --綫裝
（丙四）/2998

後村先生大全集：一百九十六卷/（宋）劉克莊撰. --抄本，藍格. --劉尚文，清光緒（1875～1908）. --60 冊（10 函）. --鈐"莆田劉滄齋藏書記"朱文印、"滄齋"朱文印、"劉尚文印"白文印、"後邨廿一世孫"白文印。第 1 葉佚名題"用商務影印賜硯堂鈔本參校"。版心下刻"滄齋祕錄"。有佚名批、點、校. --綫裝
（丁）/12483

方秋崖先生小稿：不分卷/（宋）方岳撰. --抄本. --范希文也趣軒，清康熙（1662～1722）. --4 冊（1 函）. --版心下刻"也趣軒"。鈐"休寧汪季青家藏書籍"朱文印、"對潤藏書"朱文印、"邢邨"朱文印. --綫裝
（丙四）/60

秋崖先生小稿：三十四卷/（宋）方岳撰. --抄本. --清康熙（1662～1722）. --4 冊（1 函）. --鈐"雪苑宋氏蘭揮藏書記"朱文印. --綫裝
（丁）/12489

碧梧玩芳集：三十四卷/（宋）馬廷鸞撰. --抄本. --清中後期（1796～1911）. --4 冊（1 函）. --鈐"泰峯"朱文印、"方家書庫"朱文印、"巴陵方氏功惠柳橋甫印"白文印、"碧琳琅館主人"朱文印、"巴陵方氏碧琳瑯館珍藏祕笈"朱文印、"柳橋"朱文印、"方功惠印"白文印、"北平孔德學校之章"朱文印. --綫裝
（甲四）/360

四明文獻集：五卷/（宋）王應麟撰；（明）鄭真輯. --抄本. --清乾隆（1736～1795）. --2 冊（1 函）. --鈐"張敦仁讀過"朱文印、"陽城張氏省訓堂經籍記"朱文印、"北平孔德學校之章"朱文印. --綫裝
（甲四）/1135

謝疊山先生文集：六卷/（宋）謝枋得撰. --刻本. --寧淡齋，清康熙五十年（1711）. --2 冊（1 函）. --半葉 10 行，行 18 至 20 字，小字雙

行 18 字，白口，四周單邊，單黑魚尾，半框 21.2×15.3cm。寧淡齋藏板。鈐"北平孔德學校之章"朱文印. --綫裝
（甲四）/623

宋國錄流塘詹先生集：三卷/（宋）詹初撰. 附錄：一卷/（宋）詹體仁等撰. --抄本. --清初（1644～1722）. --1 冊（1 函）. --鈐"謹慎周詳"朱文印. --綫裝
（丙四）/4271

宋丞相文山先生全集：二十卷/（宋）文天祥撰. --刻本. --曾弘嚴文堂，清康熙十二年（1673）. --8 冊（1 夾）：有插圖. --半葉 10 行，行 20 字，小字雙行字同，白口，四周雙邊，單黑魚尾，半框 19.8×13.2cm。鈐"敬儼"朱文印、"百鏡庵"朱文印、"娑羅花樹館周氏藏書"朱文印. --綫裝
（丙四）/818

宋鄭所南先生心史：七卷，附錄一卷/（宋）鄭思肖撰. --刻本. --張國維，明崇禎十二年（1639）. --4 冊（1 函）. --半葉 9 行，行 20 字，小字雙行字同，白口，左右雙邊，單黑魚尾，半框 21.1×14.1cm. --綫裝
（乙四）/29

熊勿軒先生文集：六卷/（宋）熊禾撰；（清）張伯行訂. --刻本. --張伯行正誼堂，清康熙四十八年（1709）. --2 冊（1 函）. --半葉 10 行，行 22 字，白口，四周單邊，單黑魚尾，版心下刻"正誼堂"，半框 18.6×13.9cm。正誼堂藏板. --綫裝
（丙四）/1321

晞髮集：十卷，遺集二卷，遺集補一卷/（宋）謝翱撰. --刻本. --陸大業，清康熙四十一年（1702）. --2 冊（1 函）. --附天地間集：一卷/（宋）謝翱輯；登西臺慟哭記註：一卷/（明）張丁撰；冬青樹引註：一卷/（明）張丁撰. --半葉 9 行，行 18 字，小字雙行 27 字，有眉批，行 4 字，粗黑口，左右雙邊，雙對黑魚尾，半框 17.4×13cm。有書工：劉聖立、湯玉侯。鈐"晉陽家藏"朱文印、"據梧尋夢室"白文印、"綠筠書屋珍藏"朱文印、"賜九"朱文印、"古閩葉氏芾南珍藏"朱文印、"芾南"朱文印、"葉滋棠印"白文印. --綫裝
（丁）/6134

338

吾汶全藁：十卷，文獻錄一卷，從祀錄一卷/（宋）王炎午撰．--刻本．--汶源旌忠堂，明正德（1506～1521）刻；清（1644～1911）補刻．--2冊（1函）．--半葉10行，行20字，白口，四周雙邊，單黑魚尾，半框19.4×14.5cm．--綫裝

（丁）/4724

金

滹南集：四卷，詩話三卷/（金）王若虛撰；（清）周春校訂．--抄本，朱筆校訂．--清（1644～1911）．--3冊（1函）．--卷端有徐湯殷題跋。鈐"南州書樓"朱文印、"徐湯殷"白文印、"南州後人"白文印、"松靄"白文印、"松靄"朱文印、"茝兮"朱文印、"周春"白文印、"著書齋"白文印、"松靄藏書"朱文印．綫裝

（丁）/12467

遺山先生詩集：二十卷/（金）元好問撰．--刻本．--毛氏汲古閣，明末（1573～1644）．--4冊（1函）．--半葉9行，行19字，小字雙行字同，白口，左右雙邊，版心下刻"汲古閣"，半框18.7×14.2cm．--綫裝　（丙四）/1233

第二部　7冊（2函），缺卷4-6，序言有2葉、目錄有1葉係抄配，版心下"汲古閣"三字被鏟去，鈐"遺一經齋藏書印"朱文印

（丙四）/3009

元遺山詩集：十卷/（金）元好問撰；（明）潘是仁校輯．--刻本．--潘是仁，明末（1573～1644）．--4冊（1函）．--半葉9行，行19字，小字雙行字同，白口，四周單邊，單黑魚尾，半框21.3×14cm．有刻工：李茂、王玉林等。鈐"高澤畬收藏金石書畫"白文印、"曾藏章武高氏小椠庵"朱文印、"景荀堂藏書印"朱文印．--綫裝　（丙四）/49

元遺山詩集：八卷/（金）元好問撰．--刻本．--清乾隆四十三年（1778）．--2冊（1函）．--半葉12行，行23字，小字雙行字同，白口，四周單邊，單黑魚尾，半框18.7×13.8cm．--綫裝

（丙四）/6110

元

魯齋遺書：十四卷/（元）許衡撰；（明）怡愉輯．--刻本．--怡愉、江學詩，明萬曆二十四年（1596）．--8冊（1函）．--半葉10行，行22字，白口，四周雙邊，單黑魚尾，半框22.3×15.5cm。鈐"北平孔德學校之章"朱文印．--綫裝

（甲四）/887

魯齋遺書：十四卷/（元）許衡撰；（明）怡愉輯．--刻本．--怡愉、江學詩，明萬曆二十四年（1596），清（1644～1911）修版．--6冊（1函）．--半葉10行，行22字，白口，四周雙邊，單黑魚尾，半框22.3×15.5cm。鈐"北平孔德學校之章"朱文印．--綫裝

（乙四）/118

郝文忠公陵川文集：三十九卷，卷首一卷，附錄一卷/（元）郝經撰；（清）王鏐編訂．--刻本．--郝氏家刻，清乾隆三年（1738）．--10冊（1函）．--半葉10行，行22字，白口，左右雙邊，單黑魚尾，半框18.9×13cm。本祠藏板。鈐"式儒收藏"朱文印．--綫裝

（丙四）/1506

仁山金先生文集：四卷，卷首一卷，附錄一卷/（元）金履祥撰．--刻本．--清雍正三年（1725）．--2冊（1函）：肖像1幅．--半葉9行，行19字，小字雙行29字，白口，左右雙邊，單黑魚尾，半框17.6×12.3cm。春暉堂藏板。鈐"淮南小厂"白文印、"鳶飛魚躍"白文印、"萬卷藏書宜子弟"朱文印、"漢文範先生孫"白文印、"宛委山農"白文印、"陳金簡先讀"朱文印、"陳金簡金瀾共讀書"朱文印、"陳金簡收藏"白文印、"梁湖舊漁"朱文印．--綫裝

（丁）/7587

張淮陽詩集：一卷/（元）張弘範撰．--抄本，烏絲欄．--清嘉慶（1796～1820）．--1冊（1夾）．--鈐"小李山房圖籍"白文印．--綫裝

（丁）/6572

張淮陽詩集/（元）張弘範撰. --抄本. --清後期（1851～1911）. --1 冊（1 函）. --鈐"王受朋藏"朱文印、"王思籛所藏金石書畫"白文印、"聃生手校"朱文印、"謝剛主讀書記"朱文印、"畿南文獻"白文印、"王思籛印"白文印、"壽彭曾觀"朱文印. --綫裝

（丁）/12505

靜脩先生文集：三十卷/（元）劉因撰. --刻本. --保定崔晜，明弘治十八年（1505）. --2 冊（1 函）. --存靜脩先生遺詩 6 卷。半葉 9 行，行 20 字，小字雙行字數不等，粗黑口，四周雙邊，雙對黑魚尾，半框 22.4×15cm。鈐"劍關曾蹴連云棧"朱文印、"聽雨樓"朱文印、"課芷齋"白文印、"神仙須是閒人做"朱文印、"北平孔德學校之章"朱文印. --綫裝

（甲四）/482

臨川吳文正公集：四十九卷，道學基統一卷，外集三卷/（元）吳澄撰. 臨川吳文正公年譜：一卷/（元）危素撰. --活字本，木活字. --清康熙（1662～1722）. --36 冊（6 函）. --版心題"吳文正公集"。半葉 10 行，行 21 字，白口，四周單邊，單黑魚尾，半框 23.8×15.5cm。鈐"北平孔德學校之章"朱文印. --綫裝

（甲四）/245

雲峰胡先生文集：十卷/（元）胡炳文撰. --刻本. --何歆、羅縉，明正德三年（1508）. --2 冊（1 函）. --版心題"雲峰文集"。半葉 11 行，行 21 字，白口，四周單邊，單白魚尾，半框 18.8×13.1cm。鈐"長水胡氏藏書"白文印. --綫裝

（丙四）/4347

松鄉先生文集：十卷/（元）任士林撰. --刻本. --明泰昌元年（1620）刻；清（1644～1911）補刻. --4 冊（1 函）. --半葉 9 行，行 20 字，白口，四周單邊，單黑魚尾，半框 20.8×14.8cm。本衙藏板. --綫裝

（丁）/5403

趙文敏公松雪齋全集：十卷，外集一卷，續集一卷/（元）趙孟頫撰；（清）曹培廉校. --刻本. --

海上曹培廉城書室，清康熙五十二年（1713）. --12 冊（2 函）. --半葉 10 行，行 19 字，小字雙行 28 字，白口，左右雙邊，單黑魚尾，版心下刻"城書室"，半框 16.8×13.7cm。城書室藏板. --綫裝

（乙四）/72

松雪齋集：十卷，外集一卷，附趙公行狀/（元）趙孟頫撰. --刻本. --清德堂，清康熙（1662～1722）. --8 冊（1 函）. --書名頁題"趙子昂松雪齋全集"。半葉 10 行，行 19 字，細黑口，左右雙邊，單黑魚尾，半框 17.3×12.7cm. --綫裝

（乙四）/443

啽囈集：不分卷/（元）宋無撰；（明）毛晉輯. --刻本. --毛氏汲古閣，明末（1573～1644）. --2 冊（1 函）. --半葉 8 行，行 19 字，白口，左右雙邊，版心下刻"汲古閣"，半框 19.3×13.6cm。鈐"莊谷"朱文印、"孔繼涵印"白文印、"少復收藏"白文印、"慈谿李氏藏書"朱文印. --綫裝

（乙四）/335

知非堂稿：六卷，附文獻外錄一卷/（元）何中撰. --刻本. --清康熙五十八年（1719）. --4 冊（1 函）. --半葉 9 行，行 20 字，白口，四周單邊，單黑魚尾，半框 19.9×13.1cm. --綫裝

（丁）/4465

道園學古錄：二十六卷/（元）虞集撰. --刻本. --清乾隆四十一年（1776）. --10 冊（1 函）. --半葉 10 行，行 23 字，白口，左右雙邊，單黑魚尾，半框 18.3×12.8cm。賜書堂藏板. --鈐"篤素堂張曉漁收藏圖籍之章"朱文印、"普定姚大榮字儷桓號芷灃金石書畫"朱文印. --綫裝

（丙四）/5656

薩天錫詩集：三卷/（元）薩都剌撰. --刻本. 汲古閣，明末（1621～1644）. --1 冊（1 函）. --書名頁題"薩天錫集"。半葉 9 行，行 19 字，白口，左右雙邊，半框 18.9×14.2cm. --綫裝

（丁）/6541

薩天錫詩集：八卷/（元）薩都剌撰；（明）潘

是仁校.--刻本.--明末（1573～1644）.--2 冊
（1 函）.--卷 7 有 1 葉係抄配。半葉 9 行，行
19 字，白口，四周單邊，單黑魚尾，半框 21.7
×13.8cm。有刻工：王玉林、楊海等。鈐"家住
西塘紅碧邨"朱文印、"武原馬氏藏書"白文
印、"讀未見書如逢良友讀已見書如遇故人"朱
文印、"樓閣留春荷亭銷夏"白文印、"溥雅喜
宋元人集書畫古篆鑪"朱文印、"晉賢"朱文
印、"古林"朱文印.--綫裝　　　　　（丁）/878

揭文安公詩文集：十四卷，附補遺/（元）揭
傒斯撰.--抄本.--徐坊，清光緒二十三年
（1897）.--2 冊（1 函）.--清光緒二十四年徐
坊識，繆荃孫校.--綫裝　　　　　（丙四）/72

黃文獻公集：二十三卷/（元）黃溍撰；（明）
宋濂，（明）傅藻編.--抄本.--清（1644～
1911）.--2 冊（1 函）.--存卷 18-23。光緒十
年佚名題跋。鈐"汪士鐘藏"白文印、"天壤王
郎"朱文印.--綫裝　　　　　（丁）/8796

黃文獻公詩：不分卷/（元）黃溍撰.--抄本.--
清乾隆（1736～1795）.--1 冊（1 函）.--鈐"無
棣吳氏藏書"朱文印、"海豐吳重憙印"白文
印.--綫裝　　　　　（丁）/8908

所安遺集：一卷，補錄一卷/（元）陳泰撰.--
抄本.--清中晚期（1796～1911）.--1 冊（1
函）.--鈐"北平孔德學校之章"朱文印.--綫
裝　　　　　（甲四）/257

栲栳山人詩集：三卷/（元）岑安卿撰.--抄本，
綠絲欄.--清（1736～1795）.--1 冊（1 函）.--
鈐"順德黎騷暘九據梧尋夢室所藏經籍書畫之
印記"白文印.--綫裝　　　　　（丁）/12586

趙待制遺稿：一卷/（元）趙雍撰.--抄本.--
清（1644～1911）.--1 冊（1 函）.--綫裝
　　　　　（丁）/14804

燕石集：十卷/（元）宋褧撰.--抄本.--清乾
隆（1736～1795）.--4 冊（1 函）.--吳翌鳳跋。

鈐"吳翌鳳家藏文葩"白文印、"壽"朱文印、
"翊鳳之印"白文印、"每愛奇書手自鈔"白文
印、"枚庵"朱文印、"北平孔德學校之章"朱
文印.--綫裝　　　　　（甲四）/575

鐵崖先生復古詩集：六卷/（元）楊維楨撰；
（元）章琬輯.--刻本.--海虞：毛氏汲古閣，明
（1368～1644）.--2 冊（1 函）.--半葉 8 行，
行 19 字，小字雙行字同，白口，左右雙邊，半
框 19×13.6cm.--綫裝　　　　　（甲四）/1136

楊鐵崖先生詠史古樂府：四卷/（元）楊維楨
撰；（清）王榮絃編.--刻本.--西安王榮絃，清
乾隆三十七年（1772）.--4 冊（1 函）.--版心
題"楊鐵崖先生文集"。半葉 9 行，行 22 字，
小字雙行字同，白口，左右雙邊，無界行，單黑
魚尾，半框 17.4×12.8cm。鈐"縵雲過眼"朱
文印、"鄞蝸寄廬孫氏藏書"朱文印.--綫裝
　　　　　（丁）/5309
　　第二部　顯忠堂藏板，鈐"北平孔德學校之
章"朱文印　　　　　（甲四）/1448

重刻吳淵穎集：十二卷，附錄一卷/（元）吳
萊撰；（明）宋濂編；（清）查遴輯.--刻本.--
吳氏家刻，清康熙四十九年（1710）刻；吳璉，
清雍正元年（1723）補刻.--8 冊（1 夾）.--半
葉 11 行，行 24 字，小字雙行字同，白口，左右
雙邊，單黑魚尾，版心下刻"豹文堂藏板"，半
框 19.9×14cm。鈐"覺山精舍"朱文印、"養
安藏書"朱文印.--綫裝　　　　　（丙四）/2144

師山先生文集：八卷，**遺文五卷**/（元）鄭玉
撰。**附錄一卷，濟美錄四卷**/（明）鄭爥輯.--
刻本.--鄭氏家塾，明嘉靖十四年（1535）刻；
清（1644～1911）修板.--6 冊（1 函）.--書名
頁題"鄭師山先生文集"。半葉 10 行，行 20
字，白口，四周單邊，單白魚尾，半框 19.5×
13cm。鈐"吉光片羽"白文印.--綫裝
　　　　　（乙四）/148

倪雲林先生詩集：六卷，附錄一卷/（元）倪
瓚撰；（明）毛晉訂.--刻本.--汲古閣，明（1368

～1644）.--2 冊（1 函）.--版心題"雲林詩集"。半葉 9 行，行 19 字，白口，左右雙邊，版心下刻"汲古閣"，半框 19.1×14.3cm。鈐"曾在李鹿山處"朱文印、"沈世德印"朱文印、"筱坡閱過"朱文印.--綫裝

（丁）/12754

清閟閣全集：十二卷/（元）倪瓚撰.--刻本.--曹培廉城書室，清康熙五十二年（1713）.--6 冊（1 函）.--書名頁題"倪高士清閟閣全集"。半葉 11 行，行 21 字，小字雙行字數不等，白口，四周單邊，單黑魚尾，版心下刻"城書室"，半框 17.9×14cm。城書室藏板.--綫裝

（甲四）/1257

第二部 版心下"城書室"三字被鏟去，鈐"北平孔德學校之章"朱文印 （乙四）/450

玉山草堂集：二卷，集外詩一卷/（元）顧阿瑛撰.--刻本.--毛氏汲古閣，明末（1573～1644）.--2 冊（1 函）.--半葉 9 行，行 19 字，小字雙行字同，白口，左右雙邊，版心下刻"汲古閣"，半框 18.8×14.2cm。鈐"大方無隅"白文印、"萃閱堂所有書籍記"朱文印.--綫裝

（丁）/3690

趙徵君東山先生存稿：七卷/（元）趙汸撰.--刻本.--新安趙吉士，清康熙（1662～1722）.--2 冊（1 函）.--存卷 1、2。版心題"東山存稿"。半葉 11 行，行 21 字，小字雙行字同，白口，左右雙邊，單黑魚尾，半框 18.3×14.1cm。鈐"黃文漯印"朱文印、"孟瀏過眼"白文印.--綫裝

（丁）/9609

詠物詩：二卷/（元）謝宗可撰.--刻本.--冰絲館，清乾隆五十六年（1791）.--2 冊（1 夾）.--半葉 9 行，行 21 字，白口，左右雙邊，單黑魚尾，半框 19.2×13.7cm。鈐"崔山得之"白文印、"銀河"白文印.--綫裝 （丁）/4738

山窗餘稿/（元）甘復撰.--抄本.--清末（1820～1911）.--1 冊（1 函）.--有民國十七年商獻題記，民國二十二年壽彭題記。鈐"聊生"朱文

印、"壽彭曾觀"朱文印、"冬殘居士"白文印、"壽"朱文印、"聊生手校"朱文印、"畿南文獻"白文印.--綫裝 （丁）/8824

荻溪集：二卷/（元）王偕撰.--抄本.--清末（1851～1911）.--2 冊（1 函）.--以八千卷樓珍藏善本為底本.--綫裝 （丁）/12714

周此山先生詩集：四卷/（元）周權撰.--抄本.--清（1644～1911）.--1 冊（1 函）.--周肇祥題識。鈐"大興朱氏筆藏書之印"朱文印、"筒河府君遺藏書記"朱文印、"結一廬藏書印"朱文印、"嘉蔭簃藏書印"朱文印、"周氏百鏡盦記"白文印、"退翁"白文印、"周肇祥"朱文印、"周肇祥讀過書"朱文印.--綫裝

（丁）/5005

月屋漫稿：一卷/（元） 黃庚撰.--抄本.--清（1644～1911）.--1 冊（1 函）.--綫裝

（丙四）/4392

明

新刊宋學士全集：三十三卷/（明）宋濂撰；（明）韓叔陽輯.--刻本.--韓叔陽，明嘉靖三十年（1551）.--12 冊（2 函）.--缺卷 24-33。版心題"宋學士全集"。半葉 11 行，行 24 字，白口，左右雙邊，單白魚尾，半框 19.6×14.2cm。佚名題跋。鈐 "學部圖書之印"朱文印（滿漢合璧）、"京師圖書館收藏之印"朱文印.--綫裝 （丙四）/5863

新刊宋學士全集：三十三卷/（明）宋濂撰；（明）韓叔陽輯.--刻本.--韓叔陽，明嘉靖三十年（1551）刻；吳良悌、吳應台，清（1644～1911）遞修；周日燦，清順治九年（1652）重修.--12 冊（2 函）：肖像 1 幅.--卷 29 有 1 葉抄配。半葉 11 行，行 24 字，白口，左右雙邊，單白魚尾，半框 19.7×14.2cm。--綫裝 （丙四）/3436

宋學士全集：三十二卷，附錄一卷/（明）宋

濂撰.--刻本.--彭始搏，清康熙四十八年（1709）.--16 冊（2 函）.--半葉 11 行，行 22 字，白口，左右雙邊，單黑魚尾，半框 21×15.2cm。鈐"都門正雅堂經藏書籍印"朱文印、"北平孔德學校之章"朱文印.--綫裝

（甲四）/1404

重刊宋文憲公集：三十卷；**潛溪燕書**：一卷；**新刊宋文憲公詩集**：二卷；**浦江詩錄**：一卷；**宋文憲未刻集**：一卷/（明）宋濂撰.--刻本.--曾安世，清雍正元年（1723）.--11 冊（2 函）.--半葉 11 行，行 24 字，小字雙行字同，白口，左右雙邊，無界行（浦江詩錄、宋文憲未刻集有格），單黑魚尾，半框 19.9×14.2cm。有刻工：盛尚時、潘惟旦等。仙華書院藏板。鈐"北平孔德學校之章"朱文印.--綫裝 （甲四）/1443

第二部　2 冊（1 函），存新刊宋文憲公詩集二卷，浦江詩錄一卷，鈐"紅谷"朱文印、"孔繼涵印"白文印 （丁）/8535

太師誠意伯劉文成公集：二十卷/（明）劉基撰；（明）何鏜編校.--刻本.--浙江括蒼：豫章謝廷傑、建安陳烈，明隆慶六年（1572）.--29 冊（2 函）.--半葉 10 行，行 23 字，白口，四周雙邊，半框 20.1×14.5cm。有刻工：文恩等.綫裝 （丙四）/1032

太師誠意伯劉文成公集：二十卷，卷首一卷/（明）劉基撰.--刻本.--甌郡：江心寺釋月川，清康熙四十六年（1707）刻；青田縣知縣萬里，清雍正八年（1730）補刻（清乾隆[1736～1795]印）.--10 冊（1 函）：肖像 1 幅.--半葉 10 行，行 23 字，白口，左右雙邊，單黑魚尾，半框 19.4×14.1cm。栝芝南田果育堂藏板。鈐"北平孔德學校之章"朱文印、"北京孔德學校藏"朱文印.--綫裝 （甲四）/524

第二部　鈐"鹿巖精舍"朱文印 （丙四）/2257

西隱文稿：十卷，附錄一卷/（明）宋訥撰.--抄本.--清（1644～1911）.--4 冊（1 函）.--佚名圈點。鈐"周肇祥藏善本"朱文印.--綫裝

（丁）/7398

清江貝先生詩集：十卷；**清江貝先生文集**：三十卷/（明）貝瓊撰；（清）金檀編.**巽隱程先生詩集**：二卷；**巽隱程先生文集**：二卷/（明）程本立撰；（清）金檀編.--刻本.--金檀燕翼堂，清康熙五十八年（1719）.--16 冊（2 函）.--書名頁題名"貝清江先生全集"、"程巽隱先生全集"。半葉 11 行，行 21 字，小字雙行字數不等，白口，左右雙邊，單黑魚尾，版心下刻"燕翼堂"，半框 18.2×13.8cm。燕翼堂藏版。鈐"王雲卿收藏"朱文印.--綫裝 （丁）/6933

第二部　2 冊（1 函），缺清江貝先生詩集 5-10 卷，巽隱程先生詩集 1-2 卷，佚名題識，鈐"剛甫"朱文印 （丁）/13012

巽隱程先生詩集：二卷；**巽隱程先生文集**：二卷/（明）程本立撰.--刻本.--金檀燕翼堂，清康熙五十八年（1719）（清乾隆[1736～1795]印）.--2 冊（1 函）.--書名頁題"程巽隱先生全集"。半葉 11 行，行 21 字，小字雙行字數不等，白口，左右雙邊，單黑魚尾，半框 17.6×13.4cm。版心下"燕翼堂"三字被鏟掉。劉春霖題簽。鈐"春霖"白文印、"鎦"朱文印.--綫裝 （丁）/4020

海叟詩集：四卷，附錄一卷，外詩一卷/（明）袁凱撰.--刻本.--城書室，清康熙六十一年（1722）.--2 冊（1 函）.--書名頁題"袁海叟詩集"。半葉 9 行，行 19 字，白口，左右雙邊，單黑魚尾，半框 16.6×12.8cm。城書室藏板。鈐"濟甯王伯子謝家舊燕堂藏書"朱文印、"周肇祥讀過書"朱文印.--綫裝 （丙四）/379

九靈山房集：三十卷，九靈山房補編二卷/（明）戴良撰.--刻本.--清乾隆三十六年（1771）.--12 冊（2 函）.--半葉 10 行，行 21 字，小字雙行字同，粗黑口，左右雙邊，雙對黑魚尾，半框 19.3×13.8cm。有刻工：陳立方。傳經書屋藏版。鈐"聽雨樓查氏有圻珍賞圖書"朱文印、"北平孔德學校之章"朱文印.--綫裝 （甲四）/484

始豐前稿：三卷，後稿三卷/（明）徐一夔撰．抄本．--清（1644～1911）．--2 冊．--鈐"江南某使"朱文印．--綫裝　　　　　　（丁）/12616

劉槎翁先生詩選：十二卷/（明）劉崧撰．--刻本．--張應泰，明萬曆二十五年（1597）．--4 冊（1 函）：肖像 1 幅．--書名頁題名"劉槎翁先生詩集"。半葉 10 行，行 20 字，小字雙行字同，白口，四周單邊，單黑魚尾，半框 19.8×12.7cm。有刻工：冰、康等．--綫裝　　　　　　（丁）/4420

槎翁詩：八卷/（明）劉嵩撰．--刻本．--真如齋，明萬曆三十八年（1610）；橘徕軒，明萬曆四十四年（1616）重刻．--14 冊（2 函）．--半葉 10 行，行 20 字，粗黑口，四周雙邊，半框 21.3×14.5cm。鈐"北平孔德學校之章"朱文印．--綫裝　　　　　　（甲四）/698

王忠文公集：二十五卷/（明）王褘撰．--刻本．--清康熙三十年（1691）．--8 冊（1 夾）．--序有殘缺。半葉 10 行，行 20 字，白口，四周雙邊，單黑魚尾，半框 20.5×14.6cm。鈐"北平孔德學校之章"朱文印．--綫裝　　　　　　（甲四）/554

滄螺集：六卷/（明）孫作撰．--刻本．--江蘇常熟：虞山毛氏汲古閣，明末（1573～1644）．--2 冊（1 函）．--半葉 10 行，行 17 字，白口，左右雙邊，單黑魚尾，半框 18.6×15.8cm。汲古閣藏板。鈐"毛氏定本"朱文印、"汲古閣"白文印．--綫裝　　　　　　（乙四）/203

高皇帝御製文集：二十卷/（明）太祖朱元璋撰；（明）樂韶鳳等編錄．--刻本．--徐九臯、王惟賢，明嘉靖十四年（1535）．--8 冊（1 函）．--卷 8-12 係抄配。版心題"御制文集"。半葉 10 行，行 20 字，小字雙行字數不等，白口，四周單邊，半框 20.4×15cm。佚名圈點。鈐"北平孔德學校之章"朱文印．--綫裝　　（甲四）/399

西菴集：九卷/（明）孫蕡撰．--刻本．--葉逢春、劉漢裔，清乾隆四年（1739）．--4 冊（1 函）．--書名頁題"南園孫西菴集"，版心題"孫西菴集"。半葉 8 行，行 18 字，白口，四周單邊，單黑魚尾，半框 17.3×11.9cm。擁書堂藏板。佚名圈點。鈐"逢春"白文印、"葉叔魚藏書"朱文印、"濠堂藏本"朱文印、"濠堂藏本之一"朱文印、"逸塵"白文印、"羅氏"朱文印、"豐城盛福泰章"白文印．--綫裝　　　　　　（丁）/4458

重刻高太史大全集：十八卷，目錄一卷/（明）高啟撰；（明）陳邦瞻，（明）汪汝淳校．--刻本．--汪汝淳，明萬曆三十七年（1609）．--6 冊（1 函）．--（明初四家詩/[明]陳邦瞻輯）．--半葉 10 行，行 20 字，小字雙行字同，白口，四周單邊，單黑魚尾，半框 21.3×14.2cm。鈐"芯厂藏書"朱文印、"不夜于氏藏書印"白文印．--綫裝　　　　　　（丁）/1261

高季迪先生大全集：十八集/（明）高啟撰．--刻本．--許氏竹素園，清康熙（1662～1722）．--6 冊（1 夾）．--半葉 10 行，行 20 字，白口，左右雙邊，單黑魚尾，半框 19.6×14.7cm．--綫裝　　　　　　（丁）/1202

青邱高季迪先生詩集：十八卷，卷首一卷，遺詩一卷，扣舷集一卷，附錄一卷，鳧藻集五卷/（明）高啟撰；（清）金檀輯注．--刻本．--桐鄉金氏文瑞樓，清雍正六年（1728）（清乾隆[1736～1795]印）．--10 冊（1 函）：肖像 1 幅．--半葉 11 行，行 22 字，小字雙行 33 字，白口，左右雙邊，單黑魚尾，版心下刻"文瑞樓"，半框 17.9×14.5cm。鈐"愛日館金石書畫印"朱文印、"愛日館藏書印"朱文印、"習覓齋藏書之印"白文印、"曉霞"朱文印、"高凌霨澤甫收藏印"朱文印、"高澤甫收藏金石書畫"白文印、"高凌霨印"白文印．--綫裝　　（丙四）/53

　　第二部　6 冊（1 函）　　　　（甲四）/914

　　第三部　8 冊（1 函），版心下"文瑞樓"三字被鏟掉　　　　　　　　　　（丙四）/8

　　第四部　16 冊（1 匣），墨華池館藏板，版心下"文瑞樓"三字被鏟掉，鈐"星渚干元仲珍

藏書籍"朱文印、"子子孫孫傳無極"朱文印、"九葉傳經"白文印　　　　　（丁）/13891

第五部　8 冊（1 函），平湖寶芸堂藏板，版心下"文瑞樓"三字被鏟掉，有剜板，無計為歡室主人題識、圈點、批校　　　（丁）/3697

第六部　8 冊（1 函），缺髦藻集 5 卷，版心下"文瑞樓"三字被鏟掉，有剜板，鈐"北京市文化局文物調查研究組藏書印"朱文印
　　　　　　　　　　　　　　　（丁）/14365

遜志齋集：二十四卷，附錄一卷/（明）方孝孺撰；（明）范惟一編.--刻本.--王可大，明嘉靖四十年（1561）.--13 冊（2 函）：有圖.--卷 24、附錄係抄配。半葉 10 行，行 20 字，小字雙行字同，白口，左右雙邊，單黑魚尾，半框 19×14.4cm。鈐"王璲"印（陰陽合璧）.--綫裝　　　　　　　　　　　（丙四）/1408

方正學先生遜志齋集：二十四卷，拾遺一卷，外紀一卷，年譜一卷/（明）方孝孺撰.--刻本.--張紹謙，明崇禎十五年(1642).--16 冊(2 函).--版心題"遜志齋集"。半葉 10 行，行 20 字，白口，四周單邊，單黑魚尾，半框 22.2×15.1cm。鈐"北平孔德學校之章"朱文印.--綫裝
　　　　　　　　　　　　　　　（甲四）/1251

遜志齋文鈔：九卷/（明）方孝孺撰.--抄本.--日本，清（1644～1911）.--7 冊.--卷端題菅野弘祖撰，男鶯錄。周肇祥跋。鈐"退翁"朱文印、"周養安小市得"朱文印、"周肇祥藏善本"朱文印.--綫裝　　　（丁）/12601

金忠節公文集：八卷/（明）金鉉撰.--刻本.--清初（1644～1722）.--1 冊（1 函）：肖像 1 幅.書名頁題"金忠潔公文集"。半葉 9 行，行 19 字，白口，四周單邊，單黑魚尾，半框 20×14.1cm。鈐"孔伯"朱文印、"湯斌之印"白文印、"北平孔德學校之章"朱文印.--綫裝
　　　　　　　　　　　　　　　（甲四）/694

解文毅公集：十六卷，卷首一卷，附錄一卷/（明）解縉撰.--刻本.--解氏十一世孫解輨等，

清乾隆三十二年（1767）.--10 冊（1 函）：肖像 1 幅.--半葉 10 行，行 19 字，白口，左右雙邊，單黑魚尾，半框 16×13.4cm.--綫裝
　　　　　　　　　　　　　　　（乙四）/355

薛文清公手稿：一卷/（明）薛瑄撰.--刻本.--薛繼言、薛昌胤，明崇禎十六年（1643）.--1 冊（合函）.--版心題"文清手稿"。半葉 6 行，行字數不等，白口，四周單邊，單黑魚尾，半框 21.3×13.6cm。與薛刑部詩集、文清公薛先生文集合裝 2 函。鈐"北平孔德學校之章"朱文印.--綫裝　　　　　　　　　　　（甲四）/668-3

薛刑部詩集：一卷/（明）薛瑄撰.--刻本.--河津薛氏，清乾隆二十九年（1764）.--1 冊（合函）.--版心題"薛刑部詩"。半葉 10 行，行 22 字，白口，四周雙邊，單黑魚尾，半框 18.2×13.6cm。鈐"北平孔德學校之章"朱文印.--綫裝　　　　　　　　　　　　　（甲四）/668-2

文清公薛先生文集：二十四卷/（明）薛瑄撰；（明）張鼎編.--刻本.--薛敦儉等，清雍正十二年（1734）.--12 冊（合函）.--半葉 10 行，行 20 字，白口，四周雙邊，單黑魚尾，半框 20.2×13.6cm。鈐"北平孔德學校之章"朱文印.--綫裝　　　　　　　　　　　　　（甲四）/668-1

第二部　　　　　　　　　　　（丙四）/1429

第三部　卷 24 有半葉抄配，鈐"婆羅花樹館周氏藏書"朱文印　　　　　（丙四）/870

第四部　6 冊（合函），肖像 1 幅。與讀書錄、讀書續錄合裝 1 函　　　　（乙四）/255

石溪周先生文集：八卷/（明）周敘撰.--刻本.--周氏家刻，明（1368～1644）.--8 冊（2 函）.--半葉 10 行，行 21 字，白口，四周雙邊，單黑魚尾，半框 19.1×13.1cm。有刻工：立。鈐"北平孔德學校之章"朱文印.--綫裝
　　　　　　　　　　　　　　　（甲四）/96

十科策畧箋釋：十卷/（明）劉定之撰；（清）劉作樑注釋.呆齋公年譜：一卷/（清）劉作樑述.--刻本.--清雍正四年（1726）.--8 冊（2

函）.--版心題"劉文安公策略"。半葉 9 行，行 20 字，小字雙行字同，白口，四周單邊，單白魚尾間單黑魚尾，半框 19.2×12.8cm。佚名抄錄對策便覽、圈點。鈐"祁氏藏書"朱文印、"雋藻"白文印、"藏書畫記"白文印、"北平孔德學校之章"朱文印.--綫裝 （甲二）/411

劉文安公呆齋先生策略：十卷；**詩集**：六卷；**易經圖釋**：十二卷/（明）劉定之撰.--刻本.--崇恩閣，清乾隆（1736～1795）.--11 冊（1 函）.半葉 9 行，行 20 字，小字雙行字同，白口，四周單邊，單黑魚尾間單白魚尾，半框 19.4×12.9cm.--綫裝 （丙四）/2419

丘文莊公集：十卷/（明）丘濬撰；（清）賈棠編.--刻本.--清康熙四十七年（1708）.--5 冊（1 函）.--半葉 10 行，行 22 字，白口，四周雙邊，單黑魚尾，半框 20.2×14.4cm。鈐"雙清閣"朱文印、"拜經館"朱文印.--綫裝 （甲四）/736

石田先生集：不分卷/（明）沈周撰；（明）陳仁錫編.--刻本.--陳仁錫，明萬曆四十三年（1615）.--4 冊（1 函）.--有 2 葉抄配。半葉 9 行，行 19 字，小字雙行字同，白口，四周雙邊，單白魚尾，半框 22.4×14.2cm。佚名朱筆校、圈點。鈐"虞升氏"朱文印、"吳藹之印"白文印、"蔣氏家藏"朱文印、"綺里"朱文印、"秋水"朱文印.--綫裝 （丁）/2305

白沙子全集：六卷，卷首一卷，附錄一卷/（明）陳獻章撰；（清）何九酬重編.--刻本.--顧嗣協，清康熙四十九年（1710）.--12 冊（2 函）：肖像 1 幅.--半葉 11 行，行 21 字，粗黑口，左右雙邊，單黑魚尾，半框 19.8×14.8cm。碧玉樓藏板.--綫裝 （丙四）/1228
第二部 6 冊（1 夾），理堂藏板，佚名圈點，鈐"西河"白文印 （丙四）/4430

白沙子全集：十卷，卷首一卷，卷末一卷/（明）陳獻章撰.--刻本.--陳氏家刻，清乾隆三十六年（1771）.--9 冊（1 夾）：肖像 1 幅.--

半葉 10 行，行 21 字，白口，四周雙邊，單黑魚尾，半框 19.1×13.6cm。碧玉樓藏板.--綫裝 （丙四）/272

白沙子古詩教解：二卷/（明）陳獻章撰.--刻本.--清乾隆三十六年（1771）.--1 冊（1 函）.--半葉 10 行，行 21 字，白口，四周雙邊，單黑魚尾，半框 19.8×13.3cm。碧玉樓藏板.--綫裝 （丙四）/5864

重刻一峰先生集：十卷/（明）羅倫撰.--活字本，木活字.--永思堂，清乾隆二十三年（1758）.--6 冊（1 函）.--半葉 10 行，行 20 字，白口，四周單邊，無界行，單黑魚尾，半框 17.6×12.5cm。佚名圈點.--綫裝 （丙四）/6539

匏翁家藏集：七十七卷，補遺一卷/（明）吳寬撰.--刻本.--吳奭，明正德三年（1508）.--10 冊（1 函）.--半葉 12 行，行 24 字，白口，左右雙邊，半框 19.8×15cm。鈐"李維祺印"朱文印、"蓉江李遐修所藏書畫圖書記"朱文印、"瀋陽師守玉勉之甫珍藏善本圖書印信"白文印、"董康暨侍姬玉如琮藏書籍"白文印等.--綫裝 （乙四）/109

楓山章先生文集：九卷/（明）章懋撰.--刻本.--張大綸，明嘉靖九年（1530）；章翰，明萬曆（1573～1620）修版.--10 冊（1 函）.--版心題"楓山文集"。半葉 10 行，行 20 字，白口，左右雙邊，單黑魚尾，半框 18.5×13.8cm。鈐"北平孔德學校之章"朱文印.--綫裝 （甲四）/1199

篁墩程先生文集：九十三卷，拾遺一卷/（明）程敏政撰.--刻本.--何歆，明正德二年（1507）.--32 冊（8 函）.--卷 37-42、48-53 係抄配。半葉 13 行，行 27 字，白口，左右雙邊間四周單邊，雙順白魚尾，半框 19×13.1cm。有刻工：仇方、黃良等。鈐"休寧汪季青家藏書籍"朱文印、"摛藻堂"白文印、"汪氏柯庭校正圖書"白文印、"北京孔德學校藏"朱文印、

"北平孔德學校之章"朱文印. --綫裝

(甲四)/786

篁墩程先生文粹：二十五卷/（明）程敏政撰；（明）程曾，（明）戴銑輯. --刻本. --大庾張九達，明正德元年（1506）. --12 冊（2 函）：像 1 幅. --版心題"文粹"。半葉 11 行，行 21 字，白口，四周單邊，雙順白魚尾，半框 19×13cm。有刻工：黃杲、黃晶等。鈐"衡陽常氏潭印閣藏書之圖記"朱文印、"海曲馬氏"白文印、"暫得于己"朱文印. --綫裝 （甲四）/788

馬東田漫稿：六卷/（明）馬中錫撰；（明）孫緒評. --刻本. --開州：文三畏，明嘉靖十七年（1538）. --12 冊（2 函）. --半葉 10 行，行 17 字，白口，四周雙邊，半框 17.6×13.4cm。有刻工：了、十。佚名圈點。鈐"尊敕堂"朱文印、"過眼"朱文印、"鄧尉徐氏藏書"朱文印、"蘭蓀披閱"印（陰陽合璧）、"北平孔德學校之章"朱文印. --綫裝 （甲四）/194

懷麓堂文後稿：三十卷/（明）李東陽撰. --刻本. --清康熙（1662~1722）. --12 冊（1 夾）. --半葉 10 行，行 20 字，小字雙行字同，白口，四周單邊，單黑魚尾，半框 18.5×12.6cm。佚名圈點. --綫裝 （丙四）/4805

擬古樂府：二卷/（明）李東陽撰；（明）何孟春解；（明）謝鐸，（明）潘辰評. --刻本. --魏椿，明末（1573~1644）. --4 冊（1 函）. --半葉 8 行，行 16 字，小字雙行字同，白口，四周雙邊，單黑魚尾，半框 24.9×15.8cm。佚名圈點。鈐"清芬堂書畫記"朱文印、"天漢浮槎散人"白文印、"曾藏于夜郡朱枕薪家"朱文印、"南皮張氏"白文印、"以身守之罔敢失墮"朱文印、"澄心堂朱"朱文印、"蕭蓼亭四世家藏圖籍"白文印、"寸心日月廔藏書"白文印、"寸心日月樓所藏"朱文印. --綫裝 （丁）/13924

王文恪公集：三十六卷，卷首一卷/（明）王鏊撰. **鵑音**：一卷；**白社詩草**：一卷/（明）王禹聲撰. **名公筆記**：一卷/（明）佚名撰. --刻本. --

震澤王氏三槐堂，明萬曆（1573~1620）. --12 冊（2 函）. --半葉 9 行，行 20 字，白口，四周單邊，單綫魚尾，版心下刻"三槐堂"，半框 21.7×14.2cm。鈐"元仲珍藏"朱文印、"星渚干元仲珍藏書籍"朱文印、"九葉傳經"白文印、"子子孫孫永無極"朱文印. --綫裝 （甲四）/884

王文恪公集：三十六卷，卷首一卷/（明）王鏊撰. **鵑音**：一卷；**白社詩草**：一卷/（明）王禹聲撰. **名公筆記**：一卷/（明）佚名撰. --刻本. --震澤王氏三槐堂，明萬曆（1573~1620）（清[1644~1911]印）. --8 冊（2 函）. --半葉 9 行，行 20 字，白口，四周單邊，單綫魚尾，版心下刻"三槐堂"，半框 21.7×14.3cm. --綫裝 （乙四）/359

第二部 20 冊（2 函），缺鵑音 1 卷，鈐"六易齋"白文印、"弢齋藏書記"朱文印、"景韓"朱文印、"劉錡之印"白文印 （乙四）/241

荷亭文集：十卷，後錄六卷/（明）盧格撰. --刻本. --盧叔惠，明崇禎十三年（1640）. --4 冊（1 函）. --書名頁題"盧東元先生荷亭文集"。半葉 9 行，行 21 字，小字雙行字同，白口，四周單邊，單黑魚尾，半框 20.5×14.1cm。佚名圈點. --綫裝 （丁）/339

重刻渼陂王太史先生全集：七種/（明）王九思撰. --刻本. --明嘉靖至崇禎（1522~1644）. --20 冊（2 函）. --有刻工：疋月守業、業等。鈐"北平孔德學校之章"朱文印. --綫裝
子目：
渼陂集：十六卷/（明）王九思撰. --南灃：王獻，明嘉靖十二年（1533）. --半葉 10 行，行 21 字，白口，四周單邊，半框 17.7×13.5cm
渼陂續集：三卷/（明）王九思撰；（明）王九澤等校正；（明）種賦輯錄. --鄂邑：揭陽翁萬達，明嘉靖二十五年（1546）. --半葉 10 行，行 21 字，白口，四周單邊，半框 17.5×13.5cm
碧山樂府：四卷/（明）王九思撰. --虞邑：晉人張宗孟，明崇禎十三年（1640）翻刻. --半葉

347

9 行，行 22 字，白口，四周單邊，單黑魚尾，半框 20.8×13.3cm

碧山詩餘：一卷/（明）王九思撰.--虞邑：晉人張宗孟，明崇禎十三年（1640）翻刻.--半葉 9 行，行 22 字，白口，四周單邊，單黑魚尾，半框 21.3×13.4cm

南曲次韻：一卷/（明）李開先撰；（明）王九思次韻.--虞邑：晉人張宗孟，明崇禎十三年（1640）翻刻.--半葉 9 行，行 22 字，白口，四周單邊，單黑魚尾，半框 20.8×13.4cm

杜子美沽酒遊春記：一卷/（明）王九思撰.--虞邑：晉人張宗孟，明崇禎十三年（1640）翻刻.半葉 9 行，行 22 字，白口，四周單邊，單黑魚尾，半框 20.9×13.4cm

中山狼院本：一卷/（明）王九思撰.--虞邑：晉人張宗孟，明崇禎十三年（1640）翻刻.--半葉 9 行，行 22 字，白口，四周單邊，單黑魚尾，半框 20.9×13.5cm （甲四）/189

第二部 4 冊（1 函），存 5 種：碧山樂府、碧山詩餘、南曲次韻、杜子美沽酒遊春記、中山狼院本，鈐"曉鈴藏書"朱文印，吳曉鈴贈書 （己）/693

第三部 3 冊（1 函），存 1 種：渼陂續集，鈐"王璬"朱文印 （丙四）/1290

重刻渼陂王太史先生全集：七種/（明）王九思撰.--刻本.--明嘉靖（1522～1566）.--16 冊（2 函）.--存 3 種。總目錄缺葉。鈐"琪園李鐸收藏圖書記"朱文印、"長白敷槎氏董齋昌齡圖書印"朱文印、"淡明居士"白文印、"棟亭曹氏藏書"朱文印、"北平孔德學校之章"朱文印存書子目：

渼陂集：十六卷/（明）王九思撰.--南灃：王獻，明嘉靖十二年（1533）.--半葉 10 行，行 21 字，白口，四周單邊，半框 17.7×13.5cm

渼陂續集：三卷/（明）王九思撰；（明）王九澤等校正；（明）種賦輯錄.--鄠邑：揭陽翁萬達，明嘉靖二十五年（1546）.--半葉 10 行，行 21 字，白口，四周單邊，半框 17.5×13.5cm

碧山樂府：不分卷/（明）王九思撰.--上虞：韓詢，明嘉靖三十四年（1555）.--半葉 9 行，行 22 字，白口，四周單邊，半框 18.4×13.5cm （甲四）/1399

杭雙溪先生詩集：八卷/（明）杭淮撰.--刻本.--杭洵，明嘉靖（1522～1566）.--4 冊（1 函）.--半葉 9 行，行 18 字，白口，左右雙邊，單白魚尾間單黑魚尾，半框 17.1×13.9cm。鈐"童二十八鈺"白文印、"童鈺藏書"白文印、"山陰沈仲濤珍藏秘笈"朱文印、"綴珊六十以後所得書畫"朱文印、"綴珊收藏善本"朱文印、"九峰舊廬藏書記"朱文印、"杭州王氏九峰舊廬藏書之章"朱文印.--綫裝 （丁）/13896

鄉賢區西屏集：十卷/（明）區越撰.--刻本.--明末（1573～1644）.--3 冊（1 函）.--分詩五卷，文四卷，附錄一卷。半葉 9 行，行 20 字，白口，四周雙邊，單黑魚尾，半框 19.2×13.5cm。鈐"南州後人"白文印、"徐湯殷"白文印、"南州書樓所藏"朱文印、"徐紹榮"白文印.--綫裝 （丁）/4499

鄭山齋先生文集：二十四卷/（明）鄭岳撰.--刻本.--莆田鄭氏家刻，明萬曆十九年（1591）.--4 冊（1 函）.--存卷 1-17。版心題"山齋集"。半葉 9 行，行 18 字，白口，四周雙邊，單黑魚尾，半框 19.8×14cm。鈐"鹿巗精舍"朱文印.--綫裝 （丙四）/409

袁中郎先生批評唐伯虎彙集：四卷/（明）唐寅撰；（明）袁宏道評. **袁中郎先生批評唐伯虎紀事**：一卷/（明）佚名撰；（明）袁宏道評. **袁中郎先生批評唐伯虎外集**：一卷/（明）祝允明撰；（明）袁宏道評. **袁中郎先生批評唐伯虎傳贊**：一卷/（明）徐禎卿等撰；（明）袁宏道評--刻本.明（1368～1644）.--2 冊（1 函）.--半葉 9 行，行 20 字，有眉批，行 3 字，白口，四周單邊，單黑魚尾，半框 20.4×14.2cm。鈐"北平孔德學校之章"朱文印.--綫裝 （甲四）/559

陽明先生文錄：五卷，外集九卷，別錄十卷/（明）王守仁撰.--刻本.--姑蘇，聞人詮，明嘉靖十四年（1535）.--20 冊（2 函）.--半葉 10

行，行 20 字，白口，左右雙邊，單白魚尾，半框 19.5×14.5cm。鈐"餘姚謝氏永耀樓藏書"朱文印、"何氏良山子圖籍之記"朱文印.--綫裝　　　　　　　（丁）/13033

陽明先生文錄：十七卷/（明）王守仁撰. **陽明先生語錄**：三卷/（明）王守仁撰；（明）徐愛錄. 刻本.--吳郡：豐城范慶，明嘉靖二十六年（1547）.--10 冊（2 函）.--半葉 10 行，行 20 字，白口，左右雙邊，單白魚尾，半框 20×15cm。佚名批點.--綫裝　　　　　　　（丁）/12447

陽明先生正錄：五卷；**陽明先生外錄**：九卷；**陽明先生別錄**：十四卷/（明）王守仁撰.--刻本.--董聰，明嘉靖三十五年（1546）.--24 冊（2 函）.--半葉 10 行，行 20 字，小字雙行字同，白口，四周單邊，單白魚尾，半框 20.1×14.6cm。外錄目錄版心上刻"蕭氏古翰樓"。有刻工：價、鑒等。鈐"北平孔德學校之章"朱文印.--綫裝　　　　　　　（甲四）/801

陽明先生集要三編：十五卷/（明）王守仁撰；（明）施邦曜評輯.附陽明先生年譜：一卷.--刻本.--清乾隆五十二年（1787）.--12 冊（2 函）.--半葉 10 行，行 20 字，有眉批，行 4 字，白口，左右雙邊，無界行，單黑魚尾，版心下刻"濟美堂"，半框 17.1×13.2cm.--綫裝　　　　　　　（丙四）/482

王陽明先生全集：二十二卷，卷首一卷/（明）王守仁撰；（清）俞嶙重編.--刻本.--餘姚俞嶙，清康熙十二年（1673）.--22 冊（3 函）：肖像 1 幅.--半葉 9 行，行 19 字，小字雙行字數不等，白口，四周雙邊，單黑魚尾，半框 20×14.1cm。餘姚敦厚堂黃氏藏板。佚名圈點.--綫裝　　　　　　　（甲四）/556

空同子集：六十六卷，目錄三卷，附錄二卷/（明）李夢陽撰；（明）潘之恒校.--刻本.--長洲：東莞鄧雲霄，明萬曆三十年（1602）.--7 冊（1 函）.--卷 35 有 10 葉係蒼茫齋抄配。半葉 10 行，行 20 字，小字雙行字同，白口，左右

雙邊，單白魚尾，半框 20.7×15cm。高世異題識、圈點、批註，袁克文題記。鈐"津門王鳳岡風篁館收藏印"朱文印、"德啟"白文印、"繆沅之印"朱文印、"磁縣之印"朱文印、"筠谷藏書"朱文印、"尚同眼福"白文印、"博覽群書"朱文印、"夢澤鑑賞"朱文印、"世異之印"白文印、"華陽高氏蒼茫齋收藏金石書籍記"朱文印、"華陽高氏鑒藏"白文印、"蒼茫齋收藏精本"朱文印、"獨立蒼茫自詠詩"朱文印.--綫裝　　　　　　　（丁）/6590
　　第二部　16 冊（2 函）　　（乙四）/121

顧文康公詩草：六卷/（明）顧鼎臣撰.--刻本.--顧晉璠、顧咸建，明崇禎（1628～1644）. 2 冊（1 函）.--半葉 9 行，行 18 字，小字雙行字同，白口，左右雙邊，單白魚尾，半框 21.2×14.6cm。佚名圈點.--綫裝　　　　　　　（丁）/6512

何燕泉先生餘冬敘錄：六十五卷/（明）何孟春撰.--刻本.--郴州何氏，清乾隆二十三年（1758）.--13 冊（2 函）.--書名頁、版心題"餘冬敘錄"。半葉 10 行，行 21 字，小字雙行字同，有眉欄，行 4 字，白口，四周雙邊，無界行，單黑魚尾，半框 20.9×13.2cm。世讀軒藏板。鈐"黃文"白文印.--綫裝　　　　　　　（丙四）/4296

燕泉何先生遺稿：十卷/（明）何孟春撰；（清）何仲方輯.--刻本.--世讀軒，清乾隆二十四年（1759）.--4 冊（1 函）.--版心題"燕泉集"。半葉 9 行，行 20 字，小字雙行字同，白口，四周雙邊，單黑魚尾，半框 18.2×13.2cm。世讀軒藏板.--綫裝　　　　　　　（丁）/13429

內臺集：七卷/（明）王廷相撰.--刻本.--山東：洪洞李復初，明嘉靖十八年（1539）.--4 冊（1 函）.--（王浚川所著書/[明]王廷相撰）.--半葉 10 行，行 18 字，白口，四周單邊，半框 18.5×14.2cm。鈐"真定府儒學印"朱文印（滿漢合璧）、"閭田張氏聞三藏書"朱文印.--綫裝　　　　　　　（乙四）/180

谿田文集：十一卷/（明）馬理撰.--刻本.--

明萬曆十七年（1589）；清（1644～1911）補刻.
8 冊（1 函）.--全書有 89 葉抄配。半葉 8 行，
行 18 字，白口，四周雙邊，單黑魚尾，半框 20.8
×13.8cm.--綫裝　　　　　　　　　（丁）/5426

康對山先生文集：十卷/（明）康海撰；（清）
孫景烈選.--刻本.--瑪星阿武功縣署，清乾隆二
十六年（1761）.--6 冊（1 函）.--版心題"對
山文集"。半葉 10 行，行 20 字，小字雙行字同，
白口，四周雙邊，單黑魚尾，半框
21.4×14.6cm。武功縣藏板.--綫裝
　　　　　　　　　　　　　　　　（丙四）/1272

憑几集：五卷，續集二卷/（明）顧璘撰.--
刻本.--明嘉靖（1522～1566）.--4 冊（1 函）.--
半葉 11 行，行 20 字，白口，左右雙邊，單黑魚
尾，半框 16.7×13.5cm。有刻工：宇、元等。
鈐"小游"印（陰陽合璧）、"北平孔德學校之
章"朱文印.--綫裝　　　　　　　（甲四）/1216

淩谿先生集：十八卷/（明）朱應登撰.--刻
本.--明嘉靖（1522～1566）.--6 冊（1 函）.--
半葉 10 行，行 19 字，白口，四周單邊，半框
18.4×14.4cm。鈐"碧琳瑯館珍藏"朱文印、
"方功惠藏書印"朱文印、"方家書庫"朱文
印、"北平孔德學校之章"朱文印.--綫裝
　　　　　　　　　　　　　　　　（甲四）/1401

蒼轂全集：十二卷，附錄一卷/（明）王尚絅
撰；（明）王綖選.--刻本.--隨州王純密止堂，
清乾隆二十三年（1758）.--6 冊（1 函）.--半
葉 9 行，行 18 字，四周雙邊，單黑魚尾，
版心下刻"密止堂"，半框 19.3×14cm。鈐"娜
嬛妙境"朱文印、"北平孔德學校之章"朱文
印.--綫裝　　　　　　　　　　（甲四）/1107

洹詞：十二卷/（明）崔銑撰.--刻本.--武安
王紫埜，明嘉靖二十八年（1549）刻；清雍正二
年（1724）；彰德府：同安黃邦寧，清乾隆三十
六年（1771）遞修.--6 冊（1 函）.--書名頁題
"明崔文敏公洹詞"。半葉 10 行，行 20 字，細
黑口，四周雙邊，半框 17.2×14cm。鈐"養安

藏書"朱文印.--綫裝　　　　　　（丙四）/8018
　　第二部　　　　　　　　　　（丁）/3724

苑洛集：二十二卷/（明）韓邦奇撰.--刻本.--
清乾隆十六年（1751）.--10 冊（1 函）.--半葉
10 行，行 20 字，小字雙行字同，白口，四周雙
邊，單黑魚尾，半框 19.1×13.9cm。西河書院
藏板.--綫裝　　　　　　　　　　（丁）/2392

壽梅集：二卷/（明）朱元振撰.--刻本.--明
嘉靖（1522～1566）.--1 冊（1 函）.--半葉 8
行，行 16 字，白口，左右雙邊，單黑魚尾，半
框 17.9×13.9cm。鈐"北平孔德學校之章"朱
文印.--綫裝　　　　　　　　　　（甲四）/1148

鳥鼠山人小集：十六卷，後集二卷；**擬漢樂
府**：八卷，附補遺，**可泉擬涯翁擬古樂府**：二卷
/（明）胡纘宗撰.--刻本.--明嘉靖（1522～1566）
刻；周盛時，清順治十三年（1656）補修.--12
冊（2 函）.--半葉 11 行，行 20 字，小字雙行
字同，白口，四周單邊，單黑魚尾，半框
16.7×13.6cm。佚名圈點、批校。鈐"種書堂"
白文印、"桃花園裏人家"白文印、"張氏名
樟"白文印、"盂齋藏書"白文印、"盂齋"朱
文印、"北平孔德學校之章"朱文印。另幾種行
款不一.--綫裝
　　後集：二卷.--半葉 9 行，行 19 字，白口，四
周單邊
　　可泉擬涯翁擬古樂府：二卷.--半葉 10 行，行
19 字，小字雙行字同，白口，四周單邊
　　擬漢樂府：八卷，附補遺.--半葉 10 行，行
19 字，小字雙行字同，白口，四周單邊
　　　　　　　　　　　　　　　　（甲四）/1400

鳥鼠山人小集：十六卷，後集二卷；**願學編**：
二卷；**可泉擬涯翁擬古樂府**：二卷；**擬漢樂府**：
八卷，附補遺，**雍音**：四卷；**唐雅**：八卷/（明）
胡纘宗撰．**胡氏榮哀錄**：二卷/（明）胡初被編.
刻本.--明嘉靖（1522～1566）刻；周盛時，清
順治十三年（1656）補修；清（1644～1911）修
版.--23 冊（2 函）.--半葉 11 行，行 20 字，小
字雙行字同，白口，四周單邊間四周雙邊，單黑

魚尾，半框 16.3×13.3cm。另幾種行款不一.--
綫裝

後集：二卷.--半葉 9 行，行 19 字，白口，四
周單邊

願學編：二卷.--半葉 9 行，行 19 字，白口，
四周單邊。版心下刻"鳥鼠山房"

胡氏榮哀錄：二卷/（明）胡初被編.--半葉 8
行，行 20 字，白口，四周單邊

雍音：四卷.--半葉 10 行，行 20 字，小字雙
行字同，白口，四周單邊，版心下刻"清渭草
堂"

唐雅：八卷.--半葉 10 行，行 20 字，白口，
四周單邊。版心下刻"文斗山堂"

可泉擬涯翁擬古樂府：二卷.--半葉 10 行，行
19 字，小字雙行字同，白口，四周單邊

擬漢樂府：八卷，附補遺.--半葉 10 行，行
19 字，小字雙行字同，白口，四周單邊

（丁）/4109

可泉擬涯翁擬古樂府：二卷/（明）胡纘宗撰；
（明）張光孝評；（明）胡統宗注.--刻本.--明
嘉靖（1522～1566）.--1 冊（1 函）.--版心題
"擬古樂府"。半葉 10 行，行 19 字，小字雙行
字同，白口，四周單邊，半框 17×14.5cm.--綫
裝　　　　　　　　　　　　　　　　（丁）/2054

鈐山詩選：七卷/（明）嚴嵩撰；（明）楊慎批
選.--刻本.--明嘉靖（1522～1566）.--6 冊（1
函）.--半葉 9 行，行 18 字，白口，四周雙邊，
單白魚尾間單黑魚尾，半框 19.2×13.2cm。王
士禎批跋，陳衍、范增祥、王式通、楊天驥、黃
濬、朱文均、吳昌綬、郭曾炘題跋。鈐"清祕
閣"朱文印、"與蘇明允同名"白文印、"式
通"朱文印、"繭廬"朱文印、"楊千里"白文
印、"烏斯使者"朱文印、"聆風簃主"白文
印、"翼盦"白文印、"松鄰詞舍"白文印、
"春榆"朱文印、"貳師將軍"白文印、"故將
軍"白文印.--綫裝　　　　　　　　　（丁）/3751

蓉川集：不分卷，卷首附年譜、行狀等/（明）
齊之鸞撰.--刻本.--清康熙二十年（1681）.--1
冊（1 函）.--半葉 11 行，行 21 字，小字雙行

字同，粗黑口，四周雙邊，雙對黑魚尾，半框
17×13.7cm。悠然亭藏板。鈐"悠然亭"朱文
印、"魯原"朱文印、"潘愚之印"白文印、"潘
愚私印"白文印.--綫裝　　　　　　　（丁）/1383

夏桂洲先生文集：十八卷，卷首一卷/（明）
夏言撰。**年譜**：一卷/（明）李時撰.--刻本.--
薌溪吳一璘，明崇禎（1628～1644）；薌溪吳
橋，清康熙五十八年（1719）補刻.--14 冊（2 函）：
肖像 1 幅.--版心題"桂洲文集"。半葉 10 行，
行 19 字，小字雙行字同，白口，四周單邊，半
框 20.3×14.4cm。斤桂草堂藏板。鈐"任丘強
恕堂李氏藏書"白文印、"北平孔德學校之章"
朱文印.--綫裝　　　　　　　　　　（甲四）/1206

何氏集：二十六卷/（明）何景明撰.--刻本.--
義陽書院，明嘉靖（1522～1566）.--8 冊（1
函）.--半葉 10 行，行 18 字，白口，左右雙邊，
單黑魚尾，半框 16.6×13.4cm。有刻工：青、
李朝等。鈐"羅澤南"朱文印、"鏡山書屋"朱
文印.--綫裝　　　　　　　　　　　　（丁）/7360

何仲默先生詩集：十五卷/（明）何景明撰；
（明）李三才校.--刻本.--徽州吳勉學，明萬曆
三十年（1602）.--6 冊（1 函）.--（李何二先
生詩：四十八卷/[明]李三才編）.--版心題"何
仲默詩集"。半葉 10 行，行 20 字，白口，左右
雙邊，單白魚尾間單黑魚尾，半框 20.5×
14.3cm。佚名圈點。鈐"北平孔德學校之章"朱
文印.--綫裝　　　　　　　　　　　（甲四）/629

何大復先生集：三十八卷/（明）何景明撰.
附錄：一卷/（明）喬世寧撰.--刻本.--南海陳
堂、信陽胡秉性，明萬曆五年（1577）.--10 冊
（1 函）.--序有殘缺。版心題"大復集"。半
葉 10 行，行 20 字，白口，四周單邊，單黑魚尾，
半框 18.8×13.9cm。有刻工：郭奇、黃朝等。
佚名圈點。鈐"北平孔德學校之章"朱文印.--
綫裝　　　　　　　　　　　　　　　（甲四）/678

何大復先生集：三十八卷，附錄一卷/（明）
何景明撰.--刻本.--明末（1577～1644）.--8

册（1 函）.--版心題"大復集"。仿明萬曆五年刻本。半葉 10 行，行 20 字，白口，四周單邊，單黑魚尾，半框 18.8×14.3cm.--綫裝

（乙四）/9

何大復先生集：三十八卷，附錄一卷/（明）何景明撰.--刻本.--何輝少、何永謙，清乾隆十五年 （1750）.--10 册（2 函）.--版心題"大復集"。半葉 9 行，行 20 字，白口，四周雙邊，單黑魚尾，半框 18.4×12.4cm。鄭闇肇題記。鈐"華陽鄭氏百瞻樓珎藏圖籍"白文印、"庸言"朱文印、"蘇甦道人"白文印.--綫裝

（乙四）/375

第二部 8 册（1 函），鈐"文翀氏"朱文印、"劉鳳耆印"朱文印 （丙四）/1482

魏莊渠先生集：二卷/（明）魏校撰.--刻本.--蘇州：正誼堂，清康熙四十九年（1710）.--1 册（1 函）.--書名頁題"魏莊渠集"。半葉 10 行，行 22 字，白口，左右雙邊，單黑魚尾，版心下刻"正誼堂"，半框 19.8×14cm。正誼堂藏板。佚名圈點.--綫裝 （丁）/6321

陳白陽集：十卷，附錄四卷/（明）陳淳撰；（明）陳仁錫編.--刻本.--陳仁錫閱帆堂，明萬曆四十三年（1615）.--4 册（1 函）.--版心題"白陽集"。半葉 9 行，行 19 字，白口，四周雙邊，單白魚尾，半框 22.1×14.2cm。鈐"璜川吳氏收藏圖書"朱文印、"思敬書舍"朱文印、"李梅邨藏"朱文印、"北平孔德學校之章"朱文印.--綫裝 （甲四）/1041

梓溪文鈔外集：十卷；**梓溪文鈔內集**：八卷/（明）舒芬撰；（明）舒琛，（明）舒璪輯.--刻本.--京師：南昌進賢舒璪，明萬曆四十八年（1620）刻；南昌進賢舒香，清乾隆七年（1742）修版.--10 册（1 函）.--書名頁題"舒文節公全集"。半葉 9 行，行 18 字，小字雙行字同，白口，四周雙邊，單黑魚尾，半框 20.6×14.7cm。本衙藏板。鈐"北平孔德學校之章"朱文印.--綫裝 （甲四）/238

第二部 6 册（1 函），鈐"北平孔德學校之

章"朱文印 （甲四）/227

夢澤集：十七卷/（明）王廷陳撰.--刻本.--黃岡王氏，明嘉靖四十四年（1565）；明末（1573～1644）補修.--6 册（1 函）.--半葉 10 行，行 22 字，白口，四周單邊，半框 20.2×13.1cm。有刻工：唐林、黃周賢等。佚名圈點。鈐"北平孔德學校之章"朱文印.--綫裝 （甲四）/564

韓五泉詩：四卷/（明）韓邦靖撰.**韓安人遺詩**：一卷/（明）屈氏撰.**韓五泉附錄**：二卷/（明）王九思等撰.**朝邑縣志**：二卷/（明）韓邦靖纂.--刻本.--清（1644～1911）.--3 册（1 函）.--半葉 9 行，行 22 字，小字雙行字同，白口，左右雙邊（朝邑縣志為四周單邊），單黑魚尾，半框 19.5×14cm。鈐"北平孔德學校之章"朱文印.--綫裝 （甲四）/325

第二部 鈐"鹿巖精舍"朱文印

（丙二）/141

第三部 2 册（1 函），缺朝邑縣志 2 卷，鈐"王璥"朱文印 （丙四）/1224

太史升庵全集：八十一卷，目錄二卷/（明）楊慎撰.--刻本.--周參元，清乾隆六十年（1795）.--26 册（3 函）.--卷 24 缺第 5 葉。半葉 9 行，行 19 字，有眉批，行 3 字，白口，四周雙邊，單黑魚尾，半框 20.6×14.1cm。養拙山房藏板。鈐"國子監南學書光緒九年二月查過準部齊全"朱文印.--綫裝 （丙四）/5859

第二部 20 册（2 函），鈐"北平孔德學校之章"朱文印 （甲四）/704

升菴外集：一百卷/（明）楊慎撰；（明）焦竑編.--刻本.--明萬曆四十五年（1617）.--24 册（4 函）.--半葉 10 行，行 20 字，小字雙行字同，白口，左右雙邊，單黑魚尾，半框 20.8×14.8cm.--綫裝 （乙四）/96

升庵外集：一百卷/（明）楊慎撰；（明）焦竑編.--刻本.--清乾隆（1736～1795）.--24 册（4 函）.--仿明萬曆四十五年刻本。半葉 10 行，行 20 字，小字雙行字同，白口，左右雙邊，單黑

魚尾，半框 20.9×15.1cm. --綫裝

（甲四）/699

薛考功集：十卷/（明）薛蕙撰. **附錄**：一卷/（明）王廷等撰. --刻本. --明嘉靖（1522～1566）. --4 冊（1 函）. --目錄有 2 葉、卷 1 有 2 葉、卷 2 有 2 葉、卷 5 有 2 葉、卷 8 有 4 葉、卷 9 有 1 葉、附錄有 1 葉係抄配。半葉 9 行，行 18 字，小字雙行字同，白口，左右雙邊，單黑魚尾，半框 18.6×14cm。有刻工：章簡甫。佚名圈點。鈐"七錄齋藏書記"朱文印、"大雷經鋤堂藏書"白文印、"望江余氏誦清閣藏書"朱文印、"靜勝齋"朱文印、"幼泉藏書"朱文印、"寶誠"朱文印、"阮葵生印"白文印、"倪模字預揄印"白文印、"家在元沙之上"朱文印. --綫裝

（丁）/3712

張龍湖先生文集：十五卷/（明）張治撰. --刻本. --彭思眷，清雍正四年（1726）. --4 冊（1 函）. --半葉 10 行，行 20 字，白口，左右雙邊，單黑魚尾，半框 19.7×13.1cm。墨香閣藏板。鈐"北平孔德學校之章"朱文印. --綫裝

（甲四）/609

弘藝錄：三十二卷，首一卷/（明）邵經邦撰. 刻本. --邵遠平，清康熙二十四年（1685）. --8 冊（2 函）. --半葉 10 行，行 21 字，小字雙行字同，粗黑口，四周單邊，雙對黑魚尾，半框 19.3×14.2cm。樂善堂藏板。鈐"修竹吾廬"朱文印、"无竟先生獨志堂物"朱文印、"北平孔德學校之章"朱文印. --綫裝 （甲四）/1349

常評事集：四卷/（明）常倫撰. --刻本. --明（1368～1644）. --4 冊（1 函）. --半葉 10 行，行 18 字，白口，四周單邊，無界行，半框 20.3×14.8cm。有刻工：章循、章啓人等。鈐"北平孔德學校之章"朱文印. --綫裝 （甲四）/490

胡蒙谿詩集：十一卷；**胡蒙谿文集**：四卷；**胡蒙谿續集**：六卷/（明）胡侍撰. --刻本. --明嘉靖二十五年（1546）；張鐸，明嘉靖三十一年（1552）續刻. --4 冊（1 函）. --半葉 10 行，行

20 字，白口，四周單邊，半框 19.2×13.6cm。佚名圈點。鈐"華陽國士藏書"白文印、"華陽國士"白文印、"尚同校定"朱文印、"尚同經眼"朱文印、"蒼茫齋收藏精本"朱文印、"高世異圖書印"朱文印、"華陽高氏鑒藏"白文印、"蒼茫齋高氏藏書記"朱文印、"品藻詩文"朱文印. --綫裝

（乙四）/164

中川遺藁：三十三卷/（明）王教撰. --刻本. --清白堂，明嘉靖三十九年（1560）；清乾隆（1736～1795）修版. --16 冊（2 函）. --半葉 9 行，行 18 字，小字雙行字數不等，白口，四周單邊，單白魚尾，半框 18.3×13.3cm。鈐"无竟先生獨志堂物"朱文印、"北平孔德學校之章"朱文印. --綫裝

（甲四）/465

章介庵文集：十一卷/（明）章袞撰. --刻本. --臨川章文先，清乾隆十八年（1753）. --8 冊（2 函）. --序言缺半葉。半葉 9 行，行 19 字，白口，左右雙邊，單黑魚尾，半框 19.3×13.5cm。清劉喜海批點。鈐"劉氏喜海一字燕庭藏書"朱文印、"燕庭收藏"朱文印、"北平孔德學校之章"朱文印. --綫裝

（甲四）/734

龍谿王先生全集：二十二卷；**大象義述**：一卷/（明）王畿撰；（明）丁賓編. 附**龍谿王先生傳**/（明）徐階撰. **龍谿王先生墓誌銘**/（明）趙錦撰. **祭王龍谿先生文**/（明）張元忭撰. --刻本. --丁賓、張汝霖，明萬曆四十三年（1615）. --12 冊（2 函）. --卷 3 有 1 葉、卷 11 有 2 葉係抄配，卷 14 有 1 葉、卷 15 有 1 葉、祭王龍谿先生文殘缺。版心題"龍谿先生全集"。半葉 10 行，行 20 字，白口，左右雙邊，單黑魚尾，半框 14.8×21.2cm。有刻工：劉賢。林勿村批點，謝耒元批點、題記。鈐"飛鴻延年"朱文印、"謝耒元印"印（陰陽合璧）、"希庵讀過"朱文印、"侯官謝退谷曾孫叔元希庵甫之印"朱文印. --綫裝

（丁）/12698

第二部 （丙四）/3210
第三部 8 冊（1 函） （乙四）/207

李中麓閒居集：十二卷/（明）李開先撰. 附**李**

太常年譜：一卷／（明）李瓚輯．--刻本．--明嘉靖三十六年（1557）；明崇禎十四年（1641）補修．--24 冊（4 函）．--半葉 9 行，行 18 字，小字雙行字同，粗黑口，四周雙邊，雙對黑魚尾，半框 19.2×14.2cm。鈐"北平孔德學校之章"朱文印．--綫裝　　　　　　　（甲四）/1192

林屋集：二十卷／（明）蔡羽撰．--刻本．--明嘉靖（1522～1566）．--8 冊（1 函）．--半葉 12 行，行 20 字，白口，左右雙邊，半框 18.1×13.4cm。鈐"仲魚"白文印、"鱸讀"朱文印、"北平孔德學校之章"朱文印．--綫裝　　　　　　　　　　　　（甲四）/1187

靳兩城先生集：二十卷／（明）靳學顏撰．--刻本．--明萬曆十七年（1589）．--8 冊（1 函）．--半葉 9 行，行 18 字，白口，四周雙邊，雙對黑魚尾，半框 19.9×13.9cm．--綫裝　（丁）/1441

驪山集：十四卷／（明）趙統撰；（明）楊光訓選．-- 刻本．-- 楊光訓，明萬曆三十一年（1603）．--16 冊（2 函）．--卷 4 第 2 葉、卷 10 第 89 葉殘。半葉 10 行，行 20 字，小字雙行字同，白口，四周雙邊，單黑魚尾，半框 22.7×14.9cm。佚名圈點。鈐"北平孔德學校之章"朱文印．--綫裝　　　　　　　（甲四）/1193

羅司勳文集：八卷，外集一卷，附錄一卷／（明）羅虞臣撰．--刻本．--羅氏，清康熙五十年（1711）．--3 冊（1 函）．--版心題"司勳文集"。半葉 9 行，行 18 字，小字雙行字同，白口，四周雙邊間左右雙邊，單黑魚尾，半框 20.9×14.6cm。鈐"娑羅花樹館周氏藏書"朱文印．--綫裝　　　　　　　（丙四）/159

王氏存笥稿：二十卷／（明）王維楨撰．--刻本．--明嘉靖三十六年（1557）．--8 冊（1 函）．--缺卷 9-13。半葉 10 行，行 22 字，白口，四周雙邊，半框 22.5×13.8cm。佚名圈點。鈐"子謙氏"白文印、"環式"白文印、"文正後裔"白文印、"北平孔德學校之章"朱文印．--綫裝　　　　　　　　　　　　（甲四）/690

蟻蠓集：五卷／（明）盧柟撰．--刻本．--張其忠，明萬曆三十年（1602）；清乾隆十年（1745）補刻．--6 冊（1 函）．--半葉 9 行，行 18 字，白口，四周雙邊，單黑魚尾，半框 21.5×15cm．--綫裝　　　　　　　　　　　　（丙四）/1736

唐荊川先生文集：十八卷／（明）唐順之撰；（清）唐執玉校；（清）唐少遊編．--刻本．--清康熙五十一年（1712）．--8 冊（1 函）．--半葉 10 行，行 21 字，粗黑口，左右雙邊，單黑魚尾，半框 19.8×14.3cm．--綫裝　　　　　　（丙四）/6130

歸先生文集：三十二卷／（明）歸有光撰．附錄：一卷／（明）歸子祜，（明）歸子寧編．--刻本．--翁良瑜雨金堂，明萬曆四年（1576）刻；明崇禎（1628～1644）增修．--16 冊（2 函）．--半葉 10 行，行 20 字，白口，四周雙邊，單黑魚尾，半框 18.5×14.1cm。佚名圈點、批註．--綫裝　　　　　　　　　　　　（乙四）/43

震川先生集：三十卷，補編一卷，別集十卷／（明）歸有光撰．--刻本．--歸氏家刻，清康熙十年至十四年（1671～1675）．--10 冊（1 函）．--半葉 10 行，行 20 字，小字雙行字同，白口，左右雙邊，半框 19×13.7cm．--綫裝

　　　　　　　　　　　　（丙四）/1558

遵巖先生文集：四十一卷／（明）王慎中撰．--刻本．--邵廉，明隆慶五年（1571）．--24 冊（4 函）．--半葉 10 行，行 21 字，白口，四周單邊，單黑魚尾，半框 20.6×14.5cm。有刻工：王生、黃春等。鈐"北平孔德學校之章"朱文印．--綫裝　　　　　　　　　　　　（甲四）/1180

遵巖先生文集：四十二卷／（明）王慎中撰．--刻本．--清康熙五十年（1711）．--22 冊（1 函）．--缺卷 42。書名頁題"王遵巖先生文集"。半葉 9 行，行 19 字，粗黑口，四周單邊，雙對黑魚尾，半框 17.7×12.6cm。閩中同人書社藏板。鈐"澹園所藏"朱文印．--綫裝　　　　（丁）/1381

趙浚谷詩集：六卷；趙浚谷文集：十卷；趙浚

谷疏案：一卷/（明）趙時春撰.附永思錄：一卷/（明）周鑑撰.--刻本.--周鑑，明萬曆八年（1580）.--18 冊（2 函）.--文集卷 6 有 1 葉係抄配.半葉 9 行，行 21 字，白口，四周單邊，半框 20.8×15.2cm.--綫裝　　　　（丁）/8826

溫陵傅錦泉先生文集：三卷；溫陵傅錦泉先生詩集：一卷/（明）傅夏器撰.傅錦泉先生傳：一卷/（明）黃國鼎撰.--抄本.--清末（1851～1911）.--4 冊（1 函）.--佚名圈點.鈐“北平孔德學校之章”朱文印.--綫裝　（甲四）/250

陸文定公全集：二十六卷/（明）陸樹聲撰.--刻本.--明萬曆（1573～1620）.--24 冊（2 函）.--汲古叢語、清暑筆談、適園雜著、禪林餘藻、耄餘雜識、陸學士題跋、長水日抄、善俗裨議、鄉會公約、病榻寱言、陸氏家訓用其他明刻本補配.半葉 9 行，行 19 字，白口，四周單邊，單黑魚尾，半框 21.3×14.3cm.有刻工：孫訥、周朱山等.--綫裝　　　　（乙四）/181

程士集：四卷；獻忱集：五卷/（明）高拱撰.--刻本.--吉水廖如春，明嘉靖（1522～1566）.--5 冊（1 函）.--半葉 9 行，行 18 字，白口，四周雙邊，單黑魚尾，半框 19.3×14.7cm.有刻工：吳邦、劉燁等.鈐“无竟先生獨志堂物”朱文印、“北平孔德學校之章”朱文印.--綫裝　　　　　　　　　　（甲四）/273

程士集：四卷/（明）高拱撰.--刻本.--清康熙二十七年（1688）.--4 冊（1 函）.--半葉 9 行，行 18 字，白口，四周雙邊，單黑魚尾，半框 19.6×14.6cm.籠春堂藏板.--綫裝　　　　　　　　　　　　（丙四）/1035

獻忱集：五卷/（明）高拱撰.--刻本.--吉水廖如春，明嘉靖（1522～1566）.--3 冊（1 函）.--半葉 9 行，行 18 字，小字雙行字數不等，白口，四周雙邊，單黑魚尾，半框 19.4×14.4cm.有刻工：章掖、扞等.鈐“王孫錫印”白文印、“北平孔德學校之章”朱文印.--綫裝　　　　　　　　　　（甲四）/661-1

綸扉稿：一卷/（明）高拱撰.--刻本.--明隆慶（1567～1572）.--半葉 9 行，行 18 字，白口，四周雙邊，單黑魚尾，半框 19.4×14.4cm.與獻忱集末冊合訂.--綫裝　（甲四）/661-2

高文襄公詩集：一卷；高文襄公文集：四卷/（明）高拱撰.--刻本.--新鄭：高有聞，清康熙三十三年（1694）.--4 冊.--書名頁題“詩文雜著”.半葉 9 行，行 18 字，白口，四周雙邊，單黑魚尾，半框 19.2×14.6cm.籠春堂藏板.--綫裝　　　　　　　　　　　（庚）/718

白華樓藏稿：十一卷，續稿十五卷/（明）茅坤撰；（明）姚翼編.--刻本.--明嘉靖（1522～1566）刻；明萬曆（1573～1620）遞修.--10 冊（1 函）.--半葉 9 行，行 18 字，白口，左右雙邊，單綫魚尾，半框 20.6×14.4cm.--綫裝　　　　　（丙四）/4397

茅鹿門集：八卷/（明）茅坤撰；（清）張汝瑚選.--刻本.--清康熙（1662～1722）.--4 冊（1 函）.--半葉 10 行，行 20 字，白口，四周單邊，單黑魚尾，半框 22.2×14.6cm.長春書屋朱墨圈點.鈐“居在廉讓之間”朱文印、“沈氏紹增長壽”白文印、“潘氏圖書”朱文印、“長春書屋”朱文印、“景鄭藏篋”朱文印.--綫裝　　　　　　　　　　（丁）/357

滄溟先生集：三十卷，附錄一卷/（明）李攀龍撰.--刻本.--胡來貢，明萬曆三年（1575）.--12 冊（2 函）.--半葉 10 行，行 20 字，白口，左右雙邊，單黑魚尾，半框 19.6×14.8cm.有刻工：白、陸等.鈐“盧江呂氏收藏金石書畫之章”朱文印、“呂均過眼”白文印.--綫裝　　　　　　　　　（乙四）/122

滄溟先生集：三十卷，附錄一卷/（明）李攀龍撰.--刻本.--睢陽陳陛，明萬曆三十四年（1606）.--16 冊（2 函）.--版心題“滄溟集”.半葉 10 行，行 20 字，白口，左右雙邊，單黑魚尾，半框 21.6×15.5cm.佚名圈點.--綫裝

（乙二）/629

夢山存家詩稿：八卷/（明）楊巍撰.--刻本.--楊岑，明萬曆三十年（1602）.--4 冊（1 函）.--半葉 9 行，行 18 字，白口，四周雙邊，單黑魚尾，半框 20.9×14.1cm。佚名圈點。鈐"北平孔德學校之章"朱文印.--綫裝 （甲四）/987

無聞堂稿：十七卷/（明）趙釴撰.附錄一卷/（明）盛汝謙等撰.--刻本.--趙鴻賜玄對樓，明隆慶四年（1570）.--10 冊（2 函）.--半葉 9 行，行 18 字，白口，左右雙邊，單黑魚尾，半框 18.6×13.6cm。紀昀批。鈐"高苑張書船家藏圖書"白文印、"无竟先生獨志堂物"朱文印.--綫裝 （乙四）/205

楊忠愍公集：六卷/（明）楊繼盛撰.--刻本.--明（1368～1644）.--4 冊（1 函）.--存卷 1-4。半葉 10 行，行 22 字，小字雙行字同，白口，四周單邊，單黑魚尾，半框 22.3×14.8cm。自槐堂藏板。佚名圈點。鈐"寸心日月樓所藏"朱文印.--綫裝 （丁）/15005

自知堂集：二十四卷/（明）蔡汝楠撰.--刻本.--明嘉靖（1522～1566）.--6 冊（1 函）.--存卷 1-10。半葉 10 行，行 20 字，白口，左右雙邊，單白魚尾，半框 19×13.7cm。有刻工：袁宏、國用等。鈐"敬伯"朱文印、"管晏之印"白文印.--綫裝 （丙四）/4406

天目先生集：二十一卷/（明）徐中行撰.--刻本.--明末（1573～1644）.--8 冊（1 函）.--半葉 9 行，行 18 字，白口，左右雙邊，單黑魚尾，半框 19.9×14.5cm。鈐"賴古堂家藏"白文印、"佐伯文庫"朱文印、"北平孔德學校之章"朱文印.--綫裝 （甲四）/565

鳴玉堂稿：十二卷/（明）張天復撰.--抄本.--清（1644～1911）.--3 冊（1 函）.--鈐"保粹堂校希服齋讀信古閣藏述窠摘錄"白文印、"南海黃氏秋南任恒"朱文印.--綫裝 （丁）/12613

農丈人詩集：八卷；**農丈人文集**：二十卷/（明）余寅撰.--刻本.--周禮，明萬曆（1573～1620）.--8 冊（1 函）.--目錄有 1 葉係抄配。半葉 9 行，行 18 字，白口，左右雙邊，單黑魚尾，半框 19.9×13.8cm。有刻工：丁、馮等。佚名圈點，佚名過錄萬斯同題跋。鈐"北平孔德學校之章"朱文印.--綫裝 （甲四）/485

徐文長文集：三十卷，附四聲猿/（明）徐渭撰；（明）袁宏道評點.--刻本.--錢塘鍾人傑，明萬曆（1573～1620）.--10 冊（1 函）.--半葉 9 行，行 20 字，小字雙行字同，白口，四周單邊，單白魚尾，半框 21.3×14.7cm。鈐"北平孔德學校之章"朱文印.--綫裝

（甲四）/1120

徐文長文集：三十卷，附補遺/（明）徐渭撰；（明）袁宏道評點.--刻本.--錢塘鍾人傑，明萬曆（1573～1620）.--6 冊（1 函）.--與上部同板。半葉 9 行，行 20 字，小字雙行字同，白口，四周單邊，單白魚尾，半框 21.3×14.7cm。鈐"綠猗山館"白文印、"陶梅若父祕笈之印"朱文印、"彥修"朱文印、"德震"朱文印、"鈕雲"朱文印、"陶琯"白文印、"懷氏藏書"白文印.--綫裝 （乙四）/516

徐文長文集：三十卷，附補遺/（明）徐渭撰；（明）袁宏道評點.--刻本.--明萬曆（1573～1620）.--4 冊（1 函）.--書名頁題"袁中郎評點徐文長文集"。仿錢塘鍾人傑刻本。半葉 9 行，行 20 字，小字雙行字同，白口，四周單邊，單白魚尾，半框 21×14.9cm。鈐"錫琳讀過"白文印、"石門蔡氏藏書"朱文印.--綫裝

（丁）/1244

徐文長文集：三十卷，卷首一卷；**徐文長四聲猿**：一卷/（明）徐渭撰；（明）袁宏道評點.--刻本.--明萬曆（1573～1620）.--12 冊（2 函）；插圖 4 幅.--書名頁題"徐文長全集"。半葉 9 行，行 20 字，小字雙行字同，白口，四周單邊，單白魚尾，半框 20.5×14.7cm。本衙藏版。鈐"北京孔德學校藏"朱文印、"北平孔德學校之

章"朱文印.--綫裝　　　　　　　（甲四）/1320

第二部　8 冊（1 函），佚名圈點

（乙四）/162

霍勉齋集：十三卷/（明）霍與瑕撰.--刻本.--
明萬曆十七年（1589）.--10 冊（1 夾）.--卷
11 有 2 葉抄配。半葉 10 行，行 22 字，小字雙
行字同，白口，四周雙邊，單黑魚尾，半框 19
×12.9cm。有刻工：王賢、秀等。鈐"蒼巖山人
書屋記"朱文印、"薦林藏書"朱文印.--綫裝

（丙四）/820

鯤溟先生詩集：四卷，奏疏一卷/（明）郭諫
臣撰.--刻本.--郭鶯，清康熙五十二年
（1713）.--2 冊（1 函）.--半葉 10 行，行 19
字，粗黑口，四周單邊，單黑魚尾，半框 18.4
×13.6cm。佚名圈點 。鈐"曾在潛樓"白文
印.--綫裝　　　　　　　　　　（丁）/1210

宗子相集：八卷/（明）宗臣撰.--刻本.--林
朝聘、黃中，明嘉靖三十九年（1560）.--10 冊
（1 函）.--序傳中有殘頁。半葉 10 行，行 20
字，白口，四周雙邊，單黑魚尾，半框 19.6×
13.9cm。佚名圈點。鈐"許世章"白文印、"京
江燕翼堂錢氏藏書"白文印.--綫裝

（丙四）/4961

太函集：一百二十卷，目錄六卷/（明）汪道
昆撰.--刻本.--明萬曆（1573～1620）.--40 冊
（4 函）.--缺卷 57-60。半葉 10 行，行 20 字，
白口，左右雙邊，半框 20.4×14cm。鈐"北平
孔德學校之章"朱文印.--毛裝

（甲四）/1504

副墨：八卷/（明）汪道昆撰.--刻本.--明萬
曆（1573～1620）.--7 冊（1 函）.--存卷 2-8。
卷 4 有 1 葉、卷 5 有 2 葉、卷 8 有 1 葉抄配。半
葉 9 行，行 18 字，白口，四周單邊，單白魚尾，
半框 20.3×13.4cm。--綫裝　　　（丙四）/5009

弇州山人四部稿：一百七十四卷，目錄十二卷
/（明）王世貞撰.--刻本.--王氏世經堂，明萬

曆五年（1577）.--32 冊（6 函）.--卷 174 有 1
葉抄配。版心題"弇州山人稿"。半葉 10 行，
行 20 字，白口，四周雙邊，單黑魚尾，版心下
刻"世經堂刻"，半框 20.7×15.7cm。佚名圈
點。鈐"璜川吳氏收藏圖書"朱文印、"紹庭"
朱文印.--綫裝　　　　　　　　（乙四）/459

弇州山人四部稿：一百八十卷，目錄十二卷/
（明）王世貞撰.--刻本.--王氏世經堂，明萬曆
五年（1577）.--64 冊（8 函）.--序文係抄配。
與上部同板，多燕語 3 卷、野史家乘考誤 3 卷。
版心題"弇州山人稿"。半葉 10 行，行 20 字，
白口，四周雙邊，單黑魚尾，版心下刻"世經堂
刻"，半框 20.1×15.5cm。有刻工：唐尹。鈐
"周詩頌印"白文印、"字曰廷俞"白文印、
"又任之友"白文印、"北平孔德學校之章"朱
文印.--綫裝　　　　　　　　　（甲四）/1214

弇州山人續稿：二百零七卷，目錄十卷/（明）
王世貞撰.--刻本.--明末（1573～1644）.--36
冊（4 函）.--有 3 葉抄配。半葉 10 行，行 20
字，小字雙行字同，白口，左右雙邊，單黑魚尾，
半框 20.1×13.7cm。鈐"器中周氏寶藏"朱文
印、"賞珍圖書"白文印、"北平孔德學校之
章"朱文印.--綫裝　　　　　　　（甲四）/1509

弇州山人續稿選：三十八卷/（明）王世貞撰；
（明）顧起元選；（明）孫震卿校.--刻本.--明
萬曆（1573～1620）.--20 冊（2 函）.--半葉
10 行，行 20 字，白口，左右雙邊，單黑魚尾，
半框 21.4×14.4cm。--綫裝　　　（丁）/13904

讀書後：八卷/（明）王世貞撰；（清）顧朝泰
校.--刻本.--梁溪顧朝泰，清乾隆二十一年
（1756）.--2 冊（1 函）.--卷 3《書王介甫後》、
《書曾子固文後》係抄配。序題"弇州讀書
後"。半葉 10 行，行 23 字，細黑口，左右雙邊，
單黑魚尾，半框 18.7×13.5cm。佚名注。鈐"北
平孔德學校之章"朱文印.--綫裝

（甲三）/899

白雲集：七卷，補遺一卷/（明）陳昂撰.--

刻本.--宋珏，明萬曆四十六年（1618）.--4 冊（1 函）.--書末有 1 葉係抄配。半葉 9 行，行 19 字，白口，左右雙邊，單黑魚尾，半框 21.4×14.4cm。佚名圈點.--綫裝　　　（丁）/12444

李氏焚書：六卷/（明）李贄撰.--刻本.--吳中，明萬曆（1573～1620）.--8 冊（1 函）.--半葉 9 行，行 20 字，白口，四周單邊，無界行，單黑魚尾，半框 23.3×15.2cm。佚名圈點。鈐"北平孔德學校之章"朱文印.--綫裝

（甲四）/1346

蒼雪軒全集：二十卷/（明）趙用光撰.--刻本.--胡騰蛟等，明崇禎（1628～1644）.--10 冊（1 函）.--半葉 9 行，行 19 字，白口，四周單邊，單黑魚尾，半框 21.1×14.9cm。佚名圈點。鈐"張"朱文印、"北平孔德學校之章"朱文印.--綫裝　　　（甲四）/1196

亦玉堂稿：十卷/（明）沈鯉撰.--刻本.--劉榛，清康熙二十九年（1690）.--4 冊（1 函）.--半葉 10 行，行 19 字，粗黑口，四周單邊，雙順黑魚尾，半框 17.1×13.5cm。太師府藏板。鈐"宋御史永質堂廿世孫"白文印、"牧仲氏"朱文印、"督學使者"朱文印.--綫裝

（丙四）/1426

王文肅公文草：十四卷；**奏草**：二十三卷；**牘草**：十八卷/（明）王錫爵撰.--刻本.--王時敏，明萬曆四十三年（1615）.--30 冊（6 函）.--半葉 9 行，行 18 字，白口，四周單邊，單黑魚尾，半框 23.9×14.6cm.--綫裝　　　（丁）/13714

王文端公詩集：二卷；**王文端公奏疏**：四卷/（明）王家屏撰；（明）傅新德校.--刻本.--王荀龍，明萬曆四十年（1612）.--6 冊（1 函）.--半葉 10 行，行 20 字，白口，四周雙邊，單黑魚尾，半框 20.1×14.6cm。有刻工：周先、羅等。鈐"桂林張氏獨志堂藏"朱文印、"北平孔德學校之章"朱文印.--綫裝　（甲四）/653

謀野集：十卷/（明）王穉登撰.--刻本.--江

陰郁氏玉樹堂，明萬曆（1573～1620）.--10 冊（1 函）.--書名頁題"王百穀先生謀野集"。半葉 10 行，行 18 字，白口，四周單邊，單黑魚尾，半框 18.5×13.1cm。佚名圈點、注。鈐"劉康之章延年益壽"朱文印、"劉康曾觀"朱文印、"劉氏晚翠閣父子藏書記"朱文印、"紅豆山齋"朱文印、"劉氏春禧"白文印、"劉氏思義堂章"朱文印、"北平孔德學校之章"朱文印.--綫裝　　　（甲四）/1231

金昌集：四卷/（明）王穉登撰.--刻本.--明（1368～1644）.--1 冊（1 函）.--半葉 10 行，行 20 字，白口，四周單邊，單黑魚尾間單白魚尾，半框 21.1×14.7cm。佚名圈點，佚名批校.綫裝　　　（丁）/12728

綸扉簡牘：十卷/（明）申時行撰.--刻本.--明萬曆二十四年（1596）.--5 冊（1 函）.--卷 4 缺 1 葉、卷 5 缺 1 葉。半葉 9 行，行 18 字，白口，左右雙邊，單黑魚尾，半框 19.8×14.8cm。有刻工：朱治登、郭昌言等。周退舟題跋。鈐"玉函山房藏書"朱文印、"器中周氏寶藏"朱文印、"北平孔德學校之章"朱文印.--綫裝　　　（甲四）/1421

王奉常集：詩十五卷，目錄三卷，文五十四卷，目錄二卷/（明）王世懋撰.--刻本.--明萬曆（1573～1620）.--16 冊（4 函）.--半葉 10 行，行 20 字，小字雙行字同，白口，左右雙邊，單黑魚尾，半框 20.1×13.9cm。有刻工：章國華、張易等.--綫裝　　　（乙四）/345

呂新吾先生去偽齋文集：十卷/（明）呂坤撰.刻本.--呂氏，清康熙十三年（1674）.--10 冊（1 函）.--卷 1 缺第 1-12 葉。半葉 10 行，行 20 字，白口，四周雙邊，單黑魚尾，半框 18.3×13cm.--綫裝　　　（丙四）/2106

詩部：二十二卷；**兩都草**：五卷/（明）帥機撰.--刻本.--明（1368～1644）.--6 冊（合裝 1 函）.--詩部卷 1 有 5 葉抄配。卷 20-22 以其他明刻本補配。半葉 9 行，行 16 字，有眉批，行

5 字，白口，四周單邊，雙對黑魚尾，半框 17.5×13.6cm。有刻工：張邦杰、崔德等。鈐"掃塵齋積書記"朱文印、"禮培私印"白文印、"北平孔德學校之章"朱文印.--綫裝

（甲四）/1130-1

鄺中家集：二卷/（明）帥廷鎮撰.--刻本.--明（1368~1644）.--半葉 9 行，行 17 字，白口，四周雙邊，雙對黑魚尾，半框 19.6×14cm。有刻工：武、寺等。鈐"掃塵齋積書記"朱文印、"禮培私印"白文印、"北平孔德學校之章"朱文印。與兩都草合訂.--綫裝

（甲四）/1130-2

朱秉器全集：六種十四卷/（明）朱孟震撰.--刻本.--明萬曆（1573~1620）.--14 冊（2 函）.--半葉 9 行或 10 行，行 18 字，小字雙行字同，白口，四周單邊，單黑魚尾，半框 20.7×14.2cm。有刻工：肖亮。佚名圈點。鈐"張"朱文印、"北平孔德學校之章"朱文印.--綫裝

子目：
朱秉器文集：四卷
朱秉器詩集：四卷
河上楮談：三卷
汾上續談：一卷
浣水續談：一卷
遊宦餘談：一卷 （甲四）/1233

第二部 6 冊（1 函），缺文集、詩集，鈐"用藏"朱文印、"用之則行舍之則藏"朱文印、"北平孔德學校之章"朱文印 （甲四）/1172

朱秉器詩集：四卷/（明）朱孟震撰.--刻本.--明萬曆（1573~1620）.--4 冊（1 函）.--（朱秉器全集：六種/[明]朱孟震撰）.--卷 2 有 2 葉，卷 3 有 1 葉係抄配。半葉 9 行，行 16 字，白口，四周單邊，單黑魚尾，半框 21×14.4cm。鈐"潛江甘鵬雲藥樵收藏書籍章"朱文印、"潛廬藏過"朱文印、"北平孔德學校之章"朱文印.--綫裝 （甲四）/1234

由拳集：二十三卷/（明）屠隆撰.--刻本.--馮夢禎，明萬曆八年（1580）.--16 冊（2 函）.--

半葉 9 行，行 19 字，細黑口，左右雙邊，單白魚尾，半框 19.7×14.7cm。有刻工：朱仁；寫工：朱恒。鈐"粹芬閣"朱文印.--綫裝

（丁）/3725

白榆集：二十八卷/（明）屠隆撰.--刻本.--程元方，明萬曆二十二年（1594）.--8 冊（1 函）.--缺卷 21-28。半葉 9 行，行 18 字，白口，左右雙邊，單黑魚尾，半框 18.6×13.7cm。鈐"莊鳴昌珍藏"朱文印.--綫裝 （丁）/5310

紫柏老人集：十五卷，卷首一卷/（明）釋真可撰；（明）釋德清閱.--刻本.--明崇禎四年（1631）.--12 冊（2 函）：肖像 1 幅--半葉 10 行，行 20 字，小字雙行字同，白口，四周雙邊，半框 21.9×14.9cm。鈐"周肇祥讀過書"朱文印.--綫裝 （丙四）/835

醒後集：五卷，續集一卷/（明）盧維禎撰.--刻本.--沈九河，明萬曆三十三年（1605）；盧欽文，明萬曆三十八年（1610）刻續集.--5 冊（1 函）.--缺卷 2。半葉 10 行，行 20 字，白口，四周雙邊，半框 21.4×14.3cm。鈐"張"朱文印、"北平孔德學校之章"朱文印.--綫裝

（甲四）/697

來恩堂草：十六卷；**樂陶吟草**：三卷/（明）姚舜牧撰.--刻本.--明萬曆（1573~1620）刻；姚淳顯，清康熙（1662~1722）補修.--20 冊（2 函）.--版心題名分別為"姚承菴文集"、"姚承菴詩集"。半葉 9 行，行 18 字，小字雙行字同，白口，四周單邊，半框 20.5×11.8cm。鈐"仲高"朱文印、"劉增"朱文印、"北平孔德學校之章"朱文印.--綫裝 （甲四）/1458

湯慈明詩集：三十二卷/（明）湯有光撰.--刻本.--周長應，明天啟二年（1622）.--8 冊（1 函）.--半葉 9 行，行 18 字，白口，四周單邊，單黑魚尾，半框 21.6×14.4cm。鈐"北平孔德學校之章"朱文印.--綫裝 （甲四）/39

楊東明先生全集：五種/（明）楊東明撰.--

刻本.--明萬曆至清乾隆（1573～1795）.--6 冊（1 函）.--半葉 9 行，行 20 字，小字雙行字同，白口，四周單邊，單黑魚尾，半框 20.2×13.7cm。有刻工：耿文明。鈐“陶淑精舍收藏”白文印、“徐石卿”白文印、“北平孔德學校之章”朱文印.--綫裝

子目：

青瑣蓋言：二卷.--有抄配。明萬曆（1573～1620）

論性：不分卷.--徐汝騰，明萬曆（1573～1620）

首善會語錄：不分卷.--明天啟（1621～1627）

性理辨疑：不分卷.--明萬曆（1573～1620）；楊春育、楊春融，清順治五年（1648）重刻

饑民圖説：不分卷.--楊榴，清乾隆十三年（1748）.--四周雙邊　　　　（甲四）/1139

刻李衷一先生清源洞文集：六卷/（明）李光縉撰.--刻本.--李洪宇，明萬曆四十一年（1613）.--4 冊（1 函）.--版心題“衷一文集”。半葉 10 行，行 20 字，白口，四周單邊，單黑魚尾，半框 22.2×15.2cm。鈐“張”朱文印、“北平孔德學校之章”朱文印.--綫裝　　　　（甲四）/1266

玉茗堂全集：文集十六卷，尺牘六卷，賦六卷，詩十八卷/（明）湯顯祖撰.--刻本.--阮峴，阮嵩竹林堂，清康熙三十三年（1694）.--20 冊（2 函）.--半葉 7 行，行 18 字，白口，四周單邊，半框 21.2×13.1cm。鈐“北平孔德學校之章”朱文印.--綫裝　　　　（甲四）/53

第二部　32 冊（4 函）　　（乙四）/110

第三部　4 冊（1 函），存文 16 卷，鈐“幼穆審定”白文印、“幼穆過目”印（陰陽合璧）、“查季子”印（陰陽合璧）、“善錫紫珊”白文印、“仙舟手校”朱文印、“祉公”白文印、“紫藤花館”朱文印、“北平孔德學校之章”朱文印　　　　（甲四）/154

第四部　9 冊（2 函），存詩 18 卷，有抄配，佚名圈點　　　　（丁）/13011

湯海若問棘郵草：二卷/（明）湯顯祖撰；（明）徐渭批釋；（明）張汝霖校.--刻本.--明（1368～1644）.--1 冊（1 函）.--目錄有缺葉。版心題“問棘郵草”。半葉 9 行，行 20 字，小字雙行字同，有眉批，行 4 字，白口，四周單邊，單黑魚尾，半框 21×13.8cm。鈐“北平孔德學校之章”朱文印.--綫裝　　　　（甲四）/368

石語齋集：二十六卷/（明）鄒迪光撰.--刻本.--明萬曆（1573～1620）.--12 冊（2 函）.--缺卷 25、26，目錄缺 11 葉，卷 2 缺五言古詩 24 首，卷 24 缺文 3 篇。半葉 8 行，行 16 字，白口，四周單邊，單白魚尾，半框 19.3×13.2cm。佚名圈點。鈐“北平孔德學校之章”朱文印.--綫裝　　　　（甲四）/1161

擬寒山詩：一卷/（明）張守約撰.--刻本.--明末（1573～1644）.--2 冊（1 函）.--序題“梅村先生擬寒山詩”、“梅村居士擬寒山詩”。半葉 8 行，行 17 字，白口，四周單邊，單白魚尾，半框 20.3×12.4cm。鈐“趙州古觀音院嗣祖沙門超祥”朱文印、“周肇祥讀過書”朱文印.--綫裝　　　　（丙四）/103

恬暢齋抄趙忠毅公詩：不分卷/（明）趙南星撰.--抄本.--恬暢齋，明末清初（1621～1722）.--1 冊（1 函）.--從趙南星《味檗齋遺書》中抄出。佚名批校.--綫裝　　　　（丁）/12506

鄒公願學集：八卷/（明）鄒元標撰.--刻本.--鄒椿、鄒橋，清乾隆十二年（1747）.--6 冊（1 函）.--書名頁題“吉水鄒忠介公全集”。半葉 10 行，行 22 字，小字雙行字同，白口，左右雙邊，單黑魚尾，半框 18.4×12.7cm。特恩堂藏板.--綫裝　　　　（丁）/3739

刻吳虎侯遺集詩：六卷；**刻吳虎侯遺集文**：十一卷/（明）吳寅撰.--刻本.--孫閎基硯北齋，明崇禎二年（1629）.--4 冊（1 函）.--版心題“吳虎侯集”。半葉 9 行，行 18 字，小字雙行字同，白口，四周單邊，單白魚尾，序言版心下刻“硯北齋”，半框 20.4×13.6cm。佚名圈點。鈐“北平孔德學校之章”朱文印.--綫裝

集部·別集類

（甲四）/1271

三易集：二十卷/（明）唐時升撰.--刻本.--明崇禎（1628～1644）.--6冊（1函）.--（嘉定四先生集/[明]謝三賓輯）.--書名頁題"唐叔達先生三易集"。半葉10行，行18字，小字雙行字同，細黑口，左右雙邊，半框18.4×13.2cm。西園梅花書屋藏板。鈐"餘姚謝氏永耀樓藏書"朱文印.--綫裝 （丁）/3944
第二部 10冊（2函） （丁）/4893

縫掖集：十八卷/（明）謝廷諒撰.--刻本.--葉長坤，明萬曆三十五年（1607）.--5冊（1函）.--缺卷2-4。半葉9行，行18字，白口，左右雙邊，單黑魚尾間單白魚尾，半框20.1×14.6cm。有刻工：詹四。鈐"北平孔德學校之章"朱文印.--綫裝 （甲四）/1167

弗告堂集：二十六卷/（明）于若瀛撰.--刻本.--明萬曆（1573～1620）.--4冊（1函）.--缺卷23-26。半葉10行，行23字，白口，四周雙邊，單黑魚尾，半框20.8×13.3cm。有刻工：方、瑞等。鈐"滌人"朱文印、"時祖瀛印"白文印、"北平孔德學校之章"朱文印.--綫裝 （甲四）/927

中寰集：十一卷/（明）何出光撰.--刻本.--何氏，清乾隆二十九年（1764）.--12冊（1函）.半葉9行，行20字，小字雙行字同，白口，左右雙邊，單黑魚尾，半框21.5×14.8cm。佚名圈點、批校.--綫裝 （丁）/12759

鄒太史文集：不分卷/（明）鄒德溥撰.--刻本.--明（1368～1644）.--4冊（1函）.--半葉9行，行18字，小字雙行字同，白口，四周單邊，單黑魚尾，版心上刻"鄒太史文集"，半框20.4×14.3cm。鈐"北平孔德學校之章"朱文印.--綫裝 （甲四）/462

容臺集：二十卷/（明）董其昌撰.--刻本.--明崇禎（1628～1644）.--3冊（1函）.--存容臺詩集4卷、容臺別集4卷。半葉8行，行19

字，小字雙行字同，白口，左右雙邊，半框19.3×13.5cm。鈐"古婁唐模梧蓀校勘書籍章"朱文印.--綫裝 （丁）/12614

紫原文集：十二卷，序目一卷/（明）羅大紘撰.--刻本.--明末（1573～1644）.--17冊（2函）.--半葉9行，行20字，白口，四周單邊，無界行，單黑魚尾，半框20.6×14.2cm。鈐"北平孔德學校之章"朱文印.--綫裝 （甲四）/660

陳氏荷華山房詩稿：二十六卷，目錄二卷/（明）陳邦瞻撰.--刻本.--牛維赤，明萬曆四十六年（1618）.--10冊（1函）.--半葉9行，行18字，白口，四周單邊，單黑魚尾，半框22×15.3cm。有刻工：李甲、王等。鈐"守"、"恭"白文印、"北平孔德學校之章"朱文印.--綫裝 （甲四）/1241

崇相集：八卷；**崇相存素詩稿**：二卷/（明）董應舉撰.--刻本.--呂純如，明萬曆四十八年（1620）.--8冊（1函）.--版心題"崇相集"，書簽、序言題"董見龍先生集"。半葉9行，行19字，小字雙行字同，白口，四周單邊，單黑魚尾，半框20.7×14.7cm。鈐"无竟先生獨志堂物"朱文印、"王孫錫印"白文印、"北平孔德學校之章"朱文印.--綫裝 （甲四）/533

文敏馮先生詩集：六卷/（明）馮琦撰.--刻本.--明末（1573～1644）.--4冊（1函）.--半葉9行，行20字，白口，四周單邊，單黑魚尾，半框20.8×14.5cm。有刻工：業自盛。鈐"北平孔德學校之章"朱文印.--綫裝 （甲四）/571

寓林集：三十二卷，詩六卷/（明）黄汝亨撰.刻本.--吳敬、吳芝等，明天啟四年（1624）.--20冊（2函）.--半葉9行，行20字，白口，左右雙邊，單黑魚尾，半框21.4×14.8cm。鈐"北平孔德學校之章"朱文印.--綫裝 （甲四）/1406

361

翠娛閣評選黃貞父先生小品：二卷／（明）黃汝亨撰；（明）丁允和選；（明）陸雲龍評. --刻本. --錢塘陸雲龍，明崇禎六年（1632）. --2冊（1函）. --（皇明十六名家小品：二十八卷／[明]陸雲龍，[明]丁允和等輯）. --半葉9行，行19字，有眉批，行4字，白口，四周單邊，單白魚尾，半框 16.3×13.4cm。鈐"曾為古昭陽徐南邨所藏"白文印、"周肇祥讀過書"朱文印、"真如舊館"白文印. --綫裝

（丙四）/1883

　　第二部　1冊（1函），鈐"韓氏聽雨齋藏"朱文印、"韓連珍"白文印　　（丁）/6373

仰節堂集：十四卷／（明）曹于汴撰. --刻本. --劉在庭，明天啟四年（1624）. --8冊（1函）. --半葉8行，行20字，白口，四周雙邊，單黑魚尾，半框 21.1×13.6cm。鈐"張氏審定"白文印、"仿古閣"白文印、"國偉叢書"印（陰陽合璧）、"張國偉印"白文印、"張氏國偉字杰生行三"朱文印、"平遙仿古閣主人國偉張氏收藏經籍金石書畫印"白文印、"古陶居士"朱文印. --綫裝　　（丁）/12989

白石樵真稿：二十四卷／（明）陳繼儒撰. --刻本. --明崇禎（1628～1644）. --8冊（1函）. --半葉9行，行21字，白口，左右雙邊，無界行，單黑魚尾，半框 20.6×13.5cm。鈐"溥堂別字建邦"白文印、"臣汪嘉封之印"朱文印、"青琅玕館"白文印. --綫裝　　（丁）/3532

陳眉公先生全集：六十卷／（明）陳繼儒撰. **年譜**：一卷／（明）陳夢蓮撰. --刻本. --華亭陳氏，明崇禎（1628～1644）. --20冊（4函）. --半葉9行，行20字，白口，左右雙邊，單黑魚尾，半框 20.7×14.3cm。佚名圈點。鈐"北平孔德學校之章"朱文印. --綫裝　　（甲四）/952

眉公先生晚香堂小品：二十四卷／（明）陳繼儒撰. --刻本. --湯大節藺綠居，明末（1573～1644）. --24冊（4函）. --序題"晚香堂小品"。半葉9行，行20字，白口，四周單邊，單白魚尾，半框 21.1×14.7cm。藺綠居藏板。鈐"欽

訓堂書畫記"白文印、"珊瑚閣珍藏印"朱文印、"四明黃氏怡善堂之藏書"朱文印、"北平孔德學校之章"朱文印. --綫裝　　（甲四）/940

　　第二部　12冊（2函），鈐"孫潤之印"朱文印、"如德"白文印、"白易山人"白文印等　　（丁）/14164

鐫蒼霞草：十二卷／（明）葉向高撰. --刻本. --明萬曆三十四年（1606）. --12冊（2函）. --半葉10行，行20字，白口，四周雙邊，單黑魚尾，半框21.4×14.8cm。有刻工：張崔. --綫裝　　（乙二）/1808

鐫蒼霞草：十五卷／（明）葉向高撰. --刻本. --明萬曆（1573～1620）. --14冊（1函）. --版心題"葉進卿蒼霞草"。半葉9行，行20字，白口，四周單邊，單黑魚尾，半框22.7×14.4cm。鈐"孫氏藏書"朱文印、"北平孔德學校之章"朱文印. --綫裝　　（甲四）/580

歇庵集：十六卷／（明）陶望齡撰. --刻本. --真如齋，明萬曆三十九年（1611）. --16冊（4函）. --半葉9行，行19字，白口，四周雙邊間左右雙邊，半框 21.3×14.7cm。鈐"北平孔德學校之章"朱文印. --綫裝　　（甲四）/626

歇庵集：二十卷，附行略、祭文、輓詩／（明）陶望齡撰. --刻本. --喬時敏，明萬曆（1573～1620）. --5冊（1函）. --半葉9行，行19字，小字雙行字同，白口，四周單邊，單黑魚尾，版心下刻"本衙藏板"，半框 20.8×14.6cm。佚名圈點。鈐"北平孔德學校之章"朱文印. --綫裝　　（甲四）/590

緱山先生集：二十七卷／（明）王衡撰. --刻本. --明萬曆（1573～1620）. --20冊（2函）. --半葉9行，行18字，白口，四周單邊，單黑魚尾，半框22×14.1cm. --綫裝　　（甲四）/945

汲古堂集：二十八卷／（明）何白撰. --刻本. --高朝選，清乾隆二十九年（1764）. --12冊（2函）. --半葉10行，行20字，白口，左右雙邊，

單黑魚尾，半框 18.1×13.7cm。鈐"北平孔德學校之章"朱文印．--綫裝 　　（甲四）/420

鸎鳩小啓：十三卷/（明）連繼芳撰．--刻本．--連洋，清康熙三年（1664）．--8 冊（1 函）．--半葉 9 行，行 18 字，小字雙行字同，白口，四周雙邊，單黑魚尾，半框 21.8×15.2cm。鈐"北平孔德學校之章"朱文印．--綫裝 （甲四）/643

松圓浪淘集：十八卷，目錄二卷/（明）程嘉燧撰．--刻本．--明崇禎（1628～1644）．--（嘉定四先生集/[明]謝三賓輯）．--4 冊（1 函）．--書名頁題"程孟陽先生松圓集"。半葉 10 行，行 18 字，細黑口，左右雙邊，半框 18.3×13.1cm。有刻工：潘、豐等。鈐"賴古堂家藏"白文印、"拙邨藏書"白文印．--綫裝 （丁）/13922

松圓偈庵集：二卷/（明）程嘉燧撰．--刻本．--明崇禎（1628～1644）．--2 冊（1 函）．--（嘉定四先生集/[明]謝三賓輯）．--半葉 10 行，行 18 字，細黑口，左右雙邊，半框 18.3×13.1cm。有刻工：潘、王、之、豐等。鈐"賴古堂家藏"白文印、"拙邨藏書"白文印、"佐伯文庫"朱文印．--綫裝 （丁）/13923

睡庵稿文集：二十五卷；**睡庵稿詩集**：十一卷/（明）湯賓尹撰．--刻本．--明萬曆（1573～1620）．--10 冊（1 函）．--文集缺卷 23-25，文集卷 17 有 1 葉抄配。卷端題"睡庵稿"。半葉 9 行，行 19 字，白口，四周單邊，單綫魚尾，半框 20.7×15.3cm。有刻工：仲、蔡等。鈐"北平孔德學校之章"朱文印．--綫裝 （甲四）/1034

薇垣小草：六卷/（明）王潛初撰．--刻本．--王沛初等，明末（1573～1644）．--6 冊（1 函）．--半葉 9 行，行 18 字，小字雙行字同，白口，左右雙邊，單黑魚尾，半框 20.4×13.4cm．--綫裝 （甲四）/1198

婁子柔先生集：三十五卷/（明）婁堅撰；（清）陸廷燦重校．--刻本．--清康熙三十三年（1694）．--12 冊．--半葉 9 行，行 18 字，小字雙行字同，細黑口，四周單邊，半框

19.3×13cm。鈐"廉晉過眼"白文印、"曾在王氏家過來"朱文印、"篤素堂張曉漁校藏圖籍之章"朱文印．--綫裝

子目：
吳歙小草：十卷
學古緒言：二十五卷 （丁）/12988

太乙山房文集：十五卷/（明）陳際泰撰．--刻本．--繡谷李士奇，明崇禎六年（1633）．--12 冊（1 函）．--書名頁題"陳大士文集"。半葉 9 行，行 20 字，白口，四周單邊，單黑魚尾，半框 21.6×13.3cm．--綫裝 （乙四）/25

袁中郎十集：十種十六卷/（明）袁宏道撰．--刻本．--繡水：周應麐，明末（1573～1644）．--5 冊（2 函）．--存七種。桃花詠、瓶史各有 2 部。半葉 9 行，行 20 字，白口，左右雙邊，單黑魚尾，半框 21.6×14.2cm。繡水周氏家藏板。藝圃批點。鈐"北平孔德學校之章"朱文印．--綫裝

子目：
袁中郎桃源詠：一卷
袁中郎華嵩遊草：二卷
袁中郎瓶史：一卷
袁中郎敝篋集：二卷
袁中郎廣莊：一卷
袁中郎破研齋集：三卷．--卷 1 缺 5 葉，卷 2 缺 5 葉
袁中郎觴政：一卷 （甲四）/1046

錦帆集：四卷；**去吳七牘**：一卷/（明）袁宏道撰．--刻本．--袁氏書種堂，明萬曆三十七年（1609）．--2 冊（1 函）．--半葉 9 行，行 18 字，白口，四周單邊，單綫魚尾，半框 20.8×14.7cm。鈐"北平孔德學校之章"朱文印．--綫裝 （甲四）/1043

瀟碧堂集：二十卷/（明）袁宏道撰．--刻本．--袁氏書種堂，明萬曆（1573～1620）．--8 冊（1 函）．--半葉 9 行，行 18 字，白口，四周單邊，單綫魚尾，半框 20.8×14.5cm。鈐"北平孔德學校之章"朱文印．--綫裝 （甲四）/991

燕林藏稿：十卷；楚風：一卷/（明）余紉蘭撰.--刻本.--明崇禎（1628～1644）.--4 冊（1 函）.--半葉 8 行，行 18 字，白口，四周單邊，半框 20.5×13.6cm。鈐"北平孔德學校之章"朱文印.--綫裝　　　　　（甲四）/1344

楊忠烈公文集：六卷/（明）楊漣撰.--刻本.--清初（1644～1722）.--1 冊（1 函）.--存卷 1 第 2-90 葉。半葉 8 行，行 19 字，小字雙行字同，白口，左右雙邊，單黑魚尾，半框 18.8×13.7cm.--綫裝　　　　　（丁）/12518

王季重先生增補十三種全集/（明）王思任撰.--刻本.--金閶：景鄴堂，明末（1573～1644）.--16 冊（2 函）.--題名據書名頁，目錄題"王季重先生文集"。半葉 9 行，行 21 字，小字雙行字同，白口，左右雙邊，單黑魚尾，半框 20×14.2cm。寶翰樓藏板。鈐"寶翰樓藏板"朱文印、"无竟先生獨志齋物"朱文印、"北平孔德學校之章"朱文印.--綫裝

子目：

避園擬存：一卷

雜序：一卷

時文序：一卷

爾爾集：一卷

傳：一卷

雜記：一卷

歷遊記：一卷

遊喚：一卷

廬遊雜詠：一卷

遊廬山記：一卷

律陶：一卷

奕律：一卷

志狀銘：一卷　　　　　（甲五）/149

卓光祿集：三卷/（明）卓明卿撰.--刻本.--苑西客舍，明萬曆（1573～1620）.--3 冊（1 函）.--半葉 8 行，行 17 字，小字雙行字同，白口，四周雙邊，單黑魚尾，版心下刻"苑西客舍雕"，半框 21.1×12.7cm。鈐"三上書屋主人"白文印、"北平孔德學校之章"朱文印.--綫裝　　　　　（甲四）/362

隱秀軒集：八卷五十一集/（明）鍾惺撰.--刻本.--沈春澤，明天啟二年（1622）.--12 冊（2 函）.--存 29 集：第 1-6、8、11-18、20-33 集，序言有 2 葉、卷 3 有 2 葉、卷 4 有 3 葉抄配。半葉 8 行，行 17 字，小字雙行字同，白口，四周單邊，半框 19.1×14.3cm.--綫裝　　　　　（乙四）/231

霏雲居集：五十四卷，目錄五卷/（明）張爕撰.--刻本.--明萬曆四十年（1612）.--12 冊（2 函）.--半葉 9 行，行 18 字，小字雙行字同，白口，四周雙邊，半框 20.9×14.8cm。佚名圈點。鈐"得一居珍藏印"白文印、"北平孔德學校之章"朱文印.--綫裝　　　　　（甲四）/1501

王惺所先生文集：十卷/（明）王以悟撰.--刻本.--明天啓二年（1622）刻；清（1644～1911）補刻.--4 冊（1 函）.--半葉 9 行，行 20 字，白口，單黑魚尾，四周雙邊，半框 20.8×15cm.--綫裝　　　　　（丁）/6513

水明樓集：十四卷/（明）陳薦夫撰.--刻本.--明萬曆（1573～1620）.--6 冊（1 函）.--半葉 9 行，行 18 字，白口，左右雙邊，單白魚尾，半框 20.5×14.6cm.--綫裝　　　　　（丁）/12451

左忠毅公集：二卷/（明）左光斗撰.--刻本.--清康熙（1662～1722）.--2 冊（1 函）.--半葉 10 行，行 20 字，白口，左右雙邊，單黑魚尾，半框 18×13.7cm。佚名評點。鈐"壽椿堂王氏家藏"白文印、"王璣"朱文印、"恭"朱文印、"靖廷校閱"朱文印.--綫裝　　　　　（丙四）/1129

鹿忠節公集：二十一卷/（明）鹿善繼撰.--刻本.--清（1644～1911）.--6 冊（1 函）.--半葉 9 行，行 20 字，白口，四周雙邊，單黑魚尾，半框 20×14.3cm.--綫裝　　　　　（丙四）/1427

達觀樓集：二十四卷/（明）鄒維璉撰.--刻本.--鄒氏家刻，清乾隆三十一年（1766）.--10 冊（1 函）：肖像 1 幅.--半葉 10 行，行 21 字，

小字雙行字同，白口，左右單邊，單黑魚尾，半框 19.6×13.1cm。龍岡藏板.--綫裝

（丙四）/6420

劉蕺山先生集：二十四卷，首一卷/（明）劉宗周撰.--刻本.--證人堂，清乾隆十七年（1752）.--8 冊（1 函）.--半葉 10 行，行 22 字，小字雙行字同，白口，左右雙邊，單黑魚尾，版心下刻"證人堂"，半框 18.9×13.8cm。本衙藏板。鈐"北平孔德學校之章"朱文印.--綫裝

（甲四）/1489

西湖造遊草：不分卷/（明）吳伯與撰.--刻本.--明末（1573～1644）.--1 冊（1 函）.--半葉 9 行，行 18 字，小字雙行字同，白口，左右雙邊，半框 21×14.4cm.--綫裝

（甲四）/1212

汪明生詩草：一卷；**汪明生借研齋草**：一卷；**汪明生齊梁草**：一卷；**汪明生秦草**：二卷/（明）汪元範撰.--抄本.--裘杼樓，清初（1644～1722）.--1 冊（1 函）.--半葉 9 行，行 18 字，白口，左右雙邊，單黑魚尾，版心下刻"裘杼樓"，半框 19.9×14cm.--綫裝 （丁）/6896

清閟全集：八十九卷/（明）姚希孟撰.--刻本.--明崇禎（1628～1644）.--24 冊（4 函）.--半葉 7、8 行，行 18 字，小字雙行字同，白口，左右雙邊，單黑魚尾，版心下刻"大隱堂"、"絳跗堂"，半框 21.1×13.7cm.--綫裝
  子目：
  薇天集：二卷
  丹黃集：二卷
  公槐集：六卷
  響玉集：十卷，餘一卷
  棘門集：八卷
  沆瀣集：五卷
  秋旻集：十卷，二刻一卷，秋旻續刻一卷
  文遠集：二十八卷，補遺一卷
  循滄集：二卷
  松瘦集：二卷
  迦陵集：四卷

風唫集：六卷 （乙四）/3

靜悱集：十卷，卷首一卷/（明）吳之甲撰.--刻本.--吳重康，清乾隆四年（1739）.--6 冊（1 函）.--半葉 9 行，行 20 字，白口，左右雙邊，單黑魚尾，半框 20.9×14.3cm。鈐"无竟先生獨志堂物"朱文印、"北平孔德學校之章"朱文印.--綫裝 （甲四）/1480

天傭子集：二卷/（明）艾南英撰.--刻本.--明崇禎（1628～1644）.--5 冊（1 函）.--半葉 8 行，行 18 字，白口，四周單邊，單白魚尾，半框 19.5×13.7cm。周肇祥跋。鈐"周肇祥讀過書"朱文印等.--綫裝 （丙四）/2266

新刻天傭子全集：十卷/（明）艾南英撰；（清）艾為珖等輯.--刻本.--艾為珖，清康熙三十八年（1699）.--10 冊（2 函）.--半葉 9 行，行 20 字，白口，四周單邊，單黑魚尾，半框 17.8×12.6cm。本家藏板.--綫裝 （丙四）/2224
  第二部 鈐"大高山館藏書"朱文印、"佩瑗所藏"朱文印 （丁）/4487

自娛集：十卷，詩餘一卷/（明）俞琬綸撰.--刻本.--明萬曆四十六年（1618）.--4 冊（1 函）.--書名頁題"俞君宣先生自娛集"。半葉 9 行，行 18 字，白口，四周單邊，單黑魚尾，半框 19.7×14.1cm。鈐"北平孔德學校之章"朱文印.--綫裝 （甲四）/1110

黃石齋先生文集：十三卷/（明）黃道周撰；（清）鄭玟編.--刻本.--清康熙五十三年（1714）.--6 冊（1 函）.--半葉 10 行，行 22 字，小字雙行字同，粗黑口，左右雙邊，雙黑魚尾，半框 21.1×14.7cm。佚名朱筆圈點，墨筆眉批。鈐"逍興莊氏珍藏"朱文印.--綫裝

（丙四）/6416

新刻譚友夏合集：二十三卷/（明）譚元春撰.刻本.--明崇禎六年（1633）.--12 冊（2 函）.--半葉 9 行，行 20 字，白口，四周單邊，單黑魚尾，半框 19.2×13.3cm。佚名圈點。鈐"碧蓁

館藏"朱文印、"芸子"朱文印.--綫裝

(丁)/8830

張司隸初集：十二種五十二卷/（明）張道濬撰.--刻本.--明崇禎（1628～1644）.--12 冊（2 函）.--目錄係抄補.半葉 9 行，行 20 字，白口，四周單邊，半框 20.8×14.2cm。佚名圈點.鈐"北平孔德學校之章"朱文印.--綫裝

子目：

澤畔行吟：十卷

澤畔行吟續：九卷

奏草焚餘：一卷

古測：一卷

杞謀：一卷

奚囊剩草：十卷

雪廣筆役：六卷

不可不傳：三卷

偵宣鎮記：一卷

兵燹瑣記：一卷

寶莊城守規則：一卷

澤畔行吟再續：八卷 （甲四）/947

邠菴訂定譚子詩歸：十卷，自題一卷/（明）譚元春撰.--刻本.--鍾氏嶽歸堂，明末（1573～1644）.--4 冊（1 函）.--半葉 8 行，行 18 字，小字雙行字同，白口，四周單邊，單白魚尾，版心下刻"嶽歸堂"，半框 19.9×13.7cm。佚名圈點、批註.鈐"碧葉館藏"朱文印、"芸子"朱文印、"惜華讀書"朱文印.--綫裝

(丁)/12517

范文忠公初集：十二卷/（明）范景文撰.**范文忠公年譜**：一卷/（清）王孫錫撰.--刻本.--吳橋范氏思仁堂，清康熙十二年（1673）刻；清康熙至光緒（1662～1908）遞修.--6 冊（1 函）.--半葉 8 行，行 23 字，白口，四周雙邊，單黑魚尾，版心下刻"思仁堂"，半框 19.7×14.2cm.--綫裝 （丙四）/1041

石臼後集：七卷/（明）邢昉撰；（清）宋至，（清）王孚校.--刻本.--清康熙（1662～1722）.--2 冊（1 函）.--半葉 10 行，行 19 字，

白口，四周單邊，雙順黑魚尾，半框 18.6×13.5cm。王仁東題跋.鈐"王仁東讀"朱文印.綫裝 （丁）/9662

紡授堂詩集：八卷；**紡授堂二集**：十卷；**紡授堂文集**：八卷/（明）曾異撰撰.--刻本.--清康熙五十七年（1718）.--12 冊（2 函）.--半葉 8 行，行 20 字，白口，四周單邊，單黑魚尾，半框 20.7×14cm。益友齋藏板.佚名圈點.鈐"慈竹居藏書記"朱文印、"慈竹居藏書記"白文印.--綫裝 （丁）/10862

宋布衣詩集：二卷，文集一卷/（明）宋登春撰.**清平閣倡和詩**：一卷/（明）宋登春等撰.--刻本.--誠意堂，清乾隆二十一年（1756）.--4 冊（1 函）.--版心題"宋布衣集".半葉 9 行，行 19 字，小字雙行字同，白口，四周單邊，單黑魚尾，半框 19.2×13.9cm。鈐"北平孔德學校之章"朱文印.--綫裝 （甲四）/944

吳忠節公遺集：四卷/（明）吳麟征撰.--刻本.--明弘光（1644～1645）刻；清（1644～1911）修版.--4 冊（1 函）：肖像 1 幅.--半葉 9 行，行 19 字，白口，左右雙邊，半框 19.3×14.3cm。佚名圈點.--綫裝 （丁）/2443

雌谿草堂初集：十卷/（明）汪彥撰.--刻本.--明天啟（1621～1627）.--4 冊（1 函）.--半葉 8 行，行 18 字，白口，四周單邊，單黑魚尾，半框 19.8×13.8cm。佚名圈點.鈐"鼇峰徐氏宛羽樓藏"朱文印、"世德室珍藏印"白文印、"北平孔德學校之章"朱文印.--綫裝

(甲四)/656

鴻寶應本：十七卷/（明）倪元璐撰.--刻本.--明崇禎十五年（1642）.--12 冊（2 函）.--半葉 8 行，行 20 字，白口，四周單邊，半框 20.3×13.8cm。鈐"麗堂"朱文印、"北平孔德學校之章"朱文印.--綫裝 （甲四）/66

倪文貞公文集：二十卷，首一卷，奏疏十二卷/（明）倪元璐撰.--刻本.--蔣士銓，清乾隆三

十七年（1772）.--10 冊（1 函）：肖像 1 幅.--半葉 10 行，行 21 字，小字雙行字同，白口，四周單邊，單黑魚尾，半框 20.5×14.9cm。佚名圈點、批校.--綫裝　　　　　（丁）/4061

蘿石山房文鈔：四卷，卷首一卷/（明）左懋第撰.--刻本.--左堯勳，清乾隆四十六年（1781）.--4 冊（1 函）.--半葉 9 行，行 19 字，小字雙行字同，粗黑口，四周雙邊，無界行，單黑魚尾，半框 18.1×13.7cm。左公祠藏板.--綫裝　　　　　　　　　　（丁）/1335

七錄齋詩文合集：十六卷/（明）張溥撰.--刻本.--明崇禎九年（1636）.--8 冊（1 函）.--存 8 卷：古文近稿 4 卷、館課 1 卷、詩稿 3 卷。版心題“七錄齋集”。半葉 9 行，行 18 字，白口，左右雙邊，單黑魚尾，半框 19.7×14.1cm。鈐“北平孔德學校之章”朱文印.--綫裝　　　　　　　　（甲四）/1450

閭風館文集/（明）馬樸撰.--刻本.--明崇禎（1628～1644）.--7 冊（1 函）.--存卷 5-28、33-36。版心題“閭風館集”。半葉 9 行，行 20 字，白口，四周單邊，單黑魚尾，半框 20.4×14.6cm。有刻工：宗、中等。鈐“北平孔德學校之章”朱文印.--包背裝　　　（甲四）/353

江止庵遺集：八卷，首一卷/（明）江天一撰.--刻本.--祭書草堂，清康熙（1662～1722）.--8 冊（1 夾）.--半葉 9 行，行 20 字，白口，四周雙邊，單黑魚尾，版心下刻“祭書草堂珍藏”，半框 19.7×14.5cm。佚名圈點。鈐“楳坪珍藏”朱文印、“尺五樓呂氏聚書印”朱文印.--綫裝　　　　　　　　　（丙四）/4261

嶠雅：二卷/（明）鄺露撰.--刻本.--海雪堂，清初（1644～1722）.--4 冊（1 函）：肖像 1 幅.--卷 2 有 20 葉抄配。半葉 8 行，行 15 字，小字雙行字同，白口，四周單邊，半框 18.4×13.2cm。佚名題識。鈐“用之則行舍之則藏”朱文印、“藏用”朱文印、“老劉”朱文印、“曉傳書齋”朱文印、“延昌書庫”朱文印、“樂古齋書齋”朱文印……

畫”朱文印、“陳淳之印”白文印、“新寧黃昌棠藏”朱文印.--綫裝　　　（甲四）/642

陶菴文集：七卷；**陶菴詩集**：八卷/（明）黃淳耀撰.附吾師錄：一卷/（明）黃淳耀輯.**谷簾學吟**：一卷/（明）黃淵耀撰.--刻本.--嘉定：張懿實，清康熙十五年（1676）；陸廷燦，清康熙四十二年（1703）補刻谷簾學吟.--6 冊（1 函）.--書名頁題“黃蘊生先生陶菴全集”。半葉 9 行，行 19 字，小字雙行字同，細黑口，左右雙邊，半框 19×13.9cm。鈐“北平館蕭氏珍藏圖書”朱文印、“廉石家風”朱文印、“清代通史作者蕭一山”朱文印.--綫裝
　　　　　　　　　（丁）/15437
第二部　2 冊（1 函），缺文集 7 卷
　　　　　　　　　（丙四）/4216

陶菴全集：二十二卷/（明）黃淳耀撰；（清）陶應鯤輯.--刻本.--寶山：溧水陶氏，清乾隆二十六年（1761）.--6 冊（1 函）.--半葉 10 行，行 22 字，白口，左右雙邊，單黑魚尾，半框 17.8×13.8cm。寶山學藏板。鈐“北平孔德學校之章”朱文印.--綫裝
　　子目：
　　陶菴文集：七卷，補遺一卷
　　陶菴詩集：八卷
　　陶菴詩集補遺：一卷
　　陶菴語錄：五卷
　　　吾師錄：一卷
　　　陶菴自監錄：四卷　　　（甲四）/185
　　第二部　5 冊（1 函），鈐“高郵王氏望溪看過”白文印　　　　　　（丙四）/4273
　　第三部　缺陶菴自監錄四卷
　　　　　　　　　（丙四）/1291
　　第四部　寶山學藏板　（丙四）/1326
　　第五部　4 冊（1 函），存詩集 8 卷，補遺 1 卷，卷末 1 卷，偉恭詩附 1 卷　（丁）/7687

南榮集文選：二十三卷；南榮集詩選：十二卷/（明）熊人霖撰.--刻本.--書林同文書院，明崇禎十六年（1643）.--6 冊（1 函）.--缺卷 14。書名頁題“熊伯甘先生南榮集”。半葉 9 行，行

20 字，小字雙行字同，白口，左右雙邊，單黑魚尾，半框 19.8×14cm。鈐"北平孔德學校之章"朱文印.--綫裝　　　　　（甲四）/1185

月隱先生遺集：正集四卷，外編二卷，附錄一卷/（明）祝淵撰；（清）陳敬璋編.--抄本.--清（1644～1911）.--2 冊（1 函）.--陳敬璋圈點、批校，周肇祥題跋。鈐"金蓮花館"朱文印、"退翁"白文印、"周肇祥"白文印.--毛裝
（丁）/12607

延露編/（明）黃一龍撰.--刻本.--明末（1573～1644）.--8 冊（1 函）.--存卷 3-9、卷 16-30。半葉 9 行，行 18 字，白口，四周單邊，單黑魚尾，半框 20.4×15.1cm。鈐"北平孔德學校之章"朱文印.--綫裝　　　　（甲四）/1351

覺非集：不分卷/（明）鄧玉梅撰.--刻本.--清乾隆十六年（1751）.--1 冊.--半葉 8 行，行 22 字，小字雙行字同，白口，四周雙邊，無界行，單黑魚尾，半框 19.4×11.5cm。鈐"王璈"印（陰陽合璧）.--綫裝　　　（丙四）/1163

清

牧齋初學集詩注：二十卷/（清）錢謙益撰；（清）錢曾注.--刻本.--清乾隆（1736～1795）.--12 冊（2 函）.--半葉 10 行，行 20 字，小字雙行字同，粗黑口，四周單邊，單黑魚尾，半框 17.5×13.9cm。玉詔堂藏板。丁福保批。鈐"丁福保字仲祜"朱文印、"曾藏丁福保家"朱文印等.--綫裝　　　（乙四）/88-1

牧齋有學集：五十一卷/（清）錢謙益撰；（清）錢曾注.--刻本.--清康熙（1662～1722）.--12 冊（2 函）.--半葉 10 行，行 20 字，白口，左右雙邊，單黑魚尾，版心下刻"金匱山房定本"，半框 18.7×13cm。玉詔堂藏板。鈐"丁福保字仲祜"朱文印、"曾藏丁福保家"朱文印等.--綫裝　　　（乙四）/88-2

錢牧齋先生尺牘：三卷/（清）錢謙益撰.--

刻本.--顧氏如月樓，清康熙三十八年（1699）.--2 冊（1 函）.--卷 3 末葉有半葉抄配。半葉 10 行，行 20 字，粗黑口，左右雙邊，單黑魚尾，半框 18.6×13.8cm。佚名圈點.--綫裝　　　（甲四）/1250-2

容城鍾元孫先生文集：四卷/（清）孫奇逢撰.刻本.--清康熙十七年（1678）.--4 冊（1 函）.--附：孫徵君傳/（清）魏裔介撰。半葉 10 行，行 20 字，小字雙行 20 字，白口，四周雙邊，單黑魚尾，半框 20.2×14.2cm.--綫裝
（丙四）/1771

尊水園集略：十二卷，補遺二卷/（清）盧世㴖撰；（清）程先貞等輯.--刻本.--清順治（1644～1661），盧孝余，清順治十七年（1660）增修.--8 冊（1 函）.--半葉 9 行，行 19 字，小字雙行字同，白口，四周單邊，單白魚尾間單黑魚尾，半框 19.7×14cm.--綫裝　　　（丙四）/1349

第二部　　　　　　　　　　　（丁）/4723

尊水園集：四卷/（清）盧世㴖撰.--刻本.--清順治（1644～1661）.--4 冊（1 函）.--半葉 9 行，行 19 字，白口，四周單邊，單白魚尾，半框 19.9×13.9cm.--綫裝　　　（丁）/4508

煮字齋詩集：一卷，二集一卷/（清）徐燨撰.--刻本.--清初（1644～1722）刻；康熙十七年（1678）增刻.--2 冊（1 函）.--半葉 9 行，行 21 字，小字雙行字同，白口，左右雙邊，單黑魚尾，半框 18.7×12.4cm。煮字齋藏板.--綫裝
（丁）/980

雪堂集選：三卷；雪堂先生文選：十七卷；侶鷗閣近集：二卷；侶鷗閣遺集：一卷；雪堂先生詩選：四卷；恥廬近集：二卷/（清）熊文舉撰.--刻本.--清順治至康熙（1644～1722）.--24 冊（4 函）.--雪堂先生文選缺卷 1、2。半葉 9 行，行 20 字，有眉批，行 3 字，白口，左右雙邊間四周單邊，半框 17.2×12.7cm。鈐"北平孔德學校之章"朱文印.--綫裝　　　（甲四）/1243

斗齋詩選：二卷/（清）張文光撰.--刻本.--清乾隆（1736～1795）.--1 冊（1 函）.--半葉 9 行，行 18 字，小字雙行字同，白口，四周單邊，半框 18.7×13.4cm。佚名圈點。鈐"北平孔德學校之章"朱文印.--綫裝

（甲四）/1531

鈍吟全集：二十三卷/（清）馮班撰.--刻本.--清康熙七年（1668）.--3 冊（1 函）.--半葉 14 行，行 21 字，粗黑口，左右雙邊，單黑魚尾，半框 15.1×12.5cm。佚名批點。鈐"麟祉"白文印、"北平孔德學校之章"朱文印.--綫裝

（甲四）/607

天益山堂遺集：十卷，續刻一卷/（清）馮元仲撰.--刻本.--清乾隆八年（1743）.--1 冊（1 函）：肖像 1 幅.--半葉 14 行，行 26 字，小字雙行字同，粗黑口，四周單邊，雙對黑魚尾，半框 19.2×13.7cm。貽安廬藏板.--綫裝

（丁）/5530

[馬萬長子遺集]/（清）马世傑撰.--抄本.--清初（1644～1722）.--1 冊（1 函）.--佚名批點.--綫裝　　　　（丁）/5958

青箱堂詩：三十三卷/（清）王崇簡撰.--刻本.--清康熙（1662～1722）.--6 冊（1 函）.--卷 2 末殘，缺詩 5 篇。半葉 9 行，行 18 字，小字雙行字同，白口，左右雙邊，單白魚尾，半框 18.1×14cm。鈐"敦睦堂"朱文印、"北平孔德學校之章"朱文印.--綫裝　　（甲四）/1115

嚴逸山先生文集：十三卷/（清）嚴書開撰.善餘堂家乘後編：一卷.--刻本.--嚴氏寧德堂，清初（1644～1722）.--4 冊（1 函）.--卷 12 目錄注"未刻"。半葉 9 行，行 22 字，小字雙行字同，白口，左右雙邊，半葉 19.8×13cm.--綫裝　　　　（丁）/3887

東園詩集：五卷/（清）黃圖安撰.--刻本.--清順治（1644～1661）.--4 冊（1 函）.--半葉 9 行，行 18 字，白口，四周單邊，單黑魚尾，

半框 20.7×13.3cm.--綫裝　　（甲四）/774

芝在堂文集：十五卷/（清）劉醇驥撰.--刻本.--清康熙（1662～1722）.--4 冊（1 函）.--書名頁題"劉千里先生文集"。半葉 9 行，行 20 字，白口，四周單邊，單黑魚尾，半框 20.4×13.6cm。芝在堂藏板。鈐"周肇祥印"朱文印.--綫裝　　　　（丙四）/291

海右陳人集：二卷/（清）程先貞撰.--刻本.--清康熙（1662～1722）.--4 冊（1 函）.--半葉 10 行，行 19 字，小字雙行字同，黑口，四周單邊，單黑魚尾，半框 17×13.5cm.--綫裝

（丁）/4021

蓼齋集：四十七卷，後集五卷/（清）李雯撰.--刻本.--石維崑，清順治十四年（1657）.--10 冊（1 函）.--半葉 9 行，行 19 字，白口，四周單邊，半框 19.5×13.8cm。本衙藏板.--綫裝

（丙四）/4289

黃山詩留：十六卷/（清）法若真撰.--刻本.--又敬堂，清康熙三十八年（1699）.--8 冊（1 函）.--半葉 10 行，行 21 字，小字雙行字同，白口，左右雙邊，單黑魚尾，半框 18.5×13.2cm。又敬堂藏板。鈐"又敬堂圖書記"朱文印、"北平孔德學校之章"朱文印.--綫裝

（甲四）/1109

公忠堂文集：六卷，附刻二卷/（清）張自德撰.--刻本.--清康熙（1662～1722）.--4 冊（1 函）.--半葉 9 行，行 20 字，小字雙行字同，細黑口，左右雙邊，單黑魚尾，半框 17.3×12.3cm。鈐"張見陽家藏書"白文印、"敬齋藏書"白文印、"淑躬堂藏書"朱文印、"張純修"白文印、"是書曾藏問山亭"白文印、"王璡私印"白文印.--綫裝　　（丙四）/1240

梅村集：四十卷，目錄二卷/（清）吳偉業撰.刻本.--清康熙（1662～1722）.--16 冊（1 夾）.--目錄題"梅村先生詩集"。半葉 9 行，行 19 字，小字雙行字同，細黑口，左右雙邊，單黑魚尾，

半框 18.3×14.2cm。本府藏板。佚名圈點.--綫
裝　　　　　　　　　　　　　　（丙四）/3203
　　第二部　8 冊（1 函），存卷 1-20，佚名圈
點，鈐"熊山"朱文印　　　　　（丁）/10353
　　第三部　8 冊（2 函），存卷 20-40，鈐"梯
雲閣藏"朱文印　　　　　　　　（丙四）/3446

南雷詩曆：三卷/（清）黃宗羲撰.--刻本.--
清康熙（1662～1722）.--1 冊（1 夾）.--半葉
12 行，行 22 字，小字雙行字同，粗黑口，左右
雙邊，無界行，雙對黑魚尾，半框 17.5×
14.1cm。鈐 "北平孔德學校之章"朱文印.--
綫裝　　　　　　　　　　　　　（甲四）/929

千山詩集：二十卷，首一卷，補遺一卷/（清）
釋函可撰.--刻本.--清康熙（1662～1722）.--4
冊（1 夾）.--半葉 10 行，行 21 字，白口，四
周雙邊，雙對黑魚尾，半框 17.8×13.3cm。周
肇祥題跋。鈐"鹿巖精舍"白文印、"周肇祥讀
過書"朱文印.--綫裝　　　　　　　（丁）/4895

笠翁一家言全集：初集十二卷，二集十二卷，
別集四卷/（清）李漁著.--刻本.--翼聖堂，清
康熙（1662～1722）.--8 冊（1 函）.--半葉 9
行，行 20 字，有眉欄，行 5 字，白口，四周單
邊，半框 19.8×12.8cm。鈐"吳"朱文印、"曉
鈴藏書"朱文印.--綫裝：吳曉鈴贈書
　　　　　　　　　　　　　　　　（己）/1288

笠翁一家言全集：十六卷/（清）李漁撰.--
刻本.--芥子園，清雍正八年（1730）.--32 冊
（4 函）.--半葉 9 行，行 20 字，小字雙行字同，
有眉欄，行 5 字，白口，四周單邊，無界行，單
黑魚尾，版心下刻"芥子園"，半框 19.7×
13.1cm。鈐"吳陵潘氏珍藏"朱文印.--綫裝
　　子目：
　　笠翁文集：四卷
　　笠翁詩集：三卷
　　笠翁餘集：一卷
　　笠翁別集：二卷
　　笠翁偶集：六卷　　　　　　（乙四）/364
　　第二部　2 冊（1 函），存卷 11-16 笠翁偶

集，卷端被剜改成卷 1-6　　　　（丁）/12412

春雨草堂別集：三十卷；春雨草堂宦稿：五卷
/（清）宮偉鏐撰.--刻本.--清康熙（1662～
1722）.--10 冊（1 函）.--半葉 9 行，行 21 字，
小字雙行字同，白口，左右雙邊，單黑魚尾，半
框 19.3×14.7cm。鈐"北平孔德學校之章"朱
文印.--綫裝　　　　　　　　　　（甲四）/1503

秋水集：十六卷/（清）馮如京撰.--刻本.--
武陵：清暉堂，清乾隆五年（1740）.--6 冊（1
函）.--半葉 9 行，行 20 字，小字雙行字同，有
眉批，行 3、4 字不等，白口，四周單邊，單黑
魚尾，半框 16.9×13.6cm。清暉堂藏板。鈐"北
平孔德學校之章"朱文印.--綫裝
　　　　　　　　　　　　　　　　（甲四）/563

德榮堂詩集：一卷；東溟雜著：一卷，附考正
古本大學、太極圖説集解/（清）劉之湛撰.--
刻本.--清康熙（1662～1722）.--1 冊（1 函）.--
半葉 8 行，行 18 字，白口，四周雙邊，單黑魚
尾，半框 17.6×11.9cm.--綫裝　（丁）/11774

藥圃集/（清）狄敬撰.--刻本.--清康熙（1662
～1722）.--1 冊（1 函）.--存 2 卷，上卷缺第
1 葉。半葉 8 行，行 19 字，白口，左右雙邊，
半框 18.7×13.5cm.--綫裝　　　（丁）/9582

西北文集：四卷/（清）畢振姬撰.--刻本.--
清康熙（1662～1722）.--2 冊（1 函）.--半葉
9 行，行 22 字，白口，四周單邊，單黑魚尾，
半框 19.2×13.8cm。鈐"北平孔德學校之章"
朱文印.--綫裝　　　　　　　　　（甲四）/888

棲雲閣詩：十六卷，拾遺三卷/（清）高珩撰.--
刻本.--趙肇豐等，清乾隆三年（1738）刻；清
乾隆二十一年（1756）補刻.--4 冊（1 函）.--
棲雲閣詩存卷 1-12。半葉 9 行，行 19 字，白口，
四周單邊，單黑魚尾，半框 16.7×13cm。鈐"惜
陰書屋"朱文印、"周肇祥讀過書"朱文印.--
綫裝　　　　　　　　　　　　　（丙四）/797
　　第二部　4 冊（1 函），存棲雲閣詩 16 卷

（丙四）/4321

棲雲閣詩：十六卷/（清）高珩撰．強恕堂詩：六卷/（清）高之騵撰．--刻本．--趙肇豐等，清乾隆三年（1738）．--6冊（1函）．--強恕堂詩缺卷1、2。半葉9行，行19字，白口，四周單邊，單黑魚尾，半框18.5×14.2cm．--綫裝

（丁）/10323

調運齋詩文隨刻：不分卷，附圓沙和陶詩一卷/（清）錢陸燦撰．--刻本．--常熟朱茂初，清康熙（1662～1722）刻；清乾隆（1736～1795）補修．--4冊（1函）．--行款不一。鈍閒齋藏板。佚名題記。鈐"南州草堂"白文印、"南州書樓所藏"朱文印．--綫裝

（丁）/8768

圓沙文集：七卷/（清）錢陸燦撰．--稿本．--錢陸燦，清康熙（1662～1722）．--4冊（1函）．--有9葉補配。佚名圈點、批註。鈐"圓沙閱過"朱文印、"錢陸燦字湘靈"朱文印、"南邨"朱文印、"北平孔德學校之章"朱文印．--綫裝

（甲四）/968

沚亭刪定文集：二卷/（清）孫廷銓撰．--刻本．--清康熙十七年（1678）．--2冊（1函）．--半葉8行，行20字，小字雙行字同，白口，四周單邊，半框18.7×12.9cm．鈐"圖畊堂易氏藏書印"朱文印、"容氏"白文印、"春谷"朱文印．--綫裝

（丁）/6135

定叟文鈔/（清）秦雲爽撰．--刻本．--清康熙（1662～1722）．--2冊（1函）．--半葉9行，行20字，白口，左右雙邊間四周雙邊，單黑魚尾，版心下刻"大雅堂"，半框19.1×13.8cm．鈐"歙萬樓藏書印"朱文印．--綫裝

（丁）/5982

倦圃曹先生尺牘：二卷/（清）曹溶撰；（清）胡泰選．--刻本．--清康熙雍正間（1662～1735）．--2冊（1函）．--版心題"倦圃尺牘"。半葉10行，行23字，粗黑口，左右雙邊，雙對黑魚尾，半框14.4×19.4cm。佚名圈點。鈐"松

齡私印"白文印、"士鐘"白文印、"閻良源父"朱文印、"小嬾嬛藏書畫印"朱文印、"陶齋鑑藏書畫"朱文印、"長水塘西李氏珍藏書畫之章"朱文印、"世守勿失"白文印、"北平孔德學校之章"朱文印．--綫裝

（甲四）/552

靜惕堂詩集：四十四卷，目錄一卷/（清）曹溶撰．--刻本．--李維鈞，清雍正三年（1725）．--10冊（1函）．--半葉11行，行21字，小字雙行31字，白口，左右雙邊，單黑魚尾，半框18.7×14.4cm．--綫裝

（丁）/2788

吾丘詩：不分卷；吾丘詩餘：不分卷；吾丘小品：不分卷/（清）徐籀撰．--刻本．--清康熙五年（1666）．--6冊（1函）．--（吾丘集）．--半葉8行，行18字，小字雙行字同，白口，四周單邊，半框18.3×12.8cm。王璵題跋。鈐"王璵"印（陰陽合璧）．--綫裝

（丙四）/1536

[安雅堂集]/（清）宋琬撰．--刻本．--清順治至乾隆（1644～1795）．--16冊（1函）．--題名自擬。本衙藏板。鈐"履祥字號"朱文印、"真如舊館"白文印．--綫裝

子目：

安雅堂詩：一卷．--清順治十七年（1660）．--半葉9行，行20字，白口，四周單邊間左右雙邊，單黑魚尾，半框18.7×14.1cm

安雅堂文集：二卷．--清康熙五年（1666）．--半葉10行，行20字，細黑口，左右雙邊，單白魚尾，半框17.1×13.4cm

安雅堂文集：二卷．--虞山：嚴虞惇，清康熙三十八年（1699）．--半葉9行，行19字，白口，左右雙邊，單黑魚尾，半框17.2×13.4cm

安雅堂書啟：一卷/（清）宋琬撰．--刻本．--清康熙（1662～1722）．--半葉9行，行19字，白口，左右雙邊，單黑魚尾，半框18.7×13.6cm

二鄉亭詞：三卷．--留松閣，清康熙（1662～1722）．--半葉9行，行21字，小字雙行字同，白口，左右雙邊，版心下刻"留松閣"，半框18.1×13.9cm

安雅堂未刻稿：八卷，附入蜀集二卷．--清乾隆三十一年（1766）．--半葉10行，行21字，

粗黑口，左右雙邊，雙對黑魚尾，半框 17.7×
12.6cm　　　　　　　　　　（丙四）/151

　　第二部　11 冊（1 函），缺書啟一卷，佚名
圈點，王式儒題識，鈐"長城王璵收藏"朱文印
　　　　　　　　　　　　　　（丙四）/1215

　　第三部　8 冊（1 函），存二鄉亭詞 3 卷、未
刻稿 8 卷、祭皐陶 1 卷，鈐"北平孔德學校之
章"朱文印　　　　　　　　　（甲四）/622

　　第四部　6 冊（1 函），存安雅堂書啟 1 卷，
安雅堂未刻稿 8 卷，入蜀集 2 卷，本衙藏板，佚
名圈點，鈐"溫氏藏書"白文印、"正法眼藏"
白文印、"綠雲僊館珍藏"朱文印、"北平孔德
學校之章"朱文印　　　　　　（甲四）/683

安雅堂未刻稿：八卷；入蜀集：二卷/（清）
宋琬撰.--刻本.--萊陽宋永年，清乾隆三十一年
（1766）.--4 冊（1 函）.--卷 7 有 3 葉抄配，
入蜀集係莫氏銅井文房補抄。半葉 10 行，行 21
字，粗黑口，左右雙邊，雙對黑魚尾，半框 17.6
×12.5cm。本衙藏板。莫棠題跋，佚名圈點。鈐
"莫棠之印"白文印、"莫天麟印"白文印、
"獨山莫氏銅井文房之印"朱文印、"銅井文
房"朱文印、"楚生弟三"朱文印、"獨山莫
棠"朱文印.--綫裝　　　　　　（丁）/4450

芝麓詩鈔：三卷/（清）龔鼎孳撰.--刻本.--
清康熙六年（1667）.--1 冊（1 函）.--（江左
三大家詩鈔：九卷/[清]顧有孝，[清]趙沄編）.
半葉 11 行，行 21 字，小字雙行字同，粗黑口，
左右雙邊，單黑魚尾，半框 18.7×14.3cm。鈐
"于崇"朱文印.--綫裝　　　　　（丁）/5925

稻香樓集：一卷/（清）龔鼎孳撰.--刻本.--
清康熙（1662～1722）.--2 冊（1 函）.--半葉
8 行，行 20 字，白口，左右雙邊，單黑魚尾，
半框 18.3×11.9cm。佚名圈點。鈐"畢際有觀"
朱文印、"北平孔德學校之章"朱文印.--綫裝
　　　　　　　　　　　　　　（甲四）/692

五公山人集：十六卷/（清）王餘佑撰；（清）
李興祖編.--刻本.--清康熙三十四年
（1695）.--4 冊（1 函）.--半葉 10 行，行 21

字，小字雙行字同，粗黑口，四周雙邊，雙黑對
魚尾，半框 18.4×14cm。枕釣齋藏板.--綫裝
　　　　　　　　　　　　　　（丁）/590

　　第二部　　　　　　　　　　（丙四）/1428

西湖賦/（清）柴紹炳撰；（清）柴杰箋.--刻
本.--清乾隆三十九年（1774）.--1 冊（1 函）：
圖 1 幅.--書名頁題"西湖賦箋"。半葉 10 行，
行 19 字，白口，左右雙邊，雙順黑魚尾，版心
下刻"洽禮堂"，半框 16.9×12.7cm。洽禮堂
藏板.--綫裝　　　　　　　　　（丁）/8288

兼濟堂文集選：二十卷/（清）魏裔介撰.--
刻本.--漳州：龍江書院，清康熙五十年（1711）
刻；清乾隆至嘉慶（1736～1820）修版.--10 冊
（1 夾）.--卷 10 缺第 33-38 葉。半葉 9 行，行
20 字，白口，左右雙邊，單黑魚尾，版心下刻
"龍江書院鐫"，半框 18.1×13.7cm。鈐 "北
平孔德學校之章"朱文印.--綫裝

　　　　　　　　　　　　　　（甲四）/853

　　第二部　12 冊（2 函），多葉抄配
　　　　　　　　　　　　　　（丙四）/1203

　　第三部　20 冊（2 夾）　　　（丙四）/4764

于清端公政書：八卷，首編一卷，外集一卷/
（清）于成龍撰；（清）蔡方炳，（清）諸匡鼎合
編.-- 刻本.-- 于準，清康熙四十六年
（1707）.--10 冊（1 函）：肖像 1 幅.--半葉 8
行，行 20 字，四周單邊，單黑魚尾，半框 18×13.5cm.--綫裝　　　　　　（丙二）/1760

于清端公詩文集：不分卷/（清）于成龍撰.--
抄本.--清（1644～1911）.--4 冊（1 函）.--
鈐"乾隆御覽之寶"朱文印、"隴西友蘭氏審定
書畫"白文印、"沁香吟館珍藏書畫印"朱文
印.--綫裝　　　　　　　　　　（丙四）/1734

寒松堂全集：十二卷/（清）魏象樞撰.--刻
本.--清康熙（1662～1722）.--12 冊（2 函）.--
半葉 10 行，行 20 字，小字雙行字數不等，粗黑
口，左右雙邊，單黑魚尾，半框 18.7×14.5cm。
佚名圈點.--綫裝　　　　　　　（丙四）/82

愛日堂全集：文集八卷，詩集二卷，外集一卷/（清）孫宗彝撰.--刻本.--清乾隆三十五年（1770）.--4 冊（1 函）.--半葉 11 行，行 20 字，小字雙行字同，白口，左右雙邊，單黑魚尾，半框 17.3×14cm。本衙藏板。佚名圈點。鈐"槐蔭書屋珍藏"朱文印、"王起元字子善"白文印.--綫裝　　　　　　（丁）/4495

壯悔堂文集：十卷/（清）侯方域撰；（清）賈開宗等選輯.--刻本.--侯氏，清順治（1644～1661）.--6 冊（1 函）.--半葉 9 行，行 18 字，白口，左右雙邊，半框 18.5×13.9cm。商丘侯氏藏板。佚名圈點.--綫裝　　（丙四）/4283

四憶堂詩集：六卷/（清）侯方域撰；（清）賈開宗等選注.--刻本.--清順治（1644～1661）.--2 冊（1 函）.--半葉 9 行，行 18 字，小字雙行字同，白口，左右雙邊，無魚尾，半框 18.2×14.1cm。本衙藏板。鈐 "書農"朱文印.--綫裝　　　　（丁）/6137
第二部　　　　　　　　　　（丁）/2347

四憶堂詩集：六卷，遺稿一卷/（清）侯方域撰；（清）賈開宗等選注.--刻本.--清順治（1644～1661）.--1 冊（1 函）.--半葉 9 行，行 18 字，白口，小字雙行字同，左右雙邊，半框 18.5×13.8cm.--綫裝　　　（丁）/8507
第二部　2 冊（1 函），缺遺稿 1 卷，鈐"北平孔德學校之章"朱文印　　　（甲四）919

四憶堂詩集：六卷，四憶堂詩集遺稿一卷/（清）侯方域撰.--刻本.--清乾隆嘉慶間（1736～1820）.--2 冊（1 函）.--半葉 9 行，行 20 字，小字雙行字同，白口，左右雙邊，單黑魚尾，半框 18.6×14.3cm。鈐"周肇祥讀過書"朱文印.--綫裝　　　　（丙四）/348

侯朝宗文鈔：八卷/（清）侯方域撰.--刻本.清康熙（1662～1722）.--4 冊（1 函）.--（國朝三家文鈔/[清]宋犖，[清]許汝霖選）.--半葉 12 行，行 23 字，粗黑口，左右雙邊，單黑魚尾，半框 18.6×14.2cm。鈐"周肇祥讀過書"朱文

印、"真如舊館"白文印.--綫裝
　　　　　　　　　　　（丙四）/160

託素齋詩集：四卷；託素齋文集：六卷/（清）黎士弘撰.--刻本.--黎志遠，清雍正二年（1724）.--10 冊（2 函）.--半葉 9 行，行 21 字，小字雙行字同，粗黑口，左右雙邊，單黑魚尾，半框 18.8×13.9cm。有刻工：劉信明、方士林等。本衙藏板。鈐"讀易樓秘笈印"朱文印、"士禛私印"朱文印、"池北書庫"朱文印、"國子祭酒"朱文印、"秋容亭"白文印、"菊林"朱文印.--綫裝　　（乙四）/190
第二部　4 冊（1 函），缺文集 6 卷
　　　　　　　　　　　（丁）/1437

右北平集：不分卷/（清）尤侗撰.--刻本.--清康熙（1662～1722）.--1 冊（1 函）.--（西堂全集/[清]尤侗撰）.--半葉 10 行，行 21 字，小字雙行字同，細黑口，左右單邊，單黑魚尾，半框 17.9×13.7cm。鈐"北平館嚴氏珍藏圖書"朱文印.--綫裝　　　（丁）/15108

周伯衡詩鈔：十六卷/（清）周體觀撰.--刻本.--清康熙十八年（1679）.--8 冊（1 夾）.--題名據書名頁著錄，卷端題"詩鈔"，目錄題"晴鶴堂全集"。半葉 9 行，行 20 字，白口，四周單邊，半框 20.3×13.9cm。晴崔山房藏板。佚名圈點。鈐"真如舊館"白文印、"玉堂印"白文印、"張玉亮印"白文印、"孫華卿印"朱文印、"周肇祥讀過書"朱文印.--綫裝
　　　　　　　　　　　（丙四）/400

缺壺編文集：二卷/（清）王有年撰.--刻本.--清康熙二十一年（1682）.--4 冊（1 函）.--版心題"缺壺編文"。半葉 10 行，行 24 字，白口，左右雙邊，半框 18.4×12.2cm。硯山樓藏板。鈐"三篋室藏書"朱文印、"北平孔德學校之章"朱文印.--綫裝　　　（甲四）/347

授研齋詩：一卷/（清）宋韋金撰.--刻本.--清康熙（1662～1722）.--1 冊（1 函）.--半葉 10 行，行 19 字，小字雙行字同，白口，四周雙

邊，單黑魚尾，半框 17×13cm。有許蘭汀題記。鈐"許氏蘭汀收藏"朱文印、"丁卯橋舊主"白文印.--綫裝　　　　　　　　　　（丁）/2161

　　第二部　鈐"曉鈴藏書"朱文印，吳曉鈴贈書　　　　　　　　　　　　　　　　　　（己）/2100

　　後村詩集：七卷；吳越遊草：一卷/（清）王文治撰.--刻本.--清康熙四十六年（1707）.--4 冊（1 函）.--半葉 9 行，行 20 字，小字雙行字同，粗黑口，左右雙邊，單黑魚尾，半框 17.2 ×12.9cm。鈐"北平孔德學校之章"朱文印.--綫裝　　　　　　　　　　　　　　　（甲四）/241

　　凝翠樓集：四卷/（清）王慧撰.--刻本.--清康熙四十七年（1708）（王壽慈，清光緒二十三年[1897]印）.--2 冊（1 函）.--書名頁題"凝翠樓詩集"。半葉 10 行，行 19 字，小字雙行字數不等，白口，左右雙邊，雙順黑魚尾，半框 18.7×13.6cm。朱氏銀槎閣藏板.--綫裝

　　　　　　　　　　　　　　　　（丁）/3201

　　聰山集/（清）申涵光撰.--刻本.--清康熙（1662~1722）.--6 冊（1 夾）.--半葉 9 行，行 20 字，白口，四周單邊，單黑魚尾，半框 17.1×13.6cm。渾脫居藏板.--綫裝

　　子目：

　　聰山詩選：八卷/（清）申涵光撰；（清）劉佑選.--清康熙二年（1663）.--書名頁題"申鳧盟詩選"，版心題"聰山集"

　　聰山文集：三卷/（清）申涵光撰.--清康熙二年（1663）.--卷端及版心題"聰山集"

　　荊園小語：一卷/（清）申涵光撰

　　荊園進語：一卷/（清）申涵光撰

　　申鳧盟先生年譜略/（清）申涵煜編

　　申鳧盟傳/（清）魏裔介撰

　　處士鳧盟申君墓誌銘/（清）申涵煜編

　　崇祀鄉賢錄.--半葉 9 行，行 19 字，白口，四周單邊，半框 19.2×13.6cm　　　（丁）/12839

　　第二部　7 冊（1 函），鈐"式儒收藏"朱文印　　　　　　　　　　　　　（丙四）/1342

　　春酒堂存稿/（清）周容撰.--抄本.--清（1644

~1911）.--3 冊（1 函）.--鈐"古覲州東舍張氏藏書之印"朱文印.--綫裝　　　（丁）/13363

　　施愚山先生全集/（清）施閏章撰.--刻本.--宣城施氏，清康熙四十七年（1708）刻；清乾隆（1736~1795）補刻.--16 冊（2 夾）.--半葉 11 行，行 21 字，小字雙行字同，白口，四周雙邊，單黑魚尾，半框 18×13.8cm。本衙藏板、山曉樓藏板。鈐"王璵"朱文印.--綫裝

　　子目：

　　施愚山先生學餘文集：二十八卷

　　施愚山先生學餘詩集：五十卷

　　施愚山先生別集：四卷

　　施愚山先生外集：二卷

　　附施氏家風述畧：一卷/（清）施閏章撰

　　施氏家風述畧續編：一卷/（清）施彥恪輯

　　施愚山先生年譜：四卷/（清）施念曾撰

　　隨村先生遺集：六卷/（清）施琛撰

　　　　　　　　　　　　　　　　（丙四）/1096

　　第二部　20 冊（2 函），佚名圈點，鈐"北平孔德學校之章"朱文印　　　（甲四）/100

　　第三部　24 冊（2 函），佚名圈點，鈐"修養堂主人藏書之印"朱文印、"南陵徐氏仁山珍藏"白文印、"學部圖書之印"朱文印（滿漢合璧）　　　　　　　　　　　　（丙四）/5461

　　第四部　16 冊（2 函）　　　（乙四）/131

　　第五部　2 冊（1 夾），存別集 4 卷、外集 2 卷、遺集 6 卷　　　　　　　（戊）/579

　　林蕙堂全集：二十六卷/（清）吳綺撰.--刻本.--清康熙三十九年（1700）.--12 冊（2 函）.--半葉 9 行，行 21 字，白口，左右雙邊，半框 17.4 ×14cm。鈐"北平孔德學校之章"朱文印.--綫裝　　　　　　　　　　　　　　　（甲四）/1498

　　林蕙堂文集：十二卷/（清）吳綺撰.--刻本.--衷白堂，清乾隆三十九年（1774）.--10 冊（1 函）.--半葉 8 行，行 17 字，白口，左右雙邊，單黑魚尾，半框 11.6×8.7cm.--綫裝

　　　　　　　　　　　　　　　　（丁）/8381

　　第二部　6 冊（1 夾）　　（丙四）/1582

[胡天寵詩三種]/（清）胡天寵撰.--刻本.--清康熙（1662～1722）.--3 冊（1 函）.--半葉 9 行，行 18 字，小字雙行字同，白口，四周單邊，無界行，單黑魚尾，半框 20.5×13.9cm。鈐"順德嚴邦英炎南氏書端印記"白文印、"順德嚴邦英拜讀"白文印、"炎南過目"朱文印、"眉堂"朱文印、"胡處卿"朱文印、"分綠山房"朱文印、"蒙夫"朱文印.--綫裝

子目：

香眉堂詩集：四卷.--序有 2 葉抄配

旅草：一卷.--序 1 葉、正文 1 葉係抄配

紀遊漫言.--存卷 3，有界行　　（丁）12718

溉堂前集：九卷，後集六卷，續集六卷/（清）孫枝蔚撰.--刻本.--清康熙（1662～1722）.--6 冊（1 函）.--半葉 11 行，行 21 字，小字雙行字同，白口，四周單邊，單黑魚尾，半框 18.6×13.9cm.--綫裝　　　（丁）/12757

蕊雲集：一卷；晚唱：一卷/（清）毛先舒撰.--刻本.--毛氏思古堂，清康熙（1662～1722）.--1 冊（1 函）.--（思古堂十二種）.--蕊雲集半葉 10 行，行 20 字，白口，左右雙邊，單白魚尾，半框 19.6×14.3cm；晚唱半葉 11 行，行 21 字，小字雙行字同，白口，四周雙邊，單白魚尾，半框 19.9×14.4cm.--綫裝　　　（丁）/606

白茅堂集：四十六卷/（清）顧景星撰.--刻本.--清康熙四十三年(1704).--19 冊（4 函）.--半葉 11 行，行 21 字，小字雙行字同，白口，四周雙邊，單黑魚尾，半框 18.5×13.9cm.--綫裝　　（丙四）/4241-1

白茅堂集：四十六卷，附耳提錄：一卷/（清）顧景星撰.--刻本.--清康熙四十三年（1704）刻；清乾隆二十年（1755）增刻；定遠淩兆熊，清光緒二十八年（1902）修版.--20 冊（2 函）：肖像 1 幅.--書名頁題"白茅堂詩文全集"。半葉 11 行，行 21 字，小字雙行字同，白口，四周雙邊，單黑魚尾，半框 18.1×14cm.--綫裝　　　　　　　（丁）/9510

第二部　　　　　　　（戊）/648

第三部　21 冊（2 函）　　（丙四）/1441

杲堂文鈔：六卷；杲堂詩鈔：七卷/（清）李鄴嗣撰；（清）黃宗羲等選.--刻本.--清康熙（1662～1722）.--5 冊（1 函）.--半葉 9 行，行 22 字，粗黑口，左右雙邊，雙對花魚尾，半框 19.2×14.5cm。鈐"北平孔德學校之章"朱文印.--綫裝　　　（甲四）/526

李文襄公文集：十八卷/（清）李之芳撰.年譜：一卷/（清）程光祖撰.--刻本.--清乾隆（1736～1795）.--12 冊（1 函）.--半葉 10 行，行 22 字，白口，四周雙邊，無界行，半框 19.8×15.1cm。彤錫堂藏板。鈐"北平孔德學校之章"朱文印.--綫裝　　　（甲四）/628

龍性堂詩集：二卷/（清）葉矯然撰.--刻本.--清康熙二十年（1681）.--2 冊（1 函）.--半葉 9 行，行 19 字，小字雙行字同，粗黑口，左右雙邊，雙順黑魚尾，半框 17.9×13.8cm。金閶藏板.--綫裝　　　（丁）/1316

聽雪齋詩二集：十二卷/（清）钱朂仍撰.--刻本.--清初（1644～1722）.--2 冊（1 函）.--半葉 8 行，行 18 字，小字雙行字同，白口，四周單邊，單白魚尾，半框 17.8×12.8cm。佚名圈點。鈐"施四"朱文印、"何蕢之印"白文印.--綫裝　　　（丁）/8805

采衣堂集：八卷/（清）毛萬齡撰.--刻本.--清康熙（1662～1722）.--2 冊（1 函）.--半葉 9 行，行 20 字，白口，四周單邊，單黑魚尾，半框 20.8×14.4cm。佚名圈點。鈐"樹本堂圖書記"朱文印、"家在子游闕里"白文印、"如南山之壽"白文印、"北平孔德學校之章"朱文印.--綫裝　　　（甲四）/923

中山文鈔：四卷，卷首一卷；中山詩鈔：四卷；中山史論：二卷；中山奏議：四卷；南征百律：一卷/（清）郝浴撰.--刻本.--清康熙（1662～1722）.--9 冊（1 函）.--半葉 10 行，行 20 字，小字雙行字數不等，白口，左右雙邊，單黑魚尾，

半框 18.5×14.2cm。鈐"王璬"朱文印.--綫裝
(丙四) /1039

桂山堂文選：十卷，詩選二卷/（清）王嗣槐撰.--刻本.--青筠閣，清康熙 （1662～1722）.--12 冊（1 函）.--半葉 9 行，行 20 字，白口，四周單邊，單黑魚尾，半框 20×13.9cm。青筠閣藏板。鈐"桂山堂"白文印.--綫裝
(丙四) /4470

范忠貞公集：十卷/（清）范承謨撰；（清）劉可書編.--刻本.--清康熙（1662～1722）.--4 冊（1 冊）.--半葉 9 行，行 19 字，小字雙行字同，白口，左右雙邊，半框 19.6×14.3cm.--綫裝
(丁) /6559

范忠貞公文集：五卷，卷首一卷/（清）范承謨撰.--刻本.--圖爾泰，清康熙四十七年（1708）.--4 冊（1 函）.--半葉 10 行，行 19 字，粗黑口，四周單邊，單黑魚尾，半框 17.4×13.4cm。鈐"梯香閣藏"朱文印、"北平孔德學校之章"朱文印.--綫裝
(甲四) /1273

魏叔子文集外篇：二十二卷；魏叔子日錄：三卷；魏叔子詩集：八卷/（清）魏禧撰.--刻本.--清康熙（1662～1722）.--17 冊（1 函）.--（寧都三魏全集：六種/[清]林時益輯）.--魏叔子文集外篇書名頁、版心題"魏叔子文集"。半葉 9 行，行 20 字，小字雙行字同，有眉批，行 4 字，白口，左右雙邊，單白魚尾，半框 19.9×13.9cm。易堂藏板。佚名評點.--綫裝
(丁) /10354

堯峰文鈔：文四十卷，詩十卷/（清）汪琬撰；（清）林佶編.--刻本.--清康熙三十二年（1693）.--6 冊（1 函）.--半葉 13 行，行 25 字，小字雙行字同，粗黑口，左右雙邊，單黑魚尾，半框 20.1×14.4cm。有刻工：程際生。佚名圈點。鈐"進呈御覽"朱文印、"桑杞書傳"朱文印、"大椿堂"朱文印、"蕭寧劉潤琴藏"朱文印、"耐生鄭喬遷印"朱文印、"辛齋陸嘉

淑印"朱文印.--綫裝
(丁) /3761

鈍翁前後類稾：六十二卷/（清）汪琬撰.寸碧堂詩集：二卷，外集一卷/（明）汪膺撰.附寸碧堂詩集詞曲、先府君事略：一卷.--刻本.--汪琬，清康熙（1662～1722）.--24 冊（4 函）.--半葉 10 行，行 19 字，小字雙行字同，粗黑口，左右雙邊，雙順黑魚尾，半框 18.7×13.7cm。佚名圈點，王士禎批註。鈐"北平孔德學校之章"朱文印.--綫裝
(甲四) /1339

第二部 45 冊（5 函），肖像 2 幅。存前後類稿 62 卷，續稾 56 卷
(乙四) /488

汪鈍翁文鈔：十二卷/（清）汪琬撰.--刻本.--清康熙（1662～1722）.--4 冊（1 函）.--（國朝三家文鈔/[清]宋犖，[清]許汝霖輯）.--半葉 12 行，行 23 字，粗黑口，左右雙邊，單黑魚尾，半框 18.2×14.2cm.--綫裝
(丙四) /996

道貴堂類稿：十一種/（清）徐倬撰.--刻本.--清康熙（1662～1722）.--3 冊（1 函）.--存 4 種，目錄缺第 2 葉。半葉 10 行，行 19 字，小字雙行字數不等，粗黑口，左右雙邊，雙對黑魚尾，半框 17.4×12.6cm。佚名批校.--綫裝
子目：
汗漫集：二卷
燕臺小草：一卷
蘋蓼間集：二卷
野航集：二卷
(丁) /12423

改亭集：十六卷/（清）計東撰.--刻本.--清康熙（1662～1722）.--4 冊（1 函）.--半葉 10 行，行 19 字，小字雙行字同，粗黑口，左右雙邊，單黑魚尾，半框 18.6×13.6cm。鈐"瑞室圖書"朱文印、"黃葉主人橋煌"白文印.--綫裝
(丁) /1350

陳迦陵文集：六卷；陳迦陵儷體文集：十卷；迦陵詞全集：三十卷/（清）陳維崧撰.--刻本.--患立堂，清康熙 25 至二十九年（1686～1690）.--12 冊（2 函）.--書名頁題"陳其年文集"、"陳其年儷文全集"、"陳迦陵詞全

集"。半葉 12 行,行 22 字,小字雙行字同,粗黑口,左右雙邊,雙對花魚尾,半框 17.3×13.8cm。陳迦陵文集、陳迦陵儷體文集係本衙藏板,迦陵詞全集係彊善堂本衙藏板。鈐"夢賚楊光弼藏書之印"朱文印、"夢賚楊光弼收藏之印"朱文印、"楊光弼印"白文印.--綫裝

(丁)/1255

陳迦陵儷體文集: 十卷/(清)陳維崧撰;(清)王士禛,(清)徐乾學選.--刻本.--宜興陳氏患立堂,清康熙二十六年(1687).--4 冊(1 函).--書名頁題"陳其年儷文全集"。半葉 12 行,行 22 字,小字雙行字同,粗黑口,左右雙邊,雙對黑魚尾,半框 17.5×13.8cm.--綫裝

(丙四)/6092

湖海樓詩集: 八卷/(清)陳維崧撰.--刻本.--患立堂,清康熙二十八年(1689).--2 冊(1 函).--半葉 12 行,行 22 字,小字雙行字同,粗黑口,左右雙邊,雙對黑魚尾,版心下刻"患立堂",半框 17.3×13.9cm。本衙藏板。鈐"王辰垣藏書印"朱文印、"周肇祥讀過書"朱文印.--綫裝 (丙四)/178

湖海樓詩集: 十二卷,補遺一卷;湖海樓詞集: 二十卷;湖海樓文集: 六卷;湖海樓儷體文集: 十二卷/(清)陳維崧撰.--刻本.--清乾隆六十年(1795).--20 冊(2 夾).--書名頁題"湖海樓全集"。半葉 10 行,行 21 字,小字雙行字同,白口,左右雙邊,單黑魚尾,半框 18.7×13.5cm。有刻工:方又新、熊次玉等。浩然堂藏板。鈐"第一懶人"朱文印、"聽鸝山館"朱文印、"家在太涵山下"朱文印、"胡廷之氏"朱文印、"任舫鑑定金石群籍書畫"朱文印、"德宗"朱文印、"王璵之印"白文印.--綫裝

(丙四)/1019

湖海樓詩稿: 十二卷/(清)陳維崧撰.--刻本.--陳履端,清康熙六十年(1721).--4 冊(1 函).--半葉 9 行,行 19 字,白口,四周單邊,單黑魚尾,半框 17.8×13.8cm。鈐"恐聞齋"朱文印、"寄泉珍賞"朱文印.--綫裝

(丙四)/1310

林臥遙集: 二卷;千疊波餘: 一卷,續編一卷,補遺一卷/(清)趙吉士撰.--刻本.--清康熙(1662～1722).--4 冊(1 函):肖像 1 幅.--林臥遙集版心題"疊韻千律詩"。半葉 9 行,行 19 字,小字雙行字同,白口,四周雙邊,無界行,單黑魚尾,半框 18.6×14.4cm。鈐"隴西雙闌氏審定書畫"白文印、"无竟先生獨志堂物"朱文印、"沁香吟館珍藏書畫印"朱文印、"北平孔德學校之章"朱文印.--綫裝

(甲四)/869

第二部 1 冊(1 函),存千疊波餘續編 1 卷,補遺 1 卷 (丁)/12723

七頌堂詩集: 九卷;七頌堂文集: 四卷/(清)劉體仁撰.--刻本.--清康熙(1662～1722).--4 冊(1 函).--書名頁題"七頌堂詩"。半葉 9 行,行 22 字,小字雙行字同,白口,四周雙邊,單黑魚尾,半框 20.2×13.5cm。佚名圈點、題識。鈐"子摩"朱文印、"姆嬛妙境"朱文印.--綫裝

(丙四)/4324

膽餘軒集: 八卷/(清)孫光祀撰.--刻本.--清康熙三十三年(1694).--1 冊(1 函).--存 2 卷:孝卷、弟卷。半葉 8 行,行 18 字,白口,左右雙邊,單黑魚尾,半框 18.3×13.4cm。鈐"北平孔德學校之章"朱文印.--綫裝

(甲四)/1454

晳次齋稿: 十二卷/(清)梁熙撰. 晳次齋名人贈什: 一卷/(清)高念東等撰. 晳次齋同人尺牘: 一卷/(清)王士禛等撰.--刻本.--清康熙(1662～1722).--6 冊(1 函).--半葉 9 行,行 19 字,粗黑口,四周雙邊,雙順黑魚尾,半框 17.9×12.7cm。鈐"張"朱文印、"北平孔德學校之章"朱文印.--綫裝 (甲四)/1230

鹿山檠栟集驪權彙萃/(清)陶尚說編釋.--抄本.--清(1644～1911).--12 冊(2 函).--存卷 6-8、10-17。半葉 10 行,行 26 字,小字雙行字 32 字,無邊框。鈐"廉生祕翫"朱文印、

"伯寅所藏"朱文印、"廉生所藏"白文印.--綫裝　　　　　　　　　（丁）/13002

志壑堂集刪：二種；志壑堂後集刪：四種/（清）唐夢賚撰.--刻本.--清康熙（1662～1722）.--20 冊（2 函）.--序題"唐嵐亭詩文集"、"唐濟武先生文集"。半葉 9 行，行 19 字，白口，四周單邊，單黑魚尾，半框 17.8×13.3cm。佚名圈點。鈐"北平孔德學校之章"朱文印.--綫裝
子目：
志壑堂集刪.--西湖書林藏板
志壑堂詩集：十二卷
志壑堂文集：十二卷
志壑堂後集刪.--莊山書屋藏板
志壑堂詩後集：五卷
志壑堂文後集：三卷
阮亭選志壑堂詩：十五卷
辛酉同遊倡和詩餘後集：二卷
　　　　　　　　　　　　　　（甲四）/966

二曲集：二十六卷/（清）李顒撰.--刻本.--鄭重、高爾公，清康熙三十二年（1693）.--8 冊（1 函）.--書名頁題"二曲先生集"。半葉 9 行，行 20 字，小字雙行字同，白口，四周雙邊，單黑魚尾，半框 21×14.4cm。鈐"纖簾堂"白文印、"蹇翁"朱文印.--綫裝　（丁）/2784
第二部　鈐"北平孔德學校之章"朱文印　　　　　　　　　　　　（甲四）/1416

湯子遺書：十卷，附錄一卷/（清）湯斌撰.--刻本.--清康熙四十二年（1703）.--6 冊（1 函）：肖像 1 幅.--半葉 10 行，行 19 字，小字雙行 29 字，粗黑口，左右雙邊，雙對黑魚尾，半框 18.5×13.3cm。有刻工：范稼庵、劉藻文等.--綫裝　　　　　　　　　（丙四）/6509-1

湯潛菴先生文集節要：八卷/（清）湯斌撰；（清）彭定求輯.--刻本.--清康熙三十七年（1698）.--4 冊（1 函）.--半葉 10 行，行 19 字，小字雙行字同，粗黑口，左右雙邊，單黑魚尾，半框 17.5×13.4cm。佚名圈點.--綫裝

　　　　　　　　　　　　　　（丁）/8582

潛菴先生遺稿：五卷/（清）湯斌撰.--刻本.--清康熙（1662～1722）.--4 冊（1 夾）.--半葉 9 行，行 20 字，小字雙行字同，白口，四周單邊，單黑魚尾，半框 17.4×13.2cm。貽安堂藏板。鈐"定遠胡氏珍藏書畫"朱文印.--綫裝
　　　　　　　　　　　　　（丙四）/2281-1
第二部　鈐"啓人氏藏書"朱文印、"北海故郡高氏家藏"朱文印　　　（丁）/15439

潛庵文正公家書：一卷/（清）湯斌撰.--刻本.--清乾隆十七年（1752）.--1 冊.--半葉 9 行，行 19 字，細黑口，左右雙邊，單黑魚尾，半框 17.4×13.1cm。附湯潛菴先生困學錄一卷，潛菴先生志學會約一卷，清道光七年（1827）刻，半葉 9 行，行 20 字，白口，四周雙邊，單黑魚尾，半框 16.7×11.8cm.--綫裝
　　　　　　　　　　　　　（丙四）/2281-2

挹奎樓選稿：十二卷/（清）林雲銘撰；（清）仇兆鰲選.--刻本.--陳一夔，清康熙三十五年（1696）.--6 冊（1 函）.--半葉 9 行，行 22 字，白口，左右雙邊，無界行，單黑魚尾，半框 19.1×13.7cm。本衙藏板。鈐"北平孔德學校之章"朱文印、"北平孔德學校藏"朱文印.--綫裝　　　　　　　　　（甲四）/1188

葦間詩集：五卷/（清）姜宸英撰.--刻本.--清康熙五十二年（1713）.--2 冊（1 函）.--半葉 11 行，行 19 字，粗黑口，左右雙邊，單黑魚尾，半框 18.1×13.7cm。鈐"北平孔德學校之章"朱文印.--綫裝　　　　　　（甲四）/515

湛園未定稿：六卷/（清）姜宸英撰.--刻本.--清康熙（1662～1722）.--4 冊（1 夾）.--半葉 10 行，行 20 字，小字雙行字同，細黑口，左右雙邊，單黑魚尾，半框 19.2×14.5cm。二老閣藏板。佚名圈點.--綫裝　　　　　（丙四）/4443

姜西溟先生文鈔：四卷/（清）姜宸英撰.--刻本.-- 南蘭趙氏匪懈堂，清乾隆四年

（1739）.--4 冊（1 函）.--半葉 12 行，行 24 字，粗黑口，四周雙邊，雙對黑魚尾，半框 20.8×14.8cm。鈐"潭溪"朱文印、"周士禎印"白文印、"帛齋所藏"朱文印.--綫裝

（乙四）/393

安靜子集：五種/（清）安致遠撰.--刻本.--蘭雪堂，清康熙（1662～1722）.--8 冊（1 函）.--鈐 "北平孔德學校之章"朱文印.--綫裝

子目：

吳江旅嘯： 一卷.--半葉 8 行，行 20 字，小字雙行字同，白口，四周單邊，無界行，半框 17.3×11.5cm

紀城詩稿： 四卷.--半葉 10 行，行 21 字，白口，四周單邊，單白魚尾，半框 18×13.7cm

蠹音： 一卷.--半葉 9 行，行 18 字，粗黑口，四周單邊，單黑魚尾，半框 18×13.5cm

紀城文稿： 四卷.--半葉 9 行，行 18 字，白口，四周單邊，單白魚尾，半框 17.5×13.5cm

玉磑集： 四卷.--半葉 9 行，行 18 字，粗黑口，四周單邊，單黑魚尾，半框 17.2×13.1cm

（甲四）/1485

紀城文稿：四卷/（清） 安致遠撰.--刻本.--蘭雪堂，清康熙（1662～1722）.--2 冊（1 函）.--半葉 9 行，行 18 字，白口，四周單邊，單白魚尾，目錄頁版心下刻"蘭雪堂"，半框 17.7×13.6cm.--綫裝 （丙四）/1708

江泠閣文集：四卷/（清）冷士嵋撰.--刻本.--清康熙（1662～1722）.--1 冊（1 函）.--（宗冷二子合刻）.--半葉 9 行，行 19 字，有眉批，行 4 字，細黑口，四周雙邊，單黑魚尾，半框 18.3×14cm。鈐"孫潛"朱文印.--綫裝

（丁）/6418

雲起閣詩集/（清）來鑒撰.--刻本.--清（1644～1911）.--4 冊（1 函）.--半葉 9 行，行 19 字，白口，四周單邊，單黑魚尾，半框 20.1×14.2cm。鈐"來象乾印"白文印、"象乾"白文印、"耦園"朱文印等.--綫裝 （丁）/1095

讀書堂綵衣全集：四十六卷/（清）趙士麟撰.--刻本.--清康熙（1662～1722）.--20 冊（1 夾）.--半葉 10 行，行 19 字，小字雙行字同，白口，四周雙邊，單黑魚尾，半框 19.1×15.2cm。鈐"漢橋"朱文印.--綫裝 （乙四）/249

白雲村文集：四卷/（清）李澄中撰.--刻本.龐塏，清康熙四十四年（1705）.--2 冊（1 函）.半葉 11 行，行 20 字，白口，四周單邊，單黑魚尾，半框 17.9×13.5cm。佚名圈點。鈐"周肇祥讀過書"朱文印、"石檜書巢"白文印.--綫裝 （丙四）/2294

曝書亭集：八十卷，附錄一卷/（清）朱彝尊撰. 笛漁小稿：十卷/（清）朱昆田撰.--刻本.--清康熙（1662～1722）.--16 冊（2 函）.--半葉 12 行，行 23 字，小字雙行 31 字，白口，左右雙邊，單黑魚尾，半框 19.1×13.3cm.--綫裝

（丙四）/6031

曝書亭集：八十卷，附錄一卷/（清）朱彝尊撰.--刻本.--清乾隆（1736～1795）.--18 冊（2 函）.--半葉 12 行，行 23 字，小字雙行 29 字，白口，左右雙邊，單黑魚尾，半框 19.5×13.3cm.--綫裝 （丙四）/2282

曝書亭集詩註：二十二卷，年譜一卷/（清）朱彝尊撰；（清）楊謙注.--刻本.--楊氏木山閣，清乾隆（1736～1795）.--6 冊（1 函）.--半葉 11 行，行 23 字，小字雙行 30 字，白口，左右雙邊，單黑魚尾，半框 17.8×13.8cm。木山閣藏板。鈐"學部圖書之印"朱文印（滿漢合璧）、"京師圖書館收藏之印"朱文印.--綫裝

（丙四）/5467

曝書亭詩錄：十二卷/（清）朱彝尊撰；（清）江浩然箋注.-- 刻本.-- 清乾隆（1736～1795）.--6 冊（1 函）.--書名頁題"曝書亭詩錄箋注"，版心題"曝書亭詩箋注"。半葉 11 行，行 21 字，小字雙行字同，白口，四周單邊，單黑魚尾，每卷首版心下刻"惇裕堂"，半框 18.2×14.6cm。鈐"陳氏孝萱堂珍藏圖書"朱文

印、"實甫"朱文印、"鼎治"白文印、"潯陽太守之章"印（陰陽合璧）.--綫裝
（丁）/260

尺五堂詩刪：初刻六卷，近刻四卷/（清）嚴我斯撰.--刻本.--清康熙二十七年（1688）.--2冊（1函）.--半葉11行，行20字，小字雙行字同，粗黑口，左右雙邊，雙對花魚尾，半框17.5×13.5cm.本衙藏板.--綫裝 （丁）/7676
第二部 （丁）/8044

貞可齋集唐：六卷；貞可齋集宋：十卷/（清）陳光龍輯.--刻本.--清康熙（1662~1722）.--8冊（1函）.--書名頁題"貞可齋集律"。半葉8行，行20字，小字雙行字同，白口，四周單邊，半框19.3×12.7cm.本衙藏板。鈐"盛氏珍藏"朱文印、"曾在子翁處"朱文印.--綫裝
（丁）/4820

三魚堂文集：十二卷，附崇祀錄；外集六卷，附錄一卷/（清）陸隴其撰.--刻本.--清康熙四十年（1701）.--10冊（1函）.--半葉9行，行20字，白口，左右雙邊，單黑魚尾，半框17.6×14.1cm.嘉會堂藏板.--綫裝
（丙四）/1518
第二部 8冊（1函），乾隆後印本，上海老掃葉山房藏板，鈐"定遠胡氏珍藏書畫"朱文印、"象明"朱文印等 （丙四）/2098
第三部 8冊（1函），存外集6卷
（丁）/324

道援堂詩集：十三卷/（清）屈大均撰.--刻本.--徐氏，清康熙（1662~1722）.--8冊（1函）.--半葉10行，行21字，小字雙行字同，白口，四周雙邊，單黑魚尾，半框19×13.9cm。本堂藏板。佚名圈點。鈐"北平孔德學校之章"朱文印.--綫裝 （甲四）/207

太白山人槲葉集：五卷/（清）李柏撰.--刻本.--清康熙（1662~1722）.--5冊（1函）.--半葉10行，行22字，白口，左右雙邊，單黑魚尾，半框21.6×14.4cm.鈐"周肇祥"白文

印.--綫裝 （丙四）/101

塗鴉集雜錄：一卷；塗鴉集文部：二卷；塗鴉集書問：二卷/（清）釋圓捷撰.--刻本.--清康熙（1662~1722）.--6冊（1函）.--半葉9行，行20至22字，白口，四周雙邊，單黑魚尾間無魚尾，半框18.7×12.3cm.鈐"徐石卿金石書畫印"白文印、"百鏡庵"朱文印、"養安藏書"朱文印.--綫裝 （丙四）/824

瞎堂詩集：二十卷，卷首一卷/（清）釋函昰撰.--刻本.--清康熙（1662~1722）.--4冊（1函）：肖像1幅.--半葉10行，行21字，小字雙行字同，白口，四周雙邊，雙對黑魚尾，半框17.2×13.1cm.鈐"周肇祥讀過書"朱文印.--綫裝
（丙四）/104

青州法慶靈巒中禪師柳峪詩集/（清）元中撰.--刻本.--清康熙（1662~1722）.--1冊（1函）.--版心題"柳峪集"。半葉9行，行20字，小字雙行字同，白口，左右雙邊，單黑魚尾，半框19.2×13.7cm.鈐"真如舊館"白文印.--綫裝
（丙四）/1698

蓉庵詩鈔：一卷；海棠巢唫稿：一卷/（清）葉雷生撰.--抄本，朱絲欄.--清道光咸豐間（1821~1861）.--1冊（1函）.--鈐"酒顛"朱文印、"祁寯藻印"白文印、"實甫"朱文印、"字質夫號季文"朱文印、"初鹿彬印"白文印等.--綫裝 （丁）/12626

後圃編年稿：十六卷/（清）李嶟瑞撰.--刻本.--清康熙（1662~1722）.--2冊（1函）.--半葉10行，行19字，小字雙行27字，粗黑口，左右雙邊，單黑魚尾，半框17×13.3cm.鈐"詩龕書画印"朱文印、"詩龕墨緣"白文印、"北平孔德學校之章"朱文印.--綫裝 （甲四）/461

高陽山人詩集：二十卷，附錄一卷，補遺一卷/（清）劉青藜撰；（清）劉青震編.--刻本.--清康熙（1662~1722）.--6冊（1函）.--書名頁題"高陽山人集"。半葉9行，行19字，小

字雙行字同，粗黑口，左右雙邊，單黑魚尾，半框 18.3×14.5cm。傳經堂藏板。鈐 "北平孔德學校之章" 朱文印. --綫裝　　　　（甲四）/610

善卷堂四六：十卷/（清）陸繁弨撰；（清）吳自高注. --刻本. --武進陳明善亦園，清乾隆三十五年（1770）. --4 冊（1 函）. --半葉 9 行，行 21 字，小字雙行字同，白口，左右雙邊，單黑魚尾，半框 15.3×11.8cm。亦園藏板. --綫裝
　　　　　　　　　　　　　　（丙四）/1104

秋笳集：八卷/（清）吳兆騫撰. --刻本. --徐乾學，清康熙（1662～1722）；吳振臣，清雍正四年（1726）增修. --4 冊（1 函）. --有抄配。半葉 11 行，行 20 字，白口，左右雙邊，雙對花魚尾間雙對黑魚尾，半框 19.4×14.9cm。衍厚堂藏板。佚名圈點。鈐 "北平孔德學校之章" 朱文印. --綫裝　　　　（甲四）/1101
　　第二部　鈐 "天尺樓" 朱文印、"胡量" 白文印　　　　　　　　　（丙四）/16

儋園文集：三十六卷/（清）徐乾學撰. --刻本. --清康熙（1662～1722）. --8 冊（2 函）. --半葉 10 行，行 19 字，小字雙行 29 字，白口，左右雙邊，單黑魚尾，半框 20×14.3cm。有刻工：世明、士玉等。鈐 "廣雅書院藏書" 朱文印、"廣雅書院經籍金石書畫之印" 朱文印. --綫裝
　　　　　　　　　　　　　　（丁）/3833

松桂堂全集：三十七卷；延露詞：三卷；南淮集：三卷/（清）彭孫遹撰. --刻本. --彭景曾，清乾隆八年（1743）. --8 冊（1 函）. --欽定四庫全書提要 2 葉係抄配。半葉 10 行，行 26 字，白口，四周雙邊，單黑魚尾，半框 19.4×12.5cm。鈐 "肖岩藏書之章" 白文印、"東山外史肖岩沈氏珍藏書畫" 朱文印、"沈闓崑印" 朱文印、"費国寶印" 白文印、"北平孔德學校之章" 朱文印. --綫裝
　　　　　　　　　　　　　　（甲四）/740

在陸草堂文集：六卷/（清）儲欣撰. --刻本. --儲掌文淑慎堂，清雍正元年（1723）. --6 冊（1 函）. --書名頁題 "儲同人先生文集"。半葉 9

行，行 22 字，粗黑口，左右雙邊，單黑魚尾，半框 19.2×14.3cm。淑慎堂藏板。鈐 "王氏信芳閣藏書印" 朱文印、"粹芬閣" 朱文印. --綫裝　　　　　　　　　　（丁）/3754

去來吟：一卷，詩餘一卷/（清）李時震撰；（清）李師熹輯. --刻本. --清康熙（1662～1722）. --2 冊（1 函）. --半葉 9 行，行 19 字，白口，左右雙邊，單綫魚尾，半框 17.9×13.5cm. --綫裝　　　　（丁）/12501

偶更堂：文集二卷，詩稿二卷/（清）徐作肅撰. --刻本. --傅盛社，清康熙（1662～1722）. 4 冊（1 函）. --半葉 10 行，行 19 字，小字雙行字同，粗黑口，四周單邊，雙順黑魚尾，半框 17.7×13.4cm。鈐 "式儒" 朱文印、"王璥" 印（陰陽合璧）. --綫裝　　　　（丙四）/1615

阿字無禪師光宣臺集：二十五卷/（清）釋今無撰. --刻本. --清康熙（1662～1722）刻；清乾隆（1736～1795）修版. --6 冊（1 夾）：肖像 1 幅. --缺卷 20-25。半葉 9 行，行 19 字，白口，左右雙邊，單黑魚尾，半框 19.1×13.9cm。鈐 "云樵" 朱文印、"耿曰恂印" 白文印、"周肇祥之鈢" 白文印、"无畏居士" 朱文印. --綫裝
　　　　　　　　　　　　　　（丙四）/139

安序堂文鈔：三十卷/（清）毛際可撰. --刻本. --清康熙（1662～1722）. --6 冊（1 夾）. --半葉 9 行，行 19 字，白口，四周單邊，單黑魚尾，半框 19.9×14.3cm. --綫裝　　　　（丁）/4062

[曹貞吉七種]/（清）曹貞吉撰. --刻本. --清乾隆（1736～1795）. --6 冊（1 函）. --行款不一。鈐 "瀛海" 朱文印、"曹環之印" 白文印、"北平孔德學校之章" 朱文印. --綫裝
　　子目：
珂雪集：一卷/（清）曹貞吉撰；（清）王士禎評. --半葉 10 行，行 21 字，小字雙行字同，白口，四周單邊，單黑魚尾，半框 17.7×13.9cm
珂雪二集：一卷. --半葉 9 行，行 19 字，小字雙行字同，白口，左右雙邊，單黑魚尾，半框

17.9×13.9cm

珂雪詞：二卷，補遺一卷．--半葉 10 行，行 21 字，小字雙行字同，白口，左右雙邊，半框 17.4×12.6cm

朝天集：一卷．--半葉 10 行，行 19 字，小字雙行字同，粗黑口，四周單邊，雙對黑魚尾，半框 18.5×13.5cm

鴻爪集：一卷．--半葉 10 行，行 21 字，小字雙行字同，白口，左右雙邊，半框 17.2×12.7cm

黃山紀遊詩：一卷．--半葉 9 行，行 19 字，小字雙行字同，粗黑口，四周單邊，雙對黑魚尾，半框 18.1×13.6cm

十子詩略：一卷／（清）曹貞吉撰．--半葉 10 行，行 19 字，小字雙行字同，白口，四周單邊，單黑魚尾，半框 17.8×13.7cm　　（甲四）/647

珂雪詩集：不分卷／（清）曹貞吉撰．--抄本．--清（1644～1911）．--10 冊（1 匣）．--佚名批註。鈐“徐兆麟印”白文印、“徐石卿印”白文印、“子瑞”朱文印、“御賜介景堂印”朱文印、“北平孔德學校之章”朱文印．--綫裝
　　　　　　　　　　　　　（甲四）/600

十笏草堂上浮集：乙集二卷．廣陵倡和詞：一卷／（清）王士祿撰．--刻本．--清康熙（1662～1722）．--1 冊（1 夾）．--半葉 9 行，行 19 字，白口，左右雙邊，單黑魚尾，半框 18.3×14cm．--綫裝　　　（丁）/6353

考功集選：四卷／（清）王士祿撰；（清）王士禛批點．--刻本．--清康熙（1662～1722）[清雍正（1723～1735）印]．--2 冊（1 函）．--（漁洋山人著述）．--半葉 10 行，行 20 字，小字雙行字同，黑口，左右雙邊，單黑魚尾，半框 17×13.4 cm。鈐“李健家藏”朱文印．--綫裝
　　　　　　　　　　　　　（丁）/2283

帶經堂全集：九十二卷／（清）王士禛撰；（清）程哲編．--刻本．--程氏七略書堂，清康熙五十年（1711）；黃晟，清乾隆十二年（1747）補刻．--48 冊（6 函）．--半葉 10 行，行 19 字，白口，左右雙邊，單黑魚尾，半框 18.5×14cm。佚名

圈點、批注。鈐“天尺樓”朱文印、“高凌霨澤畬甫收藏印”朱文印．--綫裝
　子目：
　漁洋集：詩二十二卷，續詩十六卷，文十四卷
　蠶尾集：詩二卷，續詩十卷，文八卷，續文二十卷　　　　　　　　（丙四）/48

蠶尾續文集：二十卷／（清）王士禛撰．--刻本．清康熙（1662～1722）．--1 冊（1 夾）．--存卷 1-12。半葉 10 行，行 19 字，白口，左右雙邊，單黑魚尾，半框 18.6×14cm．--綫裝
　　　　　　　　　　　　　（丁）/6324

漁洋山人詩合集：十八卷／（清）王士禛撰．--刻本．--清康熙三十三年（1694）．--12 冊（1 函）．--書名頁題“王阮亭先生詩初續合集”，版心題“漁洋詩集”。半葉 10 行，行 21 字，小字雙行 32 字，粗黑口，左右雙邊，單黑魚尾，半框 19.5×14.4cm。鈐“葭”朱文印、“稼農”朱文印．--綫裝　　　　　　（丁）/145

漁洋山人文略：十四卷／（清）王士禛撰．--刻本．--清康熙（1662～1722）（清雍正[1723～1735]印）．--6 冊（1 函）．--半葉 10 行，行 19 字，小字雙行字同，粗黑口，左右雙邊，單黑魚尾，半框 16.5×13.5cm。鈐“蹇廬病夫”朱文印、“北京市文化局文物調查研究組藏書印”朱文印．--綫裝　　　　　　（丁）/9881
　第二部　5 冊（1 函），鈐“周肇祥讀過書”朱文印　　　　　　　　（丙四）/96

漁洋山人詩集：二十二卷／（清）王士禛撰．--刻本．--吳郡：沂詠堂，清康熙八年（1669）（清雍正[1723～1735]印）．--4 冊（1 函）．--版心題“漁洋詩集”。半葉 10 行，行 19 字，小字雙行字同，白口，四周單邊，單黑魚尾，半框 17.7×13.6cm．--綫裝　　　（丙四）/1029
　第二部　　　　　　　　　（丙四）/6582

漁洋山人詩集：十六卷／（清）王士禛撰．--刻本．--吳中，清康熙二十三年（1684）．--4 冊（1 函）．--版心題“漁洋續集”，序言題“漁

洋山人續集"。半葉 10 行，行 18 字，粗黑口，左右雙邊，單黑魚尾，半框 16.8×13.4cm。鈐"北平孔德學校之章"朱文印.--綫裝

（甲四）/659

王氏漁洋詩鈔：十二卷/（清）王士禎撰.--刻本.--清康熙（1662～1722）.--6 冊（1 函）.--半葉 10 行，行 21 字，小字雙行字同，細黑口，四周單邊，單黑魚尾，半框 18.4×13.4cm。鈐"水榭山房藏書記"朱文印.--綫裝

（丁）/14753

阮亭壬寅詩/（清）王士禎撰.--刻本.--清康熙（1662～1722）.--1 冊（1 函）.--半葉 11 行，行 23 字，小字雙行同，白口，四周單邊，半框 17.7×13.2cm.--綫裝 （丁）/5628

入吳集/（清）王士禎撰.--刻本.--清康熙（1662～1722）.--1 冊（1 函）.--半葉 8 行，行 21 字，小字雙行字同，白口，左右雙邊，半框 17.6×12.8cm.--綫裝 （丁）/5648

雍益集：一卷；長白山錄：一卷，長白山錄補遺一卷/（清）王士禎撰.--刻本.--清康熙三十六年（1697）.--1 冊（1 函）.--半葉 10 行，行 19 字，小字雙行字數不等，粗黑口，左右雙邊，單黑魚尾，半框 16.5×13.2cm.--綫裝

（丁）/6463

漁洋山人精華錄：十卷/（清）王士禎撰；（清）林佶等編.--刻本.--侯官林佶，清康熙三十九年（1700）.--8 冊（1 函）：有插圖.--半葉 11 行，行 21 字，小字雙行字數不等，細黑口，左右雙邊，單黑魚尾，半框 19.3×14.8cm。鈐"景荀堂藏書印"朱文印、"初齋秘笈"朱文印、"曾藏章武高氏小榘庵"朱文印、"澤腹鑑定之章"白文印、"澤畬收藏"白文印、"高凌霨澤畬甫收藏印"朱文印、"澤畬長壽"朱文印、"高其棠印"白文印.--綫裝 （丙四）/38
　　第二部 4 冊（1 夾），清乾隆十六年嚴長明批校，鈐"丁卯後人"朱文印、"味青齋"朱文印、"東有"白文印、"至樂"朱文印、"長明

之印"白文印、"忍冬書屋經籍之章"朱文印、"白水青松之社"白文印、"月明"朱文印

（丁）/14457

　　第三部 4 冊（1 夾），佚名圈點，鈐"友松吟館"朱文印、"顏杞氏贊臣藏書處曰萬卷閣藏金石處曰集古軒著書處曰析義山房談詩處曰友松吟館"朱文印.--綫裝 （丙四）/2128

漁洋山人精華錄箋注：十二卷，漁洋山人精華錄箋注補一卷，附漁洋山人年譜一卷，附錄一卷/（清）王士禎撰；（清）金榮注.--刻本.--鳳翄堂，清乾隆元年（1736）刻；乾隆二年（1737）續刻.--14 冊（2 函）：肖像 1 幅.--半葉 11 行，行 20 字，小字雙行 30 字，白口，左右雙邊，單黑魚尾，半框 18.4×15cm。鳳翄堂藏板。鈐"北平孔德學校之章"朱文印.--綫裝 （甲四）/673
　　第二部 12 冊（2 函），鈐"定遠胡氏珍藏書畫"朱文印 （丙四）/2129

漁洋山人精華錄箋注：十二卷，漁洋山人精華錄箋注補一卷，附漁洋山人年譜一卷，附錄一卷/（清）王士禎撰；（清）金榮注.--刻本.--清乾隆（1736～1795）.--12 冊（1 函）：肖像 1 幅.--仿鳳翄堂刻本。半葉 11 行，行 20 字，小字雙行 30 字，白口，左右雙邊，單黑魚尾，半框 18.4×15cm。鈐"蕭宗訓印"朱文印.--綫裝

（丙四）/5899

漁洋山人精華錄訓纂：二十卷，目錄二卷，附漁陽山人年譜二卷/（清）王士禎撰；（清）惠棟編. 金氏精華錄箋注辯訛：一卷/（清）惠棟撰.--刻本.--清乾隆（1736～1795）.--24 冊（1 夾）.--半葉 10 行，行 21 字，小字雙行字同，白口，四周雙邊，單黑魚尾，半框 19.8×14.6cm.--綫裝 （乙四）/451

漁洋山人精華錄訓纂補：十卷，卷首一卷，年譜一卷/（清）王士禎撰；（清）惠棟注.--刻本.--盧見曾，清乾隆二十二年（1757）.--2 冊（1 函）.--半葉 10 行，行 21 字，小字雙行字同，白口，四周雙邊，單黑魚尾，版心下刻"紅豆齋"，半框 19×14.7cm。紅豆齋藏板.--綫裝

（丁）/6005

漁洋山人精華錄會心偶筆：六卷/（清）王士禛撰；（清）伊應鼎注.--刻本.--清乾隆二十四年（1759）.--4 冊（1 函）.--半葉 10 行，行19 字，小字雙行字同，白口，四周單邊，無界行，單黑魚尾，半框 17.1×13.4cm。鈐"李氏藏書"朱文印、"公路所藏"朱文印.--綫裝

（丁）/6635

第二部 （丁）/1404

綿津山人詩集：二十二卷；楓香詞：一卷/（清）宋犖撰.--刻本.--清康熙（1662～1722）.--6 冊（1 函）.--半葉 10 行，行 19 字，小字雙行字同，白口，四周單邊，雙順黑魚尾，半框 18.5×13.8cm。鈐"古吳孫氏"朱文印、"潤宇藏書"朱文印.--綫裝 （乙四）/139

第二部 8 冊（1 函），存詩集 27 卷，23 卷後為增補，鈐"北平孔德學校之章"朱文印

（甲四）/383

西陂類稿：五十卷/（清）宋犖撰.--刻本.--商丘宋氏，清康熙五十年（1711）.--16 冊（2 函）.--半葉 10 行，行 19 字，小字雙行字同，白口，四周單邊，單黑魚尾，半框 19.1×14.4cm。佚名批、圈點，佚名題記。鈐"自一卷至十五卷"朱文印、"曾經御覽"朱文印、"山水方滋"朱文印、"天官冢宰"朱文印、"牧仲"朱文印、"犖"朱文印、"曾經滄海"白文印.--綫裝 （乙四）/485

宋氏綿津詩鈔：八卷/（清）宋犖撰；（清）邵長蘅輯.--刻本.--清康熙（1662～1722）.--4 冊（1 函）.--（二家詩鈔）.--半葉 10 行，行21 字，小字雙行字數不等，粗黑口，四周單邊，單黑魚尾，半框 17.5×13.5cm。鈐"王璣"印（陰陽合璧）、"式儒"朱文印.--綫裝

（丙四）/1559

強恕堂詩：八卷/（清）高之騱撰.--刻本.--清乾隆三年（1738）.--4 冊（1 函）.--半葉 9 行，行 19 字，白口，四周單邊，單黑魚尾，半

框 16.7×12.9cm。鈐"程濱遺"朱文印.--綫裝

（丁）/7406

秋錦山房集：二十二卷，目錄二卷，外集三卷/（清）李良年撰.--刻本.--李潮偕，清康熙三十五年（1696）刻；李菊房，清乾隆二十四年（1759）增刻.--7 冊（1 函）.--半葉 11 行，行21 字，小字雙行字同，粗黑口，四周單邊，雙對黑魚尾，半框 18.3×13.7cm。有刻工：秀水張雲上。鈐"翰林院印"朱文印（滿漢合璧）.--綫裝

（丁）/3825

第二部 4 冊（1 函），存卷 1-15

（丁）/12874

容齋千首詩：不分卷/（清）李天馥撰.--刻本.--清康熙（1662～1722）.--3 冊（1 函）.--半葉 9 行，行 19 字，小字雙行字同，細黑口，四周雙邊，單黑魚尾，半框 18.5×13.5cm。鈐"妻左號硯山"朱文印.--綫裝 （丁）/9016

郢雪齋纂稿：前集二卷，後集四卷/（清）高熊征撰.--刻本.--高軾、高輯，清康熙二十三年（1684）刻；清康熙四十五年（1706）續刻.--6 冊（1 函）.--書名頁題"郢雪齋前集"、"郢雪齋後集"。半葉 10 行，行 21 字，白口，四周單邊，單黑魚尾，半框 18.1×13.1cm。鈐"北平孔德學校之章"朱文印.--綫裝 （甲四）/7

南州草堂集：三十卷，續集四卷；菊莊詞：二卷；菊莊詞話：一卷/（清）徐釚撰.楓江漁父圖題詞：一卷；青門集：一卷/（清）徐釚輯.--刻本.--清康熙（1662～1722）.--6 冊（1 函）.--半葉 11 行，行 19 字，粗黑口，四周單邊，雙順黑魚尾，半框 18×13.3cm。菊莊藏板.--綫裝

（丁）/13601

渠亭山人半部稾：四種/（清）張貞撰.--刻本.--清康熙（1662～1722）.--8 冊（1 函）；肖像 1 幅.--鈐"北平孔德學校之章"朱文印.--綫裝

子目：

渠亭文稾：不分卷.--書名據版心題。半葉 9

行，行 19 字，粗黑口，左右雙邊，雙對花魚尾，半框 18.4×13.9cm

或語：不分卷.--卷端下又題"半部稾二刻"。半葉 9 行，行 18 字，白口，左右雙邊，半框 17.7×13.3cm

潛州集：不分卷.--卷端下又題"半部稾三刻"。半葉 9 行，行 18 字，有眉批，行 4 字，細黑口，左右雙邊，單黑魚尾，版心下刻"峽雲籠樹樓"，半框 18.2×13.4cm

娛老集：不分卷，遺稿一卷.--卷端下又題"半部稾四刻"。半葉 9 行，行 18 字，白口，左右雙邊，版心下刻"續夢堂"，半框 18.4×13.1cm
　　　　　　　　　　　　　（甲四）/941
　　第二部　8 冊（1 函）　　　（丙四）/1403
　　第三部　6 冊（1 函）　　　（乙四）/101

抱犢山房集：六卷，附敕贈國子監助教留山公殉難敘略一卷/（清）嵇永仁撰.--刻本.--清雍正（1723～1735）.--4 冊（1 函）.--半葉 9 行，行 19 字，小字雙行字同，粗黑口，左右雙邊，單黑魚尾，半框 18.2×14.1cm。鈐"北平孔德學校之章"朱文印.--綫裝　　（甲四）/1132

有懷堂詩藁：六卷；有懷堂文藁：二十二卷/（清）韓菼撰.--刻本.--清康熙四十二年（1703）.--6 冊（1 函）.--書名頁題"有懷堂詩文集"。半葉 11 行，行 21 字，小字雙行字同，白口，四周單邊，單黑魚尾，半框 19.4×13.7cm。本衙藏板。佚名圈點。鈐"北平孔德學校之章"朱文印.--綫裝　　（甲四）/1431
　　第二部　6 冊（1 函）　　　（丙四）/24
　　第三部　4 冊（1 函）　　　（丁）/8583
　　第四部　12 冊（2 函）　　（丁）/12500
　　第五部　7 冊（1 函），存文稿 22 卷，鈐"百竟庵曾藏記"朱文印　　　（丙四）/292

邵子湘全集/（清）邵長蘅撰.--刻本.--青門草堂，清康熙（1662～1722）（合江李超瓊，清光緒二十二年[1896]印）.--12 冊（2 函）.--書名頁題"邵子湘全集"。半葉 10 行，行 21 字，小字雙行字同，粗黑口，左右雙邊，單黑魚尾，半框 18.7×14cm。青門草堂藏板.--綫裝

子目：
　青門簏稿：十六卷/（清）邵長蘅撰；（清）顧景星批點
　青門旅稿：六卷/（清）邵長蘅撰；（清）王士禛評
　青門賸稿：八卷/（清）邵長蘅撰
　邵氏家錄：二卷/（清）邵長蘅纂
　　　　　　　　　　　　　（丙四）/1095
　　第二部　存 3 種：青門簏稿、青門旅稿、青門賸稿　　　　　　　　　（丁）/10932
　　第三部　存 3 種：青門簏稿、青門旅稿、青門賸稿　　　　　　　　　（丁）/8516

青門旅稿：六卷/（清）邵長蘅撰.--刻本.--清康熙三十年（1691）.--6 冊（1 函）.--半葉 10 行，行 21 字，小字雙行字同，粗黑口，左右雙邊，單黑魚尾，半框 19.7×14.2cm。鈐"陸韜經眼"白文印.--綫裝　　（丁）/4342

青門賸稿：八卷/（清）邵長蘅撰.--刻本.--清康熙（1662～1722）.--6 冊（1 函）.--卷 8 末有缺葉。半葉 10 行，行 21 字，小字雙行字數不等，粗黑口，左右雙邊，單黑魚尾，半框 19×14.2cm。鈐"陸韜經眼"白文印.--綫裝
　　　　　　　　　　　　　（丁）/4341

青門詩：十卷/（清）邵長蘅撰.--活字本，木活字.--王相信芳閣，清道光（1821～1850）.--3 冊（1 函）.--（國初十大家詩鈔/[清]王相輯）.--半葉 9 行，行 20 字，小字雙行字同，白口，四周單邊，單黑魚尾，版心下刻"信芳閣藏"，半框 20×14.3cm.--綫裝　　　　　（丁）/8806

篤素堂文集：十六卷/（清）張英撰.--刻本.--清康熙四十年（1701）.--6 冊（1 函）.--半葉 10 行，行 19 字，粗黑口，左右雙邊，雙順黑魚尾，半框 17.9×14cm。鈐"桐城姚伯昂氏藏書記"朱文印、"北平孔德學校之章"朱文印.--綫裝　　　　　　（甲四）/403

存誠堂詩集：二十五卷/（清）張英撰.--刻本.--清康熙四十三年（1704）.--5 冊（1 夾）.--

半葉 10 行，行 19 字，小字雙行字同，粗黑口，左右雙邊，雙順黑魚尾，半框 18.3×13.9cm。鈐"周肇祥讀過書"朱文印.--綫裝

（丙四）/410

咸陟堂詩集：十七卷；咸陟堂文集：二十五卷/（清）釋成鷲撰.--刻本.--清康熙（1662～1722）.--10 冊（2 函）.--半葉 9 行，行 19 字，白口，左右雙邊，單白魚尾，版心下記字數，半框 19.6×14cm。耕樂堂藏板。鈐"墨磨人"白文印、"主靜"朱文印、"賈運生書畫記"朱文印、"呆華作伴"白文印、"進德修業"朱文印、"鹿巖精舍"朱文印、"養菴秘笈"朱文印等.--綫裝

（丁）/12675

繡虎軒尺牘：三集二十四卷/（清）曹煜撰.--刻本.--傳萬堂，清康熙十七年（1678）.--12 冊（1 函）.--半葉 9 行，行 18 字，小字雙行字同，白口，左右雙邊，單黑魚尾，半框 19.1×14.4cm。鈐"北平孔德學校之章"朱文印.--綫裝

（甲四）/620

[張起宗集唐]：不分卷/（清）張起宗輯.--刻本.--清康熙三十三年（1694）刻；清康熙五十年（1711）補刻.--2 冊（1 函）.--半葉 9 行，行 21 字，小字雙行字同，粗黑口間白口，四周雙邊間左右雙邊，雙對黑魚尾間單花魚尾，半框 19.3×14.3cm。佚名圈點、批註。鈐"金鼇"白文印.--綫裝

（丁）/5745

柳村詩集：十二卷/（清）董訥撰.--刻本.--清康熙五十年（1711）.--4 冊（1 函）.--半葉 10 行，行 21 字，白口，左右雙邊，單黑魚尾，半框 18.8×14.7cm.--綫裝

（丁）/1314

雙溪草堂詩集：十卷；雙溪草堂詩：一卷/（清）汪晉徵撰.--刻本.--清康熙（1662～1722）.--4 冊（1 函）.--半葉 10 行，行 19 字，小字雙行字同，白口，四周單邊，單黑魚尾，半框 18.2×13.9cm。雙溪草堂詩半葉 9 行，行 19 字，小字雙行 29 字，白口，左右雙邊，雙順黑魚尾，半框 18.3×13.3cm。鈐"北京市文化局

文物調查研究組藏書印"朱文印.--綫裝

（丁）/4910

杏村詩集：七卷/（清）謝重輝撰；（清）王士禛評.--刻本.--清康熙（1662～1722）.--2 冊（1 函）.--半葉 10 行，行 21 字，白口，左右雙邊，單黑魚尾，半框 16.4×12.9cm。苣坪氏題跋、沈兆澐題跋。鈐"真如舊館"白文印、"玉照堂孫氏金石書畫印"白文印.--綫裝

（丙四）/100

香草居集：七卷/（清）李符撰.--刻本.--清乾隆（1736～1796）.--4 冊（1 函）.--（李氏家集：四種四十三卷/[清]李菊房編）.--半葉 11 行，行 21 字，小字雙行字同，黑口，左右雙邊，雙對黑魚尾，半框 18.4×13.7 cm。鈐"某會里忻氏墨林如意室曾藏"朱文印"得此書不甚易願後人勿輕棄"白文印等.--綫裝

（丁）/2256

午亭文編：五十卷/（清）陳廷敬撰；（清）林佶輯.--刻本.--清康熙四十七年（1708）（清乾隆四十三年[1778]印）.--16 冊（2 函）.--半葉 11 行，行 21 字，小字雙行字數不等，細黑口，左右雙邊，單黑魚尾，半框 19.2×14.7cm.--綫裝

（丁）/12763

第二部 （丙四）/1547

第三部 佚名圈點，鈐"北平孔德學校之章"朱文印

（甲四）/1357

靜觀堂詩集：十九卷/（清）勞之辨撰.--刻本.--清康熙四十年（1701）.--6 冊（1 函）.--半葉 10 行，行 19 字，粗黑口，左右雙邊，單黑魚尾，半框 17.6×14cm。鈐"北平孔德學校之章"朱文印.--綫裝

（甲四）/1191

黃葉邨莊詩集：八卷，續集一卷/（清）吳之振撰.--刻本.--清康熙（1662～1722）.--2 冊（1 函）.--半葉 10 行，行 19 字，小字雙行字同，粗黑口，左右雙邊，單黑魚尾，半框 16.7×13.2cm。鈐"任氏家藏"白文印、"雙榆書屋"白文印.--綫裝

（丁）/5004

坺耕集：三卷／（清）許士佐撰．--刻本．--清乾隆（1736～1795）．--1 冊（1 函）．--半葉 9 行，行 19 字，白口，左右雙邊，單黑魚尾，半框 19.5×13.5cm。鈐"北平孔德學校之章"朱文印．--綫裝　　　　　　（甲四）/728

枕左堂集：詩六卷，詞四卷／（清）孫致彌撰．--刻本．--金惟驍、程宗傅，清乾隆元年（1736）．--4 冊（1 函）．--半葉 9 行，行 20 字，小字雙行字同，粗黑口，左右雙邊，雙順黑魚尾，半框 18.7×14.3cm。鈐"廣源"朱文印、"黃深之印"白文印、"晴崖"朱文印、"岳奇"白文印、"黃廷槐"朱文印、"黃寶善堂珍藏"朱文印．--綫裝　　　　　　　　　　　　（丙四）/6510

第二部　2 冊（1 函）　　　（丁）/3817

張文貞公集：十二卷／（清）張玉書撰．--刻本．--松蔭堂，清乾隆五十七年（1792）．--6 冊（1 函）．--半葉 11 行，行 21 字，白口，左右雙邊，單黑魚尾，版心下刻"松蔭堂"，半框 17.7×14.9cm。松蔭堂藏板．--綫裝

　　　　　　　　　　　　（丙四）/4316

第二部　6 冊（1 函）　　　（丙四）/1062

榕村全集：四十卷；榕村別集：五卷／（清）李光地撰．--刻本．--李清植，清乾隆元年（1736）．--10 冊（1 函）．--半葉 9 行，行 20 字，小字雙行字同，白口，左右雙邊，單黑魚尾，半框 17.5×13.7cm．--綫裝

子目：
觀瀾錄：一卷
經書筆記，讀書筆記：一卷
春秋大義，春秋隨筆：一卷
尚書句讀：一卷
周官筆記：一卷
初夏錄：二卷
尊朱要旨，要旨續記：一卷
象數拾遺，景行摘篇，附記：一卷
文：二十五卷
詩：五卷
賦：一卷　　　　　　　（丙四）/982

榕村藏稿：四卷／（清）李光地撰．--刻本．--清乾隆（1736～1795）．--3 冊（1 函）．--書名頁題"安溪先生榕村藏稿"。半葉 9 行，行 25 字，白口，四周單邊，無界行，半框 20.5×11.7cm。鈐"國子監印"朱文印（滿漢合璧）、"國子監南學書光緒九年二月查過准部齊全"朱文印、"民國七年由清監移藏圖書館"朱文印．--綫裝　　　　　　（丙四）/5454

蓮洋集：十二卷，補遺一卷，附錄一卷／（清）吳雯撰；（清）王士禛評．--刻本．--劉組曾，清乾隆十五年（1750）刻；宋弼，清乾隆十六年（1751）補刻．--7 冊（1 函）．--半葉 9 行，行 19 字，小字雙行字同，白口，左右雙邊，單黑魚尾，半框 16.8×13cm。夢雀艸堂藏板。鈐"河聲嶽色"白文印．--綫裝　　　（丁）/584

第二部　4 冊（1 函），佚名圈點

　　　　　　　　　　　　（丙四）/4354

第三部　6 冊（1 函），鈐"北平孔德學校之章"朱文印　　　　（甲四）/331

蓮洋集：二十卷，附錄一卷／（清）吳雯撰．附年譜一卷．--刻本．--荊圃草堂，清乾隆三十九年（1774）．--10 冊（2 函）．--半葉 11 行，行 23 字，小字雙行字同，白口，左右雙邊，單黑魚尾，半框 21.1×15cm。荊圃艸堂藏板。鈐"王璵"白文印．--綫裝　　　（丙四）/1406

第二部　4 冊（1 函）　　（丙四）/1317

趙恭毅公剩稿：八卷／（清）趙申喬撰．--刻本．--清乾隆（1736～1795）．--3 冊（1 函）．--缺卷 1-2。半葉 12 行，行 24 字，粗黑口，四周雙邊，雙對黑魚尾，半框 20.7×14.8cm。鈐"醉竹軒藏書"白文印．--綫裝　　　　（丁）/3446

橫山初集：十六卷；胡二齋先生評選橫山初集：不分卷／（清）裘璉撰評選．--刻本．--裘氏絳雲居，清康熙（1662～1722）．--3 冊（合裝 1 函）．--書名頁題"橫山詩文鈔"，版心題"橫山初集"。半葉 9 行，行 22 字，白口，左右雙邊，單黑魚尾，半框 19.2×13.2cm。絳雲居藏板。佚名圈點、批校。鈐"守經軒王"朱文印．--

綫裝　　　　　　　　　　　　（丁）/12752-1

橫山文鈔：不分卷/（清）裘璉撰．--刻本．--裘氏絳雲居，清康熙（1662～1722）．--1 冊（合裝 1 函）．--半葉 9 行，行 20 字，小字雙行字同，粗黑口，四周單邊，間無界行，雙對黑魚尾，半框 19.8×13.5cm。絳雲居藏板。與易皆軒二集合冊。佚名圈點、批校。鈐"守經軒王"朱文印．--綫裝　　　　　　　　　　　　（丁）/12752-2

易皆軒二集：不分卷/（清）裘璉撰．--刻本．--裘氏絳雲居，清康熙（1662～1722）．--1 冊（合裝 1 函）．--半葉 11 行，行 22 字，小字雙行字同，粗黑口，左右雙邊，雙對黑魚尾，半框 17.7×13.5cm。絳雲居藏板。與橫山文鈔合冊。佚名圈點、批校。鈐"守經軒王"朱文印．--綫裝　　　　　　　　　　　　（丁）/12752-3

浣花草：四卷/（清）董虎文撰．--稿本．--明末清初（1573～1722）．--2 冊（1 函）．--錢蕭圖題識，佚名圈點、批註。鈐"董虎文印"白文印、"南林堂"白文印、"寸心千里"朱文印、"北平孔德學校之章"朱文印．--綫裝　　　　　　　　　　　　（甲四）/1039

縮秀園詩選：一卷；縮秀園詞選：一卷/（清）杜首昌撰．--刻本．--清康熙（1662～1722）．--1 冊（1 函）．--半葉 9 行，行 18 字，小字雙行字同，白口，左右雙邊，單黑魚尾，半框 18.2×13.2cm．--綫裝　　　　　　　（丁）/11792

愛吾廬詩稿：不分卷/（清）吳兆寬撰．--刻本．--清康熙（1662～1722）．--1 冊（1 函）．--半葉 11 行，行 20 字，小字雙行字同，細黑口，左右雙邊，雙對花魚尾，半框 19.4×15.1cm。鈐"周肇祥"白文印．--綫裝　　　（丙四）/2156

三儂嘯旨：六卷/（清）汪價撰；（清）許自俊評．--刻本．--清康熙（1662～1722）．--6 冊（1 函）．--半葉 10 行，行 21 字，小字雙行字同，白口，左右雙邊，單黑魚尾，半框 19.3×13.2cm。佚名圈點．--綫裝　　　（甲四）/1215

第二部　2 冊（1 函），缺古樂府鈔 1 卷，清乾隆四十六年（1781）慎齋補修 2 葉，嘉定秦氏汗筠齋藏板，鈐"守中讀書"朱文印
　　　　　　　　　　　　（丁）/3636

拾唾詩文全集：六卷/（清）段緯世撰．--刻本．--段氏，清初（1644～1722）．--6 冊（1 函）．--半葉 8 行，行 20 字，小字雙行字同，白口，四周單邊，單黑魚尾，半框 18.4×12cm。鈐"北平孔德學校之章"朱文印．--綫裝

子目：
拾唾詩集：四卷
拾唾文集：一卷
拾唾詩餘：一卷　　　　　　（甲四）/1260

[高士奇全集]/（清）高士奇撰．--刻本．--清康熙（1662～1722）．--11 冊（1 函）．--半葉 11 行，行 20 字，小字雙行 30 字，黑口，四周單邊，雙對黑魚尾，半框 18×13.4cm。鈐"文盛堂藏書"白文印．--綫裝

子目：
城北集：八卷
歸田集：十四卷
苑西集：十二卷．--存卷 5-12
獨旦集：八卷．--卷 1 缺第 9、10 葉
竹窗詞：一卷
蔬香詞：一卷
北墅抱瓮錄：一卷．--半葉 9 行，行 18 字，黑口，左右雙邊，雙對黑魚尾，半框 18.40×14.2cm　　　　　　　　（丙四）/4320

苑西集：十二卷/（清）高士奇撰．--刻本．--宜興蔣景祁，清康熙二十八至二十九年（1689～1690）．--4 冊（1 函）．--半葉 11 行，行 20 字，小字雙行 30 字，黑口，四周單邊，雙對黑魚尾，半框 18.5×13.7cm。朗潤堂藏板。鈐"北平孔德學校之章"朱文印．--綫裝　　　　　　　（甲四）/188

清吟堂集：九卷/（清）高士奇撰．--刻本．--清康熙三十七年（1698）．--1 冊（1 函）．--存卷 1-6。半葉 11 行，行 20 字，小字雙行字數不等，粗黑口，四周雙邊，雙對黑魚尾，半框

18.4×13.5cm。朗潤堂藏板.--綫裝
（丙四）/1155

隨輦集：十卷，續集一卷；經進文稿：六卷/（清）高士奇撰.--刻本.--清康熙（1662～1722）.--4 冊（1 函）.--隨輦集半葉 11 行，行 20 字，黑口，四周單邊，雙對黑魚尾，半框 18×13.4cm。經進文稿半葉 10 行，行 19 字，黑口，四周單邊，雙對黑魚尾，半框 18.7×13.4cm。鈐"存素堂珍藏"朱文印、"梧門所珍"白文印、"時帆鑑賞"朱文印、"詩龕居士存素堂圖書印"朱文印、"詩龕鑒藏"朱文印.--綫裝
（丁）/1456

經進文稿：六卷/（清）高士奇撰.--刻本.--清康熙（1662～1722）.--1 冊.--半葉 10 行，行 19 字，粗黑口，四周單邊，雙對黑魚尾，半框 18.6×13.3cm。鈐"臣梃秘藏國朝名集之印"朱文印.--綫裝：市府贈書 （戊）/587

樓邨詩集：二十五卷/（清）王式丹撰.--刻本.--清雍正四年（1726）.--4 冊（1 函）.--半葉 11 行，行 21 字，小字雙行字同，白口，左右雙邊，單黑魚尾，半框 18×13.3cm.--綫裝
（丁）/7559

南畇文槀：十二卷/（清）彭定求撰.--刻本.--清雍正四年（1726）.--6 冊（1 函）.--半葉 12 行，行 23 字，黑口，四周單邊，單黑魚尾，半框 18.5×13.6cm.--綫裝 （丙四）/4309

遂初堂集：詩集十六卷，文集二十卷，別集四卷/（清）潘耒撰.--刻本.--清雍正（1723～1735）.--28 冊（4 函）.--題名據版心著錄。半葉 10 行，行 21 字，白口，四周單邊，單黑魚尾，半框 17.2×13.2cm。鈐"臣翰之印"白文印、"王翰"白文印、"敬持"朱文印、"北平孔德學校之章"朱文印.--綫裝 （甲四）/663

突星閣詩鈔：十卷/（清）王戩撰.--刻本.--清康熙（1662～1722）刻；清（1644～1911）修版.--4 冊（1 函）.--半葉 10 行，行 19 字，小

字雙行 28 字，粗黑口，左右雙邊，單黑魚尾，半框 16.8×13.3cm.--綫裝 （丁）/9607

蘭雪堂詩草：八卷/（清）岳禮撰.--刻本.--清乾隆五十九年（1794）.--2 冊（1 函）.--半葉 9 行，行 19 字，小字雙行字同，白口，左右雙邊，單黑魚尾，半框 20.3×15.8cm.--綫裝
（丁）/6903

湖海集：十三卷/（清）孔尚任撰.--刻本.--孔尚任介安堂，清康熙（1662～1722）.--6 冊（1 函）.--半葉 9 行，行 19 字，小字雙行字同，白口，左右雙邊，單黑魚尾，版心下刻"介安堂第五刻"，半框 17.5×13.9cm。鈐"北平孔德學校之章"朱文印.--綫裝 （甲四）/494

與梅堂遺集：十二卷，耳書一卷，鮓話一卷/（清）佟世思撰.--刻本.--佟世集，清康熙四十年（1701）.--8 冊（1 函）.--半葉 10 行，行 19 字，小字雙行字同，白口，四周單邊，單黑魚尾，半框 17.9×13.5cm。佚名圈點、批註。鈐"臣墉之印"白文印、"佟氏珍藏"朱文印、"味古齋"朱文印、"柏壽"白文印、"柏壽"朱文印、"子松祕极之印"朱文印、"伴松父"白文印、"長白佟生"朱文印.--綫裝
（丁）/5295

馮舍人遺詩：六卷/（清）馮廷櫆撰.--刻本.--清雍正十一年（1733）.--1 冊（1 函）.--半葉 10 行，行 19 字，粗黑口，四周單邊，單黑魚尾，半框 17×13.3cm.--綫裝 （丁）/2147

觀樹堂集：十六卷/（清）朱樟撰.--刻本.--清乾隆（1736～1795）.--16 冊（7 函）.--半葉 10 行，行 19 字，小字雙行字同，白口，左右雙邊，單黑魚尾，半框 15.1×11.9cm。二酉堂藏板.--綫裝
子目：
冬秀亭集：四卷
古廳集：四卷
叱馭集：一卷
問絹集：一卷

一半句留集：二卷

白舫集：二卷

剡曲集：一卷

郎潛集：一卷 　　　　　　　　（丁）/2491-2497

夢月巖詩集：二十卷；夢月巖詩餘：一卷/（清）呂履恒撰.--刻本.--清雍正三年（1725）.--8 冊（2 函）.--夢月巖詩餘有 1 葉係抄配。半葉 10 行，行 19 字，白口，左右雙邊，單黑魚尾，半框 17.7×13.7cm。鈐"北平孔德學校之章"朱文印.--綫裝 　　　　　　　　（甲四）/684

　　第二部　4 冊（1 函），卷 16-20 係抄配，鈐"張鳳臺印"朱文印、"周養庵小市得"朱文印 　　　　　　　　（丙四）/118

　　第三部　8 冊（1 函），鈐"曉鈴藏書"朱文印 　　　　　　　　（己）/1287

　　第四部　4 冊（1 函），鈐"看到子子孫孫能幾家"朱文印 　　　　　　　　（丙四）/4502

敬業堂詩集：五十卷/（清）查慎行撰.--刻本.--清康熙（1662～1722）.--6 冊（1 函）.--書名頁題"敬業堂集"。半葉 11 行，行 21 字，白口，左右雙邊，單黑魚尾，半框 17.6×13.1cm。佚名圈點。鈐"松珊收藏"朱文印、"筵香館書畫"朱文印、"貴陽陳氏藏書記"朱文印、"王璵私印"白文印.--綫裝

　　　　　　　　（丙四）/1026

　　第二部　8 冊（1 函），書前附手抄此集《四庫總目提要》，鈐"北平孔德學校之章"朱文印 　　　　　　　　（甲四）/271

　　第三部　8 冊（1 函），存卷 1-5、14-50，鈐"孫孟延鑑藏本"白文印、"蘭枝館收藏書畫印"朱文印、"夢巖孫梃"白文印

　　　　　　　　（戊）/2617

敬業堂詩集：五十卷，續集六卷/（清）查慎行撰.--刻本.--清康熙（1662～1722）刻；查氏，清乾隆（1736～1795）續刻.--14 冊（2 函）.--書名頁題"敬業堂集"。半葉 11 行，行 21 字，小字雙行字同，白口，左右雙邊，單黑魚尾，半框 17.7×13.1cm。查學、查開校刊。佚名圈點。鈐"柳泉"朱文印、"徐時棟印"白

文印、"徐時棟手校"朱文印、"馬彤軒"朱文印、"燕嶼樓"白文印、"求放心齋"白文印、"馬"朱文印.--綫裝 　　　　　　　　（丁）/7361

　　第二部　4 冊（1 函），存續集 6 卷，鈐"貽經堂藏書"朱文印、"湄永寶"朱文印、"王璵"朱文印 　　　　　　　　（丙四）/1689

藤塢詩集：不分卷/（清）梁允植撰.--刻本.--清康熙（1662～1722）.--2 冊（1 函）.--半葉 9 行，行 18 字，小字雙行字同，白口，左右雙邊，單黑魚尾，半框 16.5×12cm。鈐"真如舊館"白文印、"周肇祥讀過書"朱文印.--綫裝

　　　　　　　　（丙四）/2049

嶠山集：不分卷/（清）田從典撰.--刻本.--賜書堂，清康熙六十一年（1721）.--2 冊.--書名頁題"陽城田太師全稿"。半葉 8 行，行 22 字，白口，四周雙邊，無界行，單黑魚尾，版心下刻"賜書堂"，半框 19.5×12.4cm.--綫裝

　　　　　　　　（丁）/13463-1

賜書樓嶠山集：四卷，補刻一卷，詩集一卷/（清）田從典撰.--刻本.--賜書樓，清雍正九年（1731）.--3 冊（1 夾）.--書名頁題"陽城田文端公文集"。半葉 9 行，行 23 字，白口，四周雙邊，單黑魚尾，版心下刻"賜書樓"，半框 19.2×12.2cm.--綫裝

　　　　　　　　（丁）/13463-2

笛漁小稿：十卷/（清）朱昆田撰.--刻本.--清康熙（1662～1722）.--4 冊（1 函）.--半葉 12 行，行 23 字，小字雙行 34 字，白口，左右雙邊，單黑魚尾，半框 19×13.4cm。鈐"光照所藏"白文印.--綫裝 　　　　　　　　（丁）/9394

愛日堂詩：十四種/（清）陳元龍撰.--刻本.--清乾隆元年（1736）.--10 冊（2 函）.--半葉 11 行，行 19 字，小字雙行字同，白口，左右雙邊，單黑魚尾，半框 18.4×14cm。鈐"北平孔德學校之章"朱文印.--綫裝

子目：

敝帚集：四卷

重徽集：一卷
登瀛集：一卷
宜人集：二卷
卻掃集：一卷
環召集：一卷
南陔集：三卷
肆覲集：一卷
邅朝集：二卷
蘭峪集：一卷
蘭峪後集：二卷
黃扉集：三卷
林泉集：一卷
重臨集：一卷　　　　　　　　　（甲四）/1483

臨野堂文集：十卷；臨野堂詩集：十三卷；臨野堂詩餘：二卷；臨野堂尺牘：四卷/（清）鈕琇撰.--刻本.--清康熙（1662～1722）.--8 冊（2 函）.--半葉 10 行，行 19 字，白口，左右雙邊，單黑魚尾，半框 17.1×13.5cm。鈐"北平孔德學校之章"朱文印.--綫裝
　　　　　　　　　　　　　　　　（甲四）/793

擔峯詩：四卷/（清）孫泟撰.--刻本.--清康熙（1662～1722）.--4 冊（1 函）.--半葉 9 行，行 20 字，白口，四周單邊，單黑魚尾，半框 16.1×13cm。佚名圈點。鈐"養安藏書"朱文印.--綫裝　　　　　　　　　（丙四）/174
　　第二部　 2 冊（1 函）　　（乙二）/2002

素巇文稿：二十五卷/（清）王喆生撰.--刻本.--清雍正（1723～1735）.--4 冊（1 函）.--存卷 1-5、9-23。半葉 11 行，行 22 字，白口，左右雙邊，單黑魚尾，半框 17.6×13cm。--綫裝
　　　　　　　　　　　　　　　　（丁）/12647

浪淘集詩鈔：不分卷/（清）金人望撰.--刻本.--清康熙（1662～1722）.--1 冊（1 函）.--半葉 10 行，行 19 字，小字雙行 22 字，白口，左右雙邊，單黑魚尾，半框 17.1×13.4cm。式儒題記。鈐"式儒收藏"朱文印.--綫裝
　　　　　　　　　　　　　　　　（丙四）/1235

漁山詩草：二卷/（清）邊汝元撰.--清乾隆四十年（1775）.--2 冊（1 函）.--半葉 9 行，行 19 字，小字雙行字同，白口，左右雙邊，單黑魚尾，半框 18.4×13.4cm。佚名圈點。鈐"王璲私印"白文印.--綫裝　　　　（丙四）/1495

青要山房文集：不分卷/（清）呂謙恒撰.--刻本.--清乾隆（1736～1795）.--1 冊（1 函）.--版心題"青要山房"。半葉 9 行，行 25 字，白口，四周雙邊，無界行，單黑魚尾，半框 19.7×11.4cm.--綫裝　　　　　　　　（丁）/11697

青要集：十三卷/（清）呂謙恒撰.--刻本.--新安呂蕭高，清乾隆十五年（1750）.--4 冊（1 函）.--半葉 12 行，行 22 字，白口，四周雙邊，單黑魚尾，半框 18.2×13.1cm。本衙藏板。鈐"金和"朱文印、"北平孔德學校之章"朱文印.--綫裝　　　　　　　　（甲四）/323

御製文：初集四十卷，總目五卷；二集五十卷，總目六卷；三集五十卷，總目六卷/（清）聖祖玄燁撰；（清）張玉書等編.--刻本.--京師：內府，清康熙五十三年（1714）.--36 冊（4 函）.--附交輝園遺稿：一卷/（清）允祥撰，清雍正十二年內府刻本。半葉 6 行，行 16 字，小字雙行字同，白口，四周雙邊，單黑魚尾，半框 18.7×13.5cm。鈐"國子監八學官書"朱文印、"國子監印"朱文印（滿漢合璧）.--綫裝
　　　　　　　　　　　　　　　　（丙四）/3438
　　第二部　鈐"國子監八學官書"朱文印、"國子監印"朱文印（滿漢合璧）
　　　　　　　　　　　　　　　　（丙四）/3439
　　第三部　 78 冊（6 函），缺交輝園遺稿 1卷　　　　　　　　　　　　　（丁）/4075

御製詩第三集：八卷/（清）聖祖玄燁撰.--刻本.--李煦蘇州詩局，清康熙五十五年（1716）.--3 冊（1 函）.--半葉 6 行，行 16 字，小字雙行字同，白口，四周雙邊，單黑魚尾，半框 18.8×13.4cm。鈐"國子監八學官書"朱文印、"國子監印"印（滿漢合璧）.--綫裝
　　　　　　　　　　　　　　　　（丙四）/2174

第二部　　　　　　　　　（丙四）/2175

第三部　鈐"國子監八學官書"朱文印

（丙四）/2173

第四部　鈐"國子監八學官書"朱文印、
"國子監印"朱文印（滿漢合璧）

（丁）/12511

御製避暑山莊詩：二卷/（清）聖祖玄燁撰；
（清）揆敘等注；（清）沈崳繪圖.--刻本，朱墨
套印.--京師：內府，清康熙五十一年（1712）.--2
冊（1函）：插圖36幅.--版心題"御製詩"。半
葉6行，行16字，小字雙行20字，白口，四周
雙邊，無界行，單黑魚尾，半框19.7×13.4cm。
有刻工：朱圭、梅裕鳳。鈐"潛園盧氏珍藏"朱
文印、"將軍不好武"白文印.--綫裝

（乙三）/268

第二部　1冊（1函），鈐"吳"朱文印、
"曉鈴藏書"朱文印，吳曉鈴贈書　（己）/2107

御製避暑山莊詩：[滿文]：不分卷/（清）聖
祖玄燁撰；（清）沈崳繪圖.--刻本.--京師：內
府，清康熙五十一年（1712）.--2冊（1函）：
插圖36幅.--半葉6行，行字數不等，白口，四
周雙邊，單黑魚尾，半框19.3×13cm.--綫裝

（乙·四）/10

第二部　　　　　　　　　（乙·四）/11

撫雲集：九卷/（清）錢良擇撰.--刻本.--錢
氏招隱堂，清雍正八年（1730）.--8冊（1函）.--
半葉9行，行18字，小字雙行27字，白口，左
右雙邊，單黑魚尾，半框16×12.7cm.--綫裝

（丁）/5304

葛莊分體詩鈔：十二卷，補遺一卷/（清）劉
廷璣撰.--刻本.--清康熙（1662～1722）.--6
冊（1函）.--存10卷：樂府1卷、五言古詩1
卷、六言律詩1卷、七言律詩2卷、五言排律1
卷、七言排律1卷、五言絕句1卷、六言絕句1
卷、七言絕句1卷。半葉9行，行19字，小字
雙行字數不等，細黑口，左右雙邊，雙順黑魚尾，
半框18.2×13cm。有刻工：聖玉、文雲等。佚
名圈點。鈐"北平孔德學校之章"朱文印.--綫

裝　　　　　　　　　　　（甲四）/1140

葛莊編年詩：三十六卷，補遺一卷/（清）劉
廷璣撰.--刻本.--清康熙（1662～1722）.--6
冊（1函）.--半葉9行，行19字，細黑口，左
右雙邊，雙順黑魚尾，半框18×12.8cm。鈐"北
平孔德學校之章"朱文印.--綫裝

（甲四）/1255

直木堂詩集：七卷/（清）釋本畫撰.--刻本.--
清康熙（1662～1722）.--2冊（1函）.--半葉
9行，行19字，小字雙行字同，細黑口，四周
雙邊，單黑魚尾，半框20×13.7cm。佚名圈點。
鈐"石檜書巢"白文印、"周肇祥讀過書"朱文
印.--綫裝　　　　　　　　　（丙四）/99

三餘閣集：不分卷/（清）葛長祚撰.--刻本.--
清康熙三十六年（1697）.--2冊（1函）.--半
葉9行，行21字，小字雙行字同，白口，左右
雙邊，單黑魚尾，半框18.8×13.3cm。鈐"尊
輝堂"朱文印.--綫裝　　　　　（丙四）/4290

十松詩集：一卷；十松文集：四卷/（清）余
扶上撰.--刻本.--清康熙（1662～1722）.--1
冊（1函）.--半葉9行，行22字，白口，四周
單邊，單黑魚尾，半框19.4×12.1cm。乙可亭
藏板.--綫裝　　　　　　　　　（丁）/10850

陳清端公文集：八卷，附紀恩錄，家傳/（清）
陳璸撰.--刻本.--清乾隆三十年（1765）.--4
冊（1函）.--半葉9行，行21字，白口，四周
雙邊，單黑魚尾，半框18.6×14.2cm.--綫裝

（丁）/4426

懷清堂集：二十卷/（清）湯右曾撰.--刻本.
汪臺，清乾隆七年（1742）.--4冊（1函）.--
半葉10行，行22字，小字雙行字同，白口，四
周單邊，單黑魚尾，半框19×13.8cm。春華閣
藏板。鈐"北平孔德學校之章"朱文印.--綫
裝　　　　　　　　　　　（甲四）/270

懷清堂集：二十卷，卷首一卷/（清）湯右曾

撰.--刻本.--湯學基等，清乾隆十一年（1746）.--8 冊（1 函）.--半葉 10 行，行 21 字，小字雙行字同，白口，左右雙邊，單黑魚尾，半框 19.4×14.3cm。本衙藏板。鈐"孫梴"朱文印、"孫夢嵒收藏"白文印、"孫孟延收藏書畫印"朱文印、"濟甯孫氏蘭枝館藏"朱文印.--綫裝　　　　　　　（乙四）/94

　　第二部　6 冊（1 函），鈐"本府藏板"朱文印、"懷清堂"朱文印、"周肇祥燕市所得記"朱文印　　　　　　　　　　（丙四）/255

　　第三部　4 冊（1 函）　　　　（丁）/1213

緯蕭草堂詩：不分卷/（清）宋至撰.--刻本.--清康熙（1662～1722）.--1 冊（1 函）.--此書祇刻 36 葉。半葉 10 行，行 19 字，小字雙行字同，白口，四周單邊，雙順黑魚尾，半框 18.5×13.5cm.--綫裝　　　　（丁）/12726

緯蕭草堂詩：不分卷/（清）宋至撰.--刻本.--清康熙（1662～1722）.--2 冊（1 函）.--此書增刻至 72 葉。半葉 10 行，行 19 字，小字雙行字同，白口，四周單邊，雙順黑魚尾，半框 18.5×13.5cm.--綫裝　　　　（丁）/5385

緯蕭草堂詩：三卷/（清）宋至撰.--刻本.--清康熙二十七年（1688）.--3 冊（1 函）.--增刻後分爲 3 卷。半葉 10 行，行 19 字，小字雙行字同，白口，四周單邊，雙順黑魚尾，半框 18.5×13.5cm。鈐"雙榆書屋"白文印、"養安藏書"朱文印.--綫裝　　（丙四）/827

叢碧山房詩：初集翰苑稿十四卷，二集舍人稿六卷，五集建州稿六卷/（清）龐塏撰.--刻本.--清康熙（1662～1722）.--4 冊（1 函）.--書名頁題"雪崕自訂叢碧山房詩"。半葉 10 行，行 19 字，小字雙行字同，黑口，四周單邊，單黑魚尾，半框 16.6×13.2cm。鈐"周養庵藏書記"朱文印、"肇祥盥讀"朱文印.--綫裝　　　　　　　　　　（丙四）/899

叢碧山房詩：三集工部稿十一卷，四集戶部稿十卷；叢碧山房文集：八卷；叢碧山房雜著：三

卷/（清）龐塏撰.--刻本.--清康熙（1662～1722）.--6 冊（1 函）.--書名頁題"雪崕自訂叢碧山房詩"。半葉 10 行，行 19 字，小字雙行字同，黑口，四周單邊，單黑魚尾，半框 16.5×13.1cm。鈐"周肇祥藏書記"朱文印.--綫裝　　　　　　　　　　（丙四）/810

紺寒亭文集：四卷；紺寒亭詩集：十卷，詩別集一卷/（清）趙俞撰.--刻本.--嘉定趙氏，清康熙（1662～1722）.--6 冊（1 函）.--半葉 11 行，行 21 字，白口，左右雙邊，單黑魚尾，半框 20×14.8cm。佚名圈點.--綫裝
　　　　　　　　　　（丁）/6375

　　第二部　5 冊（1 函），詩集缺卷 1、2，卷 7 缺第 27 葉　　　　　　（丙四）/5918

寒村見黃稿：二卷/（清）鄭梁撰.--刻本.--山陽戴氏，清康熙（1662～1722）.--2 冊（1 函）.--書名頁題"寒村文選"，版心題"見黃稿"。半葉 9 行，行 20 字，小字雙行字同，粗黑口，左右雙邊，雙順花魚尾，半框 20×14.5cm。紫蟾山房藏板。鈐"周肇祥讀過書"朱文印.--綫裝　　（丙四）/180

寒村詩文選：三十六卷/（清）鄭梁撰.--刻本.--紫蟾山房，清康熙（1662～1722）.--16 冊（2 函）.--半葉 9 行，行 20 字，粗黑口，左右雙邊，雙對黑魚尾，半框 19.6×14.6cm。紫蟾山房藏板。鈐"北平孔德學校之章"朱文印.--毛裝　　　　　（甲四）/1272

寒村半生亭集：三卷/（清）鄭梁撰.--刻本.--紫蟾山房，清康熙（1662～1722）.--2 冊（1 夾）.--題名據序言著錄。包括半生亭詩集一卷、半生亭文集一卷、寒村息尚編一卷。半葉 9 行，行 20 字，小字雙行字同，粗黑口，左右雙邊，雙對花魚尾，半框 19.5×14.4cm.--綫裝
　　　　　　　　　　（丁）/5994

空明子詩集：十卷又八卷；空明子文集：六卷又二卷；空明子詩餘：二卷；空明子雜錄：一卷/（清）張榮撰.把青軒詩稿：一卷；把青軒詩餘：

一卷；挹青軒自怡錄：一卷；/（清）華浣芳撰；（清）張榮選.--刻本.--清康熙（1662～1722）.--12 冊（2 函）.--半葉 11 行，行 21 字，小字雙行字同，粗黑口，左右雙邊，雙對黑魚尾，半框 16.8×11.5cm。鈐"北平孔德學校之章"朱文印.--綫裝　　　　（甲四）/576

高愉堂詩集：不分卷；高愉堂詩二集：不分卷/（清）懷應聘撰.--刻本.--清康熙二十九年（1690）.--6 冊（1 函）.--半葉 9 行，行 20 字，白口，四周雙邊，單黑魚尾，半框 20.7×14.7cm.--綫裝　　　　（甲四）/299

過江集：四卷/（清）史申義撰.--刻本.--清康熙（1662～1722）.--1 冊（1 函）.--存卷 1、2。半葉 10 行，行 19 字，小字雙行 30 字，細黑口，左右雙邊，單黑魚尾，半框 16.9×13.3cm。佚名批、圈點.--綫裝　　　　（丁）/2149

二十四泉草堂集：十二卷/（清）王苹撰.--刻本.--清康熙（1662～1722）.--4 冊（1 函）.--半葉 12 行，行 22 字，小字雙行 33 字，細黑口，左右雙邊，雙對黑魚尾，半框 16.8×13.9cm。鈐"周肇祥印"白文印.--綫裝　　（丁）/4906

釀川集：文二卷，詩五卷，詞五卷/（清）許尚質撰.--刻本.--清康熙（1662～1722）.--4 冊（1 函）.--序有半葉、卷末有 1 葉係抄配。半葉 11 行，行 21 字，小字雙行字同，白口，左右雙邊，雙對黑魚尾，半框 17.2×13.6cm。鈐"亦愛吾廬主人"白文印、"百鏡盦物"白文印.--綫裝　　　　（丙四）/2863

尋壑外言：五卷/（清）李繩遠撰.--刻本.--清康熙（1662～1722）.--1 冊（1 函）.--半葉 11 行，行 21 字，粗黑口，左右雙邊，雙對黑魚尾，半框 18.6×13.6cm。佚名圈點。鈐"真如舊舘"白文印、"曾在海鹽俞氏"朱文印、"臣方穀"白文印、"濟寧王謝家深父珍賞"白文印、"橋庵秘笈"朱文印 、"舊燕堂"朱文印.--綫裝　　　　（丙四）/930

燕堂詩鈔：八卷；燕堂賦稿：二卷；兖東集：二卷；小紅詞集：一卷/（清）朱經撰.--刻本.--清康熙（1662～1722）.--4 冊.--半葉 10 行，行 19 字，粗黑口，四周單邊，單黑魚尾，半框 18.2×13.1cm.--綫裝　　　　（丁）/13710

放言居詩集：六卷/（清）曹炳曾撰.附墓誌銘/（清）曹一士撰.--刻本.--清乾隆（1736～1795）.--1 冊（1 函）.--半葉 10 行，行 21 字，小字雙行字數不等，白口，左右雙邊，單黑魚尾，半框 18.4×13.5cm。佚名圈點。鈐"春眠不覺曉，處處聞啼鳥。夜來風雨聲，花落知多少"朱文印、"養雲館主珍藏"朱文印.--綫裝
（丁）/7137

花語山房詩文小鈔：一卷，附南匯縣志分目原稿一卷/（清）顧成天撰.--刻本.--清雍正（1723～1735）.--1 冊（1 函）.--半葉 10 行，行 21 字，白口，左右雙邊，單黑魚尾，半框 18.9×13.7cm。.--綫裝　　　　（丙四）/5840

有懷堂詩集：一卷；有懷堂文集：一卷/（清）田肇麗撰.--刻本.--田同之，清乾隆七年（1742）.--1 冊（1 函）.--半葉 9 行，行 19 字，白口，左右雙邊，單黑魚尾，半框 15.8×12.1cm。佚名跋.--綫裝：群芳閣藏書
（庚）/161

飴山詩集：二十卷/（清）趙執信撰.--刻本.--因園，清乾隆十七年（1752）.--4 冊（1 函）.--半葉 10 行，行 21 字，小字雙行字同，白口，左右單邊，單黑魚尾，半框 17.5×12.7cm。佚名圈點。鈐"臣郪"白文印、"雁門馮氏"朱文印、"臣郪印"白文印、"馮郪印"朱文印、"馮郪"白文印、"伯子"朱文印、"小馮"朱文印、"味青齋"朱文印、"子子孫孫其永保之"朱文印、"雁門"白文印、"契如如"白文印、"心與歡伯為友朋"朱文印、"雁山沱水"白文印、"言以足志文以足言"朱文印、"有數存焉於其間"白文印.--綫裝　　（丁）/14737

第二部　4 冊（1 函），鈐"王瓛私印"白文印　　　　（丙四）/1514

飴山文集：十二卷，附錄一卷／（清）趙執信撰．--刻本．--因園，清乾隆三十九年（1774）．4冊（1函）．--半葉10行，行21字，白口，左右雙邊，單黑魚尾，半框17.9×12.4cm。因園藏板．--綫裝　　　　（丙四）/1358
　　第二部　6冊（1函）　　　　（丙四）/6520

飴山詩集：二十卷；飴山文集：十二卷，附錄一卷；禮俗權衡：二卷／（清）趙執信撰．--刻本．因園，清乾隆十七年（1752）刻；清乾隆三十九年（1774）續刻．--16冊（2函）．--半葉10行，行21字，白口，四周單邊間左右雙邊，單黑魚尾，半框17.5×12.7cm。因園藏板。佚名圈點。鈐"北平孔德學校之章"朱文印．--綫裝
　　　　　　　　　　　　（甲四）/510
　　第二部　11冊（1函），缺禮俗權衡2卷
　　　　　　　　　　　　（丙四）/6212-1

西齋集：十八卷／（清）王仲儒撰．--刻本．--夢華山房，清康熙（1662～1722）（王之珩，清乾隆二十年[1755]印）．--4冊（1函）．--半葉9行，行19字，小字雙行字同，白口，左右雙邊，單黑魚尾，版心下刻"夢華山房"，半框17.9×13.1cm。佚名圈點。鈐"九峰舊廬珍藏書畫記"朱文印、"南溪珍藏"朱文印、"琅園秘笈"朱文印．--綫裝　　（丙四）/4352

西齋集：十卷／（清）吳暻撰．--刻本．--吳霈，清乾隆三十六年（1771）．--2冊（1函）．--卷6第1葉及後序殘。半葉10行，行19字，小字雙行字同，白口，左右雙邊，單黑魚尾，半框18.4×13.6cm．--綫裝　　（丁）/7947

硯爐閣詩集：五卷／（清）冷玉娟撰．--刻本．--清康熙（1662～1722）．--2冊（1函）．--半葉8行，行20字，白口，四周單邊，單黑魚尾，半框19.2×12.7cm。鈐"百竟庵校藏記"朱文印．--綫裝　　　　　　　（丙四）/3150

澄江集：一卷／（清）陸次雲撰．--刻本．--清康熙（1662～1722）．--1冊．--半葉9行，行19字，白口，左右雙邊，單黑魚尾，半框18.4×

13.7cm。鈐"秀水王氏藏"朱文印．--綫裝
　　　　　　　　　　　　（丁）/13530

北墅緒言：五卷／（清）陸次雲撰；（清）高士奇，（清）汪霦評．--刻本．--清康熙（1662～1722）．--4冊（1函）．--序、目錄、卷1、卷5係抄補。半葉9行，行19字，白口，左右雙邊，單黑魚尾，半框18×13.6cm。鈐"周肇祥讀過書"朱文印．--綫裝　　　　（丙四）/330

趙裘萼公剩稿：三卷／（清）趙熊詔撰．--刻本．--清乾隆二年（1737）．--1冊（1函）：肖像1幅．--半葉12行，行24字，小字雙行36字，粗黑口，四周雙邊，雙對黑魚尾，半框20.5×14.6cm。鈐"醉竹軒藏書"白文印．--綫裝
　　　　　　　　　　　　（丁）/3445

道榮堂文集：六卷，卷首一卷；滄州近詩：十卷／（清）陳鵬年撰．--刻本．--清乾隆二十七年（1762）．--14冊（2函）．--（道榮堂詩文集）．--半葉10行，行19字，白口，左右雙邊，單黑魚尾，半框16.2×12.8cm。鈐"北平孔德學校之章"朱文印．--綫裝　　　　（甲四）/598

野香亭集：十三卷／（清）李孚青撰．--刻本．--清康熙（1662～1722）．--4冊（1函）．--半葉10行，行19字，小字雙行字同，粗黑口，四周單邊，單黑魚尾，半框16.4×13.2cm．--綫裝
　　　　　　　　　　　　（丙四）/6346
　　第二部　　　　　　　　（丁）/615

林松址詩集：三卷；北行即景：一卷／（清）林豫吉撰．--刻本．--清康熙（1662～1722）．--4冊（1函）：肖像1幅．--林松址詩集半葉9行，行18字，小字雙行字同，白口，左右雙邊，單黑魚尾，半框19.2×14.5cm。北行即景半葉8行，行20字，白口，四周雙邊，半框19.6×4cm。綫裝　　　　　　　　　（丁）/6102

存研樓文集：十六卷，二集二十五卷／（清）儲大文撰．--刻本．--宜興儲氏，清乾隆九年（1744）刻；清乾隆十八年（1753）續刻．--24

冊（4 函）.--半葉 9 行，行 20 字，白口，左右雙邊間四周單邊，無界行，單黑魚尾，半框 19.4×13.6cm。本樓藏板。鈐"北平孔德學校之章"朱文印.--綫裝　　　　　　　　（甲四）/1264

雲川閣集：十四卷/（清）杜詔撰.--刻本.--清雍正（1723～1735）.--4 冊（1 函）.--序言有殘缺。半葉 10 行，行 21 字，小字雙行字同，白口，四周單邊，雙順黑魚尾，半框 17.8×13.3cm。佚名墨筆圈點。鈐"山陰宋氏藏書"朱文印.--綫裝　　　　　（丙四）/6553

鬲津草堂詩：不分卷/（清）田霡撰；（清）王士禛評.--刻本.--清乾隆三年（1738）.--8 冊（1 函）.--半葉 9 行，行 19 字，粗黑口，左右雙邊，單黑魚尾，半框 16.7×13.1cm。鈐"北平孔德學校之章"朱文印.--綫裝　　（甲四）/739

腰雪堂詩集：六卷/（清）釋德溥撰.--刻本.--清雍正五年（1727）.--1 冊（1 函）.--卷 6 末殘缺。半葉 10 行，行 19 字，小字雙行字數不等，白口，左右雙邊，單黑魚尾，半框 17.2×13.3cm。鈐"真如舊館"白文印、"周肇祥燕市所得記"朱文印.--綫裝　　　　　（丙四）/5810

正誼堂文集：不分卷/（清）董以寧撰.--刻本.--書林劉興甫，清康熙七年（1668）.--6 冊（1 函）.--版心題"董文友文選"。半葉 9 行，行 21 字，白口，左右雙邊，半框 18.8×13.7cm。鈐"正誼堂"朱文印、"宛齋"白文印.--綫裝　　　　　　　　（丁）/1351

志寧堂稿：不分卷/（清）徐文靖撰.--刻本.清雍正乾隆間（1723～1795）.--2 冊（1 函）.--第 2 冊有 9 葉補配。半葉 9 行，行 20 字，小字雙行字同，白口，四周雙邊，單黑魚尾，半框 17.5×12.9cm.--綫裝　　　　　　　（丁）/5892

菀青集：二十一卷/（清）陳至言撰.--刻本.--芝泉堂，清康熙（1662～1722）刻；清乾隆（1736～1795）增修.--4 冊（1 函）.--半葉 9 行，行 20 字，小字雙行字同，白口，四周單邊，版心下刻"芝泉堂"，半框 19.6×14.2cm。黃裳朱筆批點，題記.鈐"朱光耀"朱文印、"木雁齋"朱文印、"草亭藏"朱文印、"黃裳藏本"朱文印、"來燕榭珍藏記"朱文印、"黃裳青囊文苑"朱文印、"黃裳"朱文印.--綫裝
（丁）/1372

白田草堂存稿：二十四卷，附崇祀鄉賢錄一卷，行狀一卷/（清）王懋竑撰.--刻本.--清乾隆（1736～1795）.--12 冊（2 函）.--書名頁題"王白田先生文集"。半葉 12 行，行 22 字，小字雙行字同，白口，左右雙邊，單黑魚尾，半框 17.4×13.2cm。草堂藏板。鈐"普定姚大榮字儷桓號芷灃金石書畫"朱文印.--綫裝
（丁）/3259

第二部　6 冊（1 函），鈐"北平孔德學校之章"朱文印　　　　　　　　（甲二）/519-2

弱水集：二十二卷/（清）屈復撰.--刻本.--長洲馬氏，清乾隆（1736～1795）.--12 冊（2 函）.--半葉 10 行，行 21 字，小字雙行字同，白口，左右雙邊，單黑魚尾，半框 17.5×12.9cm。鈐"北平孔德學校之章"朱文印.--綫裝　　　　　　　（甲四）/1402

香屑集：十八卷，首一卷，末一卷/（清）黃之雋編；（清）古愚校注.--刻本.--清雍正（1723～1735）.--4 冊（1 函）.--半葉 10 行，行 21 字，小字雙行字同，粗黑口，左右雙邊，雙對黑魚尾，半框 15.8×10.8cm。佚名圈點。鈐"詹仞"朱文印、"北平孔德學校之章"朱文印.--綫裝　　　　　　　　（甲四）/1414

竹雲題跋：四卷；**虛舟題跋**：十卷，補原三卷/（清）王澍撰.--刻本.--楊建聞川易鶴軒，清乾隆三十三至三十九年（1768～1774）.--5 冊（1 函）.--半葉 8 行，行 18 字，白口，左右雙邊，無界行，單黑魚尾，半框 18.4×11cm。鈐"葉子靜"朱文印、"曾經振甫所藏"朱文印、"倪黃山舘"白文印、"薛慎微印"白文印、"司馬相如"白文印、"北平謝氏藏書印"朱文印.--綫裝　　　　　　　（丁）/12692

春樹草堂集：四卷；棗下小集：一卷/（清）顧嗣立撰.--刻本.--清康熙（1662～1722）.--4冊（1函）.--（書館閑吟）.--半葉11行，行21字，小字雙行31字，細黑口，左右雙邊，單黑魚尾，半框18.4×14.6cm。佚名朱墨筆圈點.--綫裝　　　　　　（丁）/498

王石和文：九卷/（清）王玿撰.--刻本.--清乾隆（1736～1795）.--6冊（1函）.--半葉9行，行22字，小字雙行字同，有眉批，行4字，白口，四周單邊，單黑魚尾，半框19×14.1cm。培風齋藏板.--綫裝　　　　（丁）/6095

陳學士文集：十八卷/（清）陳儀撰.--刻本.陳氏蘭雪齋，清乾隆（1736～1795）.--8冊（1函）.--半葉9行，行22字，白口，左右雙邊，單黑魚尾，版心下刻"蘭雪齋藏本"，半框18.1×12.3cm。蘭雪齋藏板。鈐"渤海高氏藏書印"朱文印、"北平孔德學校之章"朱文印.--綫裝　　　　　（甲四）/1407
　　第二部　　　　　　（丙四）/1022

餘園古今體詩精選：四卷/（清）繆沇撰.--刻本.--清乾隆三十八年（1773）.--4冊（1函）.--半葉10行，行19字，小字雙行字同，白口，左右雙邊，單黑魚尾，半框18.4×13.4cm。蘊真堂藏板。鈐"泰州繆氏藏書"朱文印、"但得流傳不在多"朱文印.--綫裝
　　　　　　　　　　（丁）/8501
　　第二部　　　　　　（丁）/7286

已山先生文集：十卷；已山先生別集：四卷/（清）王步青撰.附王檢討已山先生傳：一卷/（清）陳弘謀撰.--刻本.--清乾隆（1736～1795）.--6冊（1函）.--書名頁題"王已山先生文集"。半葉9行，行20字，白口，左右雙邊，單黑魚尾，半框18.4×13.1cm。敦復堂藏板.--綫裝　　　　（丁）/9422
　　第二部　4冊（1夾）　（丁）/6540

[孔鏞民所著三種]/（清）孔傳鐸撰.--抄本.--清（1644～1911）.--4冊（1函）.--鈐"傳商"

朱文印、"大光之章"白文印、"北平孔德學校之章"朱文印.--綫裝
　子目：
　　紅萼詞：二卷
　　盟鷗草：一卷
　　炊香詞：一卷
　　附：娛閣讀古偶志　　（甲四）/1236

沈歸愚詩文全集：十四種/（清）沈德潛撰.--刻本.--沈氏教忠堂，清乾隆（1736～1795）.--22冊（1函）.--書名據竹嘯軒詩鈔書名頁題。半葉10行，行19字，小字雙行字數不等，白口，左右雙邊，單黑魚尾，半框17.4×13.9cm。鈐"士鼇"白文印、"北京市文化局文物調查研究組藏書印"朱文印.--綫裝
　子目：
　　歸愚詩鈔：二十卷.--清乾隆十六年（1751）.--卷6有1葉、卷10有3葉、卷15有1葉、卷16有1葉、卷18有2葉、卷20有3葉係抄配
　　歸愚詩鈔餘集：八卷.--清乾隆三十一年（1766）
　　歸愚文鈔：二十卷.--清乾隆二十四年（1759）
　　歸愚文鈔餘集：七卷.--清乾隆三十二年（1767）
　　矢音集：二十卷.--清乾隆十八年（1753）.--卷3有1葉係抄配
　　說詩晬語：二卷
　　八秩壽序壽詩：一卷
　　九十壽序壽詩：一卷
　　黃山遊草：一卷
　　台山遊草：一卷
　　南巡詩：一卷
　　竹嘯軒詩鈔：十八卷.--細黑口
　　歸田集：一卷.--有1葉抄配
　　浙江通省志圖說：不分卷
　　年譜：一卷.--版心下刻"教忠堂"
　　　　　　　　　　（丁）/15718
　　第二部　20冊（2函），存4種：歸愚詩鈔20卷，歸愚文鈔20卷，歸愚詩鈔餘集8卷，歸愚文鈔餘集6卷，教忠堂藏板　（乙四）/84
　　第三部　12冊（2函），鈐"黃海程華小石氏圖書"白文印、"浣月齋藏書印章"朱文印、

"北平孔德學校之章"朱文印 （甲四）/314

沈歸愚詩文全集：十五種/（清）沈德潛撰.--刻本.--沈氏教忠堂, 清乾隆（1736～1795）.--20冊（4函）.--存8種。半葉10行, 行19字, 小字雙行28字, 白口, 左右雙邊, 單黑魚尾, 半框 17.6×14.2cm。教忠堂藏板.--綫裝

存書子目：

竹嘯軒詩鈔：十八卷.--細黑口

歸愚詩鈔：十四卷

歸愚文鈔：十二卷

歸愚文續：十二卷

說詩晬語：二卷

浙江通省志圖說：一卷/（清）沈德潛撰；（清）周準評點

歸田集：一卷

黃山遊草：一卷 （丙四）/1562

第二部 6冊（1夾），存歸愚文鈔、歸愚文續、說詩晬語、歸愚詩鈔，鈐"五城黃氏珍藏"白文印、"黃愷鏞印"白文印、"梓蔭"朱文印 （丙四）/6509

歸愚詩鈔：二十卷/（清）沈德潛撰.--刻本.--清乾隆十六年（1751）.--4冊（1函）.--半葉10行, 行19字, 小字雙行字同, 白口, 左右雙邊, 單黑魚尾, 半框 17.5×13.8cm。鈐"寶笏堂圖書印"白文印、"霖蒼"朱文印、"丁勇榮印"白文印、"真如舊館"白文印、"周肇祥燕市所得記"朱文印.--綫裝 （丙四）/1908

歸愚文鈔餘集：八卷/（清）沈德潛撰.--刻本.--清乾隆三十二年（1767）.--4冊（1函）.--半葉10行, 行19字, 白口, 左右雙邊, 單黑魚尾, 半框 17.3×13.6cm.--綫裝 （丙四）/1903

矢音集：四卷/（清）沈德潛撰.--刻本.--清乾隆十八年（1753）.--1冊（1函）.--半葉10行, 行19字, 小字雙行字同, 白口, 左右雙邊, 單黑魚尾, 半框 17.6×13.8cm。鈐"霖蒼"朱文印、"丁勇榮"白文印.--綫裝

（丙四）/2158

第二部 （丁）/7388

歸田集/（清）沈德潛撰.--刻本.--清乾隆（1736～1795）.--1冊（1函）.--半葉10行, 行19字, 小字雙行字同, 白口, 左右雙邊, 單黑魚尾, 半框 17.4×13.8cm。鈐"金蓮花館"白文印.--綫裝 （丙四）/3291

恭和詩稿：三卷/（清）沈德潛撰.附御賜詩文：一卷/（清）高宗弘曆撰.--刻本.--清乾隆二十七年（1762）.--2冊（1函）：插圖1幅.--半葉9行, 行18字, 小字雙行字同, 白口, 左右雙邊, 單黑魚尾, 半框 17.4×13.8cm.--綫裝

（丁）/7499

竹嘯軒詩鈔：十八卷/（清）沈德潛撰.--刻本.--清乾隆（1736～1795）.--1冊（1函）.--書名頁題"沈確士竹嘯軒詩鈔"。半葉10行, 行19字, 小字雙行29字, 細黑口, 左右雙邊, 單黑魚尾, 半框 17.8×13.9cm。鈐"枝指生藏書印"朱文印、"枝指生珍藏書畫圖石之印章"朱文印.--綫裝 （丁）/5584

思綺堂文集：十卷/（清）章藻功撰.--刻本.--清康熙六十一年（1722）.--10冊（2函）：肖像1幅.--書名頁題"註釋思綺堂四六全集"。半葉10行, 行22字, 小字雙行字同, 白口, 四周單邊, 單黑魚尾, 半框 19.9×14.7cm。本衙藏板。鈐"學者堂珍藏"白文印、"許氏偉卿收藏金石書畫圖印"朱文印、"放懷萬卷奇書"朱文印、"周肇祥燕市所得記"朱文印.--綫裝

（丙四）/395

第二部 鈐"善閑之印"白文印、"澹水"朱文印 （丙四）/1599

海峰文集：八卷/（清）劉大櫆撰.--刻本.--敦本堂, 清乾隆（1736～1795）.--5冊（1函）.--缺卷6。半葉9行, 行19字, 白口, 左右雙邊, 單黑魚尾, 半框 17.1×12.3cm.--綫裝

（丙四）/6102

世經堂初集：三十卷/（清）徐旭旦撰.--刻本.--錢塘徐旭旦, 清康熙四十六年（1707）.--10

冊（1 函）.--半葉 9 行，行 20 字，白口，四周單邊，單黑魚尾，半框 18.7×12.9cm。名山藏梓行。鈐"治先"朱文印、"春治先印"朱文印、"北平孔德學校之章"朱文印.--綫裝

(甲四)/584

新體詩偶鈔/（清）姚之駰撰；（清）王緯評.--刻本.--清康熙（1662～1722）.--1 冊（1 函）.--半葉 10 行，行 20 字，小字雙行字同，白口，左右雙邊，單黑魚尾，半框 20.2×14.4cm.--綫裝

(丁)/11061

穆堂初稿：五十卷/（清）李紱撰.--刻本.--李光墺，清乾隆二年（1737）.--16 冊（2 函）.--半葉 12 行，行 23 字，小字雙行字同，白口，左右雙邊，單黑魚尾，半框 19.7×14.8cm。鈐"映紅樓珍藏"朱文印、"縵雲過眼"朱文印.--綫裝

(丁)/1279

陳司業先生集：經咒一卷，掌錄二卷，文集四卷，詩集四卷/（清）陳祖范撰.--刻本.--日華堂，清乾隆二十九年（1764）.--10 冊（1 函）：肖像 1 幅.--書名頁題"陳司業集"。半葉 10 行，行 23 字，白口，四周雙邊，單黑魚尾，半框 19.9×13.5cm。日華堂藏板。鈐"御賢"朱文印.--綫裝 (丁)/1399

　　第二部　6 冊（1 函），鈐"淡如水"白文印 (丁)/2304

　　第三部　12 冊（1 函），鈐"孫華卿章"朱文印 (乙五)/10

二學亭文涁：四卷/（清）田同之撰.--刻本.--清乾隆（1736～1795）.--4 冊（1 函）.--半葉 10 行，行 19 字，粗黑口，左右雙邊，單黑魚尾，半框 15.9×13.4cm。鈐"北平孔德學校之章"朱文印.--綫裝 (甲四)/754

御製文集：三十卷，目錄四卷/（清）世宗胤禛撰.--刻本.--京師：武英殿，清乾隆三年（1737）.--8 冊（1 函）.--存目錄卷 1、正文卷 1-16。半葉 6 行，行 16 字，白口，四周雙邊，單黑魚尾，版心上刻"世宗憲皇帝"，半框

18.6×13.4cm。鈐"娑羅花樹館"朱文印.--綫裝 (丙四)/325

匠門書屋文集：三十卷/（清）張大受撰.--刻本.--顧詒祿，清雍正七年（1729）.--2 冊.--半葉 10 行，行 21 字，白口，左右雙邊，單黑魚尾，半框 18.5×13.4cm。佚名朱筆圈點。鈐"陶然書屋藏書"朱文印、"熱影圖書"朱文印.--綫裝 (丁)/13711

橘巢小稿：四卷/（清）王世琛撰.--刻本.--清乾隆二十三年（1758）.--1 冊（1 函）.--半葉 9 行，行 19 字，白口，四周雙邊，單黑魚尾，半框 17.8×12.6cm。靜致齋藏板.--綫裝 (丁)/1053

鹿洲初集：二十卷/（清）藍鼎元撰；（清）曠敏本評.--刻本.--清雍正（1723～1735）.--8 冊（1 函）：肖像 1 幅.--半葉 9 行，行 20 字，白口，左右雙邊，無界行，單黑魚尾，半框 18.7×13.5cm。有刻工：羅文、雲龍等.--綫裝

(丙四)/1652

　　第二部　10 冊（1 夾） (丙四)/338

鹿洲初集：二十卷；鹿洲公案：二卷；鹿洲奏疏：一卷；東征集：六卷；棉陽學準：五卷；女學：六卷；平臺紀略：一卷；修史試筆：二卷/（清）藍鼎元撰.--刻本.--清雍正（1723～1735）刻；清光緒（1875～1908）增修.--24 冊（2 函）：冠像 1 幅.--半葉 9 行，行 20 字，白口，左右雙邊，無界行，單黑魚尾，半框 18.8×14cm。鈐"北平孔德學校之章"朱文印.--綫裝

(甲四)/942

二希堂文集：十一卷，卷首一卷/（清）蔡世遠撰.--刻本.--清雍正十年（1732）.--6 冊（1 函）.--半葉 9 行，行 20 字，白口，四周雙邊，單黑魚尾，半框 19.7×13.3cm。佚名批、注。鈐"臣琛之印"白文印、"藻亭"朱文印、"滎陽"白文印.--綫裝 (丙四)/6500

　　第二部　4 冊（1 函） (丙四)/5911

二希堂文集：十一卷，卷首一卷/（清）蔡世遠撰．--刻本．--清乾隆二十二年（1757）．--4冊（1函）．--半葉9行，行20字，白口，左右雙邊，單黑魚尾，半框20.9×14.5cm。本衙藏板．--綫裝　　　　　（丁）/8287

陶人心語：六卷/（清）唐英撰．--刻本．--瀋陽唐寅保，清乾隆（1736～1795）．--4冊（1函）．--半葉9行，行18字，小字雙行字同，白口，左右雙邊，單黑魚尾，半框16.9×13.9cm。鈐"周養菴藏書記"朱文印．--綫裝

（丙四）/135

奉使琉球詩：三卷；二友齋詩稿：一卷，詞附一卷，文附一卷/（清）徐葆光撰．--刻本．--新安汪棟，清雍正十一年（1733）．--3冊（1函）．--半葉9行，行21字，小字雙行字同，粗黑口，左右雙邊，雙對黑魚尾，半框18.9×14.3cm。鈐"櫟園"朱文印．--綫裝　　　（乙四）/472

石臞詩集：一卷/（清）湯懋紳撰．--刻本．--清雍正（1723～1735）．--1冊（1函）．--半葉9行，行19字，白口，左右雙邊，單黑魚尾，半框16.7×12.9cm。鈐"王璬私印"白文印．--綫裝　　　　　　　（丙四）/998

榮壽堂詩集：四卷/（清）張維初撰．--刻本．西河張攻玉，清雍正（1723～1735）．--2冊（1函）．--版心題"張玄九詩集"。半葉8行，行20字，白口，左右雙邊，單黑魚尾，版心下刻"榮壽堂"，半框19.1×12.6cm。鈐"北平孔德學校之章"朱文印．--綫裝　　　（甲四）/134

甘莊恪公全集：十六卷，傳一卷，神道碑一卷，墓誌銘一卷/（清）甘汝來撰．--刻本．--清乾隆（1736～1795）．--4冊（1函）．--書名頁題"甘莊恪公集"。半葉9行，行21字，小字雙行字同，白口，左右雙邊，單黑魚尾，半框19×13.3cm。賜福堂藏板．--綫裝　　（丁）/6624

敬亭詩草：八卷/（清）沈起元撰．--刻本．--清乾隆十九年（1754）．--4冊（1函）．--半葉

10行，行19字，小字雙行字同，黑口，左右雙邊，單黑魚尾，半框17.7×13.2cm。佚名圈點。鈐"北平孔德學校之章"朱文印．--綫裝

（甲四）/498

睫巢後集：不分卷，附李鷹青詩補遺/（清）李鍇撰．--抄本．--清乾隆（1736～1795）．--1冊（1函）．--半葉10行，行21字，無邊框．--綫裝　　　　　　　　　　　　（丁）/3687

香樹齋文集：三十卷/（清）錢陳群撰．--刻本．--清乾隆（1736～1795）．--8冊（1夾）．--半葉10行，行19字，小字雙行字同，白口，左右雙邊，單黑魚尾，半框17.9×13.3cm。鈐"積學齋徐乃昌藏書"朱文印．--綫裝

（丁）/10202

香樹齋全集：文集三十卷，續集三十六卷/（清）錢陳群撰．--刻本．--清乾隆（1736～1795）．--17冊（2夾）．--缺續集卷1-4。半葉10行，行19字，小字雙行字同，白口，左右雙邊，單黑魚尾，半框17.7×13.2cm．--綫裝

（丙四）/4467

香樹齋詩集：十八卷/（清）錢陳群撰．--刻本．--清乾隆（1736～1795）．--6冊（1函）．--半葉10行，行19字，小字雙行字同，白口，左右雙邊，單黑魚尾，半框18.2×13.4cm。鈐"詩龕居士存素堂圖書印"朱文印、"詩龕鑑藏"朱文印、"存素堂珍藏"朱文印、"法式善"白文印、"時帆"朱文印、"詩龕書畫印"朱文印．--綫裝　　　　　　　　　（丁）/8591

南華山人詩鈔：十六卷；南華山房詩鈔：六卷/（清）張鵬翀撰．--刻本．--清乾隆（1736～1795）．--8冊（1函）．--南華山房詩鈔書名頁題"南華山人雙清閣詩鈔"，簽題"賜詩賡和集"。半葉11行，行21字，小字雙行字數不等，白口，左右雙邊，單黑魚尾，半框19.2×14.4cm。鈐"共醉太平時"白文印、"秦振聲"白文印．--綫裝　　　　　　　（丁）/3507

　　第二部　2冊（1函），缺南華山房詩鈔6

卷，鈐"小耕石齋藏書"白文印、"小耕石齋"朱文印、"保三鑑藏"朱文印、"庚申以後所得"白文印、"吳郡金氏小耕石齋珍藏"朱文印、"吳郡金氏藏書"白文印 （丁）/7414

韓原呂守謙知非吟：不分卷/（清）呂功撰.--刻本.--王无尤、王无厶，清乾隆十三年（1748）.--1 冊（1 函）.--版心題"續知非吟"。半葉 8 行，行 20 字，小字雙行字同，白口，四周雙邊，單黑魚尾，半框 19×11.9cm.--綫裝 （丁）/11783

樊榭山房集：十卷；樊榭山房續集：十卷；樊榭山房文集：八卷/（清）厲鶚撰.--刻本.--清乾隆（1736～1795）.--6 冊（1 函）.--半葉 12 行，行 24 字，小字雙行 36 字，白口，四周單邊，單黑魚尾，半框 19.8×14cm。武林東街金洞橋繡墨齋承刻。鈐"許星臺藏書印"朱文印.--綫裝 （丙四）/1294

第二部 4 冊（1 函），存樊榭山房集 10 卷，鈐"北平孔德學校之章"朱文印 （甲四）/426

墨麟詩卷：十二卷/（清）馬維翰撰.--刻本.--清乾隆（1736～1795）.--2 冊（1 函）.--半葉 10 行，行 22 字，小字雙行字數不等，粗黑口，左右雙邊，單黑魚尾，半框 17.8×12.5cm.--綫裝 （丙四）/4378

第二部 2 冊（1 函），存卷 1-7 （丁）/13604

板橋集/（清）鄭燮撰.--刻本.--清乾隆（1736～1795）.--4 冊（1 夾）.--缺道情十首。鈐"楊明"朱文印.--綫裝：楊明贈書
子目：
板橋詩鈔：一卷.--半葉 10 行，行 19 字，白口，左右雙邊，單黑魚尾，半框 15.5×13.1cm
板橋詩鈔（范縣作）：一卷.--半葉 8 行，行字數不等，白口，四周單邊間左右雙邊，半框 16.8×13.2cm
板橋詩鈔（濰縣刻）：一卷.--半葉 8 行，行字數不等，白口，四周單邊間左右雙邊，半框 16.5

×13.5cm
板橋詞鈔：一卷.--半葉 8 行，行字數不等，白口，左右雙邊，半框 16.8×13.3cm
板橋家書：一卷.--半葉 8 行，行字數不等，白口，左右雙邊，半框 16.8×13.3cm
板橋題畫：一卷.--半葉 7 行，行字數不等，白口，四周單邊，半框 16.8×13.3cm（庚）/96
第二部 2 冊（1 函），缺板橋題畫，有道情十首，佚名圈點，鈐"蘿月盦"白文印、"詩卷長留天地間"白文印 （丁）/8055
第三部 缺板橋家書，有道情十首，鈐"高郵王氏藏書印"白文印 （乙三）/267

板橋集/（清）鄭燮撰.--刻本.--延陵茶垞子清暉書屋，清乾隆（1736～1795）.--4 冊（1 函）.--綫裝
子目：
板橋詩鈔：一卷.--半葉 10 行，行字數不等，白口，左右雙邊，單黑魚尾，半框 15.5×13.1cm
板橋詩鈔（范縣作）：一卷.--半葉 8 行，行字數不等，白口，四周單邊間左右雙邊，半框 17×13.3cm
板橋詩鈔（濰縣刻）：一卷.--半葉 8 行，行字數不等，白口，四周單邊間左右雙邊，半框 16.5×13.5cm
板橋詞鈔：不分卷.--半葉 8 行，行字數不等，白口，左右雙邊，半框 16.6×13.6cm
與舍弟書十六通：不分卷.--版心題"板橋家書"。半葉 8 行，行字數不等，白口，左右雙邊，半框 17.5×14.2cm
板橋題畫：一卷.--半葉 7 行，行字數不等，白口，四周單邊，半框 17.4×13.1cm
道情十首.--半葉 8 行，行字數不等，白口，四周單邊，半框 17.2×13.2cm （丙四）/1222

蔗尾詩集：十五卷/（清）鄭方坤撰.--刻本.--清乾隆元年（1736）刻；清乾隆（1736～1795）增修.--4 冊（1 夾）.--半葉 10 行，行 19 字，小字雙行字同，白口，左右雙邊，單黑魚尾，半框 16.4×13.4cm。佚名圈點。鈐"集靜堂"朱文印、"藏書"白文印、"赤岸文人"朱文印。杞菊軒藏板.--綫裝 （丁）/4728

俭重堂詩：十二卷/（清）紀邁宜撰．--刻本．--清乾隆（1736~1795）．--6 冊（2 函）．--半葉 10 行，行 21 字，小字雙行字同，粗黑口，左右雙邊，單黑魚尾，半框 17.7×13.8cm。鈐"水竹邨人藏書記"朱文印、"徐仁楫印"白文印．--綫裝　　　　　　　　（丙四）/4482

蔗塘未定稿：七種，外集五種/（清）查為仁撰．--刻本．--清乾隆（1736~1795）．--2 冊（1 夾）．--存未定稿 4 種、外集 4 種。半葉 10 行，行 21 字，小字雙行 24 字，白口，四周單邊，單黑魚尾，半框 18.3×12.7cm。鈐"北平孔德學校之章"朱文印．--綫裝
子目：
未定稿：
　抱甕集：一卷
　竹邨花隖集：一卷
　山游集：一卷
　押簾詞：一卷
外集：
　賞菊倡和詩：一卷
　花影庵雜記：二卷
　芸書閣賸稿：一卷
　游盤日紀：一卷　　　　　（甲四）/419
　　第二部　2 冊，存前 4 種，佚名批點，周肇祥題記。鈐"退翁"白文印　　（丁）/12539

蔗塘未定稿：七種/（清）查為仁撰．--刻本．--清乾隆（1736~1795）．--4 冊（1 函）．--半葉 10 行，行 21 字，白口，四周單邊，單黑魚尾，半框 18.2×12.2cm。鈐"會稽金森珍藏"朱文印、"愛日館藏書印"．--綫裝
子目：
　山遊集：一卷
　押簾詞：一卷
　抱甕集：一卷
　竹村花塢集：一卷
　無題詩：二卷
　是夢集：一卷
　花影庵集：二卷　　　　　（丁）/12656

味和堂詩集：六卷/（清）高其倬撰．--刻本．--高恪等，清乾隆五年（1740）．--1 冊（1 函）．--半葉 10 行，行 19 字，小字雙行字同，白口，左右雙邊，單黑魚尾，半框 18.4×13.8cm。李大鵬、李放題識。鈐"李氏藏書"朱文印、"義州李大鵬石孫嗣藏"白文印、"青瑞圖書"白文印．--綫裝　　　　　　　　（丁）/6416
　　第二部　4 冊（1 函），鈐"周肇祥"白文印、"百竟庵道人"朱文印　　（丙四）/892

弢甫集：十四卷，附旌門錄一卷/（清）桑調元撰．--刻本．--蘭陔草堂，清乾隆七年（1742）．--4 冊（1 函）．--半葉 11 行，行 20 字，小字雙行 30 字，白口，四周單邊，單黑魚尾，版心下刻"蘭陔草堂"，半框 18.6×14.2cm。鈐"詩龕鑑藏"朱文印、"存素堂珍藏"朱文印．--綫裝　　　（丁）/8559
　　第二部　1 冊（1 函）　　（丁）/4725

弢甫五嶽集：二十卷/（清）桑調元撰．--刻本．--修汲堂，清乾隆（1736~1795）．--6 冊（1 函）．--半葉 11 行，行 20 字，白口，左右雙邊，單黑魚尾，版心下刻"修汲堂"，半框 18.9×14.2cm。鈐"復盦南氏"朱文印等．--綫裝
子目：
　嵩山集：二卷
　華山集：三卷
　泰山集：三卷
　衡山集：五卷
　恒山集：七卷　　　　　（丙四）/4350

嵩山集：二卷/（清）桑調元撰．--刻本．--修汲堂，清乾隆（1736~1795）．--1 冊（1 函）．--書名頁題"弢甫嵩山集"。半葉 11 行，行 20 字，小字雙行 25 字，白口，左右雙邊，單黑魚尾，版心下刻"修汲堂"，半框 18.5×14.2cm。修汲堂藏板。佚名朱筆圈點．--綫裝
　　　　　　　　（丁）/2017

花石山房遺集：二卷/（清）孫自務撰．--抄本--清末（1851~1911）．--2 冊（1 函）．--存卷 1、2。佚名圈點。鈐"寶生之印"白文印、"韓氏聽雨齋藏"朱文印．--毛裝　（丁）/7936

培遠堂偶存稿手劄節要：三卷／（清）陳宏謀撰.--刻本.--培遠堂，清乾隆（1736～1795）.--3冊（1函）.--半葉9行，行20字，白口，四周雙邊，單黑魚尾，半框17.5×12.8cm。吳門近文齋穆氏局刻.--綫裝　　（丁）/12941
　　第二部　　　　　　　（丙四）/2793

培遠堂偶存稿：十卷／（清）陳宏謀撰.--刻本.--培遠堂，清嘉慶（1796～1820）.--4冊（1函）.--半葉9行，行20字，小字雙行字同，白口，四周雙邊，單黑魚尾，半框17.7×13.1cm。吳門穆大展局刻，培遠堂藏板。鈐"人民文學出版社資料科藏書"朱文印.--綫裝　（丁）/9566

道古堂集：文集四十八卷，詩集二十六卷／（清）杭世駿撰.--刻本.--清乾隆四十一年（1776）.--10冊（2函）.--半葉10行，行21字，小字雙行字同，白口，左右雙邊，單黑魚尾，半框18.8×13.4cm。鈐"徐堅藏本"白文印.--綫裝　　　　　　　（丙四）/1549
　　第二部　16冊（2函）　（乙四）/128
　　第三部　5冊（1夾），存詩集26卷，鈐"衛天夃印"白文印、"穉飛弱冠後讀書記事印"朱文印、"定遠胡氏珍藏書畫"朱文印
　　　　　　　　　　　　（丙四）/2222

嶺南集：八卷／（清）杭世駿撰.--刻本.--清乾隆（1736～1795）.--1冊（1函）：肖像1幅.--半葉10行，行19字，小字雙行28字，白口，左右雙邊，單黑魚尾，半框18×14.2cm。鈐"憲儀藏諸行篋"朱文印、"乳名軸郎"白文印、"秋士審定"朱文印、"劫木庵"朱文印、"待月山房"朱文印、"心餘"白文印、"際衍"朱文印.--綫裝　　　　　　（丁）/12453

藍尾部集：二十八卷／（清）藍千秋撰.--刻本.--東塘書屋，清乾隆十二年（1747）.--6冊（1函）.--目錄卷27、28下註"未刻"。半葉9行，行20字，白口，左右雙邊，單黑魚尾，半框19.4×13.1cm。東塘書屋藏板。鈐"周肇祥讀過書"朱文印.--綫裝　　　（丙四）/115

蝸廬詩存：七卷／（清）翁志琦撰.--刻本.--清乾隆三年（1738）.--2冊（1函）.--半葉9行，行19字，小字雙行字同，粗黑口，四周雙邊，單黑魚尾，半框19.6×14.4cm.--綫裝
　　　　　　　　　　　　（丙四）/4239

名山藏副本初集：二卷／（清）齊周華著.--刻本.--寄生草堂，清乾隆二十六年（1761）.--2冊（1函）.--半葉9行，行27字，白口，四周雙邊，雙對黑魚尾，半框19.9×11cm。佚名批。鈐"曉鈴藏書"朱文印.--綫裝：吳曉鈴贈書
　　　　　　　　　　　　（己）/2200

迂齋學古編：四卷／（清）法坤宏撰.--刻本.--海上廬，清乾隆三十九年（1774）.--4冊（1函）.--半葉10行，行19字，白口，左右雙邊，單黑魚尾，版心下刻"海上廬"，半框17.3×14cm。佚名朱筆圈點。鈐"周肇祥讀過書"朱文印.--綫裝　　　　　　（丙四）/2390

四焉齋文集：八卷；四焉齋詩集：六卷／（清）曹一士撰. 梯仙閣餘課：一卷／（清）陸鳳池撰.--刻本.--清乾隆十四年（1749）.--10冊（1函）.--半葉10行，行21字，細黑口，左右雙邊，單黑魚尾，半框18.4×13.6cm。鈐"无竟先生獨志堂物"、"北平孔德學校之章"朱文印.--綫裝
　　　　　　　　　　　　（甲四）/662
　　第二部　6冊（1夾），鈐"鄞林氏黎照廬圖書"朱文印　　　　　（丙四）/4826

竹巖詩草：二卷／（清）邊中寶撰.--刻本.--清乾隆四十年（1775）.--2冊（1函）.--半葉9行，行19字，小字雙行字同，白口，左右雙邊，單黑魚尾，半框18×13.5cm。佚名圈點，雙清書屋題款。鈐"一爐香三尺劍五車書"朱文印、"宗善草堂藏書"朱文印、"道源珍賞"白文印.--綫裝　　　（丁）/4350
　　第二部　鈐"王璸私印"白文印
　　　　　　　　　　　　（丙四）/1513
　　第三部　佚名圈點、批註　（丁）/6568

隨園詩草：八卷，附禪家公案頌／（清）邊連

寶撰.--刻本.--清乾隆四十年（1775）.--4 冊（1 函）.--半葉 9 行，行 19 字，白口，左右雙邊，單黑魚尾，半框 17.7×13.6cm。鈐"北平孔德學校之章"朱文印.--綫裝　　（甲四）/346

　　第二部　鈐"王璵私印"白文印

（丙四）/1529

　　第三部　　　　　　　（丙四）/6214

看山閣集/（清）黃圖珌撰.--刻本.--清乾隆（1736～1795）.--2 冊（1 函）.--存卷 1-4：看山閣南曲。半葉 10 行，行 19 字，粗黑口，左右雙邊，單黑魚尾，半框 17×13.5cm。鈐"馬氏大雅堂藏"白文印、"馬彥祥藏書"朱文印等.--綫裝　　　　　　（丁）/13757

綠蘿山莊文集：二十四卷/（清）胡浚撰.--刻本.--清乾隆二十一年（1756）.--24 冊（2 函）.--書名頁題"綠蘿山莊四六全集"。半葉 10 行，行 22 字，小字雙行字同，白口，四周雙邊，單黑魚尾，版心下鐫"竹巖胡浚撰注"，半框 19.9×14cm。鈐"尺木堂"白文印、"盛世元音"朱文印、"泉壇"朱文印.--綫裝

（丙四）/1295

　　第二部　5 冊（1 夾），缺卷 1，鈐"山陰劉石夫藏書"白文印、"北京市文化局文物調查研究組藏書印"朱文印　　（丁）/15615

隱拙齋集：二十三卷/（清）沈廷芳撰.--刻本.--清乾隆二十二年（1757）.--4 冊（1 函）：肖像 1 幅.--缺卷 23，目錄標注"詩口首"，中間為墨丁，似未刻。半葉 10 行，行 21 字，小字雙行字同，白口，左右雙邊，單黑魚尾，半框 18.4×13.5cm。則經堂藏板。鈐"鴛胭書莊"白文印、"紉蘭為佩"朱文印.--綫裝

（丁）/6441

今雨堂詩墨：二卷/（清）金甡撰.--刻本.--清乾隆二十三年（1758）.--2 冊（1 函）.--半葉 9 行，行 21 字，小字雙行字同，白口，四周雙邊，無界行，單黑魚尾，半框 18.8×12.7cm。佚名墨筆圈點。鈐"尚文之印"白文印、"尚文"白文印、"竹垞私印"朱文印、"墨林"

朱文印.--綫裝　　　　　　（丙四）/2411

增訂今雨堂詩墨注：四卷/（清）金甡撰；（清）洪鐘注.--刻本.--今雨堂，清乾隆三十四年（1769）.--4 冊（1 夾）.--半葉 9 行，行 21 字，小字雙行字同，白口，四周雙邊，無界行，單黑魚尾，半框 18.9×12.4cm。鈐"義烏胡氏藏書"白文印、"琦印"朱文印.--綫裝

（丁）/13446

今雨堂詩墨續編：四卷/（清）金甡撰；（清）姚祖同，（清）汪賢書注.--刻本.--清乾隆五十年（1785）.--2 冊（1 函）.--半葉 9 行，行 21 字，小字雙行字同，白口，四周雙邊，無界行，單黑魚尾，半框 19.2×12.9cm。本衙藏板。鈐"今雨堂印"朱文印.--綫裝　　（丁）/8099

春暉樓四六：四卷/（清）汪芳藻撰.--刻本.--清雍正七年（1729）.--2 冊（1 函）.--半葉 10 行，行 19 字，白口，四周單邊，單黑魚尾，半框 15.8×13.2cm。鈐"高鐸私印"白文印.--綫裝　　　　　　　　　　（丁）/5374

宛舫居文集/（清）林源撰.--抄本，灰格.--清（1644～1911）.--1 冊（1 函）.--綫裝

（丁）/12701

平菴詩集：十二卷/（清）黃世成撰.--刻本.--清乾隆十二年（1747）.--4 冊（1 函）.--半葉 9 行，行 21 字，白口，左右雙邊，單黑魚尾，半框 17.7×13.4cm。鈐"黃楳華屋所藏"白文印、"少泉蔡氏珍藏"朱文印、"葉啟芳藏"、"葉啟芳西酉六十藏書"白文印、"真州吳氏有福讀書堂藏書"白文印.--綫裝　　（丁）/5320

玉亭集：十六卷/（清）吳高增撰.--刻本.--清乾隆（1736～1795）.--1 冊（1 函）.--存卷 1-8。半葉 9 行，行 20 字，小字雙行字同，白口，左右雙邊，單黑魚尾，半框 18.1×12.6cm.--綫裝　　　　　　（丁）/7969

樸庭詩稿：六卷/（清）吳爌文撰.--刻本.--

清乾隆十二年（1747）.--2 冊（1 夾）.--半葉
10 行，行 19 字，小字雙行字同，白口，四周單
邊，單黑魚尾，半框 17.4×13.7cm。鈐"幼某
藏書"朱文印、"北京市文化局文物調查研究組
藏書印"朱文印.--綫裝　　　　　　（丁）/5043

夢堂詩稿：十五卷/（清）英廉撰.--刻本.--
清乾隆（1736～1795）.--4 冊（1 函）.--半葉
10 行，行 22 字，小字雙行字同，白口，四周雙
邊，單黑魚尾，半框 19×13.8cm。佚名圈點.--
綫裝　　　　　　　　　　　　　　（丁）/2300

樂賢堂詩鈔：三卷/（清）德保撰.--刻本.--
清乾隆五十六年（1791）.--3 冊（1 函）.--半
葉 9 行，行 19 字，小字雙行字同，白口，四周
單邊，單黑魚尾，半框 18.1×13.5cm.--綫裝
　　　　　　　　　　　　　　　　（丁）/6481

依光集：八編/（清）曹秀先撰.--刻本.--綠
陰堂，清乾隆（1736～1795）.--2 冊（1 函）.--
半葉 10 行，行 19 字，小字雙行字同，白口，左
右雙邊，單黑魚尾，半框 16.9×13.3cm.--綫
裝　　　　　　　　　　　　　　　（丙四）/4921

賜書堂稿/（清）曹秀先撰.--刻本.--清乾隆
（1736～1795）.--6 冊（1 函）.--目錄有半葉
係抄配。半葉 10 行，行 19 字，小字雙行字同，
白口，左右雙邊，單黑魚尾，半框 18×13.1cm。
佚名朱筆圈點。鈐"超然"朱文印.--綫裝
　　　　　　　　　　　　　　　　（丁）/1062

蘀石齋詩集：四十九卷/（清）錢載撰.--刻
本.--清乾隆（1736～1795）.--6 冊（1 夾）.--
半葉 12 行，行 23 字，小字雙行字數不等，白口，
左右雙邊，單黑魚尾，半框 20.1×14.2cm。佚
名圈點。鈐"舜水仲嘯生藏"朱文印.--綫裝
　　　　　　　　　　　　　　　（丙四）/4405
　　第二部　　鈐"筆硯精良，人生一樂"白文印
　　　　　　　　　　　　　　　　（丁）/5

蘀石齋詩鈔：四卷/（清）錢載撰；（清）翁方
綱輯.--抄本.--孔繼涵，清乾隆四十二年

（1777）.--2 冊（1 函）.--鈐"錫生"朱文印
等.--綫裝　　　　　　　　　　　　（丁）/13374

隨村先生遺集：六卷/（清）施琛撰.--刻本.--
清乾隆四年（1739）.--2 冊（1 函）.--書名頁
題"剩圃詩集"。半葉 11 行，行 21 字，小字雙
行字同，白口，四周雙邊，單黑魚尾，半框 17.7
×13.6cm。本衙藏板.--綫裝　　　　（丙四）/2312

浣桐詩鈔：九卷/（清）朱一蜚撰.--抄本.--
清乾隆（1736～1795）.--4 冊（1 函）.--佚名
朱筆圈點、批校.--綫裝　　　　　　（丁）/295

壽藤齋詩：三十五卷/（清）鮑倚雲撰.--刻
本.--鮑桂星，清嘉慶十三年（1808）.--8 冊（1
函）.--半葉 9 行，行 19 至 21 字不等，小字雙
行字數不等，白口，四周單邊，半框 20.9×
12.2cm。鮑倚雲自寫板.--綫裝　　（丙四）/4382
　　第二部　　　　　　　　　　　（丙四）/33

蘭藻堂集/（清）舒瞻撰.--刻本.--清乾隆十
八年（1753）.--2 冊（1 函）.--存卷 1-4。半
葉 9 行，行 19 字，白口，左右雙邊，單黑魚尾，
半框 16.5×11.5cm。雨舲題記，佚名圈點。鈐
"富查恩豐席臣藏書印"朱文印、"九峰三泖萬
壑千巖"朱文印.--綫裝　　　　　（丙四）/1730

花間堂詩鈔：一卷/（清）允禧撰.--刻本.--
清乾隆（1736～1795）.--1 冊（1 函）.--半葉
9 行，行 20 字，白口，左右雙邊，單黑魚尾，
半框 18.3×12.3cm。鈐"豐府藏本"白文印、
"漢陽葉名灃潤臣甫印"白文印.--綫裝
　　　　　　　　　　　　　　　（丁）/13682

繩庵內外集：內集十六卷，外集八卷/（清）
劉綸撰.--刻本.--用拙堂，清乾隆三十九年
（1774）.--12 冊（2 函）.--半葉 11 行，行 21
字，小字雙行字同，白口，左右雙邊，單黑魚尾，
半框 18×14.5cm。鈐"素橋"朱文印、"吳候
華"白文印、"如是我聞"白文印.--綫裝
　　　　　　　　　　　　　　　（乙四）/186

嘉樹山房詩集：十八卷，應製詩二卷/（清）

李中簡撰. --刻本. --李氏家刻，清乾隆（1736
～1795）. --4 冊（1 函）. --半葉 10 行，行 22
字，小字雙行字同，白口，左右雙邊，單黑魚尾，
半框 16.7×13.7cm. --綫裝　　　（丙四）/1617

樂善堂全集定本：三十卷/（清）高宗弘曆撰；
（清）蔣溥等編. --刻本. --京師：武英殿，清乾
隆二十四年（1759）. --18 冊（1 夾）. --半葉 9
行，行 17 字，白口，四周雙邊，單黑魚尾，半
框 20.2×13.9cm. --綫裝　　　（丙四）/4400

　　第二部　8 冊（1 函），尊經閣藏板，鈐"漢
軍李孺捐"朱文印　　　　　　（丁）/14745

樂善堂全集定本：三十卷/（清）高宗弘曆撰. --
刻本. --清乾隆（1736～1795）. --12 冊（2 函）. --
仿乾隆二十四年武英殿刻本。半葉 9 行，行 17
字，白口，四周雙邊，單黑魚尾，半框 20.2×
13.8cm. --綫裝　　　　　（丙四）/6093

御製樂善堂全集定本：三十卷/（清）高宗弘
曆撰. --抄本. --清（1644～1911）. --2 冊（1
函）. --存卷 27、28 及目錄。半葉 7 行，行 16
字，白口，四周雙邊，單黑魚尾，半框 11.5×
7.2cm。鈐"臣梁章鉅敬抄"朱文印、"葉德輝
鑑藏善本"朱文印、"周肇祥藏善本"朱文
印. --綫裝　　　　　（丁）/12497

御製文初集：三十卷，目錄二卷/（清）高宗
弘曆撰. --刻本. --京師：武英殿，清乾隆二十九
年（1764）. --6 冊（1 函）. --半葉 9 行，行 17
字，白口，四周雙邊，單黑魚尾，半框 19.8×
14.1cm. --綫裝　　　　　（丙四）/1232

御製詩初集：四十四卷/（清）高宗弘曆撰. --
刻本. -- 京師：武英殿，清乾隆十四年
（1749）. --16 冊（2 函）. --半葉 9 行，行 17
字，白口，四周雙邊，單黑魚尾，半框 19.8×
14.1cm. --綫裝　　　　　（丙四）/6118

御製詩初集：四十四卷/（清）高宗弘曆撰. --
抄本. --清（1644～1911）. --16 冊（2 函）. --
存卷 13—44。鈐"臣梁章鉅敬抄"朱文印、

"葉德輝鑑藏善本"朱文印、"周肇祥藏善本"
朱文印. --綫裝　　　　　（丁）/15094

御製盛京賦：［滿漢］：一卷/（清）高宗弘曆
撰；（清）鄂爾泰等輯注. --刻本，朱墨套印. --
京師：武英殿，清乾隆（1736～1795）. --2 冊
（1 函）. --漢文 1 冊朱墨套印，滿文 1 冊非套
印。半葉 7 行，行 18 字，小字雙行字同，白口，
四周雙邊，單黑魚尾，半框 19.3×13.4cm。佚
名圈點. --綫裝　　　　　（乙·四）/13

御製盛京賦：一卷/（清）高宗弘曆撰. --刻
本，朱墨套印. --清乾隆（1736～1795）. --1 冊
（1 函）. --仿武英殿刻本。半葉 7 行，行 18 字，
小字雙行字同，白口，四周雙邊，單黑魚尾，半
框 19.4×13.2cm. --綫裝　　　（丙四）/1450

御製三十二體盛京賦：一卷/（清）高宗弘曆
撰；（清）傅恒等編校繕寫. --刻本. --京師：武
英殿，清乾隆十三年（1748）. --16 冊（2 函）. --
半葉 5 行，行字數不等，白口，四周雙邊，單黑
魚尾，半框 21.4×16.7cm. --綫裝

　　　　　　　　　　　　　　（丁）/13892

　　第二部　4 冊（1 函），存上諭、篆文緣起（漢
篆）及部分正文（滿篆）　　　（乙·四）/12

御製全韻詩：不分卷/（清）高宗弘曆撰. --
刻本. --于敏中，清乾隆（1736～1795）刻進
呈. --2 冊（1 函）. --半葉 7 行，行 14 字，小
字雙行字同，白口，四周雙邊，單黑魚尾，半框
14.2×9.8cm. --綫裝　　　　　（丁）/13921

御製全韻詩：不分卷/（清）高宗弘曆撰. --
抄本. --清（1644～1911）. --5 冊（1 函）. --
鈐"芃原曹氏平生真賞"朱文印、"鑑"白文
印、"平"朱文印. --綫裝　　　（丙四）/83

御製詠左傳詩：二卷/（清）高宗弘曆撰. --
刻本. --京師：内府，清乾隆（1736～1795）. --2
冊（1 函）. --半葉 6 行，行 13 字，白口，四周
雙邊，單黑魚尾，半框 13.9×9.9cm. --綫裝
　　　　　　　　　　　　　　（丙四）/2931

御製擬白居易新樂府/（清）高宗弘曆撰.--刻本，綠色套印.--劉墉，清乾隆四十四年（1779）.--4 冊（1 函）.--半葉 5 行，行 10 字，小字雙行，行 10 字，白口，四周花邊框欄，半框 11.6×8.6cm。劉墉寫刻進呈本.--綫裝

（丁）/910

舊雨草堂詩：八卷，附詩餘一卷/（清）董元度撰.--刻本.--清乾隆四十三年（1778）.--2 冊（1 函）.--書名頁題"舊雨草堂詩集"。半葉 9 行，行 21 字，小字雙行字同，白口，四周雙邊，單黑魚尾，半框 18.2×13.3cm。鈐"巴雅拉氏藏書印"朱文印.--綫裝　　（丁）/8052

問義軒詩鈔：二卷/（清）莊綸渭撰.--刻本.--清乾隆三十九年（1774）.--1 冊（1 函）.--書名頁誤作"問義軒詩鈔".--半葉 9 行，行 19 字，小字雙行字同，白口，四周雙邊，單黑魚尾，半框 18.7×13.8cm。二知堂藏板。佚名圈點.--綫裝　　　　　　（丁）/1182

月山詩集：四卷，卷首一卷，卷末一卷/（清）恒仁撰.--刻本.--清乾隆六十年（1795）.--2 冊（1 函）.--半葉 10 行，行 21 字，小字雙行字同，白口，四周雙邊，單黑魚尾，半框 19.6×14.8cm。富察敦崇重裝、題款.--綫裝

（丁）/10191

　第二部　　存卷 1、2，佚名圈點、批註
（丁）/5354

梅崖居士文集：三十卷；梅崖居士外集：八卷/（清）朱仕琇撰.--刻本.--建寧朱氏，清乾隆四十七年（1782）.--10 冊（1 函）.--半葉 9 行，行 25 字，粗黑口，左右雙邊，雙對黑魚尾，半框 19.6×13.9cm。松谷藏板.--綫裝

（丙四）/1353

梅崖居士文集：三十卷，卷首一卷/（清）朱仕琇撰.--刻本.--朱氏家刻，清乾隆四十七年（1782）刻；清道光（1821～1850）補刻.--8 冊（1 函）.--半葉 9 行，行 25 字，粗黑口，左右雙邊，雙對黑魚尾，半框 19.5×14cm.--綫

裝　　　　　　　　　　　　（乙四）/225

燕川集：六卷/（清）范泰恒撰.--刻本.--清乾隆二十二年（1757）.--4 冊（1 夾）.--半葉 9 行，行 23 字，白口，左右雙邊間四周單邊，單黑魚尾，半框 20.8×14.5cm。本衙藏板。鈐"肇祥盥讀"朱文印、"養安藏書"朱文印.--綫裝　　　　　　　　　　　（丙四）/270

隨五草：十卷/（清）尹嘉銓撰.--刻本.--清乾隆（1736～1795）.--5 冊（1 函）.--半葉 9 行，行 20 字，小字雙行字同，粗黑口，左右雙邊，單黑魚尾，半框 15.8×11.9cm。日宣齋藏板。鈐"貽教堂"朱文印、"鹿巖精舍"朱文印.--綫裝　　　　　　　　　　（丁）/9862

銅鼓書堂遺稿：三十二卷/（清）查禮撰.--刻本.--宛平查淳，清乾隆五十三年（1788）.--12 冊（2 函）.--半葉 12 行，行 22 字，白口，左右雙邊，單黑魚尾，半框 19.3×14.2cm.--綫裝
（丙四）/1442
　第二部　　　　　　　　（丙四）/1320

丹棘園詩：一卷/（清）陳法乾撰；（清）郭毓選.--刻本.--清乾隆（1736～1795）.--1 冊（1 函）.--（越中三子詩：三卷/[清]郭毓輯）.--半葉 9 行，行 19 字，白口，四周單邊，半框 18.6×12.9cm.--綫裝　　（丙四）/4181

柘坡居士集：十二卷/（清）萬光泰撰.--刻本.--清乾隆二十一年（1756）.--2 冊（1 函）.--半葉 12 行，行 23 字，小字雙行字數不等，白口，四周單邊，單黑魚尾，半框 19.6×14.3cm。鈐"小窗清暇"印（陰陽合璧）、"惜陰堂印"白文印、"樂何如齋"朱文印.--綫裝

（丙四）/6367

[許氏四吟]：四種/（清）許道基撰.--刻本.--清乾隆（1736～1795）.--4 冊（1 函）.--半葉 11 行，行 21 字，小字雙行字同，白口，左右雙邊，單黑魚尾，半框 18.6×13.7cm.--綫裝
　子目：

春隰吟：一卷，附後春隰吟，綴春隰吟
粵吟：一卷
靡至吟：一卷
冬隰吟：一卷　　　　　　　　　（甲四）/639

雙溪詩集：九卷/（清）顧奎光撰.--刻本.--清乾隆三十二年（1767）.--1 冊（1 函）.--半葉 10 行，行 19 字，白口，左右雙邊，單黑魚尾，半框 17.5×13.8cm。佚名圈點.--綫裝
　　　　　　　　　　　　　　　　（丁）/5376

芝庭詩稿：十六卷/（清）彭啟豐撰.--刻本.清乾隆十九年（1754）刻；清乾隆（1736～1795）增修.--4 冊（1 函）.--書名頁題"彭芝庭詩稿"。目錄題十五卷。半葉 10 行，行 19 字，小字雙行字同，白口，左右雙邊，單黑魚尾，半框 18.5×13.8cm.--綫裝　　　　（丁）/9681

傳經堂詩鈔：十二卷/（清）韋謙恒撰.--刻本.--清乾隆（1736～1795）.--4 冊（1 函）.--半葉 10 行，行 21 字，小字雙行字同，粗黑口，四周雙邊，雙對黑魚尾，半框 18.3×14.5cm。鈐"清風明月皆吾友"朱文印.--綫裝
　　　　　　　　　　　　　　　　（丁）/13266

樗亭詩稿/（清）薩哈岱撰.--刻本.--清乾隆八年（1743）.--6 冊（1 函）.--半葉 10 行，行 19 字，小字雙行字同，白口，左右雙邊，單黑魚尾，半框 17.6×13.5cm。鈐"徐石卿"白文印.--綫裝　　　　　　　　　　　　（丁）/4019

傍溪茅屋遺稿：不分卷/（清）馬竣撰.--刻本.--寶真堂，清乾隆八年（1743）.--1 冊（1 函）.--版心題"先子遺音"。半葉 8 行，行 18 字，白口，四周雙邊，單黑魚尾，半框 18.2×11.7cm。寶真堂藏板.--綫裝　　（丙四）/4734

澄秋閣集：一集四卷，二集四卷/（清）閔華撰.--刻本.--閔華，清乾隆十七年（1752）.--8 冊（1 函）.--半葉 10 行，行 19 字，小字雙行 29 字，白口，左右雙邊，單黑魚尾，半框 17×12.8cm.--綫裝　　　　　　（丁）/258

江聲草堂詩集：八卷/（清）金志章撰.--刻本.--清乾隆十九年（1754）.--2 冊（1 夾）.--存卷 1-4，有 3 葉係抄配。半葉 11 行，行 22 字，白口，左右雙邊，單黑魚尾，半框 19.8×14.2cm。鈐"綏福堂藏書印"白文印.--綫裝
　　　　　　　　　　　　　　　　（丙四）/995

松韻亭詩：四卷，附山居五十秋詩一卷/（清）楊本撰.--刻本.--清乾隆二十一年（1756）.--1 冊（1 函）.--半葉 10 行，行 19 字，白口，四周雙邊，無界行，單黑魚尾，半框 16.2×13.6cm。兩峰之間藏板。鈐"傅伯卿"朱文印、"存源"朱文印、"江南隱叟"朱文印、"笑笑樓藏書"藍印.--綫裝　　　　（丁）/6281

扣舷集：二卷/（清）徐楠撰.--刻本.--清乾隆二十二年（1757）.--1 冊（1 函）.--半葉 9 行，行 19 字，粗黑口，左右雙邊，單黑魚尾，半框 16.3×12.8cm。鈐"雛"朱文印、"雛聲氏"朱文印.--綫裝　　　　　（丁）/5621

補瓢存稿：六卷/（清）韓騏撰.--刻本.--清乾隆二十三年（1758）.--4 冊（1 函）.--半葉 8 行，行 18 字，小字雙行字同，白口，左右雙邊，雙對黑魚尾，版心下刻"南蔭書屋"，半框 16.9×12.7cm。鈐"蕭寧劉潤琴藏"朱文印.--綫裝　　　　　　　　　　　　　（丁）/17

瓠息齋前集：二十四卷/（清）凌樹屏撰.--刻本.--清乾隆二十四年（1759）.--4 冊（1 夾）.--半葉 10 行，行 19 字，小字雙行字同，粗黑口，左右雙邊，單黑魚尾，半框 17.7×13.2cm。佚名圈點。鈐"澹如秋水和似春風"白文印、"讀書養氣"朱文印.--綫裝
　　　　　　　　　　　　　　　　（丁）/4916

戴溪存稿：八卷/（清）鍾翼雲撰.--刻本.--望錦書樓，清乾隆二十九年（1764）.--2 冊（1 函）.--半葉 9 行，行 19 字，白口，左右雙邊，單黑魚尾，版心下刻"望錦書樓"，半框 15.8×12.3cm。望錦書樓藏板.--綫裝
　　　　　　　　　　　　　　　　（庚）/705

萬善堂集：十卷/（清）李化楠撰；（清）李調元編纂.--刻本.--清乾隆二十九年（1764）.--4冊（1函）.--序題李石亭詩集。半葉10行，行21字，小字雙行字同，白口，左右雙邊，單黑魚尾，半框17.3×13.3cm.--綫裝

（丙四）/1510

剩語小草：一卷/（清）釋實宗撰.--刻本.--清乾隆三十五年（1770）.--1冊（1函）.--半葉10行，行20字，白口，左右雙邊，單黑魚尾，半框19.1×13.2cm。鈐"北平孔德學校之章"朱文印.--綫裝

（甲四）/1334

雙魚偶存：二卷/（清）朱穎撰.--刻本.--清乾隆三十九年（1774）.--2冊（1函）.--缺卷2末葉。書名頁題"雙魚偶存尺牘"。半葉10行，行19字，白口，左右雙邊，單黑魚尾，半框16.7×13.6cm。佚名圈點。鈐"得天然樂趣齋"朱文印.--綫裝

（丁）/8564

春谷小草：二卷/（清）盛復初撰.--刻本.--清乾隆四十年（1775）.--1冊（1函）.--半葉8行，行18字，白口，左右雙邊，半框19×13.3cm。佚名圈點。鈐"餐秀籭程氏藏書之章"朱文印.--綫裝

（丁）/5725

越中名勝賦：不分卷/（清）李壽朋撰.--刻本.--清乾隆四十年（1775）.--1冊（1函）.--半葉10行，行20字，白口，左右雙邊，單黑魚尾，半框17.3×12.8cm。粲花樓藏板。鈐"陳景怡印"白文印、"景怡"白文印.--綫裝

（丙四）/127

百緣語業：一卷/（清）朱昂撰.--刻本.--清乾隆四十三年（1778）.--1冊（1夾）.--半葉10行，行20字，小字雙行30字，白口，左右雙邊，單黑魚尾，半框15.4×12.4cm。佚名圈點.--綫裝

（丁）/5543

二樹詩集/（清）童鈺撰.--刻本.--清乾隆四十四年（1779）.--1冊（1函）.--半葉9行，行19字，小字雙行字同，白口，四周單邊，單

黑魚尾，版心下刻"香雪齋餘稿"，半框16.6×12cm.--綫裝

（丁）/11750

松厓文稿：一卷/（清）吳鎮撰；（清）楊芳燦選.--刻本.--蘭山書院，清乾隆五十五年（1790）.--1冊（1函）.--半葉8行，行17字，小字雙行字同，白口，四周雙邊，無界行，單黑魚尾，半框16.2×11.6cm.--綫裝

（丁）/11647

[松花菴集]/（清）吳鎮撰.--刻本.--清乾隆（1736～1795）.--3冊（1函）.--半葉9行，行17字，小字雙行字同，白口，四周雙邊，單黑魚尾，半框15.9×11.8cm.--綫裝

子目：

松花菴遊草：一卷.--蘭山書院，清乾隆五十年（1785）.--書名頁題"松花道人遊草"

四書六韻詩：一卷.--書名頁題"松花道人四律詩".--半葉8行，行17字，白口，四周雙邊，無界行，單黑魚尾，半框15.6×11cm

沅州雜詠：一卷

瀟湘八景：一卷.--版心題名"狎鷗亭"

松花菴集唐：一卷

（丁）/9512

松厓文稿：一卷；松厓文稿次編：一卷；松花菴詩草：二卷；松花菴律古：一卷；律古續稿：一卷；集古古詩：一卷；集古絕句：一卷；松花菴集唐：一卷/（清）吳鎮撰.--刻本.--清乾隆（1736～1795）.--6冊（1函）.--書名頁題"松花道人詩草"、"松花道人律古詩"、"松花道人集唐詩"。半葉9行，行17字，小字雙行字同，白口，四周雙邊，單黑魚尾，半框16.1×11.8cm.--綫裝

（丙四）/1195

松花菴詩文集/（清）吳鎮撰.--刻本.--清乾隆（1736～1795）.--7冊（1夾）.--半葉9行，行17字，小字雙行字同，白口，四周雙邊，單黑魚尾，半框16.2×11.5cm.--綫裝

（丁）/11165

松花菴逸草：一卷；松花菴詩餘：一卷/（清）吳鎮撰.--刻本.--清乾隆（1736～1795）.--1冊（1函）.--書名頁題"松花道人逸草"。半

葉 9 行，行 17 字，小字雙行字同，白口，四周雙邊，單黑魚尾，半框 15.6×11.8cm。鈐"寄懷於翰墨間"朱文印、"王璵"印（陰陽合璧）.--綫裝　　　　　　　　（丙四）/1005
第二部　　　　　　　　　　　（丁）/2985

松花菴律古：一卷/（清）吳鎮撰.--刻本.--清乾隆三十四年（1769）.--1 冊（1 函）.--版心題"松花菴"。半葉 9 行，行 17 字，白口，四周雙邊，單黑魚尾，半框 16.9×12cm。佚名圈點.--綫裝　　　　　　　（丁）/11602

西莊始存稿：三十卷，附錄一卷/（清）王鳴盛撰.--刻本.--清乾隆（1736~1795）.--4 冊（1 函）.--存卷 1-19。書名頁題"西莊居士始存稿"。半葉 10 行，行 19 字，小字雙行字同，白口，左右雙邊，單黑魚尾，半框 18.5×14.5cm.--綫裝　　　　　　（丁）/9839

十誦齋集：詩四卷，詞一卷，雜文一卷/（清）周天度撰.--刻本.--清乾隆四十八年（1783）.--2 冊（1 函）.--存詩卷 1-2。半葉 10 行，行 21 字，小字雙行字同，白口，四周單邊，單黑魚尾，半框 18.6×12.7cm.--綫裝
　　　　　　　　　　　　　　（丙四）/6513

石研齋集：十二卷/（清）秦瀛撰.--刻本.--秦恩復，清嘉慶十六年（1811）.--2 冊（1 函）.--書名頁題"石研齋集詩"。半葉 11 行，行 20 字，小字雙行字數不等，白口，左右雙邊，單黑魚尾，半框 18.1×11.2cm。鈐"南湖徐氏藏本"朱文印、"積此書良匪易愿子孫勿輕棄"白文印、"紫來閣"朱文印、"硤川紫來閣徐氏印"朱文印、"貯書還望子孫賢"白文印.--綫裝
　　　　　　　　　　　　　　（丁）/559

江漢吟：二卷；廬山真面吟：一卷/（清）曹麟開撰.--抄本.--清（1644~1911）.--2 冊（1函）.--鈐"鄧石如"白文印、"觀過"朱文印、"頑伯"白文印.--綫裝　　（丙四）/1308

非水舟遺集：二卷/（清）梁錫珩撰.--刻本.--

劍虹齋，清乾隆（1736~1795）.--2 冊（1 函）.--半葉 9 行，行 18 字，白口，左右雙邊，單黑魚尾，半框 16.5×12cm。劍虹齋藏板。鈐"北平孔德學校之章"朱文印.--綫裝
　　　　　　　　　　　　　　（甲四）/51-1

西澗草堂文集：四卷/（清）閻循觀撰.--刻本.--樹滋堂，清乾隆三十八年（1773）.--2 冊（1 函）.--半葉 10 行，行 22 字，小字雙行字同，白口，左右雙邊，單黑魚尾，半框 20.2×15.2cm。樹滋堂藏板.--綫裝　　（丙四）/2381
第二部　4 冊（1 函），鈐"周養安小市得"朱文印　　　　　　　　　　　　（丙四）/289

華海堂詩：八卷/（清）張熙純撰.--刻本.--清乾隆（1736~1795）.--4 冊（1 函）.--半葉 10 行，行 19 字，小字雙行字同，白口，四周雙邊，單黑魚尾，半框 18.4×13.9cm.--綫裝
　　　　　　　　　　　　　　（丁）/8973

娵隅集：十卷/（清）趙文哲撰.--刻本.--清乾隆五十四年（1789）.--4 冊（1 函）.--半葉 10 行，行 21 字，小字雙行字同，白口，左右雙邊，單黑魚尾，半框 17.7×14.3cm。鈐"北平孔德學校之章"朱文印.--綫裝
　　　　　　　　　　　　　　（甲四）/1235

忠雅堂文集：三十卷/（清）蔣士銓撰.--刻本.--清乾隆（1736~1795）.--6 冊（1 函）.--半葉 12 行，行 24 字，小字雙行字同，黑口，四周單邊，雙對黑魚尾，半框 20.4×15cm。吳曉鈴跋。鈐"天門松石湖泊雪印記"朱文印、"沉觀齋"朱文印、"曉鈴藏書"朱文印.--綫裝：吳曉鈴贈書　　　　　　　（己）/1270
第二部　8 冊（1 函）　　（丙四）/1306

述菴詩鈔：十二卷/（清）王昶撰.--刻本.--清乾隆（1736~1795）.--6 冊（1 函）：肖像 1幅.--半葉 12 行，行 23 字，小字雙行 34 字，粗黑口，左右雙邊，雙對黑魚尾，半框 18.3×13.9cm。佚名圈點。鈐"百鏡盦"朱文印、"篤素堂張曉漁校藏圖籍之章"朱文印、"江西汪石

琴藏手收書籍"朱文印.--綫裝

（丙四）/2143

第二部　4 冊（1 函）　　　（丁）/6508

第三部　1 冊（1 函），存卷 1-3，鈐"文樂堂藏書記"朱文印、"吳江陳燮朱理氏印"朱文印

（丁）/11174

清獻堂集：十卷/（清）趙佑撰.--刻本.--清乾隆五十二年（1787）.--6 冊（1 函）.--半葉 9 行，行 20 字，小字雙行字同，白口，左右雙邊，單黑魚尾，半框 19.8×13.1cm。本衙藏板。鈐"王璥私印"白文印.--綫裝　（丙四）/999

甌北詩鈔：不分卷/（清）趙翼撰.--刻本.--湛貽堂，清乾隆五十六年（1791）.--6 冊（1 函）.--半葉 10 行，行 21 字，小字雙行 32 字，白口，左右雙邊，單黑魚尾，半框 18.5×14.4cm。湛貽堂藏板。佚名圈點、批。鈐"春圃"白文印、"馨蘭"朱文印.--綫裝

（丙四）/1494

甌北集：二十七卷/（清）趙翼撰.--刻本.--清乾隆（1736～1795）.--8 冊（2 函）.--半葉 11 行，行 21 字，小字雙行字數不等，白口，左右雙邊，單黑魚尾，半框 17.9×13.8cm。鈐"仁龢龔氏家藏"朱文印.--綫裝　（丁）/6174

槐塘詩稿：十六卷/（清）汪沆撰.--刻本.--清乾隆五十一年（1786）.--4 冊（1 函）.--半葉 10 行，行 21 字，小字雙行字同，白口，左右雙邊，單黑魚尾，半框 18.6×14cm。鈐"吳偉"朱文印、"亡於信"朱文印、"朱濂印"白文印、"但求無愧我心"白文印、"一日思君十二辰"朱文印、"季卿"朱文印、"均英之印"白文印、"錫蒲之印"白文印、"徐半樵診"朱文印.--綫裝　　　　　（丁）/6277

在璞堂續稿：不分卷/（清）方芳佩撰.--刻本.--清乾隆（1736～1795）.--2 冊（1 函）.--半葉 10 行，行 19 字，小字雙行字同，左右雙邊，單黑魚尾，半框 16.8×13.2cm。鈐"胡嗣運印"白文印.--綫裝　　（丁）/13413

白華前稿：六十卷/（清）吳省欽撰.--刻本.--清乾隆（1736～1795）.--10 冊（2 函）.--半葉 10 行，行 21 字，小字雙行字同，白口，左右雙邊，單黑魚尾，半框 17.9×13.1cm。鈐"藤香水榭收藏"朱文印、"江蘇省館所藏圖籍記"朱文印.--綫裝　　　（丁）/10002

經進文稿：二卷/（清）沈初撰.--刻本.--清乾隆（1736～1795）.--2 冊（1 函）.--半葉 10 行，行 21 字，白口，左右雙邊，單黑魚尾，半框 19.1×13.1cm。鈐"明孫"朱文印、"品脩"白文印.--綫裝　　　　　　（丁）/9368

亦盧詩：三十卷/（清）湯斯祚撰.--刻本.--清乾隆二十二年（1757）.--6 冊（1 函）.--半葉 11 行，行 21 字，小字雙行字同，白口，左右雙邊，單黑魚尾，半框 19×14.6cm。本齋藏板。鈐"北平孔德學校之章"朱文印.--綫裝

（甲四）/1424

怡情書室詩鈔/（清）素心主人撰.--刻本.--清乾隆五十四年（1789）.--1 冊（1 函）.--半葉 8 行，行 16 字，白口，四周雙邊，單黑魚尾，半框 17.7×13.1cm.--綫裝　　（丁）/14249

雲汀詩鈔：四卷/（清）張賓鶴撰.--刻本.--怡府，清乾隆五十六年（1791）.--4 冊（1 函）：肖像 1 幅.--半葉 8 行，行 19 字，小字雙行字同，白口，四周雙邊，單黑魚尾，半框 18.6×14.2cm。鈐"亨壽藏畫印"朱文印.--綫裝

（丙四）/1694

傳書樓詩稿/（清）汪金順撰.--刻本.--清乾隆五十八年（1793）.--1 冊.--半葉 8 行，行 19 字，粗黑口，左右雙邊，單黑魚尾，半框 17.7×11.3cm。四勿齋藏板.--綫裝　　（丁）/6286

鈍齋詩稿：八卷/（清）竇銓撰.--刻本.--柘城竇氏，清乾隆五十九年（1794）.--2 冊（1 函）.--半葉 9 行，行 22 字，小字雙行字同，有眉批，行 4 字，白口，四周雙邊，單黑魚尾，半框 18×15.7cm。紹衣堂藏板.--綫裝　（丙四）/1112

秋臯遺稿：二卷/（清）翁蘭撰.--刻本.--清乾隆五十九年（1794）.--1 冊（1 函）.--半葉 9 行，行 25 字，小字雙行字同，粗黑口，四周雙邊，單黑魚尾，半框 19.8×12.4cm.--綫裝
（丁）/6952

謙山詩鈔：四卷/（清）朱鐘撰.--刻本.--清乾隆六十年（1795）.--1 冊（1 函）.--半葉 8 行，行 19 字，小字雙行字同，白口，左右雙邊，單黑魚尾，半框 18.2×12.6cm。振雅堂藏板.--綫裝
（丁）/394

希希集：二卷/（清）黃千人撰.--刻本.--清乾隆（1736～1795）.--1 冊（1 函）.--半葉 10 行，行 20 字，小字雙行字同，粗黑口，左右雙邊，雙對黑魚尾，半框 18.3×13.8cm.--綫裝
（丁）/3818

織雲樓詩：八卷，織雲樓附抄一卷/（清）莊大中撰.--刻本.--清乾隆（1736～1795）.--4 冊（1 函）.--卷 1 缺 4 葉。半葉 9 行，行 21 字，小字雙行 21 或 31 字，細黑口，左右雙邊，單黑魚尾，半框 18.4×12.4cm。佚名圈點.--綫裝
（丁）/10920

悅亭詩稿初集：二卷/（清）李豫撰.--刻本.--清乾隆（1736～1795）.--1 冊（1 函）.--卷上缺第 1 葉，卷下缺第 1-4 葉。半葉 9 行，行 18 字，小字雙行字同，白口，左右雙邊，單黑魚尾，半框 18.3×12.9cm。佚名圈點。鈐“嵩筠”朱文印.--綫裝
（丁）/8907

思齋存草：四卷/（清）鄭愛貴撰.--刻本.--清乾隆（1736～1795）.--1 冊（1 函）.--半葉 8 行，行 18 字，小字雙行字同，白口，四周雙邊，單黑魚尾，半框 18.1×12.4cm.--綫裝
（丁）/1543

尹文端公詩集：十卷/（清）尹繼善撰.--刻本.--清乾隆（1736～1795）.--4 冊（1 函）.--半葉 11 行，行 21 字，小字雙行字同，粗黑口，左右雙邊，半框 18.6×14.1cm。小百尺樓主人

題識.--綫裝
（丙四）/981

鷺洲詩鈔：二卷/（清）陸胥撰.--刻本.--清乾隆（1736～1795）.--1 冊（1 函）：肖像 1 幅.半葉 10 行，行 19 字，小字雙行字同，白口，左右雙邊，單黑魚尾，半框 16.9×13.1cm。鈐“鎮洋繆氏凝修堂藏書”朱文印、“蘅父繆翰笙校讀”白文印、“南州書樓藏書”藍印.--綫裝
（丁）/9243

集虛齋學古文：十二卷；離騷經解略：一卷/（清）方楘如撰.--刻本.--清乾隆（1736～1795）.--3 冊（1 函）.--半葉 11 行，行 25 字，小字雙行字同，白口，左右雙邊，單黑魚尾，半框 18.4×13.8cm.--綫裝
（丁）/9268

質園詩集：三十二卷/（清）商盤撰.--刻本.--清乾隆（1736～1795）.--16 冊（2 函）.--半葉 10 行，行 21 字，白口，四周單邊，單黑魚尾，半框 19.3×13.8cm。鈐“扶山”白文印、“仁臣之印”（陰陽合璧）.--綫裝
（甲四）/652

楚聲：不分卷/（清）周來謙撰.--刻本.--溯濂堂，清乾隆（1736～1795）.--1 冊（1 夾）.--半葉 10 行，行 19 字，細黑口，左右雙邊，單黑魚尾，半框 16.1×11.8cm。佚名圈點。鈐“駱晉生珍藏”白文印、“世襲一等海澄公章”朱文印、“夢鷴山房”朱文印、“霄峰老人”朱文印、“向桐居士”朱文印、“宜呆軒”朱文印、“北平孔德學校之章”朱文印.--綫裝
（甲四）/750

磻邨詩集：不分卷/（清）姜文濱撰.--刻本.--姜棟，清乾隆（1736～1795）.--1 冊.--存第 1-13 葉。半葉 9 行，行 21 字，白口，四周雙邊，單黑魚尾，半框 19.6×12.4cm。佚名圈點.--綫裝
（丙四）/1045

夢喜堂詩：六卷/（清）夢麟撰.--刻本.--清乾隆（1736～1795）.--1 冊（1 夾）.--缺卷 6。半葉 10 行，行 19 字，白口，四周雙邊，單黑魚尾，半框 16×12.9cm。吳門穆大展鐫.--綫裝

（丁）/13480

同事攝詩集：一卷；**同事攝詞集**：一卷/（清）釋超格撰. --刻本. --京都：葛洪菴，清乾隆（1736～1795）. --1 冊（1 函）. --半葉 10 行，行 20 字，小字雙行字同，粗黑口，四周雙邊，單黑魚尾，半框 21×14.8cm. --綫裝

（丙四）/1457

劍虹齋詩文集：十二卷/（清）梁濬撰. --刻本. --畝園，清乾隆（1736～1795）. --4 冊（1 函）. --半葉 10 行，行 18 字，白口，左右雙邊，單黑魚尾，半框 16×13cm。一畝園藏板. --綫裝

（甲四）/51-2

家園草：一卷；**慕園草**：一卷/（清）謝闓祚撰. --刻本. --清乾隆（1736～1795）. --1 冊（1 函）. --半葉 8 行，行 18 字，小字雙行字同，白口，左右雙邊，雙對黑魚尾，半框 16.9×12.4cm。佚名圈點。鈐"一江秋月"白文印、"鄞林氏藜照廬圖書"朱文印. --綫裝

（丁）/8413

晚翠堂詩鈔：不分卷/（清）戈地賓撰. --刻本. --清乾隆（1736～1795）. --1 冊（1 函）. --半葉 10 行，行 19 字，粗黑口，左右雙邊，單黑魚尾，半框 18.8×14.2cm。佚名圈點。鈐"雨窗"白文印. --綫裝

（丁）/6888

莊小鶴文稿：不分卷；**乙芝園莊小鶴續稿**：不分卷；**芝園偶鈔**：二卷/（清）莊學和撰. --刻本. --清乾隆（1736～1795）. --10 冊（1 函）. --第 10 冊有 6 葉係補配。半葉 9 行，行 25 字，白口，四周雙邊，無界行，單黑魚尾，版心下刻"芝園"，半框 19.8×12cm. --綫裝　（丁）/6963

夢樓詩集：二十四卷/（清）王文治撰. --刻本. --食舊堂，清乾隆六十年（1795）. --8 冊（1 函）. --半葉 11 行，行 22 字，小字雙行字同，白口，四周單邊，單黑魚尾，半框 19.1×13.6cm。食舊堂藏板。佚名圈點。鈐"拾芝生"朱文印、"北平孔德學校之章"朱文印. --綫裝

（甲四）/573

第二部　4 冊（1 函），存卷 1-12，鈐"北京市文化局文物調查研究組藏書印"朱文印

（丁）/6504

廣輿吟稿：六卷，附編一卷/（清）宋思仁撰. 刻本. --清乾隆四十一年（1776）刻；清乾隆五十年（1785）修版；清乾隆五十七年（1792）增刻. --2 冊（1 函）：地圖 1 幅. --版心題"廣輿詩草"。半葉 8 行，行 17 字，小字雙行字同，白口，四周雙邊，單黑魚尾，半框 17.4×11.9cm。有刻工：王似琼。傳經堂藏板. --綫裝

（丁）/9466

鳴春集：一卷；**七十二候考**：一卷/（清）曹仁虎撰. --刻本. --清乾隆五十二年（1787）. --1 冊（1 函）. --半葉 10 行，行 21 字，小字雙行字同，粗黑口，四周雙邊，單黑魚尾，半框 17.7×11.7cm。粵東使署藏板。鈐"尋孔顏樂處"朱文印、"努力愛春華"朱文印. --綫裝

（丁）/7347

鳴春集：一卷/（清）曹仁虎撰. --抄本，朱絲欄. --清（1644～1911）. --1 冊（1 函）. --鈐"外如寓目"朱文印. --綫裝　（丁）/4662

轅韶集：六卷/（清）曹仁虎撰. --抄本，朱絲欄. --清（1644～1911）. --1 冊（1 函）. --鈐"外如寓目"朱文印. --綫裝　（丁）/4663

響泉集：二十八卷/（清）顧光旭撰. --刻本. --清乾隆（1736～1795）. --12 冊（1 函）. --半葉 10 行，行 19 字，小字雙行字同，白口，左右雙邊，單黑魚尾，半框 17.5×13.6cm. --綫裝

（丁）/4646

尊聞居士集：八卷/（清）羅有高撰. --刻本. --清乾隆（1736～1795）. --2 冊（1 函）. --半葉 11 行，行 23 字，小字雙行 35 字，粗黑口，左右雙邊，單黑魚尾，半框 18.8×14.2cm。鈐"瘦篁過眼"朱文印. --綫裝

（丁）/1368

青原小草：一卷/（清）翁方綱撰.--刻本.--翁氏谷園書屋,清乾隆五十四年（1789）.--1冊（1函）.--半葉10行,行20字,小字雙行30字,白口,左右雙邊,單黑魚尾,半框21.2×15.5cm。鈐"詘盦鑑藏"朱文印.--綫裝
（丁）/11621

欒文書屋集略：八卷/（清）潘相撰.--刻本.清乾隆（1736~1795）.--5冊（1函）.--半葉11行,行23字,小字雙行字同,白口,左右雙邊,單黑魚尾,半框19.7×14.6cm。汲古閣藏板。鈐"北平孔德學校之章"朱文印.--綫裝
（甲四）/1116

櫪園詩集：六卷/（清）李俊撰.存齋遺詩：一卷/（清）李大仁撰.--刻本.--魯仕驥,清乾隆（1736~1795）.--2冊（1函）.--半葉8行,行19字,白口,左右雙邊,單黑魚尾,半框18.6×13.3cm。鈐"伴山氏欣覽記"朱文印、"韻雪琴齋"朱文印、"籴上風"朱文印、"北平孔德學校之章"朱文印.--綫裝 （甲四）/1337

海愚詩鈔：十二卷/（清）朱孝純撰.--刻本.--清乾隆五十九年（1794）.--4冊（1函）.--半葉10行,行21字,小字雙行字同,白口,左右雙邊,單黑魚尾,半框17.9×13.2cm.--綫裝
（丁）/247

蘭韻堂詩集：十二卷/（清）沈初撰.--刻本.--清乾隆五十九年（1794）.--4冊（1函）.--半葉10行,行21字,小字雙行字同,白口,左右雙邊,單黑魚尾,半框19.3×13.3cm。本衙藏板。鈐"綏福堂藏書印"白文印.--綫裝
（丙四）/1519

述職吟：二卷；公餘集：十卷；竹軒詩稿：四卷/（清）劉秉恬撰.--刻本.--清乾隆四十九至五十一年（1784~1786）.--6冊（1函）.--半葉8行,行17字,小字雙行字同,白口,四周雙邊,無界行,單黑魚尾,半框19.7×12.3cm。鈐"蓮盦舊隱"朱文印、"北平孔德學校之章"朱文印.--綫裝 （甲四）/766

陸堂詩集：十六卷/（清）陸奎勳撰.--刻本.--清雍正（1723~1735）.--4冊（1函）.--半葉11行,行21字,小字雙行32字,白口,左右雙邊,單黑魚尾,半框17.8×13.5cm.--綫裝
（丁）/4789

東坪詩集：八卷/（清）胡慶豫撰.附傳/（清）陸奎勳撰.--刻本.--平湖胡氏,清乾隆三十二年（1767）.--2冊（1函）.--半葉10行,行19字,小字雙行字同,白口,左右雙邊,單黑魚尾,半框15.9×12.2cm。佚名批點。鈐"玉麗草堂"朱文印、"鐵肩撐道義辣手著文章"朱文印.--綫裝 （丁）/9694

窺園詩鈔：五卷,末一卷,附窺園詞鈔一卷/（清）王夢篆作.--刻本.--清乾隆五十八年（1793）.--2冊（1函）：肖像1幅.--半葉11行,行19字,小字雙行29字,粗黑口,左右雙邊,半框16.1×12.9cm。鈐"曉鈴藏書"朱文印.--綫裝：吳曉鈴贈書 （己）/2102

浣青詩草：八卷/（清）錢孟鈿撰.--刻本.--清乾隆（1736~1795）.--2冊（1函）.--半葉9行,行20字,小字雙行字同,白口,四周單邊,單黑魚尾,半框18.1×13cm.--綫裝
（丁）/237

山木居士外集：四卷/（清）魯仕驥撰.--刻本.--清乾隆四十七年（1782）.--4冊（1函）.--半葉9行,行25字,粗黑口,左右雙邊,無界行,雙對黑魚尾,半框19×14.1cm。佚名批註。鈐"北平孔德學校之章"朱文印.--綫裝
（甲四）/611

容齋詩集：十卷/（清）茹綸常撰.--刻本.--清乾隆三十五年（1770）.--2冊（1函）.--半葉10行,行19字,小字雙行字同,白口,左右雙邊,單黑魚尾,半框16.2×13.6cm。佚名圈點。鈐"式儒"朱文印、"王璨私印"白文印.--綫裝 （丙四）/1490
第二部 4冊（1函）,鈐"北平孔德學校之章"朱文印 （甲四）/1444

荷塘詩集：十六卷／（清）張五典撰.--刻本.張五典，清乾隆（1736～1795）.--4 冊（1 函）.半葉 9 行，行 19 字，小字雙行字同，粗黑口，左右雙邊，單黑魚尾，半框 17.4×12.9cm。鈐"松溪"白文印、"師尹珍藏"朱文印、"古今有之"朱文印、"自雅軒書畫印"朱文印、"鹿鹿人間"朱文印、"詩格畫理"白文印、"古燕"朱文印.--綫裝　　　　　（丁）/1270

字雲巢文稿：十卷／（清）盛大謨撰.--刻本.--清乾隆五十六年（1791）.--2 冊（1 函）.--半葉 9 行，行 21 字，白口，左右雙邊，無界行，單黑魚尾，半框 18.8×14cm。牧石堂藏板。佚名批.--綫裝　　　　　　　（丁）/8515

吉雲草堂集：九卷；玉雨詞：二卷；紅亭日記：二卷／（清）徐志鼎撰.--寅谷先生遺稿：一卷／（清）蔣泰來撰.--刻本.--清乾隆（1736～1795）.--8 冊（1 函）.--半葉 10 行，行 19 字，小字雙行字同，白口，四周雙邊，單黑魚尾，半框 16.6×12.8cm。鈐"芯厂"朱文印、"芯厂藏書"朱文印、"樂是谿"朱文印.--綫裝　　　　　　　　（丁）/435

惜分陰齋詩鈔：十六卷／（清）李桼撰.--抄本.--清中後期（1796～1911）.--16 冊（1 函）.--綫裝　　　　　　　　　（丁）/12583

偉堂詩鈔：二十卷，詞鈔四卷／（清）趙帥撰.刻本.--清乾隆（1736～1795）.--6 冊（1 函）.--半葉 9 行，行 19 字，小字雙行字同，白口，四周單邊，單黑魚尾，半框 18.2×13cm。鈐"蘭雪生"朱文印、"敦享堂印"白文印.--綫裝　　　　　　　（丙四）/1911

卷施閣集：文甲集十卷，文乙集八卷，詩二十卷／（清）洪亮吉撰.--刻本.--清乾隆五十九年（1794）.--12 冊（1 函）.--半葉 11 行，行 22 字，粗黑口，四周單邊，雙對黑魚尾，半框 19.8×14.4cm.--綫裝　　　　　（丙四）/1473

附鮚軒詩：八卷／（清）洪亮吉撰.--刻本.--

貴陽，清乾隆六十年（1795）.--2 冊（1 函）.--（洪北江全集）.--半葉 11 行，行 21 字，小字雙行字同，粗黑口，左右雙邊，半框 18.4×14.2cm.--綫裝　　　　　（丙四）/1121-1

清皇八子永璇詩稿／（清）永璇撰.--稿本.--清乾隆二十七年（1762）.--1 冊（1 函）.--鈐"皇八子章"朱文印、"宜園"白文印、"鐵珊審定"朱文印.--綫裝　　　　　（丁）/13101

梅葊詩鈔：五卷，卷首一卷／（清）鐵保撰.--刻本.--清乾隆六十年（1795）.--4 冊（1 函）.--目錄 1 葉係抄配。半葉 10 行，行 20 字，小字雙行字同，粗黑口，左右雙邊，單黑魚尾，半框 19.7×14.4cm。鈐"汪體信印"白文印、"章民"朱文印、"汪彰民"朱文印.--綫裝　　　　　　　　（丁）/11297

問字堂集：六卷／（清）孫星衍撰.--刻本.--蘭陵孫氏，清乾隆五十九年（1794）.--3 冊（1 函）.--半葉 12 行，行 24 字，小字雙行字同，白口，四周單邊，雙順黑魚尾，半框 18.6×14.9cm。蘭陵孫氏藏板。鈐"旭東過目"朱文印、"善化賀瑗收藏書畫印"朱文印、"梁氏書畫"朱文印、"王璦私印"白文印.--綫裝　　　　　　　（丙四）/1525
　　第二部　8 冊（1 函），鈐"北平孔德學校之章"朱文印　　　　　　　　　（甲四）/1111

存素堂文集：四卷／（清）法式善撰.--刻本.揚州：績溪程邦瑞，清嘉慶十二年（1807）.--4 冊（1 函）.--半葉 12 行，行 22 字，白口，左右雙邊，單黑魚尾，半框 19.1×14.7cm.--綫裝　　　　　　　　　（丁）/14282

聽秋軒詩集：四卷／（清）駱綺蘭撰.--刻本.--清乾隆六十年（1795）.--2 冊（1 函）.--半葉 9 行，行 21 字，小字雙行字同，白口，左右雙邊，單黑魚尾，半框 18.4×12.2cm。鈐"胡氏子岐鑑賞"朱文印、"天尺樓"朱文印.--綫裝　　　　　　　　（丁）/2263

葆沖書屋集：四卷，外集二卷，詩餘一卷/（清）汪如洋撰．--刻本．--清乾隆（1736～1722）．--5冊（1夾）．--半葉12行，行23字，小字雙行字同，白口，四周單邊，單黑魚尾，半框18.3×13.4cm。鈐"寸心日月廔藏書"白文印、"寸心日月樓所藏"朱文印、"枕薪過目"白文印、"曾藏於夜郡朱枕薪家"朱文印、"陽羨李氏雪香館珍藏"白文印．--綫裝　　　（丁）/15001

　　第二部　5冊（1夾），附桐石草堂集：九卷/（清）汪仲紛撰．--存卷4-9；厚石齋集：十二卷/（清）汪益銷撰　　（丙四）/4469

獨學廬初稿：詩八卷，文三卷；讀左巵言：一卷；漢書刊訛：一卷/（清）石韞玉撰．--刻本．--長沙官舍，清乾隆六十年（1795）．--4冊（1函）．--漢書刊訛據卷端、版心著錄題名，目錄作"漢書刊誤"。半葉10行，行18字，小字雙行字同，粗黑口，左右雙邊，單黑魚尾，半框18.7×14.1cm。鈐"肅寧劉潤琴藏"朱文印．--綫裝　　　（丁）/3760
　　第二部　8冊（1函）　　（乙四）/32

寄軒賸稿/（清）朱上林撰．適然齋編年詩存：一卷/（清）趙廣撰．--抄本．--清（1644～1911）．--1冊（1函）．--綫裝　　（丁）/12490

味餘書屋全集定本：四十卷，隨筆二卷/（清）仁宗顒琰撰．--刻本．--京師：內府，清嘉慶五年（1800）．--16冊（2夾）．--半葉9行，行17字，白口，四周雙邊，單黑魚尾，半框20.2×14.1cm；隨筆半葉7行，行18字，小字半葉9行，行22字。鈐"學部圖書之印"朱文印（滿漢合璧）、"京師圖書館收藏之印"朱文印．--綫裝　　　（丙四）/6108
　　第二部　32冊（4函）　　（丙四）/1858

御製詩初集：四十八卷，目錄六卷/（清）仁宗顒琰撰．--刻本．--北京：內府，清嘉慶八年（1803）．--16冊（2函）．--半葉9行，行17字，小字雙行字同，白口，四周雙邊，單黑魚尾，半框20.3×13.9cm。鈐"南陵徐氏仁山珍藏"白文印、"學部圖書之印"朱文印（滿漢合璧）、

"京師圖書館收藏之印"朱文印．--綫裝　　　（丙四）/5933

味餘書屋隨筆：二卷/（清）仁宗顒琰撰．--刻本．--京師：武英殿，清嘉慶十二年（1807）．4冊（1函）．--半葉7行，行18字，小字半葉9行，行19字，白口，四周雙邊，單黑魚尾，半框20.2×14.2cm。鈐"南海譚氏藏書之印"朱文印．--綫裝　　　（丁）/7485

御製嗣統述聖詩：四卷/（清）仁宗顒琰撰．--抄本，梅花欄．--劉權之，清嘉慶（1796～1820）．--4冊（1匣）．--綫裝　　（乙四）/505

蘊愫閣詩集：十二卷/（清）盛大士撰．--抄本．--清道光（1821～1850）．--1冊（1函）．--存卷1-8。君剛（汪曾武）題款。鈐"君剛曾武"白文印、"曾武壽同金石"朱文印、"汪中虎"白文印．--綫裝　　　（丁）/11351

虛白亭詩鈔：二卷/（清）睿亲王淳穎撰．--稿本．--清嘉慶（1798～1800）．--1冊（1函）．--鈐"睿親王"白文印、"虛白亭記"白文印、"虛白亭"白文印．--綫裝　　　（丁）/6180

辛未吟草：一卷/題（清）虛谷氏撰．--抄本，綠絲欄．--清（1644～1911）．--1冊（1函）．--版心下刻"逃禪閣"。有鮑文逵、楊璐、郭汝礪、方觀、宗金枝、吳黃金、郭琦題記，佚名圈點、批校。鈐"野雲"朱文印、"郭汝礪印"白文印、"廉甫"朱文印、"仲子吟白"白文印、"鑛"朱文印、"崔林"白文印、"琦印"朱文印、"果達"朱文印、"王璵私印"白文印、"張汝之印"（陰陽合璧）．--綫裝　　　（丁）/12615

愛蓮書屋詩稿：一卷/（清）孔廣櫂撰．--稿本．--清嘉慶（1796～1820）．--1冊（1函）．--娛堪（俞陛雲）跋。鈐"海岱人文之餘"白文印、"河嶽龕讀書記"朱文印、"劉明陽王靜宜夫婦讀書之印"白文印、"劉明陽"白文印、"研理樓劉氏藏"白文印、"文易私印"白文印、"黃金"白文印．--綫裝：馬彥祥贈書　　（戊）/64

濟源瓢：不分卷/（清）時大昕撰. --稿本. --清（1644～1911）. --1 冊（1 函）. --時大昕、周肇祥題識，佚名圈點、批註。鈐"嵒大昕蕙坪氏印"白文印、"忠厚立基耕讀紹業世贊堂印"白文印、"蕙坪"朱文印、"大昕"白文印、"退翁"朱文印、"三足堂"朱文印、"家在平泉五馬間"朱文印. --綫裝　　　（丁）/5960

南州舊草堂學詩. --抄本. --清（1644～1911）. 1 冊（1 函）. --有陳權題記，圈點、批校。鈐"權"白文印、"挑燈看劍"白文印. --毛裝
　　　　　　　　　　　　　　　（丁）/12608

夢畹詩存：不分卷/（清）張節撰. --抄本. --清乾隆嘉慶間（1736～1820）. --4 冊（1 函）. --佚名圈點、批校. --綫裝　　　（丁）/5992

是程堂集：十四卷，二集四卷；耶溪漁隱詞：二卷/（清）屠倬撰. --刻本. --真州官舍，清嘉慶十九年（1814）. --10 冊（2 函）. --半葉 11 行，行 21 字，小字雙行字數不等，細黑口，左右雙邊，單黑魚尾，半框 19.8×13.7cm。鈐"北平孔德學校之章"朱文印. --綫裝
　　　　　　　　　　　　　　　（甲四）/386

養正書屋全集定本：四十卷，目錄四卷/（清）宣宗旻寧撰. --刻本. --北京：內府，清道光元年（1821）. --24 冊（4 函）. --半葉 9 行，行 17 字，白口，四周雙邊，單黑魚尾，半框 19.4×14.3cm。鈐"民國七年由清監移藏圖書館"朱文印. --綫裝　　　（丙四）/6129
　　第二部　　　　　　　　　　（丙四）/1846

黃雁山人詩錄/（清）莊縉度撰. --稿本. --清後期（1851～1911）. --2 冊（1 函）. --存卷 17、18 及另 1 殘卷. 佚名圈點，有浮簽. 鈐"聞仙音室"朱文印、"眉叔莊縉度印"白文印. --綫裝　　　　　　　　　　　　　　　（丁）/8150

嗜此味齋詩稿：一卷/（清）那興阿撰. --抄本，藍絲欄. --清道光（1821～1850）. --1 冊（1 函）. --有紹遠氏題跋。鈐"司馬鍾印"白文

印. --綫裝　　　　　　　　　　（丁）/12452

艷雪軒詩存：四卷；試帖詩存：四卷；日下賡歌集：三卷；文稿：一卷/（清）龔守正撰；（清）龔自閬，（清）龔自閟編. --抄本，紅方格. --清咸豐七年（1857）. --7 冊（1 函）. --佚名圈點、批校. --綫裝　　　（丁）/12443

飣餖吟：十二卷/（清）石贊清撰. --抄本. --清咸豐間（1821～1861）. --4 冊（1 函）. --鈐"金蓮花館"白文印、"周養庵小市得"朱文印. --綫裝　　　　　　　　　　（丙四）/809

苔文館詩存：一卷/（清）劉湘年撰. --稿本. --清咸豐四年（1854）. --1 冊（1 函）. --綫裝
　　　　　　　　　　　　　　　（丙四）/45

耕煙草堂詩鈔：二卷/（清）平疇撰. --抄本. --清咸豐八年（1858）. --鈐"安越堂藏本"朱文印. --2 冊（1 函）. --綫裝　　　（丁）/12531

慕陶集：二卷/（清）李昌樟撰；（清）李厚健輯錄. --抄本. --衣德樓，清咸豐六年（1856）. --1 冊（1 函）. --綫裝　　　（丁）/6897

掃雲仙館詩鈔：四卷/（清）詹嗣曾撰. --抄本. --清末（1851～1911）. --2 冊（1 函）. --綫裝　　　　　　　　　　　　　　（丁）/10848

邵亭碎墨拾遺/（清）莫友芝撰. --稿本. --清末（1851～1911）. --1 冊（1 函）. --綫裝
　　　　　　　　　　　　　　（丁）/12651

退省菴閒草：不分卷/（清）彭玉麟撰. --抄本，藍綠欄. --清末（1851～1911）. --1 冊（1 函）. --半葉 12 行，行約 16 字，白口，四周雙邊，雙对黑魚尾，版心上刻"興隆堂"，半框 20×19.5cm。楊享壽跋。鈐"鶴賓"朱文印、"享壽之印"白文印、"享壽曾藏"朱文印、"鐵嶺楊享壽珍藏書畫印"朱文印、"延福堂印"朱文印、"綏福堂"朱文印、"享壽藏書畫印"朱文印、"綏福堂珍藏書畫"朱文印. --綫裝

（丁）/12706

平遠堂日記/（清）廷雍撰.--稿本.--清光緒九年（1883）.--1 冊（1 函）.--綫裝
（丁）/12521

滄川文稿：四卷，詩存二卷，賦鈔一卷/（清）袁本喬撰.--抄本.--清光緒（1875～1911）.--5 冊（1 函）.--綫裝
（丁）/108

耕餘小草：四卷，詩餘一卷/（清）王槤撰.--抄本，朱絲欄.--清光緒二十七年（1901）.--4 冊（1 函）.--版心下刻"石竹齋"。鈐"平生事業詩千首"白文印、"弌字古香別號柏仙"朱文印、"王槤之印"白文印、"芸子"朱文印、"碧蕖館藏"朱文印、"惜華讀書"朱文印.--綫裝
（丁）/12415

儀橋避事詩/（清）朱文杏輯注.--稿本，綠方格.--清光緒三十三年（1907）.--1 冊（1 函）.--綫裝
（丁）/9554

卓峰草堂詩鈔：二十卷/（清）符兆綸撰.--抄本.--清末（1851～1911）.--10 冊（1 函）.--鈐"建侯"朱文印、"尌屏"白文印.--綫裝
（丁）/8411

晉遊消遣集：一卷/（清）鹿傳鈞撰.--抄本，烏絲欄.--清末（1851～1911）.--1 冊（1 函）.--綫裝
（丁）/8707

青櫨山房未刻詩刪存/（清）馬士龍撰.--稿本，紫方格.--清末（1851～1911）.--1 冊（1 函）.--綫裝
（丁）/12471

萼香樓初集：六卷；萼香樓二集：不分卷；萼香樓筆記：不分卷；分釵集：一卷/（清）聯輝撰.--稿本.--清光緒（1875～1908）.--5 冊（2 函）.--附楊敬宸、蒙古松年、馬榮臣、蔣逢辰、尚其亨等人書札。鈐"瓜爾佳氏"朱文印、"聯輝之印"白文印、"鳳橋"朱文印、"舊時王謝堂前燕"白文印、"鄂香樓"朱文印等.--綫裝

（丁）/12689

蔭貽堂旅吟草：一卷/（清）蓮舫夫子撰.--抄本.--清末（1851～1911）.--1 冊（1 函）.--書皮題"芹香吟草"。一粟園藏本。鈐"香浦"朱文印、"山外青山"朱文印、"徐大敷印"白文印.--綫裝
（丁）/8157

通齋集：不分卷，外集一卷，文集二卷/（清）蔣超伯撰.--抄本.--清末（1875～1911）.--6 冊（1 函）.--綫裝
（丙四）/4468

紉蘭草/（清）黃必成撰.--稿本.--清（1644～1911）.--1 冊（1 函）.--綫裝 （丁）/12516

附外國

桂苑筆耕：二十卷/（新羅）崔致遠撰.--活字本.--朝鮮，徐有榘，朝鮮宪宗元年（1834）.--4 冊（1 函）.--半葉 10 行，行 20 字，小字雙行字同，白口，四周雙邊，單黑魚尾，半框 23.1×16.8cm。鈐"孫湜"白文印.--綫裝
（丁）/10

二十一都懷古詩/（朝鮮）柳得恭撰.--刻本.--朝鮮，李朝哲宗四年（1852）.--1 冊（1 函）.--半葉 10 行，行 21 字，白口，四周單邊，單花魚尾，半框 19.3×14.4cm。鈐"周肇祥讀過書"朱文印、"遲圃一字勿荅"朱文印.--綫裝
（丁）/12538

屏巖文集：四卷/（朝鮮）李圭執撰.--活字本，銅活字.--朝鮮，李朝後期（1800～1910）.1 冊（1 函）.--半葉 10 行，行 18 字，小字雙行字同，白口，四周單邊，雙對花魚尾，半框 18.4×16.7cm.--綫裝
（庚）/716

圭齋遺稿：六卷/（朝鮮）南秉哲撰.--活字本，木活字.--朝鮮，李朝高宗元年（1852）.3 冊（1 函）.--半葉 10 行，行 20 字，小字雙行

字同，白口，四周單邊，單白魚尾，半框 21.8
×15.9cm。鈐"吳江陸氏珍藏書籍之章"白文
印.--綫裝　　　　　　　　　　　（丁）/12468

梅堂集：六卷/（朝鮮）李詹撰.--活字本.--
朝鮮，李朝光武年間（1897～1907）.--3 冊.--
半葉 10 行，行 20 字，白口，四周雙邊，雙對花
魚尾，半框 22×16.8cm.--綫裝　（庚）/712

詩文評類

文章緣起：一卷/（梁）任昉撰；（明）周履靖
校勘.**釋名**：一卷/（漢）劉熙撰；（明）周履靖
校勘.**詩品**：三卷/（梁）鍾嶸撰；（明）周履靖
校勘.--刻本.--金陵：荊山書林，明萬曆（1573
～1620）.--1 冊（1 函）.--（夷門廣牘/[明]
周履靖輯）.--敘有缺葉。半葉 9 行，行 18 字，
白口，四周單邊，單黑魚尾間無魚尾，半框 20
×14.1cm。鈐"北平孔德學校之章"朱文印、
"北京孔德學校藏"朱文印.--綫裝
　　　　　　　　　　　　　　　（甲四）/1540

楊升菴先生批點文心雕龍：十卷/（梁）劉勰
撰；（明）楊慎批點；（明）梅慶生音注.--刻本.
梅慶生，明萬曆三十七年（1609）；梅氏，明天
啟二年（1622）修版（金陵：聚錦堂，明天啟二
年[1622]後印）.--6 冊（1 函）.--卷 6 缺《定
勢》篇。半葉 9 行，行 18 字，小字雙行字同，
白口，左右雙邊，單黑魚尾，半框 20.8×15cm。
有刻工：登.--綫裝

　　　　　　　　　　　　　　　（丙四）/1447

文心雕龍：十卷/（梁）劉勰撰；（清）黃叔琳
輯注.--刻本.--華亭：姚培謙養素堂，清乾隆六
年（1741）.--4 冊（1 函）.--半葉 9 行，行 19
字，小字雙行 28 字，有眉批，行 5 字，白口，
左右雙邊，單黑魚尾，版心下端刻"養素堂"，
半框 15.9×11.4cm。養素堂藏板。鈐"張競仁
印"朱文印.--綫裝　　　　　（丙四）/181

文心雕龍：十卷/（梁）劉勰撰；（清）黃叔琳

輯注.--刻本.--清乾隆（1736～1785）.--4 冊
（1 函）.--仿乾隆六年養素堂刻本。半葉 9 行，
行 19 字，有眉批，行 3 字，白口，左右雙邊，
單黑魚尾，版心下刻"養素堂"，半框 15.6
×11.4cm。佚名圈點。鈐"京師圖書館收藏之
印"朱文印.--綫裝　　　　　（丙四）/5653

劉攽貢父詩話：一卷/（宋）劉攽撰.**後山居士
詩話**：一卷/（宋）陳師道撰.**東萊呂紫微詩話**：
一卷/（宋）呂本中撰.**六一居士詩話**：一卷/（宋）
歐陽修撰.--刻本.--無錫華氏，明弘治（1488
～1505）.--4 冊（1 函）.--（百川學海/[宋]
左圭編）.--半葉 12 行，行 20 字，小字雙行字
同，白口，左右雙邊，半框 19.2×14.7cm。鈐
"湛華閣藏書印"白文印、"澄江朱氏"朱文
印、"周肇祥印"白文印、"鹿巖精舍"朱文
印、"周肇祥曾護持"朱文印.--綫裝
　　　　　　　　　　　　　　（丁）/12710

文錄：一卷/（宋）唐庚撰.--刻本.--金陵：
荊山書林，明萬曆（1573～1620）.--1 冊（1
函）.--（夷門廣牘/[明]周履靖輯）.--半葉 9
行，行 18 字，白口，四周單邊，單黑魚尾，半
框 19.8×14cm。與談藝錄合冊。鈐"北京孔德
學校藏"朱文印.--綫裝　　　（丙四）/2810

漁隱叢話前集：六十卷；**漁隱叢話後集**：四十
卷/（宋）胡仔輯.--刻本.--楊佑啟耘經樓，清
乾隆六年（1741）.--16 冊（2 函）.--仿宋萬卷
堂刻本。半葉 13 行，行 21 字，粗黑口，左右雙
邊，雙對黑魚尾，半框 18.4×13.3cm。耘經樓
藏板.--綫裝　　　　　　　　（甲五）/69

漁隱叢話前集：六十卷；**漁隱叢話後集**：四十
卷/（宋）胡仔輯.--刻本.--清乾隆（1736～
1795）.--14 冊（2 函）.--仿楊佑啟耘經樓刻本。
半葉 13 行，行 21 字，粗黑口，左右雙邊，雙對
黑魚尾，半框 18.4×13.3cm。耘經樓藏板。鈐
"黃中慧印"白文印、"琴歸室"朱文印.--綫
裝　　　　　　　　　　　　（乙四）/70
　　第二部　　　　　　　（乙四）/168
　　第三部　16 冊（2 函）　（乙四）/4

全唐詩話：八卷/（宋）尤袤輯；（清）孫濤續輯.--刻本.--石門孫濤，清乾隆三十九年（1774）.--8 冊（1 函）.--半葉 10 行，行 21 字，小字雙行字同，白口，左右雙邊，單黑魚尾，半框 18.9×12.1cm。鈐"王璨"朱文印、"杏薌"朱文印、"劉氏珍藏"朱文印、"安陸劉蕃珍藏金石圖書之印"朱文印.--綫裝
（丙四）/1099

精選詩林廣記：四卷/（宋）蔡正孫編.--刻本.--黄邦彦，明萬曆十七年（1589）.--4 冊（1 函）.--半葉 9 行，行 20 字，小字雙行字同，白口，四周雙邊，單黑魚尾，半框 20.1×13.4cm。有刻工：黄鐻、黄鏵等。鈐"程高第"白文印.--綫裝
（乙四）/199

詩人玉屑：二十卷/（宋）魏慶之撰.--刻本.--清初（1644~1722）.--6 冊（1 函）.--半葉 11 行，行 21 字，小字雙行字同，粗黑口，四周雙邊，雙對黑魚尾，半框 19.3×12.9cm。古松堂藏板。鈐"式儒收藏"朱文印、"竹舫"朱文印.--綫裝
（丙四）/1102
第二部 8 冊（1 函）（甲四）/384
第三部 2 冊，存卷 1-3，鈐"周肇祥讀過書"朱文印（丁）/12534

南溪筆錄群賢詩話：前集一卷，後集一卷，續集一卷/（元）南溪輯.--刻本.--蜀嘉程啟充，明正德五年（1510）.--3 冊（1 函）.--半葉 9 行，行 16 字，白口，四周單邊，半框 16.7×12.4cm。鈐"鹿巖精舍"朱文印.--綫裝
（丁）/12525

談藝錄：一卷/（明）徐禎卿撰.--刻本.--金陵：荆山書林，明萬曆（1573~1620）.--1 冊（1 函）.--（夷門廣牘/[明]周履靖輯）.--半葉 9 行，行 18 字，白口，四周單邊，單黑魚尾，半框 19.8×14cm。鈐"北京孔德學校藏"朱文印.--綫裝
（丙四）/2810-1

名家詩法：八卷/（明）黄省曾編.--刻本.--結緣囊，明嘉靖二十四年（1545）.--2 冊（1

函）.--半葉 10 行，行 20 字，白口，四周單邊，單黑魚尾，半框 19.5×12cm。佚名圈點。鈐"北京孔德學校之章"朱文印.--綫裝
子目：
白樂天金鍼集：一卷/（唐）白居易撰
嚴滄浪詩體：一卷/（宋）嚴羽撰
范德機木天禁語：一卷/（元）范梈撰
詩學禁臠：一卷/（元）范梈撰
楊仲弘詩法：一卷/（元）楊載撰
詩家一指：一卷/（明）釋懷悦撰
沙中金集：二卷/佚名撰（甲四）/601

[十家詩話]：十種/（清）陶珽編.--刻本.--李際期宛委山堂，清順治三年（1646）.--1 冊（1 函）.--（説郛續：四十六卷/[明]陶珽編）.--半葉 9 行，行 20 字，白口，左右雙邊，單白魚尾，半框 18.9×14.3cm。佚名圈點、批註.--綫裝
子目：
虛谷詩話：一卷/（元）方回撰
歸田詩話：一卷/（明）瞿佑撰
南濠詩話：一卷/（明）都穆撰
蓉塘詩話：一卷/（明）姜南撰
麓堂詩話：一卷/（明）李東陽撰
敬君詩話：一卷/（明）葉秉敬撰
蜀中詩話：一卷/（明）曹學佺撰
夷白齋詩話：一卷/（明）顧元慶撰
娛書堂詩話：一卷/（宋）趙與虤撰
存餘堂詩話：一卷/（明）朱承爵撰
（丁）/4874

冰川詩式：十卷/（明）梁橋撰.--刻本.--明萬曆（1573~1620）.--4 冊（1 函）.--半葉 10 行，行 20 字，小字雙行字同，白口，左右雙邊，單黑魚尾，半框 20×14cm。正文首葉版心題"長洲吳曜寫，姚起刻"。壽槐堂藏板。佚名圈點.--綫裝
（丁）/7288
第二部（乙四）/332

四溟詩話：四卷/（明）謝榛撰；（清）胡曾校訂.--刻本.--胡氏耘雅堂，清乾隆十九年（1754）.--4 冊（1 函）.--半葉 10 行，行 20

字，白口，左右雙邊，單黑魚尾，版心下刻"耘雅堂"，半框 19.7×14.2cm。耘雅堂藏板.--綫裝
（庚）/708

詩藪：内編六卷，外編六卷，雜編六卷，續編二卷/（明）胡應麟撰.--刻本.--明萬曆（1573～1620）.--8 冊（1 函）.--缺外編卷 5-6、續編 2 卷。半葉 9 行，行 18 字，小字雙行字同，白口，四周單邊，單白魚尾，版心上刻"少室山房"，半框 20.2×13.8cm。佚名圈點、批校。鈐"雪帆"朱文印、"王氏珍藏"朱文印、"積學齋徐乃昌藏書"朱文印、"子文一字小亭"朱文印、"王鴻業印"白文印、"北京市文化局文物調查研究組藏書印"朱文印.--綫裝
（丁）/14589

詩話類編：三十二卷/（明）王昌會輯.--刻本.--武林：洪文，明萬曆（1573～1620）.--16 冊（2 函）.--半葉 9 行，行 20 字，白口，四周單邊，單黑魚尾，半框 22.4×14.3cm。王衙藏板。鈐"北平孔德學校之章"朱文印.--綫裝
（甲四）/979

彈雅：十六卷/（明）趙宧光撰.--刻本.--明末（1573～1644）.--8 冊（1 函）.--半葉 10 行，行 20 字，白口，左右雙邊，單白魚尾，半框 21.1×14.8cm。鈐"金星軺藏書記"朱文印、"璜川吳氏收藏圖書"朱文印、"道南阮氏"白文印、"吾山"白文印、"葵生"白文印、"北平孔德學校之章"朱文印.--綫裝
（甲四）/1256

堯山堂偶雋：七卷/（明）蔣一葵編著.--抄本.--傳硯齋，清（1644～1911）.--2 冊（1 函）。鈐"侯官鄭雲收藏印記"朱文印.--綫裝
（丁）/12729

唐音癸籤：三十三卷/（明）胡震亨撰.--刻本.--清順治十五年（1658）.--4 冊（1 函）.--半葉 10 行，行 19 字，小字雙行字同，白口，左右雙邊，單黑魚尾，半框 20.2×15cm。有刻工：劉鳳鳴。鈐"北平孔德學校之章"朱文印.--綫裝
（甲四）/1340

而菴説唐詩：二十二卷，卷首一卷/（清）徐增撰.--刻本.--文茂堂，清乾隆二十三年（1758）.--6 冊（1 函）.--半葉 9 行，行 19 字，白口，四周單邊，單黑魚尾，版心下刻"文茂堂"，半框 19.8×14cm。鈐"挹書軒藏書記"朱文印、"曉園鑑珍"白文印.--綫裝
（丙四）/1740

漢詩評：十卷/（清）李因篤撰.--刻本.--清康熙（1662～1722）.--4 冊（1 函）.--半葉 9 行，行 20 字，小字雙行字同，白口，左右雙邊，單黑魚尾，半框 18×13.8cm。萬卷樓藏板。葉德輝跋。鈐"觀古堂"朱文印.--綫裝
（丁）/4463

漁洋山人詩問：二卷/（清）王士禎撰.--刻本.--王祖蕭，清乾隆三十五年（1770）.--1 冊（1 函）.--序殘。半葉 8 行，行 18 字，白口，左右雙邊，單黑魚尾，半框 18.7×12.1cm。鈐"鹿巖精舍典書印"朱文印.--綫裝
（丙四）/5702
第二部 （丁）/12847

帶經堂詩話：三十卷，卷首一卷/（清）王士禎撰；（清）張宗柟輯.--刻本.--清乾隆二十七年（1762）.--8 冊（1 函）.--半葉 12 行，行 23 字，小字雙行 34 字，細黑口，左右雙邊，單黑魚尾，半框 18.8×14cm。南曲舊業藏板。有刻工：李洪德。鈐"大白居圖書記"白文印.--綫裝
（乙四）/90
第二部 鈐"陽湖陶氏涉園所有書籍之記"朱文印
（乙四）/153
第三部 佚名圈點，鈐"念劬"朱文印、"錢洵"白文印
（丁）/5525

漁洋詩話：三卷/（清）王士禎撰.--刻本.--清乾隆二十三年（1758）.--1 冊（1 函）.--半葉 9 行，行 19 字，小字雙行字同，粗黑口，四周單邊，單黑魚尾，半框 16.4×13.1cm。竹西書屋藏板.--綫裝
（丁）/11284

本事詩：十二卷／（清）徐釚輯．--刻本．--吳中立，清康熙四十三年（1704）年（清雍正[1723~1735]後印）．--4 冊．--半葉 11 行，行 21 字，小字雙行 32 字，白口，左右雙邊，單黑魚尾，半框 18.7×13.7cm。蠶尾山房藏板。鈐"陳氏彥清"朱文印．--綫裝 （丙四）/3153

本事詩：十二卷／（清）徐釚輯．--刻本．--桐鄉汪肯堂，清乾隆二十二年（1757）．--4 冊（1函）．--半葉 11 行，行 21 字，小字雙行 32 字，白口，左右雙邊，單黑魚尾，半框 18.2×13.3cm。半松書屋藏板。鈐"王璱私印"白文印、"式儒"朱文印、"榆邨"白文印．--綫裝 （丙四）/1093

詩倫：二卷／（清）汪薇輯．--刻本．--寒木堂，清康熙五十六年（1717）．--4 冊（1 函）．--半葉 10 行，行 19 字，小字雙行字同，白口，四周單邊，單黑魚尾，半框 17.3×13.4cm。鈐"初齋祕笈"朱文印、"高凌霨澤畲甫收藏印"朱文印．--綫裝 （丙四）/1

初白庵詩評：三卷；詞綜偶評：一卷／（清）查慎行撰；（清）張載華輯．--刻本．--海鹽：張氏涉園觀樂堂，清乾隆（1736~1795）．--3 冊（1 函）．--半葉 12 行，行 23 字，小字雙行 33 字，細黑口，左右雙邊，單黑魚尾，半框 18.4×13.4cm。涉園觀樂堂藏板。鈐"北平孔德學校之章"朱文印．--綫裝 （甲四）/1137

聲調前譜：一卷；聲調後譜：一卷；聲調續譜：一卷；談龍錄：一卷／（清）趙執信撰．--刻本．--德州：盧見曾雅雨堂，清乾隆二十四年（1759）．1 冊（1 函）．--序、版心題"聲調譜"。半葉 9 行，行 19 字，小字雙行字同，白口，四周雙邊，單黑魚尾，無界行，半框 18.9× 14.3cm。鈐"書巢"白文印、"胡德琳印"白文印、"北平孔德學校之章"朱文印．--綫裝 （甲四）/240

聲調前譜：一卷；聲調後譜：一卷；聲調續譜：一卷；談龍錄：一卷／（清）趙執信撰．--刻本．--

清乾隆（1736~1795）．--1 冊（1 函）．--半葉 10 行，行 21 字，小字雙行字同，白口，四周單邊，無界行，單黑魚尾，半框 17.5×12.8cm。談龍錄係乾隆三十九年刻本，半葉 9 行，行 19 字，粗黑口，左右雙邊，單黑魚尾，半框 16.3×12cm 因園藏板．--綫裝 （丙四）/1184
第二部 （丙四）/6212-2

談龍錄：一卷／（清）趙執信撰．--刻本．--清乾隆三十九年（1774）．--1 冊（1 函）．--半葉 9 行，行 19 字，粗黑口，左右雙邊，單黑魚尾，半框 16.1×12.1cm。鈐"仁剑秘笈"朱文印、"徐"朱文印、"平粹軒"朱文印、"適盦藏書"朱文印．--綫裝 （丁）/4246

説詩樂趣類編：二十卷，附偶詠草續集一卷／（清）伍涵芬，（清）汪正鈞合編．--刻本．--清乾隆三十二年（1767）．--6 冊（1 函）．--版心題名"説詩樂趣"。半葉 10 行，行 22 字，小字雙行字同，白口，四周單邊，無界行，單黑魚尾，半框 17.3×13.6cm。萃華堂藏板。佚名題跋、圈點。鈐"萬巷書齋"白文印、"寸心千古"白文印、"北平孔德學校之章"朱文印．--綫裝 （甲四）/1184

西江詩話：十二卷／（清）裘君弘輯．--刻本．裘氏妙貫堂，清康熙四十二年（1703）．--4 冊（1 函）．--半葉 9 行，行 19 字，小字雙行字同，白口，四周單邊，單黑魚尾，版心下刻"妙貫堂"，半框 19×13.9cm。鈐"妙貫堂藏板"白文印．--綫裝 （丁）/12508

西江詩話：十二卷／（清）裘君弘編．--刻本．--裘氏妙貫堂，清乾隆二十七年（1762）．--8 冊（1 函）．--半葉 9 行，行 19 字，小字雙行字同，白口，四周單邊，單黑魚尾，版心下刻"妙貫堂"，半框 18.6×13.7cm。妙貫堂藏板。佚名圈點、批註。鈐"北平孔德學校之章"朱文印．--綫裝 （甲四）/1144

説詩晬語：二卷／（清）沈德潛撰．--刻本．--清乾隆（1736~1795）．--2 冊（1 函）．--半葉

10 行，行 19 字，小字雙行 29 字，白口，左右雙邊，單黑魚尾，半框 17.6×13.7cm.--綫裝
（丙四）/2149

柳亭詩話：三十卷/（清）宋長白纂.--刻本.天茁園，清康熙四十六年（1707）.--2 冊（1 函）.--存卷 1-10。宋長白，名俊，以字行。半葉 10 行，行 21 字，小字雙行字同，白口，左右雙邊，單黑魚尾，版心下刻"天茁園"，半框 18.3×14cm。天茁園藏板。蕭氏題記，佚名圈點.--綫裝
（丙四）/2150

排律元響：十卷/（清）黃瑛評注.--刻本.--清康熙五十五年（1716）.--4 冊（1 函）.--半葉 8 行，行 18 字，小字雙行字同，白口，四周雙邊，無界行，單黑魚尾，半框 20.2×14.4cm。佚名圈點。鈐"蕭健讀書記"朱文印.--綫裝
（丁）/1233

宋詩紀事：一百卷/（清）厲鶚，（清）馬曰琯輯.--刻本.--厲鶚樊榭山房，清乾隆十一年（1746）.--24 冊（4 函）.--半葉 11 行，行 22 字，小字雙行 33 字，細黑口，左右雙邊，單黑魚尾，半框 19.7×14.3cm。鈐"南陵徐氏仁山珍藏"白文印、"學部圖書之印"朱文印（滿漢合璧）.--綫裝
（丙四）/5921
第二部 48 冊（6 函），鈐"雲輪閣"朱文印、"荃孫"朱文印、"北平孔德學校之章"朱文印
（甲四）/950
第三部 32 冊（4 函）（乙四）/423
第四部 24 冊（2 函）（乙四）/447
第五部 32 冊（4 函）（丙四）/2787

全閩詩話：十二卷/（清）鄭方坤輯.--刻本.--詩話軒，清乾隆十九年（1754）.--6 冊（1 函）.--半葉 11 行，行 21 字，小字雙行字同，白口，左右雙邊，單黑魚尾，版心下刻"詩話軒"，半框 18.3×13.3cm。鈐"屈氏望儼山房藏"白文印、"北平孔德學校之章"朱文印.--綫裝
（甲四）/1318

蓮坡詩話：二卷/（清）查為仁撰.--刻本.--

清乾隆六年（1741）.--2 冊（1 函）.--（蔗塘外集/[清]查為仁撰）.--半葉 10 行，行 21 字，小字雙行字同，白口，四周單邊，單黑魚尾，半框 18×12.7cm。佚名圈點.--綫裝
（丁）/6090

斯文規範：八卷/（清）王茂修撰.--刻本.--映旭齋，清康熙五十九年（1720）.--4 冊（1 函）.--半葉 11 行，行 25 字，黑口，四周單邊，單黑魚尾，版心下刻"步月樓"，半框 21.8×15cm。映旭齋藏板.--綫裝
（丙四）/234

罨畫樓詩話：八卷/（清）廖景文編.--刻本.清乾隆三十六年（1771）.--4 冊（1 函）：肖像 1 幅.--書名頁題"罨畫樓詩話清綺集"，版心題"清綺集"。半葉 8 行，行 20 字，小字雙行字同，粗黑口，左右雙邊，單黑魚尾，半框 15.6×10.6cm。聽吟軒藏板。鈐"徐忠讜印"白文印.--綫裝
（丁）/3487

彙纂詩法度鍼：三十三卷，卷首一卷/（清）徐文弼輯.--刻本.--清乾隆（1736~1795）.--4 冊（1 函）.--半葉 10 行，行 22 字，小字雙行 43 字，白口，左右雙邊，單黑魚尾，半框 18.1×13.1cm。怡蓮堂藏板。佚名圈點、批註.--綫裝
（丙四）/3192

遼詩話：一卷/（清）周春輯.--刻本.--清乾隆（1736-1795）--1 冊（1 函）.--半葉 10 行，行 21 字，小字雙行字同，黑口，左右雙邊，單黑魚尾，半框 17.2×12cm.--綫裝
（丁）/14772

石洲詩話：五卷/（清）翁方綱撰.--抄本，烏絲欄.--清乾隆嘉慶間（1736~1820）.--2 冊（1 函）.--佚名批註。鈐"蘇孫過眼"朱文印、"翁引達"印（陰陽合璧）、"曾在趙粹甫處"朱文印、"十年書"白文印.--綫裝 （丁）/6582

歷代詩話：二十七種五十七卷，附考索一卷/（清）何文煥輯.--刻本.--清乾隆三十五年（1770）.--16 冊（2 函）.--半葉 9 行，行 18

字，粗黑口，左右雙邊，單黑魚尾，半框 14.4×10.2cm。鈐"墨溪書屋珍藏"朱文印、"通隱家風"白文印、"少衡"朱文印、"周氏白巖艸廬珍藏"朱文印、"寰滔氏周浩父字少衡"朱文印、"白巖艸廬主人寰滔氏周浩印"白文印、"消搖主人"朱文印、"消搖主人"白文印、"文奐"白文印、"梅卿"朱文印、"李夢鶴印"白文印、"少眉"白文印、"何文奐"朱文印、"姓何名孰永字閑所號所闌"白文印.--綫裝

子目：

詩品：三卷/（梁）鍾嶸撰

詩式：一卷/（唐）釋皎然撰

二十四詩品：一卷/（唐）司空圖撰

全唐詩話：六卷/（宋）尤袤撰

六一詩話：一卷/（宋）歐陽修撰

溫公續詩話：一卷/（宋）司馬光撰

中山詩話：一卷/（宋）劉攽撰

後山詩話：一卷/（宋）陳師道撰

臨漢隱居詩話：一卷/（宋）魏泰撰

竹坡詩話：一卷/（宋）周紫芝撰

紫微詩話：一卷/（宋）呂本中撰

彥周詩話：一卷/（宋）許顗撰

石林詩話：三卷/（宋）葉夢得撰

唐子西文錄：一卷/（宋）強幼安撰

珊瑚鈎詩話：三卷/（宋）張表臣撰

韻語陽秋：二十卷/（宋）葛立方撰

二老堂詩話：一卷/（宋）周必大撰

白石道人詩說：一卷/（宋）姜夔撰

滄浪詩話：一卷/（宋）嚴羽撰

山房隨筆：一卷/（元）蔣正子撰

詩法家數：一卷/（元）楊載撰

木天禁語：一卷/（元）范梈撰

詩學禁臠：一卷/（元）范梈撰

談藝錄：一卷/（明）徐禎卿撰

藝圃擷餘：一卷/（明）王世懋撰

存餘堂詩話：一卷/（明）朱承爵撰

夷白齋詩話：一卷/（明）顧元慶撰

歷代詩話考索：一卷/（清）何文煥撰

（乙四）/279

全宋詩話：十三卷/（清）鍾廷瑛撰.--稿本.

清嘉慶（1796～1820）.--4 冊（1 函）.--鈐"北平孔德學校之章"朱文印.--毛裝

（甲四）/324

朱飲山千金譜：二十九卷/（清）朱燮撰；（清）楊廷茲編.--刻本.--新安王氏，清乾隆五十五年（1790）.--10 冊（1 函）.--書名頁題"古學千金譜"，版心題"千金譜"。半葉 9 行，行 21字，小字雙行字同，白口，左右雙邊，單黑魚尾，版心下刻集次，半框 18.1×13.3cm。治怒齋藏板。鈐"北平孔德學校之章"朱文印.--綫裝

（甲四）/410

藝苑名言：八卷/（清）蔣瀾纂輯.--刻本.--清乾隆四十一年（1776）.--2 冊（1 函）.--半葉 8 行，行 16 字，白口，左右雙邊，半框 11.2×8.3cm。封面題寫"詩樵琭玩".--綫裝

（丁）/9716

小説類

筆記小説

唐人百家小説：一百零四帙/（明）佚名輯.--刻本.--明末（1573～1644）.--10 冊（1 函）.--缺第 104 帙：章臺柳傳/（唐）許堯佐撰。半葉 9 行，行 20 字，白口，左右雙邊，單白魚尾，半框 19.3×14.1cm。佚名圈點.--綫裝

（丁）/13105

煙霞小説十三種/（明）陸貽孫編.--刻本.--明（1368～1644）.--9 冊（2 函）.--存 6 種。半葉 10 行，行 18 字，小字雙行字同，白口，左右雙邊，單黑魚尾，半框 17×12.6cm。佚名圈點。鈐"香雨居"朱文印、"漢陽葉名澧潤臣甫印"白文印、"伯寅藏書"朱文印、"白鷺居"朱文印、"小峨眉"印（陰陽合璧）、"靜寄軒"朱文印、"北平孔德學校之章"朱文印.綫裝

存書子目：

吳中故語：一卷／（明）楊循吉撰

蓬軒吳記：二卷；蓬軒別記：一卷／（明）黃暐撰

馬氏日抄：一卷／（明）馬愈撰

紀善錄：一卷／（明）杜瓊撰

掾曹名臣錄：一卷／（明）王鴻儒撰

庚己編：四卷／（明）陸粲撰

（甲三）／299

説鈴：前集三十二種／（清）吳震方輯.--刻本.--清康熙（1662～1722）.--刻本.--10冊（1函）.--半葉 11 行，行 25 字，小字雙行字同，細黑口，左右雙邊，雙對黑魚尾，半框 19.9×14.3cm。鈐“京師第一監獄之書”朱文印、“北京市人民法院監獄圖書館藏書”朱文印.--綫裝

子目：

冬夜箋記：一卷／（清）王崇簡撰

隴蜀餘聞：一卷／（清）王士禎撰

分甘餘話：二卷／（清）王士禎撰

安南雜記：一卷／（清）李仙根撰

畫壁詩：一卷／（清）范承謨撰

筠廊偶筆：二卷／（清）宋犖撰

筠廊二筆：一卷／（清）宋犖撰

金鰲退食筆記：二卷／（清）高士奇撰

扈從西巡日錄：一卷／（清）高士奇撰

塞北小鈔：一卷／（清）高士奇撰

松亭行紀：二卷／（清）高士奇撰

天祿識餘：二卷／（清）高士奇輯

封長白山記：一卷／（清）方象瑛撰

使琉球紀：一卷／（清）張學禮撰

閩小記：一卷／（清）周亮工撰

滇行紀程：一卷／（清）許纘曾撰

東還紀程：一卷／（清）許纘曾撰

粵述：一卷／（清）閔敘撰

粵西偶記：一卷／（清）陸祚蕃撰

滇黔紀遊：一卷／（清）陳鼎撰

京東考古錄：一卷／（清）顧炎武撰

救文格論：一卷／（清）顧炎武撰

雜錄：一卷／（清）顧炎武撰

守汴日記：一卷／（清）李光壂撰

坤輿外紀：一卷／（清）南懷仁撰

台灣紀略：一卷／（清）林謙光撰

安南記遊：一卷／（清）潘鼎珪撰

峒谿纖志：一卷／（清）陸次雲撰

泰山紀勝：一卷／（清）孔貞瑄撰

匡廬紀遊：一卷／（清）吳闡思撰

登華記：一卷／（清）屈大均撰

遊雁蕩山記：一卷／（清）周清原撰

（戊）／3208

説鈴抄：二十三種／（清）華繼編.--刻本.--清乾隆十八年（1753）.--4冊（1函）.--半葉 9 行，行 20 字，黑口，左右雙邊，單黑魚尾，半框 17.9×13.3cm。保元堂藏板。鈐“北平孔德學校之章”朱文印.--綫裝

子目：

卷一：

冬夜箋記／（清）王崇簡撰

隴蜀餘聞／（清）王士禎撰

分甘餘話／（清）王士禎撰

畫壁遺稿／（清）范承謨撰

卷二：

筠廊偶筆／（清）宋犖撰

筠廊二筆／（清）宋犖撰

天祿識餘／（清）高士奇輯

閩小記／（清）周亮工撰

卷三：

觚賸／（清）鈕琇輯

觚賸續編／（清）鈕琇輯

湖壖雜記／（清）陸次雲撰

卷四：

簪雲樓雜説／（清）陳尚古撰

天香樓偶得／（清）虞兆漋撰

蚓菴瑣語／（清）王逋撰

見聞錄／（清）徐岳撰

卷五：

冥報錄／（清）陸圻撰

果報聞見錄／（清）楊式傳撰

卷六：

甌江逸志／（清）勞大與撰

言鯖／（清）呂種玉撰

現果隨報／（清）釋戒顯撰

卷七：

信徵錄／（清）徐慶撰

卷八：

曠園雜志/（清）陳琰撰

述異記/（清）東軒主人輯

（甲三）/777

東方朔神異經：一卷/（漢）東方朔撰. --刻本. --明（1368～1644）. --1 冊（1 函）. --（廣四十家小説/[明]顧元慶輯）. --半葉 10 行，行18 字，白口，左右雙邊，半框 17×13cm。鈐 "頤庭所藏" 朱文印、"莫棠字楚生印" 朱文印、"獨山莫氏銅井文房之印" 朱文印. --綫裝

（丁）/15301

新刻山海經：十八卷/（晉）郭璞注；（明）胡文煥校. --刻本. --明（1368～1644）. --4 冊（1 函）. --半葉 10 行，行 20 字，小字雙行字同，白口，左右雙邊，雙對白魚尾，半框 19.3×13.7cm. --綫裝 （丙二）/17

山海經：十八卷/（晉）郭璞注；（明）吳中珩校. --刻本. --明萬曆（1573～1620）. --1 冊（1 函）. --半葉 10 行，行 20 字，白口，左右雙邊，單黑魚尾，半框 19.8×13.4cm。鈐 "王國維" 白文印、"王國維" 印（陰陽合璧）. --綫裝：群芳閣藏書 （庚）/140

山海經：十八卷/（晉）郭璞注. --刻本. --明末（1573～1644）. --6 冊（1 函）：有插圖. --半葉 9 行，行 20 字，小字雙行字同，白口，四周單邊，單綫魚尾，半框 20.4×14.7cm。佚名圈點. --綫裝 （乙二）/564

第二部 4 冊（1 函），文圖都有缺，書末抄配 2 葉，書名頁題 "增補圖繪山海經廣注"，寶仁堂藏版，鈐 "楊明" 朱文印，楊明贈書

（庚）/19

山海經：十八卷/（晉）郭璞傳. --刻本. --歙縣：項絪群玉書堂，清康熙五十三至五十四年（1714～1715）. --2 冊（1 函）. --書名頁題 "水經注"。半葉 11 行，行 21 字，小字雙行字同，細黑口，四周單邊，單黑魚尾，半框 18×13.3cm。與水經合刻。鈐 "北京市文化局文物調查研究組藏書印" 朱文印. --綫裝

（丁）/10175

山海經：十八卷/（晉）郭璞注；（清）畢沅校. 刻本. --靈巖山館，清乾隆（1736～1795）. --4 冊（1 函）. --序題 "山海經新校正"。半葉 11 行，行 22 字，小字雙行字同，粗黑口，四周單邊，雙對黑魚尾，半框 19.8×15cm。靈巖山館藏板。佚名題識. --綫裝 （乙二）/469

山海經釋義：十八卷/（晉）郭璞注；（明）王崇慶釋義. --刻本. --董漢儒，明萬曆（1573～1620）. --6 冊（1 函）：插圖 76 幅. --半葉 9 行，行 19 字，小字雙行字同，白口，四周單邊，單黑魚尾，個別書頁版心下刻 "大業堂"，半框 22.2×14.6cm。鈐 "苦雨齋藏書印" 朱文印、"周豐一" 印（陰陽合璧）、"曉鈴藏書" 朱文印. --綫裝：吳曉鈴贈書 （己）/1455

第二部 5 冊（1 函），無序、跋，缺圖，卷15 末有缺葉 （丁）/12450

山海經廣注：十八卷，山海經圖五卷，雜述一卷/（晉）郭璞撰；（清）吳任臣注. --刻本. --清康熙（1662～1722）. --6 冊（1 函）. --書名頁題 "增補繪像山海經廣註"。半葉 9 行，行 22 字，小字雙行字同，白口，左右雙邊，半框 19.5×13.4cm。崇義書院藏板。鈐 "周肇祥讀過書" 朱文印. --綫裝 （丁）/9228

博物志：十卷/（晉）張華撰；（明）翁立環閱. --刻本. --武林何允中，明末（1573～1644）. --2 冊（1 函）. --（廣漢魏叢書/[明]何允中輯）. --半葉 9 行，行 20 字，小字雙行字同，白口，左右雙邊，單白魚尾，半框 19.8×14.4cm. --綫裝

（丙三）/5680

新刻出像增補搜神記：六卷. --刻本. --金陵：唐氏富春堂，明萬曆（1573～1620）. --1 冊（1 函）：有插圖. --存卷 4-6。半葉 11 行，行 20 字，白口，四周單邊，單黑魚尾，半框 19.5×13.1cm。鈐 "文獻世家" 白文印、"北平孔德學校之章" 朱文印. --綫裝 （甲三）/476

拾遺記：十卷／（晉）王嘉撰；（梁）蕭綺錄.
刻本.--明萬曆（1573~1620）.--4 冊（1 函）.--
目錄係抄配。半葉 10 行，行 20 字，白口，左右
雙邊，單黑魚尾，半框 20.2×13.8cm.--綫裝
（丙三）/5629

續齊諧記：一卷／（梁）吳均撰；（明）吳琯校.
刻本.--明萬曆（1573-1620）.--（古今逸史/[明]
吳琯輯）.--1 冊（1 函）.--半葉 10 行，行 20
字，白口，左右雙邊，單黑魚尾，半框 20.3×
13.9cm。仲若題字。鈐"仲若審定"朱文印.--
綫裝 （丁）/12933

因話錄：六卷／（唐）趙璘撰.--刻本.--商濬
半埜堂，明萬曆（1573~1620）.--2 冊（1 函）.
半葉 9 行，行 20 字，小字雙行字同，白口，四
周單邊，單黑魚尾，半框 21.1×14.3cm.--綫裝
（丙三）/5614

酉陽雜俎：二十卷，續集十卷／（唐）段成式
撰.--刻本.--明崇禎（1628~1644）.--4 冊（1
夾）.--書名頁題"正續酉陽雜俎"。半葉 9 行，
行 19 字，小字雙行字同，白口，左右雙邊，版
心下刻"汲古閣"，半框 18.8×14.4cm。廣文
堂藏板。鈐"蘭亭"朱文印.--綫裝
（丙三）/5590

甘澤謠：一卷，附錄一卷／（唐）袁郊撰；（明）
毛晉訂.--刻本.--毛氏汲古閣，明崇禎（1628
~1644）.--1 冊（1 函）.--（津逮秘書/[明]
毛晉輯）.--半葉 8 行，行 19 字，白口，左右雙
邊，版心下刻"汲古閣"，半框 19.2×13.7cm.
綫裝 （丁）/12533

江淮異人錄：一卷／（宋）吳淑撰.--刻本.--
明（1368~1644）.--1 冊（1 函）.--（廣四十
家小說/[明]顧元慶輯）.--半葉 10 行，行 18
字，小字雙行字同，左右雙邊，半框 17.9
×13.2cm。有伍忠光跋。鈐"頤庭所藏"朱文
印、"莫棠字楚生印"朱文印.--綫裝
（丁）/15300

茅亭客話：十卷／（宋）黃休復集；（明）毛晉
訂.--刻本.--常熟毛氏汲古閣，明崇禎 （1662
~1722）.--2 冊（1 函）.--半葉 9 行，行字 19，
白口，左右雙邊，半框 18.9×14.2cm。鈐 "馬
氏彥祥藏書"朱文印、"馬氏大雅堂藏"白文
印.--綫裝：馬彥祥贈書 （戊）/30

畫墁錄：不分卷／（宋）張舜民撰.--刻本.--
明（1368~1644）.--1 冊：有插圖.--（唐宋叢
書/[明]鍾人傑，[明]張遂辰編）.--半葉 9 行，
行 20 字，白口，左右雙邊，單白魚尾，半框 19.4
×14.3cm.--綫裝：市府贈書 （戊）/3078

五色線：二卷／（宋）佚名撰；（明）毛晉訂.--
刻本.--汲古閣，明（1368~1644）.--4 冊（1
函）.--（津逮秘書/[明]毛晉編）.--半葉 8 行，
行 19 字，小字雙行字同，白口，左右雙邊，版
心下刻"汲古閣"，半框 19×13.5cm。鈐"迪
莊藏本"朱文印、"高平張氏承綸家藏善本"朱
文印、"北平孔德學校之章"朱文印.--綫裝
（甲三）/380
第二部 （丁）/15150
第三部 鈐"彝尊私印"白文印
（丙四）/1640

豔異編：正編四十卷，續編十九卷／（明）王
世貞編；（明）湯顯祖評點.--刻本.--玉茗堂，
明末（1573~1644）.--16 冊（2 函）.--半葉
10 行，行 22 字，白口，四周單邊，無界行，單
黑魚尾，半框 21.7×14.3cm。鈐"北平孔德學
校之章"朱文印.--綫裝 （甲三）/344

寶顏堂訂正賢奕編：四卷／（明）劉元卿撰.
刻本.--明萬曆（1573~1620）.--2 冊（1 函）.--
存卷 1、2。半葉 8 行，行 18 字，白口，四周單
邊，半框 20.2×12.9cm.--綫裝 （丁）/8537

闇然堂類纂：六卷／（明）潘士藻輯.--刻本.--
明萬曆（1573~1620）.--4 冊（1 函）.--半葉
10 行，行 20 字，小字雙行字同，白口，四周單
邊，單黑魚尾，半框 21.4×14.7cm。鈐"北平
孔德學校之章"朱文印.--綫裝 （甲三）/771

仙佛奇蹤：八卷／（明）洪應明撰. --刻本. --明（1368～1644）. --4 冊（1 函）：有插圖. --目錄題"月旦堂仙佛奇蹤合刻"。書名頁題作者為還初道人，即洪應明之號。半葉 8 行，行 18 字，白口，四周單邊，單黑魚尾，半框 21.2×14cm. --綫裝　　　　　（丁）/4294

剪桐載筆：一卷／（明）王象晉撰. --刻本. --毛鳳苞，明末（1573～1644）. --2 冊（1 函）. --半葉 8 行，行 19 字，白口，左右雙邊，半框 18.9×13.8cm。鈐"周肇祥讀過書"朱文印、"養安小市得"朱文印. --綫裝　（丙四）/394
　　第二部　鈐"允東手識"朱文印、"北平孔德學校之章"朱文印　　　　　（甲三）/879
　　第三部　1 冊，鈐"琅環書屋"白文印　　　　　　　　　　　　　　（戊）/344

情史類略：二十四卷／（明）馮夢龍編；（明）詹詹外史評輯. --刻本. --芥子園，清康熙（1662～1722）. --24 冊（2 函）. --書名頁題"情史"。半葉 11 行，行 24 字，有眉批，行 4 字，白口，左右雙邊，單黑魚尾，半框 19.2×14.6cm。芥子園藏板。鈐"北平孔德學校之章"朱文印. --綫裝　　　　　（甲三）/378

獪園：十六卷／（明）錢希言撰. --刻本. --海虞錢氏翠幄草堂，明萬曆四十二年（1614）. --16 冊（2 函）. --卷 3-4、13-16 係抄配。半葉 8 行，行 16 字，白口，單黑魚尾，四周雙邊，半框 19.2×13.2cm。有刻工：溧水陶學教。鈐"馬氏彥祥藏書"朱文印、"彥祥"朱文印. --綫裝　　　　　（丁）/13745

小窗四紀：四種／（明）吳從先撰. --刻本. --明萬曆（1573～1620）. --20 冊（4 函）. --半葉 8 行，行 18 字，白口，四周單邊，無界行，半框 21.4×13.7cm。鈐"霞漪閣"白文印、"寧野室"白文印、"呂伯龍印"朱文印. --綫裝
　子目：
　　小窗自紀：四卷
　　小窗別紀：四卷
　　小窗清紀：不分卷

小窗豔紀：不分卷　　　　　（丁）/13672

小窗自紀：四卷／（明）吳從先撰；（明）余應虯校. --刻本. --明萬曆（1573～1620）（後印）. --4 冊（1 函）. --（小窗四紀／[明]吳從先撰）. --缺前序。半葉 8 行，行 18 字，白口，四周單邊，無界行，半框 21.2×13.5cm。鈐"隴西氏"朱文印. --綫裝　　　　　（丁）/12407

小窗自紀：四卷／（明）吳從先撰. --刻本. --明萬曆（1573～1620）. --4 冊（1 函）. --（小窗四紀／[明]吳從先撰）. --卷 4 末缺 6 篇。仿刻本。半葉 8 行，行 18 字，白口，四周單邊，無界行，半框 21.5×13.6cm. --綫裝
　　　　　　　　　　（丁）/12408

小窗清紀：四卷／（明）吳從先評輯；（明）何偉然校閱. --刻本. --明萬曆（1573～1620）. --4 冊（1 函）. --包括清語 2 卷，清事 1 卷，清韻 1 卷。半葉 8 行，行 18 字，白口，四周單邊，無界行，半框 22.8×13.7cm。霞漪閣藏版。鈐"霞漪閣"白文印、"寧野氏"白文印、"溫啓封印"白文印等. --綫裝　　　　　（丁）/6653

花陣綺言：十二卷／（明）楚江仙叟石公纂. --刻本. --明末（1573～1644）. --10 冊（2 函）. --半葉 9 行，行 20 字，白口，四周單邊，單黑魚尾，半框 21.1×13.4cm。鈐"北平孔德學校之章"朱文印. --綫裝　　　　　（甲三）/168

異聞總錄：四卷／佚名著. --刻本. --商氏半埜堂，明萬曆（1573～1620）；清（1644～1911）補版. --4 冊（1 函）. --半葉 9 行，行 20 字，小字雙行字同，白口，四周單邊，單白魚尾，半框 20.9×14.2cm. --綫裝　　　　　（丙三）/3190

玉劍尊聞：十卷／（清）梁維樞撰；（清）梁清遠等校. --刻本. --都門：常山梁維樞，清順治十一年（1654）. --10 冊（2 函）. --半葉 8 行，行 20 字，白口，四周單邊，半框 18.6×13.3cm。鈐"曾在鮑子年處"朱文印、"北平孔德學校之章"朱文印. --綫裝　　　　　（甲三）/455

暑窗臆説：二卷/（清）王鉞纂.--刻本.--清康熙（1662～1722）.--2 冊（1 函）.--（世德堂遺書/[清]王鉞纂）.--半葉 9 行，行 20 字，粗黑口，左右雙邊，單黑魚尾，半框 18×13.4cm.--綫裝 （丁）/6369

勝朝彤史拾遺記：六卷/（清）毛奇齡撰.--抄本.--舫齋, 清（1644～1911）.--1 冊（1 函）.--鈐"周養安藏金石書畫圖籍記"朱文印.--綫裝 （丙二）/400

筠廊二筆：二卷/（清）宋犖撰.--刻本.--清康熙（1662～1722）.--1 冊（1 函）.--半葉 10 行，行 19 字，小字雙行字同，白口，四周單邊，雙順黑魚尾，半框 18.4×13.6cm。鈐 "愛日館收藏印"朱文印、"徐安"朱文印.綫裝 （丁）/10921

虞初新志：二十卷/（清）張潮輯.--刻本.--清雍正（1723～1735）.--10 冊（1 函）.--半葉 9 行，行 20 字，白口，四周單邊，單黑魚尾，半框 18.7×13.6cm。鈐"北平孔德學校之章"朱文印.--綫裝 （甲三）/363
　　第二部　6 冊（1 函）　　　　（戊）/135

虞初選/（清）陳鼎等撰.--抄本.--清（1644～1911）.--1 冊.--卷末 2 葉破損。題名據版心著錄，內容為選《虞初新志》.--綫裝 （丁）/6011

觚賸：八卷，續編四卷/（清）鈕琇輯.--刻本.--臨野堂, 清康熙三十九年（1700）.--6 冊（1 函）.--半葉 10 行，行 19 字，白口，左右雙邊，單黑魚尾，版心下鐫"臨野堂"，半框 17×14cm。鈐"江都薛氏藏書"朱文印、 "北平劉氏"朱文印、"燕山鎦氏鑑藏書畫印"朱文印、"謝剛國印"白文印、"幼先珍藏"朱文印、"百鍊盫" 朱文印.--綫裝：馬彥祥贈書 （戊）/136
　　第二部　4 冊（1 函），佚名圈點，鈐"北平孔德學校之章"朱文印 （甲三）/346

雨花香：八種/（清）石成金撰.--刻本.--清雍正四年（1726）.--2 冊（1 函）.--半葉 8 行，行 20 字，粗黑口，四周雙邊，單白魚尾，半框 18×12cm。鈐"高陽齊氏百舍齋存書之印"朱文印、"齊氏所藏戲曲小説之印"白文印、"如山過目"朱文印、"齊林玉世世子孫永寶印"朱文印.--綫裝：馬彥祥贈書
　子目：
　今覺樓
　鐵菱角
　雙鸞配
　四命冤
　倒肥鼃
　洲老虎
　自害自
　人抬人　　　　　　　　　　（戊）/175

西青散記：四卷/（清）史震林撰.--刻本.--瓜渚草堂, 清乾隆（1736～1795）.--10 冊（1 函）.--半葉 9 行，行 20 字，白口，四周單邊，單黑魚尾，版心下刻"香雪閣"、"珍珠房"、"瓜渚草堂"、"傍茅居"，半框 18×13.6cm。鈐"陳氏晤言室珍藏書畫"朱文印.--綫裝 （乙三）/1027
　　第二部　存卷 1-2，佚名圈點，鈐"北平孔德學校之章"朱文印 （甲三）/866

柳厓外編：十六卷, 卷首一卷/（清）徐昆撰.--刻本.--平陽徐氏, 清乾隆五十七年（1792）.　8 冊（1 函）.--半葉 9 行，行 20 字，小字雙行字同，白口，左右雙邊，單黑魚尾，半框 16.8×12.6cm。貯書樓存板。佚名批注。鈐"詩書滋味長"白文印、"鹿巖精舍"朱文印、"周肇祥讀過書"朱文印.--綫裝 （丁）/10334
　　第二部　6 冊（1 函），存卷 1-6，鈐"北平孔德學校之章"朱文印 （甲三）/837

秋燈叢話：十八卷/（清）王椷撰.--刻本.--清乾隆（1736～1795）.--6 冊（1 函）.--半葉 9 行，行 17 字，白口，四周雙邊，單黑魚尾，半框 17.4×12.8cm。鈐"王祥齡"白文印、"馬氏彥祥藏書"朱文印.--綫裝：馬彥祥贈書

（戊）/137

新鐫笑林廣記：十二卷/（清）遊戲主人輯.--刻本.--三益堂，清（1644～1911）.--6 冊（1函）.--半葉 11 行，行 25 字，小字雙行字同，白口，四周單邊，單黑魚尾，半框 17.2×11.3cm.--綫裝　　　　　　　（丁）/4659

翰苑先聲/（清）蔣超伯纂集.--稿本，烏絲欄.--清道光二十一至二十三年（1841～1843）.--10 冊（2 函）.--第 1 冊序文倒裝。分歷代雜錄、歷代續錄、歷代增錄、歷代餘錄、詩鈔。金泉子跋，佚名圈點、批校。鈐“蔣超伯印”白文印、“通犀”朱文印、“叔起之印”朱文印、“蜀大司馬之孫”白文印、“秋官之屬”朱文印.--綫裝　　　　　（丁）/12731

花天塵夢錄：九卷/（清）種芝山館主人編.--抄本，朱絲欄.--清後期（1821～1911）.--2 冊（1 函）.--綫裝　　　　　　　（甲四）/562

雨山夜檢：二卷/（清）張銓撰.--抄本.--清後期（1851～1911）.--2 冊（1 函）---綫裝
（丁）/8131

短篇小説

二俠傳：二十卷/（明）徐廣編.--刻本.--明萬曆四十一年（1613）.--12 冊（2 函）.--半葉 8 行，行 20 字，白口，四周單邊，半框 20.9×13.4cm。佚名圈點。鈐“北平孔德學校之章”朱文印.--綫裝

子目：
男俠傳：十二卷
女俠傳：八卷　　　　　　　（甲三）/247

虞初志：七卷/（明）袁宏道參評；（明）屠隆點閱.--刻本，朱墨套印.--吳興：凌性德，明末（1573～1644）.--8 冊（1 函）.--半葉 8 行，行 19 字，白口，四周單邊，半框 21.2×14.3cm。鈐“查映山太史藏書”朱文印、“龍山查氏珍藏

書帖印記”白文印、“查瑩私印”白文印、“查映山讀書記”朱文印、“依竹堂書畫”朱文印、“竹幸藏書”朱文印、“慧海樓藏書印”白文印、“鹿煇世祕笈印”朱文印、“曾經范陽鹿氏所藏”白文印“范陽鹿氏受研樓收藏經籍印”白文印、“依竹居士”朱文印、“受研樓所藏珍本”白文印、“蘿薏”朱文印、“曾在丁松叡家”朱文印、“丁士源讀”朱文印、“丁尚有印”朱文印、“吳興丁雙燕堂珍藏”朱文印、“丁尚澤”白文印、“韓瑛之印”朱文印.--綫裝
（乙三）/1087

虞初志：八卷/（明）湯顯祖評點；（明）鍾人傑校閱.--刻本.--明末（1573～1644）.--8 冊（1 函）.--半葉 9 行，行 19 字，小字雙行字同，有眉批，行 4 字，白口，四周單邊，單白魚尾，半框 21.5×14.3cm。佚名批。鈐“北平孔德學校之章”朱文印.--綫裝　　　　　（甲三）/362

醒世恒言：四十卷/（明）馮夢龍纂輯；（明）可一居士評.--刻本.--藝林衍慶堂，清初（1644～1722）.--16 冊（2 函）.--卷 40 有 1 葉係抄配。半葉 12 行，行 22 字，白口，四周單邊，無界行，單黑魚尾，半框 18.5×13.4cm。鈐“北平孔德學校之章”朱文印、“北平孔德學校藏”朱文印.--綫裝　　　　　（甲三）/34

警世通言：四十卷/（明）馮夢龍編；（明）可一主人評；（明）無礙居士校.--刻本.--王振華三桂堂，明末（1573～1644）.--12 冊（2 函）：插圖 36 幅.--存卷 1-38，卷 32、33、37、38 係抄配，目錄殘。半葉 10 行，行 20 字，白口，四周單邊，無界行，單黑魚尾，半框 19.1×13.3cm。佚名批。鈐“北平孔德學校之章”朱文印、“北平孔德學校藏”朱文印.--綫裝
（甲三）/364

繡像今古奇觀：四十卷/（明）抱甕老人輯；（明）笑花主人閱.--刻本.--清初（1644～1722）.--16 冊（4 函）：圖 40 葉.--卷 18 第 19-28 葉、卷 16 第 21-30 葉係抄配。版心題名“今古奇觀”。半葉 11 行，行 23 字，白口，四周單

邊，無界行，單黑魚尾，半框 21.8×14.8cm。
文德堂藏板。鈐"雪槐堂藏書"白文印.--綫裝
（丁）/13701

貪歡報：八卷二十四回/（明）西湖漁隱主人
編.--刻本.--賞心亭，清初（1644～1722）.--8
冊（1 函）：附圖.--第 16-20 回以巾箱本補配。
又名"歡喜冤家"。半葉 12 行，行 26 字，白口，
四周單邊，單黑魚尾，半框 19.4×13.2cm。鈐
"北平孔德學校之章"朱文印.--綫裝
（甲三）/975

新刻全像海剛峰先生居官公案：四卷七十一回
/（明）李春芳撰.--刻本.--金陵：萬卷樓，明
萬曆三十四年（1606）.--4 冊（1 函）：肖像 1
幅，圖 16 幅.--半葉 12 行，行 23 字，白口，四
周雙邊，單黑魚尾，半框 19.2×13.5cm .--綫
裝
（甲三）/193

第二部 4 冊（1 函），牌記題"郁文堂重校
梓"，鈐"曉鈴藏書"朱文印，吳曉鈴贈書
（己）/751

第三部 3 冊（1 函），缺卷 2，牌記題"煥
文堂重校梓"，馬彥祥贈書
（戊）/183

女才子：十二卷，卷首一卷/（明）徐震撰.--
刻本.--清初（1644～1722）.--6 冊（1 函）：像
贊 8 幅.--半葉 8 行，行 19 字，白口，四周單邊，
半框 18.6×11.4cm。鈐"北平孔德學校之章"
朱文印.--綫裝
（甲三）/2

石點頭：十四卷/（明）天然癡叟撰；（明）馮
夢龍評.--刻本.--金閶：葉敬池，明末（1573
～1644）；清（1644～1911）遞修.--1 冊（1 函）：
冠圖 14 幅.--存卷 1、2，卷 1 缺卷端，卷 2 不
完整。半葉 9 行，行 20 字，白口，四周單邊間
左右雙邊，無界行，單黑魚尾間單綫魚尾，半框
19.7×13.9cm。鈐"北平孔德學校之章"朱文
印.--綫裝
（甲三）/27

新鐫繡像小說貪欣悞：六回/（明）羅浮散客
撰.--刻本.--清初（1644～1722）.--3 冊（1
函）.--存第 4-6 回，有殘葉。半葉 8 行，行 20

字，白口，四周單邊，無界行，單黑魚尾，半框
17.5×10.8cm。鈐"馬二"朱文印.--綫裝
（丁）/13720

西湖二集：三十四卷，附西湖秋色一卷/（明）
周楫撰.--刻本.--雲林聚錦堂，明末（1573～
1644）.--12 冊（2 函）：有插圖.--缺卷 17、18，
卷 1 缺第 1-2、13-14 葉，第 11 卷缺第 5-6 葉。
目錄端題武林抱膝人訏謨甫評。半葉 10 行，行
20 字，小字雙行字數不等，白口，四周單邊，
單黑魚尾，半框 20.6×13.7cm。雲林聚錦堂藏
板。鈐"北平孔德學校之章"朱文印.毛裝
（甲二）/529

新刻京台公餘勝覽國色天香：十卷/（明）吳
敬所編輯.--刻本.--大梁周文煒，明末（1621
～1644）.--8 冊（1 函）.--上下兩欄，上欄半
葉 16 行，行 14 字，下欄半葉 13 行，行 16 字，
白口，四周單邊，單黑魚尾，半框 20.7×
13.2cm.--綫裝：馬彥祥贈書
（戊）/59

十二樓：十二種/（清）李漁編次；（清）杜濬
批評.--刻本.--清初（1644～1722）.--10 冊（1
函）：插圖 12 幅.--半葉 9 行，行 19 字，白口，
四周單邊，半框 18.7×13.5cm。鈐"曉鈴藏書"
朱文印.--綫裝：吳曉鈴贈書
子目：
合影樓：三回
奪錦樓：一回
三與樓：三回
夏宜樓：三回
歸正樓：四回
萃雅樓：三回
拂雲樓：六回
十卺樓：二回
鶴歸樓：四回
奉先樓：二回
生我樓：四回
聞過樓：三回
（己）/763

西湖佳話古今遺蹟：十六卷，西湖圖景一卷/
（清）墨浪子輯.--刻本，彩色套印.--金陵王

衙，清康熙（1662～1722）．--8 冊（1 函）：插圖 11 幅．--版心題“西湖佳話”。半葉 9 行，行 20 字，白口，四周單邊，單黑魚尾，半框 17.8×12.3cm。金陵王衙藏板。鈐“北平孔德學校之章”朱文印．--綫裝　　　　　　（甲三）/427

聊齋志異：十六卷/（清）蒲松齡撰．--刻本．青柯亭，清乾隆三十一年（1766）．--16 冊（2 函）．--半葉 9 行，行 21 字，細黑口，左右雙邊，半框 13.4×9.8cm。鈐“靜省之居鑒藏”朱文印．--綫裝　　　　　　　　　　　　　（丁）/6550

擇繙聊齋志異：[滿漢對照]：二十四卷/（清）蒲松齡撰；（清）扎克丹譯．--刻本．--清道光二十八年（1848）．--24 冊（4 函）．--書名頁題“合璧聊齋志異”。每半葉 7 行滿文，7 行漢字，行字數不等，白口，四周雙邊，無界行，雙對黑魚尾，半框 19.1×16cm．--綫裝　　（丁）/12761
　　　第二部　缺卷 3，卷 8 重複　（甲三）/550

小説精言：四卷/（日本）岡白駒譯．--刻本．--日本京都：風月堂莊左衛門，日本寬保三年（1743）．--5 冊（1 函）．--半葉 9 行，行 20 字，白口，四周單邊，無界行，單黑魚尾，半框 19.5×14.4cm。鈐“鹿庭堂藏書印”朱文印．--綫裝　　　　　　　　　（丁）/13845

長篇小説

忠義水滸全書：一百二十回，附宣和遺事一卷，水滸忠義一百八人籍貫出身一卷/（元）施耐庵撰．--刻本．--郁郁堂楊定見，明末（1573～1644）．--32 冊（4 函）：插圖 60 幅．--半葉 10 行，行 22 字，有眉批，行 4 字，白口，四周單邊，半框 20.9×14.4cm。本衙藏板。鈐“北平孔德學校之章”朱文印．--綫裝　　（甲三）/17

第五才子書施耐庵水滸傳：七十回/（元）施耐庵著；（清）金人瑞評．--刻本．--貫華堂，清初（1644～1722）．--32 冊（4 函）．--半葉 8 行，行 19 字，白口，左右雙邊，單綫魚尾，版

心下刻“貫華堂”，半框 20×14cm。鈐“東迎堂閣”朱文印、“曉鈴藏書”朱文印．--綫裝：吳曉鈴贈書　　　　　　　　　　（己）/788

第五才子書施耐菴水滸傳：七十五卷七十回/（元）施耐庵撰；（清）金人瑞評．--刻本．--越盛堂，清雍正十二年（1734）．--24 冊（1 函）：冠圖 40 幅．--半葉 9 行，行 20 字，小字雙行字同，白口，左右雙邊，無界行，單黑魚尾，半框 20.4×14.4cm．--綫裝　　　　　（丁）/14172

新鐫施耐菴先生藏本後水滸全傳：四十五回/（清）青蓮室主人輯．--抄本．--清（1644～1911）．--20 冊（4 函）：冠圖 37 幅．--據清初天花藏軟體寫刻本影抄．--綫裝　　（丁）/14062

結水滸全傳：七十卷七十回，卷末一卷/（清）俞萬春撰，（清）范辛來等評．--刻本．--清咸豐三年（1853）．--24 冊（4 函）：插圖 57 幅．--一名“蕩寇志”。半葉 10 行，行 25 字，小字雙行字同，白口，左右雙邊，單黑魚尾，半框 23.9×15.2cm。本衙藏板。鈐“北平孔德學校之章”朱文印．--綫裝　　　　　（甲三）/74

三國志演義：二十四卷/（明）羅貫中撰．--刻本．--清初（1644～1722）．--1 冊（1 函）：有插圖．--存序、目錄、圖。書簽題“李笠翁批評繡像三國志”。半葉 10 行，行字數不等，白口，四周單邊，單黑魚尾，半框 20.2×14.5cm。鈐“北平孔德學校之章”朱文印．--綫裝
　　　　　　　　　　　　　（甲三）/119

第一才子書：六十卷，卷首一卷/（明）羅本撰．--抄本．--清末（1851～1911）．--31 冊（6 函）．--佚名批．--綫裝　　　　（丁）/7262

李卓吾先生批評三國志：一百二十回/（明）羅本撰；（明）李贄評．--刻本．--吳郡：綠蔭堂，清康熙（1662～1722）．--16 冊（2 函）：有插圖．--缺 52 回第 3 葉、60-66 回。半葉 10 行，行 22 字，有眉欄，行 4 字，白口，四周單邊，無界行，單白魚尾，半框 20.5×14.5cm。吳郡

綠蔭堂藏板。鈐"綠蔭堂"白文印、"北平孔德學校之章"朱文印.--綫裝　　　　　（甲三）/971

李笠翁批閱三國志：一百二十回/（明）羅本撰；（清）李漁評.--刻本.--兩衡堂，清初（1644～1722）.--28 冊（4 函）：插圖 120 幅.--書名頁題"第一才子書"。半葉 10 行，行 22 字，有眉欄，行 3 字，白口，四周單邊，單黑魚尾，半框 23×14.6cm。鈐"兩衡堂"白文印、"北平孔德學校之章"朱文印.--綫裝　　（甲三）/977

四大奇書第一種：六十卷一百二十回/（明）羅貫中撰；（清）毛宗崗，（清）杭永年評.--刻本.--清康熙（1662～1722）.--16 冊（2 函）.--存卷 1-4、8-11、15-18、20-21、23-28、31-38、44-45、55-56，有殘葉。又名"三國演義"。半葉 8 行，行 24 字，有眉評，行 3 字，白口，四周單邊，無界行，單黑魚尾，半框 19×11.5cm.--綫裝：吳曉鈴贈書　　　　（己）/721

四大奇書第一種：十九卷一百二十回/（明）羅本撰；（清）毛宗崗評.--刻本.--朝鮮，李朝後期（1800～1910）.--20 冊（5 函）：像 40 幅.--有配本。書名頁題"貫華堂第一才子書"。半葉 12 行，行 26 字，小字雙行字同，白口，四周單邊，無界行，單黑魚尾，半框 20.6×15.2cm。鈐"金慶均印"朱文印、"華山人"朱文印.--綫裝　　　　　　（丁）/4295

三國志演義：六十卷一百二十回/（明）羅本撰；（清）金人瑞批；（清）毛宗崗評.--刻本，朱墨套印.--善成堂，清咸豐三年（1853）.--24 冊（4 函）：插圖 40 幅.--半葉 12 行，行 26 字，小字雙行字同，白口，四周雙邊，單黑魚尾，版心下刻"善成堂"，半框 16.2×12.4cm。鈐"北平孔德學校之章"朱文印.--綫裝　　（甲三）/6

三國志：[滿漢對照]/（明）羅本撰；（清）佚名譯.--刻本.--清雍正（1723～1735）.--18 冊（4 函）.--存卷 1、3、12、21-24。半葉滿文 7 行，漢文 7 行，行字數不等，小字雙行字數不等，白口，四周雙邊，單黑魚尾，半框 21.9×

15.7cm。文盛堂藏板。佚名圈點。鈐"北平孔德學校之章"朱文印.--綫裝　　（甲三）/466

後三國石珠演義：三十回/（清）梅溪遇安氏撰.--刻本.--清（1644～1911）.--8 冊（1 函）：像贊 8 幅.--書名頁題"三國後傳"，版心題"後三國演義"。半葉 10 行，行 22 字，白口，四周單邊，單黑魚尾，半框 18×12cm。鈐"北平孔德學校之章"朱文印.--綫裝　　　　　　　　（甲三）/148

新刻按鑑編纂開闢衍繹通俗志傳：六卷/（明）周遊輯；（明）王黌釋.--刻本.--明崇禎八年（1635）.--6 冊（1 函）：插圖 44 幅.--書名頁題"開闢演義"，版心題"開闢衍繹"。半葉 9 行，行 18 字，白口，四周單邊，單黑魚尾，半框 19.4×13.4cm。古吳麟瑞堂藏板。鈐"北平孔德學校之章"朱文印.--綫裝　　　　　　　　（甲三）/219

新鐫東西晉演義：十二卷五十回/（明）楊爾曾編；（明）泰和堂主人參訂.--刻本.--明末（1573～1644）.--12 冊（2 函）：插圖 18 幅.--目錄有 1 葉、卷 4 有 1 葉缺損。半葉 10 行，行 22 字，小字雙行字同，白口，四周單邊。單黑魚尾，半框 20.9×14.8cm.--綫裝　　　　　　　　（丁）/12502

新鍥重訂出像注釋通俗演義西晉志傳題評：四卷；**東晉志傳題評**：八卷/（明）楊爾曾編；（明）陳氏尺蠖齋評釋.--刻本.--書林周氏大業堂，明（1368～1644）.--11 冊（1 函）：有插圖.--缺西晉志傳卷 1、序文。半葉 12 行，行 24 字，白口，四周單邊，單黑魚尾，有眉欄，行 5 字，半框 21.6×14.5cm。有顧炳鑫跋。鈐"炳鑫所藏"朱文印、"顧"白文印、"炳　鑫"朱文印、"寶山顧氏所藏版畫"白文印、"吳"朱文印、"曉鈴藏書"朱文印等.--綫裝：吳曉鈴贈書　　　　　　　　（己）/735

新鍥重訂出像註釋通俗演義西晉志傳題評：四卷；**東晉志傳題評**：八卷，紀元傳一卷/（明）

楊爾曾編；（明）陳氏尺蠖齋評釋．--刻本．--尺蠖齋，明末（1573～1644）．--12 冊（1 函）：冠圖 7 幅．--版心題"西晉志傳"、"東晉志傳"。半葉 12 行，行 24 字，有眉欄，行 5 字，白口，四周單邊，單黑魚尾，半框 21×14.6cm。書名頁題"尺蠖齋梓行"，卷一卷端題"繡谷周氏大業堂校梓"。有刻工：滕天照、鍾秀林等。鈐"北平孔德學校之章"朱文印．--綫裝
（甲三）/15

新鐫重訂出像通俗演義東晉志傳：八卷/（明）楊爾曾編；（明）陳氏尺蠖齋評釋．--刻本．--繡谷萬全書屋，清康熙（1662～1722）．8 冊（1 函）．--版心題"東晉志傳"。半葉 12 行，行 24 字，小字雙行字同，白口，四周單邊間左右雙邊，單黑魚尾，半框 21.5×14.2cm。佚名批。鈐"北平孔德學校之章"朱文印．--綫裝
（甲三）/164

北史演義：六十四卷；**南史演義**：三十二卷/（清）杜綱撰；（清）許寶善批評；（清）譚載華校訂．--刻本．--清乾隆五十八年（1793）刻；清乾隆六十年（1795）續刻．--24 冊（4 函）：插圖 32 幅．--半葉 9 行，行 20 字，白口，左右雙邊間四周單邊，無界行，單黑魚尾，半框 19.2×14.1cm。吳門甘朝士局刻。佚名批註．--綫裝
（甲三）/134

北史演義：六十四卷/（清）杜綱編次；（清）許寶善批評；（清）譚載華校訂．--刻本．--清乾隆五十八年（1793）．--20 冊（2 函）：插圖 16 幅．--與上部同板。序文殘。半葉 9 行，行 20 字，白口，左右雙邊間四周單邊，無界行，單黑魚尾，半框 19.2×14.2cm。吳門甘朝士局刻．--綫裝：馬彥祥贈書
（戊）/153

北史演義：六十四卷/（清）杜綱編次；（清）許寶善批評；（清）譚載華校訂．--刻本．--自怡軒，清嘉慶二年（1797）．--12 冊（2 函）：插圖 16 幅．--書名頁題"新鐫繡像元魏高齊後周北史演義"。仿刻本。半葉 9 行，行 20 字，小字雙行字同，白口，四周單邊，無界行，單黑魚尾，半框 19.2×14.2cm。自怡軒藏板。鈐"讀書談道足以自樂"白文印、"北平孔德學校之章"朱文印．--綫裝
（甲三）/161

南史演義：三十二卷/（清）杜綱編次；（清）許寶善批評．--刻本．--清乾隆六十年（1795）．--6 冊（1 函）：插圖 16 幅．--序文第 1 葉殘。半葉 9 行，行 20 字，白口，左右雙邊，無界行，單黑魚尾，半框 19.2×14.2cm。玉峰陳景川局鐫．--綫裝：馬彥祥贈書 （戊）/154

新鐫全像通俗演義隋煬帝豔史：四十回/（明）齊東野人撰；（明）不經先生批評．--刻本．--明崇禎（1628～1644）．--11 冊（1 函）：插圖 37 幅．--半葉 9 行，行 20 字，白口，四周單邊，單黑魚尾，半框 20.6×14cm。鈐"曉鈴藏書"朱文印．--綫裝：吳曉鈴贈書
（己）/771

新鐫全像通俗演義隋煬帝豔史：八卷四十四回/（明）齊東野人編演；（明）不經先生批評．--刻本．--明末（1621～1644）．--12 冊（1 函）．--缺末葉。半葉 9 行，行 20 字，白口，四周單邊，單黑魚尾，半框 20.3×14.1cm．--綫裝：馬彥祥贈書
（戊）/155

新刊徐文長先生評隋唐演義：十卷/（明）佚名撰；（明）徐渭評．--刻本．--明末（1573～1644）．--12 冊（2 函）：有插圖．--版心題"批評隋唐演義"。半葉 10 行，行 21 字，小字雙行字同，白口，四周單邊，單黑魚尾，半框 20.2×14.1cm。本衙藏板。鈐"北平孔德學校之章"朱文印．--綫裝
（甲三）/198

四雪草堂重訂通俗隋唐演義：二十卷一百回/（清）褚人獲撰；（清）鶴市散人鶴樵子參訂．--刻本．--清（1644～1911）．--20 冊（2 函）：插圖 100 幅．--書名頁題"繡像隋唐演義"。仿四雪草堂刻本。半葉 10 行，行 23 字，白口，四周單邊，單黑魚尾，版心下刻"四雪草堂"，半框 20.9×14.4cm。同德堂藏板。鈐"北平孔德學校之章"朱文印．--綫裝

（甲三）/154

第二部　20 冊（4 函），馬彥祥贈書

（戊）/157

按史校正唐秦王本傳：八卷六十四回/（明）澹圃主人編次；（明）清修居士參訂.--刻本.--明（1368～1644）.--16 冊（2 函）.--書名頁題"精繪全像大唐全傳"，目錄題"重訂唐秦王詞話"。半葉 10 行，行 22 字，白口，四周單邊，半框 20.8×14.5cm。有平妖（馬廉）跋。鈐"鄞馬廉字隅卿所藏圖書"朱文印、"鄞馬氏廉隅卿所珍愛書"朱文印、"不登大疋之堂"白文印、"馬彥祥"朱文印.--綫裝：馬彥祥贈書

（戊）/158

鐫李卓吾批點殘唐五代史演義傳：八卷/（明）羅本撰；（明）李贄評.--刻本.--清初（1644～1722）.--8 冊（1 函）：像 12 幅.--書名頁題"殘唐五代史傳"。半葉 9 行，行 20 字，白口，四周單邊，單黑魚尾，半框 20.7×13.6cm。本衙藏板。鈐"北平孔德學校之章"朱文印.--綫裝

（甲三）/9

鐫李卓吾批點殘唐五代史演義傳：八卷/（明）羅本撰；（明）李贄評.--刻本.--清康熙（1662～1722）.--8 冊（1 函）：冠圖 16 幅.--卷 1 有 3 葉係抄配。半葉 9 行，行 20 字，白口，四周單邊，單黑魚尾，半框 20.8×13.6cm.--綫裝

（甲三）/28

鐫李卓吾批點殘唐五代史演義傳：八卷/（明）羅本撰；（明）李贄評.--刻本.--寶翰樓，清（1644～1911）.--4 冊（1 函）.--卷 1 有 1 葉殘。書名頁題"繡像殘唐五代史傳"，版心題"殘唐五代傳"、"五代殘唐傳"、"殘唐五代史"、"殘唐五代演義"、"殘唐五代史傳"。半葉 11 行，行 20 字，白口，四周單邊，單黑魚尾，個別葉版心下刻"安國堂"，半框 20.1×12.1cm。鈐"北平孔德學校之章"朱文印.--綫裝

（甲三）/218

飛龍傳：六十回/（清）吳璿編.--刻本.--清

乾隆（1736～1795）.--16 冊（1 函）：像贊 24 幅.--版心題"飛龍全傳"。半葉 10 行，行 20 字，白口，四周單邊，單黑魚尾，半框 18.4×12.2cm 佚名批. 圈點。鈐"北平孔德學校之章"朱文印.--綫裝

（甲三）/220

新鐫玉茗堂批評按鑑粜補南宋志傳：十卷；**新鐫玉茗堂批點按鑑粜補北宋志傳**：十卷/（明）研石山樵訂正；（清）織里畸人校閱.--刻本.--京師：文錦堂，清康熙（1662～1644）.--10 冊（2 函）：插圖 8 幅.--序有 1 葉、卷 10 有 1 葉係抄補。書名頁題"繡像南北宋志傳"。半葉 11 行，行 20 字，白口，四周單邊，單黑魚尾，半框 20.3×13.7cm。鈐"北平孔德學校之章"朱文印.--綫裝

（甲三）/151

第二部　12 冊（2 函），存圖 16 幅，馬彥祥贈書

（戊）/160

新鐫玉茗堂批評按鑑參補南宋志傳：十卷五十回；**新鐫玉茗堂批點按鑑參補楊家將傳**：十卷五十回/（明）研石山樵訂正.--刻本.--啟元堂，清（1644～1911）.--10 冊（1 函）：有插圖.書名頁題"繡像南北宋志傳"，版心題"南宋志傳"、"北宋志傳".--半葉12行，行24字，白口，左右雙邊，單黑魚尾，半框20.3×13.8cm.綫裝

（丙四）/6033

第二部　6 冊（1 函），存南宋志傳 10 卷，冠圖 4 幅

（丁）/14163

新鐫全像武穆精忠傳：八卷/（明）熊大木撰；（明）李贄評.--刻本.--天德堂，清初（1644～1722）.--7 冊（1 函）：插圖 16 幅.--缺卷 2。書名頁題"宋精忠傳"。半葉 10 行，行 21 字，白口，左右雙邊，單黑魚尾，半框 19.8×13.3cm。天德堂藏板。佚名圈點。鈐"北平孔德學校之章"朱文印.--綫裝

（甲三）/8

新刻全像三寶太監西洋記通俗演義：二十卷一百回/（明）羅懋登撰.--刻本.--三山道人，明末（1573～1644）.--20 冊（1 匣）：插圖 200 幅.--版心題"出像西洋記"。卷端題"二里南人"，即羅懋登，字登之，號二里南人，主要活

動在明萬曆年間。半葉 12 行，行 25 字，白口，四周雙邊，單黑魚尾，半框 21.6×14.2cm.--綫裝　　　　　　　　　　（丁）/13759

東周列國全志：二十三卷/（明）馮夢龍編；（清）蔡昇評點.--刻本.--星聚堂, 清乾隆（1736～1795）.--12 冊（2 函）：像贊 24 幅. 書名頁題"繡像東周列國全志"。半葉 11 行，行 25 字，小字雙行字同，白口，左右雙邊，單黑魚尾，版心下刻"星聚堂"，半框 21.1×13.6cm。嘉禾博雅堂藏板。佚名批點，李宅尚題記。鈐"北平孔德學校之章"朱文印.--綫裝　（甲三）/162

東周列國全志：一百零八回/（明）馮夢龍編；（清）蔡昇評點.--刻本.--清乾隆（1736～1795）.--24 冊（4 函）：圖 48 幅.--半葉 10 行，行 24 字，白口，四周單邊，單黑魚尾，半框 20.5×13.7cm。書名頁刻"星聚堂藏板"，鈐"致和堂藏板"白文印.--綫裝：馬彥祥贈書
　　　　　　　　　　　　　　　（戊）/182

東周列國全志：二十三卷一百零八回/（明）馮夢龍編；（清）蔡昇評點.--刻本.--清乾隆（1736～1795）.--25 冊（4 函）：圖 67 幅.--書名頁題"重鐫東周列國全志"。半葉 12 行，行 26 字，小字雙行字同，白口，四周單邊，無界行，單黑魚尾，半框 20.9×14.8cm。星聚堂藏版.--綫裝　　　　　　　　（丁）/12693

東周列國全志：二十三卷一百零八回/（明）馮夢龍編；（清）蔡昇評點.--刻本, 朱墨套印. 書成山房, 清咸豐四年（1854）.--12 冊（2 函）：圖 12 幅.--半葉 12 行，行 26 字，白口，四周雙邊，單黑魚尾，半框 16.9×12.2cm。楚北漢口鎮森寶齋藏版。鈐"北平孔德學校之章"朱文印.--綫裝　　　　　　　　（甲三）/51

新刻逸田叟女仙外史大奇書：一百回/（清）呂熊撰.--刻本.--清康熙（1662～1722）.--16 冊（4 函）.--半葉 10 行，行 22 字，白口，四周單邊，無界行，單黑魚尾，半框 19.5×13.5cm。釣璜軒藏版.--綫裝　（丁）/13738

五金魚傳/（明）佚名撰.--刻本.--明（1368～1644）.--1 冊（1 函）.--存下卷，有缺葉。半葉 9 行，行 20 字，白口，四周單邊，無界行，單黑魚尾，半框 21.1×12.1cm。吳曉鈴跋。鈐"曉鈴藏書"朱文印.--綫裝：吳曉鈴贈書
　　　　　　　　　　　　　　　（己）/776

臺灣外記：三十卷/（清）江日升撰.--活字本, 木活字.--求無不獲齋, 清康熙五十二年（1713）.--10 冊（2 函）.--半葉 10 行，行 23 字，白口，四周雙邊，雙對黑魚尾，版心下刻"求無不獲齋"，半框 17.9×11.7cm。鈐"曉鈴藏書"朱文印.--綫裝：吳曉鈴贈書　（己）/734

新鐫批評繡像列女演義：六卷/（明）馮夢龍撰；（明）鬚眉客評閱.--刻本.--长春閣, 清初（1644～1722）.--6 冊（1 函）：圖 12 幅.--半葉 8 行，行 20 字，白口，四周單邊，單黑魚尾，半框 18.1×11.6cm，版心下刻"長春閣藏版"。佚名圈點。鈐"北平孔德學校之章"朱文印.--綫裝　　　　　　　（甲三）/69
　　第二部　牌記刻"古吳三多齋梓"，佚名批點，鈐"黎潔心印"朱文印　　　（丁）/13750
　　第三部　佚名批點，鈐"北平孔德學校之章"朱文印　　　（甲三）/26

新刻繡像批評金瓶梅：二十卷一百回/（明）蘭陵笑笑生撰.--刻本.--明崇禎（1628～1644）.--1 冊（1 函）：有插圖.--存第 1-5 回。半葉 10 行，行 22 字，白口，四周單邊，無界行，半框 21.1×14.6cm.--綫裝：吳曉鈴贈書
　　　　　　　　　　　　　　　（己）/843

新刻繡像批評金瓶梅：二十卷一百回/（明）蘭陵笑笑生撰.--刻本.--明末（1573～1644）.--20 冊（4 函）.--目錄殘缺，第 30 回尾缺。半葉 11 行，行 28 字，白口，四周單邊，無界行，半框 19.9×12.2cm。佚名圈點。鈐"北平孔德學校之章"朱文印.--綫裝
　　　　　　　　　　　　　　　（甲三）/970

金瓶梅：一百回/（明）蘭陵笑笑生撰.--抄

本.--清乾隆（1736～1795）.--20 冊（4 函）.--鈐"得天然樂趣齋印"朱文印、"綏中吳氏雙楠書屋藏"朱文印、"吳"朱文印、"曉鈴藏書"朱文印.--綫裝：吳曉鈴贈書　　（己）/829

皐鶴堂批評第一奇書金瓶梅：一百回/（明）蘭陵笑笑生撰；（清）張竹坡評.--刻本.--清康熙（1662～1722）.--36 冊（6 函）：圖 200 幅.--半葉 10 行，行 22 字，小字雙行字同，有眉批，行 2 字，白口，四周單邊，無界行，半框 19.7×13.9cm。本衙藏板.--綫裝　　（丙三）/6718

皐鶴堂批評第一奇書金瓶梅：一百回/（明）蘭陵笑笑生撰；（清）張竹坡評.--刻本.--崇經堂，清（1644～1911）.--24 冊（4 函）：有插圖.半葉 11 行，行 25 字，小字雙行字同，白口，四周單邊，無界行，單黑魚尾，版心下刻"崇經堂"，半框 12.7×9.4cm。本衙藏板。鈐"北平孔德學校之章"朱文印.--綫裝　　（甲三）/968

皐鶴堂批評第一奇書金瓶梅：一百回/（明）蘭陵笑笑生撰；（清）張竹坡評.--刻本.--清（1644～1911）.--30 冊（4 函）.--書名頁題"康熙乙亥年李笠翁先生著第一奇書"，卷前有謝氏序。半葉 11 行，行 22 字，小字雙行字同，白口，四周單邊，無界行，半框 19.1×15cm。鈐"中國作家協會藏書"朱文印.--綫裝

（丁）/14188

全像金瓶梅第一奇書：一百回/（明）蘭陵笑笑生撰；（清）張竹坡評.--刻本.--清（1644～1911）.--32 冊（4 函）：冠圖 200 幅.--第 49-51 回係抄配。半葉 11 行，行 25 字，小字雙行字同，白口，四周單邊，無界行，單黑魚尾，半框 21×14.1cm。本衙藏板。鈐"北平孔德學校之章"朱文印.--綫裝　　（甲三）/969

金瓶梅：[滿文]：一百回/（明）蘭陵笑笑生撰.--刻本.--清（1644～1911）.--28 冊（4 函）.--存卷 31-45、51、53-56、62-87，第 1、2 冊係抄配。滿文半葉 9 行，行字數不等，白口，四周雙邊，單黑魚尾，半框 19.8×14.3cm。間

有漢文隨行註釋。佚名批註.--綫裝

（丙四）/5013

金瓶梅：[滿文]：一百回/（明）蘭陵笑笑生撰.--刻本.--清（1644～1911）.--8 冊（1 函）.--存第 1-14 回。滿文半葉 9 行，行字數不等，白口，四周雙邊，單黑魚尾，半框 19.5×13.9cm。間有漢文隨行註釋。佚名圈點。鈐"北平孔德學校之章"朱文印.--綫裝　　（甲三）/464

金瓶梅：[滿文]/（明）蘭陵笑笑生撰.--抄本，朱絲欄.--清（1644～1911）.--16 冊（2 函）.--存第 20-35 回、87-100 回。間有漢文隨行註釋。鈐"北平孔德學校之章"朱文印.--綫裝　　（甲三）/549

紅樓夢/（清）曹雪芹撰.--抄本.--京師：虎林舒元煒，清乾隆五十四年（1789）.--16 冊（4 函）.--存第 1-40 回。佚名批校.--綫裝：吳曉鈴贈書　　（己）/634

紅樓夢：一百二十回/（清）曹雪芹撰；（清）高鶚續.--活字本，木活字.--程偉元萃文書屋，清乾隆五十七年（1792）.--24 冊（4 函）：圖 24 幅.--半葉 10 行，行 24 字，白口，左右單邊，上下雙邊，單黑魚尾，半框 17.1×11.8cm。鈐"曉鈴藏書"朱文印.--綫裝：吳曉鈴贈書

（己）/837

紅樓夢：一百二十回/（清）曹雪芹撰.--抄本.--清（1644～1911）.--4 冊（1 函）.--存第 51-70、81-100 回。鈐"銘九珍藏"印（陰陽合璧）、"春艸堂珍藏印"朱文印、"曉鈴藏書"朱文印.--綫裝：吳曉鈴贈書　　（己）/835

異說征西演義全傳：六卷四十回/（清）恂莊主人編.--刻本.--清乾隆五十年（1785）.--6 冊（1 函）：像贊 20 幅.--半葉 11 行，行 22 字，白口，四周單邊，單黑魚尾，半框 20.5×14.4cm。鈐"北平孔德學校之章"朱文印.--綫裝　　（甲三）/150

斬鬼傳：四卷十回/（清）刘璋撰.--抄本.--清康熙（1662～1722）.--4 冊（1 函）.--鈐"名教中有樂地"朱文印、"北平孔德學校之章"朱文印.--綫裝　　　　　　　（甲三）/105

斬鬼傳：十回/（清）煙霞散人撰.--抄本.董顯宗，清乾隆五十年（1785）.--4 冊（1 函）.吳曉鈴跋.--綫裝：吳曉鈴贈書　　（己）/635

新刻癡婆子傳　二卷/（清）芙蓉主人輯；（清）情癡子批校.--刻本.--清乾隆（1736～1795）.--2 冊（1 函）.--半葉 7 行，行 15 字，白口，四周雙邊，單黑魚尾，半框 15.4×11.7cm。鈐"曉鈴藏書"朱文印.--綫裝：吳曉鈴贈書　　　　　　　　　　　（己）/778

儒林外史：五十六回/（清）吳敬梓撰.--活字本，木活字.--毘陵：群玉齋，清同治八年（1869）.--12 冊（1 函）.--半葉 9 行，行 20 字，白口，四周單邊，單黑魚尾，半框 18.6×13.6cm。鈐"北平孔德學校之章"朱文印.--綫裝　　　　　　　　　　　（甲三）/5

第一奇書野叟曝言：二十卷一百五十二回/（清）夏敬渠撰.--活字本，木活字.--毘陵：彙珍樓，清光緒七年（1881）.--20 冊（4 函）.半葉 10 行，行 28 字，小字雙行字同，白口，左右雙邊，單黑魚尾，半框 20.2×13.7cm .--綫裝　　　　　　　　　　　（丁）/4293

快心編：初集五卷十回，二集五卷十回，三集六卷十二回/（清）天花才子編；（清）四橋居士評.--刻本.--課花書屋，清初（1644～1722）.--12 冊（3 函）.--書名頁題"新鐫快心編全傳"。半葉 10 行，行 22 字，白口，四周單邊，無界行，單黑魚尾，半框 19.4×14.3cm。課花書屋藏板。鈐"北平孔德學校之章"朱文印.--綫裝　　　　　　（甲三）/221
　　第二部　16 冊，鈐"曉鈴藏書"朱文印，吳曉鈴贈書　　　　　　　（己）/811

新刻批評繡像平山冷燕：六卷二十回/（清）荻岸散人撰；（清）冰玉主人批點.--刻本.--靜寄山房，清乾隆（1736～1795）.--6 冊（1 函）.--半葉 9 行，行 21 字，小字雙行字同，白口，四周單邊，單黑魚尾，半框 18.7×13.4cm。鈐"北平孔德學校之章"朱文印.--綫裝
　　　　　　　　　　　（甲三）/152

雪月梅傳：十卷五十回/（清）陳朗撰；（清）董孟汾評選；（清）邵松年校定.--刻本.--德華堂，清乾隆四十年（1775）.--10 冊（1 函）.--書名頁題"孝義雪月楳傳"。半葉 10 行，行 21 字，小字雙行字同，粗黑口，左右雙邊，單黑魚尾，半框 19×13.9cm。鈐"豐慎"朱文印、"內號"朱文印.--綫裝　　　　（丁）/220
　　第二部　10 冊（2 函），目錄缺 1 葉，佚名圈點批註，鈐"奇文共欣賞"白文印、"少寄幽賞"白文印、"藤蔭軒鑒藏印" 朱文印，馬彥祥贈書　　　　　　　（戊）/169
　　第三部　8 冊（1 函），鈐"北平孔德學校之章"朱文印　　　　　　（甲三）/132

屬樓志：二十四回/（清）庾嶺勞人説；（清）禹山老子編.--刻本.--清（1644～1911）.--12 冊（2 函）.--半葉 8 行，行 18 字，白口，左右雙邊，單黑魚尾，半框 13.5×10.3cm。卷末題"虞山衛峻天刻".--綫裝　　　（丁）/13749

新鐫批評出像通俗演義禪真後史：十卷六十回/（明）清溪道人編次；（清）冲和居士評校.--刻本.--明崇禎（1628～1644）.--8 冊（1 函）：冠圖 40 幅.--存第 1-30 回。半葉 9 行，行 20 字，有眉批，行 4 字，白口，四周單邊，半框 19.8×14cm。鈐"曉鈴藏書"朱文印.--綫裝：吳曉鈴贈書　　　　　　（己）/798

新鐫批評出像通俗演義禪真後史：十卷六十回/（明）清溪道人編次；（清）冲和居士評校.--刻本.--清乾隆（1736～1795）.--16 冊（2 函）.--存第 1-53 回，51-53 回係抄配。半葉 9 行，行 20 字，有眉批，行 4 字，白口，四周單邊，半

框 19.8×14cm。鈐"北平孔德學校之章"朱文印. --綫裝 （甲三）/153

新鐫批評出像通俗奇俠禪真逸史：八卷四十回/（明）方汝浩撰. --刻本. --清（1644～1911）. --20冊（2函）. --據明天啟間杭州爽閣主人履先甫刻本翻刻。半葉9行，行22字，白口，四周單邊，單白魚尾，半框20.5×14.1cm。書名頁題"本衙爽閣藏板"。鈐"北平孔德學校之章"朱文印. 綫裝 （甲三）/7

新鐫批評出像通俗奇俠禪真逸史：八卷四十回/（明）方汝浩撰；（明）心心仙侶評. --刻本. --清（1644～1911）. --12冊（2函）. --第10回有1葉係抄配。據明天啟間杭州爽閣 主人履先甫刻本翻刻。半葉9行，行22字，白口，四周單邊，半框 21.7×14.4cm。書名頁題"本衙爽閣藏板". --綫裝 （丙四）/6035

新編東遊記：二十卷一百回/（明）方汝浩撰；（明）九九老人述. --刻本. --清康熙（1662～1722）. --20冊（4函）. --牌記、序言題"續證道書東遊記"，目錄題"新編掃魅敦倫東遊記"，版心題"東遊記"。卷1卷端題"清溪道人著"，據考清溪道人即方汝浩。半葉10行，行22字，有眉批，行3字，白口，四周單邊，單黑魚尾，半框 20.8×14.4cm。雲林藏板。鈐"北平孔德學校之章"朱文印. --綫裝 （甲三）/973

西遊真詮：一百回/（明）吳承恩撰；（清）陳士斌撰. --刻本. --清康熙（1662～1722）. --20冊（2函）：冠圖21幅. --半葉11行，行24字，白口，四周單邊，無界行，單黑魚尾，版心下刻"同志堂"，半框 20.7×14.7cm。吳郡崇德書院藏板。鈐"北平孔德學校之章"朱文印. --綫裝 （甲三）/163

西遊真詮：一百回/（明）吳承恩撰；（清）陳士斌詮解. --刻本. --金閶：書業堂，清乾隆四十五年（1780）. --20冊（2函）：冠圖20幅. --半葉11行，行24字，白口，四周單邊，無界行，

單黑魚尾，半框21.2×14.3cm. --綫裝：吳曉鈴贈書 （己）/797

新説西遊記：一百回/（清）張書紳批註. --刻本. --清乾隆（1736～1795）. --24冊（2函）. --書名頁題"西游正旨"。半葉10行，行24字，小字雙行字同，白口，左右雙邊，無界行，雙對黑魚尾，半框20.1×14.3cm。善成堂藏版. --綫裝 （丁）/13755

新鐫批評出相韓湘子：三十回/（明）楊爾曾撰. --刻本. --清康熙（1662～1722）. --6冊（1函）：肖像1幅，插圖30幅. --書名頁題"韓湘子全傳"。半葉10行，行22字，白口，左右雙邊，單黑魚尾，半框 19.7×14.4cm。金陵九如堂藏板。鈐"北平孔德學校之章"朱文印. 綫裝 （甲三）/12
第二部 （丁）/4292
第三部 7冊（1函），缺16-19回 （丙四）/5858

刻全像五顯靈官大帝華光天王傳：四卷/（明）余象斗撰. --刻本. --聚文堂，明末（1573～1644）. --4冊（1函）. --有抄配。又名"東遊記"。上欄圖像，下欄半葉10行，行17字，白口，四周單邊，單黑魚尾，半框 19×12cm。佚名題跋。鈐"馬氏大雅堂藏"白文印、"晉堂侯氏藏書"白文印. --綫裝 （丁）/13758

綠野仙蹤：五十回/（清）李百川著. --抄本. 清（1644～1911）. --5冊（1函）：冠圖42幅. --鈐"曉鈴藏書"朱文印. --綫裝：吳曉鈴贈書 （己）/801

詞類

叢編

詞壇合璧：四種十五卷／（明）朱之蕃編．--刻本．--金陵：朱之蕃，明萬曆（1573～1620）．8冊（2函）．--存2種9卷。半葉8行，行18字，有眉評，行5字，白口，四周單邊，無界行，半框 21.1×14.6cm。佚名圈點。鈐"北平孔德學校之章"朱文印．--綫裝

子目：

草堂詩餘：五卷／（明）楊慎評

花間集：四卷／（后蜀）趙崇祚輯；（明）湯顯祖評

(甲四)/487

詞苑英華：四十五卷／（明）毛晉輯．--刻本．常熟：毛氏汲古閣，明末（1573～1644）．--12冊（1函）．--半葉9行，行20字，小字雙行字同，白口，左右雙邊，雙對黑魚尾，卷端、卷末版心刻"汲古閣毛氏正本"，半框 17.8×12.3cm。鈐"寒松"白文印、"詩卷長留天地間"朱文印、"曾在蕭西陸藏書畫處"朱文印、"无竟先生獨志堂物"朱文印．--綫裝

子目：

花間集：十卷／（後蜀）趙崇祚輯

草堂詩餘：四卷／（明）武陵逸史編

花菴絕妙詞選：十卷／（宋）黃昇輯

中興以來花菴絕妙詞選：十卷／（宋）黃昇輯

尊前集：二卷

詞林萬選：四卷／（明）楊慎輯

詩餘圖譜：三卷／（明）張綖撰

秦張兩先生詩餘合璧：二卷／（明）王象晉編

少游詩餘：一卷／（宋）秦觀撰

南湖詩餘：一卷／（明）張綖撰

(乙四)/27

宋名家詞：六集六十一種／（明）毛晉輯．--刻本．--虞山毛氏汲古閣，明末（1573～1644）．--26冊（4函）．--半葉8行，行18字，小字雙行字同，白口，左右雙邊，版心下刻"汲古閣"，半框 18.9×14.5cm。味閒軒藏板。鈐"靜深書屋"朱文印．--綫裝

子目：

珠玉詞：一卷／（宋）晏殊撰

六一詞：一卷／（宋）歐陽修撰

樂章集：一卷／（宋）柳永撰

東坡詞：一卷／（宋）蘇軾撰

山谷詞：一卷／（宋）黃庭堅撰

淮海詞：一卷／（宋）秦觀撰

小山詞：一卷／（宋）晏幾道撰

東堂詞：一卷／（宋）毛滂撰

放翁詞：一卷／（宋）陸游撰

稼軒詞：四卷／（宋）辛棄疾撰

片玉詞：二卷，補遺一卷／（宋）周邦彥撰

梅溪詞：一卷／（宋）史達祖撰

白石詞：一卷／（宋）姜夔撰

石林詞：一卷／（宋）葉夢得撰

酒邊詞：一卷／（宋）向子諲撰

溪堂詞：一卷／（宋）謝逸撰

樵隱詞：一卷／（宋）毛开撰

竹山詞：一卷／（宋）蔣捷撰

書舟詞：一卷／（宋）程垓撰

坦菴詞：一卷／（宋）趙師使撰

惜香樂府：十卷／（宋）趙長卿撰

西樵語業：一卷／（宋）楊炎正撰

竹屋癡語：一卷／（宋）高觀國撰

夢窗甲乙丙丁稿：四卷，絕筆一卷，補遺一卷／（宋）吳文英撰

近體樂府：一卷／（宋）周必大撰

竹齋詩餘：一卷／（宋）黃機撰

金谷遺音：一卷／（宋）石孝友撰

散花菴詞：一卷／（宋）黃昇撰

和清真詞：一卷／（宋）方千里撰

後村別調：一卷／（宋）劉克莊撰

蘆川詞：一卷／（宋）張元幹撰

于湖詞：三卷／（宋）張孝祥撰

洺水詞：一卷／（宋）程珌撰

歸愚詞：一卷／（宋）葛立方撰

龍洲詞：一卷／（宋）劉過撰

初寮詞：一卷／（宋）王安中撰

龍川詞：一卷，龍川詞補一卷／（宋）陳亮撰

姑溪詞：一卷／（宋）李之儀撰

友古詞：一卷／（宋）蔡伸撰

石屏詞：一卷／（宋）戴復古撰

海野詞：一卷／（宋）曾覿撰

逃禪詞：一卷／（宋）楊無咎撰

空同詞：一卷／（宋）洪瑹撰

介菴詞：一卷／（宋）趙彥端撰

平齋詞：一卷／（宋）洪咨夔撰

文溪詞：一卷／（宋）李公昂撰

丹陽詞：一卷／（宋）葛勝仲撰

孏窟詞：一卷／（宋）侯寘撰

克齋詞：一卷／（宋）沈端節撰

芸窗詞：一卷／（宋）張榘撰

竹坡詞：三卷（宋）周紫芝撰

聖求詞：一卷／（宋）呂濱老撰

壽域詞：一卷／（宋）杜安世撰

審齋詞：一卷／（宋）王千秋撰

東浦詞：一卷／（宋）韓玉撰

知稼翁詞：一卷／（宋）黃公度撰

無住詞：一卷／（宋）陳與義撰

後山詞：一卷／（宋）陳師道撰

蒲江詞：一卷／（宋）盧祖皋撰

琴趣外篇：六卷／（宋）晁補之撰

烘堂詞：一卷／（宋）盧炳撰　　（乙四）／242

　　第二部　28 冊（4 函），缺 14 種，鈐“汲古閣”白文印、“毛氏正本”朱文印

　　　　　　　　　　　　　　　（丁）／1263

汲古閣未刻詞：二十二種／（清）芸楣編.--抄本.--清末（1851～1911）.--1 冊（1 函）.--存 4 種 4 卷。半唐老人校。鈐“半唐老人手校”朱文印。“半唐老人”即王鵬運，清同治舉人.綫裝

子目：

陽春集／（南唐）馮延巳撰

東山詞／（宋）賀鑄撰

信齋詞／（宋）葛郯撰

樂齋詞／（宋）向滈撰　　（丁）／2053

十名家詞集：十種／（清）侯文燦編.--刻本.侯氏亦園，清康熙二十八年（1689）.--5 冊（1 函）.--版心題“名家詞集”。半葉 9 行，行 21 字，小字雙行字同，白口，左右雙邊，單黑魚尾，

半框 14.5×15.7cm。亦園藏板。佚名圈點。鈐“北平孔德學校之章”朱文印.--綫裝

子目：

二主詞：一卷／（南唐）李璟，（南唐）李煜撰

陽春集：一卷／（南唐）馮延巳撰

東山詞：一卷／（宋）賀鑄撰

信齋詞：一卷／（宋）葛郯撰

竹洲詞：一卷／（宋）吳儆撰

子野詞：一卷／（宋）張先撰

虛齋樂府：一卷／（宋）趙以夫撰

松雪齋詞：一卷／（元）趙孟頫撰

天錫詞：一卷／（元）薩都剌撰

古山樂府：一卷／（元）張埜撰

　　　　　　　　　　　　　（甲四）／398

惜香樂府：十卷／（宋）趙長卿撰.**西樵語業**：不分卷／（宋）楊炎撰.--刻本.--毛氏汲古閣，明末（1573～1644）.--2 冊（1 函）.--書名頁題“汲古閣繡鐫惜香樂府”、“汲古閣繡鐫西樵語業”。半葉 8 行，行 18 字，小字雙行字同，白口，左右雙邊，版心下刻“汲古閣”，半框 18.7×14.5cm.--綫裝　　（丁）／12746

詞學全書：六種十四卷／（清）查培繼輯.--刻本.--世德堂，清乾隆十一年（1746）.--8 冊（1 函）.--半葉 9 行，行 20 字，小字雙行字同，白口，四周單邊，單黑魚尾，半框 17.9×12.5cm。鈐“北平孔德學校之章”朱文印.--綫裝

子目：

填詞名解：四卷／（清）毛先舒撰

古今詞論：一卷／（清）王又華撰

古韻通略：一卷／（清）柴紹炳撰

填詞圖譜：六卷／（清）賴以邠撰

填詞圖譜續集：三卷／（清）賴以邠撰；（清）查繼超增輯

詞韻：二卷／（清）仲恒撰　　（甲四）／1415

　　第二部　16 冊（2 函），書名頁題“致和堂梓行”，缺古韻通略　　（乙四）／395

　　第三部　14 冊（2 函），缺古韻通略

　　　　　　　　　　　　　　（丙四）／2204

梁谿十八家詞選／（清）侯晰輯.--抄本.--清

末（1851～1911）．--2 冊（1 函）．--佚名圈點．
鈐"龔氏南樓珍藏"白文印、"龔"朱文印．--
綫裝

子目：

微雲堂詞／（清）秦松齡撰
彈指詞／（清）顧貞觀撰
秋水軒詞／（清）嚴繩孫撰
浣花詞／（清）杜詔撰
香眉亭詞／（清）鄒璿撰
春水詞／（清）華侗撰
澹雪詞／（清）顧岱撰
織字軒詞／（清）朱襄撰
菰月詞／（清）華文炳撰
鶴閒詞／（清）侯文燿撰
惜軒詞／（清）侯晰撰
容與詞／（清）蔡燦撰
問石詞／（清）鄒祥蘭撰
鶴邊詞／（清）顧彩撰
泥絮詞／（清）釋宏倫撰
香葉詞／（清）張振撰
棲筠詞／（清）湯焴撰
棲香閣詞／（清）顧貞立撰　　　（丁）/2974

總集

花間集：十卷／（後蜀）趙崇祚輯．--抄本．--
清後期（1851～1911）．--2 冊（1 函）．--鈐"寸
心日月樓所藏"朱文印．--綫裝　　（丁）/12504

尊前集：二卷／（宋）佚名編．--刻本．--琴川
毛氏汲古閣，明末（1621-1644）．--2 冊（1 函）．--
（詞苑英華：四十五卷／[明]毛晉輯）．--半葉 9
行，行 20 字，白口，左右雙邊，雙對黑魚尾，
半框 17.7×12.2cm。每卷首尾刻"琴川毛晉足
本"。鈐"江上有淨樓"朱文印、"階前掃雪"
白文印．--綫裝　　　　　　　　（丁）/13274

花菴絕妙詞選：十卷／（宋）黃昇編．--刻本．
琴川毛氏汲古閣，明末（1573～1644）．--4 冊
（1 函）．--（詞苑英華：四十五卷／[明]毛晉
輯）．--目錄題"中興以來絕妙詞選"，版心題

"花菴詞選"。卷 10 末附詞，詞前題"黃叔
暘"，名昇，號玉林，又號花菴。半葉 9 行，行
20 字，白口，左右雙邊，雙對黑魚尾，半框 17.8
×12.2cm。鈐"北平孔德學校之章"朱文印．--
綫裝　　　　　　　　　　　　（甲四）/1141
　　第二部　　　　　　　　　　（乙四）/215
　　第三部　書名頁題"詞苑英華"，因樹樓藏
板，鈐"養安藏書"朱文印、"雙榆書屋"白文
印　　　　　　　　　　　　　　（丙四）/198

絕妙好詞：七卷／（宋）周密輯；（清）柯煜等
編．--刻本．--高士奇清吟堂，清康熙三十七年
（1698）．--4 冊（1 函）．--半葉 9 行，行 20
字，小字雙行字同，粗黑口，左右雙邊，雙對花
魚尾，半框 18.1×12.4cm。小瓶廬藏板。佚名
圈點。鈐"北平孔德學校之章"朱文印．--綫裝
　　　　　　　　　　　　　　　（甲四）/1038

梅苑：十卷／（宋）黃大輿撰．--刻本．--揚州：
揚州使院，清康熙四十五年（1706）．--2 冊（1
函）．--（楝亭十二種／[清]曹寅編）．--半葉 11
行，行 21 字，小字雙行 32 字，細黑口，左右雙
邊，雙對黑魚尾，半框 16.7×11.7cm．--綫裝
　　　　　　　　　　　　　　　（丙四）/1877

草堂詩餘：四卷／（明）武陵逸史編．--刻本．
毛氏汲古閣，明末（1573～1644）．--4 冊（1
函）．--半葉 9 行，行 20 字，白口，左右雙邊，
雙對黑魚尾，半框 17.8×12.4cm。佚名圈點。
鈐"琴娛樓珍藏本"白文印、"臣和謙"白文
印、"童父問漁"白文印、"陽湖王氏兆騏鑑藏
圖籍之印"白文印．--綫裝　　　（乙四）/144

類編草堂詩餘：四卷／（明）武陵逸史編．--
刻本．--古吳陳長卿，清初（1644～1722）．--4
冊（1 函）．--卷 4 第 21 葉後殘缺。半葉 8 行，
行 16 字，小字雙行字同，白口，四周單邊，單
黑魚尾，半框 17.7×12.7cm。有刻工：黃六．--
綫裝　　　　　　　　　　　　　（丙四）/1309

類編草堂詩餘：四卷／（明）顧從敬編次．--
刻本．--古吳：博雅堂，明嘉靖（1522～1566）．

4 冊（1 函）.--半葉 11 行，行 19 字，小字雙行字同，細黑口，左右雙邊，單黑魚尾，半框 17.4×12.4cm。佚名圈點.--綫裝　　　　（丙四）/4276

類選箋釋草堂詩餘：六卷/（明）顧從敬輯；（明）陳繼儒校；（明）陳仁錫參訂.**類編箋釋續選草堂詩餘**：二卷/（明）錢允治箋釋；（明）陳仁錫校閲.**類編箋釋國朝詩餘**：五卷/（明）錢允治輯；（明）陳仁錫釋.--刻本.--明萬曆四十二年（1614）.--4 冊（1 函）.--半葉 9 行，行 20 字，小字雙行字同，白口，左右雙邊，單黑魚尾，半框 23×14.1cm.--綫裝　　　（丁）/12446

　　第二部　6 冊（2 函），佚名圈點，鈐"賢在"白文印　　　　　　　　（丁）/6471

古香岑草堂詩餘：正集六卷，續集二集，新集五卷，別集四卷/（明）顧從敬選；（明）沈際飛評正.--刻本.--吳門：童湧泉，明末　（1621～1644）.--8 冊（1 夾）.--古香岑即沈際飛室名。半葉 9 行，行 19 字，小字雙行字同，有眉欄，行 5 字，白口，四周單邊，無界行，單白魚尾間單黑魚尾間單綫魚尾，半框 23.2×13.5cm。佚名圈點批註。鈐"得者寶之"朱文印、"芭詁"白文印、"心翼"白文印、"大德堂"朱文印、"吉祥"朱文印、"曉鈴藏書"朱文印.--綫裝　　　　　　　　（己）/1443

　　第二部　4 冊（1 函），存正集 6 卷，佚名墨筆批點，鈐"寶坻顧氏慎齋藻鑑"朱文印、"西蘄"白文印　　　　　　　　（丁）/12660

草堂詩餘：十六卷/（明）陳繼儒評選；（明）卓人月彙選；（明）徐士俊參評.**徐卓晤歌**：不分卷/（明）徐士俊，（明）卓人月撰.--刻本.--明末（1573～1644）.--16 冊（1 函）.--序有 1 葉係抄配。半葉 9 行，行 20 字，有眉批，行 4 字，白口，四周單邊，單白魚尾，半框 20.3×14.1cm。佚名圈點、批註。鈐"積學齋徐乃昌藏書"朱文印、"北京市文化局文物調查研究組藏書印"朱文印.--綫裝　　　　（丁）/6501

新刻注釋草堂詩餘評林：六卷/（明）李廷機批評；（清）翁正春校正.--刻本.--起秀堂，明

萬曆三十六年（1608）.--4 冊（1 函）.--半葉 9 行，行 18 字，小字雙行字同，有眉欄，行 5 字，白口，四周單邊，半框 19.2×12.8cm。養拙軒主人跋，佚名圈點。鈐"文栻之印"朱文印、"宗文氏"白文印、"鑑山所藏"朱文印、"餘姚謝氏永耀樓藏書"朱文印、"養拙子"朱文印、"氣象萬千"朱文印、"郁"朱文印、"壬寅之年七十一"白文印、"曉鈴藏書"朱文印.--綫裝：吳曉鈴贈書　　　　（己）/1444

新刊增修箋注妙選群英草堂詩餘：二卷/（明）鍾惺選.--刻本.--慎節堂，明末（1573～1644）.--2 冊（1 函）.--卷下缺 5 葉。版心題"草堂詩餘"。半葉 9 行，行 21 字，小字雙行字同，白口，四周單邊，單黑魚尾，半框 18.5×12.5cm。慎節堂藏板。佚名批點。鈐"尚長齋"白文印、"中澤氏藏書印"朱文印、"岱"朱文印、"圓佐"朱文印、"北平孔德學校之章"朱文印.--綫裝　　　　　　（甲四）/380

彙選歷代名賢詞府全集：四集/（明）鱅溪逸史選編.--刻本.--明（1368～1644）.--3 冊（1 函）.--有殘葉。半葉 11 行，行 20 字，白口，左右雙邊，半框 16.7×12.5cm。鈐"曉鈴藏書"朱文印.--綫裝：吳曉鈴贈書　　　　（己）/1447

詞林萬選：四卷/（明）楊慎輯.--刻本.--毛氏汲古閣，明末（1573～1644）.--2 冊（1 函）.--半葉 9 行，行 20 字，白口，左右雙邊，雙順黑魚尾，半框 17.7×12.2cm.--綫裝
　　　　　　　　　　　（乙四）/219

唐詞紀：十六卷/（明）董逢元編.--抄本.--清（1644～1911）.--2 冊（1 函）.--鈐"百鏡盒"白文印、"平江黃氏圖書"朱文印.--綫裝　　　　　　　　　（丙四）/905

精選古今詩餘：十五卷/（明）潘游龍選.--刻本.--十竹齋，明崇禎（1628～1644）（清乾隆[1736～1795]印）.--13 冊（與精選國朝詩餘合裝 2 函）.--版心題"古今詩餘醉"。半葉 8 行，行 18 字，版心下刻"十竹齋"，細黑口，四周

單邊，單白魚尾，半框 20.2×14.3cm。鈐"北平孔德學校之章"朱文印.--綫裝

（甲四）/1418-1

精選國朝詩餘：一卷/（清）陳淏選.--刻本.玉田齋，清乾隆二十七年（1762）.--1 冊.--書名頁題"詞醉"。半葉 8 行，行 18 字，白口，四周單邊，單白魚尾，半框 20.2×14.3cm。鈐"北平孔德學校之章"朱文印.--綫裝

（甲四）/1418-2

倚聲初集：二十卷，卷前詞話三卷，韻辨一卷，爵里一卷/（清）鄒祇謨，（清）王士禎編.--刻本.--清順治（1644～1661）.--6 冊（1 函）.--半葉 10 行，行 24 字，小字雙行字同，白口，四周單邊，半框 18.9×13.6cm。佚名圈點。鈐"北平孔德學校之章"朱文印.--綫裝

（甲四）/727

二十四家詞選：二十四卷/（清）陳褆永編.--刻本.--種德堂，清初（1644～1722）.--4 冊（1 函）.--卷 24 唐伯虎詞用清嘉慶六年（1801）唐氏果克山房刻《六如居士全集》卷 4 補配，書名頁、目錄係抄配。版心題"廿四家詞選"。半葉 9 行，行 20 字，小字雙行字同，白口，四周單邊，單黑魚尾，版心下刻"種德堂"，半框 19.9×13.5cm。種德堂藏板。佚名圈點。鈐"北平孔德學校之章"朱文印.--綫裝

子目：

韋端己：一卷/（唐）韋莊撰

牛松卿：一卷/（唐）牛嶠撰

顧子遠：一卷/（後蜀）顧敻撰

孫葆光：一卷/（南平）孫光憲撰

南唐後主：一卷/（南唐）李煜撰

歐陽永叔：一卷/（宋）歐陽修撰

蘇子瞻：一卷/（宋）蘇軾撰

晏叔原：一卷/（宋）晏幾道撰

秦少游：一卷/（宋）秦觀撰

黃魯直：一卷/（宋）黃庭堅撰

賀方回：一卷/（宋）賀鑄撰

毛澤民：一卷/（宋）毛滂撰

周美成：一卷/（宋）周邦彥撰

李易安：一卷/（宋）李清照撰

陸務觀：一卷/（宋）陸游撰

辛幼安：一卷/（宋）辛棄疾撰

高賓王：一卷/（宋）高觀國撰

蔣勝欲：一卷/（宋）蔣捷撰

史邦卿：一卷/（宋）史達祖撰

唐伯虎：一卷/（明）唐寅撰

楊孟載：一卷/（明）楊基撰

楊用修：一卷/（明）楊慎撰

王元美：一卷/（明）王世貞撰

吳凝父：一卷/（明）吳鼎芳撰

（甲四）/1265-1

詞綜：三十六卷/（清）朱彝尊輯；（清）汪森補輯.--刻本.--休陽：汪氏裘杼樓，清康熙十七年（1678）；清康熙三十年（1691）補刻；汪孟鋗，清乾隆九年（1744）修版.--8 冊（1 函）.--半葉 10 行，行 21 字，小字雙行字同，粗黑口，左右雙邊，單黑魚尾，半框 24.7×16.8cm。裘杼樓藏版。佚名圈點、批注.--綫裝

（甲四）/1165

第二部　6 冊（1 函）　　　（乙四）/33

第三部　8 冊（1 函），碧梧書屋藏板，佚名圈點　　　（甲四）/1164

第四部　6 冊（1 函），碧梧書屋藏板，鈐"郭恩孚印"白文印、"蓉汀"朱文印

（乙四）/380

御選歷代詩餘：一百二十卷/（清）聖祖玄燁定；（清）沈辰垣，（清）王奕清等編.--刻本.--京師：内府，清康熙四十六年（1707）.--40 冊（4 函）.--半葉 11 行，行 21 字，小字雙行 32 字，白口，左右雙邊，雙對黑魚尾，半框 16.7×11.7cm。佚名圈點、批註。鈐"吳江陳燮朩理氏"朱文印、"文樂堂藏書記"朱文印、"醉花菴"朱文印、"醉花讀書館主人撫哉氏經　眼"朱文印、"仁和潘鍹撫哉印信長壽"朱文印、"北平孔德學校之章"朱文印.--綫裝

（甲四）/150

第二部　48 冊（8 函），鈐"弢齋藏書記"朱文印　　　（乙四）/492

昭代詞選：三十八卷/（清）蔣重光輯.--刻本.--經鉏堂，清乾隆三十二年（1767）.--37冊（4函）.--半葉10行，行20字，小字雙行字同，粗黑口，左右雙邊，單黑魚尾，半框17×13.3㎝。書末刻"金陵穆大展刻字"，經鉏堂藏板。鈐"北平孔德學校之章"朱文印.--綫裝

(乙四)/452

第二部　16冊（2函）　　　　（乙四）/172

第三部　9冊（1夾），存卷1、3-18，卷1第18葉版心下端刻"十九、二十原缺"，佚名圈點，鈐"北平孔德學校之章"朱文印

(甲四)/1378

別集

石林詞：一卷/（宋）葉夢得撰.--刻本.--常熟：毛氏汲古閣，明末（1573～1644）.--1冊（1函）.--（宋名家詞：六十一種/[明]毛晉輯）.--半葉8行，行18字，小字雙行字同，白口，左右雙邊，版心下刻"汲古閣"，半框18.9×14.3cm.--綫裝　　　　　　（丁）/83

酒邊詞：二卷/（宋）向子諲撰.--刻本.--常熟：毛氏汲古閣，明末（1573～1644）.--1冊（1函）.--（宋名家詞：六十一種/[明]毛晉輯）. --半葉8行，行18字，小字雙行字同，白口，左右雙邊，版心下刻"汲古閣"，半框18.3×14.2cm.--綫裝　　　　　（丁）/56

樵隱詞：一卷/（宋）毛开撰.--刻本.--常熟：毛氏汲古閣，明末（1573～1644）.--1冊（合裝1函）.--（宋名家詞：六十一種/[明]毛晉輯）.--第12-17葉係抄配。半葉8行，行18字，小字雙行字同，白口，左右雙邊，版心下刻"汲古閣"，半框19.2×14.4cm.--綫裝

(丁)/82

坦菴詞：一卷/（宋）趙師俠撰.--刻本.--常熟：毛氏汲古閣，明末（1573～1644）.--1冊（1函）.--（宋名家詞：六十一種/[明]毛晉

輯）.--半葉8行，行18字，小字雙行字同，白口，左右雙邊，版心下刻"汲古閣"，半框18.7×14.4cm.--綫裝　　　　　　（丁）/58

白石詞：一卷/（宋）姜夔撰.--刻本.--常熟：毛氏汲古閣，明末（1573～1644）.--1冊（1函）.--（宋名家詞：六十一種/[明]毛晉輯）.--半葉8行，行18字，小字雙行字同，白口，左右雙邊，版心下刻"汲古閣"，半框19.2×14.5cm.--綫裝　　　　　　（丁）/81

山中白雲詞：八卷/（宋）張炎撰.--抄本，朱絲欄.--清（1644～1911）.--2冊（1函）.--據雍正四年上海曹炳曾城書室刻本抄。鈐"宮昱印"白文印、"北平孔德學校之章"朱文印.--綫裝　　　　　　（甲四）/518

海浮山堂詞稿：四卷/（明）馮惟敏編.--刻本.--潤州：馮惟敏，明嘉靖四十五年（1566）.1冊（1函）.--有補配。半葉9行，行17字，白口，左右雙邊，單白魚尾間單黑魚尾，半框16×13cm。鈐"曉鈴藏書"朱文印.--毛裝：吳曉鈴贈書　　　　　　（己）/709

耐歌詞：四卷，卷首一卷/（清）李漁著.**笠翁詞韻：**四卷/（清）李漁輯.--刻本.--清康熙（1662～1722）.--2冊（1函）.--半葉8行，行18字，白口，四周單邊，有眉評，半框19.8×13cm。鈐"吳"朱文印、"曉鈴藏書"朱文印.--綫裝：吳曉鈴贈書　　（己）/1300

第二部　4冊（1函），缺笠翁詞韻，吳曉鈴贈書　　　　　　　（己）/1296

重刻二鄉亭詞：四卷/（清）宋琬撰.--刻本.清康熙（1662～1722）.--2冊（1函）.--半葉8行，行20字，小字雙行字同，白口，四周單邊，單黑魚尾，半框18.6×13.8cm.--綫裝

(丁)/8799

百末詞：六卷/（清）尤侗撰.--刻本.--清康熙（1662～1722）.--4冊（1函）.--半葉10行，行21字，小字雙行字同，白口，四周單邊，

445

單黑魚尾，半框 18.1×13.7cm。鈐"曙雯樓"朱文印.--綫裝　　　　　　　　（丁）/7128
　　第二部　　　　　　　　　（丁）/2508

扶荔詞：三卷，扶荔詞別錄一卷/（清）丁澎撰.--刻本.--清康熙（1662~1722）.--1 冊（1 函）.--卷 4 有 3 葉係補配。半葉 9 行，行 21 字，小字雙行字同，白口，左右雙邊，半框 18.5×13.7cm。本衙藏板。佚名圈點。鈐"北平孔德學校之章"朱文印.--綫裝　　（甲四）/102

迦陵詞全集：三十卷/（清）陳維崧撰.--刻本.--宜興陳宗石患立堂，清康熙二十八年（1689）.--6 冊（1 函）.--書名頁題"陳迦陵詞全集"。半葉 12 行，行 22 字，小字雙行字同，粗黑口，左右雙邊，雙對花魚尾，版心下刻"患立堂"，半框 17.6×14.1cm。彊善堂本衙藏板。章鈺題識。佚名批點。鈐"居陵迦"白文印、"義州李放"白文印、"義州李氏圖籍"白文印、"朱季藏印"白文印、"詞堪墨緣"白文印、"漱霜"朱文印、"抱竹居藏書記"白文印、"湘硯齋"朱文印.--綫裝　　（丁）/6650
　　第二部　　6 冊（1 函），鈐"王宸垣藏書印"白文印、"落落宜"白文印、"熙如"朱文印、"王敦化印"白文印　　　　（丁）/11282

陳檢討詞鈔：十二卷/（清）陳維崧撰.--刻本.--清康熙（1662~1722）.--2 冊（1 函）.--半葉 10 行，行 21 字，小字雙行字同，粗黑口，左右雙邊，單黑魚尾，半框 19.2×14.3cm。鈐"蘐孫"朱文印.--綫裝　　　　　（丙四）/5484

迦陵先生填詞圖：不分卷，迦陵先生填詞圖題詞一卷/（清）陳淮編.--刻本.--宜興陳氏，清乾隆五十九年（1794）.--2 冊（1 函）.--書名頁題"陳檢討填詞圖"。半葉 8 行，行 17 字，小字雙行字同，白口，四周雙邊，單黑魚尾，半框 18.2×13.1cm。有刻工：方又新。佚名圈點。鈐"春曉山房"朱文印、"北平孔德學校之章"朱文印.--綫裝　　（甲四）/1186

珂雪詞：二卷，補遺一卷/（清）曹貞吉撰.--

刻本.--清康熙（1662~1722）.--2 冊（1 函）.--半葉 10 行，行 21 字，小字雙行字同，白口，左右雙邊，半框 17.3×12.8cm.--綫裝　　　　　　　　　（丁）/6623

竹窗詞：一卷；**蔬香詞**：一卷/（清）高士奇撰.--刻本.--清康熙三十年（1691）.--1 冊（1 函）.--半葉 11 行，行 20 字，小字雙行 30 字，粗黑口，四周單邊，雙對黑魚尾，半框 18.7×13.4cm。鈐"曾藏袁文藪家"朱文印.--綫裝　　　　　　　　　（丁）/10333

嵩遊草：一卷/（清）李來章撰；（清）冉覲祖評；（清）耿介選.--刻本.--清康熙（1662~1722）.--1 冊（1 函）.--（禮山園全集：十七種/[清]李來章撰）.--半葉 9 行，行 19 字，小字雙行字同，粗黑口，四周單邊，雙對黑魚尾，半框 18.3×13.7cm。佚名圈點。鈐"北平孔德學校之章"朱文印.--綫裝　　（甲四）/1210

越吟草：不分卷/（清）李凱撰.--刻本.--寒香亭，清乾隆二十七年（1762）.--1 冊（1 函）.--半葉 10 行，行 21 字，白口，四周單邊，版心下刻"寒香亭"，半框 18.1×12.7cm。鈐"會稽徐氏禱學齋藏書印"朱文印、"北平孔德學校之章"朱文印.--綫裝　　　（甲四）/752

雲谷詩餘：二卷/（清）熊榮撰.--刻本.--清乾隆（1736~1795）.--1 冊（1 函）.--半葉 8 行，行 19 字，白口，左右雙邊，單黑魚尾，半框 19.1×13.1cm。鈐"北平孔德學校之章"朱文印.--綫裝　　　　　　　　　（甲四）/389

雪帷韻竹詞：一卷/（清）孫錫撰.--刻本.--清乾隆（1736~1795）.--1 冊（1 函）.--半葉 8 行，行 19 字，小字雙行字同，白口，四周雙邊，半框 16.5×11.2cm.--綫裝　　（丁）/1884

東齋詞略：四卷/（清）魏允札撰；（清）柯煜選；（清）丁桂芳，（清）丁策定編.--活字本，木活字.--清康熙（1662~1722）.--2 冊（1 函）.--半葉 9 行，行 19 字，粗黑口，四周雙邊，雙對黑魚尾，半框 21.2×14.5cm。北京孔德學校題跋，佚名圈點。鈐“吳興嚴啓豐印”白文印、“古鉼山樵”朱文印、“元龍之符”白文印、“北平孔德學校之章”朱文印.--綫裝
（甲四）/517

桐花閣詞：不分卷/（清）吳蘭修撰.--抄本，綠絲欄.--清中後期（1796～1911）.--1 冊（1 函）.--鈐“張允中”白文印、“雪壺拜觀”朱文印、“北平孔德學校之章”朱文印.--綫裝
（甲四）/567

憶雲詞：一卷，附刪存/（清）項繼章撰.--九成，抄本.--清光緒二十年（1894）.--1 冊（1 函）.--書名頁題“憶雲甲乙丙丁稿”。王鵬運等題跋。鈐“半香老人手校”朱文印、“鶩翁”朱文印、“詞客有靈應識我”白文印、“吟湘小室”朱文印.--綫裝 （丁）/12611

詞話

詞苑叢談：十二卷/（清）徐釚編.--刻本.--蛾術齋，清康熙二十七年（1688）.--10 冊（2 函）.--半葉 9 行，行 20 字，小字雙行字同，白口，左右雙邊，單黑魚尾，半框 17×12.2cm。蛾術齋藏板。鈐“无竟先生獨志堂物”朱文印、“黟山李氏藏書”朱文印、“薈樓”朱文印、“北平孔德學校之章”朱文印.--綫裝
（甲五）/139

詞譜

記紅集：三卷；**詞韻簡**：一卷/（清）吳綺，（清）程洪輯.--刻本.--玉禾堂，清康熙雍正間（1662～1735）.--6 冊（1 函）.--半葉 9 行，行 20 字，白口，四周雙邊，單黑魚尾，半框 20.5×14.3cm。玉禾堂藏板。鈐“北平孔德學校之章”朱文印.--綫裝
（甲四）/230

紅萼軒詞牌：不分卷/（清）孔傳鐸輯.--刻

本.--清康熙雍正年間（1662～1735）.--2 冊（1 函）.--有抄配，跋有缺葉。半葉 5 行，行 13 字，白口，四周花邊，半框 14.9×10.1cm.--綫裝
（丁）/287

詞譜：四十卷/（清）王奕清等編.--刻本，朱墨套印.--京師：內府，清康熙五十四年（1715）.--40 冊（6 函）.--御製序缺第 1、2 葉。半葉 8 行，行 21 字，小字雙行字同，白口，四周雙邊，無界行，雙對黑魚尾，半框 19.3×12.4cm。鈐“竹香泉韻”白文印、“北平孔德學校之章”朱文印.--綫裝 （甲四）/955

自怡軒詞譜：六卷/（清）許寶善輯.--刻本，朱墨套印.--清乾隆（1736～1795）.--4 冊（1 函）.--卷端、版心題“詞譜”。半葉 6 行，行 16 字，白口，左右雙邊，無界行，單黑魚尾，半框 13.2×9.7cm。鈐“北平孔德學校之章”朱文印.--綫裝 （甲四）/335

碎金詞譜：六卷，附錄一卷/（清）謝元淮輯.刻本，朱墨套印.--清道光（1821～1850）.--5 冊（1 函）.--半葉 7 行，行 17 字，小字雙行 25 字，白口，四周雙邊，單黑魚尾，半框 21.5×15.7cm。鈐“凌霄藏本”朱文印、“吳趨孫氏芯園珍藏”朱文印.--綫裝 （乙四）/513

碎金詞譜：十四卷，卷首一卷/（清）謝元淮輯.--刻本，朱墨套印.--清道光二十八年（1848）.--5 冊.--半葉 6 行，行 15 字，小字雙行 22 字，白口，四周雙邊，單黑魚尾，半框 19.6×14.1cm。本衙藏板。鈐“北平孔德學校之章”朱文印

碎金詞韻：四卷，卷首一卷/（清）謝元淮輯.刻本.--清道光二十八年（1848）.--2 冊.--半葉 10 行，行 16 字，小字雙行 32 字，白口，四周雙邊，單黑魚尾，半框 19×14cm。本衙藏板

碎金續譜：六卷/（清）謝元淮輯.--刻本，朱墨套印.--清道光二十八年（1849）.--2 冊.--半葉 6 行，行 15 字，小字雙行 22 字，白口，四周雙邊，單黑魚尾，半框 19.2×14.2cm

養默山房詩餘：三種/（清）謝元淮輯.--刻

本，朱墨套印.--清道光二十四年（1844）.--1
冊.--白口，四周雙邊，單黑魚尾，半框 19.7×
14.4cm.--綫裝

　子目：
　填詞淺説.--半葉 10 行，行 21 字
　海天秋角詞.--半葉 6 行，大字行 15 字，中字
單行 21 字，小字雙行 22 字，有眉批，行 5
字
　碎金詞.--半葉 6 行，大字 15 字，中字單行
21 字，小字雙行 22 字，有眉批，行 5 字
　　　　　　　　　　　　　　（甲四）/3-1

碎金詞譜：六卷，附錄一卷.--刻本.--清道光
二十四年（1844）.--2 冊.--半葉 7 行，行 17
字，小字雙行 25 字，白口，四周雙邊，單黑魚
尾，半框 21.4×15.3cm.--綫裝　（甲四）/3-2

碎金續譜：六卷/（清）謝元淮輯.--刻本，朱
墨套印.--清道光二十八年（1848）.--2 冊（1
函）.--半葉 6 行，行 15 字，小字雙行 23 字，
白口，四周雙邊，單黑魚尾，半框 19.3×14cm.
綫裝　　　　　　　　　　　　（丁）/12460

詞韻

笠翁詞韻：四卷/（清）李漁輯.--刻本.--清
康熙（1662～1722）.--3 冊（1 函）.--半葉 8
行，行 18 字，白口，四周單邊，有眉欄，行 4
字，半框 19.9×12.5cm。有知堂（周作人）跋。
鈐“知堂書記”朱文印、“吳郎之書”朱文
印.--綫裝：吳曉鈴贈書　　　　（己）/1280

詞律：二十卷/（清）萬樹撰.--刻本.--堆絮
園，清康熙二十六年（1687）.--8 冊（1 夾）.--
半葉 7 行，行 21 字，小字雙行字同，白口，左
右雙邊，單黑魚尾，版心下刻“堆絮園”，半框
17×14.1cm. 鈐“伯自本珍藏金石書畫記”朱文
印、“荂飛叕字紅”朱文印、“鳥下窺書古”白
文印、“胡洪毅印”白文印、“嚼蕊挹飛泉館”
朱文印、“觀古堂”朱文印、“道”朱文印、
“昭”朱文印.--綫裝　　　　（乙四）/262

第二部　5 冊（1 函），鈐“天潙簾秋”白文
印　　　　　　　　　　　　（丙四）/2122
　第三部　10 冊（1 函），尺木堂藏板
　　　　　　　　　　　　　　（丙四）/87
　第四部　12 冊（1 函），鈐“北平孔德學校
之章”朱文印　　　　　　　　（甲四）/337

詞律補遺：一卷；**詞畹**：二卷/（清）陳元
鼎編.--抄本.--清（1644～1911）.--4 冊（1
函）.--鈐“仁和吳氏雙照樓藏書”朱文印、“雙
照樓天祿珍翫”白文印、“北平孔德學校之章”
朱文印.--綫裝　　　　　　　　（甲四）/516

曲類

[戲曲唱本二十九種]/（清）佚名輯.--抄本.--
清（1644～1911）.--28 冊（2 函）.--綫裝
　子目：
　女中傑：二齣
　三國志.--清道光二年（1822）
　三元記
　勸善金科.--清道光十九年（1839）
　彩樓記.--清咸豐十一年（1861）
　報喜
　獅駝嶺
　完璧記
　蘆中緣：第三齣至九齣
　五代榮
　八殿
　藏舟
　訪友
　村姑演説
　陽告
　羅卜描容
　盛世鴻圖
　棋盤會.--清咸豐九年（1859）
　藏珠記
　千里駒.--清道光十一年（1831）
　賣柴求救
　扣窰
　京劇字音讀法

以子以人.--清光緒二十七年（1901）
永慶遐齡.--清道光十一年（1831）
花魔寨
六旬延壽
群英會.--清道光十七年（1837）
文武狀元.--又名"十二紅"

（丙四）/4996

戲曲劇本二十種/（清）佚名輯撰.--抄本.--清乾隆至光緒間（1736～1908）.--23 冊（1 函）.--佚名圈點、批註.--綫裝
　子目：
　喜得功名/（清）琅軒撰
　風箏誤/（清）佚名撰.--清乾隆三十年（1765）
　鍾馗嫁妹/（清）佚名撰
　闔家歡慶/（清）佚名撰.--清乾隆嘉慶間（1662～1820）
　灞橋/（清）佚名撰
　點化/（清）佚名撰
　三國志/（清）佚名撰
　曲譜/（清）佚名撰
　西廂記/（清）佚名撰
　聞信/（清）佚名撰
　千里駒/（清）佚名撰
　宿廟/（清）佚名撰.--清道光至光緒（1821～1908）.--越劇
　五穀豐登/（清）佚名撰
　伴讀/（清）佚名撰
　射雁記/（清）佚名撰.--清道光至光緒間（1821～1908）.--昆曲
　相刺/（清）佚名撰
　昭君/（清）佚名撰
　佳期/（清）佚名撰
　拷紅/（清）佚名撰.--豫劇、越劇
　拾金/（清）佚名撰　　　　（丙四）/5006

[戲曲劇本二十三種]/（清）佚名輯.--抄本.--清（1644～1911）.--16 冊（1 函）.--綫裝
　子目：
　度卜
　彩樓記：十六齣
　單刀赴會.--烏絲欄.--清道光十一年（1831）

　山門.--烏絲欄.--清道光十一年（1831）
　美猴王重義下山.--烏絲欄.--清道光十一年（1831）
　班超投筆.--烏絲欄.--清道光十一年（1831）
　善門集慶.--烏絲欄.--清道光十一年（1831）
　灝不服老.--烏絲欄.--清道光十一年（1831）
　藍關走雪.--烏絲欄.--清道光十一年（1831）
　扣窰.--烏絲欄.--清道光十一年（1831）
　倒旗斬子：第二齣
　無名
　盜骨
　懋賞綏戎
　不第.--清道光十四年（1834）
　無名
　羅漢山.--清道光十四年（1834）.--溶海堂角本
　荊釵記
　水滸記
　三元記
　義俠記
　盛世鴻圖：九齣　　　　（丙四）/5007

崑弋劇本：三十四種/（清）佚名抄.--抄本.清道光至光緒間（1821～1908）.--36 冊（1 函）.--毛裝
　子目：
　永慶遐齡.--清道光十年（1830）
　壽榮華.--清道光十八年（1838）
　棋盤會.--清道光十九年（1839）
　歸窰辨蹤.--清道光二十一年（1841）
　歸窰辨蹤.--清咸豐九年（1859）
　督兵.--清道光二十年（1840）
　奇逢.--清道光二十八年（1848）
　千里駒.--清道光三十年（1850）
　請猴.--清咸豐八年（1858）
　昭君.--清咸豐八年（1858）
　翠屏山.--清咸豐八年（1858）
　三元記：六齣.--清咸豐九年（1858）
　三元記：五齣.--清咸豐九年（1858）
　八義記.--清咸豐九年（1858）
　射雁記.--清咸豐九年（1858）
　琵琶記.--清咸豐十年（1859）

449

女中傑.--清咸豐十年（1859）

雷峰塔.--清咸豐十年（1859）

皇宮夢.--清咸豐十年（1859）

金印記.--清咸豐十一年（1860）

昇平寶筏.--清咸豐十一年（1860）

藏珠記.--清咸豐十一年（1860）

盜袈裟：四齣.--清咸豐十一年（1860）

蘆中緣.--清咸豐十一年（1860）

喜得功名

三氣周瑜；送京/（清）王際昌記

認子；絮閣；俠試

上路

走邊：一齣

追信

賜福；報喜救主；盤盒；打御；訪賢

如愿迎新

醉歸.--清咸豐八年（1858）

火焰山

千金記.--清光緒十年（1884）

盛世鴻圖：五齣.--清同治十一年（1872）

（丁）/15447

清蒙古車王府藏曲本/（清）蒙古車王府輯.--抄本.--清（1644～1911）.--2360 冊（210 函）.--本館存 226 种 2360 冊，二十世紀六十年代從北京大學圖書館抄錄 906 種 378 冊，攝製膠卷 244 種 12 盒.--綫裝

（甲四）/1282-1317、1541-2690

諸宮調

新刊合併董解元西廂記：二卷/（金）董解元作；（明）屠隆校正.--抄本，影抄.--清（1644～1911）.--2 冊（1 函）：圖 13 幅.--有缺葉。據明萬曆二十八年周居易刻本抄。鈐“曉鈴藏書”朱文印.--綫裝：吳曉鈴贈書　（己）/1417

雜劇

新鐫古今名劇酹江集：三十種/（明）孟稱舜

編.--刻本.--明（1368～1644）.--2 冊（1 函）.--存 5 種。半葉 9 行，行 20 字，有眉批，行 4 字，白口，四周單邊，半框 20.8×14cm。鈐“彥祥心賞”朱文印、“馬氏大雅堂藏”白文印、“鄞馬彥祥所藏善本戲曲之印”白文印.--綫裝

存書子目：

狂鼓史漁陽三弄：一卷/（明）徐渭撰

雌木蘭替父從軍：一卷/（明）徐渭撰

真傀儡：一卷

鞭歌妓：一卷/（明）沈自征撰

燕青博魚：一卷/（元）李文蔚撰

（丁）/13742

元曲選：一百種一百卷/（明）臧懋循編.**論曲**：一卷/（明）陶宗儀等撰.--刻本.--雕蟲館，明萬曆四十三至四十四年（1615～1616）（博古堂，清[1644～1911]印）.--104 冊（10 函）.--書名頁題“元人百種曲”。半葉 9 行，行 20 字，小字雙行字同，白口，左右雙邊，單黑魚尾，半框 20.7×13.7cm。博古堂藏板。佚名圈點。鈐“北平孔德學校之章”朱文印.--綫裝

子目：

破幽夢孤雁漢宮秋雜劇：一卷/（元）馬致遠撰

李太白匹配金錢記雜劇：一卷/（元）喬吉撰

包待制陳州糶米雜劇：一卷/（元）佚名撰

玉清庵錯送鴛鴦被雜劇：一卷/（元）佚名撰

隨何賺風魔蒯通雜劇：一卷/（元）佚名撰

溫太真玉鏡臺雜劇：一卷/（元）關漢卿撰

楊氏女殺狗勸夫雜劇：一卷/（元）佚名撰

相國寺公孫合汗衫雜劇：一卷/（元）張國賓撰

錢大尹智寵謝天香雜劇：一卷/（元）關漢卿撰

爭報恩三虎下山雜劇：一卷/（元）佚名撰

張天師斷風花雪月雜劇：一卷/（元）吳昌齡撰

趙盼兒風月救風塵雜劇：一卷/（元）關漢卿撰

東堂老勸破家子弟雜劇：一卷/（元）秦簡夫撰

同樂院燕青博魚雜劇：一卷/（元）李文蔚撰

臨江驛瀟湘秋夜雨雜劇：一卷/（元）楊顯之撰

李亞仙花酒曲江池雜劇：一卷/（元）石君寶撰

楚昭公疎者下船雜劇：一卷/（元）鄭廷玉撰

龐居士誤放來生債雜劇：一卷/（元）佚名撰

薛仁貴榮歸故里雜劇：一卷/（元）張國賓撰

裴少俊牆頭馬上雜劇：一卷/（元）白樸撰

唐明皇秋夜梧桐雨雜劇：一卷/（元）白樸撰

散家財天賜老生兒雜劇：一卷/（元）武漢臣撰

硃砂擔滴水浮漚記雜劇：一卷/（元）佚名撰

便宜行事虎頭牌雜劇：一卷/（元）李直夫撰

包龍圖智賺合同文字雜劇：一卷/（元）佚名撰

凍蘇秦衣錦還鄉雜劇：一卷/（元）佚名撰

翠紅鄉兒女兩團圓雜劇：一卷/（元）楊文奎撰

李素蘭風月玉壺春雜劇：一卷/（元）武漢臣撰

呂洞賓度鐵拐李岳雜劇：一卷/（元）岳伯川撰

小尉遲將鬥將認父歸朝雜劇：一卷/（元）佚名撰

陶學士醉寫風光好雜劇：一卷/（元）戴善夫撰

魯大夫秋胡戲妻雜劇：一卷/（元）石君寶撰

神奴兒大鬧開封府雜劇：一卷/（元）佚名撰

半夜雷轟薦福碑雜劇：一卷/（元）馬致遠撰

謝金吾詐拆清風府雜劇：一卷/（元）佚名撰

呂洞賓三醉岳陽樓雜劇：一卷/（元）馬致遠撰

包待制三勘蝴蝶夢雜劇：一卷/（元）關漢卿撰

說鱄諸伍員吹簫雜劇：一卷/（元）李壽卿撰

河南府張鼎勘頭巾雜劇：一卷/（元）孫仲章撰

黑旋風雙獻功雜劇：一卷/（元）高文秀撰

迷青瑣倩女離魂雜劇：一卷/（元）鄭德輝撰

西華山陳摶高臥雜劇：一卷/（元）馬致遠撰

龐涓夜走馬陵道雜劇：一卷/（元）佚名撰

救孝子賢母不認屍雜劇：一卷/（元）王仲文撰

邯鄲道省悟黃粱夢雜劇：一卷/（元）馬致遠撰

杜牧之詩酒揚州夢雜劇：一卷/（元）喬吉撰

醉思鄉王粲登樓雜劇：一卷/（元）鄭德輝撰

昊天塔孟良盜骨雜劇：一卷/（元）佚名撰

包待制智斬魯齋郎雜劇：一卷/（元）關漢卿撰

朱太守風雪漁樵記雜劇：一卷/（元）佚名撰

江州司馬青衫淚雜劇：一卷/（元）馬致遠撰

四丞相高會麗春堂：一卷/（元）王實甫撰

孟德耀舉案齊眉雜劇：一卷/（元）佚名撰

包龍圖智勘後庭花雜劇：一卷/（元）鄭廷玉撰

死生交范張雞黍雜劇：一卷/（元）宮大用撰

玉簫女兩世姻緣雜劇：一卷/（元）喬吉撰

宜秋山趙禮讓肥雜劇：一卷/（元）秦簡夫撰

鄭孔目風雪酷寒亭雜劇：一卷/（元）楊顯之撰

桃花女破法嫁周公雜劇：一卷/（元）佚名撰

陳季卿誤上竹葉舟雜劇：一卷/（元）范子安撰

布袋和尚忍字記雜劇：一卷/（元）鄭廷玉撰

謝金蓮詩酒紅梨花雜劇：一卷/（元）張壽卿撰

鐵拐李度金童玉女雜劇：一卷/（元）賈仲名撰

包待制智賺灰闌記雜劇：一卷/（元）李行道撰

崔府君斷冤家債主雜劇：一卷/（元）佚名撰

㑳梅香騙翰林風月雜劇：一卷/（元）鄭德輝撰

尉遲恭單鞭奪槊雜劇：一卷/（元）尚仲賢撰

呂洞賓三度城南柳雜劇：一卷/（元）谷子敬撰

須賈大夫誶范叔雜劇：一卷/（元）高文秀撰

李雲英風送梧桐葉雜劇：一卷/（元）李唐賓撰

花間四友東坡夢雜劇：一卷/（元）吳昌齡撰

杜蕊娘智賞金線池雜劇：一卷/（元）關漢卿撰

王月英元夜留鞋記雜劇：一卷／（元）曾瑞卿
撰

漢高皇濯足氣英布雜劇：一卷／（元）尚仲賢
撰

兩軍師隔江鬥智雜劇：一卷／（元）佚名撰

馬丹陽度脫劉行首雜劇：一卷／（元）楊景賢
撰

月明和尚度柳翠雜劇：一卷／（元）李壽卿撰

劉晨阮肇誤入桃源雜劇：一卷／（元）王子一
撰

張孔目智勘魔合羅雜劇：一卷／（元）孟漢卿
撰

玎玎璫璫盆兒鬼雜劇：一卷／（元）佚名撰

荊楚臣重對玉梳記雜劇：一卷／（元）賈仲名
撰

逞風流王煥百花亭雜劇：一卷／（元）佚名撰

秦修然竹塢聽琴雜劇：一卷／（元）石子章撰

金水橋陳琳抱妝盒雜劇：一卷／（元）佚名撰

趙氏孤兒大報仇雜劇：一卷／（元）紀君祥撰

感天動地竇娥冤雜劇：一卷／（元）關漢卿撰

梁山泊李逵負荊雜劇：一卷／（元）康進之撰

蕭淑蘭情寄菩薩蠻雜劇：一卷／（元）賈仲名
撰

錦雲堂暗定連環計雜劇：一卷／（元）佚名撰

羅李郎大鬧相國寺雜劇：一卷／（元）張國賓
撰

看錢奴買冤家債主雜劇：一卷／（元）鄭廷玉
撰

都孔目風雨還牢末雜劇：一卷／（元）李致遠
撰

洞庭湖柳毅傳書雜劇：一卷／（元）尚仲賢撰

風雨像生貨郎旦雜劇：一卷／（元）佚名撰

望江亭中秋切鱠雜劇：一卷／（元）關漢卿撰

馬丹陽三度任風子雜劇：一卷／（元）馬致遠
撰

薩真人夜斷碧桃花雜劇：一卷／（元）佚名撰

沙門島張生煮海雜劇：一卷／（元）李好古撰

包待制智賺生金閣雜劇：一卷／（元）武漢臣
撰

馮玉蘭夜月泣江舟雜劇：一卷／（元）佚名撰

（甲四）／701

盛明雜劇二集／（明）朱有燉編；（明）徐翙，
（明）沈泰評閱．--刻本．--明崇禎（1628～
1644）．--2 冊（1 函）．--存 11 種。半葉 9 行，
行 20 字，有眉評，行 3 字，白口，左右雙邊，
半框 20.3×14.3cm．鈐“曉鈴藏書”朱文印．--
綫裝：吳曉鈴贈書

存書子目：

香囊怨：四折／（明）朱有燉撰

武陵春：一折／（明）許潮撰

蘭亭會：一折／（明）許潮撰

寫風情：一折／（明）許潮撰

午日吟：一折／（明）許潮撰

南樓月：一折／（明）許潮撰

赤壁遊：一折／（明）許潮撰

龍山宴：一折／（明）許潮撰

魚兒佛：四齣／（明）寓山居士撰

雙鶯傳：七折／（清）袁于令撰

不伏老：五折／（明）馮惟敏撰

（己）／660

魯大夫秋胡戲妻雜劇：四折／（元）石君寶
撰；（明）臧懋循校．--刻本．--明萬曆（1573～
1620）．--1 冊（1 函）：冠圖 2 幅．--（元曲選：
一百種一百卷／[明]臧懋循編）．--版心題“秋胡
戲妻”。半葉 9 行，行 20 字，白口，左右雙邊，
單黑魚尾，半框 21.1×13.6cm．鈐“北平孔德
學校之章”朱文印．--綫裝　　　（甲四）／864

李素蘭風月玉壺春雜劇／（元）武漢臣撰；（明）
臧懋循校．--刻本．--明萬曆（1573～1620）．--1
冊（合裝 1 函）．--（元曲選：一百種一百卷／
[明]臧懋循編）．--書簽題“元人詞譜雜劇”。
半葉 9 行，行 20 字，白口，左右雙邊，單黑魚
尾，半框 21.7×13.6cm．--綫裝　　（丙四）／2831

陶學士醉寫風光好雜劇：四折／（元）戴善夫
撰；（明）臧懋循校．--刻本．--明萬曆（1573～
1620）．--1 冊（1 函）：冠圖 3 幅．--（元曲選：
一百種一百卷／[明]臧懋循編）．--版心題名“風
光好”。半葉 9 行，行 20 字，白口，左右雙邊，
單黑魚尾，半框 21.1×13.6cm．鈐“北平孔德
學校之章”朱文印．--綫裝　　　（甲四）／939

呂洞賓度鐵拐李岳雜劇/（元）岳伯川撰；（明）臧懋循校.--刻本.--明萬曆（1573～1620）.--1 冊（1 函）.--（元曲選：一百種一百卷/[明]臧懋循編）.--書籤題"元人詞譜雜劇"。半葉 9 行，行 20 字，白口，左右雙邊，單黑魚尾，半框 21.7×13.6cm。鈐"誠伯"朱文印.--綫裝 　　　　　　　（丙四）/2830

西廂記：二卷二十齣/（元）王實甫撰.--刻本.--常熟：毛氏汲古閣，明末（1621～1644）.1 冊（1 函）.--（六十種曲/[明]毛晉輯）.--存上卷。書名頁題"繡刻西廂記定本"。半葉 9 行，行 19 字，細黑口，左右雙邊，半框20.1×13.2cm。鈐"曉鈴藏書"朱文印.--綫裝：吳曉鈴贈書 　　　　　　　（己）/349

會真六幻：十九卷/（明）閔齊伋編.--刻本.--明末（1621～1644）.--2 冊（2 函）.--存 13卷。有殘葉。書名頁題"閔家原本"、"文林閣藏"。半葉 10 行，行 20 字，白口，四周雙邊，半框 21.7×15.7cm。黃裳跋。鈐"積學齋徐乃昌藏書"朱文印、"黃裳藏本"白文印、"黃裳容氏珍藏圖籍"白文印、"黃裳百嘉"朱文印、"吳"朱文印、"曉鈴藏書"朱文印.--綫裝：吳曉鈴贈書
　子目：
　王實父西廂記：四卷/（元）王實甫撰
　關漢卿續西廂記：一卷/（元）關漢卿撰
　會真記：一卷/（唐）元稹撰
　會真詩：一卷
　會真賦：一卷/（明）方諸生撰
　會真說：一卷
　錢塘夢：一卷
　園林午夢：一卷
　圍棋闖局：一卷/（元）王生撰
　五劇箋疑：一卷
　　　　　（己）/1400、（己）/1396

西廂記：五本二十折，附對弈一折/（元）王實甫，（元）關漢卿撰；（明）凌濛初編輯評點.刻本，朱墨套印.--凌濛初，明末（1573～1644）.--5 冊（1 函）.--圖 20 幅.--半葉 8 行，

行 18 字，有眉批，行 7 字，白口，左右雙邊，半框 20.2×14.4cm。鈐"翠閔堂所有書籍記"朱文印、"王庚"白文印、"字由叔號學坡"朱文印、"馬氏大雅堂藏"白文印、"鄞馬彥祥所藏善本戲曲之印"白文印、"彥祥心賞"朱文印.--綫裝：馬彥祥贈書 　　　　　（戊）/89

北西廂：五卷二十折/（元）王實甫編；（元）關漢卿續；（明）徐渭訂正.會真記/（唐）元稹撰.--刻本.--李廷謨，明崇禎三年（1630）.--2 冊（1 函）：圖 20 幅.--有殘葉。書名頁題"徐文長先生批評北西廂記"。半葉 9 行，行 20 字，有眉批，行 5 或 6 字，白口，四周單邊，單白魚尾，半框 19.8×14cm.--綫裝：吳曉鈴贈書 　　　　　　　（己）/1398

新鐫李卓吾原評西廂記：二卷，首一卷/（元）王德信，（元）關漢卿撰；（明）李贄評點.附西廂摘句骰譜：一卷/（明）湯顯祖輯.錢塘夢：一卷.會真記：一卷/（唐）元稹撰.圍棋闖局：一卷/（元）王生撰.園林午夢：一卷.--刻本.--明崇禎十三年（1640）.--1 冊（1 函）：圖 21幅.--殘本，存：西廂摘句骰譜一卷，錢塘夢一卷，會真記一卷，圍棋闖局一卷，園林午夢一卷。半葉 9 行，行 20 字，白口，四周單邊，半框 21.2×14.3cm。西陵天章閣藏板。鈐"曉鈴藏書"朱文印.--綫裝：吳曉鈴贈書 　　　　　（己）/1395

新刻魏仲雪先生批點西廂記：二卷二十齣/（元）王德信，（元）關漢卿撰；（明）魏浣初批評；（明）李裔蕃註釋.附蒲東詩：一卷.新刻魏仲雪先生批評錢塘夢：一卷.園林午夢記：一卷.--刻本.--清初（1644～1722）.--2 冊（1 函）：圖 1 幅.--新刻魏仲雪先生批點西廂記存第1-15 齣。蒲東詩有殘缺。半葉 10 行，行 27 字，小字雙行字同，有眉欄，行 3 字，白口，四周單邊，半框 21×12.3cm。鈐"曉鈴藏書"朱文印.--綫裝：吳曉鈴贈書 　　　　　（己）/1394

新刻魏仲雪先生批點西廂記：二卷二十齣/（元）王實甫撰；（明）魏浣初評釋；（明）李裔蕃註釋.**新刻魏仲雪先生批評會真記**：一卷/（唐）

元積撰；（明）魏浣初批評.附錄蒲東詩：一卷.錢塘夢：一卷.園林午夢記：一卷.--刻本.--陳長卿,清初（1644～1722）.--3 冊（1 函）：圖 4 幅.--半葉 10 行,行 27 字,小字雙行字同,有眉欄,行 3 字,白口,四周單邊,半框 19.8×12.3cm。書名頁題"古吳陳長卿梓".--綫裝
（甲三）/404

新校注古本西廂記：五卷五折,考一卷,首一卷/（元）王實甫編；（明）方諸生校注.--刻本.王氏香雪居,明萬曆四十二年（1614）.--4 冊（1 函）：圖 20 幅.--有殘葉。半葉 10 行,行 20 字,白口,四周單邊,單白魚尾,版心下刻"香雪居",半框 20.8×14.3cm。新安黃應光刻圖。鈐"曉鈴藏書"朱文印.--綫裝：吳曉鈴贈書
（己）/1397

貫華堂第六才子書西廂記：八卷/（元）王德信,（元）關漢卿撰；（清）金人瑞批點.--刻本.貫華堂,清初（1644～1722）.--6 冊（1 函）：圖 1 幅.--（聖歎外書/[清]金人瑞撰）.--半葉 8 行,行 19 字,白口,四周單邊,單黑魚尾,版心下刻"貫華堂",半框 19×12.9cm。本衙藏板。鈐"同壽"白文印、"仁和金氏珍藏"白文印、"曉鈴藏書"朱文印.--綫裝：吳曉鈴贈書
（己）/1407

貫華堂第六才子書西廂記：八卷/（元）王德信,（元）關漢卿作；（清）金人瑞評點.附才子西廂醉心篇：一卷/（清）陳維崧訂.--刻本.--清（1644～1911）.--4 冊（1 函）：圖 16 幅.--半葉 9 行,行 19 字,白口,左右雙邊,單黑魚尾,半框 18.3×12.3cm。世德堂藏板。鈐"曉鈴藏書"朱文印.--綫裝：吳曉鈴贈書
（己）/1419

貫華堂第六才子書：八卷/（元）王實甫撰；（清）金人瑞評.--刻本.--四美堂,清初（1644～1722）.--8 冊（1 函）：有圖.--版心題"第六才子書"。半葉 10 行,行 22 字,小字雙行字同,白口,四周單邊,單黑魚尾,半框 21.1×14.4cm。鈐"北平孔德學校之章"朱文印.--綫裝
（甲三）/400

貫華堂第六才子書：八卷,六才子西廂文一卷/（明）王實甫撰.--刻本.--古吳：三樂齋,清乾隆十五年（1750）.--6 冊（1 函）.--書名頁題"繡像第六才子書"。半葉 10 行,行 22 字,小字雙行字同,白口,四周單邊,單黑魚尾,半框 21.2×14.3cm。鈐"心常潛大業手不釋群經"朱文印.--綫裝
（丙四）/5752

第六才子書：八卷/（元）王實甫撰；（清）金人瑞評.--刻本.--文德堂,清乾隆四十五年（1780）.--6 冊（1 函）：有圖.--半葉 11 行,行 24 字,小字雙行字同,白口,四周單邊,單黑魚尾,半框 18.9×11.7cm。文德堂藏板。佚名圈點。鈐"北平孔德學校之章"朱文印.--綫裝
（甲三）/421

箋注繪像第六才子西廂釋解：八卷,首一卷/（元）王實甫作；（清）金人瑞評；（清）吳吳山三婦評箋.--刻本.--郁郁堂,清康熙（1662～1722）.--8 冊（1 函）：圖 21 幅.--目錄題"吳山三婦評箋注釋聖歎第六才子書",版心題"第六才子書釋解"。附圍棋闖局：一卷/（元）王生撰.園林午夢：一卷.摘句骰譜：一卷/（明）湯顯祖輯。上下兩欄,上欄半葉 20 行,行 15 字,下欄半葉 10 行,行 16 字,小字雙行字同,白口,四周單邊,單黑魚尾,版心下刻"郁郁堂",半框 20.9×14.2cm.--綫裝：吳曉鈴贈書
（己）/1402

箋註第六才子書釋解：八卷/（元）王實甫撰；（清）金人瑞批.--刻本.--致和堂,清康熙（1662～1722）.--8 冊（1 函）：插圖 23 幅.--版心題"第六才子書釋解",卷 1 卷端題"合訂西廂記文機活趣全解",卷 2 卷端題"增補箋註繪像第六才子西廂釋解",目錄題"吳山三婦評箋註釋聖歎第六才子書"。上下兩欄,上欄半葉 20 行,行 12 字,下欄半葉 10 行,行 20 字,小字雙行字同,有眉批,行 4 字,白口,左右雙邊,無界行,單黑魚尾,版心下刻"致和堂",半框 20×13.5cm。致和堂藏板.--綫裝 （丙四）/2235

第二部　6冊（1函）　（丙四）/1904

吳山三婦評箋注釋聖歎第六才子書：八卷,附末一卷/（元）王實甫撰；（清）金人瑞評.--刻本.--會賢堂,清（1644～1911）.--12冊（2函）:插圖21幅.--目錄題"吳山三婦評箋註釋聖嘆第六才子書",版心題"第六才子書釋解"。卷1、3卷端題"合訂西廂記文機活趣全解",卷2、4卷端題"增補箋注繪像第六才子書西廂釋解",卷5卷端題"增補箋注第六才子西廂釋解",卷6、7卷端題"箋注繪像第六才子西廂釋解",卷8卷端題"箋注繪像第六才子西廂"。各卷行款不一,卷1半葉10行,行26字,白口,左右雙邊,單黑魚尾,半框14.2×9.5cm。佚名圈點。鈐"北平孔德學校之章"朱文印.--綫裝　　　　（甲三）/426

滿漢西廂記：[滿漢對照]:四卷十六齣/（元）王實甫撰.--刻本.--清（1644～1911）.--4冊（1函）.--書名頁題"合璧西廂記"。半葉滿文6行,漢文6行,行字數不等,小字雙行字數不等,白口,四周雙邊,單黑魚尾,半框16.4×12.1cm。文盛堂藏板。佚名圈點。鈐"北平孔德學校之章"朱文印.--綫裝　（甲三）/465

滿漢西廂記：[滿漢對照]:四卷十六章/（元）王實甫撰.--刻本.--清（1644～1911）.--4冊（1函）.--半葉滿文6行,漢文6行,行字數不等,小字雙行字數不等,白口,四周雙邊,單黑魚尾,半框16.9×12.1cm。佚名滿文批註.--綫裝　　　　　（乙·四）/6

精鈔會真記曲本：十六齣/（明）王實甫撰.--抄本.--戟桓,清道光十九年（1839）.--卽《西廂記》前十六齣.--1冊（1函）.--綫裝　　　　　　　　（丁）/7103

神奴兒大鬧開封府雜劇：四折/（元）佚名撰；（明）臧懋循校.--刻本.--明萬曆（1573～1620）.--1冊（1函）:冠圖2幅.--（元曲選:一百種一百卷/[明]臧懋循編）.--版心題"神奴兒"。半葉9行,行20字,白口,左右雙邊,單黑魚尾,半框21.2×13.6cm。鈐"北平孔德學校之章"朱文印.--綫裝　　　　（甲四）/874

翠紅鄉兒女兩團圓雜劇/（元）楊文奎撰；（明）臧懋循校.--刻本.--明萬曆（1573～1620）.--1冊（合裝1函）.--（元曲選:一百種一百卷/[明]臧懋循編）.--書簽題"元人詞譜雜劇"。半葉9行,行20字,白口,左右雙邊,單黑魚尾,半框21.7×13.6cm。--綫裝　　　　　　　　（丙四）/2832

四聲猿：四卷/（明）徐渭撰；（明）澂道人評.刻本.--明（1368～1644）.--2冊（1函）:冠圖5幅.--卷端題"天池生",即徐渭,字文長,號青藤老人、青藤道士、天池生、天池山人等。半葉9行,行20字,有眉評,行4字,白口,四周單邊,半框20.7×14.5cm。鈐"馬彥祥"朱文印、"鄞馬彥祥所藏善本戲曲之印"白文印、"馬氏大雅堂藏"白文印.--綫裝
子目:
狂鼓史漁陽三弄：一卷
玉禪師翠鄉一夢：一卷
雌木蘭替父從軍：一卷
女狀元辭凰得鳳：一卷　　　（丁）/13740

坦菴詞曲：六種九卷/（清）徐石麒撰.--刻本.--南湖:享書堂,清初（1644～1722）.--4冊（1函）.--半葉9行,行20字,小字雙行字同,白口,四周單邊,半框18.3×13.6cm。南湖享書堂藏板。鈐"深柳讀書堂"白文印、"北平孔德學校之章"朱文印.--綫裝
子目:
坦庵詩餘甖吟：四卷
坦庵樂府黍香集：三卷
坦庵買花錢雜劇：四折
坦庵大轉輪雜劇：四折
坦庵拈花笑雜劇：一折
坦庵浮西施雜劇：一折　　（甲四）/87
**第二部　2冊（1函）,鈐"曉鈴藏書"朱文印　　　　　　　　（己）/654

坦庵買花錢雜劇：一卷/（清）徐石麒撰.--

刻本.--南湖: 享書堂, 清初（1644～1722）.--1冊（1函）.--（坦菴詞曲: 六種/[清]徐石麒撰）.--版心題"買花錢"。半葉9行, 行20字, 有眉批, 行3字, 白口, 四周單邊, 半框20.4×14.2cm。鈐"曉鈴藏書"朱文印、"彥祥"朱文印、"馬氏大雅堂藏"白文印.--綫裝

（丁）/13733

續離騷: 四種/（清）嵇永仁撰.--抄本.--清末（1875～1911）.--1冊（1函）.--卷端著者題"抱犢山農", 嵇永仁字留山, 別號抱犢山農。鈐"北平孔德學校之章"朱文印.--綫裝

子目:

劉青田教習扯淡歌: 一卷

杜秀才痛哭泥神廟: 一卷

癡和尚街頭笑布袋: 一卷

憤司馬夢裏罵閻羅: 一卷 （甲四）/710

玉湖樓第三種傳奇明翠湖亭: 四種/（清）裘璉撰.--刻本.--絳雲居, 清康熙（1662～1722）.--1冊.--又名"四韻事"。半葉10行, 行22字, 白口, 四周單邊, 單黑魚尾, 半框19.9×14.5cm。絳雲居藏板。鈐"張焯堂長嵐印"白文印、"雲霞閣藏書印"白文印、"张生鎬印"白文印、"趙氏樂天廎珍藏"朱文印、"曉鈴贈書"朱文印.--綫裝: 吳曉鈴贈書

子目:

昆明池: 二折

集翠裘: 二折

鑑湖隱: 四折

旗亭館: 三折 （己）/659

雅趣藏書/（清）錢書撰.--刻本, 朱墨套印.--清康熙（1644～1911）.--2冊（1函）: 插圖20幅.--書名頁題"繡像西廂時藝"。半葉9行, 行25字, 四周單邊, 無界行, 半框21×12.5cm。鈐"時還讀我書"朱文印.--綫裝

（乙三）/1036

第二部 鈐"周氏藏"朱文印

（丁）/14158

第三部 崇文堂藏板 （己）/1420

第四部 1冊（1函）, 崇文堂藏板

（丁）/5924

第五部 4冊（1函）, 崇文堂藏板

（甲三）/562

西堂樂府: 六種/（清）尤侗撰.--刻本.--清康熙（1662～1722）.--4冊（1函）.--半葉10行, 行21字, 白口, 四周單邊, 有眉評, 行4字, 半框19.9×14cm.--綫裝

子目:

讀離騷: 四折

吊琵琶: 四折

桃花源: 四折

黑白衛: 四折

李白登科記: 一折, 一名清平調

鈞天樂: 二本三十二齣 （甲四）/38

第二部 6冊（1函）, 鈐"北平孔德學校之章"朱文印 （甲四）/72

第三部 3冊（1函）, 鈐"邳州黃河北岸管河州判關防"朱文印（滿漢合璧）、"馬鑄式"白文印、"楓階"朱文印、"熙怡叟"白文印、"彥祥"朱文印、"馬氏大雅堂藏"白文印

（戊）/187

第四部 2冊（1函）, 存5種, 缺鈞天樂。有吳曉鈴題識, 鈐"滄州孫氏積善堂藏書"白文印、"小旋風柴進里人"朱文印、"吳曉鈴"白文印、"曉鈴藏書"朱文印, 吳曉鈴贈書

（己）/604

笳騷: 一卷/（清）唐英撰.--刻本.--唐英雙碧樓, 清乾隆（1736～1795）.--1冊（1函）.--卷端題"蝸寄居士"。半葉8行, 行16字, 小字雙行32字, 白口, 四周雙邊, 單黑魚尾, 版心下刻"雙碧樓", 半框20.3×14.4cm.--綫裝

（丁）/10891

吟風閣: 四卷/（清）楊潮觀撰.--刻本.--清乾隆三十九年（1774）.--6冊（1函）.--半葉9行, 行19字, 粗黑口, 四周雙邊, 單黑魚尾, 半框17.4×12.6cm。恰好處藏板。鈐"彥祥"朱文印、"鄞馬彥祥所藏善本戲曲之印"白文印.--綫裝

子目:

新豐店馬周獨酌
大江西小姑送風
李衛公替龍行雨
黃石婆授計逃關
快活山樵歌九轉
窮阮籍醉罵財神
溫太真晉陽分別
邯鄲郡錯嫁才人
賀蘭山謫仙贈帶
開黃榜朱衣點頭
夜香臺持齋訓子
汲長儒矯詔發倉
魯仲連單鞭蹈海
荷花蕩將種逃生
灌口二郎初顯聖
魏徵破笏再朝天
勸文昌狀元配瞽
感天后神女露筋
華表柱延陵掛劍
東萊郡暮夜卻金
下江南曹彬誓眾
韓文公雪擁藍關
荀灌娘圍城救公
信陵君義葬金釵
偷桃捉住東方朔
換扇巧逢春夢婆
西塞山漁翁封拜
諸葛亮夜祭瀘江
凝碧池忠魂再表
大蔥嶺只履西歸
寇萊公思親罷宴
翠微亭卸甲閒遊　　　　　（丁）/13741
　第二部　鈐"北平孔德學校之章"朱文印
（甲四）/86
　第三部　4冊（1函），吳曉鈴贈書
（己）/59

浙江迎鑾樂府：九齣/（清）王文治撰.--刻本.--清道光（1821～1850）.--1冊（1函）.--半葉8行，行18字，白口，四周雙邊，雙對黑魚尾，半框 15×11cm。鈐"曉鈴藏書"朱文印.--綫裝：吳曉鈴贈書

子目：
三農得澍：一齣
龍井茶歌：一齣
祥徵冰繭：一齣
海宇歌：一齣
燃燈法界：一齣
葛嶺丹爐：一齣
仙醖延齡：一齣
瑞獻天臺：一齣
瀛波清晏：一齣　　　　　（己）/653

寫心雜劇：十八種/（清）徐爔撰.--刻本.--吳江：徐氏夢生堂，清乾隆五十四年（1789）.--6冊（1函）：圖16幅.--存16種。徐爔別號種緣子。半葉8行，行18字，小字雙行字同，白口，左右雙邊，單黑魚尾，半框16×11.2cm。夢生堂藏板。鈐"北平孔德學校之章"朱文印.綫裝

子目：
遊湖：一卷
述夢：一卷
遊梅遇仙：一卷
癡祝：一卷
青樓濟困：一卷
哭弟：一卷
湖山小隱：一卷
悼花：一卷
酬魂：一卷
醒鏡：一卷
祭牙：一卷
月夜談禪：一卷
蝨談：一卷
覓地：一卷
求財卦：一卷
入山：一卷　　　　　（甲四）/190
　第二部　4冊（1函），存十二種，圖12幅：遊湖、月夜談禪、述夢、遊梅遇仙、癡祝、青樓濟困、哭弟、湖山小隱、悼花、酬魂、醒鏡、祭牙。鈐"周越然"朱文印、"越然"朱文印、"周二"、"曉鈴藏書"朱文印
（己）/664

嘯夢軒新演楊狀元進諫謫滇南雜劇：四齣/
（清）劉聲填詞；（清）方廷熹批評.--刻本.--
嘯夢軒，清乾隆（1736～1722）.--1 冊（1 函）.
半葉 9 行，行 18 字，粗黑口，四周雙邊，雙對
黑魚尾，半框 19×13cm。鈐"曉鈴藏書"朱文
印.--綫裝：吳曉鈴贈書　　　　　　　（己）/645

補天石傳奇：八種八卷/（清）周樂清撰.--
刻本.--靜遠草堂，清道光十年（1830）.--4 冊
（1 函）：有圖.--半葉 6 行，行 16 字，有眉批，
行 4 字，白口，四周雙邊，單黑魚尾，半框 18.6
×13.2cm。靜遠草堂藏板。鈐"北平孔德學校之
章"朱文印.--綫裝
　子目：
　宴金臺：一卷
　定中原：一卷
　河梁歸：一卷
　琵琶語：一卷
　紉蘭佩：一卷
　碎金牌：一卷
　紞如鼓：一卷
　波弋香：一卷　　　　　　　　　　　（甲四）/84

海不揚波；太平王會/（清）佚名撰.--抄本.--
京師：南府，清中期（1796～1826）.--1 冊.--
書皮題"上元後承應"。鈐"舊大班"墨印.--
毛裝：吳曉鈴贈書　　　　　　　　　　（己）/128

天香慶節：二卷/（清）佚名撰.--抄本. --
昇平署，清末（1851～1911）.--4 冊（1 函）.--
鈐"鄞馬彥祥所藏善本戲曲之印"白文印.--綫
裝　　　　　　　　　　　　　　　　（丁）/13743

天香慶節總本/（清）佚名撰.--抄本.--清
（1644～1911）.--1 冊（1 函）.--綫裝
　　　　　　　　　　　　　　　　　（丁）/13779

傳奇

六十種曲/（明）毛晉編.--刻本.--虞山毛氏

汲古閣，明末（1621～1644）.--64 冊（8 函）.--
半葉 9 行，行 19 字，細黑口，左右雙邊，半框
20.1×13.3cm。實獲齋藏板.--綫裝：吳曉鈴贈
書
　子目：
　第一套
　琵琶記：二卷/（元）高明撰
　荊釵記：二卷/（明）朱權撰
　香囊記：二卷/（明）邵璨撰
　浣紗記：二卷/（明）梁辰魚撰
　尋親記：二卷/（明）闕名撰
　千金記：二卷/（明）沈采撰
　精忠記：二卷/（明）姚茂良撰
　鳴鳳記：二卷/（明）王世貞撰
　八義記：二卷/（明）徐元撰
　三元記：二卷/（明）沈受先撰
　第二套
　西廂記（南）：二卷/（明）李日華撰
　幽閨記：二卷/（元）施惠撰
　明珠記：二卷/（明）陸采撰
　玉簪記：二卷/（明）高濂撰
　紅拂記：二卷/（明）張鳳翼撰
　還魂記：二卷/（明）湯顯祖撰.--一名牡丹亭
　紫釵記：二卷/（明）湯顯祖撰
　邯鄲記：二卷/（明）湯顯祖撰
　南柯記：二卷/（明）湯顯祖撰
　西廂記（北）：二卷/（元）王實甫撰
　第三套
　春蕪記：一卷/（明）汪錂撰
　琴心記：一卷/（明）孫梅錫撰
　玉鏡臺記：一卷/（明）朱鼎撰
　懷香記：一卷/（明）陸采撰
　彩毫記：一卷/（明）屠隆撰
　運甓記：二卷/（明）吾丘端撰
　鸞鎞記：二卷/（明）葉憲祖撰
　玉合記：二卷/（明）梅鼎祚撰
　金蓮記：二卷/（明）陳汝元撰
　四喜記：二卷/（明）謝讜撰
　第四套
　繡襦記：二卷/（明）徐霖撰
　青衫記：二卷/（明）顧大典撰
　紅梨記：二卷/（明）徐復祚撰

焚香記：二卷／（明）王玉峰撰

霞箋記：二卷／（明）佚名撰

西樓記：二卷／（明）袁于令撰

投梭記：二卷／（明）徐復祚撰

玉環記：二卷／（明）楊柔勝撰

金雀記：二卷／（明）佚名撰

贈書記：二卷／（明）佚名撰

第五套

錦箋記：二卷／（明）周履靖撰

蕉帕記：二卷／（明）單本撰

紫簫記：二卷／（明）湯顯祖撰

水滸記：二卷／（明）許自昌撰

玉玦記：二卷／（明）鄭若庸撰

灌園記：二卷／（明）張鳳翼撰

種玉記：二卷／（明）汪廷訥撰

雙烈記：二卷／（明）張四維撰

獅吼記：二卷／（明）汪廷訥撰

義俠記：二卷／（明）沈璟撰

第六套

白兔記：二卷／（明）佚名撰

殺狗記：二卷／（明）徐㬎撰

曇花記：二卷／（明）屠隆撰

龍膏記：二卷／（明）楊珽撰

飛丸記：二卷／（明）佚名撰

東郭記：二卷／（明）孫鍾齡撰

節俠記：二卷／（明）許三階撰

雙珠記：二卷／（明）沈鯨撰

四賢記：二卷／（明）佚名撰

還魂記：二卷／（明）湯顯祖撰；（明）碩園刪定.--一名"牡丹亭" （己）/633

繡像傳奇十種／（明）梅鼎祚等撰.--刻本.--明末（1573～1644）.--19 冊（4 函）.--半葉 9 行，行 20 字，小字雙行字同，白口，四周單邊，單黑魚尾，半框 20.2×13.8cm。玉夏齋藏板。鈐"北平孔德學校之章"朱文印.--綫裝

子目：

喜逢春：二卷／（明）清嘯生撰；（明）涇藻香子校閱.--下卷殘缺。有插圖

長命縷：二卷／（明）梅鼎祚編

山水鄰新鐫花筵賺：二卷／（明）范文若撰；（明）蘇復之訂証.--上卷係抄配。別名題"玉

鏡臺"

山水鄰新鐫出像四大癡傳奇：四卷／（明）李逢時撰.--版心題"四大癡"

斐堂戲墨蓮盟：二卷／（明）馬佶人撰.--別名題"荷花蕩"

望湖亭記：二卷／（明）沈自晉撰.--版心題"望湖亭"

詠懷堂新編十錯認春燈謎記：二卷／（明）阮大鋮撰.--版心題"春燈謎"

鴛鴦棒：二卷／（明）范文若撰

評點鳳求凰：二卷／（明）澹慧居士編.--版心題"鳳求凰"

金印合縱記：二卷／（明）蘇復之編.--下卷係抄配。一名題"黑貂裘"，版心題"合縱記"
（甲四）/854

墨憨齋新曲十種：二十卷／（明）馮夢龍輯.--刻本.--明末（1621～1644）；清乾隆五十七年（1792）重修.--10 冊（1 函）.--存 5 種。版心題"墨憨齋定本"。半葉 8 行，行 21 字，小字雙行字同，白口，左右雙邊，半框 19.8×14.3cm。有鄭騫、吳曉鈴跋。鈐"曙雯樓藏"朱文印、"鄭騫"白文印、"慕歌家世"朱文印、"望綠蔭齋"朱文印、"綠雲山館"朱文印、"吳郎之章"朱文印、"曉鈴藏書"朱文印.--綫裝

子目：

墨憨齋新灌園傳奇：二卷三十六折／（明）張鳳翼撰；（明）馮夢龍更定

墨憨齋重定女丈夫傳奇：二卷三十六折／（明）張鳳翼，（明）劉晉充撰；（明）馮夢龍更定

墨憨齋重定夢磊傳奇：二卷三十四折／（明）史槃撰；（明）馮夢龍更定

墨憨齋新定灑雪堂傳奇：二卷四十折／（明）梅孝己撰；（明）馮夢龍更定

墨憨齋重定西樓楚江情傳奇：二卷三十六折／（明）袁于令撰；（明）馮夢龍更定
（己）/50

墨憨齋重定西樓楚江情傳奇：二卷／（明）袁白賓撰；（明）馮夢龍重訂.**墨憨齋重定夢磊傳奇**：二卷／（明）史槃撰；（明）馮夢龍重訂.--刻本.--明末（1573～1644）.--4 冊（1 函）.--

（墨憨齋傳奇十種／[明]馮夢龍編）．--版心題"墨憨齋定本"。半葉 8 行，行 21 字，小字雙行字同，有眉批，行 5 字，白口，左右雙邊，半框 19.9×14.3cm。鈐"北平孔德學校之章"朱文印.--綫裝　　　　　　　　　　（甲四）/813

[曲五種]--抄本.--清（1644～1911）.--6 冊（1 函）.--鈐"北平孔德學校之章"朱文印.--綫裝
子目：
虞庭集福：二十齣／（清）佚名撰
綏豐協慶：八齣／（清）佚名撰
太和保合：十二齣／（清）佚名撰
繁禧懋錫：八齣／（清）佚名撰
綿長協慶：八齣／（清）佚名撰
　　　　　　　　　　　　　（甲四）/70

琵琶記：三卷四十三齣，釋義一卷／（元）高明撰.--刻本.--明（1368～1644）.--2 冊（1 函）：有插圖.--半葉 10 行，行 22 字，欄上鐫字，行 5 字，白口，四周單邊，半框 21.4×13.9cm.綫裝：吳曉鈴贈書　　　　　　　　（己）/573

新刻魏仲雪先生批評琵琶記：二卷四十二齣／（元）高明撰；（明）魏浣初評；（明）李裔藩註.刻本.--書林余少江，明末（1573～1644）.--2 冊（1 函）：插圖 7 幅.--半葉 10 行，行 27 字，小字雙行字同，有眉欄，行 3 字，白口，四周單邊，半框 19.1×12.6cm.佚名圈點.--綫裝　　　　　　　　　　　　　（甲四）/804

新刻魏仲雪先生批點琵琶記：二卷四十二齣／（元）高明撰；（明）魏浣初批評；（明）李裔藩註.--刻本.--明末（1621～1644）.--1 冊（1 函）：圖 3 幅.--存上卷 21 齣，有殘葉。仿書林余少江刻本。半葉 10 行，行 27 字，有眉欄，行 3 字，白口，四周單邊，半框 19.5×11.8cm. 鈐"曉鈴藏書"朱文印.--綫裝：吳曉鈴贈書　　（己）/40

繪風亭評第七才子書琵琶記：六卷／（元）高明撰；（清）毛聲山批.--刻本.--映秀堂，清雍正（1723～1735）.--8 冊（1 函）：圖 20 幅.--

附才子琵琶寫情篇／（清）陳方平匯輯；第七才子書琵琶記釋義：一卷。卷 2 起題名：映秀堂繪像第七才子書，第 2、3、5、6 卷卷端、卷末為補配。半葉 8 行，行 19 字，小字雙行字同，白口，左右雙邊，單黑魚尾，半框 18.3×12.9cm。鈐"曉鈴藏書"朱文印.--綫裝：吳曉鈴贈書
　　　　　　　　　　　　　　　（己）/27

千金記：二卷五十齣／（明）沈采撰.--刻本.常熟：毛氏汲古閣，明末（1621～1644）.--2 冊.--（六十種曲／[明]毛晉輯）.--半葉 9 行，行 19 字，細黑口，左右雙邊，半框 19.8×13.3cm.--綫裝：市府贈書　　　　（戊）/3476

殺狗記：二卷三十六齣／（明）徐㕧撰；（明）馮夢龍訂定.--刻本.--常熟：毛氏汲古閣，明末（1621～1644）.--2 冊（1 函）.--（六十種曲／[明]毛晉輯）.--書名頁題"繡刻殺狗記定本"。半葉 9 行，行 19 字，細黑口，左右雙邊，半框 19.9×13.3cm。鈐"吳郎之書"朱文印.--綫裝：吳曉鈴贈書　　　　　（己）/389

四賢記：二卷三十八齣／（明）佚名撰.--刻本.--常熟：毛氏汲古閣，明末（1621～1644）.2 冊（1 函）.--（六十種曲／[明]毛晉輯）.--書名頁題"繡刻四賢記定本"。半葉 9 行，行 19 字，細黑口，左右雙邊，半框 20.1×13.2cm。鈐"吳郎之書"朱文印.--綫裝：吳曉鈴贈書
　　　　　　　　　　　　　　　（己）/379

荆釵記：二卷四十八齣／（明）朱權撰.--刻本.--常熟：毛氏汲古閣，明末（1621～1644）.2 冊（1 函）.--（六十種曲／[明]毛晉輯）.--書名頁題"繡刻荆釵記定本"。半葉 9 行，行 19 字，細黑口，左右雙邊，半框 20.1×13.2cm。鈐"曉鈴藏書"朱文印.--綫裝：吳曉鈴贈書
　　　　　　　　　　　　　　　（己）/364

古本荆釵記：二卷四十八齣／（明）朱權撰；（明）屠隆批評.--刻本.--明（1368～1644）.--1 冊（1 函）：圖 22 幅.--存下卷 24 齣，有殘葉。半葉 10 行，行 20 字，白口，左右雙邊，單黑魚

尾，半框 20.6×13.5cm。鈐"曉鈴藏書"朱文印.--綫裝：吳曉鈴贈書 （己）/41

繡襦記：二卷四十齣/（明）徐霖撰.--刻本.常熟：毛氏汲古閣，明末（1621～1644）.--2冊（1函）.--（六十種曲/[明]毛晉輯）.--書名頁題"繡刻繡襦記定本"。半葉 9 行，行 19 字，細黑口，左右雙邊，半框 19.9×13.3cm。前附叢書名"繡刻演劇十本"。鈐"吳郎之書"朱文印.--綫裝：吳曉鈴贈書 （己）/396

三元記：二卷/（明）沈受先撰.--刻本.--常熟：毛氏汲古閣，明末（1573～1644）.--2冊（1函）.--（六十種曲/[明]毛晉輯）.--半葉 9 行，行 19 字，細黑口，左右雙邊，半框 19.8×13.4cm。鈐"符軒氏章"朱文印、"張熙瑞印"白文印.--綫裝 （丙四）/4184
　　第二部　市府贈書　　　（戊）/3469

香囊記：二卷二十一齣/（明）邵璨撰.--刻本.--常熟：毛氏汲古閣，明末（1621～1644）.--1冊.--（六十種曲/[明]毛晉輯）.--存上卷。半葉 9 行，行 19 字，細黑口，左右雙邊，半框 19.9×13.3cm.--綫裝：市府贈書 （戊）/3463

精忠記：二卷三十五齣/（明）姚茂良撰.--刻本.--常熟：毛氏汲古閣，明末（1621～1644）.--1冊（1函）.--（六十種曲/[明]毛晉輯）.--缺上卷。半葉 9 行，行 19 字，細黑口，左右雙邊，半框 20×13.1cm。鈐"曉鈴藏書"朱文印.--綫裝：吳曉鈴贈書 （己）/362

明珠記：二卷四十三齣/（明）陸采撰.--刻本.--常熟：毛氏汲古閣，明末（1621～1644）.--2冊（1函）.--（六十種曲/[明]毛晉輯）.--半葉 9 行，行 19 字，細黑口，左右雙邊，半框 20.1×13.2cm。鈐"曉鈴藏書"朱文印.--綫裝：吳曉鈴贈書 （己）/358
　　第二部　1冊，存上卷，市府贈書　（戊）/3462

懷香記：二卷四十齣/（明）陸采撰.--刻本.--常熟：毛氏汲古閣，明末（1621～1644）.--2冊（1函）.--（六十種曲/[明]毛晉輯）.--書名頁題"繡刻懷香記定本"。半葉 9 行，行 19 字，細黑口，左右雙邊，半框 20×13cm。蔡如英題款。鈐"曉鈴藏書"朱文印.--綫裝：吳曉鈴贈書 （己）/342
　　第二部　1冊（1函），存上卷，鈐"曉鈴藏書"朱文印，吳曉鈴贈書 （己）/341

連環記：二卷/（明）王濟撰.--抄本.--清（1644～1911）.--2冊（1函）.--佚名圈點，雲石主人題記。鈐"退思堂藏書印"白文印、"北平孔德學校之章"朱文印.--綫裝 （甲四）/819

新編目連救母勸善戲文：三卷/（明）鄭之珍撰.--刻本.--高石山房，明萬曆十年(1582).--8冊（1函）：有插圖.--半葉 10 行，行 24 字，小字雙行字同，白口，四周單邊，單白魚尾間單黑魚尾，半框 20.3×13.3cm。有刻工：黃鋌.--綫裝 （丁）/3203

四喜記：二卷四十二齣/（明）謝讜撰.--刻本.--常熟：毛氏汲古閣，明末（1621～1644）.2冊（1函）.--（六十種曲/[明]毛晉輯）.--書名頁題"繡刻四喜記定本"。半葉 9 行，行 19 字，細黑口，左右雙邊，半框 20×13.2cm。蔡如英題款。鈐"曉鈴藏書"朱文印.--綫裝：吳曉鈴贈書 （己）/375

鳴鳳記：二卷四十一齣/（明）王世貞撰.--刻本.--常熟：毛氏汲古閣，明末（1621～1644）.--2冊（1函）.--（六十種曲/[明]毛晉輯）.--書名頁題"繡刻鳴鳳記定本"。半葉 9 行，行 19 字，細黑口，左右雙邊，半框 19.9×13.3cm。鈐"吳郎之書"朱文印.--綫裝：吳曉鈴贈書 （己）/361
　　第二部　1冊，存上卷，市府贈書　（戊）/3466

錦箋記：二卷四十四齣/（明）周履靖撰.--刻本.--常熟：毛氏汲古閣，明末（1621～1644）.--2冊（1函）.--（六十種曲/[明]毛晉輯）.--書名頁題"繡刻錦箋記定本"。半葉 9 行，行 19 字，細黑口，左右雙邊，半框 19.6× 13.3cm。鈐"曉鈴藏書"朱文印.--綫裝：吳曉鈴贈書

(己)/366

  第二部 2 冊（合訂 1 冊，1 函），吳曉鈴贈書 (己)/395

  第三部 4 冊（1 函），首尾缺頁，汲古閣藏板 (丙四)/4866

  第四部 1 冊，存下卷，市府贈書

(戊)/3464

蕉帕記：二卷三十六齣/（明）單本撰.--刻本.--常熟：毛氏汲古閣，明末（1621～1644）. 1 冊.--（六十種曲/[明]毛晉輯）.--存卷上。半葉 9 行，行 19 字，細黑口，左右雙邊，半框 19.6×13.3cm.--綫裝，市府贈書 (戊)/3481

曇花記：二卷五十五齣/（明）屠隆撰.--刻本.--常熟：毛氏汲古閣，明末（1621～1644）. 2 冊（1 函）.--（六十種曲/[明]毛晉輯）.--書名頁題"繡刻曇花記定本"。半葉 9 行，行 19 字，細黑口，左右雙邊，半框 19.8×13.2cm。鈐"曉鈴藏書"朱文印.--綫裝：吳曉鈴贈書

(己)/388

玉合記：二卷四十齣/（明）梅鼎祚撰.--刻本.--常熟：毛氏汲古閣，明末（1621～1644）. 2 冊（1 函）.--（六十種曲/[明]毛晉輯）.--書名頁題"繡刻玉合記定本"。半葉 9 行，行 19 字，細黑口，左右雙邊，半框 20.3×13.3cm。鈐"曉鈴藏書"朱文印、"吳郎之書"朱文印. 綫裝：吳曉鈴贈書 (己)/377

  第二部 蔡如英題款，鈐"曉鈴藏書"朱文印，吳曉鈴贈書 (己)/357

  第三部 市府贈書 (戊)/3472

玉茗堂四種傳奇/（明）湯顯祖撰；（明）臧懋循訂.--刻本.--臧懋循，明萬曆四十六年（1618）.--16 冊（2 函）：有圖.--半葉 9 行，行 19 字，有眉欄，行 5 字，白口，左右雙邊，單綫魚尾，半框 22.2×14.1cm。有鄭騫題識.-- 綫裝：吳曉鈴贈書

子目：
 還魂記：二卷
 邯鄲記：二卷
 南柯記：二卷
 紫釵記：二卷 (己)/528

牡丹亭還魂記：二卷/（明）湯顯祖撰；（明）朱元鎮校.--刻本.--明末（1573～1644）.--4 冊（1 函）：插圖 40 幅.--半葉 10 行，行 22 字，小字雙行字同，白口，四周單邊，單白魚尾，半框 21.2×13.2cm。插圖有刻工：吉甫、端甫、鳴岐。玉海堂朱衙藏版。鈐"南陵徐氏"朱文印、"積學齋徐乃昌藏書"朱文印、"鹽城孫氏"朱文印、"鄞馬彥祥所藏善本戲曲之印"白文印、"彥祥欣賞"朱文印、"馬氏大雅堂藏"白文印.--綫裝 (丁)/13724

玉茗堂還魂記：二卷五十五齣/（明）湯顯祖撰.--刻本.--快雨堂、冰絲館，清乾隆五十年（1785）.--2 冊（1 函）：插圖 38 幅.--又名"牡丹亭"。半葉 9 行，行 20 字，小字雙行字同，有眉批，行 5 字，白口，四周單邊，版心下刻"冰絲館"，半框 21×13.5cm。鈐"蔭華廎"白文印、"山魯藏書"朱文印.--綫裝 (丁)/576

  第二部 4 冊（1 函） (乙四)/12

清暉閣批點玉茗堂還魂記：二卷/（明）湯顯祖撰；（明）王思任批點.--刻本.--會稽：張弘著壇，明末（1573～1644）.--4 冊（1 函）.--版心題"玉茗堂還魂記"。半葉 9 行，行 20 字，有眉欄，行 5 字，白口，四周單邊，半框 26×14.1cm。秋實堂藏板。鈐"北平孔德學校之章"朱文印.--綫裝 (甲四)/791

還魂記：二卷四十三齣/（明）湯顯祖撰；（明）碩園刪定.--刻本.--常熟：毛氏汲古閣，明末（1621～1644）.--2 冊（合訂 1 冊，1 函）.--（六十種曲/[明]毛晉輯）.--有抄配。書名頁題"碩園刪定牡丹亭"。半葉 9 行，行 19 字，細黑口，左右雙邊，半框 19.9×13.1cm。鈐"德風琭藏圖書之印"、"曉鈴藏書"朱文印.--綫裝：吳曉鈴贈書 (己)/394

第二部　2 冊（1 函）　　　　　（己）/365

第三部　4 冊，書名頁題"繡刻還魂記定本"
　　　　　　　　　　　　　　　（己）/354

第四部　2 冊，缺上卷第 1-64 葉，市府贈書　　　　　　　　　　　　　　　（戊）/3478

才子牡丹亭：三十四齣/（明）湯顯祖撰；（清）笠閣漁翁批.--刻本.--清（1644～1911）.--4 冊（1 函）.--兩截板，上欄半葉 24 行，行 32 字，下欄半葉 9 行，行 17 字，白口，四周單邊，半框 23.4×15cm. 鈐"鄂怡山館"朱文印、"周越然"朱文印、"曉鈴藏書"朱文印.--綫裝：吳曉鈴贈書　　　　　　　　　　（己）/30

吳吳山三婦合評牡丹亭還魂記：二卷/（明）湯顯祖撰；（清）陳同等點評.或問：一卷/（清）吳儀一撰.--刻本.--清初（1644～1722）.--2 冊（1 函）：圖 21 幅.--半葉 10 行，行 20 字，有眉欄，行 7 字，粗黑口，四周單邊，單黑魚尾，半框 21.3×14.8cm. 夢園藏板. 鈐"三生後生"白文印.--綫裝　　　　　（甲四）/1536

第二部　4 冊（1 函）：圖 20 幅，懷德堂藏板，鈐"曉鈴藏書"朱文印，吳曉鈴贈書　　　　　　　　　　　　　　　（己）/26

紫釵記：二卷五十三齣/（明）湯顯祖撰.--刻本.--常熟：毛氏汲古閣，明末（1621～1644）.--2 冊（1 函）.--（六十種曲/[明]毛晉輯）.--書名頁題"繡刻紫釵記定本"。半葉 9 行，行 19 字，細黑口，左右雙邊，半框 19.8×13.1cm. 鈐"曉鈴藏書"朱文印.--綫裝：吳曉鈴贈書　　　　　　　　　　　　（己）/353

第二部　1 冊（1 函），存上卷，吳曉鈴贈書　　　　　　　　　　　　　　（己）/352

第三部　1 冊，存下卷，市府贈書　　　　　　　　　　　　　　（戊）/3482

邯鄲記：二卷三十二齣/（明）湯顯祖撰.--刻本.--常熟：毛氏汲古閣，明末（1621～1644）.--1 冊（1 函）.--（六十種曲/[明]毛晉輯）.--缺下卷。半葉 9 行，行 19 字，細黑口，左右雙邊，半框 20.1×13.3cm. 鈐"曉鈴藏書"

朱文印.--綫裝：吳曉鈴贈書　　　（己）/351

第二部　存下卷，市府贈書　　（戊）/3479

南柯夢傳奇：二卷四十四齣/（明）湯顯祖編次.--刻本.--明天啟（1621～1627）.--4 冊（1 函）.--（玉茗堂全集/[明]湯顯祖撰）.--半葉 7 行，行 18 字，小字雙行字同，白口，四周單邊，半框 22.4×13.2cm. 鈐"陽湖莊氏藏書"白文印、"曉鈴藏書"朱文印.--綫裝：吳曉鈴贈書　　　　　　　　　　　　　　（己）/36

南柯記：二卷四十四齣/（明）湯顯祖撰.--刻本.--常熟：毛氏汲古閣，明末（1621～1644）.--2 冊（1 函）.--（六十種曲/[明]毛晉輯）.--書名頁題"繡刻南柯記定本"。半葉 9 行，行 19 字，細黑口，左右雙邊，半框 19.9×13.2cm. 鈐"吳郎之書"朱文印.--綫裝：吳曉鈴贈書　　　　　　　　　　　　　　（己）/350

第二部　存上卷　　　　　　（戊）/3461

紫簫記：二卷三十四齣/（明）湯顯祖撰.--刻本.--常熟：毛氏汲古閣，明末（1621～1644）.--2 冊（1 函）.--（六十種曲/[明]毛晉輯）.--書名頁題"繡刻紫簫記定本"。半葉 9 行，行 19 字，細黑口，左右雙邊，半框 19.8×13.1cm. 有灌隱（鄭騫）贈言。鈐"慕歌家世"朱文印、"望綠蔭齋"朱文印、"吳郎之書"朱文印.--綫裝：吳曉鈴贈書　　　　（己）/393

第二部　2 冊　　　　　　　（戊）/3453

墨憨齋重定三會親風流夢：二卷三十七折/（明）湯顯祖撰；（明）馮夢龍更定.--刻本.--明末（1621～1644）.--2 冊（1 函）.--（墨憨齋定本十種傳奇：二十卷/[明]馮夢龍編）.--半葉 8 行，行 21 字，小字雙行字同，白口，左右雙邊，半框 20.2×14.5cm. 鈐"曉鈴藏書"朱文印.--綫裝：吳曉鈴贈書　　　（己）/55

投梭記：二卷三十齣/（明）徐復祚撰.--刻本.--常熟：毛氏汲古閣，明末（1621～1644）.2 冊（1 函）.--（六十種曲/[明]毛晉輯）.--書名頁題"繡刻投梭記定本"。半葉 9 行，行

19 字，細黑口，左右雙邊，半框 20×13.4cm。鈐"曉鈴藏書"朱文印.--綫裝：吳曉鈴贈書

（己）/372

　　第二部　　　　　　　　　　　（戊）/3477
　　第三部　1 冊（1 函），存上卷

（己）/371

　　玉簪記：二卷三十一齣/（明）高濂撰.--刻本.--常熟：毛氏汲古閣，明末（1621～1644）.1 冊（1 函）.--（六十種曲/[明]毛晉輯）.--書名頁題"重刻附釋標註玉簪記"。半葉 9 行，行 19 字，細黑口，左右雙邊，半框 20×13.2cm。集古堂藏板。鈐"曉鈴藏書"朱文印.--綫裝：吳曉鈴贈書　　　　　　　　　　（己）/356
　　第二部　存下卷　　　　　　　（己）/355

　　春蕪記：二卷二十九齣/（明）汪錂撰.--刻本.--常熟：毛氏汲古閣，明末（1621～1644）.1 冊.--（六十種曲/[明]毛晉輯）.--半葉 9 行，行 19 字，細黑口，左右雙邊，半框 19.9×13.2cm.--綫裝：市府贈書　　　　（戊）/3454
　　第二部　1 冊（1 函），存下卷，鈐"曉鈴藏書"朱文印　　　　　　　　　（己）/348

　　玉鏡臺記：二卷四十齣/（明）朱鼎撰.--刻本.--常熟：毛氏汲古閣，明末（1621～1644）.2 冊（1 函）.--（六十種曲/[明]毛晉輯）.--書名頁題"繡刻玉鏡臺記定本"。半葉 9 行，行 19 字，細黑口，左右雙邊，半框 19.8×13cm。蔡如英題款。鈐"曉鈴藏書"朱文印.--綫裝：吳曉鈴贈書　　　　　　　　　（己）/344
　　第二部　　　　　　　　　　　（己）/343

　　焚香記：二卷四十齣/（明）王玉峰作.--刻本.--常熟：毛氏汲古閣，明末（1621～1644）.1 冊.--（六十種曲/[明]毛晉輯）.--存上卷。半葉 9 行，行 19 字，細黑口，左右雙邊，半框 19.9×13.1cm.--綫裝　　　　　　　（戊）/3465

　　李卓吾評焚香記：二卷/（明）王玉峰撰；（明）李贄評.--刻本.--明末（1573～1644）.--2 冊（1 函）.--版心題"焚香記"。半葉 10 行，行

21 字，小字雙行字同，白口，四周單邊，半框 20.8×13.7cm。鈐"北平孔德學校之章"朱文印.--綫裝　　　　　　　　（甲四）/820

　　琴心記：二卷四十齣/（明）孫柚撰.--刻本.--常熟：毛氏汲古閣，明末（1621～1644）.--2 冊（1 函）.--（六十種曲/[明]毛晉輯）.--書名頁題"繡刻琴心記定本"。半葉 9 行，行 19 字，細黑口，左右雙邊，半框 20.1×13.3cm。鈐"吳郎之書"朱文印.--綫裝：吳曉鈴贈書　　　　　　　　　（己）/346
　　第二部　　　　　　　　　　　（己）/347
　　第三部　鈐"臣祐"白文印（連珠）、"馬彥祥" 朱文印　　　　　（戊）/82
　　第四部　1 冊（1 函），存上卷　（己）/345

　　雙珠記：二卷四十六齣/（明）沈鯨撰.--刻本.--常熟：毛氏汲古閣，明末（1621～1644）.2 冊（1 函）.--（六十種曲/[明]毛晉輯）.--書名頁題"繡刻雙珠記定本"。半葉 9 行，行 19 字，細黑口，左右雙邊，半框 19.8×13.3cm。鈐"曉鈴藏書"朱文印.--綫裝：吳曉鈴贈書

（己）/381

　　第二部　1 冊（1 函），缺下卷　（己）/380

　　雙珠記：二卷/（明）沈鯨撰.--抄本.--清（1644～1911）.--2 冊（1 函）.--佚名圈點。鈐"介景堂"朱文印、"北平孔德學校之章"朱文印.--綫裝　　　　　　　　（甲四）/198

　　玉茗堂批評紅梅記：二卷三十四齣/（明）周朝俊撰；（明）湯顯祖評.--刻本.--明（1368～1644）.--2 冊（1 函）：圖 2 幅.--半葉 10 行，行 21 字，白口，四周單邊，半框 20.3×14cm。有張璧、段拭題記。鈐"無染所藏"白文印、"曉鈴藏書"朱文印.--綫裝：吳曉鈴贈書

（己）/556

　　玉茗堂批評紅梅記：二卷三十四齣/（明）周朝俊撰；（明）湯顯祖評.--刻本.--益善堂，清乾隆四十六年（1781）.--2 冊（1 函）：插圖 2 幅.--書名頁題"新刻繡像紅梅記"。半葉 10

行，行 21 字，白口，四周單邊，半框 20.3×14cm。鈐"馬氏大雅堂藏"白文印、"彥祥"朱文印. 綫裝 　　　　　　　　（丁）/13756

金蓮記：二卷三十六齣/（明）陳汝元撰.--刻本.--常熟：毛氏汲古閣，明末（1621～1644）.--2 冊（合訂 1 冊，1 函）.--（六十種曲/[明]毛晉輯）.--書名頁題"繡刻金蓮記定本"。半葉 9 行，行 19 字，細黑口，左右雙邊，半框 19.9×13.3cm。鈐"曉鈴藏書"朱文印. 綫裝：吳曉鈴贈書 　　　　　（己）/397

節俠記：二卷三十一齣/（明）佚名撰；（明）許自昌改訂.--刻本.--常熟：毛氏汲古閣，明末（1621～1644）.--2 冊（1 函）.--（六十種曲/[明]毛晉輯）.--書名頁題"繡刻節俠記定本"。半葉 9 行，行 19 字，細黑口，左右雙邊，半框 19.9×13.3cm。鈐"吳郎之書"朱文印. 綫裝：吳曉鈴贈書 　　　　　　　（己）/382

水滸記：二卷三十二齣/（明）許自昌撰.--刻本.--常熟：毛氏汲古閣，明末（1621～1644）.--1 冊（1 函）.--（六十種曲/[明]毛晉輯）.--缺上卷。半葉 9 行，行 19 字，細黑口，左右雙邊，半框 19.8×13.1cm。鈐"曉鈴藏書"朱文印.--綫裝：吳曉鈴贈書 　　　　　　　（己）/392

水滸記：二卷三十二齣/（明）許自昌撰.--刻本.--奎璧齋，明末（1621～1644）.--2 冊（1 函）.--半葉 9 行，行 19 字，白口，左右雙邊，半框 20×13.4cm。鈐 "查禮之章"白文印、"榕巢"白文印、"玉牒崇恩"白文印、"吳興姚氏邃雅堂鑑藏書畫圖籍之印"朱文印、"宛平李氏蘭洲珍藏圖書金石翰墨章"白文印、"鄞馬彥祥所藏善本戲曲之印"白文印.--綫裝：馬彥祥贈書 　　　　　　　（戊）/83

灌園記：二卷三十齣/（明）張鳳翼撰.--刻本.--常熟：毛氏汲古閣，明末（1621～1644）.--2 冊（1 函）.--（六十種曲/[明]毛晉輯）.--半葉 9 行，行 19 字，細黑口，左右雙邊，半框 20.1×13.3cm。鈐"馬彥祥"朱文印.--綫裝：

馬彥祥贈書 　　　　　　　　　　（戊）/88

墨憨齋新灌園傳奇：二卷三十六折/（明）張鳳翼撰；（明）馮夢龍更定.--刻本.--明末（1621～1644）.--2 冊（1 函）.--（墨憨齋定本十種傳奇：二十卷/[明]馮夢龍編）.--版心題"十種傳奇"。半葉 8 行，行 21 字，小字雙行字同，白口，左右雙邊，半框 19.9×14.3cm。鈐"曉鈴藏書"朱文印.--綫裝：吳曉鈴贈書 　　　　　　　（己）/53

墨憨齋重定女丈夫傳奇：二卷/（明）張鳳翼，（明）劉方撰；（明）馮夢龍重定.--刻本.--明末（1621～1644）.--2 冊（與酒家傭傳奇合裝 1 函）.--（墨憨齋傳奇十種/[明]馮夢龍編）.--版心題"墨憨齋定本"。半葉 8 行，行 21 字，小字雙行字同，有眉批，行 5 字，白口，左右雙邊，半框 19.3×14.4cm.--綫裝 　　　（甲四）/850

鸞鎞記：二卷三十齣/（明）葉憲祖撰.--刻本.--常熟：毛氏汲古閣，明末（1621～1644）.2 冊（1 函）.--（六十種曲/[明]毛晉輯）.--缺下卷。書名頁題"繡刻鸞鎞記定本"。半葉 9 行，行 19 字，細黑口，左右雙邊，半框 20×13.3cm。鈐"曉鈴藏書"朱文印.--綫裝：吳曉鈴贈書 　　　　　　　（己）/378

墨憨齋重定量江記：二卷/（明）余聿雲撰；（明）馮夢龍重訂. **墨憨齋新訂精忠旗傳奇**：二卷/（明）李梅實撰；（明）馮夢龍重訂.--刻本.明末（1573～1644）.--4 冊（1 函）.--（墨憨齋傳奇十種/[明]馮夢龍編）.--半葉 8 行，行 21 字，小字雙行字同，有眉批，行 3 字或 5 字，白口，左右雙邊，半框 20.2×14.3cm.--綫裝 　　　　　　　　（甲四）/807

墨憨齋重定雙雄傳奇：二卷/（明）馮夢龍撰.刻本.--墨憨齋，明末（1573～1644）.--2 冊（合函）.--（墨憨齋傳奇十種/[明]馮夢龍編）.--半葉 8 行，行 21 字，小字雙行字同，有眉批，行 5 字，白口，左右雙邊，版心上刻"墨憨齋定本"，半框 19.8×14.6cm。鈐"北平孔德學校

之章”朱文印.--綫裝　　　　（甲四）/1375-2

墨憨齋訂定萬事足傳奇：二卷三十六折/（明）馮夢龍撰.--刻本.--明末（1621～1644）.--2冊（1函）.--（墨憨齋定本十種傳奇：二十卷/[明]馮夢龍編）.--半葉 8 行，行 21 字，小字雙行字同，白口，左右雙邊，半框 20.1×13.4cm。鈐“朱英”朱文印、“曉鈴藏書”朱文印.--綫裝：吳曉鈴贈書　　　　（己）/52

望湖亭記：二卷/（明）沈自晉撰.--刻本.--清初（1644～1722）.--1冊（1函）：冠圖 6 幅.撰者原題“鞠通生”，沈自晉，字伯明，晚字長康，號西來，又號鞠通，明末清初著名戲曲家。半葉 9 行，行 20 字，白口，四周單邊，單黑魚尾，半框 20.1×14cm。鈐“馬彥祥”朱文印、“石屏”朱文印、“謝氏山樓藏書記”朱文印、“花筵主人批閱”朱文印.--綫裝
　　　　（丁）/13731

詠懷堂新編十錯認春燈謎記：二卷四十齣/（明）阮大鋮撰.--刻本.--明末（1573～1644）.--1冊（1函）：插圖 6 幅.--（繡像傳奇十種/[明]梅鼎祚等撰）.--存上卷 20 齣。半葉 9 行，行 20 字，小字雙行字同，白口，四周單邊，黑單魚尾，半框 20.3×14cm.--綫裝：吳曉鈴贈書　　　　（己）/603

綠牡丹傳奇：二卷/（明）吳炳撰.--刻本.--粲花齋，清初（1644～1722）.--4冊（1函）.--（粲花齋新樂府四種：八卷/[明]吳炳撰）.--吳炳，字石渠，號粲花主人。半葉 9 行，行 20 字，有眉批，行 4 字，白口，四周單邊，單白魚尾，半框 19×14.5cm。鈐“馬彥祥”朱文印.--綫裝　　　　（丁）/13754

西園記：二卷/（明）吳炳撰；（明）西園公子評.--刻本.--兩衡堂，明末（1573～1644）.--2冊（1函）.--（粲花齋新樂府四種/[明]吳炳撰）.--半葉 9 行，行 20 字，有眉批，行 4 字，白口，四周單邊，單白魚尾，半框 19.9×14.2cm。鈐“常任俠”朱文印、“孫華卿”朱文印.

綫裝　　　　（丁）/12991

東郭記：二卷四十四齣/（明）孫鍾齡撰.--刻本.--逸羽亭，明萬曆（1573～1620）.--2冊（1函）.--半葉 10 行，行 21 字，白口，四周單邊，單黑魚尾，版心下刻“逸羽亭”，半框 20.1×13cm。鈐“貴文堂藏書”白文印、“葆生”白文印、“馬彥祥”朱文印、“鄞馬彥祥所藏善本戲曲之印”白文印.--綫裝：馬彥祥贈書
　　　　（戊）/80

東郭記：二卷四十四齣/（明）孫鍾齡撰.--刻本.--常熟：毛氏汲古閣，明末（1621～1644）.--2冊（1函）.--（六十種曲/[明]毛晉輯）.--書名頁題“繡刻東郭記定本”。半葉 9 行，行 19 字，細黑口，左右雙邊，半框 19.9×13.2cm。鈐“曉鈴藏書”朱文印.--綫裝：吳曉鈴贈書　　　　（己）/383

醉鄉記：二卷四十四齣/（明）孫鍾齡撰.--刻本.--王克家，明崇禎（1628～1644）.--2冊.--有抄配。半葉 10 行，行 20 字，白口，四周單邊，半框 20.7×14.6cm。鈐“夢澤鑑賞”朱文印、“津門王鳳岡風篁館收藏印”朱文印、“曉鈴藏書”朱文印.--綫裝：吳曉鈴贈書
　　　　（己）/557

墨憨齋詳定酒家傭傳奇：二卷三十七折/（明）陸弼，（明）欽虹江撰；（明）馮夢龍重訂.--刻本.--明末（1621～1644）.--2冊（1函）.--（墨憨齋定本十種傳奇：二十卷/[明]馮夢龍編）.--半葉 8 行，行 21 字，小字雙行字同，白口，左右雙邊，半框 19.7×14.1cm。鈐“望綠蔭齋”朱文印、“慕歌家世”朱文印.--綫裝：吳曉鈴贈書　　　　（己）/51
　　第二部　鈐“鄞馬彥祥所藏善本戲曲之印”白文印、“馬彥祥”朱文印、“參盦讀曲”朱文印　　　　（丁）/13723
　　第三部　鈐“北平孔德學校之章”朱文印
　　　　（甲四）/850-1

八義記：二卷四十一齣/（明）徐元撰.--刻

本.--常熟：毛氏汲古閣，明末（1621～1644）．2 冊（1 函）.--（六十種曲/[明]毛晉輯）.--書名頁題"繡刻八義記定本"。半葉 9 行，行 19 字，細黑口，左右雙邊，半框 20×13cm。鈐"吳郎之書"朱文印.--綫裝：吳曉鈴贈書
　　　　　　　　　　　　　　　（己）/359
　　第二部　鈐"馬素軒"朱文印、"曉鈴藏書"朱文印　　　　　　　　（己）/360
　　第三部　1 冊，存下卷　　（戊）/3468

種玉記：二卷三十齣/（明）汪廷訥撰.--刻本.--常熟：毛氏汲古閣，明末（1621～1644）．1 冊.--（六十種曲/[明]毛晉輯）.--半葉 9 行，行 19 字，細黑口，左右雙邊，半框 19.8×13.3cm.--綫裝：市府贈書　　　　（戊）/3471

獅吼記：二卷三十齣/（明）汪廷訥撰.--刻本.--常熟：毛氏汲古閣，明末（1621～1644）．2 冊（1 函）.--（六十種曲/[明]毛晉輯）.--書名頁題"繡刻獅吼記定本"。半葉 9 行，行 19 字，細黑口，左右雙邊，半框 19.7×13.3cm。鈐"曉鈴藏書"朱文印.--綫裝：吳曉鈴贈書
　　　　　　　　　　　　　　　（己）/391

龍膏記：二卷三十齣/（明）楊珽撰.--刻本.常熟：毛氏汲古閣，明末（1621～1644）.--2 冊（1 函）.--（六十種曲/[明]毛晉輯）.--書名頁題"繡刻龍膏記定本"。半葉 9 行，行 19 字，細黑口，左右雙邊，半框 18.9×13.2cm。鈐"吳郎之書"朱文印.--綫裝：吳曉鈴贈書
　　　　　　　　　　　　　　　（己）/386
　　第二部　　　　　　　　　（己）/387
　　第三部　4 冊（1 函），鈐"馬氏彥祥藏書"朱文印、"大定堂"白文印　　（戊）/84
　　第四部　1 冊　　　　　　（戊）/3483

運甓記：二卷四十齣/（明）吾丘端撰.--刻本.--常熟：毛氏汲古閣，明末（1621～1644）.--2 冊（1 函）.--（六十種曲/[明]毛晉輯）.--書名頁題"繡刻運甓記定本"。半葉 9 行，行 19 字，細黑口，左右雙邊，半框 20×13.1cm。昌群跋。鈐"曉鈴藏書"朱文印.--綫裝：吳曉鈴

贈書　　　　　　　　　　　　（己）/339
　　第二部　　　　　　　　　（戊）/92
　　第三部　1 冊（1 函），存下卷　（己）/340

尋親記：二卷三十五齣/（明）佚名撰.--刻本.--常熟：毛氏汲古閣，明末（1621～1644）．1 冊（1 函）.--（六十種曲/[明]毛晉輯）.--存下卷。半葉 9 行，行 19 字，細黑口，左右雙邊，半框 20×13.1cm。鈐"曉鈴藏書"朱文印.--綫裝：吳曉鈴贈書　　　　　　（己）/363

贈書記：二卷三十二齣/（明）佚名撰.--刻本.--常熟：毛氏汲古閣，明末（1621～1644）.--1 冊.--（六十種曲/[明]毛晉輯）.--半葉 9 行，行 19 字，細黑口，左右雙邊，半框 20.1×13.4cm.--綫裝　（戊）/3470
　　第二部　1 冊（1 函），存上卷，書名頁題"繡刻贈書記定本"，鈐"曉鈴藏書"朱文印，吳曉鈴贈書　　　　　　　（己）/367

飛丸記：二卷三十二齣/（明）佚名撰.--刻本.--常熟：毛氏汲古閣，明末（1621～1644）．2 冊（1 函）.--（六十種曲/[明]毛晉輯）.--書名頁題"繡刻飛丸記定本"。半葉 9 行，行 19 字，細黑口，左右雙邊，半框 20×13.3cm。鈐"吳郎之書"朱文印.--綫裝：吳曉鈴贈書
　　　　　　　　　　　　　　　（己）/384
　　第二部　　　　　　　　　（己）/385
　　第三部　4 冊（1 函）　　（己）/398
　　第四部　1 冊，存下卷　　（戊）/3480

玉環記：二卷三十四齣/（明）佚名撰.--刻本.--常熟：毛氏汲古閣，明末（1621～1644）．2 冊（1 函）.--（六十種曲/[明]毛晉輯）.--書名頁題"繡刻玉環記定本"。半葉 9 行，行 19 字，細黑口，左右雙邊，半框 20.1×13.3cm。鈐"曉鈴藏書"朱文印.--綫裝：吳曉鈴贈書
　　　　　　　　　　　　　　　（己）/369
　　第二部　　　　　　　　　（己）/370
　　第三部　1 冊（1 函），存下卷　（己）/368

白兔記：二卷三十二齣/（明）佚名撰.--刻

本.--常熟：毛氏汲古閣，明末（1621～1644）.
2 冊（1 函）.--（六十種曲/[明]毛晉輯）.--
書名頁題"繡刻白兔記定本"，有叢書名"繡
刻演劇十本"。半葉 9 行，行 19 字，細黑口，
左右雙邊，半框 20.1×13.3cm。鈐"吳郎之
書"朱文印.--綫裝：吳曉鈴贈書 （己）/390

第二部 2 冊（1 函），卷下缺第 15 齣，第
16、17 齣重複，第 18、19 齣挖改為第 20、21
齣 （丙四）/4229

墨憨齋新定灑雪堂傳奇：二卷/（明）梅孝己
撰.--刻本.--墨憨齋，明末（1573～1644）.--2
冊（合函）.--（墨憨齋傳奇十種/[明]馮夢龍
編）.--半葉 8 行，行 21 字，小字雙行字同，有
眉批，行 5 字，白口，左右雙邊，版心上刻"墨
憨齋定本"，半框 19.8×14.6cm。鈐"北平孔
德學校之章"朱文印.--綫裝 （甲四）/1375-1

重重喜/（明）張大復撰.--抄本.--清末（1851
～1911）.--1 冊（1 函）.--綫裝

（甲四）/197

張玉娘閨房三清鸚鵡墓貞文記：二卷三十五
齣/（明）孟稱舜著.--刻本.--明崇禎十六年
（1643）.--2 冊（1 函）.--半葉 9 行，行 20
字，白口，四周單邊，半框 20×14.2cm。鈐"曉
鈴藏書"朱文印.--綫裝：吳曉鈴贈書

（己）/562

墨憨齋訂定人獸關傳奇：二卷三十三折/（清）
李玉撰；（清）馮夢龍竄定.--刻本.--墨憨齋，
明末清初（1573～1722）.--2 冊（1 函）.--（墨
憨齋傳奇十種/[明]馮夢龍編）.--半葉 8 行，行
21 字，小字雙行字同，白口，左右雙邊，半框
19.7×14.1cm。王季烈跋。鈐"王季烈字君九"
朱文印、"曉鈴藏書"朱文印.--綫裝：吳曉鈴
贈書 （己）/54

西樓記：二卷四十齣/（清）袁于令撰.--刻
本.--常熟：毛氏汲古閣，明末（1621～1644）.
2 冊（1 函）.--（六十種曲/[明]毛晉輯）.--
書名頁題"繡刻西樓記定本"。半葉 9 行，行

19 字，細黑口，左右雙邊，半框 20.3×13.3cm。
鈐"吳郎之書"朱文印.--綫裝：吳曉鈴贈書

（己）/373

第二部 （己）/374
第三部 1 冊，存下卷 （戊）/3467

新修楊忠愍蚺蛇膽表忠記：二卷三十六齣/
（清）丁耀亢著.--刻本.--清順治（1644～
1661）.--1 冊（1 函）.--存下卷。半葉 9 行，
行 20 字，白口，四周單邊，半框 19.5×13.7cm。
鈐"曉鈴藏書"朱文印.--綫裝：吳曉鈴贈書

（己）/602

吳梅村劇作三種/（清）吳偉業作.--刻本.--
清初（1644～1722）.--3 冊（1 函）.--半葉 9
行，行 19 字，白口，左右雙邊，單黑魚尾，半
框 18.8×13cm。佚名批校。鈐"還讀草廬珍藏"
白文印、"學愈"朱文印、"學愈字伯文"朱文
印、"梁溪侯氏戢盦珍藏"朱文印、"馬彥祥"
朱文印.--綫裝

子目：
秣陵春傳奇：二卷四十一齣
臨春閣：四齣
通天臺：二齣 （丁）/13730
第二部 6 冊（1 函），振古齋藏板，吳曉鈴
贈書 （己）/60

秣陵春傳奇，一名，雙影記：二卷/（清）吳
偉業撰.--刻本.--清初（1644～1722）.--4 冊
（1 函）.--卷端題"灌隱主人編次，寓園居士
參定"。版心題"秣陵春"。半葉 9 行，行 19
字，小字雙行字同，白口，左右雙邊，單黑魚尾，
半框 19.7×13.1cm。佚名圈點。鈐"北平孔德
學校之章"朱文印.--綫裝 （甲四）/839

笠翁傳奇十種/（清）李漁撰.--刻本.--翼聖
堂，清康熙（1662～1722）.--38 冊（4 函）：冠
圖 66 幅.--題名自擬。半葉 9 行，行 20 字，有
眉批，行 3 字，白口，四周單邊，半框 19.7×
13.6cm。佚名圈點.--綫裝

子目：
憐香伴傳奇：二卷/（清）李漁編次；（清）玄

洲逸叟批評

　風箏誤傳奇：二卷/（清）李漁編次；（清）樸齋主人批評

　意中緣傳奇：二卷/（清）李漁編次；（清）禾中女史批評

　蜃中樓傳奇：二卷/（清）李漁編次；（清）壘菴居士批評

　凰求鳳傳奇：二卷/（清）李漁編次；（清）泠西梅客批評.--有補配

　奈何天傳奇：二卷/（清）李漁編次；（清）紫珍道人批評

　比目魚傳奇：二卷/（清）李漁編次；（清）秦淮醉侯批評

　玉搔頭傳奇：二卷/（清）李漁編次；（清）睡鄉祭酒批評

　巧團圓傳奇：二卷/（清）李漁編次；（清）莫愁釣客，（清）睡鄉祭酒合評

　慎鸞交傳奇：二卷/（清）李漁編次；（清）匡廬居士，（清）雲間木叟合評.--有補配

　　　　　　　　　　　（甲四）/82

　第二部　20冊（5函），有殘葉，吳曉鈴跋，鈐"吳曉鈴"朱文印，吳曉鈴贈書　　（己）/2

笠翁傳奇十種/（清）李漁撰.--刻本.--清康熙（1662～1722）.--40冊（6函）：插圖60幅.--半葉9行，行20字，有眉批，行3字，白口，四周單邊，半框19.5×13.6cm。書聯屋藏板。鈐"北平孔德學校之章"朱文印.--綫裝

　（子目同上）　　　　　（甲四）/123

笠翁十種曲/（清）李漁撰.--刻本.--清（1644～1911）.--20冊（2函）：冠圖.--有殘葉。半葉11行，行22字，小字雙行字同，有眉欄，行3字，白口，四周單邊，半框22.1×14.6cm。鈐"吳曉鈴"朱文印.--綫裝：吳曉鈴贈書

　（子目同上）　　　　　（己）/1

憐香伴傳奇：二卷三十六齣/（清）李漁編次；（清）虞巍批評.--刻本.--翼聖堂，清康熙（1662～1722）.--2冊（1函）：圖6幅.--（笠翁傳奇十種/[清]李漁編次）.--半葉9行，行20字，白口，四周單邊，半框20×13.5cm。鈐"曉鈴藏書"朱文印.--綫裝：吳曉鈴贈書　　（己）/7

蜃中樓傳奇：二卷三十齣/（清）李漁編次；（清）壘菴居士批評.--刻本.--翼聖堂，清康熙（1662～1722）.--2冊（1函）：圖6幅.--（笠翁傳奇十種/[清]李漁編次）.--半葉9行，行20字，白口，四周單邊，半框19.6×13.8cm。慕歌居士（鄭騫）題簽.--綫裝：吳曉鈴贈書　　（己）/8

凰求鳳傳奇，一名，鴛鴦賺：二卷三十齣/（清）李漁編次；（清）泠西梅客批評.--刻本.--翼聖堂，清康熙（1662～1722）.--2冊（1函）：圖6幅.--（笠翁傳奇十種/[清]李漁編次）.--半葉9行，行20字，白口，四周單邊，半框19.6×13.7cm.--綫裝：吳曉鈴贈書　　（己）/10

奈何天傳奇：二卷三十齣/（清）李漁編次；（清）紫珍道人批評.--刻本.--翼聖堂，清康熙（1662～1722）.--2冊（1函）：圖6幅.--（笠翁傳奇十種/[清]李漁編次）.--半葉9行，行20字，白口，四周單邊，半框19.6×13.7cm。鈐"曉鈴藏書"朱文印.--綫裝：吳曉鈴贈書　　（己）/6

奈何天傳奇，一名，奇福記：二卷三十齣/（清）李漁撰；（清）紫珍道人批評.--刻本.--清（1644～1911）.--1冊（1函）：圖6幅.--（笠翁傳奇十種/[清]李漁撰）.--版心題"奈何天"。半葉11行，行22字，有眉欄，行3字，白口，四周單邊，單黑魚尾，半框22.5×14.7cm.--包背裝　　（丙四）/1017

比目魚傳奇：二卷三十二齣/（清）李漁編次；（清）秦淮醉侯批評.--刻本.--翼聖堂，清康熙（1662～1722）.--2冊（1函）：圖6幅.--（笠翁傳奇十種/[清]李漁編次）.--半葉9行，行20字，小字雙行字同，白口，四周單邊，半框19.8×13.7cm.--綫裝：吳曉鈴贈書　　（己）/4

比目魚傳奇：二卷三十二齣/（清）李漁撰.--

刻本. --清（1644～1911）. --1 冊（1 函）：有插圖. --（笠翁傳奇十種/[清]李漁編次）. --半葉 11 行，行 22 字，小字雙行字同，有眉欄，行 3 字，白口，四周單邊，單黑魚尾，半框 22.4×14.6cm. --包背裝　　　　　（丙四）/1014

玉搔頭傳奇：二卷三十齣/（清）李漁編次；（清）睡鄉祭酒批評. --刻本. --翼聖堂，清康熙（1662～1722）. --2 冊（1 函）：圖 6 幅. --（笠翁傳奇十種/[清]李漁編次）. --半葉 9 行，行 20 字，白口，四周單邊，半框 20.3×13.6cm. --綫裝：吳曉鈴贈書　　　（己）/11

玉搔頭傳奇：二卷三十齣/（清）李漁撰. --刻本. --清（1662～1722）. --1 冊（1 函）：圖 4 幅. --（笠翁傳奇十種/[清]李漁編次）. --版心題"玉搔頭"。半葉 11 行，行 22 字，有眉欄，行 3 字，白口，四周單邊，單黑魚尾，半框 22.9×14.7cm. --綫裝　　　（丙四）/1016

巧團圓傳奇，一名，夢中樓：二卷三十三齣/（清）李漁編次；（清）莫愁釣客，（清）睡鄉祭酒合評. --刻本. --翼聖堂，清康熙（1662～1722）. --2 冊（1 函）：圖 6 幅. --（笠翁傳奇十種/[清]李漁編次）. --有殘葉。半葉 9 行，行 20 字，白口，四周單邊，半框 19.4×13.6cm. --綫裝：吳曉鈴贈書　　　（己）/9

巧團圓傳奇，一名，夢中樓：二卷三十三齣/（清）李漁撰. --刻本. --清（1644～1911）. --1 冊（1 函）：圖 12 幅. --（笠翁傳奇十種/[清]李漁編次）. --版心題"巧團圓"。半葉 11 行，行 22 字，有眉欄，行 3 字，白口，四周單邊，單黑魚尾，半框 22.1×14.7cm. --包背裝　　　（丙四）/1015

巧團圓傳奇，一名，夢中樓：二卷三十三齣/（清）李漁撰. --刻本. --清（1644～1911）. --4 冊（1 函）：冠圖 8 幅. --（笠翁傳奇十種/[清]李漁編次）. --半葉 10 行，行 24 字，有眉欄，行 3 字，白口，左右雙邊，單黑魚尾，半框 18.8×13.2cm. --綫裝　　　（丙四）/2237

慎鸞交傳奇：二卷三十五齣/（清）李漁編次；（清）匡廬居士，（清）雲間木叟合評. 刻本. --翼聖堂，清康熙（1662～1722）. --2 冊（1 函）：圖 12 幅. --（笠翁傳奇十種/[清]李漁編次）. --半葉 9 行，行 20 字，小字雙行字同，白口，四周單邊，半框 19.1×13cm。鄭騫署簽. --綫裝：吳曉鈴贈書　　　（己）/3

慎鸞交傳奇：二卷三十五齣/（清）李漁撰. --刻本. --清（1644～1911）. --1 冊（1 函）：有插圖. --（笠翁傳奇十種/[清]李漁編次）. --半葉 11 行，行 22 字，小字雙行字同，有眉批，行 3 字，白口，四周單邊，單黑魚尾，半框 22.1×14.6cm. --包背裝　　　（丙四）/1018

釣天樂：二卷三十二齣/（清）尤侗填詞. --刻本. --清康熙（1662～1722）. --2 冊（1 函）. --缺首末葉。半葉 10 行，行 21 字，白口，四周單邊，單黑魚尾，有眉評，行 4 字，半框 20.5×13.9cm。鈐"馬彥祥"朱文印. --綫裝：馬彥祥贈書　　　（戊）/90

擁雙豔三種：六卷/（清）萬樹撰. --刻本. --萬氏粲花別墅，清康熙二十五年（1686）. --12 冊（1 函）. --半葉 9 行，行 22 字，有眉批，行 5 字，白口，四周單邊，單黑魚尾，版心下刻"粲花別墅"，半框 18.2×13.3cm。鈐"彥祥"朱文印. --綫裝
子目：
念八翻傳奇：二卷二十八齣/（清）萬樹撰；（清）呂洪烈評
空青石傳奇：二卷二十九齣/（清）萬樹撰；（清）吳棠楨評
風流棒傳奇：二卷二十六齣/（清）萬樹撰；（清）吳秉鈞評　　　（丁）/13727
第二部　12 冊（3 函），佚名圈點，鈐"率謹堂印"白文印、"北平孔德學校之章"朱文印　　　（甲四）/36
第三部　6 冊（1 函），鈐"萬山樓藏書"印（陽陽合璧），吳曉鈴贈書　　　（己）/5

念八翻傳奇：二卷/（清）萬樹撰；（清）呂洪

烈評.--刻本.--清康熙（1662～1772）.--4 册（1 函）.--書名頁題"念八翻"。半葉 9 行，行 22 字，有眉批，行 5 字，白口，四周單邊，單黑魚尾，版心下刻"粲花別墅"，半框 18.2×13.2 cm.--綫裝　　　（丁）/12992

曲波園傳奇二種/（清）徐士俊撰.--刻本.--徐氏曲波園，清初（1644～1722）.--4 册（1 函）：插圖 12 幅.--半葉 9 行，行 20 字，白口，四周單邊，半框 19.3×13.6cm.--綫裝：吳曉鈴贈書
子目：
香草吟傳奇：二卷三十二齣
載花舲傳奇：二卷三十二齣　　（己）/574

載花舲傳奇：二卷/（清）徐士俊撰.--刻本.清康熙（1662～1722）.--2 册（1 函）：冠圖 6 幅.--（曲波園傳奇二種/[清]徐士俊撰）.--半葉 9 行，行 20 字，白口，四周單邊，單黑魚尾，半框 19.2×13.4cm。鈐"孫人和所藏書"朱文印、"曉鈴藏書"朱文印、"馬彥祥"朱文印、"鄞馬彥祥所藏善本戲曲之印"白文印.--綫裝　　　　　　　（丁）/13729

雙報應：二卷/（清）嵇永仁撰.--刻本.--清（1644～1911）.--4 册（1 函）.--卷端題"抱犢山農填詞"。半葉 9 行，行 19 字，粗黑口，左右雙邊，單黑魚尾，半框 31.1×18.8cm.--綫裝　　　　　　　　　（甲四）/1217

揚州夢：二卷/（清）嵇永仁撰.--刻本.--清（1644～1911）.--2 册（1 函）.--引言、自題、第 31 齣至卷末為抄補。序題"揚州夢傳奇"，卷端題"抱犢山農填詞，葭秋堂舊刻"。半葉 9 行，行 19 字，粗黑口，左右雙邊，單黑魚尾，半框 18.2×14cm。鈐"北平孔德學校之章"朱文印.--綫裝　　　（甲四）/849

耆英會記：二卷三十齣/（清）喬萊撰.--刻本.--寶應：喬氏來鶴堂，清康熙（1662～1722）；寶應：喬瑜，清光緒二十七年（1901）重修.--2 册（1 夾）.--著者原題"畫川逸叟"。

半葉 10 行，行 19 字，粗黑口，四周雙邊，雙順黑魚尾，半框 18.3×13.5cm。牌記題"辛未冬邑人朱孫輝題喬氏來鶴堂藏板"。吳曉鈴跋.--綫裝：吳曉鈴贈書　　　　　　　　（己）/606

長生殿傳奇：二卷/（清）洪昇撰；（清）吳人評.--刻本.--滬城：李鍾元，清（1644～1911）.--4 册（1 函）.--半葉 8 行，行 16 字，有眉批，行 7 字，白口，四周單邊，單黑魚尾，半框 17.6×13.9cm。鈐"北平孔德學校之章"朱文印.--綫裝　　　　　　（甲四）/12

長生殿傳奇/（清）洪昇撰.--抄本.--孔憲逸，清同治九年（1870）.--8 册（1 函）.--鈐"孔憲逸印"白文印、"柳泉"朱文印、"孔氏柳泉"白文印、"政事堂法制局長"朱文印、"北平孔德學校之章"朱文印.--綫裝
　　　　　　　　　　　　（甲四）/1523

廣寒香傳奇：二卷三十二齣/（清）汪光被編；（清）寒水生評.--刻本.--文治堂，清康熙（1662～1722）.--4 册（1 函）.--半葉 9 行，行 20 字，白口，左右雙邊，半框 18.2×12.8cm.--綫裝：吳曉鈴贈書　　　　　　　　　　（己）/615

新編雙南記：二卷/（清）越雪山人編.--刻本.--飲醇堂，清康熙（1662～1722）.--4 册（1 函）.--版心題"雙南記"。半葉 9 行，行 20 字，白口，四周雙邊，單黑魚尾，版心下刻"飲醇堂"，半框 19.4×14.2cm。鈐"北平孔德學校之章"朱文印.--綫裝　　　（甲四）/871

小忽雷：不分卷/（清）顧彩，（清）孔尚任撰.--抄本.--清（1644～1911）.--1 册（1 函）.--著者原題"羅鶴居士"、"岸堂主人"，分別為顧彩、孔尚任。鈐"別下齋藏書印"朱文印、"王懿榮"白文印、"研詩讀曲室藏書印"朱文印、"馬彥祥"朱文印等.--綫裝　　　（丁）/13840

桃花扇傳奇：二卷四十齣/（清）孔尚任撰.--刻本.--介安堂，清康熙三十八年（1699）.--6 册（1 函）.--半葉 10 行，行 19 字，有眉批，

行 4 字，白口，四周單邊，單黑魚尾，半框 17×13.6cm.--綫裝　　　　　　　（丙四）/6101

桃花扇傳奇：二卷四十齣/（清）孔尚任撰.--刻本.--佟蔗村，清康熙四十七年（1708）.--4 冊（1 函）.--半葉 10 行，行 19 字，有眉欄，行 4 字，白口，四周單邊，單黑魚尾，半框 19.6×13.7cm。佚名圈點。鈐"明齋"朱文印、"春秋佳日"朱文印、"北平孔德學校之章"朱文印.--綫裝　　　　　　　（甲四）/1534

桃花扇傳奇後序詳註：四卷/（清）吳穆撰；（清）花庭閑客編.--刻本.--清嘉慶二十一年（1816）.--4 冊（1 函）.--半葉 8 行，行 24 字，小字雙行字同，白口，左右雙邊，單黑魚尾，半框 19.8×12.6cm.--綫裝　　（甲四）/1519

[傳奇三種]：六卷/（清）范希哲撰.--刻本.--清初（1644～1722）.--4 冊（1 函）.--半葉 8 行，行 20 字，小字雙行字同，白口，四周單邊，單黑魚尾，半框 19.4×12cm.--綫裝
子目：
雙錘記，一名，合歡錘：二卷.--存卷上
萬全記，一名，富貴仙：二卷.--存卷上
十醋記，一名，滿床笏：二卷　　（丁）/13196

雙錘記，一名，合歡錘：二卷三十六齣/（清）范希哲撰.--刻本.--清初（1644～1722）.--1 冊（1 函）.--（傳奇十一種：十九卷/[清]范希哲撰）.--缺第 1、2、32-36 齣，第 3、4 齣有殘葉。半葉 8 行，行 20 字，小字雙行字同，白口，四周單邊，單黑魚尾，半框 19.2×12cm。鈐"周越然"朱文印、"曉鈴藏書"朱文印.--綫裝：吳曉鈴贈書　　　　　　　（己）/553

十醋記，一名，滿床笏：二卷/（清）范希哲撰.--刻本.--清初（1644～1722）.--4 冊（1 函）.--半葉 8 行，行 20 字，小字雙行字同，白口，四周單邊，單黑魚尾，半框 20×12cm。鈐"馬氏大雅堂藏"白文印、"馬彥祥"朱文印.--綫裝　　　　　　　（丁）/13721

魚籃記，一名，雙錯疊：二卷三十六齣/（清）魚籃道人撰.--刻本.--清初（1644～1722）.--4 冊（1 函）.--半葉 8 行，行 20 字，白口，四周單邊，單黑魚尾，半框 19.8×12.3cm.--綫裝：吳曉鈴贈書　　　　　　　（己）/555

迎天榜傳奇：二卷三十四齣/（清）黃祖顒編次.--刻本.--清康熙（1662～1722）.--2 冊（1 函）.--卷上第 34 上半葉、47、48 葉係抄配。卷端題"愈園主人編次"，序言稱撰者為"頊傳"。黃祖顒（1633～1672），一名遷，改名祖顒，字頊傳，別號愈園主人，太倉（今浙江太倉縣）人。半葉 9 行，行 19 字，白口，左右雙邊，單黑魚尾，半框 19.7×13cm。吳梅題識。鈐"瞿安"朱文印、"古魯藏書"朱文印、"曉鈴藏書"朱文印.--綫裝：吳曉鈴贈書
　　　　　　　（己）/621

洛神廟傳奇：二卷/（清）呂履恒編；（清）煙波釣徒批點.--刻本.--清康熙（1662～1722）.--4 冊（1 函）.--半葉 9 行，行 20 字，有眉欄，行 3 字，白口，四周單邊，無界行，單黑魚尾，半框 19.4×13.5cm。鈐"北平孔德學校之章"朱文印.--綫裝　　　　　　（甲四）/840
　第二部　1 冊（1 函），存下卷，鈐"曉鈴藏書"朱文印，吳曉鈴贈書　　　　　　（己）/587

容居堂三種曲：六卷/（清）周穉廉撰.--刻本.--書帶草堂，清初（1644～1722）.--10 冊（1 函）：插圖 10 幅.--周穉廉，一作汝廉，字冰持，號可笑人。半葉 9 行，行 20 字，白口，四周單邊，半框 18.5×13.5cm。鈐"彥祥"朱文印、"彥祥所藏彈詞鼓詞章"朱文印、"馬氏大雅堂藏"白文印.--綫裝
子目：
珊瑚玦傳奇：二卷
新編元寶媒傳奇：二卷
雙忠廟傳奇：二卷　　　　　　（丁）/13739

元寶媒傳奇：二卷二十八齣/（清）周穉廉填詞.--刻本.--清康熙（1662～1722）.--2 冊（1 函）：插圖 2 幅.--半葉 9 行，行 20 字，白口，

四周單邊，半框 19.1×13.5cm. --綫裝：吳曉鈴
贈書　　　　　　　　　　　　　　　（己）/614

揚州夢傳奇：二卷/（清）岳端撰. --刻本. --
啓賢堂，清康熙四十年（1701）. --2 冊（1 函）：
圖 24 幅. --半葉 9 行，行 22 字，白口，四周雙
邊，單黑魚尾，半框 20.7×13.8cm. 啓賢堂藏
板. 佚名圈點. 鈐"北平孔德學校之章"朱文
印. --綫裝　　　　　　　　　　　（甲四）/689

紅樓夢傳奇：八卷/（清）陳鍾麟撰. --刻本. --
廣東：汗青齋，清道光十五年（1835）. --6 冊（1
函）. --卷 1 係抄配. 半葉 9 行，行 19 字，粗黑
口，左右雙邊，半框 19.4×13.3cm. 鈐"北平孔
德學校之章"朱文印. --綫裝　　　（甲四）/805

惺齋新曲六種/（清）夏綸撰. --刻本. --錢塘
夏氏世光堂，清乾隆十八年（1753）. --24 冊（4
函）：像 1 幅. --半葉 10 行，行 20 字，小字雙行
字同，有眉欄，行 6 字，白口，四周單邊，單黑
魚尾，半框 20.1×14.7cm. 鈐"北平孔德學校
之章"朱文印. --綫裝
子目：
無瑕璧傳奇：二卷
杏花村傳奇：二卷
瑞筠圖傳奇：二卷
廣寒梯傳奇：二卷
南陽樂傳奇：二卷
花萼吟傳奇：二卷　　　　　　　　（甲四）/88
　　第二部　12 冊（2 函），鈐"曉鈴藏書"朱
文印，吳曉鈴贈書　　　　　　　　　（己）/552

花萼吟傳奇：二卷三十二齣/（清）夏綸撰；
（清）徐夢元評. --刻本. --錢塘夏氏世光堂，清
乾隆十八年（1753）. --2 冊（1 函）. --（惺齋
新曲六種/[清]夏綸撰）. --半葉 10 行，行 20
字，有眉欄，行 6 字，白口，四周單邊，單黑魚
尾，版心下刻"世光堂"，半框 20×14.3cm. --
綫裝　　　　　　　　　　　　　　　（丁）/7614

南陽樂傳奇：二卷三十二齣/（清）夏綸撰. --
刻本. --錢塘夏氏世光堂，清乾隆十八年

（1753）. --2 冊（1 函）. --（惺齋五種/[清]
夏綸撰）. --卷上有 1 葉係抄配. 半葉 10 行，行
20 字，有眉欄，行 6 字，白口，四周單邊，單
黑魚尾，版心下刻"世光堂"，半框 20.2×
14.2cm. 鈐"豐府藏書"白文印、"檀尊藏
本"朱文印. --綫裝　　　　　　　　（丁）/988

廣寒梯傳奇：二卷/（清）夏綸撰. --刻本. --
錢塘夏氏世光堂，清乾隆十八年（1753）. --2
冊（1 函）. --半葉 10 行，行 20 字，有眉欄，
行 6 字，白口，四周單邊，單黑魚尾，版心下刻
"世光堂"，半框 19.9×14.2cm. --綫裝
　　　　　　　　　　　　　　　　　（丁）/4783

玉燕堂四種曲：八卷/（清）張堅撰. --刻本.
清乾隆（1736～1795）. --10 冊（2 函）. --半葉
10 行，行 20 字，有眉批，行 6 字，白口，四周
單邊，單黑魚尾，半框 20.1×13.7cm. 鈐"北
平孔德學校之章"朱文印. --綫裝
子目：
夢中緣：二卷
梅花簪：二卷
懷沙記：二卷
玉獅墜：二卷　　　　　　　　　　（甲四）/202
　　第二部　16 冊（2 函），鈐"馬彥祥"白文
印、"彥祥"朱文印　　　　　　　　（丁）/13726
　　第三部　12 冊（1 夾），鈐"曉鈴藏書"朱
文印，吳曉鈴贈書　　　　　　　　　（己）/550

懷沙記：二卷/（清）張漱石撰. --刻本. --清
乾隆（1736～1795）. --2 冊（1 函）. --（玉燕
堂四種曲/[清]張堅撰）. --半葉 10 行，行 20
字，小字雙行 30 字，有眉欄，行 6 字，白口，
四周單邊，單黑魚尾，半框 19.1×13.8cm. --綫
裝　　　　　　　　　　　　　　　　（丁）/2390

封禪紀傳奇：二卷/（清）魏荔彤填詞；（清）
魏士健校. --刻本. --清康熙（1662～1722）. --2
冊（1 函）. --多葉有殘缺. 半葉 10 行，行 21
字，白口，左右雙邊，單黑魚尾，半框 20.3×
14cm. --綫裝：群芳閣藏書　　　　（庚）/194

玉尺樓傳奇：二卷四十齣/（清）盧見曾著．--刻本．--清乾隆（1736～1795）．--4 冊（1 函）．--半葉 10 行，行 21 字，白口，左右雙邊，單黑魚尾，半框 18.6×14.2cm。許守白跋。鈐"守白"朱文印、"曉鈴藏書"朱文印．--綫裝：吳曉鈴贈書　（己）/539

勸善金科：不分卷/（清）張照撰．--抄本．--清雍正（1723～1735）．--10 冊（1 函）．--鈐"崇文門外喜鵲胡同"朱文印、"北平孔德學校之章"朱文印．--綫裝　（甲四）/69

勸善金科：十本二十卷二百四十齣，卷首一卷/（清）張照等撰．--刻本，五色套印．--京師：武英殿 清乾隆（1736～1795）．--24 冊（4 函）．--半葉 8 行，行 22 字，小字雙行字同，白口，四周雙邊，無界行，單黑魚尾，半框 20.8×14.9cm。鈐"北平孔德學校之章"朱文印．--綫裝　（甲四）/124

第二部　20 冊（2 函），卷首係抄配　（乙三）/1095

第三部　20 冊（4 匣），吳曉鈴贈書　（己）/561

昇平寶筏：二十一本一百七十四齣/（清）張照撰．--抄本．--昇平署，清後期（1821～1911）．--22 冊（4 函）．--綫裝：吳曉鈴贈書　（己）/559

西遊傳奇：二百四十齣/（清）張照撰．--抄本．--昇平署，清後期（1821～1911）．--10 冊（2 函）．--本書又名"昇平寶筏"。鈐"碧松館藏"白文印、"北平孔德學校之章"朱文印．--綫裝　（甲四）/1520

介山記：二卷二十四折/（清）宋廷魁撰．--刻本．--清乾隆十五年（1750）．--4 冊（1 函）：冠像 1 幅．--書名頁題"竹溪山人介山記"。半葉 10 行，行 24 字，有眉欄，行 6 字，白口，左右雙邊，單黑魚尾，半框 21.4×14.6cm。鈐"北平孔德學校之章"朱文印．--綫裝

（甲四）/199

第二部　2 冊（1 函），鈐"泊生藏書之章"白文印　（丁）/984

雷峰塔傳奇：四卷/（清）方成培重訂．--刻本．--清乾隆三十七年（1772）．--8 冊（1 函）．--巾箱本。半葉 7 行，行 15 字，白口，四周雙邊，單黑魚尾，半框 10.2×7.2cm。鈐"北平孔德學校之章"朱文印．--綫裝　（甲四）/905

雨花臺傳奇：二卷/（清）徐昆撰；（清）崔桂林評點．--刻本．--劉育槐，清乾隆（1736～1795）．--4 冊（1 函）．--版心題"雨花臺"。半葉 10 行，行 20 字，有眉欄，行 6 字，粗黑口，四周單邊，單黑魚尾，半框 20×14cm。貯書樓藏板。佚名圈點。鈐"北平孔德學校之章"朱文印．--綫裝　（甲四）/708

第二部　2 冊（1 函），鈐"曉鈴藏書"朱文印，吳曉鈴贈書　（己）/547

碧天霞传奇：二卷四十齣/（清）徐昆撰；（清）常庚辛評點．--刻本．--清乾隆（1736～1795）．--4 冊（1 函）．--半葉 10 行，行 20 字，有眉欄，行 6 字，粗黑口，四周單邊，單黑魚尾，半框 20×14.1cm。佚名批註。鈐"北平孔德學校之章"朱文印．--綫裝　（甲四）/627

第二部　2 冊（1 函），鈐"曉鈴藏書"朱文印，吳曉鈴贈書　（己）/546

漁邨記/（清）韓錫胙撰並評點；**南山法曲**：一卷/（清）韓錫胙填詞．--刻本．--妙有山房，清乾隆（1735～1795）．--2 冊（1 函）．--卷端題"河干妙有山人漫筆，青田湘巖居士評點"。韓錫胙（1716～1776），字介屏、介圭，號湘巖子，別署河干妙有山人。半葉 9 行，行 22 字，有眉欄，行 6 字，細黑口，左右雙邊，版心下刻"妙有山房"，半框 18.2×13.1cm．--綫裝

（丁）/13095

旗亭記：二卷三十六齣/（清）金兆燕撰；（清）盧見曾改訂．--刻本．--清乾隆（1736～1795）．--4 冊（1 函）．--半葉 10 行，行 21 字，有眉批，行 5 字，白口，四周單邊，單黑魚尾，

半框 18.4×14.1cm。許守白跋。鈐"守白"朱文印、"曉鈴藏書"朱文印.--綫裝：吳曉鈴贈書

（己）/544

旗亭記：二卷三十六齣/（清）金兆燕撰；（清）盧見曾改訂.--刻本.--清乾隆（1736～1795）.--6冊（1函）.--仿刻本。半葉10行，行21字，有眉批，行5字，白口，四周單邊，單黑魚尾，半框17.7×14.2cm。鈐"北平孔德學校"朱文印.--綫裝

（甲四）/799

魚水緣傳奇：二卷三十二齣/（清）周書填詞；（清）李淳淩評點.--刻本.--博文堂，清乾隆二十六年（1761）.--2冊（1函）：圖16幅.--半葉8行，行20字，有眉欄，行6字，白口，四周雙邊，單黑魚尾，半框19.4×11.3cm。鈐"曉鈴藏書"朱文印.--綫裝：吳曉鈴贈書

（己）/443

第二部 6冊（1函），卷下缺第48葉，佚名朱筆圈點、批校，鈐"馬彥祥藏書"朱文印、"馬氏大雅堂藏"白文印、"鄞馬彥祥所藏善本戲曲之印"白文印

（丁）/13732

石榴記傳奇：四卷三十二齣/（清）黃振撰.--刻本.--如皋黃振柴灣村舍，清乾隆三十七年（1772）.--4冊（1函）：插圖16幅.--半葉9行，行19字，小字雙行字同，有眉批，行5字，白口，四周雙邊，無界行，單黑魚尾，版心下刻"柴灣村舍"，半框15.9×11.7cm。鈐"蘇州綠蔭堂鑑記精造書籍章"朱文印、"錫山華氏珍藏"朱文印.--綫裝

（丁）/2599

第二部 4冊（1函） （丙四）/4462

第三部 6冊（1函），鈐"北平孔德學校之章"朱文印

（甲四）/808

空谷香：三十齣/（清）蔣士銓撰.--抄本.--昇平署，清末（1851～1911）.--4冊（1函）.--鈐"同順堂劉多阶圖書"朱文印.--綫裝

（丁）/13751

秋水堂雙翠圓傳奇：二卷/（清）夏秉衡撰.--刻本.--秋水堂，清乾隆（1736～1795）.--6冊

（1函）：插圖8幅.--牌記、版心題"雙翠圓"。巾箱本。半葉9行，行16字，白口，四周雙邊，單黑魚尾，半框10.4×7.8cm。鈐"陶齋鑑藏書畫"朱文印、"北平孔德學校之章"朱文印.--綫裝

（甲四）/898

芝龕記：六卷六十齣/（清）董榕填詞.--刻本.--清乾隆十六年（1751）.--4冊（1函）.--半葉10行，行19字，小字雙行字同，粗黑口，四周單邊，單黑魚尾，半框18×13.7cm。本衙藏板。鈐"曉鈴藏書"朱文印.--綫裝：吳曉鈴贈書

（己）/545

乞食圖，一名，後崔張：二卷/（清）錢維喬撰.--刻本.--清乾隆（1736～1795）.--2冊（1夾）.--半葉10行，行23字，白口，左右雙邊，單黑魚尾，半框17.3×13.5cm。鈐"馬彥祥"朱文印、"大疋堂"白文印.--綫裝

（丁）/13816

晉春秋傳奇：二卷/（清）蔡廷弼撰；（清）宛委山人校訂.--刻本.--清嘉慶五年（1800）.--4冊（1函）.--半葉10行，行22字，有眉批，行3字，白口，左右雙邊，單黑魚尾，半框20.3×14.3cm。太虛齋藏板。鈐"北平孔德學校之章"朱文印.--綫裝 （甲四）/1521

第二部 2冊（1函），鈐"曉鈴藏書"朱文印

（己）/588

沈蘗漁四種曲/（清）沈起鳳撰.--刻本.--清（1644～1911）.--16冊（4函）.--半葉9行，行20字，粗黑口，左右雙邊，單黑魚尾，半框17.2×12.7cm。古香林藏板。鈐"北平孔德學校之章"朱文印.--綫裝

子目：

報恩緣：二卷

才人福：二卷

文星榜：二卷

伏虎韜：二卷 （甲四）/23

義貞記：二卷三十二齣/（清）吳恒宣撰.--刻本.--糊月山房，清乾隆五十八年（1793）.

2 冊（1 函）.--上卷第 1-11 葉殘，有抄配。半葉 10 行，行 20 字，小字雙行字同，白口，四周單邊，單黑魚尾，版心下刻"耡月山房"，半框 17.2×12.9cm.--綫裝：吳曉鈴贈書

（己）/543

第二部　4 冊（1 函），鈐"北平孔德學校之章"朱文印　　　　　　　　（甲四）/709

雙仙記傳奇：二卷三十六齣/（清）崔應階撰；（清）吳來旬分填.--刻本.--香雪山房，清乾隆（1736～1795）.--4 冊（1 函）.--崔應階，號研露樓主人。半葉 10 行，行 20 字，白口，左右雙邊，單黑魚尾，半框 20×14.7cm。鈐"彥祥"朱文印、"馬氏大雅堂藏"白文印.--綫裝

（丁）/13736

第二部　2 冊（1 函），鈐"曉鈴藏書"朱文印，吳曉鈴贈書　　　　　　　（己）/531

異方便淨土傳燈歸元鏡三祖實錄：二卷，附錄一卷/（清）釋智達撰.--刻本.--清乾隆四十九年（1784）.--4 冊（1 函）：插圖 20 幅.--版心題"歸元鏡"，目錄題"淨土傳燈歸元鏡"。半葉 10 行，行 20 字，小字雙行字同，白口，四周單邊，單黑魚尾，半框 20.4×14.4cm。西直門內龍王廟流通藏板。佚名圈點。鈐"北平孔德學校之章"朱文印.--綫裝　　　　（甲四）/137
　　第二部　　　　　　　　　　　（乙四）/91
　　第三部　鈐"寸心日月廎藏書"白文印

（乙四）/383

富貴神仙：二卷/（清）鄭含成撰.--刻本.--清乾隆三十五年（1770）.--4 冊（1 函）.--鄭含成，號"影園灌者"。半葉 10 行，行 21 字，白口，四周單邊，半框 17×12.4cm。佚名圈點、批註。鈐"北平孔德學校之章"朱文印.--綫裝

（甲四）/818

第二部　1 冊（1 函），存上卷，鈐"東台董國華"白文印、"董國華"朱文印、"曉鈴藏書"朱文印，吳曉鈴贈書　　　（己）/1514
第三部　2 冊（1 函），鈐"曉鈴藏書"朱文印，吳曉鈴贈書　　　　　　　（己）/537

昭代簫韶：十本二十卷二百四十齣，首一卷/（清）王廷章，（清）范聞賢撰.--刻本，朱墨套印.--京師：内府，清嘉慶十八年（1813）.--7 冊（2 函）.--存 3 本 6 卷：1-3 本每本上下卷，第 3 本上卷重複 1 冊。半葉 8 行，行 22 字，白口，四周雙邊，無界行，單黑魚尾，半框 21.2×14.8cm.--綫裝　　　　　（甲四）/78

第二部　29 冊（5 函），缺第 10 本卷上 1-12 齣，重第 4 本卷上 1-10 齣，鈐"曉鈴藏書"朱文印，吳曉鈴贈書　　　　　　　　　（己）/560

昭代簫韶/（清）王廷章等撰.--抄本.--昇平署，清後期（1821～1911）.--1 冊（1 函）.--存頭本第 1-4 齣總本.--綫裝　　　（丁）/13761

三星圓：初集二卷，二集二卷，三集二卷，四集二卷/（清）王懋昭撰.--刻本.--清嘉慶十五年（1810）.--8 冊（2 函）：像 16 幅.--存初集、二集。半葉 9 行，行 20 字，白口，四周雙邊，單黑魚尾，版心下刻"踵武堂書"，半框 19.4×13.4cm。尺木堂藏板。鈐"北平孔德學校之章"朱文印.--綫裝　　　　（甲四）/882

點金丹：二卷/（清）西泠詞客撰.--刻本.--清（1644～1911）.--4 冊（1 函）.--半葉 9 行，行 20 字，白口，左右雙邊，無界行，單黑魚尾，半框 13.9×9.9cm。鈐"北平孔德學校之章"朱文印.--綫裝　　　　（甲四）/802

譜定紅香傳傳奇/（清）雲臥山人撰.--抄本.--清末（1851～1911）.--2 冊（1 函）.--綫裝

（丁）/13160

桃花影傳奇，一名，離魂記，一名，五色線：二卷三十折/（清）佚名撰.--刻本.--清嘉慶（1796～1820）.--4 冊（1 函）.--半葉 8 行，行 22 字，小字雙行字同，白口，左右雙邊，單黑魚尾，半框 18.9×12.2cm。鈐"北平孔德學校之章"朱文印.--綫裝　　　　（甲四）/832

如意緣傳奇：二卷二十齣/（清）信天齋癯道人編次.--抄本.--清乾隆（1736～1795）.--2

冊（1函）.--鈐"曉鈴藏書"朱文印.--綫裝：
吳曉鈴贈書　　　　　　　　　（己）/540

鼎峙春秋：十卷/（清）周祥鈺等撰.--抄本.
清乾隆（1736～1795）.--20冊（2函）.--鈐"北
平孔德學校之章"朱文印.--綫裝　（甲四）/21

忠義璿圖：二十齣/（清）周祥鈺等撰.--抄
本.--清（1644～1911）.--2冊（1函）.--鈐"北
平孔德學校之章"朱文印.--綫裝
　　　　　　　　　　　　　　　（甲四）/821

蕭史遺風：不分卷/（清）佚名抄.--抄本.--
清康熙（1662～1722）.--2冊（1函）.--帶工
尺譜.--綫裝　　　　　　　　　（丁）/14420

潛莊刪訂增補紫玉記：二卷四十齣/（清）蔡
應龍撰.--刻本.--清乾隆初年（1736～
1756）.--4冊（1函）.--半葉10行，行20字，
白口，四周單邊，單黑魚尾，半框19.8×
13.9cm.--綫裝：吳曉鈴贈書　　（己）/612

黃鶴樓填詞：二卷二十六齣/（清）周皚撰.
刻本.--蔭槐堂，清乾隆六十年（1795）.--2冊
（1函）.--版心題"黃鶴樓"。著者原題"梅
花詞客"，即周皚。半葉10行，行18字，白口，
四周單邊，單黑魚尾，半框17.7×12cm。鈐"馬
氏大雅堂藏"白文印、"鄞馬彥祥所藏善本戲
曲之印"白文印、"馬彥祥"白文印.--綫裝
　　　　　　　　　　　　　　　（丁）/13722
　　第二部　鈐"吳郎之書"朱文印、"曉鈴
藏書"朱文印，吳曉鈴贈書　　（己）/534

滕王閣填詞：四卷三十四齣/（清）梅花詞客
撰.--刻本.--蔭槐堂，清乾隆六十年（1795）.--4
冊（1函）.--半葉10行，行18字，白口，四
周單邊，單黑魚尾，半框17.5×12.2cm。鈐"曉
鈴藏書"朱文印.--綫裝：吳曉鈴贈書
　　　　　　　　　　　　　　　（己）/541

［味塵軒曲］：四種八卷/（清）李文瀚撰.--
刻本.--清道光（1796～1820）.--8冊（2函）.--

半葉9行，行18字，小字雙行同，有眉批，行
4字，粗黑口，四周雙邊，單黑魚尾，半框18.3
×13.2cm。鈐"馬氏大雅堂藏"朱文印、"鄞馬
彥祥所藏善本戲曲之印"白文印.--綫裝
　子目：
　　紫荊花傳奇：二卷
　　胭脂鳥傳奇：二卷
　　銀漢槎傳奇：二卷
　　鳳飛樓傳奇：二卷　　　　（丁）/13752
　　第二部　8冊（1夾），鈐"曉鈴藏書"朱文
印　　　　　　　　　　　　　（己）/46
　　第三部　8冊（1函）　　（甲四）/79

奎星見，一名，教中稀：二卷/（清）積石山
樵撰；（清）影園灌者校訂.--抄本.--清（1644
～1911）.--2冊（1函）.--佚名圈點，附耐人
和韻一首。鈐"北平孔德學校之章"朱文印.--
綫裝　　　　　　　　　　　　（甲四）/138

武香球傳奇：六十三齣/（清）佚名撰.--抄
本.--清（1644～1911）.--4冊（1函）.--書皮
題簽"武香球"。鈐"北平孔德學校之章"朱文
印.--綫裝　　　　　　　　　　（甲四）/817

雙紅絲傳奇：二卷二十四齣/（清）佚名撰.--
抄本.--超然閣，清（1644～1911）.--4冊（1
函）.--佚名批點。鈐"北平孔德學校之章"朱
文印.--綫裝　　　　　　　　　（甲四）/814

七國傳：三種/（清）佚名撰.--抄本.--京師：
南府，清中期（1736～1826）.--3冊（1函）.--
三種內容相接，無總書名，每種八齣。鈐"舊大
班"墨印、"馬氏彥祥藏書"朱文印、"鄞馬彥
祥所藏善本戲曲之印"白文印.--綫裝
　子目：
　　七國：八齣
　　七國：八齣
　　後七國：八齣　　　　　　（丁）/13784

德政芳：十六卷/（清）佚名撰.--抄本.--京
師：昇平署，清後期（1821～1911）.--16冊（1
函）.--綫裝　　　　　　　　　（丁）/13737

如意寶冊：十本一百四十二齣／（清）佚名撰.
抄本.--清（1644～1911）.--10 冊（1 函）.--
鈐"北平孔德學校之章"朱文印.--綫裝
（甲四）/1535

東周列國傳奇／（清）佚名撰.--抄本.--京師：
南府，清中期（1736～1826）.--4 冊（1 函）.--
殘存 4 種．鈐"舊外二學"墨印、"馬彥祥藏
書"朱文印、"彥祥"朱文印.--綫裝
（丁）/13783

辟兵珠傳奇：十卷一百四十齣／（清）佚名撰.
抄本.--清（1644～1911）.--10 冊（2 函）.--
鈐"北平孔德學校之章"朱文印.--綫裝
（甲四）/1538

鳴鳳記：二卷四十一齣／（明）王世貞撰；**鐵
冠圖**／（清）佚名撰.--刻本.--清（1644～
1911）.--2 冊（1 函）：插圖 10 幅.--鳴鳳記存
喫茶、寫本、河套、辭閣 4 齣，鐵冠圖存借餉、
煤山、守宮、別母、亂箭、刺虎 6 齣．半葉 10
行，行 24 字，小字雙行字同，有眉批，行 5 字，
白口，四周雙邊，單黑魚尾，半框 24.3×
15.3cm.--綫裝
（丁）/596

混元盒：三卷八十五齣／（清）佚名撰.--抄
本.--清（1644～1911）.--3 冊（1 函）.--卷 1
末補有第 27 齣詔取新編的內容．鈐"北平孔德
學校之章"朱文印.--綫裝
（甲四）/809

末段犀鏡圓：八齣／（清）佚名撰.--抄本.--
京師：南府，清中期（1736～1826）.--1 冊.--
鈐"舊外二學"墨印.--毛裝：吳曉鈴贈書
（己）/306

[元女遣仙]：十齣／（清）佚名撰.--抄本.--
京師：南府，清中期（1736～1826）.--1 冊（合
裝 1 函）.--書名佚，據第 1 齣著錄．鈐"舊外
二學"墨印、"味冰山房"朱文印、"曙雯樓
藏"朱文印、"鄞馬彥祥所藏善本戲曲之印"白
文印.--綫裝
（丁）/13785

宋金傳：十齣／（清）佚名撰.--抄本.--京師：
南府，清中期（1736～1826）.--1 冊（合裝 1
函）.--書名據書簽著錄．鈐"舊外二學"墨
印.--綫裝
（丁）/13785

四段下南唐：八齣／（清）佚名撰.--抄本.--
京師：南府，清中期（1736～1826）.--1 冊.--
鈐"舊外二學"墨印.--毛裝：吳曉鈴贈書
（己）/308

雷峰塔：六齣／（清）佚名撰.--抄本.--京師：
南府，清中期（1736～1826）.--1 冊（合裝 1
函）.--存 1-3 齣．與雷峰塔四齣合函．鈐"舊
外三學"墨印、"外三學記"墨印.--綫裝
（丁）/13780

雷峰塔：四齣／（清）佚名撰.--抄本.--京師：
南府，清中期（1736～1826）.--1 冊（合裝 1
函）.--鈐"舊外三學"墨印、"外三學記"墨
印.--綫裝
（丁）/13780-1

鬧花燈：八齣／（清）佚名撰.--抄本.--京師：
南府，清中期（1736～1826）.--1 冊.--本書為
"隋唐"的一段，書名頁題"總本"．鈐"舊外
三學"墨印、"外三學記"墨印.--毛裝：吳曉
鈴贈書
（己）/307

通天犀：四齣／（清）佚名撰.--抄本.--京師：
南府，清中期（1736～1826）.--1 冊.--又名"血
濺萬花樓"，書名頁題"總本"．鈐"舊外三
學"墨印、"外三學記"墨印.--毛裝：吳曉鈴
贈書
（己）/305

盤龍嶺：四齣／（清）佚名撰.--抄本.--京師：
南府，清中期（1736～1826）.--1 冊.--書簽題
"總本"．鈐"舊外三學"墨印、"外三學記"
墨印.--毛裝：吳曉鈴贈書
（己）/310

十快圍：八齣／（清）佚名撰.--抄本.--京師：
南府，清中期（1736～1826）.--1 冊.--鈐"舊
外三學"墨印、"外三學記"墨印.--綫裝
（丁）/13781

鐵旗陣：三十九段二百四十六齣/（清）佚名撰.--抄本.--京師：南府，清中期（1736～1826）.--12 冊.--殘本，存 12 冊，缺第 10-11 段串關。本書為第 12、13、16、17、20、21、26-28、37-39 段的串關。書名頁題"串關"。鈐"舊大班"墨印.--毛裝：吳曉鈴贈書

（己）/304

桃花嶺：四齣/（清）佚名撰.--抄本.--京師：南府，清中期（1736～1826）.--1 冊（合裝 1 函）.--書名取自書籤。鈐"舊小班"墨印、"鄞馬彥祥所藏善本戲曲之印"白文印.--綫裝

（丁）/13785

末段香蓮帕/（清）佚名撰.--抄本.--清（1644～1911）.--1 冊（合裝 1 函）.--存第 1 齣。鈐"鄞馬彥祥所藏善本戲曲之印"白文印.--綫裝

（丁）/13785

東漢：八齣/（清）佚名撰.--抄本.--京師：昇平署，清後期（1821～1911）.--1 冊.--綫裝

（丁）/13782

斷橋/（清）佚名撰.--抄本.--清（1644～1911）.--1 冊.--書皮題"總本"。半葉 4 行，行 17 字，有工尺譜。鈐"多阶圖書"朱文印.--毛裝

（丁）/13777

唐羅越公：八齣/（清）佚名撰.--抄本.--清（1644～1911）.--1 冊（合裝 1 函）.--書名據書籤著錄。鈐"鄞馬彥祥所藏善本戲曲之印"白文印.--綫裝

（丁）/13785

小逼.--抄本.--清（1644～1911）.--書皮題"準本"。半葉 4 行，行 17 字，有工尺譜.--1 冊.--毛裝

（丁）/13778

慶安瀾：總曲譜.--抄本.--清（1644～1911）.--1 冊.--半葉 4 至 6 行，行 20 字，有工尺譜。鈐"多阶圖書"朱文印.--毛裝

（丁）/13776

禪仙逸史：二十齣/（清）佚名撰.--抄本.--京師：昇平署，清後期（1821～1911）.--1 冊（合裝 1 函）.--綫裝

（丁）/13773

亂彈

斗牛宮/（清）佚名撰.--抄本.--京師：昇平署，清後期（1821～1911）.--1 冊（合裝 1 函）.--綫裝

（丁）/13774

冀州城/（清）佚名撰.--抄本.--京師：昇平署，清後期（1821～1911）.--1 冊（合裝 1 函）.綫裝

（丁）/13769

合歡圖/（清）佚名撰.--抄本.--京師：昇平署，清後期（1821～1911）.--3 冊（合裝 1 函）.綫裝

（丁）/13766

賣馬/（清）佚名撰.--抄本.--京師：昇平署，清後期（1821～1911）.--1 冊（合裝 1 函）.--綫裝

（丁）/13775

醉寫/（清）佚名撰.--抄本.--京師：昇平署，清後期（1821～1911）.--1 冊（合裝 1 函）.--綫裝

（丁）/13770

胭脂虎/（清）佚名撰.--抄本.--京師：昇平署，清後期（1821～1911）.--1 冊（合裝 1 函）.--綫裝

（丁）/13765

雙鎖山/（清）佚名撰.--抄本.--京師：昇平署，清後期（1821～1911）.--1 冊（合裝 1 函）.--綫裝

（丁）/13768

洛陽橋/（清）佚名撰.--抄本.--京師：昇平署，清後期（1821～1911）.--1 冊（合裝 1 函）.--綫裝

（丁）/13771

魚籃記/（清）佚名撰.--抄本.--京師：昇平署，清後期（1821～1911）.--1 冊（合裝 1 函）.--綫裝

（丁）/13772

雁门關/（清）佚名撰.--抄本.--京師：昇平署，清後期（1821～1911）.--3冊（1函）.--存第7、8、90本.--綫裝　　　　（丁）/13762

打龍袍/（清）佚名撰.--抄本.--京師：昇平署，清後期（1821～1911）.--1冊（合裝1函）.--綫裝　　　　（丁）/13767

得意緣：不分卷/（清）佚名撰.--抄本.--京師：昇平署，清後期（1821～1911）.--4冊（合裝1函）.--綫裝　　　　（丁）/13760

日月圖/（清）佚名撰.--抄本.--京師：昇平署，清後期（1821～1911）.--1冊（合裝1函）.--綫裝　　　　（丁）/13764

頂磚/（清）佚名撰.--抄本.--京師：昇平署，清後期（1821～1911）.--1冊（合裝1函）.--綫裝　　　　（丁）/13763

蕩湖船/（清）佚名撰.--抄本.--百本張，清（1644～1911）.--1冊（1函）.--毛裝　　　　（丁）/15886

黃鶴樓/（清）佚名撰.--抄本.--百本張，清（1644～1911）.--5冊（1函）.--綫裝　　　　（丁）/15058

散曲

雲莊張文忠公休居自適小樂府：不分卷/（元）張養浩撰.--抄本.--明末（1573～1644）.--1冊（1函）.--鈐"毛晉"朱文印、"汲古主人"朱文印、"汲古閣"朱文印、"斧季"朱文印、"毛扆之印"朱文印、"北平孔德學校之章"朱文印.--綫裝　　　　（甲四）/156

樂府小令：七種/（元）張可久等撰.--刻本.--清（1644～1911）.--8冊（2函）.--巾箱本。半葉9行，行18字，白口，左右雙邊，半框9.5×7.7cm.--綫裝

子目：
張小山小令：二卷/（元）張可久撰
喬夢符小令：一卷/（元）喬吉撰
葉兒樂府：一卷/（清）朱彝尊撰
北樂府小令：一卷/（清）厲鶚撰
西堂樂府：一卷/（清）尤侗撰
揚州竹枝詞：一卷/（清）董偉業撰
板橋道情：一卷/（清）鄭燮撰
　　　　（甲四）/128
第二部　6冊（1夾），鈐"足廬所藏書籍字畫印"朱文印、"陽嘉室藏本"朱文印，吳曉鈴贈書　　　　（己）/706

朝野新聲太平樂府：九卷/（元）楊朝英輯.--刻本.--明（1368～1644）.--8冊（1函）.--存卷1-8。半葉10行，行20字，白口，四周雙邊，三黑魚尾，半框20.6×13.6cm。鈐"順德溫君靳所藏金石書畫之印"朱文印、"鄞馬彥祥所藏善本戲曲之印"白文印、"彥祥心賞"朱文印、"馬氏大雅堂藏"白文印.--綫裝　　　　（丁）/13734

新鎸古今大雅北宮詞紀：六卷；新鎸古今大雅南宮詞紀：六卷/（明）陳所聞選；（明）陳邦泰輯.--刻本.--陳氏繼志齋，明萬曆三十三年（1605）.--12冊（2函）.--版心題"北宮詞紀"、"南宮詞紀"。半葉10行，行20字，有眉欄，行5字，白口，四周單邊，半框21.9×14.3cm。佚名圈點。鈐"北平孔德學校之章"朱文印.--綫裝　　　　（甲四）/121

新鎸古今大雅南宮詞紀：六卷/（明）陳所聞選；（明）陳邦泰輯次.--刻本.--陳氏繼志齋，明萬曆三十三年（1605）.--5冊（1函）.--書名頁題"南九宮譜"，版心題"南宮詞紀"。半葉10行，行20字，小字雙行字同，有眉欄，行5字，白口，四周單邊，半框21.7×14.6cm。鈐"雙流劉咸炘鑑泉藏書印"朱文印.--綫裝　　　　（丁）/2367
第二部　8冊（1函），鈐"曉鈴藏書"朱文印，吳曉鈴贈書　　　　（己）/681
第三部　3冊（1函），鈐"溥文"朱文印、

"崧麻主人"朱文印、"曉鈴藏書"朱文印，吳曉鈴贈書 （己）/686

新鐫古今大雅北宮詞紀：六卷/（明）陳所聞粹選；（明）陳邦泰輯次. --刻本. --陳氏繼志齋，明萬曆三十三年（1605）. --6 冊（1 函）. --書名頁題"北九宮譜"，版心題"北宮詞紀"。半葉 10 行，行 20 字，有眉欄，行 5 字，白口，四周單邊，半框 21.9×14.3cm. --綫裝：群芳閣藏書 （庚）/152

　　第二部　5 冊（1 函），書名頁題"北宮詞譜"，鈐"雙流劉咸炘鑑泉藏書印"朱文印 （丁）/2366

　　第三部　8 冊（1 函），鈐"曉鈴藏書"朱文印，吳曉鈴贈書 （己）/682

　　第四部　3 冊（1 函），吳曉鈴贈書 （己）/685

新鐫古今大雅北宮詞紀：六卷/（明）陳所聞選；（明）陳邦泰輯次. --抄本. --清（1644～1911）. --4 冊（1 函）. --據明萬曆刻本抄。鈐"孔岐周記"墨印、"維新堂"墨印、"曉鈴藏書"朱文印. --綫裝：吳曉鈴贈書 （己）/683

元明小令抄：不分卷. --抄本. --清末（1851～1911）. --1 冊. --茫父題簽。半葉 10 行，行 20 字，白口，四周單邊，單黑魚尾，半框 18.2×13.6cm. --綫裝 （甲四）/509

碧山樂府：四卷/（明）王九思撰. --刻本. --張宗孟，明崇禎十三年（1640）. --2 冊（1 函）.（重刻渼陂王太史先生全集/[明]王九思撰）--半葉 9 行，行 22 字，白口，四周單邊，單黑魚尾，半框 20.9×13.5cm。有刻工：胥守業。鈐"王璐"白文印. --綫裝 （丙四）/1289

二太史樂府聯璧：四卷/（明）康海，（明）王九思撰. --刻本. --明萬曆（1573～1620）. --3 冊（1 函）. --半葉 9 行，行 20 字，白口，四周雙邊，單黑魚尾，半框 22.8×15.5cm。鈐"北平孔德學校之章"朱文印. --綫裝

（甲四）/921

白雪齋選訂樂府吳騷合編：四卷；**衡曲塵譚**：一卷/（明）張琦選輯；（明）張旭初刪定. **曲律**：一卷/（明）魏良輔撰. --刻本. --虎林張琦白雪齋，明崇禎（1628～1644）. --8 冊（2 函）：有插圖. --版心題"吳騷合編"。半葉 9 行，行 20 字，白口，四周單邊，單白魚尾，半框 20.1×14.7cm。慈經批。鈐"北平孔德學校之章"朱文印. --綫裝 （甲四）/24

江東白苧：二卷；**續江東白苧**：二卷/（明）梁辰魚撰. --刻本. --明末（1573～1644）. --4 冊（1 函）. --半葉 8 行，行 18 字，小字雙行字同，白口，左右雙邊，半框 20×12.2cm。鈐"無竟先生獨志堂物"朱文印、"愚學齋"朱文印、"北平孔德學校之章"朱文印. --綫裝

（甲四）/10

雙溪樂府：二卷/（明）張鍊撰. --抄本. --明（1368～1644）. --2 冊（1 函）. --有吳曉鈴跋。鈐"吳曉鈴"朱文印、"曉鈴藏書"朱文印. --綫裝：吳曉鈴贈書 （己）/704

秋水菴花影集：五卷/（明）施紹莘撰. --刻本. --明末（1573～1644）. --4 冊（1 函）. --卷1有 2 葉係抄配。版心題"花影集"。半葉 8 行，行 20 字，有眉批，行 5 字，白口，四周單邊，無界行，版心下刻篇目簡稱，半框 19.2×12.9cm，有刻工：金泰卿。小娜嬛藏板。鈐"龍氏天章閣珍藏"朱文印、"北平孔德學校之章"朱文印. --綫裝 （甲四）/917

　　第二部　11 冊（1 函） （甲四）/916

曲選

詞林逸響：四卷/（明）許宇輯. --刻本. --萃錦堂，明天啟三年（1623）. --4 冊（1 函）：圖 12 幅. --卷1有1葉係抄配。此書分"風、花、雪、月"四卷。半葉 9 行，行 22 字，白口，四周單邊，單綫魚尾，半框 22×14cm。鈐"傳經堂鑑藏"白文印、"曾在東山劉惺常處"白文印、"北平孔德學校之章"朱文印. --綫裝 （甲四）/163

第二部　8 冊（2 函），鈐 "曉鈴藏書" 朱文印，吳曉鈴贈書　（己）/690

重訂綴白裘新集合編：十二集四十八卷/（清）玩花主人編．--刻本．--清乾隆四十七年（1782）．--24 冊（4 函）：圖 3 幅．--半葉 9 行，行 20 字，小字雙行字同，白口，四周單邊，單黑魚尾，半框 16.2×10.4cm．集古堂、共賞齋藏板．佚名圈點，福俊題跋．鈐 "蘇完瓜爾佳氏福俊字雅伯別號流生" 朱文印、"十視齋印" 朱文印、"福俊" 白文印、"雅伯" 朱文印．--綫裝　（丁）/14529

綴白裘新集合編：十二集/（清）玩花主人輯；（清）錢德蒼續輯．--刻本．--武林：鴻文堂；金閶：寶仁堂，清乾隆五十三年（1788）．--48 冊（6 函）：有冠圖．--半葉 9 行，行 20 字或 22 字，小字雙行字同，白口，四周單邊，無界行，單黑魚尾，半框 16.4×10.5cm．--綫裝　（丁）/853

新刻出像點板時尚昆腔雜曲醉怡情：不分卷/（清）清溪菰蘆釣叟點次．--刻本．--清初（1644～1722）．--8 冊（2 函）：冠圖 6 幅．--卷前序、目次有缺葉．半葉 9 行，行 22 字，小字雙行字同，白口，四周單邊，單黑魚尾，半框 19.5×12.2cm．鈐 "馬彥祥" 朱文印．--綫裝　（丁）/13728

新刻出像點板時尚昆腔雜曲醉怡情：八卷四十四種/（清）清溪菰蘆釣叟點次．--刻本．--古吳：致和堂，清初（1644～1722）．--8 冊（1 函）：冠圖 6 幅．--半葉 10 行，行 25 字，小字雙行字同，四周單邊，無界行，單黑魚尾，半框 21.3×13.9cm．鈐 "大沚堂" 白文印、"鄞馬彥祥所藏善本戲曲之印" 白文印、"馬氏彥祥藏書" 朱文印．--綫裝：馬彥祥贈書　（戊）/130

萬錦清音二集/（明）方來館主人點校．**金石新聲**：二集/（明）陳太虛輯．--刻本．--明末（1621～1644）．--1 冊（1 函）．--殘本．兩截板，上欄半葉 12 行，行 12 字，無界行，下欄半葉 8

行，行 18 字，白口，左右雙邊，半框 20.1×11.7cm．鈐 "曉鈴藏書" 朱文印．--綫裝：吳曉鈴贈書　（己）/39

雍熙樂府：二十卷/（明）郭勛輯．--刻本．--明嘉靖（1522～1566）．--24 冊（2 函）．--半葉 10 行，行 21 字，白口，四周雙邊，三黑魚尾，半框 20×13.6cm．鈐 "曉鈴藏書" 朱文印．--綫裝：吳曉鈴贈書　（己）/680

吳歈萃雅：四卷/（明）梯月主人輯．--刻本．明萬曆（1573～1620）．--8 冊（1 函）：插圖 32 幅．--半葉 9 行，行 21 字，小字雙行字同，白口，四周單邊，半框 21.6×13cm．鈐 "衡陽常氏潭印閣藏書之圖記" 朱文印、"北平孔德學校之章" 朱文印．--綫裝　（甲四）/52

清音小集：四卷三十二種．--刻本．--敏修堂，清乾隆四十八年（1783）．--4 冊（1 函）．--半葉 8 行，行 14 字，白口，四周雙邊，單黑魚尾，半框 19.6×12.9cm．鈐 "鄞馬彥祥所藏善本戲曲之印" 白文印、"馬氏大雅堂藏" 白文印．--綫裝：馬彥祥贈書　（戊）/71
第二部　吳曉鈴贈書　（己）/991

溫經樓遊戲翰墨：二十卷，續錄一卷/（清）孔廣林撰．--稿本．--孔廣林，清嘉慶十七年（1812）．--5 冊（1 函）　（甲四）/730

審音鑑古錄：不分卷/（清）佚名編．--刻本．王繼善，清道光十四年（1834）．--12 冊（2 函）：有插圖．--半葉 10 行，行 24 字，小字雙行字同，有眉批，行 5 字，白口，四周雙邊，單黑魚尾，半框 24.2×15.2cm．本衙藏板．鈐 "樂天珍藏金石書畫印" 朱文印．--綫裝　（乙四）/394

[散曲五種]/楚北啞嗓道人輯．--抄本．--清（1644～1911）．--2 冊（1 函）．--鈐 "三治堂珍藏" 朱文印、"北平孔德學校之章" 朱文印．--綫裝
　子目：
　牧羊記

浣紗記
千鍾祿
漁家傲
鳴鳳記　　　　　　　　　　（甲四）/73

昆曲劇本/（清）佚名編.--抄本.--清（1644
～1911）.--8 冊（1 函）.--有工尺譜．鈐"松
花室主"朱文印.--綫裝　　　（丁）/12522

彈詞

廿一史彈詞注：十一卷/（明）楊慎撰；（清）
張三異增定；（清）張仲璜註.--刻本.--漢陽：
視履堂，清乾隆五十一年（1786）.--8 冊（1
函）.--版心題"彈詞註"，卷 11 卷端題"明史
彈詞注"．據雍正五年（1727）本覆刻．半葉
11 行，行 21 字，小字雙行字同，白口，四周單
邊，單黑魚尾，半框 17.6×14cm．視履堂藏板.
綫裝　　　　　　　　　　　　（丙四）/941
　　第二部　12 冊（1 函），鈐 "北平孔德學校
之章"朱文印　　　　　　　　（甲四）/1098
　　第三部　8 冊（1 函），資善堂藏板
　　　　　　　　　　　　　　（丙四）/2293

十美圖：四卷/（明）佚名撰.--抄本.--清
（1644～1911）.--4 冊（1 函）.--佚名圈點．
鈐"北平孔德學校之章"朱文印.--綫裝
　　　　　　　　　　　　　　（甲四）/218

新譜番合釧全傳：三十卷/（明）永新劉氏撰.
抄本.--清康熙（1662～1722）.--30 冊（4 函）.--
目錄題"番合釧"．鈐"北平孔德學校之章"朱
文印.--綫裝　　　　　　　　（甲四）/1202

新編陶朱富：四十卷.--抄本.--清康熙（1662
～1722）.--20 冊（4 函）.--卷 5 題名"新刻陶
朱富"．書皮印文錦齋賃書廣告．鈐"北平孔德
學校之章"朱文印.--綫裝　　　（甲四）/239

犀釵記：八卷四十五齣/（清）陳琬璋撰.--
抄本.--清（1644～1911）.--6 冊（1 函）.--

鈐"北平孔德學校之章"朱文印.--綫裝
　　　　　　　　　　　　　　（甲四）/1096

安邦傳：四卷.--抄本.--和慶堂遠亭，清嘉慶
二十三年（1818）.--4 冊（1 函）.--綫裝
　　　　　　　　　　　　　　（丁）/5459

新編玉鴛鴦全傳：八卷三十六回/（清）佚名
撰.--抄本.--臾韻蘭，清道光十一年（1831）.
8 冊（2 函）.--鈐"北平孔德學校之章"朱文
印.--綫裝　　　　　　　　　　（甲四）/1093

英雄會：不分卷/（清）佚名撰.--抄本，紅方
格.--清末（1851～1911）.--6 冊（1 函）.--
鈐"北平孔德學校之章"朱文印.--綫裝
　　　　　　　　　　　　　　（甲四）/1095

神劍記.--抄本.--清末（1851～1911）.--20
冊（2 函）.--綫裝　　　　　　（甲四）/247

新編儒雅小金錢彈詞：十二回.--抄本.--清
末（1851～1911）.--4 冊（1 函）.--缺第 5 回．
又名"金錢會"． 鈐"北平孔德學校之章"朱
文印.--綫裝　　　　　　　　（甲四）/1055

巧奇冤：二十四部九十六回.--抄本.--存養
堂游書和，清末（1851～1911）.--12 冊（1 函）.
鈐"蘭室風清"朱文印、"李德"朱文印.--綫
裝　　　　　　　　　　　　　（甲四）/1094

寶卷

觀世音菩薩本行經：一卷/（宋）普明禪師編
集.--刻本.--戒壇經房，明（1368～1644）.--1
冊（1 函）.--半葉 12 行，行 22 字，粗黑口，
四周雙邊，雙對黑魚尾，半框 21.8×16.1cm．
鈐"吳"朱文印、"曉鈴藏書"朱文印.--綫
裝：吳曉鈴贈書　　　　　　　（己）/1150

正信除疑無修證自在寶卷句解：二卷/（明）
王尚儒述注.--刻本.--明（1368～1644）.--1

冊（1 函）.--存下卷。半葉 10 行，行 25 字，粗黑口，四周雙邊，四黑魚尾，半框 21.9×14cm。鈐"曉鈴藏書"朱文印.--綫裝：吳曉鈴贈書 （己）/1080

武當山玄天上帝經：二卷二十四品.--刻本.明嘉靖二年（1523）.--2 冊（1 函）：有插圖.--書簽題"皇極金丹九蓮正信皈真還鄉寶卷"。半葉 5 行，行 17 字，上下雙邊，半框 26.5×11.5cm。鈐"曾在周紹良處"朱文印、"至德周紹良所珎炅書"朱文印、"曉鈴藏書"朱文印.--經折裝：吳曉鈴贈書 （己）/1058

發願勸人一律：一卷.--刻本.--明萬曆二十三年（1595）.--1 冊（1 函）：圖 2 幅.--半葉 4 行，行 13 字，上下雙邊，半框 28.7×13.4cm.--經折裝：群芳閣藏書 （庚）/146

巍巍不動太山深根結果經：一卷.--刻本.--明（1368~1644）.--1 冊（1 函）：有插圖.--半葉 4 行，行 13 字，上下雙邊，半框 29.6×13.1cm。鈐"曉鈴藏書"朱文印.--經折裝：吳曉鈴贈書 （己）/1062

護國佑民伏魔寶卷：二卷.-- 刻本.-- 明（1368~1644）.--2 冊（1 函）：有插圖.--半葉 4 行，行 15 字，上下雙邊，半框 28×13cm。鈐"曉鈴藏書"朱文印.--經折裝：吳曉鈴贈書 （己）/1084

第二部 扉畫 1 幅，人物較少，群芳閣藏書 （庚）/145

銷釋準提復生寶卷：二卷.--刻本.--明（1368~1644）.--1 冊（1 函）：圖.--存上卷。半葉 4 行，行 15 字，上下雙邊，半框 27.6×13cm。鈐"曉鈴藏書"朱文印.--經折裝：吳曉鈴贈書 （己）/1086

普明如來無爲了義寶卷：二卷.--刻本.--明（1368~1644）.--1 冊（1 函）.--存上卷，有殘缺。半葉 4 行，行 15 字，上下雙邊，半框 27.7×12.8cm.--經折裝 （庚）/147

佛説清淨無爲直指正真收圓寶卷.--刻本.--明（1368~1644）.--1 冊（1 函）.--半葉 4 行，行 15 字，上下雙邊，半框 29.5×13cm.--綫裝 （丁）/12685

嘆世無爲卷：一卷.-- 刻本.-- 明（1368~1644）.--1 冊（1 函）：圖 1 幅.--半葉 4 行，行 13 字，上下雙邊，半框 28.2×13.1cm。周肇祥題跋。鈐"肇祥審定"白文印.--經折裝 （丁）/15609

嘆世無為卷：一卷，附祖家慈悲警浮嘆世道清詞一卷/（明）佚名編.--刻本.--明（1368~1644）.--1 冊（1 函）.--卷尾缺葉。半葉 8 行，行 15 字，白口，四周雙邊，單黑魚尾，半框 20.8×13.9cm。鈐"華陽曾天宇藏書"朱文印、"經畬樓藏"白文印、"曉鈴藏書"朱文印.--綫裝：吳曉鈴贈書 （己）/1078

嘆世無爲卷：一卷.--抄本.--明（1368~1644）.--1 冊（1 函）：有插圖.--插圖係刊印。半葉 4 行，行 15 字，上下雙邊，半框 28.1×12cm.--經折裝：群芳閣藏書 （庚）/199

觀音釋宗日北斗南經：一卷.--刻本.--明（1368~1644）.--1 冊（1 函）：有插圖.--半葉 5 行，行 15 字，上下雙邊，半框 27.1×12.7cm。鈐"曉鈴藏書"朱文印.--經折裝：吳曉鈴贈書 （己）/1065

正信除疑無修證自在經 二十四品.--刻本.--明（1368~1644）.--1 冊（1 函）：有插圖.--半葉 4 行，行 13 字，上下雙邊，半框 29.5×13.2cm。鈐"曉鈴藏書"朱文印.--經折裝：吳曉鈴贈書 （己）/1060

銷釋真空掃心寶卷：二卷.--刻本.--明（1368~1644）.--1 冊（1 函）：有插圖.--存上卷。半葉 4 行，行 15 字，上下雙邊，半框 27.9×13.1cm。鈐"曉鈴藏書"朱文印.--經折裝：吳曉鈴贈書 （己）/1085

姚秦三藏西天取清解論：一卷.--刻本.--清康熙三十七年（1698）.--1 冊（1 函）：有插圖.--半葉 4 行，行 13 字，上下雙邊，半框 28.5×13.2cm。鈐"曉鈴藏書"朱文印.--經折裝：吳曉鈴贈書　　　　　　　（己）/1061

佛說李素真還魂卷.--抄本.--清乾隆五十七年（1792）.--1 冊（1 函）.--書皮題"李素真還魂寶卷"。佚名圈點.--綫裝　　（丁）/10925

雜曲

聊齋雜著：十一種/（清）蒲松齡撰.--抄本.東生氏，清（1644～1911）.--18 冊（2 函）.--綫裝
子目：
蓬萊宴：一卷
俊夜叉：一卷
學究嘲引：一卷
姑婦曲：一卷
牆頭記：一卷
禳妒咒：四卷
富貴神仙：二卷
翻魘殃：二卷
慈悲曲：一卷
幸雲曲：三卷
寒森曲：二卷　　　　　　　　　（丁）/12993

霓裳續譜：八卷/（清）王廷紹輯.--刻本.--集賢堂，清乾隆六十年（1795）.--10 冊（1 函）.--半葉 10 行，行 20 字，白口，四周單邊間四周雙邊間左右雙邊，單黑魚尾，半框 14.1×10.3cm。鈐"北平孔德學校之章"朱文印.--綫裝
　　　　　　　　　　　　　　（甲四）/895
　第二部　劉半農題封面，吳曉鈴跋，鈐"曉鈴藏書"朱文印，吳曉鈴贈書　　（己）/678
　第三部　4 冊（1 函）　　　（甲四）/896
　第四部　4 冊（1 函）　　　（甲四）/897
　第五部　6 冊（1 函），馬彥祥贈書（戊）/126

西調黃鸝詞集抄：不分卷/（清）柳堂淳敬輯.

抄本.--清乾隆四十五年（1780）.--3 冊（1 函）.--鈐"北平孔德學校之章"朱文印.--綫裝
子目：
西調：一百三十五個
黃鸝調：三十三個　　　　　　（甲四）/91

俞伯牙摔琴謝知音子弟書：六回，附庸行編慎交格言/（清）王錦雯評.--稿本.--清嘉慶二十年（1755）.--1 冊（合裝 1 函）.--鈐"曉鈴藏書"朱文印.--綫裝：吳曉鈴贈書　　（己）/401

百本張子弟書：二十八種/（清）納哈塔氏輯.抄本.--北京：百本張，清光緒 26 年（1900）.6 冊（2 函）.--清光緒二十六年（1900）六月初六日納哈塔氏裝訂。鈐"別還價百本張"墨印、"世傳百本張，言無二價，童叟無欺"墨印、"由乾隆年起至今少錢不賣，別還價"朱文印、"住西直門大街高井胡同路北"朱文印、"納哈塔氏"印（滿漢合文，陰陽合璧）、"吟秋山館"藍印、"那哈他氏裕壽吟秋山館松亭秘記"藍印.--綫裝：吳曉鈴贈書
　子目
　鳳儀亭
　狐狸思春
　官箴歎
　窮鬼歎
　三宣牙牌令
　女侍衛歎
　逛二閘
　篡鬚子論
　廚子歎
　長隨歎
　鬚子譜
　葡萄架
　打門吃醋
　得鈔嗷妻
　續得鈔借銀子
　玉兒獻花
　李逵接母
　入塔嗷羅漢
　長坂坡
　馬介甫

侍衛論

鳳仙

隨緣樂

少侍衛歎

老侍衛歎

胭脂傳

千金全德：八回

俏東風：十二回；續俏東風：八回 （己）/448

曲譜

嘯餘譜：十一卷/（明）程明善編.--刻本.--明萬曆四十七年（1619）.--16 冊（2 函）.--缺卷 9、10、11。半葉 9 行，行 20 字，小字雙行字同，白口，四周單邊，單黑魚尾，半框 20.7×15cm。鈐"北平孔德學校之章"朱文印.--綫裝

子目：

卷一：

　玉川子嘯旨：一卷/（宋）佚名撰

　皇極聲音數：一卷/（宋）祝泌撰

　律呂：一卷

　樂府原題：一卷/（宋）鄭樵撰

卷二、三

　詩餘譜：卷一至十九

卷四

　詩餘譜：卷二十至二十四

　致語：不分卷.--版心題"樂語"

卷五

　北曲譜：十二卷/（明）朱權撰

卷六

　周德清中原音韻：一卷，附務頭正語作詞起例/（元）周德清撰

卷七、八

　南曲譜：卷一至十四　　　　　（甲四）/1

嘯餘譜：十一卷/（明）程明善輯；（清）張漢校.--刻本.--清康熙（1662~1722）.--20 冊（2 函）.--半葉 9 行，行 20 字，小字雙行字同，白口，四周單邊，單黑魚尾，半框 20.5×15.1cm。鈐"王國維"印（陰陽合璧）.--綫裝

子目：

卷一：

　玉川子嘯旨：一卷/（宋）佚名撰

　皇極聲音數：一卷/（宋）祝泌撰

　律呂：一卷

　樂府原題：一卷/（宋）鄭樵撰

卷二、三

　詩餘譜：卷一至十九

卷四

　詩餘譜：卷二十至二十四

　致語：一卷.--版心題"樂語"

卷五

　北曲譜：十二卷/（明）朱權撰

卷六

　周德清中原音韻：一卷，附務頭正語作詞起例/（元）周德清撰

卷七、八、九

　南曲譜：二十二卷/（明）沈璟撰

卷十

　中州音韻：不分卷

卷十一

　司馬溫公切韻：一卷/（宋）司馬光撰

　　　　　　　　　　　　　　　（丁）/12413

增訂南九宮曲譜：二十一卷，南九宮十三調曲譜附錄一卷/（明）沈璟撰；（明）龍驤校補.--刻本.--龍驤，明末（1573~1644）.--8 冊（1 函）.--序有 1 葉、卷 20 有 1 葉、卷 21 係抄補。書名全稱"增定查補南九宮十三調曲譜"。半葉 7 行，行 18 字，有眉欄，行 6 字，白口，四周單邊，單綫魚尾，半框 21.2×14.8cm。三樂齋藏板.--綫裝　　　　　　（甲四）/76

第二部　10 冊（1 函），麗正堂藏板，鈐"馬氏彥祥藏書"朱文印　　　　　　（戊）/109

九宮譜定：十二卷，卷首一卷/（清）東山釣史，（清）鴛湖逸士同輯.--刻本.--清康熙（1662~1722）.--6 冊（1 函）.--序缺 3 葉。半葉 7 行，行 18 字，有眉欄，行 4 字，白口，四周單邊，半框 19.9×12.6cm。馬彥祥跋。鈐"彥祥"朱文印、"馬氏彥祥藏書"朱文印.--綫裝：馬彥祥贈書　　　　　（戊）/108

一笠菴北詞廣正譜：十八卷，附南戲北詞正謬一卷/（清）徐于室撰；（清）李玄玉更訂．--刻本．--青蓮書屋，清康熙（1662～1722）（文靖書院，清康熙[1662～1722]印）．--12 冊（1 函）．--書名頁題"一笠菴北詞廣正九宮譜"，版心題"北詞廣正譜"。半葉 6 行，行 25 字，小字雙行字同，白口，左右雙邊，單黑魚尾，版心下刻"青蓮書屋"，半框 20.2×14.5cm。文靖書院藏板。佚名批校。鈐"桐風高藏"朱文印、"桐風高繙戢疏錄之書"朱文印、"徐恕私印"白文印、"徐恕印信"白文印、"北平孔德學校之章"朱文印．--綫裝　　　　（甲四）/65
　　　第二部　8 冊（1 函）　　　（乙四）/45

曲譜：十二卷，卷首一卷，卷末一卷/（清）王奕清等奉敕撰．--刻本，朱墨套印．--京師：內府，清康熙（1662～1722）．--10 冊（2 函）．--半葉 8 行，行 21 字，小字雙行字同，白口，四周雙邊，雙對黑魚尾，半框 19×12.5cm。佚名圈點。鈐"北平孔德學校之章"朱文印．--綫裝
　　　　　　　　　　　　（甲四）/120

新定十二律崑腔譜：十六卷，附新定考正音韻大全一卷/（清）王正祥撰；（清）盧鳴鑾，（清）施銓參訂．--刻本．--蘇州：停雲室，清康熙（1662～1722）．--7 冊（1 函）．--缺卷 5-8。半葉 8 行，行 20 字，小字雙行字同，白口，四周雙邊，無界行，單黑魚尾，半框 20×13.1cm。停雲室藏板。佚名圈點。鈐"寧邸珍藏圖書"朱文印、"北平孔德學校之章"朱文印．--綫裝
　　　　　　　　　　　　（甲四）/114

新定十二律京腔譜：十六卷，卷首一卷/（清）王正祥撰．--刻本．--蘇州：停雲室，清康熙（1662～1722）．--5 冊（1 函）．--缺卷 1-6。半葉 8 行，行 20 字，小字雙行字同，白口，四周雙邊，單黑魚尾，版心下刻"停雲室"，無界行，半框 19.5×13.1cm。鈐"鄞馬彥祥所藏善本戲曲之印"白文印、"馬氏大雅堂藏"白文印．--綫裝：馬彥祥贈書　　　　（戊）/131

太古傳宗琵琶調西廂記曲譜：二卷；太古傳宗

琵琶調宮詞曲譜：二卷；太古傳宗琵琶調闋文：一卷；絃索調時劇新譜：二卷/（清）湯斯質輯；（清）朱廷鏐等重訂．--刻本．--莊親王允祿，清乾隆十四年（1749）．--12 冊（2 函）．--半葉文字 7 行，工尺 7 行，行 32 字，白口，四周雙邊，單黑魚尾，半框 21.7×15.7cm。鈐"北平孔德學校之章"朱文印．--綫裝　　　　（甲四）/11
　　　第二部　8 冊（2 函），缺西廂記曲譜下卷，鈐"羅徵程印"白文印、"九如"朱文印
　　　　　　　　　　　　（丁）/13683

吟香堂曲譜：四卷；南山法曲：一卷/（清）馮起鳳撰．--刻本．--馮懋才，清乾隆（1736～1795）．--4 冊（1 函）．--半葉 7 行，行 14 字，有眉批，行 3 字，白口，左右雙邊，無界行，單黑魚尾，半框 21×15.5cm。吟香堂藏版．--綫裝
　子目：
　　長生殿曲譜：二卷
　　牡丹亭曲譜：二卷　　　　（丁）/13096

長生殿曲譜：二卷/（清）馮起鳳撰．--刻本．馮懋才，清乾隆（1736～1795）．--2 冊（1 函）．--（吟香堂曲譜：二種/[清]馮起鳳撰）．--半葉 7 行，行 14 字，有眉批，行 3 字，白口，左右雙邊，無界行，單黑魚尾，半框 21×15.5cm。吟香堂藏版．--綫裝　　　　（丁）/13842

牡丹亭曲譜：二卷/（清）馮起鳳撰．--刻本．--馮懋才，清乾隆（1736～1795）．--4 冊（1 函）．--（吟香堂曲譜：二種/[清]馮起鳳撰）．--正文卷端題"吟香堂曲譜"。半葉 7 行，行 14 字，有眉批，行 3 字，白口，左右雙邊，無界行，單黑魚尾，半框 21.2×15.4cm。吟香堂藏版。鈐"北平孔德學校之章"朱文印．--綫裝
　　　　　　　　　　　　（甲四）/1532

納書楹曲譜：正集四卷，續集四卷，外集二卷，補遺四卷；納書楹玉茗堂四夢曲譜：八卷/（清）葉堂訂譜；（清）王文治參訂．--刻本．--長洲：葉氏納書楹，清乾隆五十七至五十九年（1792～1794）．--20 冊（2 函）．--半葉 6 行，行 18 字，小字雙行字同，旁注工尺譜，有眉批，行 5

字，白口，四周雙邊，單黑魚尾，半框 19.2×14.1cm。納書楹藏板。佚名圈點。鈐"式笑人間今古"白文印、"北平孔德學校之章"朱文印.--綫裝
(甲四)/6

第二部 16 冊（4 函），缺紫釵記全譜 2 卷、邯鄲記全譜 2 卷、南柯記全譜 2 卷
(丙四)/79

第三部 10 冊（2 函），存正集 2 卷、續集 2 卷、外集 2 卷，鈐"青藝藏書"朱文印、"吳儂藏曲"朱文印、"孫潤宇"朱文印
(丁)/3721

納書楹曲譜補遺：四卷/（清）葉堂撰.--刻本.--長洲：葉氏納書楹，清乾隆五十九年（1794）.--4 冊（1 函）.--半葉 6 行，行 18 字，小字雙行字同，旁注工尺譜，有眉批，行 5 字，白口，四周雙邊，單黑魚尾，半框 19.2×14cm 納書楹藏板。鈐"青藝藏書"朱文印、"吳儂藏曲"朱文印、"孫潤宇"朱文印.--綫裝
(丁)/3720

納書楹玉茗堂四夢全譜：八卷/（清）葉堂撰.刻本.--長洲：葉氏納書楹，清乾隆五十七年（1792）.--8 冊（1 函）.--半葉 6 行，行 18 字，小字雙行字同，旁注工尺譜，有眉批，行 5 字，白口，四周雙邊，單黑魚尾，半框 19.2×14cm 納書楹藏板。鈐"青藝藏書"朱文印、"吳儂藏曲"朱文印、"孫潤宇"朱文印.--綫裝
子目
牡丹亭全譜：二卷
紫釵記全譜：二卷
邯鄲記全譜：二卷
南柯記全譜：二卷
(丁)/3722

西廂記譜：五卷/（清）葉堂撰.--刻本.--長洲：東吳葉氏納書楹，清乾隆四十九年（1784）.--5 冊（1 函）.--半葉 5 行，行 16 字，旁注工尺譜，白口，左右雙邊，單黑魚尾，版心下刻"納書楹"，半框 17.6×12.7cm。納書楹藏板。鈐"北平孔德學校之章"朱文印.--綫裝
(甲四)/133

曲譜大成：不分卷/（清）佚名撰.--稿本.--清（1644～1911）.--8 冊（1 函）.--佚名批、圈點。鈐"北平王氏珍藏圖書印"朱文印、"北平孔德學校之章"朱文印.--綫裝
(甲四)/167

曲譜大成總論：不分卷/（清）佚名撰.--抄本.--清（1644～1911）.--1 冊.--佚名圈點、批校。鈐"六潭"朱文印、"北平孔德學校之章"朱文印.--綫裝
(甲四)/168

[曲譜大成摘抄]：不分卷/（清）佚名撰.--抄本.--清嘉慶至咸豐間（1796～1861）.--4 冊（1 函）.--佚名圈點、批註。鈐"北平王氏珍藏圖書印"白文印、"北平孔德學校之章"朱文印.--綫裝
(甲四)/1528

曲韻

中州全韻：十九卷/（清）范善溱撰.--抄本.清嘉慶（1796～1820）.--4 冊（1 函）.--有明星氏題記。鈐"北平孔德學校之章"朱文印.--綫裝
(甲一)/98

清平唐韻：--抄本.--清（1644～1911）.--2 冊（1 函）.--首尾葉殘。紫藤花主人題識.--綫裝
(丙四)/4436

曲律

曲律：四卷/（明）王驥德撰.--刻本.--毛以燧，明天啟四年（1624）.--4 冊（1 函）.--半葉 10 行，行 20 字，白口，四周單邊，單黑魚尾，版心下刻"方諸館"，半框 20.7×14.1cm.--綫裝：吳曉鈴贈書
(己)/892

絃索辨訛/（清）沈寵綏撰.--刻本.--張培道、顧允升，清順治六年（1649）.--3 冊（1 函）.--半葉 8 行，行 22 字，小字雙行字同，白口，四周單邊，半框 20.3×12.2cm。鈐"彥祥"朱文印、"鄞馬彥祥所藏善本戲曲之印"白文印、

"大疋堂"白文印、"馬氏大雅堂藏"白文印.--綫裝：馬彥祥贈書　　　　（戊）/107

新編南詞定律：十三卷，卷首一卷/（清）呂士雄等編.--刻本，朱墨套印.--清康熙五十九年（1720）.--8 冊（1 匣）.--半葉 8 行，行 18 字，小字雙行字同，白口，四周雙邊，單黑魚尾，半框 20.6×13.8cm。鈐"慈谿馮氏醉經閣圖籍"朱文印、"五橋珍藏"白文印、"北平孔德學校之章"朱文印.--綫裝　　　（甲四）/414

新定九宮大成南北詞宮譜：八十一卷，閏一卷，目錄三卷/（清）周祥鈺，（清）鄒金生撰.--刻本，朱墨套印.--京師：樂部，清乾隆十一年（1746）.--64 冊（8 函）.--序題"新定九宮大成"，版心題"九宮大成南北詞宮譜"，卷 1-32 卷端題"新定九宮大成南詞宮譜"，卷 33-81 卷端題"新定九宮大成北詞宮譜"。半葉 7 行，行 16 字，小字雙行字同，白口，四周雙邊，無界行，單黑魚尾，半框 22.4×15.5cm.--綫裝
（乙四）/64

曲目

新編錄鬼簿：二卷/（元）鍾嗣成編.--刻本.揚州：揚州使院，清康熙四十五年（1706）.--1 冊（1 夾）.--半葉 11 行，行 21 字，細黑口，左右雙邊，雙對黑魚尾，半框 16.7×11.7cm。鈐"曾在李鹿山處"白文印、"鄭杰之印"白文印、"注韓居士"白文印、"鄭氏注韓居珍藏記"朱文印.--綫裝：馬彥祥贈書　　　（戊）/40

皮簧脚本目錄.--抄本，朱絲欄.--清光緒十三年（1887）.--1 冊（1 函）.--鈐"北平孔德學校之章"朱文印.--綫裝　　　（甲四）/1365

叢　部

彙編叢書

説郛：一百二十卷/（明）陶宗儀編. **説郛續**：四十六卷/（明）陶珽編. --刻本. --宛委山堂,清順治四年（1647）. --160 冊（20 函）：有插圖. --半葉 9 行，行 20 字，白口，左右雙邊，單白魚尾，半框 19.4×14.3cm。宛委山堂藏板。鈐"北平孔德學校之章"朱文印. --綫裝

(甲三) /383

第二部　6 冊（1 函），存 32 卷，存書子目：

九經補韻：一卷/（宋）楊伯嵒撰
五經析疑：一卷/（北魏）邯鄲綽撰
五經通義：一卷/（漢）劉向撰（原題闕名撰）
尚書旋璣鈐：一卷/闕名撰
尚書帝命期：一卷/闕名撰
尚書考靈耀：一卷/闕名撰
尚書中候：一卷/闕名撰
小爾雅：一卷/（漢）孔鮒撰
女孝經：一卷/（唐）鄭氏撰
孝經援神契：一卷/闕名撰
孝經鉤命決：一卷/闕名撰
孝經左契：一卷/闕名撰
孝經右契：一卷/闕名撰
孝經內事：一卷/闕名撰
女誡：一卷/（漢）班昭撰
忠經：一卷/（漢）馬融撰
政經：一卷/（宋）真德秀撰
女論語：一卷/（唐）宋若昭撰（原題宋尚宮）
論語筆解：一卷/（唐）韓愈撰
論語拾遺：一卷/（宋）蘇轍撰
疑孟：一卷/（宋）司馬光撰
詩説：一卷/（宋）張耒撰
三禮敍錄：一卷/（元）吳澄撰（原題

吳徵）
詩含神霧：一卷/闕名撰
詩紀曆樞：一卷/闕名撰
禮稽命徵：一卷/闕名撰
禮含文嘉：一卷/闕名撰
禮斗威儀：一卷/闕名撰
大戴禮逸：一卷/闕名撰
樂稽耀嘉：一卷/闕名撰
毛詩草木鳥獸蟲魚疏：二卷/（吳）陸璣撰

(丙一) /810

第三部　5 冊（1 函），存 10 種，存書子目：

劉賓客嘉話錄：一卷/（唐）韋絢錄
衍極：一卷/（元）鄭构述
楚史檮杌：一卷/（明）黃嘉惠等閱
道山清話：一卷/（宋）王暐錄
鄰幾雜誌：一卷/（宋）江休復著
樂郊私語：一卷/（元）姚桐壽撰
避暑漫抄：一卷/（宋）陸游抄
深雪偶談：一卷/（宋）方岳著
晁氏客語：一卷/（宋）晁迥著
螢雪叢説：一卷/（宋）俞成撰

(丁) /13057

欣賞編：八帙/（明）沈津編；（明）茅一相續編. --刻本. --明末（1573~1644）. -- 4 冊（1 函）：插圖. --半葉 9 行，行 20 字，小字雙行字數不等，左右雙邊，單白魚尾，半框 19.8×14.3cm。佚名圈點。鈐"无竟先生獨志堂物"朱文印. --綫裝

子目：
第一帙：
古玉圖/佚名撰
漢晉印章圖譜/（宋）王厚之撰
陳希夷坐功圖/（宋）陳搏撰；（明）茅一相補閱. --係抄配
八段錦圖/（明）高濂輯；（明）屠本畯校.

係抄配

　第二帙：

　　文房圖贊/（宋）林洪撰

　　文房圖贊續/（元）羅先登撰

　　十友圖贊/（明）顧元慶撰；（明）張遂辰閱

　　茶具圖贊/（宋）審安老人撰；（明）朱存理閱

　　燕几圖/（宋）黃伯思撰；（明）馮鴉雛校

　　遊具箋/（明）屠隆撰；（明）高濂閱

　　畫舫記/（明）汪汝謙撰；（明）陳繼儒訂

　第三帙：

　　硯譜/（明）高濂撰；（明）黃嘉惠閱

　　墨經/（宋）晁貫之撰；（明）鄒之峰閱

　　二十四詩品/（唐）司空圖撰；（明）汪嘉嗣閱

　　詞評/（明）王世貞撰；（明）曾從志校閱

　　曲藻/（明）王世貞撰；（明）徐仁毓校閱

　　樂府指迷/（宋）張炎撰；（明）朱煒閱

　　織錦迴文記/（唐）武則天撰；（前秦）蘇蕙圖.--卷端題"蘇蕙蘭圖"

　　陽關三疊圖譜/（明）田藝蘅撰；（明）徐懋升校

　第四帙：

　　書品/（南朝梁）庾肩吾撰；（明）李俊卿閱

　　書箋/（明）屠隆撰；（明）湯之奇校閱

　　畫麈/（明）沈顥撰；（明）孫杕閱

　　丹青志/（明）王穉登撰；（明）朱治間校

　　花經/（宋）張翊撰；（五代）韓熙載錄

　　花曆/（明）程羽文輯；（明）沈鼎新訂

　　花九錫/（唐）羅虯撰；（五代）韓熙載錄

　　牡丹榮辱志/（宋）丘璿撰；（明）章斐然閱.--卷端題"丘璿撰"

　　瓶史/（明）袁宏道撰；（明）丘垣閱

　　瓶花譜/（明）張謙德撰；（明）仲震閱

　第五帙：

　　茶疏/（明）許次紓撰；（明）朱濟之校閱

　　煮泉小品/（明）田藝蘅撰；（明）秦舜舉校閱

　　觴政/（明）袁宏道撰；（明）潘之恒校

　　安雅堂觥律/（元）曹紹撰；（明）陶宗儀定

　　食譜/（唐）韋巨源撰；（五代）韓熙載錄

　　水族加恩簿/（五代）毛勝撰；（五代）韓熙載錄

　第六帙：

　　琴箋/（明）屠隆撰；（明）周大紀校

　　琴箋圖式/（明）陶宗儀撰；（明）吳樂重閱

　　嘯旨/（唐）孫廣撰；（明）汪汝謙閱

　　棋經/（宋）張擬撰；（明）雍熙世閱

　　奕律/（明）王思任撰；（明）袁宏道閱

　　古局象棋圖/（宋）司馬光撰；（明）金維垣閱

　　打馬圖/（宋）李清照撰；（明）王祺重校

　　譜雙；五卷/（宋）洪遵撰；（明）茅一相校

　　宣和牌譜/（明）瞿祐校；（明）王道焜重閱

　　牌經十三篇/（明）馮夢龍撰；（明）江元機校定

　第七帙：

　　六博譜/（明）潘之恒撰；（明）黃充交閱

　　除紅譜/（元）楊維楨撰；（明）黃世康閱

　　五木經/（唐）李翱撰；（明）瞿荓校閱

　　胇陣譜/（明）袁福征撰；（明）程羽文訂

　　葉子譜/（明）潘之恒輯；（明）陳紹英閱

　　續葉子譜/（明）潘之恒輯；（明）嚴于鈇校閱

　　馬吊腳例/（明）馮夢龍撰；（明）江元機校

　　投壺格/（宋）司馬光撰；（明）王福貞閱

　　蹴鞠圖譜/（明）汪雲程編；（明）馮鴉雛閱

　第八帙：

　　丸經：三卷/（元）亡名氏撰；（明）章如錦閱

　　羯鼓錄/（唐）南卓撰；（明）高兆麟閱

　　琵琶錄/（唐）段安節撰；（明）陶宗儀閱

　　弦子記/（唐）柳宗元撰；（明）潘之恒閱

　　志促織/（明）袁宏道撰；（明）錢懋選閱

　　吳社編/（明）王穉登撰；（明）潘之淙校閱

熙朝樂事/（明）田汝成撰；（明）徐𤩷閱
賞心樂事/（宋）張鑒撰；（明）高亢宗閱
　　　　　　　　　　　　（甲二）/489

古今説海：一百三十五種/（明）陸楫輯.--
刻本.--雲間陸氏儼山書院、雲山書院、青藜
館，明嘉靖二十三年（1544）.--40冊（8函）.--
半葉8行，行16字，白口，左右雙邊，雙順白
魚尾間雙順黑魚尾，版心下刻"儼山書院"、
"雲山書院"、"青藜館"，半框 16.7×
12.3cm。鈐"吳興沈氏萬卷樓珍藏"朱文印.
綫裝
子目：
説選部
　小錄家
　　北征錄：一卷/（明）金幼孜撰
　　北征後錄：一卷/（明）金幼孜撰
　　北征記：一卷/（明）楊榮撰
　偏記家
　　平夏錄：一卷/（明）黃標撰
　　江南別錄：一卷/（宋）陳彭年撰
　　三楚新錄：三卷/（宋）周羽翀撰
　　溪蠻叢笑：一卷/（宋）朱輔撰
　　遼志：一卷/（宋）葉隆禮撰
　　金志：一卷/（宋）宇文懋昭撰
　　蒙韃備錄：一卷/（宋）孟珙撰
　　北邊備對：一卷/（宋）程大昌撰
　　桂海虞衡志：一卷/（宋）范成大撰
　　真臘風土記：一卷/（元）周達觀撰
　　北戶錄：一卷/（唐）段公路撰
　　西使記：一卷/（元）劉郁撰
　　北轅錄：一卷/（宋）周煇撰
　　滇載記：一卷/（明）楊慎撰
　　星槎勝覽：四卷/（明）費信撰
説淵部
　別傳家
　　靈應傳：一卷/（唐）佚名撰
　　洛神傳：一卷/（唐）薛瑩撰
　　夢遊錄：一卷/（唐）任蕃撰
　　吳保安傳：一卷/（唐）牛肅撰
　　昆侖奴傳：一卷/（唐）楊巨源撰
　　鄭德璘傳：一卷/（唐）薛瑩撰

李章武傳：一卷/（唐）李景亮撰
韋自東傳：一卷/（唐）佚名撰
趙合傳：一卷/（唐）佚名撰
杜子春傳：一卷/（唐）鄭還古撰
裴仙先別傳：一卷/（唐）佚名撰
震澤龍女傳：一卷/（唐）薛瑩撰
袁氏傳：一卷/（後蜀）顧夐撰
少室仙姝傳：一卷/（唐）佚名撰
李林甫外傳：一卷/（唐）佚名撰
遼陽海神傳：一卷/（明）蔡羽述
蚍蜉傳：一卷/（唐）佚名撰
甘棠靈會錄：一卷
顏濬傳：一卷/（唐）佚名撰
張無頗傳：一卷/（唐）佚名撰
板橋記：一卷/（唐）佚名撰
鄴侯外傳：一卷/（唐）李繁撰
洛京獵記：一卷/（唐）佚名撰
玉壺記：一卷/（唐）佚名撰
姚生傳：一卷/（唐）佚名撰
唐晅手記：一卷/（唐）唐晅撰
獨孤穆傳：一卷/（唐）佚名撰
王恭伯傳：一卷/（唐）佚名撰
中山狼傳：一卷/（宋）謝良撰
崔煒傳：一卷/（唐）佚名撰
陸顒傳：一卷/（唐）佚名撰
潤玉傳：一卷
李衛公別傳：一卷/（唐）佚名撰
齊推女傳：一卷/（唐）佚名撰
魚服記：一卷/（唐）佚名撰
聶隱娘傳：一卷/（唐）鄭文寶撰
袁天綱外傳：一卷/（唐）佚名撰
曾季衡傳：一卷/（唐）佚名撰
蔣子文傳：一卷/（唐）羅鄴撰
張遵言傳：一卷/（唐）佚名撰
侯元傳：一卷/（唐）佚名撰
同昌公主外傳：一卷/（唐）蘇鶚撰
睦仁蒨傳：一卷/（唐）陳鴻撰
韋鮑二生傳：一卷/（唐）佚名撰
張令傳：一卷/（唐）佚名撰
李清傳：一卷/（唐）佚名撰
薛昭傳：一卷/（唐）佚名撰
王賈傳：一卷/（唐）佚名撰

烏將軍記：一卷／（唐）王惲撰

寶玉傳：一卷／（唐）佚名撰

柳參軍傳：一卷／（唐）佚名撰

人虎傳：一卷／（唐）李景亮撰

馬自然傳：一卷／（唐）佚名撰

寶應祿：一卷／（唐）佚名撰

白蛇記：一卷／（唐）佚名撰

巴西侯傳：一卷／（唐）佚名撰

柳歸舜傳：一卷／（唐）佚名撰

求心錄：一卷／（唐）佚名撰

知命錄：一卷／（唐）佚名撰

山莊夜恠錄：一卷／（唐）佚名撰

五真記：一卷／（唐）佚名撰

小金傳：一卷／（唐）佚名撰

林靈素傳：一卷／（宋）趙與時撰

海陵三仙傳：一卷／（宋）佚名撰

説略部

　雜記家

　　默記：一卷／（宋）王銍撰

　　宣政雜錄：一卷／（宋）江萬里撰

　　靖康朝野僉言：一卷／（宋）佚名撰

　　朝野遺紀：一卷／（宋）佚名撰

　　墨客揮犀：一卷／（宋）彭乘撰

　　續墨客揮犀：一卷／（宋）彭乘撰

　　聞見雜錄：一卷／（宋）蘇舜欽撰

　　山房隨筆：一卷／（元）蔣子正撰

　　諧史：一卷／（宋）沈俶撰

　　昨夢錄：一卷／（宋）康與之撰

　　三朝野史：一卷／（元）吳萊撰

　　鐵圍山叢談：一卷／（宋）蔡絛撰

　　孔氏雜說：一卷／（宋）孔平仲撰

　　瀟湘錄：一卷／（唐）李隱撰

　　三水小牘：一卷／（唐）皇甫枚撰

　　談藪：一卷／（宋）龐元英撰

　　清尊錄：一卷／（宋）廉布撰

　　睽車志：一卷／（宋）郭象撰

　　話腴：一卷／（宋）陳郁撰

　　朝野僉載：一卷／（唐）張鷟撰

　　古杭雜記：一卷／（元）李有撰

　　蒙齋筆談：一卷／（宋）葉夢得撰

　　文昌雜錄：一卷／（宋）龐元英撰

　　就日錄：一卷／（宋）趙□撰

碧湖雜記：一卷／（宋）謝枋得撰

錢氏私誌：一卷／（宋）錢愐撰

遂昌山樵雜錄：一卷／（元）鄭元祐撰

高齋漫錄：一卷／（宋）曾慥撰

桐陰舊話：一卷／（宋）韓元吉撰

霏雪錄：一卷／（明）劉績撰

東園友聞：一卷／（元）佚名撰

拊掌錄：一卷／（元）元懷撰

説纂部

　逸事家

　　漢武故事：一卷／（漢）班固撰

　　艮嶽記：一卷／（宋）張淏撰

　　青溪寇軌：一卷／（宋）方勺撰

　　煬帝海山記：一卷／（唐）韓偓撰

　　煬帝迷樓記：一卷／（唐）韓偓撰

　　煬帝開河記：一卷／（唐）韓偓撰

　散錄家

　　江行雜錄：一卷／（宋）廖瑩中撰

　　行營雜錄：一卷／（宋）趙葵撰

　　避暑漫抄：一卷／（宋）陸游撰

　　養痾漫筆：一卷／（宋）趙溍撰

　　虛谷閒抄：一卷／（元）方回撰

　　蓼花洲閒錄：一卷／（宋）高文虎撰

　雜纂家

　　樂府雜錄：一卷／（唐）段安節撰

　　教坊記：一卷／（唐）崔令欽撰

　　孫內翰北里誌：一卷／（唐）孫棨撰

　　青樓集：一卷／（元）夏庭芝撰

　　雜纂：三卷／（唐）李商隱撰；（宋）王君玉，（宋）蘇軾續

　　損齋備忘錄：一卷／（明）梅純撰

　　復辟錄：一卷／（明）楊瑄撰

　　靖難功臣錄：一卷／（明）朱當㴐撰

　　備遺錄：一卷／（明）張芹撰

　　　　　　　　　　　　（乙三）／1121

金聲玉振集：五十種／（明）袁褧輯．--刻本．吳郡袁氏嘉趣堂，明嘉靖（1522～1566）．--32冊（6函）．--總目係抄配．半葉10行，行20字，小字雙行字同，白口，左右雙邊，單綫魚尾，半框 17.6×12.9cm．--綫裝

　子目：

皇覽：

　帝王紀年纂要：一卷/（元）察罕撰；（明）黃諫訂.--版心題"帝王紀年"

　天潢玉牒：一卷/（明）解縉撰

　雲南機務抄黃：一卷/（明）張紞輯.--版心題"機務抄黃"

　皇明平吳錄：一卷/（明）吳寬撰.--版心題"平吳錄"

　平漢錄：一卷/（明）童承敘撰

　周顛仙傳：一卷/（明）太祖朱元璋撰

撰述：

　大復論：一卷/（明）何景明撰

　薛公讀書錄：一卷/（明）薛瑄撰

　讀書筆記：一卷/（明）祝允明撰

　浮物：一卷/（明）祝允明撰

　空同子：一卷/（明）李夢陽撰

　易大象説：一卷/（明）崔銑撰

　小爾雅：一卷/（漢）孔鮒撰

　松窗寤言：一卷/（明）崔銑撰

　太藪外史：一卷/（明）蔡羽撰

　國寶新編：一卷/（明）顧璘撰

　居敬堂集：一卷/（明）朱厚熿撰

組繡：

　成化間蘇材小纂：一卷/（明）佚名撰

　蒙泉類博稿：一卷/（明）岳正撰

考文：

　洪武聖政記：一卷/（明）宋濂撰

　國初禮賢錄：一卷/（明）佚名撰

　國初事蹟：一卷/（明）劉辰撰

叢聚：

　寓圃雜記：一卷/（明）王錡撰

　水東日記：一卷/（明）葉盛撰

　震澤紀聞：一卷/（明）王鏊撰

　平胡錄：一卷/（明）陸深撰

征討：

　北平錄：一卷/（明）佚名撰

　前北征錄：一卷/（明）金幼孜撰

　後北征錄：一卷/（明）金幼孜撰

　平蜀記：一卷/（明）佚名撰

紀變：

　北征事蹟：一卷/（明）袁彬撰；（明）尹直錄

　奉天刑賞錄：一卷/（明）袁裘撰

　革除遺事：六卷/（明）黃佐撰

邊防：

　平番始末：一卷/（明）許進撰

　茂邊紀事：一卷/（明）朱紈撰

　北虜事蹟：一卷/（明）王瓊撰

　六詔紀聞：二卷/（明）彭汝實撰

　西番事蹟：一卷/（明）王瓊撰

　馬端蕭公三記：三種/（明）馬文升撰

　　西征石城記：一卷

　　撫安東夷記：一卷

　　興復哈密記：一卷

　廣右戰功：一卷/（明）唐順之撰

水衡：

　問水集：一卷/（明）劉天和撰

　呂梁洪志：一卷/（明）馮世雍撰

　海道經：一卷，附錄一卷/（明）佚名撰.--缺第1、2葉

　海運則例：一卷/（明）佚名撰.--缺第1-10葉

　供祀記：一卷/（明）周伯琦撰

　海道漕運記：一卷/（明）劉仁本撰

　海運編：二卷/（明）崔旦撰

　三吳水利論：一卷/（明）伍餘福撰

紀亂：

　海寇議前：一卷/（明）范表撰

　海寇後編：二卷/（明）茅坤撰

　　　　　　　　　　　　（乙三）/767

格致叢書/（明）胡文煥編.--刻本.--錢塘胡氏文會堂，明萬曆（1573～1620）.--230冊（40函）.--存156種，因來源不同的幾部書拼成一套，其中《新刻山居四要》重出。半葉10行，行20字，左右雙邊，雙對白魚尾，半框19.3×13.9cm.--綫裝

　子目：

　新刻韓詩外傳：十卷/（漢）韓嬰撰.--卷1、2係抄配

　新刻山堂詩攷：一卷/（宋）章如愚編

　新刻詩攷：一卷/（宋）王應麟編

　新刻詩地理攷：六卷/（宋）王應麟編

　新刻困學紀詩：一卷/（宋）王應麟編

新刻文獻詩考：二卷／（宋）馬端臨編

新刻詩傳綱領：一卷／（明）胡文煥輯

新刻詩傳圖要：一卷／（明）胡文煥輯

新刻逸詩：一卷／（明）胡文煥輯

新刻胡氏詩識：三卷／（明）胡文煥編

新刻讀詩一得：一卷／（明）黃震編

新刻四書圖要：一卷／（明）胡文煥輯．--存卷上（目錄註"存卷上，二、三、四卷佚"）

新刻白虎通德論：二卷／（漢）班固撰

新刻獨斷：一卷／（漢）蔡邕撰

新刻忠經：一卷／（漢）馬融撰

新刻小爾雅：一卷／（漢）孔鮒撰；（宋）宋咸注

新刻絕代語釋別國方言：十三卷／（漢）揚雄撰；（晉）郭璞解

新刻釋名：八卷／（漢）劉熙撰

新刻急就篇：四卷／（漢）史游撰；（唐）顏師古注；（宋）王應麟音釋

新刻廣雅：十卷／（三國魏）張揖撰；（隋）曹憲音解

新刻爾雅翼：三十二卷／（宋）羅願撰

新刻埤雅：二十卷／（宋）陸佃撰

新刻韻學事類：十二卷／（明）李攀龍輯

新刻文會堂詩韻：五卷／（明）胡文煥編

新刻宜齋野乘：一卷／（宋）吳枋撰

新刻李氏刊誤：二卷／（唐）李涪撰

新刻曆世統譜：四卷／（明）胡文煥編

新刻考古諡法：一卷／（明）胡文煥輯

新刻從祀考：一卷／（明）胡文煥編

新刻招擬假如行移體式：四卷／（明）胡文煥撰

新刻大明律圖：一卷／（明）佚名撰

新刻問刑條例：七卷／（明）舒元等編

新刻律例類抄：六卷／（明）佚名撰

新刻刑統賦：一卷／（宋）傅霖撰；（元）郄□韻釋

新刻名例律：一卷／（明）佚名撰

新刻為政九要：一卷

新刻初仕錄：一卷／（明）吳遵撰

新刻呂氏官箴：一卷／（明）呂本中撰

新刻書簾緒論：一卷／（宋）胡太初撰

新刻皇輿要覽：四卷／（明）胡文煥編

新刻山海經：十八卷／（晉）郭璞傳

新刻山海經圖：二卷／（晉）郭璞撰

新刻神異經：一卷／（漢）東方朔撰

新刻溪蠻叢笑：一卷／（宋）朱輔撰

新刻星槎勝覽：一卷／（明）費信撰

新刻贏蟲錄：四卷／（明）胡文煥編

新刻群書備數：十二卷／（明）張九韶編

新刻辟塵珠：一卷／（明）胡文煥輯

新刻聖賢群輔錄：一卷／（晉）陶淵明集

新刻黃石公素書：一卷／（漢）黃石公撰；（宋）張商英注

新刻武侯心法：二卷／（漢）諸葛亮撰

新刻莊子南華真經：八卷／（周）莊周撰

新刻郭子翼莊：一卷／（晉）郭象撰；（明）高舉纂

新刻語苑：五卷／（明）張所敬纂

新刻女誡七篇：一卷／（漢）曹大家撰

新刻列女傳：八卷／（漢）劉向撰

新刻顏氏家訓：二卷／（北齊）顏之推撰

新刻慎言集：二卷／（明）敖英纂

新刻食色紳言：二卷／（明）皆春居士輯

新刻省身格言：一卷／（明）胡文煥纂

新刻明善要言：一卷／（明）胡文煥纂

新刻厚生訓纂：六卷／（明）周臣輯

新刻胡子知言：四卷／（宋）胡宏撰

新刻文昌事略：一卷／（明）張邦濟纂

新刻感應紀述靈驗：一卷／（明）張邦濟纂

新刻文昌化書敕諭：一卷（明）張邦濟纂

新刻文昌化書實事：一卷／（明）張邦濟纂

新刻文昌化書事跡：一卷／（明）張邦濟纂

新刻陰符經注：一卷

新刻廣成子：一卷／（宋）蘇軾解

新刻中誡經：一卷／題上古赤松子述

新刻文始經：一卷／（周）關尹子撰

新刻列子沖虛至德真經：八卷／（周）列御寇撰

新刻道德經：二卷／（周）老聃撰

新刻黃庭內景經：一卷

新刻黃庭外景經：一卷

新刻清靜經：一卷／（元）李道純注

新刻內觀經：一卷

新刻感應篇附靈驗：一卷

新刻洞神上品經：一卷

新刻全真活法：一卷/（元）李道純撰

新刻金丹語錄：一卷/（宋）范純仁纂

新刻初真十誡：一卷/（宋）真德秀述

新刻神仙可學論：一卷/（唐）吳筠撰

新刻臨爐機要：三卷/（明）魯至剛撰

新刻法寶壇經：一卷/（唐）釋惠能述

新刻禪考：一卷/（明）釋袾宏纂

新刻禪學：一卷/（明）釋袾宏纂

新刻禪偈：一卷/（明）釋袾宏纂

新刻禪髓：一卷/（明）釋袾宏纂

新刻禪警：一卷/（明）釋袾宏纂

新刻風俗通義：十卷/（漢）應劭撰

新刻孔子雜說：一卷/（宋）孔平仲撰

新刻資暇集：三卷/（唐）李匡乂編

新刻寰宇雜記：二卷/（明）胡文煥輯

新刻三餘贅筆：一卷/（明）都卬撰

新刻聽雨紀談：一卷/（明）都穆撰

新刻述異記：二卷/（梁）任昉撰

新刻唐宋三家雜纂：三卷/（唐）李商隱，（宋）王君玉，（宋）蘇軾撰

新刻戴氏鼠璞：二卷/（宋）戴埴撰

新刻芥隱筆記：一卷/（宋）龔頤正輯

新刻袖中錦：一卷/（宋）太平老人撰

新刻師曠禽經：一卷/（周）師曠撰；（晉）張華注

新刻獸經：一卷/（明）黃省曾撰

新刻博物志：十卷/（晉）張華撰；（宋）周日用，（宋）盧□注

新刻續博物志：十卷/（唐）李石撰

新刻北戶錄：二卷/（唐）段公路撰

新刻古今事物考：八卷/（明）王三聘輯

新刻事物紀原：十卷/（宋）高承撰

新刻事物異名：二卷/（明）余庭璧編

新刻物原：一卷/（明）羅頎撰

新刻古今原始：十五卷/（明）趙鈜撰

新刻文會堂琴譜：六卷/（明）胡文煥輯

新刻香譜：二卷/（宋）洪芻集

新刻色譜：一卷/（宋）朱河撰

新刻牌譜：一卷/（明）胡文煥輯

新刻洞天清錄：一卷/（宋）趙希鵠撰

新刻文房四譜摘要：四卷/（宋）薛易簡集

新刻文房圖讚：一卷/（宋）林洪撰

新刻續文房圖讚：一卷/（宋）羅先登撰

新刻山房十友圖贊：一卷/（明）顧元慶撰

新刻文房清事：一卷

新刻茶譜：一卷/（明）顧元慶輯

新刻茶集：一卷/（明）胡文煥纂

新刻茶經：三卷/（唐）陸羽撰

新刻茶錄：一卷/（宋）蔡襄撰

新刻東溪試茶錄：一卷/（明）宋子安集

新刻茶具圖贊：一卷/（明）茅一相撰

新刻農桑輯要：七卷/（元）司農司撰

新刻臞仙神隱：四卷/（明）朱權輯

新刻山居四要：五卷/（明）汪汝懋編

新刻山家清事：一卷/（宋）林洪撰

新刻玉海紀詩：一卷/（宋）王應麟撰

新刻印古詩語：一卷/（明）朱得之記

新刻讀詩錄：一卷/（明）薛瑄撰

新刻學海探珠：一卷/（明）胡文煥纂

新刻文彧詩格：一卷/（明）釋文彧撰

新刻詩家一指：一卷

新刻滄浪詩法：一卷/（宋）嚴羽撰

新刻沙中金集：一卷

新刻詩文正法：一卷/（元）傅若金述

新刻詩法正論：一卷/（元）傅若金述

新刻黃氏詩法：一卷/（明）黃子肅述

新刻詩家集法：一卷/（明）胡文煥補

新刻緣情手鑑詩格：一卷/（明）李洪宣撰

新刻風騷要式：一卷/（明）徐衍述

新刻風騷旨格：一卷/（唐）釋齊己撰

新刻詩學事類：二十四卷/（明）李攀龍輯

新刻西湖竹枝詞：一卷/（元）楊維楨撰

新刻三略：一卷/（漢）黃石公撰

新刻四家宮詞：四卷/（唐）王建等撰

新刻樂府雜錄：一卷/（唐）段安節撰

新刻教坊記：一卷/（唐）崔令卿選

新刻樂府粹選：二卷/（明）胡文煥選

新刻群音類選：二十六卷/（明）胡文煥選.--缺卷1-7

新刻郭璞先生神會曆：一卷/（晉）郭璞撰

新刻金符經：一卷

新刻拜命曆：一卷

新刻大明曆：一卷

新刻連珠曆：一卷

新刻法師選擇記：一卷

新刻許真君玉匣記

新刻附曆合覽：二卷/（明）胡文煥撰

新刻壽親養老書：一卷/（宋）陳直撰

種樹書：一卷/（明）俞宗本撰

新刻田家五行：二卷，附拾遺一卷/（明）婁
元禮撰

新刻田家五行紀歷撮要：一卷/（明）婁元禮
撰.--附東方朔探春歷記一卷

新刻山居四要：五卷/（明）汪汝懋撰

新刻修真秘要：一卷/（明）王蔡撰；（明）
胡文煥校正.--有圖

新刻保生心鑑：一卷/（明）鐵峰居士輯

新刻三元參贊延壽書：四卷，首一卷/（元）
李鵬飛撰

新刻錦身機要：三卷，附大道修真捷要選仙
指源篇/（明）混沌子撰.--末葉係抄配

養生月覽：二卷/（宋）周守中輯

新刻攝生集覽：一卷

新刻養生食忌：一卷，附急救良方/（明）胡
文煥纂輯

新刻養生導引法：一卷

新刻風世俚言：三集/（明）李大本輯

新刻圖畫要略：一卷/（明）朱凱撰

新刻繪事指蒙：一卷/（明）鄒德中撰

（甲五）/42

格致叢書/（明）胡文煥編.--刻本.--明末
（1573～1644）.--3 冊（1 函）.--存 4 種 5
卷。半葉 10 行，行 20 字，白口，左右雙邊，
雙對白魚尾，半框 19.2×13.4cm.--綫裝

子目：

新刻禪警：一卷/（明）釋袾宏等纂

新刻香譜：二卷/（宋）洪芻集；（明）胡文
煥校

新刻明善要言：一卷/（明）胡文煥撰

新刻山家清事：一卷/（宋）林洪撰；（明）
胡文煥校 （甲三）/887

增定古今逸史：五十五種二百二十三卷/
（明）吳琯輯.--刻本.--明末（1573～

1644）.--28 冊（4 函）.--自敘第 1 葉係抄配。
半葉 10 行，行 20 字，小字雙行字同，白口，
左右雙邊，單黑魚尾，半框 20.2×13.9cm.--
綫裝

子目：

逸志：

合志

輶軒使者絕代語釋別國方言：十三卷/
（漢）揚雄撰；（晉）郭璞注

釋名：八卷/（漢）劉熙撰

白虎通德論：二卷/（漢）班固撰

廣雅：十卷/（三國魏）張揖撰；（隋）
曹憲音解

風俗通義：四卷/（漢）應劭撰

小爾雅：一卷/（漢）孔鮒撰；（宋）宋
咸注

獨斷：一卷/（漢）蔡邕撰

刊誤：二卷/（唐）李涪撰

古今注：三卷/（晉）崔豹撰

中華古今注：三卷/（五代）馬縞撰

博物志：十卷/（晉）張華撰；（宋）周
日用，（宋）盧口注

續博物志：十卷/（宋）李石撰

拾遺記：十卷/（前秦）王嘉撰；（梁）
蕭綺錄

分志

山海經：十八卷/（晉）郭璞註

海內十洲記：一卷/（漢）東方朔撰

吳地記：一卷，後集一卷/（唐）陸廣微
撰

岳陽風土記：一卷/（宋）范致明撰

洛陽名園記：一卷/（宋）李格非撰

桂海虞衡志：一卷/（宋）范成大撰

北邊備對：一卷/（宋）程大昌撰

真臘風土記：一卷/（元）周達觀撰

三輔黃圖：六卷/（漢）佚名撰

雍錄：十卷/（宋）程大昌撰

洛陽伽藍記：五卷/（北魏）楊衒之撰

教坊記：一卷/（唐）崔令欽撰

樂府雜錄：一卷/（唐）段安節撰

九經補韻：一卷/（宋）楊伯嵒撰

逸記：

紀
　三墳：一卷/（晉）阮咸注
　穆天子傳：六卷/（晉）郭璞注
　竹書紀年：二卷/（梁）沈約注
　汲冢周書：十卷/（晉）孔晁注
　西京雜記：六卷/（漢）劉歆撰
　別國洞冥記：四卷/（漢）郭憲撰
　漢武故事：一卷/（漢）班固撰
　趙后外傳：一卷/（漢）伶玄撰
　海山記：一卷/（唐）韓偓撰
　迷樓記：一卷/（唐）韓偓撰
　開河記：一卷/（唐）韓偓撰
　六朝事跡編類：二卷/（宋）張敦頤
撰
　世家
　晉史乘：一卷/佚名撰
　楚史檮杌：一卷/佚名撰
　越絕書：十五卷/（漢）袁康撰
　吳越春秋：六卷/（漢）趙曄撰；（宋）
徐天祐音注
　華陽國志：十二卷/（晉）常璩撰
　列傳
　高士傳：三卷/（晉）皇甫謐撰
　列仙傳：二卷/（漢）劉向撰
　劍俠傳：四卷/（唐）段成式撰
　神僧傳：九卷/（明）朱棣撰
　本事詩：一卷/（唐）孟棨傳
　續齊諧記：一卷/（梁）吳均撰
　博異記：一卷/（唐）谷神子撰
　集異記：一卷/（唐）薛用弱撰
　遼志：一卷/（宋）葉隆禮撰
　金志：一卷/（宋）宇文懋昭撰
　松漠紀聞：一卷/（宋）洪皓撰
　　　　　　　　　　　（乙五）/130

夷門廣牘：九十卷/（明）周履靖輯.--刻本.
金陵：荊山書林，明萬曆（1573～1620）.--30
冊（6函）.--存38種60卷，有補配。半葉9
行，行18字，白口，四周單邊，單黑魚尾，
半框 20.6×13.4cm。閒雲館藏板。佚名圈
點、注。鈐"北平孔德學校之章"朱文印.--
綫裝

子目：
　藝苑：
　文章緣起：一卷/（梁）任昉撰
　釋名：一卷/（漢）劉熙撰
　詩品：一卷/（梁）鍾嶸撰
　文錄：一卷/（宋）唐庚撰
　談藝錄：一卷/（明）徐禎卿撰
　嘯旨：一卷/（唐）孫廣撰.--卷端未題撰
者
　廣易千文：一卷/（明）周履靖撰
　博雅
　格古要論：三卷/（明）曹昭撰
　群物奇制：一卷/（明）周履靖輯
　墨經：一卷/（宋）晁貫之撰
　食品
　水品全秩：二卷/（明）徐獻忠撰
　茶品要錄：一卷/（宋）黃儒撰
　茶寮記：一卷，附一卷/（明）陸樹聲
撰
　湯品：一卷/（唐）蘇廙撰
　易牙遺意：二卷/（元）韓奕撰
　酒經：一卷，附一卷/（宋）朱肱撰
　娛志
　緣綺新聲：三卷/（明）徐時琪撰.--存卷
1、2
　玉局鈎玄：一卷/（明）項世芳輯
　投壺儀節：一卷/（明）汪禔輯
　招隱
　逸民傳：二卷/（明）皇甫涍撰；（明）劉
鳳補遺
　香案牘：一卷/（明）陳繼儒撰
　列仙傳：一卷/（漢）劉向撰
　神仙傳：一卷/（晉）葛洪撰
　續神仙傳：一卷/（南唐）沈汾撰
　梅塢貽瓊：六卷/（明）汪顯節輯
　閒適
　中峰禪師梅花百詠：一卷/（元）釋明
本撰
　群仙降乩語：一卷/（明）周履靖輯
　閒雲稿：二卷/（明）周履靖撰
　野人清嘯：二卷/（明）周履靖撰
　尋芳詠：二卷/（明）周履靖撰

千片雪：二卷/（元）馮海粟撰；（明）周
履靖和

鴛湖唱和稿：一卷/（明）周履靖等撰

泛泖吟：一卷/（明）周履靖撰

觴詠：

青蓮觴詠：二卷/（唐）李白撰；（明）周
履靖和

香山酒頌：二卷/（唐）白居易撰；（明）
周履靖和.--存1卷。卷端、版心被剜改

唐宋元明酒詞：二卷/（明）周履靖輯

狂夫酒語：二卷/（明）周履靖撰

雲林石譜：三卷/（宋）杜綰撰.--附宣和
石譜

（甲三）/886

文林綺繡：五種/（明）凌迪知輯.--刻本.
吳興：凌氏桂芝館，明萬曆（1573～1620）.
24冊（4函）.--半葉8行，行17字，小字雙
行字同，白口，左右雙邊間四周單邊，單黑魚
尾，半框18.9×12.9cm。有刻工：夏邦彥、王
伯才等。鈐“葛祚增”白文印、“曾藏洞庭葛
香士家”白文印、“洞庭葛祚增香士氏珍藏”
朱文印、“錦江春色”白文印、“平江陳氏右
鈞珍藏金石書畫”白文印、“簡菴”朱文印、
“彬俟”朱文印、“曹炎之印”朱文印.--綫
裝

子目：

兩漢雋言：十六卷/（宋）林越輯；（明）凌
迪知校

楚騷綺語：六卷/（明）張之象輯；（明）凌
迪知訂

左國腴詞：八卷/（明）凌迪知輯

太史華句：八卷/（明）凌迪知輯

文選錦字錄：二十一卷/（明）凌迪知輯

（丁）/12480

風光：十種/（明）王穉登輯.--刻本.--明末
（1573～1644）.--4冊（1函）.--書名據引
言著錄。半葉9行，行20字，小字雙行字同，
白口，左右雙邊，單綫魚尾，半框19.9×
14.4cm。鈐“書巢”白文印、“北平孔德學校
之章”朱文印.--綫裝

子目：

錦帶書：一卷/（梁）蕭統撰

月令演：一卷/（明）程羽文輯

四時歡：一卷/（明）程羽文輯

二六課：一卷/（明）程羽文輯

賞心樂事：一卷/（宋）張鑒撰

四時幽賞：一卷/（明）高濂撰

四時逸事：一卷/（明）高濂撰

洛中九老會：一卷/（唐）白居易撰

洛中耆英會：一卷/（宋）司馬光述

畫舫記：一卷/（明）汪汝謙撰

（甲三）/781

稗海：四十八種二百八十八卷，續二十二種
一百六十一卷/（明）商濬編.--刻本.--商濬半
埜堂，明萬曆（1573～1620）刻；清康熙（1662
～1722）重編補刻.--64冊（8函）.--半葉9
行，行20字，小字雙行字同，白口，四周單邊，
單黑魚尾，半框21.2×14.4cm。鈐“北平孔德
學校之章”朱文印.--綫裝

子目：

第一函

博物志：十卷/（晉）張華撰；（宋）周日
用，（宋）盧□注

西京雜記：六卷/（晉）葛洪撰

王子年拾遺記：十卷/（晉）王嘉撰；（梁）
蕭綺錄.--卷1有1葉、卷2有4葉、卷4有2
葉係抄配

搜神記：八卷/（晉）干寶撰

述異記：二卷/（梁）任昉撰

續博物志：十卷/（宋）李石撰

摭言：一卷/（唐）王定保撰

小名錄：二卷/（唐）陸龜蒙撰

雲溪友議：十二卷/（唐）范攄撰

獨異志：三卷/（唐）李冗撰

第二函

杜陽雜編：三卷/（唐）蘇鶚撰

東觀奏記：三卷/（唐）裴庭裕撰

大唐新語：十三卷/（唐）劉肅撰

因話錄：六卷/（唐）趙璘撰

玉泉子：一卷/（唐）佚名撰

北夢瑣言：二十卷/（宋）孫光憲撰

第三函

樂善錄：二卷/（宋）李昌齡撰

蠹海集：一卷/（明）王逵撰. --卷端題"宋王逵"

過庭錄：一卷/（宋）范公稱撰

泊宅編：一卷/（宋）方勺撰

閑窗括異志：一卷/（宋）魯應龍撰

搜採異聞錄：五卷/（宋）永亨撰

東軒筆錄：十五卷/（宋）魏泰撰

青箱雜記：十卷/（宋）吳處厚撰

蒙齋筆談：二卷/（宋）葉夢得撰. --卷端誤題"宋鄭景望"

畫墁錄：一卷/（宋）張舜民撰

第四函

游宦紀聞：十卷/（宋）張世南撰

夢溪筆談：二十六卷/（宋）沈括撰

補筆談：一卷/（宋）沈括撰

學齋佔畢纂：一卷/（宋）史繩祖撰

儲華谷袪疑説纂：一卷/（宋）儲泳撰

墨莊漫錄：十卷/（宋）張邦基撰

侍兒小名錄拾遺：一卷/（宋）張邦幾撰

補侍兒小名錄：一卷/（宋）王銍撰

續補侍兒小名錄：一卷/（宋）溫豫撰

第五函

嬾真子：五卷/（宋）馬永卿撰

歸田錄：二卷/（宋）歐陽修撰

東坡先生志林：十二卷/（宋）蘇軾撰

蘇黃門龍川別志：二卷/（宋）蘇轍撰

澠水燕談錄：十卷/（宋）王闢之撰

冷齋夜話：十卷/（宋）釋惠洪撰

老學庵筆記：十卷/（宋）陸游撰

第六函

雲麓漫抄：四卷/（宋）趙彥衛撰

石林燕語：十卷/（宋）葉夢得撰

避暑錄話：二卷/（宋）葉夢得撰

清波雜志：三卷/（宋）周煇撰

墨客揮犀：十卷/（宋）彭乘撰

異聞總錄：四卷/（宋）佚名撰

遂昌雜錄：一卷/（元）鄭元祐撰

續

第七函

酉陽雜俎：二十卷/（唐）段成式撰

宣室志：十卷，補遺一卷/（唐）張讀撰

河東先生龍城錄：二卷/（唐）柳宗元撰

鶴林玉露：十六卷，補遺一卷/（宋）羅大經撰

第八函

儒林公議：二卷/（宋）田況撰

侯鯖錄：八卷/（宋）趙令畤撰

睽車志：六卷/（宋）郭彖撰

江鄰幾雜志：一卷/（宋）江休復撰

桯史：十五卷/（宋）岳珂撰

隨隱漫錄：五卷/（宋）陳世崇撰

楓窗小牘：二卷/（宋）袁褧撰；（宋）袁頤續

耕祿稿：一卷/（宋）胡錡撰

厚德錄：四卷/（宋）李元綱撰

第九函

西溪叢語：二卷/（宋）姚寬撰

野客叢書：三十卷，附錄一卷/（宋）王楙撰

螢雪叢説：二卷/（宋）俞成撰

孫公談圃：三卷/（宋）孫升述；（宋）劉延世錄

許彥周詩話：一卷/（宋）許顗撰

後山居士詩話：一卷/（宋）陳師道撰

第十函

齊東野語：二十卷/（宋）周密撰

癸辛雜識：前集一卷，後集一卷，續集二卷，別集二卷/（宋）周密撰

山房隨筆：一卷/（元）蔣正子撰

（甲三）/528

第二部 100 冊（10 函），振鷺堂藏板

（丁）/14192

第三部 100 冊（10 函）

（乙三）/1104

第四部 93 冊（9 函），缺第 6 函：雲麓漫抄、石林燕語、避暑錄話、清波雜志、墨客揮犀、異聞總錄、遂昌雜錄。另第 9 函中螢雪叢説、孫公談圃、許彥周詩話、後山居士詩話用其他明刻本補配

（戊）/3460

閒情小品：二十七種／（明）華淑編．--刻本．明（1368～1644）．--3冊（1函）．--存25種。半葉8行，行18字，小字雙行字同，白口，四周單邊，單黑魚尾間白魚尾，半框 20.3×14.2cm．佚名朱筆圈點。目錄後有康熙四十七年（1708）龐塏題語，係挖改目錄後所寫。鈐"史官"朱文印、"彝尊私印"白文印、"龐塏"朱文印、"臣塏"白文印、"任丘龐氏藏書"朱文印、"峙域"白文印、"篤素軒"白文印．--綫裝

子目：

書紳要語：一卷／（明）華淑輯；（明）陳元素校

睡方書：一卷／（明）華淑輯；（明）史致蔭訂

花寮：一卷／（明）華淑輯；（明）吳鍾巒訂

雨窗隨喜：一卷／（明）華淑輯；（明）馬世奇訂

清史：一卷／（明）華淑輯；（明）陳懋德訂

迷仙志：一卷／（明）華淑輯；（明）俞廷諤訂

田園詩：一卷／（明）陳繼儒撰；（明）華淑訂

清凉帖：一卷／（明）華淑輯；（明）陳□□訂

花間碎事：一卷／（明）華淑輯；（明）周詩雅訂

文章九命：一卷／（明）王世貞撰；（明）華淑輯；（明）葉有聲訂

千古一朋：一卷／（明）華淑輯；（明）陳正卿訂

揚州夢：一卷，補一卷／（明）華淑輯；（明）黃襄訂

樂府餘編：一卷／（明）華淑輯；（明）湯應冠訂

酒考：一卷／（明）華淑輯；（明）黃承聖訂

品茶八要：一卷／（明）華淑輯；（明）張瑋訂

香韻：一卷／（明）華淑輯；（明）張維訂

頌酒雜約：一卷／（明）華淑識

貯書小譜：一卷／（明）華淑識

書齋清事：一卷／（明）華淑識

療言：一卷／（明）華淑識

禪榻夢餘：一卷／（明）華淑識；（明）汪邦柱訂

煮泉小品：一卷／（明）田藝蘅撰；（明）陳繼儒閱；（明）陳天保校

刻皇明吳郡丹青志：一卷／（明）王穉登撰；（明）陳繼儒，（明）李日華校

寶顏堂訂正畫說：一卷／（明）莫是龍撰；（明）陳繼儒，（明）陳天保校

寶顏堂訂正耄餘雜識：一卷／（明）陸樹聲撰；（明）陳繼儒，（明）陳泰交，（明）陳鉉校
（丁）/1138

[**華氏清睡閣十五種**]／（明）華淑編．--刻本．--清睡閣，明萬曆（1573～1620）．--2冊（1函）．--半葉8行，行18字，白口，四周單邊，單白魚尾，半框 20.6×14.4cm．清睡閣藏板。佚名圈點、批註。鈐"蓬僊"白文印、"北平孔德學校之章"朱文印．--綫裝

子目：

文字禪：一卷／（明）華淑選

文章九命：一卷／（明）華淑輯；（明）葉有聲訂

千古一朋：一卷／（明）華淑輯；（明）陳正卿訂

揚州夢：一卷／（明）華淑輯；（明）潘之恒訂

樂府餘編：一卷／（明）華淑輯；（明）朱灝訂

逃名傳：一卷／（明）華淑撰

花寮：一卷／（明）華淑輯；（明）范允臨訂

花間碎事：一卷／（明）華淑輯；（明）周詩雅訂

酒考：一卷／（明）華淑輯；（明）黃承聖訂

頌酒雜約：一卷／（明）華淑識

品茶八要：一卷/（明）華淑輯；（明）張瑋訂

香韻：一卷/（明）華淑輯；（明）張維訂

貯書小譜：一卷/（明）華淑識

書齋清事：一卷/（明）華淑識

療言：一卷/（明）華淑識　　（甲四）/379

鹽邑志林：四十種，附一種/（明）樊維城編.--刻本.--黃岡樊維城，明天啟三年（1623）.24 冊（4 函）.--半葉 10 行，行 19 字，小字雙行字同，白口，左右雙邊，單黑魚尾，半框 20.4×15cm. 有刻工：于、賀等. 佚名圈點.--綫裝

子目：

陸公紀易解：一卷/（吳）陸績撰

陸公紀京氏易傳注：三卷/（吳）陸績撰

陸元恪草木蟲魚疏：二卷/（吳）陸璣撰

干常侍易解：三卷/（晉）干寶撰

干令升搜神記：二卷/（晉）干寶撰

顧希馮玉篇直音：二卷/（陳）顧野王撰

陸廣微吳地記：一卷/（唐）陸廣微撰

譚子化書：一卷/（五代）譚峭撰

許梅屋樵談：一卷/（宋）許棐撰

魯應龍閑牕括異志：一卷/（宋）魯應龍撰

常竹牕修海鹽澉水志：二卷/（宋）常棠撰

姚樂年樂郊私語：一卷/（元）姚桐壽撰

王方麓橋李記：一卷/（明）王樵撰

前令鄭壺陽靖海紀略：一卷/（明）鄭茂撰

張方洲奉使錄：二卷/（明）張寧撰

徐襄陽西園雜記：二卷/（明）徐咸撰

徐豐厓詩談：一卷/（明）徐泰撰

錢公良測語：二卷/（明）錢琦撰

許雲邨貽謀：一卷/（明）許相卿撰

董漢陽碧里雜存：二卷/（明）董穀撰

鄭端簡公吾學編餘：一卷/（明）鄭曉撰

鄭端簡公今言類編：六卷/（明）鄭曉撰

鄭端簡公古言類編：二卷/（明）鄭曉撰

錢太常海石子内篇一卷，外篇一卷/（明）錢薇撰

王沂陽龍興慈記：一卷/（明）王文祿撰

仇舜徵通史它石：三卷/（明）仇俊卿撰

仇謙玄機通：一卷/（明）仇俊卿撰

胡仰崖遺語：一卷/（明）胡憲仲撰

潁水遺編：二卷/（明）陳言撰

鍾秉文烏槎幕府記：一卷/（明）鍾兆斗撰

朱武原禮記通註：一卷/（明）朱元弼撰

朱良叔猶及編：一卷/（明）朱元弼撰

鄭敬中摘語：一卷/（明）鄭心材撰

采常吉倭變事略：四卷，附一卷/（明）采九德撰

崔鳴吾紀事：一卷/（明）崔嘉祥撰

劉少彝荒箸略：一卷/（明）劉世教撰

呂錫侯筆記：一卷/（明）呂兆禧撰

彭孟公江上雜疏：一卷/（明）彭宗孟撰

吳少君遺事：一卷/（明）姚士麟撰

姚叔祥見只編：三卷/（明）姚士麟撰

附：聖門志：六卷/（明）呂元善纂輯

（乙五）/129

廣快書：五十種/（明）何偉然編.--刻本.--明崇禎二年（1629）.--12 冊（2 函）.--序題"廣快書五十種". 半葉 8 行，行 18 字，小字雙行字同，白口，左右雙邊，半框 19.6×14.6cm. 鈐"北平孔德學校之章"朱文印.--綫裝

子目：

槎菴燕語：一卷/（明）來斯行撰

碔石宮鬌語：一卷/（明）阮堅之撰

一聲鸎：一卷/（明）張來初撰

何之子：一卷/（明）周宏禴撰

秋妝樓眉判：一卷/（明）何偉然撰

儒禪：一卷/（明）吳從先撰

瀾堂夕話：一卷，附偶書/（明）張次仲撰

史輪：一卷，附判四首/（明）吳穎撰

無盡燈：一卷/（明）來斯行撰

既山論：一卷/（明）沈君烈撰

千一錄客談：一卷/（明）方弘靜撰

海樵子：一卷/（明）王崇慶撰

玉笑零音：一卷/（明）田藝蘅撰

尋常事：一卷/（明）西韓生輯

世書：一卷/（清）吳穎撰

燕貽法錄：一卷/（明）方宏靜撰

月唉：一卷/（明）淩仲望撰

秋水鏡：一卷/（明）洪月誠撰

桂枝女子傳：一卷/（明）佚名撰

審是帙：一卷/（明）張靖之撰

花錫新命：一卷，附廣陵女士花殿最一卷/（明）佘君翼撰

丹甂：一卷/（明）袁宗道撰

弋説：一卷/（明）沈長卿撰

璅言：一卷，附夢語一卷/（明）于慎行撰

雜記：一卷/（明）于慎行撰

病中抽史：一卷，附反經交論一卷/（明）鄧予垣撰

松霞館贅言：一卷/（明）李長卿撰

獨鑒錄：一卷/（明）觳齋主人撰

善易者言：一卷/（清）吳穎撰

讀五胡載記：一卷/（明）歐陽于玉撰

蒲團上語：一卷/（明）鮑在齊撰

青鏤管夢：一卷/（明）項穆撰

正法眼：一卷/（明）佘翹撰

倉庚集：一卷/（明）魏昆陽撰

有情癡：一卷/（明）吳季子撰

山遊十六觀：一卷/（明）沈懋功撰

蟲天志：一卷/（明）沈弘正撰

曲讌：一卷/（明）天都逸史撰

識小編：一卷/（明）周賓所撰

珠采：一卷/（明）佚名撰

照心犀：一卷/（明）薛應旂撰

士令：一卷/（明）郭子章，（明）黃寓庸撰

長嘯餘：一卷/（明）孫燕貽撰

嘔絲：一卷/（明）何偉然撰

斷肉編：一卷/（明）閻含卿撰

瞻禮舍利記：一卷/（明）李封若撰

天爵堂筆餘：一卷/（明）薛崗撰

戲瑕：一卷/（明）錢希言撰

十影君傳：一卷/（明）支廷訓撰

海味索隱：一卷/（明）屠本畯撰

（甲五）/109

津逮秘書：十五集一百四十一種七百四十八卷/（明）毛晉輯.--刻本.--毛氏汲古閣，明崇禎（1628～1644）.--127冊（25函）.--存54種290卷，齊民要術、佛國記、大唐創業起居

注、靈寶真靈位業圖、東京夢華錄、周髀算經、異苑、輟耕錄係用明刻本補配，洛陽伽藍記係用綠君亭刻本補配。第1冊書名頁題"祕冊彙書"。半葉8行，行19字，小字雙行字同，白口，左右雙邊，版心下刻"汲古閣"，半框19.4×13.4cm.--綫裝

子目：

小學紺珠：十卷/（宋）王應麟撰

齊民要術：十卷/（北魏）賈思勰撰

漢制攷：四卷/（宋）王應麟撰

急救篇：四卷/（漢）史游撰；（唐）顏師古注；（宋）王應麟音釋

洛陽伽藍記：五卷/（後魏）楊衒之撰

洛陽名園記：一卷/（宋）李格非撰（原題李廌撰）

漢雜事秘辛：一卷/（漢）佚名撰

通鑑問疑：一卷/（宋）劉義仲撰

西京雜記：六卷/（晉）葛洪撰

佛國記：六卷/（宋）釋法顯撰

淳熙玉堂雜記：三卷/（宋）周必大撰

大唐創業起居注：三卷/（唐）溫大雅撰

焚椒錄：一卷/（遼）王鼎撰

唐國史補：三卷/（唐）李肇撰

容齋題跋：二卷/（宋）洪邁撰

海岳題跋：一卷/（宋）米芾撰

樂府古題要解：二卷/（唐）吳兢撰

紹興內府古器評：二卷/（宋）張掄撰

靈寶真靈位業圖：一卷/（梁）陶弘景撰；（唐）閭丘方遠校定

東京夢華錄：十卷/（宋）孟元老撰

揮塵前錄：四卷，後錄十一卷，三錄三卷，餘話二卷/（宋）王明清撰

癸辛雜識：前集一卷，後集一卷，續集二卷，別集二卷/（宋）周密撰

毛詩草木鳥獸蟲魚疏廣要：四卷/（唐）陸璣撰；（明）毛晉參

周易集解：十七卷/（唐）李鼎祚撰

元包數總義：二卷/（宋）張行成撰

周髀算經：二卷，附音義一卷/（漢）趙爽注；（北周）甄鸞述；（唐）李淳風等注釋；（宋）李籍音釋

數術記遺：一卷/（漢）徐岳撰；（北周）甄鸞注

紫薇詩話：一卷/（宋）呂本中撰

法書要錄；十卷/（唐）張彥遠輯

宣和書譜：二十卷/（宋）佚名撰

圖畫見聞誌：六卷/（宋）郭若虛撰

古畫品錄：一卷/（南齊）謝赫撰

歷代名畫記：十卷/（唐）張彥遠輯

宣和畫譜：二十卷/（宋）佚名撰

畫繼：十卷/（宋）鄧椿撰

西溪叢語：二卷/（宋）姚寬撰

誠齋雜記：二卷/（元）林坤撰

甘澤謠：一卷，附錄一卷/（唐）袁郊撰

本事詩：一卷/（唐）孟棨撰

五色線：二卷/（宋）佚名撰

輟耕錄：三十卷/（元）陶宗儀撰

異苑：十卷/（南朝宋）劉敬叔撰

姑溪題跋：二卷/（宋）李之儀撰

石門題跋：二卷/（宋）釋德洪撰

六一題跋：十一卷/（宋）歐陽修撰

益公題跋：十二卷/（宋）周必大撰

晦庵題跋：三卷/（宋）朱熹撰

止齋題跋：二卷/（宋）陳傅良撰

魏公題跋：一卷/（宋）蘇頌撰

元豐題跋：一卷/（宋）曾鞏撰

水心題跋：一卷/（宋）葉適撰

後村題跋：四卷/（宋）劉克莊撰

貴耳集：三卷/（宋）張端義撰.--卷上第 1葉係抄配　　　　　　　　（乙五）/106

唐宋叢書：八十九種/（明）鍾人傑，（明）張遂辰編.--刻本.--鍾人傑，明（1368～1644）.--48 冊（8 函）.--半葉 9 行，行 20字，小字雙行字同，白口，左右雙邊，單白魚尾，半框 19.1×14.3cm。佚名圈點。鈐"北平孔德學校之章"朱文印.--綫裝

子目：

經翼

關氏易傳：一卷/（北魏）關朗撰

潛虛：一卷/（宋）司馬光撰

詩小序：一卷/（春秋）卜商撰

論語筆解：一卷/（唐）韓愈撰

毛詩草木鳥獸蟲魚疏：二卷/（吳）陸璣撰

詩說：一卷/（漢）申培撰

鼠璞：二卷/（宋）戴埴撰

別史

大唐創業起居注：三卷/（唐）溫大雅撰

唐國史補：一卷/（唐）李肇撰

歲華紀麗：四卷/（唐）韓鄂撰

東京夢華錄：一卷/（宋）孟元老撰

大業雜記：一卷/（南朝宋）劉義慶撰

東林蓮社十八高賢傳：一卷/（晉）佚名撰

聞見近錄：一卷/（宋）王鞏撰

春明退朝錄：一卷/（宋）宋敏求撰

燕翼貽謀錄：五卷/（宋）王栐撰

佛國記：一卷/（晉）釋法顯撰

吳地記：一卷/（唐）陸廣微撰

物類相感志：一卷/（宋）蘇軾撰

南唐近事：一卷/（宋）鄭文寶撰

畫墁錄：一卷/（宋）張舜民撰

子餘

譚子化書：六卷/（南唐）譚峭撰

新書：一卷/（蜀）諸葛亮撰

枕中書：一卷/（晉）葛洪撰

宋景文公筆記：一卷/（宋）宋祁撰

孔氏雜說：一卷/（宋）孔平仲撰

青箱雜記：一卷/（宋）吳處厚撰

緗素雜記：一卷/（宋）黃朝英撰

捫蝨新話：一卷/（宋）陳善撰

仇池筆記：一卷/（宋）蘇軾撰

羅湖野錄：一卷/（宋）釋曉瑩撰

林下偶譚：一卷/（宋）吳氏撰

後山談叢：一卷/（宋）陳師道撰

友會談叢：一卷/（宋）上官融撰

續釋常談：三卷/（宋）龔頤正撰

資暇錄：一卷/（唐）李匡乂撰

楓窗小牘：二卷/（宋）袁褧撰

研北雜志：一卷/（宋）陸友仁撰

石林燕語：一卷/（宋）葉夢得撰

愛日齋叢抄：一卷/（宋）葉口撰

王氏談錄：一卷/（宋）王洙撰

載籍

獨斷：一卷/（漢）蔡邕撰

算經：一卷/（唐）謝察微撰.--卷端題"宋

謝察微"

文則：一卷／（宋）陳騤撰

詩式：一卷／（唐）釋皎然撰

墨經：一卷／（宋）晁貫之撰

佩觿：三卷／（後周）郭忠恕撰

籟紀：一卷／（陳）陳叔齊撰

尤射：一卷／（魏）繆襲撰

風后握奇經：一卷，附握奇經續圖一卷／（漢）公孫弘撰；八陣總述：一卷／（晉）馬隆述

相貝經：一卷／（漢）朱仲撰

禽經：一卷／（周）師曠撰；（晉）張華注

酒譜：一卷／（宋）竇苹撰．--卷端誤作"竇革"

茶經：三卷／（唐）陸羽撰

香譜：一卷／（宋）洪芻撰

筍譜：二卷／（宋）釋贊寧撰

桐譜：一卷／（宋）陳翥撰

畫竹譜：一卷／（元）李衎撰

雲林石譜：三卷／（宋）杜綰撰

畫論：一卷／（宋）湯垕撰

畫鑑：一卷／（宋）湯垕撰

畫史：一卷／（宋）米芾撰

益州名畫錄：三卷／（宋）黃休復撰

桂海虞衡志：十四種／（宋）范成大撰

　桂海巖洞志：一卷

　桂海金石志：一卷

　桂海香志：一卷

　桂海酒志：一卷

　桂海器志：一卷

　桂海禽志：一卷

　桂海獸志：一卷

　桂海蟲魚志：一卷

　桂海花志：一卷

　桂海果志：一卷

　桂海草木志：一卷

　桂海雜志：一卷

　桂海蠻志：一卷

　桂海花木志：一卷

學古編：一卷／（元）吾丘衍撰

洞天清錄：一卷／（宋）趙希鵠撰

世範：一卷／（宋）袁采撰

異苑：一卷／（南朝宋）劉敬叔撰

異林：一卷／（宋）徐禎卿撰

還冤記：一卷／（北齊）顏之推撰

前定錄：一卷／（唐）鍾輅撰

集異記：一卷／（唐）薛用弱撰

博異志：一卷／（唐）鄭還古撰

甘澤謠：一卷／（唐）袁郊撰

冥通記：一卷／（梁）陶弘景撰

古杭夢遊錄：一卷／（宋）耐得翁撰．--係抄配。目錄著錄此書為：夢遊錄：一卷／（唐）任蕃撰

本事詩：一卷／（唐）孟棨撰

揮麈錄：一卷／（宋）王明清撰

因話錄：一卷／（唐）趙璘撰

清異錄：四卷／（宋）陶穀撰

搜神後記：一卷／（晉）陶潛撰

芥隱筆記：一卷／（宋）龔頤正撰

明道雜志：一卷／（宋）張耒撰

雲仙雜記：九卷／（唐）馮贄撰

碧雞漫志：一卷／（宋）王灼撰

玉照新志：四卷／（宋）王明清撰

東觀奏記：三卷／（宋）裴庭裕撰

井觀瑣言：一卷／（明）鄭瑗撰

新唐書糾繆：一卷／（宋）吳縝撰

（甲五）／13

唐宋叢書：六十八種一百零一卷／（明）鍾人傑，（明）張遂辰編．--刻本．--經德堂，明（1368～1644）．--12 冊（1 夾）．--缺茶經、畫論。半葉 9 行，行 20 字，小字雙行字同，白口，左右雙邊，單白魚尾，半框 19×14.4cm。經德堂藏板。鈐"廉晉過眼"白文印、"曾在王氏家過來"朱文印、"學部圖書之印"朱文印（滿漢合璧）、"江左沈翊臣珍藏之印"朱文印、"京師圖書館收藏之印"朱文印．--綫裝

（子目同上）　　　　　　（丙五）／269

綠牕女史：十四卷／（明）秦淮寓客編．--刻本．--心遠堂，明末（1573～1644）．--18 冊（4 函）：插圖 8 幅．--分閨閣部、宮闈部、緣偶部、冥感部、妖艷部、節俠部、神仙部、妾婢部、青樓部、著撰部。半葉 9 行，行 20 字，白口，

左右雙邊，單白魚尾，半框 18.7×14.3cm。心遠堂藏板。鈐"北平孔德學校之章"朱文印、"仙史"朱文印.--綫裝 　　　（甲三）/317

檀几叢書：一百五十六種一百五十六卷/（清）王晫，（清）張潮編.--刻本.--新安張氏霞舉堂，清康熙三十四年（1695）.--14 冊（2 函）.半葉 9 行，行 20 字，白口，四周單邊，版心下刻"霞舉堂"，半框 17.9×13.7cm。鈐"北平孔德學校之章"朱文印.--綫裝
子目：
初集
第一帙 東
　三百篇鳥獸草木記：一卷/（清）徐士俊撰
　月令演：一卷/（清）徐士俊撰
　歷代甲子考：一卷/（清）黃宗羲撰
　二十一史徵：一卷/（清）徐汾撰
　黜朱梁紀年論：一卷/（清）宋實穎撰
　韻史：一卷/（清）金諾撰
　釋奠考：一卷/（清）洪若皋撰
　臚傳紀事：一卷/（清）繆肜撰
第二帙 壁
　喪禮雜説：一卷，附常禮雜説一卷/（清）毛先舒撰
　喪服或問：一卷/（清）汪琬撰
　錦帶連珠：一卷/（清）王嗣槐撰
　操觚十六觀：一卷/（清）陳鑑撰
　十七帖述：一卷/（清）王弘撰撰
　甌臺琬琰：一卷/（清）張正茂撰
　稚黃子：一卷/（清）毛先舒撰
　東江子：一卷/（清）沈謙撰
第三帙 圖
　續證人社約誡：一卷/（清）惲日初撰
　家訓：一卷/（清）張習孔撰
　高氏塾鐸：一卷/（清）高拱京撰
　餘慶堂十二戒：一卷/（清）劉德新撰
　猶見篇：一卷/（清）傅麟昭撰
　七勸口號：一卷/（清）張習孔撰
　元寶公案：一卷/（清）謝開寵撰
　聯莊：一卷；聯騷：一卷/（清）張潮撰
　琴聲十六法：一卷/（清）莊臻鳳撰
第四帙 書

鶴齡錄：一卷/（清）李清撰
新婦譜：一卷/（清）陸圻撰
新婦譜補：一卷/（清）陳確撰
新婦譜補：一卷/（清）查琪撰
美人譜：一卷/（清）徐震撰
婦人鞋襪考：一卷/（清）余懷撰
七療：一卷/（清）張潮撰
鬱單越頌：一卷/（清）黃周星撰
地理驪珠：一卷/（清）張澐撰
雁山雜記：一卷/（清）韓則愈撰
越問：一卷/（清）王修玉撰
第五帙 府
　真率會約：一卷/（清）尤侗撰
　酒律：一卷/（清）張潮撰
　酒箴：一卷/（清）金昭鑑撰
　觴政五十則：一卷/（清）沈中楹撰
　廣抑戒錄：一卷/（清）朱曉撰
　農具記：一卷/（清）陳玉璂撰
　怪石贊：一卷/（清）宋犖撰
　惕庵石譜：一卷/（清）諸九鼎撰
　端溪硯石考：一卷/（清）高兆撰
　羽族通譜：一卷/（清）來集之撰
　獸經：一卷/（清）張綱孫撰
　江南魚鮮品：一卷/（清）陳鑑撰
　虎丘茶經注補：一卷/（清）陳鑑撰
　荔枝話：一卷/（清）林嗣環撰
二集
第一帙 西
　逸亭易論：一卷/（清）徐繼恩撰
　孟子考：一卷/（清）閻若璩撰
　人譜補圖：一卷/（清）宋瑾撰
　教孝編：一卷/（清）姚廷傑撰
　仕的：一卷/（清）吳儀一撰
　古觀人法：一卷/（清）宋瑾撰
　古人居家居鄉法：一卷/（清）丁雄飛撰
第二帙 園
　幼訓：一卷/（清）崔學古撰
　少學：一卷/（清）崔學古撰
　俗砭：一卷/（清）方象瑛撰
　燕翼篇：一卷/（清）李淦撰
　艾言：一卷/（清）徐元美撰
　訓蒙條例：一卷/（清）陳芳生撰

拙翁庸語：一卷／（清）劉芳喆撰

醉筆堂三十六善：一卷／（清）李日景撰

七怪：一卷／（清）黃宗羲撰

第三帙　翰

華山經：一卷／（清）東蔭商撰

長白山錄：一卷／（清）王士禛撰

水月令：一卷／（清）王士禛撰

三江考：一卷／（清）毛奇齡撰

黔中雜記：一卷／（清）黃元治撰

苗俗紀聞：一卷／（清）方亨咸撰

念佛三昧：一卷／（清）金人瑞撰

佛解六篇：一卷／（清）畢熙暘撰

第四帙　墨

漁洋詩話：一卷／（清）王士禛撰

文房約：一卷／（清）江之蘭撰

蕈溪自課：一卷／（明）馮京第撰

讀書燈：一卷／（明）馮京第撰

學畫淺說：一卷／（清）王槩撰

廣惜字說：一卷／（清）張允祥撰

古歡社約：一卷／（清）丁雄飛撰

彷園清語：一卷／（清）張蓋撰

鴛鴦牒：一卷／（明）程羽文撰

祴菴黛史：一卷／（清）張芳撰

小星志：一卷／（清）丁雄飛撰

豔體聯珠：一卷／（明）葉小鸞撰

戒殺文：一卷／（明）黎遂球撰

九喜榻記：一卷／（清）丁雄飛撰

行醫八事圖：一卷／（清）丁雄飛撰

第五帙　林

雪堂墨品：一卷／（清）張仁熙撰

漫堂墨品：一卷／（清）宋犖撰

水坑石記：一卷／（清）錢朝鼎撰

琴學八則：一卷／（清）程雄撰

觀石錄：一卷／（清）高兆撰

紅术軒紫泥法定本：一卷／（清）汪鎬京撰

陽羨茗壺系：一卷／（明）周高起撰

洞山岕茶系：一卷／（明）周高起撰

桐堦副墨：一卷／（明）黎遂球撰

南村觴政：一卷／（清）張惣撰

鴿經：一卷／（清）張萬鍾撰

餘集

卷上

山林經濟策：一卷／（清）陸次雲撰

讀書法：一卷／（清）魏際瑞撰

根心堂學規：一卷／（清）宋瑾撰

家塾座右銘：一卷／（清）宋起鳳撰

洗塵法：一卷／（清）馬文燦撰

香雪齋樂事：一卷／（清）江之蘭撰

客齋使令反：一卷／（明）程羽文撰

一歲芳華：一卷／（明）程羽文撰

芸窗雅事：一卷／（清）施清撰

菊社約：一卷／（清）狄億撰

豆腐戒：一卷／（清）尤侗撰

清戒：一卷／（清）石崇階撰

友約：一卷／（清）顧有孝撰

灌園十二師：一卷／（清）徐沁撰

約言：一卷／（清）張適撰

詩本事：一卷／（明）程羽文撰

劍氣：一卷／（明）程羽文撰

石交：一卷／（明）程羽文撰

燈謎：一卷／（清）毛際可撰

宦海慈航：一卷／（清）蔣埴撰

病約三章：一卷／（清）尤侗撰

艮堂十戒：一卷／（清）方象瑛撰

婦德四箴：一卷／（清）徐士俊撰

半菴笑政：一卷／（清）陳皋謨撰

書齋快事：一卷／（清）沈元琨撰

負卦：一卷／（清）尤侗撰

古今外國名考：一卷／（清）孫蘭撰

廣東月令：一卷／（清）鈕琇撰

黔西古跡考：一卷／（清）錢霶撰

明制女官考：一卷／（清）黃百家撰

卷下

五嶽約：一卷／（清）韓則愈撰

攬勝圖：一卷／（清）吳陳琰撰

南極諸星考：一卷／（清）梅文鼎撰

引勝小約：一卷／（明）張陛撰

酒警：一卷／（清）程弘毅撰

酒政六則：一卷／（清）吳彬撰

酒約：一卷／（清）吳蕭公撰

彷園酒評：一卷／（清）張蓋撰

籌貳約：一卷／（清）尤侗撰

小半斤謠：一卷／（清）黃周星撰

四十張紙牌說：一卷／（清）李式玉撰

選石記：一卷/（清）成性撰

美人揉碎梅花迴文圖：一卷/（清）沈士瑛撰

西湖六橋桃評：一卷/（清）曹之瑛撰

竹連珠：一卷/（清）鈕琇撰

征南射法：一卷/（清）黃百家撰

黃熟香考：一卷/（清）萬泰撰

附政

紀草堂十六宜：一卷/（清）王晫撰

課婢約：一卷/（清）王晫撰

報謁例言：一卷/（清）王晫撰

韜卦：一卷/（清）王晫撰

書本草：一卷/（清）張潮撰

貧卦：一卷/（清）張潮撰

花鳥春秋：一卷/（清）張潮撰

補花底拾遺：一卷/（清）張潮撰

玩月約：一卷/（清）張潮撰

飲中八仙令：一卷/（清）張潮撰

（甲五）/132

第二部　1冊（1函），存9種9卷：怪石贊、惕庵石譜、端溪硯石考、水坑石記、觀石錄、石交、紅术軒紫泥法定本、陽羨茗壺系、洞山岕茶系　　　　　（丁）/10283

説鈴：二集五十三種/（清）吳震方輯.--刻本.--來榮堂，清康熙四十一年（1702）刻；清康熙五十一年（1712）續刻.--20冊（2函）.--缺甌江逸志、嶺南雜記。半葉11行，行25字，白口，左右雙邊，雙對黑魚尾，半框19.8×14.1cm。佚名圈點。鈐"來榮堂藏版"白文印、"北平孔德學校之章"朱文印.--綫裝

子目：

前集

冬夜箋記：一卷/（清）王崇簡撰

隴蜀餘聞：一卷/（清）王士禎撰

分甘餘話：二卷/（清）王士禎撰

安南雜記：一卷/（清）李仙根撰

筠廊偶筆：二卷/（清）宋犖撰

筠廊二筆：一卷/（清）宋犖撰

金鰲退食筆記：二卷/（清）高士奇撰

扈從西巡日錄：一卷/（清）高士奇撰

塞北小鈔：一卷/（清）高士奇撰

松亭行紀：二卷/（清）高士奇撰

天祿識餘：二卷/（清）高士奇輯

封長白山記：一卷/（清）方象瑛撰

使琉球紀：一卷/（清）張學禮撰

閩小紀：一卷/（清）周亮工撰

滇行紀程：一卷/（清）許纘曾撰

東還紀程/（清）許纘曾撰

粵述：一卷/（清）閔敍撰

粵西偶記一卷/（清）陸祚蕃撰

滇黔紀游：一卷/（清）陳鼎撰

京東考古錄：一卷/（清）顧炎武撰

山東考古錄：一卷/（清）顧炎武撰

救文格論：一卷/（清）顧炎武撰

雜錄：一卷/（清）顧炎武撰

守汴日志：一卷/（清）李光壂編

坤輿外紀：一卷/（清）南懷仁撰

臺灣紀略：一卷/（清）林謙光撰

安南紀游：一卷/（清）潘鼎珪撰

侗谿纖志：一卷/（清）陸次雲撰

泰山紀勝：一卷/（清）孔貞瑄撰

匡廬紀游：一卷/（清）吳闡思撰

登華記：一卷/（清）屈大均撰

游雁蕩山記：一卷/（清）周清原撰

後集

讀史吟評：一卷/（清）黃鵬揚撰

揚州鼓吹詞序：一卷/（清）吳綺撰

觚賸：一卷/（清）鈕琇輯

湖壖雜記：一卷/（清）陸次雲撰

談往：一卷/（清）花村看行侍者撰

板橋雜記：三卷/（清）余懷撰

簪雲樓雜説：一卷/（清）陳尚古撰

天香樓偶得：一卷/（清）虞兆漋撰

蚓菴瑣語：一卷/（清）王逋撰

見聞錄：一卷/（清）徐岳撰

冥報錄：二卷/（清）陸圻撰

現果隨錄：一卷/（清）釋戒顯撰

果報聞見錄：一卷/（清）楊式傅撰

信徵錄：一卷/（清）徐慶撰

嶺南雜記：二卷（清）吳震方撰

曠園雜志：二卷/（清）吳陳琰撰

言鯖：二卷/（清）呂種玉撰

述異記：三卷/（清）東軒主人輯

（甲三）/462

棟亭十二種：十二種/（清）曹寅編.--刻本.--揚州：揚州使院，清康熙四十五年（1706）.--16 冊（2 函）.--半葉 11 行，行 21 字，小字雙行 32 字，細黑口，左右雙邊，雙對黑魚尾，半框 16.5×11.7cm.--綫裝

子目：

法書攷：八卷/（元）盛熙明撰

琴史：六卷/（宋）朱長文撰

釣磯立談：一卷/（南唐）史虛白撰

新編錄鬼簿：二卷/（元）鍾嗣成撰

梅苑：十卷/（宋）黃大輿輯

禁扁：五卷/（元）王士點撰

硯箋：四卷/（宋）高似孫撰

墨經：一卷/（宋）晁貫之撰

都城紀勝：一卷/（宋）灌園耐得翁撰

頤堂先生糖霜譜：一卷/（宋）王灼撰

聲畫集：八卷/（宋）孫紹遠輯

分門纂類唐宋時賢千家詩選：二十二卷/（宋）劉克莊輯.--卷 10 缺第 1、2 葉

（甲五）/170

棟亭五種：六十五卷/（清）曹寅編.--刻本.揚州：揚州使院，清康熙四十五年（1706）.40 冊（6 函）.--半葉 8 行，行 16 字，小字雙行 20 字，白口，左右雙邊 半框 16.7×11.5cm.每卷卷末有刊記"棟亭藏本丙戌九月重刻于揚州使院"。鈐"歸安錢恂癸丑以後所讀書"朱文印、"北京市文物局調查研究組藏書印"朱文印.--綫裝

子目：

大廣益會玉篇：三十卷/（梁）顧野王撰

附釋文互註禮部韻略：五卷/（宋）佚名撰

類篇：十五卷/（宋）司馬光等撰

集韻：十卷/（宋）丁度等撰

大宋重修廣韻：五卷/（宋）陳彭年等撰

（丁）/12635

賴古堂藏書：甲集十種/（清）周亮工編.--刻本.--清康熙（1662～1722）.--2 冊（1 函）.--存 5 種。半葉 9 行，行 20 字，小字雙行字同，

白口，四周單邊，單黑魚尾，半框 20.9×14.5cm。鈐"北平孔德學校之章"朱文印.--綫裝

子目：

客座贅語：一卷/（明）顧起元輯；（清）周亮工訂

強聒錄/（明）彭堯諭撰；（清）周亮工訂

人譜：四卷/（明）劉宗周撰；（清）周燕客輯

三十五忠詩：一卷/（明）孫承宗撰；（清）周燕客輯

漁談：一卷/（明）郭欽華撰；（清）周燕客輯

（甲五）/114

德州田氏叢書：十五種/（清）田雯等輯.--刻本.--清康熙乾隆間（1662～1795）.--刻本.--13 冊（3 函）.--存 8 種。行款不一.--綫裝

子目：

古歡堂詩集：十四卷/（清）田雯撰.--半葉 12 行，行 22 字，粗黑口，左右雙邊，雙對花魚尾，半框 17×14cm

水東草堂詩：一卷/（清）田需撰.--半葉 9 行，行 19 字，粗黑口，左右雙邊，單黑魚尾，半框 16.4×13.2cm

鬲津草堂詩：六卷/（清）田霡撰.--半葉 9 行，行 19 字，粗黑口，左右雙邊，單黑魚尾，半框 16.8×13.2cm

有懷堂文集：一卷，詩集一卷/（清）田肇麗撰.--半葉 9 行，行 19 字，白口，左右雙邊，單黑魚尾，半框 15.4×12.2cm

二學亭文涘：四卷/（清）田同之撰.--半葉 10 行，行 19 字，粗黑口，左右雙邊，單黑魚尾，半框 16×13.5cm

硯思集：六卷/（清）田同之撰.--半葉 10 行，行 19 字，粗黑口，左右雙邊，單黑魚尾，半框 15.9×13.4cm

晚香詞：三卷/（清）田同之撰.--半葉 10 行，行 19 字，粗黑口，左右雙邊，單黑魚尾，半框 16.2×13.4cm

西圃文説：三卷；詩説：一卷；詞説：一卷/（清）田同之撰.--半葉 10 行，行 19 字，白

口，左右雙邊，單黑魚尾，半框 15.8×13.4cm

（戊）/730

第二部 12 冊（1 夾），存 5 種，鈐"北平孔德學校之章"朱文印

子目：

古歡堂集：二十二卷/（清）田雯撰.--半葉 11 行，行 21 字，粗黑口，左右雙邊，單黑魚尾，半框 19.6×14.6cm

長河志籍考：十卷/（清）田雯撰.--半葉 12 行，行 24 字，粗黑口，左右雙邊，單黑魚尾，半框 17.2×13.7cm

黔書：二卷/（清）田雯撰.--半葉 11 行，行 24 字，粗黑口，左右雙邊，單黑魚尾，半框 18.8×14.5cm

蒙齋年譜：一卷，續一卷/（清）田雯編.--半葉 10 行，行 19 字，粗黑口，左右雙邊，單黑魚尾，半框 15.5×13cm （甲五）/101

第三部 12 冊，存 5 種：古歡堂集二十二卷、古歡堂詩集十四卷、黔書二卷、長河志籍考十卷、有懷堂詩集一卷文集一卷

（丙四）/4335

雅雨堂叢書：十二種/（清）盧見曾編.--刻本.--德州盧氏雅雨堂，清乾隆二十一年（1756）.--28 冊（2 夾）.--半葉 10 行，行 21 字，小字雙行字同，白口，四周單邊，單黑魚尾，版心下刻"雅雨堂"，半框 18.1×14.4cm。雅雨堂藏板。佚名圈點。鈐"北平孔德學校之章"朱文印.--綫裝

子目：

李氏易傳：十七卷，附周易音義一卷/（唐）李鼎祚集解；（唐）陸德明音義

鄭氏周易：三卷，圖一卷/（漢）鄭玄注；（宋）王應麟輯；（清）惠棟增補

鄭司農集：一卷/（漢）鄭玄撰

尚書大傳：四卷，補遺一卷，續補遺一卷，考異一卷/（漢）伏勝撰；（漢）鄭玄注；（清）盧文弨補遺并考異

戰國策：三十三卷/（漢）高誘注

摭言：十五卷/（五代）王定保撰

封氏聞見記：十卷/（唐）封演撰

匡謬正俗：八卷/（唐）顏師古撰

文昌雜錄：六卷，補遺一卷/（宋）龐元英撰

周易乾鑿度：二卷/（漢）鄭玄撰

北夢瑣言：二十卷/（宋）孫光憲撰

大戴禮記：十三卷/（北周）盧辯注

（甲五）/65

第二部 21 冊（3 函），缺大戴禮記十三卷，鈐"學部圖書之印"朱文印（滿漢合璧）

（丙五）/294

奇晉齋叢書：十六種十九卷/（清）陸烜輯.--刻本.--陸烜奇晉齋，清乾隆三十四年（1769）.--12 冊（2 函）.--半葉 8 行，行 19 字，白口，左右雙邊，半框 19×13.5cm。佚名圈點。鈐"北平孔德學校之章"朱文印.--綫裝

子目：

松牕雜錄：一卷/（唐）李濬撰

灌畦暇語：一卷/（唐）佚名撰

平巢事蹟考：一卷/（宋）佚名撰

采石瓜洲斃亮記：一卷/（宋）蹇駒撰

鶴山筆錄：一卷/（宋）魏了翁撰

臨漢隱居詩話：一卷/（宋）魏泰撰

北牕炙輠錄：二卷/（宋）施德操撰

文山題跋：一卷/（宋）文天祥撰

遺山題跋：一卷/（金）元好問撰

大理行記：一卷/（元）郭松年撰

雲煙過眼續錄：一卷/（元）湯允謨撰

寓意編：一卷/（明）都穆撰

快雪堂漫錄：一卷/（明）馮夢禎撰

筆塵：一卷/（明）莫是龍撰

雲間雜誌：三卷/（明）佚名撰

雲南山川志：一卷/（明）楊慎撰

（甲五）/89

第二部 10 冊（1 匣） （乙五）/54

貸園叢書初集：十二種/（清）周永年編.--刻本.--歷城周氏竹西書屋，清乾隆五十四年（1789）重編.--16 冊（2 函）.--半葉 11 行，行 22 字，小字雙行字同，粗黑口，左右雙邊，雙對黑魚尾，半框 17.5×14.4cm。竹西書屋藏板。佚名題識。鈐"北平孔德學校之章"朱文印.--綫裝

子目：

九經古義：十六卷/（清）惠棟撰.--清乾隆三十八年（1773）

易例：二卷/（清）惠棟撰.--清乾隆三十九年（1774）

春秋左傳補注：六卷/（清）惠棟撰.--清乾隆三十九年（1774）

左傳評：三卷/（清）李文淵撰.--清乾隆四十年（1775）

古韻標準：四卷，詩韻舉例一卷/（清）江永撰；（清）戴震參定.--清乾隆三十六年（1771）

四聲切韻表：一卷，凡例一卷/（清）江永撰

聲韻考：四卷/（清）戴震撰

石刻鋪敍：二卷/（宋）曾宏父撰

鳳墅殘帖釋文：二卷/（清）錢大昕撰

三事忠告：四卷/（元）張養浩撰

　牧民忠告：二卷

　風憲忠告：一卷

　廟堂忠告：一卷

蒿庵閒話：二卷/（清）張爾岐撰.--清乾隆四十年（1775）

談龍錄：一卷/（清）趙執信撰

（甲五）/168

第二部　12 冊（1 函）　　（乙五）/44

增訂漢魏叢書/（清）王謨編.--刻本.--清乾隆五十六年（1791）.--100 冊（10 函）.--半葉 9 行，行 20 字，小字雙行字同，白口，左右雙邊，單白魚尾，半框 19.7×14.6cm。本衙藏版.--綫裝

子目：

經翼：

　焦氏易林：四卷/（漢）焦贛撰

　易傳：三卷/（漢）京房撰；（吳）陸績注

　關氏易傳：一卷/（北魏）關朗撰

　周易略例：一卷/（三國魏）王弼撰；（唐）邢璹注

　古三墳：一卷/（晉）阮咸注

　汲冢周書：十卷/（晉）孔晁注

　詩傳孔氏傳：一卷/（春秋）端木賜撰

　詩說：一卷/（漢）申培撰

　韓詩外傳：十卷/（漢）韓嬰撰

　毛詩草木鳥獸蟲魚疏：二卷/（吳）陸璣撰

大戴禮記：十三卷/（漢）戴德撰；（北周）盧辯注

春秋繁露：十七卷/（漢）董仲舒撰

白虎通德論：四卷/（漢）班固撰

獨斷：一卷/（漢）蔡邕撰

忠經：一卷/（漢）馬融撰

孝傳：一卷/（晉）陶潛撰

小爾雅：一卷/（漢）孔鮒撰；（宋）宋咸注

方言：十三卷/（漢）揚雄撰；（晉）郭璞注

博雅：十卷/（三國魏）張揖撰；（隋）曹憲音釋

釋名：四卷/（漢）劉熙撰

別史：

　竹書紀年：二卷/（梁）沈約注

　穆天子傳：六卷/（晉）郭璞注

　越絕書：十五卷/（漢）袁康撰

　吳越春秋：六卷/（漢）趙曄撰；（宋）徐天祐音注

　西京雜記：六卷/（漢）劉歆撰

　漢武帝內傳：一卷/（漢）班固撰

　飛燕外傳：一卷/（漢）伶玄撰

　雜事秘辛：一卷/（漢）佚名撰

　華陽國志：十四卷/（晉）常璩撰

　十六國春秋：十六卷/（北魏）崔鴻撰

　元經薛氏傳：十卷/（隋）王通撰；（唐）薛收傳；（宋）阮逸注

　群輔錄：一卷/（晉）陶潛撰

　英雄記鈔：一卷/（漢）王粲撰

　高士傳：三卷/（晉）皇甫謐撰

　蓮社高賢傳：三卷/（晉）佚名撰

　神仙傳：十卷/（晉）葛洪撰

子餘：

　孔叢：二卷，附詰墨一卷/（漢）孔鮒撰

　新語：二卷/（漢）陸賈撰

　新書：十卷/（漢）賈誼撰

　新序：十卷/（漢）劉向撰

　說苑：二十卷/（漢）劉向撰

　淮南鴻烈解：二十一卷/（漢）劉安撰；（漢）高誘注

　鹽鐵論：十二卷/（漢）桓寬撰；（明）張

之象注

　　　　法言：十卷／（漢）揚雄撰；（宋）宋咸注

　　　　申鑒：五卷／（漢）荀悅撰；（明）黃省曾

注

　　　　論衡：三十卷／（漢）王充撰

　　　　潛夫論：十卷／（漢）王符撰

　　　　中論：二卷／（三國魏）徐幹撰

　　　　中説：二卷／（隋）王通撰

　　　　風俗通義：十卷／（漢）應劭撰

　　　　人物志：三卷／（三國魏）劉邵撰；（北魏）

劉昞注

　　　　新論：十卷／（梁）劉勰撰

　　　　顏氏家訓：二卷／（北齊）顏之推撰

　　　　參同契：一卷／（漢）魏伯陽撰

　　　　陰符經：一卷／（漢）張良等注

　　　　風后握奇經：一卷，附握奇經續圖／（漢）

公孫弘撰；八陣總述：一卷／（晉）馬隆述

　　　　素書：一卷／（漢）黃石公撰

　　　　心書：一卷／（蜀）諸葛亮撰

　　載籍：

　　　　古今注：三卷／（晉）崔豹撰

　　　　博物志：十卷／（晉）張華撰

　　　　文心雕龍：十卷／（梁）劉勰撰

　　　　詩品：三卷／（梁）鍾嶸撰

　　　　書品：一卷／（梁）庾肩吾撰

　　　　尤射：一卷／（魏）繆襲撰

　　　　拾遺記：十卷／（晉）王嘉撰；（梁）蕭綺

錄

　　　　述異記：二卷／（梁）任昉撰；（晉）張華

注

　　　　續齊諧記：一卷／（梁）吳均撰

　　　　搜神記：八卷／（晉）干寶撰

　　　　搜神後記：二卷／（晉）陶潛撰

　　　　還冤記：一卷／（北齊）顏之推撰

　　　　神異經：一卷／（漢）東方朔撰

　　　　海内十洲記：一卷／（漢）東方朔撰

　　　　別國洞冥記：四卷／（漢）郭憲撰

　　　　枕中書：一卷／（晉）葛洪撰

　　　　佛國記：一卷／（晉）釋法顯撰

　　　　伽藍記：五卷／（北魏）楊衒之撰

　　　　三輔黃圖：六卷／（漢）佚名撰

　　　　水經：二卷／（漢）桑欽撰

　　　　星經：二卷／（漢）甘公，（漢）石申撰

　　　　荊楚歲時記：一卷／（梁）宗懍撰

　　　　南方草木狀：三卷／（晉）嵇含撰

　　　　竹譜：一卷／（晉）戴凱之撰

　　　　禽經：一卷／（周）師曠撰；（晉）張華注

　　　　古今刀劍錄：一卷／（梁）陶弘景撰

　　　　鼎錄：一卷／（梁）虞荔撰

　　　　天祿閣外史：八卷／（漢）黃憲撰

　　　　　　　　　　　　　　　　（乙五）／102

武英殿聚珍版叢書：一百三十八種.--木活字本暨刻本.--京師：武英殿，清乾隆（1736～1795）.--有插圖.--存59種78部。半葉9行（刻本10行），行21字，小字雙行字同，白口，四周雙邊，單黑魚尾，半框19.3×12.6cm（刻本21×15cm）.--綫裝

　子目：

　刻本

　　漢官舊儀：二卷，補遺一卷／（漢）衛宏撰.1冊（1函）　　　　　　　　（丙二）／4067

　　魏鄭公諫續錄：二卷／（元）翟思忠輯.--2冊（1函）.--鈐"定遠胡氏珍藏書畫"朱文印　　　　　　　　　　　　　（丙二）／2264

　　第二部　1冊（1函），鈐"白華"朱文印　　　　　　　　　　　　　（丙二）／5905

　　帝範：四卷／（唐）太宗李世民撰；佚名注.1冊（1函）　　　　　　　（丙三）／6444

　活字本

　經部

　　易原：八卷／（宋）程大昌撰.--4冊（1函）.鈐"白日當天心照之"朱文印、"小自止舫書畫印"朱文印　　　　　（丙一）／1452

　　郭氏傳家易説：十一卷，總論一卷／（宋）郭雍撰.--8冊（1函）　　　（丙一）／1451

　　易象意言：一卷／（宋）蔡淵撰.--1冊（1函）.--鈐"狂瘦之珍"白文印（丙一）／1536

　　第二部　　　　　　　　（丙一）／1532

　　易學濫觴：一卷／（元）黃澤撰.--1冊（1函）　　　　　　　　　　　（丙一）／830

　　禹貢指南：四卷／（宋）毛晃撰.--4冊（1函）.--鈐"蔡澤賓印"白文印（丙一）／1535

　　融堂書解：二十卷／（宋）錢時撰.--10冊（1

函）．--鈐“子翔集古”朱文印

（丙一）/1534

續呂氏家塾讀詩記：三卷/（宋）戴溪撰．--2
冊（1函）．--鈐“學部圖書之印”朱文印（滿
漢合璧）、“京師圖書館收藏之印”朱文印

（丙一）/1113

絜齋毛詩經筵講義：四卷/（宋）袁燮撰．--2
冊（1函）．--鈐“北平孔德學校之章”朱文
印　　　　　　　　　　　　　　（甲一）/7

　　第二部　1冊（與易象意言合訂）

（丙一）/1532

儀禮識誤：三卷/（宋）張淳撰．--2冊（1
函）　　　　　　　　　　　　　（丙一）/579

　　第二部　2冊　　　　　（丙一）/1537-2

春秋釋例：十五卷/（晉）杜預撰．--12冊（2
函）．--鈐“逮芸書屋珍藏”朱文印

（乙一）/553

　　第二部　　　　　　　　　（甲一）/9

春秋傳說例：一卷/（宋）劉敞撰．--1
冊　　　　　　　　　　　　　（丙一）/1537-1

春秋經解：十五卷/（宋）孫覺撰．--6冊（1
函）　　　　　　　　　　　　（丙一）/1533

春秋辨疑：四卷/（宋）蕭楚撰．--2冊（1
函）　　　　　　　　　　　　（丙一）/1531

鄭志：三卷/（漢）鄭玄撰；（魏）鄭小同編．--
1冊（1函）　　　　　　　　　（丙一）/1530

欽定詩經樂譜全書：三十卷，樂律正俗一卷/
（清）鄒奕孝等撰．--朱墨套印．--36冊（6函）

（乙一）/378

　　第二部　　　　　　　　　（乙一）/354

輶軒使者絕代語釋別國方言：十三卷/（漢）
揚雄撰；（晉）郭璞注．--4冊（1函）．--鈐“蔡
澤賓印”白文印　　　　　　　　（丙一）/1538

　　史部

兩漢刊誤補遺：十卷/（宋）吳仁傑撰．--1
冊（1函）．--鈐“聖清宗室盛昱伯羲之印”朱
文印　　　　　　　　　　　　　（丙二）/5907

三國志辨誤：三卷/（宋）佚名撰．--1冊（1
函）　　　　　　　　　　　　　（丁）/12457

御選明臣奏議：四十卷/（清）高宗弘曆敕
編．--24冊（4函）．--凡例、御製詩各有半葉
抄配　　　　　　　　　　　　　（乙二）/893

　　第二部　10冊（2函），佚名圈點

（丁）/14459

鄴中記：一卷/（晉）陸翽撰．--1冊（1函）．
章甫題跋，鈐“盧弼”朱文印　　（丙二）/5906

　　第二部　與魏鄭公諫續錄合訂1冊

（丙二）/2264

水經注：四十卷，卷首一卷/（北魏）酈道元
撰．--16冊（2函）．--鈐“許珩”朱文印、“蒼
王堪”白文印。卷1、2有佚名校

（乙二）/475

建炎以來朝野雜記：甲集二十卷，乙集二十
卷/（宋）李心傳撰．--10冊．--鈐“錫生”朱
文印　　　　　　　　　　　　　（乙二）/939

直齋書錄解題：二十二卷/（宋）陳振孫撰．
6冊（1函）．--鈐“李氏靜緣齋珍藏圖籍印”
朱文印、“蠹癖”白文印、“北平孔德學校之
章”朱文印　　　　　　　　　　（甲二）/288

　　第二部　10冊（1函）　　（乙二）/180

　　第三部　20冊（1匣）　　（乙二）/1875

　　子部

傅子：一卷/（晉）傅玄撰．--1冊（1函）

（丙三）/6442

公是弟子記：四卷/（宋）劉敞撰．--1冊（1
函）．--佚名圈點，鈐“怊亭溫氏珍藏”白文
印　　　　　　　　　　　　　　（丙三）/6445

九章算術：九卷/（晉）劉徽注；（唐）李淳
風注釋．九章算術音義：一卷/（唐）李籍撰．
4冊（1函）　　　　　　　　　　（丙三）/6701

孫子算經：三卷/（唐）李淳風等注．--1冊
（1函）　　　　　　　　　　　　（丙三）/6447

寶真齋法書贊：二十八卷/（宋）岳珂撰．--6
冊（1函）　　　　　　　　　　　（丙三）/6449

鶡冠子：三卷/（宋）陸佃解．--3冊（1函）．--
佚名批校　　　　　　　　　　　（丙三）/6448

雲谷雜紀：四卷，卷首一卷，卷末一卷/（宋）
張淏撰．--4冊（1函）　　　　　　（丙三）/4517

甕牖閒評：八卷/（宋）袁文撰．--4冊（1
函）．--愛蓮客題識　　　　　　　（甲三）/169

潤泉日記：三卷/（宋）韓淲撰．--1冊（1
函）　　　　　　　　　　　　　（丙三）/6443

　　第二部　　　　　　　　（丙二）/4066

　　第三部　　　　　　　　（丁）/12439

敬齋古今黈：八卷/（元）李冶撰.--2 冊
（丙三）/6446

涑水紀聞：十六卷/（宋）司馬光撰.--8 冊
（1 函）　　　　　　　　　（丙二）/5931

歸潛志：十四卷/（元）劉祁撰.--4 冊（1
函）　　　　　　　　　　　（乙二）/1228

集部

張燕公集：二十五卷/（唐）張說撰.--8 冊
（1 函）　　　　　　　　　（丙四）/3526

文忠集：十六卷/（唐）顏真卿撰.--6 冊（1
函）　　　　　　　　　　　（丙四）/4844

景文集：六十二卷/（宋）宋祁撰.--15 冊（2
夾）.--存卷 1-59　　　　　（丁）/6519

文恭集：四十卷/（宋）胡宿撰.--8 冊（1
函）.--鈐“王璋私印”白文印、“式儒”朱文
印　　　　　　　　　　　　（丙四）/1404

第二部　　　　　　　　（丙四）/6330
第三部　　　　　　　　（丁）/12695

祠部集：三十五卷/（宋）強至撰.--16 冊（2
函）　　　　　　　　　　　（丙四）/4837

第二部　8 冊（1 函），鈐“強氏藏書”白
文印　　　　　　　　　　　（丙四）/6559

彭城集：四十卷/（宋）劉攽撰.--10 冊（1
函）.--序、目錄、卷 1-2 共有 29 葉抄配
（丙四）/4391

山谷內集詩注：二十卷/（宋）黃庭堅撰；
（宋）任淵注.山谷外集詩注：十七卷/（宋）
黃庭堅撰；（宋）史容注.山谷別集詩注：二卷/
（宋）黃庭堅撰；（宋）史季溫注.--16 冊（2
函）.--佚名圈點。鈐“澂齋收藏書畫”朱文
印、“富有日新之室”朱文印、“劉庸讀”朱
文印、“惠民”朱文印、“寶勤堂書畫印”朱
文印　　　　　　　　　　（丙四）/6277

第二部　16 冊（2 函），別集卷下 3 葉係抄
配，佚名批點，鈐“曾在潛樓”白文印、“鄺
齋藏書”白文印　　　　　（丁）/12744

第三部　6 冊（1 函），存外集、別集，
外集序、卷 11 卷端殘，鈐“南宮葆真堂陳氏珍
藏書畫印”朱文印　　　　　（丁）/12749

柯山集：五十卷/（宋）張耒撰.--20 冊（2
函）.--目錄 1 葉係抄配　　（丙四）/6281

陶山集：十六卷/（宋）陸佃撰.--8 冊（1
函）　　　　　　　　　　　（乙四）/28

學易集：八卷/（宋）劉跂撰.--2 冊（1 函）.
卷 8 第 26、27 葉係刻本補配。佚名評點。鈐
“舊山樓”朱文印　　　　　（丁）/6566

第二部　4 冊（1 函）　　（甲一）/11

浮溪集：三十二卷/（宋）汪藻撰.--8 冊（1
函）　　　　　　　　　　　（丁）/12671

簡齋集：十六卷/（宋）陳與義撰.--4 冊（1
函）.--佚名批點。鈐“曾在潛樓”白文印、
“際衍”朱文印、“孫季”朱文印
（丁）/7673

茶山集：八卷/（宋）曾幾撰.--2 冊（1 函）.
鈐“王璋私印”白文印　　　（丙四）/1461

雪山集：十六卷/（宋）王質撰.--2 冊（1
函）　　　　　　　　　　　（丁）/12634

攻媿集：一百一十二卷/（宋）樓鑰撰.--40
冊（4 函）　　　　　　　　（丙四）/6278

章泉稿：五卷/（宋）趙蕃撰.--2 冊（1 函）
（丁）/4500

止堂集：十八卷/（宋）彭龜年撰.--14 冊（1
函）.--鈐“唐栖朱氏結一廬圖書記”朱文印
（丙四）/6279

絜齋集：二十四卷/（宋）袁燮撰.--6 冊（1
函）　　　　　　　　　　　（丙四）/4843

拙軒集：六卷/（金）王寂撰.--1 冊（1 函）.
鈐“王璋私印”白文印　　　（丙四）/1464

悅心集：四卷/（清）世宗胤禛輯.--4 冊（1
函）.--鈐“身間”朱文印　　（丙三）/6450

歲寒堂詩話：二卷/（宋）張戒撰.--1 冊（1
函）　　　　　　　　　　　（丙四）/1010

浩然齋雅談：三卷/（宋）周密撰.--1 冊（1
函）.--鈐“寶勤堂書畫印”朱文印
（丙四）/6280

自著叢書

[海隅集四種]：九卷/（明）毛燁撰並編.--
刻本.--毛燁等，明末（1573～1644）.--3 冊
（1 函）.--半葉 9 行，行 20 字，白口，四周
單邊，半框 21.9×14.6cm。鈐“北平孔德學校
之章”朱文印.--綫裝

子目:

海隅集永平公案:二卷

海隅集平夷事畧:一卷

海隅集贈章:二卷

海隅集小藁:四卷　　　　　　　（甲四）/1268

卓吾先生李氏叢書:十二種/（明）李贄編.刻本.--陳氏繼志齋,明末(1573～1644).--15冊（9函）.--存8種.半葉8行,行18字,白口,四周單邊,無界行,單黑魚尾,半框19.6×12.5cm.鈐"北平孔德學校之章"朱文印.--綫裝

子目:

道古錄:二卷

老子解:二卷

墨子批選:四卷

因果錄:三卷

三教品:一卷

淨土訣:一卷

闇然錄最:四卷

孫子參同:三卷.--缺卷上　　　（甲五）/98

呂新吾全集:二十一種/（明）呂坤撰.--刻本.--寧陵呂氏,明萬曆(1573～1620)刻;清康熙(1662～1722)、嘉慶(1796～1820)遞修.--40冊（4夾）.--半葉10行,行20字,白口,四周雙邊,單黑魚尾,半框18.3×12.7cm.遞修版式不一.--綫裝

子目:

呂新吾先生去偽齋文集:十卷

呂新吾先生實政錄:七卷.--半葉8行,行18字,白口,四周雙邊,單黑魚尾,半框19.9×14cm

呻吟語:六卷.--半葉9行,行19字,白口,左右雙邊,單黑魚尾,半框21.4×14.3cm

呂新吾先生閨范圖説:四卷/（明呂坤註.插圖148幅.--半葉9行,行22字,白口,四周雙邊,單黑魚尾,半框20.9×14.4cm

省心紀:一卷.--半葉8行,行24至26字不等,白口,四周雙邊,單黑魚尾,半框20.1×12.4cm

黃帝陰符經:一卷/（明）呂坤註.--半葉8

行,行18字,白口,左右雙邊,單黑魚尾,半框21.9×13.7cm

與櫟縣鄉親論修城書:一卷.--半葉8行,行20字,白口,四周雙邊,單黑魚尾,半框22.3×14.7cm

展城或問:一卷.--半葉8行,行20字,白口,四周單邊,單黑魚尾,半框22.5×14.5cm

救命書:一卷.--半葉8行,行20字,白口,左右雙邊,單黑魚尾,半框21.5×14.5cm

天日:一卷.--半葉8行,行20字,白口,四周雙邊,單黑魚尾,半框22.4×14.3cm

小兒語:一卷,演小兒語一卷,續小兒語三卷,女小兒語一卷/（明）呂得勝撰;（明）呂坤續撰.--半葉7行,行16字,小字雙行字同,白口,四周雙邊,單黑魚尾,半框20×13.8cm

宗約歌:一卷.--清康熙十八年(1679).--半葉8行,行20字,小字雙行字同,白口,四周雙邊,單黑魚尾,半框18.5×12.3cm

好人歌:一卷.--半葉8行,行20字,白口,四周雙邊,單黑魚尾,半框18.5×12.2cm.與宗約歌合冊

閨戒:一卷.--清康熙十八年(1679).--半葉8行,行20字,小字雙行字同,白口,四周雙邊,單黑魚尾,半框18.5×12.6cm.與宗約歌合冊

疹科:一卷.--半葉8行,行18字,小字雙行字同,白口,四周雙邊,單黑魚尾,半框20.7×14.5cm。

四禮翼:八卷.--半葉8行,行20字,白口,四周雙邊,單黑魚尾,半框22×14.5cm

四禮疑:五卷.--半葉8行,行20字,白口,四周雙邊,單黑魚尾,半框22.1×14.3cm

交泰韻:一卷.--半葉8行,行18至20字不等,小字雙行字同,白口,四周單邊,單黑魚尾,半框21.8×14.3cm

河工書:一卷.--半葉8行,行20字,白口,四周雙邊,單黑魚尾,半框22.2×14.6cm

反輓歌:一卷.--半葉7行,行14字,白口,四周雙邊,單黑魚尾,半框22.4×14.8cm

大明嘉議大夫刑部左侍郎新吾呂君墓誌銘/（明）呂知畏撰.--半葉7行,行14字,白口,四周雙邊,單黑魚尾,半框22.4×14.8cm

（乙四）/361

第二部 10 冊（1 函），存 12 種：小兒語（女小兒語、續小兒語、演小兒語）、省心紀、天日、皇帝陰符經、救命書、修城書、展城或問、河工書、宗約歌、閨戒、反輓歌、新吾呂君墓誌銘　　　　　　　　　　（丙五）/206

趙南星全集：十一種十五卷/（明）趙南星撰. --刻本. --明末（1573～1644）刻；趙悅學，清初（1644～1722）修版. --12 冊（1 函）. --半葉 9 行，行 18 至 22 字不等，白口，左右雙邊，單黑魚尾，半框 20.5×14.3cm。鈐"北平孔德學校之章"朱文印. --綫裝
　子目：
　夢白先生集：三卷
　孝經：一卷/（明）趙南星訂注
　大學正說：一卷
　中庸正說：一卷
　目前集：二卷
　味檗齋遺筆：一卷
　嘉祐集選：一卷
　趙忠毅公閒居擇言：一卷
　趙進士文論：一卷
　正心會前漢書抄：二卷
　正心會後漢書抄：一卷　　　（甲四）/1417

眉公祕笈：十七種/（明）陳繼儒撰. --刻本.明萬曆三十四年（1606）. --24 冊（4 函）. --序題"眉公雜著"。半葉 8 行，行 18 字，白口，四周單邊，單黑魚尾間單白魚尾間無魚尾，半框 19.9×12.4cm。佚名圈點，佚名批點。鈐"北平孔德學校之章"朱文印. --綫裝
　子目：
　眉公見聞錄：八卷/（明）陳繼儒撰；（明）沈德先，（明）沈孚先校. --有 1 葉抄配
　陳眉公珍珠船：四卷/（明）陳繼儒撰；（明）沈德先校
　妮古錄：四卷/（明）陳繼儒撰；（明）沈孚先校
　眉公群碎錄：一卷/（明）陳繼儒撰；（明）王體元，（明）王體國校
　偃曝談餘：二卷/（明）陳繼儒撰；（明）張

晌校；（明）林有聲閱
　巖棲幽事：一卷/（明）陳繼儒撰；（明）屠隆閱
　寶顏堂清明曲：一卷/（明）陳繼儒撰
　枕譚：一卷/（明）陳繼儒撰；（明）張晌校；（明）費慧閱
　陳眉公太平清話：四卷/（明）陳繼儒撰；（明）張晌校；（明）沈德先閱
　書蕉：二卷/（明）陳繼儒撰
　眉公筆記：二卷/（明）陳繼儒撰；（明）張晌校
　眉公書畫史：一卷/（明）陳繼儒撰；（明）張晌校
　尚白齋鋟讀書十六觀：一卷/（明）陳繼儒撰
　寶顏堂增訂讀書鏡：十卷/（明）陳繼儒撰.張晌，明萬曆二十八年（1600）. --卷 8-10 係抄配。半葉 9 行，行 19 字，白口，左右雙邊，單白魚尾，半框 20.8×13cm
　安得長者言：一卷/（明）陳繼儒撰
　狂夫之言：三卷，續二卷/（明）陳繼儒撰
　香案牘：一卷/（明）陳繼儒撰
　　　　　　　　　　　　　（甲二）/517

尚白齋鐫陳眉公寶顏堂秘笈：十五種/（明）陳繼儒撰. --刻本. --明萬曆（1573～1620）.10 冊（1 函）. --半葉 8 行，行 19 字，白口，四周單邊，單白魚尾，半框 20.1×12.5cm。鈐"海豐吳氏"朱文印. --綫裝
　子目：
　眉公見聞錄：八卷
　陳眉公珍珠船：四卷
　妮古錄：四卷
　眉公群碎錄：一卷
　偃曝談餘：二卷
　巖棲幽事：一卷
　枕譚：一卷
　陳眉公太平清話：四卷
　書蕉：二卷
　眉公筆記：二卷
　眉公書畫史：一卷
　安得長者言：一卷
　狂夫之言：三卷，續狂夫之言二卷

香案牘：一卷

寶顏堂增訂讀書鏡：十卷.--張昞，明萬曆
二十八年（1600）.--半葉 9 行，行 19 字，白
口，左右雙邊，單白魚尾，半框 20.8×13cm
（丁）/12658

陳眉公先生十集/（明）陳繼儒編.--刻本.--
明末（1573～1644）.--10 冊（1 函）.--半葉
9 行，行 18 字，有眉批，行 4 字，白口，四周
單邊，單黑魚尾，半框 23×14.1cm。佚名批
點.--綫裝
子目：
卷一
讀書鏡
卷二
狂夫之言
續狂夫之言
安得長者言
卷三
眉公筆記
書蕉
香案牘
卷四
尚白齋鏒讀書十六觀，附書畫金湯
眉公群碎錄
巖棲幽事
枕譚　　　　　　　　　（甲三）/712

李竹嬾先生説部全書：八種二十五卷/（明）
李日華撰.--刻本.--明末（1573～1644）；嘉興
曹秉鈞，清乾隆三十三年（1768）修版.--12
冊（1 函）.--半葉 8 行，行 19 字，白口，四
周單邊，半框 20.6×13.3cm。鈐"修養堂主人
藏書之印"朱文印、"學部圖書館之印"朱文
印（滿漢合璧）、"京師圖書館收藏之印"朱文
印、"南陵徐氏仁山珍藏"白文印.--綫裝
子目：
六研齋筆記：四卷，二筆四卷，三筆四卷
紫桃軒雜綴：三卷，又綴三卷
禮白嶽記：一卷
篷櫳夜話：一卷
璽召錄：一卷

薊旋錄：一卷
竹嬾畫媵：一卷，續畫媵一卷
墨君題語：一卷　　　　　（丙三）/5645

三注鈔：十六卷/（明）鍾惺編.--刻本.--
明萬曆四十五年（1617）.--8 冊（2 函）.--
半葉 9 行，行 19 字，有眉批，行 5 字，白口，
四周單邊，半框 21.6×14.8cm。鈐"次公"朱
文印、"鹿煇世讀書記"朱文印.--綫裝
子目
三國志注鈔：八卷
世説新語注鈔：二卷
水經注鈔：六卷　　　　　（乙二）/883

寸補四種/（明）程俞撰.--刻本.--明崇禎
（1628～1644）.--5 冊（1 函）.--存 3 種。半
葉 9 行，行 18 字，白口，四周單邊，半框 20.5
×13.7cm。鈐"北平孔德學校之章"朱文印.
綫裝
子目：
疏：一卷；附論一卷
遼畫：一卷；附閲兵覺華島記：一卷/（明）
張兆增撰
渝吟：一卷；續渝吟：一卷
（甲五）/159

[陳仁錫八函]：八種/（明）陳仁錫編.--刻
本.--明（1368～1644）.--11 冊（2 函）.--
存 4 種。半葉 9 行，行 22 字，小字雙行字同，
有眉批，行 6 字，白口，四周單邊，半框 19.4
×12.8cm。本衙藏板。鈐"北平孔德學校之章"
朱文印.--綫裝
子目：
賦品焑函：二卷
文品苪函：三卷
史品赤函：四卷
書品同函：二卷　　　　　（甲四）/1324

唱經堂才子書彙稿/（清）金人瑞撰.--刻
本.--傅萬堂，清乾隆九年（1745）.--14 冊（2
函）.--半葉 10 行，行 22 字，白口，左右雙邊，
半框 19.5×14.7cm。鈐"可為知者道"白文

印、"如秤"朱文印、"赤菫山人"朱文印、
"際亨"朱文印、"許元基印"白文印、"方
亨"朱文印、"元基"朱文印、"貞齋"朱文
印、"高易"朱文印.--綫裝

　子目：

　唱經堂杜詩解：四卷,附沈吟楼借杜詩一卷

　唱經堂左傳釋：一卷

　唱經堂古詩解：一卷

　唱經堂釋小雅：一卷

　唱經堂釋孟子四章：一卷

　唱經堂批歐陽永叔詞：一卷

　唱經堂通宗易論：一卷

　唱經堂聖人千案：一卷

　唱經堂語錄纂：二卷

　唱經堂隨手通：一卷　　　　　（甲五）/117

　　第二部　8 冊（1 函）,鈐"天成樓"朱文
印　　　　　　　　　　　　　　（丙四）/4959

　　第三部　12 冊（2 函）,鈐"鑑心書屋"朱
文印　　　　　　　　　　　　　（丙四）/5736

上蔡張氏四種/（清）張沐撰.--刻本.--敦臨
堂,清康熙十一年（1672）.--5 冊（1 夾）.--
綫裝

　子目：

　孝經疏略：一卷/（清）張沐註.--半葉 7 行,
行 15 字,小字雙行字同,白口,四周雙邊,雙
對黑魚尾,版心下刻"敦臨堂",半框 18×
11.8cm

　為學次第書：六卷/（清）張沐撰.--半葉 9
行,行 20 字,粗黑口,四周單邊,單黑魚尾,
半框 18.5×13

　張氏家譜：一卷/（清）張沐編.--半葉 10
行,行 20 字,粗黑口,單黑魚尾,半框 19.3
×14.2cm

　六諭敷言通俗：六卷/（清）張沐編.--刻本.
敦臨堂,清乾隆三十二年（1767）重刻.--半葉
9 行,行 19 字,白口,左右雙邊,單黑魚尾,
半框 18.6×14.2cm　　　　　　（丙五）/181

亭林遺書：十種/（清）顧炎武撰.--刻本.--
潘氏遂初堂,清康熙（1662～1722）.--16 冊
（2 函）.--書名據目錄著錄,書名頁題"亭林

集"。半葉 11 行,行 20 字,小字雙行字數不
等,白口,左右雙邊,單黑魚尾,半框
18.8×14.5cm。　遂初堂藏板。鈐"吳江淩氏
藏書"朱文印、"淩淦字麗生一字礦生"朱文
印.--綫裝

　子目：

　左傳杜解補正：三卷

　九經誤字：一卷

　石經考：一卷

　金石文字記：六卷/（清）顧炎武撰；（清）
潘耒補遺

　韻補正：一卷

　昌平山水記：二卷

　譎觚十事：一卷

　顧氏譜系考：一卷

　亭林文集：六卷

　亭林詩集：五卷　　　　　　　（乙五）/297

補樵書：三種/（清）董説撰.--刻本.--清康
熙（1662～1722）.--4 冊（1 函）.--半葉 8
行,行 19 字,白口,左右雙邊,半框 18.6×
14.4cm。鈐"曾在李鹿山處"朱文印、"曾歸
徐氏彊訝"朱文印.--綫裝

　子目：

　文音發：一卷

　周禮發：一卷

　律呂考：一卷　　　　　　　　（丙一）/815

王漁洋遺書/（清）王士禛撰.--刻本.--清康
熙（1662～1722）.--8 冊（1 函）.--存 13 種。
半葉 10 行,行 19 字,小字雙行字同,粗黑口,
左右雙邊,單黑魚尾,半框 16.6×13.4cm。佚
名圈點.--綫裝

　子目：

　南來志：一卷/（清）王士禛撰

　北歸志：一卷/（清）王士禛撰.--半葉 10
行,行 19 字,小字雙行字同,粗黑口,左右雙
邊,雙順黑魚尾,半框 17.8×14cm

　廣州遊覽小志：一卷/（清）王士禛撰

　考功集選：四卷/（清）王士祿撰；（清）王
士禛編

　雍益集：一卷/（清）王士禛撰

分甘餘話：四卷/（清）王士禛撰.-- 清康熙四十九年（1710）.--半葉 10 行，行 19 字，小字雙行字同，粗黑口，左右雙邊，雙順黑魚尾，半框 17.8×13.7cm。文粹堂藏版

華泉先生集選：四卷，附錄一卷/（明）邊貢撰；（清）王士禛編.--清康熙三十九年（1700）.-- 半葉 10 行，行 19 字，小字雙行字同，粗黑口，左右雙邊，雙順黑魚尾，半框 17.8×13.7cm

睡足軒詩選：一卷/（明）邊習撰；（清）王士禛，（清）徐夜選

蜀道驛程記：二卷/（清）王士禛撰

歷仕錄：一卷/（明）王之垣撰；（清）王士禛編.--清康熙四十一年（1702）.--半葉 10 行，行 19 字，小字雙行字同，粗黑口，左右雙邊，雙順黑魚尾，半框 18.1×13.8cm

清㾦齋心賞編：一卷/（明）王象晉輯；（清）王士禛編.--半葉 9 行，行 20 字，白口，四周單邊，單黑魚尾，半框 21.1×14.5cm

隴首集：一卷/（明）王與胤撰；（清）王士禛編.--半葉 10 行，行 19 字，小字雙行字同，粗黑口，左右雙邊，雙順黑魚尾，半框 17.8×14cm。

南海集：二卷/（清）王士禛撰

（甲五）/204

西河合集：經集五十一種二百三十六卷，文集六十六種二百五十七卷/（清）毛奇齡撰.--刻本.--蕭山書留草堂，清康熙（1662～1722）.--50 冊（10 函）：冠像 1 幅.--經集、文集均有卷首，實為 116 種，儀禮疑義原缺。書名頁題"毛西河先生全集"。半葉 10 行，行 20 字，小字雙行字同，白口，四周單邊，半框 19.7×14.3cm。蕭山城東書留草堂藏板。鈐"周貞鬲印"白文印、"嶽英珍藏"白文印等.--綫裝

子目：

經集：

首一卷

仲氏易：三十卷

推易始末：四卷

河圖洛書原舛編：一卷

太極圖説遺議：一卷

易小帖：五卷

易韻：四卷

古文尚書冤詞：八卷

尚書廣聽錄：五卷

舜典補亡：一卷

國風省篇：一卷

毛詩寫官記：四卷

詩劄：二卷

詩傳詩説駁義：五卷

白鷺洲主客説詩：一卷

續詩傳鳥名：三卷

昏禮辨正：一卷

廟制折衷：二卷

大小宗通繹：一卷

北郊配位尊西向議：一卷

辨定嘉靖大禮議：二卷

辨定祭禮通俗譜：五卷

喪禮吾説篇：十卷

曾子問講錄：四卷

春秋毛氏傳：三十六卷

春秋屬辭比事記：四卷

春秋條貫篇：十一卷

春秋占筮書：三卷

春秋簡書刊誤：二卷

四書索解：四卷/（清）王錫輯

論語稽求篇：七卷

大學證文：四卷

大學知本圖説：一卷

中庸説：五卷

四書賸言：四卷

四書賸言補：二卷

聖門釋非錄：五卷

逸講箋：三卷

聖諭樂本解説：二卷，卷首一卷

竟山樂錄：四卷

皇言定聲錄：八卷

李氏學樂錄：二卷/（清）李塨撰

孝經問：一卷

周禮問：二卷

大學問：一卷

明堂問：一卷

學校問：一卷
郊社禘祫問：一卷
經問：十八卷
經問補：三卷
文集：
　首一卷
　誥詞：一卷
　頌：一卷
　策問：一卷
　表：一卷
　主客辭：二卷
　奏疏：一卷
　議：四卷
　杭州治火議：一卷
　揭子：一卷
　史館劄子：二卷
　史館擬判：一卷
　書：八卷
　牘札：一卷
　箋：一卷
　序：三十四卷
　引弁首：一卷
　題詞題端：一卷
　跋：一卷
　書後緣起：一卷
　碑記：十一卷
　傳：十一卷
　王文成傳本：二卷
　墓碑銘：二卷
　墓表：五卷
　墓誌銘：十六卷
　神道碑銘：二卷
　塔誌銘：二卷
　易齋馮公（溥）事狀：四卷
　年譜：一卷
　記事：一卷
　集課記：一卷
　說：一卷
　錄：一卷
　制科雜錄：一卷
　後觀石錄：一卷
　越語肯綮錄：一卷

何御史孝子祠主復位錄：一卷
湘湖水利志：三卷
蕭山縣志刊誤：三卷
杭志三詰三誤辨：一卷
天問補註：一卷
館課擬文：一卷
折客辨學文：一卷
答三辨文：一卷
釋二辨文：一卷
辨聖學非道學文：一卷
辨忠臣不徒死文：一卷
古禮今律無繼嗣文：一卷
古今無慶生日文：一卷
禁室女守志殉死文：一卷
勝朝彤史拾遺記：六卷
武宗外紀：一卷
後鑒錄：七卷
蠻司合誌：十五卷
韻學要指：十一卷
賦：四卷
九懷詞：一卷
誄文：一卷
詩話：八卷
詞話：二卷
填詞：六卷
擬連廂詞：一卷
詩集
　二韻詩：三卷
　七言絕句：八卷
　排律：六卷
　七言古詩：十三卷
　五言律詩：六卷
　七言律詩：十卷
　七言排律：一卷
　五言格詩：五卷
　雜體詩：一卷
　徐都講詩：一卷／（清）徐昭華撰

（甲四）／1240

[榕村全書]：五種／（清）李光地撰輯．--
刻本．--清康熙至乾隆間（1662～1795）．--12
冊（2函）．--行款版式不一。其中榕村講授重複。鈐"御賜教忠堂"朱文印、"御書樓存書"朱文印、"國子監印"朱文印（滿漢合文）、"民國七年由清監移藏圖書館"朱文印、"京師圖書館收藏之印"朱文印. --綫裝

子目

榕村詩選：八卷，首一卷. --刻本. --杭州臬署方覲，清雍正7至8年（1729～1730）. --書名頁題"安溪先生榕村詩選"。半葉9行，行19字，小字雙行29字，白口，左右雙邊，單黑魚尾，半框18.0×12.9cm。每卷末刻有"石川方氏藏版雍正己酉十月刊於杭州臬署"

榕村講授：三編. --刻本. --清康熙（1662～1722）. --書名頁題"安溪先生榕村講授"。半葉11行，行20字，小字雙行字同，白口，左右雙邊，半框18.5×14.3cm。

韓子粹言：一卷. --刻本. --清康熙（1662～1722）. --半葉8行，行22字，有眉批，行6字，白口，四周單邊，雙順黑魚尾，半框17.5×12.2cm

安溪先生解義：三種. --刻本. --江寧官署李馥，清康熙61年（1722）. --半葉11行，行20字，白口，四周單邊，雙對花魚尾，半框17.2×13.5cm。居業堂藏板

離騷經：一卷，附九歌一卷

參同契：一卷

陰符經：一卷

正蒙：二卷. --刻本. --清康熙（1662～1722）. --書名頁題"安溪先生注解正蒙"。半葉8行，行22字，白口，四周單邊，雙順黑魚尾，半框17.6×12.2cm　　　　（丙五）/256

高安朱文端公藏書：十三種/（清）朱軾撰. --刻本. --清乾隆（1736～1795）. --10冊（1函）. --存5種39卷. 鈐"豫章別業藏本"朱文印. --綫裝

子目

周易傳義合訂：十二卷. --半葉8行，行20字，小字雙行字同，白口，四周雙邊，單黑魚尾，半框20.8×14.6cm

春秋鈔：十卷，卷首一卷/（清）朱軾輯；（清）鄂彌達校. --半葉8行，行20字，白口，四周雙邊，單黑魚尾，半框19.2×13.9cm

孝經：一卷/（元）吳澄校定；（清）朱軾輯. 孝經三本管窺：一卷/（清）吳隆元撰. --半葉10行，行20字，小字雙行字同，白口，四周單邊，單黑魚尾，半框19.4×14.2cm

呂氏四禮翼：四卷/（明）呂坤撰；（清）朱軾評點. --半葉9行，行21字，小字雙行字同，有眉批，行4字，白口，四周單邊，單黑魚尾，半框18.5×13.9cm

儀禮節略：十七卷，圖三卷. --存卷1-10. 半葉9行，行21字，小字雙行字同，白口，四周單邊，單黑魚尾，半框18.5×13.6cm

（丙五）/235

積書巖六種/（清）王澍撰. --刻本. --清乾隆二年（1737）. --8冊（1函）. --半葉14行，行25字，白口，四周單邊，單黑魚尾，半框20.5×14.7cm。佚名批點。鈐"北平孔德學校之章"朱文印. --綫裝

子目：

大學困學錄：一卷

中庸困學錄：一卷. --1葉係抄補

大學本義：一卷；中庸本義：一卷. --半葉8行，行18字，小字雙行字同，有眉欄，行12字，白口，四周單邊，單黑魚尾，半框19.9×15cm

學案：一卷. --半葉12行，行22字，白口，四周單邊，單黑魚尾，半框20.2×14.7cm（行款下同）

集程朱格物法：一卷；集朱子讀書法：一卷

朱子白鹿洞規條：二十卷　　　（甲五）/138

文道十書：四種/（清）陳景雲撰. --刻本. 東吳陳黃中，清乾隆19年（1754）. --4冊（1函）. --半葉10行，行20字，細黑口，左右雙邊，單黑魚尾，半框19.0×14.2cm。鈐"紹昌長壽"白文印、"黃氏圖書"朱文印. --綫裝

子目：

綱目訂誤：四卷

紀元要略：二卷；紀元要略補輯：一卷

通鑑胡注舉正：一卷

韓集點勘：四卷　　　　　（庚）/706

果堂全集：六種十九卷/（清）沈彤撰.--刻本.--清乾隆（1736～1795）.--8冊（1函）.--半葉11行，行21字，小字雙行字同，白口，左右雙邊，單黑魚尾，半框18.8×14.1cm。果堂藏板.--綫裝

子目：

果堂集：十二卷

周官祿田考：三卷

儀禮鄭注監本刊誤：一卷

儀禮小疏：十一卷

尚書小疏：一卷

春秋左傳小疏：一卷　　　　　（丁）/8168

峋嶁叢書：九種/（清）曠敏本撰.--刻本.--清乾隆三十四至四十年（1769～1775）.--16冊（1函）.--書籤題"曠太史存稿"。行款版式不一.--綫裝

子目：

峋嶁韻牋：五卷，論例一卷.--清乾隆三十四年（1769）.--半葉8行，行16字，小字雙行32字，黑口，左右雙邊，單黑魚尾，半框19.3×13cm。舜洞山房藏版

聲韻訂訛：一卷.--半葉8行，行16字，小字雙行32字，細黑口，四周單邊，單黑魚尾，半框19×12.8cm。澄澤山房藏版

峋嶁刪餘詩草：一卷.--半葉10行，行21字，小字雙行字同，黑口，左右雙邊，單黑魚尾，半框18×12.4cm。定性山房藏版

峋嶁刪餘文草：一卷.--半葉10行，行21字，小字雙行字同，黑口，左右雙邊，單黑魚尾，半框18.3×12.3cm。定性山房藏版

峋嶁文草雜著：一卷.--半葉10行，行21字，小字雙行字同，黑口，左右雙邊，單黑魚尾，半框18.5×12.2cm。定性山房藏版

峋嶁時藝：一卷.--半葉9行，行25字，白口，四周單邊，半框19.1×11.4cm。舜洞山房藏版

峋嶁韻語：八卷.--半葉8行，行17字，白口，四周雙邊，半框17.8×12.5cm。澄澤山房藏版

峋嶁仿古：一卷.--半葉10行，行21字，小字雙行字同，粗黑口，左右雙邊，單黑魚尾，

半框17.8×12cm。定性山房藏版

峋嶁鑑撮：四卷.--清乾隆四十年（1775）半葉10行，行25字，有眉欄，行2字，粗黑口，左右雙邊，單黑魚尾，半框19.1×12cm。澄澤山房藏版　　　　　（丙四）/5011

杭大宗七種叢書/（清）杭世駿撰.--刻本.--羊城：仁和杭賓仁，清乾隆五十七年（1792）.4冊（1函）.--半葉10行，行21字，白口，左右雙邊，單黑魚尾，半框18.4×13.3cm。雨樵題記.--綫裝

子目：

石經考異：二卷/（清）杭世駿撰

諸史然疑：一卷/（清）杭世駿撰

晉書補傳贊：一卷/（清）杭世駿撰

榕城詩話：三卷/（清）杭世駿撰

漢書蒙拾：三卷/（清）杭世駿抄

後漢書蒙拾：二卷/（清）杭世駿抄

文選課虛：四卷/（清）杭世駿類次；（清）孫宗濂等復審

續方言：二卷/（清）杭世駿搜集；（清）梁啟心復審　　　　　（乙五）/262

戴氏遺書/（清）戴震撰.--刻本.--曲阜：孔氏微波榭，清乾隆（1736～1795）.--10冊（1函）.--存5種。半葉10行，行21字，小字雙行字同，白口，四周雙邊，單黑魚尾，版心下鎸"微波榭刻"，半框18.5×14cm.--綫裝

子目：

毛鄭詩考正：四卷，卷首一卷.--（戴氏遺書之一）

杲溪詩經補注：二卷.--（戴氏遺書之二）

孟子字義疏證：三卷.--（戴氏遺書之九）.缺卷下

文集：十卷.--（戴氏遺書之二十三）

考工記圖：二卷　　　　　（丙五）/312

隨園廿三種/（清）袁枚撰.--刻本.--小倉山房，清乾隆嘉慶間（1736～1820）.--69冊（4夾）.--存22種。書名據書名頁著錄。半葉11行，行21字，白口，左右雙邊，單黑魚尾，半框18.4×14.9cm。鈐"製芰收藏"朱文

印. --綫裝

　　子目：

　　小倉山房詩集：三十六卷

　　小倉山房文集：三十五卷

　　小倉山房外集：八卷

　　袁太史稿：一卷. --係乾隆刻本補配。書名據書名頁、版心著錄，目錄題袁太史時文。半葉 9 行，行 25 字，白口，四周單邊，無界行，半框 18.7×11.2cm

　　小倉山房尺牘：八卷. --清乾隆五十四年（1789）. --隨園藏板

　　牘外餘言：一卷. --有 2 葉抄配

　　隨園詩話：十六卷. --清乾隆五十七年（1792）

　　隨園詩話補遺：十卷. --清嘉慶元年（1796）

　　隨園隨筆：二十八卷. --清嘉慶十三年（1808）. --小倉山房藏板

　　新齊諧：二十四卷. --清乾隆五十三年（1788）. --存卷 1-17。隨園藏板

　　續新齊諧：八卷. --隨園藏板

　　碧腴齋詩存：八卷/（清）胡德琳撰. --小倉山房藏板

　　隨園續同人集：十七卷/（清）袁枚輯. --清乾隆五十五年（1790）. --隨園藏板

　　隋園女弟子詩選：六卷/（清）袁枚輯. --清嘉慶元年（1796）. --半葉 11 行，行 21 字，小字雙行字同，粗黑口，左右雙邊，單黑魚尾，半框 18.7×14.2cm

　　隨園八十壽言：六卷/（清）袁枚輯. --隨園藏板

　　紅豆村人詩稿：十四卷/（清）袁樹撰

　　袁家三妹合稿：四卷/（清）袁枚輯

　　　繡餘吟稿：一卷/（清）袁棠撰

　　　盈書閣遺稿：一卷/（清）袁棠撰

　　　樓居小草：一卷/（清）袁杼撰. --半葉 9 行，行 19 字，白口，左右雙邊，單黑魚尾，半框 17.4×12.3cm

　　素文女子遺稿：一卷/（清）袁機撰. --半葉 9 行，行 19 字，白口，四周單邊，單黑魚尾，半框 17.5×12.1cm

　　南園詩選：二卷/（清）何士顒撰

　　粲花軒詩稿：二卷/（清）陸建撰. --半葉 9

行，行 21 字，白口，四周單邊，單黑魚尾，半框 17.5×11.8cm。隨園藏板

　　筱雲詩集：二卷/（清）陸應宿撰. --清嘉慶（1796～1820）. --半葉 9 行，行 21 字，白口，左右雙邊，單黑魚尾，半框 17×11.3cm。小倉山房藏板

　　捧月樓詞：二卷/（清）袁通撰. --清嘉慶（1796～1820）. --半葉 11 行，行 21 字，粗黑口，左右雙邊，單黑魚尾，半框 18.1×13.4cm

　　　　　　　　　　　（丙四）/3478

燕禧堂五種：十五卷/（清）任大椿撰. --刻本. --清乾隆（1736～1795）. --12 冊（1 函）. --半葉 8 行，行 19 字，小字雙行字同，白口，四周單邊，單黑魚尾，半框 17.6×14cm。鈐“歙縣宋氏寶賢樓藏印”朱文印. --綫裝

　　子目：

　　字林考逸：八卷/（清）任大椿輯

　　列子釋文：二卷/（唐）殷敬順撰；（宋）陳景元補遺

　　列子釋文考異：一卷/（清）任大椿撰

　　釋繒：一卷/（清）任大椿撰

　　深衣釋例：三卷/（清）任大椿撰

　　　　　　　　　　　　（乙一）/490

心齋十種/（清）任兆麟撰. --刻本. --清乾隆五十至五十三年（1785～1788）. --4 冊（1 函）. --半葉 9 行，行 17 字，小字雙行字同，白口，左右雙邊，單黑魚尾，半框 17.9×14.8cm。有刻工：張若遠. --綫裝

　　子目：

　　夏小正補注：四卷/（清）任兆麟撰. --忠敏家塾，清乾隆五十一年（1786）. --忠敏家塾藏板

　　石鼓文集釋：一卷/（清）任兆麟集釋. --同川書院，清乾隆五十三年（1788）

　　尸子：三卷，附錄一卷/（周）尸佼撰；（清）惠棟輯；（清）任兆麟補遺. --清乾隆五十三年（1788）

　　四民月令：一卷/（漢）崔寔撰；（清）任兆麟輯. --清乾隆五十三年（1788）

　　襄陽耆舊記：三卷/（晉）習鑿齒撰；（清）

任兆麟訂.--清乾隆五十三年（1788）

文章始：一卷/（梁）任昉撰；（清）任兆麟校

壽者傳：三卷/（明）陳懋仁撰；（清）任兆麟訂.--清乾隆五十年（1785）

孟子時事略：一卷/（清）任兆麟撰.--清乾隆五十三年（1788）

心齋集詩稿：一卷/（清）任兆麟撰

附錄

弦哥古樂譜：一卷/（清）任兆麟撰

綱目通論：一卷/（清）任兆麟撰.--半葉 10 行，行 19 字，粗黑口間白口　（乙五）/263

第二部　8 冊（1 函），綱目通論係抄配，佚名圈點，鈐"北平孔德學校之章"朱文印

（甲五）/183

松靄初刻：六種/（清）周春撰.--刻本.--清乾隆（1736～1796）.--2 冊（1 函）.--半葉 10 行，行 21 字，小字雙行字同，粗黑口，左右雙邊，單黑魚尾，半框 17.6×12cm。鈐"金"朱文印.--綫裝

子目：

中文孝經：一卷，孝經外傳一卷

爾雅補註：四卷

代北姓譜：二卷

遼金元姓譜：一卷

選材錄：一卷

遼詩話：一卷　　　　（丁）/10535

周松靄先生遺書：九種/（清）周春撰.--刻本.--清乾隆至嘉慶（1736～1820）.--8 冊（1 函）.--半葉 10 行，行 21 字，小字雙行字同，粗黑口，左右雙邊，單黑魚尾，半框 17.6×12cm.--綫裝

子目：

十三經音略：十二卷，附錄二卷.--清嘉慶（1796～1820）.--半葉 10 行，行 22 字，小字雙行字同，白口間粗黑口，左右雙邊，單黑魚尾間無魚尾，半框 19.8×13.9cm

小學餘論：二卷.--清嘉慶（1796～1820）.半葉 10 行，行 22 字，小字雙行字同，白口，左右雙邊，單黑魚尾，半框 19.8×13.9cm

中文孝經：一卷.--清乾隆（1736～1795）

孝經外傳：一卷.--清乾隆（1736～1795）

代北姓譜：二卷.--清乾隆（1736～1795）

遼金元姓譜：一卷.--清乾隆（1736～1795）

杜詩雙聲疊韻譜括略：八卷.--清嘉慶（1796～1820）.--半葉 10 行，行 22 字，小字雙行字同，白口，左右雙邊，單黑魚尾，半框 19.8×13.9cm

選材錄：一卷.--清乾隆（1736～1795）

遼詩話：一卷.--清乾隆（1736～1795）

（丁）/10352

書名拼音索引

D

H

書名筆畫索引

八畫

九畫

十二畫

十三畫

十四畫

十七畫

十八畫

十九畫

人名拼音索引

羅隱	117，259	馬臻	265	梅純	494
羅有高	413	馬之驦	85	梅鼎祚	277，278，304，
羅虞臣	354	馬致遠	450，451，452		458，459，462
羅與之	264	馬中錫	347	梅羹	268
羅願	32，87，336，	馬宗素	132	梅花詞客	477
	496	毛德琦	92	梅毅成	149
羅彰彝	83	毛鳳苞	71	梅慶生	419
駱賓王	255，261，316	毛亨	1	梅文鼎	508
駱龍吉	136	毛晃	513	梅溪遇安氏	433
駱綺蘭	415	毛紀	297	梅孝己	459，467
駱文盛	267	毛際可	161，381，508	梅堯臣	261，262，327
		毛开	440，445	梅膺祚	36
M		毛晉	43，51，60，	門無子	130
馬世傑	369		71，88，99，	夢麟	412
馬戴	259，260		108，111，149，	蒙古車王府	450
馬端臨	102，103，496		166，173，258，	孟稱舜	450，468
馬縞	498		260，264，265，	孟琪	493
馬佶人	459		340，341，427，	孟貫	257，260
馬嘉松	279		440，458，504	孟漢卿	452
馬竣	408	毛居正	4，5	孟浩然	255，256
馬理	349	毛懋宗	290	孟淮	266
馬隆	506，513	毛念恃	72	孟郊	259，320
馬樸	367	毛滂	440，444	孟軻	29
馬融	118，491，496，	毛奇齡	429，508，520	孟棨	499，505，506
	512	毛琪麟	84	孟思誼	80
馬汝驥	265	毛聲山	460	孟衍泰	71
馬睿卿	268	毛勝	492	孟元老	88，504，505
馬時敏	18	毛萬齡	375	孟璋	23
馬士龍	418	毛先舒	375，441，507	米芾	261，335，504，
馬世奇	296，502	毛玥	264		506
馬思恭	177	毛燁	515	苗昌言	30
馬驌	24，56	毛應翔	287	旻寧	417
馬廷鸞	338	毛宗崗	433	閔元衢	279
馬維翰	401	茅坤	75，76，77，	閔華	408
馬維銘	123		164，257，267，	閔麟嗣	91
馬文燦	508		268，269，308，	閔邁德	277
馬文升	60，495		327，355，495	閔齊華	272
馬永卿	166，501	茅溱	40	閔齊伋	21，37，126，
馬愈	425	茅一桂	76		127，255，453
馬元調	258	茅一相	491，492，497	閔無頗	279
馬曰琯	423	茅應奎	302	閔敘	425，509
馬允剛	294	茅元儀	129	閔元衢	174

熊伯龍 301
熊賜履 69
熊大木 435
熊禾 338
熊浹 104
熊良輔 3
熊明遇 65
熊朋來 5
熊人霖 367
熊榮 446
熊文舉 368
熊寅幾 278
熊忠 39
修閑道人 229
虚谷氏 416
鬚眉客 436
徐㘵 71，98
徐昛 459，460
徐愛 349
徐昂發 270，271
徐葆光 100，400
徐北昺 89
徐彬 140
徐大椿 132，135，139，141
徐發 148，227
徐汾 507
徐奮鵬 26，112
徐孚遠 43
徐復祚 458，459，463
徐幹 117，513
徐廣 430
徐翽 452，493
徐璣 262
徐積 261，330
徐集孫 264
徐繼恩 507
徐堅 243，244
徐階 265，353
徐晉卿 4
徐景休 242
徐炯 325
徐炯文 334
徐鍇 34
徐昆 429，474
徐立綱 31，307
徐霖 458，461
徐陵 255，273，315
徐懋升 492
徐夢元 473
徐泌 94
徐楠 408
徐祺 160
徐謙 144
徐乾學 2，19，281，282，377，381
徐沁 508
徐慶 425，509
徐釚 384，422，447
徐仁毓 492
徐日璉 294
徐鎔 140
徐潤甫 161
徐善 201
徐紹錦 150
徐紹言 61
徐紳 64
徐師曾 18，279
徐石麒 455
徐時琪 499
徐時作 80
徐士俊 443，471，507，508
徐氏 176，209
徐栻 120
徐守貞 176
徐樹穀 325
徐泰 503
徐天祜 499，512
徐天祐 58
徐渭 155，267，268，356，360，434，450，453，455
徐文弼 423
徐文炳 315
徐文靖 78，171，396
徐文淵 149
徐無黨 43，47
徐午 307
徐爔 457
徐咸 130，503
徐獻忠 499
徐修仁 283
徐胥慶 247
徐旭旦 398
徐鉉 34，261
徐學謨 60
徐衍 497
徐彥 2，24，25
徐夜 520
徐一夔 344
徐以觀 79
徐寅 260
徐應秋 280
徐永宣 270
徐用誠 134
徐于室 487
徐與喬 30，168
徐淵 96
徐元 458，466
徐元美 507
徐元太 247
徐岳 425，505，509
徐鉞 18
徐增 421
徐昭華 521
徐照 262
徐禎卿 348，420，424，499，506
徐榛 296
徐震 431，507
徐志鼎 415
徐中行 267，356
徐籀 371
徐翥 368
徐倬 376

圖書在版編目（CIP）數據

首都圖書館古籍善本書目／首都圖書館編. —北京：國家圖書館出版社，2011.12
ISBN 978 - 7 - 5013 - 4454 - 3

Ⅰ．①首…　Ⅱ．①首…　Ⅲ．①古籍—善本—圖書館目錄—北京市
Ⅳ．①Z838

中國版本圖書館 CIP 數據核字（2010）第 228924 號

責任編輯：王燕來
封面設計：九雅工作室

ISBN 978-7-5013-4454-3

9 787501 344543 >

書名	首都圖書館古籍善本書目
著者	首都圖書館　編

出版	國家圖書館出版社　　（100034　北京市西城區文津街 7 號） （原北京圖書館出版社）
發行	010 – 66139745　66175620　66126153 　　　66174391（傳真）　66126156（門市部）
E-mail	btsfxb@ nlc. gov. cn（郵購）
Website	www. nlcpress. com→投稿
經銷	新華書店
印刷	河北三河弘翰印務有限公司

開本	889×1194 毫米　1/16
印張	50.75
版次	2011 年 12 月第 1 版　2011 年 12 月第 1 次印刷

書號	ISBN 978 – 7 – 5013 – 4454 – 3
定價	580.00 圓